Henning von Wistinghausen

IM FREIEN ESTLAND

Henning von Wistinghausen

IM FREIEN ESTLAND

Erinnerungen
des ersten deutschen Botschafters
1991–1995

2004

BÖHLAU VERLAG KÖLN WEIMAR WIEN

Bibliografische Information der Deutschen Bibliothek:
Die Deutsche Bibliothek verzeichnet diese Publikation in der
Deutschen Nationalbibliografie; detaillierte bibliografische Daten
sind im Internet über http://dnb.ddb.de abrufbar.

Umschlagabbildung:

Die Residenz des deutschen Botschafters in Tallinn
am Tage ihrer Einweihung, dem 25. Mai 1994.
(Foto: Peeter Langovits)

© 2004 by Böhlau Verlag GmbH & Cie, Köln
Ursulaplatz 1, D-50668 Köln
Tel. (0221) 913 90-0, Fax (0221) 913 90-11
info@boehlau.de
Druck und Bindung: Druckhaus »Thomas Müntzer«, Bad Langensalza
Gedruckt auf chlor- und säurefreiem Papier.
Printed in Germany

ISBN 3-412-11404-9

INHALT

Vorwort XIII

Teil I
Vorspiel in Leningrad 1990/91

Vorgeschichte einer Versetzung 1
Die Verhandlungen über die Errichtung des Generalkonsulats
1970/71 3
Deutsche Vereinigung an der Neva 13
Estland im Herbst 1990 18
Die Baltikumpolitik der Bundesregierung 23
Die Rückkehr der Revaler Archivalien aus Deutschland 26
Erste politische Gespräche in Tallinn 33
Besuch in Kolk 36
Vorweihnachtliche Estlandreise 40
Außenminister Meri 43
Rüütels Moskauer Rede vom 18. Dezember 1990 46
Das Imperium schlägt zurück 50
Der estnisch-russische Vertrag vom 12. Januar 1991 57
Wandlungen in der deutschen Baltikumpolitik 59
Tallinn im Januar und Februar 1991 60
Besuch bei Ellen Niit und Jaan Kross 63
Das Referendum vom 3. März 1991 64
Wiederaufnahme der Gespräche mit Moskau 66
In Tallinn entsteht ein Deutsches Kulturinstitut 68
Ruhe vor dem Sturm 78
Der Putsch vom 19. August 1991 90
Estland wird wieder unabhängig 109
Die Wiederaufnahme der diplomatischen Beziehungen mit den
baltischen Staaten 116

Teil II
Als erster deutscher Botschafter in Estland

1991

Die Anfänge 124
Die Mission von Staden 141
Außenminister Genscher besucht Estland 146

Der erste Empfang am 3. Oktober 1991 153
Die Grundlagen der neuen deutschen Baltikumpolitik werden formuliert 156
Eine Deutsche Botschaft entsteht 160
Deutsch-dänische Botschafterkonferenz in Rostock 164
Unterbringungsprobleme 167
Estland gibt sich eine neue Verfassung 178
Grundausrichtungen der estnischen Außen- und Sicherheitspolitik 187
Der Besucherstrom aus Deutschland reißt nicht ab 195
Das diplomatische Corps formiert sich 197
Dienstliches und Außerdienstliches 201

1992

Der erste Winter der Unabhängigkeit 205
Das Ende der Regierung Savisaar 209
Tiit Vähi bildet eine neue Regierung 211
Stagnierende Beziehungen zu Rußland 213
Besuch in Paldiski 214
Der 24. Februar 1992 217
Zum ersten Mal auf der Insel Oesel 221
Das neue Staatsangehörigkeitsrecht 225
Außenminister Meri tritt zurück 230
Außenminister Manitski 235
Mit Präsident Rüütel in Bonn 236
Abschied von Patrick von Glasenapp 244
Verhandlungen über den Abzug der russischen Truppen 251
Verfassungsreferendum und Vorbereitung der ersten Parlaments-
und Präsidentschaftswahlen 258
Währungsreform 261
Wirtschaftspolitik und Zusammenarbeit mit dem IWF 267
Zwischenbilanz des deutschen Beitrags zum Wiederaufbau Estlands 270
Kulturbeziehungen 280
Der erste Sommer im eigenen Haus 284
Die ersten Wahlen im freien Estland 290
Lennart Meri wird zum Staatspräsidenten gewählt 302
Mart Laar übernimmt die Regierungsverantwortung 306
Ostpolitik 310
Innen- und Wirtschaftspolitik 321
Estland beginnt mit der Privatisierung seiner Industrie 322
Estland nimmt Anteil am Tod von Willy Brandt 332

Gründung des Deutschen Kulturinstituts in Tartu 334
Weihnachten für kinderreiche Familien 340
Jahresausklang 341

1993

Die deutsch-estnische Zusammenarbeit gewinnt an Substanz 343
Westpolitik oder das Prinzip der abgestuften Äquidistanz 350
Auf dem Domberg entsteht die deutsche Residenz 355
Minderheitenrechte und KSZE-Beobachtung 356
Die Russen in Estland beginnen sich politisch zu organisieren 363
Die Verhandlungen mit Rußland drehen sich im Kreis 369
Lichtblicke am wirtschaftlichen Horizont 376
Die Bundestagspräsidentin und andere Besucher 380
Estland-Radtour 387
Politische Turbulenzen um Kommunalwahlrecht und Ausländergesetz . . 390
Besuch in Narva 405
Bundespräsident von Weizsäcker in Estland 411
Meri und Sobtschak 420
Sommerlicher Ausflug von Außenminister Kinkel nach Tallinn 424
Reise in die Provinz 429
Verteidigungspolitische Anfänge 434
Besuch der Deutsch-Baltischen Parlamentariergruppe des Bundestags . . 438
Die ersten Kommunalwahlen und ihre Auswirkungen 440
Baltische Zusammenarbeit 449
Rußland spielt beim Truppenabzug weiterhin auf Zeit 455

1994

Schwierige Regierungsumbildung 466
Estlands Wirtschaft auf Wachstumskurs 472
Deutsche Souveränitätshilfe 474
Estland und die Europäische Union 477
Moskaus Haltung verhärtet sich 485
Außenministerkonsultationen in Bonn 491
Der Nervenkrieg mit Rußland geht weiter 495
Die Troika-Demarche der Europäischen Union 497
Die Einweihung des Hauses auf dem Domberg 503
Ministerpräsident Laar behauptet sich mit einer Minderheitsregierung . . 506

Die Truppenabzugsverhandlungen in der Sackgasse 509
Präsident Meri gelingt in Moskau der Durchbruch 518
Sommerreisen 528
Schatten der Vergangenheit 535
Abschiede 540
Der Untergang der „Estonia" 542
Von Laar zu Tarand 546
Ein deutscher Beitrag zur Integration der russischsprachigen
Bevölkerung 552
Versuche einer Neuordnung der Beziehungen zu Rußland 554
Deutsche Beratungshilfe 559
Weihnachtsfrieden 563

1995

Estland und der Tschetschenienkrieg 568
Deutschland ehrt Jaan Kross 571
Parlamentswahlen 575
Tiit Vähi zum zweiten Mal Ministerpräsident 582
Besuch von Außenminister Kinkel 588
50 Jahre nach Kriegsende 595
Europaabkommen 603
Die schwierige Ratifikation der Juliverträge 605
Gespräche mit Rußland über einen Grenzvertrag 609
Der letzte Sommer 612
Deutsche Investitionen 621
Förderung der deutschen Sprache 624
Verteidigungsminister Rühe besucht Estland 628
Vähi wechselt den Koalitionspartner 637
„Ein Abschied, der eigentlich kein Abschied ist" 638

Anmerkungen 647

Anhang
    Ministerpräsidenten von Estland 1991–1995 654
    Außenminister von Estland 1991–1995 654
    Die ersten in Estland residierenden Botschafter 1991/92 654
    Deutsch-estnische Vereinbarungen 1991–1995 655

Gemeinsame Erklärung über die Grundlagen der Beziehungen
zwischen der Bundesrepublik Deutschland und der Republik
Estland vom 29. April 1993 und Ansprache des Bundesaußenministers anläßlich ihrer Unterzeichnung 656

Ansprache bei der Überreichung des Großen Verdienstkreuzes
des Verdienstordens der Bundesrepublik Deutschland an
Jaan Kross am 2. März 1995 662

Zeittafel 664

Nachweis der Abbildungen und Dokumente 676

Personenregister 677

Sachregister 688

Ortsregister 691

VORWORT

Da es mir beschieden war, die Jahre 1991 bis 1995 als erster deutscher Botschafter in Estland zu verbringen, als das Land nach einem halben Jahrhundert seine Unabhängigkeit wiedererlangt hatte, wollte ich mich nicht damit begnügen, einfach nur dabei gewesen zu sein, sondern die Erinnerung an diese Zeit des Neubeginns und die damals herrschende Atmosphäre auch für künftige Generationen festhalten. Dabei habe ich in meinen Bericht das Jahr 1990/91 einbezogen, als ich vom damaligen Leningrad aus, das heute wieder seinen historischen Namen St. Petersburg trägt, als zuständiger Generalkonsul der Bundesrepublik Deutschland die estnischen Unabhängigkeitsbestrebungen beobachten konnte. Selbst wenn diese, wie im Falle der beiden anderen baltischen Staaten Lettland und Litauen, als unmittelbare Folge des fehlgeschlagenen Putsches der reaktionären sowjetischen Kräfte im August 1991 dann schneller als damals angenommen werden konnte von Erfolg gekrönt waren, so haben sie doch wichtige politische und wirtschaftliche Voraussetzungen sowohl für die Wiedererlangung der nationalen Souveränität als auch für die nachfolgende Zeit geschaffen, die ohne sie nicht zu verstehen ist. Die dramatischen Putschtage, die ich zuerst in der estnischen Hauptstadt Tallinn (Reval) und dann an der Neva miterlebte, bilden gleichsam das Bindeglied zwischen den beiden Teilen dieses Rückblicks.

Während der Jahre, über die hier berichtet wird, sind in Estland durch eine konsequente Innen-, Wirtschafts- und Außenpolitik die Grundlagen für einen modernen demokratischen Rechtsstaat mit marktwirtschaftlicher Ordnung und seine Wiedereingliederung in die internationale Staatengemeinschaft geschaffen worden. Diese gelungene Transformation einer ehemaligen Sowjetrepublik erfolgte trotz substantieller westlicher Unterstützung angesichts beschränkter eigener Ressourcen, einer großen und nur längerfristig zu integrierenden russischen Minderheit sowie schwieriger Beziehungen zum großen Nachbarn im Osten, der seine letzten in Estland stationierten Truppen erst am 31. August 1994 abgezogen hat, unter alles andere als leichten Bedingungen und verursachte hohe soziale Kosten. Als ihr Ergebnis ist Estland nunmehr in die Europäische Union und in die NATO aufgenommen worden.

In den Jahren, die Gegenstand dieser Erinnerungen sind, konnten auch alte deutsch-estnische Beziehungen wiederbelebt werden. Die Baltikumpolitik der Bundesregierung ist sich dabei stets der historischen Verpflichtung bewußt gewesen, die aus der deutschen Mitverantwortung für die sowjetische Annexion der baltischen Staaten aufgrund des Hitler-Stalin-Pakts von 1939 resultiert. Sie hat versucht, ihr international als „Anwalt der Balten" gerecht zu werden und seit 1991 konsequent dazu beigetragen, Estland wie auch Lettland und Litauen den Weg in die Europäische Union zu ebnen. In diesen Jahren ist zugleich an das tief in der Geschichte Estlands verankerte gemeinsame kulturelle Erbe wiederangeknüpft worden, nachdem die Erinnerung daran in der Sowjetzeit bewußt verdrängt worden war. Als Angehöriger einer deutschbaltischen Familie, die jahrhundertelang mit dem Schicksal Estlands verbunden war, habe ich diesem Aspekt der deutsch-estnischen Beziehungen besondere Aufmerksamkeit gewidmet.

*

Mein Anliegen war, die Ereignisse möglichst genau so zu schildern, wie ich sie zu dem Zeitpunkt wahrgenommen habe, als sie sich zutrugen. Dabei konnte ich mich auf fortlaufende Tagebuchaufzeichnungen stützen. Dem Rat eines erfahrenen Mannes folgend habe ich mit der Niederschrift sogleich nach meinem Weggang aus Estland begonnen, als auch die Erinnerung noch frisch war. Auf diese Weise entstand dieser Bericht im Laufe einer ganzen Reihe von Jahren und jeweils in ungefähr gleichem zeitlichem Abstand zu den dargestellten Ereignissen, ohne daß daran später wesentliches geändert worden wäre. Grundsätzlich berichte ich auch nur über das, was ich selbst erlebt und beobachtet habe. Da es sich um keine wissenschaftliche Arbeit, sondern – wenn auch größtmöglicher Präzision verpflichtete – subjektive Erinnerungen handelt, ist hier auch nicht der Ort zu quellenkritischer Auseinandersetzung mit inzwischen vorliegenden anderen Darstellungen dieser Zeit. Daher beschränken sich die wenigen Anmerkungen auf das Notwendigste.

*

Die Entstehung dieser Erinnerungen haben in Estland Jaan Kross und in Deutschland Berndt von Staden begleitet. Für ihren mir stets wertvollen Rat darf ich ihnen auch an dieser Stelle herzlich danken.

Armin Freiherrn von Ungern-Sternberg danke ich für zahlreiche Hinweise, die der Fassung letzter Hand zugute gekommen sind.

Berlin/Tallinn im Mai 2004   Henning v. Wistinghausen

Teil I
VORSPIEL IN LENINGRAD 1990/91

Vorgeschichte einer Versetzung

Drei Wochen vor der Wiedervereinigung Deutschlands am 3. Oktober 1990 traf ich an einem spätsommerlichen Wochenende in Leningrad ein, um meinen neuen Posten als Generalkonsul der Bundesrepublik Deutschland anzutreten. Noch am selben Abend wanderte ich mit den beiden Kollegen, die mich am Flughafen abgeholt hatten und die nun meine engsten Mitarbeiter werden sollten, nach einem gemeinsamen Essen in einem deutschen Lokal am *Gribojedov-Kanal* über den *Nevskij Prospekt* zum nächtlich erleuchteten Schloßplatz, wo wir die unvergleichliche Kulisse des kaiserlichen St. Petersburg auf uns wirken ließen. Die beiden, Michael Freiherr von Ungern-Sternberg und Dr. Ernst Reichel, waren nicht weniger beeindruckt als der Neuankömmling, obwohl auch ihm die Stadt nicht ganz unbekannt war. Dann brachten sie mich zurück zum Generalkonsulat in der *Ulica Petra Lavrova*, der früheren *Furštadskaja*, dessen oberstes Stockwerk dem Behördenleiter als Wohnung und „Residenz" dient und wo ich mich mit kleinem Gepäck provisorisch eingerichtet hatte.

Mit Leningrad hatte ich einen Wunschposten erhalten, was in unserem auswärtigen Dienst zumindest bei gewöhnlichen Karrierediplomaten wie mir eher selten geschieht, und das war so gekommen: Als ich nach einigen Jahren in der Bonner Zentrale, wo ich seit 1984 das Grundsatzreferat für Außenwirtschaftspolitik in der Wirtschafts- und Europaabteilung geleitet hatte, allmählich wieder für eine Versetzung ins Ausland anstand, hatte man in der Personalabteilung an eine bestimmte, auch mir zusagende Verwendung an einer unserer großen Botschaften gedacht. Diese Vorstellungen hatten sich dann aber zerschlagen, weil der Posten zur Versorgung eines anderen Kollegen benötigt wurde, der bessere Karten hatte als ich, so daß von neuem geplant werden mußte. Da sich die Leitung der Personalabteilung aus diesem Grunde wohl ein wenig in meiner Schuld fühlte und ich dann auch noch eine von ihr gutgemeinte Beförderung auf eine mir allerdings ganz und gar nicht zusagende Stelle ausschlug, wurde ich aufgefordert, eigene Vorstellungen einzubringen.

Bei Durchsicht des Verzeichnisses unserer Auslandsvertretungen, die ich daraufhin unter dem Gesichtspunkt der Auswahl eines Dienstpostens in der gleichen wie meiner bisherigen Besoldungsstufe vornahm, blieb mein Auge an Leningrad hängen. Zum einen kannte ich die Stadt von früheren Besuchen her, als in den 1960er Jahren zuerst meine Eltern und dann zu Beginn der 1970er Jahre wir selbst in Moskau auf Posten gewesen waren, wußte also, was mich in diesem Kleinod, der europäischsten aller russischen Städte, erwarten würde. Dann reizte mich die Aussicht, im Zeichen von *Glasnost* und *Perestrojka* von den nunmehr gegebenen Möglichkeiten eines freieren Umgangs mit der einheimischen Bevölkerung Gebrauch machen zu können, aber auch Zugang zu den Schätzen in den Archiven und Bibliotheken dieser Stadt zu erhalten, in der im 19. Jahrhundert und bis kurz vor Ausbruch der Revolution von 1917 immer auch Angehörige unserer Familie gelebt hatten. Ausschlaggebend aber war die Zuständigkeit des Generalkonsulats Leningrad für die Städte Riga und Tallinn (Reval) und damit faktisch für ganz Lettland und Estland (während Wilna von Moskau aus betreut wurde). In allen drei baltischen Sowjetrepubliken hatten unter den Bedingungen der Gorbatschovschen Reformära nationale Unabhängigkeitsbewegungen zunehmend an Boden gewinnen können, und der Weg in die Selbständigkeit schien, mir wie vielen anderen, unaufhaltsam. Moskau hatte sich bereits dazu durchgerungen, die Geheimen Zusatzprotokolle zum Hitler-Stalin- bzw. Molotov-Ribbentrop-Pakt, die 1939 den Untergang der Freiheit von Estland, Lettland und Litauen einläuteten, als von Anfang an (*ex tunc*) unwirksam, weil völkerrechtswidrig, zu betrachten. Nicht nur würde mich also in Leningrad eine hochinteressante Aufgabe gerade im Hinblick auf die Beobachtung der Entwicklungen im Baltikum erwarten, sondern schien es auch durchaus im Bereich des Möglichen zu liegen, in vielleicht drei bis vier Jahren als Botschafter weiter nach Estland zu ziehen … Jedenfalls erinnere ich mich deutlich, daß wir diese Perspektive in Erwägung zogen, als ich mit dem für Personalfragen zuständigen Unterabteilungsleiter, dem Kollegen Rudolf Rapke, das Für und Wider einer Versetzung nach Leningrad erörterte. Immerhin war da ja noch mein baltischer familiärer Hintergrund, aus dem ich nie einen Hehl gemacht hatte. Für alle, die es wissen wollten, lag er schon dadurch offen zutage, daß ich zu diesem Zeitpunkt bereits seit einer Reihe von Jahren Vorsitzender der Estländischen Ritterschaft war. In ihr sind die vorwiegend in Deutschland lebenden Angehörigen der deutschen Adelsfamilien zusammengeschlossen, die jahrhundertelang bis zum Zusammenbruch des russischen Kaiserreichs und der Entstehung eines eigenen Staats, der Republik Estland, das Land in ständischer Autonomie verwaltet hatten und die zum größeren Teil erst 1939/40 im Zuge der sogen. Umsiedlung ihre angestammte Heimat verlassen haben – als „erste Opfer des Molotov-Ribbentrop-Pakts" (Lennart Meri). Als auch Staatssekretär Dr. Meyer-Landrut, damals Chef des Bundespräsidialamts, davor zweimal Botschafter in Moskau und selbst noch in Reval geboren, bedenkenlos meine Pläne auch gegenüber der Personalabteilung unterstützte, stand einer Beantragung des Exequaturs nichts mehr im Wege (Dokumente 1 und 2). Wenn dessen Erteilung dann auch recht lange Zeit in Anspruch nahm, so hat es doch niemals einen Hinweis darauf gegeben, daß ich Moskau für diesen Posten nicht ganz genehm gewesen wäre. Anders als einige Deutschbalten, die mir damals prophezeiten, die Sowjets würden niemals einem „baltischen Baron" konsularische Befugnisse „in der alten Heimat" einräumen, hatte Andreas Meyer-Landrut mit seiner aus langjähriger Erfahrung im Umgang mit den Machthabern im Kreml gewonnenen Einschätzung natürlich recht, daß solche Denkkategorien – zumal unter Gorbatschov – mittlerweile der Vergangenheit angehörten. Dennoch legte ich damals, im Frühjahr 1990, den Vorsitz der Estländischen Ritterschaft nieder, den ich als Generalkonsul in Leningrad ohnehin nicht hätte ausüben können.

Die Verhandlungen über die Errichtung des Generalkonsulats 1970/71

An diesem ersten Abend in Leningrad, an dem ich sozusagen am Ziel meiner vorläufigen beruflichen Wünsche angelangt war, bestand aber auch Anlaß, sich einer gewissen, wenn auch eher zufälligen Folgerichtigkeit zu erinnern, die dieser Verwendung innewohnte. Meine Gedanken wanderten zurück in die Jahre, die ich an der Botschaft Moskau verbracht hatte. Anfang Dezember 1969 war ich dort eingetroffen und hatte nach einigen Monaten als Vertreter von Peter Dingens im Frühjahr 1970 von ihm die Leitung der Rechts- und Konsularabteilung übernommen. Damit war ich zu Beginn der Neugestaltung der deutschen Ostpolitik durch die Regierung Brandt-Scheel an einen ihrer wichtigsten Schauplätze geraten. Wenige Tage nach meinem Dienstantritt traf Staatssekretär Egon Bahr zu seinen ersten Gesprächen ein, die zu dem Moskauer Vertrag vom 12. August 1970 führen sollten. Da meine Familie noch nicht umgezogen war und ich mit dem kurz nach mir angekommenen Kollegen Gottfried Albrecht, der sich in der gleichen Lage befand, zusammen in einer Junggesellenwohnung in dem ausschließlich von deutschen Diplomaten bewohnten „Deutschen Haus" an der *Naberežnaja Ševčenko* unweit des Hotels *Ukraina* hauste, wurden wir beide gebeten, uns etwas um Bahr und die ihn begleitende kleine Delegation zu kümmern. Auf diese Weise lernte ich den damals weitgehend unbekannten und dann zu großer Prominenz gelangten außenpolitischen Berater von Willy Brandt bei gemeinsamen Stadtbesichtigungen, Ausflügen in die Moskauer Umgebung und Konzertbesuchen ein wenig kennen. Unvergeßlich ist mir immer eine Unterhaltung im Restaurant des Fernsehturms von *Ostankino* geblieben, bei der Bahr seine große Bewunderung für General de Gaulle und seine eigene Ablehnung der Übertragung von Souveränitätsrechten auf die europäischen Institutionen zum Ausdruck brachte. Noch eben sehe ich das blanke Entsetzen im Gesicht unseres Gesandten Otto Baron von Stempel, als dieser – zu-

Der Präsident
der Bundesrepublik Deutschland

Ich habe Herrn Henning von Wistinghausen
zum Generalkonsul
der Bundesrepublik Deutschland in Leningrad
mit dem nachbezeichneten Amtsbezirk bestellt.

Bonn, den 24. April 1990

Der Bundesminister
des Auswärtigen

Bestallung für
Herrn Henning von Wistinghausen
als Generalkonsul
der Bundesrepublik Deutschland in Leningrad
für den Amtsbezirk: Gebiete Leningrad, Murmansk,
Nowgorod, Pskow; Karelische Autonome Sozialistische
Sowjetrepublik; Städte Archangelsk, Riga, Tallinn.

1. Bestallungsurkunde als Generalkonsul in Leningrad, ausgestellt von Bundespräsident v. Weizsäcker am 24. April 1990

МИНИСТЕРСТВО ИНОСТРАННЫХ ДЕЛ СОЮЗА СОВЕТСКИХ СОЦИАЛИСТИЧЕСКИХ РЕСПУБЛИК НАСТОЯЩИМ УДОСТОВЕРЯЕТ, ЧТО ПРЕДЪЯВИТЕЛЬ СЕГО

ГОСПОДИН ХЕННИНГ ФОН ВИСТИНГХАУЗЕН

ПРИЗНАН ПРАВИТЕЛЬСТВОМ СОЮЗА СОВЕТСКИХ СОЦИАЛИСТИЧЕСКИХ РЕСПУБЛИК, НА ОСНОВАНИИ ПРЕДСТАВЛЕННОГО ИМ КОНСУЛЬСКОГО ПАТЕНТА ОТ 24 АПРЕЛЯ 1990 ГОДА, В КАЧЕСТВЕ ГЕНЕРАЛЬНОГО КОНСУЛА ФЕДЕРАТИВНОЙ РЕСПУБЛИКИ ГЕРМАНИИ В ГОРОДЕ ЛЕНИНГРАДЕ.

КОНСУЛЬСКИЙ ОКРУГ, В ПРЕДЕЛАХ КОТОРОГО ГОСПОДИН ХЕННИНГ ФОН ВИСТИНГХАУЗЕН ВЫПОЛНЯЕТ КОНСУЛЬСКИЕ ФУНКЦИИ, СОСТОИТ ИЗ ЛЕНИНГРАДСКОЙ, МУРМАНСКОЙ, НОВГОРОДСКОЙ И ПСКОВСКОЙ ОБЛАСТЕЙ, КАРЕЛЬСКОЙ АВТОНОМНОЙ СОВЕТСКОЙ СОЦИАЛИСТИЧЕСКОЙ РЕСПУБЛИКИ, А ТАКЖЕ ГОРОДОВ АРХАНГЕЛЬСК, РИГА И ТАЛЛИНН.

ПРИ ВЫПОЛНЕНИИ КОНСУЛЬСКИХ ФУНКЦИЙ ГОСПОДИН ХЕННИНГ ФОН ВИСТИНГХАУЗЕН ПОЛЬЗУЕТСЯ ВСЕМИ ПРАВАМИ И ПРЕИМУЩЕСТВАМИ, ПРИСВОЕННЫМИ КОНСУЛЬСКИМ ПРЕДСТАВИТЕЛЯМ ИНОСТРАННЫХ ГОСУДАРСТВ В СОЮЗЕ СОВЕТСКИХ СОЦИАЛИСТИЧЕСКИХ РЕСПУБЛИК, В СООТВЕТСТВИИ С ДЕЙСТВУЮЩИМ В ОТНОШЕНИИ ЭТИХ ПРЕДСТАВИТЕЛЕЙ ЗАКОНОДАТЕЛЬСТВОМ И ЗАКЛЮЧЕННЫМИ СОЮЗОМ СОВЕТСКИХ СОЦИАЛИСТИЧЕСКИХ РЕСПУБЛИК МЕЖДУНАРОДНЫМИ ДОГОВОРАМИ.

За Министра
Иностранных Дел СССР   Б. Н. ЧАПЛИН

Первый заместитель начальника
Консульского управления   И. В. ХАЛЕВИНСКИЙ

27 июня 1990 года
№ 515/90
г. Москва

2. Sowjetisches Exequatur als Generalkonsul in Leningrad, ausgestellt vom Außenministerium der UdSSR am 27. Juni 1990

vor langjähriger Leiter des EWG-Grundsatzreferats im Auswärtigen Amt – kommentarlos den Ausführungen Bahrs an unserem Vierertisch folgte, als sich dieser kategorisch gegen jedes Mitspracherecht von „Brüssel" in Fragen vitalen deutschen Interesses aussprach (die vierte Person in der Runde war Bahrs Sekretärin Frau Kirsch). Oft habe ich mich später an dieses Gespräch erinnern müssen, als Egon Bahr in die Schlagzeilen geriet und Mutmaßungen über seine politischen Überzeugungen angestellt wurden. Mir persönlich schien seitdem klar, daß er sich als ein deutscher Patriot verstand, der das Beste für sein Land wollte, wenn er vielleicht gelegentlich auch mit unzureichenden Methoden vorging und einer noch zu stark auf den Nationalstaat ausgerichteten politischen Gedankenwelt verhaftet war, deren Zeit mir abgelaufen schien.

Nachdem der Moskauer Vertrag am 12. August 1970 unterschrieben und der – sich dann als äußerst langwierig herausstellende – Prozeß seiner Ratifizierung durch den Deutschen Bundestag eingeleitet worden war, wollte die Bundesregierung schnell handfeste Erfolge in den politischen Beziehungen zur Sowjetunion als Ergebnis dieses in der deutschen Öffentlichkeit höchst umstrittenen Vertrags vorweisen können. Dem sollte die baldige Eröffnung von ersten Generalkonsulaten dienen, für die Hamburg und Leningrad vorgesehen wurden. Darauf hatten sich die beiden Verhandlungsführer Bahr und Botschafter Valentin Falin – der Leiter der für die Beziehungen zur Bundesrepublik Deutschland zuständigen 3. Europäischen Abteilung im sowjetischen Außenministerium – bereits frühzeitig verständigt. Das deutsche Drängen wurde dadurch unterstrichen, daß die Botschaft bereits im Juli 1970 – also noch vor Unterzeichnung des Moskauer Vertrags – auf Weisung aus Bonn im sowjetischen Außenministerium ein *Aide mémoire* mit Vorschlägen zu den Themen zu übergeben hatte, über die in diesem Zusammenhang verhandelt werden sollte. In einer „vorläufigen Instruktion" für die Verhandlungen, die uns das Auswärtige Amt unter dem Datum des 17. August 1970 übersandte, hieß es dann unumwunden, die Bundesregierung sei an der schnellen Errichtung eines Generalkonsulats in Leningrad interessiert. Dem war hinzugefügt worden, die sowjetische Regierung „scheine" über ein gleichgerichtetes Interesse an der Errichtung eines Generalkonsulats in Hamburg zu verfügen. Daher sollte sich auch ein baldiger Termin für die Eröffnung der beiden Generalkonsulate vereinbaren lassen, sobald die Verhandlungen zum Abschluß gelangt wären. Deutlicher konnte die politische Vorgabe nicht sein.

Daraufhin reiste im Oktober 1970 eine kleine Delegation des Auswärtigen Amts unter Leitung des damaligen Unterabteilungsleiters in der Zentralabteilung, Ministerialdirigent Horst Röding, nach Moskau. Die Verhandlungen leitete auf deutscher Seite Botschafter Helmut Allardt, auf sowjetischer Seite Botschafter Falin. Unsere Instruktionen lauteten, nicht nur über die Errichtung von Generalkonsulaten zu verhandeln, sondern diese Gelegenheit auch dazu zu nutzen, um – selbstverständlich auf Basis der Gegenseitigkeit – die Anhebung der uns in der Sowjetunion zustehenden konsularischen Befugnisse, Vorrechte und Befreiungen zu erreichen. Die Sowjetunion hatte es immer abgelehnt, dem Wiener Übereinkommen von 1963 über konsularische Beziehungen beizutreten und es vorgezogen, ihre Konsularbeziehungen durch bilaterale Abkommen zu regeln. Seit dem deutsch-sowjetischen Konsularvertrag von 1958 war sie nun aber eine Reihe anderer Vereinbarungen dieser Art eingegangen, in denen umfassendere Befugnisse vorgesehen waren als in dem mit uns geschlossenen Vertrag. Das hatte zur Folge, daß z.B. mein amerikanischer Kollege „sofort" (*immediately*), spätestens aber binnen drei Tagen, unterrichtet werden mußte, wenn irgendwo in der UdSSR ein US-Staatsangehöriger verhaftet worden war, und daß ihm „unverzüglich" (*without delay*), d.h. binnen zwei bis vier Tagen, Zutritt zu dem Verhafteten zu gewähren war. Wir indessen besaßen diese Rechte nicht, waren auf die Gnade der sowjetischen Behörden angewiesen und mehrfach erst nach Wochen über die Verhaftung eines Deutschen unterrichtet worden. Als einen Weg, um den Vertrag von 1958 an die seither erfolgte Entwicklung anzupassen, schlugen wir vor, die sowjetische Seite sollte erklären, daß im deutsch-sowjetischen Verhältnis das Wiener Übereinkommen Anwendung findet.

Als die deutsche Delegation dieses Anliegen beim ersten Treffen zur Sprache brachte, stieß sie auf harten Widerstand. Noch jetzt klingt mir die Behauptung von Botschafter Falin in den Ohren, dies könnte nur in der Form eines ratifikationsbedürftigen Zusatzprotokolls zum Konsularvertrag vereinbart werden. Alles andere wäre „ein Verstoß gegen die sowjetische Verfassung". Wir hingegen waren der Auffassung, die Einräumung von Zugeständnissen der genannten Art, wie sie anderen Staaten gegenüber bereits gemacht worden waren, ließe sich als Auslegung bzw. Anwendung des Konsularvertrags von 1958 sehr wohl in der Form eines nicht-ratifikationsbedürftigen Notenwechsels fixieren. Unausgesprochener Hintergrund dieser kontroversen Positionen war die damals noch ungelöste Frage der Einbeziehung Berlins in deutsch-sowjetische Verträge, die der Form einer der Zustimmung durch die Parlamente unterliegenden Vereinbarung entgegenstand (und die erst durch das Berlin-Abkommen von 1972 geregelt wurde). Bei der anschließenden Manöverkritik in der abhörsicheren „Kabine" der Botschaft wurde deutlich, unter welch starkem politischem Druck der Leiter der Delegation aus Bonn stand, schnell ein Verhandlungsergebnis zu erzielen. Nur mit Mühe gelang es der Botschaft, ihrem Standpunkt Geltung zu verschaffen, nämlich wenigstens bis zur nächsten Verhandlungsrunde, die wieder in Moskau stattfinden sollte, zu warten und unsere Position, die Eröffnung von Generalkonsulaten setze die Einräumung von Mindestzugeständnissen bei den konsularischen Befugnissen voraus, nicht gleich beim ersten Widerstand aufzugeben. Dabei wurde ich durch den damaligen stellvertretenden Leiter des Sowjetunionreferats Andreas Meyer-Landrut unterstützt, welcher der Delegation als Vertreter der Politischen Abteilung angehörte und der mir hinter dem Rücken von Röding ermutigende Zeichen gab, da er selbst in die Delegationsdisziplin eingebunden war. Die Rechtsabteilung war durch den Konsularrechtsspezialisten Dr. Klaus Hofmann vertreten. Und siehe da: Als wir in der zweiten Verhandlungsrunde im November 1970 wiederum unsere Forderung nach gleichzeitiger Anhebung wichtiger konsularischer Befugnisse auf den auch anderen Staaten eingeräumten Standard vorbrachten, gab es von sowjetischer Seite keinerlei Einwände mehr. Nie wieder war von der „sowjetischen Verfassung" oder anderen formalen Hindernissen die Rede. Moskau war in der Tat offenbar nicht minder als die Bundesregierung an einem schnellen Abschluß interessiert, wenn dort wohl auch noch andere Motive hinzukamen: Man wollte bald über einen mit Privilegien und Immunitäten ausgestatteten Stützpunkt in der Hafenstadt Hamburg verfügen. So jedenfalls ließ der Versuch vermuten, die Erlaubnis zur Installation von umfangreichen Funk-Sende- und Empfangsanlagen zu erhalten, der aber an dem Veto unserer inneren Behörden scheiterte.

Ein Problembereich bei den Verhandlungen war der Zuschnitt der Amtsbezirke der beiden Generalkonsulate. Die sowjetische Seite forderte weite Teile der Bundesrepublik Deutschland als Konsularbezirk und glaubte, dies durch das Angebot großflächiger Gebiete im russischen Nordwesten sowie des gesamten Territoriums der drei baltischen Sowjetrepubliken kompensieren zu können. Darauf konnten wir uns schon aus Gründen einer einigermaßen ausgewogenen Gegenseitigkeit nicht einlassen. Auch wäre uns anderenfalls bei künftigen Verhandlungen über die Errichtung weiterer Generalkonsulate nur noch wenig Manövriermasse verblieben. Als Argumentationsgrundlage fertigte ich daher mit Hilfe unseres Dolmetschers Hermann Scheel eine Aufstellung an, die den Anteil des von sowjetischer Seite geforderten Konsularbezirks am Gesamtterritorium der Bundesrepublik Deutschland im Vergleich zum Anteil des uns angebotenen Konsularbezirks am Territorium der Sowjetunion zeigte. Fiel dieser Vergleich bereits eklatant zu unseren Ungunsten aus, so war das Ungleichgewicht noch augenfälliger, wenn man die umfangreichen Sperrgebiete berücksichtigte, die es auch in diesem Teil der Sowjetunion gab. Während somit ganz erhebliche Teile der uns angebotenen Flächen unzugänglich waren, würden sich ein künftiger sowjetischer Generalkonsul und seine Mitarbeiter in Deutschland nahezu völlig frei bewegen können. Nicht nur zu meinem, sondern auch zum Bedauern unseres Kollegen Immo Stabreit, der an den Verhandlungen als Stellvertreter des politischen Botschaftsrats teilnahm, verwendete Botschafter Allardt unsere schönen Zahlen gegenüber Botschafter Falin aber nur in recht allgemeiner Form. Dabei handelte er sich noch die völlig aus der Luft gegriffene Behauptung ein, auch in der Bundesrepublik gäbe es umfangreiche Sperrgebiete für Ausländer, die sich Falin zudem mit einem „Jawohl, Herr Botschafter" von seinem ebenfalls der deutschen Sprache nahezu perfekt mächtigen Stellvertreter, dem Gesandten Avrelij Tokovinin, bestätigen ließ. Schließlich einigten wir uns auf die Bundesländer Hamburg, Bremen, Niedersachsen und Schleswig-Holstein als einen angemessenen Amtsbezirk für das sowjetische Generalkonsulat.

Hinsichtlich des für uns in Frage kommenden Amtsbezirks hatten wir noch ein Sonderproblem: Mit perfekt gespielter Harmlosigkeit hatte uns Falin die Sowjetrepubliken Estland, Lettland und Litauen angeboten und diese noch als besonders interessant schmackhaft zu machen versucht. Natürlich wußte er, daß sich die Bundesregierung angesichts ihrer Nichtanerkennung der Annexion der baltischen Staaten – einer der Gründe, die sie bei Aufnahme der diplomatischen Beziehungen 1955 zu einem territorialen Vorbehalt veranlaßt hatte – hierauf ebenso wenig einlassen konnte wie die USA und andere westliche Staaten, die von ganz wenigen Ausnahmen abgesehen alle die gleiche Haltung einnahmen. Einen Versuch schien es dem sowjetischen Unterhändler, zumal gegenüber der erst kurz im Amt befindlichen sozial-liberalen Koalitionsregierung, aber doch wert zu sein. Auf unseren Bericht erhielten wir eine deutliche, vom Leiter der Politischen Abteilung Berndt von Staden gezeichnete Drahtweisung des Auswärtigen Amts, die keinen Zweifel daran ließ, daß unsere Position unverändert fortgalt und wir uns daher nur wie unsere westlichen Partner mit der Einbeziehung der Hauptstädte von Estland und Lettland, Tallinn und Riga, in den Konsularbezirk einverstanden erklären könnten (Wilna sollte weiterhin zur Zuständigkeit der Botschaft zählen, und zwar im Hinblick auf eine einheitliche Betreuung der Rußlanddeutschen – in diesem Fall vor allem der Memeldeutschen – durch die Rechts- und Konsularabteilung in Moskau, während in Est- und Lettland damals noch kaum Rußlanddeutsche ansässig waren). So einigten wir uns also auf die Städte Tallinn und Riga, die zusammen mit den Städten und Gebieten Leningrad, Murmansk, Novgorod und Pskov, der Karelischen Autonomen Sozialistischen Sowjetrepublik und der Stadt Archangelsk den Amtsbezirk des Generalkonsulats Leningrad ausmachen sollten.

Zwischen der zweiten und einer abschließenden dritten Verhandlungsrunde im April 1971 erörterten dann der mehrfach aus Bonn anreisende Dr. Hofmann und ich auf Arbeitsebene in der Konsularverwaltung des Außenministeriums die Ausgestaltung der erweiterten konsularischen Befugnisse. Wir hatten dazu eine Synopse aller Befugnisse angefertigt, welche die sowjetische Seite im Lauf der seit dem Konsularvertrag von 1958 vergangenen Jahre dritten Staaten zusätzlich eingeräumt hatte. Im Endergebnis konnten wir uns mit einer Ausnahme in allen Fällen durchsetzen und auf diese Weise sozusagen im Wege der Meistbegünstigung mit anderen Staaten wie den USA, Großbritannien und Frankreich nicht nur gleichziehen, sondern eben den besten Standard konsularischer Befugnisse vereinbaren, den die Sowjetunion bis dahin überhaupt jemals einem anderen Staat eingeräumt hatte. Bei der einzigen Ausnahme hiervon handelte es sich um eine Bestimmung, die ich nur in der sowjetisch-österreichischen Konsularkonvention gefunden hatte und welche die Verpflichtung enthielt, jede konsularische Anfrage innerhalb von 48 Stunden schriftlich zu beantworten. Dazu erklärten uns die Gesprächspartner in der Konsularverwaltung, es hätte sich in der Praxis als unmöglich erwiesen, einer solchen Verpflichtung nachzukommen, und baten uns daher, hiervon Abstand zu nehmen. Angesichts der großen Entfernungen innerhalb der Sowjetunion und der Schwerfälligkeit ihrer Bürokratie mußten wir das einsehen.

Nachdem wir uns auf Arbeitsebene geeinigt hatten, konnte das Ergebnis während der dritten und letzten Verhandlungsrunde verabschiedet und in einem Protokoll festgehalten werden, das die beiden Unterhändler Allardt und Falin am 15. April 1971 im Außenministerium unterzeichneten. In diesem Protokoll wurde bestimmt, daß das Verhandlungsergebnis den beiden Regierungen zur Prüfung und Bestätigung vorgelegt und die Bestätigung in der Form eines in Bonn zu vollziehenden Notenwechsels erfolgen sollte. Nachdem dieses am 22. Juli 1971 geschehen war, bildeten die in den Verhandlungen präzisierten, d.h. *de facto* gegenüber dem Konsularvertrag von 1958 erweiterten konsularischen Amtsbefugnisse bis zu dem später erfolgten Beitritt der Sowjetunion zum Wiener Übereinkommen (1989) die Grundlage für die Tätigkeit nicht nur des Generalkonsulats in Leningrad, sondern natürlich auch der Konsularabteilung der Botschaft Moskau mit ihrer Zuständigkeit für den größten Teil der Sowjetunion.

Auf eine kleine Episode kurz vor Unterzeichnung des Protokolls bin ich immer stolz gewesen. Sie hat sich auf unserer, wohl aber auch auf sowjetischer Seite aktenmäßig nicht niedergeschlagen und dürfte somit nur den beiden unmittelbar beteiligten Personen bekannt sein. Nachdem jede Seite ihr sogenanntes Alternat auf ihrem und dem Vertragspapier der anderen Seite geschrieben hatte, ging ich mit unserem Exemplar zum Textvergleich in die 3. Europäische Abteilung des Außenministeriums. Sie hatte sich diesen Vorgang ausdrücklich vorbehalten und überließ der Konsularverwaltung nur das Siegeln der Dokumente. Nun hatte ich in der deutschen Fassung des Protokolls den Namen der Stadt Tallinn bewußt gemäß der estnischen Orthographie mit *zwei* „n" schreiben lassen, während die russische d.h. offizielle sowjetische Schreibweise Tallin (also mit *einem* „n") lautete, und war jetzt gespannt, wie Terechov, damals 1. Sekretär und mir als mein ständiger Gesprächspartner wohlbekannt, der mich allein empfing, darauf wohl reagieren würde. Als er zu der besagten Stelle kam, monierte er wie erwartet die Schreibweise der estnischen Hauptstadt im deutschen Text, während ich gegen die sowjetische Schreibweise im russischen Text nichts einzuwenden hatte, da mir klar war, daß ich diese nicht beeinflussen konnte.

Daraufhin argumentierte ich, wir würden im Deutschen „Tallinn" schreiben, weil es sich um den estnischen Namen der Stadt handelte, wofür er im Lichte der Leninschen Nationalitätenpolitik doch sicher Verständnis hätte u.s.w. Ob ich als zusätzliches Argument hinzufügte, der deutsche Name der Stadt lautete ohnehin Reval, ein weiterer Grund, die estnische Orthographie zu respektieren, erinnere ich mich nicht mehr genau – wahrscheinlich nicht, weil mir die sowjetische Abneigung gegen „Reval" bekannt war und ich in dieser heiklen Situation kein Interesse daran haben konnte, Emotionen zu schüren. Zu meiner nicht geringen Erleichterung gab sich Vladislav Terechov hiermit aber zufrieden und ließ den Text passieren. Der Grund hierfür dürfte der Zeitdruck gewesen sein, unter dem wir angesichts eines bereits vereinbarten Unterzeichnungstermins standen, und die Gewißheit, daß in der Sowjetunion ohnehin nur der russische Text zur Kenntnis genommen würde. Hätte er gewußt, daß dies ein Alleingang von mir war und mich damals vermutlich niemand gedeckt hätte, wäre diese Frage von sowjetischer Seite offiziell aufgeworfen worden, dann hätte er vielleicht anders reagiert. Dieses Verhalten von Terechov und die Tatsache, daß er mich – ganz unüblich – allein und ohne Zeugen empfangen hatte, war für mich damals ein Indiz, daß er sich bei seinen Vorgesetzten eines großen Vertrauens erfreute und über eine gute Verankerung in der Partei verfügen mußte. Seine spätere steile Karriere – er wurde in relativ jungen Jahren Leiter der Personalabteilung des Außenministeriums und dann Botschafter in Bonn, was er bis 1997 geblieben ist – scheint dies zu bestätigen. Vor meiner Ausreise nach Leningrad habe ich ihm im Sommer 1990 in seiner Residenz in Bad Godesberg einen Besuch gemacht, bei dem wir uns natürlich auch der gemeinsamen Jahre in Moskau erinnerten. Die Schreibweise der estnischen Hauptstadt, die nun zu meinem Amtsbezirk zählen würde, haben wir bei diesem Gespräch aber nicht berührt ... Allerdings war mittlerweile, schon zu Zeiten von Gorbatschov (1988), die russische der estnischen Schreibweise „Tallinn" angepaßt worden. Ich erwähne diese Episode auch deshalb, weil sie – wie Falins anfängliche Weigerung, auf unseren Wunsch nach Anpassung der konsularischen Befugnisse einzugehen – in gewisser Weise typisch für die Verhaltensweise der sowjetischen Hochbürokratie war, die sich im Falle eines mit Nachdruck vertretenen Standpunkts gerne arrangierte, wenn dies politisch möglich schien. Diese Geschichte erklärt auch, warum ich während meiner Zeit als Botschafter in Estland geradezu allergisch reagierte, wenn – selbst in Texten des Auswärtigen Amts – von „Tallin" mit einem „n" die Rede war, wie z.B. auf dem Flughafen Frankfurt, wo ich Monate nach Aufnahme des direkten Flugverkehrs im Frühjahr 1992 noch die alte sowjetische Orthographie antraf, als ich zum ersten Mal von dort abflog. Auf meinen noch im Flugzeug verfaßten Brief an den Vorstand der Lufthansa hin wurde dies dann mit vielen Entschuldigungen abgestellt.

Nachdem die Verhandlungen abgeschlossen waren, sollten ihre Ergebnisse auch schnell ins Werk gesetzt werden. Damit stellte sich die Frage nach der Unterbringung der neu zu errichtenden Generalkonsulate. Die Botschaft erhielt vom Außenministerium die Mitteilung, in Leningrad stünden verschiedene Immobilien zur Besichtigung bereit und wir möchten uns doch zu diesem Zweck dorthin begeben. Also reiste ich mit Herrn Scheel als Dolmetscher an die Neva. Wir meldeten uns beim Leiter der Außenstelle Leningrad des Ministeriums, Herrn Popov. Dieser gab uns einige Adressen, mit denen wir uns aufmachten, um alsbald festzustellen, daß es sich um vollkommen unannehmbare Objekte handelte: Heruntergekommene ehemalige Mietshäuser mit Hinterhöfen à la Dostojevskij in einer unattraktiven Gegend hinter dem Moskauer Bahnhof. Meine Vorstellung war gewesen, daß man uns eines der vielen Stadthäuser oder kleineren Palais an der *Mojka* oder *Fontanka* oder am *Gribojedov-Kanal* zur Restaurierung anbieten würde. Vorsichtshalber hatte ich vor Antritt der Reise mit meinem amerikanischen Kollegen Peter Swiers, dem Leiter der Konsularabteilung der US-Botschaft, gesprochen, von dem ich wußte, daß sich in Leningrad bereits der designierte künftige erste amerikanische Generalkonsul aufhielt. Er hatte mir angeboten, uns bei seinem Kollegen in Leningrad zu avisieren, damit wir von dessen Erfahrungen profitieren könnten. So suchten Scheel und ich also Mr. Culver Gleysteen auf, der mit seiner Frau eine mit schönen alten Möbeln ausgestattete Suite im *Hotel Astoria* mit dem herrlichen Blick auf das von Clodt von Jürgensburg geschaffene Reiterstandbild Nikolais I., das Marienpalais, die ehemalige kaiserliche deutsche Botschaft nach dem Entwurf von Behrens und auf die Isaaks-Kathedrale bewohnte. Mr. und Mrs. Gleysteen empfingen uns auf das Liebenswürdigste, und der Generalkonsul *in spe* teilte uns in höchst kollegialer Weise seine bei der Gebäudesuche mit den Leningrader Behörden gemachten Erfahrungen mit. Er hatte auf diese Suche bereits viel Zeit und Mühen verwendet und befand sich kurz vor dem Ziel: Von allen Objekten, die ihm angeboten worden waren, wären jetzt zwei zur Auswahl übriggeblieben. Nunmehr müßte Washington entscheiden. Dies stünde unmittelbar bevor. Nach seiner Einschätzung würde man dort dem größeren der beiden, übrigens in derselben Straße gelegenen Häuser den Vorzug geben, während er persönlich das kleinere vorzöge. Da es sich bei den beiden Objekten um die besten derzeit verfügbaren Angebote in der Stadt handelte, empfahl Mr. Gleysteen, diese wenigstens von außen anzusehen und bot zugleich an, mich über Peter Swiers zu unterrichten, sobald Washington entschieden haben würde. So machten Scheel und ich uns in die *Ulica Petra Lavrova* auf, um die beiden Häuser in Augenschein zu nehmen. Die Lage an einer auf den Taurischen Garten zulaufenden breiten Straße mit einem von zwei Baumreihen gesäumten Mittelstreifen gefiel uns schon viel besser als das, was wir bisher gesehen hatten. Das galt auch für die Gebäude, selbst wenn es sich um keine Palais an einem der das Stadtzentrum durchziehenden Kanäle handelte. Gerade das kleinere, näher am Taurischen Garten gelegene, dem Stil nach etwa aus der Zeit um 1840 stammende Haus, das auch Mr. Gleysteen vorgezogen hätte, schien für unsere Zwecke besonders geeignet (Abbildung 1). Nicht ohne zuvor Herrn Popov unser Desinteresse an den von ihm vorgeschlagenen Immobilien zu erkennen gegeben zu haben, kehrten wir nach Moskau zurück. Kurz darauf erfuhr ich, daß sich Washington wie erwartet für das größere Objekt entschieden hatte. Die Botschaft berichtete nach Bonn und schlug vor, sie zu ermächtigen, die sowjetische Seite zu bitten, uns das andere Haus als Unterbringung für das künftige Konsulat anzubieten. So geschah es. Nach umfangreichen Umbauten und Renovierungsarbeiten konnte dann 1975 unser erster Generalkonsul, Dr. Alfred Blumenfeld, nachdem er zuvor seit 1972 im *Hotel Astoria* provisorisch amtiert und residiert hatte, dort seine Dienstgeschäfte aufnehmen und Wohnung beziehen und ich als einer seiner Nachfolger am 10. September 1990. Es ist dies sicher einer der wenigen Fälle in unserem auswärtigen Dienst, in denen jemand ganz unerwartet in den unmittelbaren Genuß früherer eigener Tätigkeit gelangte; denn wer hätte 1971 ahnen können, daß ich beinahe 20 Jahre später selbst Generalkonsul in Leningrad sein würde.

Deutsche Vereinigung an der Neva

Der erste Termin in Leningrad war ein Besuch beim Generalkonsul der DDR. Michael von Ungern-Sternberg, bisher Geschäftsträger und nun mein ständiger Vertreter, hatte ihn schon vor meinem Eintreffen im Hinblick auf die unmittelbar bevorstehende Wiedervereinigung Deutschlands vereinbart. Wir fuhren zusammen zu dem DDR-Generalkonsulat, das in einem schönen Gebäude von großbürgerlichem Zuschnitt aus der Zeit um die Jahrhundertwende am *Bolšoj Prospekt* auf der *Vasiljevskij-Insel* untergebracht war. Generalkonsul Heinz Bauer empfing uns mit einigen seiner Mitarbeiter korrekt und höflich und führte uns durch das Haus. Dann nahmen wir an einer auf gute deutsche Art gedeckten Kaffeetafel Platz, um die Modalitäten der Übergabe des Konsulats an uns, die bis zum 3. Oktober abgeschlossen sein mußte, zu besprechen.

In diesen drei Wochen ist es zu keinerlei Mißstimmung zwischen den beiden deutschen konsularischen Vertretungen gekommen. Im Gegenteil: Wir haben im Hinblick auf das uns vorgegebene Ziel gut zusammengearbeitet. Dabei konnte ich die vorbildliche Ordnung, die im DDR-Generalkonsulat in allen für uns einzusehenden Bereichen herrschte, nur bewundern. Sie unterschied sich in manchem vorteilhaft von dem, was ich in der Verwaltung der eigenen Behörde vorgefunden hatte. Daran mußte ich oft denken, wenn später davon die Rede war, die klassischen deutschen Tugenden, oder die zumindest als solche galten, hätten sich bei den Menschen in der DDR in einer ursprünglicheren Form als unter den in Jahrzehnten des Wohlstands verwöhnten Bundesbürgern erhalten.

Auch nach außen hin trat der DDR-Kollege in meiner Gegenwart als Vertreter gemeinsamer deutscher Interessen auf, und ich hatte nie Anlaß daran zu zweifeln, daß er dies auch tat, wenn ich nicht dabei war. Als in jenen Tagen der Vorsitzende des Stadtparlaments (Lensowjet), der dann im Juni 1991 zum ersten Bürgermeister von Leningrad gewählte Anatolij Sobtschak, den ich damals noch kaum kannte, die Generalkonsuln aus einem mir nicht mehr erinnerlichen Anlaß zu sich gebeten hatte, flüsterte mir der nach Aussagen seiner Mitarbeiter des Russischen in Wort und Schrift perfekt mächtige Generalkonsul Bauer zu, die mich begleitende deutsche Mitarbeiterin unseres Sprachendienstes hätte eine Bemerkung von mir ziemlich sinnentstellend gedolmetscht, er werde das zurechtrücken. Daraufhin legte er die von mir zuvor vertretene Haltung – wie ich der Rückübersetzung entnehmen konnte – nochmals dar und identifizierte sich mit ihr – dabei konnte er von mir nicht mehr als deutsch-deutschen Dank unter Kollegen erwarten.

Was in den Köpfen und Herzen der Angehörigen der DDR-Vertretung vorging, entzog sich selbstverständlich unserer Beobachtung. Diejenigen, denen die Entwicklung, welche die Politik genommen hatte, nicht passen konnte, ließen dies jedenfalls nicht erkennen, geschweige denn uns durch eine wie immer geartete Verweigerungshaltung spüren. Das änderte allerdings nichts daran, daß in den letzten Tagen vor der Wiedervereinigung von der Leitung des DDR-Generalkonsulats so gut wie alle Akten vernichtet wurden. Die Geldakten und das umfangreiche Inventar wurden uns jedoch in peinlichster Ordnung übergeben. Unsererseits bemühten wir uns, den Angehörigen des DDR-Konsulats diese für sie ungeachtet ihrer inneren Einstellung schwierige Situation zumindestens im zwischenmenschlichen Bereich so gut es ging zu erleichtern. Auch gelang es uns, vom Auswärtigen Amt die vorübergehende Übernahme von immerhin insgesamt neun Mitarbeitern des ehemaligen DDR-Konsulats in unsere Dienste zu erwirken. Sie haben gute Arbeit geleistet. Bei einigen, die wegen ihrer langjährigen Erfahrungen mit dem Wirtschaftsleben von Stadt und Gebiet Leningrad für uns besonders wertvolle Mitarbeiter wurden, weil wir Gleichwertiges nicht aufzuweisen hatten, ist es mir durch hartnäckige Interventionen gegenüber Bonn gelungen, sie über die ursprünglich als Obergrenze angesetzten sechs Monate hinaus zu beschäftigen, bis auch sie beinahe ausnahmslos „abgewickelt" wurden – wie diese unschöne neudeutsche Wortschöpfung lautete.

Alle Bonn gegenüber unternommenen Bemühungen, das am 3. Oktober auf uns übergegangene Gebäude des ehemaligen DDR-Generalkonsulats für eine bundesdeutsche Institution wie z.B. ein Goethe-Institut zu „retten", blieben hingegen erst einmal erfolglos. Da nützte auch kein Hinweis, daß es uns – wenn wir den Mietvertrag mit der Stadt Leningrad nicht rechtzeitig verlängerten – wohl kaum so bald wieder gelingen würde, ein Haus von vergleichbar großzügigem und repräsentativem Zuschnitt, dabei noch so hervorragend gelegen, zu bekommen. Auch weil wir immer wieder angewiesen wurden, nach Möglichkeiten zur Aufrechterhaltung der traditionellen Absatzmärkte der ostdeutschen Industrie in der Sowjetunion zu suchen und hierzu Vorschläge zu machen, schwebte mir insbesondere eine den Interessen der deutschen Wirtschaft dienende Verwendung dieses dazu wie geschaffenen Gebäudes vor. Allerdings sollten die von uns verlangten Vorschläge nichts kosten dürfen, wurde ungeachtet der damals schon erkennbaren Tatsache, daß es ohne gewisse Anfangsinvestitionen später nur noch teurer werden würde, aus Bonn stets hinzugefügt. Die Stadt Leningrad unter der Leitung von Sobtschak war nicht nur bereit, sondern im Hinblick auf eine Vertiefung der Wirtschaftsbeziehungen ihrer selbst mit immensen wirtschaftlichen Problemen konfrontierten Großindustrie zum wiedervereinigten Deutschland höchst interessiert, die Vermietung des Hauses auf *Vasilij Ostrov* für einen solchen Zweck fortzusetzen. Nachdem ich aus Bonn eine quasi definitive Absage erhalten hatte, setzte ich mich an einem Wochenende hin und trug nochmals alle Argumente zusammen, die für die Errichtung eines „Hauses der Deutschen Wirtschaft" an der Neva sprachen, und sandte sie in der Form eines Drahtberichts an das Auswärtige Amt, gleichzeitig zur Unterrichtung des Bundeswirtschaftsministeriums und der Selbstverwaltungsorgane der „verfaßten" deutschen Wirtschaft wie den Deutschen Industrie- und Handelstag (DIHT) und den Bundesverband der Deutschen Industrie (BDI). Dem waren Gespräche mit dem hochengagierten und ungewöhnlich tüchtigen Geschäftsführer des Ost-Ausschusses der deutschen Wirtschaft beim BDI Dr. Karl-Hermann Fink vorausgegangen, den ich seit gemeinsamen Münchener Studententagen auch persönlich kannte. Dieser hatte von Anfang an meine Auffassung geteilt. Wie das dann manchmal so geschieht: Der Bericht kam zu einem günstigen Moment, als Dr. Fink gerade die Bonner Ablehnungsfront mehr oder weniger von seiner Seite aus sturmreif geschossen hatte und es nur noch eines letzten Anstosses bedurfte. So erreichten wir in gutem Zusammenspiel und mit etwas Glück das Ziel, das wir uns beide gemeinsam gesteckt hatten. Der DIHT konnte, dazu noch zu höchst günstigen Konditionen, im März 1991 mit der Stadt Leningrad einen Mietvertrag abschließen, womit das vormalige Generalkonsulat der DDR als „Haus der Deutschen Wirtschaft" zum Sitz eines „Delegierten der deutschen Wirtschaft" in Leningrad wurde, nachdem man sich in Bonn schließlich auch noch zur Ernennung eines solchen durchgerungen hatte. Außerdem fanden in dem Haus Repräsentanzen einer Reihe deutscher Unternehmen, allen voran die Firma Siemens, eine Bleibe. Auf diese Weise bin ich zum zweiten, aber nicht zum letzten Mal in meiner Laufbahn und ganz untypisch für einen Diplomaten für den Erwerb (genauer gesagt: die langfristige Anmietung) eines Gebäudes im Interesse unserer auswärtigen Beziehungen verantwortlich gewesen, und beidesmal in Leningrad. Später ist diese Entscheidung allseits begrüßt und als beinahe schon selbstverständliche Notwendigkeit hingestellt worden. *Nothing is more successful than success*, sagen dazu die Angelsachsen.

*

Doch zurück in den September 1990, als wir den Tag der Wiedervereinigung und seine angemessene Begehung vorzubereiten hatten. Von nun an war der 3. Oktober unser Nationalfeiertag, an dem die diplomatischen und konsularischen Vertretungen aller Länder weltweit zu einem Empfang einzuladen pflegen.

In Leningrad gab es ein als deutsch-russisches Gemeinschaftsunternehmen betriebenes Restaurant, das württembergische Spezialitäten anbot und unter dem sinnigen Namen *Švabskij Domik* („Schwabenhäusle") firmierte. Das war mir als „Halbschwaben" – wie mein Vater uns Kinder einer Mutter aus Württemberg gerne nannte – natürlich sympathisch. Nachdem auch ein Probeessen günstig ausgefallen war, entschied ich mich, den Empfang zum 3. Oktober im Generalkonsulat durch das „Schwabenhäusle" ausrichten zu lassen. Das verärgerte übrigens den Inhaber des eingangs erwähnten Lokals am *Gribojedov-Kanal*, einen Hamburger Kneipenwirt, der wohl davon, daß offizielle Besucher aus der Partnerstadt Leningrads an der Alster gewöhnlich als erste Amtshandlung bei ihm einkehrten, auch einen Anspruch als erstes deutsches Haus am Platze mit daraus folgender Privilegierung glaubte herleiten zu können. Jedenfalls soll er sich mit der Geschmacklosigkeit revanchiert haben, nachmittags vor Beginn des offiziellen deutschen Empfangs unweit des Generalkonsulats auf der Straße Freibier auszuschenken und dies auf seine Weise zu kommentieren – so erzählten empörte Mitarbeiter. Als es dann so weit war und die Gäste eintrafen, begann sich ein nichtendenwollender Besucherstrom über meine Mitarbeiter und mich zu ergießen, den wir in den ausgedehnten Räumlichkeiten des ersten Stockwerks des Gebäudes an der *Petra Lavrova* empfingen. Wir hatten großzügig und bis an die Grenze unserer Kapazitäten Gäste aus dem ganzen Amtsbezirk eingeladen, auch aus Tallinn und Riga, und viele von ihnen kamen – auch einige, mit denen wir nicht gerechnet hatten: Mitten im Getümmel tauchte eine Gruppe von nicht weniger als 36 Damen mittleren Alters auf, die sich als Angehörige des Deutschen Hausfrauenbundes von Geesthacht zu erkennen gaben und strahlend berichteten, sie befänden sich auf ihrem Jahresausflug, und da hätten sie eben einmal vorbeigeschaut, wie sie das bei unseren Auslandsvertretungen immer gerne täten ... Wie hätte man auf so viel Patriotismus anders reagieren können, als ebenfalls Freude zu bekunden! Da alle Gäste, wie auch später bei Empfängen in Estland, mehr oder weniger zur gleichen Zeit eintrafen, was wir bei der Organisation nicht bedacht hatten, muß in der Eingangshalle im Erdgeschoß des Konsulats ein unbeschreibliches Gedränge geherrscht haben. Jedenfalls ist mir unvergeßlich, wie Sobtschak, als er sich in der *reception line* bis zu uns vorgearbeitet hatte, seinen Glückwünschen die halb irritierte, halb ironische Bemerkung hinzufügte, er hoffe, die Vereinigung Deutschlands werde in besserer „Ordnung" als dieser Empfang verlaufen. Wir hatten nämlich keine Vorkehrungen getroffen, die Würdenträger aus „Staat und Gesellschaft" an den übrigen Gästen vorbeizuschleusen, womit der erste Mann der Stadt ungeachtet seiner ausgewiesenen demokratischen Gesinnung und seiner Verachtung für das Gehabe der sowjetischen Nomenklatura wohl doch gerechnet hatte. Allerdings soll er auch, in der Menge der wartenden Gäste eingekeilt, von verschiedenen Seiten um dieses und jenes angegangen worden sein, was verständlicherweise nicht geeignet gewesen war, ihn in Hochstimmung zu versetzen. Doch hat Sobtschak uns das nicht entgelten lassen und ist an diesem 3. Oktober 1990 lange bei uns geblieben. Viele der Gäste, vor allem ältere Menschen, gratulierten mir mit einer Herzlichkeit, manche mit Tränen in den Augen, zur wiedererlangten deutschen Einheit, die schon recht bewegend war – und sie waren Russen in einer Stadt, die im Kriege unendlich unter der deutschen Belagerung gelitten hatte. Unter denen, die besonders herzlich gratulierten, waren auch einige höhere Offiziere. Als wir dann alle empfangen hatten und ich beginnen konnte, mich in den beiden Sälen zu bewegen, in denen wir mit Hilfe des „Schwabenhäusle" von strategisch ausgewählten Punkten aus die Gäste mit warmen Speisen und Getränken bewirteten, da war kaum an ein Durchkommen zu denken, so dicht gedrängt standen alle. Es waren etwa 400 Personen gekommen, so daß wir schon Befürchtungen hinsichtlich der Tragfähigkeit des Gebäudes hegten. Aber alles ging gut.

Mit Botschafter Klaus Blech hatte ich mich abgesprochen, genauso wie er in Moskau keine Rede zu halten, denn – wie er überzeugend bemerkt hatte – zu dem Thema wäre schon „alles gesagt" worden. Mir kam das sehr entgegen, zumal ich immer der Auffassung gewesen bin, daß Reden auf diplomatischen Empfängen grundsätzlich nur stören. Daran habe ich mich bei von mir gegebenen Empfängen auch stets gehalten. Vielleicht hätte an diesem besonderen Tag eine Ausnahme gemacht werden können. Jedenfalls kamen Rufe nach einer Rede auf. Allerdings nahmen diese von einer Gruppe westdeutscher Jugendlicher ihren Ausgang, die in Leningrad studierten und die bereits einen Zettel mit die deutsche Vereinigung „hinterfragenden" Bemerkungen an eine der Saalwände geklebt hatten. Zufällig hatte ich das bemerkt und den Wisch mit dem Hinweis abgenommen, dies hielte ich nun nicht für die richtige Art der Auseinandersetzung mit diesem Thema, über das ich zu einem anderen Zeitpunkt gerne mit ihnen diskutieren würde (worauf die jungen Landsleute trotz mehrfacher Erinnerung nicht zurückgekommen sind). Bei einer Rede wäre es also möglicherweise zu Zwischenrufen gekommen, die unsere russischen Gäste wohl am wenigsten verstanden hätten, so daß sich die Empfehlung von Botschafter Blech im nachhinein als doppelt gerechtfertigt erwies. Einige dieser Landsleute haben sich dann mit Schmierereien und Anzüglichkeiten in dem ausgelegten Gästebuch verewigt. Im Rückblick erscheint dies wie ein Vorgeschmack auf die Schwierigkeiten, die wir Deutsche uns später mit der Wiedervereinigung selbst machen sollten und die an diesem Tag der Freude, der er doch für die große Mehrheit war, nicht vorausgesehen werden konnten.

Der Kontrast zu diesem Verhalten hätte nicht größer sein können als die Haltung, welche die von uns übernommenen Mitarbeiter des bisherigen DDR-Generalkonsulats einnahmen, die an diesem Tag Bürger der Bundesrepublik Deutschland geworden waren. In Festtagskleidung waren sie vollzählig mit ihren Angehörigen erschienen und harrten wie selbstverständlich bis zum Schluß, als alle Gäste gegangen waren, auf dem Empfang aus, was ich bei anderen Mitarbeitern nicht ohne weiteres voraussetzen konnte. Man mag eine solche Disziplin als nicht mehr zeitgemäß abtun, verkennt dann aber die ihr innewohnende stilbildende Kraft, die dem Gemeinwesen zugutekommt, dem man im öffentlichen Dienst in besonderer Weise verpflichtet ist und das man im auswärtigen Dienst nach außen vertritt. Ich muß gestehen, daß ich diesen neu hinzugekommenen Mitarbeitern für die Art und Weise, wie sie sich damals einfügten, was ihnen sicher nicht immer leichtgefallen ist, dankbar war. Es hat mir auch meine Aufgabe als Behördenleiter erleichtert. Bewundert aber habe ich die Haltung, die der bisherige Generalkonsul der DDR an den Tag legte, für den es keine berufliche Zukunft mehr gab. Er hatte, von mir angesprochen, wie er sich seinen Abschied vorstelle, gebeten, sich darauf beschränken zu dürfen, am Vorabend des 3. Oktober ein letztes Gespräch mit mir unter vier Augen zu führen, und besuchte mich nachmittags in meiner Wohnung zum Tee. Dabei kam von seiner Seite keinerlei Bitterkeit auf; er dankte für die Zusammenarbeit bei der Auflösung der von ihm geleiteten Behörde und wünschte mir alles Gute. Am Abend – so hörte ich später aus dem Konsularcorps – haben Herr Bauer und seine Frau von ihren Leningrader Freunden Abschied genommen; dabei sollen dann die Gefühle zum Ausbruch gekommen sein – wer könnte das nicht verstehen?

Estland im Herbst 1990

Als der 3. Oktober hinter uns lag, stand nach diesen drei Wochen der Einarbeitung einer ersten Reise in den Amtsbezirk und vor allem nach Estland, wohin es mich besonders zog, nichts mehr im Wege. Die Gelegenheit war überdies günstig, denn Anfang Oktober 1990 sollten in Tallinn die Teile des Revaler Stadtarchivs aus Deutschland eintreffen, die gegen Kriegsende ausgelagert worden waren und deren Rückführung eine lange Geschichte hatte, mit der ich in mehrfacher Weise verbunden war.

*

Doch zuvor soll zum Verständnis der Zusammenhänge kurz die politische Lage in Estland im Herbst 1990, und wie es zu ihr gekommen war, skizziert werden, auch wenn ich grundsätzlich nur über das berichten möchte, was ich selbst erlebt habe.

Die estnische Unabhängigkeitsbewegung war trotz aller Versuche Moskaus, gegenzusteuern und einzuschüchtern, ungebrochen. Allerdings war der Höhepunkt der „singenden Revolution", von der sie ihre Dynamik bezog, bereits überschritten; Begeisterung und Aufbruchsstimmung des Sommers 1988 hatten einer gewissen Ernüchterung und realistischeren Lagebeurteilung Platz gemacht, die gelegentlich sogar mit Enttäuschung einherging. Das Ziel der Wiedererlangung der Unabhängigkeit aber wurde unvermindert von einer überwältigenden Mehrheit der Bevölkerung einschließlich großer Teile der estnischen kommunistischen Partei und auch vieler in Estland ansässiger Russen nicht nur unterstützt, sondern nach wie vor für erreichbar gehalten – nur, wann dies der Fall sein würde, war ungewiß.

Möglich geworden war dies alles durch die Politik Gorbatschovs, die auch dazu geführt hatte, daß die Geheimen Zusatzprotokolle zum Hitler-Stalin-Pakt, dem deutsch-sowjetischen Nichtangriffsvertrag vom 23. August 1939 – in Estland bekannter unter dem Namen Molotov-Ribbentrop-Pakt – am 24. Dezember 1989 vom Kongreß der Volksdeputierten der UdSSR und zurückgehend auf eine Initiative des estnischen Abgeordneten Endel Lippmaa für als von Anfang an ungültig erklärt worden waren [1]. Der sich daraus logischer Weise ergebende zweite Schritt, nämlich die auf den Geheimen Zusatzprotokollen beruhende Annexion Estlands und der anderen baltischen Staaten durch die Sowjetunion im Jahre 1940 ebenfalls wie die ganz überwiegende Mehrheit der Staatengemeinschaft als solche anzuerkennen und daher als null und nichtig zu betrachten, anstatt auf dem angeblich freiwilligen Beitritt der baltischen Staaten zur UdSSR zu bestehen, ist allerdings bis auf den heutigen Tag nicht erfolgt.

Als ich zum ersten Mal von Leningrad nach Estland kam, erfreute sich Gorbatschov dort zu meiner anfänglichen Verwunderung auch überhaupt keiner Popularität. Der Grund bestand darin, wie mir zu verstehen gegeben wurde, daß inzwischen klar geworden sei, er wäre zwar bereit, dem Lande eine gewisse wirtschaftliche und administrative Autonomie einzuräumen, nicht aber die volle

Souveränität. Die estnische Politik, gestützt auf die von Edgar Savisaar geführte Volksfront, hatte indessen die Gunst der Stunde zu nutzen verstanden und sich beträchtliche Freiräume im Rahmen einer weiterbestehenden Sowjetunion geschaffen, dabei oft bis an den Rand des Bruchs mit Moskau gehend und zunehmend in Konfrontation zu Gorbatschov.

Einen markanten Einschnitt in die Beziehungen zum „Zentrum" Moskau hatte die „Souveränitätserklärung" des Obersten Sowjet in Tallinn vom 16. November 1988 bedeutet. In ihr wurde die oberste Gewalt für die Organe der Estnischen Sozialistischen Sowjetrepublik auf deren Gebiet beansprucht mit der Folge des Vorrangs der estnischen Gesetze vor denen der Union. Mit der Feststellung, daß die Souveränität der Estnischen SSR vollständig und unteilbar sei, verband der Oberste Sowjet die Forderung, der Status Estlands innerhalb der UdSSR solle durch einen *Unionsvertrag* genauer bestimmt werden. Der Oberste Sowjet der UdSSR hat diese erste Souveränitätserklärung einer der Unionsrepubliken überhaupt, der dann Lettland und Litauen sowie andere gefolgt sind, kurz darauf für ungültig erklärt (26. November 1988). In Tallinn ist das nur zur Kenntnis genommen worden, ohne daß dieser Verfassungskonflikt jemals beigelegt worden wäre. Daher betrachtet sich Estland auch als Vorreiter der baltischen Unabhängigkeitsbestrebungen, mit denen die Axt an die Wurzeln des Sowjetimperiums gelegt worden sei. Als Moskau dann seinerseits 1990 einen neuen Unionsvertrag vorschlug, war die Entwicklung bereit so weit gediehen, daß die Esten ablehnten und nur noch die uneingeschränkte staatliche Unabhängigkeit wollten. Denn bereits ein Jahr nach der Souveränitätserklärung von 1988 und noch vor dem Moskauer Volksdeputiertenkongreß hatte der Oberste Sowjet Estlands festgestellt, daß die Annexion von Anfang an null und nichtig und das Land okkupiert sei (12. November 1989), nachdem zuvor am 23. August, dem 50. Jahrestag des Molotov-Ribbentrop-Pakts, eine von Estland bis Litauen reichende Menschenkette zum ersten Mal eine breitere internationale Öffentlichkeit auf die Freiheitsaspirationen der baltischen Völker aufmerksam gemacht hatte. Wäre Gorbatschov 1988 auf den Vorschlag aus Tallinn eingegangen und Estland aus eigenen Stücken einer neu definierten Union beigetreten, wäre die Geschichte vielleicht anders verlaufen. Zumindest politisch hätte man sich dann in Estland kaum noch auf den rechtlichen Fortbestand der 1918 gegründeten Republik berufen können.

Am 18. März 1990 erlangte die Volksfront in weitgehend demokratischen Wahlen eine Mehrheit im Obersten Sowjet Estlands, so daß ihr Führer Savisaar Ministerpräsident werden und die Regierung bilden konnte. Unter den im April 1990 ernannten neuen Ministern befand sich auch Lennart Meri als Außenminister. Während bei den Wahlen zum Obersten Sowjet alle Personen mit ständigem Wohnsitz in Estland wahlberechtigt waren, konnte bei nahezu gleichzeitig – am 24. Februar, dem Tag der Unabhängigkeitserklärung von 1918 –

abgehaltenen Wahlen zu einem „Estnischen Kongreß" seine Stimme nur abgeben, wer entweder zum Zeitpunkt der sowjetischen Besetzung Estlands (d.h. bis einschließlich 16. Juni 1940) die estnische Staatsangehörigkeit besaß oder – gemäß dem im estnischen Staatsangehörigkeitsrecht der Vorkriegszeit verankerten *jus sanguinis* – in männlicher Linie von einer Person abstammte, die damals Este war. Auf diese Weise konnten zwar estnische Emigranten z.B. in Schweden und Übersee wählen und gewählt werden, nicht aber russische und andere Immigranten aus der Zeit nach 1940. So bestanden gleichsam zwei Parlamente nebeneinander, von denen der Oberste Sowjet die tatsächliche legislative Gewalt ausübte und der Estnische Kongreß (mit dem „Estnischen Komitee" als seinem Exekutivorgan) für sich in Anspruch nahm, die wahre Lehre vom Fortbestand der *de jure* nicht untergegangenen Republik Estland (*Eesti Vabariik*) zu vertreten.

Als nächsten Schritt verkündete der Oberste Sowjet – der sich von nun an Oberster Rat nannte – am 30. März 1990 mit überwältigender Mehrheit in einer „Entschließung über den staatlichen Status von Estland", daß die staatliche Existenz der Republik Estland durch die Okkupation seitens der UdSSR am 17. Juni 1940 *de jure* nicht unterbrochen worden und das Territorium Estlands weiterhin besetzt sei. Daher sei die Ausübung der sowjetischen Staatsgewalt in Estland von Anbeginn an als unrechtmäßig zu betrachten, werde nunmehr die Wiederherstellung (*restitutio in integrum*) der Republik Estland verkündet und eine „Übergangsperiode" bis zur „Bildung der verfassungsmäßigen Organe der Staatsgewalt der Republik Estland" ausgerufen. Darauf verabschiedete der Oberste Rat am 8. Mai 1990 ein Gesetz, durch das „ausgehend vom Ziel der Wiederherstellung des unabhängigen estnischen Staates" und geleitet von dem im März 1990 gefaßten Beschluß die Bezeichnung „Estnische Sozialistische Sowjetrepublik" durch „Republik Estland" als offizielle Staatsbezeichnung ersetzt und eine Reihe von Bestimmungen der estnischen Vorkriegsverfassung von 1938 wieder in Kraft gesetzt wurde. Dazu zählten die Verfassungsartikel über die estnische Sprache als Staatssprache und über die Staatssymbole, nämlich die Staatsfarben blau-schwarz-weiß, die Staatsflagge und das Staatswappen. Obwohl Gorbatschov die Entschließung vom 30. März 1990 am 14. Mai 1990 für ungültig erklärte, änderte dies nichts daran, daß sie bis zur faktischen Wiederherstellung der Unabhängigkeit am 20. August 1991 die Grundlage der estnischen Politik blieb.

Einen bemerkenswerten Erfolg der estnischen Regierung bei ihren Bemühungen um größere Freiräume innerhalb der Union stellte auch die am 1. August 1990 zwischen Ministerpräsident Savisaar und dem sowjetischen Innenminister Bakatin getroffene Vereinbarung dar, durch die der Regierung in Tallinn die Zuständigkeit für die Aufrecherhaltung der öffentlichen Ordnung in Estland, also die Polizeigewalt, übertragen wurde – meines Wissens der einzige

Fall, in dem dies zugunsten einer Unionsrepublik geschehen ist. Dies war dann auch einer der Gründe für den Sturz von Bakatin im Dezember 1990.

Schon vor den Wahlen zu Estnischem Kongreß und Oberstem Rat war auf einer Versammlung aller in Estland gewählten Volksvertreter – der Mitglieder der örtlichen Sowjets, des Obersten Sowjet und der Abgeordneten zum Moskauer Volksdeputiertenkongreß – am 2. Februar 1990, dem 70. Jahrestag des Friedensvertrages von Tartu (Dorpat) zwischen Estland und Rußland, in Tallinn in einer „Erklärung über die nationale Unabhängigkeit Estlands" nicht nur die „heilige Pflicht" zum Kampf für die Wiederherstellung der Republik Estland auf Grundlage der fortbestehenden Gültigkeit des Vertrags von Tartu statuiert, sondern auch die Forderung nach Verhandlungen mit Moskau über die Wiederherstellung der staatlichen Unabhängigkeit erhoben worden. Im Friedensvertrag von Tartu hatte noch vor Gründung der UdSSR das bolschewistische Rußland unter Lenins Führung am 2. Februar 1920 Estlands staatliche Unabhängigkeit und den dort im einzelnen festgelegten Verlauf der russisch-estnischen Grenze für alle Zeiten anerkannt.

Nach längeren Vorgesprächen mit Moskau hatte man sich für die von estnischer Seite geforderten Verhandlungen schließlich auf ein erstes Treffen am 23. August 1990 einigen können. Daraufhin war vom Obersten Rat eine Delegation unter Leitung seines stellvertretenden Vorsitzenden und *speaker* Ülo Nugis ernannt worden, der ferner die Stellvertreterin von Nugis im Amt des *speaker*, Marju Lauristin, der Vorsitzende des Auswärtigen Ausschusses des Obersten Rats und Amtsvorgänger von Savisaar als Ministerpräsident Indrek Toome, Justizminister Jüri Raidla und der für die Beziehungen mit der Union zuständige Minister Endel Lippmaa angehörten. Bei dieser ersten Zusammenkunft mit einer Delegation Moskaus unter Leitung eines Präsidiumsmitglieds des Obersten Sowjet, Nikolaj Grisenko, war ein Ergebnis erzielt worden, das erst einmal Anlaß zu einem gewissen Optimismus gegeben hatte. In einem Protokoll hatte man sich darauf einigen können, von „Verhandlungen" zwischen der Sowjetunion und „Estland" (also nicht „Estnische SSR", aber auch nicht „Republik Estland" wie von estnischer Seite gewünscht) zu sprechen, einmal wöchentlich zusammenzukommen und bis zum 18. Oktober zu einem Abschluß zu gelangen. Dissens bestand jedoch von vornherein über das Verhandlungsziel: Während die sowjetische Seite von einer Diskussion der künftigen Beziehungen sprach, machte die estnische Delegation klar, von ihrem Parlament in Übereinstimmung mit dessen Entschließung vom 30. März 1990 nur zur Erörterung von Mitteln und Wegen zur Wiederherstellung der Republik Estland bevollmächtigt zu sein. Bereits bei der nächsten Zusammenkunft am 30. August war es dann über diese Frage zu einer kontroversen Diskussion gekommen, als der sowjetische Delegationsleiter an der Behauptung vom freiwilligen Anschluß Estlands im Jahre 1940 festhielt und erklärte, über keine weiteren Vollmachten zu verfügen, es sich bei den Gesprächen also auch nur um „Konsultationen" handeln könne. Bei einem dritten Treffen am 6. September 1990 hatte dann der Leiter der sowjetischen Delegation förmlich mitgeteilt, er habe sich an das Präsidium des Obersten Sowjet gewandt und von diesem Weisung erhalten, weiterhin Konsultationen und nicht Verhandlungen zu führen, da Estland *de jure* und *de facto* eine Sowjetrepublik sei, und „verhandelt" könne nur mit ausländischen Staaten werden. Darauf war von der estnischen Delegation erklärt worden, für Konsultationen bestünde kein Bedarf. Dennoch hatte man sich verständigt, die Gespräche auf Expertenebene weiterzuführen, was dann insgesamt sechs Mal geschehen ist, ohne daß sich bei Fragen wie der Bewertung der Ereignisse von 1939/40, der Staatsangehörigkeit und der inter-ethnischen Beziehungen Einvernehmen abgezeichnet hätte, bis dann auch diese Expertentreffen am 15. November 1990 zum Stillstand kamen.

Die Baltikumpolitik der Bundesregierung

Da die Bundesregierung die völkerrechtswidrige Einverleibung der baltischen Staaten durch die Sowjetunion nie anerkannt hat, war bei den Verhandlungen über die Errichtung von Generalkonsulaten nur die Einbeziehung von Tallinn und Riga und nicht des gesamten Territoriums der Sowjetrepubliken Estland und Lettland in den Amtsbezirk des Generalkonsulats Leningrad in Frage gekommen. Aus denselben Gründen war die amtliche deutsche Politik gegenüber offiziellen Kontakten mit Repräsentanten dieser Sowjetrepubliken äußerst zurückhaltend. Dies hatte in der Vergangenheit immer wieder zu Friktionen auch unter deutschen staatlichen Stellen geführt, namentlich im Verhältnis der Bundesregierung zu Regierungen von Bundesländern, aber auch zu einzelnen Abgeordneten des Deutschen Bundestages oder von Länderparlamenten, die sich in die Gestaltung ihrer Auslandsreisen nicht hineinreden lassen wollten, schon gar nicht vom Auswärtigen Amt. Auch deutsche Diplomaten waren durch diese Nichtanerkennungspolitik unmittelbar betroffen. So durften unsere Botschafter in Moskau im Unterschied zu ihren Mitarbeitern keine Privatreisen in die baltischen Sowjetrepubliken machen – wahrscheinlich aufgrund der Überlegung, daß ein Botschafter als Repräsentant seines Staatsoberhauptes „immer im Dienst" ist. Diese Baltikumpolitik war ein wesentlicher Grund dafür, daß die Rückgabe der Revaler Archivalien bisher nicht hatte stattfinden können. Die Anwendung dieser Politik kam in der Praxis gelegentlich einer Gratwanderung gleich, die es manchem schwer oder gar unmöglich machte, sie zu verstehen. Dazu zählte die damalige Leitung des Bundesarchivs in Koblenz, wo die ausgelagerten Bestände zuletzt untergebracht waren, die dem Moskauer Drängen auf Rückgabe gerne schon viel früher nachgegeben hätte.

Als ich mich Anfang September 1990 auf die Ausreise nach Leningrad vorbereitete, brachte ich dieses Thema im Auswärtigen Amt zur Sprache. Dabei ergab sich, daß nur offizielle Kontakte zu Vertretern der Städte Tallinn und Riga völlig unproblematisch waren, bei denen ich durch die Erstreckung des Exequaturs auf diese beiden Hauptstädte offiziell akkreditiert war. Alle übrigen Kontakte bewegten sich nach damaliger Auffassung bestenfalls in einer Grauzone, wollte man nicht so weit gehen und sie von vornherein ausschließen. Mir war klar, und ich brachte dies auch zum Ausdruck, daß meine Wirkungsmöglichkeiten in Est- und Lettland bei einer engen Auslegung dieser prinzipiell richtigen Politik auf ein Minimum beschränkt bleiben würden und ich mich angesichts der sich wandelnden Verhältnisse in einem solchen Fall dann in amtlicher Eigenschaft erst gar nicht viel in Tallinn und Riga blicken zu lassen bräuchte. Die im Amt zuständigen Kollegen stimmten dem zu, sahen sich aber nicht in der Lage, mir eine klare Weisung zu geben. Sie rieten mir nur „nicht aufzufallen". Einer von ihnen fügte in richtiger Einschätzung der Arbeitsabläufe im Hause unter vier Augen hinzu, über direkte Kontakte zu baltischen Politikern möglichst nicht zu berichten. Sollte dies aber unumgänglich sein, dann sollte ich nicht den Weg des „Drahtberichts" wählen – der automatisch von der Fernmeldezentrale nach einem vorgegebenen Verteiler, welcher die Amtsleitung umfaßt, in Umlauf gesetzt wird – sondern nur einen „Schriftbericht" an das Länderreferat verfassen, über dessen weitere Behandlung dieses allein verfügen könne. So blieb es denn bei der Grauzone, was gut war. Wäre nämlich eine Weisung der Amtsleitung eingeholt worden, hätten wir die Einschränkung meiner amtlichen Bewegungsfreiheit riskiert. Damals allerdings wohl schon weniger wegen einer befürchteten impliziten Anerkennung der sowjetischen Annexion der baltischen Staaten, als vielmehr aus Rücksichtnahme auf Gorbatschow, dem die baltischen Politiker mit ihrem Verlangen nach Unabhängigkeit zunehmend zusetzten. Noch hatte Deutschland seine volle Souveränität nicht wiedererlangt und standen noch Hunderttausende sowjetischer Soldaten auf deutschem Boden.

Unter dem Eindruck der Ereignisse im Baltikum vom Januar 1991 sollte sich die Haltung der Bundesregierung dann grundlegend ändern. Als ich bei meinem nächsten Besuch in Bonn am 1. März 1991 im Auswärtigen Amt mit dem für die Beziehungen zur Sowjetunion zuständigen Referatsleiter in der Politischen Abteilung, Klaus Neubert, und Dr. Emily Haber, die in diesem Referat speziell das Baltikum bearbeitete, sprach, da wurde mir bedeutet, der Wind habe sich völlig gedreht, und ich sollte so viel und so hochrangig wie möglich mit estnischen und lettischen Politikern zusammentreffen und darüber berichten.

Während man in Bonn noch Zurückhaltung übte, hatten die USA, die stets eine konsequente Politik der Nichtanerkennung der sowjetischen Annexion betrieben hatten, aus den neuen Entwicklungen bereits Folgerungen gezogen: Zwei Beamte des amerikanischen Generalkonsulats waren zu meiner Leningrader Zeit unter der Woche stets zwischen Tallinn, Riga und Wilna unterwegs, um die Lage vor Ort zu beobachten. Sie brauchten sich hinsichtlich *coram publico* geführter Gespräche mit baltischen Politikern keinerlei Beschränkungen aufzuerlegen, ganz im Gegenteil. Ich erinnere mich, wie sich mein amerikanischer Kollege Generalkonsul Richard Miles darüber ärgerte, daß es ihm noch nicht gelungen war, einen Termin bei Ministerpräsident Savisaar zu bekommen und erklärte, er werde sich erst dann wieder nach Tallinn begeben, wenn ein solcher zustandekäme. Was dann auch geschah. Als ich den amerikanischen Kollegen einmal unsere Position darlegte, zeigten sie sich verwundert und erklärten, seitdem in den baltischen Republiken in einigermaßen demokratischer Weise Parlamente gewählt worden seien, würden die dortigen politischen Akteure von den USA als hinreichend legitimiert betrachtet, und es bestünden ihrerseits keine Berührungsängste mehr. Mein schwedischer Kollege, Generalkonsul Dag Sebastian Ahlander, war praktisch überhaupt nur zwischen Leningrad und den drei baltischen Hauptstädten unterwegs und außer an den Wochenenden selten an der Neva anzutreffen. Allerdings waren in seinem Fall die Voraussetzungen auch von vornherein andere gewesen, da Schweden die Annexion faktisch anerkannt hatte[2]. Auch bestand, als ich nach Leningrad kam, in Tallinn bereits eine Außenstelle („Zweigbüro") des schwedischen Generalkonsulats Leningrad (und in Riga war eine solche im Aufbau begriffen), was Schweden dann im August 1991 zugute kam. Auch Finnland hatte in Tallinn eine Außenstelle seines Leningrader Generalkonsulats errichtet, um den großen Besucherstrom zwischen den beiden einander so nahen Ländern besser betreuen zu können. Von Anbeginn meiner Tätigkeit wurde seitens der Regierungen in Tallinn und Riga bei allen meinen Besuchen der Wunsch an mich herangetragen, die Bundesregierung möge ebenso verfahren. Dies wäre die stärkste politische Unterstützung, die wir den Unabhängigkeitsbestrebungen in Estland und Lettland zuteil werden lassen könnten. Aufgrund ihrer Baltikumpolitik konnte die Bundesregierung diesem Wunsch aber nicht stattgeben.

Das also war die Ausgangslage, als ich mich zur ersten Reise nach Estland anschickte. Zuvor hatte mich aus Tallinn bereits der Protokollchef des estnischen Außenministeriums Kalle Ott mit einem seiner Mitarbeiter in Leningrad aufgesucht, um sich bekannt zu machen und mich zu einem baldigen Besuch bei ihnen einzuladen. Dabei hatte ich ihm unsere Baltikumpolitik auseinandergesetzt und um Diskretion bei der Besuchsvorbereitung gebeten.

Die Rückkehr der Revaler Archivalien aus Deutschland

Bei schon herbstlichem Wetter fuhr ich in den ersten Oktobertagen im Wagen nach Tallinn. Mit von der Partie war Professor Dr. Norbert Angermann aus Hamburg, der die Baltische Historische Kommission bei der Rückgabe der Revaler Archivalien vertreten sollte. In Ivangorod besichtigten wir die Festungsanlage, an der renoviert wurde, und unser Blick ging über den Fluß hinüber zur Hermannsfeste in Narva, an der ebenfalls gebaut wurde und die wir anschließend besuchten. Mir ist kein anderer Ort bekannt, an dem zwei Kulturen, ja zwei Welten so augenfällig aufeinanderträfen wie an dieser alten Grenze zwischen Estland und Rußland. Hier die Ordensburg im aufstrebenden gotischen Stil, dort der gedrungene Kreml, errichtet unter Ivan IV., dem „Schrecklichen". Die Ansichten darüber sind verschieden, wo – ungeachtet geographischer Kriterien – Europa im Osten endet. Eine von ihnen besagt, an der Grenze zwischen westlichem (römisch-katholischem oder evangelisch-lutherischem) und östlichem (griechisch-orthodoxem) Christentum. Die Brücke über den Narva-Fluß zwischen den Städten Narva und Ivangorod ist ein solcher Punkt *par excellence*. Da man sich nie auf eine Ansicht wird einigen können, auch weil die Wirklichkeit komplexer ist als jede Theorie, erscheint eine Auseinandersetzung hierüber müßig. Dennoch ist richtig, daß in Narva/Ivangorod durch die Jahrhunderte immer wieder Welten aufeinandergestoßen sind, wovon die bewegte Geschichte der mehrfach – zuletzt 1944 – total zerstörten Stadt Narva ein beredtes Zeugnis ablegt.

Bevor wir den Fluß überquerten, bat ich den – darüber etwas erstaunten – russischen Fahrer des Generalkonsulats, den Stander mit den deutschen Farben abzunehmen und erst wieder anzubringen, wenn wir die Stadtgrenze von Tallinn erreicht haben würden, um bei wem auch immer keine falschen Eindrücke zu erwecken. Auffallend war, daß sich die Straßen, sobald wir in Estland waren, in einem erheblich besseren Zustand als auf der russischen Seite befanden.

In Tallinn angekommen, begaben wir uns zum damals noch nicht wieder privatisierten *Hotel Rataskaevu*, in dem die estnische Regierung offizielle Besucher unterzubringen pflegte und wo Protokollchef Ott für mich Quartier gemacht hatte. Dieses sehr bequem mitten in der Altstadt gelegene Hotel sollte mich in Zukunft bei allen meinen Besuchen und später dann zu Beginn meiner Botschafterzeit auf viele Monate beherbergen (im Sommer 1999 hat es nach einer Renovierung seinen ursprünglichen Namen *Hotel St. Petersburg* zurückerhalten). Bald fand sich auch Herr Ott ein, um mich mit dem von ihm vorbereiteten Programm vertraut zu machen. Er hat mich auch bei späteren Besuchen stets auf das Beste betreut. Es war Samstagabend, der 6. Oktober 1990, und Ott hatte mir das Wochenende wie gewünscht für private Verabredungen freigehalten.

Angermann und ich begaben uns also zum Stadtarchiv in der Zollstraße (*Tolli*) zu Füßen der St. Olai-Kirche. Dort trafen wir Direktor Dr. Jüri Kivimäe und seine Mitarbeiter in gespannter Erwartung des für diesen Tag angekündigten Transports mit den Archivalien aus Koblenz an. Als wir uns am nächsten Tag erneut einfanden, war die Erleichterung groß, denn der Lastzug war in der Nacht zum Sonntag am frühen Morgen des 7. Oktober eingetroffen. Nach Erledigung der Zollformalitäten konnten wir am Nachmittag bei der Entladung helfen. Die insgesamt 541 Kartons mit 208 laufenden Metern Archivgut waren von vielen Händen in weniger als einer Stunde ausgeladen (Abbildungen 2 und 3).

*

Damit war eine beinahe ein halbes Jahrhundert andauernde Odyssee beendet und Tallinn wieder im vollständigen Besitz seiner schriftlichen Überlieferung in Gestalt des Revaler Stadtarchivs mit Beständen vom 13. Jahrhundert bis zur Aufhebung der alten Ratsverfassung im Zuge der Russifizierung vor hundert Jahren (1889). Dem waren viele Jahre Moskauer Drängens auf Rückführung und schließlich 1989 deutsch-sowjetische Regierungsverhandlungen vorausgegangen. Da ich die sich über mehr als ein Jahrzehnt hinziehende Geschichte der Rückgabe der Revaler Archivalien als ein besonders an Reval interessiertes Mitglied der Baltischen Historischen Kommission und zugleich Angehöriger des Auswärtigen Amts wahrscheinlich so gut wie kaum ein anderer kenne, seien hier die wichtigsten Gesichtspunkte und Etappen festgehalten.

Als die sowjetischen Rückgabeforderungen, die bereits im Dezember 1956 erstmals im Auswärtigen Amt vorgetragen worden waren, Mitte der 1970er Jahre massiver wurden und es nicht länger auszuschließen war, daß ihnen – auch unter dem Druck der Hansestädte Bremen, Hamburg und Lübeck, denen Moskau im Gegenzug die Rückgabe von nach dem Krieg in die Sowjetunion verbrachtem Archivgut in Aussicht stellte – von der Bundesregierung nachgegeben würde, brachte eine kleine Gruppe von Mitgliedern der Baltischen Historischen Kommission, die sich im Juni 1978 in unserem Haus in Rheinbreitbach bei Bonn traf, den Standpunkt der Kommission in deren Auftrag zu Papier. Als wichtigster noch lebender Wissensträger nahm daran Dr. Hellmuth Weiss teil, der 1944 in Reval maßgeblich zu der Auslagerung der Bestände nach Deutschland beigetragen hatte, um sie vor der Gefahr einer kriegsbedingten Zerstörung zu schützen; wegen der sich damals überstürzenden Ereignisse war aber etwa ein Drittel der Bestände in Reval zurückgeblieben. Ferner beteiligten sich an jener Redaktionssitzung Professor Dr. Paul Kaegbein und Dr. Wilhelm Lenz. Die von uns formulierte „Stellungnahme" äußerte sich zur Rückgabefrage ausschließlich unter Gesichtspunkten von Wissenschaft und Forschung und wies auf staats- und völkerrechtliche Probleme lediglich hin. Diese Stellungnahme wurde dann im Namen der Kommission von ihrem Vorsitzenden Professor Dr. Georg von Rauch mit Schreiben an den Innen- und den Außenminister der Bundesregierung unterbreitet. Unsere Ausgangsposition, die später in einzelnen Punkten noch konkretisiert wurde, bestand im Kern darin, daß eine Rückgabe mindestens so lange nicht stattfinden sollte, wie nicht Rückvergrößerungen der bereits sicherheitsverfilmten Bestände vorlägen, damit der Forschung im Westen wenigstens direkt lesbare Kopien dieses nach den Archiven von Lübeck und Danzig drittgrößten hansischen Archivs zur Verfügung stünden, „da erfahrungsgemäß die Benutzung eines gesamten Archivs in Form von Mikrofilmen unter größten technischen Schwierigkeiten leidet".

Ich übergehe Einzelheiten der dann im Laufe der Jahre immer wieder erfolgten Vorstöße der sowjetischen Seite, die vom Auswärtigen Amt im Einvernehmen mit dem fachlich zuständigen Bundesministerium des Innern abgewehrt wurden. Während das Auswärtige Amt wegen der Nichtanerkennung der Annexion Estlands durch die Sowjetunion völkerrechtliche Bedenken geltend zu machen hatte, stand für das Innenministerium der gesetzlich verankerte Schutz von deutschem Kulturgut der Vertreibungsgebiete im Vordergrund – auch wenn die Frage, ob das Revaler Archivmaterial *stricto sensu* hierzu überhaupt zu zählen war, nie abschließend entschieden wurde. Dabei spielte eine Rolle, daß die Revaler Archivalien weitgehend in deutscher Sprache abgefaßt sind, da sie ganz überwiegend aus einer Zeit stammen, in der Reval nicht nur mehrheitlich von Deutschen bewohnt war, sondern das Stadtregiment ausschließlich von Deutschen und in deutscher Sprache ausgeübt wurde. Da ich in diesen Jahren meistens in Bonn war, konnte ich den Fortgang der Angelegenheit aus der Nähe beobachten und – nötigenfalls mit Unterstützung von Andreas Meyer-Landrut und Otto Graf Lambsdorff – beeinflussen. Im Innenministerium wachte jahrelang Dr. Hartmut Gassner über den Vorgang.

Wenn man jetzt, nachdem sich die Verhältnisse normalisiert haben und jedermann wieder wie selbstverständlich nach Estland reisen und dort uneingeschränkt die Archive benutzen kann, auf jene Zeit zurückblickt, dann mag es vielleicht manchem schwerfallen, die damalige Haltung der Baltischen Historischen Kommission, die sich die Bundesregierung im wesentlichen zu eigen gemacht hatte, ganz zu verstehen. Von den völkerrechtlichen Bedenken einmal abgesehen, sollte man sich daher vor Augen halten, daß eine Rückführung damals die historische Reval-Forschung bedeutend erschwert hätte, da Kopien niemals die Originale zu ersetzen vermögen, ja geradezu eine psychologische Hemmschwelle für die Benutzung eines Archivs darstellen. Dies war der Grund, warum die Kommission für den Fall der Rückgabe wenigstens einwandfreie direkt lesbare Rückvergrößerungen forderte, anzufertigen *vor* der Rückführung der Originale, um unleserliche Kopien zu entdecken und durch Neuverfilmung zu ersetzen.

Selbst wenn es im Einzelfall gelungen wäre, ein Touristenvisum für Tallinn zu bekommen (das übrige Estland war, von Tagesreisen nach Tartu abgesehen, für Ausländer gesperrt), wie dies seit den 1970er Jahren möglich geworden war, dann wäre nicht nur dieses Visum auf wenige Tage beschränkt gewesen, sondern einem auch die Benutzung der Originale vor Ort verwehrt geblieben, da hierfür eine Zustimmung aus Moskau erforderlich war, die nicht erteilt wurde.

Als Kuriosum sei vermerkt, daß es mir trotzdem gelang, einmal an mehreren aufeinanderfolgenden Tagen einige Stunden im Revaler Stadtarchiv zuzubringen. Das war bei meinem allerersten Besuch in Tallinn gewesen, den ich Mitte Januar 1965 als ein mit Diplomatenpaß ausgestatteter, privilegierter Tourist von Moskau aus machen konnte, wo ich meine Eltern besuchte. In einem von meinen Bewachern unbemerkten Augenblick konnte ich mir Zutritt zu dem damals noch in der Breitstraße (*Lai tänav*) in einem der „Drei Brüder" gegenüber dem ehemals Hueckschen Haus untergebrachten Archiv verschaffen, indem ich einfach klingelte. Die einigermaßen verdutzten Archivangestellten gewährten mir nicht nur Einlaß, sondern versorgten mich auch mit Akten über unsere Familie, deren Name ihnen noch geläufig war. Einige damals erbetene Fotografien mich interessierender Dokumente wurden mir dann ein knappes Vierteljahrhundert später, als wir 1989 über die Rückgabe verhandelten, von der Leiterin des Archivs, Edda-Cary Vendla, überreicht, die sich an meinen Besuch erinnerte. Die Kopien waren bereits vergilbt, da sie mir damals nicht hatten zugestellt werden dürfen, wie mir Frau Vendla erzählte.

Auch wenn in Verhandlungen mit der Sowjetunion – wie später geschehen – eine völkerrechtlich unschädliche Formel vereinbart worden wäre, die Wissenschaftlern aus Deutschland ein Zugangsrecht zum Revaler Stadtarchiv garantiert hätte, dann wäre für die sowjetischen Behörden immer noch die Möglichkeit gegeben gewesen, durch administrative Maßnahmen die Inanspruchnahme eines solchen Zugangsrechts zu verhindern. Wer zu sowjetischer Zeit in Moskau auf Posten war, der kennt diese Praktiken: Einmal gab es keinen Platz in Flugzeug oder Eisenbahn, ein anderes Mal waren alle Hotels ausgebucht, wenn eine Reise unerwünscht war.

Die an Sicherheit grenzende Wahrscheinlichkeit, daß die in ihrer Vielfalt und Vollständigkeit ungewöhnlichen Bestände des Revaler Stadtarchivs nach Herausgabe an die Sowjetunion im Original so gut wie unzugänglich sein würden, war also für die Kommission der Hauptgrund für die ursprüngliche Verweigerung. Immerhin hat die Tatsache, daß wesentliche Teile des Revaler Stadtarchivs Jahrzehnte hindurch in Deutschland der internationalen Forschung frei zur Verfügung standen, zur Entstehung einer ganzen Reihe geschichtswissenschaftlicher Veröffentlichungen geführt, die es andernfalls nicht gäbe. Die zuletzt im Bundesarchiv in Koblenz lagernden Archivbestände konnten natürlich auch von

Forschern aus Estland benutzt werden, nur erhielten diese, von Ausnahmen in der jüngeren Vergangenheit abgesehen, dazu von Moskau keine Ausreisegenehmigung. Deshalb war das aus Kreisen estnischer Historiker gelegentlich zu vernehmende Bedauern über die ausstehende Rückkehr des Archivs auch durchaus zu verstehen. Dennoch habe ich bei ihnen – auch wegen der völkerrechtlichen Implikationen – Verständnis für die deutsche Haltung angetroffen. Auch gab es Hinweise, daß die engagierte Unterstützung der Moskauer Rückgabeforderungen durch den einen oder anderen Wissenschaftler in Tallinn weniger fachlichem Interesse als vielmehr politischem Opportunismus entsprang. Die Exilesten hingegen lehnten die Rückgabe des Revaler Archivguts solange strikt ab wie Estland seine staatliche Souveränität nicht wiedererlangt hatte; dies teilte mir der Leiter des Europäischen Büros des Estnischen Weltrats (*Ülemaailme Eesti Kesknõukogu*), Viktor Lepik, mit einem Schreiben vom 13. Februar 1989 selbst mit, nachdem dort die mit Moskau anstehenden Verhandlungen bekannt geworden waren.

Als sich die Verhältnisse im Zeichen von *Glasnost* und *Perestrojka* entspannten, gelang es der sowjetischen Seite, bei dem Besuch von Bundeskanzler Kohl in Moskau im Oktober 1988 Bewegung in die Rückgabefrage zu bringen. In den „abgestimmten Besuchsergebnissen" ist unter „13. Austausch der Hansearchive" festgehalten worden: „Es wurde beschlossen, Verhandlungen mit dem Ziel der Rückführung des Stadtarchivs von Reval/Tallinn und der Hansearchive von Bremen, Hamburg und Lübeck an die jeweiligen Ursprungsorte aufzunehmen"[3]. Darauf brachte sich die Baltische Historische Kommission mit ihrer alten Forderung in Erinnerung, im Falle der Rückgabe müßte eine Kopie in Deutschland verbleiben. Um die Kommission an den Verhandlungen unter Leitung des Auswärtigen Amts zu beteiligen, verfiel man dort – ich war daran nicht beteiligt – auf den Gedanken, mich als das einzige Kommissionsmitglied, das zugleich dem Auswärtigen Amt angehörte, in die deutsche Delegation einzubeziehen. Ferner gehörten ihr Vertreter des Innenministeriums, der Hansestädte und des Bundesarchivs an. Die Delegation wurde vom stellvertretenden Leiter der Rechtsabteilung des Auswärtigen Amts Dr. Antonius Eitel mit viel Geschick geleitet. Die Verhandlungen führten nach zwei Treffen im Januar 1989 in Moskau und im März 1989 in Koblenz mit einer sowjetischen Delegation, der mit Frau Vendla und dem Direktor des Instituts für Geschichte der Akademie der Wissenschaften der Estnischen SSR Dr. Raimo Pullat auch zwei Vertreter aus Tallinn angehörten, zu einem akzeptablen Ergebnis.

Dieses Verhandlungsergebnis wurde in einseitigen d.h. nicht aufeinander Bezug nehmenden, als „Noten" bezeichneten Schreiben der beiden Außenminister sowie in sich daran anschließenden, ebenfalls einseitigen Briefen der beiden Delegationsleiter – also *nicht* in Vertragsform – festgehalten. Auf dieser Form mußte die Bundesregierung bestehen, um einerseits eine Berlin-Klausel entbehrlich zu machen und andererseits vor allem jeden Eindruck einer auch nur indirekten Anerkennung der sowjetischen Annexion Estlands zu vermeiden. Die Noten und Briefe wurden beim Besuch von Präsident Gorbatschov in Bonn am 13. Juni 1989 unterzeichnet und ausgetauscht.

In der von Bundesminister Genscher an Außenminister Schevardnadze gerichteten Note verpflichtete sich die deutsche Seite zur Rückgabe des im Bundesarchiv aufbewahrten „Archivguts des Revaler/Tallinner Stadtarchivs" und „ging davon aus", daß Benutzer aus der Bundesrepublik Deutschland sowohl ungehindert zu diesem Archivgut in Tallinn zugelassen werden als auch Kopien und Auskünfte aus diesem erhalten. Spiegelbildlich verpflichtete sich die sowjetische Seite in der von Schevardnadze an Genscher gerichteten Note zur Rückgabe des im Staatlichen Zentralarchiv der Alten Akten in Moskau aufbewahrten Archivguts der Hansestädte Bremen, Hamburg und Lübeck und konnte dabei von einer entsprechenden Regelung über Zugang und Auskünfte „ausgehen". In den Briefen der beiden Delegationsleiter – auf sowjetischer Seite war dies der Diplomat Georgij Kynin – gingen wir davon aus, daß von dem seinerzeit nicht ausgelagerten und in Tallinn verbliebenen Teil des Revaler Stadtarchivs aus der Zeit bis 1889 auf deutsche Kosten Mikrofilme hergestellt werden können, und die sowjetische Seite, daß ihr dasselbe für Archivgut des Bundes und der drei Hansestädte aus der Zeit bis 1919 erlaubt würde. Dadurch, daß jede Seite nur das von ihr herauszugebende Archivgut benannte, ohne einen Bezug zu einer Gegenleistung herzustellen, wozu die Formulierung „es wird davon ausgegangen" diente – also kein Vertrag abgeschlossen wurde – war für die deutsche Seite hinreichend sichergestellt, daß der Vorgang völkerrechtlich nicht fehlinterpretiert werden konnte. Aus demselben Grund war in den beiden Noten auch nur von vorausgegangenen „Expertengesprächen" und nicht von Verhandlungen die Rede.

Damit waren letztendlich alle Forderungen der Baltischen Historischen Kommission, die ich in der Delegation zu vertreten hatte, durchgesetzt worden: In Deutschland würde eine vollständige und einwandfreie direkt lesbare Kopie der Revaler Bestände verfügbar sein, und zwar sowohl der zurückgegebenen als auch der nie nach Deutschland gelangten Teile. Um das zu erreichen, hatten nicht geringe sowjetische Widerstände überwunden werden müssen. Auch war es nicht immer leicht gewesen, die deutsche Seite bei der Stange zu halten; dabei war mein bester Verbündeter das Innenministerium gewesen. Dieses hatte sich immer wieder gegenüber dem ihm unterstellten Bundesarchiv durchsetzen müssen, dessen damaliger Präsident die Revaler Bestände lieber heute als morgen bedingungslos seinen Moskauer Partnern überantwortet hätte. Aber auch der hervorragenden Verhandlungsführung meines Kollegen Eitel muß ich dabei anerkennend gedenken.

Für die erneute Verfilmung des gesamten Bestandes, die wegen der mangelhaften Qualität der bereits vorliegenden Sicherungsfilme notwendig wurde, und die anschließende Rückvergrößerung in direkt lesbare Kopien des zurückzugebenden Archivguts durch das Bundesarchiv war es gelungen, vom Bundesfinanzministerium zusätzliche Haushaltmittel in der beträchtlichen Höhe von über einer halben Million Deutsche Mark bewilligt zu erhalten. Für die Finanzierung der Mikroverfilmung des in Tallinn verbliebenen Teils hatte die Alfried Krupp von Bohlen und Halbach-Stiftung, deren Vorsitzender Dr. h.c. Berthold Beitz für baltische Belange immer ein offenes Ohr hatte, der Baltischen Historischen Kommission den erheblichen Betrag von DM 100 000 zugesagt. Da die Verfilmungs- und Rückvergrößerungsaktion in Koblenz Zeit beanspruchte, war in den Noten vom 13. Juni 1989 vorgesehen, daß die Rückgabe zwar sobald wie möglich, spätestens aber im Oktober 1990 erfolgen sollte.

Diese Verabredung war nunmehr also honoriert worden, und die unergründlichen Wege des Schicksals hatten dahin geführt, daß ich bei der Rückkehr der Revaler Archivalien an ihren Entstehungsort dort in amtlicher Eigenschaft anwesend sein sollte. Die förmliche Übergabe des Archivguts an Direktor Dr. Kivimäe hatte zwar wie vorgesehen bereits im Bundesarchiv in Koblenz stattgefunden, doch sollte jetzt die Rückkehr nach Tallinn dort festlich begangen werden. Zwei Tage nach Eintreffen des Transports lud der Oberbürgermeister von Tallinn, Hardo Aasmäe, am 9. Oktober zu einer Feierstunde in das alte Rathaus ein. Er bezeichnete die Rückkehr der Archivalien als ein für Tallinn historisches Datum und beglückwünschte Direktor Kivimäe dazu, daß jetzt wenigstens für das Stadtarchiv der Zweite Weltkrieg und seine Folgen beendet wären, um damit die Hoffnung zu verbinden, dies möge bald auch von Estland und den übrigen baltischen Staaten gesagt werden können – eine damals von estnischen Politikern gerne verwendete Metapher. Dann forderte mich Aasmäe auf, ein paar Worte zu sagen. Ich gratulierte Stadt und Archiv namens der Bundesregierung zu diesem bedeutsamen Tag und fügte hinzu, auch wenn sich die – wie in den estnischen Medien hervorgehoben worden war – zeitliche Koinzidenz mit der Wiedervereinigung Deutschlands schließlich zufällig ergeben habe, so sei eben die Zeit für die Rückkehr der Revaler Archivalien reif gewesen. Zur Illustration skizzierte ich die Vorgeschichte dieser Rückgabeaktion und die Bedingungen, unter denen sie erfolgte. Ein Vertreter Moskaus war bei dem Festakt nicht anwesend, aus dem somit eine rein deutsch-estnische Angelegenheit wurde. Hingegen vollzog sich nahezu zeitgleich am 10. Oktober in Moskau die Übergabe des Archivguts der drei deutschen Hansestädte an die Direktorin des Lübecker Stadtarchivs, Dr. Antjekathrin Graßmann, die auch als Vertreterin der Hansestädte an den Verhandlungen teilgenommen hatte, und den neuen Präsidenten des Bundesarchivs Professor Dr. Friedrich Kahlenberg.

Erste politische Gespräche in Tallinn

Oberbürgermeister Aasmäe hatte ich bereits um die Mittagszeit dieses 9. Oktober kennengelernt. Abends konnte ich die dabei gewonnenen Eindrücke vertiefen, als er und seine Frau dem mit dem Stadtarchiv und seiner Rückkehr verbundenen Personenkreis im Restaurant *Vana Toomas* am Marktplatz ein Essen gaben. Mittags hatte er mich nach einem kurzen Treffen in seinem Dienstzimmer im Gebäude der Stadtverwaltung am Freiheitsplatz zum Lunch in seine Residenz außerhalb der Stadt nach *Kose* (Kosch) eingeladen. Dabei hatten wir uns zwei Stunden ausgezeichnet unterhalten, meist auf Englisch, so daß eine noch anwesende Dolmetscherin, die wiederum nicht englisch, sondern nur deutsch sprach, kaum in Anspruch genommen wurde. Diesem Umstand war es wohl auch zu verdanken, daß Aasmäe, der den Löwenanteil der Konversation bestritt, ganz offen und ungeniert sprach. Er war ein führendes Mitglied der Volksfront und galt als Intimus von Savisaar. Als Geograph wäre er viel in der Sowjetunion gereist – „ich kenne jede sowjetische Stadt" übertrieb er wohl ein wenig – und hätte sich, nachdem Gorbatschov an die Macht gekommen war, in dessen Heimat, dem Gebiet von Stavropol, umgeschaut und mit ehemaligen Weggefährten des neuen Generalsekretärs gesprochen, um sich ein Bild von dessen Persönlichkeit zu verschaffen. Aasmäe erwartete nicht viel für Estland von Gorbatschov, den er mir als einen Mann schilderte, der vor allem das Imperium konsolidieren wolle. Interessant für mich war auch seine detaillierte Darlegung der verwandtschaftlichen Bande, welche die Spitzen der sowjetischen Nomenklatura Aasmäe zufolge untereinander verknüpften, wobei er den wichtigen Platz hervorhob, den in diesem Beziehungsgeflecht die hohe Generalität einnähme. Seine Schlußfolgerung war, diese hätte eine wichtige Rolle bei der Entscheidung über die Wiedervereinigung gespielt, der sie habe zustimmen können, als der Preis – und natürlich ihr Anteil an diesem – feststand, den Deutschland zu zahlen bereit war. Im übrigen wären wir, meinte Aasmäe, mit dem „Kaufpreis" für die Einheit noch billig davongekommen!

Aber nicht nur mit dem „Stadthaupt" (*Linnapea*) von Tallinn, meinem offiziellen Ansprechpartner, bin ich bei diesem ersten Besuch als Generalkonsul zusammengetroffen, sondern auch damals schon sowohl mit dem stellvertretenden Außenminister Enn Liimets (Außenminister Meri war auf Reisen) als auch mit Arnold Rüütel, dem Vorsitzenden des Obersten Rates und damit Staatsoberhaupt der Republik Estland. Ferner sah ich den Vorsitzenden des Auswärtigen Ausschusses des Obersten Rates Indrek Toome und den Vorsitzenden des Auswärtigen Ausschusses des Estnischen Komitees Trivimi Velliste, der mich im *Hotel Rataskaevu* aufsuchte. Als erster empfing mich am Montagmorgen, dem 8. Oktober Rüütel an seinem Amtssitz in Schloß Katharinental (*Kadriorg*).

Seine ruhige und zurückhaltende, deswegen aber nicht minder liebenswürdige Art war geeignet, Vertrauen zu schaffen. Ich erläuterte ihm – wie schon früher dem Protokollchef – unsere baltikumpolitischen Positionen und bat ihn, diesen Besuch und künftige Zusammentreffen als inoffiziell zu betrachten, wofür er Verständnis zeigte. Die estnische Seite hat das in sie gesetzte Vertrauen nicht enttäuscht: Bei meinen Aufenthalten in Tallinn wurde in den Medien nur über Kontakte zur Stadt berichtet, und das so lange, bis die Entwicklung dann nach dem Januar 1991 eine solche Zurückhaltung endgültig überflüssig machte.

Der Eindruck, den ich bei diesen ersten Gesprächen in Tallinn von der ganz durch das Unabhängigkeitsstreben geprägten politischen Lage und der Stimmung im Lande vermittelt bekam, war nicht mehr der einer allgemeinen Euphorie, wie sie während der „singenden Revolution" geherrscht haben muß. Hatte es im August 1990 in Estland – das es konsequenterweise ablehnte, an den Beratungen über einen neuen Unionsvertrag teilzunehmen – wie man mir sagte noch eine gewisse Zuversicht gegeben, die damals begonnenen Gespräche mit dem Moskauer Zentrum über das künftige Verhältnis zueinander könnten zu regulären Verhandlungen über eine letztendliche Wiederherstellung der staatlichen Unabhängigkeit führen, so hatte der Verlauf der seither stattgefundenen Begegnungen jetzt weitverbreiteter Resignation Platz gemacht. In der Substanz hatte man sich keinen Schritt bewegt, und das Vorgehen der Unionsführung konnte nicht anders als eine auf Zeitgewinn angelegte Taktik interpretiert werden. Man sah sich in Estland in der Befürchtung bestätigt, Gespräche mit Moskau würden so lange nichts ergeben, wie sich die sowjetische Politik nicht stärkerem internationalem Druck ausgesetzt sehe, Estland und den beiden anderen baltischen Republiken das Recht auf Selbstbestimmung einzuräumen. Dabei meinte man in Tallinn, einen unmittelbaren Zusammenhang zwischen dem taktischen Verhalten Moskaus gegenüber dem Baltikum und der Errichtung einer neuen, die Nachkriegsperiode beendenden politischen Ordnung in Europa zu erkennen und konnte keinesfalls akzeptieren, daß die baltischen Republiken als die einzigen ehemaligen Mitglieder des Völkerbundes, die keine selbständigen Staaten mehr waren und nicht den Vereinten Nationen angehörten, von dieser Neugestaltung der politischen Ordnung in Europa ausgenommen würden.

Erneut befürchteten die Esten nach den Erfahrungen von 1939 eine Einigung zu ihren Lasten. Im Hinblick auf die Unterzeichnung des „Vertrages über die abschließende Regelung in bezug auf Deutschland" am 12. September 1990 durch die Außenminister der beiden deutschen Staaten, der USA, von Großbritannien, Frankreich und der UdSSR, mit der die sogenannten Zwei-plus-Vier-Gespräche ihren Abschluß fanden, hatten sich daher auf estnische Initiative die im Baltischen Rat zusammengeschlossenen Vorsitzenden der drei Parlamente

Rüütel, Gorbunovs und Landsbergis am 5. September 1990 in Wilna getroffen und an die Regierungen der sechs genannten Staaten appelliert: Mit der Lösung der deutschen Frage dürfe kein Schlußstrich unter die Beseitigung der Folgen des Zweiten Weltkrieges gezogen werden, da hierzu auch die Wiederherstellung der Unabhängigkeit der baltischen Staaten zähle. Am 20. September war daraufhin das estnische Parlament noch einen Schritt weiter gegangen und hatte den Artikel 2 des am 13. September in Moskau von den Außenministern Genscher und Schevardnadze paraphierten deutsch-sowjetischen „Vertrags über gute Nachbarschaft, Partnerschaft und Zusammenarbeit", der am 9. November 1990 von Kohl und Gorbatschov in Bonn unterzeichnet werden sollte, verurteilt. Die estnischen Abgeordneten waren der Auffassung, die dort vorgenommene Festlegung, beide Vertragspartner betrachteten „heute und künftig die Grenzen aller Staaten in Europa als *unverletzlich*, wie sie am Tage der Unterzeichnung dieses Vertrags verlaufen", schreibe auch die Annexion der baltischen Staaten fest. Die Initiative zu dieser Entschließung war von Professor Endel Lippmaa ausgegangen und – wie von estnischen Pressestimmen betont wurde – schlecht vorbereitet worden. So hätte dem Obersten Rat lediglich ein Vertragstext in deutscher Sprache vorgelegen. Wahrscheinlich hatten nur wenige Abgeordnete diesen Text verstehen, geschweige denn richtig in den politisch-völkerrechtlichen Zusammenhang einordnen können. Dieser Vorgang charakterisiert aber das Ausmaß der damals unter estnischen Politikern herrschenden Nervosität. Als sich mein Vertreter Michael von Ungern-Sternberg kurz darauf in Tallinn aufhielt, konnte er – auch gegenüber der Presse – darauf hinweisen, daß mit der inkriminierten Formulierung nur die des Moskauer Vertrags vom 12. August 1970 (Artikel 3) wörtlich wiederholt wurde, die ebenso wie die entsprechende Bestimmung der KSZE-Schlußakte von Helsinki vom 1. August 1975 – „die Teilnehmerstaaten betrachten gegenseitig alle ihre Grenzen sowie die Grenzen aller Staaten in Europa als *unverletzlich* und werden deshalb jetzt und in der Zukunft keinen Anschlag auf diese Grenzen verüben" – keine endgültige Festlegung der Grenzen in Europa bedeutete, sondern nur, daß diese nicht gewaltsam geändert werden dürfen – andernfalls hätte es ja gar nicht zur Wiedervereinigung Deutschlands kommen können! Lippmaa wollte oder konnte, nachdem er sich mit dieser Überreaktion etwas vergaloppiert hatte, mit dieser Erklärung aber nicht einverstanden sein und vertraute lieber seiner eigenen Lesart des Vertragstextes; er hat auch später Beweise dafür geliefert, daß man mit naturwissenschaftlicher Logik – Lippmaa genießt den Ruf eines hochqualifizierten Physikers – in der praktischen Politik zu falschen Ergebnissen gelangen kann.

Besuch in Kolk

Auf der Rückfahrt von dieser ersten Wiederbegegnung mit Reval machte ich mit Dr. Reichel, der als Kulturreferent des Generalkonsulats ebenfalls an den Feierlichkeiten anläßlich der Rückkehr der Archivalien teilgenommen hatte, in Kolk halt, um die Verwandten zu besuchen. Damit hatte es folgende Bewandtnis. Ziemlich genau ein Jahr zuvor, Ende September 1989, hatte in Tallinn eine geschichtswissenschaftliche Tagung zum Thema „Aufklärung in den baltischen Provinzen Rußlands: Ideologie und soziale Wirklichkeit 1760–1860" stattgefunden, gemeinsam ausgerichtet von dem Institut für Geschichte der Estnischen Akademie der Wissenschaften und der Baltischen Historischen Kommission. Als im Kreis der Kommissionsmitglieder herumgefragt worden war, wer bereit wäre, nach Reval mitzufahren und dort ein Referat zu halten, hatte ich mich gemeldet. Mich reizte, bei dieser Premiere einer deutschbaltisch-estnischen wissenschaftlichen Gemeinschaftsveranstaltung in Estland, wie sie mittlerweile möglich geworden war, mit von der Partie zu sein.

Zum letzten Mal war ich davor im Juli 1987 in Estland gewesen, als für Ausländer noch die alten Beschränkungen galten und sich das estnische Aufbegehren gegen Moskau erst anbahnte, für uns Touristen damals kaum wahrnehmbar (man raunte von Protesten gegen die geplante weitere Erschließung der Phosphoritvorkommen, von denen einige Mitglieder der Reisegruppe gehört hatten, die Estnisch konnten und Bekannte in Tallinn hatten). Inzwischen waren die Dinge politisch in Bewegung geraten, und ebenso stark wie die Tagung reizte mich, davon einen unmittelbaren Eindruck zu gewinnen. Daher hatte ich mir für die Reise ausreichend Zeit genommen und mich mit Gert von Pistohlkors zusammengetan, der auch etwas länger bleiben wollte. Als Vorsitzender der Baltischen Historischen Kommission war er auf deutscher Seite einer der Organisatoren. Das sowjetische Visum hatten wir im übrigen alle aufgrund einer Einladung der *Eesti Muinsuskaitse Selts* erhalten, der am 12. Dezember 1987 gegründeten Estnischen Gesellschaft für Denkmalschutz, in der sich die nationalen Kräfte im Zeichen, um nicht zu sagen unter dem Deckmantel der Erhaltung der Denkmäler der estnischen Kultur organisiert hatten und die als erste privatrechtliche Vereinigung mit allgemeingesellschaftlichen Zielen im Frühjahr 1988 in Estland zugelassen worden war. Im Grunde war diese Gesellschaft der Nukleus einer politischen Bewegung, wie dies auch die große Mitgliederzahl von etwa 10 000 zu ihren besten Zeiten zum Ausdruck brachte. Ihr Vorsitzender war Trivimi Velliste, der sich später gerne daran erinnerte, wie ihm Dr. Sirje Kivimäe, die großartige Organisatorin der Aufklärungstagung auf estnischer Seite, unsere Einladungen zur Unterschrift geradezu untergeschoben hätte. Meine Absicht war zu versuchen, für Pistohlkors und mich die Erlaubnis zu erhalten, nach der Tagung an zwei Orte in Estland zu fahren, die mir besonders am Herzen lagen:

Nach Schloß Leal (*Lihula*) in der Wiek in Westestland, früher ein Rittergut im Besitz unserer Familie, und nach Schloß Kolk (*Kolga*) 50 km östlich von Reval. Kolk war das Kindheitsparadies meines Großvaters gewesen, dessen Erzählungen bei dem Knaben, der ich damals in den Nachkriegsjahren war, das Interesse für Estland, die Heimat der Väter, zu wecken gewußt hatten, das mich mein ganzes weiteres Leben begleiten und dann in so wunderbarer Weise seine Erfüllung finden sollte. Bei früheren Aufenthalten in Tallinn sowohl in den Jahren 1970/72, als ich in Moskau auf Posten war, als auch im Sommer 1987 hatte ich bei *Inturist* vergeblich um eine Besuchserlaubnis für diese Orte nachgesucht.

1987 allerdings war es uns (meiner Frau, meinem Schwager Thomas Baron Dellingshausen und mir), wahrscheinlich am Rande der sowjetischen Legalität, gelungen, eine halbe Stunde in Kolk zu verbringen – ein großes Erlebnis: Auf einem Ausflug der Reisegruppe nach Palms, das damals bereits in Touristenprogramme einbezogen werden durfte, hielt der Bus plötzlich auf der von der Narvaer Landstraße nach Loksa abzweigenden Straße. Wir drei stiegen zur Verblüffung der restlichen Gruppe und zum Entsetzen der estnischen Fremdenführerin aus, um in einen am Straßenrand parkenden Personenwagen umzusteigen. Bei dem Auto erwartete uns Ilmar Epner, der Direktor des Nationalparks *Lahemaa*, zu dem sowohl Palms als auch Kolk gehören, um mit uns in das nahegelegene Kolk zu fahren. Zur Beruhigung von Busfahrer und Inturistführerin konnte Epner diese allerdings aufklären, daß es sich nicht um eine „Entführung" (wenn auch mit Zustimmung der „Opfer"), sondern um eine „von oben" genehmigte Aktion handelte. Dieser Abstecher war mit Hilfe eines sich damals ebenfalls in Tallinn aufhaltenden Bekannten aus der DDR vorbereitet worden, der Epner bei der Renovierung des ehemaligen Herrenhauses von Palms kunsthistorisch beraten und dem ich hierzu auf dem Postwege Material aus dem Palmsschen Archiv im Besitz meiner Verwandten Pahlen zur Verfügung gestellt hatte. Palms hatte drei Jahrhunderte bis zur Güterenteignung nach dem Ersten Weltkrieg den Freiherren von der Pahlen gehört. Epner hatte sich seinerseits in Tallinn die nötige Rückendeckung verschafft. Soweit die geradezu konspirativ anmutenden Umstände meines ersten Besuchs in Kolk. Nach einer halben Stunde, in der wir uns einen Eindruck von dem Zustand der großen Anlage verschaffen und diskret fotografieren konnten – seit bald einem halben Jahrhundert war kein Angehöriger der Familie mehr in Kolk gewesen, mein Großvater dürfte im Spätsommer 1944 der letzte gewesen sein – mahnte Epner zum Aufbruch. Wir sollten kein Aufsehen erregen, da offenbar die örtlichen Organe nicht unterrichtet waren. Nachdem wir mit Epner auch noch einen Abstecher nach dem ehemals Dellingshausenschen Gut Kattentack (*Aaspere*) hatten machen können, stießen wir im Krug von *Viitna* beim Mittagessen wieder zu der übrigen Reisegruppe und wehrten neugierige Fragen mit nichtssagenden Bemerkungen ab; erst bei der Heimreise auf dem Schiff über Helsinki haben wir dann erzählt.

Aber auch im Herbst 1989 war es noch alles andere als einfach, die Erlaubnis zu Fahrten nach Leal und Kolk zu erhalten. Frau Kivimäe, der ich meinen Wunsch anvertraut hatte und die sich darum kümmern wollte, mußte uns bis zuletzt im Ungewissen lassen. Bei einem Gang mit ihr durch die Stadt, es war bereits der Tag vor der geplanten Fahrt, bat sie mich in der Nähe der Lehmpforte (*Viru värav*), etwas weiterzugehen und dann auf sie zu warten, sie müßte noch etwas erledigen. Kurz darauf kam sie mit der Reiseerlaubnis des KGB für Pistohlkors und mich nach Leal und Kolk!

Also fuhren Pistohlkors und ich zuerst am 1. Oktober 1989 mit dem Historiker Professor Toomas Karjahärm in dessen Auto und in Begleitung des Kunsthistorikers Jüri Kuuskemaa nach Leal und auf den Friedhof von *Karuse* (Karusen), wo sich eine Wistinghausensche Grabkapelle befindet. Kuuskemaa hatten meine Frau und ich schon 1987 kennengelernt. Jetzt hatte er uns beiden für die Zeit unseres Aufenthalts seine Wohnung im Vorort *Õismäe* zur Verfügung gestellt, während er mit seiner Familie noch in einem Sommerhaus im Stadtteil *Lilleküla* lebte.

Am nächsten Tag ging es nach Kolk, wohin uns der Architekt Valery Saks, einer von Frau Kivimäes Vertrauensleuten, chauffierte. Dort meldete ich mich bei der Kolchosverwaltung und wurde betont zuvorkommend empfangen. Kolk gehörte damals als landwirtschaftlicher Betrieb zu der in Estland berühmt wohlhabenden Fischereikolchose Kirov, die ihr Reich auf der Halbinsel *Viimsi* (Wiems) hatte. Beim Verlassen des Gebäudes sprach mich einer der Männer an, die sich dort mittlerweile versammelt hatten und der sich später als der Restaurator Cornelius Tamm herausstellte. Er fragte mich, ob ich mit den Grafen Stenbock, denen Kolk bis zuletzt gehört hatte, verwandt wäre. Offenbar hatte sich unser Besuch herumgesprochen; ganz unerwartet kann er wegen der Omnipräsenz des KGB auch nicht gekommen sein. Nachdem ich Herrn Tamm erklärt hatte, meine Urgroßmutter wäre eine Stenbock aus Kolk gewesen, meinte er, dann hätte ich hier einen Verwandten namens Willy Fersen, der ganz in der Nähe wohnte. Er bat mich, einen Augenblick zu warten, denn er wolle Fersen gleich anrufen. Kurz darauf kam er zurück und teilte mit, Fersen – der damals in Loksa, etwa 15 km von Kolk entfernt, lebte – wäre leider verhindert herüberzukommen, da er gerade im Aufbruch zu einer Jagdpartie begriffen wäre und den Jagdgästen nicht mehr absagen könnte – wir sollten doch seine in Kolk lebende Tochter besuchen! Da es langsam zu dunkeln begann und ich unbedingt noch etwas von Kolk sehen und auch fotografieren wollte, machte sich Pistohlkors allein auf die Suche. Als ich meine Tour beendet hatte, kam er bereits mit Tiit Raimla an, dem Mann von Fersens Tochter Tiiu. Kurz darauf saßen wir bei ihnen am Teetisch in ihrer Plattenbauwohnung am Rande des früheren Gutszentrums. Tiit arbeitete damals noch als Mechaniker im Kolchos, da er seinen Beruf als Schiffsingenieur nicht ausüben konnte, denn als Sohn eines von den Bol-

schewiken umgebrachten selbständigen Bauern der Zwischenkriegszeit durfte
er nicht zur See fahren. Tiiu war in der Verwaltung der Gemeindeschule angestellt, die unser gemeinsamer Vorfahre Karl Magnus Stenbock 1864 gegründet
hatte. Es war eine von jenen wundersamen Begegnungen, die einem damals beschieden sein konnten, als die Grenzen im östlichen Europa durchlässig zu werden begannen und der alte Kontinent anfing wieder zusammenzuwachsen.

Jetzt, ein Jahr später, am 10. Oktober 1990, war ich in Kolk angemeldet und
traf dort zum ersten Mal auch Willy Fersen, den Vetter dritten Grades, persönlich an. Er war mit seinem siebenjährigen Sohn Sven gekommen. Damals war
er 72 Jahre alt, ein großer stattlicher Mann, für den ich vom ersten Moment an
verwandtschaftliche Gefühle empfand – so stark erinnerte er mich in seiner Fa-
milienähnlichkeit an andere Verwandte, und dann hatte er die gleichen strahlend blauen Augen wie mein damals schon verstorbener Vater. Ich will hier
nicht seine ganze Geschichte erzählen, die ich im Laufe der Jahre, die wir uns
kennen sollten, nach und nach von ihm erfahre habe. Nur so viel: William Baron Fersen – unter diesem Namen war er geboren worden – zählte zu den wenigen Deutschbalten, die sich 1939/41 geweigert hatten, nach Deutschland um-
zusiedeln. Während der folgenden 50 Jahre verbrachte er ein Leben am Rande
der Gesellschaft in wechselnden Beschäftigungen, angefangen vom Leucht-
turmwächter auf einer kleinen Insel vor der Küste bei Kolk bis zum Berufsjäger
zu dem Zeitpunkt, als wir uns kennenlernten. Mehrfach hatte er sich während
des Krieges und danach in den Wäldern um Kolk vor den Sowjets versteckt,
aber auch vor der deutschen Besatzungsmacht. In allen diesen Jahren hatte er
kaum jemals wieder Gelegenheit gehabt Deutsch zu sprechen, und doch beherrschte er es, mit einem leichten estländischen Tonfall, als wäre es noch wie
in seiner Jugend die täglich verwendete Muttersprache. Seine große Familie –
von drei Frauen hatte er zahlreiche Kinder – war eine rein estnische, mit der wir
uns später meistens auf Russisch unterhalten haben.

In Kolk zeigte uns Cornelius Tamm das ehemalige Herrenhaus, das sich in
einem recht trostlosen Zustand befand und dessen Inneres er im Auftrag der
Kolchosverwaltung mit bescheidenen Mitteln etwas zu restaurieren versuchte.
Er sammelte Fotografien von Mitgliedern der Familie Stenbock und vor allem
alte Innenansichten des Hauses, um sich bei seinen Konservierungsarbeiten an
ihnen orientieren zu können. Mit Kopien aus meiner Sammlung habe ich später die seine vervollständigen können. Auch hatte er alte vorwiegend bäuerliche
Gebrauchsgegenstände zu einem kleinen Folkloremuseum zusammengetragen.
Danach waren wir von Tiit Riives, dem Leiter der Kolchosverwaltung, zusammen mit den Verwandten zum Mittagessen in der Kantine im Parterre des
früheren Schlosses eingeladen. Dabei lobte ich die besonders wohlschmecken-
den Kartoffeln aus der gerade eingebrachten Ernte. Einige Wochen später
wurde mir im Generalkonsulat in Leningrad gemeldet, ein Lastwagen aus

Estland sei mit einer Ladung für mich vorgefahren. Als ich hinunterging, traf ich zwei Männer aus Kolk an, die Waren in die Stadt gebracht hatten und von Herrn Riives beauftragt worden waren, bei dieser Gelegenheit auch zwei Säcke Kartoffeln bei uns abzuliefern. So haben wir unseren gesamten Bedarf im Winter 1990/91 mit diesen in Kolkscher Erde gewachsenen Kartoffeln gedeckt.

Wer dies liest, wird nur schwer nachempfinden können, was mir das damals alles bedeutet hat. Kolk, Estland, mit ihnen verbundene Menschen aus Fleisch und Blut waren wieder eine Realität. Als ob Atlantis wiederaufgetaucht wäre.

Vorweihnachtliche Estlandreise

Nachdem ich Ende November 1990 zusammen mit meiner Frau, die Mitte Oktober kurz vor unserem Umzugsgut in Leningrad eingetroffen war, einen ersten Besuch in Riga gemacht hatte, brach ich Mitte Dezember zum zweiten Mal nach Tallinn auf. Diesmal benutzte ich den Volkswagen-Kleinbus, denn wir führten eine größere Menge von Kalendern für das kommende Jahr mit uns, die der Fahrer sowohl in Tallinn als auch in Riga verteilen sollte, während ich mein Programm absolvierte. Auf dieser Fahrt war Kolk die erste Station, wo ich von Raimlas zum Mittagessen erwartet wurde und wir Weihnachtsgeschenke austauschten. Willy Fersen schenkte mir zwei Riesenwürste aus Elchfleisch, die mir als besonders apart schmeckend und eine bis dahin noch nicht genossene Delikatesse in guter Erinnerung geblieben sind. Den Elch hatte er selbst in den Kolkschen Wäldern geschossen.

Kolk lag in der prinzipiell nach wie vor bestehenden und weiterhin von KGB-Truppen kontrollierten Grenzzone, die sich längs der gesamten estnischen Küste hinzog, und zu der auch dort nicht ansässige Einwohner Estlands nur mit besonderer Erlaubnis Zutritt hatten. Hinweisschilder machten darauf aufmerksam, so daß diesmal mein Fahrer stutzte, während ihm das beim ersten Mal offenbar nicht aufgefallen war. Ich beruhigte ihn, und wir sind weder damals noch später jemals angehalten worden. Dies war wohl auch eine Auswirkung der von Savisaar mit Innenminister Bakatin getroffenen Vereinbarung. Am 20. September 1990 hatte der Oberste Rat daraus die Konsequenz gezogen und ein eigenes Polizeigesetz verabschiedet aufgrund dessen die sowjetische „Miliz" ab 1. März 1991 durch eine estnische *Politsei* in neuen dunkelblauen Uniformen, wie sie die estnische Polizei seitdem trägt, ersetzt wurde.

Die nächste Station auf dem Weg nach Tallinn war das Pastorat *Kuusalu* (Kusal), wo sich neben der Kirche die Grabstätte der Kolkschen Stenbocks befindet. Ein Halt bei Pastor Endel Kuulpak und seiner Familie, die ich 1989 erstmals besucht hatte, verbunden mit einem Besuch am Grab und in der Kirche, in der noch so viel an die früheren Patronatsherren aus Kolk erinnert, gehörte wie ein Aufenthalt in Kolk fortan gleichsam zum Ritual meiner Reval-Fahrten.

*

In Tallinn hatte mir Kalle Ott wiederum ein reichhaltiges Besuchsprogramm vorbereitet, dessen Hauptzweck darin bestand, meine Personenkenntnis zu erweitern und mir dabei einen Einblick in die wichtigsten politischen und wirtschaftlichen Entwicklungen in Estland zu verschaffen. So scheint mir hier der richtige Platz zu sein, um festzuhalten, wie das Generalkonsulat Leningrad zu meiner Zeit seinen Aufgaben im baltischen Teil seines Amtsbezirks nachgekommen ist.

Ein vor allem für die Bewohner von Est- und Lettland wichtiger Bereich war die Erteilung von Visa für Reisen in die Bundesrepublik Deutschland. Da es angesichts der großen Entfernungen dem Antragsteller in den meisten Fällen unmöglich, zumindest aber nicht zuzumuten war, persönlich vorzusprechen, hatten Reisebüros in Tallinn und Riga mit unserer Zustimmung die Visabeschaffung gegen Entgelt übernommen. Dies hatte eine gewisse Privilegierung der baltischen Visabewerber zur Folge, da diese nicht wie Antragsteller aus Leningrad, aber auch aus dem übrigen Konsularbezirk, vor dem Konsulat anstehen und die zum Teil erheblichen, bis zu Wochen dauernden Wartezeiten – wir hatten ein Nummernsystem eingeführt – in Kauf nehmen mußten. Die zu festgelegten Zeiten eintreffenden Kuriere der baltischen Reisebüros wurden vielmehr gleich vorgelassen. Gelegentlich mußten sie wie auch andere Besucher, mit denen ein Termin vereinbart worden war, von einer nahegelegenen Telefonzelle aus anrufen und uns mitteilen, daß ihnen die das Generalkonsulat „bewachenden" Milizionäre wieder einmal den Zutritt verweigerten. Dann ging ein Mitarbeiter vor das Gebäude und regelte das. Wegen dieser angeblichen Diskriminierung von russischen Visumsbewerbern gegenüber solchen aus dem Baltikum mußten wir uns einmal einem Mitglied des Deutschen Bundestages gegenüber rechtfertigen, der sich – wahrscheinlich von einem freundlichen Zeitgenossen in seinem Wahlkreis auf diese Praxis des Konsulats aufmerksam gemacht – an die Bundesregierung gewandt hatte. Das von uns daraufhin geltend gemachte Argument der großen, von den baltischen Antragstellern zu überwindenden geographischen Entfernung, die es ihnen unmöglich mache, sich in die Warteschlange einzureihen, hatte allerdings Erfolg, und die Angelegenheit war damit glücklicherweise erledigt.

Eine andere wichtige Aufgabe des Generalkonsulats im Hinblick auf Est- und Lettland war die Beobachtung der sich dort vollziehenden Entwicklungen und die Berichterstattung darüber an das Auswärtige Amt. Nach der klassischen Arbeitsteilung zwischen Botschaften und Konsulaten wären genau genommen für Fragen der sowjetischen Innenpolitik – und um solche handelte es sich ungeachtet unserer Nichtanerkennung der Annexion nach wie vor – nicht wir, sondern die Kollegen in Moskau zuständig gewesen. Doch hatte es sich – im wesentlichen wohl wegen der größeren Nähe – so eingespielt, daß Leningrad und nicht Moskau die Ereignisse in Est- und Lettland beobachtete und darüber berichtete. Daran änderte sich auch nichts, als die Beziehungen zwischen den baltischen Republiken und dem Moskauer Zentrum immer gespannter wurden und damit in den Hauptstädten auch größere Beachtung fanden. Während des Jahres, das ich in Leningrad verbrachte, haben wir von dort über Est- und Lettland berichtet, ohne daß dies jemals der Form oder dem Inhalt nach von Botschafter Blech, geschweige denn durch das Auswärtige Amt beanstandet worden wäre. Andererseits kann ich mich kaum eines Berichts der Botschaft Moskau entsinnen, der ausschließlich die Lage im Baltikum zum Gegenstand gehabt hätte. Die Botschaft war mit den Ereignissen in der Hauptstadt und in anderen Teilen des in schwere Wasser geratenen Imperiums vollauf beschäftigt, und ich war über diese Arbeitsteilung natürlich nicht unglücklich. Wenn die Botschaft dann in größeren Zusammenhängen gelegentlich auf die baltische Frage einging, fiel uns in Leningrad, die wir die Lage in Estland und Lettland aus eigenem Augenschein kannten, sie gelegentlich vielleicht auch aus einem zu verengten Blickwinkel betrachteten, doch auf, wie die Sicht durch die Moskauer Brille zu einer kritischeren Bewertung der baltischen Unabhängigkeitsbestrebungen führte, die Gorbatschows Position schwächten und am Bestand der Union rüttelten, während unsere Sympathien uneingeschränkt auf Seite der Balten waren. Da ich mich auf Estland konzentrierte, das uns auch am nächsten lag – mit dem Wagen war man von Leningrad aus in vier Stunden in Tallinn –, arbeitete sich Legationssekretär Dr. Reichel vor allem 1991 mehr in die lettischen Verhältnisse ein.

Ein Problem war die Beschaffung zuverlässiger aktueller Informationen, da wir nicht wie das US-Generalkonsulat ständig Beamte vor Ort unterwegs haben konnten. Als Gegengewicht zu der den offiziellen Standpunkt wiedergebenden *Sovetskaja Estonija* – die Lektüre estnischsprachiger Zeitungen war uns ja nicht möglich –, die wir in Leningrad beziehen konnten, diente der in Tallinn erscheinende *Estonian Independent* (im Juni 1991 in *Baltic Independent* umbenannt und um Nachrichten aus den beiden anderen baltischen Republiken angereichert), der stärker den kompromißlos die Unabhängigkeit fordernden nationalestnischen Standpunkt vertrat und eine informative Wochenzeitung war. Um schnell und zuverlässig in seinen Besitz zu gelangen, hatte ich ein ganzes System ausgeklügelt. Es bestand darin, daß Urmas Oolup vom Stadtarchiv Tallinn die Zeitung für mich besorgte und zu einem Reisebüro brachte, das regelmäßig Visakuriere zum Generalkonsulat abfertigte. Mit Spannung erwartete ich dann das Blatt jede Woche in Leningrad und bin mit meiner Hartnäckigkeit wohl gele-

gentlich etwas unbequem gewesen. Von dieser Zeitung, die eine gute zeitgeschichtliche Quelle darstellt, besitze ich eine lückenlose Sammlung aller Jahrgänge – ihrem langjährigen Herausgeber Tarmu Tammerk zufolge eine Rarität.
Um die Jahreswende 1990/91 kam dann auch im Generalkonsulat Leningrad
das Telefax in Gebrauch und erleichterte die Nachrichtenübermittlung aus Tallinn und Riga erheblich. In Riga betrieb eine – nach meiner Erinnerung aus den
USA stammende – Exillettin, Inese Birzniece, von einem kleinen Pressezentrum
im Obersten Sowjet aus eine effiziente Informationspolitik, und nach ihr taten
dies andere. Aus Tallinn erhielt ich vom Außenministerium auf dem Domberg,
der Estnischen Presseagentur (ETA) und aus der Redaktion des *Estonian Independent* Texte übermittelt. Damit waren wir dann schnell und gut unterrichtet,
was uns besonders in den kritischen Januar- und Augusttagen 1991 zugute kam.
Daneben hat es aber immer auch das Telefon gegeben.

Außenminister Meri

Bei dem vorweihnachtlichen Besuch in Tallinn Mitte Dezember 1990 traf ich
erstmals auch mit Lennart Meri als Außenminister zusammen. Kennengelernt
hatte ich ihn bereits ein Jahr zuvor bei meiner Reise zu der Aufklärungstagung
in Tallinn, als er noch kein Regierungsamt bekleidete. Als Pistohlkors und ich
damals im Hafen von Helsinki zu dem Ablegeplatz der Fähre nach Tallinn kamen, herrschte dort ein gewaltiger Andrang zu den Fahrkartenschaltern. Wir
waren gerade übereingekommen, daß er sich um unser Gepäck und ich mich
um den Umtausch unserer Gutscheine in Tickets für die „Georg Ots" kümmern
sollte, als Pistohlkors im Getümmel Herrn Meri entdeckte und sich mit ihm an
Bord der Fähre verabredete. Er kannte ihn von früheren Begegnungen persönlich, während mir Meri damals nur aus Berichten Dritter ein Begriff war. Den
größten Teil der dreieinhalbstündigen Überfahrt verbrachten wir dann mit ihm
an einer Kaffee-Bar der „Georg Ots" in angeregter Unterhaltung, die überwiegend Meri bestritt, der uns viel Interessantes über die Lage in Estland zu berichten wußte, so daß wir bereits recht gut orientiert ankamen. Als wir uns dann
im Hafen von Tallinn verabschiedeten und er von Sirje Kivimäe, die uns dort erwartet hatte, erfuhr, daß wir den Abend in ihrer Familie verbringen würden, lud
er uns ein, bei ihm – zu welcher Tageszeit auch immer – vorbeizuschauen, er
habe ja sein Haus ganz in der Nähe. So wanderten Pistohlkors, Jüri Kivimäe und
ich später am Tage durch das mitternächtliche *Nõmme* zu Lennart Meri, den wir
über Papiere gebeugt antrafen, während sich seine Frau bereits zur Ruhe begeben hatte. Wieder wurde es eine angeregte Stunde oder auch länger. Meri beschäftigte sich damals mit der Vorgeschichte des Molotov-Ribbentrop-Pakts
und war interessiert, den Originaltext eines bestimmten Berichts von Botschaf-

ter Graf von der Schulenburg aus Moskau an das Auswärtige Amt nach Berlin zu erhalten, von dem er nur über eine gedruckte englische Übersetzung verfügte. Als ich wieder in Deutschland war, bekam er von Dr. Ludwig Biewer in unserem Politischen Archiv das gewünschte Dokument an eine Fax-Nummer in Helsinki übermittelt. Wie er uns erzählte, hielt er sich dort zur Bearbeitung von ihm gedrehter Dokumentarfilme regelmäßig auf, ja hatte in Helsinki wohl so etwas wie einen zweiten Wohnsitz – auch dies ein Phänomen der an Widersprüchen reichen Gorbatschov-Ära. In jener Nacht in seiner Villa in Nömme hat Meri uns auch aus seinem Leben erzählt, von seinen jungen Jahren, als er – der Sohn eines estnischen Diplomaten der Zwischenkriegszeit – in Berlin und Paris zur Schule gegangen war, hatte uns seine deutschen und französischen Schulzeugnisse gezeigt und einige wenige andere Erinnerungen, die ihm aus der Zeit vor seiner Deportation mit Vater, Mutter und Bruder nach Sibirien im Jahre 1941 verblieben waren – ein wie für so viele seiner Generation typisches estnisches Schicksal. All das erzählte er uns in seinem eleganten und nahezu fehlerfreien Deutsch.

Als ich am 13. Dezember 1990 vom Außenminister Meri in seinem Dienstzimmer im Schloß auf dem Domberg empfangen wurde und er mich anschließend zum Mittagessen einlud, war mir dieser also schon kein ganz Unbekannter mehr. An jenem Tag machte Lennart Meri eine Geste, die mich stark berührte. Da er bereits ein wenig meinen familiären Hintergrund kannte, hatte er in mein Programm einen abendlichen Besuch des Tallinner Dramatheaters aufnehmen lassen, wo an diesem Tag die Komödie *Mikumärdi* von Hugo Raudsepp gegeben wurde. Nun war mein Großvater Walter von Wistinghausen bis zur Umsiedlung der Deutschen 15 Jahre der Theaterkritiker der „Revalschen Zeitung" gewesen, das jetzige *Draamateater* aber war bis 1939 das – 1910 in nordischem Jugendstil erbaute – *Deutsche Theater*, also sozusagen sein Arbeitsplatz. Außerdem, meinte Meri, hätte mein Großvater sicher seinerzeit dieses in den 1930er Jahren populäre Boulevardstück gesehen – der Gründe somit genug für den Theaterbesuch des Enkelsohns. Darüber hinaus wollte Meri es sich nicht nehmen lassen mich zu begleiten, denn wie hätte ich ohne ihn auch etwas verstehen können? So trafen wir uns also abends, der Außenminister mit der prallgefüllten Aktentasche in der Hand, am Theater, wo uns dessen Direktor erwartete und im Parterre plazierte. Als der Vorhang aufging, begann Lennart Meri, mir die Texte ins Ohr zu übersetzen, und gelegentlich begleitete er die Handlung auch mit Kommentaren. Nachdem wir in der Pause noch bei dem Direktor Kaffee getrunken hatten, meinte Meri, jetzt hätte ich wohl einen hinreichenden Eindruck erhalten, so daß er sich verabschieden dürfte, denn es erwartete ihn – er deutete auf die Aktentasche – zu Hause noch Arbeit. Erst Jahre später, als die Estnische Nationalbibliothek für mich eine Bibliographie der Theater- und Filmrezensionen meines Großvaters anfertigte, konnte ich feststellen, daß er – der auch am estnischen Theaterleben Anteil nahm und darüber den Lesern seiner Zeitung regelmäßig berichtete – die Komödie von Raudsepp in der Tat nicht nur gesehen, sondern eine Aufführung derselben im Estnischen Drama-Studio am 10. Januar 1931 – also ziemlich genau 60 Jahre vor dem gemeinsamen Theaterbesuch seines Enkelsohns mit Lennart Meri – in der „Revalschen Zeitung"[4] auch besprochen hatte!

Außenminister Meri war über die sich verhärtende Haltung Moskaus gegenüber den baltischen Unabhängigkeitsbestrebungen ebenso besorgt wie über die Gleichgültigkeit der westlichen Regierungen, die man im Baltikum glaubte beobachten zu können. Dieselbe Sorge war mir bereits im November in Riga begegnet, in Gesprächen mit Außenminister Jānis Jurkāns und dem Abgeordneten Mavriks Vulfsons, dessen scharfsinnige Analysen aufgrund jahrzehntelanger Erfahrungen im Umgang mit der Sowjetmacht jede Unterhaltung mit ihm zu einem intellektuellen Genuß machten. Vulfsons wollte damals nicht ausschließen, daß es in Lettland zu einer militärischen Konfrontation oder gar einem Umsturz nach historischen Vorbildern kommen könnte, ausgelöst durch einen – wie er sich bemerkenswerter Weise mir gegenüber ausdrückte – „Putsch" bewaffneter und Moskau treu ergebener ziviler Kräfte, bei dem sich die in Lettland stationierten sowjetischen Truppen im Hintergrund halten würden. Ausgelöst worden waren seine Befürchtungen durch eine Erklärung, die Verteidigungsminister Jazov am 27. November 1990 im Namen Gorbatschows im zentralen sowjetischen Fernsehen abgegeben hatte und in der dem Militär ausdrücklich das Recht eingeräumt worden war, unter bestimmten Umständen von der Waffe Gebrauch zu machen. In dieser Erklärung waren die Militärbefehlshaber auch angewiesen worden, „entschieden die Errichtung von Denkmälern und anderer Formen der Verherrlichung von Faschisten und ihren Nachfolgern zu verhindern und bereits vorhandene Symbole dieser Art zu liquidieren". Als dann in der Nacht vom 4. auf den 5. Dezember an verschiedenen Orten Lettlands und in der darauffolgenden Nacht auch in Estland Ehrenmale für lettische und estnische Soldaten zerstört wurden, die während des Zweiten Weltkriegs auf deutscher Seite gekämpft hatten, wurde dies mit Jazovs Erklärung in Verbindung gebracht und auch in Estland ein militärisches Einschreiten als eine Möglichkeit in Betracht gezogen. Hinzugekommen waren bei den baltischen Außenministern aufgrund der Vorgänge bei der Pariser KSZE-Gipfelkonferenz am 19. November 1990 ein Gefühl der Demütigung – so jedenfalls stellte es sich mir damals dar – und die Überzeugung, in ihren Bemühungen um internationale Anerkennung zurückgeworfen worden zu sein. Nach einem Ultimatum von Gorbatschov – der offenbar unter dem Druck von Jazov gedroht hatte, andernfalls die Konferenz zu verlassen – sind sie dort nach einer etwa zwanzigminütigen Präsenz durch die französischen Gastgeber des Saales verwiesen worden, nachdem noch wenige Tage zuvor Außenminister Schevardnadze der Einladung durch Frankreich als *distinguished guests* zugestimmt hatte.

In Estland hatten diese Erfahrungen bei einem Teil der Politiker die Auffassung zur Folge, man habe die „Ostpolitik" – wie dort die Beziehungen zu Moskau bezeichnet wurden, für die Professor Lippmaa als ein besonderer Minister zuständig war – zugunsten der „Westpolitik" – für die Meri verantwortlich zeichnete – vernachlässigt und in Moskau das politische Terrain zu sehr den prosowjetischen Kräften aus dem russisch dominierten Nordosten Estlands überlassen, anstatt sich bei den demokratischen Kräften Rußlands und anderer Unionsrepubliken um mehr Verständnis und Unterstützung im Volksdeputiertenkongreß zu bemühen. Zu dieser Einschätzung mußte beitragen, daß sich der Stadtsowjet des zu etwa 95% von Russen bewohnten Narva am 11. Dezember 1990 für die Unterzeichnung eines neuen Unionsvertrags ausgesprochen und beschlossen hatte, Narva werde so lange Bestandteil der UdSSR bleiben, wie sich nicht ein Referendum für das Gegenteil ausgesprochen haben würde. Damit zeichnete sich die Gefahr einer Sezession des estnischen Nordostens vom übrigen Mutterland ab.

Rüütels Moskauer Rede vom 18. Dezember 1990

Im Vordergrund der Tagespolitik stand während meines Aufenthalts in Tallinn Mitte Dezember 1990 aber die bevorstehende vierte Sitzungsperiode des Volksdeputiertenkongresses der UdSSR und damit die Frage, ob die 48 estnischen Abgeordneten an ihr teilnehmen sollten und wenn ja, in welcher Eigenschaft. Schließlich verständigten sie sich mehrheitlich darauf, die seit dem 30. März 1990 verfolgte Linie der Nichtteilnahme an Allunionsparlamentssitzungen – „man nimmt nicht an den Parlamentssitzungen eines Nachbarstaates teil" lautete die Begründung – zu verlassen und als *Beobachter* zum Kongreß nach Moskau zu fahren, um durch den Mund des Vorsitzenden des Obersten Rates Arnold Rüütel die estnische Position zum Verhältnis zu Moskau und damit zum Entwurf eines neuen Unionsvertrags darzulegen, der von dem Kongreß erörtert werden sollte.

Rüütel ergriff das Wort am 18. Dezember. Sein Auftritt im Volksdeputiertenkongreß wurde vom sowjetischen Fernsehen ungekürzt übertragen. Mehr oder weniger durch Zufall – es war schon später am Abend – hatte ich gerade im richtigen Augenblick das Fernsehgerät in unserer Leningrader Wohnung eingeschaltet. Wie gebannt lauschte ich dem Redner und versuchte so viel wie möglich zu verstehen. Meine Russischkenntnisse waren nicht besonders berühmt, auch wenn es mir gelungen war im Auswärtigen Amt durchzusetzen, im Sommer 1990 im Hinblick auf die Verwendung in Leningrad für zwei Monate zur Auffrischung und Verbesserung der aus den 1970er Jahren stammenden recht rudimentären Sprachkenntnisse vom Dienst freigestellt zu werden. Auch wenn ich nicht alles von dem verstand, was Rüütel vortrug, wurde mir doch sofort bewußt, daß sich Estland mit dieser Rede aus der Sowjetunion verabschiedete. Erst Jahre später hat mir Raul Mälk in Tallinn erzählt, die estnischen Abgeordneten hätten ursprünglich sogar daran gedacht, dies noch dadurch zu unterstreichen, daß sie – in Anspielung auf Mozarts Abschiedssymphonie – vor sich Kerzen anzündeten, um dann während Rüütel sprechen würde einer nach dem anderen diese zu verlöschen und den Saal zu verlassen! Der estnische Pragmatismus hatte dann aber doch die Oberhand gewonnen, und es war auf diese Geste, die nur als Provokation hätte aufgefasst werden können, verzichtet worden. Im übrigen berichtete Mälk, der zum Zeitpunkt der Rede Rüütels Pressesekretär gewesen war, daß nicht wie üblich er den Text entworfen habe, dieser vielmehr angesichts seiner großen Bedeutung von Marju Lauristin und Endel Lippmaa aufgesetzt worden sei. Als ich wiederum Jahre später – es war während des Abendessens, zu dem Lennart Meri an seinem 70. Geburtstag am 29. März 1999 in das Schwarzenhäupterhaus eingeladen hatte – Lippmaa hierauf ansprach, da relativierte dieser allerdings seinen Anteil und meinte, schon um der Spontaneität des Redners keinen Abbruch zu tun, hätten sie Rüütel nie fertige Texte, wohl aber Ideen und Anregungen geliefert.

Rüütels Auftritt vor den Volksdeputierten zeichnete sich durch ruhige Würde und einen bei aller Kompromißlosigkeit in der Sache nicht nur unnötige Schärfen vermeidenden Ton, sondern auch durch das Bemühen aus, die Brücken nicht völlig abzubrechen. Man merkte Rüütel die große Anspannung, unter der er stand, nicht an. Nach den Erzählungen von Mälk hatte er die Nacht davor kein Auge zugetan und soll recht nervös gewesen sein. Im Gegenteil: Durch Erscheinung und Vortrag schien er alle in seinen Bann zu schlagen, was sich auch dem Zuschauer am Fernsehen mitteilte. Sowohl die estnische Berichterstattung als auch die Moskauer Zentralpresse hoben anschließend hervor, bei Rüütels Rede habe „Grabesstille" geherrscht und – so die estnischen Berichte – Gorbatschow, Jelzin und der Vorsitzende des Kongresses Lukjanov wären seinen Ausführungen mit größter Aufmerksamkeit gefolgt, wie man bereits dank entsprechender Einblendungen während der Fernsehübertragung hatte feststellen können. Ich halte auch noch jetzt Rüütels Rede für eine der großen politischen Reden, die in diesem Jahrzehnt des Umbruchs in unserer Hemisphäre gehalten wurden. Der Respekt, den ich stets für Rüütel empfunden habe, geht mit auf diese Rede zurück.

Arnold Rüütel legte also dar, die estnischen Abgeordneten würden als Beobachter an dem Kongreß teilnehmen, um ein weiteres Mal ihre Haltung zu den Beziehungen mit Moskau zum Ausdruck zu bringen. Dann sprach er von der großen Sorge, die in Estland wegen der enttäuschenden Entwicklungen des Demokratisierungsprozesses im sechsten Jahr der *Perestrojka* (Abbruch der Verhandlungen mit Estland, Eingriffe Moskaus in estnische Souveränitätsrechte) und der Auswirkungen der Wirtschaftskrise herrsche. Diese Krise sei auf die Beibehaltung der Mechanismen der Kommandowirtschaft in der Sowjetunion zurückzuführen.

Nach dieser Einstimmung kam Rüütel zum Kern seiner Rede und wandte sich in seiner Eigenschaft als Vorsitzender des Obersten Rates von Estland mit einer „Erklärung" an den Kongreß:

– Das estnische Volk schätze die Demokratisierungsversuche in der Sowjetunion ebenso wie die dank der neuen sowjetischen Außenpolitik möglich gewordenen positiven Veränderungen in den internationalen Beziehungen hoch ein und würde sich glücklich schätzen, wenn dies auch für die Beziehungen zwischen Estland und der Sowjetunion gälte.

– Daraufhin zeichnete er die einzelnen Etappen der Entwicklung von 1988 bis 1990 nach und hob besonders die 1989 vom Obersten Sowjet Estlands statuierte Ungültigkeit der Einverleibung Estlands in die UdSSR im Jahre 1940 hervor, die er als eines der vielen schweren Verbrechen Stalins bezeichnete.

– Jetzt würde auf Estland moralischer und politischer Druck ausgeübt, den Unionsvertrag zu unterzeichnen. Für Estland ginge es dabei nicht nur darum, daß es mit grundlegenden Punkten des Vertragsentwurfs nicht einverstanden sei, sondern auch, daß sich der Vertrag nur auf Rechte gründen könne, die von den vertragschließenden Seiten abgetreten werden. Niemand aber könne Rechte übertragen, die er nicht besäße: Keine Unionsrepublik verfüge derzeit voll über ihre Wirtschaft, die Kontrolle ihrer Staatsgrenzen, die nationale Verteidigung usw. Zuerst müßten daher wirklich unabhängige Staaten entstehen, bevor es möglich sei, über die Gründung einer Union zu sprechen. Andere Republiken mögen Rechte bereits bei Gründung der UdSSR im Jahre 1922 abgetreten haben, Estland wäre daran jedoch bekanntlich nicht beteiligt gewesen.

– Estland betrachte die Beziehungen zur Sowjetunion als die einer guten Nachbarschaft und einer sehr engen Zusammenarbeit. Es möchte die bestehenden Beziehungen aufrechterhalten, sie aber anstelle der bisherigen Unter- und Überordnung in solche einer gleichberechtigten Partnerschaft umwandeln. Dies sollte in *drei Stufen* geschehen:

1. Stufe: Unterzeichnung eines *Protokolls* zwischen Estland und der Union, in dem diese die rechtliche Unabhängigkeit Estlands mit der Folge anerkennt, daß Estland unbestritten als Völkerrechtssubjekt auftreten kann. Ferner sollten eine Übergangsperiode bis zur Wiederherstellung der tatsächlichen Unabhängigkeit, Fristen für die Ausarbeitung von Verträgen über die Grundlagen der politischen, rechtlichen und wirtschaftlichen Beziehungen zur Union, der Sta-

tus der sowjetischen Truppen bis zu ihrem Abzug aus Estland sowie die Rechte und Pflichten der in Estland lebenden sowjetischen Staatsangehörigen und umgekehrt festgelegt werden.

2. Stufe: Abschluß der genannten *Verträge.*

3. Stufe: Umsetzung der Verträge im Rahmen der vereinbarten Fristen, nach deren Ablauf die Übergangsperiode beendet ist und *normale zwischenstaatliche Beziehungen zwischen Estland und der UdSSR* hergestellt worden sind.

Rüütel beendete die Darlegung dieses Dreistufenplans, indem er der Überzeugung Ausdruck verlieh, der Kongreß, der einen Staat repräsentiere, welcher so entschieden für die Opfer jedweder Repression eintrete, werde sich auch für die Wiederherstellung der historischen Gerechtigkeit für Estland – das ein Opfer der stalinistischen Aggression geworden sei – einsetzen.

Als Rüütel im Anschluß von Journalisten auf das in der sowjetischen Verfassung vorgesehene Referendum angesprochen wurde, auf dem Gorbatschow als unabdingbarer Voraussetzung für den Austritt einer Republik aus der Union bestand, erinnerte er daran, daß Estland der UdSSR ohne Referendum und widerrechtlich einverleibt worden sei, so daß sich schon aus rechtlichen Gründen die Frage eines Referendums nicht stellen könne. Rüütels Ausführungen zur Annexion und über die verfassungswidrigen Wahlen zum estnischen Parlament vom Juli 1940 hatte Valentin Falin zuvor in einem Debattenbeitrag ausdrücklich widersprochen. Ein gutes Jahr zuvor, im Juli 1989, hatte dieser vor laufenden Fernsehkameras die Existenz der Geheimen Zusatzprotokolle zum Molotov-Ribbentrop-Pakt vom 23. August 1939 zugeben müssen, nachdem diese jahrzehntelang von der Sowjetunion geleugnet worden war. Jetzt verteidigte Falin eine Rückfallposition, derzufolge zwar das Protokoll völkerrechtswidrig und daher von Anfang an ungültig sei, der Anschluß Estlands an die UdSSR aber freiwillig und daher rechtmäßig zustandegekommen wäre.

Zwei Tage später, am 20. Dezember 1990, erklärte Außenminister Schevardnadze von der gleichen Stelle, von der aus Rüütel gesprochen hatte, völlig unerwartet seinen Aufsehen erregenden Rücktritt. Er tat dies, wie er sagte, um ein Zeichen des Protestes gegen die erstarkenden Kräfte der Reaktion und eine seiner Meinung nach heraufziehende „Diktatur" zu setzen. Auch diese Rede habe ich am Fernsehen verfolgt, zusammen mit den Kollegen Ungern-Sternberg und Reichel, die nach einem vorweihnachtlichen Beisammensein unter den Mitgliedern des Generalkonsulats am Abend noch bei uns geblieben waren. Ich war von dem leidenschaftlichen Vortrag des Ministers beeindruckt, der in höchst erregtem Ton sprach – doch glauben konnte ich damals wie so viele andere an seine Vorhersage nicht; zu weit schien mir die Entwicklung gediehen und das

Rad der Geschichte nicht mehr zurückzudrehen. Der Rücktritt von Schevardnadze hatte mit einem Schlag die politische Landschaft in der Sowjetunion und ihrer Beziehungen zum Westen verändert. Die beschwichtigende Sprachregelung, die wir dazu aus Bonn erhielten, konnte mich – wie ich damals notierte – nur unvollkommen überzeugen. Einige Tage darauf zog mich der greise Professor Dmitrij Lichačev – damals eine Kultfigur des Leningrader Geisteslebens – auf einem Empfang in ein Gespräch, in dessen Verlauf er zwar die Befürchtungen von Schevardnadze teilte, sich jedoch zugleich „mittelfristig als Optimist" – so seine Worte – gab.

Einen zuversichtlicheren Ton schlug Sobtschak an, als er bei einer Veranstaltung für das Konsularcorps zum Jahreswechsel am 30. Dezember während des Mittagessens in einem Restaurant bei der ehemaligen Poststation *Vyru*, etwa 70 km von Leningrad entfernt – wo Puschkin auf dem Weg zu seinem Gut *Michajlovskoje* einzukehren pflegte – von der Gemeinschaft der russischen Demokraten sprach. Zum Schluß brachte er einen Toast auf „seinen Freund" Eduard Schevardnadze aus und erhob im Rückblick auf das zu Ende gehende Jahr 1990, mir unvergeßlich, sein Glas mit den stolzen Worten: „Das war u n s e r Jahr (*etot byl n a š god*)!".

1991

Das Imperium schlägt zurück

Kaum war 1991 eingeläutet, da entluden sich die von Schevardnadze beschworenen reaktionären Kräfte, und seine Befürchtungen schienen sich zu bestätigen.

Es begann in den Morgenstunden des 2. Januar mit der Besetzung des Pressehauses in Riga durch Spezialeinheiten des sowjetischen Innenministeriums (OMON), den sogenannten *black berets*, die zur Folge hatte, daß in Lettland keine Zeitungen mehr erscheinen konnten. Damit war die Lage auf ein gefährliches Niveau eskaliert. In Riga befürchtete man sofort, daß dies den Beginn einer wohlvorbereiteten Aktion zur Niederschlagung der nationalen Selbständigkeitsbestrebungen im ganzen Baltikum mit Waffengewalt ankündigte und – so jedenfalls einige der Beobachter – damit in Lettland, als der baltischen Republik mit dem größten russischen Bevölkerungsanteil, der Anfang gemacht werden sollte (die Letten stellten im eigenen Land nur noch 52% der Gesamtbevölkerung und waren in der Hauptstadt Riga mit etwa 30% bereits deutlich in der Minderheit). Als der lettische Ministerpräsident Godmanis darauf am 3. Januar in Moskau mit Gorbatschov zusammentraf, soll sich dieser völlig uninformiert gezeigt und in Aussicht gestellt haben, er werde sich um eine Lösung kümmern. Das Parlament in Tallinn verurteilte die Aktion. Rüütel versicherte Lettland der vollen estnischen Unterstützung und bot die Entsendung von Polizeieinheiten zur Bewachung strategisch wichtiger Orte an.

Mittlerweile drehte das Zentrum weiter an der Schraube: Immer mehr junge Balten weigerten sich, in der Sowjetarmee zu dienen und machten stattdessen von der sowohl in Est- als auch in Lettland 1990 gesetzlich eingeführten Möglichkeit des Zivildienstes Gebrauch. Am 7. Januar unterrichtete der in Riga residierende Befehlshaber des baltischen Militärbezirks Generaloberst Fjodor Kusmin sowohl den lettischen als auch den estnischen Ministerpräsidenten über eine aus Moskau befohlene Verlegung zusätzlicher Luftlandetruppen in der Stärke von mehreren Divisionen zu je 1 000 Mann in das Baltikum, um – wie es hieß – die Einhaltung der Wehrpflicht nötigenfalls mit Waffengewalt durchzusetzen. Als Reaktion auf Kusmins Ankündigung löste die estnische Regierung am 8. Januar den Wehrersatzdienst vorübergehend auf, um einer Festnahme von Zivildienstleistenden durch sowjetisches Militär zuvorzukommen.

Eine von Kusmin gemachte Konzession, die Armee werde die Ausführung ihres Auftrags bis zum 13. Januar zurückstellen, um bis dahin einvernehmliche Lösungen zu ermöglichen, wurde im Baltikum mit dem bevorstehenden Ablauf des Ultimatums von Präsident Bush an Saddam Hussein in Verbindung gebracht, seine Truppen aus Kuweit zurückzuziehen. Bereits seit längerem hatten baltische Politiker diesem Datum mit Sorge entgegengesehen, da sie befürchteten, Moskau werde den Zeitpunkt, zu dem die Weltöffentlichkeit durch eine Auseinandersetzung mit dem Irak abgelenkt sein würde, zu einem gewaltsamen Vorgehen gegen die baltischen Unabhängigkeitsbestrebungen nutzen.

Liest man die damaligen öffentlichen Stellungnahmen führender baltischer Politiker nach, so verdienen ihre klarsichtigen Analysen allen Respekt. Sie verfügten allerdings über eine in Jahrzehnten gewachsene Kenntnis sowjetischer Herrschaftsmethoden, mit der wir im freien Westen ungeachtet Tausender von „Ostforschern" diesseits und jenseits des Atlantiks nicht konkurrieren konnten. So erklärte Savisaar bereits am 8. Januar auf einer Pressekonferenz in Moskau, bei der er den Befehl zur Entsendung zusätzlicher Truppen ins Baltikum verurteilte, dessen eigentlicher Grund bestünde nicht in der angestrebten Durchsetzung der Wehrpflicht, sondern in der beabsichtigten Unterdrückung der baltischen Freiheitsbewegungen als solchen. Am selben Tag ließ sich Marju Lauristin aus Tartu mit einem Aufruf an internationale Beobachter vernehmen, in die baltischen Staaten zu kommen, um die Gefahr eines militärischen Vorgehens zu verringern. Sie stellte einen klaren Zusammenhang zwischen der von Moskau geschürten Spannung im Baltikum und der Lage am Persischen Golf her: Die dritte Januarwoche (in der das Ultimatum an den Irak auslaufen sollte)

„werde für das Baltikum entscheidend sein". Außenminister Meri erklärte in jenen Tagen, Gorbatschovs erste Priorität sei die Aufrechterhaltung sowjetischer imperialer Strukturen; diesem Ziel sei der Präsident bereit, Demokratie, freie Marktwirtschaft und „nahezu alles" zu opfern. Gleichzeitig bat Meri den Westen um Unterstützung; denn eine militärische Unterdrückung der baltischen Republiken werde nach seiner Überzeugung nur dann erfolgen, wenn die westliche Welt nicht reagiere.

In diesen spannungsgeladenen Tagen war ich vom Ostausschuß der deutschen Wirtschaft zu einem von dessen Geschäftsführer Dr. Fink am Müggelsee in Friedrichshagen bei Berlin organisierten deutsch-russischen Wirtschaftssymposium eingeladen. Zusammen mit einer Delegation aus Leningrad, der außer Sobtschaks damaligem „Berater für internationale Beziehungen" Vladimir Putin auch Vatanjar Jagja und Anatolij Tschubais angehörten, die in der Stadt für Fragen der Wirtschaftsverwaltung zuständig waren, traf ich am 9. Januar in Berlin ein (prominentester Teilnehmer aus Moskau war Parlamentspräsident Chasbulatov, der sich von seinen deutschen Gastgebern, allen voran Otto Wolff von Amerongen, nicht schlecht hofieren ließ, was uns „Leningrader" etwas amüsierte). Als erstes telefonierte ich von Berlin aus mit dem Kollegen Klaus Neubert im Auswärtigen Amt, um ihn, ohne befürchten zu müssen abgehört zu werden, über die jüngsten Entwicklungen in Riga und Tallinn aus meiner Sicht zu unterrichten. Dabei habe ich die Auffassung vertreten, die EG-Mitgliedstaaten müßten die Sowjetunion warnen, daß im Falle einer Repression im Baltikum die wirtschaftliche Zusammenarbeit, sprich: die materielle Hilfe der EG für die UdSSR beendet werde. Auch erinnere ich mich an eine temperamentvolle Diskussion mit Putin während einer nächtlichen Busfahrt aus Berlin zurück in unser Quartier am Müggelsee, in der Gorbatschov bei ihm zwar schlecht abschnitt (er sah ihn schon damals als politisch erledigt an), er andererseits aber Vorbehalte gegen ein Ausscheiden der baltischen Republiken aus dem Imperium erkennen ließ. Damals kannte ich Putin noch wenig und wußte auch nicht, daß er eine KGB-Karriere hinter sich hatte, zu der er sich später offen bekannte (obwohl man dies oder ähnliches angesichts seines langen Aufenthaltes in der DDR, den er nicht verheimlichte und dem er auch seine hervorragenden Deutschkenntnisse verdankte, ahnen konnte).

Als ich am 13. Januar, einem Sonntag, nach Berlin-Schönefeld kam, um nach Leningrad zurückzufliegen, hörte ich dort bereits aus dem Rundfunk von dem blutigen militärischen Einschreiten in Wilna während der zurückliegenden Nacht. Aufmerksam verfolgten wir dann von Leningrad aus die weitere Entwicklung. Dank unserer Informationskanäle nach Tallinn und Riga gelang es schnell, einen Überblick zu erhalten, so daß wir dem Auswärtigen Amt eine erste Lagebeurteilung zukommen lassen konnten. Noch im Verlauf des 13. Januar war der Vorsitzende des Obersten Sowjet der RSFSR Boris Jelzin, nachdem er am Vortag mit Arnold Rüütel in Moskau endlich den seit längerem verhandelten estnisch-russischen Grundlagenvertrag unterzeichnet hatte, in Tallinn eingetroffen, um sich von hier aus in einem gemeinsamen Protest mit seinen baltischen Kollegen gegen die Vorgänge in Litauen an die Weltöffentlichkeit zu wenden. Aus Riga war der Vorsitzende des Obersten Rates Anatolijs Gorbunovs gekommen. Litauens Präsident Landsbergis mußte sich durch einen bereits in Tallinn residierenden Bevollmächtigten vertreten lassen und reichte seine Unterschrift für die an diesem Tage verabschiedeten Dokumente über Telefax nach. Jelzin und Gorbunovs unterzeichneten bei dieser Gelegenheit am 13. Januar in Tallinn auch eine dem estnisch-russischen Vertrag vom 12. Januar 1991 entsprechende Vereinbarung. Rüütel hat mir später erzählt, die Reise von Jelzin nach Tallinn wäre seiner Initiative zu verdanken gewesen: Als er, kaum aus der sowjetischen Hauptstadt zurückgekehrt, von dem Vorgehen der Moskau direkt unterstellten Truppen in Wilna erfahren habe, hätte er Jelzin zu dem umgehenden Flug nach Tallinn zu überzeugen vermocht (die Rückreise erfolgte dann aus Sicherheitsgründen bis Leningrad auf dem Landweg)[5].

Gorbunovs, Landsbergis, Jelzin und Rüütel – so die Unterschriften in der Reihenfolge der Staatsnamen nach dem russischen Alphabet – appellierten in einer gemeinsamen Erklärung an den Generalsekretär der Vereinten Nationen, umgehend eine „Konferenz" (gemeint war wohl der VN-Sicherheitsrat) zur „Regelung der Probleme der baltischen Staaten" einzuberufen und im Zusammenhang damit die VN-Resolution 678 vom 29. November 1990 zu den Vorgängen am Persischen Golf (Militäraktionen nach dem Ablauf des Ultimatums an den Irak) auszusetzen. In einer weiteren, an die Staatengemeinschaft gerichteten Erklärung brachten die vier zum Ausdruck, daß sie sich angesichts des gewaltsamen Vorgehens der „Führung der Sowjetunion" gegen die baltischen Staaten auf ein gemeinsames Handeln geeinigt hätten. Dieses sollte – ausgehend von der gegenseitigen Anerkennung als souveräne Staaten und der Aufnahme bilateraler Beziehungen auf der Grundlage des internationalen Rechts – u.a. in einem an die Bürger der vier Unterzeichnerstaaten gerichteten Verbot bestehen, an militärischen Handlungen zum Schaden der Souveränität ihrer Staaten teilzunehmen. Sodann wurden alle Staaten innerhalb und außerhalb der UdSSR aufgefordert, die gegen die Unabhängigkeit der baltischen Staaten gerichtete militärische Gewalt zu verurteilen. Jelzin forderte seinerseits zusätzlich die im Baltikum stationierten russischen Soldaten auf, sich nicht an Militärhandlungen gegen die baltischen Regierungen zu beteiligen und kündigte – zum besonderen Ärger Gorbatschovs – die Aufstellung einer eigenen russischen Armee für den Fall an, daß die Gewaltanwendung im Baltikum andauern würde.

Für den Nachmittag des 14. Januar 1991 war mein Antrittsbesuch beim Leningrader KP-Chef Boris Gidaspov vorgesehen, zu dem es bis dahin noch nicht gekommen war. Bei dem Gespräch im *Smolnij*, das von Gidaspov betont freundlich, wenn auch unverbindlich geführt wurde, versuchte ich, ihm die Einsicht zu vermitteln, daß eine militärische Lösung im Baltikum das Ende der wirtschaftlichen Unterstützung der UdSSR durch den Westen bedeuten würde. Natürlich erwähnte die am nächsten Tag in der *Leningradskaja Pravda* veröffentlichte Notiz, die unsere hauptsächlichsten Gesprächsthemen ansonsten zutreffend wiedergab, mit keiner Silbe, daß auch die Lage im Baltikum angesprochen worden war.

Doch die Wellen der Erregung schlugen im politischen Leningrad hoch. Für den Abend des 15. Januar war eine Sitzung des Stadtsowjet anberaumt worden, an der Reichel und ich in Begleitung unserer russischen Dolmetscherin Svetlana dank Putins Vermittlung als Beobachter teilnehmen konnten. Aus dem Konsularcorps war außer einer Mitarbeiterin des amerikanischen Generalkonsulats seltsamerweise niemand anwesend. Von unseren Plätzen im Parkett – Putin hatte mich, ohne dies selbst zu bemerken, sinnigerweise auf dem für den 1. Parteisekretär Gidaspov, den ich gerade kennengelernt hatte, reservierten Sitz plaziert, wie ich einem an der Rückenlehne angebrachten gravierten Schild entnehmen konnte – folgten wir mit gespannter Aufmerksamkeit der sich bis nach Mitternacht hinziehenden stürmischen Debatte. Eingangs traten auch zwei Abgesandte der russischen Bevölkerung von Narva und *Sillamäe* in Nordostestland auf, die das militärische Vorgehen indirekt begrüßten und damit unter den Abgeordneten des Lensowjet zunehmend Unmut hervorriefen, so daß ein dritter Russe aus *Kohtla-Järve* seine Wortmeldung zurückzog, um nicht durch eine der mehrfach angesetzten Verfahrensdebatten daran gehindert zu werden, die Rednertribüne zu betreten. Auch der estnische Justizminister Jüri Raidla war gekommen, um den Regierungsstandpunkt gemäß der am 13. Januar in Tallinn mit Jelzin festgelegten gemeinsamen Linie Rußlands und der baltischen Republiken zu vertreten. Eine Litauerin und mehrere Abgeordnete schilderten mit bewegten Worten den Ablauf der Ereignisse in der Nacht vom 12. auf den 13. Januar in Wilna; eine litauische Delegation entfaltete dabei eine trauerumflorte Nationalflagge und schürte die nächtliche Debatte des Leningrader Stadtparlaments mit zusätzlichen Emotionen. Im Verlauf der über fünfstündigen Sitzung verabschiedete der Lensowjet dann mit großen Mehrheiten eine Reihe von Entschließungen, die das Vorgehen Moskaus scharf verurteilten und sich vor allem gegen die Militärs und gegen Gorbatschov persönlich richteten. Ungeachtet seiner gegenteiligen Beteuerungen wurde Gorbatschov, sowohl in Leningrad als auch in Tallinn wie im übrigen Baltikum, allgemein als der eigentliche Verantwortliche angesehen. Das geschah schon deswegen, weil sich niemand vorstellen konnte, der mächtigste Mann der Sowjetunion hätte – sollte er schon die Anordnungen nicht selbst getroffen haben – nicht wenigstens von allem gewußt. Am darauffolgenden Sonntag fand dann auf dem

Schloßplatz noch eine gegen die Ereignisse in Litauen gerichtete Protestkundgebung von Leningradern statt.

*

Nach dem 13. Januar spitzte sich die Lage auch in Riga zu, von wo Aktionen des sowjetischen Militärs und der gefürchteten *black berets* gegen die lettische Polizei und drohende Worte des Militärbefehlshabers Kusmin gemeldet wurden. Moskautreue Kräfte inner- und außerhalb des Parlaments reckten wieder die Köpfe, ein „Gesamtlettisches Komitee zur gesellschaftlichen Rettung" machte von sich reden. In dieser Situation wandte sich die lettische Regierung am 14. Januar mit einem dramatisch formulierten Aufruf an die „Regierungen der Welt und der Sowjetunion" und warnte vor reaktionären Kreisen der KPdSU und vor der sowjetischen Armee, die einen „mörderischen Staatsstreich" zur Beseitigung der in den baltischen Staaten bestehenden Verfassungsordnung vorbereiteten. Bereits am Tage davor hatte der Volksfrontvorsitzende und erste stellvertretende Parlamentspräsident Dainis Ivans die Bevölkerung aufgerufen, sich zum Schutz des Parlaments und anderer öffentlicher Gebäude zu versammeln. Dem kam die Bevölkerung sofort in großer Zahl nach. Bald war die Rigaer Innenstadt mit schweren Fahrzeugen und Baumaterialien verbarrikadiert, das Gebäude des Parlaments und des lettischen Rundfunks durch eilig hochgezogene Mauern geschützt. Die Menschen harrten Tag und Nacht auf den Straßen aus, wärmten sich an Lagerfeuern. Dr. Reichel, der sich in diesen Tagen in Riga aufgehalten hatte, berichtete uns von der in der Stadt herrschenden Stimmung gespannter, doch ruhiger Entschlossenheit, unter deren Eindruck er noch ganz stand. Kaum war er nach Leningrad zurückgekehrt, kamen die ersten Nachrichten von der am Abend des 20. Januar erfolgten Erstürmung des Gebäudes des lettischen Innenministeriums durch *black berets*. Bei dieser Aktion kamen vier Menschen unter zum Teil ungeklärten Umständen ums Leben, außerdem gab es eine Reihe von Verletzten. In den Morgenstunden des 21. Januar zogen die Spezialeinheiten des sowjetischen Innenministeriums wieder ab, nachdem Ministerpräsident Godmanis mit ihnen verhandelt hatte.

Danach begann die schon gewohnte Schadensbegrenzung durch die Moskauer Unionsführung, die jede Verantwortung ablehnte und ankündigte, sie werde die Lage unter Kontrolle bringen. Dazu zählte auch die von Gorbatschov bei einem am 21. Januar in Moskau zustandegekommenen Treffen mit Präsident Rüütel zum Ausdruck gebrachte Bereitschaft zu erneuten Gesprächen zwischen hochrangigen Delegationen, zu denen es vorerst aber genau so wenig wie zu solchen Gesprächen mit Lettland kommen sollte – das übliche Hinhaltemanöver. Die wahren Zusammenhänge der Rigaer Vorgänge blieben im Dunkeln und sind wie die Wilnaer Ereignisse nicht völlig aufgeklärt worden, auch wenn die Verantwortlichkeiten von Anfang an offenkundig schienen.

Die Empörung im Westen war groß. Auch Bundesaußenminister Genscher gab jetzt eine scharfe Erklärung ab, in der er die sowjetische Führung aufforderte, die Schuldigen für die Gewaltanwendung zur Verantwortung zu ziehen und im Wege des Dialogs eine politische Lösung zu finden, um weiteres Blutvergießen zu verhindern. Wir übermittelten den Text seiner Erklärung an die Außenministerien in Riga und Tallinn. Immerhin handelte es sich um das erste Mal, daß die Bundesregierung zu den Vorgängen im Baltikum öffentlich Position bezog. Auch den wichtigeren Leningrader Zeitungen stellten wir die Erklärung von Genscher zur Verfügung, von denen sie ausgerechnet die kommunistische *Leningradskaja Pravda* am 23. Januar 1991 als einzige im vollen Wortlaut veröffentlichte!

*

Die damals geradezu sensationelle Entscheidung Jelzins, sich mit seinem ganzen politischen Gewicht in die Ereignisse im Baltikum einzubringen, hat dem Verlauf der weiteren Entwicklung eine neue Richtung gegeben. Sie hat nicht nur die massiven Proteste der westlichen Regierungen beeinflußt, mit denen die sowjetische Führung in diesem Ausmaß nicht gerechnet hatte, sondern auch deren weitere Politik. Die Führung der UdSSR war wohl in der Tat davon ausgegangen, die Aufmerksamkeit des Westens werde durch den seinem Höhepunkt zusteuernden Golfkonflikt voll in Anspruch genommen. Noch überraschender schien für sie aber das Vorgehen Jelzins selbst und das Ausmaß der Solidarisierung der demokratischen Kräfte in Rußland mit den Opfern von Wilna gewesen zu sein. Eine andere Frage ist, inwieweit Jelzins Eingreifen im Baltikum durch „uneigennützige" d.h. demokratisch-rechtsstaatliche Überzeugungen motiviert war, und inwieweit durch seinen Kampf mit Gorbatschow um die Macht, der damals in vollem Gang war. Während für den zeitgenössischen Beobachter die Unterstützung einer demokratischen Entwicklung in der Sowjetunion als Beweggrund der Politik Jelzins im Vordergrund stand, neigt sich mit größerem zeitlichem Abstand zu den Ereignissen bei der Beurteilung die Waage stärker in die andere Richtung. Nur: Wird unser Urteil nicht durch spätere Entwicklungen nach dem Zerfall der Sowjetunion beeinflußt, als bei Jelzin eine – nicht immer ganz freiwillige – Rückbesinnung auf traditionelle Verhaltensweisen russischer Großmachtpolitik einsetzte?

Der estnisch-russische Vertrag vom 12. Januar 1991

Offenbar unter dem Eindruck der sich verhärtenden Haltung des Zentrums gegenüber den baltischen Republiken waren die Verhandlungen, die Estland parallel zu den Gesprächen mit der Unionsführung im August 1990 auch mit der RSFSR begonnen hatte, nachdem sie zwischenzeitlich ins Stocken geraten waren, wiederaufgenommen und mit der Unterzeichnung des „Vertrags über die Grundlagen der zwischenstaatlichen Beziehungen" durch Jelzin und Rüütel am 12. Januar 1991 in Moskau zum Abschluß gebracht worden (der am 13. Januar 1991 in Tallinn mit Lettland abgeschlossene Vertrag hatte nahezu den gleichen Wortlaut; beide Verträge wurden unverzüglich von den Parlamenten in Riga am 14. Januar und in Tallinn am 15. Januar ratifiziert; das russische Parlament hat dem estnisch-russischen Vertrag am 26. Dezember 1991 zugestimmt, und am 14. Januar 1992 sind die Ratifikationsurkunden ausgetauscht worden).

In dem Vertrag vom 12. Januar 1991 erkannten sich Estland und Rußland gegenseitig als „souveräne Staaten und Subjekte des Völkerrechts" an (Art. I) und billigten einander das „unveräußerliche Recht auf staatliche Unabhängigkeit" zu (Präambel). Das insgesamt 20 Artikel umfassende Vertragswerk regelte eine Vielzahl von Gebieten der bilateralen Zusammenarbeit teils unmittelbar, teils mittelbar, indem es Bereiche identifizierte, in denen es weiterer Abkommen bedurfte.

Nicht eindeutig konnten damals die kardinalen Fragen der Staatsangehörigkeit und des Verlaufs der estnisch-russischen Grenze gelöst werden, an denen sich bisher die Verhandlungen festgefahren hatten. Beide Fragen sollten noch eine besondere Bedeutung erlangen und nach wiedergewonnener Unabhängigkeit jahrelang die Beziehungen belasten. In Art. III des Vertrags hatte man sich darauf geeinigt, daß alle Personen, die am 12. Januar 1991 auf dem Territorium einer der vertragschließenden Parteien leben und die Staatsangehörigkeit der Sowjetunion besitzen, das Recht haben, die estnische bzw. russische Staatsangehörigkeit zu behalten bzw. zu erwerben. „Konkrete Staatsangehörigkeitsfragen von beiderseitigem Interesse" sollten allerdings in Übereinstimmung mit den Normen des Völkerrechts in einem besonderen Vertrag geregelt werden, zu dem es dann nie gekommen ist. Auf diese Klausel beriefen sich später die estnischen politischen Kräfte, die nicht allen Russen mit ständigem Wohnsitz in Estland automatisch die estnische Staatsangehörigkeit zugestehen wollten und die nach wiedererlangter Unabhängigkeit die Mehrheit im Parlament besaßen. Im Januar 1991 standen für die estnische Regierung andere Probleme im Vordergrund, die sie veranlaßt haben dürften, diesen ambivalenten Vertragstext zu akzeptieren und den Rest der Zukunft zu überlassen. Ministerpräsident Savisaar hat unter Berufung auf das Interesse an einem einvernehmlichen Zusammenleben von Esten und Russen immer den automatischen Erwerb der estnischen

Staatsangehörigkeit durch alle zum Zeitpunkt der Wiedererlangung der Unabhängigkeit in Estland lebenden Personen – die sogenannte Nulloption – favorisiert, was wesentlich zu seiner relativen Beliebtheit bei der russischen Bevölkerung beigetragen hat.

Die Grenzfrage wurde in Art. VI angesprochen, aber ebenfalls nicht eindeutig geklärt: Einerseits respektierte jede Vertragspartei in Übereinstimmung mit den Prinzipien der KSZE die „territoriale Integrität" der anderen Seite; zum anderen wurde in der Präambel auf die Entschließung des Obersten Rates vom 30. März 1990 über den staatlichen Status von Estland und eine weitere Entschließung vom 7. August 1990 über die Beziehungen zwischen der Republik Estland und der UdSSR Bezug genommen, in der im Vorfeld der Verhandlungen mit Moskau vom Obersten Rat u.a. festgelegt worden war, daß bei diesen von der Weitergeltung des Friedensvertrags von Tartu von 1920 auszugehen sei. Da im Dorpater Frieden zwischen Estland und Rußland auch der Grenzverlauf geregelt wurde, konnte man später durchaus argumentieren, daß die Vertragsparteien vom Januar 1991 an die Wiederherstellung der Grenze, wie sie bis zur Annexion durch die Sowjetunion bestand, gedacht haben. Zusätzliche Unklarheit verursachte bei den späteren Diskussionen eine Klausel in demselben Artikel VI, derzufolge das Grenz*regime* zwischen Estland und Rußland einer besonderen vertraglichen Regelung vorbehalten bleiben sollte, ohne daß näher bestimmt worden wäre, was unter „Regime" zu verstehen sei – vielleicht sollte auch hier nur ein unter den Parteien bestehender Dissens verdeckt werden, um den Vertragsabschluß am 12. Januar 1991 zu ermöglichen.

Auch wurde der „Austausch von bevollmächtigten Vertretungen" vereinbart (Art. X). Dies hatte zur Folge, daß sich in Tallinn bereits vor der Unabhängigkeit ein „Vertreter der Russischen Föderation bei der Republik Estland" einfand, wie er sich bezeichnete, also sozusagen ein Botschafter Jelzins. Oleg Popovič war ein freundlicher jüngerer Russe, der nach eigenem Bekunden aus Perm kam und dort ein Komsomolfunktionär gewesen war. Die estnische Regierung gab dann gleich nach Wiedererlangung der Unabhängigkeit der Russischen Föderation das Gebäude zurück, das diese – noch vor der Gründung der UdSSR – 1921 gekauft hatte und in dem dann bis 1940 die sowjetische Gesandtschaft untergebracht war. Das ehemals Dellingshausensche Stadtpalais in der Langstraße (*Pikk tänav*) war vom letzten estländischen Ritterschaftshauptmann Eduard Freiherrn von Dellingshausen 1920 an eine estnische Außenhandelsfirma und von dieser im Jahr darauf an Rußland verkauft worden. Beim Einzug von Popovič befand sich das Haus in einem desolaten Zustand, wie er mir bei einer Besichtigung im Herbst 1991 vorführte; es hatte zuletzt als Sitz der Miliz zum Innenministerium gehört. Mittlerweile wurde der ganze Gebäudekomplex völlig renoviert, und die Russische Botschaft ist heute wieder ein Schmuckstück der Revaler Altstadt.

Die beiden Verträge mit Est- und Lettland hatten den Weg zu der Tallinner Vierer-Erklärung vom 13. Januar 1991 geebnet und waren ein Meilenstein auf dem Weg zur völligen Unabhängigkeit, der nun mit der uneingeschränkten Unterstützung Rußlands unter Jelzins Führung weitergegangen werden konnte. Dies spiegelte sich auch in der Haltung von Sobtschak wider, der mir, als ich ihn im Frühjahr 1991 einmal unter vier Augen darauf ansprach, sagte, es sei nur eine Frage der Zeit, wann die baltischen Republiken auch formal ihre Souveränität zurückgewinnen würden, in der Sache wäre dies bereits entschieden. Darin scheint mir die wahre Bedeutung dieser Verträge, die auf 10 Jahre mit der Möglichkeit ihrer Verlängerung abgeschlossen worden waren, zu liegen, auch wenn später die Entwicklung über sie hinweggegangen ist.

Wandlungen in der deutschen Baltikumpolitik

Die Januar-Ereignisse in Wilna und Riga schienen – vor dem Hintergrund der innenpolitischen Geamtsituation in der UdSSR, wo sich Gorbatschow zum Machterhalt mit den konservativ-restaurativen Kräften verbündet hatte – an der Haltung der Bundesregierung gegenüber den baltischen Unabhängigkeitsbestrebungen eine Korrektur bewirkt zu haben. Jedenfalls erhielt ich am 24. Januar die Weisung, die Außenminister von Estland und Lettland zu einem Gespräch mit dem Bundesaußenminister am 28. Januar nach Bonn einzuladen (den Dritten im Bunde, den Litauer Saudargas, hatte Genscher bereits kurz zuvor empfangen). Als ich in Riga anrief, erfuhr ich, Minister Jurkāns befände sich auf einer Auslandsreise, man werde ihn unterrichten. Meri erreichte ich selbst am Telefon; seine Freude war groß, daß sich nun auch die deutsche Außenpolitik zu diesem Schritt bereit fand, den unsere wichtigsten Partner im Westen bereits getan hatten.

Wie ich später aus dem Auswärtigen Amt erfuhr, dankten die beiden baltischen Außenminister bei dem Gespräch am 28. Januar 1991 in Bonn dem Bundesaußenminister für die von deutscher Seite in einem solch entscheidenden Moment erhaltene Unterstützung und zeigten sich davon überzeugt, daß es ohne die klare westliche Reaktion auf die Ereignisse in Wilna, die auch nach ihrer Auffassung für die sowjetische Führung überraschend gekommen sei, eine viel größere Zahl an Opfern gegeben hätte. Außenminister Meri bat seinen deutschen Kollegen zu überlegen, ob jetzt nicht die Möglichkeit bestünde, eine wie auch immer geartete deutsche Präsenz im Baltikum selbst herzustellen und kam damit auf ein Anliegen zurück, mit dem auch ich bereits wiederholt konfrontiert worden war. Meri zeigte sich namentlich an einem baltischen Informationszentrum in Deutschland interessiert, vergleichbar den für Kopenhagen, Stockholm und selbst für Helsinki vorgesehenen Einrichtungen dieser Art. Genscher räumte ein, daß Deutschland, das die sowjetische Annexion der baltischen Staaten nie anerkannt habe, in dieser Frage bisher große Zurückhaltung bewiesen hätte; er werde aber prüfen lassen, ob die Errichtung von Goethe-Instituten möglich sei, wie er auch den Gedanken eines baltischen Informationszentrums nicht von vornherein ablehnen wolle. Ein weiteres Anliegen von Meri war, nach dem Debakel auf der Pariser KSZE-Konferenz im November 1990 eine baltische Präsenz auf dem für Juni 1991 nach Berlin einberufenen KSZE-Außenministertreffen zu ermöglichen. Entgegen anderslautenden Meldungen in der estnischen Presse, die von einer Einladung der baltischen Außenminister nach Berlin als *distinguished guests* sprach[6], konnte der deutsche Außenminister diese Bitte allerdings lediglich entgegennehmen.

Wenn es noch eines weiteren Beweises bedurfte, daß in die deutsche Baltikumpolitik Bewegung gekommen war, dann wurde dieser durch die Einladung des lettischen Ministerpräsidenten Godmanis zu einem Gespräch mit Bundeskanzler Kohl in Bonn am 15. Februar 1991 erbracht, die wir von Leningrad aus übermittelten.

Tallinn im Januar und Februar 1991

In diesen für das Baltikum so kritischen Tagen, in denen – auch wenn die akute Gefahr gebannt schien – völlig offen war, wie sich die Lage weiter entwickeln würde, wollte ich mir in Estland einen persönlichen Eindruck verschaffen, nachdem Reichel dies bereits in Riga getan hatte. Auch ging es mir darum, Präsenz zu zeigen. Also fuhr ich, früher als ursprünglich für die nächste Reise nach Tallinn vorgesehen, am 27. Januar, einem Sonntag, morgens mit Dienstwagen und Chauffeur los. Es war ein schöner kalter Tag, doch lag auf den Feldern, vor allem in Estland, kein Schnee mehr, anders als bei der letzten Fahrt vor Weihnachten. In *Purtse* (Alt-Isenhof) hinter *Kohtla-Järve* machten wir halt, um das vor kurzem wiederaufgebaute und ursprünglich 1533 von Jakob Tuve (Taube) errichtete „feste Haus" zu besichtigen. Als einzige Gäste zu dieser relativ frühen Tageszeit konnten wir diese Meisterleistung estnischer Restaurierungskunst und handwerklichen Könnens (Steinmetz Arne Joonsaar) ausgiebig bewundern und bei einer Tasse Kaffee unser Picknick verzehren. Bis zur Enteignung im Zuge der Agrarreform von 1920 gehörte Alt-Isenhof zu dem gräflich Stackelbergschen Güterkomplex in Ostwierland (*Ida-Virumaa*), dessen letzten Erben Ernst Graf Stackelberg („Erni Graf") ich in meinen Münchener Studienjahren noch gekannt hatte. Er war nach dem Krieg jahrzehntelang ein Mittelpunkt der zahlreichen Deutschbalten in Bayern. Auf der Weiterfahrt machten wir dann noch einen Abstecher nach *Rakvere* (Wesenberg), das ich bis dahin nicht kannte. Über einem typischen estländischen Landstädtchen mit zahlreichen aus dem vorigen Jahrhundert stammenden Holzhäusern, in dem 1991 die Zeit stillgestanden zu sein schien, erhebt sich die gewaltige Ruine der früheren Ordensburg mit dem benachbarten ehemaligen Gutshof. Die spannungsgeladenen Beziehungen zwischen der kleinbürgerlichen Unterstadt und der adligen Gutsherrschaft aus dem Geschlecht der Tiesenhausen im 18. Jahrhundert haben mittlerweile durch den Wesenberg-Roman von Jaan Kross (*Rakvere romaan*, Tallinn 1982), der 1997 unter dem Titel „Die Frauen von Wesenberg oder Der Aufstand der Bürger" auch in deutscher Übersetzung erschienen ist, Eingang in die Weltliteratur gefunden.

Noch am selben Abend wanderte ich in Reval durch die alte Stadt und gewann einen ersten Eindruck davon, wie sich die estnische Regierung, soweit äußerlich erkennbar, für den Fall gewappnet hatte, daß sich die Ereignisse von Wilna und Riga in Tallinn fortsetzen würden. Auf dem Schloßplatz war der Zugang zum Sitz von Parlament und Regierung durch übereinander geschichtete Betonblöcke mannshoch verbarrikadiert; die beiden Zufahrtswege zur Oberstadt – der Kommandantensteg (*Komandandi*) und der Lange Domberg (*Lühike jalg*) – waren durch Riesenfindlinge aus Granit gesperrt, und an schmalen Durchlässen für Fußgänger und Personenkraftwagen kontrollierten unbewaffnete Uniformierte der Heimwehr (*Kodukaitse*) die Fahrzeuge, nicht aber die Passanten. Auch dieser alles andere als komischen Situation hatten die Esten eine humorvolle Note abzugewinnen vermocht; jedenfalls empfand ich das so, als ich das originellste Verkehrsschild sah, das mir bis dahin begegnet war, nämlich einen Panzer mit einem ein Durchfahrtsverbot signalisierenden Querbalken! (Abbildung 4). Vor der Kulisse der mittelalterlichen Festungsanlage auf dem Domberg mit dem zu Zeiten von Katharina II. in spätbarockem Stil umgestalteten Schloß nahmen sich diese Versuche, zu Ende des 20. Jahrhunderts Barrikaden gegen Panzer zu errichten, merkwürdig irreal aus. Selbst wenn sie nur symbolischen Charakter haben konnten, schienen mir diese Barrikaden wie der sich in dem Panzerdurchfahrtsverbotsschild manifestierende schwarze Humor ein unverwechselbarer Ausdruck des estnischen Selbstbehauptungswillens zu sein.

In den anderthalb Tagen meines Aufenthalts versuchte ich wiederum, mir in Gesprächen mit Abgeordneten des Obersten Rates und Regierungsvertretern ein Bild von der politischen Stimmung im Lande zu verschaffen. Dabei gewann ich ebenso wie bei privaten Begegnungen mit alten und neuen Bekannten den Eindruck eines bei äußerer Ruhe angesichts der ungewissen Lage doch hohen Maßes an innerer Anspannung. Viele waren im Januar 1991 in Estland auf das Schlimmste gefaßt und rechneten unter diesen Umständen auch nicht mit dem Besuch von Ausländern. So erinnere ich mich, wie erstaunt Sirje Annist im Geschichtsmuseum (*Eesti Ajaloomuuseum*) über mein unvermutetes Auftauchen war (ich kannte sie seit einem zehntägigen Reval-Aufenthalt im August/September 1968 anläßlich eines Symposiums der Vereinten Nationen über die

Brennschieferindustrie, zu dem ich vom Auswärtigen Amt entsandt worden war).

Mitte Februar 1991 war ich dann erneut in Tallinn, diesmal zu einem seit geraumer Zeit geplanten verlängerten Wochenende. Ich wollte dabei auch privaten Interessen im Stadtarchiv nachgehen, wo man mir, wie dann später noch so oft, auch außerhalb der üblichen Dienststunden großzügigst Einsicht in die Akten gewährte. Bequem fuhr ich ab dem Warschauer Bahnhof in Leningrad durch die Nacht nach Reval, wo mich Protokollchef Ott erwartete, der ungeachtet der ungewöhnlichen Tageszeit von 5.30 Uhr und des Samstagmorgens darauf bestanden hatte, mich an diesem 16. Februar 1991 abzuholen und in das *Hotel Rataskaevu* zu bringen.

Nachmittags empfing mich Lennart Meri in seinem Arbeitszimmer im Schloß. Als ich mich zu ihm auf den Domberg begab, begann sich bereits die frühe winterliche Dämmerung auf die alte Stadt zu senken. In dem Kabinett des Außenministers mit meterdicken mittelalterlichen Mauern, von dem sich ein weiter Blick über Stadt und Land bot, herrschte eine wundervolle Wochenendruhe. Diese Stimmung war wie geschaffen für ein *tour d'horizon* der politischen Lage, zu dem Meri ansetzte, um mich, nur von meinen gelegentlichen Zwischenfragen unterbrochen, für zweieinhalb Stunden zu fesseln. Wie im Laufe der Jahre dann noch viele Male, beeindruckte mich seine profunde Kenntnis von Geschichte und Funktionsweise des Sowjetsystems, die er sich seit der Deportation als 12jähriger Junge nach Sibirien erworben und später auf vielen Reisen in der Sowjetunion vertieft hatte. Aus ihr schöpfte sein phantasievoll-spekulativer Geist, wenn er die jeweilige Situation analysierte und Schlußfolgerungen für das voraussichtliche Verhalten der Sowjetführer zog. Vergleichbares kannten wir ja im Westen ungeachtet seiner Tausenden von „Ostforschern" nicht. Dazu kam, daß Meri ein im besten Sinn alteuropäisch gebildeter Mann ist, der so denkt wie wir. Beides zusammen – Kenntnis der anderen Seite und dabei unserer Welt zugehörig – ergab eine faszinierende Mischung. Anders als sein Ministerpräsident und die meisten der übrigen damals führenden estnischen Politiker gehörte Meri nicht zur national-kommunistischen Nomenklatura und spielte auch weder in der Volksfront noch im Estnischen Kongreß eine besondere Rolle. Er war ein Außenseiter und selbst für estnische Verhältnisse ein ausgesprochener Individualist, den es – wenn auch nicht ganz ungewollt – in die praktische Politik verschlagen hatte. Das ändert nichts daran, daß Meri ein zutiefst politischer Mensch ist. Auch trugen seine angenehmen Umgangsformen, die geradezu verführerisch sein können, dazu bei, daß jede dieser Begegnungen mit ihm zu einer bereichernden Erfahrung wurde. Als ich den auf seinem Schreibtisch stehenden modernen Telefon- und Telefaxapparat bewunderte, damals in Estland sicher eine Seltenheit (und auch im Generalkonsulat

Leningrad hatten wir Vergleichbares nicht vorzuweisen), forderte er mich auf, doch einen mir nahestehenden Menschen in Deutschland anzurufen. Meine damals 82jährige Mutter war dann nicht schlecht erstaunt, als sie erfuhr, daß ich aus dem Revaler Schloß mit ihr telefonierte! Mit diesem Gerät hielt Meri offenkundig Verbindung zur Außenwelt und informierte sich über die Weltlage. Dies wurde mir während des Aufenthaltes bei ihm vorgeführt, als er plötzlich zum Hörer griff und um Übermittlung des Textes einer für jenen Tag angekündigten Rede des amerikanischen Präsidenten bat, den der Apparat dann auch kurz darauf ausspuckte. Nach meiner Erinnerung war der Gesprächspartner Toomas Hendrik Ilves, damals Leiter der estnischen Redaktion von *Radio Free Europe* in München.

Der Außenminister kam natürlich auch auf seinen erst kurze Zeit zurückliegenden Besuch in Bonn zu sprechen und sondierte die verschiedenen Möglichkeiten einer engeren Zusammenarbeit mit uns, wie er sie Minister Genscher gegenüber zur Sprache gebracht hatte. Ich konnte Meri keinerlei Zusicherungen machen (war zum damaligen Zeitpunkt wohl auch aus Bonn über den Verlauf des Gesprächs noch gar nicht informiert worden) und nur mit meiner persönlichen Einschätzung aufwarten. Dem estnischen Außenminister mußte es damals vor allem darauf ankommen, über ein möglichst enges Netz auch an *institutionalisierten* internationalen Beziehungen zu verfügen. Er brauchte dies, um die Unabhängigkeitsbestrebungen abzustützen und für jenen Tag gerüstet zu sein, an dem Estland seine staatliche Unabhängigkeit wiedererlangt haben würde. Daher zeigte er sich bereits damals auch an fachlichem Rat für den Aufbau eines funktionstüchtigen Außenministeriums interessiert.

Besuch bei Ellen Niit und Jaan Kross

Am Abend des 17. Februar war ich dann zum ersten Mal bei dem großen alten Mann der estnischen Literatur, Jaan Kross, und seiner Frau Ellen Niit in ihrer Wohnung im Hause des Schriftstellerverbandes gegenüber der Nikolaikirche inmitten der Revaler Altstadt zu Gast. Gehört hatte ich von ihm zum ersten Mal, als Georg von Rauch auf einem der Baltischen Historikertreffen in Göttingen in der zweiten Hälfte der 1980er Jahre von einer bemerkenswerten Neuerscheinung aus Estland berichtete. In einem Roman „Der Verrückte des Zaren" werde die Geschichte des Timotheus von Bock erzählt, der bei Alexander I. wegen Kritik an den Zuständen im Reich in Ungnade gefallen und daraufhin von dem Autokrator jahrelang auf der Festung Schlüsselburg in Einzelhaft gehalten worden war. Erst von Nikolai I. begnadigt, kam er unter ungeklärten Umständen 1836 auf seinem Gut Woiseck (*Võisiku*) in Livland ums Leben, wohin er sich – durch die harten Haftbedingungen offenbar etwas „seltsam" geworden – mit seiner Frau, einer gebürtigen Estin, zurückgezogen hatte. Die Lektüre des Romans schien Herrn von Rauch ungemein beeindruckt zu haben, auch wegen der differenzierten und nicht in die üblichen Klischees verfallenden Darstellung des Verhältnisses zwischen Esten und Deutschen durch Kross. Diese Hinweise machten mich neugierig, zumal es sich bei Timotheus von Bock um eine historisch belegte Figur handelte, über die ich in den Jugenderinnerungen von Theodor von Bernhardi gelesen hatte. In Ost-Berlin war 1988 eine deutsche Übersetzung des *Keisri hull* (Tallinn 1978) erschienen, die auch Rauchs Urteil zugrundegelegen hatte, und es gelang mir, in den Besitz eines Exemplars zu gelangen. Ich las das Buch mit großem Genuß und fand Rauch vollauf bestätigt. Auch die Übersetzung aus der Feder von Helga Viira, der ersten Frau von Jaan Kross, war ausgezeichnet, was selbst jemandem auffallen mußte, der wie ich der estnischen Sprache nicht mächtig war. Dazu hat sicherlich die Verwendung typischer Baltizismen beigetragen, die Frau Viira nahezu perfekt beherrschte und die der Authentizität des Textes über eine vorwiegend im deutschen Milieu des damaligen Livland spielende Handlung zugutegekommen ist. Später hatte ich Gelegenheit, mit ihr darüber zu sprechen und ihr meine Bewunderung zum Ausdruck zu bringen. Inzwischen ist „Der Verrückte des Zaren" als das am meisten übersetzte Werk von Kross auch sein bekanntestes und hat recht eigentlich sein internationales literarisches Ansehen begründet. Auch ich halte es für sein bedeutendstes Buch, soweit ich sein Werk bisher in Übersetzungen kenne, muß aber zugleich die große Leistung bewundern, die der „Balthasar Rüssow" darstellt, den ich erst viel später gelesen habe.

Auch bei dieser ersten persönlichen Begegnung mit Jaan Kross und seiner Frau bei einer Tasse Tee und Sandwiches in der Studierstube des Schriftstellers stand der Roman um Timotheus von Bock im Mittelpunkt unseres Gesprächs. Mich interessierte besonders, wieweit die im Roman geschilderten Begebenheiten historisch zu belegen sind. Wohl schon damals hat mir Jaan Kross erklärt, daß in allen seinen historischen Erzählungen und Romanen die Handlung ganz überwiegend auf urkundlichen Quellen beruht. Dazu habe er, unterstützt durch seine Frau, stets Nachforschungen in Archiven und Bibliotheken angestellt. Nur wenn die Quellen schwiegen, habe seine dichterische Phantasie einspringen müssen. Nie jedoch habe er *gegen* die historischen Fakten geschrieben.

Das Referendum vom 3. März 1991

Während dieser beiden Besuche in Tallinn, vor allem aber während meines Aufenthalts Ende Januar, wurde die innenpolitische Diskussion in Estland durch das von Gorbatschov auf den 17. März anberaumte unionsweite Referendum über den Fortbestand der Sowjetunion als ein erneuerter Bund souveräner Republiken und die Suche nach der angemessenen estnischen Reaktion beherrscht. Volksfront und Estnisches Komitee waren sich zwar in der Ablehnung des sowjetischen Referendums einig, konnten sich aber nicht auf eine gemeinsame Haltung verständigen. Dabei ging es darum, ob ein eigenes estnisches Referendum abgehalten werden sollte oder nicht. Die Befürworter um Savisaar argumentierten, würde die Beantwortung der Frage nach der politischen Zukunft des Landes einer unionsweiten Volksbefragung überlassen, könnte dies als eine Anerkennung der rechtlichen Zugehörigkeit Estlands zur Sowjetunion mißdeutet werden. Im übrigen würden die in den einzelnen Republiken erzielten Befragungsergebnisse unionsweit zusammengezählt werden, so daß dem Ausgang des Referendums in Estland angesichts seines Anteils von 0,5% an der Gesamtbevölkerung der UdSSR keinerlei Bedeutung zukäme. Daher müßte in Estland eine eigene Abstimmung stattfinden, und zwar „präventiv" d.h. *vor* dem Allunionsreferendum, da dessen Ausgang von vornherein feststünde. Denn nach der zu erwartenden großen Mehrheit für einen Fortbestand der Union wäre die estnische Position – auch gegenüber der internationalen Öffentlichkeit – selbst bei seinem Boykott durch Estland politisch-psychologisch geschwächt. Dagegen vertraten die nationalradikalen Puristen um Tunne Kelam die Auffassung, nur Esten seien legitimiert, über den politischen Status von Estland zu entscheiden, was bei einem Referendum unter den obwaltenden Umständen aber nicht zu verwirklichen sei.

In der Tat sah der dem estnischen Obersten Rat vorliegende Beschlußvorschlag vor, daß sich alle Personen mit ständigem Wohnsitz in Estland – ausgenommen Angehörige der dort stationierten sowjetischen Streitkräfte – an dem Referendum beteiligen können, bei dem am 3. März 1991 die Frage „Möchten Sie, daß die Unabhängigkeit der Republik Estland wiederhergestellt wird?" beantwortet werden sollte. Diese Linie setzte sich dann am 31. Januar im Parlament mit großer Mehrheit durch. Dabei stimmte offenbar auch ein Teil der Parteigänger des Estnischen Komitees für den Antrag, während sich der andere Teil durch Verlassen des Saales einer Entscheidung entzog. Zur Frage, wie man sich am 17. März gegenüber dem Allunionsreferendum verhalten sollte (das Estnische Komitee hatte einen Boykottbeschluß gefordert), äußerte sich der Oberste Rat vorsichtigerweise nicht.

Das Ergebnis des Referendums vom 3. März 1991 und die von ihm ausgehenden politischen Wirkungen sollten dieses Vorgehen voll und ganz rechtfertigen: Knapp zwei Drittel der zur Teilnahme berechtigten Bevölkerung (64%) hatten sowohl in Estland als auch in Lettland, wo am selben Tage eine Volksbefragung stattfand (in Litauen war dies bereits am 9. Februar geschehen) die gestellte Frage mit „Ja" beantwortet. Von denen, die an der Volksbefragung tatsächlich teilnahmen, hatten sich sogar drei Viertel – in Estland 78% und in Lettland 74% – für die volle Unabhängigkeit ausgesprochen. Dieses Ergebnis führte der Welt erstmals unwiderlegbar vor Augen, daß nicht nur die Esten und Letten, sondern auch Teile der *russischen* Bevölkerung für ein unabhängiges Estland und Lettland eintraten. Da alle Einwohner hatten teilnehmen können und eine Aufschlüsselung der Stimmberechtigten nach Nationalitäten somit nicht möglich war, konnte das Stimmverhalten der Nicht-Balten nur geschätzt werden. Unter Zugrundelegung ihres Anteils an der Gesamtbevölkerung, der in Lettland mit 48% erheblich höher war als in Estland mit 39%, und aufgrund regionaler Daten wurde angenommen, daß sich in Estland von den Nicht-Esten (Russen) etwa 30% für die Unabhängigkeit ausgesprochen, 30% an dem Referendum nicht teilgenommen und 40% gegen die nationale Selbständigkeit gestimmt hatten. In Lettland lagen die Verhältnisse ähnlich, sogar eher etwas günstiger für die Befürworter der Wiederherstellung einer unabhängigen Republik. Dies veranlaßte Außenminister Meri gegenüber der Presse zu der Bemerkung, in Lettland habe das Ziel eines Lebens in Unabhängigkeit und Demokratie offenbar besser als in Estland denen vermittelt werden können, die niemals unter solchen Bedingungen gelebt hätten! Besonders spektakulär fiel das Ergebnis in *Daugavpils* (Dünaburg), der zweitgrößten Stadt Lettlands, aus, wo sich bei einem lettischen Bevölkerungsanteil von nur 13% und einer Beteiligung von 63% eine Mehrheit von 51% für die Unabhängigkeit ausgesprochen hatte. Dem hatte Estland nichts Vergleichbares an die Seite zu stellen, auch wenn in dem mit einem estnischen Bevölkerungsanteil von 4-5% nahezu völlig russifizierten Narva bei einer Beteiligung von 70% immerhin 25% für die Unabhängigkeit stimmten.

Nach dem unter internationaler Beobachtung und ohne alle Zwischenfälle so erfolgreich verlaufenen Referendum vom 3. März wurde das Allunionsreferendum am 17. März 1991 – das zu organisieren sich die Regierung in Tallinn weigerte, das sie aber auch nicht behinderte – dann von der estnischen Bevölkerung weitestgehend ignoriert. Dank des taktisch geschickten Vorgehens der baltischen Politiker im Vorfeld des 17. März konnte das Allunionsreferendum ungeachtet einer großen, sich für die Aufrechterhaltung der Sowjetunion aussprechenden Mehrheit keine Bedeutung erlangen. Vorsorglich erklärte der Baltische Rat aber am 13. April 1991, daß es für die baltischen Republiken keine Rechtsfolgen haben könnte.

Wiederaufnahme der Gespräche mit Moskau

Nachdem Moskau es immer wieder hinausgezögert hatte, die von Gorbatschov am 21. Januar 1991 unter dem Eindruck der blutigen Sonntage von Wilna und Riga gezeigte Bereitschaft zur Wiederaufnahme von Gesprächen auch zu honorieren und lediglich hochrangige Delegationen zur „Erörterung politischer, wirtschaftlicher und sozialer Fragen mit den Vertretern der Estnischen SSR" (und der beiden anderen baltischen Republiken) ernannt worden waren, schien es dem Zentrum nunmehr, da die Diskussion um einen „erneuerten" Unionsvertrag nach dem 17. März in die nächste Phase eingetreten war, angezeigt, die im Falle Estlands im September 1990 zusammengebrochenen Gespräche über das künftige Verhältnis zur Union wiederaufzunehmen.

Am 28. März traten die beiden Delegationen in Moskau zu einem ersten Treffen zusammen, womit Estland den Anfang machen konnte, da eine für den 26. März mit Litauen anberaumte Zusammenkunft nicht zustandegekommen war. Auf estnischer Seite hatte wiederum Ülo Nugis den Vorsitz, wie auch die übrige Zusammensetzung der 1990 gebildeten Delegation vom Parlament bestätigt und nur um die Person eines der Stellvertreter von Nugis im Amt des *speaker* des Obersten Rates, den russischen Abgeordneten Viktor Andrejev, erweitert worden war. Die sowjetische Delegation wurde von Vizepremier Nikolaj Lavjorov geleitet.

Der estnische Verhandlungsführer zeigte sich nach dieser ersten Runde gegenüber der Presse zuversichtlich, da die andere Seite mit größeren Vollmachten als im Vorjahr ausgestattet gewesen sei. Dies konnte jedoch nicht über die nach wie vor grundsätzliche Unvereinbarkeit der Positionen hinwegtäuschen: Moskau wollte über einen *modus vivendi* unter dem gemeinsamen Dach eines neuen Unionsvertrags Einigung erzielen, Estland – wie die beiden anderen baltischen Republiken – über die Modalitäten der faktischen Wiedererlangung der staatlichen Unabhängigkeit verhandeln. Die Ergebnisse der am 9. Februar und 3. März abgehaltenen Volksbefragungen hatten die baltischen Republiken in ihrer Haltung nur noch bestärken können. Sie brachten dies auch öffentlich in einem vom Baltischen Rat am 22. März in Jūrmala bei Riga verabschiedeten Appell an die KSZE-Mitgliedstaaten „und andere Staaten der Welt" zum Ausdruck, in dem Gorbunovs, Landsbergis und Rüütel unter Berufung auf den in den drei Referenda klar manifestierten Volkswillen und den „internationalen Charakter der baltischen Frage" die Einberufung einer internationalen Konferenz vorschlugen, die Wege zur Wiederherstellung unabhängiger Staaten im Baltikum aufzeigen sollte.

So glichen die wiederaufgenommenen Gespräche mit Moskau in vieler Hinsicht eher einem ritualisierten Schattenboxen, woran sich auch bis zum August 1991 nichts ändern sollte. Andererseits hat die Taktik der Balten, hartnäckig auf Verhandlungen mit Moskau zu bestehen, dazu beigetragen, daß die „baltische Frage" international im Gespräch blieb und die Entwicklung insgesamt friedlich verlief. Denn wenn Moskau auch jede Gelegenheit nutzte, um Zeit zu gewinnen, konnte es sich dieser Taktik mit Rücksicht auf die demokratischen Kräfte innerhalb der UdSSR und die immer größer werdende wirtschaftliche Abhängigkeit vom Westen auf Dauer nicht entziehen.

Estland hat von diesem Verlauf der Dinge am meisten profitiert, denn es war nicht nur im Januar 1991 verschont geblieben, sondern hat schließlich die Unabhängigkeit erlangt, ohne daß auch nur ein Tropfen Blut geflossen wäre! Daran hatte neben der Gunst der Stunde und anderen Unwägbarkeiten sicher auch der in Estland schon von altersher unter den Balten am stärksten ausgeprägte politische Pragmatismus seinen Anteil. Dies konnte auch an dem relativ störungsfreien Verhältnis beobachtet werden, das die Regierung Savisaar und namentlich der Ministerpräsident persönlich zu dem in Estland stationierten sowjetischen Militär aufrechtzuerhalten gewußt hatte. Vier Offiziere gehörten auch dem Obersten Rat an. Als ich bei meinem nächsten Besuch in Tallinn mit einem von ihnen, dem Marineoffizier Sergej Volkov, auf dem Domberg zusammentraf, fielen mir die maßvolle Art und Weise auf, in der er den Standpunkt der russischen Minderheit darlegte, und die offenkundige Sympathie, die er den Verhältnissen in Estland entgegenbrachte.

In Tallinn entsteht ein Deutsches Kulturinstitut

Zwei Monate nach meinem letzten Besuch war ich wieder in Tallinn. Am 13. April 1991 sollte dort ein „Deutsches Kulturinstitut" (*Saksa Kultuuriinstituut*) eröffnet werden. In zwei Wagen brachen wir am Vorabend, einem Freitag, nach Dienstschluß zu der damals, vor der Einführung von Grenzkontrollen, etwa vier Stunden dauernden Fahrt aus Leningrad auf: Dr. Reichel als Kulturreferent, der uns gemeinsam mit dem jungen Sachbearbeiter Holleck begleitete, in dem einen, meine Frau und ich mit Herrn Kuckhoff als Chauffeur in dem anderen Fahrzeug.

Apropos Grenzkontrollen: Mit Gesetz vom 22. Oktober 1990 hatte Estland gegenüber der RSFSR und Lettland eine „Wirtschaftsgrenze" errichtet, um die Anfänge einer eigenständigen Wirtschaftspolitik abzusichern – „zum Schutz des Binnenmarktes von Estland" (Art. 1) – und auf diese Weise auch die ökonomische Unabhängigkeit vorzubereiten. Diese estnische Wirtschaftspolitik bestand u.a. in einer Preisreform mit dem Ziel, das Preisniveau schrittweise an die Produktionskosten heranzuführen. Nachdem der Oberste Rat am 15. Oktober die meisten Subventionen gestrichen hatte, verteuerte sich zwar eine Reihe von Konsumgütern wie Brot, Fleisch und Milchprodukte um das zwei- bis dreifache, dennoch herrschte an diesen und anderen Gütern zunehmender Mangel. Das war mit darauf zurückzuführen, daß diese Waren nach Rußland exportiert wurden, wo sich die wirtschaftliche Talfahrt ständig beschleunigte und an diesen Gütern eine noch größere Knappheit als in Estland herrschte, Geld aufgrund der nicht stillstehenden Notenpresse aber genügend vorhanden war, so daß dort höhere Preise erzielt werden konnten. Dem sollte die Wirtschaftsgrenze Einhalt gebieten.

Als wir die Brücke von Ivangorod nach Narva passiert hatten, sah ich dort erstmals, wie Estland verlassende Fahrzeuge durch estnische Polizei- und Zollbeamte (letztere vorerst nur durch eine Armbinde mit der Aufschrift *Toll* gekennzeichnet) kontrolliert wurden. Es handelte sich um einen Fleischtransport an einen Bestimmungsort in der Karelischen SSR, wie aus den Begleitpapieren hervorging, in die mich der estnische Zollbeamte bereitwillig Einblick nehmen ließ.

Die Initiative zur Gründung eines Deutschen Kulturinstituts war von der „Gesellschaft für deutschbaltische Kultur in Estland" (*Baltisaksa Kultuuri Selts Eestis*) ausgegangen. Sie war am 29. Dezember 1988 unter dem Dach der Estnischen Gesellschaft für Denkmalschutz gegründet worden und hatte sich zum Ziel gesetzt, das Bewußtsein um das deutsche kulturelle Erbe in Estland zu fördern. In den vielen Jahren seit dem unfreiwilligen Exodus der Deutschen im Jahre 1939 und unter dem Einfluß einer parteiischen sowjetischen Geschichtsdarstellung, die sich alte Vorbehalte gegenüber der früheren deutschen Oberschicht zunutzegemacht hatte, waren die Kenntnisse hierüber weitgehend verloren gegangen oder nur noch in entstellter Form vorhanden. Die Gründung dieser Gesellschaft war daher von Sirje und Jüri Kivimäe, zwei jüngeren Historikern, und einer kleinen Gruppe gleichgesinnter Esten auch ein mutiger Schritt gewesen.

Von einer bemerkenswerten Leistung dieses Kreises hatte ich mich im Herbst 1989 überzeugen können, als wir zu der schon erwähnten Aufklärungstagung in Tallinn waren. Gemeinsam mit dem Estnischen Geschichtsmuseum (*Eesti Ajaloomuuseum*) war von der Gesellschaft für deutschbaltische Kultur in Estland in der Außenstelle des Museums in *Maarjamäe* (Marienberg) zur Erinnerung an ihre Umsiedlung vor 50 Jahren eine mehrere Räume füllende und uns sehr beeindruckende Ausstellung über die Deutschen Estlands, ihre Geschichte und Kultur, ausgerichtet worden. Dort waren Exponate zu sehen gewesen, die wenigstens ein halbes Jahrhundert nicht mehr das Tageslicht erblickt hatten, wie die Wappenschilde der deutschen Adelsgeschlechter, die bis zur Auflösung der Estländischen Ritterschaft durch die junge Republik Estland im Jahre 1920 die Wände im Landtagssaal des Ritterhauses auf dem Domberg schmückten, oder – was mich damals besonders berührte – Möbelstücke aus Kolk, welche die Zeitläufte seit Kriegsende in Museumsmagazinen überdauert hatten. Auch hatte Sirje Kivimäe im Sommer 1989 eine Arbeitsfreizeit in Estland organisiert, die erstmals deutsche Jugendliche vorwiegend aus deutschbaltischen Familien, unter ihnen unseren Sohn Christian, mit jungen Esten zusammenführte, die später zu einem Gegenbesuch nach Deutschland kamen und an deren Betreuung im Bonn-Kölner Raum sich meine Frau beteiligte.

Kennengelernt hatte ich Dr. Sirje Kivimäe auf der Jahrestagung der Baltischen Historischen Kommission am 1. Juni 1985 in Göttingen, an der sie als seinerzeit wohl erster Gast aus Estland überhaupt teilnahm. Einen ganzen Abend hatten wir uns damals angeregt über gemeinsame historische Interessen unterhalten. Sie hatte ihre Kandidatenschrift in Tartu über ein Thema aus der Agrargeschichte Estlands verfaßt und sich dabei für meine Veröffentlichung über die Besitzgeschichte der estländischen Rittergüter (1975) interessiert. Für mich war diese Begegnung, die zum Beginn einer Freundschaft wurde, die erste Gelegenheit, mit einem Wissenschaftler aus Estland zu sprechen, der die einschlägigen gütergeschichtlichen Originalquellen kannte und benutzt hatte. Ihren Mann Jüri, einen Mediävisten, lernten wir dann kennen, als er sich 1987/88 als Stipendiat der Alexander von Humboldt-Stiftung an der Universität Köln aufhielt und regelmäßig nach Koblenz fuhr, um die damals noch dort lagernden Teile des Revaler Stadtarchivs zu benutzen. Da wir in Rheinbreitbach halbwegs zwischen Koblenz und Köln lebten, hat er so manches Mal die Rückfahrt unterbrochen, um das Wochenende bei uns im Familienkreis zu verbringen.

In diesem Kreis der Gesellschaft für deutschbaltische Kultur in Estland, deren erste Vorsitzende Sirje Kivimäe geworden war, entstand 1989, also bereits vor der Wiedervereinigung, der Gedanke, zur Pflege und Verbreitung von deutscher Sprache und Kultur, und zwar in ihrer ganzen Breite und nicht nur auf die deutschbaltische Variante beschränkt, eine Einrichtung nach dem Vorbild unserer Goethe-Institute zu schaffen. Denn schon aus Gründen unserer Nichtanerkennung der Annexion Estlands war damals nicht daran zu denken, ein solches auch in Tallinn zu errichten, hätte dies doch einer zwischenstaatlichen Vereinbarung mit der Sowjetunion bedurft.

Nachdem dieser Gedanke also mit der Bitte um finanzielle Unterstützung an das Auswärtige Amt herangetragen worden war, griffen wir ihn – ebenso wie eine vergleichbare Initiative in Riga – auf. Bei meinem Dienstantritt in Leningrad waren die Vorarbeiten für die Institutseröffnungen in Estland und Lettland bereits weit fortgeschritten. Verzögerungen ergaben sich dann in Tallinn noch durch Bedenken, die Außenminister Meri geltend machte. Er befürchtete Konkurrenz für das von ihm 1989 ins Leben gerufene *Eesti Instituut*, das sämtliche Auslandsbeziehungen kanalisieren sollte. Seine Bedenken konnten schließlich von Jüri Kivimäe ausgeräumt werden. Das ganze Unternehmen war natürlich eine Gratwanderung, handelte es sich doch letztendlich um den leicht zu durchschauenden Versuch einer wenn auch indirekten ersten deutschen Präsenz in einem noch zur Sowjetunion gehörenden Estland ohne Moskauer Beteiligung. Auf der anderen Seite war ein solcher Versuch in Riga bereits geglückt, wo im September 1990 ein „Deutsches Kulturzentrum in Lettland" gegründet worden war und im Januar 1991 mit einem Seminar über „Das Kulturerbe der Deutschen und Deutschbalten in Lettland" seine Tätigkeit hatte aufnehmen können.

Alle diese Gesichtspunkte versuchte ich bei der Eröffnung des Instituts in den stimmungsvollen spätgotischen Räumen des Revaler Stadtarchivs zwar vorsichtig, doch hinreichend deutlich zum Ausdruck zu bringen, als ich die Begrüßung durch den Hausherrn im Stadtarchiv, Jüri Kivimäe, erwiderte, der von seiner zu einem Studienaufenthalt in Deutschland weilenden Frau auch den Vorsitz der Gesellschaft für deutschbaltische Kultur in Estland übernommen hatte. Die Botschaft wurde verstanden. Das estnische Fernsehen berichtete in seinen Abendnachrichten und die Zeitungen nahmen von dem Ereignis Notiz. Ich habe mich damals mit folgenden Worten an einen kleinen, aber erlesenen Kreis von Gästen gewandt, die der Einladung der Gesellschaft für deutschbaltische Kultur gefolgt waren (und die von dem damals stellvertretenden Direktor des Stadtarchivs Urmas Oolup gedolmetscht wurden):

Für uns vom Generalkonsulat der Bundesrepublik Deutschland in Leningrad ist es eine besondere Freude, heute an diesem denkwürdigen Ereignis teilnehmen zu dürfen, denn es ist schon etwas Außergewöhnliches, daß in Tallinn ein „Deutsches Kulturinstitut" eröffnet werden kann. Für mich persönlich ist es außerdem eine große Ehre, bei dieser Gelegenheit das Wort ergreifen zu dürfen.

Das heute eröffnete Institut ist der Initiative eines Kreises von Privatpersonen in Estland entsprungen, die der deutschen Kultur in besonderer Weise verbunden sind. Für diesen Kreis steht der Name der „Baltisaksa Kultuuri Selts Eestis" (Gesellschaft für deutschbaltische Kultur in Estland) und ihrer beiden ersten Vorsitzenden Sirje und Jüri Kivimäe. Namentlich der von ihnen entwickelten Konzeption und ihrer Tatkraft ist es zu verdanken, daß wir uns heute hier versammeln können.

Das Kulturinstitut ist also ein Kind estnischer Eltern und keine Einrichtung der Bundesrepublik Deutschland. Diese war aber gerne bereit, das Kind mit aus der Taufe zu heben. Und wer Pate ist, auf den kommen auch Verpflichtungen zu. Diesen wollen wir uns nicht entziehen, im Gegenteil: Die Bundesregierung hat bei der Einrichtung des Kulturinstituts materielle Hilfe geleistet und wird diese Unterstützung fortsetzen. Dies ist Ausdruck unseres Interesses an einer weiteren Vertiefung der deutsch-estnischen Kontakte und Beziehungen auf allen Ebenen im allgemeinen und unseres Interesses an einem Erfolg der mit der Errichtung des Kulturinstituts verfolgten Ziele im besonderen. Unsere Zusammenarbeit mit dem Institut ist somit – wie die Unterstützung gleichgerichteter Bestrebungen in Riga – in erster Linie als ein Stück deutscher auswärtiger Kulturpolitik zu sehen. Diese ist allerdings eingebettet in die allgemeine Haltung der Bundesregierung zu den baltischen

Unabhängigkeitsbestrebungen, die auf der festen Grundlage des von uns stets und überall anerkannten Selbstbestimmungsrechts der Völker stehen.

Selbstbestimmung bedeutet aber auch und nicht zuletzt Verwirklichung der eigenen kulturellen Identität. Diese ist in Estland durch die Jahrhunderte, wenn auch mit unterschiedlicher Intensität, von deutschen kulturellen Einflüssen mitgeprägt worden – wer durch die Straßen dieser wunderschönen alten Hansestadt Reval geht, der braucht hierzu keine weiteren Erläuterungen, geschweige denn hier an diesem historischen Ort, dem Stadtarchiv von Reval-Tallinn. Die jahrhundertelange Symbiose von Deutschen und Esten, aber auch Schweden, Russen und Juden in diesem Lande unter den Bedingungen einer vom jeweiligen Landesherrn garantierten weitgehenden kulturellen Autonomie hat eine einmalig-unverwechselbare Identität des estnischen Volkes hervorgebracht, zu deren konstitutiven Elementen auch die deutsche Kultur zählt. Sich hierauf zu besinnen, um dies für die weitere Entwicklung der eigenen kulturellen Bestrebungen nutzbar zu machen, ist das Verdienst der Initiatoren dieses Kulturinstituts. Mit der „Baltisaksa Kultuuri Selts Eestis" hatten sie hierfür bei denjenigen Deutschen einen ganz natürlichen Anknüpfungspunkt gefunden, die ihre Heimat 1939 – ebenfalls als Opfer des unsäglichen Pakts zwischen Hitler und Stalin – verloren haben. Jetzt soll das neue „Deutsche Kulturinstitut" zu einem Kristallisationspunkt des partnerschaftlichen Austauschs zwischen deutscher und estnischer Kultur in ihrer ganzen Breite werden. Mit Befriedigung dürfen wir zur Kenntnis nehmen, daß sich eine Reihe herausragender estnischer Persönlichkeiten bereitgefunden hat, im Kuratorium des Instituts zur Unterstützung dieses Ziels mitzuwirken.

Die Bundesregierung wird ihrerseits mit Freude einen angemessenen Beitrag leisten. Als ihr Vertreter muß ich allerdings hinzufügen, daß in unserem Selbstverständnis dem Staat auch bei Förderung kultureller Bestrebungen nur eine subsidiäre Rolle zukommt. Er zieht es vor, als Katalysator aufzutreten, das Übrige aber den die Kultur tragenden und sie verkörpernden Personen und Institutionen selbst zu überlassen und sich auf „Hilfe zur Selbsthilfe" zu beschränken. Vielfalt und Phantasie – ohne die Kultur wohl undenkbar ist – soll freier Lauf gelassen werden. Wir möchten daher auch allen, die sich schon bisher in Tallinn, aber auch am Sitz der Landesuniversität in Tartu um die Verbreitung der deutschen Kultur verdient gemacht haben, weiterhin unsere Kooperation anbieten. Dabei denke ich an das „Estnische Institut" ebenso wie an die „Akademische Gesellschaft für deutschbaltische Kultur in Tartu", an den „Verein baltischer Deutscher in Estland" in Tallinn und die „Estnische Goethe-Gesellschaft" sowie die „Gesellschaft für deutsche Kultur" in Tartu, an die „Estnisch-Deutsche Gesellschaft" und last but not least an die bereits genannte Tallinner „Gesellschaft für deutschbaltische Kultur in

Estland". Sie alle sind zu unserer Freude heute hier ziemlich vollzählig vertreten.

Lassen Sie mich schließen mit einem Wort des besonderen Dankes an Herrn Direktor Kivimäe und die übrigen Damen und Herren des Stadtarchivs, das dem „Deutschen Kulturinstitut" Gastrecht eingeräumt hat. Einen stilvolleren Rahmen für diese neue Erscheinung in der Tallinner Kulturlandschaft hätte man sich kaum vorstellen können! Möge sich das junge Pflänzchen aus bewußt bescheiden gehaltenen Anfängen zu schöner Blüte entfalten – dem gelten unsere Hoffnungen und herzlichen Wünsche.

Das Stadtarchiv hatte dem Kulturinstitut – in der Anfangsphase kostenlos – zwei Räume zur Verfügung gestellt, die, wie das Rigaer Kulturzentrum, vorerst mit einigen aus den Beständen des ehemaligen Generalkonsulats der DDR in Leningrad stammenden Möbelstücken ausgestattet wurden. Zugleich erfolgte eine Buchspende aus Mitteln des Auswärtigen Amts. Im Mai 1991 nahm das Institut, als dessen hauptamtliche Büroleiterin Maaja Sults angestellt worden war, dann mit einem Kurs „Bürodeutsch" seine eigentliche Tätigkeit auf (Abbildung 5).

Zu der Eröffnungsfeier, die durch eine musikalische Darbietung umrahmt wurde, waren unter anderen Jaan Kross und Ellen Niit gekommen, sowie Jaan Tamm als Vertreter der Gesellschaft für Denkmalschutz, der Direktor des Geschichtsinstituts der Estnischen Akademie der Wissenschaften Dr. Rein Helme, der Kunsthistoriker und stellvertretende Direktor des Stadtmuseums Sulev Mäeväli, der Germanist und Mitarbeiter von Präsident Rüütel Rein Kivi und der Vorsitzende der Estnisch-Deutschen Gesellschaft Gabriel Hazak. Unter den Gästen stellte mir Jüri Kivimäe auch einen der – wie er betonte – jüngsten Abgeordneten des Obersten Rats vor, den fließend deutsch sprechenden Historiker Mart Laar. Außenminister Meri war wegen einer zur gleichen Zeit in Jūrmala stattfindenden Tagung des Baltischen Rats verhindert. Kulturminister Lepo Sumera, ein bekannter Komponist, mußte an einem Kongreß der Estnischen Volksfront teilnehmen. Er kam dann aber zu dem anschließend von mir gegebenen Essen im Restaurant *Maiasmokk* in der Langstraße, das die Traditionen der legendären Konditorei Stude fortsetzt, zu dem wir württembergischen Rotwein aus unseren Leningrader Beständen mitgebracht hatten Eine Führung von Jüri Kuuskemaa durch einige Straßen der Altstadt, wo er jeden Winkel und dessen Geschichte kennt, und ein mit ihm im Kreise seiner Familie verbrachter Abend beschlossen diesen denkwürdigen Tag. An ihm hatte nun auch öffentlich wahrnehmbar an die deutsche Komponente der Geschichte Estlands angeknüpft werden können, und das erfüllte mich mit Freude.

Am nächsten Tag holte Valery Saks meine Frau und mich mit seinem Wagen zu einem Ausflug nach St. Matthias (*Harju-Madise*) ab. Er war der „Ökonom" der

Gesellschaft für deutschbaltische Kultur in Estland und hatte bereits im Herbst 1989 Pistohlkors und mich nach Kolk chauffiert. Protokollchef Ott hatte mir angeraten, wegen der Nähe zu *Paldiski* (Baltischport), dem auch für Esten gesperrten sowjetischen Marinestützpunkt, das Angebot von Herrn Saks anzunehmen und auf den Dienstwagen zu verzichten, um nicht unnötig aufzufallen. Unterwegs hielten wir in *Keila* (Kegel), wo gerade der sonntägliche Gottesdienst mit Begleitung durch den bekannten Organisten Hugo Lepnurm begann. Wir hörten ihm eine Weile zu und besichtigten dann den Friedhof. Auf ihm sind viele deutsche Gräber erhalten. Zu ihnen zählt das imposante klassizistische Mausoleum der Freiherren von Stackelberg vom Gute Fähna (*Vääna*), das nach Plänen des durch sein Werk über den Apollotempel von Bassä und griechische Ansichten bekanntgewordenen Otto Magnus Freiherrn von Stackelberg (1787–1837) errichtet wurde, der auch dort beigesetzt ist. Außerdem sahen wir die, allerdings verfallene, Grabkapelle der mit uns verwandten Freiherren von Meyendorff, die ebenfalls im Kirchspiel Kegel Güter besaßen, darunter Ocht (*Ohtu*) mit einem schönen Herrenhaus, wo sich kurz nach der Jahrhundertwende meine Großeltern verlobt haben. Während der Fahrt erzählte uns Herr Saks von der letzten Schlacht der in deutscher Uniform kämpfenden Esten, an der er als 18jähriger Soldat am 23. September 1944 teilgenommen hatte. Von sowjetischen Truppen in Kegel eingeschlossen, wurden sie von der Bevölkerung mit Zivilkleidung versorgt und konnten so im Lande versickern. Auch ihm war es damals gelungen, den elterlichen Bauernhof in Südestland unerkannt zu erreichen. Zu seinem Glück haben die Sowjets nie erfahren, daß er auf deutscher Seite gekämpft hatte. Als er mir dies bereits bei unserer ersten Begegnung im Herbst 1989 eröffnete, habe ich das als großen Vertrauensbeweis empfunden. Bei jener Fahrt in die Vergangenheit unserer eigenen Familie wurde uns also zugleich lebendige Zeitgeschichte vor Augen geführt, die in Estland für den Wissenden allgegenwärtig ist.

Von Kegel gelangten wir zur Kirche von St. Matthias, die gerade restauriert wurde, und standen zum ersten Mal an der Grabstätte meiner Urgroßeltern Rudolf und Isabella Ungern-Sternberg. Im Gegensatz zu vielen der anderen deutschen Gräber, in denen meistens Angehörige der mit uns verwandten Familien Ramm und Tritthoff beerdigt liegen, war in ihrem Falle das Kreuz von dem auch sonst gut erhaltenen Grabstein zu unserer Freude nicht abgeschlagen. Von der leichten Anhöhe, auf der die Kirche mit dem – wie in Estland auf dem Lande üblich – sie umgebenden Friedhof liegt, genossen wir den weiten Blick auf die nahe gelegene See. Eine Weiterfahrt nach dem ehemals Ungernschen und davor Rammschen Gut Leetz (*Leetse*) war damals noch nicht möglich, da dieses bereits in dem Sperrbezirk um Baltischport lag. Auch die Suche nach den Spuren anderer Güter in dieser Gegend, mit denen Vorfahren und Verwandte verbunden gewesen waren und die meiner Großtante Theophile von Bodisco als Schauplatz ihres Romans „Das Kirchspiel von St. Lucas" (S. Fischer-Verlag Berlin 1915) gedient haben, mußte einer späteren Zeit vorbehalten bleiben. Meine Frau wollte noch am selben Tag mit Dr. Reichel nach Leningrad zurückfahren, während mich zu Wochenbeginn ein zweitägiges dienstliches Programm erwartete.

Als erstes sah ich die stellvertretende Parlamentsvorsitzende Marju Lauristin. Sie war im Begriff, sich zu der für diesen 15. April nach Tallinn einberufenen nächsten Gesprächrunde mit Vertretern Moskaus zu begeben, so daß diese erste Begegnung mit der bedeutendsten estnischen Politikerin jener Jahre nur kurz ausfallen konnte.

Erstmals traf ich auch mit dem Vorsitzenden des Zentralkomitees der Kommunistischen Partei Vaino Väljas zusammen, worum ich ausdrücklich gebeten hatte. Die KP Estlands hatte sich damals bereits in einen für die volle Unabhängigkeit eintretenden Mehrheitsflügel unter Väljas und einen Moskau treuen Minderheitsflügel gespalten, mit dem bizarren Ergebnis, daß in der Endphase der Sowjetunion Estland die einzige Unionsrepublik gewesen ist, die mit zwei, unterschiedlichen Parteirichtungen angehörenden Mitgliedern im Politbüro vertreten war. Väljas empfing mich ausgesprochen freundlich und, wie er betonte, gleichsam „von Kollege zu Kollege", war er doch lange als zu „fortschrittlich" auf den Posten eines sowjetischen Botschafters zuerst in Venezuela und dann in Nicaragua abgeschoben worden. Gorbatschov, der ihn aus gemeinsamen Tagen als Komsomolführer kannte, holte ihn 1988 auf dem Höhepunkt der „singenden Revolution" auf den Posten des 1. Sekretärs nach Estland zurück. Väljas verstand hinreichend deutsch, so daß Meris damalige Kanzleileiterin, Kersti Kont, die mich begleitete, nur ihn zu dolmetschen brauchte. Väljas machte auf mich von Anfang an einen sympathischen Eindruck; ich wußte, daß man ihm sein Verhalten in diesen kritischen Jahren, das eine ständige Gratwanderung zwischen den Forderungen Moskaus und den Aspirationen der estnischen Unabhängigkeitsbewegung gewesen sein muß, hoch anrechnete, weil es sich letztlich immer an estnischen Interessen orientierte, und er daher auch unter Nichtkommunisten in Estland beträchtliches Ansehen genoß. Nach unserem Gespräch, das etwa eine Stunde gedauert hatte, verstand ich das noch besser. Auch verfügte Vaino Väljas über Ausstrahlung, deren Wirkung durch für einen Parteifunktionär ungewöhnlich weltmännische Umgangsformen noch verstärkt wurde. Die Tatsache, daß damals die KP im politischen Leben Estlands schon kaum mehr eine Rolle spielte, veranlaßte ihn zu der Bemerkung, seine Partei hätte 50 Jahre Zeit gehabt zu zeigen, was sie könne, jetzt wären die anderen an der Reihe, und fügte – nicht ohne leichte Ironie – hinzu, im übrigen sei aus seiner Partei nahezu die gesamte derzeitige politische Führung Estlands hervorgegangen! Da er auch in Sachfragen wie z.B. Privateigentum an Grund und Boden, das er befürwortete, alles andere als kommunistische Positionen vertrat, bat ich ihn am Ende unserer Unterhaltung, mir eine „undiplomatische" Bemerkung zu erlauben und feststellen zu dürfen: Wäre unser Gespräch auf Tonband aufgenommen worden und würde ich dieses ohne Kommentar in Deutschland abspielen, käme dort wohl kaum jemand auf den Gedanken, daß es sich um die Äußerungen eines Kommunisten handelte; eher würde man annehmen, es mit einem Vertreter sozialdemokratischen Gedankenguts zu tun zu haben. Väljas reagierte mit keinem Wort und lächelte nur – ob aus Vorsicht, bleibe dahingestellt; immerhin befanden wir uns in einem Besucherzimmer des ehemaligen Obersten Sowjet, so daß meine Erwähnung eines Tonbands durchaus einen Väljas bekannten realen Hintergrund haben konnte! Ich bin bei späteren Begegnungen mit ihm nie auf diese Bemerkung zurückgekommen. Doch wie aus seinem ganzen Verhalten und der Art zu schließen, mit der er mich damals verabschiedete, schien ihm dieser Vergleich nicht unangenehm gewesen zu sein.

Auch mit einem dritten estnischen Politiker traf ich an diesem Tag zum ersten Mal zusammen, und zwar mit keinem geringeren als dem für Ausländer als schwer zugänglich geltenden Ministerpräsidenten Savisaar. Eine halbe Stunde konnte er erübrigen, in der er mir – knapp und präzise – einen Überblick über die politische und wirtschaftliche Lage in Estland und eine erste Bewertung der gerade stattfindenden Gespräche mit der Delegation aus Moskau gab.

Über Verlauf und Ergebnis dieser Gesprächsrunde unterrichtete mich dann am nächsten Tag der estnische Delegationsleiter Ülo Nugis, Parlamentsvorsitzender (*speaker*) und einziger Stellvertreter von Präsident Rüütel, mit dem ich aus diesem Anlaß ebenfalls zum ersten Mal persönlich zusammentraf. Daraufhin konnte ich, nach Leningrad zurückgekehrt, Bonn ausführlich berichten. Dort erfreuten sich diese Lagebeurteilungen als der einzigen auf eigenem Augenschein und direkten Kontakten beruhenden amtlichen deutschen Information über die Vorgänge in Estland (und Lettland) einiger Aufmerksamkeit. Sie dienten zugleich der Unterrichtung anderer interessierter deutscher Auslandsvertretungen, nicht zuletzt der unserer Botschaft in Moskau. Anfang Februar 1991 hatte mir unser neuer Staatssekretär und bisheriger Leiter der Politischen Abteilung Dr. Dieter Kastrup geschrieben, daß unsere Berichterstattung über die Entwicklungen im Baltikum von ihm mit Interesse verfolgt werde und für die Meinungsbildung der Zentrale ihr eigenes Gewicht besitze. Das gab einem das gute Gefühl, zu Hause gelesen zu werden und nicht nur für die Akten zu schreiben.

Nugis, mit der russischen Mentalität und sowjetischen Wirklichkeit als vormaliger Direktor eines Tallinner Allunionsbetriebs wohlvertraut und aufgrund dieser langjährigen eigenen Nomenklatura-Erfahrung von illusionslosem Realismus, konnte berichten, daß Moskau nunmehr zwar bereit sei, über alle Themen

– also auch die Bewertung der Ereignisse von 1939/40 – zu sprechen, die von dort entsandte Delegation jedoch über kein Mandat zu echten Verhandlungen über die Unabhängigkeit Estlands verfüge. Vielmehr spiele das Zentrum mittels thematisch breit angelegter Gespräche, auch zur Beruhigung der internationalen Öffentlichkeit, weiterhin auf Zeit. Gorbatschov sei auf keinen Fall dazu bereit, das Baltikum „herauszugeben" – es sei denn, er werde hierzu politisch gezwungen. Man setze daher in Estland eher auf Jelzin, der am 12. Juni zum Präsidenten Rußlands gewählt werden dürfte. Dann werde er eine demokratische Legitimation erhalten, über die Gorbatschov nicht verfüge, dessen Tage im übrigen wohl gezählt seien. Wenn es sich bei Jelzin – so Nugis – auch um eine widersprüchliche Persönlichkeit nicht ohne „imperiale" Züge handele, so umgebe er sich doch mit guten Beratern und, das sei wichtig, höre auch auf sie. Daher bestünde Hoffnung, daß sich bei ihm die Erkenntnis durchsetzen werde, den Interessen Rußlands und der Union wäre besser gedient, wenn man das Baltikum in die Unabhängigkeit entlassen würde.

Am Vortage habe man sich jetzt auf Organisation und Themenkatalog künftiger Begegnungen geeinigt, die ausdrücklich an die im August 1990 aufgenommenen und damals als „Verhandlungen" qualifizierten Treffen anknüpfen sollten, obwohl im Präsidentenerlaß vom 1. Februar 1991 von „Gesprächen" die Rede gewesen sei. Danach sollte mit der Behandlung von Sachfragen in fünf ständig tagenden Arbeitsgruppen auf Expertenebene begonnen werden, während die Delegationen selbst einmal monatlich zusammentreten würden. Nach den im Vorjahr gemachten Erfahrungen schien Nugis all dem aber nur die Bedeutung semantischer Scheinkonzessionen beizumessen, ebenso wie der Tatsache, daß sich die sowjetische Delegation jetzt zur Bezeichnung der estnischen Delegation als einer solchen der „Republik Estland" bereitgefunden hatte.

Während mir bereits Savisaar eine der von Skepsis geprägten Einschätzung des Verhandlungsführers Nugis ähnliche Bewertung der Gespräche gegeben hatte, war Außenminister Meri diesmal um eine Nuance optimistischer. Im Verlauf eines Besuchs bei ihm am 15. April legte er mir dar, wie er aus verschiedenen Anzeichen glaubte herleiten zu können, die Moskauer Führung mache sich mit dem Gedanken vertraut, das Baltikum seiner eigenen Wege ziehen zu lassen. Einerseits wolle sie damit einer Ansteckung durch baltische Verhältnisse entgehen und zum anderen einen u.a. durch das Baltikum gebildeten *cordon sanitaire* zum Schutz einer erneuerten und verkleinerten Union schaffen. Diese spekulativen Überlegungen Meris schienen mir zwar etwas weit hergeholt zu sein, waren aber insofern symptomatisch, als niemand wußte, was die nähere Zukunft für das Baltikum bereithalten würde, und damals im Frühjahr 1991 viele alles – im Guten wie im Schlechten – für möglich hielten.

Ruhe vor dem Sturm

Nachdem sich die Lage im Baltikum etwas entspannt hatte und die Gespräche mit Moskau wiederaufgenommen worden waren, sollte es indessen nicht lange dauern, bis diese wieder ins Stocken gerieten und sich eine neue Druckkulisse aufbaute – militärisch wie neuerdings auch wirtschaftlich. Als Ziel dienten den Sondertruppen des sowjetischen Innenministeriums (OMON), den berüchtigten *black berets*, diesmal Zollstationen an den neu geschaffenen Wirtschaftsgrenzen der baltischen Republiken, die Moskau ein Dorn im Auge waren. Im Baltikum erinnerte dieses Szenario fatal an die Januar-Ereignisse in Wilna und Riga. Mitte Mai kam es zu einem ersten schweren Überfall an der litauisch-weißrussischen Grenze mit zwei Todesopfern. Kurz darauf tauchten OMON-Einheiten auch an der estnischen Süd- und Ostgrenze auf, ließen sich aber durch bewaffnete estnische Polizei abschrecken. Wie ebenfalls bereits vom Januar 1991 her vertraut, leugnete Moskau jegliche Verantwortung. Nach einer zynischen Reportage des mit den *black berets* sympathisierenden Journalisten Alexander Njevsorov im Leningrader Fernsehen, der einen der brutalen Gewaltakte in Lettland gefilmt hatte, mußte der sowjetische Innenminister Pugo dann allerdings die Beteiligung von OMON-Einheiten zugeben.

Zu diesen Einschüchterungsversuchen kam als neues Element subtiler ökonomischer Druck hinzu. Als Konsequenz aus der „1+9"-Erklärung von *Novo-Ogarjovo* (23. April 1991) über eine neue Union „souveräner Staaten" zwischen Rußland, Weißrußland, der Ukraine, Usbekistan, Kasachstan, Aserbeidschan, Tadschikistan, Kirgistan und Turkmenistan, die einen einheitlichen Wirtschaftsraum mit Meistbegünstigungsregime bilden sollten, zeichnete sich die Gefahr einer wirtschaftlichen Knebelung der in 50 Jahren Sowjetherrschaft in die Allunionswirtschaft integrierten baltischen Republiken ab. Dahingehende Befürchtungen wurden durch vorläufige Überlegungen genährt, die in der zentralen Wirtschaftsplanungsbehörde (*Gosplan*) ausgearbeitet worden waren und am 15. Mai 1991 vom stellvertretenden Ministerpräsidenten Doguschijev im Namen des Ministerrats der UdSSR den Unionsrepubliken zur Kenntnis gegeben wurden. Sie sollten die Grundlage bilden für einen bis spätestens zum 15. Juni vorzulegenden Vorschlag des *Gosplan* zur Gestaltung der Wirtschaftsbeziehungen einmal innerhalb einer erneuerten Union und zum anderen zwischen dieser und den nicht beitrittswilligen oder noch unentschlossenen Unionsrepubliken, d.h. den baltischen Republiken, Georgien, Armenien und Moldawien. Die Befürchtungen der baltischen und der anderen Republiken dieser Gruppe mußten nunmehr darin bestehen, daß sie – ohne die volle Unabhängigkeit erlangt zu haben – gegenüber einem neuen Wirtschaftsraum durch Zollschranken und andere Handelshemmnisse abgeschottet sein würden, somit in Zukunft wichtige aus der neuen Union importierte Güter in konvertibler „harter" Währung bezahlen müßten, in ihren Wirtschaftsbeziehungen zu Drittstaaten aber weiterhin dem sowjetischen Außenzoll und anderen Beschränkungen unterworfen wären – also sozusagen zwischen zwei Stühlen säßen. Moskau drohte demnach damit, die durch das zentralistische Kommandosystem geschaffene wirtschaftliche Verflechtung der Unionsrepubliken als Waffe gegen die Unabhängigkeitsbestrebungen der nicht beitrittswilligen Republiken einzusetzen. Andererseits weckte dieses Vorgehen in Riga und Tallinn gewisse – wie sich zeigen sollte unrealistische – Hoffnungen, Moskau habe sich bereits auf eine künftige auch politische Unabhängigkeit der baltischen Republiken eingestellt. Außenminister Meri stellte die Haltung seiner Regierung so dar, Estland wäre bereit, mit der Union auf der Basis von Weltmarktpreisen Handel zu treiben und ihr auch – durch eine internationale Schiedskommission evaluierte – Kompensationen für Allunionsinvestitionen auf seinem Territorium zu erbringen, wenn Estland gestattet würde, seine Außengrenzen allein zu kontrollieren und seine Wirtschaftspolitik selbst zu bestimmen. Die dieser Frage aus baltischer Sicht innewohnende Brisanz wurde dadurch beleuchtet, daß sie der Baltische Rat auf der Ebene der Präsidenten und Ministerpräsidenten am 28. Juni 1991 in Jūrmala erörterte und sich dabei auf eine gemeinsame Grundposition verständigte, deren Kern in dem Vorschlag einer Übergangsperiode bis zur vollen wirtschaftlichen Unabhängigkeit bestand.

Im Generalkonsulat erschien uns eine wirtschaftliche Knebelung durch ein Unionsdiktat der vom *Gosplan* erwogenen Art nicht mit der von der Bundesregierung befürworteten Verhandlungslösung auf der Grundlage des Selbstbestimmungsrechts der Völker vereinbar. Dies war ein weiterer Grund, Bonn Ende Mai 1991 zu empfehlen, sich der von den baltischen Regierungen immer wieder erbetenen politisch-moralischen Unterstützung nicht länger zu verschließen und im konkreten Fall Estlands den Mitte April geäußerten Wünschen von Rüütel und Savisaar nach hochrangigen politischen Gesprächen in Deutschland nachzukommen, auf die bislang keine Reaktion erfolgt war (und auch später nicht erfolgen sollte).

Als dann die Gespräche mit der Union nach über zweimonatiger Pause am 27. Juni in Moskau fortgesetzt wurden, bestätigte sich der schon bei ihrer Wiederaufnahme gehegte Verdacht, Moskau denke nicht daran, die baltischen Republiken in die Unabhängigkeit zu entlassen und setze nur auf Zeitgewinn. Wie eine „kalte Dusche", so der estnische Verhandlungsführer Nugis, habe das Auftreten des sowjetischen Delegationsleiters gewirkt, der sich wie auf einer *Gosplan*-Sitzung unter seinem Vorsitz verhalten und die Bedingungen des Geschehens „diktiert" hätte: Keine Rede wäre mehr davon gewesen, wie vereinbart über rechtliche Aspekte der Ereignisse von 1939/40 zu sprechen. Als einzigen Tagesordnungspunkt hätte er die Wirtschaftsbeziehungen Estlands mit der

Union im kommenden Jahr zugelassen und damit gedroht, das „estnische Volk müsse auf die schlimmsten Folgen vorbereitet sein" falls Estland nicht zu einem Wirtschaftsabkommen bereit wäre, denn dann müßten alle Transaktionen in konvertibler Währung erfolgen.

In Estland wie im übrigen Baltikum war man damals der Auffassung, die sich wieder versteifende Haltung Moskaus wäre mit darauf zurückzuführen, daß das Treffen des KSZE-Rats auf Außenministerebene am 19./20. Juni 1991 in Berlin für die baltischen Staaten genau so enttäuschend wie die Pariser KSZE-Konferenz im November 1990 verlaufen war, weil sie dort keine weitergehende internationale politische Unterstützung ihrer Unabhängigkeitsbestrebungen erfahren hatten. Dies verhehlten die drei nach Berlin angereisten baltischen Außenminister auch nicht gegenüber der gastgebenden Bundesregierung, als sie nach Konferenzende am 20. Juni mit Bundesaußenminister Genscher zusammentrafen, der sie bereits am Vorabend der Konferenz ein erstes Mal empfangen hatte. Ziel der baltischen Politik war ein Beobachterstatus oder ersatzweise eine Einladung als Gäste des Exekutivsekretärs gewesen, was nach den Pariser Erfahrungen im Hinblick auf den zu erwartenden sowjetischen Einspruch nicht hatte erreicht werden können. Stattdessen erhielten die drei Außenminister als Ehrengäste einzelner Delegationen bei den öffentlichen Sitzungen Zugang zur Tribüne. Dabei ergab sich für sie die ärgerliche Situation, daß sie als Vertreter mehr oder weniger demokratisch gewählter Regierungen nur den Status eingeräumt bekamen, mit dem auch Lembit Annus als Vertreter des moskautreuen Flügels der estnischen KP im Politbüro teilnehmen konnte, der von der sowjetischen Delegation als Ehrengast nominiert worden war.

*

Inzwischen war es ein schöner Sommer geworden, und wir genossen zusammen mit unseren Kindern Christian und Natalie die „weißen Nächte" an der Neva. Am 12. Juli, wiederum einem Freitag, brachen meine Frau, Christian und ich nach Estland auf, wo ich in der darauffolgenden Woche eine Delegation von Abgeordneten des Deutschen Bundestages bei ihren Gesprächen in Tallinn begleiten wollte, während Natalie mit Freunden aus Deutschland in Leningrad zurückblieb.

Für Christian war Estland ja keine *terra incognita* mehr, seitdem er dort im Sommer 1989 an der Arbeitsfreizeit einer deutsch-estnischen Jugendgruppe unter der Ägide der *Baltisaksa Kultuuri Selts Eestis* teilgenommen und dabei auch ein estnisches Krankenhaus von innen kennengelernt hatte. Er war damals an einer akuten Blinddarmentzündung erkrankt und hatte sofort operiert werden müssen, was dank der Umsicht von Sirje Kivimäe und dem Geschick des Chirurgen Dr. Evald Kullamaa im Tallinner Eisenbahner-Krankenhaus, in dem er hervorragend betreut wurde, alles gut ausgegangen war. Wie ich später von Bekannten hörte, die sich damals als Touristen in Tallinn aufgehalten und keine Ahnung hatten, daß es sich um unseren Sohn handeln könnte, soll die Tatsache, daß ein Ausländer operiert worden war, Stadtgespräch gewesen sein. Dies war wohl auch der Grund, aus dem Christian im Krankenhaus häufiger Besuch von einem angehenden Journalisten erhielt, was für ihn eine angenehme Abwechslung war. Dieser junge Mann schickte sich damals an, eine Wochenzeitung zu gründen und wollte die Geschichte von Christian in der ersten Nummer bringen. Als ich dann im Herbst 1989 zu der Aufklärungstagung in Tallinn war, suchten Pistohlkors und ich diesen Journalisten eines Abends auf. Ich wollte ihm danken und mich nach dem Stand seiner Pläne erkundigen. Wir trafen Hans Luik zusammen mit Villu Känd, den Christian ebenfalls kennengelernt hatte, im *Hotel Olümpia* an, wo die beiden in zwei Zimmern als provisorischen Redaktionräumen gerade die erste Nummer des *Eesti Ekspress* vorbereitet hatten[7]. Als diese erste Ausgabe dann endlich hatte erscheinen können, besaß die Geschichte über Christian längst keinen Neuigkeitswert mehr und ist daher auch nie veröffentlicht worden.

Erste Station am 12. Juli 1991 war Palms, wo wir uns mit unseren sich zu einem Besuch in Estland aufhaltenden Verwandten Pahlen und meinem Schwager Dellingshausen verabredet hatten. Sie waren dort Gäste von Ilmar Epner und dessen Familie, den wir ja bereits im Sommer 1987 kennengelernt hatten. Ihm verdankt das Ensemble von Haus und Park als Zentrum des Nationalparks *Lahemaa* gleichsam seine Wiedergeburt und Estland eine seiner schönsten Touristenattraktionen. Anschließend wurden wir von den Verwandten in Kolk erwartet und übernachteten in einer von der Kolchosverwaltung in einem renovierten Nebengebäude eingerichteten bescheidenen kleinen Herberge. Welch ein Erlebnis, eine Nacht in Kolk zu verbringen und dort bei dazu noch schönstem Sommerwetter morgens aufzuwachen!

Übertroffen wurde das alles noch am nächsten Tag durch einen Besuch im benachbarten, unmittelbar am nordestländischen Strand gelegenen Zitter (*Tsitre*), dem früheren Sommersitz der Kolkschen Stenbocks und Geburtsort meines Großvaters Walter von Wistinghausen. Für ihn war dies der schönste Ort auf dieser Welt, wie er mir voller Heimweh so oft in den 1950er Jahren gesagt und mich dabei verpflichtet hatte, darüber zu wachen, daß einst auf seinem Grabstein in der württembergischen Fremde „Zitter in Estland" als sein Geburtsort angegeben würde. Wir haben uns daran gehalten, wie man sich auf dem Friedhof von Ludwigsburg überzeugen kann.

Um keine zu große Aufmerksamkeit zu erregen, denn in Zitter befand sich damals immerhin noch ein Posten mit Wachturm der KGB-Grenztruppen, fuhren wir in zwei Autos mit estnischen Kennzeichen und in Begleitung von Willy und Sven Fersen sowie der Familie Raimla nach Zitter. Dort erwartete uns Arno Lepnurm, der selbst aus Zitter stammte und mit seiner Familie auch hier in einem selbst erbauten Holzhaus wohnte. Bis zur Pensionierung war er Lehrer an der Gemeindeschule in Kolk gewesen. Auch seinen Bruder, den Organisten Hugo Lepnurm, der in seinem noch aus der Zeit um die Jahrhunderwende stammenden malerischen Sommerhaus Ferien machte, lernten wir kennen. Arno Lepnurm führte uns durch das Gelände, in dem sich früher der Villenort Zitter befand und wo jetzt außer diesem Sommerhaus, einem aus Natursteinen aufgeführten Keller sowie unter Büschen verborgenen Ruinen nichts mehr an die alten Zeiten erinnerte. Allerdings konnte er sich entsinnen, daß noch nach dem Krieg Reste des großen Hauses, des sogenannten Salons, erhalten waren. Er kannte aus seiner Jugend ganz genau die Lage der ehemaligen Gebäude und konnte sie uns anhand einer Skizze, die mein Großvater vor bald 50 Jahren aus dem Gedächtnis angefertigt hatte, im Gelände bezeichnen. Als wir uns dann dem in scheußlichstem sozialistischem „Stil" erbauten Komplex des KGB-Grenzpostens näherten, wurde ich hellhörig, denn Lepnurm erwähnte im Gespräch mit Willy Fersen ein *maja Wistinghausen*. Ich erfuhr, daß sich ungefähr an der Stelle, an der sich heute der – später vom estnischen Grenzschutz (*Piirivalve*) übernommene und jetzt verfallende – Grenzposten befindet, das Sommerhaus gestanden habe, in dem meine Urgroßmutter vor dem Ersten Weltkrieg die Ferien zu verbringen pflegte, und daß Lepnurms Tante vor ihrer Heirat im Sommer 1909 Köchin bei ihr gewesen sei. Der Neffe zeigte mir später das ihr hierüber von Adele Wistinghausen geb. Stenbock ausgestellte Zeugnis, das er noch besaß. Als ob die Zeit für einen Moment stillgestanden wäre.

Weiter ging es nach *Kotka* kurz vor Loksa, wo uns Willy Fersen das ihm damals – als einem der ersten in Estland überhaupt – gerade restituierte Landhaus seines Großvaters zeigte. Der kaiserlich russische Vizeadmiral William Baron Fersen, ein Vetter meines Großvaters, hatte es sich 1911 als Ruhesitz erbauen lassen. Wie in dem Roman von Frank Thiess nachzulesen, war der von ihm geführte Kreuzer „Isumrud" dem Untergang des russischen Flottenverbandes bei Tsuschima im Jahre 1905 entkommen, weil die Japaner das an der Spitze fahrende Schiff nicht angriffen, um das nachfolgende Geschwader unter Admiral Roždestvenskij nicht zu warnen. Willy Fersen war als Säugling mitten in den Wirren der Revolution 1918 aus dem damaligen Petrograd zu den Großeltern nach *Kotka* gebracht worden und ganz bei ihnen aufgewachsen, da seine Mutter damals verschwand und sein Vater, ebenfalls ein russischer Marineoffizier, sich später in Finnland wieder verheiratete. Als beide Großeltern 1937 starben, erbte Willy das Haus in *Kotka*. Einer der Gründe, warum er 1939 nicht mit dem Gros der übrigen Deutschen umgesiedelt war, sei gewesen, daß er das Haus

nicht allein lassen wollte. Ein fataler Irrtum. Es wurde von den Sowjets erst ge-
plündert und ihm dann weggenommen. Im Sommer 1991 lebte Willy allerdings
noch mit seinem Sohn Sven in einem Zimmer eines scheußlichen Plattenbaus
in Loksa, da alle Gebäude in *Kotka* der Unterbringung eines Sommerlagers für
die Kinder der Mitarbeiter des Tallinner Hafens dienten. Die Tochter Svea und
die Mutter, die wir beide erst später kennenlernten, hatten damals noch eine andere Wohnung in Loksa.

Die letzte Etappe war dann der Badeort *Võsu* (Wösso), wo Patrick und Almut
von Glasenapp bei estnischen Freunden Ferien machten. Spät fuhren wir durch
die helle Sommernacht in die Stadt zurück.

Am 14. Juli trafen meine Frau und ich im Gästehaus des Obersten Rates in
Nömme mit der Bundestagsdelegation zum Abendessen zusammen. Die aus
vier Abgeordneten bestehende Delegation unter Leitung von Professor Dr.
Wolfgang Freiherrn von Stetten (CDU) repräsentierte den damals gerade gebildeten Deutsch-Baltischen Parlamentarischen Freundeskreis, zu dem bereits
etwa 100 Abgeordnete aller im Bundestag vertretenen Parteien, ausgenommen
die PDS, zählten. Wie uns Herr von Stetten erklärte, war dieser Kreis damit bereits die drittgrößte Gruppe ihrer Art im Bundestag überhaupt und stellte international eine einmalige Erscheinung dar. Tallinn war die letzte Station einer In-
formationsreise durch die drei baltischen Republiken und für alle vier
Abgeordneten die erste Begegnung mit Estland. Außer Stetten gehörten zu der
Delegation die stellvertretende Vorsitzende des Freundeskreises Dr. med. Cornelia von Teichmann (F.D.P.), Günter Klein (CDU) und Reinhold Hiller (SPD).
Sie erfuhren durch die estnischen Gastgeber eine aufmerksame Wahrnehmung,
wie sie nicht nur Höflichkeit und politische Klugheit geboten, sondern diese
Sympathisanten der baltischen Sache auch verdienten. Da sie in Riga an einem
Wochenende in dieser Hinsicht von lettischer Seite offenbar nicht allzu verwöhnt worden waren, verfehlte dieser freundliche Empfang in Tallinn auch
seine Wirkung nicht. Während der ganzen Zeit ihres Aufenthalts wurde die Delegation durch den Sekretär des Auswärtigen Ausschusses des Obersten Rates,
Alar Maarend, begleitet.

Besonders Arnold Rüütel nahm sich viel Zeit, um den Abgeordneten die Situation in Estland von Grund auf zu erklären – ungeachtet einer noch am selben 15. Juli beginnenden Reise in die USA, zu der Außenminister Meri bereits
aufgebrochen war. Insgesamt dreieinhalb Stunden saßen wir mit ihm zuerst in
Katharinental und dann beim Mittagessen zusammen. Die Aufmerksamkeit, die
dieser immerhin ersten deutschen Parlamentarierdelegation entgegengebracht
wurde, spiegelte die Bedeutung wider, welche die estnische Politik im Hinblick
auf die angestrebte Unabhängigkeit dem Gewicht Deutschlands beimaß. Dies

nicht zuletzt auch vor dem Hintergrund der deutschen Beteiligung an den Ereignissen von 1939/40, die den baltischen Staaten die Selbständigkeit gekostet hatten. Der erfahrene Politiker Rüütel leitete daraus aber keinerlei Forderungen ab, sondern zeigte ausdrücklich Verständnis sowohl für die Baltikumpolitik der Bundesregierung als auch für ihre Politik gegenüber der Sowjetunion, die er als „weise" bezeichnete. Die estnische Politik habe sich bemüht, erklärte er der Delegation, auf die deutschen Interessen Rücksicht zu nehmen und daher weniger den direkten Kontakt zur Bundesregierung, als vielmehr zu Bundesländern wie Schleswig-Holstein gesucht und vorrangig die Entwicklung von Beziehungen im wirtschaftlichen und kulturellen Bereich betrieben. Umso erfreuter zeigte sich Rüütel über die Bildung des Freundeskreises im Bundestag und die durch den Besuch einer Parlamentarierdelegation zum Ausdruck gebrachte politische Unterstützung der baltischen Unabhängigkeitsbestrebungen durch Deutschland.

Großes Gewicht legte Rüütel auf die Darstellung der Beziehungen zur russischen Minderheit. Mit geradezu beschwörenden Worten warb er um Verständnis für die estnische Position. Da es zur völligen Unabhängigkeit keine Alternative gäbe und diese nur eine Frage der Zeit wäre, würde auch die Lösung der Probleme beim Umgang mit der nicht-estnischen Bevölkerungsgruppe unter Beachtung internationaler Menschenrechtstandards immer dringender. Dies war das erste Mal, daß ich aus dem Munde eines estnischen Politikers grundlegende Ausführungen zu Minderheiten- und Menschenrechtsfragen in Estland hörte. Als diese Themen nach wiedererlangter Unabhängigkeit auch für die auswärtigen Beziehungen Estlands eine große Bedeutung erlangten, mußte ich mich oft an dieses Gespräch erinnern. Seine damaligen Ausführungen haben mir später geholfen, die estnische Haltung besser zu verstehen. Im übrigen sprach Rüütel völlig frei, wie ich ihn überhaupt nie mit einem „Sprechzettel" oder sonstigen Gesprächsunterlagen erlebt habe. Da merkte man ihm seine langjährige Erfahrung in politischen Ämtern an, was seine Wirkung auf auswärtige Besucher nicht verfehlte.

Rüütel führte der Bundestagsdelegation durch eine detaillierte Schilderung der historischen Abläufe vor Augen, wie die Sowjetmacht durch systematische Überfremdung des kleinen Landes die gegenwärtige Situation herbeigeführt habe, mit der man sich so nicht abfinden könne. Selbstverständlich habe jede Regelung unter Beachtung der international geltenden Menschenrechtsstandards zu erfolgen. Wie westeuropäische Experten bestätigt hätten, entsprächen die estnischen Gesetze aber diesen Standards. Allerdings funktioniere die sowjetische Propaganda gut, die der Weltöffentlichkeit einzureden versuche, in Estland würden die Menschenrechte der Russen verletzt. Demgegenüber seien die Esten der Auffassung, daß ihr Menschenrecht auf eine Existenz als eigenständiges Volk ständig verletzt worden sei und weiterhin werde, da der Zuzug von Nicht-Esten noch nicht zum Stillstand gekommen sei. Die Unterdrückung kleiner Völker stelle einen Menschenrechtsverstoß dar. Estland habe durch den Krieg und die sowjetischen Deportationen etwa 250 000 Menschen, also beinahe ein Viertel seiner Vorkriegsbevölkerung, verloren, die durch Nicht-Esten ersetzt worden seien. Inzwischen sei durch weiteren Zuzug der Anteil der Esten an der Gesamtbevölkerung von 89% im Jahre 1939 auf 61% gesunken. Daher müßten Mittel und Wege gefunden werden, daß ein Teil der Nicht-Esten das Land wieder verläßt. Wer zu denen zähle, die „Schuld auf sich geladen haben", sei es im Dienste des KGB oder der Sowjetarmee, der könne nicht damit rechnen, daß er in den Genuß der estnischen Staatsangehörigkeit und der damit verbundenen Rechte, wie beispielsweise Renten und Pensionen, gelangen werde. Wenn diese Menschen aber nicht persönlich in Verbrechen verstrickt seien, sollten sie weiterhin in Estland Aufenthaltsrecht genießen. Für die, welche nicht in Estland bleiben könnten, müßten mit internationaler Unterstützung Wohnungen in Rußland gebaut werden. Rüütel fügte hinzu, daß er hierüber mit Jelzin gesprochen habe und dieser solchen Überlegungen gegenüber aufgeschlossen wäre, während Gorbatschov zwar nicht weiter reagiert, aber auch nicht widersprochen hätte.

Besondere Sorge bereitete Rüütel damals die Lage im Nordosten von Estland, dem Industriegebiet zwischen Narva und Kohtla-Järve. Diese Region sei nach dem Krieg weitgehend russifiziert worden, so daß der Anteil der Esten auch unter Berücksichtigung der noch überwiegend estnischen Landbevölkerung nur mehr 23% betrage. Beim Wiederaufbau der im Krieg völlig zerstörten Stadt Narva wäre Esten aufgrund KP-Beschlusses eine Rückkehr in die Stadt verboten worden, daher lebten dort jetzt nur noch 4% Esten. Gerade in einer solchen Politik sähe er einen eklatanten Verstoß gegen estnische Menschenrechte. Nunmehr wären von Moskau und dessen Anhängern in der estnischen KP gesteuerte Versuche im Gang, durch die Heraufbeschwörung der Gefahr einer Sezession der Region Druck auf die estnische Regierung auszuüben. Ein estnischer Verzicht auf den Nordosten, in dem sich auch nahezu alle Bodenschätze des Landes, vor allem Brennschiefer, befänden, sei jedoch ausgeschlossen. Rüütel ließ aber durchblicken, daß Estland bei künftigen Verhandlungen den Anspruch auf Wiederherstellung des Grenzverlaufs gemäß dem Friedensvertrag von Tartu als undurchsetzbar fallen lassen dürfte und sich mit der gegenwärtigen, nach Kriegsende von Moskau auf administrativem Wege gezogenen Grenze zur RSFR zufrieden geben werde.

Ülo Nugis unterrichtete die Delegation über die von ihm geführten Gespräche mit Moskau. Er schilderte den deutschen Parlamentariern recht überzeugend, wie diese seit ihrem Beginn im August 1990 stets im Interesse des Zentrums instrumentalisiert und immer dann zu scheinbar neuem Leben erweckt worden seien, wenn dies Moskau aufgrund internationalen Drucks unter außenpolitischen Gesichtspunkten opportun erschien. Der gegenwärtige Stillstand bei der Suche nach Lösungen zur Regelung des künftigen Verhältnisses zwischen den baltischen Republiken und der Union werde wohl solange andauern, bis alle wesentlichen Entscheidungen über den neuen Unionsvertrag gefallen seien. Wie schon vor ihm Rüütel, war auch Nugis nach mehreren Begegnungen mit Gorbatschov zu der Überzeugung gelangt, dieser sei gegen die Unabhängigkeit des Baltikums und würde sich mit ihr, sollte sie erfolgen, persönlich nur schwer abfinden. Nugis stimmte mit Rüütel ebenfalls darin überein, daß wohl auch in Zukunft mit der Unterstützung der baltischen Unabhängigkeitsbewegungen durch Boris Jelzin gerechnet werden könne. Bei beiden war aber eine gewisse Unsicherheit über Jelzins letztendliche Haltung und auch Skepsis gegenüber seinem für sie nicht immer ganz zu durchschauenden politischen Kalkül herauszuhören: Da der russische Präsident gemessen an Gorbatschov noch an außenpolitischem Profil und internationalem Ansehen gewinnen müsse, könnte dies eines der Motive für sein Eintreten zugunsten der Freiheit des Baltikums sein. Wichtig wäre für Jelzin ferner eine befriedigende Regelung des Status der russischen Bevölkerung in den baltischen Republiken. Die weitere Entwicklung sollte bestätigen, wie viel für diese Analyse sprach, die zugleich das tiefsitzende estnische Mißtrauen gegenüber großrussischer imperialer Politik widerspiegelte.

In weiteren Gesprächen mit dem stellvertretenden Außenminister Enn Liimets und dem Vorsitzenden des Auswärtigen Ausschusses des Obersten Rates Indrek Toome ist dieser Überblick über die damals für Estland wichtigsten politischen Themen dann noch ergänzt worden. Wirtschaftliche Fragen wurden, abgesehen von dem durch Moskau jetzt auch mit ökonomischen Mitteln ausgeübten Druck, um doch noch einen Beitritt zum Unionsvertrag zu erreichen, kaum berührt.

Im nachhinein stellt sich dieser *tour d'horizon* mit Parlamentariern aus einem der für Estland wichtigsten Nachbarländer wie eine Art Generalprobe für das selbständige Auftreten eines wiederum freien Estland auf der internationalen Bühne dar. Zum Abschluß ihres Besuches bekannten sich die Abgeordneten in einer Pressekonferenz am 16. Juli auf dem Domberg zur deutschen Mitverantwortung für die durch den Hitler-Stalin-Pakt geschaffene Lage im Baltikum und versprachen die Unterstützung der baltischen Unabhängigkeitsforderungen durch den Freundeskreis im Deutschen Bundestag: Estland sei wie die anderen baltischen Republiken ein okkupiertes Land, das die Unabhängkeit zurückerhalten müsse und auch zurückerhalten werde. Keiner der Anwesenden konnte damals ahnen, wie nahe dieser Moment bereits war.

*

Kaum in Leningrad zurück, setzte ich mich bereits am 20. Juli wieder in Richtung Baltikum in Bewegung. Diesmal war Riga das Ziel. Dort wurde ich zur Feier des 80. Geburtstags des Bischofs der evangelisch-lutherischen Deutschen in der Sowjetunion, des verdienstvollen Harald Kalniņš, erwartet und wollte mich bei dieser Gelegenheit aus eigener Anschauung über die jüngsten politischen Entwicklungen in Lettland unterrichten. Bei weiterhin sommerlichem Wetter fuhren wir die mir bisher unbekannte Strecke am Peipussee entlang, wo ich in *Lohusuu* an dem Gedenkstein für den 1763 dort geborenen Aufklärer Otto Wilhelm Masing kurz anhielt, zuerst bis Tartu, machten hier aber nur für einen Aufenthalt auf der Rückreise Quartier. Weiter ging es über die estnisch-lettische Grenzstadt *Valga* (Walk) – mit Schlagbaum und Kontrollen mitten im Ort – nach *Cēsis* (Wenden), wo ich die Ruine der ehemaligen Ordensburg besichtigte, die gerade restauriert wurde. Nach 620 km trafen wir abends an dem mir von früheren Dienstreisen schon bekannten *Hotel Ridzene* ein.

Die Einschätzung der Lage durch die lettischen Gesprächspartner deckte sich weitgehend mit den gerade in Estland gewonnenen Eindrücken. Als mein Kollege Reichel, der in Riga dazu gestoßen war, und ich gemeinsam mit dem Vorsitzenden des Auswärtigen Ausschusses des Obersten Rates Vulfsons einen Gang durch die Rigaer Altstadt machten, schlug dieser plötzlich vor, doch in der nahegelegenen Redaktion der regierungsamtlichen Tageszeitung *Diena* hereinzuschauen. Wenige Minuten später saßen wir dem jungen Chefredakteur Viktors Daugmalis gegenüber, der sofort einen Fotografen kommen ließ und aus unserer Unterhaltung ein Interview machte, das am 24. Juli mit Bild auf der Titelseite seiner Zeitung erschien. Es begann mit dem mir zugeschriebenen Zitat „Deutschland ist überzeugt, daß das Baltikum in Zukunft die volle politische Unabhängigkeit erlangen wird". Die große Aufmachung des Interviews zeigte, welche Bedeutung einer solchen Aussage aus sozusagen amtlichem deutschen Munde damals beigemessen wurde. Jedenfalls war sie auch dem in Tallinn erscheinenden *Baltic Independent* am 2. August 1991 eine Meldung wert. Weniger als einen Monat später waren die baltischen Staaten wieder unabhängig!

Dem Besuch von uns beiden Beamten des deutschen Generalkonsulats Leningrad wurde von den lettischen Medien eine auffallend große Beachtung zuteil – als gäbe es Versäumtes nachzuholen, nachdem wir nunmehr bei Kontakten mit baltischen Politikern nicht länger das Licht der Öffentlichkeit zu scheuen brauchten. So fand beispielsweise mein Gespräch mit Außenminister Jurkāns in Anwesenheit eines Fernsehteams statt. Möglicherweise war auch der Besuch in der Redaktion der *Diena* weniger spontan zustandegekommen, als es uns Mavriks Vulfsons hatte spüren lassen.

Auf der gemeinsamen Rückfahrt machten Reichel und ich am 24./25. Juli in Tartu Station. Dort erwartete uns Tiit Matsulevitš, bisher Öffentlichkeitsreferent der Universität und designierter estnischer Vertreter in dem baltischen Informationsbüro, das – mit Unterstützung des parlamentarischen Freundeskreises und von deutscher Seite finanziert – demnächst in Bonn eröffnet werden sollte. Daher war Matsulevitš auch bereits an der Betreuung der Bundestagsdelegation unter Leitung von Herrn von Stetten in Tallinn beteiligt gewesen. Wer hätte damals vorhersehen können, daß dieses Büro in Kürze zur Keimzelle der drei baltischen Botschaften am Rhein und Matsulevitš der erste estnische Botschafter in Deutschland werden würde!

Bei unserem Besuch in Tartu wollten wir mit ihm die Errichtung eines Deutschen Kulturinstituts nach dem Tallinner Vorbild besprechen. Darüber hatten wir uns schon Anfang Juni 1991 in Leningrad unterhalten, als mich Matsulevitš dort besuchte. Eingeführt worden war er durch Patrick von Glasenapp, dessen berühmt großzügige Gastfreundschaft er wie viele andere Esten bei verschiedenen Deutschlandaufenthalten genossen hatte. Während sich in Tallinn ein kleiner Kreis von an den deutschen kulturellen Traditionen besonders interessierten Menschen in der *Baltisaksa Kultuuri Selts Eestis* zusammengefunden hatte, war in Tartu unter gleichem Vorzeichen und dem Vorsitz des Historikers Professor Helmut Piirimäe wenig später die *Akadeemiline Baltisaksa Kultuuri Selts Tartus* gegründet worden (11. Januar 1989). Wie in der Hauptstadt sollte nach den Vorstellungen dieser Gesellschaft auch am Sitz der alten Landesuniversität ein Deutsches Kulturinstitut entstehen, und es war bei der Stadtverwaltung bereits Vorarbeit geleistet worden. Mit Matsulevitš besuchten wir noch am selben Tag im Rathaus den stellvertretenden Bürgermeister Väino Kull. Gemeinsam mit dem Stadtarchitekten Mart Preem und Stadtrat Rait Toompere stellte er uns den Plan vor, ein bereits ausfindig gemachtes Gebäude auf deutsche Kosten zu renovieren und dort das Kulturinstitut unterzubringen. Dabei handelte es sich um eine Jugendstilvilla in bester Lage, die 1904 als Konventsquartier der deutschen Studentenverbindung „Neobaltia" erbaut worden war und dieser bis 1939 als solches gedient hatte. Nach dem Gespräch im Rathaus besichtigten wir zusammen mit dem Stadtarchitekten dieses Haus, das uns einen durchaus passenden Rahmen für ein künftiges Deutsches Kulturinstitut abzugeben schien. Abends waren wir dann Gäste der „Akademischen Gesellschaft für deutschbaltische Kultur in Tartu" und schmiedeten Pläne.

Nachdem wir am nächsten Vormittag noch dem Rektor der Universität, dem Mediziner Professor Jüri Kärner, unsere Aufwartung gemacht hatten, traten wir die Rückfahrt nach Leningrad an. Dazwischen hatte ich mir den Luxus einer Stippvisite im *Eesti Ajalooarhiiv*, dem Estnischen Geschichtsarchiv, erlaubt.

*

Ende Juli war Christian wieder an seinen Studienort Berlin zurückgekehrt, und wenig später kam uns unser ältester Sohn Magnus aus London besuchen. Mit ihm fuhren meine Frau und ich am 16. August nach Estland, wo er bisher noch nicht gewesen war. Als wir die Reise an einem Freitagnachmittag antraten, konnten wir nicht ahnen, unter welchen Umständen wir sie beenden würden ... Spät in der Nacht trafen wir nach einem Besuch in Kolk im *Hotel Rataskaevu* in Reval ein und verbrachten das Wochenende mit einer Fahrt über das Land und der Besichtigung der alten Stadt.

Gemeinsam mit Jüri Kuuskemaa fuhren wir zur Kirche von *Märjamaa* (Merjama), wo wir uns mit dem von ihm empfohlenen Steinmetz Arne Joonsaar trafen. Er sollte auf dem dortigen Friedhof die Grabstätte eines ausgestorbenen Zweiges unserer Familie restaurieren, der früher das in der Nachbarschaft von Merjama gelegene Gut Söttküll (*Sötküla*) gehört hatte. Danach besichtigten wir alle zusammen Haus und Park von Schloß Leal (*Lihula*) und besprachen auf dem Friedhof von *Karuse* (Karusen) die Renovierung der Wistinghausenschen Grabkapelle (Abbildung 8). Über Alt-Fickel (*Vana Vigula*), den gut erhaltenen ehemals Uexküllschen Majoratsbesitz, und Rayküll (*Raiküla*), die Heimat des Philosophen Hermann Graf Keyserling, wo wir das frühere Herrenhaus erst kürzlich ausgebrannt und die schöne Anlage durch sozialistische Anbauten verunstaltet vorfanden, kehrten wir am Samstagabend zur gemeinsamen Feier der Geburtstage des deutschbaltischen Historikers Dr. Roland Seeberg-Elverfeldt, der zuvor unser Gast in Leningrad gewesen war, und Jüri Kivimäe in einem Revaler Restaurant zurück.

Der Sonntag gehörte dann der Stadt, die meine Frau und ich Magnus zeigten. Dazwischen traf ich mit Esther und Olaf von Brevern zusammen, die ihre Heimatstadt besuchten und mir nach dem Gottesdienst in der Ritter- und Domkirche bei einem Spaziergang erzählten, wer hier auf dem „Dom", der mit der Vergangenheit unserer ritterschaftlichen Familien so eng verbundenen alten Revaler Oberstadt, bis 1939 in welchem Haus gelebt hatte. Bei einem Mittagessen mit ihnen und Jüri Kuuskemaa besprachen wir dessen Vorschlag, die Restaurierung der holzgeschnitzten Wappenepitaphe in der Domkirche durch die Estländische Ritterschaft zu unterstützen. Diese einzigartigen Kunstdenkmäler gehörten zu unserem gemeinsamen kulturellen Erbe und wären höchst gefährdet. Damit wurde der Anstoß zu einem Projekt gegeben, das später einen wichtigen Platz in der deutsch-estnischen kulturellen Zusammenarbeit einnehmen und mich noch viel beschäftigen sollte.

Als ich nachmittags nochmals mit Magnus den Langen Domberg (*Lühike jalg*) hinaufwanderte, blieben wir an seinem oberen Ende stehen und betrachteten von der anderen Straßenseite aus das ehemalige Stadthaus meiner Urgroßmutter Isabella Ungern-Sternberg geb. Pahlen, in dem meine Großmutter und ihre Geschwister geboren und aufgewachsen waren. Angesichts dieses schönen und repräsentativen, jetzt aber dem langsamen Verfall preisgegebenen Baus bemerkte ich zu Magnus, der mir lebhaft beipflichtete, dieses Haus würde sich doch ausgezeichnet als Residenz eines künftigen deutschen Botschafters eignen ... Dieser 18. August klang dann im Kreise der Familie Kuuskemaa aus, die uns nach *Lilleküla* eingeladen hatte, wo sie wiederum den Sommer verbrachte.

Der Putsch vom 19. August 1991

Als ich am Montagmorgen im *Hotel Rataskaevu* in das Frühstückszimmer hinunterging, wunderte ich mich, daß das Fernsehgerät an der Rezeption eingeschaltet und, für diese Tageszeit ganz unüblich, auf dem Bildschirm das bekannte Gesicht eines Moskauer Nachrichtensprechers zu sehen war, maß dem aber keine weitere Bedeutung bei. Kurz darauf kam der an der Rezeption diensttuende Hotelangestellte herein und gab den wenigen sich zu dieser eher frühen Stunde hier aufhaltenden Gästen, alles Ausländer, durch seine zur Geste eines symbolischen Gitters verschränkten Hände eher amüsiert denn beunruhigt zu verstehen, daß Gorbatschov festgesetzt sei. Dies verbreite das Fernsehen. Da dort die Rede davon war, Gorbatschov sei aus Gesundheitsgründen an der Ausübung seines Präsidentenamts gehindert, hatte der Mann vom Hotelempfang als geübter Sowjetmensch die gehörten Nachrichten gleich richtig eingeordnet. Gorbatschovs Funktionen, wurde weiter mitgeteilt, würden von dessen Stellvertreter Janajev wahrgenommen, der einem Staatskomitee für den daraufhin ausgerufenen Ausnahmezustand (im folgenden kurz Notstandskomitee genannt) als oberster Exekutive vorstehe. Sollte also alles nur ein Traum gewesen sein, was wir in den letzten Jahren erlebt hatten?

Nachdem ich meine Frau und Magnus unterrichtet hatte, ging ich ins Stadtarchiv, wo ich um 9 Uhr mit Jüri Kivimäe, Urmas Oolup und ihrer Kollegin Kaja Telschow-Altof verabredet war. Alle traf ich sehr gefaßt an, aber doch wie vor den Kopf gestoßen. Zurück im Hotel erwarteten mich dort um 9.45 Uhr der stellvertretende Protokollchef Valle Feldmann und als Dolmetscherin Kersti Kont, um mich zu einem Gespräch mit Ülo Nugis nach Katharinental zu begleiten. Gleichzeitig war Sirje Kivimäe gekommen, um mit meiner Frau und Magnus Katharinental und Brigitten zu besichtigen. Auf meine Frage, ob Nugis jetzt nicht Wichtigeres zu tun habe, wofür ich volles Verständnis hätte, bestand das estnische Protokoll auf Einhaltung des Programms. So fuhren wir denn alle gemeinsam nach Katharinental. Am Eingang zum Präsidentenpalais wartete der Gehilfe von Nugis, Karl Tiilik, um mich in den Sitzungssaal im ersten Stock zu führen, wo wir erst kürzlich mit der Bundestagsdelegation von Rüütel empfangen worden waren. Auf dem Weg dorthin begegnete ich ihm auf dem Korridor.

Er begrüßte mich, und wir drückten uns ohne viele Worte die Hand, bevor er in eine Krisensitzung weitereilte.

Dann empfing mich Nugis bei laufenden Fernsehkameras für etwa eine Viertelstunde. Er dankte für den Besuch, der unter diesen Umständen besonders wichtig wäre. An diesem 19. August dürfte ich in der Tat der einzige westliche Ausländer gewesen sein, der sich in amtlicher Eigenschaft in Tallinn aufhielt. Zur Stunde, fuhr er fort, wäre in Estland nicht viel mehr als die Tatsache eines „Umsturzes" bekannt. Er hätte mit Ähnlichem gerechnet. Am wichtigsten wäre jetzt zu wissen, ob es Jelzin, der sich am Wochenende in Kasachstan aufgehalten habe, gelungen sei, nach Moskau zurückzukehren. „Wenn nicht" – fügte er mit unerschütterlicher Ruhe hinzu – „dann haben wir ein Problem". Außerdem berichtete Nugis kurz über die jüngste Runde der Gespräche mit Moskau, die dort am 16. August stattgefunden hatte und wiederum weitgehend ergebnislos verlaufen war. Dann bat er ihn zu entschuldigen, er müsse sich nunmehr in die Besprechung mit Rüütel begeben, und verabschiedete sich. Offenbar handelte es sich um eine Sitzung des in den Januartagen 1991 gebildeten Verteidigungsrats für den Notstandsfall.

Ob über meinen Besuch in Katharinental abends im estnischen Fernsehen berichtet wurde, konnte ich nicht mehr feststellen. Erst eine Weile später, als der Spuk vorbei war, bekam ich aber ein Exemplar der *Sovetskaja Estonija* vom 20. August in die Hände und fand dort unter der Überschrift „Gespräch mit dem Generalkonsul der BRD" einen vom Presseattaché des „Vorsitzenden des Obersten Rates der Republik Estland" Leivi Sher gezeichneten ausführlichen Bericht über meine Begegnung mit Nugis abgedruckt, der mich seinerzeit recht beeindruckt hat. Vielleicht habe ich zuviel hineingeheimnist, aber mir wollte scheinen, als wäre der Artikel bewußt auch so abgefaßt worden, daß er mir im Falle eines erfolgreichen Ausgangs des Putsches von den sowjetischen Behörden nicht hätte angelastet werden können. Während die Ausführungen von Nugis detailliert wiedergegeben wurden und die Darstellung seiner kritischen Bewertung der Gespräche am 16. August in Moskau an Deutlichkeit nichts zu wünschen übrig ließ, hieß es dann zum Schluß nur lapidar und unverfänglich, wenn auch völlig zutreffend: „Der Generalkonsul erklärte, daß die Ereignisse vom Morgen des 19. August für ihn vollkommen unerwartet gekommen seien. Er drückte seine Besorgnis über die entstandene Situation aus".

Von Katharinental fuhren wir in die Stadt zurück, wo mich auf dem Domberg der erst kürzlich ernannte zweite stellvertretende Außenminister Rein Müllerson zu einem Antrittsbesuch erwartete. Außenminister Meri befand sich in Helsinki und sollte vorerst im Ausland bleiben, um notfalls eine Exilregierung zu bilden. Auch Ministerpräsident Savisaar war außer Landes, kehrte aber noch am selben Tag aus Stockholm zurück. Da ich vor dem für 11.30 Uhr vereinbarten

Termin eintraf und sich Müllerson noch in einer Sitzung befand, schaute ich mich etwas in diesem Nukleus eines Außenministeriums um, wo sich an diesem Tag die Geschäftigkeit auf die in einem Raum untergebrachte Informations"abteilung" konzentrierte. Dort versuchte man sich mit sämtlichen zur Verfügung stehenden Mitteln über den Gang der Ereignisse zu unterrichten: Der Fernseher war auf CNN eingestellt, verschiedene Radiosender liefen, und aus der Unterstadt übermittelten „Beobachter" telefonisch ihre jüngsten Wahrnehmungen. Die Stimmung in diesem Raum, in dem vielleicht ein halbes Dutzend Mitarbeiter des Außenministeriums die eingehenden Nachrichten auswertete, erweckte den Eindruck einer bevorstehenden Belagerung. Tatsächlich wurden während meiner Anwesenheit auch plötzlich die eisernen Läden vor den in tiefen Nischen des mittelalterlichen Gemäuers liegenden Fenstern geschlossen, so daß Licht angemacht werden mußte – wie es hieß, auf Anweisung des für die Sicherheit verantwortlichen Staatsministers (*Riigisekretär*) d.h. Chefs des Ministerpräsidentenamtes Raivo Vare, der auch Personenkontrollen am Eingang zum Schloß angeordnet hätte.

Als ich dann mit Müllerson im Kabinett des Außenministers zusammentraf, erschien zu unser aller Erleichterung Jelzin auf dem Bildschirm – wohlgemerkt von CNN, denn sowjetische Sender übertrugen ihn nicht – und gab seine erste Erklärung ab, mit der er das Vorgehen des ungesetzlich an die Macht gekommenen Notstandskomitees als einen verbrecherischen Staatsstreich verurteilte. Also hatte er es geschafft, nach Moskau zurückzukehren.

Ein von Präsident Jelzin, Ministerpräsident Silajev und dem amtierenden Vorsitzenden des Obersten Sowjet der RSFSR Chasbulatov unterzeichneter und aus Moskau 19. August 9.00 Uhr datierter Appell „An die Bürger Rußlands" sollte dem Widerstand gegen die Putschisten die Richtung weisen. Unumwunden wurde die Entmachtung Gorbatschovs als ein „rechter reaktionärer verfassungswidriger Umsturz" zur Verhinderung der für den 20. August vorgesehenen Unterzeichnung eines neuen Unionsvertrags bezeichnet. Ihm gegenübergestellt wurde der sich im Lande vollziehende „demokratische Prozeß", der „unumkehrbar" sei. Sobtschak hat später den Vorsitzenden des Obersten Sowjet der UdSSR Lukjanov als den eigentlichen Drahtzieher hinter den Kulissen bezeichnet, der aber vorsichtig genug gewesen wäre, dem Notstandskomitee selbst nicht anzugehören. Der Putsch sei am Vorabend der geplanten Unterzeichnung eines neuen Unionsvertrags erfolgt, da dieser, so Sobtschak, das Ende der Geschichte der Sowjetunion in ihrer bisherigen Form und die Schaffung eines prinzipiell neuen Staatswesens mit einem Zentrum von sekundärer Wichtigkeit bedeutet hätte. In dem Appell der russischen Führung wurden das Notstandskomitee und alle seine Anordnungen als „ungesetzlich" erklärt und die Bürger Rußlands aufgerufen, „den Putschisten eine würdige Antwort zu erteilen und die Rückkehr des Landes zu einer normalen verfassungsgemäßen Entwicklung zu fordern" sowie Gorbatschow die Möglichkeit zu geben, sich öffentlich zu äußern. Dann wurde die unverzügliche Einberufung eines außerordentlichen Kongresses der Volksdeputierten verlangt. An die Militärangehörigen wurde appelliert, „ein hohes staatsbürgerliches Bewußtsein an den Tag zu legen und sich nicht an dem reaktionären Umsturz zu beteiligen". Um diesen Forderungen Nachdruck zu verleihen, wurde zu einem „allgemeinen unbefristeten Streik" aufgerufen und der Überzeugung Ausdruck verliehen, daß „die Weltgemeinschaft dem zynischen Versuch eines rechten Umsturzes eine objektive Einschätzung zuteil werden läßt".

Zu 12.30 Uhr hatte ich mich wieder mit meiner Frau, Magnus und Sirje Kivimäe im Hotel verabredet. Sie erzählten, wie sie zwei sowjetische Kriegsschiffe dabei beobachtet hätten, eine estnische Fähre an der Fahrt nach Helsinki zu hindern. Ebenfalls eingefunden hatten sich Olaf von Brevern und seine Frau, mit denen wir zu einem Spaziergang durch die Altstadt verabredet waren und die noch von nichts wußten. Auf dem Weg zum Hotel traf ich zufällig vier Mitarbeiter des Konsulats, unter ihnen zu unserer Bewachung entsandte Angehörige des Bundesgrenzschutzes, sogenannte HOD-Beamte, die ein verlängertes Wochenende in Tallinn verbrachten und sich ahnungslos den Annehmlichkeiten des Tourismus hingaben. Wir verabredeten, eine Stunde später im Konvoi nach Leningrad zurückzufahren. Da ich nicht wußte, was der ausgerufene Ausnahmezustand im einzelnen an Einschränkungen mit sich bringen würde, wollten wir unbedingt vor Beginn der Dunkelheit in unserer Dienststelle zurück sein. Selten habe ich jemanden sich so beeilen sehen wie diese vier Konsulatsangehörigen, die in einer halben Stunde zu ihrem Hotel zurückgelaufen waren, zusammengepackt hatten und dann in ihrem Auto vor dem *Hotel Rataskaevu* auf uns warteten!

Auf der Rückfahrt nahmen wir uns dann doch noch die Zeit, wenigstens kurz an der Kirche von Kusal anzuhalten, um Magnus das Grab seines Vorfahren Karl Magnus Stenbock – nach dem er getauft ist – und im Innern der Kirche dessen Epitaph zu zeigen. In Abwesenheit von Pastor Kuulpak schloß uns dessen Sohn die Kirche auf. Auch in Kolk schauten wir schnell herein, damit Magnus es wenigstens einmal bei Tageslicht gesehen hatte – wer konnte an diesem 19. August schon wissen, wann dazu wieder Gelegenheit bestehen würde (Abbildung 9). Cornelius Tamm war im Haus und zeigte uns den wenig veränderten Stand der Restaurierungsarbeiten. Die ältere Frau, die sich um die kleine Herberge kümmerte und uns im Juni betreut hatte, erinnerte sich an die schlimmen Jahre der sowjetischen Unterdrückung und fürchtete tränenreich, diese könnten wiederkehren. Als wir dann noch bei Raimlas erschienen, wo wir eigentlich angekündigt waren, trafen wir nur Tiiu und zwei der Kinder an – sie hatten schon gar nicht mehr mit uns gerechnet. Allmählich fing die Zeit an, uns unter den Nägeln zu brennen, wußten wir doch gar nicht, was uns unterwegs noch erwarten würde. Aber die ganze Rückfahrt verlief ohne die geringsten Schwierigkeiten. Bis zur Ankunft im Konsulat begegneten wir keinerlei Militär.

Natürlich drehten sich während der Fahrt alle unsere Gedanken und Gespräche um den Staatsstreich, was er bedeutete, wie er wohl hätte vermieden werden können und vor allem, welche Folgen er haben würde. Nach Narva verfolgten wir so gut es ging am Autoradio die Pressekonferenz des Notstandskomitees unter dem Vorsitz von Janajev. Anders als diejenigen, die sie am Fernsehen miterlebten, sahen wir nicht seine zitternden Hände, von denen ein erstes Signal des Scheiterns der Putschisten ausging. Später soll ein Journalist dafür, daß er diese in Großaufnahme gezeigt hatte, sogar einen Preis – sozusagen für zivilen Widerstand – erhalten haben. Magnus war es dann, der feststellte, daß dieser Staatsstreich ja auch mißlingen könnte! Ich dagegen hatte zwar nie den Kassandrarufen geglaubt, die einen Putsch vorhersagten, da mir die politisch-gesellschaftliche Umgestaltung in der Sowjetunion dazu bereits zu weit fortgeschritten schien. Als er dann aber doch erfolgte, war meine erste Reaktion eher von Pessimismus geprägt. Zu tief saß die vermeintliche Lehre aus der Geschichte der UdSSR, eine Allianz aus KGB, Innenministerium und Armee müsse sich durchsetzen. So war die Stimmung gedrückt, als wir noch vor Einbruch der Dunkelheit kurz nach 20 Uhr in den Hof des Konsulats einfuhren.

*

Als erstes telefonierte ich mit Dr. Reichel, mit dem ich bereits am Morgen vom Revaler Stadtarchiv aus das Nötige besprochen und der den Tag über sehr umsichtig im Generalkonsulat die Stellung gehalten hatte. Mein ständiger Vertreter Ungern-Sternberg befand sich damals mit seiner Familie im Sommerurlaub. Reichel berichtete über einen gerade im Fernsehen gesendeten leidenschaftlichen Auftritt von Bürgermeister Sobtschak, mit dem sich dieser vorbehaltlos gegen den Putsch und hinter Jelzin und dessen Anordnungen gestellt habe. Ein weiterer Hoffnungsschimmer!

Um 10 Uhr – erfuhr ich – sei der Befehlshaber der Truppen des Leningrader Militärbezirks und Stadtkommandant Generaloberst Samsonov im Fernsehen erschienen, um sich als Vorsitzender einer Leningrader „Kommission für den Ausnahmezustand" vorzustellen und deren achtköpfige Besetzung sowie eine Reihe von Anordnungen, unter ihnen ein ausdrückliches Streikverbot und Personenkontrollen, bekanntzugeben. Nachdem Sobtschak seine Zuschauer am Abend mit dem jüngsten ihm gerade telefonisch übermittelten Ukas von Präsident Jelzin bekanntgemacht habe, durch den die Putschisten zu Staatsverbrechern erklärt und die Strafverfolgungsbehörden zu ihrer Verhaftung veranlaßt wurden (Dokument 3), sei von ihm die Widerrechtlichkeit des ausgerufenen Ausnahmezustands im einzelnen auseinandergesetzt worden. Dabei habe er betont, daß gerade in Leningrad keiner der gesetzlich zwingend vorgeschriebenen Gründe vorläge, die allein eine Verhängung des Ausnahmezustands über ein bestimmtes Territorium – und zwar entweder durch den Obersten Sowjet oder den Präsidenten – rechtfertigten, nämlich eine Naturkatastrophe, eine Epidemie, eine Viehseuche oder Massenunruhen. Damit seien auch die von General Samsonov verkündeten Anordnungen ungesetzlich und dürften nicht befolgt werden. Dann seien von Sobtschak alle Leningrader aufgerufen worden, am nächsten Tag, wie von der russischen Führung beschlossen, in einen politischen Generalstreik zu treten und sich um 10 Uhr auf dem Schloßplatz zu einer friedlichen Protestdemonstration der ganzen Stadt einzufinden.

Welche Ereignisse diesem Fernsehauftritt von Sobtschak vorausgegangen waren, erfuhren wir erst nach und nach im Laufe der nächsten Tage. Ebensowenig wußte ich zu jenem Zeitpunkt, daß der Bürgermeister selbst erst am Nachmittag dieses 19. August aus Moskau zurückgekehrt war und sich daraufhin sofort zu Samsonov begeben hatte, um ihm die Widerrechtlichkeit des Vorgehens der Putschisten vor Augen zu führen und davon abzuhalten, deren Befehle zu befolgen.

Den restlichen Abend verbrachte ich weitgehend am Fernseher, um die Ankündigungen des Moskauer Notstandkomitees – der „Junta", wie es von den Medien schnell getauft wurde – und möglichst viel an sonstigen Informationen mitzubekommen. Für die im Marienpalais, dem Sitz von Bürgermeisteramt und Stadtparlament, politisch Verantwortlichen aber begann eine aufregende Nacht, während der ständig das Damoklesschwert eines militärischen Eingreifens über ihnen schwebte, bis diese Gefahr im Morgengrauen abgewendet werden konnte.

20. August. Auf den Straßen war alles ruhig, der Verkehr am Morgen gering, was auf eine starke Beteiligung an dem Generalstreik schließen ließ. Die Zeitungen erschienen wie üblich; sie veröffentlichten neben den Anordnungen von Janajev und Samsonov auch die von Jelzin und berichteten über den sich in Leningrad formierenden Widerstand (nur die Abendzeitung *Večernij Leningrad* vom 19. August war mit einem weißen Kasten auf einem Teil der ersten Seite erschienen, also erkennbar zensiert worden). So war zu erfahren, daß Sobtschak am Vortage um 17.50 Uhr in einer bereits seit 16.30 Uhr andauernden außerordentlichen Sitzung des Stadtsowjets an das Rednerpult getreten sei und von seinem soeben stattgefundenen Zusammentreffen mit der Notstandskommission unter Vorsitz von General Samsonov berichtet habe. Diesem hätte er die Haltung der russischen Führung erläutert, die Kommission mit ihrer Verantwortung konfrontiert und an das Nürnberger Kriegsverbrechertribunal erinnert, das nicht nur die verurteilt habe, die verbrecherische Befehle gegeben, sondern auch die, welche sie ausgeführt hätten. Dann hatte der Lensowjet einen Appell an die Angehörigen der Leningrader Garnison sowie die Mitarbeiter von KGB und Innenministerium gerichtet, keine verbrecherischen Befehle auszuführen und beschlossen, für den nächsten Tag eine gemeinsame Sitzung von Stadt- und Gebietssowjet einzuberufen. Die Sitzung des Stadtparlaments war mit Lautsprechern auf die Straße übertragen worden, wo Leningrader Bürger damit begonnen hatten, Barrikaden zum Schutz des Marienpalais zu errichten.

Mit Reichel beschlossen wir, daß immer einer von uns beiden im Generalkonsulat anwesend sein sollte; die anderen Mitarbeiter bat ich, sich vorerst auch in der Behörde aufzuhalten. Auch meine Frau und Magnus wurden von mir gebeten, erst einmal zu Hause zu bleiben, was beide, die vor Neugier brannten, nur widerwillig akzeptierten. Aber ich mußte den Rücken frei haben. Dann fuhr ich in Begleitung einer Mitarbeiterin des Sprachendienstes im Dienstwagen mit Chauffeur und Stander so nahe es ging in der *Ulica Chalturina* (die jetzt wieder *Millionnaja* heißt) an den Schloßplatz heran und ließ auf der Höhe der alten Eremitage halten. Von dort aus gingen wir beide, Frau Kayser und ich, zu Fuß zu dem Platz auf geschichtsträchtigem Gelände zwischen ehemaligem Winterpalais und Generalstab. Dort begann nunmehr unter der Regie von Sobtschak die von ihm am Vorabend im Fernsehen angekündigte Großkundgebung. Von einer vor dem Winterpalais errichteten Tribüne aus sprach ein knappes Dutzend Persönlichkeiten des politischen und kulturellen Lebens der Stadt zu der inzwischen dicht gedrängten Menschenmenge (Abbildung 10). Einer der Redner war der in der Stadt hohes moralisches Ansehen genießende alte Dmitrij Lichačev. Aber auch eine Soldatenmutter und ein orthodoxer Priester, der im Namen des Leningrader Metropoliten sprach, ergriffen das Wort. Keiner hat die Menschen gezählt. Am nächsten Tag war von 200 000 Personen die Rede. Die Tageszeitung *Smena* sprach sogar von 400 000, was es zuvor noch nie gegeben hätte. Alles verlief in größter Ruhe und Ordnung. Der „Putsch" der „Junta" wurde je nach Temperament des Redners mit Leidenschaft, Pathos oder großem Ernst, aber auch mit beißender Ironie einhellig verurteilt. Applaus und von Tausenden skandierte Rufe wie „vor Gericht stellen" und „die Faschisten werden es nicht schaffen" wechselten einander ab, um dann wieder völlige Stille eintreten zu lassen, damit der Nächste zu Wort kommen konnte. Zuerst hatten an den Fenstern des hinter uns liegenden Gebäudes noch Trauben von jungen Armeeangehörigen gehangen und die Vorgänge auf dem Schloßplatz beobachtet. Als ich mich später einmal umschaute, waren alle Fenster geschlossen worden. Da auch unsere Dolmetscherin wegen der schwierigen Akustik nicht alles verstand, half uns ein neben uns stehendes Paar und wiederholte einzelne Sätze, die uns entgangen waren. Es herrschte eine Atmosphäre allgemeiner Solidarität, in die auch wir uns einbezogen fühlten. Die Stimmung war unbeschreiblich und das Ganze ein aufwühlendes Erlebnis. Man ahnte etwas von der Kraft, die von solchen „Sternstunden der Menschheit", wie sie dieser Platz schon früher gesehen hatte, ausgehen kann.

Sobtschak informierte die Menge über die Lage in der Stadt. Die rechtmäßigen Inhaber der Macht – Bürgermeisteramt und Stadtsowjet – hätten sie voll unter Kontrolle. Nur dem russischen Parlament und der russischen Regierung fühle man sich verantwortlich. Jetzt müßten alle demokratischen Kräfte zusammenstehen, damit diese Ereignisse zu einem Sieg der Demokratie in Rußland würden. Mit dem Befehlshaber des Leningrader Militärbezirks wäre Einvernehmen erzielt worden, daß keine Truppen in die Stadt einrückten. Kein anderes Militär als die ständig regulär in der Stadt stationierten Truppenteile befände sich in Leningrad. Panzer und gepanzerte Schützenwagen mit Luftlandetruppen, die sich auf die Stadt zubewegt hatten, wären auf Samsonovs Befehl gestoppt worden. Grund zur Beunruhigung bestünde also nicht. Zum Schluß forderte Sobtschak alle auf geordnet auseinanderzugehen, damit bei einer so großen Menschenansammlung kein Unglück geschähe. Jeder solle an seinen Arbeitsplatz zurückkehren, Ruhe bewahren und „auf die Befehle Rußlands und Jelzins" warten!

Als wir nach anderthalb Stunden wieder bei unserem Wagen angelangt waren, mußten wir erst einmal warten bis wir wegfahren konnten, da dieser von den abziehenden Massen eingekeilt war. Einige trugen Transparente, einige eingerollte Fahnen. Andere ballten die Faust, als sie uns neben dem Fahrzeug mit dem schwarz-rot-goldenen Stander stehen sahen, aber nicht feindselig, sondern lachend, Solidarität heischend und ausstrahlend. Wieder andere winkten – die Spannung war einer volksfestähnlichen Fröhlichkeit gewichen.

Sobald wir uns wieder bewegen konnten, bat ich den Fahrer, uns zum Marienpalais zu bringen. Ich wollte versuchen, zu Sobtschak vorzudringen. Vor dem Marienpalais herrschte großer Andrang, doch die Wachen erkannten mich und ließen uns durch. Da mir Putin einmal ausführlich das Innere des ganzen Gebäudes gezeigt hatte und ich mich daher auskannte, waren Frau Kayser und ich binnen kurzem in dem geräumigen Vorzimmer des Bürgermeisters angelangt. Hier standen zahlreiche Personen in kleinen Gruppen zusammen, und es herrschte ein ständiges Kommen und Gehen. Eine von Sobtschaks Sekretärinnen bestätigte seine Anwesenheit und ging zu ihm hinein, um zu fragen, ob er mich empfangen könne. Als sie wieder herauskam, bat sie, ich möchte mich einen Augenblick gedulden, der Bürgermeister habe gerade jemanden bei sich. Kurz darauf kam Sobtschaks Stellvertreter, Konteradmiral Ščerbakov, heraus, und wir wurden hineingebeten. Unterdessen dürfte es kurz nach 12 Uhr gewesen sein.

Sobtschak kam uns entgegen und bat Platz zu nehmen. Ich brachte ihm unsere Verbundenheit in diesen schwierigen Stunden zum Ausdruck (im Vorzimmer hatte man mir bereits ein Telegramm seines Hamburger Kollegen, des 1. Bürgermeisters von Leningrads Partnerstadt, Dr. Henning Voscherau, zu lesen gegeben). Auch konnte ich ihn von einer Erklärung des Bundesaußenministers vom Vortag in Kenntnis setzen. Dieser hatte den Putsch als verfassungswidrig verurteilt, die auf Demokratie und Achtung der Menschenrechte beruhende Politik Gorbatschovs als unumkehrbar bezeichnet, die Einhaltung der Verpflichtungen aus der im KSZE-Rahmen vereinbarten Charta von Paris eingefordert und vor der Anwendung von Gewalt gewarnt. Sobtschak machte einen vollkommen beherrschten und äußerst entschlossenen Eindruck. Zuversichtlich meinte er, in zwei bis drei Tagen werde das Moskauer Komitee unter Vorsitz von Janajev schon nicht mehr bestehen. Möglicherweise werde man eines Tages im Rückblick sagen können, der Putsch habe den Demokratisierungsprozeß nur noch beschleunigt. Prophetische Worte! Dann erzählte er aus dem Ablauf der letzten 24 Stunden, wie er vom Leningrader Militärbezirksbefehlshaber die Zusicherung erhalten, in die Stadt würden keine zusätzlichen Truppen einrücken, und wie er ihm im Gegenzug die Aufrechterhaltung von Ruhe und Ordnung durch die zivilen Behörden garantiert habe. Aus *Pskov* anrückendem Militär sei daraufhin befohlen worden anzuhalten. Diese Einheiten stünden jetzt etwa 100 km südwestlich der Stadt bei *Siverskaja*. Dem sei zu verdanken, daß die Nacht vom 19. auf den 20. August ruhig verlief. Bislang bestünde auch keine Veranlassung anzunehmen, General Samsonov – den man immer wieder an seine Verantwortung erinnere – werde nicht zu seinem Wort stehen. Im übrigen hätte sich herausgestellt, daß es keine förmliche Anordnung gäbe, derzufolge sich der Ausnahmezustand auch auf Leningrad erstrecke, was die Gespräche mit den Militärs erleichtere.

Sobtschak erzählte dann, daß der Kontakt zu Jelzin und dessen Umgebung nur noch über *eine* Telefonleitung aufrechterhalten werden könne. Da Telex und Telefax vollkommen unterbrochen wären, würden auf diesem Weg alle Anordnungen Jelzins übermittelt, stenographisch festgehalten, in Reinschrift übertragen und dann vervielfältigt in Leningrad verbreitet (vgl. Dokument 3). Wie zur Demonstration klingelte in diesem Augenblick das Telefon auf seinem Schreibtisch. Sobtschak stürzte hin, und offenbar meldete sich Moskau. Als eine von ihm eiligst aus dem Vorzimmer herbeigerufene Sekretärin ohne Papier und Schreibzeug erschien, herrschte er sie an, nahm einen Stoß Akten von seinem Schreibtisch, drehte ihn um, drückte ihn ihr in die Hand und sagte: „Schreiben Sie!". Nach etwa 10 Minuten verabschiedeten wir uns.

Zurück im Konsulat, diktierte ich einen Drahtbericht über die Lage in Leningrad – direkt in die Maschine, um Zeit zu gewinnen (wir lebten noch im Zeitalter vor Einführung textverarbeitender Computer). Nach einer von Sobtschak auf 14 Uhr anberaumten Pressekonferenz im Marienpalais ergänzte ich den Bericht und ließ ihn dann auf schnellstem Weg nach Bonn absetzen. So hielt ich es auch an den beiden darauffolgenden Tagen bis zum Zusammenbruch des Staatsstreichsversuchs, an denen der Bürgermeister täglich eine Pressekonferenz mit den neuesten Informationen zur Lage gab. Auf ihnen habe ich im übrigen niemals Angehörige anderer Konsulate geschweige denn einen meiner Kollegen Generalkonsuln gesehen – mit der einen Ausnahme einer Angestellten des US-Generalkonsulats, die an einem der nächsten Tage auftauchte. Am 20. August führte Sobtschak in etwa das aus, was er mir zuvor bei unserem Besuch gesagt hatte, und schätzte die Lage in Leningrad als stabiler ein als die in Moskau. Die von ihm zum Ausdruck gebrachte Überzeugung, in zwei bis drei Tagen werde alles vorbei sein, wurde von den Medien sofort verbreitet. Das hat sicher mit dazu beigetragen, die zuversichtliche Stimmung der Bevölkerung weiter zu festigen, die sich bereits am Vormittag auf dem Schloßplatz manifestiert hatte und die von der Berichterstatterin der Zeitung *Smena* Alla Repina dann in die Worte zusammengefaßt wurde: „Wir haben den Schock des ersten Tages überwunden. Wir fürchten uns nicht".

Um 13 Uhr war auch der Generalstreik mit der Maßgabe beendet worden, ihn wiederaufzunehmen, falls die russische Führung dies anordnen würde. Meine Frau und Magnus, die nachmittags, nachdem ich „Entwarnung" gegeben hatte, in der Stadt gewesen waren, berichteten, daß in den Läden ein seit langem nicht mehr gekanntes Warenangebot herrsche – Sobtschak hatte zusätzliche Belieferungen aus den Reserven der Stadt angeordnet. In einer gemeinsamen Sitzung mit dem Leningrader Stadtsowjet unter seinem Vorsitzenden Beljajev, an der Sobtschak und Ščerbakov teilnahmen, schloß sich an diesem Tag auch der Sowjet des Gebiets Leningrad unter Jarov der Haltung der Stadt an; in einem von den genannten vier Politikern unterzeichneten Appell an die „Bürger Rußlands, die Bevölkerung von Leningrad und des Leningrader Gebiets und die Militärangehörigen" wurde dem Staatsstreichversuch ein unausweichliches Fiasko (*krach*) vorhergesagt und dazu aufgerufen, das Vorgehen des Notstandskomitees als ungesetzlich zu betrachten und nur die Handlungen und Anordnungen der legitimen Organe Rußlands und Leningrads anzuerkennen. „Es ist die Stunde gekommen, da jeder seine Wahl treffen muß. Sie können heute in das verbrecherische Abenteuer der verfassungswidrigen Machtergreifung hineingezogen werden. Wir hoffen auf ihre Reife als Bürger und ihren Mut. Es dürfen nicht im ganzen Land Ereignisse zugelassen werden, die denen vom Januar in Wilna gleichen".

Inzwischen kursierten im Westen die wildesten Gerüchte, Sobtschak sei abgesetzt und Panzer bestimmten das Stadtbild von Leningrad. In Wirklichkeit war auf den Straßen keinerlei Militär zu sehen und die städtische Legislative und Exekutive, die ungewohnt engen Schulterschluß vorführten, behielten zu jeder Zeit die Kontrolle. Am späteren Nachmittag des 20. August erhielt ich aus einer der beiden deutschen öffentlich-rechtlichen Fernsehanstalten, ich erinnere

19 августа 1991 г.

21.00

ИНФОРМАЦИОННЫЙ
ВЫПУСК

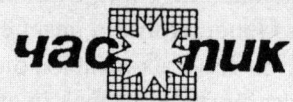

Ельцин отдает приказ об аресте Павлова, Язова, Крючкова, Пуго.

УКАЗ ПРЕЗИДЕНТА РОССИИ
Б.Н. Ельцина

(передан по телефону А.Собчаку)

Все бывшие государственные деятели, замешанные в попытке государственного переворота: бывший премьер-министр гражданин Павлов, бывший министр обороны гражданин Язов, бывший председатель КГБ гражданин Крючков, бывший министр внутренних дел гражданин Пуго, которые своими действиями лишили себя занимаемых ими государственных постов, объявлены государственными преступниками, и в соответствии с тем, что совершенные ими государственные преступления совершены на территории РСФСР, они привлечены к уголовной ответственности по соответствующим статьям Уголовного кодекса РСФСР. Генеральному Прокурору РСФСР и Министру внутренних дел РСФСР даны указания для принятия необходимых мер по аресту указанных лиц.

---

3. Ukas von Präsident Jelzin über die Verhaftung der Putschisten Pavlov, Jazov, Krjučkov und Pugo vom Abend des 19. August 1991. Beispiel einer Bürgermeister Sobtschak aus Moskau telefonisch übermittelten und von ihm in Leningrad verbreiteten Anweisung des russischen Präsidenten

mich nicht mehr aus welcher, einen Anruf und wurde gebeten, für die Abendnachrichten von ARD bzw. ZDF ein Telefoninterview zu geben. Da die erforderliche Zustimmung des Auswärtigen Amts nicht mehr rechtzeitig hätte eingeholt werden können, mußte ich ablehnen. Ich schilderte jedoch dem
anrufenden Redakteur zu seiner Hintergrundinformation in einigen knappen
Sätzen die tatsächliche Lage, nachdem mir dieser von den in Deutschland verbreiteten Falschmeldungen erzählt hatte. Ich habe nie erfahren, was dann im
deutschen Fernsehen berichtet wurde. Die Mär von dem das Leningrader
Stadtbild prägenden Militäraufmarsch hat sich aber hartnäckig gehalten und
selbst Eingang in amtliche deutsche Texte gefunden!

Abends dann erneuter Fernsehauftritt von Sobtschak, bei dem er die Ernennung seines Stellvertreters Ščerbakov durch Jelzin zum „Vertreter des Präsidenten der RSFSR und des Staatskomitees für Verteidigungsfragen der RSFSR,
obersten Militärbefehlshaber Leningrads und des Gebiets Leningrad"[8] bekanntgab. Dieser stellte dann als seinen Chef des Stabes den Kommandeur einer Atomunterseebootflottille der Nordmeerflotte und Helden der Sowjetunion,
Vizeadmiral Černov, vor. Auch Ščerbakov appellierte – von Černov unterstützt
– an jeden einzelnen Offizier und Soldaten, selbst zu entscheiden, ob er den
rechtmäßig gewählten Organen oder der Junta folgen wolle, und auf jeden Fall
kein Blutvergießen zuzulassen.

Damit gingen wir in die Nacht, in der sich in Moskau der weitere Lauf der
Dinge entscheiden mußte … Anders als in Leningrad waren dort Panzer aufgefahren, und es bestand die akute Gefahr einer Erstürmung des „Weißen Hauses", des Sitzes von Parlament und Präsident Rußlands. Allen war indessen klar,
daß ein Sieg der Putschisten in Moskau binnen kurzem auch Leningrad ergreifen würde.

21. August. Wir wachten in einer Stadt auf, in der das Leben mehr oder weniger
normal weiterging. In Moskau hatte das Schlimmste abgewendet werden können. Wie im Lauf des Tages zu erfahren, war aber in der Nacht auch in Leningrad eine kritische Situation entstanden, als bekannt wurde, daß sich eine Kolonne von Panzern und Schützenpanzern aus *Gačina* auf Leningrad zubewegte,
die schließlich kurz vor der Stadtgrenze abdrehte. Daher hatte der Lensowjet
erst in den frühen Morgenstunden denen, die zum Schutz des Marienpalais ausharrten, Entwarnung geben können.

Bei uns zu Hause feierten wir zu dritt den Geburtstag von Magnus, der
schon einmal – als 1968 die Truppen des Warschauer Pakts in Prag einmar-
schierten – auf einen Tag der politischen Unruhe in Osteuropa gefallen war.

In den Straßen Leningrads herrschte Alltagsleben. Vor dem Marienpalais
und auf dem Schloßplatz standen Menschengruppen beisammen, lasen die dort
angeschlagenen Mitteilungen Jelzins und der Leningrader Führung, betrachte-

ten von Privatpersonen gefertigte Schilder mit diversen Slogans gegen die Junta, diskutierten (Abbildung 11).

Im Laufe des Tages wurde es langsam zur Gewißheit, daß der Putsch gescheitert war. Abends saßen wir dann zusammen mit Ungern-Sternberg, der aus dem Urlaub zurückgekehrt war, Reichel und einer des Deutschen perfekt mächtigen russischen Mitarbeiterin, die garantieren sollte, daß wir auch jede Nuance mitbekommen würden, lange bei uns vor dem Fernsehen und warteten auf die Übertragung der immer wieder verschobenen Rückkehr von Gorbatschov, seiner Frau und seiner Familie von der Krim nach Moskau. Als es dann am späten Abend so weit war, sahen wir einen sichtlich angeschlagenen Präsidenten die *gangway* herunterkommen und das erste Interview geben.

22. August. Auf einer bis in den Nachmittag andauernden zweistündigen Pressekonferenz zog Bürgermeister Sobtschak Bilanz und hielt Ausschau. Aus Bonn hatten wir ein Telegramm der Bundestagspräsidentin erhalten, das gerade noch bis zu meiner Abfahrt zum Marienpalais übersetzt werden konnte. Frau Süßmuth versicherte Sobtschak ihrer Sympathie und Unterstützung und würdigte seinen mutigen persönlichen Einsatz für die verfassungsmäßige Ordnung in Rußland. Als ich im Marienpalais in den für die Pressekonferenz vorgesehenen Saal kam, bat ich den bereits anwesenden Leiter des Pressezentrums des Lensowjet, Sobtschak doch zu sagen, ich würde ihn im Anschluß noch gerne kurz sprechen. Dabei erwähnte ich beauftragt zu sein, ihm ein Telegramm der deutschen Parlamentspräsidentin zu übermitteln. Dann setzte ich mich mit der Dolmetscherin in das Publikum. Sobtschak kam, ich sah, wie ihm der Pressereferent etwas zuflüsterte, und er eröffnete die Konferenz, indem er sagte: „Ich erteile das Wort dem deutschen Generalkonsul". Ein Moment allgemeiner Überraschung. Dann stand ich auf, ging nach vorne, begrüßte den Bürgermeister, erklärte, worum es sich handelte, und schlug vor, Frau Kayser sollte, um Zeit zu sparen, gleich die Übersetzung des Telegramms vorlesen. So geschehen dankte Sobtschak für diese Unterstützung und würdigte Frau Süßmuth als eine der führenden politischen Persönlichkeiten Deutschlands, mit der er die Ehre gehabt habe, während seiner Deutschlandreise in Bonn zusammenzutreffen (diese hatte ihn vom 21. bis 26. Mai 1991 von Hamburg bis München geführt; zu der kleinen Delegation, mit der wir damals durch Deutschland reisten, zählte auch Putin).

Als ich in das Konsulat zurückkehrte, erfuhr ich, daß der verlesene Text bereits im Leningrader Rundfunk gesendet worden war. Die Leningrader Abendzeitung berichtete am nächsten Tag: „Die Pressekonferenz begann ungewöhnlich: Der Generalkonsul der Bundesrepublik Deutschland Henning von Wistinghausen drückte Anatolij Sobtschak die Hand und verlas eine Botschaft der Präsidentin des Bundestages, des höchsten Gesetzgebungsorgans von

Deutschland. Darin kamen auch die Worte vor: Mit Ihrer kompromißlosen Haltung haben sie den Leningradern Zivilcourage und Hoffnung verliehen"[9].

Nicht ohne Stolz darauf, daß seine Stadt während der letzten kritischen Tage von einem Militäraufmarsch verschont geblieben war und keine Opfer zu beklagen hatte, dankte Sobtschak zu Beginn der Pressekonferenz seinen Mitbürgern für die entschlossene und mutige Unterstützung des von den in Leningrad politisch Verantwortlichen eingeschlagenen Kurses. Nun müsse die Gunst der Stunde genutzt werden. Der Putsch werde den Reformprozeß in der Sowjetunion beschleunigen. Alles hänge jetzt davon ab, wie gut die durch das entschiedene Eintreten der Bevölkerung für Recht und Demokratie entstandene Lage von der Politik und in erster Linie von Gorbatschov, dem rechtmäßigen Präsidenten, gemeistert werde. Ein in die Zukunft weisendes Wirtschaftsprogramm sei erforderlich, und die Versorgung des Landes müsse gesichert werden. Auch vertrat Sobtschak die Auffassung, in den nächsten Tagen müßte der Unionsvertrag, wie für den 20. August vorgesehen, unterzeichnet werden, wobei er einige kleinere Änderungsvorschläge ankündigte, die er Jelzin gegenüber anregen werde, ohne sich dazu konkreter zu äußern. Sobtschak warnte vor einer antikommunistischen Hysterie oder gar Gefühlen der Rache gegenüber denen, die man der Unterstützung des versuchten Staatsstreichs verdächtige. Die Verantwortlichen würden in ordentlichen Verfahren abgeurteilt. Alles andere würde nicht nur unerwünschte Gegenreaktionen auslösen und die KP in den Untergrund treiben, wo sie sehr viel gefährlicher wäre, sondern auch allen Vorstellungen von demokratischer Rechtsstaatlichkeit widersprechen. Man dürfe nicht in die Fehler von 1917 verfallen und Parteien verbieten. Doch müsse der KP die Funktion einer *staatlichen* Struktur entzogen und ihr der Platz einer Partei wie jede andere zugewiesen werden. Dies gälte vor allem für Armee, Innenministerium und KGB; denn es ginge nicht an, daß für Verteidigung und innere Ordnung des Landes verantwortliche Personen einer doppelten Befehlsgewalt, nämlich der ihrer Dienstvorgesetzten und der der Partei, und damit möglichen Loyalitätskonflikten ausgesetzt werden. In diesem Zusammenhang würdigte Sobtschak das Verhalten von General Samsonov, der sich in einer für einen als befehlsgebundenen Offizier extremen Situation tadellos benommen hätte. Für einen Politiker sei es vielleicht einfach, ein Mikrofon in die Hand zu nehmen, um seine Meinung zum Ausdruck zu bringen, nicht aber für einen Offizier, Befehle zu verweigern. Dem Verhalten der in Leningrad verantwortlichen Militärs wäre es zu verdanken, daß es in der Stadt nicht zu einem Aufmarsch von Truppen kam, was nach seiner Überzeugung angesichts der Entschlossenheit der Bevölkerung unweigerlich zu Blutvergießen geführt hätte. In den letzten Tagen hätten viele Soldaten und Angehörige der Ordnungskräfte ständig vor schwersten moralischen Entscheidungen gestanden.

*

Aus Leningrader Presseberichten, Äußerungen Sobtschaks auch mir gegenüber sowie Informationen, die ich seinem engen Mitarbeiter Putin verdanke, mit dem ich mich, als alles vorüber war, am 26. August zum Mittagessen verabredete, ergab sich dann im nachhinein so manche zusätzliche Einzelheit von Bedeutung, die uns ein insgesamt genaueres Bild vom Ablauf der Putschtage in Leningrad vermittelte[10]. Dabei trat noch deutlicher die bedeutende Rolle hervor, die Sobtschak dank seines überlegten, geradlinigen und unerschrockenen Verhaltens in diesen Tagen gespielt hatte, als sich in Moskau und Leningrad der Widerstand der demokratischen Kräfte gegen den Putsch formierte und er neben Jelzin dessen Galionsfigur war.

Sobtschak erfuhr von dem Putsch am frühen Morgen des 19. August in seiner Moskauer Abgeordnetenwohnung, als ihn der Anruf eines Journalisten weckte, der wiederum aus Kasachstan telefonisch unterrichtet worden war, daß dort – aufgrund des Zeitunterschieds – bereits seit mehreren Stunden die Dokumente irgendeines Notstandskomitees verlesen würden und Gorbatschov entmachtet wäre. Ein Blick auf die Straße überzeugte ihn davon, daß alles ruhig und namentlich der Wohnblock, in dem nur Abgeordnete des Obersten Sowjet untergebracht waren, nicht bereits irgendwie erkennbar abgesperrt war. Telefonisch bestellte er Wagen und Leibwächter (für seine Sicherheit war dieselbe Einheit zuständig, die auch Jelzin schützte). Dann rief er in Jelzins Vorzimmer an und erfuhr, daß ihn dieser – am Vorabend aus *Alma Ata* zurückgekehrt – auf seiner Datscha in *Usovo* bei *Archangelskoje* erwartete. Dort fand er die „gesamte russische Führung" vor, darunter Jelzins Stellvertreter Chasbulatov. Sobald der von ihnen verfaßte Text des Aufrufs „An die Bürger Rußlands" in Reinschrift vorlag, fuhren sie in verschiedenen Autos in die Stadt. Sobtschak hat diese Fahrt nach Moskau am Morgen des 19. August tags darauf in seiner Pressekonferenz im Marienpalais als die „riskanteste Operation der russischen Regierung" bezeichnet. Diese hätte in der Tat bereits zuvor unschwer verhaftet werden können, da Jelzins Datscha nur von wenigen mit Maschinengewehren bewaffneten Angehörigen des KGB der RSFSR bewacht gewesen wäre (später erfuhren sie, berichtete Sobtschak, daß eine zu ihrer Festnahme entsandte Einsatzgruppe nur 10 Minuten nach ihrer Abfahrt in *Usovo* eingetroffen sei). Jelzins Wagen mit dem Stander des russischen Präsidenten fuhr als erster der Kolonne, die anderen folgten. Sie überholten sich in Richtung Moskau bewegende Truppeneinheiten, darunter Panzer, viele mit Besatzungen aus den zentralasiatischen Unionsrepubliken. Einige Fahrzeuge wären bereits mit Defekten am Straßenrand liegengeblieben, fügte Sobtschak süffisant hinzu. „Gehorsam auf die Sirene unseres Milizautos reagierend, machten uns diese Einheiten Platz und ließen die Präsidentenkolonne passieren". Wie mit Jelzin verabredet, fuhr Sobtschak direkt zum Flughafen *Scheremetjevo*, um so schnell wie möglich nach Leningrad zurückzukommen. Dort stellte sich heraus, daß der nächste Flug erst zweieinhalb Stunden später ging. Als er im VIP-Raum (*deputatskij sal*) wartete, kamen drei bewaffnete Männer herein und gingen zur Theke. Sobtschak rechnete mit seiner Verhaftung. Doch sein Leibwächter meinte, er würde einen der drei kennen, und ging zu ihnen. Als er zurückkam, konnte er mitteilen, die Männer, die sich später als Mitarbeiter des Innenministeriums herausstellen sollten, seien nur gekommen, um sicherzustellen, daß Sobtschak nichts zustoße und er sicher in das Flugzeug gelange. Später habe er erfahren, erzählte Sobtschak, es hätte einen Befehl gegeben, ihn zu verhaften. Doch wäre mit dessen Ausführung nicht eine Spezialeinheit sondern das KGB auf dem Flughafen betraut worden, und das hätte zu ihm gehalten. Noch vor dem Abflug konnte sich der Bürgermeister dank der Funkgeräte seiner neuen Beschützer über die Lage in Leningrad unterrichten und erste Anweisungen geben. Auf dem Leningrader Flughafen in *Pulkovo* ist ihm dann zwar die übliche Sonderabfertigung vorenthalten worden, die ihm in Moskau noch zuteil geworden war, doch der Polizeichef der Stadt, Kramarev, „ein echter Demokrat", hatte ein Fahrzeug mit OMON-Besatzung geschickt. Das hat ihn möglicherweise vor der – wie er erst später erfuhr – auch in Leningrad bereits angeordneten Verhaftung gerettet. Außerdem fand sich der Leiter seines Sekretariats, Golubjov, am Flughafen ein, um ihn über die jüngsten Entwicklungen zu unterrichten. Putin selbst befand sich zu der Zeit noch auf der Rückreise aus dem Urlaub auf der Kurischen Nehrung, wo er von dem Putsch überrascht worden war; er schlug sich zuerst mit dem Auto nach Litauen durch und von dort nach vorherigem Telefonkontakt mit seinem bereits zurückgekehrten Chef über Moskau mit dem Flugzeug nach Leningrad.

Da Sobtschak bei seinem Eintreffen berichtet wurde, Beljajev habe im Marienpalais die Lage unter Kontrolle, ließ er sich sofort zum Generalstab am Schloßplatz fahren, dem Amtssitz von Samsonov. Bevor er das Gebäude betrat, sagte er seinem im Wagen zurückbleibenden Mitarbeiter und dem Leibwächter, falls er in 15 Minuten nicht zurück sei, habe man ihn wahrscheinlich verhaftet. Genau nach einer Viertelstunde beobachteten diese beiden einen Trupp von Fallschirmjägern, die den Generalstab betraten, und gaben ihren Chef bereits verloren … Nachdem Sobtschak ungehindert das Gebäude hatte betreten können und der Militärbezirksbefehlshaber in seinem im übrigen unbewachten Dienstzimmer nicht anzutreffen gewesen war, machte er sich auf die Suche und überraschte die Mitglieder der Leningrader Notstandskommission, die unter dem Vorsitz von Samsonov in einem anderen Stockwerk tagten. Der einzige Freund in der Runde wäre Kramarev gewesen, der noch am selben Tag im Lensowjet sein Ausscheiden aus der Kommission bekanntgab und die legitime Macht der Loyalität der Organe für innere Angelegenheiten versicherte (die ohne ihr Wissen zu Mitgliedern der Kommission ernannten Jarov und Ščer-

bakov waren nicht anwesend und haben es immer abgelehnt ihr anzugehören).
Ohne offenbar jemanden zu Wort kommen zu lassen, hielt Sobtschak den Kom-
missionsmitgliedern eine wahre Standpauke. Er führte ihnen das Verbrecherische ihres Tuns vor Augen und prophezeite, sie alle würden wie einst die Nazis
in Nürnberg zur Verantwortung gezogen werden, falls sie auch nur einen Finger krümmten, um gegen das Volk vorzugehen. Auch erinnerte Sobtschak General Samsonov an das Vorgehen der Armee am 9. April 1989 gegen die Zivilbevölkerung in Tiflis und fragte, ob er dem Beispiel von General Rodionov zu
folgen gedächte, an dessen Händen Blut klebe, wo er – Samsonov – sich damals
doch anständig verhalten und keine verbrecherischen Befehle ausgeführt habe
(Samsonov war zu jenem Zeitpunkt als Chef des Stabes des Transkaukasischen
Militärbezirks ebenfalls in Tiflis stationiert gewesen und hatte – so Sobtschak –
auf dem Befehl des Verteidigungsministeriums bestanden, der nur einen Trup-
peneinsatz zum Objektschutz vorsah, während Rodionovs und von Samsonov
dann nicht mehr befolgte Befehle darüber hinausgegangen wären und sich auch
gegen Personen gerichtet hätten; Sobtschak war später zum Vorsitzenden der
vom Obersten Sowjet eingesetzten Kommission zur Untersuchung der Vorgänge in Tiflis gewählt worden, womit seine politische Karriere begonnen
hatte). Offenbar kam Samsonov in Bedrängnis, als ihn Sobtschak nach einem
schriftlichen Befehl zur ausdrücklichen Einbeziehung Leningrads in den Ausnahmezustand fragte, die rechtlichen Voraussetzungen für die Verhängung eines solchen aufzählte, die alle nicht vorlägen, und sich der General allem Anschein nach nur auf einen allgemein gehaltenen und womöglich nur telefonisch
erteilten Befehl berufen konnte. Der Auftritt des Rechtsprofessors, der in Leningrad als Nichtkommunist und Demokrat großes Ansehen genoß, muß jedenfalls beeindruckt haben. Samsonov sagte ihm zu, daß in Leningrad keine
Truppen einmarschieren würden. Später, in der Nacht, nach weiteren Gesprächen auch mit Ščerbakov, der ständig zwischen Marienpalais und Generalstab unterwegs gewesen war, bekräftigte der General ungeachtet großen Drucks
von Seiten der Putschisten aus Moskau die dem Bürgermeister gemachte Zusage mit seinem Offiziersehrenwort und befahl den aus *Pskov* anrückenden Luftlandetruppen, die bereits *Gačina* erreicht hatten, sich nicht weiter auf Leningrad
zuzubewegen und nach *Siverskaja* zu begeben, wo sie bis zum Ende der Putschtage blieben. Bis aber am 20. August um 5.40 Uhr morgens im Marienpalais bekannt wurde, die Panzer hätten die Richtung geändert und entfernten sich wieder von der Stadt, waren bange Stunden vergangen, in denen die dort
eintreffenden Nachrichten Schlimmstes hatten befürchten lassen. Jetzt konnten
auch die Freiwilligen, unter ihnen ehemalige Afghanistankämpfer, auseinander-
gehen, die sich zum Schutz des Marienpalais eingefunden hatten.

Ein weiterer wichtiger Schritt war am 19. August die Verabredung Sobtschaks mit Jarov und Ščerbakov, die angeblich in der Notstandskommission

mitmachten, gemeinsam in den Abendnachrichten des Leningrader Fernsehens aufzutreten, wobei Sobtschak das Wort ergreifen sollte. Dieser Fernsehauftritt war das *erste* für ein größeres sowjetisches Publikum wahrnehmbare Zeichen, daß die legitimen Inhaber der Staatsgewalt den Putschisten Widerstand leisteten und daher von großer politisch-psychologischer Bedeutung (Jelzin erschien wie gesagt vorerst nur auf westlichen Bildschirmen). Die Rede Sobtschaks, mit der er das Vorgehen des Moskauer Notstandskomitees verurteilte und zum Widerstand aufrief, ist für den weiteren Gang der Ereignisse auch daher so wichtig gewesen, weil sie nicht nur die Leningrader, sondern dank einer Satellitenschaltung durch Fernsehdirektor Petrov auch Zuschauer in vielen anderen Teilen der Sowjetunion erreichte. Petrov soll allerdings, wie mir Putin im einzelnen schilderte, diesen Schritt nicht ganz freiwillig getan und ihn auch erst dann gewagt haben, nachdem Samsonov zugestimmt hatte, der sich damit erstmals offen gegen Anweisungen der Moskauer Putschisten stellte.

Die Wirkung von Sobtschaks Rede kennen wir. Sie war übrigens in der Leningrader Industriearbeiterschaft besonders groß, namentlich in den Kirov-Werken im Wahlkreis des Bürgermeisters auf der *Vasiljevskij-Insel*, der aus der russischen Revolution als Putilov-Werke bekannten Waffenschmiede. Dort hat Sobtschak einen Teil der kritischen Nacht vom 20. auf den 21. August verbracht, in der sich in Moskau der weitere Verlauf des Staatsstreichversuchs entschied, aus Sicherheitsgründen und weil dort die Fernmeldeverbindungen zuverlässiger gewesen wären. Die Arbeiter wollten ihn notfalls schützen.

Diese Nacht ist auch in Leningrad dramatischer verlaufen, als uns das anfänglich bewußt geworden war. Nachdem abends beunruhigende Nachrichten aus Moskau einzutreffen begonnen hatten, waren die in Bürgermeisteramt und Lensowjet gebildeten Krisenstäbe unter der Leitung von Sobtschak und Beljajev zusammengetreten. Im Lensowjet wurden verschiedene Gruppen von Abgeordneten gebildet. Die eine sollte die Kontakte zu General Samsonov und dessen Stab aufrechterhalten, der von Präsident Jelzin dem Vizeadmiral Ščerbakov unterstellt worden war. Die Ščerbakov übertragene Funktion sah die Möglichkeit vor, allen in Stadt und Gebiet Leningrad stationierten Truppenteilen und Verbänden der Streitkräfte sowie des KGB und des Innenministeriums der UdSSR (also auch dem Befehlshaber der Leningrader Marinebasis, dem Kronstadt unterstand, und eben General Samsonov) Befehle zu erteilen. Das Ziel war, ein Vorgehen mit Waffengewalt gegen die Zivilbevölkerung zu verhindern. Ščerbakov hat mir Jahre später (1998) erzählt, es habe aber keine Notwendigkeit bestanden, Samsonov Befehle zu geben, da er mit diesem sofort einig gewesen sei, daß es unzulässig gewesen wäre, die regulären Streitkräfte des Leningrader Militärbezirks zur Klärung der politischen Lage einzusetzen. Eine andere Abgeordnetengruppe war für die Verbindung zu Industriebetrieben zuständig, um diese in Vorbereitungen zur Verteidigung vor allem des Marienpalais einschließlich der Sperrung von Einfallstraßen in die Stadt und der Zufahrtswege zum Sitz von Parlament und Stadtexekutive einzubeziehen, während für die Verteidigung als solche wiederum eine dritte Gruppe verantwortlich war. Als nach Mitternacht aus Moskau die Nachricht von Schüssen am „Weißen Haus" eintraf, rief Beljajev über Rundfunk die erwachsenen männlichen Einwohner der Stadt auf, sich zum Schutz des Marienpalais zu versammeln. Bald hatten sich um die 5000 Personen auf dem Isaaksplatz eingefunden. Meldungen von verdächtigen Truppenbewegungen am Stadtrand veranlaßten dann die Verantwortlichen gegen 2 Uhr morgens, den Zugang zum Marienpalais stark einzuschränken, in das zu dessen Verteidigung entsandte OMON-Einheiten einzogen. Da in verschiedenen Stadtteilen Truppenbewegungen beobachtet wurden, konnte man eine Erstürmung des Marienpalais nicht mehr ausschließen. Dann aber begannen sich die Dinge zum Besseren zu wenden: Um 3.30 Uhr konnte Beljajev den vor dem Marienpalais versammelten Leningradern erleichtert mitteilen, das Notstandskomitee unter Janajev habe den Abzug der Truppen aus Moskau befohlen. Kurz darauf wurde bekannt, daß die Baltische Flotte in Kronstadt den Befehl aus Moskau erhalten habe, sich nicht an Aktionen gegen die legitime Macht zu beteiligen, und um 4.25 Uhr kam die Nachricht, die Truppen zögen sich tatsächlich aus Moskau zurück. Jetzt konnten auch die Leningrader aufatmen.

Putin erzählte, in jener Nacht, die Sobtschak teilweise in den Kirov-Werken verbrachte, habe dieser mit seinen engsten Mitarbeitern auch überlegt, wie sie sich im Falle eines Gelingens des Staatsstreichs verhalten sollten. Die eine Variante wäre gewesen, in Leningrad unterzutauchen und einen Umschwung abzuwarten, die andere – falls sich die Putschisten für längere Zeit durchsetzen würden – hätte darin bestanden zu versuchen, sich ins Ausland abzusetzen. Was schließlich die Haltung der Führung des Leningrader KGB anlangt, so hätte sich diese während der Putschtage neutral verhalten. Dies wäre allerdings nicht ganz aus freien Stücken erfolgt, sondern weil einige jüngere Offiziere den Putschisten die Gefolgschaft verweigert hätten.

Diese sicher unvollständigen Einblicke, die wir damals in den äußeren Ablauf der Ereignisse und ein wenig auch hinter die Kulissen erhielten, enthüllen zwar nur einen Teil der Dramatik jener Augusttage des Jahres 1991 in Leningrad. Sie dürften aber ausreichen, um den großen Respekt zu verstehen, den wir für ihre Akteure und in erster Linie für Sobtschak empfanden. Wir haben ihm, der rückblickend damals im Zenit seiner politischen Laufbahn stand, eine große Zukunft vorhergesagt – es ist anders gekommen.

Estland wird wieder unabhängig

So stark unsere Aufmerksamkeit auch durch die Ereignisse in Leningrad und Moskau in Anspruch genommen wurde, so wenig verloren wir deshalb die durch den Putsch ausgelöste Entwicklung im Baltikum aus den Augen. Sie stand den Vorgängen an der Neva in nichts an Dramatik nach. Dank der im zurückliegenden Jahr mit Riga und Tallinn aufgebauten Kontakte, die wir jetzt wie schon in den Januartagen intensiv nutzen konnten, war das Generalkonsulat über die wichtigsten Entwicklungen schnell unterrichtet und konnte seinerseits Bonn laufend informieren.

Aus Estland erfuhren wir, daß der Oberbefehlshaber des Baltischen Militärbezirks mit Sitz in Riga, Generaloberst Kusmin, Arnold Rüütel am Morgen des 19. August telefonisch unterrichtet habe, daß der Ausnahmezustand über das Baltikum verhängt worden sei. Die oberste Gewalt im Baltikum gehe nunmehr von ihm aus und werde in Estland durch seinen Stellvertreter Generalleutnant Melničuk ausgeübt, dem die hier stationierten Truppen unterstanden. Er forderte Rüütel auf, alle paramilitärischen Einheiten wie *Kaitseliit* (Selbstschutz) und *Kodukaitse* (Heimwehr) aufzulösen, die im Besitz der Bevölkerung befindlichen Waffen beschlagnahmen zu lassen und öffentliche Versammlungen zu verbieten. Rüütel lehnte dies ab. Vielmehr veröffentlichte die estnische Regierung am selben Tag eine Erklärung, in der sie den in der Sowjetunion unternommenen „Versuch eines gewaltsamen Staatsstreichs" als einen Verstoß sowohl gegen internationales als auch gegen sowjetisches Recht bezeichnete und den Aufruf von Präsident Jelzin und anderen führenden russischen Politikern vom Morgen des 19. August, nämlich einen politischen Streik zu beginnen und die Anordnungen des Notstandskomitees nicht zu befolgen, unterstützte. Zugleich appellierte sie an die Regierungen der Welt, den Putsch „aktiv" zu verurteilen und die Wiederherstellung der legitimen Staatsgewalt in der UdSSR in jeder Weise zu fördern. Die Ereignisse in der Sowjetunion – so hieß es weiter – bedrohten auch die Wiederherstellung der Unabhängigkeit der baltischen Staaten. Die estnische Regierung werde sich aber an die Gesetze der Republik Estland halten und nur diese befolgen.

Um 16 Uhr trat der Oberste Rat zusammen. Rüütel teilte ihm mit, noch wäre nicht klar, inwieweit das Moskauer Notstandskomitee die Lage in der Sowjetunion tatsächlich kontrolliere, und berichtete über den Anruf von Kusmin aus Riga. Im weiteren Verlauf seiner Rede betonte er, jetzt sei der Moment gekommen, da jeder Farbe bekennen müsse, wo er angesichts des in der Sowjetunion erfolgten „verbrecherischen Akts" stehe, für den die Geschichte Rechenschaft fordern werde. Jedermann in Estland müsse wissen, daß in dieser Situation keiner seiner Schritte unbemerkt bliebe, und jeder werde sich seinen Nachkommen gegenüber zu verantworten haben. Rüütel erklärte sich mit der russischen

Führung solidarisch, die jetzt die Hauptlast des Kampfes gegen die Diktatur auf sich genommen habe. „Im Winter ist uns Boris Jelzin in schwieriger Stunde zur Hilfe gekommen; nun sind wir an der Reihe, die ganze Welt zur Unterstützung der rechtmäßigen Gewalten Rußlands aufzurufen". Er mahnte nichts zu unternehmen, was Freiheit und Existenz des estnischen Volkes bedrohen könnte. Jedermanns Pflicht sei es aber, die Gesetze der Republik Estland zu erfüllen. Alle sollten in nationaler Solidarität zusammenstehen. Auf Dauer könne man das estnische Volk nicht unterdrücken. Dann rief er zum Widerstand gegen die Kräfte der Diktatur auf, die sich nie auf Dauer durchgesetzt hätten und dies auch jetzt nicht tun würden. Zugleich wies er aber auf die große Gefahr hin, in der man sich befinde. Die Größe eines jeden Volkes erweise sich in der Stunde der Versuchung. Jetzt müsse sich das Volk Estlands zur Größe erheben, und er schloß mit den Worten „Festigkeit ihnen allen".

Nach dieser zu Standhaftigkeit und Besonnenheit gleichermaßen aufrufenden Rede schritt das Parlament zur Beratung von drei Dokumenten, die noch am 19. August verabschiedet wurden:

Das *erste* war eine Erklärung zum Staatsstreich in der UdSSR und enthielt die Aussagen
- das Notstandskomitee ist illegal,
- alle Versuche des Komitees, die Geltung der Verfassung der UdSSR auf dem Territorium Estlands gewaltsam wiederherzustellen, sind illegal und zum Scheitern verurteilt,
- der Putsch hat den bilateralen Verhandlungsprozeß zur Wiederherstellung der Republik Estland unterbrochen; das estnische Parlament ist daher berechtigt, die nationale Unabhängigkeit Estlands gemäß dem im Referendum vom 3. März 1991 zum Ausdruck gebrachten Willen des Volkes einseitig zu verwirklichen,
- allfällige Handlungen estnischer Amtsträger auf Anordnung des Notstandskomitees werden bereits jetzt für unwirksam erklärt,
- alle Bewohner Estlands werden aufgefordert, sich jeglicher Handlungen zu enthalten, die „Leidenschaften entfachen und zur Destablisierung der estnischen Gesellschaft führen könnten",
- die Bevölkerung wird zu Ruhe und Besonnenheit, aber auch zu friedlichem Ungehorsam aufgerufen, falls dies die Lage erfordert.

Das *zweite* Dokument war ein Beschluß, durch den dem im Januar 1991 gebildeten Verteidigungsrat für den Notstand (bestehend aus Rüütel, Nugis und Savisaar) die Staatsgewalt Estlands zur Wiederherstellung seiner nationalen Unabhängigkeit für den Fall übertragen wurde, daß das Parlament an der Ausübung seiner Befugnisse verhindert sein sollte.

Das *dritte* Dokument schließlich enthielt einen Appell an die Parlamente und Regierungen der Welt
- den Putsch zu verurteilen,
- alle Beziehungen zu den Teilen der Sowjetunion abzubrechen, die das Notstandskomitee anerkennen,
und teilte mit, daß
- Parlament und Regierung Estlands die einzigen rechtmäßigen Staatsorgane sind und die Lage unter Kontrolle haben,
- das estnische Volk und sein Parlament entschlossen sind, den eingeschlagenen Weg zur Wiederherstellung der nationalen Unabhängigkeit fortzusetzen.

Auch das Zentralkomitee des Flügels der KP Estlands, der sich unter der Führung von Väljas für die Unabhängigkeit ausgesprochen hatte, verurteilte in einer Erklärung den Putsch als ungesetzlich, rief zu Ruhe und Einigkeit und dazu auf, nicht vom Weg des Aufbaus eines demokratischen Estland abzuweichen.

In der Nacht vom 19. auf den 20. August überquerten etwa 100 gepanzerte Fahrzeuge mit in *Pskov* stationierten Luftlandetruppen die estnisch-russische Grenze in Richtung Tallinn, wo sie gegen 11 Uhr eintrafen. Vertreter der Stadt sprachen mit ihnen und unterrichteten die Soldaten über die Ereignisse in Moskau. Nachdem sich herausgestellt hatte, daß diese völlig uninformiert und über Sinn und Zweck ihres Einsatzes im Unklaren gelassen worden waren, wurden ihnen die Verlautbarungen Jelzins zu lesen gegeben. Dann wurde der Kolonne von estnischer Polizei der Weg vom Stadtrand zu sowjetischen Kasernen und zum Allunionsbetrieb Dvigatel auf dem Laksberg (*Lasnamäe*) gewiesen.

Während eines mehrstündigen Gesprächs mit Generalleutnant Melničuk am 20. August in Katharinental, an dem auch Savisaar und Nugis teilnahmen, lehnte Rüütel die erneute Forderung nach Einhaltung der Anordnungen des Moskauer Notstandskomitees unter Hinweis auf die Beschlüsse des Obersten Rates vom 19. August ebenso ab wie das Ansinnen, die zum Schutz von Parlament und Regierung auf dem Domberg errichteten Absperrungen beseitigen zu lassen. Rüütel warnte den General auch davor, zu versuchen, sich, wie in Wilna und Riga bereits geschehen, öffentlicher Gebäude wie Fernseh- und Rundfunkanstalten gewaltsam zu bemächtigen. Einig waren sich beide Seiten nach der anschließend veröffentlichten Presseverlautbarung nur darüber, daß alles unternommen werden müsse, um Gewaltanwendung oder gar Blutvergießen zu vermeiden. An diesen Beratungen nahm auch der Chef der Tallinner Garnison, Vizeadmiral Belov, teil, dessen auf Ausgleich bedachte Haltung sich bereits im Januar 1991 günstig auf die Krisenbewältigung ausgewirkt hatte.

Trotz des von den Putschisten in Moskau verhängten Versammlungsverbots begann um 16 Uhr auf dem Freiheitsplatz im Zentrum von Tallinn eine von der Volksfront organisierte Kundgebung. An ihr nahmen Tausende teil, um gegen den Putsch zu protestieren und Jelzin und die Demokraten in Rußland zu unterstützen. Auch wurden erste Stimmen laut, die eine sofortige Unabhängigkeitserklärung forderten. Edgar Savisaar, Marju Lauristin, Heinz Valk, Rein Veidemann, aber auch der Vertreter Rußlands in Estland, Oleg Popovič, sprachen zu den hier versammelten Menschen. „Wir haben nicht vergessen, daß die russischen Demokraten uns im Januar unterstützt haben, jetzt müssen wir sie unterstützen. Der Sieg für die russischen Demokraten ist auch ein Sieg für Estland" wurde Ministerpräsident Savisaar zitiert [11]. Frau Lauristin appellierte an die russische Bevölkerung Estlands, sich jetzt, wo jeder seine Wahl treffen müsse, gegen Totalitarismus und für Freiheit und Demokratie zu entscheiden. Die Kundgebung endete mit dem Aufruf zu einem zweistündigen politischen Streik am 21. August als Zeichen der Unterstützung für Jelzin und die Demokratie. Dann trat der Oberste Rat auf dem Domberg erneut zusammen.

Am 21. August weckte uns in Leningrad um 7 Uhr ein Telefonanruf. Am Apparat meldete sich Protokollchef Kalle Ott. Er machte zuerst einen etwas verstörten Eindruck, um dann mitzuteilen, in der Nacht wäre der Tallinner Fernsehturm außerhalb der Stadt von russischem Militär besetzt worden, nicht jedoch das in einem innerstädtischen Wohngebiet gelegene und von einer großen Menschenmenge umgebene Rundfunkgebäude. Auch der See- und Flugverkehr würden funktionieren. Meine Frage, ob ich aus seiner Sicht irgendetwas tun könnte, verneinte er. Zuerst schien er mir also nur mit jemandem aus dem Westen, den er kannte, sprechen zu wollen, um seinem Herzen Luft zu machen. Nachdem er sich wieder gefangen zu haben schien, fügte er allerdings hinzu, der Oberste Rat habe am späten Abend des 20. August – um 23.04 Uhr, wie er präzisierte – die Wiederherstellung der Unabhängigkeit Estlands erklärt! Der russische Außenminister Kosyrjev, fuhr Ott fort, habe auf dem Weg in die USA in Paris im Namen von Jelzin die westlichen Regierungen zur Anerkennung der baltischen Republiken aufgerufen (und sich selbst für bevollmächtigt erklärt, nötigenfalls eine Exilregierung zu bilden); die Regierung in Tallinn wäre jetzt sehr an Reaktionen des Westens und namentlich der Bundesregierung interessiert. Also hatte Ott wohl auch einen Auftrag gehabt, vielleicht sich einen solchen selbst erteilt.

Als ich an diesem Morgen in den Dienst kam, war dort bereits ein noch vom 20. August datiertes Telefax der Informationsabteilung des estnischen Außenministeriums mit dem Text der Entschließung des Obersten Rats über die Unabhängigkeit und einer sie interpretierenden Erklärung des Ministeriums (beide in englischer Sprache) eingetroffen. Es war am 21. August um 1.11 Uhr Tallinner Zeit abgesandt worden, also bereits ziemlich genau zwei Stunden nachdem im Obersten Rat – die Gunst der Stunde nutzend – über diese historische Entscheidung abgestimmt worden war. Meris kleine, aber schlagkräftige Mannschaft auf dem Domberg hatte ungeachtet seiner Abwesenheit gute Arbeit geleistet.

Da es zum vollen Verständnis dieses grundlegenden Dokuments auf seinen genauen Wortlaut ankommt, wird hier die uns damals übermittelte englische Übersetzung wiedergegeben:

The Republic of Estonia
Supreme Council
Resolution on the Independence of Estonia

Proceeding from the continuity of the Republic of Estonia as a subject of international law,

Relying upon the strength of the Estonian population's clear expression of will in the March 3, 1991 referendum to restore the national independence of the Republic of Estonia,

Taking into account the March 30, 1990 Resolution of the Supreme Soviet of the Estonian SSR „On the State Status of Estonia" and the Declaration of the Supreme Soviet of the Estonian SSR „On Cooperation Between the Supreme Soviet of the Estonian SSR and the Congress of Estonia",

Taking into account that the coup d'état in the USSR seriously imperils the democratic processes in Estonia and that it has made it impossible to restore the national independence of the Republic of Estonia through bilateral negotiations with the USSR,

The Supreme Council of the Republic of Estonia resolves:

1. To affirm the national independence of the Republic of Estonia and to seek the restoration of the diplomatic relations of the Republic of Estonia.

2. To form a Constitutional Assembly, whose composition shall be determined by delegation by the highest legislative organ of state power, the Supreme Council of the Republic of Estonia, and by the representative body

of the citizens of the Republic of Estonia, the Congress of Estonia, for the purpose of drafting the Constitution of the Republic of Estonia and presenting it to the people for a referendum.

3. To hold Republic of Estonia parliamentary elections during 1992, on the basis of the new Constitution of the Republic of Estonia.

A. Rüütel
Chairman of the Supreme Council
Republic of Estonia

Tallinn, August 20, 1991

In der Erklärung des Außenministeriums zu diesem Text wurde ausdrücklich darauf hingewiesen, daß die Entschließung des Obersten Rats einen „politischen Kompromiß zwischen den für die Unabhängigkeit eintretenden politischen Kräften widerspiegelt".

In der Stunde der Gefahr hatten die Rivalen Oberster Rat und Estnischer Kongreß zueinander gefunden und gemeinsam die womöglich einmalige Chance genutzt, die sich ihnen durch die unverhofft eingetretene neue Lage eröffnete, um an das Ziel ihrer Träume zu gelangen. Denn noch war nicht ausgemacht, wie der Moskauer Staatsstreich enden würde. So war die Unabhängigkeitserklärung vom 20. August 1991 zugleich eine mutige Entscheidung. „In diesem Moment gab es im Parlamentssaal weder Gewinner noch Verlierer", sollte Marju Lauristin später schreiben, auch wenn sich von den insgesamt 105 Abgeordneten nur 69 für die Unabhängigkeit ausgesprochen hatten. Bei den übrigen Abgeordneten handelte es sich aber um moskautreue russische Abgeordnete, die auch bisher die Unabhängigkeit bedingungslos abgelehnt hatten; immerhin stimmten sie nicht gegen die Erklärung der Unabhängigkeit, sondern enthielten sich[12]. Damit war die am 30. März 1990 eingeleitete Übergangsperiode für beendet und die völlige d.h. auch *de facto*-Unabhängigkeit erklärt worden. Das prominente Mitglied der Volksfront Heinz Valk hat damals die durch den Putsch entstandene Situation mit der im Jahre 1918 verglichen, als nach dem Zusammenbruch des russischen Kaiserreichs und am Vorabend des Einmarsches deutscher Truppen nach Reval am 24. Februar die Republik Estland proklamiert worden war.

Wie es innerhalb von wenig mehr als 24 Stunden zu diesem historischen Kompromiß gekommen war, hatten wir von Leningrad aus natürlich nicht mitverfolgen können. Am 19. August traten erstmals Mitglieder des die gesamte Bevölkerung Estlands repräsentierenden Obersten Rats einerseits und des

Estnischen Kongresses als Vertreter aller Personen mit Anspruch auf die estnische Staatsangehörigkeit nach dem bis zur Annexion maßgeblichen Gesetz von 1938 andererseits zu politischen Verhandlungen zusammen. Die meisten der beteiligten Personen sollten auch weiterhin in der nun wieder einsetzenden Geschichte eines selbständigen Estland eine sichtbare Rolle spielen: Auf Seiten des Obersten Rats waren u.a. Ülo Nugis, Arnold Rüütel, Marju Lauristin, Liia Hänni und Jüri Raidla, nicht hingegen Edgar Savisaar, auf Seiten des Estnischen Komitees (des Exekutivorgans des Estnischen Kongresses) Tunne Kelam, Enn Tarto, Vardo Rumessen, Sirje Endre und Mart Laar, der zugleich dem Obersten Rat angehörte, die Gesprächspartner. Das Ergebnis dieser Verhandlungen, welche diese beiden Gruppierungen von sehr unterschiedlichen Ausgangspositionen begonnen hatten, war die Unabhängigkeitserklärung. Dabei konnten sich nach den Erinnerungen von Teilnehmern aus Kreisen des Estnischen Kongresses im wesentlichen dessen Vorstellungen durchsetzen: Während die Vertreter des Obersten Rats diesen Erinnerungen zufolge für die Ausrufung einer „zweiten" Republik Estland und deren anschließende internationale Anerkennung eingetreten wären, hätten die Vertreter des Estnischen Komitees auf der rechtlichen Kontinuität der 1918 gegründeten Republik bestanden. „Wie schon wiederholt in der estnischen Geschichte, hat auch jetzt der gemeinsame Feind dazu beigetragen, die unter den Esten herrschende Uneinigkeit zu überwinden" [13].

Die Erklärung des Außenministeriums, welche die uns übermittelte Unabhängigkeitserklärung begleitete, enthielt ferner die Bitte an die Staatengemeinschaft, die Wiederherstellung der Unabhängigkeit anzuerkennen, da dies eine lebenswichtige Garantie für dieselbe darstelle. Dieses Ersuchen kommentierte ich an diesem 21. August dem Auswärtigen Amt gegenüber dahingehend, daß an der Haltung Jelzins, wie er sie durch seinen Außenminister habe erklären lassen, nämlich die Unabhängigkeit der baltischen Staaten international anzuerkennen, kein Weg vorbeiführen dürfte, falls der Putsch in sich zusammenbreche und die demokratischen Kräfte mit dem russischen Präsidenten an ihrer Spitze siegreich aus diesem Machtkampf hervorgingen.

In Lettland und Litauen verlief die Entwicklung ähnlich: Am 21. August erklärte auch der Oberste Rat in Riga die sofortige volle staatliche Unabhängigkeit, während in Wilna dieser Schritt formal bereits am 11. März 1990 vollzogen worden war. Anders als Lettland und Litauen aber war es Estland vergönnt, seine Unabhängigkeit zurückzugewinnen, ohne daß ein Tropfen Blut floß, während es in Riga und Wilna wie im Januar 1991 auch am 20./21. August einige Tote und Verletzte gab.

Am Abend des 21. August verließen die Militärs, die den Tallinner Fernsehturm besetzt hatten, diesen wieder. Allerdings war es ihnen nicht gelungen, in das technische Zentrum in den obersten Stockwerken vorzudringen, da diese von vier Mitarbeitern erfolgreich verbarrikadiert werden konnten. Am 22. August begannen sich dann die sowjetischen Truppen, die am 19./20. August eingerückt waren, ganz aus Estland zurückzuziehen.

Der Putsch war in sich zusammengebrochen und hatte die Entwicklung in wenigen Tagen in unvorhersehbarer Weise beschleunigt. Grund zur Erleichterung und Freude also auch bei uns im Generalkonsulat Leningrad. Das veranlaßte mich, am 22. August alle Mitarbeiter zu einem Umtrunk zu bitten, um, wie ich mich damals in meiner Einladung ausdrückte, unsere „Freude über die glückliche Wendung zum Ausdruck zu bringen, welche die Ereignisse der letzten Tage genommen haben".

Die Wiederaufnahme der diplomatischen Beziehungen mit den baltischen Staaten

Der Westen war sich in der Verurteilung der Vorgänge in Moskau einig. Dagegen fielen die Stellungnahmen zur Situation in den baltischen Staaten zurückhaltender aus.

Bereits am 20. August 1991 meldeten sich die EG-Außenminister mit einer Erklärung zu Wort, in der sie die Amtsenthebung von Gorbatschov scharf verurteilten sowie die Wiederherstellung der verfassungsmäßigen Ordnung und die Wiedereinsetzung des Präsidenten in seine Rechte forderten. Bis dahin würden sie die Wirtschaftshilfe aussetzen; ausgenommen bliebe nur die humanitäre Unterstützung, vorausgesetzt, diese erreiche auch tatsächlich die bedürftige Bevölkerung.

In einer Passage, in der auch ein Zusammenhang zwischen dem Staatsstreich am 19. August und der für den 20. August vorgesehenen Unterzeichnung eines neuen Unionsvertrags hergestellt wurde, der ein wichtiger Schritt hin zu verbesserten Beziehungen unter den Sowjetrepubliken und größerer Stabilität innerhalb der Union gewesen wäre, war dann davon die Rede, die EG und ihre Mitglieder wären „ernsthaft über Berichte von Militäraktionen in den baltischen Staaten besorgt und appellierten dringend an die sowjetischen Behörden, sich jeder Drohung oder Anwendung von Gewalt gegen die demokratisch gewählten Regierungen und Vertreter der baltischen Völker zu enthalten".

Am 22. August gab das Pressereferat des Auswärtigen Amts folgende Information heraus:

Der Bundesminister des Auswärtigen, Hans-Dietrich Genscher, führte am heutigen (22.8.91) Nachmittag ein ausführliches Telefongespräch mit seinem dänischen Amtskollegen, Uffe Ellemann-Jensen. Der dänische Außenminister versicherte dabei dem Bundesaußenminister, daß Dänemark den deutschen Vorschlag, für den Zeitpunkt der vertraglich vereinbarten Unabhängigkeit der baltischen Staaten mit den sowjetischen Unionsbehörden Assoziierungsverträge der baltischen Staaten mit der EG vorzubereiten, unterstützt. Uffe Ellemann-Jensen ist wie Bundesaußenminister Genscher der Auffassung, daß die jüngste Entwicklung in der Sowjetunion die Aussichten für den Abschluß solcher vertraglichen Vereinbarungen über die Unabhängigkeit der baltischen Staaten verbessert hat.

Die beiden Außenminister unterstrichen, daß Dänemark und Deutschland nach dem Zustandekommen der angestrebten vertraglichen Vereinbarungen zwischen den baltischen Staaten und den Unionsbehörden über die Wiederherstellung der Unabhängigkeit der baltischen Staaten die diplomatischen Beziehungen mit diesen aufnehmen werden.

Diese Unterrichtung der Öffentlichkeit wurde durch die Mitteilung des Auswärtigen Amts ergänzt, der Bundesaußenminister habe ebenfalls am 22. August in den Auswärtigen Ausschüssen von Bundestag und Bundesrat Verständnis für die Unabhängigkeitsbestrebungen der baltischen Staaten bekundet. Nach dem glücklichen Ausgang des Putsches in Moskau müsse die Zentralregierung jetzt zügig in Verhandlungen über den Unabhängigkeitswunsch der Balten eintreten, für die es jedoch wichtig sei, auf Verhandlungen und nicht auf einseitige Akte zu setzen. Die starke Stellung Jelzins verbessere die Voraussetzungen für eine erfolgreiche Verhandlungslösung. Die Bundesregierung sollte bei ihren Einflußnahmen im Sinne von Verhandlungen jedoch deutlich machen, die Aussichten der baltischen Staaten würden nicht zuletzt davon bestimmt, daß es keine Erstreckung des NATO-Gebiets gen Osten geben dürfe. Wenn Polen, Ungarn und die Tschechoslowakei auf NATO-Beitritt drängten, dann würde dies die Ausgangslage der Balten erschweren. Die Lösung der baltischen Frage dürfe – so der Minister – nicht länger hinausgeschoben werden. Wenn die Balten ihre Unabhängigkeit erreichten, dann müßten sie dem gleichen System wie die Staaten Mittel- und Osteuropas (MOE) angehören.

Als wir in Leningrad am 23. August von der – wie es hieß, mit dem dänischen Außenminister abgestimmten – Position unseres Ministers Kenntnis erhielten, waren meine beiden Kollegen Ungern-Sternberg und Reichel und ich doch einigermaßen erstaunt. Denn wir waren überzeugt, daß durch die Unabhängigkeitserklärungen inzwischen irreversible Tatsachen geschaffen worden waren und von *Verhandlungen* über die Unabhängigkeit keine Rede mehr sein konnte.

Etwas ganz anderes würden Verhandlungen über die Entflechtung der vielfältigen zwischen den baltischen Republiken und der Union bestehenden Bindungen sein, wie sie von baltischer Seite ja bereits seit längerem als Teil der im August 1990 mit Moskau begonnenen Gespräche vergeblich angestrebt worden waren. Dies brachte ich am gleichen Tag auch dem Auswärtigen Amt gegenüber zum Ausdruck.

Unter uns konnten wir uns das Konzept eines noch erforderlichen Zwischenschritts weiterer bilateraler Verhandlungen der baltischen Staaten mit Moskau bis zu ihrer internationalen Anerkennung als wieder vollberechtigte Mitglieder der Völkerfamilie nur mit der Rücksichtnahme auf Gorbatschov erklären.

Während die Entwicklung über diese politische Fehleinschätzung schnell hinweggegangen ist, nahmen die Überlegungen Genschers zur Einbettung der baltischen Frage in den NATO-Zusammenhang Diskussionen späterer Jahre vorweg und berührten uns damals weniger.

Bewegung in die internationale Entwicklung kam dann mit einem von Jelzin am 24. August im Kreml unterzeichneten Ukas. Dieser formalisierte die schon am 20. August durch Außenminister Kosyrjev abgegebene Erklärung, die uns einige Tage zuvor hatte aufhorchen lassen, und die am 22. August von Jelzins Vertreter in Estland, Popovič, gegenüber dem estnischen Außenministerium wiederholt worden war. Der Ukas enthielt die „Anerkennung der staatlichen Unabhängigkeit der estnischen Republik"; zugleich wurde das russische Außenministerium beauftragt, mit Estland in Verhandlungen über die Aufnahme diplomatischer Beziehungen einzutreten; schließlich appellierte der Ukas sowohl an den Präsidenten der UdSSR als auch an die internationale Staatengemeinschaft, ihrerseits die staatliche Unabhängigkeit Estlands anzuerkennen. Einen gleichen Erlaß betreffend Lettland unterzeichnete Jelzin am selben Tag, während ein entsprechendes Dokument für Litauen bereits seit dem 29. Juli 1991 vorlag und nicht erneuert zu werden brauchte.

Die Anerkennung durch Rußland war der Durchbruch. Von ihr nahm eine Welle der internationalen Anerkennung der Unabhängigkeit der drei baltischen Staaten ihren Ausgang, nachdem Island bereits am 22. August den Vorreiter gemacht hatte.

Jetzt reagierte Bonn schnell. Noch am frühen Nachmittag des 24. August, einem Samstag, wurde ich gebeten, dem estnischen und lettischen Außenminister eine Einladung des Bundesaußenministers zu einem gemeinsamen Besuch mit ihrem litauischen Kollegen in Bonn zu übermitteln und als Termin den Nachmittag des 27. August vorzuschlagen. Da es mir glücklicherweise gelang, sofort telefonisch in Riga einen Mitarbeiter des sich wie sein estnischer Kollege im Ausland aufhaltenden Ministers Jurkāns zu erreichen, konnte ich bereits nach weniger als einer Stunde Bonn unterrichten: Jurkāns beabsichtige, sich am nächsten Tag mit Außenminister Meri, der schon in Stockholm weilte, und dem litauischen Außenminister Saudargas in der schwedischen Hauptstadt zu treffen, um von dort gemeinsam nach Reykjavik zu fliegen, und der Kollege im lettischen Außenministerium habe versprochen dafür zu sorgen, daß Minister Jurkāns die beiden anderen Herren unterrichtete. Es hatte bereits die Zeit begonnen, in der sich die baltischen Außenminister zur Wiederanknüpfung der internationalen Beziehungen ihrer Länder mehr im Ausland als zu Hause aufgehalten haben.

Der Besuch der drei baltischen Außenminister in Bonn kam wie geplant am 27. August 1991 zustande. Sie wurden von Bundesminister Genscher empfangen und verabredeten mit ihm die Wiederaufnahme der diplomatischen Beziehungen. Daraufhin gab der deutsche Außenminister folgende, an die baltischen Außenminister gerichtete öffentliche Erklärung ab:

Die baltischen Staaten haben sich für die Wiederherstellung ihrer Unabhängigkeit und für volle Souveränität entschieden. Deutschland ist sich seiner historischen Verantwortung gegenüber den baltischen Staaten bewußt. Deutschland hat durch den Hitler-Stalin-Pakt vor 52 Jahren dazu beigetragen, daß die Souveränität der baltischen Staaten völkerrechtswidrig zerstört und diese gegen ihren Willen der Sowjetunion einverleibt wurden. Die Bundesregierung hat die Annexion der baltischen Staaten nie anerkannt. Sie hat bei Aufnahme der diplomatischen Beziehungen zur Sowjetunion im Jahre 1955 einen Vorbehalt ausgesprochen, und sie hat sich seitdem entsprechend verhalten.

Deshalb wollen wir jetzt, da es möglich geworden ist, unsere Beziehungen zu Estland, Lettland und Litauen wieder aufnehmen.

Wir wünschen uns, daß wir diesen Schritt zusammen mit unseren Partnern in der EG tun können. Die Bundesregierung wird nach der heutigen Sitzung der EG-Außenminister morgen die Aufnahme diplomatischer Beziehungen beschließen. Die völkerrechtliche Anerkennung der drei baltischen Staaten durch die RSFSR am 29.7.91 sowie am 24.8.91 hat die politischen Weichen neu gestellt. Für die baltischen Völker und für ganz Europa ist dies eine glückliche Stunde. Es ist Ihr Verdienst und das der demokratischen Kräfte in der gesamten Sowjetunion, daß die Werte der Charta von Paris – Selbstbestimmung, Demokratie, Menschenrechte – sich durchgesetzt haben.

Vielfältige historische, menschliche und kulturelle Gemeinsamkeiten verbinden uns. Auf dieser Grundlage wollen wir die Zukunft gestalten. Sie werden in uns Deutschen einen verständnisvollen Partner finden bei der Entwicklung Ihrer Staaten und bei den Bemühungen, Ihren historischen Platz in Europa wieder einzunehmen.

Die Bundesregierung setzt sich für die Assoziierung Ihrer Länder an die Europäische Gemeinschaft ein, wenn Sie das wünschen. Wir werden die baltischen Staaten darin unterstützen, den Weg der Annäherung an Europa zu vollziehen. Bei dem heutigen Treffen der Außenminister der EG werde ich mich dafür einsetzen, daß alle Mitglieder der EG diplomatische Beziehungen zu Ihren Staaten aufnehmen.

Dann begab sich Genscher zu der außerordentlichen EPZ-Ministertagung nach Brüssel.

Außenminister Meri sprach nach dem Zusammentreffen mit dem Bundesaußenminister, einer dpa-Meldung zufolge, gegenüber der Presse von einem „historischen Tag". Für die Menschen im Baltikum werde damit der Weg zurück nach Europa geebnet und zugleich an die früheren traditionell guten Beziehungen zu Deutschland angeknüpft. Er zeigte sich zuversichtlich, daß die demokratischen Traditionen im Baltikum, die auch die Terrorjahre überlebt hätten, fortgesetzt werden können.

Wenig später einigten sich die 12 Außenminister der Europäischen Gemeinschaften an diesem 27. August 1991 in Brüssel auf folgende „Erklärung zu den baltischen Staaten":

Die Gemeinschaft und ihre Mitgliedstaaten begrüßen erfreut die Wiederherstellung der Souveränität und Unabhängigkeit der baltischen Staaten, die diese 1940 verloren. Sie haben die demokratisch gewählten Parlamente und Regierungen dieser Staaten stets als legitime Vertreter der baltischen Völker betrachtet. Sie fordern offene und konstruktive Verhandlungen zwischen den baltischen Staaten und der Sowjetunion, damit die zwischen ihnen noch ungeklärten Fragen geregelt werden können.
Nach mehr als fünfzig Jahren ist es nun an der Zeit, daß diese Staaten wieder den ihnen gebührenden Platz unter den Nationen Europas einnehmen. Daher bekräftigen die Gemeinschaft und ihre Mitgliedstaaten ihren Beschluß, unverzüglich diplomatische Beziehungen mit den baltischen Staaten herzustellen. Die Maßnahmen zur Durchführung dieses Beschlusses werden von den einzelnen Mitgliedstaaten getroffen.
Die Gemeinschaft und ihre Mitgliedstaaten sehen der baldigen Mitgliedschaft und Beteiligung der baltischen Staaten in allen internationalen Organisationen, wie den Vereinten Nationen, der KSZE und dem Europarat, mit Erwartung entgegen.

Die Gemeinschaft und ihre Mitgliedstaaten unterstreichen ihr Bekenntnis zur Unterstützung der baltischen Staaten bei deren wirtschaftlicher und politischer Entwicklung. Die Kommission wird alle Möglichkeiten der wirtschaftlichen Zusammenarbeit zwischen der Gemeinschaft und den baltischen Staaten ausloten und in Kürze diesbezügliche Vorschläge unterbreiten. Die Gemeinschaft und ihre Mitgliedstaaten laden die Außenminister der baltischen Staaten herzlich ein, an ihrer nächsten Tagung Anfang September teilzunehmen [14].

Damit stand auch der Formalisierung der Wiederaufnahme der diplomatischen Beziehungen mit Estland, Lettland und Litauen durch die Bundesregierung nichts mehr im Wege. Am 28. August 1991 wurde sie vom Bundeskabinett beschlossen. Da die baltischen Staaten für die Bundesrepublik Deutschland nie aufgehört hatten *de jure* weiterzubestehen, war auch ihre Anerkennung als Staaten nicht erforderlich. Somit konnte es sich nur um eine *Wiederaufnahme* der Beziehungen mit dadurch implizierter Anerkennung der Tatsache handeln, daß sie jetzt ihre volle staatliche Unabhängigkeit und den Status uneingeschränkt souveräner Völkerrechtssubjekte *de facto* wiedererlangt hatten. Noch am Vormittag des 28. August unterzeichneten der deutsche und die drei baltischen Außenminister in einer Feierstunde in Anwesenheit von Bundeskanzler Dr. Helmut Kohl gleichlautende Briefe, die sie anschließend austauschten, mit folgendem Wortlaut:

Bonn, den 28. August 1991

Herr Minister,

ich beehre mich, Ihnen im Namen der Regierung der Bundesrepublik Deutschland unter Bezugnahme auf die vorher geführten Gespräche folgendes mitzuteilen:

Zwischen der Bundesrepublik Deutschland und der Republik Estland (bzw. Lettland oder Litauen) werden mit Wirkung vom heutigen Tage diplomatische Beziehungen aufgenommen.

Diese Beziehungen richten sich nach den allgemeinen Regeln des Völkerrechts über diplomatische Beziehungen, wie sie in dem Wiener Übereinkommen vom 18. April 1961 über diplomatische Beziehungen kodifiziert worden sind.

Beide Seiten werden alsbald Botschafter austauschen.

Weitere Einzelheiten werden in gesonderten Vereinbarungen geregelt.

Ich schlage vor, daß dieser Brief zusammen mit Ihrem Antwortbrief eine Vereinbarung zwischen unseren beiden Regierungen bilden, die mit dem heutigen Tage in Kraft tritt.

Genehmigen Sie, Herr Minister, die Versicherung meiner ausgezeichneten Hochachtung.

Zuvor hatte Kohl eine Ansprache gehalten, die Meri im Namen aller drei baltischen Außenminister erwiderte. Die Ansprache des Bundeskanzlers war zugleich richtungweisend für die künftige deutsche Baltikumpolitik:

Es ist für mich, für die Bundesregierung und, ich bin ganz sicher, für die Bürgerinnen und Bürger der Bundesrepublik Deutschland eine ganz besondere Freude, daß wir in diesem Augenblick die Außenminister von Estland, von Lettland und von Litauen hier begrüßen können.

Wir erleben in diesen Tagen historische Veränderungen. Estland, Lettland und Litauen gehen gemäß dem erklärten Willen ihrer Völker nunmehr wieder den Weg in die volle Unabhängigkeit.

Die nach dem Hitler-Stalin-Pakt zwangsannektierten baltischen Republiken gewinnen ihre Freiheit und Selbständigkeit zurück.

Das geschieht in einem Augenblick, in dem nach dem mißlungenen Putsch in der Sowjetunion die Relikte des alten Systems überwunden und die Weichen in Richtung auf eine umfassende demokratische Erneuerung gestellt werden.

Dies belegen auch die Erlasse des russischen Präsidenten Jelzin, mit denen die RSFSR die Unabhängigkeit der Baltenrepubliken anerkennt und andere Staaten auffordert, diesem Beispiel zu folgen.

Es wird nunmehr darauf ankommen, in Verhandlungen die noch offenen Fragen der Ausgliederung zukunftsgewandt zu lösen, insbesondere
- die künftige wirtschaftliche Zusammenarbeit und
- die Achtung der Menschen- und Minderheitenrechte.

Die Bundesrepublik Deutschland und ihre Partner in der Europäischen Gemeinschaft wollen mit der Wiederaufnahme der diplomatischen Beziehungen an eine Zeit des friedlichen Miteinander anknüpfen

Insbesondere wir Deutsche können auf eine seit den Zeiten der Hanse gewachsene Tradition des friedlichen Handels und Wandels im Ostseeraum zurückblicken.

Um so mehr freuen wir uns auf eine neue Chance fruchtbarer Zusammenarbeit auf der Grundlage der Charta von Paris für ein vereintes Europa.

Die Bundesrepublik Deutschland und ihre Partner in der Europäischen Gemeinschaft sollten mit den baltischen Staaten, wenn diese das wünschen, Verhandlungen über Assoziierungsverträge aufnehmen.

Wir sollten damit den unvermeidlichen Anpassungsprozeß an marktwirtschaftliche Verhältnisse nach besten Kräften erleichtern.

Insbesondere aber wollen wir Deutsche mit regem Kulturaustausch an eine in Jahrhunderten gewachsene Tradition des geistigen Austauschs wieder anknüpfen.

Den drei baltischen Republiken Estland, Lettland und Litauen gelten auf ihrem sicher nicht einfachen Weg unsere besten Wünsche und unsere Solidarität.

Den Menschen in Estland, in Lettland und in Litauen gelten in dieser Stunde unsere besonders herzlichen Grüße. Es ist für sie ein großer Augenblick der Geschichte, den sie in diesen Tagen erleben.

Es wird ein nicht einfacher Weg sein. Dies wissen wir auch aus den deutschen Erfahrungen nach der Wiedervereinigung. Aber ich bin voller Zuversicht und überzeugt, daß Sie die Chance wahrnehmen werden.

Und sagen Sie bitte zu Hause, Ihre Freunde in Deutschland werden im Rahmen ihrer Möglichkeiten versuchen zu helfen. Herzlich willkommen![15]

Teil II

ALS ERSTER DEUTSCHER BOTSCHAFTER IN ESTLAND

1991

Die Anfänge

Bei Rückkehr von einem Termin in der Stadt fand ich am Abend des 28. August 1991 im Generalkonsulat ein Eiltelegramm aus dem Auswärtigen Amt vor, mit dem ich gebeten wurde, am nächsten Morgen den Personalchef, Ministerialdirektor Karl-Theodor Paschke, anzurufen. Er hatte versucht, mich während meiner Abwesenheit telefonisch zu erreichen. Da ich im Einvernehmen mit Botschafter Blech berichtet hatte, falls keine gegenteilige Weisung erginge würde ich, nachdem sowohl in der Sowjetunion als auch im Baltikum nunmehr wieder Ruhe und Ordnung eingekehrt seien, meinen Jahresurlaub wie ursprünglich geplant antreten und am Abend des 30. August, einem Freitag, Leningrad verlassen, nahm ich an, die Zentrale würde die Lage anders einschätzen als wir vor Ort. Als ich dann in unsere Wohnung kam und einem mich dort erwartenden alten Freund, Dimitri Fürst Schachovskoy aus Paris, der seit einigen Tagen unser Hausgast war, von dem Anruf erzählte, reagierte dieser spontan mit der Bemerkung, man bräuchte doch jetzt Botschafter im Baltikum ... Ich wehrte ab, hielt es für ausgeschlossen, daß man dabei an mich dachte, da ich erst ein knappes Jahr in Leningrad verbracht hatte. Noch am selben Tag waren Kaja Telschow-Altof und Urmas Oolup aus Tallinn bei mir zu Besuch gewesen, und ich hatte ihnen gegenüber feststellen müssen, daß man mich in Zukunft nun nicht mehr in amtlicher Eigenschaft in Estland sehen würde, sondern nur noch, wie in früheren Jahren und somit seltener, als Privatperson. Doch die Freude über Estlands wiedergewonnene Freiheit war stärker als alle wehmütigen Gefühle. Auch war ich ja so gerne in dieser wunderbaren Stadt an der Neva auf Posten, wo wir uns gut eingelebt hatten und ungemein wohlfühlten, gute offizielle wie private Beziehungen geknüpft hatten und wo mich in dieser Zeit des Umbruchs auch künftig interessante Aufgaben erwarten würden.

Am 29. August telefonierte ich also gleich morgens mit Paschke, der mich fragte, ob ich bereit wäre, als Botschafter nach Estland zu gehen! Ohne die in solchen Fällen klassische Antwort zu geben, ich müßte erst mit meiner Frau sprechen, akzeptierte ich sofort – zu seiner Erleichterung, da er offenbar unter großem Druck der Amtsleitung stand. Erst dann rief ich meine Frau an, die schon zu ihren Eltern in die Schweiz zu gemeinsamen Sommerferien vorausgefahren war. Dennoch muß ich sie in dem Gespräch mit Bonn erwähnt haben, denn Paschke fragte, wie lange es wohl dauern könnte, bis ich mit meiner Frau Verbindung aufgenommen haben würde. Mir war vom ersten Moment an klar gewesen, daß ich dieses Angebot, selbst wenn ich gewollt hätte, unter keinem denkbaren Gesichtspunkt ausschlagen konnte. Meiner Frau fiel der Gedanke schon schwerer, Leningrad, wo sie gerade Wurzeln geschlagen hatte, nach so kurzer Zeit schon wieder verlassen zu müssen.

Später erfuhr ich, die Personalabteilung hätte weniger an mich gedacht, als die baltischen Posten gleichsam von einem Tag auf den anderen zu besetzen gewesen waren. Vielmehr hätte Außenminister Genscher darauf bestanden, möglichst Botschafter in die baltischen Staaten zu entsenden, die über familiäre Bindungen dorthin verfügten. Ich nehme an, daß der Minister, dem die baltische Herkunft des Kollegen Hagen Graf Lambsdorff bekannt sein mußte, zuerst einmal an diesen gedacht hatte, dem dann auch folgerichtig Riga angeboten wurde, und daß er darauf über die estländische Vergangenheit unserer Familie unterrichtet wurde. Nach Wilna sollte Gottfried Albrecht gehen, der als einziger von uns dreien keinen baltischen Hintergrund hatte. Den vielen Glückwünschen, die mich damals erreichten, war eines gemeinsam, nämlich Lob für eine ungewöhnlich weise Personalentscheidung, auf die neuen Posten Riga und Tallinn Angehörige deutschbaltischer Familien zu entsenden. Amüsiert hat mich die Meldung einer süddeutschen Zeitung, die dem darüber nicht minder vergnügten Michael Ungern-Sternberg zufolge (ich selber habe sie nie zu Gesicht bekommen) ihren Lesern zu berichten gewußt habe, Lambsdorff als Bruder des F.D.P.-Vorsitzenden sei selbstverständlich dieser Partei zuzurechnen, Albrecht als Schwippschwager von Franz Josef Strauß der CSU und Wistinghausen demnach der SPD. So können vermeintlich messerscharfe Analysen am Ziel vorbeischießen. Wie auch viele andere Kollegen habe ich niemals einen Hehl daraus gemacht, als Beamter in einem so politiknahen Beruf wie dem des Diplomaten aus Überzeugung keiner Partei anzugehören, um mir die größtmögliche Unbefangenheit zu bewahren und in keine Loyalitätskonflikte zu geraten.

Um es gleich vorwegzunehmen: Von estnischer Seite ist nie, weder direkt noch indirekt, auch nur die geringste Andeutung einer negativen Äußerung der Art bis zu mir gedrungen, die Ernennung eines deutschen Botschafters baltischer Herkunft wäre unpassend – immer nur das Gegenteil. Hagen Lambsdorff hat mir aus Lettland dasselbe berichtet. Dabei hätten wir angesichts der in der Vergangenheit so stark belasteten Beziehungen zwischen deutschen Balten einerseits und Esten und Letten andererseits hierfür sogar Verständnis aufbringen müssen. Vielleicht wird es auch den einen oder anderen im Baltikum gegeben haben, der nicht gerne einen „baltischen Baron" in dieser Position gesehen hat.

Nach dem Gespräch mit Bonn am Morgen des 29. August ging dann alles Schlag auf Schlag. Zuerst unterrrichtete ich Ungern-Sternberg und Reichel, etwas später den Kanzler, und verpflichtete sie zu vorläufigem Stillschweigen gegenüber den anderen Mitarbeitern, denen ich am nächsten Tag in einer Versammlung aller Bediensteten des Generalkonsulats meine Versetzung nach Estland eröffnete. Botschafter Blech in Moskau informierte ich telefonisch. Als vorsichtiger Beamter meinte er, allerdings eher scherzhaft, ich sollte mich zuerst rückversichern, daß ich durch die Versetzung nicht in der Besoldung zurückgestuft würde! Darin schwang aber auch Bedauern über den beginnenden Auseinanderfall „seines" Imperiums mit, der dann bald ganz andere Dimensionen annehmen sollte. Auch auf seinen Rat hin bat ich kurzfristig um einen Termin beim Leiter der Leningrader Vertretung des sowjetischen Außenministeriums, der mich am 30. August empfing, um ihn inoffiziell von meinem bevorstehenden Weggang in Kenntnis zu setzen. Die offizielle Unterrichtung mit Verbalnote erfolgte dann am Tage der Übergabe meines Beglaubigungsschreibens in Tallinn. Zuvor hatte ich Putin angerufen und gebeten, auch Bürgermeister Sobtschak zu informieren; er war nicht erfreut und meinte: „Warum schickt man nicht den als Ihren Nachfolger vorgesehenen Mann nach Tallinn und läßt Sie bei uns?" – wir hatten in dem einen Jahr, ebenso wie mit Sobtschak, einen guten Draht zueinander gefunden. Am selben 30. August traf mit Fernschreiben mein Versetzungserlaß ein, in dem es hieß: „Ich bitte Sie, Ihren Dienst Ende August/Anfang September 1991 anzutreten" – Bonn drückte auf das Tempo, viel Zeit verblieb mir nicht. Ebenfalls vom 30. August datierte das Schreiben von Außenminister Meri an Bundesminister Genscher, in dem er mitteilte, „Präsident und Regierung von Estland" hätten dem Agrémentersuchen für mich stattgegeben; ich habe es erst später in Bonn zu Gesicht bekommen.

Am Samstag, dem 31. August nahm ich einen ersten Abschied von der bei spätsommerlichem Sonnenwetter in ihrer ganzen Schönheit erstrahlenden Stadt und merkte dabei, wie sehr sie mir in diesem Jahr doch ans Herz gewachsen war. Sonntagvormittag traf mit dem Lufthansa-Linienflug ein Sonderkurier des Auswärtigen Amts ein, der das am 30. August 1991 von Bundespräsident Richard von Weizsäcker ausgefertigte und vom Bundesminister des Auswärtigen gegengezeichnete, an den Vorsitzenden des Obersten Rats der Republik Estland Arnold Rüütel gerichtete Beglaubigungsschreiben für mich überbrachte (Dokument 4). Eine halbe Stunde später brach ich mit Dienstwagen, Chauffeur und wiederum kleinem Gepäck in Richtung meiner neuen Bestimmung auf.

*

Nach einem Stehpicknick schon auf estnischem Territorium und einem kurzen Halt in *Aaspere* (Kattentack), wo die Getreideernte mit schweren Mähdreschern aus ostdeutscher Produktion in vollem Gange war, erreichten wir nachmittags Tallinn. Hier stieg ich wie üblich im *Hotel Rataskaevu* ab. Die übers Eck zur Rader- und Dunkerstraße gelegene Suite mit einem geräumigen Salon sowie Schlaf- und Badezimmer im obersten Stock des Hotels sollte mich von nun an für längere Zeit beherbergen. Dann suchte ich Protokollchef Ott im Außenministerium auf dem Domberg auf, um den Ablauf der für den kommenden Tag vorgesehenen Übergabe des Beglaubigungsschreibens zu besprechen und ihm für den Außenminister eine Kopie desselben sowie den Text meiner Rede zu übergeben. Später gelang es mir, mit meinem mittlerweile direkt von seinem bisherigen Posten eines Wirtschaftsgesandten an der Botschaft Washington in Riga eingetroffenen Kollegen und alten Freund Hagen Lambsdorff zu telefonieren, der in dem mir wohlbekannten *Hotel Ridzene* untergebracht war. Als er erfuhr, daß ich bereits am nächsten Vormittag zur Übergabe des Beglaubigungsschreibens empfangen würde, war dies für ihn ein gutes Argument, um gegenüber der lettischen Regierung auf einem Termin am selben Tag zu bestehen.

Dann war ich mit einem Oberamtsrat aus dem Liegenschaftsreferat des Auswärtigen Amts verabredet, der noch vor den künftigen Missionschefs zu einer ersten Erkundung der für die Unterbringung der deutschen Botschaften in den baltischen Staaten gegebenen Möglichkeiten in Marsch gesetzt worden war – eine überstürzte Aktion, um aus innenpolitischen Erwägungen einen Handlungsnachweis zu erbringen. Mir kam es darauf an, die Weichen für die Zukunft richtig zu stellen und voreilige Festlegungen zu vermeiden. Daher bestand ich gegenüber dem sich recht selbstherrlich gebärdenden Herrn aus unserer Zentralabteilung auch darauf, ihn am nächsten Tag morgens recht früh vor Beginn des offiziellen Programms und nicht gerade zu seinem Vergnügen im Sturmschritt durch die Altstadt und über den Domberg zu führen, um ihm einige mir geeignet erscheinende und seiner Aufmerksamkeit bisher entgangene Objekte zu zeigen, bevor er weiterreiste. Ein von ihm mit einem Vertreter des Außenministeriums bereits unterzeichnetes *Memorandum of understanding* über die Anmietung eines völlig ungeeigneten Kanzleigebäudes in einem vorstädtischen Industriegebiet ist dann auch sofort in der Versenkung verschwunden. Als ich den jungen estnischen Beamten später einmal fragte, wie er so etwas habe unterschreiben können, wurde er recht verlegen und meinte, der Herr aus Bonn habe es doch so gewollt …

Damit stand bereits wenige Stunden nach meiner Ankunft das Thema unserer amtlichen Unterbringung, das uns in der nächsten Zeit so intensiv beschäftigen sollte, auf der Tagesordnung. Zugleich hatte ich einen Vorgeschmack darauf erhalten, was uns auf diesem Gebiet noch alles erwarten sollte.

Richard von Weizsäcker
Präsident der Bundesrepublik Deutschland

an

Seine Exzellenz,
den Vorsitzenden des Obersten Rates
der Republik Estland
Herrn Arnold Rüütel

Herr Vorsitzender, Großer und Guter Freund!
Von dem Wunsch geleitet, die diplomatischen
Beziehungen zwischen der Bundesrepublik
Deutschland und der Republik Estland wieder
aufzunehmen, habe ich beschlossen, das Amt
des Botschafters
Herrn Henning von Wistinghausen
zu übertragen. Seine bewährten Eigenschaften
berechtigen mich zu der Erwartung, daß er bestrebt
sein wird, sich Eurer Exzellenz Anerkennung
zu erwerben.
Er wird die Ehre haben, Eurer Exzellenz dieses

4. Beglaubigungsschreiben von Bundespräsident v. Weizsäcker für Botschafter v. Wistinghausen vom 30. August 1991

Schreiben, das ihn in der Eigenschaft eines außerordentlichen und bevollmächtigten Botschafters der Bundesrepublik Deutschland beglaubigen soll, zu überreichen.

Ich bitte, ihn mit Wohlwollen zu empfangen und ihm in allem, was er in meinem Namen oder im Auftrage der Regierung der Bundesrepublik Deutschland vorzutragen berufen sein wird, vollen Glauben beizumessen.

Zugleich benutze ich diesen Anlaß, um meine besten Wünsche für das Blühen und Gedeihen der Republik Estland und Eurer Exzellenz persönliches Wohlergehen zum Ausdruck zu bringen. Ich verbinde hiermit die Versicherung meiner vollkommenen Hochachtung.

Ihr guter Freund

[Unterschrift]

Der Bundesminister
des Auswärtigen

[Unterschrift]

Haus des Bundespräsidenten
Bonn, den 30. August 1991

Kaum hatten der Kollege aus Bonn und ich uns also im Foyer des *Hotels Palace* am Freiheitsplatz, wo wir verabredet waren, miteinander bekanntgemacht, da kamen Staatssekretär Andreas Meyer-Landrut, damals Chef des Bundespräsidialamts, mit Tochter und unser Botschafter in Helsinki, Peter Bazing, mit Frau von einem Ausflug ins Hotel zurück und begrüßten mich mit lautem Hallo. Sie hielten sich zu einem privaten Besuch in Reval auf und hatten bereits von meiner Ernennung gehört, während für mich das Zusammentreffen eine freudige Überraschung war. Alle zusammen gingen wir dann zum Abendessen in das Restaurant *Pirita* am Strand von Brigitten mit dem besonders bei Sonnenuntergang einmaligen Blick auf die Silhouette der alten Stadt.

Am 2. September, einem Montag, holte mich Protokollchef Ott morgens im Hotel ab. Mit dem Dienstwagen des Generalkonsulats fuhren wir auf den Dom, wo mich Außenminister Meri um 10 Uhr in seinem Arbeitszimmer erwartete. Ich konnte mich glücklich schätzen, ihn zwischen zwei Auslandsreisen in Tallinn anzutreffen. Bei dieser Gelegenheit erwies sich nun zum ersten Mal, wie sehr mir das Jahr in Leningrad zugute kam, in dem ich mich mit den Verhältnissen in Estland hatte vertraut machen und – was vielleicht noch wichtiger war – die führenden estnischen Politiker hatte kennenlernen und mich bemühen können, ihr Vertrauen zu gewinnen. Ich war für sie kein Unbekannter mehr. Das war ein großer Startvorteil, der mir meine Aufgabe erleichterte und den meine Kollegen im diplomatischen Corps nicht hatten. Natürlich nützte mir gerade in dieser Anfangszeit auch die Kenntnis des historischen Hintergrundes, vor dem sich das alles abspielte, die mir in jahrzehntelanger Beschäftigung mit der Geschichte Estlands und Revals zugewachsen war.

Vom Domberg aus fuhren Meri, Ott und ich – wiederum von Antonov, dem Fahrer des Generalkonsulats, chauffiert – nach *Kadriorg* (Katharinental), dem traditionellen Amtssitz des Staatsoberhaupts von Estland, wo die deutsche und die estnische Flagge aufgezogen waren. Am Eingang des Palais empfing uns der Leiter der Kanzlei von Rüütel und brachte uns in den ersten Stock. Hier wurde ich in den großen Besprechungssaal gebeten und nahm an dessen anderem Ende unter einem modernen estnischen Wandteppich neben dem Protokollchef zu meiner Linken Aufstellung. Es war 11 Uhr. Da betraten Arnold Rüütel, Lennart Meri und Rein Kivi, der zugleich als Dolmetscher fungierende außenpolitische Referent des Präsidenten, durch die gegenüberliegende, zu Rüütels Arbeitszimmer führende Türe den Saal. Die drei estnischen Herren nahmen ihrerseits mir gegenüber Aufstellung, der Außenminister rechts vom Präsidenten (Abbildung 12). Dann erhielt ich das Zeichen, meine Rede zu verlesen. Diese hatte auf meine Bitte Dr. Reichel entworfen, nachdem mir das Auswärtige Amt telefonisch bedeutet hatte, angesichts des Zeitmangels müßten wir für eine solche schon selbst sorgen. Sie lautete:

Herr Präsident,

es ist mir eine besondere Ehre und große Freude, Ihnen heute das Schreiben überreichen zu können, mit dem mich der Herr Bundespräsident als außerordentlicher und bevollmächtigter Botschafter der Bundesrepublik Deutschland in der Republik Estland bei Ihnen akkreditiert.

Estland hat sich, gestützt auf den eindeutig bekundeten Willen seines Volkes, für seine volle staatliche Unabhängigkeit entschieden. Im Zusammenhang mit den historischen Vorgängen in der Sowjetunion, deren Zeugen wir sind, hat es seine Eigenstaatlichkeit wiederhergestellt. Nach inzwischen 52 Jahren ist es Estland gelungen, die Last des verbrecherischen Molotov-Ribbentrop-Paktes von sich abzuwerfen, der dazu beigetragen hat, daß die Souveränität der baltischen Staaten völkerrechtswidrig zerstört und diese gegen ihren Willen der Sowjetunion einverleibt wurden. Dies ist heute eine glückliche Zeit nicht nur für das estnische Volk, sondern auch für uns Deutsche.

Die Bundesrepublik Deutschland ist sich ihrer historischen Verantwortung gegenüber Estland – wie auch den beiden anderen baltischen Staaten gegenüber – bewußt. Sie hat die Annexion der baltischen Staaten durch die Sowjetunion niemals anerkannt. Bei Aufnahme der diplomatischen Beziehungen mit der Sowjetunion im Jahre 1955 hat sie hierzu einen Vorbehalt ausgesprochen und bis heute ihre Politik unverändert an diesem Rechtsstandpunkt ausgerichtet. Es entspricht dieser Verantwortung, daß die Bundesrepublik Deutschland die diplomatischen Beziehungen mit Estland wiederaufgenommen hat, sobald dazu die politische Möglichkeit bestand. Zuvor hatte sie in der Europäischen Gemeinschaft auf eine gemeinsame Haltung ihrer Mitgliedstaaten in dieser Frage hingewirkt.

Herr Präsident,

mit der Wiederaufnahme der diplomatischen Beziehungen zwischen unseren beiden Staaten am 28. August und der heutigen Überreichung meines Beglaubigungsschreibens möchte Deutschland dazu beitragen, daß die grausamen Folgen des Hitler-Stalin-Pakts endgültig überwunden werden und die Epoche der „Nachkriegszeit" zum Abschluß kommt.

Deutsche und Esten verbinden vielfältige menschliche und kulturelle Gemeinsamkeiten, die nicht zuletzt aus einer in wichtigen Teilen gemeinsamen Geschichte resultieren. Wie mir aus meiner bisherigen Tätigkeit als Generalkonsul in Leningrad vertraut ist, sind in den letzten Jahren aber auch wieder zahlreiche Wirtschaftskontakte geknüpft worden, die sich nun unter den neuen Verhältnissen weiter entfalten können. Auf dieser Grundlage will die Bundesrepublik Deutschland ein verständnisvoller und hilfreicher Partner sein, während Ihr Land wieder seinen rechtmäßigen Platz in Europa einnimmt. So wird sich die Bundesregierung auch weiterhin für die Assoziierung Estlands an die Europäische Gemeinschaft als ein wichtiger Schritt zurück nach Europa einsetzen. Ich bin zuversichtlich, daß diese Anstrengungen erfolgreich sein werden.

Herr Präsident,
in diesen historischen Tagen entsteht für uns die Möglichkeit, den Blick nach vorn zu richten, auf eine gemeinsame Zukunft Deutschlands und Estlands in Europa. Lassen Sie mich als persönliche Bemerkung hinzufügen: Es bedeutet für mich eine tiefe Befriedigung, in der ersten Phase dieser neuen Entwicklung einen bescheidenen Beitrag zu dieser gemeinsamen Zukunft leisten zu dürfen.

Die Rede, deren Text der estnischen Seite wie erwähnt bereits vorlag, wurde nicht übersetzt.
Die Antwort von Präsident Rüütel wurde mir konsekutiv Satz für Satz von Rein Kivi auf Deutsch wiederholt. Anschließend erhielt ich den Text des estnischen Originals und der deutschen Übersetzung überreicht. Diese lautete:

Sehr geehrter Herr Botschafter!
Ich darf meine persönliche, und ich bin sicher, die Freude des ganzen estnischen Volkes darüber, daß Deutschland nach 51 Jahren wieder in Estland offiziell vertreten ist, aussprechen.
    In dieser sowohl für uns, als auch für das ganze Europa wesentlichen Tatsache äußert sich die Logik der geschichtlichen Entwicklung. Weniger als ein Jahr nach der Wiedervereinigung Deutschlands, über die sich das estnische Volk zusammen mit den anderen Völkern der Welt freute, erkennt Deutschland in der höchsten Form die staatliche Unabhängigkeit Estlands an. Das Recht Estlands auf Unabhängigkeit hat Rußland, haben zig Länder anerkannt, hoffentlich macht es in der nächsten Zeit auch die Sowjetunion.
    Wir stehen am Anfang eines Weges, der sicherlich nicht leicht sein wird, aber wir wissen aus eigener Erfahrung, daß jegliche Schwierigkeiten überwindbar sind. Wir haben unsere Wahl getroffen, und anders konnte sie nicht sein.
    Die Beziehungen zwischen Estland und Deutschland haben eine lange und komplizierte Geschichte. Aber wenn wir an die Geschichte denken, blicken wir nicht nur rückwärts, sondern auch vorwärts, denn wir wissen, daß das, was heute geschieht, morgen Vergangenheit ist und Geschichte wird.
    Wir sehen unsere Aufgabe darin, daß wir heute, indem wir das Positive aus unserer Geschichte mitnehmen, für die weitere Entwicklung der estnisch-deutschen Beziehungen eine möglichst feste Grundlage schaffen.

Und wenn ich an die Aufgaben denke, die in dieser Hinsicht vor uns liegen, könnte ich mir keine andere Persönlichkeit vorstellen, die sich besser dazu eignen könnte, als Sie, sehr geehrter Herr Botschafter. Zu den persönlichen Familienbeziehungen, die Sie mit unserer Heimat verbinden, kommt hinzu, daß Sie in dieser relativ kurzen Zeit, die Sie in unserer Region tätig gewesen sind, schon sehr viel für die Entwicklung unserer Beziehungen vollbracht haben.

Sehr geehrter Herr von Wistinghausen, ich wünsche Ihnen in dieser Tätigkeit, jetzt schon in einer neuen Funktion, fortwährenden Erfolg.

Nach dem Austausch der Reden traten der Präsident und ich aufeinander zu, und ich übergab ihm das Beglaubigungsschreiben. Dieses war noch in der älteren, auf eine lange internationale Übung zurückblickenden und in Floskeln wie der Anrede „Großer und Guter Freund!" erstarrten Fassung gehalten, die aus vorkonstitutionellen Zeiten stammte. Sie ist bald darauf modernisiert worden, so daß ich für meinen nächsten Posten bereits mit der neuen Fassung ausgestattet wurde.

Anschließend bat mich Rüütel zu einem kurzen Gespräch bei Kaffee und Gebäck in einen kleinen Salon hinter seinem Arbeitszimmer, an dem auch Meri teilnahm und das wiederum Rein Kivi dolmetschte. Dabei verabredeten wir uns zu einem baldigen weiteren Gespräch, um die künftige Entwicklung der deutsch-estnischen Beziehungen eingehender zu erörtern. Weiter ging es zum Fototermin in den Garten mit Blick auf das gegenüberliegende eigentliche Schloß Katharinental, das Peter der Große durch den italienischen Baumeister Michetti im Barockstil für seine Gemahlin Katharina I. hatte errichten lassen (Abbildung 13). Als ich mich verabschiedete, wartete in der Eingangshalle bereits eine Delegation aus Finnland darauf, von Rüütel empfangen zu werden, und Meri mußte zum Flugzeug eilen, um die nächste Reise zur Wiederaufnahme diplomatischer Beziehungen, diesmal nach Budapest, anzutreten. Die Abendnachrichten des Estnischen Fernsehens brachten dann einen recht ausführlichen Bericht von der Übergabezeremonie, wie ich in meinem Hotelzimmer feststellen konnte.

Nach dem schwedischen Botschafter, der anläßlich eines Besuchs seines Außenministers, bei dem die bisherige Außenstelle Tallinn des schwedischen Generalkonsulats Leningrad durch Auswechseln des Schildes in eine Botschaft umgewandelt worden war, bereits am 29. August akkreditiert und damit der Doyen des diplomatischen Corps wurde, bin ich der zweite Botschafter in Tallinn gewesen. Da vor dem Krieg Estland als kleiner Staat nach damaligem Völkerrecht nur Gesandte und keine Botschafter entsenden und empfangen konnte, waren wir die ersten Botschafter in Estland in der Geschichte überhaupt.

Am selben Tag übergaben auch Lambsdorff in Riga und Albrecht in Wilna ihre Beglaubigungsschreiben, so daß Deutschland das erste mit Botschaftern in allen drei baltischen Staaten vertretene Land gewesen ist.

Von Katharinental fuhr ich zum *Hotel Palace*, wo mich Meyer-Landrut und Bazing erwarteten, die in rührender Weise in einem abgeteilten Raum des Restaurants einen kleinen Empfang organisiert hatten, um mit mir auf das Ereignis anzustoßen. Außer ihren Damen und Jüri Kivimäe konnte nur noch Kersti Kont teilnehmen, die ursprünglich hatte dolmetschen sollen. Alle anderen estnischen Offiziellen, aber auch der neue schwedische Kollege Botschafter Lars Grundberg, waren in dieser hektischen Zeit durch andere Verpflichtungen in Anspruch genommen.

Später telefonierte ich mit Michael Ungern-Sternberg in Leningrad, der jetzt wieder als Geschäftsträger fungierte und daraufhin das Auswärtige Amt aktenkundig über meine Akkreditierung in Estland unterrichten konnte.

Als ich am Abend diesen für mich so denkwürdigen Tag Revue passieren ließ, da wurde mir nochmals die ganze Tragweite der jüngsten Entwicklungen allein durch die Tatsache bewußt, daß ich beinahe auf die Stunde genau zwei Wochen, nachdem ich am 19. August, dem ersten Tag des Putsches, in Katharinental kurz Arnold Rüütel die Hand gedrückt und dann vor dem Hintergrund einer völlig ungewissen Situation dem *speaker* des estnischen Parlaments Ülo Nugis gegenübergesessen hatte, an eben diesem Ort das Beglaubigungsschreiben als erster deutscher Botschafter in einem wieder freien Estland übergeben hatte! Meine Gedanken gingen wie gerade in dieser Zeit noch so oft aber auch zurück zu meinem Großvater Wistinghausen und anderen mir in Verbindung mit Estland nahestehenden Menschen, die diesen Tag nicht mehr miterleben konnten, unter ihnen mein 1981 verstorbener Vater. Wie hätten sie sich gefreut! Der Großvater hatte mir in meiner Kindheit zum ersten Mal von Estland erzählt, seiner geliebten Heimat, deren Verlust er niemals verwinden konnte. Bis zur sogenannten Umsiedlung der deutschen Balten nach Deutschland im Oktober 1939 hatte er in der *Rüütli* (Ritterstraße) gewohnt, nur wenige Schritte von dem Hotel entfernt, in dem nunmehr sein einziger Enkelsohn abgestiegen war.

*

Da saß ich also mitten im alten Reval und sollte eine Deutsche Botschaft aufbauen, nachdem vor ziemlich genau 51 Jahren im August 1940 die Gesandtschaft des Deutschen Reichs in der Hauptstadt Estlands ihre Pforten geschlossen hatte. Räumliche Anknüpfungspunkte gab es keine, da das frühere Gesandtschaftsgebäude schon kurz nach Kriegsausbruch 1941 zerstört worden war und ein Neubau auf dem mittlerweile zu einem öffentlichen Park gewordenen Gelände auf dem *Tõnismägi* (Antonisberg) hinter der neuen Nationalbibliothek vorläufig nur Zukunftsmusik sein konnte. Auch verfügten wir aus den bereits dargelegten Gründen nicht wie Schweden und Finnland über eine Außenstelle des Leningrader Generalkonsulats, die nur mit einem neuen Schild zu versehen gewesen wäre. Viel Zeit, mir hierüber allzu große Sorgen zu machen, blieb angesichts der ersten sich ankündigenden politischen Besuche aus Deutschland aber nicht. Trotzdem sollte ich in den nächsten Monaten noch so manches Mal buchstäblich auf der Kante meines Hotelbettes sitzen und mir den Kopf über neue Möglichkeiten zerbrechen, wenn sich wieder einmal eine Aussicht auf eine angemessene Unterbringung zerschlagen hatte.

Eine große Unterstützung wurde mir in diesen Anfangstagen durch Außenminister Meri und seine Mitarbeiter zuteil. Sein kleiner aber effizienter Stab, zu dem eine Reihe überwiegend im englischsprachigen Raum aufgewachsener und in die Heimat der Eltern zurückgekehrter junger Auslandsesten zählte, die von Meri vor allem in seinem stets lange arbeitenden Vorzimmer eingesetzt wurden, half auf jede erdenkliche Weise. Dankbar erinnere ich mich ihrer und denke dabei vor allem an Tiia Raudma aus Australien, die im Vorzimmer herrschte, und den blutjungen in Kanada und der Schweiz großgewordenen Toivo Klaar, Meris persönlichen Referenten, die zudem beide die deutsche Sprache geradezu perfekt beherrschten. In liberalster Weise wurde mir die Benutzung der beiden Radiotelefone eingeräumt, ohne die ich mit Bonn kaum vernünftig hätte kommunizieren können. Meri selbst war, wenn er sich gerade in Tallinn aufhielt, stets zu Gesprächen über die internationale politische Lage aufgelegt, ungeachtet dringender anderer Geschäfte einschließlich wartender ausländischer Besucher. Wenn auch von noch so begabten außenpolitischen Beratern umgeben, lag dem Außenminister erkennbar am Gedankenaustausch mit einem Berufsdiplomaten aus dem Westen, um von dessen Erfahrungen zu profitieren und seine eigenen Positionen zu überprüfen. Von dieser Spezies aber gab es Anfang September 1991 in Tallinn eben nur den schwedischen und den deutschen Botschafter. Meri hat mir damals gelegentlich mehr Kenntnisse und Urteilsvermögen zugetraut, als mir tatsächlich zu Gebote standen und mich damit in Verlegenheit gebracht, worauf ich ihn auch vorsichtig aufmerksam zu machen suchte. Das war nicht zuletzt darauf zurückzuführen, daß der Außenminister Zugang zu wesentlich mehr Informationen über den Lauf der Welt hatte als ich, der ich von solchen praktisch vollkommen abgeschnitten war: Das Auswärtige Amt konnte mich mangels technischer Möglichkeiten nicht unterrichten, und westliche Zeitungen neueren Datums waren kaum zu bekommen. Ich muß auch bekennen, daß ich manchmal, wenn ich im Außenministerium im Schloß auf dem Domberg war, einen Bogen um Meris Vorzimmer machte, um nicht von ihm ins Gespräch gezogen zu werden. Denn ich kannte die besorgten Mienen seiner Mitarbeiter, wenn sie während einer unserer stets ungemein fesselnden Unterhaltungen in immer kürzeren Abständen in sein Kabinett kamen, um ihn an diese oder jene draußen wartende Delegation zu erinnern. Hatte ich dann das Kabinett des Ministers verlassen und ging an diesen Besuchern vorbei, folgte mir so mancher scheele Blick.

Anders als der schwedische Kollege verfügte ich eben über keine eigenen Büroräume und war schon deshalb häufiger auf dem Domberg. Als sich der stellvertretende Außenminister Rein Müllerson einmal in seinem Arbeitszimmer mit mir unterhielt, stürmte Meri herein und redete auf ihn, der ihm aus der Tiefe des Raumes entgegen gestürzt war, ein, ohne zuerst meine Anwesenheit zu bemerken. Nachdem Meri, der unmittelbar vor Antritt einer weiteren Reise stand, wieder gegangen war, sagte mir Müllerson, der Außenminister habe ihn angewiesen, *sofort* für die Umsetzung seiner Anordnung zu sorgen, daß mir ein Arbeitszimmer im Schloß zur Verfügung zu stellen sei. Alle Widerrede, daß dies wegen des sowieso schon bestehenden Platzmangels unmöglich sei, wäre vergeblich gewesen. Weniger als eine halbe Stunde später kam Müllerson auf mich zu und schwenkte einen Schlüssel in der Hand! Meri kannte eben seine Pappenheimer, machte auch aus seiner an Verachtung grenzenden Abneigung gegenüber Angehörigen der sowjetestnischen Nomenklatura, zu denen er Müllerson gezählt haben dürfte, keinen Hehl. So bin ich wohl der einzige ausländische Botschafter gewesen, der jemals ein Zimmer im Revaler Schloß hatte, wenn auch nur für knappe zwei Wochen im September 1991, und das, obwohl ich weder darum gebeten, noch mich über mangelnde Arbeitsmöglichkeiten beklagt hatte.

Über Meris Arbeitsstil ist viel geredet worden. Dieses Thema soll auch bereits durch Mihkel Mutt Eingang in die estnische Literatur gefunden haben, der damals als Leiter der Presse- und Informationsabteilung zu Meris Stab zählte. Als Antityp des Bürokraten und ein von äußeren Zwängen, auch denen des Terminkalenders, recht unabhängiger und nur sich selbst verantwortlicher Individualist, als der Lennart Meri in die Politik kam und der er ungeachtet unvermeidlicher Konzessionen an Amt und Protokoll im Laufe der Jahre im Grunde immer geblieben ist, war er für seine Mitarbeiter sicher oft kein einfacher Vorgesetzter. Dies läßt sich auch an dem häufigen Wechsel seiner nächsten Mitarbeiter ablesen, selbst wenn dies in manchem Fall mehr in deren Person liegende Gründe gehabt haben mag. Große und starke Persönlichkeiten sind nun einmal nicht immer einfach im Umgang, und dies am allerwenigsten für ihre nächste Umgebung. Estland kann sich aber glücklich schätzen, daß gerade in dieser Phase seiner Geschichte eine Persönlichkeit vom Format Meris zur Verfügung stand. Heute ist das in Estland und der übrigen Welt seit langem unbestritten.

Wir Diplomaten der ersten Stunde im wieder unabhängigen Estland dürfen aber für uns in Anspruch nehmen, dies etwas früher als so mancher seiner Landsleute und ausländischen Politikerkollegen erkannt zu haben.

Eng zusammengearbeitet habe ich natürlich weiterhin mit der von Kalle Ott und seinem Stellvertreter Valle Feldmann geleiteten Protokollabteilung, die ein Stockwerk tiefer als der Außenminister untergebracht war. Im nachhinein mutet es wie ein kleines Wunder an, daß Ott mit seiner aus nur wenigen Mitarbeitern bestehenden und in einem einzigen Raum zusammengepferchten Arbeitseinheit die Organisation der jetzt täglich in Estland eintreffenden ausländischen Besuche perfekt zuwegebrachte. Daneben mußten ja auch noch andere, sich aus der Präsenz eines ständig anwachsenden diplomatischen Corps ergebende Aufgaben gemeistert werden. So fragte Feldmann einmal um Rat, wie ein Diplomatenausweis wohl aussehen sollte. Daraufhin besorgte ich ihm aus Bonn einen vollständigen Satz der vom Auswärtigen Amt an die verschiedenen im Wiener Übereinkommen über die diplomatischen Beziehungen vorgesehenen Kategorien von Botschaftsmitarbeitern ausgegebenen Ausweise. Anfang 1992 erhielt ich dann die erste Diplomatenkarte (Dokument 5), sie trug die Nr. 2 (Nr. 1 war für den schwedischen Kollegen bestimmt).

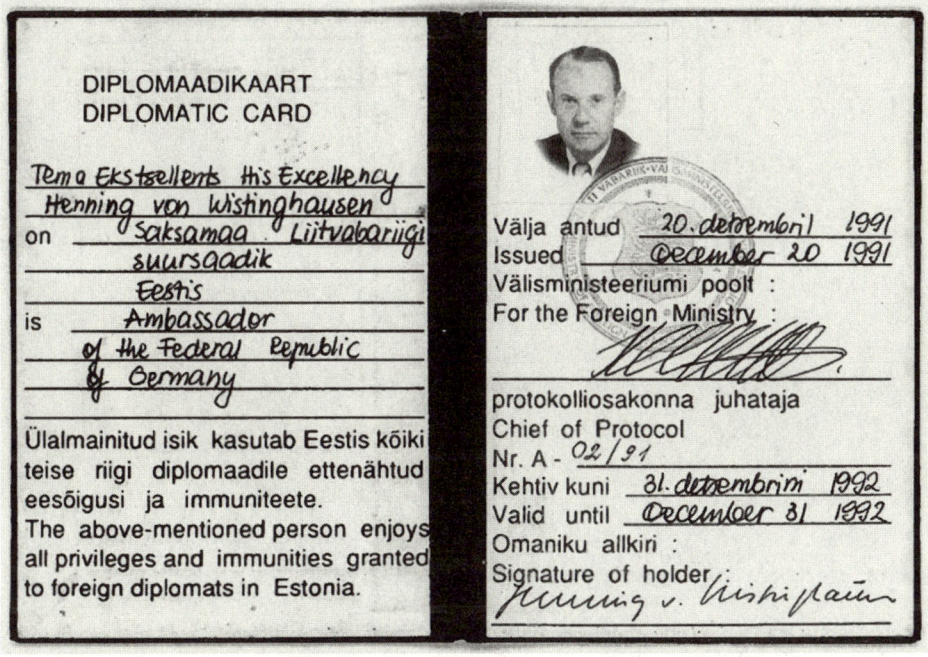

5. Erster estnischer Diplomatenausweis für Botschafter v. Wistinghausen, ausgestellt vom Protokollchef des Außenministeriums Kalle Ott am 20. Dezember 1991

Am 6. September war ich gerade bei dem anderen stellvertretenden Außenminister, Enn Liimets, als die Nachricht kam, daß die Sowjetunion durch Beschluß eines soeben als oberstes Staatsorgan geschaffenen Staatsrats unter dem Vorsitz von Gorbatschov die Unabhängigkeit Estlands und der anderen baltischen Staaten anerkannt hatte. Die estnische Nachrichtenagentur meldete, Ministerpräsident Savisaar habe als einziger Vertreter aus dem Baltikum an der Staatsratstagung im Kreml teilgenommen und dabei an die Versammlung appelliert, dem Beispiel der übrigen Staatengemeinschaft zu folgen, aus der bereits etwa 50 Anerkennungen vorlägen. In Estland herrschte große Erleichterung über diesen wichtigen Schritt im Prozeß der Wiedergewinnung der vollen staatlichen Souveränität, auch wenn er nicht mit der Anerkennung der Widerrechtlichkeit und damit Unwirksamkeit der Annexion verbunden war. Bekanntlich lebte die Eigenstaatlichkeit Estlands in den Augen Moskaus am 20. August 1991 nicht wieder auf, sondern es entstand damals durch Sezession von der UdSSR ein neuer Staat.

Der eigentliche Grund meines Besuchs bei Liimets war die Bitte um ein estnisches Diplomatenvisum gewesen, nachdem hierfür inzwischen die technischen Voraussetzungen geschaffen worden waren. Auf seine Frage, ob er ein solches für 5 oder für 10 Jahre ausstellen lassen sollte, meinte ich, 5 Jahre wür-

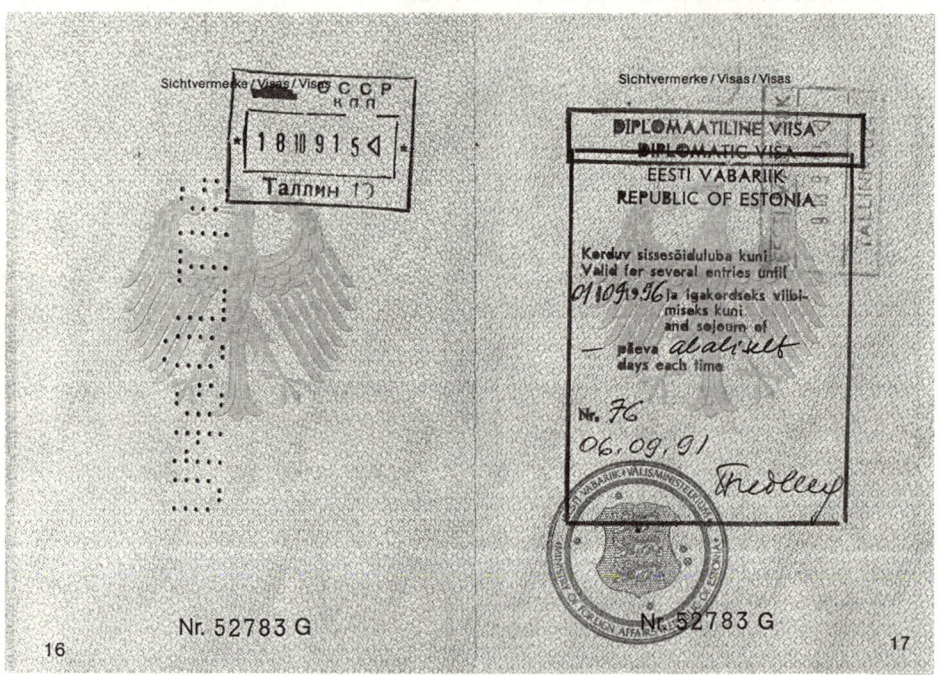

6. Das erste estnische Diplomatenvisum für den Verfasser, ausgestellt vom Außenministerium am 6. September 1991 für die Dauer von 5 Jahren. Man beachte den noch von sowjetischen Grenztruppen stammenden russischen Kontrollstempel vom 18. Oktober 1991 mit der alten Orthographie „Tallin"

den vielleicht doch ausreichen! Als später auch in Estland wie international üblich Visa nur noch für höchstens ein Jahr erteilt wurden, erregte dieses Unikum in meinem Paß bei der Ein- und Ausreise immer wieder die Verwunderung der estnischen Grenzbeamten, ohne daß mir jedoch jemals Schwierigkeiten gemacht worden wären (Dokument 6).

Am selben 6. September trafen die baltischen Außenminister am Rande einer Tagung des Allgemeinen Rats der Außenminister in Brüssel im Rahmen eines Mittagessens erstmals mit allen ihren Kollegen aus den EG-Mitgliedstaaten zusammen. Dabei sprach sich der deutsche Außenminister für eine baldige Assoziierung der baltischen Staaten aus, andere Außenminister scheinen zurückhaltender gewesen zu sein und ein vorsichtigeres Vorgehen empfohlen zu haben. Diesem ersten Schritt zur Umsetzung der EPZ-Ministererklärung vom 27. August folgte als nächstes der Besuch einer von Kommissionsvizepräsident Frans Andriessen geleiteten Delegation in Tallinn. Sie traf dort am 9. September mit den Ministerpräsidenten sowie den Außen- und Wirtschaftsministern von Estland, Lettland und Litauen zur Erörterung der künftigen Zusammenarbeit zusammen. Dabei wurde von Seiten der Kommission als erster Schritt der Abschluß eines Handels- und Kooperationsabkommens zur Vorbereitung auf eine spätere Assoziierung vorgeschlagen, während die baltische Seite sogleich auf ein Assoziationsabkommen zusteuern wollte. Bereits bei dieser ersten Begegnung klang die Forderung nach einer engen wirtschafts- und währungspolitischen Zusammenarbeit unter den drei baltischen Ländern an, die schnell zu einem *ceterum censeo* nahezu aller aus dem Westen Europas anreisenden Expertendelegationen werden sollte, ohne daß die einer solchen Kooperation entgegenstehenden tatsächlichen und politisch-psychologischen Faktoren wirklich zur Kenntnis genommen worden wären. Denn abgesehen von allen Mentalitätsunterschieden unter den baltischen Völkern wollte man die gerade wiedererrungene Souveränität erst einmal selbst auskosten und jeder sein Haus nach den eigenen Vorstellungen in Ordnung bringen.

Bei diesem ersten Treffen mit der EG-Kommission wurde die dann ab dem 1. Januar 1992 erfolgte Einbeziehung der baltischen Staaten in das sogenannte PHARE-Programm, d.h. die technische Hilfe der EG für die Staaten Mittel- und Osteuropas (MOE), vorgesehen, zu denen Estland, Lettland und Litauen von nun an politisch zählten. Ferner erklärte sich die Kommission einverstanden, als Wegbereiter für die Aufnahme der baltischen Staaten in die internationalen Wirtschafts- und Finanzinstitutionen zur Verfügung zu stehen. Schließlich sollte eine Expertengruppe der Kommission zu Zwecken des *fact finding* vor Ort zurückbleiben.

Unter den Terminen der Delegation aus Brüssel war auch ein kurzes Zusammentreffen mit dem sich gerade in Tallinn aufhaltenden dänischen Sonderbotschafter Otto Rose Borch und mir vorgesehen. Es wurde eine eher kühle Begegnung in einem Konferenzraum auf dem Domberg. Andriessen und die ihn begleitenden Herren verspürten wenig Neigung, mit uns beiden zu diskutieren. Sie faßten diesen Programmpunkt wohl eher als eine politisch-protokollarische Pflichtübung zur Unterrichtung der beiden einzigen sich vor Ort aufhaltenden EG-Botschafter auf. Später wurde mir bestätigt, daß die Begegnung mit den baltischen Regierungsvertretern aus deren Sicht eher enttäuschend verlaufen war, da man sich von Europa wohl etwas mehr erwartet hatte.

Botschafter Borch, ein bereits pensioniert gewesener Diplomat, begleitete seinen Außenminister Uffe Ellemann-Jensen und hatte zuvor am 3. September mit der estnischen Seite Noten über die Wiederaufnahme der diplomatischen Beziehungen ausgetauscht. Am Abend des 7. September gab Präsident Rüütel für den dänischen Außenminister und dessen Delegation ein Essen im Restaurant *Pirita* (Dokument 7). In seiner Tischrede wandte sich Rüütel auch an meinen schwedischen Kollegen Grundberg und mich, um seiner Freude darüber

In honour of the Foreign Minister of Denmark

The Chairman of the Supreme Council of the Republic of Estonia requests the pleasure of the company of

Mr. Henning von Wistinghausen

at a Dinner on Saturday, September 07, 1991 at 20.00

Restaurant „Pirita"

7. Einladung von Präsident Rüütel zu einem Abendessen für den dänischen Außenminister Ellemann-Jensen am 7. September 1991, dem ersten diplomatischen Diner in einem freien Estland nach über 50 Jahren

Ausdruck zu verleihen, daß erstmals seit 1940 wieder in Estland akkreditierte Missionschefs mit am Tisch säßen. Damals waren wir noch, wie gesagt, die beiden einzigen Botschafter in Tallinn, denn auch einen hier akkreditierten dänischen Botschafter gab es zu diesem Zeitpunkt noch nicht. Es war eine der vielen Premieren, die jetzt begannen, und die sich naturgemäß nicht wiederholen. Bei diesem Essen war ich neben der stellvertretenden Parlamentspräsidentin Marju Lauristin plaziert. Sie gab mir den Rat, mich bei der Suche nach einer Bleibe für die Deutsche Botschaft auf das „Weiße Haus" – den bisherigen Sitz des Zentralkomitees der KP Estlands – zu konzentrieren. Dort befänden sich die am besten ausgestatteten Büroräume in der ganzen Stadt, funktionierten Aufzüge und Telefone und was man sonst noch so bräuchte, um ordentlich arbeiten zu können.

Eine andere Premiere hatte ich bereits hinter mir, und zwar das erste Interview von vielen, die ich im Laufe der Jahre gegeben habe. Es war am 6. September in der Tageszeitung *Päevaleht* erschienen. Mit dem Journalisten Toomas H. Liiv und einem Fotografen seiner Zeitung hatten wir uns im Garten neben dem Schloß zu Füßen des „Langen Hermann" verabredet, wo wir uns auf einer Bank, von der aus man einen weiten Blick über das Land hat, unterhielten. In diesem Interview, bei dem ich auch über die Bindungen unserer Familie an Estland sprach, wurde ich sozusagen der estnischen Öffentlichkeit vorgestellt. Dabei gab ich der Überzeugung Ausdruck, daß „Deutschland auch in Zukunft im Leben Estlands eine bedeutende Rolle spielen" werde und bezeichnete die wirtschaftliche Zusammenarbeit als besonders wichtig. Zugleich bekannte ich mich zu den dunklen Seiten unserer gemeinsamen Geschichte und zur moralischen Verantwortung der Deutschen für den im „Unglücksjahr" 1939 unter „Verbrechern" geschlossenen Molotov-Ribbentrop-Pakt. Wenn ich dieses Interview von neuem lese, wird mir einmal mehr bewußt, wie stark meine Gedanken damals um die ganz praktische Frage der Unterbringung der Botschaft und ihrer künftigen Mitarbeiter kreisten. Denn ich benutzte diese Gelegenheit dazu, auch öffentlich mitzuteilen, daß ich gerne ein „repräsentatives Gebäude in der Altstadt oder auf dem Domberg" anmieten würde, falls uns die estnische Seite ein solches anböte. Wir würden es dann – auch als einen Beitrag zur historischen Denkmalspflege – gerne renovieren.

Die Mission von Staden

Nun wurden die Vorbereitungen für die ersten Besuche aus Deutschland mit Macht fortgesetzt. Schon in Leningrad hatte ich von der Absicht erfahren, den früheren Staatssekretär des Auswärtigen Amts Berndt von Staden zu einer Mission in die baltischen Staaten zu entsenden, um der Bundesregierung einen unmittelbaren Eindruck von der Lage vor Ort und dem dort vorhandenen Bedarf an Unterstützung zu verschaffen. Zugleich sollte er den baltischen Regierungen unsere Möglichkeiten und unsere Vorstellungen von der künftigen Zusammenarbeit erläutern. Gleich nach meinem Eintreffen in Tallinn hatte ich das Außenministerium von dieser Absicht unterrichtet, das mich bei der kurzfristigen Vorbereitung des Unternehmens sofort tatkräftig unterstützte.

Herr von Staden war von Minister Genscher persönlich gebeten worden, diese „Evaluierungsmission" – wie sie von uns intern genannt wurde – zu übernehmen. Sie sollte nahtlos in eine Rundreise des Ministers einmünden, die dieser anschließend selbst durch die drei baltischen Hauptstädte zu unternehmen beabsichtigte. In der Übertragung einer solchen, im damaligen internationalen Umfeld besonders wichtigen Aufgabe an einen seit über einem halben Jahrzehnt pensionierten Diplomaten spiegelte sich nicht nur die hohe Wertschätzung wider, die Genscher für Staden empfand, sondern auch das Wissen um dessen baltische Herkunft. Mir war der Gedanke, als ersten offiziellen Besucher aus Deutschland gerade Berndt Staden betreuen zu dürfen, besonders sympathisch. Vor allem seit der Zeit, als wir beide Vorsitzende unserer Ritterschaften waren, er der Livländischen und ich der Estländischen, war ich ihm auch persönlich verbunden.

Am Nachmittag des 9. September landete Staden mit einer kleinen Maschine der Luftwaffe in Tallinn. Er wurde von einer vierköpfigen Delegation begleitet, bestehend aus den Referatsleitern für die politischen, wirtschaftlichen und kulturellen Beziehungen zu den baltischen Staaten im Auswärtigen Amt Dr. Derix, Dahlhoff und Bald und dem zuständigen Referatsleiter im Bundeswirtschaftsministerium Seufert. Als Berndt Staden die *gangway* herunterkam und ich ihn auf heimatlichem Boden in Reval begrüßen konnte, wo er bis 1939 gelebt hatte, da bewegten uns beide doch Gefühle ganz eigener Art über dieses Wiedersehen in einem unabhängigen Estland!

Nachdem die Delegation im *Hotel Palace*, dem damals modernsten Haus am Platz, untergebracht war, ging es zum ersten Termin bei Außenminister Meri. Da er gleich darauf nach Moskau aufbrechen mußte, wo am nächsten Tag die baltischen Staaten in die KSZE aufgenommen werden sollten, stand für das – selbstverständlich auf Deutsch geführte – Gespräch nur eine Stunde zur Verfügung. Doch der Funke sprang zwischen den beiden Herren gleich über. An dem Gespräch nahmen auch Tiit Matsulevitš, der als Botschafter für Bonn vorgesehen war, und der die estnische Regierung in Wirtschafts- und Währungsfragen beratende Professor Dr. Ardo Hansson teil, ein junger Auslandseste aus Kanada. Staden erläuterte sein Mandat, und Meri benannte seine Prioritäten für die nähere Zukunft sowie die Bereiche, in denen man die von deutscher Seite angebotene Beratungshilfe gerne in Anspruch nehmen würde. Bei den Prioritäten lehnte sich der Außenminister an ein von Ministerpräsident Savisaar in den ersten Septembertagen vorgelegtes „3x3"-Regierungsprogramm an, das – mit Schwergewicht auf wirtschaftlichem Gebiet und nicht ohne Anklänge an alte *Gosplan*-Vorstellungen – die für die ersten drei Wochen, drei Monate und drei Jahre nach wiedererlangter Unabhängigkeit angestrebten Ziele beeinhaltete. Es versteht sich von selbst, daß diese Ziele später weder in dem dort festgelegten schematischen Zeitrahmen noch nach den geplanten Prioritäten erreicht wurden, sofern sie überhaupt jemals eine Umsetzung erfahren und sich nicht von selbst erledigt haben.

Zuerst, so legte Meri dar, müßten die Strukturen errichtet werden, die ein souveräner moderner Staat benötigt, und Estland durch die Mitgliedschaft in den wichtigsten internationalen Organisationen, auch unter dem Gesichtspunkt der Absicherung seiner Unabhängigkeit, wieder in die Staatengemeinschaft integriert werden. Dafür bedürfe es eines auswärtigen Dienstes mit Auslandsvertretungen. Hier stünde man aber ganz am Anfang. In Sowjetestland habe es zwar funktionierende Fachministerien gegeben; das Außenministerium aber sei bis vor kurzem lediglich eine Fassade gewesen, in dem sich einige wenige Funktionäre mit der protokollarischen Betreuung von Besuchern befaßten. Auch wären weder für Botschaften noch für den Druck von Pässen Devisen vorhanden. Dankbar nahm Meri die von Staden vorgeschlagene Beratung beim organisatorischen Aufbau des Außenministeriums und bei der Aus- und Fortbildung estnischer Diplomaten in Deutschland an, meinte aber, vorerst müßten sich solche Maßnahmen auf Tallinn beschränken, da man noch niemanden entbehren könne. Auch die prekäre Wirtschaftslage und Befürchtungen wegen einer Energiekrise im nächsten Winter kamen zur Sprache.

Nach dem Gespräch mit dem Außenminister wanderten wir zum Deutschen Kulturinstitut im Stadtarchiv, wo uns Direktor Kivimäe erwartete, um die Delegation durch das alte Haus in der *Tolli* zu Füßen der St. Olai-Kirche zu führen. Von nun an zählte ein Besuch im Deutschen Kulturinstitut ebenso wie ein Rundgang durch die Altstadt, meist unter sachkundiger estnischer Führung, zum Standardprogramm aller von der Botschaft betreuten Delegationen, und niemals hat sich jemand darüber beklagt. Meine einfache Überlegung war, daß das wohl einmalig gut erhaltene mittelalterlich-hanseatische Alt-Revaler Stadtbild jedem Besucher besser als alle Erklärungen die Zugehörigkeit dieses Teils der Welt zum westeuropäischen Kulturkreis norddeutscher Prägung vermittelt, an den die Erinnerung – wie wir in den nächsten Jahren so oft erfahren mußten – auch unter gebildeteren Deutschen weitgehend verloren gegangen war. Gleich nach Übergabe des Beglaubigungsschreibens hatten mir Jüri Kivimäe und Urmas Oolup übrigens vorgeschlagen, mit der Botschaftstätigkeit erst einmal provisorisch in den Räumlichkeiten des Kulturinstituts zu beginnen; das wäre jetzt wichtiger als alles übrige. Doch davon gleich mehr.

Abends gab dann der stellvertretende Außenminister Liimets der Delegation im *Hotel Rataskaevu* ein Essen.

Am nächsten Tag traf die Delegation zunächst mit Präsident Rüütel zusammen, der uns um 10 Uhr zu einem einstündigen Gespräch in Katharinental empfing, an dem neben anderen Professor Dr. Raimund Hagelberg als Wirtschaftsberater des Präsidenten teilnahm. Auch hier gab es gleich einen guten Kontakt, nachdem Staden seine Ausführungen mit einigen Worten in der Landessprache begonnen hatte, was Rüütel sichtlich berührte.

Die Unterredung konzentrierte sich diesmal auf wirtschaftliche Fragen, unter denen angesichts des bevorstehenden Winters die Energieversorgung Estlands im Vordergrund stand. Rüütel erläuterte, wie wichtig im Hinblick auf die große Abhängigkeit von Rohstofflieferungen aus der Sowjetunion und angesichts des totalen Devisenmangels in Estland die Aufrechterhaltung der von Moskau eingegangenen Verpflichtungen hinsichtlich Mengen und Preisen wäre. Bei einem wenige Tage zuvor mit Gorbatschow in der sowjetischen Hauptstadt geführten Gespräch hätte ihm dieser die Beibehaltung der bisherigen Konditionen im Grundsatz zugesichert. Gleichzeitig wären sie übereingekommen, parallel zur Fortführung bestehender Verträge über eine Neugestaltung der Wirtschaftsbeziehungen zu verhandeln. Andererseits, betonte Rüütel, wäre eine Integration Estlands in das Weltwirtschaftssystem unerläßlich, und zwar sowohl im Hinblick auf seine internationale Wettbewerbsfähigkeit als auch unter dem Gesichtspunkt seiner institutionellen Einbindung in die internationalen Organisationen. Zum Aufbau wettbewerbsfähiger Industrien, aber voraussichtlich auch kurzfristig für Ölimporte im kommenden Winter, werde finanzielle Hilfe in Form von Krediten zu günstigen Bedingungen benötigt. Estland hoffe hierbei auf die Unterstützung durch die EG, die internationalen Finanzinstitutionen und – ungeachtet der Inanspruchnahme durch den Aufbau in den neuen Bundesländern – auch durch Deutschland. Estland wolle aber nicht lange anderen zur Last fallen und von fremder Hilfe leben. Ohne daß dies damals so klar empfunden worden wäre oder gar das in großem gegenseitigem Verständnis, ja ausgesprochen freundschaftlich geführte Gespräch belastet hätte, tat sich hier bereits eine grundsätzliche Divergenz zwischen estnischen Erwartungen an uns und Bonner Vorstellungen auf. Staden hatte allerdings, wie bereits gegenüber Meri, zu Beginn des Gesprächs unsere Möglichkeiten dargestellt und für die bilaterale Zusammenarbeit in erster Linie „technische Hilfe" (Beratung, Aus- und Weiterbildung von Führungskräften) angeboten, während die finanzielle Unterstützung im engeren Sinne im wesentlichen der EG und den internationalen Organisationen vorbehalten bleiben sollte, in denen Deutschland ohnehin zu den größten Beitragszahlern zählte.

Die wirtschaftlichen Aspekte künftiger Zusammenarbeit wurden anschließend noch in einem Gespräch mit Wirtschaftsminister Jaak Leimann vertieft. Dabei ist nicht nur über die wichtigsten Rahmenbedingungen für die Entwicklung des Handelsaustausches zwischen Deutschland und Estland sowie als Anreiz für deutsche Direktinvestitionen gesprochen worden, sondern Leimann benannte auch die Einführung einer eigenen estnischen Währung als eine der wichtigsten Aufgaben für das nächste halbe Jahr und bat um deutsche Beratung.

Außerdem traf die Delegation zu einem ausführlichen Gespräch mit Kulturminister Lepo Sumera zusammen, der ganz von den für 1992 vorgesehenen nächsten Europäischen Kulturtagen in Karlsruhe erfüllt war. In deren Mittelpunkt sollte diesmal Estland stehen, das ein großes Aufgebot von Künstlern entsenden wollte – das größte in diesem Jahrhundert, wie er betonte. Bereits seit 1987 habe man sich darauf vorbereitet. Staden meinte, daß es im Bereich der Kultur ein breites Spektrum von Möglichkeiten der Zusammenarbeit gebe, die man relativ schnell verwirklichen könne. Dann unterbreitete er unser Angebot, ein Goethe-Institut zu errichten, ein Kulturabkommen abzuschließen, Stipendien zur Verfügung zu stellen und Deutschlehrer nach Estland zu entsenden. Das, was sich ohne größeren bürokratischen Aufwand realisieren ließe, sollten wir sofort gemeinsam in Angriff nehmen. Die Bereiche, in denen es zuvor weiterer Verhandlungen und Abkommen bedürfe, sollten dann mit Leben erfüllt werden, wenn sich Estland hierzu in der Lage sehe. Sumera zeigte sich mit dieser pragmatischen Herangehensweise einverstanden und erinnerte an die gemeinsame Geschichte von Esten und Deutschen, die vor allem für den Ausbau der kulturellen Beziehungen eine gute Grundlage bilde. Diese Geschichte sei zwar in den zurückliegenden 50 Jahren in der Öffentlichkeit verzerrt dargestellt worden, dennoch sei ihr wirklicher Gehalt in Estland nicht in Vergessenheit geraten. Der Minister brachte dabei auch den beklagenswerten Zustand ehemaliger Gutshäuser und anderer Denkmäler des gemeinsamen kulturellen Erbes zur Sprache, die nicht ohne Unterstützung aus dem Ausland restauriert werden könnten.

Nach einem gemeinsamen Mittagessen im Restaurant *Gloria*, das damals noch stark die Atmosphäre der 1930er Jahre ausstrahlte, brachte ich die Delegation wieder zum Flughafen, von wo sie nach 24stündigem Aufenthalt in Estland zu ihrer nächsten Station Riga aufbrach. Bevor Berndt Staden als letzter das Flugzeug bestieg, meinte er zum Abschied unter vier Augen, wie befriedigend es doch für mich sein müßte, beim Wiederaufbau eines jungen Staates mitzuwirken, und dazu nicht irgend eines x-beliebigen – und fügte den Namen eines fernen Kontinents hinzu. Wie wahr!

Außenminister Genscher besucht Estland

Als nächster Besucher hatte sich Außenminister Genscher mit großem Gefolge, Journalisten vor allem, angesagt. Er sollte ziemlich genau 24 Stunden nach dem Abflug der Delegation von Staden eintreffen. Um das estnische Protokoll bei den Vorbereitungen zu unterstützen, waren einige Tage zuvor zwei Mitarbeiter des Auswärtigen Amts aus Bonn eingetroffen: Der aus dem Ruhestand zurückgeholte und über eine jahrzehntelange Protokollerfahrung verfügende Oberamtsrat Montzka und ein junger Mitarbeiter des Pressereferats. Jetzt war uns das Arbeitszimmer im Schloß von Nutzen, das mir auf Anordnung von Außenminister Meri zugewiesen worden war und das ich bis dahin kaum in Anspruch genommen hatte. Den russischen Fahrer des Generalkonsulats hatte ich nach Leningrad zurückgeschickt und mir den Dienstwagen mit unserem deutschen Chauffeur Kuckhoff zurückerbeten, der dann bei den Besuchsvorbereitungen kräftig mit anpackte.

Die Maschine mit dem deutschen Außenminister und einer über 50köpfigen Delegation an Bord landete am 11. September um 15 Uhr auf dem Flughafen von Tallinn. Sie kam aus Moskau, wo Genscher am Vortag an der Eröffnung der dritten Ministerkonferenz über die menschliche Dimension der KSZE teilgenommen hatte. Zuvor waren die baltischen Staaten auf einem Treffen des KSZE-Rates unter seinem Vorsitz in den sogenannten Helsinki-Prozeß aufgenommen worden. Das war auch der Grund, aus dem wir Außenminister Meri als ersten das Flugzeug verlassen sahen: Er hatte Genschers Gastfreundschaft in Anspruch genommen, um rechtzeitig in Tallinn zurück zu sein und seinen deutschen Kollegen auf estnischem Boden begrüßen zu können! Meri hat später gerne erzählt, wie stark ihn die gemeinsame Reise in diesem „fliegenden Außenministerium" beeindruckt habe, wo jeder nach dem Start sogleich einer geregelten Tätigkeit nachgegangen sei, als ob er sich an seinem Arbeitsplatz im Auswärtigen Amt befände. Er hat diese Erfahrung auch in seinem Beitrag zur Festschrift für Genscher anläßlich dessen 70. Geburtstags geschildert[16].

Die Aufnahme Estlands und der anderen baltischen Staaten in den Helsinki-Prozeß durch den Rat der KSZE am 10. September in Moskau war von dem damaligen deutschen Vorsitz aktiv betrieben worden und hatte als ein logischer Abschluß der mit der Wiedergewinnung der Unabhängigkeit eingeleiteten Entwicklung auch die Zustimmung der Sowjetunion gefunden. In diesem Zusammenhang hatte ich wenige Tage nach Übergabe des Beglaubigungsschreibens, es war wohl der 4. September, von dem zuständigen Kollegen im Auswärtigen Amt einen Anruf erhalten, in dem er mich über den Stand der Dinge unterrichtete und hinzufügte, es bedürfe aber noch eines vom estnischen Außenminister

Abb. 1   Das Generalkonsulat der Bundesrepublik Deutschland in Leningrad im Januar 1991.

Die Rückkehr der nach Deutschland ausgelagerten Bestände des Revaler Stadtarchivs nach Tallinn am 7. Oktober 1990

Abb. 2
Direktor Kivimäe und sein Stellvertreter Oolup in Erwartung der kostbaren Fracht.

Abb. 3   Von zahlreichen helfenden Händen werden die Archivalien in kürzester Zeit ausgeladen.

Abb. 4   Granitfindlinge zum Schutze des Dombergs, dem Sitz von Parlament und Regierung in
Estlands Hauptstadt im Januar 1991. Man beachte das Verkehrsschild, das Panzern die
Durchfahrt verbietet. Im Hintergrund der Turm der Domkirche und die Alexander Nevskij-
Kathedrale.

Abb. 5
Einweihung des Deutschen Kulturinstituts
in Tallinn am 13. April 1991. Direktor Kivimäe
und Büroleiterin Sults mit Herrn und Frau
v. Wistinghausen.

Hubschrauberausflug zur Besichtigung von Land für die Ansiedlung
rußlanddeutscher Bauern im Leningrader Gebiet am 28. April 1991

Abb. 6 Zweiter von rechts Sobtschak mit dem Verfasser sowie den Vorsitzenden des
Leningrader Gebietssowjets der Volksdeputierten Jarov und des Exekutivkomitees
des Leningrader Gebietssowjets Kojkolainen. Als Verfasser diese Aufnahme später
Sobtschak zeigte, meinte dieser selbstironisch, ein nicht eingeweihter Betrachter
könnte annehmen, es handelte sich um eine Versammlung von „Mafiosi".

Abb. 7 Sobtschak mit Putin und Begleiter.

Am Vorabend und zu Beginn des Moskauer Putsches unterwegs in Estland

Abb. 8 Magnus und Henning v. Wistinghausen am 17. August 1991 vor der Kulisse von Schloß Leal.

Abb. 9 Schloß Kolk am 19. August 1991.

Die Putschtage in Leningrad

Abb. 10 Protestkundgebung der Leningrader Bevölkerung auf dem Schloßplatz am 20. August 1991.

Abb. 11 Vor dem Marienpalais, Sitz des Leningrader Stadtsowjets und Bürgermeisteramts, am 21. August 1991. Leningrader Bürger unterstützen die demokratischen Kräfte und verurteilen den Putsch.

Übergabe des Beglaubigungsschreibens am 2. September 1991

Abb. 12   Von rechts Außenminister Meri, Präsident Rüütel, Botschafter v. Wistinghausen und Protokollchef Ott.

Abb. 13   Von rechts Meri, Dolmetscher Rein Kivi, Rüütel, Ott und Wistinghausen.

Besuch von Bundesaußenminister Genscher
in Tallinn am 11. September 1991

Abb. 14   Genscher mit Rüütel und Meri in Katharinental (Kadriorg).

Abb. 15   Pressekonferenz der beiden Außenminister Genscher und Meri im Sitzungssaal des Parlaments im Schloß auf dem Domberg.

an Bundesminister Genscher als den amtierenden KSZE-Ratsvorsitzenden zu richtenden förmlichen Aufnahmeantrags. Der Einfachheit halber diktierte er mir gleich über das Telefon den Text eines solchen Schreibens, das am besten mit Telefax an das Auswärtige Amt sowie das damals in Prag angesiedelte KSZE-Sekretariat übermittelt werden sollte. Das Originalschreiben könne der estnische Außenminister dann nach Moskau mitbringen. Ich unterrichtete Meri, und so wird es wohl auch geschehen sein.

Vom Flugplatz fuhren wir in das Gästehaus des Außenministeriums im Villenvorort Nömme, wo der Minister mit seiner engeren Begleitung untergebracht war, zu der der Politische Direktor Jürgen Chrobog und der Leiter seines Büros Frank Elbe zählten. Die restliche Delegation logierte im *Hotel Palace*. Für die über 30 deutschen Journalisten und die Flugzeugbesatzung hatten wir im *Hotel Viru* Quartier machen können.

Im Gästehaus zog sich der Minister mit mir zu einem halbstündigen Gespräch unter vier Augen zurück, in dem er sich über die Mission von Herrn von Staden sowie den Besuch der EG-Mission unterrichten ließ und dann nach meinen ersten Eindrücken von Land und Leuten und den ihn erwartenden Gesprächspartnern fragte. Das Gespräch ist mir als eine angenehme Unterhaltung in entspannter Atmosphäre in Erinnerung geblieben. Zum Abschluß eröffnete mir der Minister, es sei vorgesehen, die Botschafter in den baltischen Staaten im Range von B 6-Beamten (Ministerialdirigent) einzustufen. Ich erwähne dies hier, weil ich Genscher zwar damals für diese, wie ich bereits gehört hatte, auf ihn persönlich zurückgehende Absicht gedankt, mich aber zugleich skeptisch gezeigt und ihn gefragt habe, „ob es ihm wohl gelingen werde, dies durchzusetzen". Leicht erstaunt reagierte er mit „selbstverständlich" und setzte mir seine Gründe hierfür im einzelnen auseinander. Das Hauptargument bestand darin, daß alle damals existierenden europäischen Botschafterposten mit der einzigen Ausnahme von Luxemburg nicht geringer als nach B 6 besoldet wurden, es also, so der Minister, keinen Grund gäbe, dies im Baltikum anders zu handhaben. Aus weder mit den baltischen Botschafterposten als solchen noch mit ihren Inhabern in irgendeiner Verbindung stehenden sachlichen Gründen, sondern allein wegen einer persönlichen Auseinandersetzung des Ministers mit dem damaligen Berichterstatter für das Auswärtige Amt im Haushaltsausschuß des Deutschen Bundestages Dr. Klaus Rose (CSU) in einer völlig anderen Angelegenheit ist daraus dann letztlich doch nichts geworden, obwohl Bundesfinanzminister Waigel bereits zugestimmt hatte. Wir drei Botschafter im Baltikum erhielten daraufhin die Zusicherung, bei der nächsten Verwendung befördert zu werden. Dies ist auch eingehalten worden.

Zuerst traf Genscher mit Meri und seinem Stab, zu dem auch Jüri Luik zählte, in dessen Kabinett auf dem Domberg zusammen. Dicht gedrängt saßen wir um den Tisch. Blitzgewitter der Bildreporter aus Deutschland. Dann Erinnerungen an frühere Begegnungen: Meri dankte Genscher in sehr persönlich gehaltenen Worten für die bisherigen Treffen und insbesondere für das erste der beiden, das im Januar 1991 stattgefunden hatte. Die verschiedenen Bundesregierungen hätten nie ihre moralische Pflicht gegenüber den baltischen Staaten vergessen. In Estland wisse man, daß es in Deutschland immer einen Freund haben werde. Genscher erinnerte daran, daß die Bundesregierung zum Zeitpunkt der früheren Begegnungen in ihrem außenpolitischen Bewegungsspielraum gegenüber den baltischen Staaten stark eingeengt gewesen sei: Als man sich Ende Januar in Bonn gesehen habe, sei die Debatte um die Ratifikation des 2+4-Vertrags in Moskau in einer entscheidenden Phase gewesen, von deren Ausgang die Wiederherstellung der vollen Souveränität Deutschlands abhing, und während der KSZE-Konferenz im Juni in Berlin sei die Bundesregierung nicht alleiniger Herr des Verfahrens gewesen. Die Sowjetunion habe vielmehr damals wissen lassen, daß sie einer Zulassung der baltischen Staaten als Beobachter zu der Konferenz entschiedenen Widerstand entgegensetzen würde. Daher habe er das Gespräch mit den baltischen Außenministern auch vor Beginn und nach Abschluß der Konferenz führen müssen. Jetzt werde aber eine neue Seite aufgeschlagen, und wir könnten gemeinsam in die Zukunft schauen. Dabei würde sich Estland auf die Unterstützung durch Deutschland verlassen können. Die umgehende Entsendung eines Botschafters sei nicht nur symbolisch gemeint, sondern Ausdruck des politischen Willens der Bundesregierung, schnell „aktive Beziehungen" aufzunehmen. Diesem Ziel diene auch die Mission von Herrn von Staden. Genscher bekräftigte die von diesem bereits zwei Tage zuvor erklärte Bereitschaft, Estland bei der Rückkehr in die Staatengemeinschaft mit Rat und Tat zur Seite zu stehen. Dies sei bereits in Brüssel durch das entschiedene deutsche Eintreten für eine Assoziierung der baltischen Staaten und am Vortage in Moskau unter Beweis gestellt worden, als die Sowjetunion auch dank dem Drängen der Bundesregierung der Einbeziehung von Estland, Lettland und Litauen in den KSZE-Prozeß zugestimmt habe.

Meri griff Genschers Hinweis auf und würdigte Deutschlands Eintreten für eine baldige EG-Assoziierung. Deren politisch-symbolische Bedeutung sei vielleicht noch größer als ihre wirtschaftliche – er sage dies, fügte Meri hinzu, obwohl ihm bewußt sei, daß dies eine riskante Bemerkung wäre. Die Annäherung an die EG sollte die Sowjetunion zu einem schnelleren Rückzug ihrer Truppen aus Estland bewegen, das bis dahin keine vollkommen selbständige Nation sei. Die baltische Frage sei erst dann endgültig gelöst, wenn keine sowjetischen Truppen mehr auf baltischem Territorium stünden. Im Hinblick auf bevorstehende Verhandlungen mit Moskau über den Truppenabzug zeigte sich Meri an

Beratung aufgrund der einschlägigen deutschen Erfahrungen interessiert. Man würde eine solche auch diskret behandeln.

Als Meri auf die Frage des Bundesministers, wie es um die Mitgliedschaft Estlands im Europarat stünde, mitteilte, man erörtere gerade die erforderlichen Schritte mit der Generalsekretärin Madame Lalumière und denke an einen Beitritt im Januar 1992, protestierte Genscher und meinte, nichts stünde einer Aufnahme während der nächsten Sitzung des Europarats entgegen. Es dürfe nicht schwieriger sein, Mitglied des Europarats zu werden als der KSZE beizutreten. Die Bundesregierung werde sich in diesem Sinn für Estland einsetzen. Zwei Tage nach diesem Gespräch, am 13. September 1991, stellte Außenminister Meri im Namen der estnischen Regierung den Aufnahmeantrag. Bis zur Mitgliedschaft sollte es dann aber noch bis Mai 1993 dauern.

Schließlich erwähnte Meri die Arbeitsmöglichkeiten für die beiden diplomatischen Vertretungen in Bonn und Tallinn, bat um finanzielle Unterstützung für eine baldige Umwandlung des estnischen „Informationsbüros" in eine richtige Botschaft und brachte die provisorische Unterbringung der Deutschen Botschaft in einem Stockwerk des bisherigen Parteigebäudes ins Gespräch. Genscher schaute zu seinem neben ihm sitzenden Botschafter, den Marju Lauristin ja bereits auf diese Möglichkeit aufmerksam gemacht hatte. Ich erklärte dem Minister kurz die bisherige Funktion des Gebäudes und empfahl, daß uns diese Vergangenheit nicht daran hindern sollte, eine unter den gegebenen Verhältnissen offenbar optimale Lösung anzusteuern. Genscher stimmte zu, dankte Meri für alle dem deutschen Botschafter in Zukunft zuteilwerdende Unterstützung auch bei der Bewältigung der Unterbringungsprobleme und versprach, die estnische Bitte in Bezug auf Bonn im Auge zu behalten.

Vor dem als Nächstes vorgesehenen Gespräch mit Präsident Rüütel machte Meri mit Genscher einen kurzen Gang durch die Altstadt, und dann saßen wir um 18 Uhr alle in Katharinental am Konferenztisch (Abbildung 14).

Rüütel dankte seinem Gast für dessen Beitrag zur schnellen Wiederaufnahme der Beziehungen und erinnerte ebenfalls an eine frühere Begegnung, die auf dem Weltwirtschaftsforum 1991 in Davos stattgefunden hatte. Damals habe Genscher ihm Unterstützung zugesagt, aber zugleich zur Geduld gemahnt und von der deutschen Geduld in der nationalen Frage gesprochen. Daraus habe man in Estland versucht, die Lehre zu ziehen und Ruhe bewahrt. Dem habe man sicher mit zu verdanken, was schließlich erreicht worden sei.

Genscher gratulierte zur wiedergewonnenen Souveränität, faßte die dem Außenminister gegenüber gemachten Ausführungen zusammen und stellte dann fest: Nunmehr gelte es, den Blick nach vorn zu richten und die Beziehungen in allen Bereichen zu entwickeln. Estland könne sich auf Deutschland verlassen. Rüütel bemerkte, daß die estnische Seite hierzu konkrete Vorschläge zu machen habe, die jetzt unter den beiden Delegationen erörtert werden könnten, und bat Genscher zur Fortsetzung des Gesprächs unter vier Augen in sein benachbartes Kabinett. Der Minister war hierauf schon vorbereitet gewesen, da Rüütel die Absicht, mit ihm spezielle Aspekte der Minderheitenproblematik in Estland zu besprechen, Staden mit der Bitte um Unterrichtung von Genscher anvertraut und Staden mir diesen Auftrag weitergegeben hatte. Bei dem Gespräch mit dem Minister im Gästehaus hatte ich das erledigen können.

Das Gespräch in der verbleibenden Runde mit Meri, Leimann, Lippmaa sowie Hagelberg und anderen Mitarbeitern Rüütels auf estnischer Seite zog sich dann eher schleppend und ohne rechte Führung hin. Der Wirtschaftsminister wiederholte den während der Staden-Mission zur Sprache gebrachten dringendsten Bedarf aus seinem Bereich, vor allem bei der Öl- und Gasversorgung im kommenden Winter, Professor Lippmaa entwickelte Vorstellungen von der Rückkehr der estnischen Wissenschaft in die Reihen der internationalen Forschung und der Finanzierung estnisch-deutscher Projekte von gemeinsamem Interesse, während Meri wie schon gegenüber Staden die Notwendigkeit der schnellen und umfassenden außen- und sicherheitspolitischen sowie wirtschaftlichen Absicherung der Souveränität Estlands, auch durch Einführung einer eigenen Währung, unterstrich. Auf unserer Seite legte Chrobog nochmals die deutsche Bereitschaft zur Unterstützung Estlands vor allem auch im internationalen Rahmen dar; man werde die estnischen Wünsche, auch im Lichte der Mission von Herrn von Staden, prüfen, sobald dieser dem Bundesminister berichtet habe.

Von Katharinental ging es nach einer knappen Stunde zurück in die Stadt und auf den Domberg zu einer Pressekonferenz der beiden Außenminister. Sie fand aus Platzgründen im Sitzungssaal des Parlaments statt (Abbildung 15). Daher nahm an ihr auch eine Reihe von Abgeordneten teil. So erinnere ich mich, bei dieser Gelegenheit Rein Veidemann kennengelernt zu haben, neben dem ich auf einer Abgeordnetenbank zu sitzen kam.

Die Pressekonferenz begann erst einmal mit einer allgemeine Heiterkeit erregenden Konfusion, da Meri sich darauf kaprizierte, deutsch zu sprechen und dadurch die als Dolmetscherin vorgesehene und neben ihm sitzende Kersti Kont völlig verunsicherte: Plötzlich sollte sie jetzt ins Estnische übersetzen, und als sie zögerte, dolmetschte Meri sich selbst!

Genscher begann mit der Feststellung, Deutschland habe den Wunsch des estnischen Volkes nach Unabhängigkeit, der jetzt in Erfüllung gegangen sei, immer geteilt. Er freue sich, daß bereits ein deutscher Botschafter als zweiter nach dem schwedischen seine Tätigkeit in Estland habe aufnehmen können. Dann beschrieb der Minister die Assoziierung als einen ersten Schritt auf dem Weg zur vollen EG-Mitgliedschaft und legte die Absicht der Bundesregierung dar,

Estland beim Wiederaufbau auf allen Gebieten beratend zur Seite zu stehen, substantielle materielle Hilfe aber grundsätzlich multilateral gebündelt und vorwiegend über die Europäischen Gemeinschaften zu leisten.

Im Namen des Bundeskanzlers lud er Ministerpräsident Savisaar, mit dem er wegen dessen Abwesenheit in Moskau nicht hatte zusammentreffen können, auf diesem Wege zu einem Besuch nach Deutschland ein und fügte hinzu, die Bundesregierung würde es begrüßen, wenn Savisaar bald nach Bonn kommen könnte, um dort die konkrete Zusammenarbeit näher zu besprechen (die Zustimmung Kohls zu dieser Einladung hatte erst in einem Telefongespräch am Rande des Treffens mit Meri am Nachmittag eingeholt werden können). Auf Fragen von Journalisten nach der Höhe von möglicher bilateraler und multilateraler Wirtschaftshilfe konnte Genscher daher auch keine Zahlen nennen, sondern nur darauf verweisen, daß der estnischen Regierung erst einmal hinreichend Zeit gelassen werden müsse, den genauen Bedarf an Unterstützung zu ermitteln.

Als Genscher nach der Pressekonferenz noch mit einigen der Teilnehmer zusammenstand, wandte sich der Abgeordnete Lebedjev, ein in der Sache militanter Vertreter der moskautreuen Interfront-Fraktion, persönlich aber ein umgänglicher Mann, an den Bundesminister, um sich im Namen der russischen Abgeordneten über angebliche Diskriminierungen durch die estnische Regierung zu beschweren. Da der Minister zur Abendeinladung des Präsidenten erwartet wurde, bat er Chrobog, das Gespräch für ihn zu übernehmen, und verließ mit der übrigen Delegation das Parlament. Dieser wiederum bat die Länderreferentin Dr. Emily Haber und mich dabeizubleiben. Wir hörten uns an, was Lebedjev vorzubringen hatte und stellten bald fest, daß dieser offenbar gar nicht mehr gewollt hatte, als eben angehört zu werden. So remonstrierte er jedenfalls nicht, als wir seine wenig konkreten Beschwerden für unbegründet erklärten. Es war aber ein Vorgeschmack auf das, was uns in Zukunft erwarten und noch viel beschäftigen sollte; Rüütel hatte nicht umsonst Genscher und zuvor Staden um ein *tête-à-tête* gerade zur Minderheitenfrage gebeten.

Nach diesem Gespräch, das immerhin eine Weile gedauert hatte, strebten auch wir dem Ausgang zu und fanden uns schließlich mutterseelenallein auf dem Schloßplatz wieder, da kein Wagen auf uns gewartet hatte. Mit einiger Mühe gelang es, zu dieser abendlichen Stunde im menschenleeren Schloß ein Fahrzeug der estnischen Polizei aufzutreiben, das uns drei nach Brigitten zu dem von Rüütel für Genscher im Restaurant *Pirita* gegebenen Essen brachte. Der Minister hatte hierzu weitaus mehr Journalisten aus seiner Begleitung als offizielle Delegationsmitglieder einladen lassen, was damals in dem mit den Gebräuchen westlicher Politiker noch wenig vertrauten Estland Verwunderung hervorrief. Doch auch daran sollten sich die pragmatischen Esten schnell gewöhnen.

Während des Essens mußte ich den Minister enttäuschen, als in ihm nach einigen von mir angesichts der aufgeräumten Stimmung verwendeten estnischen

Worte die Hoffnung aufgekeimt war, er hätte einen nicht nur in Estland familiär verwurzelten, sondern auch noch der estnischen Sprache kundigen Botschafter nach Tallinn entsandt!

Am nächsten Morgen reiste die Delegation mit zwei kleineren Maschinen der Luftwaffe, die extra zu diesem Zweck eingeflogen worden waren, nach Riga und Wilna weiter, um dort ein ähnliches Programm wie in Tallinn zu absolvieren. In Wilna holte der Minister dann Staden und dessen Begleitung ein. Am Abend kehrte die Delegation nach Tallinn zurück, um zum Heimflug wieder in die Boeing 707 der Luftwaffe umzusteigen, die den Minister auch aus Moskau gebracht hatte. So verabschiedete ich Genscher an diesem Tag gleich zweimal, erst am Morgen und dann am Abend, als ich ihn von dem einen Flugzeug zum anderen begleitete. Wir haben nie verstanden, warum die Flugbereitschaft der Bundeswehr der Auffassung war, große Flugzeuge könnten im Baltikum vorerst nur in Tallinn landen.

*

Nach der Hochstimmung dieser Tage kehrte wieder der Alltag mit seinen kleinen und größeren Problemen ein. Da am selben 12. September 1991, an dem abends der Minister aus Tallinn nach Deutschland zurückgeflogen war, auch die ersten Mitarbeiter aus dem Auswärtigen Amt eintrafen, konnte ich meine Sorgen nun mit dem Kanzler Erster Klasse Harald Klawohn und der Sekretärin Ursula Meier-Wichmann teilen. Zuvor hatte ich bereits Priit Relve als estnische „Ortskraft" verpflichtet. Er war mir von Jüri und Sirje Kivimäe empfohlen worden, die gemeint hatten, ich bedürfte doch jetzt eines sprachkundigen Assistenten. Ihnen sei niemand in Estland bekannt, der hierfür geeigneter wäre und gerade auch zur Verfügung stünde, als Relve. Dieser hatte in Dorpat Germanistik studiert, war dann bei *Inturist* und zuletzt in einem estnisch-deutschen Gemeinschaftsunternehmen angestellt gewesen. Jüri Kivimäe brachte Relve und mich in den ersten Septembertagen bei einem Abendessen zusammen. Während eines anschließenden Spaziergangs durch die Altstadt führten wir ein klärendes Gespräch unter vier Augen, als dessen Ergebnis ich Priit Relve einstellte. Er hat die in ihn gesetzten Erwartungen nie enttäuscht. Ihm verdankten wir auch den Fahrer Andrus Vaker, der mit ihm zusammen in dem Gemeinschaftsunternehmen gearbeitet hatte und jetzt als erstes mit einem vom Fuhrpark der estnischen Staatskanzlei angemieteten Mercedes als Dienstwagen ausgestattet wurde.
Nachdem die Kernmannschaft beisammen war, konnte daran gedacht werden, in den Räumlichkeiten des Deutschen Kulturinstituts im Stadtarchiv in der *Tolli 6* eine rudimentäre Botschaftstätigkeit aufzunehmen. Da ich diese bei dem

erfahrenen Herrn Klawohn, der sich nach Tallinn gemeldet hatte, um hier auf einem letzten Posten vor der Pensionierung noch einmal Pionierarbeit zu leisten, in besten Händen wußte, konnte ich am 13. September auch guten Gewissens nach dem früheren Leningrad aufbrechen, das inzwischen am 6. September offiziell den historischen Namen St. Petersburg zurückerhalten hatte. Von dort begab ich mich nach Deutschland, um in Bonn in meine neue Aufgabe eingewiesen zu werden und auf unserem Landsitz Neubronn bei Ulm einen Kurzurlaub zu verbringen.

Der erste Empfang am 3. Oktober 1991

Als ich am 1. Oktober in Begleitung meiner Frau nach Tallinn zurückkehrte, hatten sich meine Mitarbeiter seit dem 16. September provisorisch im Stadtarchiv eingerichtet. Priit Relve hatte mit Umsicht und Präzision alle zuvor mit ihm besprochenen Vorbereitungen für einen Empfang getroffen, den wir am 3. Oktober aus Anlaß des Tages der Deutschen Einheit geben wollten. Es waren Einladungskarten in estnischer Sprache gedruckt und an einen sorgfältig ausge-

Saksamaa Liitvabariigi suursaadik
ja proua von Wistinghausen paluvad

Saksamaa ühtsuse päevale pühendatud vastuvõtule
3. oktoobril 1991 algates kella 18.00
Tallinna Mustpeade Majas, Pikk t. 26.

Palume vastust
Tel. 60 12 07
      60 13 43

8. Einladung aus Anlaß des „Tages der Deutschen Einheit" am 3. Oktober 1991 in das Schwarzenhäupterhaus zum ersten Empfang eines ausländischen Missionschefs seit einem halben Jahrhundert

wählten Personenkreis versandt worden (Dokument 8). Als Ort der Veranstaltung hatte ich mich für den gerade renovierten großen, sogenannten Weißen Saal im Schwarzenhäupterhaus auf der Langstraße (*Pikk tänav*) entschieden. Er verbindet gotische Stilelemente aus der Zeit seiner Entstehung mit solchen des Jugendstils vom Beginn des 20. Jahrhunderts und eignete sich geradezu ideal für einen repräsentativen Empfang. Die Ausrichtung hatten wir dem Restaurant *Gloria* anvertraut, das dieser Aufgabe unter der Aufsicht von Tiit Saarmann vorzüglich gerecht wurde. Deutsche Weine aus unseren Petersburger Beständen, in jenen Tagen in Tallinn eine Rarität, sollten dem Empfang dann noch eine etwas individuellere Note verleihen.

Der deutsche Empfang am 3. Oktober 1991 im Schwarzenhäupterhaus war dank des Kalenders der erste große diplomatische Empfang in Estland seit der wiedererlangten Unabhängigkeit, und das heißt seit über einem halben Jahrhundert. Dem entsprach auch die Resonanz bei dem eingeladenen Personenkreis, der unserer Aufforderung zahlreich Folge leistete. Außer den „Spitzen von Staat und Gesellschaft" hatten wir Deutschland und den Deutschen besonders verbundene Menschen sowie eine Reihe von estnischen Freunden und Bekannten aus früheren und jüngeren Tagen gebeten.

Aus späterer Sicht will mir scheinen, daß in diesen frühen Tagen der wiedergewonnenen Selbständigkeit doch noch eine gewisse Zurückhaltung, gelegentlich wohl auch Berührungsangst, gegenüber so ungewohnten, ja geradezu exotischen Erscheinungen bestand, wie wir ausländischen Diplomaten sie für viele Esten damals sein mußten. Man begab sich also nicht ohne weiteres auf den Empfang eines solchen Diplomaten, zumal den ersten seiner Art, wenn man diesem zuvor nicht bereits persönlich begegnet war, und die meisten meiner Antrittsbesuche und Kontakte standen ja noch bevor – auch wenn ich, wie schon bemerkt, durch mein „Leningrader Vorspiel" gerade in dieser Hinsicht einen Vorteil hatte. Auch aus diesem Grund erwähne ich hier eine Reihe unserer Gäste an jenem Abend im Schwarzenhäupterhaus mit Namen.

Die Regierung war offiziell durch Außenminister Meri vertreten, der mit seiner Frau gekommen war und schriftlich formulierte Glückwünsche an die Adresse der Bundesregierung überbrachte (Abbildung 17). Ministerpräsident Savisaar selbst tauchte, anders als dann seine Nachfolger, auf diplomatischen Empfängen grundsätzlich nie auf. An Kabinettsmitgliedern waren noch Kulturminister Sumera und Justizminister Raidla der Einladung gefolgt. Dann war eine Reihe von Abgeordneten so unterschiedlicher Couleur wie Ülo Nugis, Vaino Väljas, Indrek Toome, Rein Veidemann, Jaak Jõerüüt, Illar Hallaste und Enn Tarto, die meisten mit ihren Frauen, gekommen, um nur die zu nennen, deren Namen sich in unserem Gästebuch finden oder die von unserem „Hoffotografen" Peeter Langovits im Bild festgehalten worden sind.

Die Stadt war durch Bürgermeister Hardo Aasmäe mit Frau vertreten, aus Tartu war der spätere Bürgermeister Ants Veetõusme, damals noch Aufsichtsratsvorsitzender der *Eesti Pank*, gekommen. Aus der Welt der Kultur erinnere ich mich außer an Jaan Kross und Ellen Niit an den Dirigenten Eri Klas und die Direktorin der Nationalbibliothek Ivi Eenmaa. Aus dem damals im Entstehen begriffenen diplomatischen Corps nahmen der schwedische Kollege Lars Grundberg und der bereits seit Oktober 1990 in Tallinn akkreditierte Vertreter Lettlands im Range eines Geschäftsträgers *ad interim*, Aldis Berziņš, mit seiner estnischen Frau teil.

Gelernt haben meine Frau und ich an diesem 3. Oktober 1991, daß man bei Einladungen in Estland – von prominenten Ausnahmen abgesehen – pünktlich ist. Wir hatten zu 18 Uhr gebeten und waren zusammen mit den wenigen anderen Botschaftsangehörigen einige Zeit früher gekommen, um mit Herrn Saarmann alle Arrangements zu überprüfen. Bald stellten wir fest, daß sich im Vorraum des Schwarzenhäupterhauses eine eindrucksvolle Schlange zu bilden begann, die offenbar nur auf den Augenblick wartete, da der Uhrzeiger auf 6 vorgerückt war. Also öffneten wir die Türen pünktlichst und begannen die Gäste zu begrüßen, die uns Priit Relve formvollendet und mit diskret geflüsterten Bemerkungen zur Person vorstellte.

Auch noch etwas anderes lernten wir an diesem Abend. Als sich der Saal ziemlich gefüllt hatte und nur noch vereinzelt Gäste eintrafen, verließen wir unseren Platz am Eingang, um uns unter die Menschen zu mischen. Dabei stellten wir fest, daß man sich zwar angeregt unterhielt, doch niemand sich an dem aufgebauten Buffet bediente, und auch die Kellner noch keine Getränke angeboten hatten. Da verstanden wir, daß wir als Gastgeber mit gutem Beispiel voranzugehen und den Startschuß zu geben hatten. Das hat sich dann mit der schnellen Gewöhnung Estlands an moderne internationale Sitten bald geändert. Da die estnische Pünktlichkeit aber grundsätzlich erhalten blieb, scheint es sich bei ihr um eine tiefer verwurzelte, manchem vielleicht etwas altmodisch erscheinende, aber nichtsdestotrotz sympathische Tradition zu handeln.

Unter den Gästen dieses Abends entwickelte sich eine nach unserem Eindruck angeregte Stimmung, und wir konnten beobachten, wie gut man sich in dem kleinen Estland doch untereinander kannte. Mit Interesse stellte ich fest, wie ungezwungen Vertreter des neuen Estland mit Angehörigen der ehemaligen kommunistischen Nomenklatura umgingen. Allerdings waren da die Grenzen oft schwimmend, denn viele der gegenwärtigen estnischen Politiker waren, wie mir ja schon Vaino Väljas bei unserer ersten Begegnung lachend gesagt hatte, aus jener hervorgegangen. Wir sahen auch das hohe Ansehen bestätigt, das er, Estlands letzter KP-Chef, und seine charmante Frau Mai, die ich beide ganz bewußt eingeladen hatte, bei Vertretern der neuen Zeit wie Meri genossen (Abbildung 18).

So schien es uns also an diesem Abend gelungen zu sein, einen repräsentativen Querschnitt der estnischen Gesellschaft zu versammeln, wie uns das aus
Anlaß unseres Nationalfeiertages dann in den folgenden Jahren noch viermal
vergönnt gewesen ist. Ganz selbstverständlich war das nicht; denn ich erinnere
mich an spätere Pressekommentare, in denen es hieß, auf dem deutschen Empfang sprächen Menschen miteinander, die sich sonst in Estland nicht oder nicht
mehr begegneten.

*

Auf der Rückreise aus den Ferien waren meine Frau und ich über St. Petersburg
gekommen, wo ich meinen am 1. September in aller Eile verlassenen Schreibtisch aufräumen mußte. In Bonn hatte ich erfahren, daß Eberhard von Puttkamer, zweiter Mann an unserer Botschaft in Den Haag und ein alter Freund bereits aus Münchener Studienzeiten, als mein Nachfolger vorgesehen sei, jedoch
erst später im Jahr eintreffen würde. So konnte meine Frau vorläufig in unserer
Dienstwohnung bleiben und kehrte dorthin zurück, nachdem wir am 5./6. Oktober noch gemeinsam Bundesarbeitsminister Dr. Norbert Blüm und seine Frau
während einer halbtägigen Stippvisite betreut hatten. Auf Einladung von Sozialministerin Siiri Oviir wollte er sich, auf Genschers Spuren, als einer der ersten in einer langen Reihe deutscher Politiker, die Estland von nun an mit ihrem
Besuch beglückten, einen unmittelbaren Eindruck von diesem jetzt wieder aus
dem Schatten der Geschichte herausgetretenen Land verschaffen und Möglichkeiten für eine sozialpolitische Zusammenarbeit erkunden.

Die Grundlagen der neuen deutschen Baltikumpolitik
werden formuliert

Als ich mich im September mehrere Tage im Auswärtigen Amt aufgehalten
hatte, war man gerade dabei gewesen, die Ergebnisse der Staden-Mission und
die von Genscher während seiner Baltikumreise geführten Gespräche auszu-
werten. Der Minister hatte dem Haus die Weisung gegeben, ein „operatives
Programm" für die Ausgestaltung der Beziehungen mit den baltischen Staaten
zu formulieren. Mit dieser Aufgabe befaßte sich in dem von Dr. Christoph Derix
geleiteten Referat 214 der Politischen Abteilung jetzt ein jüngerer Kollege, Legationsrat Erster Klasse Dr. Hans-Dieter Lucas. Das Referat 214 war eigentlich
für Südosteuropa zuständig; da die das Baltikum betreffenden Fragen aber aus
„optischen" Gründen – später hätte man gesagt aus Gründen der *political correct-
ness* – nunmehr nicht länger im Sowjetunion-Referat (213) bearbeitet werden
sollten, wurden die Zuständigkeiten in das Nachbarreferat verlagert, wohin sie

eigentlich wenig paßten. Gleichzeitig wurde dem Referat 214 Dr. Lucas aus dem Sowjetunion-Referat als Baltikum-Referent zugeteilt, der diese Aufgabe von Frau Dr. Haber übernahm. Er übte sie auch weiter aus, als die Zuständigkeiten 1992 in das Referat für die Nordischen Staaten (222) zu Dr. Norwin Graf Leutrum als Referatsleiter weiterwanderten. Dr. Lucas war somit für die nächsten Jahre mein ständiger Gesprächspartner in der Zentrale des Auswärtigen Amts. Dieser begabte Kollege hat in den Jahren 1991 bis 1995 die Aufgaben des Referenten für die politischen Beziehungen zu den baltischen Staaten mit viel Engagement und Sachverstand wahrgenommen, und es war eine Freude, mit ihm zusammenzuarbeiten.

Während der Tage, die ich in Bonn verbrachte, stand eine Frage zur Entscheidung an, die unsere künftige Arbeit in Tallinn unmittelbar berühren sollte. Dabei ging es um nichts weniger als die Namen der drei baltischen Hauptstädte in deutscher Sprache und damit um die amtliche deutsche Bezeichnung unserer Botschaften. Im Falle von Riga gab es keine Alternative, da der Ortsname im Deutschen und Lettischen gleich lautet. Für die Hauptstädte von Litauen und Estland hingegen standen der deutsche Name Wilna und der litauische Vilnius bzw. Reval und Tallinn zur Wahl. Als mich Dr. Derix nach meiner Meinung im Falle der Hauptstadt Estlands fragte, war ich einigermaßen perplex, da ich bislang nie daran gedacht hatte, bei der mir anvertrauten Auslandsvertretung könnte es sich um eine andere als die Botschaft Tallinn handeln. Bei aller Anhänglichkeit an den historischen Namen Reval, unter dem die Stadt jahrhundertelang seit ihrer Gründung im 13. Jahrhundert international bekannt war (und dessen Ethymologie übrigens *estnischen* Ursprungs ist) – was mich, nebenbei bemerkt, veranlaßt hatte, in meiner Berichterstattung aus Leningrad der estnischen Ortsbezeichnung Tallinn stets den deutschen Namen Reval in Klammern hinzufügen, um ihn nicht ganz in Vergessenheit geraten zu lassen – schien es mir doch schwer vorstellbar, daß sich von allen diplomatischen Vertretungen in Estland allein die Deutsche Botschaft als in Reval residierend bezeichnen könnte, denn das wäre die Konsequenz gewesen, und nicht in Tallinn, wie seit Gründung der Republik auch die amtliche Bezeichnung der estnischen Hauptstadt lautete, die die Esten schon immer so genannt haben. Vor einer Entscheidung empfahl ich aber, die Akten der Deutschen Gesandtschaft in Estland bis 1940 zu konsultieren, um den damaligen Sprachgebrauch zu ermitteln. Als wir dies gemeinsam mit den Kollegen von unserem Politischen Archiv taten, mußten wir zu unserer Überraschung feststellen, daß es während der gesamten Dauer der Existenz einer Gesandtschaft des Deutschen Reichs in den 1920er und 1930er Jahren keine einheitliche amtliche deutsche Bezeichnung gegeben hatte, sondern die Namen Reval und Tallinn – auch auf den Dienstsiegeln – ohne erkennbares System abwechselnd verwendet worden waren, manchmal sogar in ein und demselben Dokument.

Doch die Zeiten hatten sich geändert: Der wesentliche Unterschied zu den Vorkriegsjahren schien mir aus deutscher Sicht darin zu bestehen, daß es in Estland keine deutsche Minderheit mit einem ausgeprägten kulturellen und gesellschaftlichen Eigenleben mehr gab, zu dem auch die unangefochten in deutscher Sprache erscheinende „Revalsche Zeitung" (an der mein Großvater bis 1939 tätig gewesen war) gezählt hatte. All das gehörte unwiederbringlich der Vergangenheit an.

Auf Vorschlag der Politischen Abteilung entschied darauf der Staatssekretär zugunsten der Bezeichnung „Botschaft Tallinn"; im Falle Litauens aber wurde es die „Botschaft Wilna".

*

Im Oktober 1991 wurde dann im Auswärtigen Amt und im Einvernehmen mit den anderen Bundesministerien das von Genscher erbetene Konzept für die konkrete Ausgestaltung der Beziehungen zu den baltischen Republiken entwickelt.

Diese Orientierung unserer künftigen Baltikumpolitik bekannte sich ausdrücklich nicht nur zu den traditionell engen bilateralen Beziehungen, sondern auch zu unserer historischen Verantwortung für die baltischen Staaten. Daher sollte ein klar erkennbarer politischer, wirtschaftlicher und kultureller deutscher Beitrag zur Bewältigung der Probleme erfolgen, mit denen sich die jetzt auf sich selbst gestellten baltischen Regierungen konfrontiert sahen. Angesichts der Vielfalt dieser Probleme und der nicht unbegrenzten deutschen Möglichkeiten mußten allerdings Prioritäten gesetzt werden.

Wie bereits bei den Gesprächen von Staden und Genscher zum Ausdruck gebracht, wollte die Bundesregierung den baltischen Staaten bilateral vor allem kostenlose Beratungshilfe zukommen lassen. Direkte finanzielle Leistungen in der Form von Krediten oder nicht rückzahlbare Transfers hingegen sollten nach diesem Konzept grundsätzlich von der EG und den internationalen Finanzinstitutionen wie z.B. der Weltbank erfolgen, wo wir uns nach dem Vorschlag von Staden zum „Anwalt der Balten" machen wollten. Hier sei daran erinnert, daß er es war, der bereits damals in seinem Bericht an den Minister diesen später von der deutschen Diplomatie gerne verwendeten Begriff geprägt hat.

Als prioritäre Bereiche für bilaterale Beratung wurden die rechtlichen Rahmenbedingungen für Demokratie und Marktwirtschaft, der Aufbau auswärtiger Dienste sowie die Vermittlung sowohl unserer Erfahrungen bei den Verhandlungen über den Abzug der sowjetischen Truppen als auch allgemeinen sicherheits- und rüstungskontrollpolitischen Wissens vorgesehen.

Außerden wurden als unentgeltliche Sachhilfe die Lieferung von Ausrüstungsgegenständen für die nationalen Sicherheitskräfte sowie von jeweils zwei Flugzeugen als Regierungsmaschinen in Aussicht genommen, alles aus Beständen der ehemaligen Nationalen Volksarmee (NVA). Damit wurde auch eine Bitte berücksichtigt, die Rüütel beim Abendessen am 11. September Genscher gegenüber geäußert hatte, als er um ein Flugzeug für die estnische Regierung bat.

Der Entwicklung der Wirtschaftsbeziehungen sollte die möglichst schnelle Schaffung der hierzu erforderlichen Rahmenbedingungen durch den Abschluß entsprechender Vereinbarungen wie z.B. eines Investitionsförderungsvertrags und eines Verkehrsabkommens dienen. Auch sollten alle Kontakte unter den Fachressorts beider Länder gefördert werden, aus denen sich dann weitere Kooperationsmöglichkeiten ergeben würden. Ausgenommen wurde hiervon allerdings erst einmal ausdrücklich unser Entwicklungshilfeministerium (BMZ), da nicht daran gedacht war, die baltischen Staaten als „Entwicklungsländer" mit allen sich hieraus ergebenden auch politischen Konsequenzen anzusehen. Diese sollten vielmehr von Anfang an als „Industrieländer" behandelt werden, wie sie es ungeachtet aller sowjetischen Verwerfungen in ihrer Struktur ja auch geblieben waren. Ferner wurde eine Beratung der baltischen Zentralbanken durch die Deutsche Bundesbank im Hinblick auf die Einführung eigener nationaler Währungen und technische Hilfe bei der Privatisierung der Staatsunternehmen ins Auge gefaßt. Schließlich sollte das Baltikum in das Programm der Bundesregierung zur Aus- und Weiterbildung ausländischer Fach- und Führungskräfte einbezogen werden.

Die kulturellen Beziehungen sollten nach Vorstellung des für die auswärtige Kulturpolitik zuständigen Auswärtigen Amts durch die Eröffnung von Goethe-Instituten in allen drei baltischen Republiken auf eine solide Basis gestellt werden. Auch das übrige traditionelle Instrumentarium wie Stipendien, Entsendung von Deutschlehrern, Bücherspenden u. a. sollte möglichst schnell eingesetzt werden.

So sah im wesentlichen das von Bundesminister Genscher in Auftrag gegebene „operative Programm" aus, das von nun an auch den Rahmen für die Tätigkeit der Botschaft Tallinn bilden sollte. Es wurde im Laufe der Zeit an die bei seiner Umsetzung gemachten Erfahrungen angepaßt und verfeinert, bis der mit ihm verfolgte Zweck erreicht bzw. die Entwicklung über die Anfangsschwierigkeiten hinweggegangen war, denen sich Estland und seine beiden Nachbarn im Baltikum unmittelbar nach der Unabhängigkeit ausgesetzt sahen. Allerdings hat sich damals niemand vorstellen können, mit welch rasantem Tempo dies gerade im Falle von Estland im Laufe nur weniger Jahre geschehen würde.

Dieses auf einer internen Entscheidung der Bundesregierung beruhende Konzept unserer künftigen Baltikumpolitik, das baltische Vorstellungen und Wünsche so weit wie politisch und wirtschaftlich möglich berücksichtigte, ist dann später beim ersten offiziellen Besuch eines estnischen Außenministers in der Bundesrepublik Deutschland um ein bilaterales Dokument ergänzt worden, als am 29. April 1993 die Minister Kinkel und Velliste in Bonn eine „Gemeinsame Erklärung über die Grundlagen der Beziehungen zwischen der Bundesrepublik Deutschland und der Republik Estland" unterzeichneten (vgl. Anlage).

Eine Deutsche Botschaft entsteht

Mittlerweile begann unsere Rumpfbotschaft in der *Tolli 6* weiter Gestalt anzunehmen. Wir engagierten die Deutsche Gisela Mell als sprachkundige Sekretärin und zur Bedienung des Telefons. Sie hatte seinerzeit beim Studium in Leipzig einen estnischen Kommilitonen kennengelernt und mit ihm in Estland eine Familie gegründet. Mitte Oktober 1991 traf Legationsrat Nikolaus Graf Lambsdorff, ein Neffe des Rigaer Kollegen, als weiterer Mitarbeiter ein, und ein Angehöriger des mittleren Dienstes, Klaus Deyhle, wurde von Bonn zur Unterstützung von Kanzler Klawohn vorübergehend nach Tallinn abgeordnet (Abbildung 16).

Urmas Oolup, der Stellvertreter des Hausherrn im Stadtarchiv und um dessen inneren Betrieb besonders verdient, hielt es für unzumutbar, daß die gesamte Botschaft in einem einzigen, wenn auch besonders großen und dank seiner gotischen Architektur für ein Büro ungewöhnlich schönen Raum untergebracht war und der Botschafter nicht über ein eigenes Reich verfügte und bot mir daher sein Arbeitszimmer an. Dankbar akzeptierte ich diese großzügige Geste und residierte also von nun an im ersten Stock des Gebäudes, empfing dort gelegentlich auch Besucher, und der Kanzler ließ es sich nicht nehmen, von Zeit zu Zeit persönlich für den Aktenaustausch mit der übrigen Botschaft im Erdgeschoß zu sorgen!

Kanzler Klawohn war es gelungen, von der estnischen Post einen Telexanschluß installiert zu bekommen, so daß wir bald als erste der deutschen Botschaften im Baltikum – wenn auch unverschlüsselt – Fernschreiben an das Auswärtige Amt absenden und von dort empfangen konnten. Diese Verbindung benutzten wir anfangs im wesentlichen nur für administrativ-technische Mitteilungen; die wenigen politischen Berichte, die ich in jener Zeit verfaßte, und andere nicht für dritte Augen bestimmte Unterrichtungen der Zentrale versuchte ich auf die eine oder andere Weise sicher an das Generalkonsulat St. Petersburg zur Weiterleitung nach Bonn gelangen zu lassen. Auf die Dauer ließ sich das aber nicht aufrechterhalten. Dennoch sind wir erst ein Jahr später und nach erheblichem von uns auf das Auswärtige Amt ausgeübtem Druck mit den für eine Verschlüsselung erforderlichen technischen Einrichtungen ausgestattet worden. Bonn hatte mir aber auf meine dringenden Vorstellungen hin ein Radiotelefon bewilligt, um von den schwerfälligen und unzuverlässigen, noch ganz in das sowjetische System integrierten öffentlichen Telefonverbindungen unabhängig zu sein, bei dem die Vermittlung von Auslandsgesprächen über Moskau erfolgte. Wir besorgten uns daraufhin in Helsinki ein solches Mobiltelefon, das damals noch aus einem mehrere Kilogramm schweren Ungetüm bestand. Es war auch an das finnische Netz angeschlossen und garantierte die jederzeitige Kommunikation mit zu Hause, was mir eine große Beruhigung war. Auch andere kleinere Ausrüstungsgegenstände, die damals in Tallinn noch nicht zu erhalten waren, besorgten Mitarbeiter in Helsinki und verbanden damit gelegentlich ein Wochenende im „Westen".

Im Gegensatz zu anderen Botschaften in Tallinn, deren an die damals wenig abwechslungsreichen „postkommunistischen" Lebensumstände nicht gewöhnten Mitarbeiter häufig das Wochenende auf der anderen Seite des Finnischen Meerbusens verbrachten, blieb das bei uns aber die Ausnahme. Ich selbst bin, von kurzen Aufenthalten bei der Durchreise nach oder von Deutschland abgesehen, nie in Helsinki gewesen. Dazu war ich, dienstlich wie privat, viel zu beschäftigt, auch schreckten mich die einfachen Verhältnisse vor Ort nicht.

An einem der ersten Wochenenden im Oktober, einem strahlend schönen Herbsttag, zeigte ich Herrn Klawohn und Frau Meier-Wichmann etwas von dem ihnen bis dahin unbekannten Landesinnern: Wir fuhren mit unserem Dienstwagen zuerst nach *Märjamaa* (Merjama) und trafen auf dem dortigen Friedhof den Steinmetz Joonsaar an, der bereits dabei war, die Wistinghausensche Grabstätte zu renovieren. Dann schauten wir uns das damals recht verschlafen wirkende *Pärnu* (Pernau) an, dessen heruntergekommene Strandpromenade kaum mehr an den in der Vorkriegszeit international renommierten Badeort erinnerte – nur dem berühmt feinen Sand hatten selbst die Sowjetzeiten nichts anhaben können.

*

Als nächstes konnte ich mich an die noch ausstehenden Antrittsbesuche machen. Zuvor wollte mich aber am 8. Oktober Präsident Rüütel sehen. Ihm ging es im Anschluß an sein Gespräch mit Genscher am 11. September um die Überlassung militärischen Geräts und leichter Waffen aus NVA-Beständen sowie um Fragen der russischen Minderheit. Rüütel war sehr an deutscher Unterstützung für ein international finanziertes Programm zum Bau von Wohnungen für solche Russen und andere Nicht-Esten gelegen, denen als früheren Angehörigen des sowjetischen Repressionsapparats – also in erster Linie von KGB und Innenministerium – nach seinen Vorstellungen nicht erlaubt werden sollte, in Estland zu bleiben.

Zwei Tage darauf gelang es mir, zu Ministerpräsident Savisaar vorzudringen. Wegen seiner vielen Auslandsreisen, damals vorwiegend nach Moskau, aber auch aus Gründen seiner wenig kommunikativen Veranlagung, war es nicht einfach gewesen, einen Termin zu bekommen. An diesem ersten Gespräch, das ich mit ihm als Botschafter führte, nahm auch Außenminister Meri teil. Savisaar dankte für die ihm *in absentia* vom Bundesaußenminister ausgesprochene Einladung des Bundeskanzlers und schlug als Zeitpunkt mehrere Termine im November/Dezember des Jahres vor, nachdem sich Genscher ja für einen baldigen Besuch in Bonn ausgesprochen hatte. Leider haben sehr zu meinem Ärger über eine solche Unhöflichkeit diese wie spätere Terminangebote der estnischen Seite bei Kohl keine Resonanz gefunden, so daß die Einladung weder von Savisaar noch von seinem Nachfolger wahrgenommen werden konnte – und das, obwohl Genscher während der gemeinsamen Pressekonferenz mit Meri am 11. September – in einer den Umständen vielleicht angemessenen Übertreibung – die Überbringung dieser Einladung als den eigentlichen Zweck seines Besuchs bezeichnet hatte!

Danach kamen wir auf die weiteren Ergebnisse des Ministerbesuches zu sprechen. Dabei zeigte sich Savisaar vor allem an Beratung über die bei Einführung einer eigenen estnischen Währung zu beachtenden Gesichtspunkte vor dem Hintergrund der bei der deutschen Währungsreform von 1948 gemachten Erfahrungen interessiert. Jedenfalls werde Estland ungeachtet der unter internationalen Währungsexperten weitverbreiteten Skepsis in weniger als 6 Monaten über eine eigene Währung verfügen. Ich werde nie vergessen, wie sich das Gesicht des Ministerpräsidenten von einer Sekunde zur anderen geradezu versteinerte, als Mitte November auf einem von ihm unter der Überschrift „Mare Balticum" in Tallinn veranstalteten Wirtschaftsforum (auf dem mein Schwager Dr. Rainer Lucas aus dem Wirtschaftsministerium die Bundesregierung vertrat) einer der Redner, noch dazu ein deutscher Banker, im Brustton der Überzeugung die Meinung vertrat, das kleine Estland werde nie und nimmer imstande sein, eine eigene Währung einzuführen, allenfalls könnten dies die drei baltischen Staaten gemeinsam schaffen. Aber die Bundesregierung nahm diesen Wunsch der estnischen Regierung nach Beratung auf, und kurz vor Weihnachten stattete ein Vertreter der Deutschen Bundesbank der *Eesti Pank* einen ersten Besuch ab. Er unterrichtete mich in groben Zügen von der sich anbahnenden Zusammenarbeit, bei der es aber vor allem um organisatorische Fragen und solche der Ausbildung gehen sollte. In der Folge entwickelten sich die Kontakte mit der diesem Gewerbe eigenen Diskretion dann ohne engere Beteiligung der Regierungen direkt unter den beiden Zentralbanken weiter.

Auch an den in den neuen Bundesländern gemachten Erfahrungen zeigte sich Savisaar bei diesem ersten Zusammentreffen interessiert, da man aus ihnen in Estland sicher lernen könne. Da er aber gerade in diesem Punkt recht allgemein blieb, sah ich mich veranlaßt ihm zu bedeuten, daß die estnische Regierung in allen Fällen, in denen sie Unterstützung, Beratung oder ein wie auch immer geartetes sonstiges Tätigwerden der Bundesregierung wünsche, dies in die Form eines konkreten Antrags bringen müsse. Dasselbe mußte ich auch vielen estnischen Fachministern erklären, da ich, wie schon seinerzeit in Leningrad, bald feststellte, daß sich die durch ein ganz anderes System geprägte estnische Verwaltung mit unserem Konzept der „Hilfe zur Selbsthilfe" und dem daraus resultierenden „Antragsprinzip" recht schwer tat.

Die Gelegenheit eines Zusammentreffens mit dem Ministerpräsidenten nutzte ich, um mit deutlichen Worten die künftige Unterbringung der Deutschen Botschaft anzusprechen. Ich legte ihm dar, daß es sich bei dem uns im Stadtarchiv eingeräumten Gastrecht nur um eine kurzfristige Lösung handeln könne und wir zum Monatsende eine Delegation aus Bonn erwarteten, der wir hofften, verschieden uns von estnischer Seite noch anzubietende Objekte präsentieren zu können. Dabei erwähnte ich zum offenkundigen Vergnügen von Meri auch die noch immer ungeklärte Frage, ob das bisher von der KP genutzte Gebäude nicht nur für das Außenministerium, sondern auch wenigstens vorübergehend für Botschaftskanzleien zur Verfügung stehen würde. Savisaar schien die Dringlichkeit meines Anliegens zu verstehen. Tatsächlich konnte mir Meri dann eine Woche später, diesmal aber mit sichtlich geringerem Vergnügen, mitteilen, der Ministerpräsident habe zwar entgegen anderslautenden Festlegungen des Obersten Rats, der das Gebäude dem Außenministerium und anderen estnischen Behörden vorbehalten wollte, entschieden, daß eine Etage der deutschen und eine halbe der dänischen Botschaft (die auch nicht mehr erbeten hatte) zur Verfügung gestellt werden sollte – jedoch zu Lasten des Außenministeriums, das nun anderthalb Stockwerke weniger erhielte würde.

Zum besseren Verständnis dieser für unsere Anfänge in Tallinn recht charakteristischen Geschichte, die dann bald noch eine geradezu melodramatische Zuspitzung erfahren sollte, muß ich an dieser Stelle erwähnen, daß Meri, wie er mir unumwunden erklärt hatte, mit dem von ihm propagierten Einzug diplomatischer Missionen in das „Weiße Haus" auch den Zweck verfolgte, auf diese Weise alle in dem Gebäude noch verbliebenen Behörden aus der Sowjetzeit mit dem Ziel zu vertreiben, daß am Ende das ganze Haus nur noch das Außenministerium und einige Botschaften beherbergen würde. Meris Rechnung ist schließlich nicht aufgegangen. Sein Vorgehen paßte aber zu einer in jenen Tagen gerne von ihm geäußerten Auffassung, daß jede Botschaft in Tallinn, die in die Lage versetzt werde „Flagge zu zeigen", und das im wörtlichen Sinn, eine zusätzliche Sicherheitsgarantie für Estland darstelle.

Inzwischen hatte nach mir eine Reihe weiterer Botschafter ihr Beglaubigungsschreiben übergeben: Als nächster der Finne Jaakko Kaurinkoski, dann der Franzose Jacques Huntzinger; ihnen folgten bis Ende Oktober 1991 Sven Erik Nordberg (Dänemark), Brian Low (Großbritannien) und Carlo Siano (Italien). Mit Ausnahme des Finnen, der wie unser schwedischer Kollege nur das bisherige Konsulat in eine Botschaft umzufirmieren brauchte, hatten sie alle die mehr oder minder gleichen Unterbringungsprobleme wie wir.

Bis zu meiner Abreise zu einer deutsch-dänischen Botschafterkonferenz in Rostock in der zweiten Oktoberhälfte vervollständigte ich meine Antrittsbesuche vor allem um solche bei Ministern, in deren Geschäftsbereich Ansätze zu einer Zusammenarbeit zu erkennen waren: Justizminister Jüri Raidla hatte ich eine Einladung seines deutschen Kollegen Dr. Klaus Kinkel zu einer Konferenz mittel- und osteuropäischer Justizminister im November 1991 in Bonn zu überbringen; Landwirtschaftsminister Harri Õunapuu und sein Stellvertreter Ants Laansalu interessierten sich für Bundesbürgschaften (sogenannte Hermes-Deckungen) zugunsten der Lieferung von Landmaschinen aus den neuen Bundesländern und vor allem von Ersatzteilen für solche Maschinen, die bereits in der Vergangenheit aus der DDR nach Estland geliefert worden waren; Umweltminister Tõnis Kaasik konnte ich ein Kooperationsangebot des Umweltausschusses des Deutschen Bundestages übermitteln; dem Minister für Verkehr und Kommunikation Tiit Vähi, der den Leiter seines Büros Andi Meister dazu gebeten hatte, überbrachte ich eine Einladung seines Kollegen Bundesminister Christian Schwarz-Schilling. Graf Lambsdorff, der mich als eine seiner ersten Amtshandlungen in Tallinn zu Vähi begleitete, und ich waren sofort von den klaren Vorstellungen, die der Minister von einem schnellen Aufbau guter deutsch-estnischer Verkehrsbeziehungen hatte, sowie von seiner effizienten Herangehensweise an einige damit verbundene praktische Fragen eingenommen, die wir mit ihm erörterten (es ging um den kostengünstigsten Transport deutscher humanitärer Hilfsgüter durch die „Estlandhilfe" von Propst Burchard Lieberg). Auch beeindruckten uns Vähis gute Deutschkenntnisse.

Alle Minister empfingen mich mit selbstverständlicher Freundlichkeit, die erkennbar von dem Willen zu guter Zusammenarbeit bestimmt war. Das erfüllte mich für unsere künftige Tätigkeit mit Zuversicht.

Deutsch-dänische Botschafterkonferenz in Rostock

Dann machte ich mich auf zu der Botschafterkonferenz, die am 22. Oktober 1991 unter Leitung der beiden Außenminister Genscher und Ellemann-Jensen in Rostock stattfinden sollte. Das Wochenende davor wollte ich in Berlin mit unserem dort studierenden Sohn Christian und der Familie meiner Schwester verbringen und zu einigen Einkäufen für den kommenden Winter nutzen.

Am 18. Oktober, einem Freitag, setzte ich von Tallinn mit einem kleinen Tragflächenboot in anderthalb Stunden nach Helsinki über, wo ich bei einem Kollegen übernachtete und den Verteidigungsattaché Oberst i. G. Peter Kleist kennenlernte, der im Wege einer sogenannten Nebennotifizierung künftig auch für Estland zuständig sein sollte (was dann im Februar 1992 verwirklicht wurde). Die Überfahrt war stürmisch, so daß ein ebenfalls an Bord befindlicher Kollege aus dem estnischen Außenministerium, Clyde Kull, und ich, die wir uns an der Bar unterhielten, ziemlich herumgewirbelt wurden. Dieser erzählte mir dabei recht interessant von seiner Ausbildung in Moskau zum sowjetischen Diplomaten. Von Helsinki nahm ich das Flugzeug nach Berlin, von wo ich dann zu Beginn der Woche mit einem Dienstwagen nach Rostock gebracht wurde.

Die Konferenz, meiner Erinnerung nach die erste ihrer Art mit Dänemark, vereinigte unter dem Vorsitz des dänischen und unseres Außenministers, den Staatssekretär Dr. Dieter Kastrup an der Spitze einer stattlichen Delegation aus der Bonner Zentrale begleitete, die dänischen und deutschen Botschafter in den Ostseeanrainerstaaten und sollte sich mit den jüngsten Entwicklungen in dieser Region befassen. So standen naturgemäß die baltischen Staaten im Mittelpunkt. Aber auch die Lage in der Sowjetunion wurde in den insgesamt drei Stunden angesprochen, auf die sich die eigentliche Konferenz am Vormittag des 22. Oktober reduzierte. Sie war aber von den beiden Außenministerien gut vorbereitet worden. Das galt in besonderer Weise für die dänische Seite, deren Botschafter sich zuvor alle in Kopenhagen getroffen hatten, während wir mehr improvisierten – das Auswärtige Amt hatte Albrecht in Wilna, Lambsdorff in Riga und mir angesichts der Bedingungen, unter denen wir vorerst unsere Tätigkeit ausübten, die Ausarbeitung besonderer Referate erlassen und erwartete von uns lediglich Diskussionsbeiträge. Für mich war diese Konferenz auch eine erste Begegnung mit der dänischen Diplomatie, deren Vertreter wir schon am Vorabend bei einem gemeinsamen Essen etwas kennengelernt hatten. Durch ihr Auftreten und ihre Kompetenz haben sie schnell unseren uneingeschränkten Respekt erworben. Die im Vergleich zur deutschen etwas weniger zahlreiche Delegation aus Kopenhagen wurde von Staatssekretär Ulrik Federspiel angeführt.

Unter den dänischen Botschaftern befand sich auch der mir bisher unbekannte Tallinner Kollege Sven Erik Nordberg, der dort noch kurz vor Konferenzbeginn eingetroffen war und sein Beglaubigungsschreiben hatte übergeben können. Nach Rückkehr auf unseren Posten haben wir gemeinsam am 4. November Außenminister Meri aufgesucht, um ihm die „Schlußfolgerungen" der Rostocker Botschafterkonferenz zu überreichen und diese zu kommentieren. In ihnen wurden „Freude und Genugtuung über die jüngst wiedererlangte Unabhängigkeit der baltischen Staaten" und die Notwendigkeit zum Ausdruck gebracht, diese angesichts ihrer schwierigen wirtschaftlichen Lage zu unterstützen. Die Minister hielten generell eine „Unterstützung der Wirtschaftsreformen in Richtung Marktwirtschaft" in allen mittel- und osteuropäischen Staaten des Ostseeraums für unerläßlich. Unser Konzept einer künftigen Außenwirtschaftspolitik gegenüber dem Baltikum spiegelte sich in der Formulierung wider, „die beiden Regierungen tragen dazu – wie die weiteren marktwirtschaftlichen Demokratien dieses Raumes – vor allem durch die bewährten multilateralen Instrumente solidarischer Unterstützung bei. Dieser Ansatz sichert eine breite Mobilisierung von Ressourcen und eine faire Verteilung der Lasten und umfaßt auch bilaterale Hilfen der Ostsee-Anrainer". Ferner wurde die Bereitschaft der EG begrüßt, mit den baltischen Staaten Handels- und Kooperationsabkommen abzuschließen; dann folgte die bedeutsame, in die Zukunft weisende Aussage „beide Minister unterstreichen, daß die Mitgliedschaft in der EG allen demokratischen Staaten Europas offensteht. Diese Perspektive eröffnet sich im Ostseeraum auch für Polen und die baltischen Staaten nach Erfüllung der Voraussetzungen. Sie sprechen sich erneut für eine baldmögliche Assoziierung der baltischen Staaten mit der EG aus, damit diesen Staaten eine angemessene Unterstützung zur Absicherung ihrer Unabhängigkeit gewährt werden kann". Nach Aufzählung der verschiedenen Gebiete für eine Kooperation im Ostseeraum war in dem von den Beamten der beiden Außenministerien vorbereiteten Kommuniqué-Text schließlich von dem „historischen Zusammengehörigkeitsgefühl der Völker des Ostseeraums als einer hervorragenden Grundlage für die Entwicklung einer vielfältigen, grenzübergreifenden Zusammenarbeit" die Rede, was die Minister veranlasse, ihre Bereitschaft zu erklären, „zu diesem Zweck mit allen Völkern des Ostseeraums neue Initiativen zu ergreifen".

Beim Mittagessen und noch vor der Pressekonferenz der beiden Minister verkündete uns dann der dänische Außenminister in seiner Tischrede, er habe sich mit seinem deutschen Kollegen verständigt, daß sie zur Konkretisierung dieser Bereitschaftserklärung gemeinsam zu einer Konferenz der Außenminister aller Staaten des Ostseeraums einladen wollten und er sich als Gastgeber einer solchen Konferenz im Frühjahr 1992 in Kopenhagen anbiete – worauf die Schlußfolgerungen um eine entsprechende Passage erweitert wurden. Auf dieser Kopenhagener Konferenz sollte dann der Ostseerat geboren und damit ein zunächst lockerer institutioneller Rahmen für die künftige Ostseekooperation geschaffen werden.

Man muß es den alterfahrenen politischen Freunden Ellemann-Jensen und Genscher, damals beide Vorsitzende der liberalen Partei ihres Landes, lassen, daß sie sich der geopolitischen Bedeutung, die die gute alte Ostsee dabei war, nach langem Dornröschenschlaf auch im öffentlichen Bewußtsein wiederzuerlangen, geschickt und weitsichtig zugleich zu bedienen wußten. Begriffe wie „Mare Balticum" und „Hanse" wurden dann nach 1991 aber bis zum Überdruß für alle möglichen Initiativen und Veranstaltungen in Anspruch genommen, selbst von solchen Menschen und Institutionen, die mit ihnen noch kurz zuvor kaum etwas anzufangen gewußt hätten – das übliche Schicksal von Modeerscheinungen.

Am Nachmittag widmeten sich die Minister, ihre Delegationen im Gefolge, mit Stadtrundgang und Eintragung in das Goldene Buch den Rostocker und Mecklenburg-Vorpommerschen Gastgebern. Dabei wird vor allem Genscher, der mit Vorbedacht eine ostdeutsche und nicht eine in der „alten Bundesrepublik" gelegene Stadt als Ort der Begegnung gewählt haben dürfte, auch an den innenpolitischen Ertrag dieser Konferenz gedacht haben.

Dann strebte alles auseinander. Mich nahm ein Militärhubschrauber zusammen mit anderen Kollegen nach Hamburg mit, von wo aus ich über Stockholm nach Helsinki flog, dort im Flughafenhotel übernachtete und am nächsten Morgen nach Tallinn weiterflog. Hier nahmen weiterhin Angehörige der dem KGB unterstellten sowjetischen Grenztruppen die Kontrollen wahr.

Eine die damaligen Verhältnisse charakterisierende Begebenheit am Rande: Als Außenminister Meri von meiner bevorstehenden Reise nach Rostock erfuhr, bat er um „Amtshilfe" und ließ mir in letzter Minute das Beglaubigungsschreiben für Botschafter Matsulevitš in das *Hotel Rataskaevu* bringen. Endlich hatte er Präsident Rüütel, dem eine andere Besetzung vorgeschwebt zu haben schien, dessen Unterzeichnung abringen können. In Rostock konnte ich den Umschlag dann einem Bonner Kollegen zur schnellen und sicheren Weiterleitung an den sich bereits an den Ufern des Rheins aufhaltenden künftigen ersten Botschafter Estlands in Deutschland übergeben.

Unterbringungsprobleme

In Tallinn standen bereits zwei Delegationen ins Haus, die es parallel zu betreuen galt: Die durchreisenden Bundestagsabgeordneten Michael Glos und Rudolf Kraus, stellvertretender Vorsitzender bzw. parlamentarischer Geschäftsführer der CDU/CSU-Fraktion, und eine Delegation unter Leitung des mir schon von Anfang September her bekannten Oberamtsrats aus dem Liegenschaftsreferat des Auswärtigen Amts, der Vertreter des Bundesbauministeriums und der Bundesbaudirektion angehörten. Nachdem sie bereits in Wilna und Riga gewesen war, sollte diese Delegation nun auch unsere Unterbringungsprobleme lösen.

Die Abgeordneten, von denen ich Herrn Glos bereits von einem Besuch in Leningrad kannte, zeigten Verständnis dafür, daß ich sie zeitweise Graf Lambsdorff überlassen mußte, nachdem ich ihnen die Bedeutung der anderen Delegation für die Botschaft vor Augen geführt hatte, die möglicherweise Weichen für unsere ganze künftige Tätigkeit stellen würde. Dennoch konnte ich die Abgeordneten bei einem Abendessen im *Hotel Viru* mit einigen estnischen Politikern zusammenführen: Der stellvertretende Wirtschaftsminister Mart Opmann und der Fraktionschef der Christdemokraten im Obersten Rat, Mart Laar, waren meiner Einladung gefolgt, drei weitere allerdings trotz Zusage nicht erschienen – ein Relikt sowjetischer Nomenklatura-Gewohnheiten, das sich in der Folgezeit nur noch selten bemerkbar machen sollte.

Mit der Liegenschafts-Delegation besichtigten wir das 7. Stockwerk im bisherigen ZK-Gebäude in der *Rävala puistee 9*, das uns, wie von Savissar entschieden, als vorübergehende Botschaftskanzlei angeboten wurde. Nachdem wir uns zum Vergleich noch ein anderes Angebot angesehen hatten, war klar, daß es unter den gegebenen Verhältnissen eine bessere Lösung als die Unterbringung im „Weißen Haus" nicht geben würde. So einigten wir uns denn mit der estnischen Seite, vertreten durch den stellvertretenden Leiter der Staatskanzlei Viljar Meister, auch gleich über die weiteren Modalitäten einschließlich der Miete. Damit fiel mir ein schwerer Stein vom Herzen, zumal unserem sofortigen Einzug in die voll möblierten Büroräume nichts im Wege zu stehen schien. Leider sollte sich dies bald als ein Irrtum herausstellen.

Schwieriger erwies sich die Frage einer Residenz für den Botschafter. Zwei im Vorort *Merivälja* hinter Brigitten gelegene Villen, die wir als Übergangslösung von Privateigentümern hätten anmieten können, gefielen mir weniger, so daß ich mir eine Entscheidung bis zu einer gemeinsamen Besichtigung mit meiner Frau vorbehielt, die über das Wochenende aus St. Petersburg kommen wollte. Die Entscheidung fiel dann negativ aus.

Schon in meinem allerersten Bericht aus Tallinn, den ich im Hotel handschriftlich verfaßt und dem Fahrer nach Leningrad mitgegeben hatte, von wo er unter dem Datum des 6. September 1991 an das Auswärtige Amt abgesandt worden war, hatte ich als endgültige Lösung für eine Residenz die Anmietung und Renovierung eines in der historischen Altstadt gelegenen repräsentativen Gebäudes vorgeschlagen und dabei auf das schwedische Beispiel hingewiesen. Die schwedische Regierung hatte sich unmittelbar nach dem 20. August unter dem Eindruck der wiedergewonnenen Unabhängigkeit Estlands, nachdem zuvor bereits seit einiger Zeit Verhandlungen geführt worden waren, kurzfristig mit der estnischen Regierung vertraglich über die langfristige Anmietung und auf schwedische Kosten vorzunehmende Renovierung des wahrscheinlich schönsten früheren Palais in der Revaler Unterstadt als kombinierte Kanzlei und Residenz geeinigt. Ferner hatte ich damals berichtet, gegenüber der estnischen Regierung, die darauf ausgesprochen positiv reagiert habe, drei repräsentative Gebäude ins Gespräch gebracht zu haben. Es handelte sich um dieselben Objekte, die ich am 2. September morgens vor Übergabe meines Beglaubigungsschreibens dem Oberamtsrat aus Bonn gezeigt hatte. Außer dem Haus am Schloßplatz waren dies das ehemalige Tollsche Haus, ein nach der letzten deutschen Besitzerfamilie so benannter ebenfalls auf dem Domberg gelegener stattlicher Gebäudekomplex im klassizistischen Stil gegenüber Domkirche und früherem Ritterhaus, sowie eine Villa am Ende der Langstraße an der Stadtmauer. Die beiden Gebäude auf dem Domberg, hatte ich berichtet, schienen mir groß genug zu sein, um Kanzlei und Residenz in einem zu beherbergen, so wie ich das aus Leningrad kannte.

Der nur mir bekannte Hintergrund war, daß ich Außenminister Meri wegen des Hauses am Schloßplatz auch unter dem Gesichtspunkt vorsichtig sondiert hatte, daß dieses Haus während eines Jahrzehnts Residenz des estnischen Staatsoberhauptes gewesen war (1921–1931). Für einen seiner Geschichte bewußten Esten, so schien mir, mußten sich mit diesem Gebäude daher besondere patriotische Reminiszenzen verbinden, die sehr wohl einer Verwendung als Residenz des deutschen Botschafters hätten entgegenstehen können. Dies wollte ich von vornherein ausschließen können. Meri hatte mich aber sogar ermutigt, diesen Plan weiterzuverfolgen und mir dabei den Eindruck vermittelt, daß dies nicht allein seine persönliche Auffassung widerspiegele, sondern auch die der estnischen Regierung. Ich habe Gründe anzunehmen, daß die besondere Beziehung, die ich meinerseits zu diesem Haus hatte, in dem meine Großmutter geboren und aufgewachsen war, was Meri und einige wenige andere Menschen in Estland wußten, nicht ohne Einfluß auf dieses Entgegenkommen gewesen ist. Auf deutscher Seite habe ich vorerst wohlweislich niemand in diese Zusammenhänge eingeweiht.

Mit der Delegation aus Bonn besichtigten wir also die drei Gebäude, die uns jetzt von estnischer Seite offiziell angeboten worden waren. Die Staatskanzlei fügte an jenem 24. Oktober noch ein viertes Objekt hinzu, und zwar das sogenannte Stenbocksche Haus, das größte Palais auf dem Domberg mit einem fabelhaften Blick über die Unterstadt und die Revaler Bucht, erbaut gegen Ende des 18. Jahrhunderts von dem Gouvernementsarchitekten Johann Caspar Mohr.

Da an jenem Tag die Vorentscheidung über die künftige Residenz fiel und der ganze Vorgang nicht nur auf diese Anfangszeiten unserer diplomatischen Präsenz in Estland ein bezeichnendes Licht wirft, sondern auch für die Funktionsweise unserer eigenen Bürokratie auschlußreich ist, schildere ich seinen Ablauf etwas genauer. Daraus kann man zugleich ersehen, wieviel Glück und Zufall bei solchen Entscheidungen mit im Spiel sein können. Als erstes kam die Delegation also in Begleitung eines Mitarbeiters des Außenministeriums, des stellvertretenden Kanzlers Alo Toomel, und einiger Architekten und Bauingenieure aus staatlichen estnischen Restaurierungsunternehmen zu dem ehemals Ungern-Sternbergschen Haus am Schloßplatz. Das war bereits deswegen ein glücklicher Umstand, weil sich die Delegation zu dessen Besichtigung noch relativ viel Zeit nehmen konnte. Denn sie stand auf dieser letzten Station ihrer Reise durch die baltischen Staaten von Anfang an unter selbst verordnetem

Zeitdruck, war sie doch um ihre rechtzeitige Rückkehr zum Wochenende besorgt. Der auf den ersten Blick recht heruntergekommene Zustand des Gebäudes wirkte auf die Fachleute aus Deutschland zunächst ziemlich abschreckend, und sie begannen, die gegen seine Herrichtung als Residenz sprechenden Gesichtspunkte in den Vordergrund zu rücken (eine Verwendung als Residenz *und* Kanzlei, wie ich sie dem Auswärtigen Amt gegenüber erwähnt hatte, wurde von unseren Leuten schon aus Platzgründen sofort ausgeschlossen). Diese Reaktion konnte mir natürlich überhaupt nicht gefallen. Auch wunderte ich mich über die selbst mir als Laien erkennbare Oberflächlichkeit, mit der an sich ausgewiesene „Experten" an die Beurteilung einer zwar schwer lädierten, aber doch wohl kaum unwiederbringlich verlorenen Bausubstanz herangingen. Dies brachte ich der Delegation gegenüber auch zum Ausdruck. Die estnischen Baufachleute, die das Haus gut kannten, da unter ihrer Regie bereits mit dessen Sanierung begonnen worden war, konnten die überkritischen Kommentare ihrer deutschen Kollegen nur schwer nachvollziehen. Auch mußten sie sich durch manche herablassende Bemerkung, mit der ihre fachliche Qualfaktion von deutscher Seite in Zweifel gezogen wurde, verletzt fühlen, denn sie verstanden hinreichend deutsch, ließen sich aber nichts anmerken. Als ein bestimmtes Maß überschritten war, verbat ich mir beim ranghöchsten Vertreter der Bundesbaudirektion jeden weiteren unsachlichen Kommentar seiner Mitarbeiter. Das half. Kanzler Klawohn war seinerseits ganz still geworden vor Unbehagen ob des naßforschen Auftretens seines Kollegen aus dem Liegenschaftsreferat. Schließlich konnte ich als Zwischenergebnis erreichen, daß der Fall zwar als schwierig, aber nicht hoffnungslos angesehen wurde. Im übrigen gewann ich zunehmend den Eindruck, daß die Delegation sich vor allem in Riga – wo unsere Eigentumsrechte an dem noch vorhandenen, jedoch arg heruntergekommenen früheren Gesandtschaftsgebäude anerkannt worden waren – bereits hatte finanziell stark engagieren müssen und daher in Tallinn von vornherein auf eine sparsamere Lösung bedacht war.

Das in unmittelbarer Nachbarschaft zum Ungern-Sternbergschen Haus gelegene Tollsche Stadtpalais wurde dann nur noch recht kursorisch begangen. Vor dem Stenbockschen Haus schreckten die Herren aus Deutschland angesichts seiner Größe und des Ausmaßes der voraussichtlichen Renovierungskosten gleich zurück; aus Sicherheitsgründen konnte man es auch nur von außen besichtigen. Mittlerweile ist es nach verschiedenen anderen Plänen, die nicht verwirklicht werden konnten, von der estnischen Regierung restauriert und im Sommer 2000 als Sitz des Ministerpräsidenten unter dem historischen Namen *Stenbocki maja* der aus meiner Sicht bestmöglichen Bestimmung zugeführt worden.

In der Unterstadt standen noch das Haus in der Langstraße 73 und ein weiteres in der Breitstraße 39 – einer der „Drei Brüder" gegenüber dem ehemals Hueckschen Haus – auf dem Programm, die uns als Kanzleigebäude angeboten wurden. Diese Projekte, die beide keine ideale Lösung gewesen wären, erledigten sich dann in der Folgezeit von selbst, als sich abzeichnete, daß die Botschaftskanzlei für eine voraussichtlich längere Übergangsperiode im ehemaligen KP-Gebäude untergebracht sein würde, um später in einen Neubau auf dem Gelände der früheren Gesandtschaft umzuziehen. Letztere Variante aber stand Ende Oktober 1991 wegen der noch nicht endgültig geklärten Eigentumsverhältnisse, der mit einem Neubau verbundenen weiteren erheblichen Kosten und der Notwendigkeit, schnell eine Bleibe für die Kanzlei zu finden, nicht zur Diskussion.

Ich selbst konnte kein Interesse daran haben, einen Neubau zu favorisieren, so lange nicht die Residenzfrage endgültig zugunsten des Hauses auf dem Domberg entschieden war: Einmal, um nicht durch zwei, allein für Tallinn beträchtliche Haushaltsmittel in Anspruch nehmende Projekte diese gegenseitig zu blockieren, und zum anderen, um gar nicht erst Überlegungen der Art aufkommen zu lassen, in einem Neubau Kanzlei und Residenz zu vereinen. Denn genau dies zu tun waren wir gerade in Helsinki im Begriff, und auch in Tallinn hatten sich beide bis 1940 unter einem Dach befunden.

Wir haben aber vorgesorgt: Nachdem ich mich in dem im Stadtarchiv erhalten gebliebenen Grundbuch davon hatte überzeugen können, daß das Deutsche Reich (*Saksa Riik*) nach wie vor als Eigentümer des Grundstücks eingetragen war, auf dem früher das Gesandtschaftsgebäude gestanden hatte, richteten wir am 25. November 1991 eine Verbalnote an das Außenministerium und machten den „Anspruch der Bundesrepublik Deutschland auf das Eigentum" an dem Grundstück in der Domkönigstalerstraße 5 (*Toom-Kuninga tänav*) geltend. Wir waren zwar der Auffassung, daß das Grundstück weiterhin Deutschland gehörte und forderten daher auch keine Restitution. Doch wollte ich durch diesen rechtswahrenden Akt die Feststellung unserer Eigentumsrechte erreichen und zugleich im Hinblick auf die in der estnischen Gesetzgebung zur Rückgabe des von den Sowjets enteigneten Immobilienbesitzes vorgesehene Ausschlußfrist auf Nummer sicher gehen. Daher baten wir auch um schriftliche Bestätigung unserer Note, die anstandslos erfolgte. Am 16. Januar 1992 hat die Tallinner Ratsversammlung dann den etwas seltsamen Beschluß gefaßt, dem Obersten Rat vorzuschlagen, dieses Grundstück, das mittlerweile die Hausnummer 11 trug, und eine weitere Immobilie „im Staatseigentum zu belassen und den Botschaften ausländischer Staaten zur Bebauung zu übergeben". Zu einem Beschluß des Obersten Rats ist es aber nie gekommen. Vielmehr verfügte die aus den ersten Wahlen im freien Estland hervorgegangene Regierung am 1. Juli 1993 durch eine von Ministerpräsident Mart Laar gezeichnete Anordnung, daß das Eigentumsrecht der Bundesrepublik Deutschland gemäß dem Restitutionsgesetz „für den Neubau eines Gebäudes wiederherzustellen" und dies im staatlichen Landkataster einzutragen sei.

In der Schlußbesprechung mit der Liegenschafts-Delegation am 25. Oktober konnte ich erreichen, daß die Anmietung des Hauses am Schloßplatz 7 als Residenz unter zwei Voraussetzungen in Aussicht genommen wurde, worüber die Botschaft mit der estnischen Regierung Gespräche aufnehmen sollte: Zum einen müßten wir uns auf ein den Vorstellungen der Bundesbaudirektion entsprechendes Sanierungskonzept für das Gebäude einigen und zum anderen hinreichende rechtliche Garantien für die Erstattung der von deutscher Seite vorzufinanzierenden Renovierungskosten erhalten. Letzteres könnte z.B. in der Form eines langjährigen Mietvertrags nach schwedischem Vorbild erfolgen. Damit war die von mir angestrebte grundsätzliche Weichenstellung erfolgt. Die beiden genannten Voraussetzungen zu erfüllen, schien mir angesichts der ausdrücklichen Bereitschaft der estnischen Regierung, uns das Gebäude zur Verfügung zu stellen, keine größeren Schwierigkeiten zu bieten. Diese Annahme sollte sich als richtig herausstellen. Trotzdem bedurfte es dann noch langwieriger Verhandlungen, bis ein Vertrag unterschriftsreif war.

Eine große Hilfe bei dieser regelrechten Verhandlungscharakter annehmenden Diskussion mit der Delegation aus Bonn war mir der Vertreter des Bundesbauministeriums Dipl. Ing. Kurt Glintenkamp. Bei der Ortsbegehung hatte er sich mit Äußerungen weitgehend zurückgehalten. Als ich der Delegation am Abend ein Essen gab, saß er aufgrund der Zufälligkeiten des Protokolls neben mir. Auch als ich im Verlauf des Essens mit dem mir gegenübersitzenden Delegationsleiter aus dem Auswärtigen Amt in eine heftige Auseinandersetzung über Pro und Contra der Residenz auf dem Domberg geraten war, hatte er nicht weiter eingegriffen und mir nur zugeflüstert: „Herr Botschafter, während über zwanzig Dienstjahren habe ich in Zusammenarbeit mit meinem Kollegen im Bundesfinanzministerium viele Projekte von Botschaftsbauten weltweit durchgezogen – ich habe noch zwei Jahre bis zur Pension, und in dieser Zeit werden Sie und ich gemeinsam auch das Projekt in Tallinn realisieren, seien Sie ganz unbesorgt und lassen Sie den Herrn nur reden!“. Herr Glintenkamp hat Wort gehalten. Allerdings habe ich von da an dem Auswärtigen Amt gegenüber keinen Schritt mehr unternommen, ohne diesen nicht vorher mit ihm abgestimmt zu haben. Das hatten wir noch in Tallinn miteinander verabredet. Auf diese Weise wurde dann auch die alles entscheidende Zustimmung des Finanzministeriums herbeigeführt, das aufgrund der jahrzehntelangen guten Erfahrungen ein von Glintenkamp befürwortetes Vorhaben bedenkenlos mittragen konnte.

Ich bin öfter gefragt worden, warum wir nicht versucht hätten, das Haus auf dem Domberg zu kaufen. Ganz abgesehen davon, daß ich nicht weiß, ob die estnische Regierung zu einem Verkauf an Deutschland überhaupt bereit gewesen wäre, bin ich persönlich immer der Auffassung gewesen, daß Gebäude dieser Art, die Staatseigentum sind und zum kulturellen Erbe Estlands gehören, nicht unwiderruflich in andere und schon gar nicht in ausländische Hände übergehen sollten, selbst wenn der Unterschied zwischen Eigentum und langfristiger Nutzung nur ein symbolischer sein mag. Ist aber erst einmal ein Präjudiz geschaffen, könnte in Notzeiten die Versuchung für die Regierung groß werden, auf diese Weise Lücken im Staatshaushalt zu schließen. Allerdings ist die Entwicklung der Verhältnisse auf dem Domberg dann später anders verlaufen; eine Reihe alter Stadthäuser des estländischen Adels, unter ihnen das Tollsche Haus, die 1939 bei der Umsiedlung der Deutschen in estnischen Staatsbesitz übergegangen waren, ist verkauft worden und befindet sich jetzt in Privateigentum.

Kaum war die Liegenschafts-Delegation abgereist, wurde unsere Geduld von neuem auf die Probe gestellt. Gleich zu Beginn eines Abendessens, das Meri am 27. Oktober dem zu einer Konferenz über die künftige estnische Verfassung nach Tallinn gekommenen Präsidenten des Bundesverfassungsgerichts Professor Dr. Roman Herzog im *Hotel Rataskaevu* gab, machte uns der Außenminister die unangenehme Eröffnung, die Regierung habe auf ihrer letzten Sitzung die Entscheidung zugunsten einer Unterbringung der deutschen (und dänischen) Vertretung im bisherigen ZK-Gebäude zurückgenommen. Der Grund wäre, daß das Außenministerium die oberen 5 der insgesamt 10 Stockwerke benötige. Meri war sichtlich verlegen, zumal er selbst zu den Befürwortern dieser Lösung gezählt und uns immer wieder ermutigt hatte nicht aufzugeben. Offenbar stand er aber unter massivem Druck seiner eigenen Mitarbeiter, die ihrerseits ausreichende Arbeitsmöglichkeiten verlangten. Sein Kalkül, mit Hilfe der Botschaften die noch verbliebenen früheren Bewohner des Parteihauses aus diesem zu vertreiben, war nicht aufgegangen, und die für die deutsche und dänische Botschaft vorgesehenen anderthalb Stockwerke hätten nun von dem für das Außenministerium vorgesehenen Kontingent von 5 Stockwerken abgezogen werden müssen. Professor Herzog unterstützte mich spontan, als ich meine Überraschung und Enttäuschung über diese erneute Wendung der Dinge zum Ausdruck brachte, die den weiteren Aufbau der Botschaft in Frage stellen mußte.

Zwei Tage darauf wurde ich zusammen mit dem dänischen und dem britischen Kollegen vom stellvertretenden Leiter der Staatskanzlei Meister zu einer abendlichen Besprechung in Anwesenheit des Außenministers auf den Domberg eingeladen. Der britische Botschafter Brian Low war hinzugebeten worden, weil er ebenfalls Zusagen für eine Unterbringung seiner Vertretung im „Weißen Haus" erhalten hatte. Auf estnischer Seite waren noch Toivo Klaar und Alo Toomel aus dem Außenministerium zugegen.

Das anderthalbstündige Gespräch sollte ziemlich bewegt verlaufen. Meri versuchte, uns drei Botschafter zu Verbündeten gegen die eigene Regierung zu machen, die weder seinem Ministerium noch den Diplomaten ausreichende

Räumlichkeiten zur Verfügung stelle. Dabei fiel von seiner Seite auch das Wort „Rücktritt", falls man ihn nicht in die Lage versetze *to run a reasonable Foreign Office*. Von unserer Seite gab es ebenfalls deutliche Worte: So erinnerte Botschafter Nordberg, der seine estnische Dolmetscherin mitgebracht hatte, an die Unterstützung, die das dänische Außenministerium dadurch geleistet habe, daß es vor der Unabhängigkeit viele Auslandsreisen von Meri finanzierte. Die Situation war eigenartig und den stummen Zeugen Klaar und Toomel, die wahrscheinlich die Interessen der Mitarbeiter des Ministeriums vertreten sollten, sichtlich unangenehm. Schließlich bat uns Meri, unseren Standpunkt in einem Schreiben an ihn zu Papier zu bringen.

Wiederum zwei Tage später, am 31. Oktober, übergaben wir dem Außenminister einen Brief, den unser britischer Kollege entworfen hatte. In ihm erinnerten wir daran, daß wir von Seiten der estnischen Regierung ermutigt worden waren, unsere Botschaftstätigkeit im ehemaligen ZK-Gebäude aufzunehmen und sich unsere Regierungen mit ihren Planungen darauf eingestellt hätten. Wir würden zwar anerkennen, hieß es weiter, daß den Mitarbeitern des estnischen Außenministeriums ausreichende Büroräume zur Verfügung stehen müßten, nähmen aber dasselbe für uns in Anspruch: Ohne angemessene Räumlichkeiten könnten wir unsere Aufgaben nicht erfüllen, vor allem weder die für Estland vorgesehene wirtschaftliche und technische Hilfe in die Wege leiten noch mit der Visaerteilung beginnen. Auch hätten wir gehört, daß unsere Kollegen in Wilna und Riga wesentlich günstigere Bedingungen sowohl hinsichtlich ihrer dienstlichen als auch ihrer privaten Unterbringung anträfen. Des weiteren griffen wir einen Lieblingsgedanken von Meri auf, daß nämlich die Präsenz diplomatischer Vertretungen in Tallinn eine Sicherheitsgarantie für Estland bedeute, und baten die estnische Regierung, ihre Entscheidung zu überdenken:

… The Free World rejoiced at Estonia's independence which our Governments were all quick to recognise and, subsequently, to re-establish diplomatic relations and to appoint Ambassadors. It is our Goverments' intention that our presence in Estonia should convey a clear message to those who may be unwilling to accept the reality of Estonia's independence or who may have unfriendly intentions towards her. In order to convey this message we must be visible. We cannot be visible from, for example, a hotel room: we must have somewhere from which our countries' flags can be seen flying in support and recognition of Estonian sovereignty for the first time in 51 years.

Your Excellency, we very much hope that our needs can be met without causing inconvenience to your Government. We are fully convinced that an allocation of space in the former Central Committee building would be of mutual benefit to Estonia and ourselves. We trust this will still be possible …

Wie man sieht, hatten wir alle Register gezogen und eine richtige Staatsaktion daraus gemacht.

Als der dänische Kollege und ich am 4. November den Außenminister aufsuchten, um ihm die Schlußfolgerungen der Rostocker Botschafterkonferenz zu überbringen, konnte uns Meri mitteilen, am Morgen habe eine Sitzung bei Ministerpräsident Savisaar stattgefunden, auf der entschieden worden sei, das 7. Stockwerk der deutschen und die Hälfte des 6. Stockwerks des ZK-Gebäudes der dänischen Botschaft zur Verfügung zu stellen! (Abbildung 19).

Die Briten hatte Meri nicht erwähnt. Bald stellte sich heraus, daß sie leer ausgegangen waren – wahrscheinlich, weil sie sich als letzte von uns dreien interessiert und die ihnen gemachten Zusicherungen noch nicht denselben Grad an Verbindlichkeit erreicht hatten wie in unserem Fall.

Damit war eine leidige Angelegenheit schließlich doch noch zu einem für uns befriedigenden Abschluß gelangt. Sie hatte bereits begonnen, sich in Tallinn herumzusprechen, und nicht unbedingt zugunsten der estnischen Regierung. Das wird ihr ein Einlenken erleichtert haben.

Die Unterbringung war für uns, wie für die übrigen Missionen in gleicher Lage, in dieser Anfangszeit *das* Problem schlechthin und beschäftigte uns neben der Betreuung politischer Besucher aus Deutschland am meisten. Dabei standen wir auch unter dem Druck unserer Regierungen, die bald über voll funktionsfähige Botschaften verfügen wollten. Jedenfalls galt das für die Bundesregierung: An demselben 29. Oktober, an dem dann abends die Sitzung bei Meri auf dem Domberg stattgefunden hatte, waren die Botschaften Tallinn, Riga und Wilna von dem unter innenpolitischem Druck stehenden Staatssekretär des Auswärtigen Amts angewiesen worden, „umgehend", spätestens aber ab 1. Dezember, den „vollen konsularischen Betrieb aufzunehmen und von einer Verweisung an das Generalkonsulat St. Petersburg bzw. die Botschaft Moskau künftig abzusehen" sowie „hierfür unverzüglich Geschäftsräume einzurichten, die für den Publikumsverkehr zur Verfügung stehen". Dies bedeutete im Klartext, daß die Sichtvermerke für Reisen nach Deutschland demnächst von uns in Tallinn zu erteilen waren – unbeschadet der damals geltenden Ausnahmeregelung, daß nach Deutschland eingeladene „Einwohner" der baltischen Staaten (die Staatsangehörigkeitsfrage war noch ungeklärt) ein Visum unmittelbar an der deutschen Grenze erhalten konnten. Die Visaerteilung in Tallinn, an der natürlich das estnische Publikum das größte Interesse hatte, wäre uns aber im Deutschen Kulturinstitut in der *Tolli 6* schon aus Platzgründen unmöglich gewesen.

Das Ringen um den Einzug in das „Weiße Haus" wirft auch insofern ein Schlaglicht auf die in jener Zeit in Estland herrschenden Verhältnisse, als damals Einfluß und Positionen neu verteilt wurden, „alte" und „neue" Kräfte miteinander konkurrierten und sich dabei auch gerne der ausländischen Diplomaten als Figuren in diesem Spiel bedient hätten. Dies umso mehr, als wir Botschafter uns während der ersten Jahre nach Wiedererlangung der Unabhängigkeit in der estnischen Öffentlichkeit einer Beachtung und eines Ansehens erfreuten, wie man es sich später nur mehr schwer vorstellen konnte.

*

Der Umzug aus dem Stadtarchiv, wo wir zwei Monate zugebracht hatten, in die neuen Räume im 7. Stock der *Rävala puistee 9* fand dann unter der Regie von Kanzler Klawohn in der zweiten Novemberwoche statt, nachdem mir Staatsminister Vare persönlich die Schlüssel übergeben hatte. Er erfolgte wohlgemerkt noch *vor* dem Einzug des Außenministeriums (und auch des Ministers selbst) in die darüberliegenden drei Stockwerke, der, von einigen Vorreitern abgesehen, erst Anfang Februar 1992 über die Bühne ging. Ich selbst benutzte diese Woche im November, um nach St. Petersburg zu fahren, dort aufzuräumen und mich offiziell zu verabschieden. Auch war mein Nachfolger Eberhard von Puttkamer mit seiner Frau unser Hausgast, damit sie sich etwas umsehen und wir ihnen unsere Erfahrungen mitteilen konnten.

Erst hier im 7. Stock des früheren ZK-Gebäudes brachten wir dann das übliche Botschaftsschild an, das bereits im Gepäck der Delegation des Bundesministers gewesen war. In der *Tolli 6* war es nur ganz prosaisch auf einem Heizkörper aufgestellt worden, um das Provisorium zu betonen. Jetzt richteten wir uns auf eine längere Verweildauer ein und brachten dies dann durch erhebliche Umbauten zur Herstellung einer funktionstüchtigen und hinreichend gesicherten Botschaftskanzlei auch äußerlich erkennbar zum Ausdruck.

Aus meinem Dienstzimmer am südlichen Ende unserer Etage hatte ich einen herrlichen Blick über das Estonia-Theater auf die St. Nikolai-Kirche und den Domberg zur Linken und einen Teil der Revaler Bucht mit der St. Olai-Kirche im Vordergrund zur Rechten. (Abbildung 20). Nach dem Umbau und der Ausstattung mit neuen Möbeln aus Deutschland konnte ich mit diesem Büro durchaus zufrieden sein, auch wenn es den Vergleich mit dem sich durch geschmackvolles modernes dänisches Design auszeichnende Dienstzimmer von Botschafter Nordberg, der im Stockwerk unter uns residierte, nicht aushielt. Eine persönliche Note bekam mein Zimmer dann noch dadurch, daß ich mit der Direktorin der Staatlichen Estnischen Gemäldesammlung (*Eesti Kunstimuuseum*) Marika Valk die leihweise Überlassung eines großen Ölgemäldes von Alexandrine von Wistinghausen aus dem Jahre 1883 vereinbaren konnte, das eine Ansicht Revals von der Seeseite darstellt, nachdem dieses zuvor auf meine Kosten ein wenig restauriert worden war.

Die zeitlichen Vorgaben des Auswärtigen Amts für die Aufnahme der konsularischen Tätigkeit und vor allem der Visaerteilung konnten wir aber nicht erfüllen, da uns diesmal Bonn im Stich ließ. Weder wurde uns rechtzeitig das nötige Personal zur Verfügung gestellt noch erhielten wir die erforderlichen Sachmittel. Dazu bedurfte es erst der Beschwerde eines Abgeordneten beim Minister. Jetzt bewilligte uns das Auswärtige Amt die Einstellung einer Reihe von estnischen Ortskräften, mit deren Hilfe die Botschaft am 6. Januar 1992 die uneingeschränkte Ausgabe von Sichtvermerken beginnen konnte, nachdem wir bereits im Dezember einzelne Visa erteilt hatten. Da die Öffentlichkeit über Rundfunk und Presse informiert worden war, stellten sich bereits am ersten Tag über 50 Sichtvermerksbewerber ein.

Da der britische Botschafter bei der Verteilung der Räume im „Weißen Haus" leer ausgegangen war, bot ich ihm einige Zimmer an, so lange wie wir diese nicht selbst brauchen würden, damit er wenigstens den Dienstbetrieb nicht weiter vom Hotelzimmer aus wahrnehmen mußte. Zwei Monate hat auf diese Weise die Britische Botschaft bei uns Gastrecht genossen. Bonn gegenüber habe ich von dieser Absprache kein Aufheben gemacht und erst berichtet, als wir zur besonderen Zusammenarbeit sowohl mit der dänischen als auch der britischen Botschaft angehalten wurden, die wir bereits nachgerade exemplarisch praktizierten. Dennoch ist dies in Bonn, aber sehr zum Ärger von Brian Low auch in *Whitehall*, nicht weiter zur Kenntnis genommen worden. In unseren Zentralen wurde vielmehr stets die spätere gemeinsame Unterbringung der deutschen und britischen Botschaft (zusammen mit der von Frankreich) in der kasachischen Hauptstadt Almaty als vorbildlich hervorgehoben – wahrscheinlich, weil sie auf einer Absprache zwischen der Leitung beider Außenministerien beruhte und auf Dauer angelegt war.

Aus dieser Zeit deutsch-britischer „Kohabitation" stammte eine besondere Verbundenheit mit dem sympathischen Brian Low aus Schottland. Kennengelernt hatten wir uns, als er mich gleich nach seiner Ankunft im *Hotel Rataskaevu*, wo er zuerst auch abgestiegen war, anrief und zu einem Drink auf sein Zimmer einlud. Obwohl wie wir alle mit kleinem Gepäck angereist, war er mit einem beeindruckenden Vorrat an Getränken ausgestattet, die er in einem aufgeklappt am Boden liegenden Koffer seinem Besucher ungeniert zur Auswahl anbot. Bald darauf aßen wir im *Maharaja* am Rathausplatz zusammen zu Abend, dem damals besten Restaurant in Tallinn und einem der ganz wenigen mit westlichem Standard (und Preisen). Da es, wie der Name sagt, ein indisches Lokal ist, hatte Brian als britischer Botschafter darauf bestanden, mich einzuladen. Kaum hatten wir uns niedergelassen, da wurden wir auch schon von dem indischen Geschäftsführer umschwärmt, der „seinen" Botschafter und dessen Gast nach allen Regeln der Kunst bedienen wollte. Der Brite machte das Spiel wie selbstverständlich und völlig ungerührt mit, schnippte mit den Fingern und rief nach *Sanjay*, dem Geschäftsführer, sobald ihm etwas zu fehlen schien. Es war, als wehte ein Hauch von *British Empire* durch den Raum, und innerlich amüsiert verfolgte ich die ganze Inszenierung, die zu der damals doch recht grauen Stimmung im alten Reval in kaum einem größeren Kontrast hätte stehen können.

Estland gibt sich eine neue Verfassung

Am 28./29. Oktober 1991 fand in Tallinn jene „Verfassungskonferenz" statt, an der von deutscher Seite Professor Herzog und der Direktor des Bundesverfassungsgerichts Dr. Karl-Georg Zierlein teilnahmen. Diese Konferenz wurde vom Obersten Rat gemeinsam mit der Verfassungsgebenden Versammlung und dem Europarat veranstaltet und bezweckte, den Entwurf einer neuen estnischen Verfassung mit Staats- und Verfassungsrechtlern aus dem westlichen Ausland zu erörtern.

Am 20. August war zusammen mit der Erklärung der Unabhängigkeit auch die Einberufung einer Konstituante beschlossen worden war. Ihre personelle Zusammensetzung sollte vom Obersten Rat und dem Estnischen Kongreß festgelegt und das Ergebnis ihrer Beratungen dem estnischen Volk in einem Referendum zur Zustimmung unterbreitet werden. Bereits am 3. September hatte der Oberste Rat der Konstituante aufgegeben, bis zum 15. November 1991 einen Verfassungsentwurf auszuarbeiten und abschließend zu beraten. Am 9. September bestätigte der Oberste Rat die von ihm und dem Estnischen Kongreß vorgenommene Wahl von je 30 Mitgliedern. Darauf konnte die sich aus 60 Männern und Frauen zusammensetzende Verfassungsgebende Versammlung am 13. September erstmals zusammentreten.

Schon zuvor, an einem der ersten Septembertage kurz nach Übergabe meines Beglaubigungsschreibens, hatte ich gemeinsam mit Staatssekretär Dr. Meyer-Landrut spät abends die Vorsitzende der Sozialdemokratischen Partei Estlands und stellvertretende Vorsitzende des Obersten Rats Marju Lauristin in ihrem Büro im Parlament auf dem Domberg aufgesucht. Sie wollte Meyer-Landrut noch vor dessen Rückkehr nach Bonn sprechen. Es ging ihr um die künftige Verfassung. Unter den estnischen Politikern gab es hierüber einen Richtungsstreit. Ein Teil wollte in unmittelbarer Anknüpfung an die Vorkriegszeit wieder eine Präsidialverfassung einführen, andere strebten eine parlamentarische Demokratie unter Berücksichtigung der seit 1940 in Westeuropa eingetretenen Entwicklungen an. Lauristin zählte zu letzteren. Sie wünschte sich ein modernes „Grundgesetz", wie die estnische Verfassung wörtlich übersetzt heißt. Da wohl schon damals daran gedacht war, daß sich die Konstituante von erfahrenen Verfassungsrechtlern aus dem Ausland beraten lassen sollte, wollte sie von uns wissen, wer hierfür in Deutschland in Frage käme. Spontan brachte ich den Präsidenten des Bundesverfassungsgerichts ins Gespräch. Nicht nur vereinte Professor Dr. Roman Herzog als einer der führenden deutschen Staats- und Verfassungsrechtler, Präsident unseres obersten Gerichts und ehemaliger Landesminister in seltener Weise einschlägige theoretische und praktische Erfahrungen in einer Person, sondern ich hatte ihn anläßlich eines Besuchs in Leningrad im November 1990 und namentlich im Gespräch mit Bürgermeister Sobtschak auch als eine Persönlichkeit erlebt, die ihre Auffassungen unaufdringlich aber deutlich und dadurch umso überzeugender anderen mitzuteilen wußte. Meyer-Landrut stimmte gleich zu und wollte es übernehmen, Herzog mit Unterstützung durch Bundespräsident von Weizsäcker zur Annahme einer Einladung nach Estland zu bewegen.

Inzwischen hatte sich die Verfassungsgebende Versammlung am 11. Oktober nach mehreren Kampfabstimmungen auf einen von ursprünglich vier Verfassungsentwürfen geeinigt. Dieser bildete fortan die Grundlage für die weiteren Beratungen, und zu ihm sollten die ausländischen Rechtsexperten am 28./29. Oktober angehört werden. Obsiegt hatte bei der Auswahl die eine parlamentarische Demokratie favorisierende Tendenz mit einem Entwurf von Jüri Adams aus den Reihen des Estnischen Kongresses, dem in der letzten Abstimmung der Entwurf von Justizminister Jüri Raidla (Volksfront) nur knapp unterlegen war. Letzterer hatte viele Elemente einer Präsidialverfassung in Anlehnung an die von Konstantin Päts inspirierte Verfassung aus dem Jahre 1938 enthalten. *It was a solid expansion of the 1920 Constitution, avoiding its superparliamentary weakness and inserting some aspects of the 1938 Constitution* charakterisierte knapp und treffend der exilestnische Politikwissenschaftler Professor Rein Taagepera, selbst Mitglied der Konstituante, den Entwurf für ein neues estnisches Grundgesetz, der sich als Beratungsgrundlage durchgesetzt hatte [17].

Nach dem Gespräch mit Marju Lauristin, mittlerweile ein prominentes Mitglied der Verfassungsgebenden Versammlung, hatte ich mehrfach mit Meyer-Landrut telefoniert, der seinerseits den Bundespräsidenten gewinnen konnte, während ich Meri, ebenfalls Mitglied der Konstituante, unterrichtete, worauf dieser sogleich Herzog eine Einladung sandte. Außer sechs Experten des mitveranstaltenden Europarats nahmen noch insgesamt sieben weitere als Gäste des Außenministeriums ausgewiesene Personen an der Verfassungskonferenz teil, zu deren Eröffnung durch Präsident Rüütel am 28. Oktober im Sitzungssaal des Parlaments ich die beiden deutschen Teilnehmer Herzog und Zierlein begleitete. Professor Herzog wurde als zweitem der ausländischen Teilnehmer nach dem Leiter der Delegation des Europarats, dem Dänen Erik Harremoes, das Wort erteilt. Wie die anderen angereisten Verfassungsrechtler beglückwünschte auch Herzog die Konstituante zu dem vorliegenden Entwurf. Dieser enthalte alle wesentlichen Grund- und Menschenrechte und weise in die richtige Richtung einer zeitgemäßen parlamentarischen Demokratie. Im übrigen wolle er aber, ließ Herzog die versammelten Mitglieder der Konstituante im weiteren Verlauf seiner Ausführungen nicht ohne *understatement* wissen, keine Ratschläge geben. Er könne nur sagen, welche Konsequenzen nach seiner Erfahrung bestimmte verfassungsrechtliche Weichenstellungen haben und nannte als ein Beispiel die Ausgestaltung der Stellung des Staatsoberhaupts: Ein direkt vom Volk gewählter Präsident müsse mit größeren Kompetenzen ausgestattet werden als ein indirekt gewählter. Auch wies Herzog auf die Bedeutung hin, die dem Wahlrecht für künftige Regierungsbildungen zukomme: Zu viele Fraktionen erschwerten Koalitionen; entscheide man sich für ein Verhältnis- anstatt für ein Mehrheitswahlrecht, dann empfehle sich eine Sperrklausel von z.B. 5%, wie sie das deutsche Wahlrecht kenne. Ferner machte er darauf aufmerksam, daß eine nur dreijährige Legislaturperiode, wie sie der Verfassungsentwurf vorsah, nach den in Deutschland gemachten Erfahrungen zu kurz wäre. Die beiden Herren vom Bundesverfassungsgericht haben dann während der Konferenz an Sitzungen verschiedener der insgesamt sieben Kommissionen teilgenommen, auf die sich die Mitglieder der Konstituante verteilten. Sie konnten in dem Verfassungsentwurf viele Ähnlichkeiten mit dem deutschen Grundgesetz bis hin zu nahezu identischen Bestimmungen und Formulierungen entdecken.

Unter dem Eindruck dieser Anhörung wurde dann u.a. die für das Parlament, den *Riigikogu*, vorgesehene Legislaturperiode von drei auf vier Jahre erhöht und ein unserer Bundesversammlung vergleichbares Organ für die Wahl des Staatspräsidenten vorgesehen, deren Funktionsweise Herzog der Konstituante erläutert hatte. Auch die 5%-Klausel findet sich im estnischen Wahlrecht wieder.

Am nächsten Vormittag empfing uns Präsident Rüütel zu einem längeren Gespräch in Katharinental. Wie von ihm schon gewohnt, ging es vor allem um die Bewältigung der schwerwiegenden Probleme, die für Estland aus der von Moskau gesteuerten Ansiedlung einer großen russischen Minderheit entstanden sind, und um die damit verbundenen Menschenrechtsfragen. Unter dem Eindruck der Verfassungsdiskussion machte Professor Herzog darauf aufmerksam, wie wichtig die Ausgestaltung des künftigen Wahlrechts sei und regte an, dieses gerade mit Blick auf die Nationalitätenprobleme und deren nicht vorhersehbare weitere Entwicklung nicht in der Verfassung zu verankern, sondern zum Gegenstand eines einfachen Gesetzes zu machen, das leichter geändert werden könne. Denn über die Behandlung der Russen in den baltischen Staaten werde es eine europäische Diskussion geben, fügte Herzog weitsichtig hinzu, und niemand könne voraussehen, wie sich diese in Estland auswirken werde. Dieser Anregung ist die Konstituante dann auch gefolgt.

Marju Lauristin erzählte später, sie hätten während ihrer Arbeit an der neuen estnischen Verfassung in der Konstituante immer das deutsche Grundgesetz „neben sich liegen gehabt", und schreibt im Rückblick: *The draft of a new constitution was prepared as a synthesis between the principles of Estonia's first democratic parlamentarian Constitution of 1922* [sic], *and the constitutional principles of the postwar West German state* [18]. Jaan Kross, ein in Dorpat ausgebildeter Jurist, sagte mir damals im Herbst 1991, daß er ohne ihr selbst anzugehören von der Konstituante gebeten worden sei, den Verfassungsentwurf fortlaufend nicht nur unter sprachlichen, sondern auch inhaltlichen Gesichtspunkten durchzusehen und zu kommentieren.

Am Nachmittag des 29. Oktober konnte ich Professor Herzog und Dr. Zierlein dann wieder zu ihrem Flugzeug bringen. Sie waren mit einer kleinen Maschine unserer Luftwaffe gekommen. Der Aufenthalt in Tallinn, den meine gerade anwesende Frau und ich auch dazu genutzt hatten, beiden Herren einen kleinen Eindruck von der Altstadt einschließlich unserer bescheidenen Botschaftsanfänge in der *Tolli 6* und des als Residenz auf dem Domberg anvisierten Hauses zu vermitteln, hatte bei beiden einen guten Eindruck hinterlassen. Als ich Herzog von den Schwierigkeiten berichtete, die ich damit hatte, Bonn zu einer Anmietung und Renovierung des Hauses auf dem Domberg zu bewegen, bot er mir sofort seine Unterstützung an und fragte, ob er mit dem Bundeskanzler sprechen solle. Ich bat ihn die weitere Entwicklung abzuwarten und sagte, daß ich mich nötigenfalls bei ihm melden würde. Er war einverstanden, meinte aber, mit dem Finanzminister, den er in den nächsten Tagen sähe, werde er auf jeden Fall sprechen …

Als ich Herzog und Zierlein am Abend des 27. Oktober am Flughafen empfangen hatte, war der Präsident des Bundesverfassungsgerichts etwas ungehalten gewesen und meinte, daß ihn der Bundespräsident ungeachtet seines übervollen Terminkalenders zu dieser Reise geradezu moralisch gezwungen hätte. Ich hatte dazu geschwiegen und erst im Verlauf der beiden miteinander verbrachten Tage die näheren Hintergründe dieser Einladung nach Estland, so wie sie sich mir darstellten, *peu à peu* aufgedeckt. Herzog nahm dies gut auf. Der Besuch in Tallinn, dessen Sinn er schnell eingesehen hatte, sagte ihm offenkundig zu. Nach Herzogs Wahl zum Bundespräsidenten im Jahre 1994 konnte ich nicht ohne Stolz sagen, daß unser neues Staatsoberhaupt bereits in Estland gewesen war!

*

In die Verfassungsdiskussion eng verwoben war die Frage, wer die estnische Staatsangehörigkeit besitzen soll und unter welchen Bedingungen sie erworben werden kann. Diese Frage war innenpolitisch heiß umstritten und beschäftigte die Öffentlichkeit weitaus mehr als das neue Grundgesetz. An diesem interessierte eine breitere Öffentlichkeit vor allem, ob es einen direkt vom Volk gewählten Präsidenten geben würde oder nicht.

Angesichts der in der Sowjetzeit erfolgten russischen Überfremdung des kleinen Landes, in dem eine knappe Million Esten nur noch wenig mehr als 60% der Bevölkerung ausmachten, ging es bei der Staatsangehörigkeit gewissermaßen um eine Überlebensfrage der Nation. Nach den traumatischen Erfahrungen der Deportationen und der späteren, auf die Verdrängung der estnischen Sprache aus dem öffentlichen Leben gerichteten Russifizierungspolitik, mußte das kleine Volk jetzt befürchten, eines Tages im eigenen Land zur Minderheit zu werden; denn die estnische Geburtenrate war traditionell geringer als die der Russen. Jedenfalls war man damals, was Rüütel auch Herzog gegenüber erwähnt hatte, darüber beunruhigt, daß im Herbst 1991 dreimal mehr russische als estnische Kinder eingeschult worden waren. Hochrechnungen zufolge, so Rüütel, werde es auch ohne weitere Zuwanderungen im Jahre 2010 mehr Russen als Esten in Estland geben, so daß dieses dann ein weiteres Mal gar nicht mehr besetzt werden müßte ... Kurzfristig würde andererseits von der Ausgestaltung des Staatsangehörigkeitsrechts abhängen, wer an dem Referendum über die Verfassung sowie den anschließend vorgesehenen Parlaments- und Präsidentschaftswahlen teilnehmen und damit über die politische Zukunft Estlands mitentscheiden konnte – es sei denn, und dies war ebenfalls im Gespräch, man wollte bei den *ersten* Wahlen nach der Unabhängigkeit allen in Estland ansässigen Personen ohne Rücksicht auf die Staatsangehörigkeit das Wahlrecht einräumen. Aber es war klar, daß sich ein von der gesamten Bevölkerung gewähltes Parlament wesentlich anders zusammensetzen würde, als ein nur von Esten gewählter *Riigikogu*.

Am 1. November suchte mich der Vorsitzende des Estnischen Kongresses, Tunne Kelam, zu einem längeren Gespräch in meinem Hotelzimmer auf. Dabei vertrat ich ihm gegenüber die Auffassung, daß ein Ausschluß der Russen von den ersten Wahlen als Konsequenz der von der nationalen Rechten unter seiner Führung vertretenen Position in der Staatsangehörigkeitsfrage bei allem Verständnis für die schwierige Lage, in die Estland ohne eigenes Verschulden geraten sei, international nicht hingenommen werden würde – womit ich mich gründlich getäuscht haben sollte.

Die grundsätzliche Weichenstellung war indessen auch in der Staatsangehörigkeitsfrage bereits am 20. August 1991 mit der Unabhängigkeitserklärung erfolgt, als sich die nationale Rechte mit ihrer Auffassung von der rechtlichen Kontinuität der Republik Estland hatte durchsetzen können. Wäre an diesem Tag nicht die estnische Staatlichkeit wiederaufgelebt, sondern – wie zuerst von sowjetischer und dann von russischer Seite bis auf den heutigen Tag behauptet – im Wege der Sezession von der Sowjetunion ein *neuer* Staat entstanden, dann hätten alle zu diesem Zeitpunkt ständig in Estland lebenden Menschen nach Völkerrecht automatisch die Staatsangehörigkeit einer solchen „zweiten" Republik Estland erhalten (genau genommen hätte dann sogar von einer „dritten" Republik gesprochen werden müssen, weil gemäß dieser Auffassung nach dem Untergang der „ersten" Republik im Jahre 1940 dieser logischer Weise eine „zweite", nämlich die Estnische SSR im Verbund der UdSSR, gefolgt wäre, will man nicht der Sowjetrepublik Estland jegliche Staatlichkeit absprechen und ein Vakuum annehmen).

Das Gebot der Stunde mußte sein, bei der Ausgestaltung des Staatsangehörigkeitsrechts die estnische Staatsdoktrin von der rechtlichen Kontinuität in einen möglichst pragmatischen Einklang mit den in 50 Jahren Sowjetherrschaft entstandenen tatsächlichen Verhältnissen zu bringen. Die Diskussionen darüber wurden in einer Kommission des Obersten Rats, in der sie bereits vor der Unabhängigkeit begonnen hatten, und zugleich in der Konstituante geführt.

Ausgangspunkt war im Interesse der Rechtskontinuität das zum Zeitpunkt der Annexion geltende Staatsangehörigkeitsgesetz von 1938, das auf dem Prinzip des *jus sanguinis* beruhte. Die Spannbreite der Auffassungen über das Ausmaß, in dem man den tatsächlichen Verhältnissen entgegenkommen und ihnen das Gesetz anpassen sollte, reichte von einer relativen Großzügigkeit gegenüber den nicht als estnischen Staatsangehörigen geborenen Mitbürgern auf dem „linken" Flügel, vertreten durch die russischen Abgeordneten im Obersten Rat und Teile der Volksfront unter Führung von Ministerpräsident Savisaar, bis zum Estnischen Kongreß auf dem „rechten" Flügel des politischen Spektrums, der eine strikte Anwendung des alten Rechts forderte und bereits die Legitimation des Obersten Rates zur Entscheidung über Staatsangehörigkeitsfragen als eines zu Sowjetzeiten gewählten Organs in Frage stellte. Dagegen traten die Russen und Savisaar für die sogenannte Nulloption ein, derzufolge alle ständigen Einwohner Estlands zum Zeitpunkt der Wiedererlangung der Unabhängigkeit einen Anspruch auf die estnische Staatsangehörigkeit haben sollten.

Da sich die Kommission nicht einigen konnte, zog der Oberste Rat die Sache an sich. Am 6. November setzte er mit großer Mehrheit das Staatsangehörigkeitsgesetz von 1938 wieder in Kraft und beauftragte die Regierung, binnen drei Wochen einen Vorschlag zu seiner Anpassung an die gegenwärtigen Verhältnisse vorzulegen. Das Gesetz von 1938 enthielt die sogenannte 2+1-Bestimmung, die sowohl unter den im Herbst 1991 in Estland vorherrschenden

Bedingungen als auch im internationalen Vergleich als liberal gelten mußte: Wer nicht durch Geburt die estnische Staatsangehörigkeit besaß, der konnte diese nach zwei Jahren des Aufenthalts in Estland beantragen, und seinem Antrag war nach einem weiteren Jahr stattzugeben, wenn er bis dahin die Beherrschung der estnischen Sprache nachgewiesen hatte.

Mit diesem Vorgehen hatte der Oberste Rat erst einmal der Regierung die Beantwortung der beiden schwierigen Fragen zugeschoben, ab wann zum einen diese Zweijahresfrist zu laufen beginnen solle, und zum anderen, wie der Nachweis der Kenntnis der Landessprache im einzelnen zu erbringen sei. In der Frage des Stichtags standen sich in der innenpolitischen Diskussion als extreme Positionen wiederum die der Russen und der mit ihnen sympathisierenden politischen Kräfte auf der einen und die des Estnischen Kongresses auf der anderen Seite ziemlich unversöhnlich gegenüber: Während erstere nur den Zeitpunkt der tatsächlichen Niederlassung in Estland akzeptieren wollten, sollte für letzteren die Zweijahresfrist erst mit dem 20. August 1991 beginnen. Unter diesen Umständen war die Regierung Savisaar auch nicht in der Lage, innerhalb von drei Wochen einen im Obersten Rat mehrheitsfähigen Vorschlag zu präsentieren. Bis es dann schließlich am 26. Februar 1992 zu einem Kompromiß kommen konnte, mußte sich in der estnischen Innenpolitik erst noch eine Reihe anderer Entwicklungen vollziehen.

*

Eine Rechtsfrage, mit der wir uns in dieser Anfangszeit ebenfalls zu befassen hatten, war die Restitution von Vermögenswerten an Deutsche, die von der Sowjetmacht rechtswidrig enteignet worden waren.

Schon vor Wiedererlangung der Unabhängigkeit waren im Sommer 1991 „Grundlagen der Eigentumsreform" in Kraft getreten (Gesetz vom 13. Juni und Anwendungsbeschluß vom 20. Juni 1991). Durch sie sollten Ansprüche der früheren Eigentümer geregelt werden. Dabei hatten sich die nationalen Kräfte gegenüber denen durchgesetzt, welche die *existing nomenclatura* – wie es im *Baltic Independent* so treffend hieß – repräsentierten, die auch auf diesem Gebiet eine „Nulloption" im Sinne einer Aufrechterhaltung der bestehenden Verhältnisse bevorzugt hätten. In dem Gesetz war der Rückgabe ein klarer Vorrang vor der Entschädigung eingeräumt worden.

Nachdem sich diese Restitutionsmöglichkeiten langsam auch in Deutschland herumzusprechen begonnen hatten, erhielt die Botschaft einige Anfragen deutscher Staatsangehöriger, die jetzt nach der Unabhängigkeit Ansprüche geltend machen wollten. Dabei war eine am 27. Dezember 1991 auslaufende Antragsfrist zu beachten (die dann später mehrfach verlängert worden ist).

Die Ansprüche deutscher Staatsangehöriger wurden mit der Bestimmung in dem Restitutionsgesetz begründet, daß u. a. Personen, die am 16. Juni 1940 als dem vom Gesetz definierten Zeitpunkt der sowjetischen Annexion die estnische Staatsangehörigkeit besessen hatten, ein Recht auf Rückübertragung ihres rechtswidrig enteigneten Vermögens bzw. einen Entschädigungsanspruch haben. Auf den Großteil der 1939/40 aus Estland nach Deutschland umgesiedelten Deutschen traf diese Voraussetzung nicht zu, da die eigentliche Umsiedlung vor der sowjetischen Besetzung des Landes abgeschlossen war und die Deutschen zuvor aus dem estnischen Staatsverband ausgebürgert und im Deutschen Reich eingebürgert worden waren. Wohl aber erfüllten diese Voraussetzung die sogenannten Nachumsiedler, die aufgrund einer Vereinbarung zwischen dem Deutschen Reich und der UdSSR im Winter 1941 das Land verlassen konnten, nachdem sie die Anfänge der Bolschewikenherrschaft in Estland miterlebt hatten (zu ihnen zählten auch viele ethnische Esten, die sich auf diese Weise dem sowjetischen Zugriff entziehen konnten).

Nachdem wir uns in Leningrad die russische Fassung des Restitutionsgesetzes beschafft hatten, verfaßte Dr. Reichel einen grundlegenden Bericht an das Auswärtige Amt. In ihm hat das Generalkonsulat die Auffassung vertreten, daß der weitaus größte Teil der ehemals in Estland lebenden Deutschen *einschließlich* der „Nachumsiedler" keine Ansprüche haben dürfte. Dabei stützten wir uns auf eine im Anwendungsbeschluß enthaltene Bestimmung, in der es heißt, daß die Ansprüche von Personen, die Estland auf der Grundlage von mit Deutschland geschlossenen Verträgen verlassen haben, in gesonderten zwischenstaatlichen d. h. deutsch-estnischen Abkommen geregelt werden.

Dennoch habe ich nach Eingang der ersten Anfragen Anfang November 1991 Justizminister Raidla, unter dessen Ägide das Gesetz zustandegekommen war, aufgesucht und ihn um eine authentische Interpretation gebeten. Er hat mir damals gesagt, daß „Nachumsiedler" zur Wahrung eventueller Ansprüche die Frist des 27. Dezember 1991 beachten sollten und hinzugefügt, es wäre vielleicht angebracht, daß die Bundesregierung – auch wenn sich die genannte Frist nicht auf diesen Sachverhalt beziehe – ebenfalls bis zu diesem Datum der estnischen Regierung gegenüber zu erkennen gäbe, ob sie an einem Abkommen über diese Materie als einer Voraussetzung für die Geltendmachung von Ansprüchen deutscher Staatsangehöriger interessiert sei. Ich habe dies damals als eine Bestätigung unserer Auffassung angesehen, daß Ansprüche Deutscher von einem bilateralen Abkommen abhängig sind. So habe ich auch nach Bonn berichtet.

Trotz dieser meines Erachtens eindeutigen Rechtslage habe ich in den darauffolgenden Jahren verschiedentlich von der Rückgabe von Immobilien an deutsche „Nachumsiedler" oder deren Erben gehört. Auch wenn sich für mich niemals die Gelegenheit ergab, in einen solchen Restitutionsbeschluß und seine Begründung Einblick zu nehmen, blieben mir diese Rückgaben, um die gelegentlich auch prozessiert wurde, unverständlich, und ich konnte sie nur auf eine irrtümliche Gesetzesauslegung zurückführen.

Viel später, im Vorfeld der estnischen Parlamentswahlen vom März 1999, wurde dieses Thema dann zum Gegenstand innenpolitischer Auseinandersetzungen. Als deren Ergebnis brachte die aus diesen Wahlen hervorgegangene neue Regierung unter Ministerpräsident Mart Laar einen Gesetzesentwurf ein, mit dem das ursprüngliche Gesetz über die Eigentumsreform geändert und allen Nachumsiedlern oder ihren Erben ungeachtet ihrer Staatsangehörigkeit zum Zeitpunkt der Geltendmachung von Ansprüchen ein Recht auf Rückgabe ausdrücklich eingeräumt werden sollte, nachdem die Vorgängerregierung von Mart Siimann ein die Restitution gerade in diesen Fällen ausschließendes Gesetz nicht mehr rechtzeitig vom *Riigikogu* hatte beschließen lassen können. Der seit seiner Einbringung innenpolitisch höchst umstrittene Entwurf ist aber nie als Gesetz verabschiedet und von der nächsten Regierung 2002 zurückgezogen worden. Die Angelegenheit ist jedoch erneut im Parlament anhängig, seitdem Abgeordnete der von Savisaar geführten Zentrumspartei im April 2003 einen neuen Gesetzesentwurf eingebracht haben, demzufolge alle Personen, die Estland aufgrund mit dem Deutschen Reich geschlossener Abkommen verlassen haben, von einer Restitution ausgeschlossen werden sollen.

Zu dieser Situation ist es gekommen, weil wegen der unterschiedlichen Anwendung der Restitutionsgesetzgebung auf deutsche Nachumsiedler seit 1991 und der zumindest theoretisch immer noch bestehenden Möglichkeit eines deutsch-estnischen Abkommens Rechtssicherheit geschaffen werden sollte. Das sieht auch der mittlerweile mit der Sache befaßte estnische Staatsgerichtshof so, der im Oktober 2002 dem Gesetzgeber eine mit dem Grundsatz der Rechtsklarheit übereinstimmende Regelung aufgegeben hat. Ausschlaggebend für die Regierung Laar, eine gesetzliche Klarstellung herbeizuführen, aber war seinerseits, daß sich der Vorgang auf die grundsätzliche Frage der rechtlichen Kontinuität der Republik Estland zuspitzte, in der es nach Auffassung der rechten politischen Kräfte und nicht zuletzt von Präsident Meri keine Kompromisse geben konnte: Alle nach der Annexion von der Sowjetmacht gesetzten „Rechtsakte" einschließlich der Vereinbarungen zwischen Deutschland und der UdSSR von 1941 über die Nachumsiedlung, wurde argumentiert, konnten für die Republik Estland keine Wirkung entfalten und waren null und nichtig, deutsche Nachumsiedler daher wie alle anderen seit dem 16. Juni 1940 enteigneten estnischen Staatsangehörigen zu behandeln.

Die Frage, ob das bereits vor Wiederherstellung der staatlichen Unabhängigkeit Estlands noch vom Obersten Rat verabschiedete Restitutionsgesetz von 1991 diesen Kriterien entsprach oder ob es sich gar im Widerspruch zu der künftigen neuen estnischen Verfassung von 1992 befinden würde, konnte naturgemäß nicht Gegenstand der Prüfung sein, die wir im Sommer und Herbst 1991 vorgenommen haben. Damals haben sich das Generalkonsulat Leningrad und die Botschaft Tallinn ganz positivistisch nur an den Wortlaut des Gesetzes gehalten.

Grundausrichtungen der estnischen Außen-
und Sicherheitspolitik

Die innerstaatliche Neuordnung Estlands nach der Unabhängigkeit bildete den ständigen Kontrapunkt zur Wiedereingliederung des Landes in die Staatengemeinschaft. Oberstes Ziel mußte dabei die Absicherung der noch fragilen Souveränität sein. Dies nahm alle Kräfte der estnischen Politiker in Anspruch, sicher oft bis zur Erschöpfung. Sie verfügten kaum über internationale Erfahrung und mußten ständig entweder selbst reisen oder ausländische Delegationen empfangen, die sich über Estland zu ergießen begannen und mit zwar gut gemeinten, aber die estnischen Verhältnisse nicht immer angemessen berücksichtigenden Ratschlägen schnell zur Hand waren. Umso bemerkenswerter, daß die estnische Politik diesen Herausforderungen im Großen und Ganzen gerecht wurde, kaum falschen Freunden aufgesessen ist und keine grundlegenden Fehlentscheidungen getroffen hat. Dadurch ist wertvolle Zeit gewonnen worden, die dem Reformprozeß zugute kommen sollte.

Dies alles in seiner ganzen Vielfalt zu überschauen oder gar in einer zusammenhängenden Berichterstattung an Bonn nachzuvollziehen, war unserer im Aufbau begriffenen Botschaft natürlich unmöglich. Wir mußten uns darauf beschränken, den Überblick über die wichtigsten innen- und außenpolitischen Entwicklungen zu behalten und uns im übrigen auf die Betreuung anreisender deutscher Delegationen und die Vorbereitung von Besuchen estnischer Politiker in Deutschland sowie unsere Unterbringungsprobleme konzentrieren.

Von den ersten Kontakten der estnischen Regierung mit der Europäischen Gemeinschaft und dem Europarat im September 1991 ist schon die Rede gewesen. Am 17. September war in New York die Aufnahme in die Vereinten Nationen gefolgt; die Rückkehr des einstigen Völkerbundmitglieds Estland in die universale Staatengemeinschaft muß für die von Rüütel und Meri geleitete Delegation aus Tallinn ein bewegender Augenblick gewesen sein. Für den legendären estnischen Diplomaten Ernst Jaakson, der sein Land auch nach 1940 jahrzehntelang, zuletzt als Generalkonsul, in den USA vertreten hatte und jetzt zum ersten Botschafter bei den Vereinten Nationen ernannt wurde, dürfte der Traum seines Lebens in Erfüllung gegangen sein. Einen Monat darauf, am 15. Oktober, unterzeichnete Rüütel in der finnischen Hauptstadt die KSZE-Schlußakte, womit Estlands Mitgliedschaft förmlich besiegelt wurde, nachdem es bereits auf der Moskauer KSZE-Konferenz im September unter Genschers Vorsitz in den sogenannten Helsinki-Prozeß aufgenommen worden war.

*

Die erste Stelle der außenpolitischen Prioritäten mußte ungeachtet des vitalen Interesses an einer schnellen Einbindung Estlands in die europäisch-transatlantischen Strukturen die Herstellung möglichst normaler Beziehungen zur Sowjetunion einnehmen. Dabei stand wiederum der Abzug des in Estland stationierten Militärs im Vordergrund; so lange dieser nicht erfolgt, zumindest aber vereinbart war, mußte sich das Land in seiner staatlichen Existenz bedroht fühlen und konnte sich noch nicht als völlig frei und souverän betrachten. Daher sollte in den kommenden Jahren alle Energie auf die Erreichung dieses vorrangigen außenpolitischen Ziels gerichtet sein. Die sowjetische Militärpräsenz zum Zeitpunkt der Unabhängigkeitserklärung am 20. August 1991 wurde von estnischer Seite auf etwa 36 000 Mann geschätzt; genaue Zahlen standen aber ebenso wenig zur Verfügung wie es nähere Kenntnisse über Zusammensetzung und Ausrüstung der sowjetischen Truppen gab, die samt ihren Familien ein von der estnischen Zivilbevölkerung streng abgeschirmtes und als Staatsgeheimnis behandeltes Dasein führten.

Die estnische Regierung versuchte, sofort nach Anerkennung der Unabhängigkeit durch die Sowjetunion am 6. September mit Moskau über den Truppenabzug ins Gespräch zu kommen. Nach knapp einmonatigen Verhandlungen konnte Ministerpräsident Savisaar bereits am 3. Oktober mit Verteidigungsminister Šapošnikov in Moskau eine Vereinbarung zwischen der estnischen Regierung und dem sowjetischen Verteidigungsministerium über „vordringliche Maßnahmen zur Lösung von Fragen im Zusammenhang mit dem Aufenthalt eines Kontingents der Streitkräfte der UdSSR auf dem Territorium der Republik Estland" unterzeichnen. Die sowjetische Seite ließ sich auf den Grundsatz des vollständigen Truppenabzugs festlegen, während der Zeitpunkt, bis zu dem alle sowjetischen Truppen aus Estland abgezogen sein sollten, einem späteren Staatsvertrag zwischen Estland und der UdSSR vorbehalten wurde. Außerdem einigte man sich, binnen eines Monats Vorschläge für die Ordnung und die Fristen des Abzugs bestimmter, im einzelnen genannter Truppenteile sowie für den Status der sowjetischen Streitkräfte auszuarbeiten, den diese in der Zeit genießen sollten, in der sie sich noch in Estland aufhalten würden. Auf dieser Grundlage sollten dann Vereinbarungen getroffen werden. Die estnische Seite garantierte aber schon jetzt allen Militärangehörigen und ihren Familien sämtliche sozialen und Bürgerrechte sowie die Beachtung der internationalen Menschenrechte. Die sowjetische Seite wiederum verpflichtete sich, ab sofort keine neuen Truppen nach Estland zu verlegen und mit dem Personalbestand ihrer Streitkräfte das Niveau vom 1. September 1991 nicht zu überschreiten sowie alle Bewegungen und Übungen ihres Militärs mit der estnischen Regierung zu koordinieren. Vereinbart wurden ferner Modalitäten für die Zusammenarbeit mit dem estnischen Grenzschutz und Zoll sowie der Polizei. Außerdem wollte die sowjetische Seite die

Möglichkeit prüfen, Estland beim Aufbau eigener Streitkräfte durch die Überlassung von Waffen und Ausrüstung zu helfen. Doch die Monatsfrist verstrich, ohne daß irgend etwas geschehen wäre. Daran änderte sich auch bis zur Auflösung der Sowjetunion am 25. Dezember nichts. Ihre Rechtsnachfolge trat die Russische Föderation an, auf die damit auch die Verantwortung für die im Baltikum stationierten Truppen überging.

Bereits am 25. September waren von Präsident Gorbatschow neue Delegationsleiter für Verhandlungen mit den drei baltischen Staaten ernannt worden, und zwar Anatolij Sobtschak für Estland, Alexander Jakovlev für Lettland und Eduard Schewardnadze für Litauen. Die Beauftragung dieser durch ihre demokratische Gesinnung und ihre Unterstützung der baltischen Unabhängigkeitsbestrebungen ausgewiesenen Politiker wurde auch in Estland begrüßt und als ein gutes Omen für die anstehenden schwierigen Verhandlungen über die Neuordnung der vielfältigen Beziehungen mit dem östlichen Nachbarn angesehen. Nachdem am 9. Oktober die beiden Außenminister Meri und Pankin in Moskau die Aufnahme diplomatischer Beziehungen förmlich vereinbart hatten, fand am 10. November ein erstes Treffen der Verhandlungsdelegationen in *Narva-Jõesuu* (Hungerburg) statt, bei dem auf estnischer Seite Savisaar und auf sowjetischer Seite Sobtschak den Vorsitz führten. Mit Rußland, vertreten durch seinen Außenminister Kosyrjev, hatte Meri die Aufnahme diplomatischer Beziehungen bereits am 24. Oktober in Moskau förmlich vereinbart.

Am 9. November, dem Vorabend des Beginns der Verhandlungen in *Narva-Jõesuu*, verabschiedeten sich meine Frau und ich mit einem Essen vom offiziellen St. Petersburg. An diesem Wochenende wurde die zum 6. September in Kraft getretene Rückbenennung der Stadt, die jetzt wieder ihren angestammten historischen Namen führte, mit verschiedenen Veranstaltungen, zu denen uns Bürgermeister Sobtschak eingeladen hatte, festlich begangen. Die Einladung in unsere, von meiner Frau noch weiter bewohnte Residenz im obersten Stockwerk des Generalkonsulats, war stark auf Sobtschak zugeschnitten, der mein hauptsächlicher Gesprächspartner in der Stadt gewesen war, und mußte auf seine besondere Beanspruchung Rücksicht nehmen. Umso mehr freuten wir uns, daß er zugesagt hatte. Unerwartet brachte er noch den Vorsitzenden des Auswärtigen Ausschusses des russischen Obersten Sowjet, Lukin, mit, der ebenso wie Sobtschaks getreuer Adlatus Putin an den Gesprächen in *Narva-Jõesuu* teilnehmen sollte.

Da sich Sobtschak noch auf die Verhandlungen mit den Esten am nächsten Tag vorbereiten mußte, hatte er sich nach Tisch bald verabschiedet. Lukin sowie Putin und dessen ebenfalls gut deutsch sprechende Frau aber blieben länger. Dies gab mir die Gelegenheit zu einem ernsten Gespräch mit Putin unter vier Augen über die Lage der russischen Minderheit in Estland. Er berichtete, die Führer der Russen in Estland würden ihn regelmäßig aufsuchen und dabei zum Ausdruck bringen, daß sie um ihre Existenz fürchteten. Bisher habe er sie von Sobtschak fernhalten können, das ginge aber nun nicht mehr länger. Daher bäte er mich, mäßigend auf die estnische Seite einzuwirken. Meinerseits versuchte ich, Putin den estnischen Standpunkt näherzubringen. Sehr erfolgreich bin ich dabei meiner Erinnerung nach nicht gewesen. Das Gespräch wurde von Putin, und wohl auch von mir, nicht ganz ohne Emotionen geführt, doch behielten wir beide die Kontrolle und schieden in gutem Einvernehmen. Am Ende der darauffolgenden Woche trafen wir uns dann noch zu einem privaten Abschied im *Literaturnoje Café* auf dem *Nevskij Prospekt*. Dabei erzählte Putin auch von den Gesprächen in *Narva-Jõesuu*, die er in seiner Eigenschaft als Vorsitzender des Komitees für Außenbeziehungen bei dem St. Petersburger Bürgermeisteramt, zu dem er nach den ersten Bürgermeisterwahlen im Juni 1991, die Sobtschak gewonnen hatte, berufen worden war, auf sowjetischer Seite organisatorisch vorbereitet hatte. Obwohl schwer erkältet und fiebernd, hatte er unsere Verabredung unbedingt einhalten wollen und fuhr anschließend gleich nach Hause. Später habe ich Putin nur noch einmal wiedergesehen, und zwar als meine Frau und ich Ende Januar 1994 von Tallinn aus bei Puttkamers in St. Petersburg zu Besuch waren und er uns beiden gemeinsam mit seiner Frau, die sich gerade von einem schweren Autounfall im vorangegangenen Herbst wieder erholt hatte, im *Hotel Astoria* in Vertretung des abwesenden Sobtschak ein Abendessen gab. Dabei kamen wir natürlich auch auf die estnisch-russischen Beziehungen zu sprechen, doch das gehört in einen anderen zeitlichen Zusammenhang. Aus der Ferne habe ich seinen weiteren Aufstieg verfolgt und ihm gute Wünsche zukommen lassen. Als sich unser Sohn Christian zur Vorbereitung seiner juristischen Dissertation 1997 in Moskau aufhielt, habe ich aus Almaty mit Putin telefoniert, der ihn daraufhin sehr freundlich empfangen hat. Wer hätte damals in St. Petersburg gedacht, daß ihn sein Weg noch auf solche Höhen führen würde!

Die erste Verhandlungsrunde mit Moskau nach der Unabhängigkeit am 10. November in *Narva-Jõesuu* hatte vor allem organisatorische Fragen zum Gegenstand. Man verständigte sich, die Verhandlungsmaterie in vier Arbeitsgruppen zu behandeln, die sich mit (1) Grenzfragen, (2) humanitären und Rechts- einschließlich Minderheitenfragen, (3) Eigentums- und Vermögensfragen und (4) dem Truppenabzug befassen sollten. Ein für Anfang Dezember ins Auge gefaßtes zweites Treffen kam dann aber bereits nicht mehr zustande, da Gorbatschov überraschend die drei Verhandlungsführer durch sowjetische Berufsdiplomaten ersetzte (für die Gespräche mit Estland sollte es Jurij Dubinin sein), und die UdSSR am 25. Dezember 1991 zu bestehen aufhörte.

An diesem Tag ließ Präsident Rüütel in einer Presseerklärung dem von seinem Amt zurückgetretenen sowjetischen Präsidenten eine faire Würdigung zuteil werden. Wie die meisten Staaten in der Welt, so Rüütel, schätze auch Estland Michail Gorbatschov als den Initiator von Reformen. Der von ihm 1985 in Gang gesetzte Prozeß habe bei der Wiederherstellung der Unabhängigkeit Estlands eine große Rolle gespielt, selbst wenn der daraufhin unvermeidlich immer stärker werdende Wandel irgendwann einmal begonnen habe, den sowjetischen Führer zu überholen. Zugleich erklärte Rüütel Estlands Bereitschaft zur Zusammenarbeit mit den Mitgliedern der neugebildeten Gemeinschaft unabhängiger Staaten (GUS) auf dem Territorium der bisherigen UdSSR und appellierte an sie, unverzüglich dafür zu sorgen, daß ihre Bürger nicht länger in Streitkräften dienten, die unrechtmäßig in Estland stationiert seien. Der schnellstmögliche Abzug dieser Truppen würde den Beziehungen zwischen Estland und den GUS-Staaten in jeder Hinsicht zugutekommen.

*

Wie stark das estnische Sicherheitsbedürfnis mit Blick nach Osten ausgeprägt war, wurde mir ein weiteres Mal klar, als Rüütel Mitte November bei einem langen Gespräch in seinem Kabinett in Katharinental, das wiederum Rein Kivi dolmetschte, in geradezu beschwörender Weise auf seine bereits früher geäußerte Bitte um Überlassung von Material und Waffen aus NVA-Beständen zurückkam. Leider mußte ich ihn vertrösten, da sich in der Bonner Bürokratie in dieser Hinsicht bisher überhaupt nichts bewegte, obwohl die Bundesregierung ja grundsätzlich zur Lieferung von Ausrüstungsgegenständen bereit war. Allerdings machte ich Rüütel auch auf unsere restriktive Rüstungsexportpolitik aufmerksam, die Waffenlieferungen nach Estland wohl kaum erlauben werde.

Die estnische Staatsführung machte sich, wie Rüütel darlegte, angesichts der Zerfallserscheinungen in der benachbarten UdSSR ernsthafte Sorgen um den Schutz der Landesgrenzen zu Wasser und zu Lande durch die im Aufbau begriffenen eigenen Sicherheitskräfte, die über praktisch keine brauchbare Ausrüstung verfügten. Diese Sorgen galten auch der zunehmenden, aus dem Osten „importierten" Kriminalität und deren Auswirkungen auf die innere Sicherheit Estlands. Überlegungen, als präventive Maßnahme um die Entsendung von VN-Friedenstruppen an die estnische Ostgrenze zu bitten, wie sie nicht nur von Meri angestellt wurden, hielt Rüütel wegen der noch in Estland stationierten sowjetischen Soldaten allerdings wohl zu Recht für unrealistisch. Sie spiegelten aber die damals herrschende Nervosität wider. Diese erhielt kurz darauf durch eine Fernsehansprache Gorbatschovs am 3. Dezember neue Nahrung, in der er die baltischen Staaten der Verletzung der Rechte der russischen (und anderen) Minderheiten beschuldigte und mitteilte, diese hätten die Sowjetunion um

„Schutz" gebeten. Die dadurch im Baltikum geweckten Ängste, noch verstärkt durch die unangenehme Erinnerungen wachrufende Wahl der Sprache, führten in Tallinn zu einem geharnischten Protest gegenüber dem sowjetischen Außenministerium. Auch waren Gerüchte nicht gerade zur Beruhigung angetan, die damals kursierten und besagten, „rechte" russische Kräfte – es fielen die Namen des berüchtigten Petersburger Fernsehjournalisten Alexander Njevsorov und des nicht minder übel beleumundeten „schwarzen Obristen" Viktors Alksniņš – beabsichtigten für Mitte Dezember eine bewaffnete Intervention mit dem Ziel der Sezession des estnischen Nordostens.

Wie zur Illustration aller dieser Befürchtungen suchte mich am 21. November, bereits zwei Tage nach dem Gespräch mit Rüütel, der gerade zwei Wochen zuvor ernannte Generalstabschef der künftigen Streitkräfte auf, um mir die prekäre Sicherheitslage im einzelnen vor Augen zu führen und einen ausführlichen Überblick über die damaligen Vorstellungen zur Gewährleistung der inneren und äußeren Sicherheit des Landes zu geben. Er hinterließ eine umfangreiche Liste mit detaillierten Wünschen an Ausrüstungsgegenständen und nicht nur leichten Waffen aus NVA-Beständen. Der Zusammenhang mit den von Rüütel geäußerten Sorgen war offenkundig.

Der damals 43jährige frühere Oberst der sowjetischen Panzertruppen Ants Laaneots machte auf mich sofort einen guten Eindruck. Nach anfänglicher Zurückhaltung in dieser ungewohnten Umgebung, die eine westliche Botschaft für einen Mann sein mußte, der sein ganzes Erwachsenenleben in der Sowjetarmee verbracht hatte, ging er dann auf meine Fragen nach seinem Werdegang etwas aus sich heraus und erzählte interessant aus seiner Dienstzeit, in der er auch Kampferfahrungen in Äthiopien hatte sammeln können. Während der „singenden Revolution" hatte er sich in seine Heimat versetzen lassen und damit auf eine Beförderung zum General verzichtet, war 1989 Chef des Wehrkreiskommandos in Tartu geworden und soll dort segensreich zugunsten junger estnischer Wehrpflichtiger gewirkt haben. Im September 1991 war er aus der Sowjetarmee ausgeschieden, die er in 25 Jahren in- und auswendig kennengelernt hatte. Damals sprach Laaneots außer estnisch nur russisch, hat dann aber schnell ein passables Englisch erlernt.

Ausgehend von der Konzeption, daß die Sicherheit des Landes durch ein Zweigespann, bestehend aus „Verteidigungskräften" und einem „Grenzschutz", garantiert werden sollte, unterstrich Laaneots in dem von Relve gedolmetschten Gespräch, am wichtigsten wäre, erst einmal den bereits begonnenen Aufbau des dem Innenminister unterstehenden Grenzschutzes zu beschleunigen. Dieser sollte so klein wie möglich sein, man denke an 1 500 Mann.

Dann legte er dar, wie Auftrag und Struktur der künftigen Streitkräfte aussehen sollten. Zur Aufstellung einer eigenen Armee, wie sie der Oberste Rat bereits am 3. September 1991 grundsätzlich beschlossen habe, und die aufzubauen jetzt seine Aufgabe sei, habe man sich entschlossen, weil sich Estland noch auf unabsehbare Zeit bedroht fühle. Niemand könne vorhersagen, wie die Entwicklung im Osten verlaufen werde, denn „imperiales Denken" sei in Armee und alter Funktionärsschicht tief verwurzelt. Typen wie Schirinovskij würden immer populärer. Daher könne auch nicht ausgeschlossen werden, daß die Rückgewinnung der „baltischen Provinzen" (er verwendete den historischen Begriff) eines Tages zu einem politischen Programm gemacht werde. Da sich die russische Armee aus denselben Menschen wie die Sowjetarmee zusammensetzen werde, sei auch von daher keine Änderung zu erwarten. In diesem Zusammenhang teilte er uns eine interessante Beobachtung mit, die er während des Putsches im August gemacht habe: Dieser sei nach seiner Meinung auch deshalb mißlungen, weil Russen gegen *Russen* angetreten waren, was es lange nicht mehr gegeben habe. Der Kommandeur der Luftlandetruppen, die aus *Pskov* nach Estland beordert worden waren, habe nur den Befehl gehabt, sich mit seiner Einheit bis Tallinn zu begeben, jedoch über keinen Schießbefehl verfügt. Er, Laaneots, habe aber mit eigenen Ohren von dem Kommandeur gehört, daß dieser auch jeden Schießbefehl ausgeführt hätte, da ein solcher gegen *Esten* und nicht gegen Russen gerichtet gewesen wäre.

Als eine akute Gefahr sah Laaneots, daß in Estland stationierte sowjetische Truppen den Befehlen aus Moskau nicht mehr gehorchen könnten; vor allem die Offiziere wollten angesichts der in der Sowjetunion ungleich schlechteren Lebensbedingungen das Land erst dann verlassen, wenn dort zumindest normale Wohnverhältnisse herrschten. Dies hätten sie auf Versammlungen in Resolutionen zum Ausdruck gebracht, in denen auch gefordert werde, alle von der Armee belegten Immobilien als deren Eigentum anzusehen und sie selbst unter Aufrechterhaltung der bestehenden Privilegien für Militärpensionäre als den estnischen Staatsangehörigen gleichberechtigt zu betrachten. Sollte ihnen das verweigert werden, würden sie „nach eigenem Ermessen handeln". Weitere Gefahrenmomente bestanden in den Augen von Laaneots damals in Grenzverletzungen durch hungernde Marodeure aus Rußland im kommenden Winter sowie Unruhen in dem überwiegend russisch bevölkerten Ostwierland (*Ida-Virumaa*) nach Verabschiedung eines neuen Staatsangehörigkeitsgesetzes. Dort gäbe es bereits Untergrundorganisationen, die über mehr und bessere Waffen verfügten, als sie den Staatsschutzorganen der Republik Estland vorerst zur Verfügung stünden. In beiden Fällen zog Laaneots eine Parallele zu historischen Vorgängen im Jahre 1918 bzw. 1924, als am 1. Dezember in Tallinn ein Kommunistenputsch nur knapp fehlgeschlagen war. Das war alles andere als Ausdruck einer allgemeinen Hysterie, schon gar nicht bei einem so nüchternen Offizier wie Laaneots, sondern spiegelte allenfalls eine von der schlimmsten aller Möglichkeiten ausgehende Lageeinschätzung wider, für die man gewappnet sein müßte. Wenn es anders gekommen ist, so hat dabei auch eine gute Portion Glück mitgespielt, das diesmal auf Seiten der Balten war.

Der Auftrag der künftigen Streitkräfte müsse sein, führte Laaneots weiter aus, einen Aggressor so lange aufzuhalten, bis die internationale Öffentlichkeit mobilisiert sei und reagieren könne, da eine nachhaltige Landesverteidigung für einen Kleinstaat wie Estland unmöglich sei. Die Streitkräfte sollten zugleich verhindern, daß sich eine Situation wie die von 1939/40 wiederhole, als sich Estland ohne einen Schuß abzugeben habe besetzen lassen. Hätte man sich verteidigt, wäre man zwar besiegt worden, doch wäre es für die ganze Welt klar gewesen, daß sich Estland nicht freiwillig der Sowjetunion angeschlossen hat.

Zur Struktur der Streitkräfte habe man sich für eine Wehrpflichtigenarmee mit einem Kern von vertraglich verpflichteten Berufssoldaten entschieden, die einen Umfang von 8 bis 9 Brigaden zu jeweils etwa 4000 Mann, also knapp 40 000 (in Friedenszeiten 10–12 000) erreichen sollten. Die erforderlichen Gesetze seien im Parlament eingebracht; die jetzt im Herbst 1991 stattfindenden Einberufungen von Wehrpflichtigen, die dringend für den Grenzschutz benötigt würden, erfolgten auf der Grundlage eines Regierungserlasses.

Allerdings stünden kaum Ausrüstung und Waffen zur Verfügung, da sich die Sowjetunion dazu entschieden habe, anders als von Savisaar und Šapošnikov in Aussicht genommen, Estland keinerlei Material zu überlassen und alles repatriiere. So verfüge der Grenzschutz nur über 32 Maschinenpistolen! Die mir übergebene Liste, der eigentliche Anlaß für den Besuch des estnischen Generalstabschefs, enthalte alles, was die genannten 8 bis 9 Brigaden benötigten.

Anfang Dezember 1991 wurde ich in die Lage versetzt, Staatsminister Vare einzuladen, Anfang des nächsten Jahres zu Konsultationen über unsere Erfahrungen beim Abzug der sowjetischen Truppen aus Ostdeutschland nach Bonn zu kommen und bei dieser Gelegenheit auch NVA-Material zu besichtigen, das Estland überlassen werden könnte. Vare nahm zugleich die Funktionen eines Verteidigungsministers wahr, den es als solchen damals noch nicht gab. Bei seinem Besuch in Bonn in der ersten Januarhälfte 1992 wurde Vare von Laaneots und dem stellvertretenden Chef des Grenzschutzes Henn Karits begleitet.

Kurz nach dem Gespräch mit dem Generalstabschef, am 17. Dezember, konnte ich in Begleitung von Graf Lambsdorff den damaligen Innenminister Olev Laanjärv aufsuchen und ihm die gute Nachricht überbringen, daß die Bundesregierung bereit sei, der estnischen Polizei in den kommenden drei Jahren eine Ausrüstungshilfe von insgesamt 3 Millionen DM zu gewähren. Das war nicht nur die erste konkrete Unterstützung, die der in großen materiellen Schwierigkeiten steckenden estnischen Polizei nach der Unabhängigkeit aus dem Ausland zuteil wurde, sondern auch die erste über reine Beratungshilfe hinausgehende finanzielle Unterstützung überhaupt, die Estland aus Deutschland erhielt. Die Freude auf estnischer Seite war groß.

Der Besucherstrom aus Deutschland reißt nicht ab

Auch den Rest des Jahres hielten uns weitere Delegationen aus Bund und Ländern, die Möglichkeiten für eine Kooperation erkunden wollten, in Trab. Einige von ihnen legten den Grundstein zu einer dauerhaften Zusammenarbeit, wie im Fall der Justizpolitik und der Polizei von Rheinland-Pfalz. Abgeordnete des Umweltausschusses des Deutschen Bundestages diskutierten mit dem Vorsitzenden des Umweltausschusses im estnischen Parlament, Andres Tarand, und Umweltminister Tõnis Kaasik. Eine andere Gruppe von Bundestagsabgeordneten, unter ihnen der stellvertretende Vorsitzende der Deutsch-Baltischen Parlamentariergruppe Gert Weisskirchen und der letzte DDR-Außenminister Markus Meckel, interessierten sich für die Behandlung der russischen Minderheit. Manche Besucher waren aber auch nur auf das exotische Land an der Ostsee neugierig, das jetzt so plötzlich auf der internationalen Bühne aufgetaucht war.

Etwas später, Ende Januar 1992, kam auch der PDS-Vorsitzende Dr. Gregor Gysi, dessen Besuch ich als den eines betont zurückhaltend und höflich auftretenden Politikers in durchaus nicht unangenehmer Erinnerung behalten habe. Zu einem Mittagessen im kleinen Kreis im *Maiasmokk*, das recht anregend verlief, hatte ich den amtierenden und den ehemaligen 1. Sekretär der estnischen KP, Enn-Arno Sillari und Vaino Väljas, eingeladen. Mir fiel auf, wie vorsichtig die beiden estnischen Kommunisten in meiner Gegenwart mit dem deutschen Genossen umgingen und wie Väljas mir gelegentlich einen skeptisch-fragenden Blick zuwarf. Anschließend überließ ich die Herren sich selbst.

Die deutsche Wirtschaft, insbesondere die aus dem Westen unseres Landes, ließ sich hingegen, von wenigen Ausnahmen abgesehen, nicht blicken, und das sollte auch noch lange so bleiben.

So mancher Besuch entbehrte aber auch nicht einer gewissen Komik, wenn er nicht gar zum Trauerspiel geriet. In diese Kategorie gehört eine Erfahrung, die ich Mitte Dezember 1991 machte. Auf Umwegen hatten wir in letzter Minute von der bevorstehenden Anreise einer Delegation unter Leitung des Wirtschaftsministers eines der neuen ostdeutschen Bundesländer erfahren. Auf einem gemeinsam mit dem estnischen Wirtschaftsministerium veranstalteten Symposium sollten in Tartu deutsche und estnische Unternehmer zusammengeführt werden, um sich über Kooperationsmöglichkeiten zu unterhalten. Also machte ich mich in die 180 km entfernte Universitätsstadt auf. Schon bei der ersten Begegnung mit der auf dem Landweg aus Riga eingetroffenen Delegation fiel mir die reservierte Haltung auf, mit der mir vor allem der Minister begegnete, meiner Erinnerung nach ein Spirituosenfabrikant, der sich nach der Wende der F.D.P. angeschlossen hatte. Als er bemerkte, es wäre zu begrüßen gewesen, wenn ich mich bereits bei ihrer Ankunft auf dem Flughafen Riga um sie gekümmert hätte, machte er es mir leicht. Denn ich brauchte ihn nur darauf hinzuweisen, daß in der Republik Lettland mein Kollege Graf Lambsdorff akkreditiert sei! Das große Wort in der Delegation aber führte der Leiter der Außenwirtschaftsabteilung des Ministeriums, ein aus einem westdeutschen Länderwirtschaftsministerium in diese hohe Position im ostdeutschen „Busch" – wie es damals so schön hieß – katapultierter Beamter. Sein anmaßendes Auftreten gegenüber den Esten, die international genau so unerfahren waren wie sein eigener Minister, verunsicherte diese sichtlich. Dennoch bestanden sie höflich aber bestimmt auf Einhaltung des von ihnen vorbereiteten Programms, das der famose Mann erst einmal völlig umkrempeln wollte. Der Gipfel aber war, daß er dem Minister, nachdem dieser die wohlgemerkt von ihm, seinem Berater, verfaßte Rede verlesen und sich wieder neben ihn gesetzt hatte, anerkennend auf die Schenkel klopfte, ohne daß dieser erkennbar reagiert hätte! Mühsam versuchte ich zu verbergen, daß ich dies als auf der anderen Seite des Ministers sitzend *nolens volens* bemerkt haben mußte. Da zwischen uns die ganze Zeit eine latente Spannung fortbestanden hatte, bat ich den Minister vor meiner Rückfahrt nach Tallinn um ein klärendes Gespräch unter vier Augen. Ich sehe uns noch beide auf einem Kanapee in einem der Korridore der Dorpater Universitätsbibliothek sitzen, in der die Veranstaltung stattfand. Dabei stellte sich heraus, daß er sich nicht nur nicht ausreichend durch mich wahrgenommen gefühlt hatte, sondern auch alle organisatorischen Pannen bei der Vorbereitung des Symposiums unserer überhaupt nicht beteiligten Botschaft anlastete. Nachdem dies zurechtgestellt war, fanden weitere Begegnungen an den nächsten Tagen in Tallinn, wo die Delegation sogar von Ministerpräsident Savisaar empfangen wurde und ich ihr ein Essen gab, bereits in einer ganz anderen Atmosphäre statt. Bei späteren Besuchen dieses im Grunde freundlich bemühten Mannes sind wir nach diesen Erfahrungen stets rechtzeitig unterrichtet worden, bis er dann von der politischen Bildfläche verschwand.

Wann immer im Lauf der nächsten Jahre die Rede auf die Probleme der Deutschen in Ost und West beim Umgang miteinander kam, mußte ich an dieses Erlebnis denken, als ich mit eigenen Augen sowohl diese Inkarnation des „häßlichen (West-) Deutschen", der sich als Berater im Osten tummelte, als auch diese Karikatur eines zum Minister avancierten und von Minderwertigkeitskomplexen geplagten ostdeutschen Landsmannes gesehen hatte.

Das diplomatische Corps formiert sich

Mitte November fand es der Doyen, unser schwedischer Kollege Botschafter Grundberg, an der Zeit, die in Tallinn residierenden Diplomaten zu einem ersten Treffen zusammenzurufen. Dies schien umso notwendiger, als sich im diplomatischen Corps angesichts der unzureichenden Unterstützung seitens der estnischen Regierung bei der Suche nach dienstlicher und privater Unterbringung eine erhebliche Mißstimmung breitgemacht hatte. Es war daher angezeigt, unsere Anliegen zu bündeln und mit dem gehörigen Nachdruck zu vertreten. Wir trafen uns im *Matkamaja* am Rathausplatz, diskutierten die Lage und beschlossen eine Demarche bei Ministerpräsident Savisaar. Dabei waren die Kollegen der Auffassung, daß der Doyen eine solche nicht allein ausführen, sondern sich dabei von einem weiteren Missionschef begleiten lassen sollte. Sie baten mich als den in der Anciennität nächstfolgenden Botschafter, diese Aufgabe sozusagen als „Vizedoyen" zu übernehmen. Während unserer Diskussion waren scharfe Worte gefallen. Ein Botschafter hatte sogar laut darüber nachgedacht, seiner Regierung vorzuschlagen, Estland in Zukunft von Helsinki aus diplomatisch und konsularisch zu betreuen.

Anschließend lud uns Lars Grundberg in seine hübsche, am benachbarten Alten Markt gelegene kleine Wohnung zum Abendessen ein. Auch später durften wir noch häufiger seine und seiner Frau Gunnel Gastfreundschaft in Anspruch nehmen. Sie lebte teils in Tallinn, teils mit ihren Kindern in Stockholm und war dort auch berufstätig, während Lars seinen jüngsten Sohn bei sich hatte, der in Tallinn eine estnische Schule besuchte und auf diese Weise zweisprachig heranwuchs. Da Grundbergs die einzigen von uns Diplomaten waren, die damals über eine normale eigene Häuslichkeit verfügten, und es zu jener Zeit auch erst wenige Restaurants gab, die geeignet waren, etwas Abwechslung in unser Hoteldasein zu bringen, haben wir diese Einladungen immer besonders genossen. Sie haben ihren Teil zu dem guten Einvernehmen beigetragen, der unter uns Diplomaten der ersten Generation in Tallinn herrschte, und zu einem *esprit de corps*, wie ich ihn weder zuvor noch danach auf einem anderen Posten erlebt habe.

Über zwei Wochen sollte es dann dauern, bis Savisaar unserer Bitte nachkam und Grundberg und mich zu einem Frühstück am 9. Dezember um 9 Uhr auf den Domberg einlud. Offenbar hatte unsere Aktion in Regierungskreisen, aber auch bei der Stadtverwaltung von Tallinn, die ja über einen nicht unerheblichen Teil der in Frage kommenden Immobilien verfügte, einige Unruhe verursacht und hatte man sich erst einmal intern beraten wollen. Jedenfalls empfing Savisaar uns beide mit einem größeren Aufgebot, zu dem Staatsminister Vare und dessen Stellvertreter Meister ebenso wie der stellvertretende Außenminister Liimets und Oberbürgermeister Aasmäe zählten. Nachdem wir uns gesetzt hatten, wandte sich der Regierungschef mit der Frage an die übrige Versammlung, in welcher Sprache wir uns unterhalten wollten. „Der deutsche Botschafter spricht estnisch – aber wir haben da noch den schwedischen Botschafter, verwenden wir also englisch", sprach's und gab der bereits neben ihm sitzenden Dolmetscherin das Zeichen, ihres Amtes zu walten. Der schwedische Kollege eröffnete daraufhin das Gespräch – mit einigen estnischen Sätzen! Grundberg war – von dem sprachverwandten Finnen Kaurinkoski abgesehen – der einzige unter uns Botschaftern mit Kenntnissen der Landessprache, da er ursprünglich als neuer Leiter der Außenstelle Tallinn des schwedischen Generalkonsulats in Leningrad vorgesehen war und einen mehrmonatigen Estnischkurs absolviert hatte. Nach seinen Erzählungen hatten diese Sprachkenntnisse auch den Ausschlag gegeben, als die schwedische Regierung im August 1991 den Botschafterposten in Tallinn gleichsam über Nacht besetzen wollte, um als erstes Land in Estland diplomatisch präsent zu sein. Sie waren für ihn somit zu einem jener Glücksfälle geworden, die zu einer guten Karriere gehören. Warum Savisaar damals bei mir Estnischkenntnisse voraussetzte, weiß ich nicht. Er war wohl eher einer Eingebung des Augenblicks gefolgt, da ich ihm auf estnisch einen guten Morgen gewünscht hatte. Auch später war gelegentlich in der Presse zu lesen, ich könnte estnisch.

Nach diesem Vorgeplänkel ging es dann zur Sache. Grundberg und ich führten während der einen Stunde, die uns bis zum Beginn der anschließenden Kabinettsitzung zur Verfügung stand, eine deutliche Sprache und versuchten Savisaar klar zu machen, daß es ein Vierteljahr nach der Unabhängigkeit in der Unterbringungsfrage so nicht weitergehen könne. Andernfalls stünden ernsthafte Rückwirkungen auf die Beziehungen zu den in Tallinn diplomatisch vertretenen Ländern zu befürchten. Savisaar wand sich, berief sich auf die Rechtslage, die der estnischen Regierung derzeit keine Möglichkeit zu einem Zugriff auf Wohnraum gebe und bekam auch aus der Tischrunde keine konstruktive Unterstützung, schon gar nicht von seinem politischen Freund Aasmäe. Seine Erwägung einer *lex specialis* für Diplomaten, um aus dem Dilemma herauszukommen, hielten Grundberg und ich für keine gute Idee. Zumindest schien uns Savisaar damals davon überzeugt worden zu sein, daß es sich um ein wirkliches Problem handelte, das gelöst werden müsse. Auch konnten wir uns zu einem weiteren Treffen im Januar 1992 verabreden, bei dem die estnische Regierung dann Vorschläge machen wollte.

Von Savisaar berichtete mir später ein Mitglied seiner Regierung, dieser habe sich ihm gegenüber damals dahingehend geäußert, er verstünde die Wohnungsprobleme der Botschafter nicht; denn er, Savisaar, habe als Ministerpräsident auch nur eine Dreizimmerwohnung in *Lasnamäe* – einer überwiegend von Russen bewohnten wenig attraktiven Plattenbausiedlung –, und die reiche ihm vollkommen aus! In einem etwas merkwürdigen Gegensatz dazu stand dann allerdings eine Pressemeldung, Savisaar wohne seit Weihnachten 1991 nicht mehr in *Lasnamäe*, sondern sei in eine große Wohnung in der *Roosikrantsi* (Rosenkranzstraße) in bester Lage im Stadtzentrum gezogen[19]. Ein Kuriosum am Rande jener denkwürdigen Demarche im Namen des Tallinner diplomatischen Corps am 9. Dezember 1991: Als Grundberg und ich in unsere Botschaften zurückkehrten, fanden wir dort jeder eine eigens für das Frühstück mit dem Ministerpräsidenten *gedruckte* Einladungskarte vor – nach Lage der Dinge waren also nur für uns beide die Druckmaschinen angeworfen worden, denn die uns heute für solche Zwecke zur Verfügung stehende moderne Bürotechnik gab es damals noch nicht.

Als wir Botschafter uns anschließend wiederum bei Grundbergs zum Abendessen zusammensetzten und dabei das vorläufige Ergebnis unseres Vorgehens Revue passieren ließen, blieb uns nichts anderes übrig als festzustellen, daß uns wohl kaum mehr Möglichkeiten zur Verfügung stünden, als auf der Einhaltung der Terminzusage im Januar zu bestehen.

Inzwischen hatte sich unser Kreis um die Botschafterin von Norwegen Brit Løvseth und den Amerikaner Robert C. Frasure erweitert. Dieser hatte zwar wegen der noch ausstehenden Ernennung durch den Präsidenten mit anschließender Bestätigung durch den Senat bisher kein Beglaubigungsschreiben übergeben können, hielt sich aber bereits in Tallinn auf und leitete die US-Botschaft als Geschäftsträger. An dieser Zusammensetzung von zunächst neun Missionschefs sollte sich dann lange nichts ändern, denn die anderen Staaten ließen sich meist von in Helsinki oder Stockholm residierenden Botschaftern vertreten. Diese kleine Gruppe, zu der beinahe ein Jahr später im September 1992 noch der Russe Alexander Trofimov hinzukam, hat sich immer als die Vertreter der ersten Diplomatengeneration im wieder unabhängigen Estland verstanden und als solche eben ein besonderes Zusammengehörigkeitsgefühl entwickelt.

*

Da es zu dem mit Savisaar für Januar 1992 vereinbarten Treffen nie gekommen ist, war uns bei der Bewertung unserer Demarche also offensichtlich eine Fehleinschätzung unterlaufen. Allerdings muß zugunsten der estnischen Regierung berücksichtigt werden, daß ihre Möglichkeiten im Gegensatz zu denen der Stadt Tallinn im Hinblick auf Wohnraumbeschaffung in der Tat begrenzt waren. So hat sich in der Folgezeit jeder allein mehr oder minder gut arrangiert. Das führte auch dazu, daß die in erster Linie aus der Koordination des Vorgehens in der Unterbringungsfrage entstandenen Treffen des diplomatischen Corps mit der Zeit ihren Sinn verloren und irgendwann ganz einschliefen.

In unserem Fall hatte sich bei der Suche nach einer vorläufigen Residenz Anfang Dezember ein Silberstreifen am Horizont gezeigt. Zuvor hatte ich ungezählte Objekte besichtigt, die mir von verschiedensten Seiten avisiert worden waren, unter ihnen aber kein einziges gefunden, das geeignet gewesen wäre. Außerdem hatte ich mit der Stadtarchitektin von Tallinn ergebnislose Gespräche geführt und war in Begleitung von Aasmäe durch die Straßen der Revaler Altstadt gestreift, nachdem ich einen Insiderhinweis auf ein interessantes Objekt erhalten hatte aber so tun mußte, als wartete ich darauf, daß mich der Oberbürgermeister von selbst auf dasselbe aufmerksam macht – alles vergebens. Als ob sich vor einem eine „Mauer des Schweigens" auftürmte, die mittels „nützlicher Aufwendungen" zum Einsturz zu bringen ich allerdings auch niemals versucht habe – ja gar nicht konnte, selbst wenn ich gewollt hätte.

Da überraschten mich nach Rückkehr von einem Wochenende *en famille* in St. Petersburg Kanzler Klawohn und Graf Lambsdorff mit der Nachricht, sie hätten bei ihrer systematischen Suche in den Villenvierteln der Revaler Vororte jetzt *die* ideale „Zwischenresidenz" für den Botschafter entdeckt! In der Tat erwies sich dann das von einem Garten umgebene, an der Grenze zwischen *Maarjamäe* (Marienberg) und *Kose* (Kosch) auf dem Wege nach Brigitten gelegene Einfamilienhaus bei einer Besichtigung als das *erste* allen wesentlichen Anforderungen gerecht werdende Angebot. Es besaß zudem den großen Vorteil, daß es nach kleineren Verschönerungsreparaturen und der Anbringung gewisser Sicherheitsvorkehrungen bald hätte bezogen werden können. Doch ließ uns der Eigentümer kurz darauf wissen, seine in Finnland lebende Tochter hätte sich bereits gegenüber Interessenten von dort festgelegt. Gerade in diesen Tagen hatte ich mich aber mit einem jungen amerikanischen Geschäftsmann zum Abendessen verabredet, der bereits vor der Unabhängigkeit in Tallinn investiert hatte und im Begriff stand, in bester Lage am Freiheitsplatz ein *Business Center* zu errichten, um mit diesem auf dem örtlichen Immobilienmarkt und den dort herrschenden Praktiken erfahrenen Mann meine Wohnungsprobleme zu besprechen. Als John Battle, so sein Name, von meinem jüngsten Mißgeschick erfuhr, gab er mir den naheliegenden Rat, auf den ich in meiner Naivität selbst nicht gekommen war, doch einfach einen etwas höheren Mietpreis anzubieten als den, welchen die Finnen zu zahlen bereit gewesen waren. Gesagt, getan – und wenige Tage vor Weihnachten wurden Klawohn und ich nach zähen Verhandlungen mit der Tochter des Eigentümers grundsätzlich handelseinig. Dies geschah sehr zum Vergnügen ihres Vaters, eines früheren Kapitäns der Handelsschiffahrt, dem sein 1939 erbautes und dann enteignetes Haus erst im Vorjahr restituiert worden war. Denn der alte Herr Ehasalu sah seine Villa viel lieber als Residenz des deutschen Botschafters denn als eine Absteige für finnische Geschäftsleute. Doch bis wir schließlich einen Vertrag unterzeichnen und meine Frau und ich im Mai 1992 in unsere provisorische Residenz in der *Paju tee 5* einziehen konnten, mußte noch manche schwierige Verhandlungsrunde durchgestanden und das Haus anschließend von der Dortmunder Firma Wiemer & Trachte hergerichtet werden, die damals Kanzlei und Residenz unserer Botschaft in Helsinki-Kuusisaari erbaute und zu diesem Zweck Mitarbeiter herüberschickte.

Auf ähnliche Weise sind auch die anderen Botschaftsangehörigen untergekommen, indem sie nämlich entweder im Bau begriffene oder gerade fertiggestellte Häuser ausfindig machten und diese zu Preisen in harter Währung mieteten, die den estnischen Eigentümern eine Amortisation der Baukosten in durchschnittlich etwa drei Jahren ermöglichten und für diese daher so attraktiv waren, daß sie erst einmal darauf verzichteten, das Haus selbst zu beziehen.

Dienstliches und Außerdienstliches

Wenn wir in diesen Anfangszeiten auch besonders viel gearbeitet haben, meist auch einen Teil des Wochenendes in der Botschaft verbrachten, so spielte sich unser Leben doch nicht nur zwischen Arbeitsplatz und jeweiliger Behausung ab.

Allerdings waren die Möglichkeiten zur Zerstreuung in Tallinn für uns, die wir der estnischen Sprache unkundig waren, und zumal im Winter, einigermaßen beschränkt. Am ehesten geeignet war dazu noch die Musik, die in Estland stets besonders gepflegt worden ist. Das Angebot an guten Konzerten war trotz der kargen Zeiten erhalten geblieben. Mitte Dezember erlebte ich zum ersten Mal den Domorganisten von Speyer Leo Krämer, den das Estnische Staatliche Symphonieorchester bereits im Frühjahr 1991 für zwei Jahre zu seinem Dirigenten gewählt hatte, bei einem Mozart-Konzert unter seiner Leitung in der „Estonia". Er kam mehrmals jährlich zur Erfüllung seiner Dirigentenpflichten angereist. Später, als wir dann über eine provisorische und schließlich eine endgültige Residenz verfügten, hat er zweimal Hauskonzerte bei uns gegeben, die großen Anklang fanden.

Während wir uns zur Mittagszeit seit dem Umzug in das „Weiße Haus" gewöhnlich in dessen Kantine, die die Zeitenwende überdauert hatte, ernährten, verbrachten wir viele Abende nicht nur bei der Bewirtung deutscher Delegationen, sondern auch unter uns Botschaftsangehörigen in einem der wenigen Restaurants, in die man damals gehen konnte. Dabei erfreute sich der *Eeslitall* in der *Dunkri* (Dunkerstraße) unserer besonderen Beliebtheit. Das Restaurant war zentral gelegen, und es gab dort für höchst zivile Preise einfach, aber gut zu essen. Als Besonderheit ist mir im Gedächtnis geblieben, daß sich jeder Gast nach Belieben mit frischem Kraut- oder Möhrensalat und gutem estnischem Schwarzbrot, die auf einem separaten Tisch sozusagen als Sakuska (Vorspeise) aufgebaut waren, bedienen konnte, ohne dafür extra bezahlen zu müssen. Ich fühlte mich direkt an Münchener Studententage in den 1950er Jahren erinnert, als wir im *Hahnhof* auf der Leopoldstraße ebenfalls so viel Brot wie wir wollten essen konnten und davon reichlich Gebrauch machten. Auch waren mit dem *Eeslitall* unschwer allerlei Arrangements zu treffen, so daß wir hier manchen Abschied von vorübergehend aus Bonn zur Aushilfe abgeordneten Mitarbeitern gefeiert und dazu ebenso wie zu meinem 55. Geburtstag, zu dem meine aus St. Petersburg angereiste Frau und ich abends einen Kreis estnischer Freunde eingeladen hatten, unseren eigenen Wein mitbringen konnten.

Mit größeren Delegationen gingen wir allerdings lieber in das Restaurant *Sub Monte* in der benachbarten *Rüütli* (Ritterstraße), das über einen hierzu besonders geeigneten Nebenraum verfügte. Da dieser offenbar auch bei anderen beliebt war, hatte ich mir anfangs den Zutritt nach altvertrauter sowjetischer Art verschaffen müssen: Nachdem mir Priit Relve eines Tages mitgeteilt hatte, daß wieder einmal ein Versuch gescheitert sei, diese *chambre séparée* für ein Essen reservieren zu lassen, begab ich mich selbst in das *Sub Monte* und verlangte auf russisch den Geschäftsführer zu sprechen. Als ich daraufhin die wenig überzeugende Antwort erhielt, einen solchen gäbe es nicht (das Restaurant war eine Filiale des *Hotel Palace* am Freiheitsplatz), erhob ich meine Stimme etwas, und siehe da, plötzlich entpuppte sich einer der schwarz gekleideten Angestellten als der gesuchte Mann, mit dem ich dann die Situation ein für allemal in befriedigender Weise klären konnte.

Dies ist mir auch in anderen Fällen so ergangen, wenn man zum Beispiel in Geschäften nicht oder schlecht bedient oder von der Verkäuferin so getan wurde, als verstünde sie nur estnisch, wohingegen ich der Auffassung war, daß die Sprache in erster Linie der Kommunikation dient. Mit der Zeit hat sich das gebessert, und auch die Wirkung deutlicher Worte in russischer Sprache als *ultima ratio* bei schlechter Bedienung ließ allmählich nach. Ich habe diese Methode in Estland nur ungern angewandt und berichte auch nicht mit besonderem Vergnügen darüber, doch das gehört ebenfalls zur damaligen Realität und zum Thema, inwieweit auch in Estland die Mentalität des „Sowjetmenschen" (Klaus Mehnert) Platz gegriffen hatte.

*

Rechtzeitig zum Heiligen Abend war ich wieder in St. Petersburg, um die Weihnachtstage und den Jahreswechsel im Kreis der Familie zu verbringen. Alle drei Kinder waren angereist. Zwischen den Jahren konnte ich noch eine Reihe von Bekannten sehen und einiges in Archiven und Bibliotheken erledigen. Dann fuhr ich am 1. Januar mit dem Nachtzug nach Tallinn zurück. Was für ein Jahr war zu Ende gegangen! Hatten wir schon beim Rückblick auf 1990 das Gefühl gehabt,

Zeuge außergewöhnlicher historischer Entwicklungen gewesen zu sein, so konnten wir damals nicht ahnen, welche dramatische Wende die Geschichte 1991 mit der Wiederauferstehung souveräner baltischer Staaten und dem Verschwinden der Sowjetunion von der politischen Landkarte noch nehmen würde.

In Tallinn war kurz nach meiner Abreise der neue Ständige Vertreter und künftige Wirtschaftreferent eingetroffen. Die Stelle war mit Botschaftsrat Bernd Borchardt besetzt worden, der direkt aus Südafrikas Hauptstadt Pretoria kam. Die Personalabteilung des Auswärtigen Amts hatte ungeachtet meiner Vorstellungen, die Botschaft würde über die Feiertage auch gut mit Kanzler Klawohn allein als Geschäftsträger auskommen, ungerührt darauf bestanden, daß Borchardt – dem ich den Hotelaufenthalt im unbekannten Land gerade in diesem Moment des Jahres hatte ersparen wollen – noch vor Weihnachten seinen Dienst antreten sollte.

Damit waren nunmehr zu Beginn 1992 alle drei für den höheren Dienst vorgesehenen Stellen besetzt: Borchardt (Wirtschaft/Rechts- und Konsularwesen), Lambsdorff (Kultur und Presse) und ich (zugleich zuständig für Politik).

Borchardt hat sich sogleich mit Engagement einer systematischen Wirtschaftsberichterstattung angenommen und auf diesem Gebiet Pionierarbeit geleistet. Bis dahin gab es in Deutschland nur auf sowjetischen Quellen beruhende, sowohl veraltete als auch lückenhafte Daten über die estnische Wirtschaft, so daß die Berichte der Botschaft Tallinn noch für eine geraume Zeit die einzige zuverlässige Information bleiben sollten – leider wurde davon in Kreisen der deutschen Wirtschaft kein ausreichender Gebrauch gemacht.

Wir haben gesehen, daß die Botschafterposten in den baltischen Staaten aus eher sachfremden Gründen niedriger als vom Außenminister gewünscht eingestuft worden waren. Da die personelle Ausstattung einer Auslandsvertretung auch von dem Rang ihres Leiters abhängt, war ursprünglich im Auswärtigen Amt vorgesehen worden, den Botschaften Tallinn, Riga und Wilna mehr Personal zuzuteilen, als sie dann tatsächlich erhielten. Als in den folgenden Jahren im Zuge des Umbruchs in Osteuropa und vor allem aufgrund des Zerfalls der Sowjetunion zahlreiche neue Staaten entstanden und beinahe zwei Dutzend neuer Botschaften und Generalkonsulate errichtet wurden, konnte diese Regel nicht immer eingehalten werden. Die Unabhängigkeit der baltischen Staaten stellte aber erst den Beginn dieser damals noch nicht vorhersehbaren Entwicklung dar, als die Ressourcen noch nicht so knapp geworden waren wie später. Personell stärker ausgestattete Botschaften im Baltikum hätten uns aber gerade in der Anfangszeit, als die Weichen gestellt wurden und die Erwartungen in Estland, Lettland und Litauen an Deutschland und die Deutschen besonders hoch waren, mehr Wirkungsmöglichkeiten eingeräumt. So mußten wir uns meistens auf das

Notwendigste beschränken. Überlegungen dieser Art aber scheinen bei dem Abgeordneten Dr. Rose keine Rolle gespielt zu haben, als er verhinderte, daß die Botschaften im Baltikum entsprechend denen im übrigen Europa (mit der einen Ausnahme von Luxemburg) bedacht wurden – ihm ging es offenbar nur um den persönlichen Triumph über Hans-Dietrich Genscher.

1992

Der erste Winter der Unabhängigkeit

Die Befürchtungen der estnischen Gesprächspartner von Staden und Genscher im September 1991 hatten sich zunehmend bestätigt und waren um die Jahreswende zur Gewißheit geworden: Estland befand sich in einer ernsten Versorgungskrise. Lange Schlangen, Läden in denen selbst Grundnahrungsmittel wie Brot und Milch fehlten, keine Medikamente, spärlich verkehrende öffentliche Verkehrsmittel und auch ansonsten leere Straßen mangels Treibstoff, und das alles bei explodierenden Rubelpreisen, bestimmten das Bild. Der für die estnische Kaffeekultur so wichtige Rohstoff war nur in sogenannten Devisengeschäften gegen Hartwährung (10 US-Dollar das Kilogramm) zu bekommen. Dort herrschte auch sonst kein Mangel an vornehmlich aus Finnland importierten Konsumgütern. Doch nur wenige verfügten über die nötige konvertible Währung.

Dies alles waren Symptome des Umbaus der sowjetestnischen Staats- in eine nationalestnische Marktwirtschaft. Zwar war damit bereits vor der Unabhängigkeit begonnen worden, doch dann war diese schneller als erwartet gekommen. Die wesentliche Ursache dieser jetzt unvermeidlichen Anpassungskrise bestand in einer abrupten Veränderung der *terms of trade*: Die gewohnten Lieferungen von Rohstoffen und Vorprodukten zu Rubelpreisen unter Weltmarktniveau blieben aus, nachdem die Sowjetunion den Warenaustausch auf Weltmarktpreise in Hartwährung umgestellt hatte und auch alten Lieferverpflichtungen nicht mehr nachkam. Dem aber entsprach noch kein international hinreichend wettbewerbsfähiges estnisches Warenangebot, mit dem die erforderlichen Devisen hätten erwirtschaftet werden können. Hinzukam ein hochinflationärer Rubel, der jede Wertaufbewahrungsfunktion verloren hatte, mit der Folge, daß estnische Produzenten in Erwartung der angekündigten eigenen Währung ihre Waren zurückhielten; tauchten aber solche in den Läden auf, wurden sie sofort gehamstert.

Angesichts dieser Situation mußte die Regierung Savisaar handeln. Das galt vor allem für die mitten im Winter immer kritischer werdende Versorgung mit Heizöl, Diesel und Benzin. Estland deckte damals etwa die Hälfte seines Energiebedarfs durch eigene Elektrizität, die zum größten Teil im Nordosten des Landes aus Brennschiefer gewonnen wurde (da Estland nicht die gesamte Elektrizitätsproduktion selbst benötigte, wurde etwa die Hälfte in das benachbarte Lettland und den Petersburger Raum exportiert). Die andere Hälfte des estnischen Energieverbrauchs entfiel auf Kohlenwasserstoffprodukte aus der

Sowjetunion. Nachdem bereits im November 1991 in ganz Estland der Verkauf von Treibstoff zu staatlich festgesetzten Preisen an Privatpersonen eingestellt und dann auch noch der städtische Busverkehr eingeschränkt sowie die zentrale Warmwasserversorgung einschließlich der Heiztemperaturen in öffentlichen Gebäuden und Wohnblocks heruntergefahren worden war, erhöhte die Regierung ab dem 15. Januar auch noch die Strompreise drastisch um das fünffache. Da geschätzt wurde, daß die Vorräte an Brennstoffen je nach Verlauf des bisher eher milden Winters nur noch etwa einen Monat ausreichen würden, befürchtete die Regierung, im Februar Tallinn und andere Teile des Landes nicht mehr beheizen zu können.

Als einzigen Ausweg sah die Regierung Hilfslieferungen aus dem westlichen Ausland *in natura* oder Kredite, mit denen sich Estland selbst auf dem Weltmarkt mit Erdölprodukten versorgen könnte. Daher ließ Generaldirektor Mehis Pilv, ein Vertrauter von Savisaar, dem das Amt für Außenwirtschaftsbeziehungen unterstand und der zugleich *de facto* die unter dem Vorsitz des Wirtschaftsministers stehende Regierungskommission zur Koordinierung der Auslandshilfe leitete, ebenso wie bei anderen Botschaften Mitte Januar 1991 auch bei uns nachfragen, welche Schritte Estland (solange es noch nicht Mitglied des Internationalen Währungsfonds sei) unternehmen müsse, um einen bilateralen Überbrückungskredit, möglichst zu Vorzugsbedingungen, zu bekommen. Als Sicherheiten wurden die estnischen Staatsforsten und im Ausland deponierte Goldreserven aus der Vorkriegszeit angeboten, über deren Restitution die Regierung damals mit einer Reihe von Staaten verhandelte. Auf ein darauf von der Bundesregierung gemachtes Angebot von sogenannten Hermes-Bürgschaften für Energieimporte ist die estnische Regierung aber nicht eingegangen, da sie Hartwährungskredite zu Marktkonditionen im Hinblick auf die künftige Auslandsverschuldung nur als letzte Möglichkeit nutzen wollte. Mit großer Mühe gelang es schließlich, den notwendigsten Bedarf durch Importe zu decken, die zum größten Teil mit einem Kredit des finnischen staatlichen Energiekonzerns NESTE über 20 Millionen US-Dollar und im übrigen durch einen kleineren Kredit von einer dreiviertel Million US-Dollar der ebenfalls staatlichen norwegischen STATOIL finanziert wurden. Vor allem NESTE dürfte an dem Kredit nicht schlecht verdient haben (zuletzt mußte er mit 16% verzinst werden), bis es Estland im Frühjahr 1993 gelang, ihn aus einer EG-Zahlungsbilanzhilfe zu wesentlich günstigeren Konditionen zu refinanzieren. Beide Gesellschaften konnten außerdem bald darauf damit beginnen, zuerst Tallinn und dann die übrigen Landesteile mit einem Tankstellennetz zu überziehen, so daß die Versorgung mit qualitativ einwandfreiem Treibstoff nach einiger Zeit problemlos war, wenn vorerst auch nur für die glücklichen Besitzer von Devisen.

Ein weiteres Problem bestand in diesem ersten Winter nach der wiedergewonnenen Unabhängigkeit darin, die Heizöl- und Treibstoffimporte aus Finnland und Norwegen anzulanden. Denn die bisherigen Versorgungslieferungen waren ausschließlich mit der Eisenbahn aus östlicher Richtung eingetroffen. Bis es dann im Laufe des Jahres 1992 zum Bau der beiden ersten Terminals im Tallinner Hafen kam, mußten im Winter 1991/92 die Importe über den Hafen *Roomassaare* bei Arensburg auf der Insel Oesel erfolgen, der als einziger in Estland hierzu geeignet war, und von dort in Tankwagen den langen Weg zum Festland antreten!

Probleme bereitete der Regierung aber nicht nur die Energie-, sondern auch die Lebensmittelversorgung der Bevölkerung. Nachdem selbst Brot ein knappes Gut geworden war, führte sie am 11. Januar Bezugsscheine für die Grundnahrungsmittel Schwarzbrot (1,5 kg pro Person und Woche), Butter (400 gr pro Monat), Käse (500 gr für drei Monate) und Milch (0,5 ltr täglich nur für Familien mit Kindern unter zwei Jahren und für kranke Menschen) ein. Außerdem wurden mit einem Paßfoto versehene Ausweise ausgegeben, die allein zum Einkauf berechtigten. Die Ursachen dieser Lebensmittelknappheit waren grundsätzlich die gleichen wie die für die Energiekrise: Die Lieferungen aus dem Bereich der ehemaligen Sowjetunion vor allem an billigen Futtermitteln für die landwirtschaftliche Produktion blieben aus, so daß die estnischen Agrarbetriebe den einheimischen Markt nicht länger ausreichend beliefern konnten. Sie zogen es aber auch vor, ihre Ware in Erwartung einer Währungsreform, oder weil die staatlichen Ankaufspreise die Gestehungskosten nicht mehr deckten, zu horten. Viele Waren tauchten wohl auch deswegen nicht mehr sichtbar in den Geschäften auf, weil sie dort gleich unter dem Ladentisch an Freunde und Bekannte weitergegeben oder im Tauschhandel verschoben wurden – wenn dies nicht bereits unmittelbar durch den Produzenten, d.h. die bisherigen Kolchosen und Sowchosen sowie die Nahrungsmittelfabriken, erfolgte. Ein Teil der Waren wurde auch auf dem freien Markt angeboten, dann allerdings zu horrenden Preisen.

Diese parallelen Verteilungskanäle dürften ein Grund dafür gewesen sein, daß es damals in Estland zu keiner echten Hungersnot gekommen ist, auch nicht in Tallinn, wo ein Drittel der gesamten Bevölkerung lebte. Außerdem war dies ausländischen Hilfslieferungen und vor allem dem hohen Selbstversorgungsgrad der Bevölkerung zu verdanken, die es gewohnt war, in den Gärten rund um ihre über das ganze Land verstreuten Sommerhäuser Obst, Gemüse und Kartoffeln anzubauen und für den Winter zu konservieren. Dies weckte Erinnerungen an meine Kindheit in der unmittelbaren Nachkriegszeit in Deutschland, als wir und andere Verwandte im großelterlichen Haus in Ludwigsburg Zuflucht gefunden hatten. Damals ernährten wir uns alle ganz wesentlich aus dem Garten, von dem aus dem Sommersitz Neubronn bei Ulm in großen, mit Sacktuch zugenähten Körben auf der Bahn herbeitransportierten Obst und von Kartoffeln, die im Herbst ein Bauer aus dem Dorf Schwieberdingen, der einst bei meinem Großvater Hugo Breyer, einem württembergischen Berufsoffizier, gedient hatte, mit seinem Pferdegespann zu uns in die Stadt brachte. Die Erinnerung an CARE-Pakete, die damals nach 1945 zwar nicht wir, aber Freunde mit Verwandten in den USA erhielten und deren vor allem süßer Inhalt uns Kinder fasziniert hatte, stand mir deutlich vor Augen, als wir wie schon im Jahr davor nahrhafte Weihnachtspakete aus unseren Petersburger Vorräten für die Verwandten in Kolk zusammenstellten. Nach Rückkehr aus den mit der Familie verbrachten Ferien habe ich sie in den ersten Januartagen bei ihnen vorbeigebracht.

Neben Energiekrise und Lebensmittelknappheit hatte schließlich auch die Unterversorgung mit Medikamenten ein besorgniserregendes Ausmaß angenommen. Nach dem Zusammenbruch des alten arbeitsteiligen Produktionssystems der sozialistischen Länder waren die gewohnten Lieferungen ausgeblieben. Auch die früher im Land selbst hergestellten Arzneimittel konnten von der estnischen pharmazeutischen Industrie aus Rohstoffmangel nicht mehr angeboten werden. Bereits im Dezember 1991 hatte mich der Gesundheitsminister aufgesucht und eine Liste der am dringendsten benötigten Arzneimittel und sonstigen medizinischen Verbrauchsgüter wie Einwegspritzen, Verbandsmaterial u.a.m. übergeben, die wir sofort nach Deutschland weitergeleitet haben. Eine Reaktion darauf ist nicht erfolgt. Einen Monat später erreichte uns jetzt, diesmal aus dem Amt für Außenwirtschaftsbeziehungen, eine weitere Liste, die mit der nachdrücklichen Bitte um schnellstmögliche Nothilfe verbunden wurde. Diese Liste enthielt nur Medikamente, die in Deutschland handelsüblich waren (andere Botschaften erhielten ähnliche Listen) und sollte damit zugleich der internationalen Koordinierung eventueller Hilfsmaßnahmen dienen. Wir haben auch diese Liste umgehend nach Bonn gesandt und gebeten, dieser Bitte im Rahmen unserer humanitären Hilfe, eventuell auch aus NVA-Beständen und unter Berücksichtigung der Erfahrungen karitativer Institutionen, nachzukommen. Im Ergebnis hat Estland aus Deutschland nach meiner Kenntnis mit der rühmlichen Ausnahme des neuen Bundeslandes Sachsen nur von Nicht-Regierungs-Organisationen, den Kirchen und durch eine Vielzahl von privaten Initiativen, von denen noch die Rede sein wird, humanitäre Hilfe erfahren. Dabei hat die genannte Liste, die wir bei Anfragen aus Deutschland nach dem Bedarf im Medizinbereich zur Verfügung stellen konnten, mehrfach gute Dienste geleistet.

*

Um der Lage Herr zu werden, hat Ministerpräsident Savisaar Mitte Januar 1992 den Obersten Rat um wirtschaftliche Sondervollmachten gebeten und damit die Vertrauensfrage verbunden. Er begründete sein Vorgehen mit dem Vorwurf „ökonomischer Sabotage", die für die Versorgungskrise verantwortlich sei, und wollte ermächtigt werden, die an sich wirtschaftlich autonomen Staatsbetriebe anweisen zu können, ihre Lagervorräte auf den Markt zu bringen. Auch sollten Abgabeverpflichtungen für landwirtschaftliche Großbetriebe und andere dirigistische Maßnahmen ermöglicht werden. Nach mehrtägiger Debatte beschloß daraufhin das Parlament am 16. Januar den „wirtschaftlichen Ausnahmezustand" und sprach damit erst einmal der Regierung Savisaar das Vertrauen aus. Doch dieser Beschluß war nur mit einer knappen Mehrheit von zwei Stimmen zustandegekommen und, vor allem, nur mit denen der russischen Abgeordneten des Obersten Rates, die geschlossen für Savisaar gestimmt hatten. Zu ihnen zählten auch einige höherrangige Militärs, die in den Monaten davor im Parlament nicht mehr gesehen worden waren (den vier 1990 von den sowjetischen Truppen in den Obersten Rat gewählten Abgeordneten wurde dann von diesem im März 1992 das Mandat entzogen, so daß das Parlament von da an aus 101 Mitgliedern bestand).

Dagegen wurde die Regierung nur noch von einer Minderheit der estnischen Abgeordneten unterstützt. Diese Minderheit setzte sich aus den aus der Volksfront hervorgegangenen Parteigängern Savisaars einschließlich der Sozialdemokraten, der Kommunisten und einiger Unabhängiger zusammen. Die Christdemokraten und verschiedene andere Gruppierungen der nationalen Rechte sowie andere unabhängige Abgeordnete lehnten einen „wirtschaftlichen Ausnahmezustand" kategorisch ab. Denn es wäre völlig unklar, was man sich unter einem solchen vorzustellen habe, und Savisaar ginge es im Grunde nur um die politische Macht im Vorfeld der ersten Parlamentswahlen nach der Unabhängigkeit. In dieser Auffassung wurden sie durch das Aufsehen erregende Stimmverhalten der russischen Abgeordneten bestärkt, von denen einer auch noch öffentlich erklärt hatte, er habe sich für die Person von Savisaar und nicht für einen wirtschaftlichen Ausnahmezustand ausgesprochen, den er gar nicht für erforderlich halte. Dieser Abgeordnete soll dies darüber hinaus noch mit der in estnischen Ohren wenig angenehm klingenden Feststellung verbunden haben, in Estland seien derzeit keine parlamentarischen Mehrheiten gegen die russische Bevölkerung möglich. Auch kursierten sofort Gerüchte, die Regierung hätte der russischen Minderheit Konzessionen beim Staatsangehörigkeitsrecht in Aussicht gestellt, war doch allgemein bekannt, daß Savisaar für die „Nulloption" eintrat.

Das Ende der Regierung Savisaar

Nunmehr begann die Front derjenigen estnischen Abgeordneten, die bislang noch hinter Savisaar gestanden hatten, zu bröckeln. Dies sollte binnen weniger Tage zu seinem Sturz führen: Um den am 16. Januar gefaßten Beschluß über die Ausrufung des wirtschaftlichen Ausnahmezustands überhaupt mehrheitsfähig zu machen, war er bereits mit verschiedenen Einschränkungen versehen worden. So war der Ausnahmezustand zeitlich, und zwar bis zum Inkrafttreten der neuen Verfassung, jedenfalls aber auf drei Monate begrenzt worden; ferner sollte von Parlament und Regierung ein gemeinsamer Krisenstab gebildet und dessen personelle Zusammensetzung vom Parlament beschlossen werden; schließlich war die Regierung beauftragt worden, gemeinsam mit diesem Krisenstab im Verlaufe einer Woche dem Parlament Vorschläge zur inhaltlichen Ausgestaltung des Ausnahmezustands zu unterbreiten. Doch schon bei der Debatte über die in den Krisenstab zu entsendenden Personen konnte der Oberste Rat zu keiner Einigung mehr gelangen – Savisaar hatte endgültig die Mehrheit verloren und bot daraufhin am 23. Januar den Rücktritt seiner Regierung an. Der Oberste Rat nahm ihn an und bat Savisaar, bis zur Bildung einer neuen Regierung geschäftsführend im Amt zu bleiben.

Eine gewisse Ironie des Schicksals lag schon darin, daß Savisaar zu einem Zeitpunkt die Regierungsgeschäfte abgeben mußte, als sich gerade erste Silberstreifen am Horizont zeigten: Großbritannien und die USA erklärten in diesen Tagen ihre Bereitschaft zur Rückgabe bei ihnen deponierter Goldreserven aus der Vorkriegszeit, Savisaar selbst kehrte mit einer Vereinbarung über Heizöllieferungen aus Finnland zurück, mit Rußland konnte ein Bartergeschäft estnische Lebensmittel gegen russische Energielieferungen zumindest vereinbart werden, und eine vom 21. bis 23. Januar in Tallinn weilende Erkundungsmission aus Brüssel sagte Estland aus einer allen drei baltischen Staaten zur Verfügung gestellten Nothilfe der EG in Höhe von 45 Millionen Ecu (also etwa 90 Millionen DM) Mehl-, Brotgetreide- und Futtermittellieferungen zu.

Dies unterstreicht, daß es damals im Grunde nur um die Machtfrage ging. Die Art und Weise, wie der Ministerpräsident die Versorgungskrise bewältigen wollte, bot seinen politischen Gegnern die Möglichkeit, ihn zu stürzen. Savisaar verlor die Macht, weil sich ungeachtet seines jugendlichen Alters (Jahrgang 1950) damals in der estnischen Öffentlichkeit zunehmend die Ansicht durchsetzte, seine Zeit sei politisch abgelaufen. Gelegentlich wurde er sogar mit Gorbatschov verglichen. Im Obersten Rat gab es im Januar 1992 keine Mehrheit mehr, die bereit gewesen wäre, einem Politiker Sondervollmachten zur Krisenbewältigung mit den Mitteln der alten Kommandowirtschaft einzuräumen – und schon gar nicht einem Mann wie Savisaar, der für einen sehr persönlichen Regierungsstil bekannt war und der sich zudem bei der russischen Minderheit eines besonderen Ansehens erfreute. Denn viele trauten ihm zu, er würde versuchen, Sondervollmachten zum Ausbau seiner politischen Stellung zu nutzen. Savisaar, dem man eine große, allerdings mehr innen- als außenpolitische Begabung nicht absprechen kann, sollte jedoch auch weiterhin ein ernst zu nehmender Faktor in der estnischen Politik bleiben.

*

Da sich politische Krisen gewöhnlich nicht lange im voraus ankündigen, hatte ich die auf den Rücktritt der Regierung Savisaar folgende Woche schon seit längerer Zeit für unseren endgültigen Abschied von St. Petersburg vorgesehen und die Möbelpacker bestellt. Am 24. Januar fuhr ich dann von dort mit unserem Volkswagen und dem LKW des Speditionsunternehmers über Ivangorod/Narva nach Tallinn, wo Teile unseres Umzugsguts ausgeladen und vorübergehend eingelagert wurden, bevor sich der Möbelwagen in Richtung Deutschland einschiffte. Meine Frau flog direkt zurück und blieb vorerst in unserem Haus in Rheinbreitbach wohnen. Aus Petersburg hatte ich in das *Hotel Rataskaevu* außer den wichtigsten Dingen des täglichen Bedarfs auch einige Vorräte mitgebracht, die ich nötigenfalls durch Einkäufe in einem der Devisenläden ergänzte. So konnte ich mich trotz Versorgungskrise an den Abenden, die ich nicht mit einer der uns aufsuchenden Delegationen aus Deutschland oder im Kollegen- und Freundeskreis verbrachte, ohne Mangel zu leiden selbst ernähren und brauchte nicht einmal die auch an uns Botschaftsangehörige ausgegebenen Lebensmittelmarken samt Einkaufskarte (*ostukaart*). Als charakteristisch für diese Zeit, in der es in vielen estnischen Haushalten vor allem in den Städten knapp herging, ist mir auch in Erinnerung geblieben, wie ich eines Abends bei Rückkehr in das Hotel an der Rezeption einen Laib Brot vorfand. Ihn hatte eine fürsorgliche Seele dort in der Annahme für mich deponiert, ich würde nicht die Zeit finden, auch noch nach Brot anzustehen, nicht wissend, daß das an das Versorgungssystem der Staatskanzlei angeschlossene *Hotel Rataskaevu* damit ausreichend beliefert wurde.

Im Februar 1992 begann es dann auch im Hotel empfindlich kühl zu werden, so daß ich ganz froh war, als mir aus Deutschland ein kleiner elektrischer Heizofen mitgebracht wurde, der tagsüber auch in der Botschaft Verwendung finden konnte.

Tiit Vähi bildet eine neue Regierung

Zurück aus Petersburg, ging ich am 27. Januar, einem Montag, auf den Domberg, um mich in den Gängen des Schlosses, wo ein reges Treiben herrschte, etwas unter mir bekannten Politikern umzuhören, wer wohl der neue Ministerpräsident werden würde. Dabei traf ich auch auf Verkehrsminister Vähi, der einer der Kandidaten war, die für dieses Amt gehandelt wurden. Auf meine Frage nach dem Stand der Dinge antwortete er nur, sybillinisch lächelnd, darüber könne man sich später unterhalten ... Am Abend wurde dann bekannt, daß sich das Präsidium des Obersten Rates unter Vorsitz von Rüütel auf Vähi geeinigt und ihn mit der Regierungsbildung beauftragt hatte. Dem waren über das Wochenende Konsultationen Rüütels mit den verschiedenen politischen Lagern vorausgegangen, nachdem er zuvor hatte wissen lassen, daß er selbst nicht – wie von Savisaar vorgeschlagen – zur Verfügung stünde. Die Nominierung von Vähi ging von der Prämisse aus, daß dieser bis zu den Wahlen, die man sich damals noch für das kommende Frühjahr erhoffte, eine Übergangsregierung von Fachleuten bilden sollte, die parteipolitisch möglichst ungebunden, also auch keine Abgeordneten wären. Davon versprach man sich eine „entpolitisierte" Atmosphäre, die der Lösung der vielen wegen gegenseitiger Blockierung von Regierung und Parlament liegengebliebenen Sachfragen zuträglich sein würde. Diese Aufgabe traute man dem aus Südestland stammenden und an der TH Tallinn als Ingenieur ausgebildeten, damals gerade 45jährigen Tiit Vähi zu. Er gehörte, außer früher der KP, formal keiner Partei an und hatte sich als langjähriger Direktor der Verkehrsbetriebe im Landkreis *Valga* (Walk) an der Grenze zu Lettland und dann als Minister für Verkehr und Telekommunikation den Ruf eines guten Fachmanns erworben. Aber es wurde ihm auch politisches Geschick nachgesagt, das er nach dem Putsch als Emissär der Regierung in Narva unter Beweis gestellt habe, als es galt, dort Sezessionsbestrebungen unter den Russen entgegenzuwirken. Anfang Dezember 1991 hatte er sich aufgrund der Einladung von Bundesminister Dr. Schwarz-Schilling eine Woche in Deutschland aufgehalten und war höchst angetan zurückgekehrt: Der Besuch, bei dem er auch mit Verkehrsminister Professor Dr. Günther Krause und Wirtschaftsvertretern zusammengetroffen war, sei ausgezeichnet vorbereitet gewesen und habe ihm Gelegenheit zu Gesprächen mit konkreten Ergebnissen wie der baldigen Aufnahme einer direkten Luftverkehrsverbindung zwischen Estland und Deutschland gegeben. Mit dieser Reise war also offenbar auch eine gute Grundlage für unsere Zusammenarbeit mit dem nächsten estnischen Ministerpräsidenten gelegt worden.

Am 30. Januar wurden Tiit Vähi und das von ihm vorgestellte Kabinett vom Obersten Rat mit einer komfortablen Mehrheit bestätigt. Die Kommentatoren hoben hervor, daß er ganz überwiegend von estnischen Abgeordneten und ohne Gegenstimmen gewählt worden war, während sich die russischen Mitglieder des Obersten Rates von wenigen Ausnahmen abgesehen ebenso wie eine Reihe von Esten entweder der Stimme enthalten oder – wie Savisaar – an der Wahl nicht teilgenommen hatten. Das Kabinett Vähi wies dann sogar noch mehr neue Gesichter auf, als erwartet worden war; von seinen vorläufig 15 Ministern (drei Posten wurden erst später besetzt) hatten nur 6 der Regierung Savisaar angehört, unter ihnen Außenminister Meri. Da sich Vähi und seine Minister als eine Mannschaft von Fachleuten zur Bewältigung der wichtigsten politischen und wirtschaftlichen Aufgaben verstanden, mit denen sich Estland in dieser Zeit des Wiederaufbaus eines selbständigen Staatswesens konfrontiert sah, sollte auch die Parteizugehörigkeit aller Regierungsmitglieder, sofern eine solche überhaupt gegeben war, ruhen.

Als erstes kündigte Vähi eine Gesetzesvorlage zur Aufhebung des am 16. Januar ausgerufenen wirtschaftlichen Ausnahmezustands nach dem Motto „Wir brauchen Zusammenarbeit, aber keinen Ausnahmezustand" an und setzte seiner Regierung folgende Prioritäten: Ausreichende Versorgung der Bevölkerung mit Nahrungsmitteln und Heizwärme, Einführung einer estnischen Währung, Wiederbelebung der ins Stocken geratenen Eigentumsreform und Privatisierung, Regelung der Staatsangehörigkeitsfrage, Verabschiedung der neuen Verfassung und Vorbereitung der Parlaments- und Präsidentschaftswahlen.

Stagnierende Beziehungen zu Rußland

Die akute Versorgungskrise in diesem ersten Winter der Unabhängigkeit war zu einem nicht geringen Teil die Folge davon, daß die Sowjetunion bzw. ihr Rechtsnachfolger, die Russische Föderation, auf staatlicher Ebene vereinbarten Lieferverpflichtungen nicht nachgekommen ist. Die starke wirtschaftliche Abhängigkeit vom großen Nachbarn im Osten mußte daher, zusammen mit der andauernden Präsenz russischer Truppen, in Estland als die größte Bedrohung der Souveränität des wiedererstandenen kleinen Staates angesehen werden. Dies ließ der estnischen Politik, selbst wenn sie dies gewollt hätte, gar keine andere Wahl, als auch die wirtschaftliche Westorientierung mit aller Kraft voranzutreiben.

Außenminister Meri sprach in einer außenpolitischen Grundsatzrede, die er am 22. Februar 1992 in Stockholm hielt, ganz unumwunden von „imperialistisch" gesonnenen Kräften, die aufgrund der sozialen und ökonomischen Zerfallserscheinungen in Rußland an Boden gewinnen würden und mit Mitteln der Wirtschaftsblockade und der Manipulation der öffentlichen Meinung versuchten, die Wirtschaftsreformen in Estland zu diskreditieren, um dadurch seine Integration in Europa zu bremsen und Voraussetzungen für eine Ostorientierung und den Verbleib in der Rubelzone zu schaffen. Andere estnische Politiker mit Regierungsverantwortung haben das damals vielleicht weniger deutlich ausgesprochen, aber nichtsdestoweniger nach dieser Einschätzung gehandelt.

Die politischen Realitäten erforderten andererseits, alles zu versuchen, um mit Rußland im Gespräch zu bleiben und zu Regelungen der vielen offenen Fragen im gegenseitigen Verhältnis, in erster Linie aber des Truppenabzugs, zu gelangen. So schöpfte man in Tallinn zunächst neue Hoffnungen, als Außenminister Kosyrjev hier am 14. Januar 1992 für einige Stunden eine Reise nach Deutschland unterbrach und die baldige Wiederaufnahme bilateraler Verhandlungen in Aussicht stellte. Auch zum Truppenabzug nahm er eine grundsätzlich entgegenkommende Haltung ein, schränkte seine Aussagen aber gleich wieder durch ein „sobald wie möglich" ein und verdeutlichte dies durch den Hinweis, daß zuerst die Voraussetzungen für die Aufnahme der abzuziehenden Offiziere und Soldaten in der Heimat geschaffen werden müßten – womit ein Dauerthema der nächsten Jahre angeschlagen war. Auch war bei den Gesprächen mit Kosyrjev estnischen Erinnerungen an die ausstehenden Lieferungen von Energieträgern und Futtermitteln für die Landwirtschaft kein Erfolg beschieden.

Zwei Wochen später führte der stellvertretende russische Ministerpräsident Sergej Šachraj in Begleitung einer großen, vorwiegend aus Generälen bestehenden Delegation aus Wilna und Riga kommend in Tallinn Gespräche über den Truppenabzug. Auf estnischer Seite war man damals recht zufrieden. Die russische Delegation wäre, wie Meri meinte, auch insofern „zivilisiert" aufgetreten, als die ihr angehörenden Militärs zu Expertengesprächen mit den estnischen Fachleuten in ein Nebenzimmer verwiesen worden sei – so wenig also bedurfte es an Einfühlungsvermögen in die psychische Verfassung der von Moskau wenig verwöhnten Esten, um eine gute Gesprächsatmosphäre zu schaffen. Überdies hatte Šachraj offenbar Hoffnungen auf den Beginn von Verhandlungen noch im Februar 1992 zu wecken gewußt, zu denen die estnische Seite wegen der erst kürzlich erfolgten Regierungsneubildung zum Zeitpunkt dieses Besuchs noch gar nicht in der Lage gewesen wäre. Bis es dann aber tatsächlich zum Beginn von Verhandlungen kam, und zwar über alle Bereiche der Beziehungen, sollte noch beinahe ein Vierteljahr vergehen.

Der einzige Lichtblick war, daß ungeachtet ausstehender weiterer Vereinbarungen über den Truppenabzug dieser *de facto* bereits begonnen hatte und sich damals nur noch 20 bis 25 000 Mann gegenüber schätzungsweise 36 000 im Augenblick der Unabhängigkeit in Estland befanden.

Besuch in Paldiski

Einen Eindruck besonderer Art erhielten wir westlichen Botschafter von der Präsenz des russischen Militärs am 17. Februar 1992 bei einem in der estnischen Öffentlichkeit vielbeachteten Besuch der Marinebasis in *Paldiski* (Baltischport). Er war als erste Veranstaltung einer mehrtägigen internationalen Konferenz über baltische und nordische Sicherheit gedacht, zu der im Namen des Jaan Tõnisson-Instituts Trivimi Velliste eingeladen hatte, der damals bereits seit einiger Zeit hauptamtlich im Außenministerium tätig war. Das Institut stand dem Estnischen Kongreß nahe, Vorstandsvorsitzender war zu jener Zeit der christdemokratische Politiker Mart Laar.

Die Teilnehmer an der Fahrt sollten sich am Morgen in der Halle des *Hotels Olümpia* einfinden. Als ich dort eintraf, stellte sich heraus, daß noch keine russische Besuchserlaubnis vorlag. Ich bemerkte, wie Velliste angestrengt auf russisch telefonierte, um sich dann erleichtert an uns zu wenden und mitzuteilen, der in

Paldiski kommandierende Admiral habe gerade die Zustimmung Moskaus zu dem geplanten Besuch signalisiert. Also konnte die Fahrt losgehen. Dem Bus mit den übrigen Konferenzteilnehmern folgten die Botschafterwagen. Ingesamt waren 7 Länder vertreten: Deutschland, Großbritannien, Finnland, Frankreich, Italien und Schweden; außerdem fuhr in meinem Wagen Bob Frasure mit, der gerade nach langem Warten vom Präsidenten der USA zum Botschafter ernannt worden war und jetzt noch der Bestätigung durch den Senat bedurfte, so daß er weiter als ein Geschäftsträger *sui generis* amtierte und daher noch nicht mit den äußeren Insignien eines US-Repräsentanten auftreten wollte.

Die etwa 45 km westlich von Tallinn gelegene Halbinsel *Pakri* mit dem Städtchen *Paldiski* war zu jener Zeit noch Sperrgebiet der russischen Streitkräfte, zu dem auch estnische Amtsträger wenn überhaupt nur mit besonderer Erlaubnis Zutritt erhielten (so sollte noch mehrere Monate später dem damaligen Außenminister Manitski ein Besuch verwehrt werden). Sie war das mit Unterbrechung der deutschen Besetzung Estlands 1941/44 seit 1939 gewesen, als zum Auftakt der Annexion durch die Sowjetunion dieser dort ein Militärstützpunkt hatte eingeräumt werden müssen. So geriet der Besuch der in Tallinn akkreditierten westlichen Botschafter, als sie den Kontrollpunkt am streng bewachten Zugang zu der Halbinsel passierten und ihre Fahrt mit wehendem Stander gleich einer *Joyeuse entrée* bis in die Stadtmitte von *Paldiski* fortsetzten, nicht nur zu einer Premiere, sondern auch zu einer kleinen Demonstration estnischer Souveränität über diesen ihr bisher vorenthaltenen Landesteil! Ich muß gestehen, daß wir uns damals schon etwas instrumentalisiert vorkamen, aber in gerade noch erträglicher Weise.

Russische Marineoffiziere empfingen uns betont freundlich. Als erstes gratulierte mir einer von ihnen zu der am Vortag von einem deutschen Sportler bei den Olympischen Winterspielen in Albertville errungenen Goldmedaille, wovon ich selbst noch gar nichts wußte. Sie zeigten uns den neuen und den alten Hafen, in dem einige halbverrottete kleinere Schiffe lagen: Ein Anblick, dessen Trostlosigkeit noch durch das Grau in Grau eines naßkalten Wintertages verstärkt wurde. Als ich einen der Offiziere nach Leetz fragte, wo meine Großmutter in ihrer Jugend auf dem väterlichen Gut die Sommermonate zu verbringen pflegte, reagierte er sofort. Seine Auskunft, dort seien nur noch die Fundamente des früheren Herrenhauses erhalten, sollte sich jedoch später als unrichtig herausstellen. Dann fuhren wir zum Leuchtturm von *Pakri* (Packerort) und von dort durch den heruntergekommenen Ort zur „Admiralität". Dabei mußte ich unwillkürlich an die Erzählung „Die unauffindbare Stadt" meines Großvaters denken, in der er Episoden aus dem Leben dieser Kleinstadt schildert. Ursprünglich von Peter dem Großen als Kriegshafen mit dem Namen Rogerwiek gegründet, dann von Katharina II. gleichsam wiederentdeckt und 1762 in Baltischport (*Port Baltique*) umbenannt, ist der Ort trotz eines praktisch eisfreien

Hafens mit einem großen natürlichen Tiefgang, der ihn für die Schiffahrt besonders attraktiv macht, nie über den Zustand eines Provinznestes hinausgekommen. Nur einmal hat Baltischport kurz die Aufmerksamkeit der Weltöffentlichkeit auf sich gezogen, als nämlich hier 1912 der russische und der deutsche Kaiser zusammentrafen [20].

Über dem Gebäude, in dem der Befehlshaber der Marinebasis mit seiner Verwaltung residierte, wehte die russische Flagge. Konteradmiral Alexander Olchovikov empfing uns ausgesucht korrekt. Er wäre mit der Besuchserlaubnis an die Grenze dessen gegangen, was ihm erlaubt sei, „und sogar ein bißchen darüberhinaus" meinte er. Doch uns alles zu zeigen, sei ihm nicht gestattet, vor allem nicht die beiden der Ausbildung von Besatzungen atomgetriebener U-Boote der Taifun-Klasse dienenden Kernreaktoren. Die Reaktoren seien allerdings bereits seit Beginn des Jahres 1990 stillgelegt. Über sie zirkulierten damals in Estland die wildesten Gerüchte, da wegen der sowjetischen Geheimhaltung niemand genau informiert war. Auch befänden sich in *Paldiski*, fügte der Admiral hinzu, keine U-Boote mehr. Diese hätten übrigens immer nur der Versorgung gedient, da der Hafen kein Stützpunkt, sondern ein Ausbildungszentrum gewesen sei. Kernwaffen wären in *Paldiski* niemals gelagert gewesen. Dann stand der Admiral den Besuchern für Fragen zur Verfügung. Dabei taten sich ein Exileste aus den USA und ein schwedischer Journalist durch besondere Penetranz hervor, was einige meiner Botschafterkollegen und auch mich unangenehm berührte. Demonstrativ enthielten wir uns daraufhin jeder eigenen Frage. Admiral Olchovikov verlor aber zu keinem Augenblick die Beherrschung. Wir konnten nur ahnen, was in ihm und seinen Offizieren vorging, die bessere Zeiten gesehen hatten und keine persönliche Verantwortung für den Stand der Dinge trugen.

Als im weiteren Verlauf der Konferenz, die im Kongreßzentrum *Sakala* stattfand, vor allem von demselben Amerikaner estnischer Herkunft erneut aggressive Töne angeschlagen wurden und auch der Kieler Historiker Professor Hain Rebas, ein Exileste aus Schweden, mit einer meines Erachtens überzogenen Kritik an der angeblich zu moskaufreundlichen Ostpolitik Savisaars in dasselbe Horn stieß, erlaubte ich mir, den beiden Herren gegenüber während einer Pause zu bemerken, es sei unverantwortlich, aus der sicheren Position von Inhabern eines amerikanischen bzw. schwedischen Passes derartige antirussische Attacken zu reiten. Sollte sich das Blatt erneut wenden, könnten sie beide Estland jederzeit wieder verlassen, die Esten aber müßten bleiben und daher eine Politik der Verständigung mit Rußland anstreben. Rebas, mit dem ich anschließend als deutscher Botschafter und vor dem Hintergrund unserer gemeinsamen Mitgliedschaft in der Baltischen Historischen Kommission unter vier Augen sprach, sah dies dann auch ein. Er kam später für ein knappes Jahr als Verteidigungsminister ganz nach Estland (Oktober 1992/August 1993), konnte sich aber in den damaligen Verhältnissen, in denen er sich von Kommunisten umgeben fühlte, nicht zurechtfinden. Dies galt mit rühmlichen Ausnahmen für viele der insgesamt wenig zahlreichen Auslandsesten, die nach der Unabhängigkeit in der einen oder anderen Weise und in bester Absicht dem estnischen Staat ihre Dienste zur Verfügung stellen wollten. In einem Fall hat dies, wie wir noch sehen werden, geradezu tragische Ausmaße angenommen.

Ich habe mir diese Schwierigkeiten der in die Heimat zurückgekehrten Esten mit den hier angetroffenen Verhältnissen immer so zu erklären versucht, daß sie, wie auch Rebas, meistens bereits in der Emigration geboren, mit einem Estlandbild aufgewachsen waren, das dem des Jahres 1940, zumindest aber dem von 1944 entsprach, als ungefähr 70 000 Esten vor den Sowjets in den Westen flüchten konnten, und das darüberhinaus in vielen Fällen in Übersee fern europäischer Vorstellungen geformt worden ist. Sie standen daher allen Erscheinungsformen des *homo sovieticus estoniensis* wesentlich kritischer gegenüber als wir übrigen Ausländer aus dem Westen. Dabei hat sicher auch eine Rolle gespielt, daß die estnischen Familien in der Emigration es in bewundernswerter Weise verstanden haben, ihre Muttersprache zu pflegen und sie auch der nächsten Generation zu vermitteln und so ihre nationale Identität zu bewahren. Wenn aber Menschen derselben Nation, die in verschiedenen Welten groß geworden sind, es miteinander zu tun bekommen, dann liegen die Konflikte auf der Hand, und nicht alle können damit in angemessener Weise umgehen. Wir haben das in Deutschland nach der Wiedervereinigung nur allzu oft in schmerzlicher Weise am eigenen Leib erfahren. Für das deutsch-estnische Verhältnis wiederum scheint mir von Bedeutung zu sein, daß das Bild der Exilesten von Deutschland und den Deutschen in vergleichbarer Weise durch die Vorstellungen der Zwischenkriegszeit und die Ereignisse von 1939/44 geprägt wurde und sich daher aus durchaus verständlichen Gründen im allgemeinen problematischer darstellt als das bei der im Lande gebliebenen estnischen Bevölkerung der Fall ist, die auf ein halbes Jahrhundert Sowjetherrschaft zurückblickt. Das jedenfalls sind meine Erfahrungen aus den ersten Jahren nach der Unabhängigkeit.

Der 24. Februar 1992

Erstmals seit 1940 konnte Estland wieder den Tag festlich begehen, an dem 1918 die Republik ausgerufen worden war. Der Ablauf des Nationalfeiertags, an dem in der Hauptstadt die Spitzen von Staat und Gesellschaft, aber auch wir Botschafter, vom frühen Morgen an gefordert waren, folgte einem Protokoll, an dem sich in den nächsten Jahren kaum etwas ändern sollte.

Kurz nach 7 Uhr versammelten wir uns in der Eingangshalle des Schlosses und zogen von dort im ersten Tageslicht in den zu dieser Jahreszeit gewöhnlich tief verschneiten Garten zu Füßen des „Langen Hermann", des größten von der ehemaligen Ordensburg erhalten gebliebenen Festungsturms. Dort hatten sich bereits verschiedene Chöre und Zuschauer aus der Bevölkerung in einem großen Rechteck aufgestellt, dessen vierte Seite mit dem Rücken zum Schloß jetzt die Vertreter des offiziellen Estland und des diplomatischen Corps bildeten. Aus Helsinki herübergekommen war auch Verteidigungungsattaché Oberst i. G. Peter Kleist. Seit dem 12. Februar offiziell auch in Estland akkreditiert, dürfte er an diesem 24. Februar der erste deutsche Soldat gewesen sein, der seit 1944 in Estland öffentlich in Uniform in Erscheinung getreten ist.

Mit Sonnenaufgang um 7.35 Uhr wurde die blau-schwarz-weiße Flagge, von Chorgesang begleitet, auf dem „Langen Hermann" gehißt. Dann betrat der lutherische Erzbischof von Estland Kuno Pajula ein eigens für diesen Tag errichtetes Podest und sprach den Segen. Ihm folgte Parlamentspräsident Ülo Nugis mit einer Ansprache, in der er den Weg nachzeichnete, den Estland seit 1918 politisch gegangen war. Mit der schönen Nationalhymne *Mu isamaa, mu õnn ja rõõm* („Mein Vaterland, mein Glück und Freud" nach dem Text von Johann Voldemar Jannsen), die ihre von dem aus Hamburg stammenden Friedrich Pacius komponierte Melodie mit der Hymne Finnlands gemeinsam hat und die uns im Laufe der Jahre recht ans Herz gewachsen ist, schloß diese bewegende Feierstunde im Morgengrauen. Sie hat mich in den vier Jahren, in denen ich an ihr teilgenommen habe, immer besonders angesprochen. Danach gab es um 8.30 Uhr ein Konzert in der St. Nikolai-Kirche.

Um 10 Uhr begann die Parade der Verteidigungskräfte auf dem Freiheitsplatz. Sie war und ist als Demonstration des estnischen Selbstbehauptungswillens das Kernstück der Feierlichkeiten am 24. Februar in Tallinn, an dem die gesamte Bevölkerung Anteil nimmt. Diese erste Militärparade nach der Unabhängigkeit, als es eine eigentliche estnische Armee noch gar nicht wieder gab, hatte etwas geradezu Rührendes, zugleich aber ungemein Eindrucksvolles an sich: Wie Angehörige des damals im Aufbau begriffenen Grenzschutzes (*Piirivalve*) gemeinsam mit Freiwilligen von *Kaitseliit* (Selbstschutz) und *Kodukaitse* (Heimwehr), insgesamt etwas über 1 500 Mann, nahezu unbewaffnet, von der Oberbekleidung abgesehen in unterschiedlichster Montur (vor allem was das Schuhwerk anbetraf), in guter Ordnung und mit großem Ernst um das Viereck marschierten, verfehlte seine Wirkung weder auf Oberst Kleist noch auf mich und die übrigen Diplomaten. Abgenommen wurde die Parade gegenüber der Johanniskirche am Fuße des Dombergs von Rüütel, Nugis und Vähi als den drei Mitgliedern des nationalen Sicherheitsrats, denen Generalstabschef Laaneots Meldung machte. Vähi betonte in einer kurzen Rede den Wunsch der Esten, über ihre Zukunft selbst zu bestimmen, und forderte den Abzug der fremden

Truppen. Dabei herrschte strahlender Sonnenschein. Prominentester ausländischer Gast war Präsident Landsbergis aus Wilna.

An dem Vorbeimarsch beteiligten sich in den Reihen des *Kaitseliit* auch einige betagtere Herren, denen nicht auf den ersten Blick anzusehen war, daß es sich um Veteranen aus den Jahren 1941/44 handelte, die damals teils in deutscher, teils in sowjetischer Uniform gegeneinander hatten antreten müssen. Mir fiel das nur deswegen auf, weil ich einen von ihnen, der mir sein Schicksal erzählt hatte, erkannte. Was für ein Freudentag muß es gerade für diese Menschen gewesen sein!

Die repräsentative Hauptveranstaltung mit geladenen Gästen, ein Konzert in der „Estonia" unter Leitung von Eri Klas, begann um 17 Uhr mit Reden von Rüütel, Landsbergis, einem stellvertretenden Parlamentspräsidenten aus Riga und zuletzt dem damals 86jährigen Botschafter Estlands bei den Vereinten Nationen Ernst Jaakson (1905–1998). Dann gab Rüütel im Schloß einen Empfang für die Botschafter. Dort unterhielt ich mich auch mit dem ebenfalls anwesenden Professor Landsbergis, der einstigen Galionsfigur der baltischen Unabhängigkeitsbewegungen, kann mich jedoch an Einzelheiten nicht erinnern, so daß es wohl bei Konventionellem blieb. Ausführlicher aber sprach ich mit Botschafter Jaakson. Der hochgewachsene, noch ungemein rüstige alte Herr erzählte aus seinem Leben im Dienste der estnischen Diplomatie und wie er jetzt, nach 62 Jahren, zum ersten Mal wieder in seine Heimat zurückgekehrt sei. Er war 1929 in die USA versetzt worden, und damals sei eine Heimreise über solch große Entfernungen während der Ferien nicht in Frage gekommen. Nach der sowjetischen Annexion hat Jaakson dann jahrzehntelang sein Land zuerst als Konsul und dann Generalkonsul mit Sitz in New York diplomatisch vertreten, bis er 1991 zum Botschafter ernannt werden konnte.

*

Schon am nächsten Tag kam der Parlamentarische Staatssekretär im Verteidigungsministerium Bernd Wilz mit weiteren 7 Mitgliedern der Arbeitsgemeinschaft Verteidigungspolitik der CDU/CSU-Bundestagsfraktion für 24 Stunden angereist. Während eines dicht gedrängten Programms traf die Delegation auch mit Außenminister Meri und dem neuen Leiter der Staatskanzlei der Regierung Vähi, Staatsminister Uno Veering, zusammen, der wie sein Vorgänger Vare für Verteidigungsfragen zuständig war, da es immer noch keinen Minister für dieses Ressort gab. Beherrschendes Thema war wiederum die Bitte um leichte Waffen aus NVA-Beständen zum Schutz der ansonsten unkontrollierbaren Grenze zu Rußland. Meri war brilliant und beeindruckte die Herren aus Bonn. Man versprach, sich für eine mit russischen Interessen verträgliche Lösung einzusetzen. Beide Minister kamen auch zu einem Empfang, den ich abends im

Maiasmokk gab, und zu dem sich neben den Vorsitzenden des Verteidigungs- und des auswärtigen Ausschusses des Obersten Rats, Enn Tupp und Indrek Toome mit ihren Vertretern Jüri Pöld und Tiit Made, auch die christlichen Spitzenpolitiker Estlands einfanden: Der Vorsitzende Illar Hallaste, der Abgeordnete und Chef der gerade gegründeten Parlamentsfraktion *Isamaa* („Vaterland" oder „Pro Patria") Mart Laar, sowie der Vorsitzende einer damals auch noch existierenden Christlich-Demokratischen Partei Estlands Aivar Kala. Auch Tunne Kelam, Vorsitzender des Estnischen Komitees, war mit von der Partie, so daß es unseren Bundestagsabgeordneten von der damals regierenden CDU/CSU nicht an Möglichkeiten gebrach, sich aus erster Hand über die Lage in Estland und seine drängendsten Probleme ein halbes Jahr nach Wiedergewinnung der Unabhängigkeit zu informieren.

Am Morgen darauf rückten wir mit der ganzen Delegation aus Bonn am Sitz des Grenzschutzes an, der sich damals im „Kommandantenhaus" auf dem Domberg befand – ein Provisorium in recht trostlosem Zustand. Eine meines Wissens nie aufgeklärte Explosion hatte kurz zuvor die Eingangstüre weggerissen, an deren Stelle jetzt ein paar Bretter den Eingang „sichern" sollten. Das an sich schöne Gebäude im Stil des russischen Klassizismus hatte einst bessere Tage gesehen, als hier die Kommandanten der Festung Reval, meist Angehörige deutscher Familien aus Estland, residierten. Einer von ihnen war allerdings auch der „Mohr" Peters des Großen gewesen, General Abraham Hannibal, Puschkins Urgroßvater, der mit einem Landeskind verheiratet war und Grundbesitz in Estland erworben hatte. Der gerade ernannte Generaldirektor des Grenzschutzes Andrus Öövel verspätete sich etwas, da er wegen eines nächtlichen Grenzzwischenfalls zum Innenminister gerufen worden war. Jung (damals 34), dynamisch und hochmotiviert, machte er auf die Delegation gleich einen ausgezeichneten Eindruck. Anschaulich schilderte er die Probleme, die er zu bewältigen habe: Eine schlagkräftige und mobile, zu dezentralisiertem Einsatz fähige kleine Grenztruppe sollte er schaffen, verfügte aber über keine Ausrüstung. Außerdem müßten er und seine Männer – viele von ihnen waren Hochleistungssportler wie er selbst (Ruderer) – estnischen Schmugglern das Handwerk legen, deren Sorgen sie nur allzu gut verstünden, da es sich meist um Bauern handelte, die Treibstoff für ihre landwirtschaftlichen Maschinen aus Rußland über die Grenze zu bringen versuchten, der anders nicht oder nur zu unerschwinglichen Preisen zu bekommen sei – und oft waren diese Bauern, anders als Öövels Truppe, dazu noch bewaffnet. Auch hier versprach die Delegation, sich in Bonn für Unterstützung zu verwenden.

Ausgenommen Waffen, bei denen der Bundesregierung durch politische Rücksichten die Hände gebunden waren, konnte sie dann im Laufe mehrerer Jahre durch umfangreiche Lieferungen beim Aufbau des estnischen Grenzschutzes die wohl größte Ausrüstungshilfe leisten, die dieser aus dem Ausland erhalten hat. Wenn es später auf der Ebene der Bürokraten damit nicht so recht weitergehen wollte, fest zugesagte Ausrüstungsgegenstände auch tatsächlich nach Estland auf den Weg zu bringen, habe ich gelegentlich bei dem persönlichen Referenten von Staatssekretär Wilz angerufen, der sich dann des Besuchs in Estland und der dort gemachten Versprechen erinnerte und mit der Autorität seines Chefs Abhilfe schaffen konnte. Dabei wurde ich von Oberst Kleist unterstützt, der über einen direkten Draht zum damaligen beamteten Staatssekretär im Verteidigungsministerium General Schönbohm verfügte. Bis es aber so weit war und die erste Lieferung von NVA-Material in Estland eintraf, sollte noch beinahe ein Jahr ins Land gehen.

Zum ersten Mal auf der Insel Oesel

Bereits einige Tage vor dem Nationalfeiertag war eine kleine Delegation aus Deutschland angekommen, um das von Jüri Kuuskemaa im August 1991 ins Gespräch gebrachte Projekt einer Restaurierung der Wappenepitaphe in der Domkirche mit hierfür in Frage kommenden estnischen Partnern zu erörtern. Es waren dies der Vorsitzende der Estländischen Ritterschaft Professor Dr. med. Axel Freiherr von Ungern-Sternberg, der Restaurator Dr. Arnulf von Ulmann sowie der Vorsitzende der Oeselschen Ritterschaft Odert von Poll. Letzterer hatte sich angeschlossen, weil er die Gelegenheit nutzen wollte, auch einige Wappenepitaphe in *Kuressaaare* (Arensburg), der „Hauptstadt" der Insel *Saaremaa* (Oesel), auf ihren Erhaltungszustand hin untersuchen zu lassen.

An den in Tallinn geführten Gesprächen der von Kuuskemaa betreuten Gruppe hatte ich nicht teilgenommen, schon weil ich mich um die Delegation von Staatssekretär Wilz und eine solche des Sächsischen Landtages kümmern mußte, die sich zur gleichen Zeit in der Stadt aufhielten. Danach schloß ich mich aber der Gruppe an und nahm an einer für sie von der „Gesellschaft für deutschbaltische Kultur in Estland" gemeinsam mit der „Gesellschaft zur Pflege der Revaler Altstadt" (*Tallinna Vanalinna Muinsuskaitse Selts*) organisierten Veranstaltung teil. Ungern-Sternberg und Poll berichteten vor einem interessierten Publikum über den Verband der Baltischen Ritterschaften in Deutschland und den konkreten Anlaß ihrer Reise. Das dürfte das erste Mal gewesen sein, daß nach der politischen Wende in Osteuropa Vertreter des organisierten Zusammenschlusses der Adelsfamilien, deren Vorfahren jahrhundertelang die Geschicke der baltischen Lande mitgestaltet hatten, dort öffentlich aufgetreten sind. Jedenfalls gilt das für Estland. So berichtete denn auch die estnische Presse unter Überschriften wie „Deutschbaltische Ritter wieder in Estland" und durchaus nicht unfreundlich[21]. Meri, der das gelesen hatte, sagte mir einige Tage später, nicht ohne leichte Ironie doch deutlich interessiert, er bedaure es, nicht mit den „Rittern" zusammengetroffen zu sein! Ich selbst wurde mit der Aussage zitiert, es wäre nach meiner Meinung sinnvoll, vorrangig Hilfsprogramme einzelner Personen oder privater Organisationen zu unterstützen, da sie am wirksamsten seien – worin sich bereits die Erfahrungen mit den schwerfälligen bürokratischen Strukturen, die wir in dem zurückliegenden halben Jahr hatten machen müssen ebenso widerspiegelten wie meine Ungeduld, die von der Bundesregierung angekündigte „Hilfe zur Selbsthilfe" in dieser Anfangsphase des Wiederaufbaus, als die alte Erkenntnis *Quis cito dat bis dat* besonders zählte, nun auch mit einem konkreten Inhalt zu versehen.

Am nächsten Vormittag brachen wir alle im VW-Kleinbus der Botschaft in Richtung Oesel auf. Ich hatte mich entschlossen, diese Gelegenheit zu einer ersten dienstlichen Erkundung dieses mir bisher unbekannten Teils unseres Gastlandes zu nutzen. Das der Westküste vorgelagerte Oesel ist die größte unter den estnischen Inseln und bildet zusammen mit der Insel *Muhu* (Moon) einen der 14 Landkreise, in die sich die Republik Estland administrativ gliedert. Als Sperrgebiet konnte der Landkreis *Saaremaa* in der sowjetischen Zeit ein vom kontinentalen Estland abgeschirmtes Eigenleben führen: Er war weitgehend von russischer Zuwanderung verschont geblieben und hatte sich auch sonst seinen ursprünglichen, stark agrarisch geprägten Charakter erhalten können – nur die einheimische Schiffahrt und Fischerei waren wie im ganzen übrigen Land aus nur allzu begründeter Befürchtung von den Sowjets streng kontrolliert worden, die Esten könnten sie zur Flucht übers Meer in den freien Westen benutzen, und beinahe verschwunden. An diese Situation hatten sich die Inselbewohner gewöhnt und schienen auch nach der Unabhängigkeit erst einmal wenig geneigt zu sein, ihren sie vor Überfremdung schützenden Sonderstatus aufzugeben.

Nachdem wir mit der Fähre von *Virtsu* (Werder) nach der Insel Moon übergesetzt waren, kamen wir im Hafen von *Kuivastu* (Kuiwast) an die durch einen Schlagbaum gekennzeichnete „Landesgrenze" und mußten dort unseren von der Landkreisverwaltung ausgestellten Passierschein vorweisen, den die Botschaft in Tallinn besorgt hatte. Ohne einen solchen wurde damals noch niemand in das Inselreich eingelassen, der nicht zur einheimischen Bevölkerung zählte. Von der Entrichtung der vorgesehenen Gebühr waren wir als zuvor angekündigte offizielle Delegation allerdings befreit. Auf der Weiterfahrt – die Insel Moon wiederum ist mit Oesel durch einen Damm verbunden – machten wir an einigen der charakteristischen im 13./14. Jahrhundert entstandenen mächtigen Wehrkirchen halt und besichtigten sie unter Kuuskemaas sachkundiger Führung. Auch fiel uns bei dieser Fahrt auf, wie sehr sich der Charakter der Insellandschaft von dem des estnischen Festlandes unterschied. Nicht nur war das Land dünner besiedelt und wirkte alles viel unberührter, sondern die Natur war dort bereits weiter fortgeschritten und mutete schon ganz vorfrühlingshaft an. All das gefiel uns sehr und beflügelte unsere Stimmung so, daß Axel Ungern und ich uns veranlaßt sahen, Poll Abbitte für so manchen Spaß auf Kosten der angeblich so zurückgebliebenen „Insulaner" zu tun, womit wir uns in jüngeren Jahren im Freundeskreis vergnügt hatten – natürlich auch jetzt nicht ganz ohne ironische Untertöne.

In Arensburg waren wir auf Veranlassung des Landrats (*maavanem*) im Gästehaus der „Inselregierung" untergebracht und trafen am Abend im Schloß mit Vertretern der örtlichen Sektion der Gesellschaft für Denkmalspflege zusammen. Im Mittelalter Sitz der Bischöfe von Oesel-Wiek, die zu den Landesherren des sogenannten altlivländischen Staatenbundes zählten, diente der imposante viereckige Bau bis zur Aufhebung der Stände durch die junge Republik Estland im Jahre 1920 der Oeselschen Ritterschaft als Verwaltungszentrum (Ritterhaus) und ist heute ein Museum. Der stellvertretende Museumsdirektor Olavi Pesti, ein in Dorpat studierter und fließend deutsch sprechender Kunsthistoriker, mit dem Odert Poll schon vor der Unabhängigkeit in Verbindung getreten war, hatte diesen Teil unseres Besuchs vorbereitet und begleitete uns dann zu einem Abendessen in das bereits hübsch renovierte Kurhaus.

Anderntags suchten wir zuerst Landrat Jüri Saar auf. Er residierte in einem der schönsten alten Stadthäuser von Arensburg, das einst der Familie meines Schwagers Dellingshausen gehört hatte. Da ich dies unvorsichtiger Weise erwähnte, bekam ein Journalist auf Umwegen Wind davon, und einen Monat später mußte ich lesen, dieser geistreiche Mensch habe sich die Frage gestellt, wer eigentlich der Hausherr und wer der Gast gewesen sei, der Landrat oder ich – eine für die damaligen Verhältnisse nicht ganz untypische Reaktion, zumal in einem Blatt wie dem *Eesti Ekspress*[22]. Die örtliche Presse berichtete damals sachlich und auch ziemlich ausführlich über unseren Besuch. Wie dem auch sei, am 28. Februar empfing uns Jüri Saar ganz als Hausherr mit großer Freundlichkeit und hob besonders hervor, ich sei der erste Botschafter, der den Weg nach *Kuressaare* gefunden habe. Er hat bei späteren Begegnungen gerne daran erinnert, nicht gerade zur Freude meiner dann auf Oesel recht engagierten skandinavischen Kollegen, wenn sie das mitbekamen. Danach verabschiedeten sich Ungern, Poll und Ulmann, und ich setzte das Gespräch mit Hilfe von Kuuskemaa als Dolmetscher allein fort.

Im Vordergrund stand die bange Frage des Landrats, der von einigen Mitarbeitern umgeben war, nach der wirtschaftlichen Zukunft der Insel. Da ich bereits die Erfahrung gemacht hatte, wie sehr man westlichen, nicht zuletzt deutschen Rat suchte und wie stark man diesem vertraute, war mir bewußt, wie sorgfältig ich gerade bei solchen Begegnungen meine Wort wählen mußte. So konnte ich auch in diesem Fall nicht sehr viel mehr tun, als den mir gegenübersitzenden Oeselanern das Koordinatensystem zu erläutern, in dem sich die Beziehungen unter marktwirtschaftlich organisierten Volkswirtschaften bewegen: Der Staat habe möglichst günstige Rahmenbedingungen zu schaffen, der Rest obliege der Initiative des einzelnen Unternehmers. Ich erklärte, wie der sich in Vorbereitung befindende deutsch-estnische Investitionsförderungsvertrag Estland für Investoren aus Deutschland attraktiver machen sollte, und erwähnte die Möglichkeit der Entsendung von deutschen Experten sowie Schulungsmöglichkeiten für Esten bei uns auf grundsätzlich allen Gebieten. Die Initiative müsse aber von estnischer Seite ausgehen, die ihren Bedarf selbst am besten kenne. Auch für Oesel gelte: Je besser das Umfeld desto größer die Chancen, bei den begehrten Auslandsinvestitionen bedacht zu werden. All das klingt in unseren Ohren so selbstverständlich, war für die durch Jahrzehnte sozialistischer Planwirtschaft geprägten Menschen damals aber noch weitgehend reine Theorie. Mir fiel das Verständnis für die enormen Schwierigkeiten, die viele in jener Zeit der Transformation der ökonomischen Verhältnisse in Osteuropa mit der Anpassung an die neuen Bedingungen hatten, aufgrund meiner Leningrader Erfahrungen, aber auch deswegen vielleicht leichter, weil ich in den Jahren 1985–1989 mit Ungarn, Polen, der Sowjetunion und der Tschechoslowakei Investitionsförderungsverträge verhandelt hatte.

Als ich mich weiterhin fragenden Gesichtern gegenübersah, und man wissen wollte, was denn nun konkret Oesel weiterhelfen könnte, erlaubte ich mir unter dem Eindruck der Fahrt nach Arensburg durch die reizvolle Insellandschaft die Bemerkung, ich sähe in der Entwicklung des Tourismus eine Chance. Uns fiele auf, daß es im ganzen Land kaum Übernachtungsmöglichkeiten gebe, weswegen wir ja auch im Gästehaus der Landkreisverwaltung untergebracht worden seien. Wenn man mit einem systematischen Angebot von *bed and breakfast*-Unterkünften begänne, die nur einen bescheidenen Kapitaleinsatz erforderten, dann könnten wenigstens in der guten Jahreszeit viele Familien versuchen, sich eine zusätzliche Erwerbsquelle zu erschließen.

Ein weiteres Problem, mit dem ich während des Besuchs auf Oesel in Berührung kam, war eng mit unserer eigenen jüngsten Geschichte verbunden. Bereits in Tallinn hatte mich eine Delegation aufgesucht, um im Namen von Bewohnern der Halbinsel *Sõrve* (Sworbe) im Süden von Oesel die Bundesregierung um Erstattung kriegsbedingter Schäden zu bitten. Dort hatten bis Ende November 1944 schwere Kämpfe zwischen den sich zurückziehenden deutschen Truppen und der Roten Armee, die letzten auf estnischem Boden, stattgefunden. In ihrem Verlauf war zuerst die dortige Bevölkerung nach Deutschland evakuiert worden und dann offenbar kein Stein mehr auf dem anderen geblieben. Nach dem Krieg scheinen die Menschen, wenigstens zum Teil, wieder zurückgekehrt zu sein. Bonn hatte auf meinen Bericht noch nicht reagiert. Da mir aber die grundsätzliche Haltung aller Bundesregierungen zu Kriegsentschädigungen bekannt war, die wir als abschließend geregelt betrachteten, konnte ich gegenüber der örtlichen Presse auf persönlicher Basis bemerken, daß solche nicht zu erwarten wären [23]. Die Angelegenheit ist später im Sande verlaufen. Die estnische Regierung hat gegenüber Deutschland niemals Reparationsforderungen geltend gemacht. An den Kämpfen auf der Halbinsel Sworbe hatte übrigens als junger Offizier auch unser damaliger Bundespräsident Richard von Weizsäcker teilgenommen.

Nachdem wir uns noch etwas in dem Städtchen umgesehen und in einer zu einem Restaurant umgebauten ehemaligen Windmühle zu Mittag gegessen und das gute Brot und Bier von *Saaremaa* genossen hatten, brachen wir zur Rückfahrt auf. *Kuressaare* hat sich dann in kurzer Zeit vom eher verschlafenen Provinznest zu einem attraktiven sommerlichen Touristenziel herausgeputzt, vor allem für Besucher aus Skandinavien, die vielfach direkt über die Ostsee anreisen.

*

Schon am Tag nach der Rückkehr aus Oesel, am 29. Februar, einem Samstag, machte ich mich frühmorgens mit Graf Lambsdorff zur Teilnahme an den Feierlichkeiten zum 200. Geburtstag eines der berühmtesten Estländer, des Naturwissenschaftlers Karl Ernst von Baer, nach Dorpat auf, wo dieser studiert und später bis 1876 seine letzten Lebensjahre verbracht hatte. Ihm war 1827 die Entdeckung der Eizelle des Säugetiers gelungen. Darwin hat ihn, den Begründer der Embryologie, als den „größten Zoologen seines Jahrhunderts" bezeichnet. Das Jubiläum wurde im Rahmen einer mehrtägigen internationalen Konferenz *Baer and Modern Biology* in dem Haus, in dem der Wissenschaftler in der Mühlenstraße (*Veski*) zuletzt lebte und auch gestorben war, begangen.

Bei leichtem Nebel und wie die übrigen Gäste, unter ihnen Präsident Rüütel, vorsichtig über den spiegelglatt gefrorenen Boden balancierend, begaben wir uns zuerst zu dem Denkmal von Baer auf dem Domberg, einem Wahrzeichen des akademischen Dorpat, um Blumen niederzulegen. Dies tat ich auch in dem Bewußtsein, damit zugleich einen großen Sohn unserer Estländischen Ritterschaft zu ehren. Später wurde die Konferenz mit Reden von Rüütel und anderen in Anwesenheit einer Reihe von Nachkommen Baers, die zum Teil sogar aus Chile angereist kamen, in der Aula der Universität eröffnet. Mittags waren wir mit einigen von ihnen und dem stellvertretenden Präsidenten der Estnischen Akademie der Wissenschaften Professor Mihkel Veiderma von Rüütel zum Essen eingeladen.

Das neue Staatsangehörigkeitsrecht

Knapp anderthalb Monate im Amt, gelang Ministerpräsident Vähi, nachdem er die Versorgungskrise langsam in den Griff bekommen hatte, ein weiterer wichtiger Schritt bei der Durchsetzung seines Regierungsprogramms: Am 26. Februar 1992 konnte der Oberste Rat mit einer „Entschließung über die Anwendung des Gesetzes über die Staatsangehörigkeit" endlich diese innenpolitisch heiß umstrittene Frage regeln. Selbst wenn die Parlamentsentscheidung nur mit einer Stimme Mehrheit zustandekam, so hatte die Regierung Vähi durch die schnelle Vorlage eines schließlich mehrheitsfähigen Vorschlags nun auch in dieser nationalen Kernfrage ihre Handlungsfähigkeit unter Beweis gestellt.

Durch diesen Beschluß wurde die bereits im November 1991 erfolgte Wiederinkraftsetzung des Staatsangehörigkeitsgesetzes von 1938 mit der Maßgabe bestätigt, daß dieses Gesetz in der Fassung anzuwenden sei, in der es zum Zeitpunkt der Annexion gegolten hatte. Das bedeutete, daß alle Personen, die am 16. Juni 1940 Esten waren und deren Nachkommen in männlicher Linie (*jus sanguinis*) die estnische Staatsangehörigkeit besitzen (ein Jahr darauf, im März 1993, wurde das aus einer anderen Zeit stammende Gesetz in Anpassung an die seither stattgefundene Entwicklung und in Übereinstimmung mit dem in der mittlerweile verabschiedeten neuen Verfassung verankerten Gleichheitsgrundsatz dahingehend ergänzt, daß auch die Kinder estnischer Mütter und deren Abkömmlinge automatisch die Staatsangehörigkeit erhalten). Mit Rücksicht auf die Auslandsesten wurde das Verbot der doppelten Staatsangehörigkeit auf die Personen beschränkt, die nach dem 26. Februar 1992 die estnische Staatsangehörigkeit erwerben würden. Auf diese Weise konnten die Auslandsesten neben ihrer (ererbten) estnischen auch ihre amerikanische, schwedische, australische oder sonstige Staatsangehörigkeit behalten.

Alle Personen, die oder deren direkte Vorfahren am 16. Juni 1940 die Staatsangehörigkeit nicht besessen haben, also vor allem die während der Sowjetzeit ins Land gekommenen Russen, Ukrainer und sonstigen Zuwanderer aus dem Vielvölkerimperium, konnten sie nach der 2+1-Formel (ständiger Wohnsitz in Estland zwei Jahre vor und ein Jahr nach der Antragstellung) und unter der Voraussetzung estnischer Sprachkenntnisse erwerben.

Vom Recht zum Erwerb der Staatsangehörigkeit ausdrücklich ausgeschlossen wurden Militärs im aktiven Dienst eines dritten Staates und solche Personen, die in den sowjetischen Sicherheits- und Aufklärungsdiensten wie z.B. dem KGB tätig gewesen waren.

Versucht man, das estnische Staatsangehörigkeitsrecht, so wie es jetzt in Kraft gesetzt wurde, auf einen gemeinsamen Nenner zu bringen, dann bietet sich dafür die Formel an „Wer Este ist, definiert sich über die Sprache". Denn niemandem, der die estnische Sprache in ausreichendem Maße beherrscht und sich wenigstens drei (seit 1995 sechs) Jahre legal in Estland aufgehalten hat, kann die Staatsangehörigkeit verwehrt werden. Daher führt auch der traditionelle Begriff des *jus sanguinis* leicht in die Irre, denn ethnische Gesichtspunkte spielen beim Erwerb der estnischen Staatsangehörigkeit keine Rolle.

Die kardinale Frage, um die es in der innenpolitischen Auseinandersetzung gegangen war, ab welchem Datum nämlich die Zweijahresfrist auch für solche Personen zu laufen beginnen würde, die sich schon länger in Estland aufhielten, wurde durch den Beschluß vom 26. Februar 1992 dahingehend entschieden, daß dies der *30. März 1990* als der Tag sein sollte, an dem der Oberste Sowjet der Estnischen SSR die Wiederherstellung der Republik Estland und den Beginn einer Übergangsperiode bis zur tatsächlichen Wiedererlangung der staatlichen Unabhängigkeit erklärt hatte.

Auch wurde der Regierung in dem Beschluß aufgegeben, binnen eines Monats den Entwurf eines Gesetzes über die Anforderungen an die Beherrschung der estnischen Sprache vorzulegen, denen genügt werden mußte, um die Staatsangehörigkeit zu erwerben. Die Regierung wurde zugleich gehalten, allerdings ohne dabei an eine Frist gebunden zu sein, ein Unterrichtssystem zur Erlernung der estnischen Sprache durch solche Personen zu schaffen, die die Staatsangehörigkeit erwerben wollen, und die dafür notwendigen Mittel zur Verfügung stellen.

Außerdem wurde die Regierung, ebenfalls ohne Fristsetzung, aufgefordert, den Entwurf eines Ausländergesetzes vorzubereiten.

Die Festlegung des Datums, ab dem die Zweijahresfrist gerechnet werden sollte, bedeutete, daß die ersten Anträge zum Erwerb der Staatsangehörigkeit ab dem damals kurz bevorstehenden 30. März 1992 gestellt (der Nachweis der Sprachkenntnisse konnte nachgeliefert werden) und die ersten Einbürgerungen – falls bis dahin die Ablegung von Sprachprüfungen möglich sein würde – ab dem 30. März 1993 vorgenommen werden konnten. Sie bedeutete aber auch, daß bei den in der Unabhängigkeitserklärung noch für 1992 vorgesehenen Parlamentswahlen der überwiegende Teil der russischen Bevölkerung nicht würde mitwählen können – vorausgesetzt, das noch zu verabschiedende Wahlgesetz würde, wie anzunehmen und auch international üblich, das Stimmrecht estnischen Staatsangehörigen vorbehalten (allerdings lagen dem Obersten Rat mehrere Gesetzesentwürfe vor, in denen der Grundgedanke variiert wurde, auch den Nicht-Esten, die sich bereits nachweislich für den Erwerb der Staatsangehörigkeit interessiert hatten, das Wahlrecht einzuräumen). Eine Minderheit von etwa 15% der Russen besaß dagegen die Staatsangehörigkeit aufgrund des Gesetzes von 1938 und würde wählen können.

Ungeachtet des Kompromißcharakters dieser mit einer hauchdünnen Parlamentsmehrheit zustandegekommenen Weichenstellung in der Frage der Staatsangehörigkeit wurde diese sogleich von beiden Seiten des innenpolitischen Spektrums angegriffen: Die nationale Rechte vertreten durch das Estnische Komitee betrachtete den Beschluß als unwirksam und begründete diese Auffassung damit, daß zum einen der Aufenthalt von Nicht-Esten am Stichtag (30. März 1990) im damals sowjetisch besetzten Estland widerrechtlich gewesen wäre und die Frist daher frühestens ab dem 20. August 1991 beginnen könnte, und zum anderen nur ein aus freien Wahlen nach wiedererlangter Unabhängigkeit hervorgegangenes Parlament zur Verabschiedung eines neuen Staatsangehörigkeitsrechts legitimiert wäre; dennoch könne der Beschluß insofern Anwendung finden, als er überhaupt erst die Voraussetzung für Neuwahlen schaffe – eine Überlegung, die manchen rechtsnationalen Abgeordneten zur Zustimmung veranlaßt haben dürfte, ohne die es zu dem Kompromiß nicht hätte kommen können. Auf der anderen Seite hatte keiner der russischen Abgeordneten für den Beschluß gestimmt, da diese als Vertreter der „Nulloption" konsequenter Weise überhaupt keinen Stichtag akzeptieren konnten und damit rechnen mußten, daß ihre Wähler jetzt von den Parlamentswahlen ausgeschlossen sein würden. Daher protestierte die Russische Demokratische Bewegung in Estland auch öffentlich und machte eine Verletzung des estnisch-russischen Vertrags vom 12. Januar 1991 geltend, in dem ein Optionsrecht vereinbart worden war.

*

Das vielschichtige Problem der Behandlung der russischen Minderheit mit der Kernfrage, wer unter welchen Bedingungen die Staatsangehörigkeit erwerben und damit die vollen politischen Bürgerrechte in Anspruch nehmen kann, sollte auf Jahre hinaus die estnische Innen- und Außenpolitik beschäftigen und tut dies weiterhin. Denn bis heute ist offen, ob sich die Beziehungen der beiden Bevölkerungsgruppen zueinander eines Tages völlig normalisieren werden, oder ob ein im wesentlichen kulturell bedingtes „natürliches" Spannungsverhältnis von mehr oder minder großer Brisanz erhalten bleiben wird. Innenpolitisch war und ist dies ein ständiger Balanceakt zwischen Emotionen und Staatsräson. Außenpolitisch mußte und muß Estland – wie Lettland und anders als Litauen mit seinem nur geringen russischen Bevölkerungsanteil – beständig um Verständnis für seine besondere Lage werben und sich zugleich Moskauer Versuche erwehren, die Minderheitenfrage für seine Interessen zu instrumentalisieren. Der estnischen Staatsführung mußte daher auch unter diesen Gesichtspunkten an einer schnellen institutionellen Einbindung Estlands in die demokratisch-rechtsstaatlich organisierte Völkergemeinschaft gelegen sein. Dies bedingte nicht zuletzt ihren Wunsch, so bald wie möglich in den Europarat aufgenommen zu werden, der von Anfang an, beginnend mit der Verfassungskonferenz im Oktober 1991, beim Aufbau eines modernen estnischen Staatswesens beratend hinzugezogen wurde.

Kurz vor Verabschiedung des neuen Staatsangehörigkeitsrechts war die Generalsekretärin des Europarats, Catherine Lalumière, auf einer Reise durch die baltischen Staaten mit dem ausdrücklichen Wunsch, sich im Hinblick auf den Aufnahmeantrag Estlands über die Menschenrechtssituation zu unterrichten, auch in Tallinn gewesen. Am frühen Morgen des 19. Februar trafen wir Botschafter aus den Mitgliedstaaten des Europarats mit ihr im Gästehaus der Regierung in Nömme zum Frühstück zusammen und waren von ihrer schnellen Auffassungsgabe und dem Verständnis beeindruckt, das sie den Verhältnissen in Estland entgegenbrachte. Sie wurde von dem damals zum Europarat beurlaubten Kollegen Dr. Schrömbgens begleitet, der nicht ahnen konnte, daß er gute sieben Jahre später selber deutscher Botschafter in Tallinn werden würde. Vor der Weiterreise faßte Madame Lalumière nachmittags auf einer Pressekonferenz ihre Eindrücke zusammen. Freimütig gestand sie ein, während des Besuchs habe sie ihre bisherige Meinung über die Lage der russischen Minderheit revidieren müssen, und beurteilte die Menschenrechtssituation als insgesamt ausgesprochen positiv. Im Westen sei man an Minderheiten in der Größenordnung von 10% gewöhnt, während in Estland die nicht-estnische Bevölkerung 38% ausmache und dazu teilweise noch als „Besatzer" in das Land gekommen sei. Sie sehe Gefahren für die Identität Estlands, falls allen Russen das Wahlrecht eingeräumt würde. Der Bericht von Madame Lalumière an das Ministerkomitee des Europarats, den sie bei dieser Gelegenheit ankündigte, dürfte somit seine Wirkung nicht verfehlt haben.

Zwei Monate später, Mitte April 1992, kamen drei Abgeordnete der Parlamentarischen Versammlung des Europarats für mehrere Tage nach Tallinn, um sich für den ihnen übertragenen Bericht über den estnischen Aufnahmeantrag vorzubereiten. Es waren dies der Abgeordnete im ungarischen Parlament Jozsef Bratinka als Berichterstatter für den Gesamtbericht und die beiden Berichterstatter für die „Meinungen" des Rechts- und Menschenrechtsausschusses sowie des Ausschusses für die Beziehungen zu den Nichtmitgliedstaaten, der Bundestagsabgeordnete Rudolf Binding (SPD) und der finnische Reichstagsabgeordnete Jouni Särkijärvi. Zu den zahlreichen Informationsgesprächen, die sie führten, zählte auch ein Mittagessen, das mein finnischer Kollege Kaurinkoski und ich den drei Abgeordneten und dem ebenfalls finnischen Ausschußsekretär im *Eeslitall* gaben. Als ich den Abgeordneten Binding vor seiner Abreise zufällig noch einmal auf dem Flughafen traf, konnte er mir bereits sagen, er und seine Kollegen hätten einen guten Eindruck erhalten. Estland würde seiner Meinung nach bei der Aufnahme in den Europarat mit keinen Schwierigkeiten rechnen müssen. Von ihm habe ich auch erfahren, daß es sich bei den nach 1940 ins Land gekommenen Russen nicht um eine Minderheit im klassischen Sinn handele. Völkerrechtlich sei es zumindest umstritten, ob sie alle Minderheitenrechte in Anspruch nehmen könnten, die im traditionellen Verständnis nur Staatsangehörigen zuständen. Auf jeden Fall müsse ein Unterschied zwischen ihnen und den alteingesessenen nationalen Minderheiten gemacht werden (deren Angehörige die estnische Staatsangehörigkeit besitzen und als überwiegend in die übrige Bevölkerung integriert auch keine besonderen Probleme haben). Herr Binding sandte mir dann im Juni 1992 einen Entwurf des Berichts zu, in dem es hieß *Estonia can be considered to be a democracy, where the basic human rights of everybody are guaranteed.*

Diese grundlegende Feststellung, die sich auch in der endgültigen Fassung des Berichts an die Parlamentarische Versammlung des Europarats vom 14. April 1993 wiederfindet, sollte in der Folgezeit von einer eindrucksvollen Vielzahl weiterer Untersuchungen seitens über jeden Zweifel erhabener internationaler Institutionen wie den Vereinten Nationen und der KSZE bestätigt werden. Sie stellte die beste Waffe zur Abwehr von Angriffen aus Moskau wegen angeblicher Diskriminierung der russischen Minderheit in Estland dar.

Kurz vor der dann am 14. Mai 1993 erfolgten Aufnahme Estlands in den Europarat kam der Abgeordnete Binding im März 1993 nochmals mit dem Unterausschuß für Menschenrechte zur Finalisierung von dessen „Meinung" zum „Bericht" an die Parlamentarische Versammlung nach Tallinn. In dieser vom 5. Mai 1993 datierten „Meinung" heißt es unter der Überschrift „Minderheitenrechte" *My view, which was shared by the members of the sub-committee present, is that the law on citizenship* – einschließlich der am 10. Februar 1993 erfolgten Regelung der estnischen Sprachanforderungen, von der noch die Rede sein wird – *is extremely liberal.*

Außenminister Meri tritt zurück

Am 24. März nahm das Kabinett ein am Vortag von Meri eingereichtes Gesuch um Entlassung aus seinem Ministeramt an und bat ihn, dieses bis zur Ernennung eines Nachfolgers weiter zu versehen. Damit wurde der Schlußstrich unter eine seit längerem um den Außenminister schwelende Krise gezogen, die durch die von Meri am 7. Februar verfügte Entlassung seiner beiden Stellvertreter Liimets und Müllerson ausgelöst worden und in deren Verlauf seine gesamte Amtsführung zunehmend ins Kreuzfeuer öffentlicher Kritik geraten war.

Da ich seit Anfang März 1992 mit einer eintägigen Unterbrechung zur Teilnahme am Eröffnungsflug der „Lufthansa" auf der Linie Frankfurt-Tallinn am 29. März einen Monat auf Urlaub in Deutschland war, beruhen meine Kenntnisse von den Hintergründen der – wie sich dann erweisen sollte nur vorläufigen – Verabschiedung des verdienten ersten Außenministers aus der Politik im wesentlichen auf Mitteilungen von ihm selbst. Auch sonst waren die innerestnischen Verhältnisse für uns Ausländer damals nicht immer leicht zu durchschauen. Meri hat nur selten mit mir über estnische Innenpolitik gesprochen und es dann meistens bei Andeutungen belassen. Doch nun war er ganz persönlich betroffen.

Im Grunde ging es auch in diesem Fall um Positionskämpfe zwischen der alten sowjetestnischen Nomenklatura und den neuen, sich ganz nach dem Westen orientierenden Kräften. Dabei waren die Übergänge natürlich fließend, und die wenigsten der im Frühjahr 1992 in Estland maßgebenden Politiker repräsentierten in Reinkultur die eine oder die andere Richtung. Auf Meri allerdings traf dies zu – er setzte kompromißlos auf die Westbindung und sah hierin die einzige Garantie für Estlands Unabhängigkeit. Nimmt man seine besondere Persönlichkeit hinzu (in der Presse wurde er gelegentlich als „Primadonna" apostrophiert), hält sich zudem seine zeitweise in Berlin und Paris erfolgte Erziehung als Sohn eines später von den Sowjets mit seiner Familie nach Sibirien deportierten estnischen Diplomaten sowie seinen Werdegang als Schriftsteller, Forschungsreisender und Filmemacher vor Augen, seinen überragenden Intellekt und seine umfassende kosmopolitische Bildung einschließlich der Beherrschung der wichtigsten europäischen Sprachen, die allein ihn bereits zu einem Einzelgänger in der estnischen Regierungsmannschaft machten, und bedenkt schließlich, daß er damals erst über eine geringe praktische Verwaltungserfahrung verfügte und auch nach dem Urteil politischer Freunde sein Ministerium organisatorisch nur unvollkommen im Griff hatte, dann hat man den Stoff beisammen, aus dem diese Geschichte gemacht war.

Formal wurde Meri vorgehalten, die von ihm unter Berufung auf eine Regierungsentscheidung vom 6. Februar verfügte Entlassung der beiden stellvertretenden Außenminister sei unwirksam, weil eine solche nach geltendem Recht nur durch den Ministerpräsidenten erfolgen könne. Am 11. Februar wurde Vähi aus der Pressekonferenz der Regierung vom Vortag dann dahingehend zitiert, im Kabinett sei Meris Vorschlag, Liimets und Müllerson zu entlassen, am 6. Februar nicht weiter diskutiert und jedenfalls keine Entscheidung getroffen worden; daher seien die beiden weiterhin im Amt – doch das könne sich ändern. Zum Verbleib Meris als Minister wollte der Regierungschef keine Stellung nehmen; denn schon gab es Politikern auf dem Domberg zugeschriebene Stimmen, die seinen Rücktritt forderten. Teile der Presse sprachen von einem „moralischen Skandal". Als ich am selben Tag Meri zur Erörterung verschiedener bilateraler Vorgänge aufsuchte, räumte er von sich aus ein, formal nicht ganz korrekt vorgegangen zu sein. Bei diesem Gespräch erlaubte ich mir ihm zu raten, doch einen Staatssekretär zu ernennen, auf den er sich verlassen könne und der das Ministerium vor allem während seiner häufigen Abwesenheiten in Ordnung halten würde. Meri bemerkte daraufhin, er habe gerade im Kabinett die Schaffung des Postens eines solchen „Hauptsekretärs" vorgeschlagen. Auf ihn wurde kurz darauf Väino Reinart berufen.

Drei Tage später traf ich auf einem Abendempfang Ministerpräsident Vähi. Ich sprach ihn auf das große Ansehen an, das Meri in Deutschland genieße und verband damit die Hoffnung, daß die Krise um den Außenminister überwunden werden könne, ohne daß Estland Schaden nehme – Vähi verstand sofort und meinte lächelnd, nicht nur bei uns, sondern auch in anderen Ländern sei Meri hochangesehen. Meri selbst war ebenfalls anwesend, wie übrigens auch der „entlassene" Müllerson, und ich wünschte dem Außenminister viel Glück.

Wiederum einige Tage später, am 18. Februar, war ich erneut bei Meri, um ihm den gerade zur Beratung beim organisatorischen Aufbau des Außenministeriums in Tallinn eingetroffenen Botschafter a. D. Horst Röding vorzustellen. In dem längeren Gespräch ging er davon aus, nur noch für eine begrenzte Zeit im Amt zu bleiben. Vähi habe ihn am 14. Februar gefragt, ob er zurücktreten wolle, und er habe dies für den Fall bejaht, daß die Kontinuität der estnischen Außenpolitik gewährleistet sei. Dabei verhehlte er uns gegenüber nicht, daß es ihn schmerzen würde, wenn er gerade jetzt das Außenministerium verlassen müßte. Auf Vähis weitere Frage, ob er Sonderbotschafter werden wolle, habe er sich an dem noch unbesetzten Botschafterposten in Finnland interessiert gezeigt. Einer Tageszeitung sagte Meri, nach dem Verhältnis zu Savisaar und der Parlamentsfraktion von dessen Zentrumspartei befragt, er habe dieser Fraktion nie angehört, verdanke aber Savisaar, der ihn zum Minister berufen habe, die „zwei schönsten Jahre (seines) Lebens, auf die (er sich) seit dem 14. Juni 1941 vorbereitet habe, als unsere Familie deportiert wurde" [24].Wie er Röding und mir erzählte, habe er bereits vor der Kabinettssitzung vom 6. Februar Vähi unter vier Augen mitgeteilt, daß er zu Müllerson und Liimets kein Vertrauen mehr besitze, worauf dieser gemeint habe, jeder Minister sei in der Wahl seiner Stellvertreter frei. Im Kabinett habe er dann die Entlassung der beiden wegen mangelnden Vertrauens angekündigt, und niemand habe eine Frage gestellt. Beide stellvertretenden Außenminister hatten ihre Karriere in Moskau gemacht: Müllerson, ein Völkerrechtler, war Abteilungsleiter in der Akademie der Wissenschaften der UdSSR und sowjetischer Vertreter in der Menschenrechtskommission der Vereinten Nationen gewesen und noch kürzlich öffentlich mit Rechtsauffassungen hervorgetreten, die nicht mit den Ansichten der rechtsnationalen Kräfte zur Staatsangehörigkeit und zum Wahlrecht der russischen Minderheit in Einklang standen. Dazu paßte, daß Tunne Kelam das Vorgehen Meris unterstützte (Müllerson ging später als Professor für internationales Recht an das King's College nach London). Liimets seinerseits hatte eine Laufbahn im sowjetischen auswärtigen Dienst hinter sich; ihm wurde jetzt der eine oder andere außenpolitische Mißgriff angelastet und nicht nur in der Presse nachgesagt, er sei während der Putschtage im August 1991 – wie Außenminister Bessmertnych in Moskau – erst einmal aus „Gesundheitsrücksichten" auf Tauchstation gegangen [25]. Er betätigte sich anschließend in der estnischen Wirtschaft.

Den tieferen Grund für seine Schwierigkeiten aber sah Meri darin, daß er sich zu wenig um die Innenpolitik gekümmert habe und „in eine Falle" geraten sei, die ihm seine Gegner gestellt hätten. Diese sah er um Indrek Toome und Ülo Nugis als Exponenten der „alten Nomenklatura" angesiedelt, die eine stärkere Ausrichtung der estnischen Politik auf Rußland anstrebten und auf die Vähi Rücksicht zu nehmen hätte, da dieser nur über einen engen parlamentarischen Spielraum verfüge (wie das knappe Ergebnis der Abstimmung am 26. Februar über das Staatsangehörigkeitsrecht kurz darauf zeigen sollte).

Als ich am 29. März mit dem Lufthansa-Eröffnungsflug für einen Tag aus den Ferien zurück nach Tallinn kam, hatte Meri gerade seinen Rücktritt erklärt. Ungeachtet dessen war er aber der Einladung zu dem Empfang aus diesem Anlaß im Schwarzenhäupterhaus gefolgt und ergriff dort auch das Wort. Ich konnte nicht umhin, ihn damals zu fragen, ob dieser Rücktritt, den ja nicht nur ich als einen großen Verlust für Estlands Präsenz auf der internationalen Bühne empfand, denn wirklich notwendig gewesen sei, worauf er antwortete, er wolle nichts tun, was seinem Land schaden könnte. Der ebenfalls mitreisende estnische Botschafter in Bonn Matsulevitš wußte zu berichten, Meri hätte zur Bedingung für seinen Rücktritt gemacht, daß er den Nachfolger selbst bestimmen könne und hierfür den Exilesten Jaan Manitski vorgeschlagen. Meri selbst hat das bestätigt, als wir, kurz bevor er am 23. April den Botschafterposten in Helsinki antreten sollte, nochmals über die Hintergründe seines Ausscheidens sprachen. Damit habe er das Maximum dessen erreicht, was möglich gewesen sei und dadurch verhindert, daß andere, entweder der alten Nomenklatura angehörende oder fachlich ungeeignete Kandidaten, von denen es insgesamt fünf gegeben habe, zum Zuge kamen. Der Presse zufolge hatten mehrere Kandidaten das Amt des Außenministers abgelehnt.

*

Mit der Entsendung von Botschafter a. D. Röding, den ich Mitte Februar bei Meri hatte einführen können, wurde dessen Bitte um Beratungshilfe beim Aufbau eines modernen estnischen auswärtigen Dienstes entsprochen, die er im September 1991 Staden und Genscher gegenüber geäußert hatte. Röding war sicher einer der in Verwaltungsfragen versiertesten ehemaligen Kollegen, die dem Auswärtigen Amt damals zur Verfügung standen. Er hatte einen großen Teil seiner Karriere in der Zentralabteilung in Bonn verbracht und diese dann selbst geleitet, aber auch als Botschafter in Brasilia und Warschau Erfahrungen sammeln können. Sein Eintreffen in Tallinn während des Höhepunkts der Krise um Meri kam daher wie gerufen, da es ja nicht nur um Liimets und Müllerson, sondern auch um die Organisation des Außenministeriums als solchen ging. Wie Meri uns bei dem Antrittsbesuch von Röding sagte, habe ihn Vähi gebeten, sofort einen Organisationsplan des Ministeriums und in zwei Wochen eine Konzeption der estnischen Außenpolitik vorzulegen! So heiß, wie es angerichtet war, wurde dies dann zwar nicht gegessen, und ich habe keine Ahnung, ob der Ministerpräsident überhaupt jemals das Verlangte erhalten hat, doch die Aufgabe für Röding war damit vorgegeben. Diese sollte sich allerdings auf Fragen der Verwaltung des Außenministeriums beschränken, um, wie Meri betonte, überhaupt erst einmal die Voraussetzungen für einen geordneten Geschäftsablauf zu schaffen. Er bekam ein Zimmer im Ministerium direkt über der Deutschen Botschaft zugewiesen und machte sich an die Arbeit. Noch sehe ich den bereits über 70 Jahre alten Herrn vor mir, wie er über eine etwas aus der Mode geratene mechanische Schreibmaschine gebeugt Organisationspläne tippte, um sich dann am Abend, so wie er am Morgen gekommen war, zu Fuß in das *Hotel Rataskaevu* zurückzubegeben, die Aktentasche in der einen, das Heizöfchen in der anderen Hand, denn die Energiekrise war noch nicht ganz ausgestanden, und wir froren alle ein wenig (ihm verdanke ich auch mein Öfchen, das er mir von seiner ersten Heimreise aus Deutschland mitbrachte). Die ganz und gar unprätentiöse Art, mit der sich der einst mächtige Personalchef in bester Beamtentradition nur der Erfüllung diesmal selbst auferlegter Pflichten widmete, hat uns allen in der Botschaft recht imponiert und auch im estnischen Außenministerium seine Wirkung nicht verfehlt. Als er nach zwei Aufenthalten von zusammen über sechs Wochen Mitte April 1992 seinen Auftrag erfüllt und die von ihm ausgearbeiteten Vorschläge mit den estnischen Kollegen durchgesprochen hatte, wurde seine Tätigkeit von dem neuen, seit dem 6. April im Amt befindlichen Außenminister Manitski bei einer kleinen Abschiedsfeier im Ministerium, an der auch Meri teilnahm, dankbar gewürdigt. Was davon allerdings jemals umgesetzt wurde, haben wir nie so richtig erfahren – ich fürchte, nicht viel. Auf Manitskis Bitte hatte sich Röding bereiterklärt, nochmals nach Tallinn zu kommen, um nach einer, wie es damals hieß, unumgänglichen Befassung des Ministerkabinetts bei der Umsetzung seiner Vorschläge mitzuwirken. Doch daraus wurde auch unter seinem sich mir gegenüber ebenfalls daran interessiert zeigenden Nachfolger Außenminister Velliste nichts. Später einmal bin von dem Staatssekretär (in den estnischen Ministerien führt er die Bezeichnung „Kanzler"), der dann schon Indrek Tarand war und seinerseits Ordnung in das Ministerium bringen sollte, um Kopien der Rödingschen Papiere gebeten worden, die man nicht mehr auffinden könne. Ich war nicht in der Lage ihm zu helfen, denn Röding hatte uns aus Loyalität gegenüber den Esten keine Doppel hinterlassen, und daß ich bei dem Verfasser selbst nachfragte, das wollte Tarand nun wiederum auch nicht! So hat es damals, und nicht nur im Außenministerium, auch viel Leerlauf und Mehrfachberatung gegeben, was während des Lernprozesses in dieser Anfangszeit wohl unvermeidlich war. Ich verdanke Röding allerdings eines seiner in Tallinn verfaßten Papiere mit „Handreichungen für den Botschafter", von dem er mir ein Exemplar zum persönlichen Gebrauch schenkte und in dem er alle von einem neuernannten Botschafter vom Eintreffen im Gastland bis zur Übergabe des Beglaubigungsschreibens erwarteten Schritte festgehalten hat. Diesen praktischen Leitfaden habe ich bei meinen anschließenden Verwendungen jeweils mit Gewinn von neuem durchgelesen.

Außenminister Manitski

Der neue, gerade 50 Jahre alt gewordene Außenminister Jaan Manitski war 1942 noch in dem Fischerdorf *Viinistu* an der nordestländischen Küste geboren worden, bevor seine Eltern mit ihm wie viele andere vor der Roten Armee flüchteten. In Schweden aufgewachsen und ausgebildet, hatte er in der Privatwirtschaft Karriere gemacht und galt als einer der unternehmerisch erfolgreichsten Auslandsesten. Als Teilhaber einer Finanzierungsgesellschaft, die die international so erfolgreiche schwedische Popmusik-Gruppe ABBA managte, hatte er offenbar viel Geld verdient und sich dann 1989 – wie es hieß, um den hohen schwedischen Steuern zu entgehen – in Brüssel niedergelassen.

Mit Manitski wurde erstmals ein Exileste in ein Ministeramt berufen. Dem waren Diskussionen zwischen Oberstem Rat und Regierung vorausgegangen. Diese konnte sich schließlich gegen kritische Stimmen im Parlament durchsetzen, die argumentiert hatten, er sei mit den Verhältnissen in Estland nicht hinreichend vertraut und verfüge über keine Erfahrungen im Umgang mit Rußland. Wie sich später bei weiteren Ernennungen von Exilesten zu Ministern erweisen sollte, waren solche Einwände nicht ganz abwegig, stellten sich aber bei Manitski als unbegründet heraus. Wie er selbst bei Amtsantritt betonte, hatte er sich immer als aktives Mitglied von Exilorganisationen für die estnische Sache eingesetzt. Auch war er 1990 in den Estnischen Kongreß gewählt worden und gehörte seit damals einem Kreis auslandsestnischer Unternehmer an, welche die Regierung in Tallinn in wirtschaftlichen Fragen berieten. So wollte Manitski seinen Eintritt in die Regierung zugleich als ein Signal an andere im Ausland lebende Esten verstanden wissen, daß sich „die Dinge in Estland in positiver Weise zu verändern beginnen"[26]. Geradezu enthusiastisch äußerte sich der *Isamaa*-Fraktionsvorsitzende Mart Laar, der mit den Worten zitiert wurde, die Berufung eines Mannes in ein Ministeramt, der in Estland geboren und durch eine fremde Macht gezwungen wurde es zu verlassen, sei „historisch – wir strecken damit unsere Arme Zehntausenden von Esten entgegen, die im Ausland leben"[27].

Als seine Hauptaufgabe sah der neue Minister die Entwicklung der Außenwirtschaftsbeziehungen an und erklärte, an den Grundlinien der Außenpolitik werde sich nichts ändern. Der bislang außenpolitisch unerfahrene schwedische

Geschäftsmann war in dem halben Jahr, in dem er im Vähischen Expertenkabinett an der Spitze des Außenministeriums stehen sollte, in erster Linie an wirtschaftlichen Fragen, in denen er sich auskannte, sowie daran interessiert, sein Haus in Ordnung zu halten und es in seiner Funktion als möglichst wirksames Instrument der estnischen Diplomatie zu stärken. Bei Wahrnehmung der außenpolitischen Aufgaben im engeren Sinn konnte er sich auf einen tüchtigen Mitarbeiterstab stützen und viel delegieren, vor allem an den jetzt zum stellvertretenden Außenminister avancierten Trivimi Velliste und an den Leiter der Politischen Abteilung Jüri Luik. Ohne Frage hat Jaan Manitski aber, ein Mann von angenehmen Umgangsformen, hochgewachsen wie Meri und auch in der Eleganz seiner äußeren Erscheinung diesem nicht unähnlich, zudem polyglott (außer russisch und deutsch), in dieser Übergangsphase Estland auf dem internationalen Parkett gut repräsentiert.

Mit Präsident Rüütel in Bonn

Vor der Abreise in den Urlaub nach Deutschland gab mir Ministerpräsident Vähi in den ersten Märztagen noch die Gelegenheit zu einem ausführlichen *tour d'horizon* der bilateralen Beziehungen, um bei Gesprächen in Bonn auf dem neuesten Stand zu sein. Besonders erfreut zeigte sich Vähi über die bevorstehende Eröffnung einer direkten Flugverbindung Frankfurt – Tallinn, zu deren Zustandekommen er noch als Verkehrsminister selbst viel beigetragen hatte. An dem baldigen Abschluß eines Investitionsförderungsvertrags als einem wichtigen Anreiz für deutsches wirtschaftliches Engagement in Estland war er ebenso interessiert wie an der schnellen Umsetzung der für die Polizei in Aussicht gestellten deutschen Ausrüstungshilfe, ohne dabei die estnischen Wünsche nach Materiallieferungen für den Grenzschutz außer Acht zu lassen. Auch sprachen wir über das breite Spektrum der sich anbahnenden kulturellen Zusammenarbeit, angefangen von Stipendien für estnische Studenten in Deutschland mit Schwergewicht auf den Fachbereichen Wirtschafts- und Ingenieurwissenschaften und der für Herbst 1992 ins Auge gefaßten Entsendung erster Deutschlehrer nach Estland bis zur Errichtung eines Goethe-Instituts, an dem Vähi ebenso wie an einem guten Angebot an Deutschunterricht auf estnischen Schulen gelegen war. Befriedigt konnte er feststellen, daß die Finanzierung der estnischen Teilnahme an den 10. Europäischen Kulturtagen in Karlsruhe, die Präsident Rüütel Anfang April eröffnen und mit einem Besuch in Bonn verbinden werde, dank eines großzügigen Entgegenkommens der deutschen Seite nunmehr gesichert war. Mit etwa 800 Teilnehmern aus Estland würden sie ganz im Zeichen der estnischen Kultur stehen und für Estland die größte Kulturveranstaltung des Jahres 1992 überhaupt sein.

Nachdem ich mich zuvor in Bonn rückversichert hatte, konnte ich dem Ministerpräsidenten zu seiner Freude auch bestätigen, daß die vom Bundesaußenminister im September 1991 Savisaar gegenüber ausgesprochene Einladung des Bundeskanzlers zu einem Deutschlandbesuch auch für ihn galt, da sie sich an den Amtsinhaber gerichtet hatte. Vähi sprach die Hoffnung aus, sie bald, wenn möglich noch im Frühjahr 1992, verwirklichen zu können, wobei er gerne Bundeskanzler Kohl die Wahl des genauen Termins überlassen wollte. Wie sehr Vähi an dem Besuch gelegen war, zeigte auch, daß die nach unserem Gespräch erfolgte Presseunterrichtung die Erneuerung der Einladung an den Ministerpräsidenten ausdrücklich erwähnte. Leider war das nicht das erste Mal, daß wir in dieser Frage Hoffnungen weckten, die dann unerfüllt blieben.

Vähi kam noch auf unsere Unterbringung zu sprechen und zeigte sich erleichtert, daß wenigstens die Probleme der deutschen Botschaft grundsätzlich gelöst waren. Dies benutzte ich, um auf Anraten unserer Partner aus der Staatskanzlei bei den Gesprächen über die Anmietung des Hauses auf dem Domberg als Botschafterresidenz den Ministerpräsidenten zu bitten, ihn für den Fall, daß sich bei dem Projekt Schwierigkeiten ergeben sollten, ansprechen zu dürfen. Vähi sagte mir sofort alle nötige Unterstützung zu. Dieser Rat seiner Beamten sollte sich noch als weitblickend herausstellen. Möglicherweise hat sich das Interesse Vähis sogar bereits kurzfristig positiv ausgewirkt. Denn wenige Stunden vor meiner Abreise, die ich gegenüber der estnischen Verwaltung bewußt als Druckmittel eingesetzt hatte, bekam ich ein am selben Tag vom neuen Staatsminister im Amt des Ministerpräsidenten und engen Vertrauten Vähis, Uno Veering, gezeichnetes und von mir lange erwartetes Schreiben, in dem uns die Aufnahme „konkreter Vertragsverhandlungen" über die „Zurverfügungstellung" des Hauses Schloßplatz 7 angeboten wurde. Jetzt hatte ich etwas in der Hand und Bonn war wieder am Zug.

*

In den späten Abendstunden des 6. März schiffte ich mich im Hafen von *Muuga* östlich von Tallinn, in dem der Großteil des Frachtverkehrs abgewickelt wird, in Richtung Rostock ein. Ich hatte es bei der Schiffahrtsgesellschaft *Tallink* erreicht, ausnahmsweise auf einem ihrer Frachter, die sonst keine Passagiere mitnahmen, einen Platz für mich und mein Auto, das ich in Deutschland benötigte, zu bekommen. In *Muuga* übten damals noch russische Grenztruppen die Kontrolle aus und machten einem wie bei dem Besuch in Baltischport deutlicher als im Revaler Alltag bewußt, daß Estland noch nicht die volle Souveränität über sein Territorium zurückgewonnen hatte. Gegen Mitternacht rollte ich an den grün Uniformierten, die mich anstandslos passieren ließen, vorbei an Bord der *Transestonia* und begab mich gleich in der mir zugewiesenen Kajüte zur Ruhe, ohne die für die frühen Morgenstunden vorgesehene Abfahrt abzuwarten. Als ich aufwachte, lagen wir im Hafen von Helsinki. Im Halbschlaf hatte ich gelegentlich ein rumpelndes Geräusch vernommen. Als ich den Kapitän später fragte, was er denn so geladen habe, meinte er, das wisse er nicht immer so genau. In dieser Nacht aber seien „Panzer" mit dabei gewesen und in Helsinki ausgeladen worden – daher das Geräusch.

Kapitän Erich Moik fuhr mich dann mit einem ihm im Hafen zur Verfügung stehenden Auto in die Stadt. An diesem frühen Samstagmorgen im März waren die Straßen von Helsinki grau und, von einigen Betrunkenen abgesehen, menschenleer. Da ich seit über einem Vierteljahr nicht mehr im „Westen" gewesen war, wollte ich mir den Luxus von etwas frischem Obst und einer FAZ vom selben Tag gönnen. Also lenkte ich zuerst meine Schritte zum Kaufhaus Stockmann, das ich dank seiner zentralen Lage kannte. Wie ich so auf der Suche nach Südfrüchten durch die Lebensmittelabteilung ging, mußte ich, wie dann noch einmal auf dem Fischmarkt, zu meinem Erstaunen die Beobachtung machen, daß ich angesichts des reichhaltigen Angebots zwar nicht gerade schockiert, aber doch irgendwie unangenehm berührt war – zu groß der Kontrast zu Estland mit seinen leergefegten Läden, wo man froh war, *eine* Käsesorte zu finden und nicht die mir damals völlig überflüßig erscheinende Auswahl unter Dutzenden solcher zu treffen hatte wie bei Stockmann. So schnell also paßt sich der Mensch an, ging mir durch den Sinn. Dabei mußte ich daran denken, wie Jagja und Putin mir während unserer Reise nach Berlin im Januar 1991 nach einem Besuch in der Lebensmittelabteilung des „Kaufhauses des Westens" erzählt hatten, sie hätten beim Anblick der dort angebotenen und von ihnen bis dahin nicht für möglich gehaltenen Vielfalt an Eßwaren ihren Augen nicht getraut!

Dann war ich mit Jarl Stenbock verabredet. Bei einer Tasse Kaffee im Restaurant *Kappeli* auf der Esplanade besprachen wir konkrete, von mir vor Ort erkundete Konservierungsmaßnahmen für Kolk, um den weiteren Verfall des Hauses aufzuhalten. Der finnlandschwedische Vetter betrieb damals die Restitution des alten Besitzes an die Stenbocksche Familienstiftung. Zur Mittagszeit brachte er mich dann zum Schiff zurück.

Nach einer erholsamen Reise erreichten wir am Montagmorgen Rostock, und einige Stunden später war ich nach einem Halt zur Besichtigung der Dorfkirche von Fehrbellin in Berlin angelangt. Für uns aus dem Westen Deutschlands, und speziell für mich als Diplomaten in bundesrepublikanischen Diensten, der ohne dort Verwandte zu haben nur schwer in die DDR hätte reisen können, waren dies ja alles nur aus der Geschichte bekannte Namen. So hatte jede persönliche Begegnung mit den historischen Orten im uns bisher verschlossen gewesenen Teil unseres Vaterlandes, wie ich gerne gestehe, auch eine stark emotionale Komponente. Der Pfarrer von Fehrbellin, den ich an jenem Montagvormittag herausklingelte, verstand dies jedenfalls. Nach einem mit unserem Sohn Christian und meiner Schwester und ihrer Familie verbrachten Tag in Berlin fuhr ich weiter nach Rheinbreitbach, wo mich meine Frau und unsere Tochter Natalie, die in Bonn studierte und in unserem Haus wohnte, zu einer kurzen Unterbrechung unseres damaligen Nomadenlebens erwarteten.

Mein Deutschland-Aufenthalt endete dann mit dem Besuch von Präsident Rüütel in Bonn am 2./3. April 1992. Wie meistens, wenn man nach längerer Zeit aus dem Ausland kam, waren so viele private, aber auch dienstliche Dinge zu erledigen gewesen, daß er die amtliche Bezeichnung „Heimaturlaub" kaum verdient hatte.

*

Nachdem ursprünglich nur an ein Gespräch und Mittagessen mit dem Bundespräsidenten aus Anlaß von Rüütels Anwesenheit in Deutschland zur Eröffnung der Karlsruher Kulturtage gedacht gewesen war, hatte sich der Abstecher des estnischen Präsidenten in die Bundeshauptstadt dann im Laufe der Vorbereitungen zu einem richtigen Besuch mit vollem Programm und allen protokollarischen Ehren ausgewachsen. Dazu zählte, daß Rüütel von seiner Frau begleitet wurde, so daß jetzt auch meine Frau gefordert war, um den Gast aus Estland mit Frau von Weizsäcker durch das Damenprogramm zu begleiten.

Am Vormittag des 2. April schwebten also Arnold und Ingrid Rüütel mit dem Hubschrauber aus Stuttgart kommend, wo die Präsidentenmaschine aus Estland gelandet war, auf dem Petersberg ein. Dort sollten sie in dem Gästehaus der Bundesregierung hoch über dem Rhein logieren. In Rüütels Begleitung befanden sich auch der neue Kulturminister Märt Kubo und dessen Vorgänger Sumera.

Nachmittags begleitete ich den Gast zu einem Gespräch im Deutschen Industrie- und Handelstag (DIHT) mit dessen Hauptgeschäftsführer Dr. Franz Schoser. Rüütel schilderte, wie immer faktenreich und ohne schriftliche Unterlagen als Gedächtnisstütze, die schwierige Wirtschafts- und Sicherheitslage in Estland. Entschieden vertrat er die Auffassung, daß es zur baldigen Einführung einer eigenen Währung keine Alternative gäbe und warb für Estland als einen für deutsche Investoren nicht nur aufgrund des niedrigen Lohnniveaus attraktiven Standort. Auf unserer Seite interessierte man sich vor allem für die Privatisierung der estnischen Staatsunternehmen, für die gerade die gesetzlichen Grundlagen erarbeitet wurden, und kam auf die bereits bestehende Zusammenarbeit der Handelskammern von Kiel und Tallinn sowie ein Lieblingsthema des DIHT zu sprechen, nämlich den Aufbau eines estnischen Kammersystems nach deutschem Vorbild.

Danach empfing uns die Präsidentin des Deutschen Bundestags Professor Dr. Rita Süßmuth in ihrer in Plittersdorf am Rhein gelegenen Residenz und gab für Rüütel ein frühes Abendessen, da sie gleich darauf eine Auslandsreise antreten mußte. Sie war eine aufmerksame Gastgeberin und ermutigte den Präsidenten, bei seinen Gesprächen um konkrete materielle Unterstützung für Estland zu bitten, da es nicht angehe, daß die gesamte für den Bereich der früheren Sowjetunion vorgesehene Hilfe in die GUS-Staaten flösse – der Deutsche Bundestag unterstütze eine Hilfe für die baltischen Staaten. Musik in Rüütels Ohren, während mir dabei schon damals nicht ganz wohl zumute war.

Am nächsten Morgen empfing Rüütel zum Frühstück auf dem Petersberg den Vorsitzenden des Auswärtigen Ausschusses Dr. Stercken, einen liebenswürdigen rheinischen CDU-Abgeordneten, der sich brav präpariert hatte und den Rüütel unbeirrt für die Probleme des fernen Estland zu interessieren suchte. So erklärte er ihm, wie später auch Genscher, der Oberste Rat habe beschlossen, eine Kommission zur Untersuchung der in den letzten 50 Jahren in Estland begangenen Verbrechen mit dem Schriftsteller Jaan Kross als Vorsitzendem einzusetzen. Man wolle sich nicht an den zum Teil noch in Estland lebenden Tätern rächen, sondern die historische Wahrheit aufklären und damit auch Versuchen entgegentreten, stalinistische Verbrechen den „Faschisten" in die Schuhe zu schieben, nicht zuletzt estnischen, um dadurch politischen Druck auszuüben. Schon im Herbst 1992 sollte den Vereinten Nationen und dem Europarat ein erster Bericht vorgelegt werden. Dr. Stercken regte eine Zusammenarbeit mit deutschen Wissenschaftlern an. Die von Kross geleitete Kommission hat dann auch eine Reihe von Veröffentlichungen hervorgebracht, doch die Anregung zu einer solchen Zusammenarbeit mit Deutschland ist meines Wissens nicht aufgegriffen worden. Erst als Präsident Meri viel später zu demselben Zweck auch eine internationale Kommission unter Vorsitz des angesehenen Publizisten und früheren finnischen Diplomaten Max Jakobson berief, sollte ihr mit Wolfgang Freiherrn von Stetten auch ein Deutscher angehören (1998). Auch warb Rüütel wie schon zuvor bei Frau Süßmuth für seine Idee eines sogenannten Reemigrationsfonds, um ehemaligen Angehörigen des sowjetischen Repressionsapparates, die nicht in Estland bleiben könnten, die Rückkehr nach Rußland zu erleichtern. Stercken beschränkte sich auf höfliche Kenntnisnahme.

Dann kam Herr von Stetten, der Rüütel bereits von dem Besuch in Tallinn im Juli 1991 bekannte Vorsitzende der Deutsch-Baltischen Parlamentariergruppe im Bundestag. Man unterhielt sich über das weitere Schicksal des bisher über die Parlamentariergruppe aus dem Haushalt des Auswärtigen Amts finanzierten Baltischen Informationsbüros in Bonn, aus dem jetzt die Botschaften von Estland, Lettland und Litauen geworden waren, und über Möglichkeiten der deutsch-estnischen Zusammenarbeit in der Landwirtschaft. Beide Herren verfügten ja über praktische Erfahrung auf diesem Gebiet.

Um die Mittagszeit brachte uns eine Wagenkolonne vom Petersberg zum Amtssitz des Bundespräsidenten. Begrüßung des estnischen Präsidentenpaares durch Herrn und Frau von Weizsäcker und Vorstellung der beiden Delegationen im Garten der Villa Hammerschmidt. Dann erklangen die Nationalhymnen. Ein erhebender Augenblick – es war das erste Mal, daß die estnische Hymne aus offiziellem Anlaß in der Bundesrepublik Deutschland gespielt wurde. Darauf schritten die beiden Präsidenten die angetretene Ehrenformation der Bundeswehr ab (Abbildung 21).

An dem anschließenden Gespräch nahmen außer Staatssekretär Meyer-Landrut nur noch die beiden Botschafter und die Dolmetscher teil, die auf estnischer Seite Rüütels persönlicher Referent Rein Kivi und auf unserer Seite eine in Deutschland verheiratete estnische Dame waren. Diese Zusammensetzung der Runde veranlaßte Meyer-Landrut gleich zu Beginn, den Bundespräsidenten zu fragen, ob er sich dessen bewußt wäre, daß er der einzige Nichtbalte im Raume sei, worauf sich dieser lächelnd umsah und seinerseits fragte, ob er nun hinausgehen müsse … Rüütel bekam vor verlegenem Vergnügen einen ganz roten Kopf unter seinen prächtigen weißen Haaren, und wenn es dessen überhaupt noch bedurfte, dann war das Eis jetzt endgültig gebrochen. Die entspannte, ja geradezu freundschaftlich-familiäre Atmosphäre der nun bis zum Mittagessen folgenden, nicht sehr langen Unterhaltung der beiden Präsidenten war zu einem nicht geringen Teil der Gabe von Herrn von Weizsäcker zu verdanken, andere Menschen sich in seiner Gesellschaft in kürzester Zeit wohlfühlen zu lassen. Sie muß einem wohl in die Wiege gelegt sein und ist als Kunst des Umgangs mit anderen Menschen nur bis zu einem gewissen Grade zu erlernen. Jedenfalls habe ich sie bei keinem anderen deutschen Politiker in solch ausgeprägter Form beobachten können.

Rüütel war mit zwei großen Anliegen nach Bonn gekommen: Er erhoffte sich einen Durchbruch in der Frage von Materiallieferungen für den jungen estnischen Grenzschutz und einen Kredit des Bundes zur Finanzierung von Dieselimporten, um den Treibstoffbedarf der estnischen Landwirtschaft während der Frühjahrsbestellung und bis zur Heuernte decken zu können. Weizsäcker hörte aufmerksam zu, stellte Zwischenfragen, als ihm Rüütel seine Anliegen erläuterte und von der „Wirtschaftsblockade" seines Landes durch Rußland sprach, das estnische Guthaben in Moskau in der Größenordnung von 20 Millionen US-Dollar eingefroren habe und Energielieferungen zurückhalte, obwohl diese bereits bezahlt seien. Die chauvinistischen Kräfte in Rußland, gegen die auch Jelzin nichts auszurichten vermöge, könnten sich mit dem Verlust des Baltikums nicht abfinden und versuchten, es jetzt auf diese Weise in die Knie zu zwingen. Diese Politik habe seit den Tagen Ivans des Schrecklichen Tradition. Solange Estland mangels Ausrüstung seine Grenzen, auch die etwa 1 000 km zu Wasser (einschließlich der quer durch den Peipussee verlaufenden Grenze), nicht wirksam kontrollieren könne, solange könne es auch weder seine Wirtschaft noch seine Sicherheit konsolidieren.

Zu dem sich anschließenden Mittagessen, die Damen hatten sich unterdessen mit Frau von Weizsäcker unterhalten, war ein größerer Kreis eingeladen worden. Angesichts der Liste der Gäste, von denen viele in einer Beziehung zu Estland standen, spürte man wie bei dem ganzen Besuch die ordnende Hand von Meyer-Landrut im Hintergrund. So saß ich zwischen Berndt von Staden und dem ebenfalls aus Estland stammenden Journalisten Dr. Bernd Nielsen-Stokkebye. Die Tischreden waren gut, Rüütel verlas seinen Text auf deutsch. Die Stimmung wirkte heiter-gelöst. Der Bundespräsident fotografierte seinen ihm gegenübersitzenden estnischen Amtskollegen mit dessen Apparat und hätte wohl seine Gäste gerne noch länger bei sich behalten, doch das Protokoll drängte zum Aufbruch. Ob Herr von Weizsäcker seinem Gast bei Tisch erzählt hat, daß er Rüütels engere Heimat, die Insel Oesel, in den letzten Tagen des deutschen Rückzugs aus Estland 1944 persönlich kennengelernt hatte, weiß ich nicht; jedenfalls war eine dahinzielende Bemerkung des Bundespräsidenten am Ende des vorangegangenen Gesprächs, als wir uns schon erhoben, im allgemeinen Aufbruch untergegangen und wohl auch von Rüütel nicht mehr wahrgenommen worden.

Um 15 Uhr erwartete uns Genscher im Gästehaus des Außenministers auf dem Bonner Venusberg, einer Villa von bürgerlich-bescheidenem Zuschnitt. Beide Politiker kannten einander ja bereits, konnten also gleich zur Sache kommen und die zur Verfügung stehende eine Stunde voll nutzen. Rüütel konzentrierte sich knapp und klar auf seine beiden Hauptanliegen, und Genscher bekam auf seine Rückfragen präzise Antworten. Dem estnischen Präsidenten war bewußt, daß es sich um die entscheidende Begegnung seines Besuchs in Deutschland handelte, wollte er politisch etwas bewegen – auch wenn er, von seiner eigenen Stellung in Estland ausgehend, vielleicht dazu neigte, den Einfluß von Weizsäcker und Süßmuth ein wenig zu überschätzen.

Rüütel bat also um einen noch im April 1992 zur Verfügung stehenden Kredit der Bundesregierung in der Größenordnung von 15 Millionen US-Dollar, um den kurzfristigen Treibstoffbedarf der estnischen Landwirtschaft zu finanzieren. Bis jetzt sei man ohne Kredit ausgekommen, nun ginge es anders nicht mehr. Mit den internationalen Banken und Finanzinstitutionen aber käme man nicht so schnell zum Abschluß, das bedürfe längerer Verhandlungen. Genscher zeigte Verständnis für die akuten wirtschaftlichen Schwierigkeiten Estlands und machte zwar keine Versprechungen, sagte aber eine Prüfung „unserer Möglichkeiten" und eine „sehr schnelle Antwort" zu. So konnte Rüütel jedenfalls den Eindruck gewinnen, nicht ganz vergebens angeklopft zu haben.

Sein anderes Anliegen präsentierte Rüütel als eine ganz wichtige Bitte an die Bundesregierung: 2 000 junge Esten würden darauf vorbereitet, Estlands Grenzen zu schützen, seien aber hierzu mit nicht viel mehr als einem Gummiknüppel ausgerüstet. Er verstünde, daß es delikat sei, gerade in Deutschland Waffen zu erbitten, doch wäre auch mit jeglichem anderen Gerät, auch mit Bekleidung, gedient. Für die Kontrolle seiner Territorialgewässer, die sich noch völlig in Händen der ehemaligen sowjetischen Grenztruppen befände, benötige Estland dringend Küstenwachboote, auch wenn diese nicht bewaffnet wären. Schweden habe drei solcher Boote in Aussicht gestellt. Rüütel hatte sich also schließlich damit abgefunden, daß er angesichts des noch lange nicht abgeschlossenen Abzugs der russischen Truppen aus Ostdeutschland und wegen unserer restriktiven Rüstungsexportpolitik mit der Bitte um Waffenlieferungen seiner Sache auf die Dauer mehr schaden als nützen würde. Genscher reagierte wiederum mit Verständnis und sagte auch in diesem Fall weitere Prüfung zu, allerdings nicht ohne zu verschweigen, daß die gewünschte Lieferung von Booten oder gar von Waffen für uns komplizierte politische Fragen aufwerfe.

Dann kam der Außenminister auf sein Lieblingsthema zu sprechen: Die baltischen Staaten müßten, wenn sie sich von Rußland lösen wollten, auf die EG zubewegen, unter deren Dach ihnen die beste Sicherheit geboten werde. Daher setze er sich weiterhin im Kreis der Außenminister nachdrücklich für den Abschluß von Assoziationsabkommen ein, weil nur diese eine wirkliche Heranführung an Europa bedeuteten.

Nach einer Pressekonferenz Rüütels in Bonn verabschiedeten wir das Präsidentenpaar am Hubschrauberlandeplatz an der Südbrücke. Sie flogen nach Karlsruhe, wo sie am nächsten Tag die estnischen Kulturtage eröffneten. Präsident Rüütel hatte bei diesem ersten offiziellen Besuch eines estnischen Staatsoberhaupts eine gute Figur gemacht.

*

Meine Rückreise nach Estland ging wieder über Berlin und Rostock, wo ich mich erneut auf der *Transestonia* unter Kapitän Moik einschiffte, um am 7. April im Hafen von *Muuga* mit meinem Volkswagen an Land zu fahren. Wie auf der Hinreise, als ein Pastor aus Schleswig-Holstein mit seiner Frau und Freunden von einer Hilfsaktion aus Estland zurückgekehrt war, befanden sich auch auf der Rückreise wieder Transporte mit Lebensmitteln und Medikamenten für die Menschen am östlichen Ufer der Ostsee an Bord, der eine aus Lübeck und der andere aus Hannover, und vermittelten einen Eindruck von der enormen privaten Hilfsbereitschaft, die damals in Deutschland herrschte und die von keiner Statistik erfaßt worden ist.

Abschied von Patrick von Glasenapp

Während des Urlaubs in Deutschland rief eines Abends Mitte März mein alter Freund Patrick von Glasenapp bei uns in Rheinbreitbach an und sagte, wenn ich ihn noch einmal sehen wollte, dann sollte ich ihn besuchen kommen – er sei an einem besonders bösartigen Krebs erkrankt und habe nur noch kurze Zeit zu leben ... Wie benebelt nahm ich in den Tagen darauf noch einige unaufschiebbare Termine in Bonn wahr und fuhr dann zu ihm und Almut nach Alling bei Fürstenfeldbruck in Oberbayern. Monique, deren Besuch Patrick gleichermaßen am Herzen lag, konnte einen Tag später nachkommen.

Äußerlich war Patrick noch nichts anzumerken, und er, der vom Leben vielgeprüfte und dann auch wieder vom Glück bedachte Mann trug diesen vermutlich letzten Schicksalsschlag mit stoischer Haltung und einer unvergleichlichen Würde, ordnete sein Haus und dachte vor allem an die, die er hinterlassen würde, an seine Familie, seine Freunde und seine Firma. Denn er war ein großer Herr, dem tätige Verantwortung für andere Menschen stets oberstes Gebot gewesen ist, und er war der beste aller Freunde. Wir kannten uns seit gemeinsamen Münchener Studententagen, waren erstmals auf der baltischen Weihnachtsfeier im Gemeindesaal der Kirche am Dom-Pedro-Platz am 18. Dezember 1956 zusammengetroffen und bereits an diesem Tag auf seinem alten Motorrad mit Beiwagen von dort weggefahren. Damals waren bei Patrick noch Reste des Zuchthaushaarschnitts von Bautzen zu erkennen gewesen, wo er nach der Entlassung aus langjähriger, meist nördlich des Polarkreises verbrachter sowjetischer Haft 1955 noch weiter als politischer Gefangener festgehalten und gequält worden war. Ohne ihn wäre ich trotz meiner historischen Interessen vermutlich nicht so eng in einen baltischen Freundeskreis hineingewachsen, der für meine jüngeren Jahre prägend gewesen ist, denn Patrick hat diesen Kreis erst eigentlich geschaffen und ist für mich immer sein Mittelpunkt geblieben. Das hat sich auf mein ganzes weiteres Leben ausgewirkt. Als wir dann unsere eigenen Familien gründeten, wurden sein Vetter Ernst Dietrich Mirbach und ich seine und Almuts beide Trauzeugen, er mit diesem später einer meiner beiden. Er und Almut baten mich, bei ihrem Erstgeborenen Werner Pate zu stehen, später baten Monique und ich ihn, bei unserem ältesten Sohn Magnus diese Rolle zu übernehmen, und während der Jahre, die wir im Ausland verbrachten, haben wir es immer verstanden, uns während der Ferien in Deutschland zu sehen, entweder bei ihnen in Alling oder bei uns in Neubronn. Wir hatten also viel miteinander zu bereden an diesen zwei Tagen im März 1992.

Dabei nahm auch ein Gedanke Gestalt an, der zur Gründung des „Patrick von Glasenapp-Studienfonds für Estland" führen sollte. Er war nach Patricks Wunsch dafür gedacht, junge Esten bei der Finanzierung ihrer Ausbildung zu unterstützen, um zu verhindern, daß diese unter den schwierigen Bedingungen dieser Übergangszeit zu kurz kommt und Estland dadurch einen nicht wiedergutzumachenden Schaden nimmt. Zugleich wollte ich, daß mit einer solchen Stiftung an ihn erinnert wird. Der Grundstock des Fonds wurde dann aus Spenden bei seinem Tod gebildet, und wir haben seitdem bis auf den heutigen Tag viele Stipendien überwiegend an Dorpater Studentinnen und Studenten vergeben können.

Patrick ging mit mir auch auf den Allinger Friedhof zum Grab seiner Eltern, neben denen er beerdigt sein wollte. Der Tod schreckte ihn, den gläubigen Christen nicht – zu oft hatte er ihm in die Augen geschaut und war ihm in seinem bewegten Leben nur knapp entgangen. Dann verabredeten wir uns für den nächsten Monat auf dem Revaler Flughafen, denn er wollte mit einer größeren Gruppe zur Einweihung des wiedererrichteten Gustav Adolf-Denkmals nach Dorpat kommen.

Damit hatte es folgende Bewandtnis. Patrick hatte einen Teil seiner Jugend in Dorpat verbracht, wo sein Vater Frauenarzt war, und ist dort bis zur Umsiedlung als 13jähriger auf die Schule gegangen. Als einem guten Lokalpatrioten ist ihm das Denkmal des Schwedenkönigs, ein Wahrzeichen Dorpats, in Erinnerung geblieben. Es war 1928 anläßlich des 10. Jahrestages der Unabhängigkeit Estlands zu Ehren von Gustav II. Adolf errichtet worden, der im Feldlager vor Nürnberg kurz vor seinem Tod 1632 die Gründungsurkunde der Universität unterzeichnet hatte. Hinzu kam, daß die Statue auf dem Höhepunkt der stalinistischen Repression 1950 zerstört worden war, wie er von estnischen Mitgefangenen im Archipel Gulag wußte, und später, schon zu Breschnevs Zeiten, als Zeichen des Protestes gegen die Sowjetherrschaft von Schülern oder Studenten gelegentlich in Schnee nachgebildet worden. Sobald die politischen Verhältnisse es erlaubten, an eine Wiedererrichtung des Denkmals zu denken, sammelte Patrick Geld und organisierte in Kooperation mit einer gleichgerichteten Initiative in Schweden einen Neuguß der Statue. Denn erst wenn der „kleine König" – das Denkmal gibt ihn nicht in voller Lebensgröße wieder – seinen Platz hinter dem Hauptgebäude der Universität wieder eingenommen haben würde, war für ihn symbolisch auch die Sowjetherrschaft über seine Heimat überwunden! Patricks starke emotionale Bindung an Estland und seine Menschen rührte ganz wesentlich von den in sowjetischen Straflagern gemachten Erfahrungen her, als die dort inhaftierten Esten ihn, den Deutschen aus der gemeinsamen Heimat, in ihrer Mitte aufnahmen und dadurch vor Schlimmerem bewahrten. Damals hat er auch erst richtig Estnisch gelernt. In unseren gemeinsamen Münchener Jahren hat er mir oft von seinen estnischen Haftgefährten erzählt und bereits zu einer Zeit mit einem Aufsatz an sie erinnert, als er sich in diesem mit näheren Angaben noch zurückhalten mußte, um niemanden zu gefährden[28].

Als ich Patrick am 22. April auf dem Flughafen empfing, mußte ich mich beherrschen, denn nunmehr war er bereits deutlich von der Krankheit gezeichnet,
dunkelbraun im Gesicht und stark abgemagert, da er nur noch wenig vertrug,
aber voller Energie und von einer unglaublichen Selbstdisziplin. Um es ihm etwas leichter zu machen, aber auch um mit ihm und seiner ihn begleitenden
Tochter Sabine die zwei Stunden allein sein zu können, fuhren wir in meinem
Wagen nach Dorpat voraus, während die übrige deutschbaltische Reisegruppe
im Bus folgte. Abends waren wir dann die Gäste von Bürgermeister Veetõusme
im „Pulverkeller" (*Püssirohukelder*), zusammen mit einer Gruppe von Schweden,
die ebenfalls zur Wiederherstellung des Denkmals beigetragen hatten.

*

Am nächsten Tag sollte die feierliche Enthüllung des Denkmals stattfinden. Sie
war zugleich der Höhepunkt eines dreitägigen Besuchs von König Karl XVI.
Gustaf und Königin Silvia von Schweden, der damals die estnische Öffentlichkeit wie kein anderer eines ausländischen Gastes seit dem August 1991 beschäftigte. Die gleichzeitige Anwesenheit der königlichen Staatsgäste und der um die
Wiederherstellung der Statue verdienten deutschen und schwedischen Privat-
reisenden stellte die Dorpater Organisatoren und das estnische Protokoll vor
keine leichte Aufgabe. Sie haben sie aber mit Takt und Geschick zu meistern
verstanden indem sie gut aufeinander abgestimmte Parallelprogramme ausar-
beiteten, die vorsahen, daß beide Gruppen ungeachtet der räumlichen Nähe
kaum miteinander in Berührung kamen.

Am 23. April vereinte um 11 Uhr alle ein Festakt zu Ehren des Königspaars
in der Aula des im ersten Jahrzehnt des 19. Jahrhunderts entstandenen Haupt-
gebäudes der 1802 wiedererrichteten Universität, dem schönsten mir bekannten klassizistischen Saal Estlands. Auch König Karl Gustaf ergriff das Wort und
machte auf mich einen wesentlich interessierteren Eindruck als am Vortag in
Tallinn, als ich ihm und der Königin bei einem Empfang im Rathaus von dem
schwedischen Kollegen vorgestellt worden war. Da mich Königin Silvia, die ja
eine Deutsche ist, auf englisch ansprach, erlaubte ich mir auf deutsch zu antworten, worauf sie mir bedeutete, daß der König unserer Sprache nicht mächtig sei, womit ich nicht gerechnet hatte. Während der sich anschließenden kurzen Unterhaltung mit ihr und Frau Rüütel abwechselnd in beiden Sprachen –
der König hatte sich unterdessen weiterbewegt – zeigte sich Königin Silvia von
den vielen Wappenepitaphen mit *deutschen* Inschriften überrascht, die sie gerade
in der Domkirche besichtigt hatten. Offenbar war sie darauf nicht vorbereitet
worden, was ich damals als kein Ruhmesblatt für die zuständigen Hofbeamten
empfand – wenn es nicht Methode hatte und Teil der Stockholmer Politik war,
bei jeder Gelegenheit an die Zeit der schwedischen Herrschaft über Estland vor

der Eroberung des Landes durch die Russen im Nordischen Krieg (1710) als das „goldene Zeitalter" für die Esten zu erinnern und dabei die anderen Einflüsse, denen Estland in seiner wechselvollen Geschichte ausgesetzt gewesen ist, zu übergehen. Schweden konnte dabei an Tendenzen in der estnischen Geschichtsschreibung der Zwischenkriegszeit anknüpfen, als der „deutsche Faktor" in einer bis zu einem gewissen Grad auch verständlichen Gegenreaktion auf die bis dahin dominierende Rolle der Deutschen besonders kritisch gesehen worden war, und zugleich ebenso verständliche aktuelle antirussische estnische Gefühle ausnutzen. Ein so bedeutender Gelehrter wie Oskar Loorits hat in seinem in der schwedischen Emigration erschienenen monumentalen Werk über den estnischen Volksglauben dargelegt, daß das sogenannte goldene schwedische Zeitalter gemessen an den tatsächlichen Verhältnissen im Volksgedächtnis „stark idealisiert" wird und einen „romantisch-übertriebenen Nachhall gefunden hat" [29]. Diese schwedische Politik diente aber auch dem Zweck, die Tatsache wenn schon nicht vergessen zu machen, so doch zu kompensieren, daß Schweden das westliche Land gewesen ist, das bei der Anerkennung der durch die sowjetische Annexion im Baltikum geschaffenen Verhältnisse am weitesten gegangen war [30]. Wie dem auch sei, ich erlaubte mir jedenfalls, der Königin zwar nicht gerade einen Schnellkurs in der Geschichte Estlands, aber doch einige Erklärungen zu geben und konnte dabei auf die ebenfalls deutschen Inschriften im ehemaligen Sitzungssaal des Revaler Rats aufmerksam machen, in dem wir uns gerade befanden. Bei Besichtigung der Domkirche soll der König im übrigen unter dem Eindruck der kunsthistorisch so bedeutenden Wappenepithaphe spontan verfügt haben, aus einer Stiftung des königlichen Hauses eine beträchtliche Summe zu ihrer Erhaltung bereitzustellen. Diese 100 000 Schwedenkronen sind dann für die Aus- und Weiterbildung estnischer Restauratoren verwendet worden und damit auch unserem Projekt zugute gekommen.

Wie wichtig Schweden die Pflege enger Beziehungen zu Estland war, zeigt ein Detail aus der Vorgeschichte dieses Königsbesuchs. In Stockholm hatte man durch einen reinen Zufall von den noch vertraulich gehaltenen Vorbereitungen eines Staatsbesuchs der Königin von Dänemark erfahren, dessen Termin *vor* dem eines auch von Schweden geplanten Königsbesuchs in Estland lag. Darauf entschied man sich kurzerhand für ein früheres Datum und konnte sich auch mit den Esten auf ein solches einigen. Der große Widerhall, den dieser erste Besuch eines echten Königspaares dann im postkommunistischen Estland fand, wo es damals sogar eine royalistische Partei gab, bestätigte die Richtigkeit dieses Kalküls der schwedischen Diplomatie vollauf. Der Besuch beflügelte gerade im atmosphärisch-emotionalen Bereich die bilateralen Beziehungen, bis diese – wie wir später sehen werden – durch den Untergang des zwischen Tallinn und Stockholm verkehrenden Fährschiffes *Estonia* im September 1994, als hunderte von Schweden ertranken, eine schwere Belastung erfahren sollten, von der sie sich lange nicht erholt haben. Der dann ein Vierteljahr später, im Juli 1992, erfolgte Besuch von Königin Margarete II. von Dänemark und Prinz Hendrik fand sicher auch die gebührende Beachtung. Aber er löste nicht mehr die gleiche Begeisterung aus wie das beim ersten Mal der Fall gewesen war. Ich weiß nicht, ob die Dänen überhaupt jemals von dieser für sie im Grunde ärgerlichen Geschichte erfahren haben. Sie wirft ein bezeichnendes Licht auf das Verhältnis der nordischen Staaten zueinander, die – wie ich in diesen Jahren oft beobachten konnte – nach außen gerne Gemeinsamkeit demonstrierten, ja diese geradezu zelebrierten, während sie sich hinter den Kulissen gegenseitig das Wasser abzugraben suchten und um bilateralen Einfluß konkurrierten.

*

Zurück nach Dorpat, wo sich nach dem feierlichen Aktus in der Universität jetzt alle Teilnehmer zum „Königsplatz" begaben und König Karl Gustaf dort das Denkmal enthüllte. Ein hübsches Bild boten die vielen Studenten mit Band und Mütze der wiedererstandenen estnischen Korporationen, die mit ihren Fahnen den Weg säumten und an alte deutsche Traditionen des früheren „Dörptschen Burschenstaates" erinnerten. Auch der hinter dem Universitätsgebäude steil aufsteigende Hang war dicht mit Menschen besetzt, die trotz immer wieder aufkommender Schneegestöber ausharrten und mit ihren Studentenmützen und bunten Anoraks eine eindrucksvolle Kulisse für die Feierlichkeit abgaben. In den estnischen Reden wurde auch der deutschen Komponente der Universitätsgeschichte gedacht und der deutschbaltische Beitrag zur Wiederherstellung des Denkmals gewürdigt.

Dann trat Patrick ans Mikrofon, um auf deutsch und estnisch zu sprechen (Abbildung 22). Auch wenn Rüütel und seine Frau mit den Majestäten und den beiden Außenministern Jaan Manitski und Margareta af Ugglas bereits zum Mittagsmahl ins benachbarte Universitätscafé entschwunden waren, hatte er noch ein zahlreiches Publikum. Mit Beifall begleitete es seine Worte der Verbundenheit mit Dorpat und Estland im Namen der 45köpfigen Gruppe aus Deutschland und sein vor allem an die akademische Jugend gerichtetes Plädoyer für den Wiederaufbau eines weiteren Wahrzeichens von Dorpat, der im Krieg zerstörten Steinbrücke (*Kivisild*) über den Embach. Er schloß mit den Worten „Wir beten für Estland. Gott schütze Estland!" Es war eine emotional wie physisch enorme Anstrengung für den Todkranken gewesen.

Während die königlichen Gäste in einem Saal des Universitätscafés bewirtet wurden, hatte man in zwei weiteren Sälen für die meist aus Göteborg und Uppsala angereisten Schweden und für uns Deutsche gedeckt. Danach mußte ich mich verabschieden, denn ich hatte noch in Tallinn zu tun.

Am übernächsten Tag traf ich Patrick dann wieder in Reval. Wir hatten für ihn in der Botschaft ein Gespräch mit drei Journalisten wichtigerer Zeitungen arrangiert, denen er vor dem Hintergrund seiner persönlichen Vita über die von ihm organisierte humanitäre Hilfe für Estland erzählte und die er bat, seinen Spendenaufruf zum Wiederaufbau der Steinbrücke zu verbreiten (er hatte zuvor in Tartu mit Bürgermeister Veetõusme das Gründungsdokument einer dafür bestimmten Stiftung unterzeichnet). Patrick sprach mit ihnen estnisch, so daß Relve unserem Pressereferenten Graf Lambsdorff und mir übersetzen mußte! Imbi Hepner vom *Baltic Independent*, Aadu Hiietamm von *Rahva Hääl* und Marianne Mikko vom *Eesti Ekspress* waren sichtlich beeindruckt und haben in ihren Zeitungen sehr ordentlich berichtet. Bei dieser Gelegenheit ist auch eine Serie markanter Porträtaufnahmen des Fotografen Ülo Josing entstanden, die später an Patrick erinnern sollten.

Anschließend fuhren wir in das Krankenhaus, in dem unser Sohn Christian im Sommer 1989 operiert worden war. Wir erkundigten uns dort bei Dr. Kullamaa und seinen Kollegen nach dem dringendsten Bedarf an Medikamenten, um ihn bei der Zusammenstellung des humanitären Hilfskonvois berücksichtigen zu können, mit dem Patrick im nächsten Monat wiederkommen wollte. Damit sollte zugleich eine Dankesschuld gegenüber diesem Krankenhaus und seinen Ärzten abgetragen werden, die Christian damals so hervorragend betreut hatten.

Abends gab ich für die ganze mit Patrick angereiste deutschbaltische Gruppe und seine estnischen Freunde in der Revaler Altstadt, in einem hervorragend restaurierten hochgotischen Saal des Restaurants *Gnom*, einen Empfang. In meinen Begrüßungsworten mußte ich „aus gegebenem Anlaß", wie Diplomaten zu sagen pflegen, auch daran erinnern, daß ich als deutscher Botschafter die Interessen aller Bundesbürger gleichermaßen zu vertreten habe. Das hat mir mancher verübelt, vor allem wenn er glaubte, einen Anspruch auf Sonderbehandlung zu haben, nur weil er deutschbaltischer Abstammung war. Doch es hat gewirkt. Patrick verstand sehr wohl, was ich sagen wollte, zumal er wußte, wen von den Anwesenden ich dabei speziell im Auge hatte.

Patrick flog daraufhin nach München zurück, um bereits gute zwei Wochen später wiederzukommen, diesmal zusammen mit Almut. Am 13. Mai holten wir sie vom Revaler Flughafen ab und brachten sie in unser Hotel – meine Frau war wenige Tage zuvor aus Deutschland eingetroffen, da der Einzug in unsere Zwischenresidenz in der *Paju tee 5* unmittelbar bevorstand. Abends fuhren wir dann zum Hafen von *Muuga*, wo auf der Fähre aus Rostock zwei große, mit Hilfsgütern im Wert von etwa 200 000 DM beladene Lastwagen eintrafen – die Ladung des einen für Dorpat, die des anderen für Reval bestimmt.

Schon seit einiger Zeit hatte sich Patrick gemeinsam mit einigen Freunden in München im Rahmen eines von ihnen ins Leben gerufenen Soforthilfevereins für Kinder engagiert, die durch die politischen Umwälzungen in Osteuropa in Not geraten waren. Sie sammelten Spenden und stellten LKW-Konvois mit Lebensmitteln, Kleidung, Medikamenten und Spielzeug zuerst nach Polen und Rumänien und dann seit 1990 auch nach Estland zusammen, die sie persönlich bis zu den Empfängern begleiteten, um dort die in Deutschland von vielen freiwilligen Helfern gepackten Pakete selbst an die Kinder zu verteilen. So fuhr Patrick ungeachtet seines Zustands auch noch in jener Nacht von Reval mit nach Dorpat, um dort am Tage darauf, praktisch ohne geschlafen zu haben, die Geschenke zu verteilen. Zur gleichen Zeit nahm dies in Reval einer seiner estnischen Bekannten in die Hand. Dabei hatte Patrick ausdrücklich darauf bestanden, daß sowohl eine estnische als auch eine russische Schule bedacht wurden! Die für das ehemalige Eisenbahnerkrankenhaus bestimmten Medikamente und Hilfsmittel wie Einwegspritzen u.a., denen auch noch einige Kisten Orangen beigepackt waren, wurden dort am selben Tag in Gegenwart von meiner Frau und mir entladen und Dr. Kullamaa und seinen Kollegen übergeben.

Auch die Gemeinde der Heiliggeistkirche wurde aus der Hilfslieferung bedacht. Dort besuchten Patrick und Almut nach der Rückkehr aus Dorpat am Sonntag mit uns den von Pastor Jaan Kiivit (dem späteren Erzbischof) gehaltenen Abendmahlsgottesdienst, bevor wir sie beide zum Flughafen brachten. Patrick hat damals wohl sehr bewußt von Estland Abschied genommen, selbst wenn später, wie ich bei unseren Telefongesprächen merkte, bei ihm immer wieder Hoffnungsschimmer aufflackerten, doch noch einmal die Reise zu schaffen und dabei das Projekt des Wiederaufbaus der Steinbrücke voranzubringen, das ihn bis zuletzt so stark beschäftigte. Wie befürchtet, sollte es dazu aber nicht mehr kommen und war unser Abschied am 17. Mai ein endgültiger gewesen.

Am 9. August 1992 erlag Patrick schließlich in seinem Haus in Alling im Alter von 66 Jahren der unheilbaren Krankheit und wurde am 14. August von einer mehrere hundert Menschen zählenden Trauergemeinde zu Grabe geleitet. Als einziger, der aus Estland hatte kommen können, rief ich ihm im Namen aller Freunde, die dort zu dieser Stunde seiner gedachten und für die ich auch im *Postimees* seinen Tod angezeigt hatte, einen letzten Gruß zu. Nach Reval zurückgekehrt, erfuhr ich von einem von ihnen, daß „Radio Freies Europa" noch am selben Tag eine Gedenksendung mit Tonaufnahmen von der Beerdigung übertragen habe, die in Estland gut zu empfangen gewesen sei – das hätte Patrick gefreut. Auf Bitten der Redaktion des *Postimees* habe ich einen Nachruf verfaßt, der dann in der Ausgabe vom 18. August erschienen ist.

Nach wie vor bin ich fest davon überzeugt, hätte Patrick länger gelebt, dann wäre nicht nur der manchen utopisch anmutende, aber gerade in jenen ersten Jahren nach der Unabhängigkeit, als mit relativ bescheidenen finanziellen Mitteln viel bewegt werden konnte, durchaus realistische Plan einer Wiedererrichtung der Dorpater Steinbrücke in ihrer ursprünglichen, aus dem Jahre 1784 stammenden Gestalt verwirklicht worden, sondern auch eine Reihe anderer signifikanter Vorhaben zum Besten Estlands und seiner Menschen. Auch so betrachtet war durch Patricks Tod eine Lücke entstanden, die sich nie mehr schließen würde.

Verhandlungen über den Abzug der russischen Truppen

Kurz nach dem Wechsel an der Spitze des Außenministeriums, doch ohne damit erkennbar in einem Zusammenhang zu stehen, kam zwei Monate nach dem Besuch von Šachraj in die seither fast völlig eingeschlafenen Beziehungen zu Rußland wieder etwas Bewegung. Am 14./15. April trafen sich in *Pärnu* (Pernau) eine estnische und eine russische Verhandlungsdelegation, um einen Neuanfang zur Lösung der vielen ungeklärten bilateralen Fragen zu versuchen. Auf estnischer Seite war Staatsminister Uno Veering zum Verhandlungsführer bestimmt worden; die russische Delegation leitete Botschafter Vasilij Svirin, ein Berufsdiplomat.

Die Verhandlungen gestalteten sich schwierig. Das begann bereits damit, daß man lange über die Reihenfolge diskutierte, in der die einzelnen Themenbereiche erörtert werden sollten. Gänzlich unbefriedigend für Estland jedoch verlief diese lange erwartete erste Verhandlungsrunde seit Auflösung der Sowjetunion, als man zu dem aus Sicht der Regierung in Tallinn mit Abstand wichtigsten Thema – dem Truppenabzug – kam. Trotz grundsätzlicher Bereitschaft, ihre militärische Präsenz in Estland zu beenden, machte die russische Seite keinerlei Zugeständnisse gegenüber der estnischen Forderung, hierfür einen Zeitplan festzulegen. Daran sollte sich auch in insgesamt fünf bilateralen Verhandlungsrunden, die bis zum Beginn der Sommerpause im Juli 1992 abwechselnd in Estland und Rußland stattfanden, nichts ändern. Zwar verhandelte man jetzt mit einer Delegation Rußlands, deren Präsident Jelzin sich der Abkehr vom Sowjetsystem hin zu Demokratie, Rechtstaatlichkeit und Marktwirtschaft verschrieben hatte, doch davon war, wie wir aus der estnischen Delegation hörten, nichts zu spüren – dieselben Methoden, dieselbe auf Verwirrung und Zeitgewinn angelegte Taktik, dasselbe alte und die bekannte Sprache gebrauchende Personal und kein Sobtschak, Jakovlev oder Schevardnadze als Verhandlungsführer.

Bei dem ersten Treffen in Pernau verständigte man sich schließlich wenigstens auf das weitere Vorgehen: Die Delegationen würden im monatlichen Rhythmus zusammentreten, und die von ihnen zu behandelnden Sachfragen sollten sich, wie schon bei früheren Verhandlungen, in vier Themenbereiche gliedern, für die jeweils eine Arbeitsgruppe eingesetzt wurde. Diese Gruppen würden ihrerseits je nach Bedarf auch zwischen den Verhandlungsrunden tagen:

(1) Militärische Fragen mit Toomas Puura, Abteilungsleiter für Landesverteidigung in der Staatskanzlei und *de facto* stellvertretender Verteidigungsminister als Vorsitzendem auf estnischer Seite; (2) Grenzfragen (stellvertretender Außenminister Trivimi Velliste); (3) Wirtschaftsfragen (stellvertretender Verkehrsminister Heiki Lindpere) und (4) Rechts- und humanitäre Fragen (die kurz zuvor ernannte „Ministerin für ethnische Beziehungen" – also Minderheitenfragen – Klara Hallik). Auf russischer Seite leiteten die Arbeitsgruppen Admiral Feliks Gromov (1) und General der Grenztruppen Alexander Viktorov (2) sowie der stellvertretende Wirtschaftsminister Jurij Olchovikov (3) und der Duma-Abgeordnete Alexandrov (4).

Die Esten, meistens waren es Veering oder Velliste, unterrichteten uns Botschafter nach jeder Verhandlungsrunde umfassend, so daß ich die Bundesregierung (und unsere an diesen Fragen interessierten Botschaften in Moskau, den übrigen baltischen Staaten und in anderen ausgewählten Hauptstädten) auf dem laufenden halten konnte. Dabei empfand ich es als zunehmend ärgerlich, daß die Botschaft Tallinn nach wie vor Fernschreiben weder ver- noch entschlüsseln konnte, weil sich Bonn nicht in der Lage sah, uns die dazu erforderlichen technischen Einrichtungen zur Verfügung zu stellen – und das, obwohl wir spätestens seit dem Umzug in das „Weiße Haus" im November 1991 unsererseits alle Voraussetzungen hierfür geschaffen hatten. Das führte dazu, daß ich mich nicht nur gezwungen sah, sensitive Informationen, die nicht für Dritte bestimmt waren, nur sehr zurückhaltend oder überhaupt nicht zu übermitteln, sondern daß wir auch von dem Informationsaustausch unter den Botschaften so gut wie ausgeschlossen und selbst für das Auswärtige Amt im Falle von vertraulichen Unterrichtungen nur auf dem Kurierweg, d.h. einmal wöchentlich, zu erreichen waren. So haben wir z.B. nie erfahren, ob unsere Moskauer Botschaft über die russische Sicht der Verhandlungen mit Estland unterrichtet wurde, und einen russischen Botschafter gab es damals in Tallinn noch nicht. Alle Erinnerungen von Kanzler Klawohn an die Bonner Adresse, diesem Zustand ein Ende zu bereiten, und selbst gelegentliche Hinweise in meinen Berichten verpufften wirkungslos, weil man sich offenbar weder in der Zentral- noch in der politischen Fachabteilung „höheren Orts" für solche „Kleinigkeiten" interessierte und wir eben erst im Oktober 1992, über ein Jahr nach meiner Akkreditierung, „an der Reihe" waren, mit Chiffriergerät ausgestattet zu werden. Leider war unser Minister schon in Tallinn gewesen und gab es auch keinen anderen Anlaß, diskret einen deutschen Politiker hierfür zu interessieren. Dann wäre wie im Fall der Visaerteilung wohl unverzüglich Abhilfe geschaffen worden. Teilweise konnte dieses Informationsdefizit, das auch unsere Position als Gesprächspartner der Esten und im diplomatischen Corps berühren mußte, durch den umsichtigen Baltikumreferenten Dr. Lucas kompensiert werden, der dafür sorgte, daß wir Doppel wichtiger Aufzeichnungen, von Weisungen an andere Botschaften und deren Berichten, wenn auch mit Verspätung, wenigstens auf dem Kurierweg erhielten. Dies wird erwähnt, damit man sich auch von den im Alltag so wichtigen praktischen Aspekten unserer damaligen Arbeitsbedingungen eine konkretere Vorstellung machen kann, und nicht von ungefähr gerade an dieser Stelle, weil diese Informationslücke speziell bei der Einordnung politischer Vorgänge, die nicht rein bilateraler Natur waren, ein *Handicap* darstellte. Das aber nun galt ganz besonders für den Abzug der russischen Truppen aus den baltischen Staaten.

Bereits nach dieser in der Sache erfolglos verlaufenen ersten Verhandlungsrunde ließ uns das estnische Außenministerium wissen, falls sich Rußland in der Frage des Truppenabzugs nicht bewege, werde Estland das Abschlußdokument der KSZE-Folgekonferenz am 10. Juli (Helsinki II) nicht unterzeichnen. Diese Haltung sei mit Lettland und Litauen abgestimmt. Außerdem sei man nach den auch von den beiden anderen baltischen Staaten jetzt erneut gemachten Erfahrungen davon überzeugt, daß eine Einigung mit Rußland über den Truppenabzug nur möglich sein werde, wenn auf Moskau im internationalen Rahmen eingewirkt werde – ein rein bilaterales Vorgehen habe keine Aussicht auf Erfolg. Das Verhalten der russischen Delegation in Pernau wurde im übrigen in Tallinn auch damit erklärt, daß Moskau erst einmal sehen wollte, wie die westlichen Regierungen hierauf reagieren würden. Die baltischen Staaten machten also Ernst damit, aus der Vergangenheit Lehren zu ziehen und die wiedergewonnene Souveränität wie jeder andere Staat dazu zu gebrauchen, um ihre vitalen Interessen durchzusetzen.

Das mußte international Aufmerksamkeit erwecken, denn das Helsinki-Dokument konnte nur im Konsens aller Mitgliedstaaten verabschiedet werden, und alle wollten den Erfolg. Diese Rechnung der baltischen Staaten sollte dann auch aufgehen.

Andererseits war sich die estnische Regierung durchaus der schwierigen menschlichen und sozialen Probleme bewußt, die für Rußland durch die Truppenrückführung, vor allem die Unterbringung und Wiedereingliederung der Soldaten und ihrer Familien in die russische Gesellschaft, entstehen mußten und auch bereit, diese in angemessener Weise zu berücksichtigen. Nur mußte sie auf einer klaren zeitlichen Perspektive für die Lösung dieser auf dem ganzen Land lastenden Einschränkung der estnischen Souveränität bestehen und vertrat damals die Auffassung, daß angesichts der zahlenmäßig relativ geringen Stärke der in Estland stationierten Truppen diese bei gutem Willen bereits bis zum Jahresende abgezogen werden könnten. Das dann bei einer ersten Sitzung der militärischen Arbeitsgruppe Ende April 1992 in Tallinn von russischer Seite genannte Jahr 1999 als Enddatum des Truppenzugs (aus *Paldiski* sogar noch später) war daher für Estland völlig unannehmbar.

Bei Erörterung des Verlaufs der Grenze zwischen Estland und Rußland sowie aller die Interessen der russischen Minderheit berührenden Aspekte, aber auch in anderen Bereichen, bestätigte sich, daß an eine Einigung nur dann zu denken war, wenn pragmatische Verhandlungslösungen angestrebt und die miteinander unversöhnlichen Rechtsstandpunkte in der Annexionsfrage als solche akzeptiert würden. Denn zwischen der estnischen Staatsdoktrin von der rechtlichen Kontinuität der Republik und der sowjetischen, jetzt auch von der Russischen Föderation vertretenen Auffassung vom freiwilligen Anschluß Estlands (und der übrigen baltischen Staaten) an die UdSSR konnte es keinen Kompromiß geben.

In der Grenzfrage stellte sich die Lage von Anfang an etwas einfacher dar, weil das heutige Estland kein ernsthaftes Interesse daran haben konnte, die im estnisch-russischen Friedensvertrag von Tartu 1920 zwar völkerrechtlich verbindlich, doch unter Ausnutzung einer vorübergehenden Schwächung Rußlands erfolgte Grenzziehung *in integrum* wiederherzustellen. Denn dadurch waren ganz überwiegend russisch besiedelte Gebiete an Estland gelangt, die früher nie zu ihm gehört hatten. Allerdings wurde die Grenzfrage dadurch kompliziert, daß sich die Verfassungsgebende Versammlung gerade darauf geeinigt hatte, in das künftige Grundgesetz eine Bestimmung aufzunehmen, derzufolge die Landgrenze Estlands durch den Tartuer Friedensvertrag und andere internationale Grenzverträge festgelegt wird und Verträge, die die Staatsgrenzen verändern, zur Ratifizierung einer Zweidrittelmehrheit der Parlamentsmitglieder bedürfen (Art. 122). Ein solcher, später jahrelang verhandelter Grenzvertrag, der sich im wesentlichen an die historische Ostgrenze Estlands hält, ist schließlich 1999 zwar paraphiert, aber bis heute nicht unterschrieben worden.

Bei den Minderheitenrechten konnte Estland aber keine grundsätzlichen Zugeständnisse machen und hat seiner Gesetzgebung konsequenter Weise die rechtliche Kontinuität der Republik zugrundegelegt, insbesondere den von russischer Seite immer wieder geforderten automatischen Erwerb der Staatsangehörigkeit durch alle am 20. August 1991 in Estland lebenden Personen („Nullvariante") bzw. das ebenfalls eingeforderte Optionsrecht gemäß dem Vertrag vom 12. Januar 1991 abgelehnt.

*

Die baltischen Staaten setzten nach diesen Erfahrungen ihre gemeinsam beschlossene Taktik, die Truppenfrage zu einem Thema der internationalen Politik zu machen, auf der KSZE-Folgekonferenz, die Ende März 1992 in Helsinki begonnen hatte, durch ihre Diplomaten in die Praxis um.

Auch die russische Forderung nach sozialer Sicherheit für das aus dem Baltikum abzuziehende Militär, das ohne Familienangehörige damals vom Westen auf etwa 80 000 Personen geschätzt wurde (die russischen Zahlen lagen aus möglicherweise verhandlungstaktischen Überlegungen höher), fand Gehör. Allerdings fand sich niemand bereit, hierfür die Kosten zu übernehmen. Diese beliefen sich nach russischer Schätzung im Mai 1992 auf annähernd 90 Milliarden damaliger Rubel (für Transport, Wiedereingliederung und Wohnungsbau). Die Bundesregierung vertrat hierzu den Standpunkt, daß für sie ein Beitrag zu diesen Kosten wegen der bereits erheblichen finanziellen Belastungen durch den Abzug der russischen Truppen aus der ehemaligen DDR nicht in Frage kommen könne. Sie war aber weiterhin bereit, aufgrund ihrer eigenen Erfahrungen Estland und den anderen baltischen Staaten Beratungshilfe zu leisten. Von den Balten selbst konnten diese enormen Lasten nicht getragen werden. Sie zeigten sich jedoch bereit, beim Bau von Soldatenwohnungen zu helfen und brachten die Schaffung eines Fonds zur Finanzierung des Truppenabzugs im Rahmen der westlichen Hilfe an die Nachfolgestaaten der Sowjetunion ins Gespräch.

*

Mitte Mai 1992 besuchte der französische Staatspräsident François Mitterrand die baltischen Staaten und hielt sich mit seiner Frau auch einen Tag in Tallinn auf. Von allen bisherigen Besuchern war er der Politiker mit dem größten internationalen Gewicht, der seit der Unabhängigkeit den Weg nach Estland gefunden hatte (und nach dem König von Schweden das zweite Staatsoberhaupt). Bei einem Empfang im Schwarzenhäupterhaus wurden wir von unserem Kollegen Huntzinger dem Präsidentenehepaar vorgestellt, und Mitterrand richtete einige freundliche Worte an meine Frau und mich.

Im Mittelpunkt seiner Gespräche stand der Abzug der russischen Truppen. In Tallinn war man erfreut, daß sich der französische Präsident bei einer gemeinsamen Pressekonferenz mit Rüütel öffentlich für eine Befassung internationaler Gremien aussprach, um zu einem vernünftigen estnisch-russischen Interessenausgleich in der Frage des umstrittenen Enddatums für den Abzug zu kommen: Rußland müsse das Völkerrecht respektieren und das bedeute, daß sein Militär nur mit estnischer Zustimmung weiter hier stationiert sein könne; andererseits habe Rußland plausible Gründe, den Abzug nicht sofort vollständig bewältigen zu können. Also gelte es, einen Kompromiß zu finden. Seinen estnischen Gesprächspartnern versicherte Mitterand, bei nächster Gelegenheit auch bei Jelzin für diese Position werben zu wollen, während ihm diese ankündigten, die baltischen Staaten würden ihre Zusammenarbeit in der Truppenfrage vor allem in der KSZE noch enger gestalten.

Mitterrand war unter den führenden westlichen Politikern nach meiner Kenntnis der erste, der sich in der Frage des Truppenabzugs mit solcher Deutlichkeit äußerte. Seine Unterstützung des baltischen Ansatzes, im Rahmen der

KSZE einer Lösung näherzukommen, wurde von der Bundesregierung jedoch sofort mitgetragen.

*

Moskau bestärkte mittlerweile durch sein Verhalten bei den bilateralen Verhandlungen die baltischen Staaten nur noch in ihrer Taktik. Als in einer dritten Runde, die Anfang Juni in dem Strandort *Lohusalu* westlich von Tallinn stattfand, die russische Delegation die Haltung einnahm, der Truppenabzug könne im Baltikum in größerem Umfang erst mit der Beendigung des Abzugs der Truppen aus Deutschland im Jahre 1994 beginnen, nicht vor 1997 abgeschlossen und *Paldiski* gar erst 2002 freigegeben werden, erklärte Estland die Verhandlungen für vorübergehend unterbrochen. Die estnische Seite, die durchaus zu Kompromissen bereit war, hatte den Eindruck gewonnen, daß die für sie unannehmbaren Zeitvorstellungen der russischen Diplomatie vom Militär diktiert würden. Daher appellierte sie an die politische Führung Rußlands (und an die übrige Staatengemeinschaft), sich im Interesse der europäischen Sicherheit für einen schnellen Truppenabzug einzusetzen. Staatsminister Veering bat kurz darauf die in Tallinn akkreditierten Missionschefs zu sich und legte auch im Hinblick auf Helsinki II nochmals die estnische Position dar, erst dann zur Wiederaufnahme der Verhandlungen mit Rußland bereit zu sein, wenn in Moskau eine klare politische Entscheidung zugunsten echter Verhandlungen getroffen worden sei.

Jetzt bekamen die baltischen Staaten in dieser Frage zunehmend internationale Unterstützung. Zum Abschluß eines ersten Treffens des Ministerrats der Westeuropäischen Union (WEU) mit den Außen- und Verteidigungsministern aus 8 MOE-Staaten, unter ihnen die von Estland, Lettland und Litauen, am 19. Juni auf dem Petersberg bei Bonn, erklärte Bundesaußenminister Dr. Kinkel, der im Mai 1992 die Nachfolge von Genscher angetreten hatte, in deren Namen gegenüber der Presse:

Wir unterstützen gemeinsam unsere baltischen Kollegen bei ihrem Appell an die Russische Föderation, die auf dem Territorium der baltischen Staaten befindlichen Truppen so schnell wie nur irgend möglich abzuziehen. Wir verkennen nicht die Probleme, die sich für Rußland bei der Rückführung und Unterbringung der Truppen und ihrer Familien ergeben. Dies entbindet die Verantwortlichen nicht von der Pflicht, umgehend einen Zeitplan für den Abzug zu entwickeln. Wir alle werden uns bilateral und im Rahmen multilateraler Begegnungen dafür einsetzen, daß Rußland seinen Verpflichtungen nachkommt.

Nachdem die Botschaft über estnische Pressemeldungen berichtet hatte, auch Bundeskanzler Kohl habe sich bei einem Zusammentreffen mit Präsident Rüütel auf dem Umweltgipfel in Rio de Janeiro am 16./17. Juni zugunsten des Truppenabzugs ausgesprochen, erhielten wir aus Bonn als Sprachregelung:

Die Bundesregierung und ihre Partner verbinden mit ihrer umfassenden Zusammenarbeit mit Rußland die Erwartung verantwortungsbewußten Handelns seitens Rußlands im internationalen Rahmen. Dazu gehört insbesondere die Einhaltung internationaler Verpflichtungen, nicht zuletzt die Pflicht zur Achtung der Souveränität und Integrität dritter Staaten, wie sie in verschiedenen KSZE-Dokumenten niedergelegt ist. Zu erinnern ist auch an den Aufruf der Außen- und Verteidigungsminister der WEU vom 19. Juni 1992 (Petersberg-Erklärung) zum Abzug ausländischer Truppen vom Territorium der baltischen Staaten. Der Bundeskanzler hat die Absicht, mit Präsident Jelzin im Rahmen des bevorstehenden G 7-Gipfels in diesem Sinne auch das Thema der Stationierung russischer Truppen in den baltischen Staaten zu erörtern. Dabei wird er deutlich machen, daß die Präsenz russischer Truppen im Baltikum auch eine gesamteuropäische Dimension hat.

Die Bemühungen der baltischen Diplomatie, Rußland dazu zu bewegen, vor der Weltöffentlichkeit zum Truppenabzug Farbe zu bekennen, waren schließlich in Helsinki von Erfolg gekrönt. Punkt 15 der am 10. Juli 1992 von allen KSZE-Staaten im Konsens verabschiedeten Gipfelerklärung lautete:

Selbst wo Gewalt eingedämmt wurde, muß die Souveränität und Unabhängigkeit einiger Staaten noch immer abgesichert werden. Wir bringen unsere Unterstützung für Bemühungen von KSZE-Teilnehmerstaaten zum Ausdruck, die aus der Vergangenheit verbliebenen Probleme, wie etwa die Stationierung ausländischer Streitkräfte auf dem Territorium der baltischen Staaten ohne die erforderliche Zustimmung dieser Länder, auf friedlichem Wege und durch Verhandlungen zu beseitigen.
In Übereinstimmung mit Grundprinzipien des Völkerrechts und zur Verhinderung jeglichen möglichen Konflikts rufen wir daher die betroffenen Teilnehmerstaaten auf, unverzüglich geeignete bilaterale Abkommen abzuschließen, einschließlich von Zeitplänen für den baldigen, geordneten und vollständigen Rückzug solcher ausländischen Truppen vom Territorium der baltischen Staaten.

Damit verfügten die baltischen Staaten jetzt über eine Berufungsgrundlage, auf der sie in Zukunft von einer ungleich günstigeren Position aus würden verhandeln können.

Bei einem weiteren Treffen der beiden Delegationen Ende Juli in *Lohusalu* konnte indessen ungeachtet der in Helsinki mit russischer Zustimmung erreichten Ergebnisse noch kein Durchbruch erzielt werden. So verabschiedete man sich erst einmal in eine längere Sommerpause und vertröstete sich auf estnischer Seite damit, die russischen Verhandlungsführer hätten wohl bisher noch keine neuen Weisungen erhalten.

Verfassungsreferendum und Vorbereitung der ersten Parlaments- und Präsidentschaftswahlen

Die der Verfassungsgebenden Versammlung im September 1991 vom Obersten Rat eingeräumte Frist von zwei Monaten, in denen sie sich auf ein neues, anschließend dem estnischen Volk in einem Referendum zur Zustimmung zu unterbreitendes Grundgesetz einigen sollte, hatte von ihr nicht eingehalten werden können. Angesichts der Größe der Aufgabe konnte das auch nicht besonders überraschen. Dabei bestand der Hauptgrund für diese Verzögerung nur in divergierenden Auffassungen über die Ausgestaltung des Amts des Staatsoberhauptes, obwohl bereits im Oktober 1991 die grundsätzliche Entscheidung zugunsten einer parlamentarischen Demokratie und gegen eine Präsidialdemokratie getroffen worden war. Auch an der Grundausrichtung der Verfassung als der eines modernen demokratischen Rechtsstaates hatte sich seit den Beratungen der Verfassungskonferenz nichts geändert.

Während in der Konstituante diejenigen über eine Mehrheit verfügten, die keinen „starken" Präsidenten wollten, war die Stimmung in der Bevölkerung – die sich im allgemeinen nur für diesen Aspekt ihrer künftigen Verfassung stärker interessierte – recht unterschiedlich. Das sollte sich deutlich zeigen, nachdem die Konstituante am 13. Dezember 1991 beschlossen hatte, den zu diesem Zeitpunkt im wesentlichen zu Ende beratenen Verfassungsentwurf zu veröffentlichen und zu Kommentaren aufzufordern. Die hieraus in Estland entstehende Diskussion konzentrierte sich auf die Frage, ob der Präsident direkt vom Volk oder indirekt durch das Parlament gewählt werden sollte; sie ergab, daß der Wunsch nach einer Direktwahl weitverbreitet war. Mit der Entscheidung über diese Frage waren zugleich erhebliche politische Interessen vor allem von Arnold Rüütel und seinen Anhängern innerhalb und außerhalb des Oberstes Rats (der mehrheitlich zu einer Stärkung der präsidialen Vollmachten neigte) verbunden, denn damals stimmten alle Beobachter darin überein, daß der populäre Rüütel als Sieger aus einer Direktwahl hervorgehen würde.

Mitte Februar 1992 war es dann so weit, daß sich die Konstituante auf einen endgültigen Verfassungsentwurf einigen konnte, den sie daraufhin nicht nur dem Obersten Rat, sondern auch dem Estnischen Kongreß, was ursprünglich nicht vorgesehen gewesen war, zuleitete. Nach einigem Hin und Her zwischen Oberstem Rat und Verfassungsgebender Versammlung wegen des Präsidentenwahlmodus brachte diese am 10. April, ohne erneut über den gesamten Verfassungstext abzustimmen, letzte Änderungen an und ist daraufhin nicht wieder zusammengetreten. Am 20. April endlich beschloß der Oberste Rat, diese von der Konstituante ausgearbeitete Verfassung zusammen mit einem ebenfalls von ihr vorbereiteten „Gesetz zur Anwendung der Verfassung" einer Volksabstimmung zu unterbreiten, an der sich wie bei den Parlaments- und Präsidentschaftswahlen (Wahlgesetz vom 6. April 1992) alle estnischen Staatsangehörigen über 18 Jahre ungeachtet ihres Wohnsitzes (also auch Auslandsesten) beteiligen könnten.

In diesem Gesetz war der letztendlich unter den verschiedenen Interessengruppen und politischen Richtungen gefundene Kompromiß über die Präsidentenwahl verankert worden: Während im künftigen Grundgesetz vorgesehen war, daß das Staatsoberhaupt vom Parlament (oder einer sich aus den Parlamentsabgeordneten und Vertretern der kommunalen Selbstverwaltungsorgane zusammensetzenden Wahlversammlung, sollte im Parlament in drei Wahlgängen kein Kandidat die erforderliche Zweidrittel- bzw. beim dritten Versuch die einfache Mehrheit erhalten) für 5 Jahre mit der Möglichkeit einer einmaligen Wiederwahl gewählt wird, sollte jetzt der erste Präsident nach der Unabhängigkeit ausnahmsweise in direkter Wahl und nur für 4 Jahre bestimmt werden. Falls jedoch kein Kandidat beim ersten Wahlgang die Hälfte der abgegebenen Stimmen erhalten würde, dann sollte zwischen den beiden Kandidaten, die die meisten Stimmen auf sich vereinigen konnten, im neuen Parlament eine Stichwahl stattfinden.

Dieses Anwendungsgesetz wurde vom Obersten Rat am 20. April aber noch nicht verabschiedet, sondern sollte wie alle anderen im Hinblick auf die Wahlen noch offenen Fragen zum Gegenstand sukzessiver Einzelentscheidungen des Obersten Rats gemacht werden. Dieses sich schrittweise Herantasten an definitive Lösungen anstelle eines einzigen allumfassenden Parlamentsbeschlusses hatte Methode. Da die zu entscheidenden Fragen von hoher innenpolitischer Brisanz waren, ist die Mehrheit im Obersten Rat dabei offenbar von der Überlegung ausgegangen, daß sich Lösungen in ihrem Sinn am sichersten und ohne in der Öffentlichkeit allzu großes Aufsehen zu erregen auf diese Weise erreichen ließen. Dieses Verfahren führte dann, sicher nicht ungewollt, zu einem Verwirrspiel, das vom estnischen Normalbürger, aber auch von manchem mit der Materie nicht näher befaßten Politiker kaum noch durchschaut wurde.

Im wesentlichen ging es dabei um die folgenden Punkte, die jetzt einer nach dem anderen geklärt wurden: Am 13. Mai beschloß der Oberste Rat, daß (1) die nach Inkrafttreten der Verfassung abzuhaltenden Wahlen zum neuen, wieder wie bis 1940 *Riigikogu* (Staatsversammlung) genannten Parlament nicht später als am 27. September 1992 stattfinden, (2) die erste Legislaturperiode des neu-gewählten Parlaments nicht wie im Verfassungsentwurf vorgesehen vier, son-dern nur drei Jahre dauert und (3) die Wahl des Präsidenten am selben Tag wie die zum Parlament abgehalten wird. Als nächstes setzte der Oberste Rat am 20. Mai (4) das Datum für das Verfassungsreferendum auf den 28. Juni fest. Zu-gleich wurde (5) das ebenfalls dem Referendum unterliegende und die erste Prä-sidentenwahl regelnde Verfassungsanwendungsgesetz verabschiedet und dabei ferner beschlossen, daß (6) in dieses Gesetz auch die Terminvorgabe für die Par-laments- und Präsidentschaftswahlen (d. h. nicht später als am 27. September) und die nur dreijährige Dauer der Legislaturperiode des ersten nach der Unab-hängigkeit gewählten *Riigikogu* aufgenommen werden. Außerdem beschloß der Oberste Rat am 20. Mai, (7) die letzte Entscheidung über einen in der Frage der Wahlberechtigung dann doch noch gefundenen politischen Kompromiß eben-falls dem Referendum zu überlassen, nämlich auch allen Nichtesten, die vor dem 5. Juni 1992 die estnische Staatsangehörigkeit beantragt haben, bei den Par-laments- und Präsidentschaftswahlen das Wahlrecht einzuräumen.

Wir erlebten den Tag des Verfassungsreferendums auf einer kleinen Reise mit unserem Sohn Christian durch Westestland. Als wir in Leal (*Lihula*) Halt mach-ten, wehte am früheren Herrenhaus die estnische Fahne, da sich dort das Ab-stimmungslokal befand. So konnten wir das von unserer Familie im klassizisti-schen Stil erbaute und gut erhaltene Haus ohne weiteres besichtigen. Am Abend dieses 28. Juni 1992 erfuhren wir dann bei unseren Gastgebern auf der Insel Moon, der Familie Jürjo, daß das Referendum, wie ich damals notierte, „noch einmal gut ausgegangen war". Angesichts der hochsommerlichen Feri-enzeit sowie einer gewissen Gleichgültigkeit, die sich nach den monatelangen Verfassungsdebatten und den damit verbundenen taktischen Winkelzügen der Politiker auf dem Domberg in der Öffentlichkeit eingestellt hatte, war befürchtet worden, daß das Quorum von 50% der Wahlberechtigten nicht erreicht werden könnte. Die Stimmauszählung ergab dann aber doch eine Wahlbeteiligung von beinahe 67% und eine hohe Zustimmung von 91% zu Verfassung und Anwen-dungsgesetz. Denen aber, die bereits zum Stichtag 5. Juni die Staatsangehörig-keit beantragt hatten, wurde das Wahlrecht bei den vom Obersten Rat am 9. Juli dann auf den 20. September 1992 angesetzten Parlaments- und Präsident-schaftswahlen mit einer Mehrheit von 52% – also nur knapp – verweigert. Dies wohl auch deshalb, weil nicht so deutlich ins öffentliche Bewußtsein gedrungen war, daß es sich dabei nur um etwa 5 000 Personen handelte, die zudem über-wiegend ethnische Esten und Ingermanländer gewesen sein sollen.

Nach Vorliegen des amtlichen Ergebnisses des Referendums konnte das neue Grundgesetz mit Wirkung vom 3. Juli 1992 in Kraft treten. Damit gab sich Estland als erster der baltischen Staaten nach der Unabhängigkeit wieder eine

Verfassung, nachdem es sich bereits acht Tage zuvor mit einer Währungsreform an die Spitze der Entwicklung im Baltikum gesetzt hatte.

Währungsreform

Am 20. Juni 1992 war die lange erwartete Einführung einer eigenen estnischen Währung Wirklichkeit geworden. Damit löste sich Estland als erste der ehemaligen Sowjetrepubliken aus der Rubelzone – der großen Mehrheit aller ausländischen Auguren zum Trotz, die in den Monaten zuvor der auf sich allein gestellten Währung eines so kleinen Landes kaum Überlebenschancen eingeräumt hatten. Es war eine überaus mutige Entscheidung der Bank von Estland und der Regierung Vähi, denn die Währungsreform stellte in der Tat ein nicht geringes wirtschaftliches und im Falle ihres Scheiterns auch politisches Risiko dar. Doch das Kalkül ging auf, nicht zuletzt dank des Vertrauens, das die Krone (*kroon*) – wie das neue Geld in Anknüpfung an die Vorkriegszeit wieder genannt wurde – vom ersten Tag an bei der estnischen Bevölkerung zu gewinnen vermochte.

Die Einführung der Krone war das Kernstück der Reformen, die Estland jetzt auch in die volle wirtschaftliche Unabhängigkeit führen sollten. Sie stellte sich bald gewissermaßen als der „Urknall" einer Entwicklung heraus, die in wenigen Jahren geradezu ein „estnisches Wirtschaftswunder" bewirkte, wie man es in Anlehnung an die Verhältnisse in der Bundesrepublik Deutschland der 1950er Jahre genannt hat. Mit der durch die Währungsreform angestoßenen Entwicklung wurden letztlich auch die Voraussetzungen dafür geschaffen, daß Estland später in die erste Gruppe der Kandidaten für einen Beitritt zur Europäischen Union aufgenommen werden konnte (1997). Ministerpräsident Vähi sagte mir damals, sie hätten ganz bewußt den 20. Juni als ein symbolisches Datum gewählt, da man sich nur *einer* Währungsreform von dauerhaftem Erfolg erinnern könnte, und das wäre die vom 20. Juni 1948 in Westdeutschland gewesen. Allerdings muß man, um keine Legenden entstehen zu lassen, im gleichen Atemzug hinzufügen, daß aus estnischer Sicht keine weitere Zeit mehr bis zu der Währungsumstellung zu verlieren war und sich gerade dieser Tag besonders für die Währungsreform eignete, da er auf einen Samstag und den Beginn eines langen Mittsommerwochenendes fiel, während dessen sich das Geschäftsleben auf die neuen Geldverhältnisse einstellen konnte.

War die Einführung einer eigenen Währung im Sommer 1992 auch bahnbrechend, so hatte sie doch eine bereits mehrjährige Vorgeschichte. Diese war eng mit den estnischen Autonomiebestrebungen der späten 1980er Jahre verbunden. Angefangen hatte es mit dem im September 1987 in der Tartuer Tageszeitung *Edasi* veröffentlichten „Vorschlag der vier Männer". Unterzeichnet von Edgar Savisaar, Siim Kallas, Tiit Made und Mikk Titma, enthielt dieser eine Reihe von Maßnahmen zur Einführung der wirtschaftlichen Selbstverwaltung der Estnischen SSR, zu denen ein sowohl unter den einzelnen Wirtschaftssubjekten innerhalb der UdSSR als auch international konvertibler Rubel zählte. Dieser Vorschlag wurde bei Gründung der Volksfront durch Savisaar im April 1988 in deren Wirtschaftsprogramm übernommen, zu dessen Popularität beitrug, daß seine für *isemajandav Eesti* (d.h. selbst wirtschaftendes Estland) stehende Abkürzung *IME* dem estnischen Wort für „Wunder" (*ime*) entsprach. Später wurde dieser Vorschlag wieder aus dem IME-Programm herausgenommen, bevor dieses im Mai 1989 seine Billigung durch den Obersten Sowjet Estlands fand. Im November 1989 aber beschloß dann die Regierung der Estnischen SSR, mit den Vorbereitungen für eine eigene nationale Währung zu beginnen. Noch im selben Jahr wurde ein Wettbewerb für die künstlerische Gestaltung der künftigen Banknoten ausgeschrieben und die Gründung einer estnischen Staatsbank (*Eesti Pank*) beschlossen, zu deren Präsident Rein Otsason ernannt wurde. Von nun an war die Einführung einer eigenen Währung ein ständiges Thema der estnischen Politik, sollte sich angesichts der harten Realitäten allerdings schwieriger als theoretisch erdacht herausstellen.

Zweimal war ich bei Besuchen aus Leningrad auch mit Otsason – einem erfahrenen sowjetischen Wirtschaftswissenschaftler, der zuvor stellvertretender Ministerpräsident der Estnischen SSR gewesen war – zusammengetroffen, um mir seine währungspolitischen Vorstellungen erklären zu lassen. Beim zweiten Mal erlaubte ich mir die „undiplomatische" Frage, wie er mit seinem marxistisch-planwirtschaftlichen Hintergrund marktwirtschaftliche Konzepte entwickeln könne, worauf er lächelnd erzählte, wie sie bereits in den 1960er Jahren mit Kollegen in Moskauer Instituten theoretische Modelle in dieser Richtung durchgespielt hätten. Auch mit Bo Kragh von der *Svenska Handelsbanken* unterhielt ich mich damals mehrfach über eine künftige estnische Währung; dieser lebte vor und nach der Unabhängigkeit längere Zeit in Tallinn, um die Esten währungspolitisch und beim Aufbau eines Bankensystems zu beraten und war dann auch eine zeitlang stellvertretender Präsident der *Eesti Pank*.

Nach dem 20. August 1991 erhielten die Währungspläne neuen Auftrieb und angesichts der wiedererlangten politischen Handlungsfähigkeit auch eine realistischere Perspektive. So wenig ich die Gedankengänge von Otsason und Kragh als währungspolitischer Laie ganz hatte nachvollziehen können, umso weniger wollten mir allerdings die nunmehr allenthalben aus dem westlichen Ausland geltend gemachten grundsätzlichen Bedenken gegen die Einführung einer eigenständigen estnischen Währung einleuchten. Dazu trug wesentlich bei, daß sie nur mit allgemeinen Argumenten wie der „Kleinheit" der estnischen Volkswirtschaft und damit nach meinem Verständnis nicht hinreichend begründet werden konnten. Dabei verwunderte mich besonders, daß diese Bedenken von ausgewiesenen Fachleuten vorgetragen wurden wie jenem Vorstandsmitglied einer der deutschen Großbanken, der auf dem schon erwähnten Wirtschaftsforum im November 1991 Ministerpräsident Savisaar so offenkundig verärgert hatte. Umso größeren Respekt empfand ich daher für den Präsidenten des deutschen Sparkassenverbandes Dr. Geiger, der Mitte Mai 1992 zu Gesprächen mit estnischen Banken in Tallinn weilte und mir bei einem Besuch in der Botschaft auf meine Bitte im einzelnen die mit der Einführung einer eigenen Währung verbundenen Probleme darlegte, um dann souverän die Schlußfolgerung zu ziehen „aber Estland hat keine andere Wahl". So ungefähr hätte man auch die Haltung der damaligen estnischen Regierung zusammenfassen können. Als dann etwa anderthalb Jahre später besagtes Vorstandsmitglied, inzwischen im Ruhestand, wieder in Tallinn auftauchte und mich um Vermittlung eines Termins beim Ministerpräsidenten bat, wollte dieser deutsche Banker angesichts der sich bereits abzeichnenden Erfolgsgeschichte der estnischen Krone nur ungern an seinen ersten Besuch und die dabei gleichsam *ex cathedra* abgegebene Erklärung zu deren Aussichtslosigkeit erinnert werden.

Der wirtschaftliche Niedergang im Sog der Verhältnisse in Rußland ließ der Regierung Vähi immer deutlicher werden, daß Estland ungeachtet der zu abwartender Vorsicht mahnenden Stimmen aus internationalen Finanzkreisen einschließlich Internationaler Währungsfonds (IWF) und Weltbank den Teufelskreis durchbrechen und schnellstmöglich die Rubelzone verlassen mußte. Die Hyperinflation (die allein in Estland im ersten Halbjahr 1992 monatlich durchschnittlich über 30% betrug) hatte zu einer extremen Geldverknappung geführt, da sich die Moskauer Gosbank nicht länger in der Lage sah, Estland (wie andere Teile der ehemaligen Sowjetunion) ausreichend mit Rubelbanknoten zu versorgen. Das hatte u.a. zur Folge, daß Gehälter und Pensionen nicht mehr in voller Höhe ausgezahlt werden konnten. Dieser akute Bargeldmangel veranlaßte die Stadtverwaltung von Tartu, sehr zum Ärger der *Eesti Pank*, sogenannte provisorische Bezahlungsschecks (*Tartu ajutine makseŝekk*) auszugeben, mit denen in bestimmten Lebensmittelgeschäften, Gaststätten und für kommunale Dienstleistungen bezahlt werden konnte. Doch blieb diese ungewöhnliche Maßnahme, die an das Notgeld deutscher Städte während der Inflation nach dem Ersten Weltkrieg erinnerte und wohl auch ein wenig von der traditionellen Rivalität zwischen Tartu und Tallinn widerspiegelte, nur eine Episode (23. März bis 30. April 1992).

Schritt für Schritt wurden jetzt die Voraussetzungen für die Währungsreform geschaffen, ohne die sie rein technisch gar nicht erfolgen konnte. So trafen z.B. erst Anfang April 1992 die künftigen Banknoten in Estland ein, deren Druck in Großbritannien und den USA sich verzögert hatte. Estland erhielt nach und nach die noch rechtzeitig vor der Annexion durch die Sowjetunion nach Großbritannien, den USA, Schweden und der Schweiz in Sicherheit gebrachten Goldreserven in einer Größenordnung von 120 Millionen US-Dollar zurück, die ebenso zur Deckung der neuen Währung dienen sollten wie ein mit 150 Millionen Dollar bewerteter und der Zentralbank als Währungsreserve überschriebener Teil der estnischen Staatsforsten. Andere Vorbereitungen entzogen sich den Augen der Öffentlichkeit (und denen der Botschaft) wie die Ende April/Anfang Mai 1992 von der Bank von Estland getroffene Grundsatzentscheidung, den Außenwert der Krone an den der DM zu binden. Als Zentralbankchef Siim Kallas (der bereits im September 1991 Rein Otsason nachgefolgt war) kurz darauf den Vizepräsidenten der Deutschen Bundesbank Hans Tietmeyer von diesen Plänen unterrichtete, nahm sie dieser lediglich zur Kenntnis, ohne daß sich die Bundesbank in irgendeiner Weise zur Stützung der künftigen estnischen Währung verpflichtet hätte [31]. Auch hat die Bundesbank die estnische Zentralbank bei Vorbereitung der Währungreform nicht unmittelbar beraten. Ein ehemaliger Bundesbankbeamter, Dr. Jürgen Lewerenz, der 1992/93 im Rahmen eines PHARE-Projekts zur Fortbildung von Bankangestellten in der *Eesti Pank* tätig war, nimmt indessen für sich in Anspruch, damals auf Bitten von Kallas mit Rat eingesprungen zu sein und die Zentralbank in Tallinn auch mit Unterlagen aus dem Archiv der Bundesbank über die westdeutsche Währungsreform im Jahre 1948 versorgt zu haben [32].

Am 20. Mai verabschiedete der Oberste Rat die erforderlichen Gesetze, die am Tage der Währungsreform in Kraft treten sollten. Dann reiste der Zentralbankpräsident nach Washington, um dort am 25. Mai die Aufnahme Estlands in den IWF zu besiegeln und sich dessen grundsätzliche Zustimmung zur Währungsreform geben zu lassen. Noch kurz zuvor hatte der IWF für eine Verschiebung plädiert und ließ jetzt wissen, daß Estland erst im Herbst mit einem Kredit zur Stützung der neuen Währung rechnen könne. Anfang Juni 1992 schließlich erklärten sich Vertreter der Staatsbanken von Rußland und anderen ehemaligen Sowjetrepubliken bei einem Treffen in Tallinn mit der Einführung einer estnischen Währung einverstanden. Damit waren die Weichen gestellt. Nunmehr galt es, die weiteren Entscheidungen des bereits vor der Unabhängigkeit vom Obersten Rat eingesetzten Währungsreformausschusses unter Vorsitz des Ministerpräsidenten abzuwarten, dem außer ihm der Präsident der *Eesti Pank* und als Berater der in Schweden lebende, aus Estland stammende Geschäftsmann Rudolf Jalakas und später an seiner Stelle Ardo Hansson angehörten.

Die Ankündigung des Währungsreformausschusses, daß die Einführung der Krone am 20. Juni stattfinden werde, erreichte uns drei Tage vor diesem Datum bei einem Abendessen, das ich einer der zahlreichen deutschen Delegationen und ihren estnischen Gesprächspartnern in einem Restaurant außerhalb der Stadt am nordestländischen Strand in *Rannamõisa* (Strandhof) gab. Am darauffolgenden 18. Juni wandte sich der Ausschußvorsitzende und Ministerpräsident Vähi über das Fernsehen mit einer Ansprache an seine Landsleute, um weitere Einzelheiten mitzuteilen und vor allem die Bedeutung dieser für ihre eigene Zukunft so wichtigen Entscheidung zu erläutern. Dabei verschwieg Vähi nicht, daß die Währungsreform unvermeidlich auch mit Opfern verbunden sein werde. Aber es sei in Estland nie üblich gewesen, über die eigenen Verhältnisse zu leben. Er schloß seine an das Verständnis aller Esten appellierende eindrucksvolle Rede mit den Worten: „Binnen kurzem werden Sie druckfrische estnische Kronen in Händen halten. Schauen Sie sich diese an. Sie verkörpern einen Teil unserer Kultur, unserer Geschichte und für jeden von Ihnen – dessen bin ich sicher – auch noch ein wenig mehr. Am wichtigsten aber ist, daß wir mit diesem unserem eigenen Geld gemeinsam das Estland von morgen aufbauen müssen …". Am 19. Juni folgte eine gemeinsame Erklärung der estnischen Regierung und des IWF. In ihr versicherte der Währungsfonds Estland seiner „vollen Unterstützung" bei der Durchführung der Währungsreform, die als integraler Bestandteil eines seit Monaten zwischen ihm und den estnischen Behörden erörterten Programms zur wirtschaftlichen Stabilisierung und Strukturreform betrachtet werden müsse. Dabei sei weitgehende Übereinstimmung erzielt worden. Sobald man sich auf alle von estnischer Seite zu ergreifenden wirtschaftspolitischen Maßnahmen geeinigt habe, könne an deren finanzielle Abstützung durch den IWF gedacht werden. Damit war der Rahmen für die Währungsreform abgesteckt.

Die am 20. Juni 1992 als einziges gesetzliches Zahlungsmittel in der Republik Estland eingeführte Krone beruht auf dem sogenannten *currency board* – System. Das bedeutet, daß die Zentralbankgeldmenge durch Gold und konvertible Fremdwährung gedeckt sein muß und die estnische Zentralbank sie in Abhängigkeit von ihren Gold- und Devisenreserven auch verändern muß. Der Außenwert der Krone wurde an den der Deutschen Mark gebunden und der Wechselkurs dabei mit 8 estnischen Kronen (EEK) gleich 1 DM festgesetzt. Wie sich dann herausstellen sollte, lag diesem Wechselkurs eine deutliche Unterbewertung der Krone zugrunde. Das ist der internationalen Wettbewerbsfähigkeit Estlands zugutegekommen und hat seiner Währungspolitik so viel Spielraum gegeben, daß der Wechselkurs der Krone nie geändert werden mußte. Gleichzeitig wurde der Zentralbank eine Abwertung der Krone untersagt, die nur durch Gesetz, also das Parlament, erfolgen kann. Schließlich war die neue Währung praktisch von Beginn an voll konvertibel (nur der Kapitalverkehr mit dem Ausland war noch eine zeitlang Beschränkungen unterworfen).

Der Bargeldumtausch von Rubeln in Kronen erfolgte an drei Tagen vom 20. bis zum 22. Juni. Zum Umtausch berechtigt waren alle Personen mit nachgewiesenem ständigem Wohnsitz in Estland, von denen jede 1 500 Rubel zum Kurs von 10 Rubel gleich 1 Krone bei den überall eingerichteten Wechselstuben tauschen konnte. Höhere Barbeträge konnten bis zum 1. Juli bei Banken zum Kurs 50:1 gewechselt werden. Bankeinlagen wurden entsprechend behandelt, nach dem 1. Mai 1992 eingezahlte Beträge über 50 000 Rubel aber erst nach Überprüfung ihrer Herkunft umgetauscht. Die ganze Aktion verlief nach unseren Beobachtungen überall ruhig und wohlorganisiert. Schon am zweiten Tag waren in Tallinn die Schlangen vor den Rubelumtauschschaltern kürzer als die vor den Devisenschaltern – ein klares Indiz für das Vertrauen der Esten in die neue Währung, die jetzt ihre offenbar nicht unbeträchtlichen Devisenreserven aus dem Sparstrumpf holten. Auch meine Frau und ich tauschten am 20. Juni die ersten Kronen ein und erhielten für 150 DM bei der *Tallinna Pank* 1 200 EEK. Dabei erfreuten wir uns an den künstlerisch gelungenen neuen Geldscheinen, die auf einer Seite Landschafts- und Architekturmotive aus Estland und auf der anderen die Köpfe estnischer Geistesgrößen zeigen, unter ihnen Karl Ernst von Baer auf der 2 Kronen-Banknote.

*

Die Währungsreform war nur ein – wenn auch zentrales – Element beim Umbau der vormaligen Plan- in eine Marktwirtschaft. Sie hatte daher auch nicht am Anfang des wirtschaftlichen Reformprozesses stehen können, sondern war von anderen vorangegangenen Strukturveränderungen ebenso abhängig wie es ihr Erfolg von der Fortsetzung einer konsequenten Wirtschaftspolitik sein würde. So hatte es bei den Auffassungsunterschieden über das Für und Wider einer eigenen estnischen Währung auch ernsthaft weniger um das Ob, sondern vielmehr um das Wie und vor allem Wann gehen können – zumindest im Verhältnis zum IWF, der einen noch etwas weiter fortgeschrittenen Reformprozeß und damit späteren Zeitpunkt vorgezogen hätte. Jedenfalls hat die estnische Regierung die notwendigen Stabilisierungsmaßnahmen in Fortsetzung der bereits vor der Unabhängigkeit eingeleiteten Reformen schon Monate vor der Währungsreform mit dem IWF abzustimmen begonnen.

Die schwere Wirtschaftskrise, in der sich Estland befand und die zum Zeitpunkt der Währungsreform noch keineswegs überwunden war, ist durch einen dramatischen Produktionsrückgang (allein im ersten Halbjahr 1992 schrumpfte die estnische Volkswirtschaft im Vergleich zum ersten Halbjahr 1991 um etwa ein Drittel) und eine hohe Inflationsrate mit einem daraus resultierenden gravierenden Rückgang des Lebensstandards der Bevölkerung gekennzeichnet gewesen. Um dieser Entwicklung zu steuern, hatte die Regierung die bereits 1990 begonnene Liberalisierung der Preise fortgesetzt mit dem Ergebnis, daß diese im Juni 1992 mit Ausnahme der Preise für von Staatsbetrieben und öffentlichen Unternehmen produzierte Waren und Dienstleistungen bereits Marktpreise waren. Ferner war eine vorsichtige Haushaltspolitik und eine liberale Außenhandelspolitik eingeschlagen worden. Letztere hatte allerdings nicht verhindern können, daß der Warenaustausch vor allem mit Rußland, aber auch mit anderen ehemaligen Sowjetrepubliken Anfang 1992 drastisch zurückgegangen war. Beim Import war dies auf die Anhebung der russischen Energie- und sonstigen Rohstoffpreise auf Weltmarktniveau sowie von Rußland eingeführte Ausfuhrlizenzen zurückzuführen, auf der Exportseite im wesentlichen auf die mangelnde Akzeptanz des Rubels als Zahlungsmittel bei den estnischen Produzenten. Hingegen hatte Estland mit Finnland, Schweden und Norwegen Freihandelsabkommen und im Mai 1992 mit der EG ein nichtpräferentielles Handelsabkommen abschließen können.

In seiner Fernsehansprache vom 18. Juni hatte Ministerpräsident Vähi als weitere Maßnahme eine strikte Antiinflationspolitik mittels eines ausgeglichenen Staatshaushalts angekündigt; daraufhin wurde der Zentralbank durch Gesetz die Finanzierung allfälliger Haushaltsdefizite verboten. Zur Erhöhung der Staatseinnahmen wurde bereits am 20. Juni die Umsatzsteuer von 10% auf 18% erhöht und eine einheitliche Unternehmensbesteuerung in Höhe von 35% (gegenüber bisher durchschnittlich 27%) eingeführt; bei der Einkommenssteuer wurde ein neuer Spitzensatz von 50% für Privateinkommen festgesetzt, die das Zehnfache des auf 200 EEK (umgerechnet also 25 EEK) fixierten Mindestlohns überstiegen (das Arbeitslosengeld betrug 160 EEK gleich 20 DM).

Wirtschaftspolitik und Zusammenarbeit mit dem IWF

Mitte August 1992 besuchte IWF-Exekutivdirektor Michel Camdessus Tallinn und unterzeichnete mit Ministerpräsident Vähi ein *Memorandum of understanding* über die künftige estnische Wirtschaftspolitik als Grundlage für einen daraufhin Mitte September vom IWF eingeräumten einjährigen Beistandskredit von 40 Millionen Dollar (sowie für flankierende Hilfen bilateraler Geber an Estland). Camdessus trat bei dieser Gelegenheit öffentlich Gerüchten entgegen, der IWF hätte versucht, in letzter Minute die Einführung der Krone zu verschieben – dies stelle die alleinige souveräne Entscheidung Estlands dar. Allerdings räumte er ein, als klar gewesen sei, daß die Währungsreform im Juni stattfinden sollte, habe der IWF Estland geraten, seine Wirtschaftsreformen zu beschleunigen, denn andernfalls würden die Märkte kein Vertrauen in die Krone haben. Jetzt lobte Camdessus in höchsten Tönen die beeindruckende Qualität des vereinbarten wirtschaftlichen Anpassungsprogramms, das wie die Währungsreform selbst beispielhaft für die anderen MOE-Reformländer sei. Damit erhielt Estland bereits ein Jahr nach wiedererlangter Unabhängigkeit das begehrte Gütesiegel der maßgeblichen internationalen Finanzinstitution.

Die wichtigsten Festlegungen in dem mit dem IWF für den Zeitraum vom 1. Juli 1992 bis 30. Juni 1993 vereinbarten Programm bestanden in der Aufhebung der letzten Preiskontrollen, der Fortführung einer restriktiven Finanzpolitik mit dem Ziel eines ausgeglichenen Staatshaushalts, der genauen Anwendung aller bei Einführung der Krone erlassenen Bestimmungen, der Fortsetzung einer liberalen Außenhandelspolitik und – zur Vermeidung einer Inflationsspirale – einer am Lebenshaltungskostenindex orientierten gemäßigten Lohnpolitik in den Staatsbetrieben und im übrigen öffentlichen Sektor.

Außerdem waren umfassende Strukturanpassungen vorgesehen. Ausgehend von der Feststellung, daß der Übergang zur Marktwirtschaft das bestehende Sozialversicherungssystem ungewöhnlich stark belasten werde, waren hierunter auch Maßnahmen zur Absicherung des sozialen Netzes zu verstehen – doch beschränkte sich das Programm in diesem Punkt auf Absichtserklärungen und behielt sich genauere Festlegungen im Lichte weiterer Konsultationen mit IWF und Weltbank vor. Jedenfalls war hiermit eines der brennendsten Probleme beim Umbau der estnischen Wirtschaft mit Folgen für die gesamte Gesellschaftsstruktur Estlands wenigstens schon einmal angesprochen worden.

So viel kann an dieser Stelle bereits gesagt werden: Die Anpassung an die neuen Verhältnisse wurde auf dem Rücken der in ihrer zweiten Lebenshälfte stehenden Menschen und insbesondere der Landbevölkerung ausgetragen, die sich im Interesse ihrer Kinder und künftiger Generationen mit dem Nötigsten begnügt und stillgehalten haben. Am günstigsten waren hingegen diejenigen daran, die zum Zeitpunkt der Unabhängigkeit gerade ihre Ausbildung abgeschlossen hatten oder im Begriff waren dies zu tun, also die Generation der noch unter 30jährigen. Sie standen für den Eintritt in das Berufsleben unter neuen Vorzeichen bereit und haben von den veränderten Bedingungen wirtschaftlich am meisten profitiert.

Zu den im IWF-Programm genannten Maßnahmen zur Änderung der Wirtschaftsstrukturen zählte auch die schnelle Privatisierung der größeren Staatsbetriebe. Die estnische Regierung verpflichtete sich, eine Privatisierungsbehörde nach dem Vorbild der deutschen „Treuhand" zu errichten und die Großbetriebe international zum Verkauf auszuschreiben (einschließlich des Rechts für Ausländer, Eigentum auch an Grund und Boden zu erwerben). Am 13. August 1992 – zwei Tage vor Unterzeichnung des *Memorandum of understanding* – verabschiedete der Oberste Rat zwei einschlägige Entschließungen. Ausländer erhielten damals allerdings noch nicht das Recht, auch an dem Land, auf dem sich das privatisierte Unternehmen befand, Eigentum zu erwerben; das wurde erst nach einer am 15. April 1993 erfolgten Ergänzung des Gesetzes über die Landreform möglich.

Dem waren langwierige innenpolitische Diskussionen vorausgegangen. Angesichts konkurrierender Ziele und Interessen – einerseits Anreize für Investoren zu schaffen und andererseits Restitutions- bzw. Entschädigungsansprüche von Alteigentümern zu klären, aber auch um Besitzstände des bisherigen Managements zu garantieren – waren diese Diskussionen zwar verständlich, hatten aber die für den Umbau der estnischen Wirtschaft zu einer Marktwirtschaft so wichtige Entscheidung über die Privatisierung bislang im Parlament blockiert. So war wertvolle Zeit verloren gegangen. Das hatten die alten „roten Direktoren" oftmals zu nutzen verstanden, denn nach der Unabhängigkeit war von der Regierung Savisaar die Kontrolle über die Staatsbetriebe weitgehend aufgehoben worden, was „graue Privatisierungen" ermöglicht hatte. Eine der dabei angewandten Methoden war denkbar einfach: Die Betriebsleitung, in deren Händen die faktische Entscheidungsgewalt lag, gründete unter sich eine „Aktiengesellschaft", die dann mit dem Staatsbetrieb, also mit sich selbst, Verträge schloß und ihn auf diese Weise ausplünderte. Die Regierung Vähi hatte die Kontrolle einigermaßen wiederherstellen können; doch es bestand immer die Gefahr, daß diese dem Staat erneut entgleiten würde, falls nicht bald eine geregelte Privatisierung erfolgte.

Bei der abschließenden Debatte im Obersten Rat über die beiden Entschließungen waren, wie mir die Vorsitzende der Sozialdemokraten Marju Lauristin erzählte, auch antideutsche Töne angeklungen, als Abgeordnete wie Tiit Made, jetzt Vorsitzender einer von ihm gegründeten Unternehmerpartei, im Hinblick auf die Errichtung einer „estnischen Treuhand" vor einer zu großen deutschen Dominanz gewarnt habe. Ihnen sei der als Chef der künftigen Privatisierungsbehörde vorgesehene stellvertretende Wirtschaftsminister Andres Bergmann aber mit guten Argumenten entgegengetreten. Marju Lauristin meinte hierzu, mit solchen Äußerungen sollten im Grunde antiwestliche Einstellungen verschleiert werden, und fügte hinzu, das von ihr im Vorfeld der Parlamentswahlen gebildete Wahlbündnis der „Gemäßigten" und das Wahlbündnis „Vaterland" von Mart Laar seien die beiden politischen Gruppierungen, die sich am stärksten für eine Orientierung Estlands nach dem Westen, d.h. in erster Linie nach Deutschland und Skandinavien, einsetzten.

Die Privatisierungsentscheidung des Obersten Rates stellte einen weiteren beachtlichen Erfolg der Regierung Vähi dar. Da sie der Regierung erheblichen Ermessensspielraum für seine Umsetzung einräumte, blieb jetzt nur noch zu hoffen, daß bei den Wahlen nicht Kräfte die Oberhand gewinnen würden, die diese weltoffene und für die übrigen MOE-Staaten geradezu richtungweisende

Herangehensweise an das dornenvolle Problem der Privatisierung der größeren Staatsbetriebe wieder in Frage stellen würden.

Bei Unterrichtung der Botschafter über die Ergebnisse seines Besuchs in Tallinn beklagte IWF-Exekutivdirektor Camdessus, daß die in der Gruppe der 24 zusammengeschlossenen westlichen Industrieländer keine hinreichende Bereitschaft erkennen ließen, den IWF-Kredit durch eigene bilaterale Kredite zu flankieren, um die noch bestehende Finanzierungslücke von etwa 120 Millionen Dollar zu schließen. Sollten aber im kommenden Winter die notwendigen Devisen für lebenswichtige Importe wie z.B. Heizöl fehlen, wäre das Risiko aus der Not geborener wirtschaftspolitischer Fehlentscheidungen und damit ein Scheitern dieses ausgezeichneten Anpassungsprogramms vorprogrammiert. Die daraus entstehenden Folgen zu korrigieren würde die internationale Gebergemeinschaft aber teurer zu stehen kommen, als wenn sie rechtzeitig mit Krediten einspränge.

Bei Übermittlung dieses von Camdessus an alle Regierungen gerichteten Appells nach Bonn äußerte die Botschaft wie schon bei früheren Gelegenheiten auch ihre Auffassung, daß bei fehlenden Finanzierungshilfen das zusätzliche Risiko sozialer und damit nationaler Konflikte bestehe, da sich die Belegschaften der nicht länger lebensfähigen und daher von Arbeitslosigkeit bedrohten großen ehemaligen Allunionsbetriebe in Estland überwiegend aus Angehörigen der russischen Minderheit zusammensetzten. Damit verbanden wir – auch nicht zum ersten Mal – die Bitte, daß die Bundesregierung trotz der großen mit der Wiedervereinigung und der Unterstützung der Reformen in allen MOE- und GUS-Staaten verbundenen Kraftanstrengungen die bisher eher mageren Leistungen an Estland erhöhen und dabei sowohl unsere traditionell engen Verbindungen als auch unsere – von der deutschen Politik niemals in Frage gestellte – geschichtliche Verantwortung für dieses Land berücksichtigen möge.

Zwischenbilanz des deutschen Beitrags zum Wiederaufbau Estlands

Als im Herbst 1991 die künftige Baltikumpolitik der Bundesregierung festgelegt wurde, war der Beratungshilfe die zentrale Rolle im deutschen Beitrag zum Wiederaufbau Estlands zugewiesen worden. Direkte Finanztransfers, seien es Kredite oder nichtrückzahlbare Leistungen, sollten grundsätzlich im multilateralen Verbund, vor allem aber über die EG erfolgen. Die für Estland und die anderen baltischen Staaten vorgesehene Beratungshilfe war wiederum eingebettet in ein „Gesamtkonzept zur Beratung beim Aufbau von Demokratie und sozialer Marktwirtschaft in den Staaten Mittel- und Osteuropas sowie der Gemeinschaft unabhängiger Staaten", das vom Bundeskabinett im Dezember 1991 angefordert und im März 1992 beschlossen worden war. Die darin vorgesehenen Maßnahmen des Bundes, die neben der Beratung im engeren Sinn auch aus Ausbildungsprogrammen und der Bereitstellung der hierzu erforderlichen Sachmittel bestanden, summierten sich für alle MOE- und GUS-Staaten allein für 1992 zu einem Finanzvolumen in der Größenordnung von 300 Millionen DM. Sie sollten sich auf die Schwerpunkte Wirtschaft, Recht, innere Sicherheit und die Förderung der deutschen Sprache konzentrieren. Die Aktivitäten der einzelnen Bundesministerien wurden von solchen der Bundesländer in kleinerem Maßstab ergänzt.

Daneben erhielten die MOE-Staaten von der EG im Rahmen des sogenannten PHARE-Programms (wie dann auch die GUS-Staaten über TACIS) ebenfalls technische d.h. unentgeltliche Unterstützung für die Umstrukturierung ihrer Volkswirtschaften (von den PHARE für 1990/92 bereitgestellten Mitteln von umgerechnet etwa 4,5 Milliarden DM entfiel nach dem EG-Finanzierungsschlüssel wiederum ein Drittel, also über eine Milliarde DM, auf Deutschland). Estland sollte davon im Jahre 1992 den Betrag von 10 Millionen europäischer Rechnungseinheiten (ECU), also ungefähr 20 Millionen DM, erhalten. Zu dieser technischen Hilfe der EG sind andere geldwerte Leistungen der Europäischen Gemeinschaft wie Nahrungsmittelhilfen hinzuzurechnen. Diesen Gesamtrahmen darf man bei einer kritischen Betrachtung des Beitrags der westlichen Länder insgesamt zum Wiederaufbau Estlands und desjenigen der Bundesrepublik Deutschland im besonderen nicht aus den Augen verlieren.

Andererseits besitzen diese Zahlen nur einen recht begrenzten Aussagewert: Die gesamte öffentliche Hilfe, die seit der Unabhängigkeit tatsächlich nach Estland geflossen ist, läßt sich sowohl aus methodischen als auch aus statistischen Gründen zuverlässig nicht beziffern und damit auch nicht vergleichen, weder unter den Geberländern noch beispielsweise mit der Entwicklungshilfe an die Dritte Welt. Jedenfalls habe ich niemals ein diesen verschiedenen Gesichtspunkten gerecht werdendes Zahlenwerk zu Gesicht bekommen. So hat Estland z.B. von Finnland und Schweden bilaterale Hilfe in einer Höhe erhalten, die den Wert der bilateralen deutschen Leistungen auch in absoluten Zahlen mit Sicherheit bei weitem übersteigt. Das spiegelt zugleich das unterschiedliche Gewicht des politischen und wirtschaftlichen Interesses dieser beiden Staaten an Estland wider. Doch gehörten diese andererseits nicht der EG an und wurden daher anders als Deutschland auch nicht von dem Haushalt der Gemeinschaft in Anspruch genommen.

Im Rückblick kann wohl generell festgestellt werden, daß die materielle Hilfe, die Estland zur Überwindung der schwierigen Übergangsphase aus dem Ausland einschließlich Deutschlands erhalten hat, insgesamt wohl weniger an Quantität, sondern eher an Qualität zu wünschen übrig ließ, zurückzuführen auf mangelhafte nationale und internationale Koordinierung sowie andere ihre Effizienz mindernde Faktoren (wie dies besonders auf PHARE zutraf). Hinzukam, zumindest bei der deutschen Hilfe, eine zu rigide Festlegung auf die Arbeitsteilung zwischen bilateral und multilateral bzw. über die EG geleisteter Unterstützung, wo gerade in der Anfangszeit durch einen gezielten Einsatz von günstigen bilateralen Krediten oder nichtrückzahlbaren Finanzleistungen größere komparative Vorteile hätten erzielt werden können.

Zur Abrundung des Gesamtbildes sollte festgehalten werden, daß Estland unter den MOE-Staaten wahrscheinlich das Land ist, das pro Kopf der Bevölkerung am meisten ausländische Unterstützung bekommen hat. Dies ist auch der nirgendwo statistisch erfaßten, im wesentlichen privaten oder privat initiierten humanitären Hilfe zu verdanken. Dazu hat sowohl Estlands relativ hoher Entwicklungsstand und die sich daraus ergebende größere Absorptionsfähigkeit als auch seine geringe Einwohnerzahl, seine geographische Lage und – vor allem im Hinblick auf die private Hilfe – die große Zahl der im Exil lebenden Esten einschließlich der aus Estland stammenden Deutschen und ihrer Nachkommen beigetragen. Auch das hat den wirtschaftlichen Umbau begünstigt und vor allem in vielen Einzelfällen geholfen, mit ihm einhergehende soziale Härten zumindest ein wenig zu mildern.

*

Im Alltag der Botschaft, die enormen Schwierigkeiten vor Augen, mit denen die estnische Regierung und Bevölkerung zu kämpfen hatten, Delegation um Delegation aus Deutschland erlebend, die nach kurzem Aufenthalt wieder abreisten, ohne daß dabei vorerst viel an konkreten Ergebnissen herausgekommen wäre, haben wir die Lage damals aber etwas weniger distanziert betrachtet.

Für Mitte Februar 1992 hatte sich eine Delegation von Vertretern des Bundesministeriums für wirtschaftliche Zusammenarbeit (BMZ), des für die deutsche Entwicklungshilfe zuständigen Ressorts, angekündigt, obwohl Estland gleich den anderen baltischen Staaten nicht zu den Entwicklungsländern zählte. Schon im Vorfeld hatten wir Bonn auf einen bei den estnischen Ansprechpartnern deutlich erkennbar werdenden Unwillen aufmerksam gemacht, den die zeitraubende internationale Besucherflut erzeugte, die „außer vielen Plänen sowieso nichts bringe". Um zu verhindern, daß es zu weiteren eher unverbindlichen „Evaluierungsgesprächen" komme, hatten wir empfohlen, von vornherein Schwerpunkte zu setzen und hierfür Unterstützung bei der Privatisierung der estnischen Industrie, Umweltschutzmaßnahmen und die Förderung kleiner Unternehmen in Estland vorgeschlagen – nicht wissend, daß die Bundesregierung hierzu gerade das erwähnte Gesamtkonzept erarbeiten ließ. Botschaftsrat Borchardt, der sich als Wirtschaftsreferent ganz diesem Bereich widmete und bald über einen ausgezeichneten Überblick verfügte, begleitete dann mit mir die Delegation u.a. auch zum Zentralbankchef Kallas, der sich aber ziemlich uninteressiert zeigte (und wahrscheinlich auf seine Direktkontakte zur Bundesbank vertraute). Letztlich wurde es dann eben doch eine Evaluierungsmission, was zum damaligen Zeitpunkt vielleicht sogar unvermeidlich war.

Aus der deutscherseits angebotenen und, wie ich damals notierte, „eher bescheidenen" Beratungshilfe ist aber auch nach einem zwei Monate später erfolgten Besuch der Parlamentarischen Staatssekretärin im BMZ, Michaela Geiger, erst einmal nicht viel geworden – allerdings auch deswegen, weil konkrete Anforderungen der estnischen Seite ausblieben. Bei ihrem Aufenthalt Mitte April 1992 bekam Frau Geiger von ihrem Gastgeber, dem Generaldirektor des Amts für Außenwirtschaft Mehis Pilv, unter dessen Leitung die ausländische Hilfe koordiniert werden sollte, in anschaulicher Weise die Praxis der Zusammenarbeit Estlands mit dem westlichen Ausland vor Augen geführt: Angesichts der akuten Erfordernisse habe man sich bisher auf kurzfristige Unterstützung wie Lebensmittel- und Medikamentenhilfe konzentrieren müssen und weniger mit langfristigen Projekten befassen können. Auch fehle es, führte Pilv aus, in den Ministerien an international erfahrenen Beamten mit den nötigen Sprachkenntnissen; die wenigen aber, die es gäbe, seien durch die Fülle an Besuchern und Vorschlägen völlig überlastet. So lägen allein seinem Amt über 30 umfangreiche Berichte ausländischer Experten mit Projekten aus allen Wirtschaftsbereichen vor. Ihm aber müsse es um die schnelle Umsetzung konkreter Vorhaben gehen. Pilv räumte ein, daß ein Teil der Schwierigkeiten auf mangelnde Koordinierung unter den estnischen Behörden zurückzuführen sei, dies treffe aber auch auf die Geber zu. Sein Amt versuche, dem so gut es ginge abzuhelfen. Nach den Beobachtungen, die wir damals machen konnten, war das nach unseren Begriffen unkoordinierte Vorgehen der estnischen Verwaltung ein systemimmanentes Erbe der Sowjetzeit, in der es prinzipiell keine horizontale Zusammenarbeit, sondern nur eine vertikale Befehlsstruktur gegeben hatte. Das machte sich gerade in der Anfangszeit auch bei der organisatorischen Vorbereitung von Besucherdelegationen bemerkbar, wie ich es im Dezember 1991 mit der Wirtschaftsveranstaltung in Dorpat in so eklatanter Weise erlebt hatte.

Frau Geiger nahm auch an einer Sitzung der Regierungskommission für die Koordinierung der Auslandshilfe unter Vorsitz von Wirtschaftsminister Heido Vitsur teil, in der sie und verschiedene Mitglieder ihrer Delegation darlegten, was die Bundesregierung zum wirtschaftlichen Wiederaufbau Estlands beitragen könne. Als wir anschließend mit dem Wirtschaftsminister noch im kleineren Kreis zusammensaßen, erläuterte uns dieser recht nachdenklich die aus seiner Sicht auch psychologischen Schwierigkeiten bei der Unterstützung des

Umstrukturierungsprozesses der estnischen Wirtschaft durch das westliche Ausland: Sie begännen bereits mit der unterschiedlichen Terminologie, da Esten mit im Westen verwendeten Begriffen oft ganz andere Vorstellungen verbänden, was zu Mißverständnissen führen müsse. Daher bedürfe es der ständigen Interpretationshilfe, die mit der Veranstaltung von Seminaren und der Entsendung von Kurzzeitberatern nicht gewährleistet sei. Vitsur zeigte sich aus diesem Grunde an einem deutschen Angebot, für längere Zeiträume in die estnischen Strukturen integrierte Fachkräfte zur Verfügung zu stellen, ganz besonders interessiert.

Bei einem *tour d'horizon* zur Wirtschaftslage Estlands betonte Ministerpräsident Vähi gegenüber dem Gast aus Bonn, die Energieversorgung stelle weiterhin das Hauptproblem dar. Er glaube nicht, daß es viele Regierungschefs gäbe, die sich wie er täglich über den Stand der Energievorräte unterrichten lassen müßten. Er hoffe, daß jetzt genügend Treibstoff für die Frühjahrsbestellung zur Verfügung stehen werde. Wie die Lage aber zur Erntezeit gemeistert werden solle, sei noch völlig offen. Frau Geiger erklärte, daß ihrem Ministerium für Treibstofflieferungen an Estland zwar keine Mittel zur Verfügung stünden, sie das Problem aber in Bonn zur Sprache bringen werde (sie war natürlich über die von Rüütel bei seinem erst kurze Zeit zurückliegenden Deutschlandbesuch vorgebrachte Bitte um einen Kredit für Energieimporte unterrichtet worden). Außerdem legte Vähi großes Gewicht auf deutsche Investitionen in Estland und wies auf die beabsichtigte Privatisierung der estnischen Industrie hin, die hierfür interessante Möglichkeiten bieten werde. Dies gelte auch für den Tourismus, dem er große Wachstumschancen einräumte, die aber wegen des Mangels an Hotels noch nicht verwirklicht werden könnten. Allerdings könne der Umstrukturierungsprozeß der Wirtschaft ohne ausländische Kredite, auch zur Finanzierung von Investitionen, nicht bewältigt werden. Das wurde der Delegation beim Besuch zweier großer Textilunternehmen vor Augen geführt, die ohne den Zugang zu Krediten mit Massenentlassungen der vorwiegend russischen Arbeitnehmer rechnen mußten.

Demonstrativ kam der Ministerpräsident dann auch zu der für denselben Tag vorgesehenen Eröffnung des Büros einer von zwei Deutschbalten, Herbert Masing und Conrad Heilmann, gegründeten Gesellschaft „Euroinvest Ltd.". Zur Freude der beiden Herren hatte ich Frau Geiger kurzfristig dafür gewinnen können, außerhalb ihres offiziellen Programms daran teilzunehmen. Masing, der nach dem Krieg mit seinem Bruder in Hessen ein erfolgreiches Unternehmen aufgebaut hatte, und Heilmann, ein pensionierter Bundeswehroffizier, gehörten beide noch zu der Generation der aus Estland stammenden Deutschen, die die Landessprache beherrschten, was ihnen erst einmal einen gewissen Wettbewerbsvorteil verschaffte. Diese Unternehmung, deren Geschäftsidee die Beratung und Vermittlung ausländischer Investoren war, reüssierte aber – in erster Linie mangels Interesse deutscher Investoren – nicht so, wie von Masing erhofft, so daß dieser seinen Anteil an Heilmann verkaufte. Dieser hatte im übrigen unmittelbar nach der Unabhängigkeit im Auftrag von Außenminister Meri für einige Zeit mit einem eigens von ihm entworfenen Stempel in seinem Kölner Büro die ersten estnischen Visa in Deutschland ausgestellt!

*

Kurz vor Ankunft der Parlamentarischen Staatssekretärin Geiger ließ Präsident Rüütel in der Botschaft nach der Reaktion der Bundesregierung auf seinen in Bonn vorgebrachten Kreditwunsch fragen, den Außenminister Genscher schnell hatte prüfen lassen wollen. Auf unsere Nachfrage in Bonn erhielten wir eine abschlägige Antwort. Diese war mit einem Hinweis auf die Möglichkeit von Regierungsbürgschaften (HERMES-Deckungen) und Kompensationsgeschäften zur *kommerziellen* Finanzierung der benötigten Treibstoffimporte anstatt der erbetenen *konzessionären* Kredite nur mühsam verbrämt worden, war in Bonn doch bekannt, daß Estland sich eine Kreditaufnahme auch zu günstigen, HERMES gedeckten Marktkonditionen aus Gründen einer soliden Haushaltspolitik nicht glaubte leisten zu können.

Nachdem wir diese Antwort nach Katharinental übermittelt hatten, bat mich Rüütel Mitte Mai zu einem Gespräch zu sich. Es dauerte anderthalb Stunden und nahm grundsätzlichen Charakter an. Vor dem Hintergrund einer von ihm als höchst kritisch eingeschätzten Wirtschafts- und Sicherheitslage in Estland zeigte er sich über die mangelnde materielle Unterstützung durch den Westen im allgemeinen und Deutschland im besonderen äußerst besorgt. Nach dem ihm in Bonn allseits entgegengebrachten Verständnis hatte er sich wohl doch Hoffnungen gemacht, die Bundesregierung würde wenigstens einen Beitrag zu den für Treibstoffimporte dringend benötigten umgerechnet etwa 15 Millionen DM leisten. Darüber vermochten auch meine Erklärungen nicht hinwegzuhelfen, daß hierfür im Bundeshaushalt keine Mittel vorgesehen seien, denn Estland sei nun einmal kein Entwicklungsland. Auch sei die Bitte nicht an die EG gerichtet worden, über die wir grundsätzlich unsere finanzielle Hilfe an die baltischen Staaten leisteten. Mein Hinweis auf die vom Bundeslandwirtschaftsministerium zur Verfügung gestellte 1 Million DM zum Bezug von Ersatzteilen für Landmaschinen aus DDR-Produktion war für den sichtlich enttäuschten Rüütel nur ein schwacher Trost. Die Situation sei so, erläuterte er, daß *nolens volens* kurzfristig Hartwährungskredite zur Finanzierung von Importen hätten aufgenommen und das staatliche Treibstoffunternehmen angewiesen werden müssen, den für die Frühjahrbestellung benötigten Diesel an die Landwirte abzugeben, ohne dabei deren Zahlungsfähigkeit zu berücksichtigen. Wie diese Schulden eines Tages bezahlt werden sollten und auf welche Weise man später den Treibstoff für die Ernte beschaffen wolle, stehe vorläufig in den Sternen geschrieben.

Auf Rüütels Bitte um Ausrüstungshilfe für den estnischen Grenzschutz zurückkommend, konnte ich ihm wenigstens mitteilen, daß für Anfang Juni erneut eine Delegation aus Estland zur Besichtigung von NVA-Material nach Deutschland eingeladen worden sei und verband damit die Hoffnung, daß dem dann bald Lieferungen nach Estland folgen würden (innerlich war ich allerdings skeptisch, da wir seit September 1991 hierüber sprachen und es bisher zu keinen konkreten Ergebnissen gekommen war). Was nun die Küstenwachboote anlangte, um die Rüütel in Bonn gebeten hatte, so mußte ich ihn ebenfalls enttäuschen; denn ich hatte dazu, trotz der Nachfragen in Bonn, bisher nichts gehört.

Rüütel stellte die Sicherheitslage in Estland als äußerst prekär dar und war der Auffassung, es grenze eigentlich an ein Wunder, daß bisher noch keine ernsthaften Zwischenfälle erfolgt und keine Menschenleben zu beklagen seien. Denn Estland werde zunehmend zum Tummelplatz krimineller Elemente aus der russischen „Mafia"-Szene, die unter den Augen der estnischen Ordnungskräfte mit Altmetall, Waffen und Drogen „handelten", ohne daß ihnen diese mangels Ausrüstung und Bewaffnung Einhalt gebieten könnten. Was darüberhinaus ohne estnisches Wissen geschehe, könne man nur ahnen. Die für Empfänger im Westen bestimmten Waren würden über den Militärflughafen Tartu mit Maschinen der russischen Luftwaffe eingeflogen und über ebenfalls bislang noch estnischer Kontrolle entzogene Häfen weitergeleitet, um auf See umgeladen zu werden. Daher die Notwendigkeit zur Kontrolle auch der langen Seegrenze einschließlich der durch den Peipussee verlaufenden Grenze zu Rußland. Hierfür seien mindestens 10 Küstenschutzboote erforderlich. Bisher aber habe nur Schweden ein einziges solches Boot zur Verfügung gestellt. Die „Mafia" habe mit Maßnahmen gegen Leib und Leben selbst von Regierungsmitgliedern gedroht, falls man estnischerseits versuche, diese Geschäfte zu unterbinden. Mit leeren Händen – man verfüge praktisch über keine noch so einfache Bewaffnung – könne man dem organisierten Verbrechen aber nicht entgegentreten, und aus russischen Beständen sei mit Waffen nicht zu rechnen. Dies sei ein für die Souveränität Estlands unerträglicher Zustand, der wegen des damit verbundenen Investititionsrisikos auch die wirtschaftliche Stabilität nicht nur Estlands, sondern der gesamten Region bedrohe.

Am Ende des Gesprächs meinte Rüütel, nach neun Monaten der Unabhängigkeit müsse er feststellen, daß Estland aus dem Westen wohl nicht die Hilfe bekomme, die es benötige. Man werde daher nicht mehr länger bitten, obwohl man doch hierzu vielfach ermutigt worden sei. Das estnische Volk mache jedoch nicht zuletzt ihn als den Präsidenten des Landes für die Lage verantwortlich und könne nicht verstehen, warum sich vor allem Europa verweigere, das an Stabilität in den baltischen Staaten doch das allergrößte Interesse haben müßte.

Auch mein Hinweis auf die großen Finanztransfers der Bundesregierung in die neuen Bundesländer und die GUS-Staaten konnte Rüütel wenig überzeugen. Letztere waren außerdem immer auch geeignet, Emotionen gegen die russischen „Besatzer" zu schüren, die sich ohne hinreichende Gründe weigerten, wenigstens über einen Zeitplan für den Truppenabzug zu verhandeln, und sich dennoch erheblicher finanzieller Unterstützung aus dem Westen erfreuten.

Das in großer Offenheit geführte Gespräch verlief trotz des in der Sache unbefriedigenden Ergebnisses in der gewohnt angenehmen Atmosphäre, die Rüütel bei seinen Unterhaltungen stets herzustellen verstand. Als ich mich verabschiedete, bat er ausdrücklich um Nachsicht, mich mit seinen Sorgen belastet zu haben und dankte für den Besuch.

Meinen daraufhin verfaßten Bericht übermittelte ich mit dem Kurier, um ihn vor fremden Augen zu schützen. Auch bat ich darum, ihn dem Staatssekretär vorzulegen. Ich vertrat in ihm die Auffassung, daß die Botschaft keine Veranlassung zu grundsätzlichen Zweifeln an Rüütels Einschätzung der Lage habe, selbst wenn er diese vielleicht zweckorientiert etwas zugespitzt dargestellt haben mochte. Auch wolle er sicher im Hinblick auf die Präsidentschaftswahlen eigene außenpolitische Erfolge aufweisen können, zu dramatisieren aber pflege Rüütel nicht. Daher sollten uns die von ihm artikulierten Sorgen aufhorchen lassen und dazu bewegen, unsere Politik gegenüber den baltischen Staaten, die sich *mutatis mutandis* alle drei in der gleichen Lage befinden dürften, sowohl im bilateralen als auch im multilateralen Kontext zu überprüfen. Dies umso mehr, als im Baltikum die Stimmen zunähmen, die unmißverständlich Unwillen über die guten Ratschläge zahlloser Besucher aus dem westlichen Ausland äußerten, denen keine Taten folgten. „Beratung" werde zwar als notwendig anerkannt; da eine solche naturgemäß aber nur mittelfristig zu Ergebnissen führen könne, müsse sie durch eine kurzfristig greifende „Soforthilfe" ergänzt werden. Ferner sollten wir uns darüber im klaren sein, daß Estland gerade gegenüber Deutschland verständlicherweise besondere Erwartungen hege: Einmal aufgrund unseres natürlichen Gewichts als größter Staat in der Mitte Europas, zum anderen wegen der von estnischer Seite zwar kaum jemals direkt angesprochenen, in ihrer Vorstellung jedoch durchaus präsenten Verantwortung, die wir seit dem Hitler-Stalin-Pakt für dieses Land hätten.

Bei dieser Gelegenheit erinnerte ich das Auswärtige Amt daran, daß die Bundesregierung Estland durchaus wie ein Entwicklungsland behandeln und ihm durch Umschichtung von Mitteln der Entwicklungshilfe zinsverbilligte Kredite einräumen könnte. Dies hatte mir ein der Delegation von Staatssekretärin Geiger angehörender Beamter ihres Ministeriums ausdrücklich bestätigt. Allerdings würden solche Kredite dann im *Development Assistance Committee* (DAC) der O.E.C.D. nicht den deutschen Entwicklungshilfeleistungen angerechnet werden mit der Folge, daß Deutschland im internationalen Vergleich politische Nachteile in Kauf nehmen müßte. Im nachhinein betrachtet konnte man von der Bundesregierung so viel Altruismus dann vielleicht doch nicht erwarten, bedenkt man beispielsweise, daß selbst Schweden sein im Sommer 1992 aufgelegtes Hilfsprogramm für Estland um den Gegenwert des damals restituierten Goldes aus der Vorkriegszeit kürzte – was meinen schwedischen Kollegen ziemlich empörte.

Hatte ich, in der Hoffnung, damit in Bonn etwas zu bewegen, zu dick aufgetragen? Viel Erfolg, wenn überhaupt, habe ich jedenfalls nicht gehabt. Doch ist das mit der Kausalität in der Politik so eine Sache – manchmal genügt auch ein kleiner Anstoß, also lohnt sich der Versuch. Meßbar ist das allerdings nur in den wenigsten Fällen. Zwar hatte das Auswärtige Amt, an das sich mein Appell richtete, keine unmittelbaren – „federführenden" – Zuständigkeiten weder für die Vergabe von „weichen" (zinsverbilligten) Krediten noch für die Verteilung der NVA-Bestände, doch verfügte es über eine gewichtige Stimme im Kreise der übrigen Bundesministerien. Die Lage in Estland aber war damals objektiv schwierig und die künftige Entwicklung unsicher. Das konnte dem Außenminister als Sachwalter der außenpolitischen Interessen Deutschlands, die geboten, daß sich die baltische Region im Vorfeld der GUS unter möglichst stabilen Bedingungen schnell auf das in der EG organisierte westliche Europa hin entwickelte, nicht gleichgültig sein. Niemand konnte damals ahnen, welch erfolgreichen wirtschaftlichen Entwicklungsprozeß die zu jenem Zeitpunkt noch bevorstehende Währungsreform in Estland in Gang setzen würde.

*

Eine Episode am Rande erschien mir damals typisch für eine vor allem in westdeutschen Politikerkreisen verbreitete Haltung. Mitte Juni fand in Tallinn der „12. Hansetag der Neuzeit" statt. Zahlreiche Delegationen waren dazu angereist, überwiegend aus Deutschland, wo sich nun einmal die meisten Städte befinden, die dem Bund der Hanse angehört haben. Feierlicher Empfang im Rathaus. Ich bahne mir den Weg durch die Menge, um zum Vertreter des „Vorortes" der Hanse zu gelangen, dem Oberbürgermeister von Lübeck, der Mutterstadt Revals. Geradezu enthusiastisch begrüßt er mich, als ich mich bekannt mache. Er habe schon auf mich gewartet: „Herr Botschafter, man muß doch etwas für diese Stadt tun in diesen schwierigen Zeiten ...". Lebhaft stimme ich ihm zu und versuche, den leicht vorwurfsvollen Ton zu überhören – frage mich aber innerlich, ob ich mir das nach einem Dreivierteljahr Präsenz in Estlands Hauptstadt, in dem kein Tag vergangen ist, an dem wir uns diese Frage nicht selbst gestellt haben, von jemandem sagen lassen muß, der gerade angekommen ist und sich von dem neuen Tallinner Stadtregiment unter Oberbürgermeister Jaak Tamm feiern läßt. Dann frage ich den Mann aus Lübeck nach seinen konkreten Vorstellungen von einer Unterstützung für Tallinn „in diesen schwierigen Zeiten". Er sieht mich etwas verdutzt an. Ob ich ihm einen Vorschlag machen dürfe? „Ja, ja, bitte" reagiert er erleichtert. Da wir uns offenbar schon damals in der Botschaft Gedanken machten, wie wir der Stadt Tallinn dabei helfen könnten, ihre veraltete Autobusflotte zu erneuern, da sie dies mangels Devisen aus eigener Kraft nicht schaffte, schildere ich ihm kurz die Lage und meine, Lübeck könnte doch einen Bus schenken. „Aber das kostet doch Geld, Herr Botschafter!" Ich beherrsche mich und entgegne nur, daß *ohne* Geld in der Tat nicht geholfen werden könne. Ende des Gesprächs, dem während dieses neuzeitlichen Hansetages auch kein weiteres folgen sollte. Diese ganze Szene hatte mit sichtlich zunehmendem Vergnügen eine Dame beobachtet, die ebenfalls das Lübecker Stadthaupt begrüßen wollte und die sich schließlich die Bemerkung erlaubte, ihre Stadt hätte Tallinn bereits einige gebrauchte Busse überlassen. Wie sich herausstellte, handelte es sich um die Vertreterin von Schwerin, der Partnerstadt Tallinns in der ehemaligen DDR (während die Partnerstadt in der „alten" Bundesrepublik Kiel ist).

*

Als wir um die Jahresmitte diese Zwischenbilanz des deutschen Beitrags zum Wiederaufbau Estlands zogen, da kam zu unserer Ungeduld darüber, daß wir uns immer noch überwiegend bei der Projektfindung aufhielten anstatt unmittelbar wirkende Unterstützung zu gewähren (auch von der bereits im Herbst 1991 zugesagten Ausstattungshilfe für die estnische Polizei in Höhe von drei Millionen Deutscher Mark war bislang so gut wie nichts abgeflossen) ein nicht gelinder Ärger über die trotz – oder vielleicht gerade wegen – ständig anreisender Expertenmissionen mangelnde Koordinierung der für Estland bestimmten Beratungshilfen unter den verschiedenen Bundesministerien hinzu. Auch die Botschaft konnte diese Lücke nicht schließen, obwohl die Koordinierung staatlicher Auslandsaktivitäten zu den klassischen Aufgaben aller deutschen diplomatischen und konsularischen Vertretungen zählt. Der Grund war, daß sie vielfach nicht rechtzeitig oder überhaupt nicht unterrichtet wurde und es die Fachministerien vorzogen, unter Umgehung des Auswärtigen Amts den Direktkontakt zu den im internationalen Geschäft noch unerfahrenen estnischen Behörden zu suchen. Diese wiederum waren aber ebenfalls keine Meister der Koordinierung. An einen am Bedarf Estlands ausgerichteten Beitrag der Botschaft für ein länderspezifisches und längerfristiges deutsches Gesamtkonzept – wovon wir in Tallinn gelegentlich, man muß wohl schon sagen, geträumt haben – war unter diesen Umständen gar nicht zu denken, auch wenn uns dies wegen unserer dünnen Personaldecke schwergefallen wäre. All das hat zur Verschwendung knapper Ressourcen beigetragen, die anderweitig hätten effizienter eingesetzt werden können, und – je nach Temperament – zu Verärgerung oder Gleichgültigkeit auf estnischer Seite. Schon hörten wir gelegentlich von Fällen, in denen auch deutsche Experten, die nicht über die Botschaft avisiert worden waren, von estnischen Stellen nicht mehr empfangen wurden, da diese zu demselben Thema bereits von einer Vielzahl von Beratermissionen aufgesucht worden waren. Es war eine Zeit, in der *consultants* nicht immer zweifelsfreier Qualität Hochkonjunktur hatten.

All das gilt natürlich auch für andere Geber und nicht zuletzt für die Dienststellen der EG-Kommission. Mart Laar sagte mir später einmal, er würde jede DM bilateraler deutscher Hilfe einem noch so hohen über PHARE geleisteten Betrag vorziehen, da letzterer sowieso nur international operierenden Consultingfirmen zugute käme, worauf ich ihm entgegenhielt, daß doch zumindest Tallinner Hotels und Restaurants vom Aufenthalt ausländischer Experten profitierten. Diese polemisch zugespitzte Bemerkung des damaligen estnischen Ministerpräsidenten läßt viel von der Problematik der ausländischen Hilfe an Estland in jener Zeit erkennen.

Kulturbeziehungen

Die kulturpolitischen Beziehungen, für die es gerade für uns Deutsche in Estland so viele Anknüpfungspunkte und auch eine große Bereitschaft gab, sie mit neuem Leben zu erfüllen, entwickelten sich anfangs ebenfalls nicht so schnell, wie wir uns das in der Botschaft nach den Ankündigungen durch die Mission von Staden im September 1991 gewünscht hätten. Das damals gemachte Angebot, in Estland ein Goethe-Institut zu errichten, wurde aus finanziellen Überlegungen nicht honoriert (dasselbe Schicksal ereilte auch Litauen, so daß schließlich ein solches nur in Riga entstand). Die jetzt als Ersatz vorgesehene Gründung eines Kulturinstituts in Tartu, über die der Kollege Reichel und ich bereits im Juli 1991 noch von Leningrad aus mit den dortigen Partnern erstmals konferiert hatten, stagnierte aber vorerst. Das hing sowohl mit dem Weggang von Matsulevitš als Botschafter nach Deutschland als auch mit den übrigen Dorpater Verhältnissen zusammen, auf die wir aus Tallinn wegen unserer sonstigen Beanspruchung nicht hinreichend Einfluß nehmen konnten. Auch ließen die Entsendung von Deutschlehrern und andere Maßnahmen zur Förderung der deutschen Sprache, nach denen eine große Nachfrage bestand, auf sich warten.

Im Mai 1992 aber gelang uns die Ausrichtung eines Kulturereignisses von später nicht wieder erreichtem Rang. Um der als Ergebnis der Mission von Staden angestrebten engeren kulturpolitischen Zusammenarbeit mit Estland und den anderen baltischen Staaten möglichst bald auch einen sichtbaren Ausdruck zu verleihen, war im Auswärtigen Amt der Gedanke einer Konzertreise der Bamberger Symphoniker durch das Baltikum geboren worden. Allerdings wäre auch dieses Projekt, für das Bundesminister a.D. Genscher die Schirmherrschaft übernommen hatte, dann beinahe an den Finanzen gescheitert. Dank dem Verständnis auf Seiten des Orchesters und der estnischen Partner sowie dem Improvisationstalent unseres Kulturreferenten Graf Lambsdorff konnte auch eine Reihe organisatorischer Schwierigkeiten schließlich zufriedenstellend bewältigt werden; dabei ging es um im Grunde so banale Fragen wie die Unterbringung des mit Begleitung 120 Personen umfassenden Orchesterpersonals in den wenigen damals in Tallinn zur Verfügung stehenden Hotels, das nur durch die für Musiker aus dem Westen ungewohnte Übernachtung in Doppelzimmern zu lösen war.

Am 29. und 30. Mai 1992 war es dann soweit, daß das Tallinner Publikum an zwei Abenden in der „Estonia" durch einen ungewöhnlichen Kunstgenuß verwöhnt werden konnte. Das Orchester spielte unter der Leitung von Christoph Eschenbach mit Gidon Kremer als Solisten das Konzert für Violine und Orchester in D-dur op. 61 von Beethoven und wurde von dem sachverständigen estnischen Musikpublikum stürmisch gefeiert. Das Publikum verstand auch sehr gut die Bedeutung dieses ersten Auftritts des aus Riga stammenden, in Moskau ausgebildeten und in Tallinn von früheren Konzerten wohlbekannten Violinvirtuosen Gidon Kremer im freien Estland. Beide Künstler hatten kurzfristig umdisponiert, um diese Orchesterreise zu ermöglichen, und auf einen Teil ihrer Gage verzichtet, um die sich trotz aller Sparsamkeit auf etwa eine halbe Million DM belaufenden Gesamtkosten nicht noch weiter zu erhöhen. Nach dem ersten Konzert, das vom estnischen Fernsehen *live* übertragen worden war, gaben meine Frau und ich im Wintergarten der „Estonia" für das Orchester und estnische Gäste einen kleinen Empfang, bei dem Intendant Rolf Beck und ich Gesundheitsminister Dr. Andres Kork und der Chefärztin des Kinderkrankenhauses von Nõmme, Dr. Lagle Suurorg, symbolisch eine durch ein Benefizkonzert in Bamberg eingespielte Medikamentenspende überreichten, die Herr Beck dann am nächsten Tag *in natura* bei ihr ablieferte. Er, Eschenbach und Kremer bezeichneten einhellig die beiden Konzerte in Tallinn als die Krönung dieser Tournee durch das Baltikum und begründeten dies mit der Qualität sowohl des Publikums als auch des Konzertsaales. In seinem Dankesbrief schrieb mir Intendant Beck: „Alle an dieser Gastspielreise Beteiligten, das gesamte Orchester, Herr Eschenbach und Herr Kremer, hatten den Eindruck, daß hier ein besonderes Ereignis stattgefunden hat". Für Estland waren diese Konzerte die ersten eines ausländischen Symphonieorchesters nach wiedererlangter Selbständigkeit überhaupt. Sie stellten nach den nur knapp zwei Monate zurückliegenden estnischen Kulturtagen in Karlsruhe zugleich einen weiteren Höhepunkt in den deutsch-estnischen Kulturbeziehungen des Jahres 1992 dar.

Noch ein Erfolg bei der Pflege der kulturellen Beziehungen war uns im August 1992 beschieden, als das Auswärtige Amt einen von der Botschaft befürworteten Antrag der Estländischen Ritterschaft bewilligte, das Projekt einer Konservierung der Wappenepitaphe in der Domkirche mit 120 000 DM zu unterstützen. Von Kollegen in der Kulturabteilung hatte ich in Erfahrung gebracht, daß just in diesem Jahr 1992 in den Kulturetat des Amts ein Betrag in Höhe von – wenn ich micht recht entsinne – einer Million DM zur Erhaltung des deutschen kulturellen Erbes im Ausland eingestellt worden war. Da diese Aufgabe herkömmlicher Weise in die alleinige Zuständigkeit des Bundesinnenministeriums fiel, war der Haushaltstitel relativ unbemerkt geblieben und daher auch nicht stark in Anspruch genommen worden, so daß noch Mittel zur Verfügung standen. Damit war also erst einmal der Start unseres Projekts gesichert (das dann im folgenden Jahr nochmals aus Bundesmitteln in Höhe von 75 000 DM gefördert wurde, diesmal durch das Innenministerium, das die ausschließliche Kompetenz zurückerlangt hatte).

Dem Antrag der Estländischen Ritterschaft lag ein Gutachten des Restaurators Dr. Arnulf von Ulmann zugrunde, das dieser im Anschluß an seinen Besuch im Februar 1992, als wir auch gemeinsam auf die Insel Oesel gefahren waren, erstellt hatte. In ihm entwickelte er eine Methode zur „Konservierung" dieser einmaligen Sammlung von insgesamt 102 mehrfarbigen Wappenepitaphen aus den Jahren 1695 bis 1907, die nach seinem Urteil von „weit über Vergleichsbeispiele in Schweden und Finnland hinausgehender" kulturhistorischer Bedeutung ist und die sich damals in einem recht beklagenswerten Zustand befand. An eine „Restaurierung" im technischen Sinn, die beispielsweise auch Retuschen beeinhaltet hätte, konnte schon wegen des noch erheblich größeren Aufwands nicht gedacht werden. Eine solche muß – falls man sie, auch aus fachlichen Überlegungen, überhaupt in Erwägung ziehen will – einer späteren Phase vorbehalten bleiben. Der Grundgedanke, auf den sich die Estländische Ritterschaft als Projektträger mit den für die Denkmalspflege verantwortlichen staatlichen und städtischen Stellen in Tallinn verständigte, bestand darin, in der Domkirche eine Werkstatt einzurichten, in der die Wappen zuerst gesäubert und dann farblich fixiert werden sollten. Dabei würden anfangs deutsche Restauratoren estnische Nachwuchsrestauratoren mit den modernsten Techniken vertraut machen, um sie in die Lage zu versetzen, das Projekt eines nicht allzu fernen Tages in eigene Regie zu übernehmen. Der Ansatz war also der einer „Hilfe zur Selbsthilfe". Beträchtliche Anlaufschwierigkeiten, die Herrn von Ulmann im Spätherbst 1992 auf der Suche nach geeigneten Räumlichkeiten mit den postkommunistischen Realitäten im damaligen Estland und innerestnischem

Kompetenzgerangel Bekanntschaft machen ließen, erforderten schließlich eine Intervention von mir sowohl bei Kultur- und Bildungsminister Paul-Eerik Rummo als auch bei Oberbürgermeister Jaak Tamm. Daraufhin konnte dann eine sich als optimal erweisende Lösung gefunden werden und Ulmann eine Konservierungswerkstatt unter der Empore der Domkirche einrichten, die mit einer wertvollen aus Deutschland importierten Fotoausrüstung sowie anderem technischen Material ausgestattet wurde.

Gegen Jahresende konnte ich der Direktorin der Estnischen Nationalgalerie (*Eesti Kunstimuuseum*) Marika Valk noch die etwas bescheidenere Summe von 40 000 estnischen Kronen für Reparaturen am ehemaligen Ritterhaus (*Rüütelkonna hoone*) auf dem Domberg übergeben. Dort sollte nunmehr ein Teil der bisher in Schloß Katharinental untergebrachten Sammlungen ausgestellt werden (die feierliche Eröffnung fand dann am 1. April 1993 statt). Es hatte wegen dringender Sanierungsarbeiten geschlossen werden müssen (und wurde erst im Sommer 2000 in neuem Glanz erstrahlend wiedereröffnet). Das Geld stammte aus derselben Haushaltslinie, aus der auch die Konservierung der Wappenepitaphe finanziert wurde, die mittlerweile aber weitgehend ausgeschöpft war.

Ein Besuch der Konservierungswerkstatt in der Domkirche zählte hinfort zum Standardprogramm offizieller Besucher aus Deutschland. Als der Ministerpräsident von Schleswig-Holstein Björn Engholm 1992 an einem schönen Hochsommertag in Tallinn war, hat die Werkstatt zwar noch nicht bestanden. Dennoch begrüßte ihn der die Delegation vor der Domkirche zu einer Führung erwartende Jüri Kuuskemaa freudestrahlend und in bester Absicht mit der Mitteilung, der Ministerpräsident werde gleich eine bedeutende Wappensammlung zu sehen bekommen, deren Konservierung aus deutschen öffentlichen Mitteln der Initiative der Estländischen Ritterschaft zu verdanken sei, der auch der ihn begleitende Botschafter angehöre ... Der sozialdemokratische Regierungschef aus Tallinns Partnerstadt Kiel verzog keine Miene, klopfte vor dem Betreten der Kirche nur seine Pfeife aus und bemerkte, durchaus nicht unfreundlich: *They are still going strong.*

Dieser erste Besuch eines deutschen Ministerpräsidenten war nicht nur durch herrliches Wetter begünstigt, sondern fand aufgrund eines glücklichen Zusammentreffens auch noch am 20. August 1992 statt, dem ersten Jahrestag der Unabhängigkeit. Das erschien uns als ein gutes Omen für die weiteren deutsch-estnischen Beziehungen im allgemeinen und für die künftige Kooperation Estlands mit Schleswig-Holstein im besonderen, deren Wurzeln zwar noch in die Zeit vor der Unabhängigkeit zurückreichten, für die aber damals die Weichen neu gestellt wurden.

Der erste Sommer im eigenen Haus

In der zweiten Maihälfte war es dann endlich so weit, daß wir das Haus in der *Paju tee 5* in Marienberg beziehen konnten. Aus Bonn waren Möbel zur Ausstattung des sogenannten amtlichen Teils der nun als provisorische Residenz dienenden „Villa Rosana" eingetroffen, wie sie der uns kurz darauf besuchende Moskauer Kollege Blech aufgrund ihres rosaroten Anstrichs nannte, den sie auf Wunsch meiner Frau erhalten hatte und der etwas zu grell ausgefallen war – er sollte sie an eine der dominierenden „kaiserlichen" Farben in ihrem geliebten St. Petersburg erinnern. Ziemlich genau ein Dreivierteljahr hatte ich im *Hotel Rataskaevu* im Herzen der Altstadt zugebracht und mich dort, vor allem in der dunkleren Jahreszeit, auch ohne ein eigenes Zuhause ausgesprochen wohlgefühlt. Jetzt lebten wir vor den Toren der Stadt in unmittelbarer Nähe des Meeres und nicht weit von Brigitten und seinem Badestrand, hatten einen Garten mit Beerensträuchern und Obstbäumen und konnten Gäste empfangen. Wir stellten Tamara und Ülle ein, die Küche und Haus besorgten, und Ago Adamson als Hausmeister. Vor dem Anwesen ließen die für die Sicherheit der ausländischen Diplomaten verantwortlichen estnischen Stellen eine Holzbude aufstellen, die Tag und Nacht mit Wachpersonal besetzt war – im übrigen sehr zur Freude der Nachbarschaft, in der von nun an nicht mehr eingebrochen wurde (Abbildung 23). Die jungen Männer, die sich jetzt mangels anderer Erwerbsquellen ihr Brot mit solchen Bewachungstätigkeiten verdienten, wurden von unserer Küche mitverpflegt, so daß sich dort zur Mittagszeit unter Tamaras Regie ein ganz ansehnlicher Hausstaat zu versammeln pflegte. Zum Ritual gehörte es, den jeweils Wachhabenden, bevor ich abends schlafen ging, noch mit Tee oder Kaffee und einer Kleinigkeit zum essen zu versorgen, damit es ihm leichter fiel wach zu bleiben – was nicht allen immer gelang.

Der Umzug fiel mit dem Beginn eines Jahrhundertsommers zusammen, so daß wir den neuen Lebenszuschnitt doppelt genießen konnten. Auch hatten die langen Tage bereits begonnen, war es doch nur noch einen Monat bis Mittsommer. So holte ich so oft wie möglich abends das Fahrrad, das im Umzug mitgekommen war, aus der Garage und fuhr entweder mit meiner Frau oder allein in die uns umgebende Natur. Im Park von Katharinental blühten zuerst der Faulbeerbaum, dann der Flieder und schließlich der Jasmin und verströmten ihre Düfte, die uns hier noch intensiver als von zu Hause gewohnt vorkamen. Auch die Beeren im Garten, die wegen der langen Tage schneller reiften als bei uns, erschienen uns schmackhafter. Das unvergleichlich klare Licht des Nordens und die Sonnenuntergänge, wie wir sie von der nahegelegenen Strandpromenade aus besonders gut beobachten konnten, übten einen großen Zauber aus, und ich verstand jetzt noch besser, warum die Verwandten und anderen Estländer ihre Heimat so geliebt haben. Spätestens seit jetzt stand für uns fest, daß es nichts Schöneres gibt als einen richtigen nordischen Sommer!

Wir empfingen die ersten Gäste und fuhren an freien Tagen über Land. An einem schönen Junitag hatte sich der Journalist Peter Scholl-Latour angesagt, der mit Frau und Sekretärin zur Vorbereitung seines nächsten Buches auch das Baltikum bereiste und dabei einen Tag für Reval vorgesehen hatte. Wir luden sie zum Mittagessen unter blühenden Obstbäumen in unseren Garten ein. Danach zeigte ihm meine Frau gemeinsam mit unserem Sohn Christian die Stadt. Freundlich, doch recht „phantasievoll" hat Scholl-Latour diese Begegnung später beschrieben. Meine Frau allerdings ärgerte sich nicht schlecht darüber, daß er von den historischen Zusammenhängen offenbar wenig behalten hatte und bei Schilderung ihrer Stadtführung so ziemlich alles durcheinanderbrachte; denn ein sachkundiger Leser konnte darüber nur den Kopf schütteln [33].

Viele deutsche Landsleute aus estländischen Familien kamen dann im Verlauf dieses ersten Sommers nach der Unabhängigkeit, um sich im Lande der Väter umzusehen, unter ihnen auch zahlreiche Bekannte und Freunde, die den Weg zu uns nach *Maarjamäe* fanden.

Am Johanniabend fuhren meine Frau und ich hinaus aufs Land. Die Störche standen in den Wiesen. In der Dämmerung, ganz dunkel wird es in den „weißen Nächten" ja nicht, wurden dann die Feuer entzündet und waren weithin sichtbar. Wir hielten in Annia an, wo das schöne alte Haus, nunmehr eine Schule, große Wirtschaftsgebäude und ein weitläufiger Park an die frühere Gutsherrlichkeit erinnerten. Unter hohen Bäumen brannte das Johannifeuer, spielte eine Kapelle zum Tanz, wurden Bratwürste und Getränke verkauft. Zuvor hatten wir den Pastor von St. Johannis (*Harju-Jaani*) aufgesucht, um ihm im Auftrag von Nachfahren des Zweigs der Freiherren von Ungern-Sternberg, die bis kurz vor dem Ersten Weltkrieg Annia besessen hatten, einen nicht unbedeutenden Betrag in bar für seine Gemeinde zu überbringen.

Die schon erwähnte Reise durch Westestland, auf der wir am Tage des Verfassungsreferendums am 28. Juni in Leal waren, führte uns zuerst auf die Insel Dagö (*Hiiumaa*), die wir bisher nicht kannten. Vom Hafen *Rohuküla* bei Hapsal setzten wir mit der Fähre zum Hafen von *Heltermaa* über und machten dann als erstes bei der Kirche von Pühhalep und dem nur wenige hundert Meter entfernt liegenden Herrenhaus des ehemaligen Gutes Großenhof (*Suuremõisa*) halt, das zu den schönsten in ganz Estland zählt (Abbildung 52). Der wohlproportionierte Bau aus den 1750er Jahren mit der großen Terrassenauffahrt mutet geradezu südländisch an und erinnert mich immer an eines der kleineren Schlösser an der Loire. Zu seinen Füßen erstreckt sich ein ausgedehnter Park mit altem Baumbestand, in dem damals gerade Heu gemacht wurde. Großenhof hatte Ebba Margareta Gräfin Stenbock geb. Gräfin de la Gardie (1704–1775) erbauen lassen, die zu unseren Vorfahren zählt. Ihre Grabkapelle neben der Kirche von

Pühhalep erwies sich als gut erhalten. Sie war damals gerade geöffnet, so daß wir auch den monumentalen Sarkophag sehen konnten. Die ebenfalls neben der Kirche liegenden Gräber der späteren Besitzerfamilie Ungern-Sternberg sind dagegen völlig verwahrlost. Das Haus in Großenhof wiederum war in ordentlichem Zustand. Im großen Saal fand gerade ein Aktus für die Absolventen der hier untergebrachten Landwirtschaftsschule statt. Heute wird auf Dagö besonders die Erinnerung an den im 19. Jahrhundert zu Unrecht als „Seeräuber" in die europäische Literatur eingegegangenen Otto Reinhold Ludwig Baron Ungern-Sternberg gepflegt, der angeblich falsche Leuchtfeuer aufgestellt und die daraufhin gestrandeten Schiffe beraubt habe. Er hatte Großenhof und andere Güter auf der Insel von den Stenbocks erworben und war in der von Kaiser Alexander I. verfügten sibirischen Verbannung gestorben, nachdem er 1803 in einem Aufsehen erregenden Prozeß am Tod eines seiner Schiffskapitäne (sowie eines Zollvergehens) für schuldig befunden worden war, während er sich auf einen Unfall in Notwehr berufen hatte. Ungern-Sternberg muß eine interessante Unternehmerpersönlichkeit des ausgehenden 18. Jahrhunderts gewesen sein, die eine moderne wissenschaftliche Biographie verdient hätte. Sein wirtschaftlicher Erfolg hatte Neider auf den Plan gerufen, die offenbar am Petersburger Kaiserhof über einen größeren Einfluß verfügten als er [34].

Von Großenhof fuhren wir weiter auf die Halbinsel *Kassari*, wohin uns Jaan Kross und Ellen Niit in ihr Sommerhaus eingeladen hatten. Dort lernten wir auch die Familie ihrer mit dem Literaturwissenschaftler Jaan Undusk verheirateten Tochter Maarja kennen. Kross zeigte uns während einer mehrstündigen Autofahrt große Teile der Insel, von deren eigenartiger Schönheit wir damals einen ersten Eindruck erhielten. In *Kõrgessaare* (Hohenholm) wanderten wir mit ihm zum *Ungru kivi* (Ungernstein), einem jetzt mitten im Wald gelegenen übermannshohen Granitfindling, den die Legende mit den falschen Leuchtfeuern von O. R. L. Ungern-Sternberg in Verbindung bringt (Abbildung 24). Am nächsten Tag setzten wir wieder auf das Festland über. Wir haben diesen ersten Besuch, die guten Gespräche und die ganze erholsame Atmosphäre mit der Möglichkeit, im nahen Meer zu baden, wie bei allen folgenden Sommeraufenthalten in dem gastlichen Haus unendlich genossen und mochten sie seitdem in unserem Jahresablauf nicht mehr missen. Bei den langen Unterhaltungen während der gemeinsamen Mahlzeiten ging es im Grunde immer um das eine große Thema „die Esten und die Deutschen", was sie einst trennte und sie damals wie heute verbindet. Danach wandte sich jeder wieder seiner eigenen Beschäftigung zu, der Hausherr wohl meist seinem gerade im Entstehen begriffenen jüngsten Buch.

*

In diesem Sommer 1992 haben wir auch durch einen ersten Betriebsausflug unter Beweis gestellt, daß wir mittlerweile eine ganz normal funktionierende Botschaft geworden waren. Zuvor hatten wir eine Personalratswahl veranstaltet, bei der Barbara Peterlechner die meisten Stimmen erhielt. Gemeinsam mit dem Deutschen Kulturinstitut organisierte sie nun diesen Ausflug, der uns in den Nationalpark von *Lahemaa* führte. In Palms, seinem Zentrum, erwartete uns die „Hausfrau" Eve Ong, die dort zusammen mit ihrem Mann Urmas das Erbe ihres Vaters Epner hütet, der das alte Haus zu neuem Leben erweckt hatte, und bewirtete uns wie noch so oft in diesen Jahren. Nach Stationen in einem traditionellen Krug in *Altja* an der Küste, dem ebenfalls gut restaurierten früheren Herrenhaus von Saggad und einem Gang über das Hochmoor, alles für die meisten der damals erst vor kurzem in Estland eingetroffenen Mitarbeiter noch Neuland, empfingen uns abends in *Rägavere* (Reggafer) zu einem kleinen Konzert mit anschließendem Essen der in der Kreisverwaltung von *Lääne-Virumaa* (Westwierland) im benachbarten *Rakvere* (Wesenberg) als „Kulturrat" angestellte Valdur Liiv und seine Frau. Sie vertraten die jetztigen Herren in diesem ehemaligen Gutshaus, das zu Sowjetzeiten Zentrum einer Kolchose gewesen war.

Vor allem im letzten Jahrzehnt vor der Selbständigkeit war es der Landwirtschaft in Estland gut gegangen. Die Kollektivwirtschaften hatten Überschüsse erwirtschaftet und diese auch in die Erhaltung kulturhistorisch interessanter Gebäude investieren können. Damals war *Rägavere* aufwendig restauriert worden. Nunmehr, da die Großbetriebe im Zuge der Neuordnung des Landes im Zeichen von Eigentumsrestitution und Privatisierung auseinanderfielen, war auch das weitere Schicksal dieser Häuser ungewiß, wenn sie nicht wie Palms, Saggad und einige andere als Sitz öffentlicher Einrichtungen erst einmal abgesichert waren. Das waren die Sorgen, die Valdur Liiv bedrückten und die er an jenem Abend an uns herantrug. Als Direktor einer jetzt gegründeten Aktiengesellschaft *Rägavere Kontsert* versuchte er, dem Haus mit kulturellen Aktivitäten zu einer neuen Existenzgrundlage zu verhelfen. Doch wie schon damals abzusehen, war solchen Versuchen kaum eine Zukunft beschieden. Liiv, ein phantasievoller, leicht zu begeisternder Mann, Absolvent der Moskauer Schauspielschule (auch seine Frau war Schauspielerin, und beide sprachen vorzüglich deutsch), wollte daher unseren Kulturreferenten Lambsdorff und mich für den Gedanken erwärmen, in *Rägavere* so etwas wie ein deutsches Kulturzentrum einzurichten. So verlockende Perspektiven eine solche Idee auch eröffnen mochte, so illusorisch war sie zugleich angesichts des zurückhaltenden finanziellen Engagements, zu dem sich Deutschland im Kulturbereich in Estland damals nur in der Lage sah. Wenn schon die Eröffnung eines der estnischen Regierung im September 1991 in Aussicht gestellten Goethe-Instituts dem Rotstift zum Opfer fallen mußte, wie hätte dann ein geradezu flächendeckendes kulturelles Engagement in Aussicht genommen werden können. Andere Nationen hätten vermutlich weniger gezögert, wenn ihnen Chancen wie uns in diesen Anfangszeiten geboten worden wären, am wenigstens wohl unsere französischen Nachbarn, auch wenn es vielleicht nicht gleich ein Kulturzentrum auf dem flachen Land hätte sein müssen. *Rägavere* wurde später an estnische Investoren verkauft (und gehört jetzt einem Amerikaner, der das ganze Anwesen von Grund auf modernisiert hat).

*

An der Erhaltung der ehemaligen Gutshäuser, soweit diese die Jahrzehnte überhaupt überdauert hatten, war auch anderen gelegen. Motiv einer Initiative, mit der ich in Berührung kam, war neben durchaus handfesten wirtschaftlichen Interessen die Bewahrung dieser Häuser als eines für die estnische Identität relevanten Kulturerbes. Ausgegangen war sie von einem finnischen Geschäftsmann, Erkki Hirvensalo, der bereits Ende 1990 eine Aktiengesellschaft *Eesti Mõisad – Estnische Herrenhöfe* mit der Zielsetzung gegründet hatte, ehemalige Gutsensembles zu restaurieren und sie dann als Hotelbetriebe, Tagungsstätten und ähnliches wirtschaftlich rentabel zu betreiben, damit sie von Neuem zum sozialen und kulturellen Leben auf dem Lande beitrügen. Noch zu meiner Leningrader Zeit war bei mir vorgefühlt worden, ob ich der Gesellschaft vielleicht für gütergeschichtliche Fragen zur Verfügung stünde. Ich hatte mich grundsätzlich bereiterklärt, jedoch unter der Voraussetzung, daß ich dies nur als Privatperson tun könnte. Nicht schlecht war ich daher erstaunt, als ich Anfang 1992 Visitenkarten zugestellt bekam, auf denen ich mit voller Amtsbezeichnung als Mitglied eines inzwischen gebildeten *Mõisakultuuri Nõukogu – Beirats für Gutskultur* dieser Gesellschaft unter Vorsitz von Rein Helme figurierte, dem Raimo Pullat im Zeichen sich wandelnder politischer Verhältnisse bereits im Dezember 1989 als Direktor des Geschichtsinstituts der Akademie der Wissenschaften hatte Platz machen müssen. Zu diesem wissenschaftlichen Beirat, der sich in allererster Linie durch die ideelle Komponente dieses Unternehmens angesprochen fühlte, zählte auch eine Reihe anderer Bekannter wie die Historiker Indrek Jürjo und Peep Pillak (damals Estlands oberster Archivbeamter), der Kunsthistoriker Ants Hein sowie Botschafter Matsulevitš. Ich mußte Hirvensalo und Helme, die etwas verlegen wurden, daraufhin klarmachen, daß ich mich als Botschafter nicht so ohne weiteres für die Interessen einer Privatgesellschaft einspannen lassen könnte. Doch das ganze Vorhaben sollte sich bald als einer der vergeblichen Versuche erweisen, schwieriger Probleme dieser Übergangsperiode mit Mitteln Herr zu werden, für die die Zeit noch nicht gekommen war. In diesem Fall scheiterte das Projekt wohl hauptsächlich an der stagnierenden Privatisierung und den daraus resultierenden ungeklärten Besitzverhältnissen auf dem Lande in Verbindung mit dem noch nicht möglichen

Erwerb von Eigentum an Grund und Boden durch Ausländer – beides erhebliche Investititionshemnisse.

In Kolk dagegen lagen die Dinge anders, da hier begründete Rückgabeansprüche der Stenbockschen Familienstiftung mit eigener estnischer Rechtspersönlichkeit gegeben waren. Diese Ansprüche wurden von Jarl Stenbock vertreten, der gemäß der seit Stiftung des Fideikommiß' im Jahre 1699 geltenden Primogenitur ihr Vorsitzender ist, und sollten letztendlich auch zum Ziel führen. Im Sommer 1992 aber war noch alles offen. Anfang des Jahres hatte mich Kaljo Visnapuu, Präsident der Aktiengesellschaft ESMAR, aufgesucht, in die sich die in viele Einzelunternehmen zerlegte frühere Fischereikolchose Kirov verwandelt hatte. Eines dieser Unternehmen war Kolk, und über dessen Schicksal wollte er sich mit mir unterhalten. Bei diesem Gespräch vertrat ich die Auffassung, daß es für Kolk nur dann eine wirtschaftlich tragfähige Zukunft geben könne, wenn es der Stenbockschen Familienstiftung restituiert würde. Visnapuu zeigte sich überzeugt und war auch dazu bereit, dies in einem Schreiben an Jarl Stenbock zum Ausdruck zu bringen, das dieser dann bei den Rückgabeverhandlungen verwenden konnte. Mitte Juni 1992 trafen wir uns in größerer Runde in den Räumen der Kolkschen Verwaltung: Jarl Stenbock war mit seinem Sohn Anders gekommen; für die estnische Seite waren Visnapuu, Tiit Riives als der Verwalter von Kolk und ein Vertreter der Gemeinde *Kuusalu* (Kusal) anwesend, die bei der Entscheidung ein gewichtiges Wort mitzureden haben würde. Tiit Raimla, der Mann unserer gemeinsamen Verwandten Tiiu, der Tochter von Willy Fersen, dolmetschte estnisch-finnisch. Nachdem beide Seiten ihre anfängliche Zurückhaltung überwunden hatten, konnten konkrete Konservierungsmaßnahmen, wie ich sie bereits im Frühjahr mit Jarl in Helsinki vorbesprochen hatte, erörtert und ESMAR dafür gewonnen werden, schon jetzt und noch vor Rückgabe des Besitzes die Reparatur des Daches in Angriff zu nehmen, die Jarl bezahlen wollte. So geschah es dann auch, und Kolk, eines der stattlichsten der in Estland erhaltenen Herrenhäuser, konnte erst einmal vor weiterem Verfall bewahrt werden. Der klassizistische Bau war 1768 zur Zeit von Karl Magnus Stenbock, dessen Mutter Großenhof auf Dagö errichten ließ, aufgeführt worden.

Meine Rolle verstand ich als die eines rein ideell am Erhalt von Kolk interessierten Mediators und habe dies bei den Gesprächen auch deutlich zum Ausdruck gebracht. So viel aber glaubte ich dem Andenken an meinen Großvater und unsere Kolkschen Vorfahren schuldig zu sein. Seine Kindheitserinnerungen an Kolk habe ich dann 1995 in deutscher und estnischer Sprache in Reval veröffentlicht, nachdem ich Jaan Undusk für die Übersetzung hatte gewinnen können [35].

Ein Jahr später, im Juli 1993, wurde Kolk der Stenbockschen Familienstiftung zurückgegeben, und Jarl konnte mit der Restaurierung des ausgedehnten Ge-

bäudekomplexes einschließlich eines großen Parks beginnen. Sein unternehme-
risches Konzept bestand darin, das zu reinvestieren, was er aus dem mit einer
Anschubfinanzierung aus eigenen Mitteln renovierten kleinen Hotel und der
Verpachtung eines Restaurants und eines Ladens im Haupthaus erwirtschaftete.
Heute, zehn Jahre danach, scheint sich dieses Konzept als nicht ausreichend zu
erweisen, da die Restaurierung des Hauses nur bescheidene Fortschritte gemacht hat und deren Kosten den Einnahmen immer schneller davonlaufen.

Kolk ist aufgrund der geschilderten besonderen Umstände der meines Wissens einzige Fall, in dem eines der früheren Herrenhäuser in Estland der Familie
der ehemaligen Besitzer zurückgegeben wurde, lassen wir einmal die ungeklärte
Situation der deutschen Nachumsiedler außer Betracht.

Als mir später von der Tochter des letzten Eigentümers von Schloß Leal, einer
in Übersee lebenden älteren estnischen Dame, das Angebot gemacht wurde,
das in der ersten Hälfte des 19. Jahrhunderts im Stil des russischen Spätklassi-
zismus von Luise von Wistinghausen erbaute Haus zu kaufen sobald es ihr restituiert sein würde, habe ich ablehnen müssen, da ich für dasselbe unter meiner oder meiner Kinder Regie keine Zukunft sah. Sie hat es daraufhin 1995 einer
Stiftung *Keskaegne Lihula* (Mittelalterliches Leal) geschenkt und damit einer
sinnvollen Verwendung zugeführt.

Die ersten Wahlen im freien Estland

Bei Beobachtung der innenpolitischen Entwicklungen konzentrierte sich unsere
Aufmerksamkeit nach Verfassungsreferendum und Währungsreform jetzt auf die
nach der Sommerpause am 20. September 1992 anstehenden Parlaments- und
Präsidentschaftswahlen.

Ein Jahr nach der Unabhängigkeit hatte sich in Estland noch keine Parteien-
landschaft herausgebildet, wie wir sie in westeuropäischen Demokratien kennen. Zwar war bereits in den Jahren 1988/90 in Konkurrenz zu den Kommunisten eine Reihe neuer Parteien gegründet worden, doch verfügten diese mit
meist nur wenigen hundert Mitgliedern erst über einen bescheidenen Organi-
sationsgrad. Auch die programmatischen Inhalte waren noch wenig ausgeprägt.
Daneben gab es politische Bewegungen und andere Gruppierungen, die (noch)
nicht förmlich als Parteien registriert worden waren – das Bild veränderte sich
ständig und es war schwer, den Überblick zu behalten. Allgemein wurde daher
vorhergesehen, daß es bei dieser ersten Wahl mehr auf die Person des einzelnen Kandidaten, dessen Bekanntheitsgrad und seinen politischen Werdegang
als auf die Parteizugehörigkeit ankommen würde, zumal nach 50jähriger Ein-
parteienherrschaft gegen „Parteien" generell große Vorbehalte bestanden.

Gewählt werden sollte gemäß dem Wahlgesetz vom 6. April 1992 nach einem recht komplizierten System. Dieses war als ein Kompromiß aus langen Diskussionen zwischen den verschiedenen politischen Lagern im Obersten Rat hervorgegangen, in denen sich jede Partei verständlicherweise für den Wahlmodus eingesetzt hatte, von dem sie sich den größten Erfolg für ihre Kandidaten versprach. Herausgekommen war eine Kombination aus Persönlichkeits- und Verhältniswahl, wobei jeder Wähler aber – anders als bei der Bundestagswahl in Deutschland – nur eine Stimme hat. Gestimmt wird in Wahlkreisen, 1992 waren es 12 (bei den nächsten Wahlen 1995 dann nur noch 11). Dabei wird in jedem Wahlkreis eine im Verhältnis der Wahlberechtigten unterschiedliche Anzahl von Abgeordneten entweder direkt oder über Wahlkreislisten gewählt. Diese Listen waren 1992 weniger von einzelnen Parteien, sondern von sogenannten Wahlbündnissen aufgestellt worden, zu denen sich jeweils mehrere Parteien oder sonstige Gruppierungen zusammengeschlossen hatten. Die Stimmen, die in den Wahlkreisen übrigbleiben, weil sie zur Wahl eines Abgeordneten nicht ausreichen, werden unter Zugrundelegung einer 5%-Sperrklausel und eines modifizierten d'Hondtschen Systems proportional auf nationale Listen der verschiedenen Parteien oder sonstigen politischen Gruppierungen verteilt [36].

Um die 101 Sitze in dem – seit der Staatsgründung gerechnet – *VII. Riigikogu* bewarben sich insgesamt 633 Kandidaten. 607 von ihnen zählten zu 17 nationalen Listen, von denen wiederum 8 von Wahlbündnissen, 4 von einzelnen Parteien und 5 von verschiedenen politischen Bewegungen aufgestellt worden waren. Außerdem kandidierten 25 Unabhängige.

Versuchte man die politischen Kräfte, die sich zur Wahl stellten und die nach den Ende August 1992 vorliegenden ersten Meinungsumfragen mit einem Einzug in den *Riigikogu* rechnen konnten, in die Ordnung eines von „rechts" nach „links" reichenden Parteienspektrums zu bringen, dann ergab sich folgendes Bild:

Die *Estnische Nationale Unabhängigkeitspartei – Eesti Rahvusliku Sõltumatuse Partei* repräsentierte die nationale Rechte und gruppierte im wesentlichen Personen, die zu sowjetischer Zeit keine politische Rolle gespielt hatten, also auch nicht Mitglieder des Obersten Rates gewesen waren, wie z.B. der Vorsitzende des Estnischen Kongresses Tunne Kelam. Einige wie die Parteivorsitzende Lagle Parek, die jetzt selbst für das Präsidentenamt kandidierte, waren zu sowjetischer Zeit als Dissidenten verfolgt worden. Auf der Liste dieser Partei kandidierten aber auch der junge und wegen seines exzentrischen Auftretens als ein *enfant terrible* der estnischen Politik geltende Bürgermeister von *Otepää* (Odenpäh) Jaanus Raidal sowie der Auslandseste Hain Rebas.

Das Wahlbündnis *Vaterland* (oder *Pro Patria*) – *Isamaa* war ein Zusammenschluß der vier Parteien (1) *Estnische Christliche-Demokratische Union – Eesti Kristlik-Demokraatlik Liit*, (2) *Estnische Christlich-Demokratische Partei – Eesti Kristlik-Demokraatlik Erakond*, (3) *Estnische Republikanische Partei – Eesti Vabariiklaste Koonderakond* und (4) *Estnische Konservative Volkspartei – Eesti Konservatiivne Rahvaerakond* – die bereits im Obersten Rat die Fraktion *Isamaa* bildeten – sowie der (5) *Estnischen Liberal-Demokratischen Partei – Eesti Liberaaldemokraatlik Partei*. Dieses Wahlbündnis wurde vom Vorsitzenden der gleichnamigen Parlamentsfraktion und ECDU-Politiker Mart Laar geführt. Diese vier christdemokratischen und konservativen Parteien, die jetzt gemeinsam mit den Liberalen zur Wahl antraten, hatten sich schon bald nach der Unabhängigkeit auf eine Zusammenarbeit im Obersten Rat verständigt. Dem war im März 1992 ein förmlicher Vertrag gefolgt, in dem sie vereinbarten, das nunmehr im Hinblick auf die Wahlen geschlossene Bündnis im Lauf von zwei Monaten nach denselben in eine gemeinsame Partei mit Namen *Isamaa* umzuwandeln.

Nach eigenem Bekunden tendierten die beiden christdemokratischen Parteien des Bündnisses in ihrem Selbstverständnis stärker zu den westeuropäischen als den nordeuropäischen Schwesterparteien [37]. Dies trat vor allem bei der unter den beiden christlichen Gruppierungen dominierenden estnischen „CDU" zutage. Ihr Vorsitzender war der Propst von *Kadrina* (St. Katharinen) Illar Hallaste, seine Stellvertreterin Karin Jaani, verheiratet mit dem Pastor von *Keila* (Kegel) und selbst im Dienste der Verwaltung der estnischen lutherischen Kirche. Mart Laar und Trivimi Velliste waren weitere prominente ECDU-Mitglieder. Hallaste und Laar sprachen beide vorzüglich deutsch und hatten bereits Kontakt zur deutschen Schwesterpartei CDU aufgenommen. Mart Laar, der sich immer mehr zum führenden Kopf nicht nur der estnischen „CDU", sondern des ganzen Vaterland-Bündnisses entwickelte, war ein Bewunderer von Ludwig Erhard und überzeugter Anhänger der in Deutschland praktizierten Sozialen Marktwirtschaft.

Am ersten Sonntag im Mai 1992 tauchte in Tallinn der Bundestagsabgeordnete der CDU Klaus Francke zu politischen Gesprächen auf, wie es bei Ankündigung des Besuchs geheißen hatte. Er wurde von einem Kollegen aus dem Auswärtigen Amt, Dr. Bernd Fischer, begleitet, der damals als außenpolitischer Referent in die Bonner Parteizentrale der CDU beurlaubt war. Während ihnen die Botschaft Termine u.a. auch bei dem Außenminister besorgt hatte, war uns nicht mitgeteilt worden, daß Francke, wie er mir eröffnete, mit dem ausschließlichen Auftrag des CDU-Vorsitzenden Kohl reiste, sich nach politischen Gruppierungen umzusehen, die als Partner für seine Partei in Frage kämen. Das habe er in den zurückliegenden Jahren in den verschiedenen Ländern Osteuropas getan, und jetzt fahre er erstmals in die baltischen Staaten. Nach Estland habe ihn das Wahlbündnis *Isamaa* eingeladen. Am nächsten Morgen begleitete ich die beiden also als erstes zu einem Gespräch mit einer kleinen Gruppe von *Isamaa*-Vertretern, zu denen Hallaste, Laar und Mart Nutt (Republikaner) zählten, auf den Domberg. Die Veranstaltung hinterließ bei mir gemischte Gefühle, denn der Bundestagsabgeordnete presste seine Gesprächspartner geradezu inquisitorisch nach Informationen aus und behandelte sie ansonsten recht schulmeisterlich. Doch die jungen estnischen Politiker ließen diese etwas zu teutonische Direktheit ohne eine Miene zu verziehen über sich ergehen, lauschten dem Abgesandten Kohls mit Aufmerksamkeit und standen ihm auch noch am Abend bei einem Essen, das die ECDU für sie organisiert hatte, zur Verfügung. In der Sache hat ihnen MdB Francke den sicher richtigen Rat gegeben, den er bei allen Gesprächen unablässig wiederholte, daß die verschiedenen politischen Kräfte nur dann bei den Wahlen nicht an der 5%-Klausel scheitern würden, wenn sie sich zu größeren Gruppierungen zusammenschlössen – eine Erkenntnis, die sich bei Laar und seinen politischen Freunden schon frühzeitig durchgesetzt und zur Gründung von *Isamaa* geführt hatte.

Da bei dem morgendlichen Gespräch immer wieder der Name von Ministerpräsident Vähi als der eines Politikers gefallen war, um dessen Unterstützung bei den Wahlen man sich bemühen müsse, da er allein aufgrund seines Amtsbonus viele Stimmen gewinnen würde, bat mich Francke, kurzfristig ein Zusammentreffen mit ihm zustandezubringen. Dafür forderte ich jetzt von dem Abgeordneten aber als „Gegenleistung", daß er sich beim Bundeskanzler dafür einsetzen möge, die im September 1991 durch Genscher dem estnischen Ministerpräsidenten überbrachte Einladung zu einem Deutschlandbesuch nun endlich auch zu honorieren (dies sollte genau so erfolglos bleiben wie meine Ende Mai 1992 an Kohls Staatsminister Bernd Schmidhuber herangetragene Bitte um Intervention beim Kanzler, als sich dieser zur Teilnahme an einer Tagung des Bergedorfer Gesprächskreises der Körber-Stiftung in Tallinn aufhielt, die Meyer-Landrut organisiert hatte und welche die letzte unter persönlicher Beteiligung seines kurz darauf gestorbenen Begründers Kurt A. Körber gewesen ist). Vähi empfing uns nachmittags und nahm sich ungeachtet der montags stattfindenden Kabinettssitzung und einer für den nächsten Tag bevorstehenden Reise eine geschlagene Stunde Zeit, um MdB Francke die wichtigsten politischen und wirtschaftlichen Probleme des Landes nahezubringen. Gerade im wirtschaftlichen Bereich, in dem Estland bereits mit Finnland und Schweden eng zusammenarbeite, setze er für die Zukunft Hoffnungen auf Deutschland, betonte der Ministerpräsident. Es war ganz offensichtlich, daß Vähi diese seltene Gelegenheit eines – vermeintlichen oder tatsächlichen – „direkten Drahts" zum deutschen Bundeskanzler nicht ungenutzt verstreichen lassen wollte.

Die Kandidaten des Wahlbündnisses *Isamaa* kamen vorwiegend aus intellektuellen Berufen. Eine Reihe von ihnen hatte in Tartu studiert und dort der traditionsreichen, 1883 gegründeten ältesten estnischen Studentenverbindung *Eesti*

Üliõpilaste Selts – Verein studierender Esten (EÜS) angehört, deren Farben blau-schwarz-weiß später die der Republik Estland wurden. Daher rührte eine enge Verbindung zu der in Tartu erscheinenden größten Tageszeitung *Postimees*, in der einige *Isamaa*-Mitglieder nicht nur regelmäßig publizierten, sondern an der sie wie damals alle Mitarbeiter dieser Zeitung auch Anteile besaßen. Ein hervorstechendes Merkmal dieses Wahlbündnisses, vor allem ihrer Wortführer, war das jugendliche Alter der Kandidaten, das mit durchschnittlich 40 Jahren signifikant unter dem der anderen sich an den Wahlen beteiligenden Gruppierungen lag. Zu den besonders Jungen zählten neben Mart Laar selbst (damals 32) mehrere Angehörige des Außenministeriums wie Jüri Luik (26), Toivo Klaar (24), Indrek Kannik (27), Mart Nutt (30) – insgesamt kamen von dort 8 Kandidaten einschließlich des stellvertretenden Außenministers Trivimi Velliste (45). Aber auch Enn Tarto (Konservative Volkspartei), der als letzter aus sowjetischer Haft entlassener estnischer Dissident einen hohen Bekanntheitsgrad hatte (und dann in seiner Heimatstadt Tartu für *Isamaa* die mit Abstand meisten Stimmen holte) und Ülo Nugis (Republikaner) figurierten auf der Liste dieses Wahlbündnisses.

Zum Wahlbündnis *Sicheres Heim – Kindel Kodu* hatten sich zusammengeschlossen die *Estnische Koalitionspartei – Eesti Koonderakond*, der *Estnische Landbund – Eesti Maaliit*, der *Estnische Demokratische Bund für Gerechtigkeit – Eesti Demokraatlik Õigusliit* und die *Estnische Rentnervereinigung – Eesti Pensionäride Ühendus*. Hier kandidierten vorwiegend Repräsentanten des Wirtschaftsestablishments – von den politischen Konkurrenten gerne als „rote Direktoren" apostrophiert –, die weiterhin in Stadt und Land eine Rolle spielten, darunter mehrere Minister und stellvertretende Minister des Kabinetts Vähi (der sich aber, anders als wohl von manchem erwartet, selbst nicht zur Wahl stellte).

Ein Wahlbündnis der *Gemäßigten – Mõõdukad* bildeten die *Estnische Sozialdemokratische Partei – Eesti Sotsiaaldemokraatlik Partei* unter Marju Lauristin und die *Estnische Landzentrumspartei – Eesti Maa-Keskerakond* unter Ivar Raig. Es wurde von Liia Hänni geführt, die zu den Gründern der Landzentrumspartei zählte. Auf dieser Liste kandidierten auch die parteilosen Jaan Kross und Andres Tarand.

Den Abschluß des Parteienspektrums bildete auf dem linken Flügel schließlich das Wahlbündnis *Volksfront – Rahvarinne* unter Edgar Savisaar, dem Gründer und Führer der alten Volksfront. Sie hatte ihre ursprüngliche Bedeutung, ja ihre eigentliche *raison d'être* als große, die nationalen Aspirationen bündelnde Bewegung mit der Erlangung der Unabhängigkeit eingebüßt. Ihre Anhänger hatten sich danach verschiedenen politischen Richtungen angeschlossen, so daß die Volksfront nur noch ein Schattendasein fristete. Als Namensgeber eines Wahlbündnisses sollte sie diesem jetzt etwas vom Glanz der alten Popularität verleihen und damit zum letzten Mal eine Rolle im politischen Leben Estlands spielen, um anschließend ganz von der Bühne zu verschwinden. Savisaar selbst hatte bereits im Oktober 1991 vorausschauend eine *Estnische Volkszentrumspartei – Eesti Rahva Keskerakond* gegründet, die sich nunmehr mit den Resten der Volksfront, einem *Estnischen Frauenbund – Eesti Naisliit* und dem *Estnischen Nationalitätenverband – Eestimaa Rahvuste Ühendus* zu einem Wahlbündnis zusammengetan hatte. Auf dieser Liste kandidierten zahlreiche Angehörige des vorwiegend linksintellektuellen Establishments, besonders viele Mitglieder des Obersten Rates und andere politische Mitstreiter Savisaars aus seinen Tagen als Ministerpräsident wie die ehemalige Sozialministerin Oviir und Tallinns früherer Oberbürgermeister Aasmäe, der Savisaars Sturz politisch nicht lange überlebt hatte.

Sicher war es mehr als nur ein Schönheitsfehler, daß sich keine russische Partei um Abgeordnetenmandate bewarb und sich der erste *Riigikogu* nach der Unabhängigkeit daher anders als der bisherige Oberste Rat nur aus Esten zusammensetzen würde. Doch durfte man dies nicht allein dem estnischen Staatsangehörigkeits- und Wahlrecht anlasten; denn die Zahl der ethnischen Russen mit estnischer Staatsangehörigkeit betrug damals immerhin schätzungsweise etwa 80 000, und nichts hinderte diese daran, sich politisch zu organisieren. Über eine nationale Liste und im stark russisch bevölkerten Nordosten zwischen Kohtla-Järve und Narva, wo bezeichnenderweise Savisaar als der unter den Russen beliebteste der führenden estnischen Politiker dann auch überdurchschnittlich gute Wahlergebnisse erzielte, hätten sie bei Einigkeit untereinander auch eine realistische Chance gehabt, den einen oder anderen Parlamentssitz zu erringen. Doch an dieser Einigkeit mangelte es wohl ebenso wie an Initiative, auch war man vorsichtig. So verhielt sich die russische Bevölkerung passiv und wartete erst einmal die weitere Entwicklung ab. Dies galt später auch für den Wahlkampf, den sie in keiner Weise zu beeinflussen versuchte.

*

Für das Präsidentenamt kandidierten Arnold Rüütel (damals 64 Jahre alt), Lennart Meri (63), Rein Taagepera (59) und Lagle Parek (51). Rüütel wurde vom Wahlbündnis „Sicheres Heim" unterstützt, Meri vom „Vaterland" und den „Gemäßigten", Taagepera von der „Volksfront", und Parek war die Kandidatin ihrer „Nationalen Unabhängigkeitspartei".

Mit Taagepera war ich ein paar Mal beim Frühstück im *Hotel Rataskaevu* zusammengetroffen, wo wir beide wohnten. Damals hat er mir auch aus seinem Leben erzählt, wobei sich herausstellte, daß wir uns in unserer Jugend zur gleichen Zeit im württembergischen Ludwigsburg aufgehalten hatten – er mit seinen Eltern als DP (*displaced person*) in einer der Kasernen dieser alten Garnisonsstadt, ich im Schoße der Familie im großelterlichen Haus. Über Nordafrika war er nach Kanada gekommen, wurde Physiker, sattelte später auf Politische Wissenschaften um und wurde in diesem Fach Universitätsprofessor in Kalifornien. Jetzt unterrichtete er auch an der Universität Tartu. Einen Namen in der Wissenschaft hatte er sich vor allem mit Arbeiten über die verschiedenen Wahlsysteme dieser Welt gemacht. Er legte aber Wert auf die Feststellung, daß er für das bei den Parlamentswahlen 1992 erstmals zur Anwendung gekommene Verfahren entgegen anderslautender späterer Vorwürfe nicht verantwortlich sei: Weder wäre er konsultiert, noch sei sein Rat gehört worden [38].

Lagle Parek kannte ich damals noch überhaupt nicht.

Meri, seit April 1992 Botschafter im benachbarten Helsinki, von wo aus er die Entwicklungen in Estland noch am ehesten verfolgen konnte, gelegentlich sah man ihn auch in Tallinn, sei, wie er mir viel später einmal erzählte, die Kandidatur im Namen von *Isamaa* für ihn völlig überraschend von einigen ehemaligen engen Mitarbeitern im Außenministerium angetragen worden, die ihn mit Jüri Luik als ihrem Sprecher auf seinem Botschafterposten aufgesucht hätten. Damit bestätigte Meri, daß er seinerzeit sein Ministeramt durchaus unfreiwillig und nicht im Hinblick auf eine vielleicht mögliche Präsidentschaftskandidatur aufgegeben hatte.

In seiner Autobiographie berichtet Meri, er hätte Taagepera gebeten, ebenfalls zu kandidieren, um das Niveau des Wahlkampfes zu heben, und sei ihm dafür „tiefen Dank schuldig", daß er „schließlich zustimmte" [39]. Taagepera war in Estland zwar bekannt und angesehen, weil er sich als erster und wohl auch einziger Auslandseste bereits zu Zeiten der „singenden Revolution" in seiner Heimat öffentlich politisch engagiert hatte, was ihm dann auch prompt ein längeres sowjetisches Einreiseverbot eingetragen hatte. Doch eine echte Chance gewählt zu werden hatte er genau so wenig wie die nicht minder angesehene Lagle Parek, die bereits als Kind mit den Eltern nach Sibirien deportiert worden war und dann wegen antisowjetischer Aktivitäten die Jahre 1983-87 als politischer Häftling im Inneren der UdSSR hatte verbringen müssen. Der Kandidatur von beiden, Taagepera und Parek, lag zumindest als *ein* wichtiges Motiv das Kalkül zugrunde, Stimmen zu binden, die nicht notwendigerweise Meri zufallen würden, um zu verhindern, daß Rüütel im ersten Wahlgang direkt vom Volk gewählt wird – jedenfalls hat Taagepera dieses Ziel damals selbst öffentlich unumwunden zum Ausdruck gebracht. Denn falls dies gelänge, würde es zu einer Stichwahl im *Riigikogu* kommen, bei der man sich eine Mehrheit für Meri erhoffte.

War die Popularität Rüütels noch vor kurzem ungebrochen gewesen und er als Präsidentschaftskandidat für unschlagbar gehalten worden, so begann die Stimmung Mitte des Sommers umzuschlagen, und er mußte befürchten, in dem für ihn entscheidenden ersten Wahlgang nicht die erforderliche absolute Mehrheit zu erhalten. Ich bekam das in den ersten Augusttagen indirekt bei einem Gespräch zu spüren, zu dem mich Rüütel nach Katharinental gebeten hatte. Er begann damit, mir von einer kürzlich stattgefundenen Begegnung mit dem neuen Befehlshaber der russischen Armee in der Nordwestregion Generaloberst Majorov zu erzählen, um sich dann in längeren Ausführungen als einen durchaus flexiblen und im Gegensatz zu den Nationalradikalen zu Kompromissen mit Rußland bereiten Politiker darzustellen. Bei der Wahrnehmung vitaler estnischer Interessen, wie z.B. in der Frage der Staatsangehörigkeit, werde er aber unbeugsam bleiben – und dies wiederum im Gegensatz zu anderen politischen Kräften, die Moskau unterstütze und die es sich mit einer seiner vielen, so auch damals im Vorfeld der Wahlen erneut begonnenen Kampagnen gegen Estland wegen angeblicher Diskriminierung der dort lebenden Russen gefügig machen wolle. Obwohl sich Rüütel nur in Andeutungen erging, wen er denn damit genau meinte, war klar, daß diese Bemerkung auf Savisaar zielte. Dieser war nämlich einige Tage zuvor mit Jelzin in Moskau zusammengetroffen, während sich Rüütel bereits seit Monaten vergeblich um eine solche Zusammenkunft bemühte. Dies schien ihn getroffen zu haben. Ich hatte Rüütel noch nie so pessimistisch gesehen. Er verglich die Lage sogar mit der vor dem Putsch im August 1991, so daß ich mich fragte, ob sich dahinter vielleicht doch mehr als nur die Sorge verberge, daß ihm die Felle politisch wegschwimmen könnten und er nicht gewählt würde. Diese Sorge aber war offenkundig, denn das Gespräch hatte beinahe wahlkampfähnlichen Charakter angenommen, als ob ihm Deutschland zum Präsidentenamt verhelfen könnte. In diesem Eindruck wurde ich noch durch eine Presseverlautbarung seiner Kanzlei bestärkt, in der es hieß, daß der Präsident mit „Vertretern der deutschen, britischen und anderer Botschaften" zusammengetroffen sei und sie über die estnische Haltung in den Beziehungen zu Rußland unterrichtet habe.

Die Gründe, aus denen Rüütel damals an Rückhalt in der Bevölkerung verlor, glaubten wir einmal darin zu erkennen, daß er es in dem einen Jahr seit der Unabhängigkeit wohl zu oft vermieden hatte, zu den Lebensfragen der Nation eindeutig Stellung zu nehmen, und ihm diese Position über den Parteien nun nicht mehr länger honoriert wurde. So mag er in der Tat Bedarf gehabt haben, das Gegenteil auch durch demonstrative Gespräche mit ausländischen Diplomaten unter Beweis zu stellen. Zum anderen, und das dürfte entscheidender gewesen sein, wurden nun doch zunehmend Stimmen laut, die angesichts seiner jahrzehntelangen Führungspositionen in der kommunistischen Nomenklatura Estlands forderten, er sollte sich jetzt als politisch einer anderen Zeit angehörend aus dem öffentlichen Leben zurückziehen.

*

Der eigentliche Wahlkampf war relativ kurz und dauerte nur etwa einen Monat. Da ich den ganzen September über auf Urlaub in Deutschland war, habe ich nur seine Anfänge selbst miterlebt. Sie ließen sich eher unaufgeregt an. Es ging ja auch weniger um markante programmatische Weichenstellungen, die im ersten Jahr der Selbständigkeit bereits im wesentlich erfolgt waren, als vielmehr darum, welche Personen in den nächsten drei Jahren die politischen Geschicke Estlands gestalten sollten.

Den Ton gaben erst einmal die „jungen Radikalen" – wie sie der *Baltic Independent* nannte – von *Isamaa* unter Laars Führung an. Mit dem Wahlslogan *Plats puhtaks* – was wörtlich übersetzt „Platz sauber" heißt und etwa so viel wie „reinen Tisch machen" bedeuten sollte – propagierten sie einen totalen Wechsel des politischen Personals. „Kein früherer kommunistischer Apparatschik sollte ein Regierungsamt ausüben" wurde *Isamaas* Präsidentschaftskandidat Meri in derselben Zeitung zitiert [40]. Als sich die mit solchen Parolen geführte Kampagne des in den Umfragen von Anfang an favorisierten Wahlbündnisses *Isamaa* auch noch als erfolgreich herausstellte und vor allem Meri gegenüber Rüütel an Boden zu gewinnen schien, nahm der Wahlkampf schärfere Formen an – später wurde sogar von „Schlammschlacht" gesprochen.

Die Gegenangriffe richteten sich folgerichtig gegen Meri als den in dieser Situation gefährlichsten Konkurrenten. Seine politischen Gegner glaubten, jetzt den Spieß gewissermaßen umdrehen zu können, indem sie ihn des ideologischen Mitläufertums während der Sowjetzeit beschuldigten. Darüberhinaus verdächtigten sie seinen verstorbenen Vater als KGB-Kollaborateur und wollten damit den Sohn treffen. Meris anderer Mitbewerber um das Präsidentenamt Taagepera warf sich sofort für ihn in die Bresche und bezichtigte jetzt seinerseits die Urheber dieser Aktion als im Sold des KGB stehend. Die Angriffe auf seinen Vater haben Meri, wie ich von ihm selbst weiß, besonders zugesetzt. Ihn, wie auch später mehrfach geschehen, der Nähe zum Sowjetregime zu verdächtigen, aber war absurd. Meri ist zwar kein sich öffentlich bekennender politischer Dissident gewesen, hat es vielmehr als aussichtsreicher vorgezogen, innerhalb des Systems – wie in der zweiten Hälfte der 1980er Jahre als der für Auslandsbeziehungen zuständige Sekretär des Schriftstellerverbandes – für Estland zu wirken. Dabei hat er die nötige Distanz zu wahren gewußt und war beispielsweise nie Mitglied der Kommunistischen Partei. Natürlich hat er nach Auslandsreisen wie alle anderen Sowjetbürger in vergleichbarer Lage die üblichen Berichte über seine Kontakte schreiben müssen, wollte er sich nicht die Möglichkeit zu weiteren Reisen verbauen. Auch dürften diese, nehme ich einmal an, schon aus literarischer Selbstachtung nicht langweilig ausgefallen sein! Doch ernsthaft anzunehmen, Meri habe dem Regime oder gar den „Organen" in die Hände gespielt, kann nur irregeleiteten, wenn nicht böswilligen Motiven entspringen. Man wird wohl sagen dürfen, daß Meri immer nur eine Loyalität gekannt hat, und die galt Estland. Er hat mit mir in den vielen Stunden, die wir im Lauf der Jahre miteinander im Gespräch verbracht haben, nur einmal kurz über dieses Thema gesprochen: Als ihm später wieder einmal in der estnischen Presse, und zwar immer von ein und derselben Person, Zusammenarbeit mit dem KGB vorgeworfen worden war und ich nicht umhin konnte, ihn darauf anzusprechen, bemerkte er nur knapp: „Wer Fußball spielt, der muß den Ball berühren".

*

Die Wahlen am 20. September 1992 verliefen ohne alle Störungen und – wie von den zahlreich anwesenden internationalen Beobachtern festgestellt wurde – in Übereinstimmung mit allen demokratischen Spielregeln frei und geheim.

Die Wahlbeteiligung betrug knapp 68%.

Von den vier Präsidentschaftskandidaten erzielte keiner die absolute Mehrheit, die erforderlich gewesen wäre, um im ersten Wahlgang erfolgreich zu sein: Rüütel kam auf beinahe 42%, Meri auf 29,5%, Taagepera auf 23% und Parek erhielt 4% der Stimmen. Damit hatten *Isamaa* und ihr Kandidat Meri erst einmal ihr strategisches Ziel erreicht, Rüütel den direkten Weg zum höchsten Staatsamt zu versperren. Der nächste Akt würde nun im neugewählten *Riigikogu* spielen.

Die Chancen für Meri, dort zum Präsidenten gewählt zu werden, standen gut, denn *Isamaa* war wie erwartet mit 22% und 29 Abgeordnetenmandaten als stärkste Partei aus den Parlamentswahlen hervorgegangen, auch wenn man sich einige Mandate mehr versprochen hatte. Zusammen mit den beiden ihr politisch am nächsten stehenden Gruppierungen der „Gemäßigten" (9,7% und 12 Mandate) und der „Nationalen Unabhängigkeitspartei" (8,7% und 10 Mandate) würde die Vaterland-Partei über eine wenn auch hauchdünne absolute Mehrheit von einer Stimme verfügen. Als zweitstärkste Kraft hatte das Bündnis „Sicheres Heim" mit 13,6% und 17 Mandaten besser als vorhergesagt abgeschnitten, gefolgt von Savisaars Volksfront-Bündnis mit 12,2% und 15 Mandaten, dem klaren Verlierer der Wahl.

Außerdem hatten zwei in des Wortes wahrster Bedeutung exzentrische Gruppierungen den Einzug in das Parlament geschafft: Die *Unabhängigen Königstreuen – Sõltumatud Kuningriiklased* (bestehend aus der *Estnischen Royalistischen Partei – Eesti Rojalistlik Partei* und der *Royalistischen Vereinigung „Freier Thomas" – Rojalistlik Ühendus „Vaba Toomas"*) mit 7,1% (8 Mandate) und die erst im Sommer 1992 ins Leben gerufene Bewegung *Estnische Bürger – Eesti Kodanik* mit 6,9% und ebenfalls 8 Mandaten. Während der Erfolg der Royalisten nicht ganz unerwartet kam, war das gute Abschneiden der „Estnischen Bürger" die eigentliche Überraschung der Wahlen zum *Riigikogu*.

Die „Unabhängigen Königstreuen" gaben sich als Monarchisten und spielten angeblich mit dem Gedanken, dem Sohn des schwedischen Königspaares, der als nachgeborenes Kind bei der Thronfolge im eigenen Land nicht zum Zuge kommt, eine (nicht existierende) estnische Königswürde anzutragen. In Wahrheit waren sie wohl eher eine Ansammlung intellektueller Paradiesvögel, die einen noch dazu gut bezahlten Ausflug in die Politik als amüsanten Zeitvertreib betrachteten. Sie ließen dann in der Tat auch kaum eine Gelegenheit aus, um sowohl im Parlament als auch sonst in der Öffentlichkeit durch ausgefallenes Auftreten und allerlei mehr oder weniger witzig-ironische Aktionen Aufsehen zu erregen. Das galt in erster Linie für den Partei- und dann Fraktionsvorsitzenden Kalle Kulbok aus Tartu, den der *Baltic Independent* so schön (zu)treffend einen *professional eccentric* nannte. Ihn konnte man häufig in sich gekehrt durch die Straßen von Tallinn streichen sehen, meist in schwarz gekleidet und nicht selten mit einem Barett auf dem Kopf. Dank seiner Art, den Bart zu tragen, erinnerte er sicher nicht ganz ungewollt an einen der „Drei Musketiere". Auch habe ich ihn meist in Begleitung einer auffallend jungen und hübschen Frau gesehen, aber jedesmal mit einer anderen, die schweigend neben oder hinter ihm ging. Als ich einmal auf einem Empfang seine Begleiterin danach fragte, wie sie sich wohl eine Monarchie in Estland vorstellte, schien sie kaum zu wissen, was unter einer solchen überhaupt zu verstehen sei. Bei dem Versuch, mich mit Kulbok selbst zu unterhalten, bin ich nie über ein paar Höflichkeitsfloskeln hinausgekommen, denn bei aller Freundlichkeit schien er in fremden Sprachen lieber schweigen zu wollen. Ein weiteres Mitglied dieser Partei, der Journalist Kirill Teiter, zählte mit einem anderen Royalisten zu den insgesamt nur 17 Abgeordneten, die die Direktwahl in das Parlament geschafft hatten. Er wurde in Westestland und auf den Inseln gewählt (Wahlkreis *Hiiumaa/Läänemaa/Saaremaa*), wo die Royalisten mit 20% der Stimmen am besten von allen Parteien abgeschnitten hatten – Teiter hat sich daraufhin als Kirill I. (man beachte den Namen für einen estnischen Herrscher) zum König von *Sõrve*, der Halbinsel im Süden von Saaremaa, ausgerufen! Die Royalisten sind damals in Wahlanalysen als ein Sammelbecken für Unzufriedene, als eine „Protestpartei", bezeichnet worden. Das stimmte aber nur insoweit, als sie sich am Establishment, dem alten wie dem neu entstehenden, rieben. Jedenfalls waren sie eine weitere Erscheinung jener Übergangszeit und konnten als solche auf Dauer nicht bestehen.

Dies traf auch auf die Bewegung der „Estnischen Bürger" zu, die so überraschend gut bei den Wahlen abgeschnitten hatte. Diese profitierte dazu noch stärker als die Royalisten von dem Wahlsystem und dem sich weniger an Parteien als vielmehr den einzelnen Kandidaten orientierenden Wählerverhalten. Die „Estnischen Bürger" waren das Kind der estnischen Exilregierung, die sich dann nach den Wahlen im Oktober 1992 für aufgelöst erklärte, und wurden von deren „Verteidigungsminister", dem pensionierten US-Oberstleutnant Jüri Toomepuu, in die Wahl geführt. Sie waren am äußersten rechten Rand des Parteienspektrums angesiedelt, betrachteten die Präsidialverfassung von 1938 als weiterhin in Kraft befindlich und lehnten die neue Verfassung ab, so daß sie auch als einzige im Parlament vertretene politische Kraft nicht als koalitionsfähig galten. Sie wollten Estland „entkolonialisieren" und möglichst viele Angehörige der russischen Bevölkerung zum Verlassen des Landes bewegen. Toomepuu kandidierte in seiner südestnischen Heimat und hat dort einen höchst erfolgreichen populistisch gefärbten Wahlkampf geführt: Im Wahlkreis *Põlvamaa/Valgamaa/Võrumaa* erhielten die „Estnischen Bürger" nahezu 36% aller Stimmen, so viel wie keine andere Liste in ganz Estland, und sie waren beinahe alle für ihn persönlich abgegeben worden. Mit 16 904 Stimmen erhielt er die mit Abstand meisten persönlichen Stimmen im Land überhaupt, knapp doppelt so viele, wie der zweitplazierte Matti Päts (9 618), ein Enkelsohn des letzten Staatspräsidenten der Vorkriegszeit Konstantin Päts, für *Isamaa* hatte erringen können. Über Toomepuu und seine Partei ist die Zeit dann noch schneller als über die Royalisten hinweggegangen.

Schließlich erhielten noch die *Estnische Unternehmerpartei – Eesti Ettevõtjate Erakond* (Tiit Made) und die *Grünen – Rohelised* (Rein Järlik) je ein Direktmandat. Ehrenvorsitzender der „Grünen" war ein ehemaliger Abgeordneter der deutschen Grünen im Europäischen Parlament, Jakob Baron Uexküll aus alter estländischer Familie, der seine Kandidatur bei den Wahlen mangels estnischer Staatsangehörigkeit wieder hatte zurückziehen müssen. Uexküll ist der Stifter des „alternativen Nobelpreises" und auch eines an Esten für Verdienste um die „Wiedergeburt Estlands" vergebenen und mit jährlich 100 000 EEK dotierten Preises (*Eesti Taassünni Auhind*). Er hat ihn 1992 für die Dauer von fünf Jahren gestiftet und dann am 24. Februar 1993 in einer Feierstunde im Rathaus an die drei ersten Preisträger, die sich ihn teilten, überreicht. Dabei hielt Jaan Kross die Laudatio auf Uexküll, den ich bei dieser Gelegenheit kennenlerte.

Die übrigen Parteien waren entweder an der 5%-Klausel gescheitert oder hatten kein Direktmandat bekommen. Das galt auch für die ehemaligen Kommunisten, die als *Linke Alternative – Vasakvõimalus* angetreten waren und nur 1,6% erhielten. Vaino Väljas konnte immerhin einen Achtungserfolg verbuchen und ein Drittel aller für diese Liste abgegebenen Stimmen auf sich vereinen (2 670).

Der Ausgang der Wahlen ist unter dem Aspekt, wer schließlich einen Sitz im *Riigikogu* erringen konnte, damals in Estland viel kritisiert worden. In der Tat war es dem mit dem komplizierten Wahlsystem nicht näher vertrauten Bürger nur schwer zu vermitteln, mit wie wenigen Stimmen mancher Kandidat über die nationale Liste seiner Partei oder seines Wahlbündnisses den Einzug in das Parlament schaffte (den Rekord stellte eine Abgeordnete der „Estnischen Bürger" mit 69 Stimmen auf), und wie dies anderen mit vielfacher Stimmenzahl nicht gelang (wie Väljas, für den 40 Mal so viele Stimmen wie für diese Abgeordnete abgegeben worden waren). Von den 101 Kandidaten, die landesweit die meisten Stimmen bekommen hatten, erhielten dann nur 56 auch einen der 101 Parlamentssitze. Vergegenwärtigt man sich ferner, daß allein 60 der 101 Abgeordneten über die nationalen Listen in den *Riigikogu* gewählt wurden [41], dann wird einem klar, daß diese ersten Wahlen zwar im Zeichen einzelner Personen standen, jedoch nach Gesichtspunkten der Proportionalität – also durchaus „gerecht" – entschieden wurden (wobei allerdings 20% der abgegebenen Stimmen aufgrund der 5%-Klausel unter den Tisch fielen).

Die Kritik machte auch nicht vor der Wahl Meris zum Präsidenten halt, den, wie geltend gemacht wurde, am 20. September, als jeder Este seine Stimme habe abgeben können, nur ein Drittel von ihnen gewählt habe. Wen sollte es aber verwundern, daß viele Esten nach der von ihnen durchlebten Geschichte mit den Spielregeln der repräsentativen Demokratie, die sie im Referendum vom 28. Juni selbst mehrheitlich gutgeheißen hatten und die nun beim zweiten Wahlgang im *Riigikogu* voll zur Anwendung kommen sollten, noch nicht vertraut waren? Dennoch sind die Stimmen, die eine Direktwahl des Staatsoberhauptes forderten, was eine Verfassungsänderung voraussetzen würde, auch in den folgenden Jahren in Estland nie verstummt.

Lennart Meri wird zum Staatspräsidenten gewählt

Am 5. Oktober 1992 trat das neugewählte Parlament zu seiner konstituierenden Sitzung zusammen. Gemeinsam mit meiner Frau konnte ich die um 11 Uhr beginnende Zeremonie von der Presse- und Diplomatenbühne aus beobachten. Am Wochenende waren wir aus den in Deutschland verbrachten Sommerferien zurückgekehrt, um an diesem Tag, einem Montag, den alljährlichen Empfang aus Anlaß unseres Nationalfeiertages zu geben.

Die Sitzung wurde von dem Vorsitzenden der Wahlkommission Eerik-Juhan Truuväli geleitet und begann mit der Vereidigung der Abgeordneten. Jaan Kross, der über die Liste der „Gemäßigten" gewählt worden war, verlas als das mit 72 Jahren älteste Mitglied des *Riigikogu* die Eidesformel, die dann alle Abgeordneten in alphabetischer Reihenfolge unterschrieben. Daraufhin wurde die Nationalhymne gespielt.

Nach einer Pause begann um 12.30 Uhr die erste ordentliche Parlamentssitzung mit der Wahl des Vorsitzenden (*speaker*) und seiner beiden Stellvertreter. Ülo Nugis (Vaterland) gewann knapp mit 53 Stimmen gegen Riivo Sinijärv (Sicheres Heim), für den 47 Abgeordneten stimmten. Später äußerte sich Sinijärv mir gegenüber recht verbittert über diese Wahl, bei der er sich von Savisaar im

Stich gelassen fühlte, der sich nicht an zuvor getroffene Absprachen gehalten habe. Tunne Kelam (Nationale Unabhängigkeitspartei) wurde mit 50 Stimmen zum ersten und Edgar Savisaar mit 41 zum zweiten stellvertretenden Parlamentsvorsitzenden gewählt. Danach mußten wir gehen, um uns den letzten Empfangsvorbereitungen zu widmen.

Zum Beginn des Wahlgangs zur Bestimmung des Staatspräsidenten um 16 Uhr war ich wieder auf dem Domberg zurück. Geschickt und von den meisten Beobachtern unerwartet schnell umschiffte Nugis innerhalb einer Stunde alle Verfahrensklippen, so daß zur Abstimmung geschritten werden konnte. Ihren Ausgang konnte ich aber nicht mehr abwarten. Als wir von zu Hause zu unserem Empfang in die Stadt aufbrachen, hörten wir aus dem Radio, daß Meri mit 59 Stimmen zum Präsidenten gewählt worden sei. Rüütel hatte nur 31 Stimmen erhalten, 11 Stimmen waren ungültig abgegeben worden. Damit hatte Meri mehr Abgeordnete, als allgemein erwartet worden war, für sich gewinnen können, die beiden Abgeordneten bereits mitgerechnet, die gleich zu Beginn dieser Legislaturperiode von den Estnischen Bürgern zur Vaterlands- bzw. der Nationalen Unabhängigkeitspartei überwechselten. Dadurch erhöhte sich die Mehrheit der künftigen Dreierkoalition von 51 auf 53 (und verloren die Estnischen Bürger die Möglichkeit, eine eigene Parlamentsfraktion zu bilden, die aus mindestens 8 Abgeordneten bestehen mußte).

*

Unser abendlicher Empfang zum „Tag der Deutschen Einheit" im Schwarzenhäupterhaus hätte zu keinem günstigeren Zeitpunkt stattfinden können. Das hatten wir bei unseren Planungen vor Beginn der Ferien natürlich nicht vorhersehen können. Da der 3. Oktober in diesem Jahr auf einen Samstag fiel, hatten wir zum darauffolgenden Montag eingeladen (Abbildung 25).

Die Gäste aus der Welt der Politik kamen, viele mit ihren Frauen, zum größten Teil mehr oder weniger direkt von der Präsidentenwahl auf dem Domberg. Das Kabinett Vähi, das an diesem Nachmittag unmittelbar nach der Wahl Meris seinen Rücktritt erklärt hatte und jetzt nur noch geschäftsführend amtierte, marschierte beinahe geschlossen, mit dem Ministerpräsidenten an der Spitze, buchstäblich in den Saal ein und blieb stundenlang, um nach vollbrachter Tat zu feiern (Abbildung 26). Der wiedergewählte Nugis stellte sich ebenso ein wie sein unterlegener Gegenkandidat Sinijärv, zusammen mit vielen alten und neuen Abgeordneten, allen voran Mart Laar. Während der Pausen hatte ich im Laufe des Tages in den Korridoren des Parlaments eine Reihe mir bekannter Abgeordneter angesprochen und ihnen versichert, daß sie selbstverständlich auch noch später willkommen seien, sollte sich die Präsidentenwahl länger hinziehen, als es dann der Fall war. Dabei hatte ich auch Matti Päts entdeckt, wie er, ganz allein und an den Rahmen der zum Plenarsaal führenden Doppeltüre gelehnt, versonnen auf die Menge blickte. Als ich an ihn herantrat und ihm zu seiner Wahl gratulierte, bemerkte er nicht ohne Stolz, daß er der einzige im Saal sei, der jetzt in dritter Generation dem *Riigikogu* angehöre!

„Der, auf den man den ganzen Abend gewartet hatte und der schließlich doch nicht erschien, war der neue Präsident Lennart Meri" schrieb später der Gesellschaftschronist des *Esmaspäev*. Doch wer hätte dafür kein Verständnis haben können, daß Meri an diesem denkwürdigen Tag und angesichts der bevorstehenden Amtseinführung nicht mehr unter Menschen gehen wollte. Mehr, als wir das damals voraussehen konnten, bedeutete der 5. Oktober 1992 eine Zäsur in der jüngsten estnischen Geschichte: Es begann die beinahe ein Jahrzehnt andauernde Ära Meri, die Estlands Innen- und Außenpolitik und ganz besonders Estlands Ansehen in der Welt prägen sollte.

*

Am nächsten Tag zur Mittagsstunde wohnten wir der Vereidigung des neuen Staatspräsidenten im Parlament bei. Gleich darauf begaben wir wenigen Botschafter, die wir damals erst waren, einschließlich einiger Geschäftsträger und eines Honorarkonsuls uns nach Schloß Katharinental, um Meri zu gratulieren – der Doyen hatte einen Wink erhalten, daß dies erwünscht wäre. Bei dieser Gelegenheit konnte ich auch schon das Glückwunschschreiben des Bundespräsidenten überbringen, das mir das Auswärtige Amt auf meine Anregung vormittags über Telefax zugesandt hatte.

Am frühen Nachmittag nahm ich mit meiner Frau an einem feierlichen Gottesdienst in der Domkirche teil, bei dem der Präsident von Erzbischof Pajula, dem die Pastoren Kiivit (Heiliggeistkirche) und Salumäe (Domkirche) assistierten, eingesegnet wurde, nachdem er zuvor eine gute Amtsführung gelobt hatte. Wir waren von dieser Zeremonie, zumal an diesem Ort, wie überhaupt von der ganzen Art und Weise, in der die Esten diese beiden Tage gestalteten, recht beeindruckt und haben das auch offen zum Ausdruck gebracht.

Der einzige Schönheitsfehler war, wie damals Arnold Rüütel behandelt wurde. Die neuen Herren hatten für ihn keinen Platz beim Machtübergang vorgesehen. Von ihm und seinen unbezweifelbaren Verdiensten um Estland wurde an jenem 5./6. Oktober keinerlei Notiz genommen, noch trat er sonst irgendwie öffentlich in Erscheinung. Das löste in weiten Teilen der Bevölkerung eine ziemliche Empörung aus, denn man war in Estland nicht überall der Meinung des Siegers bei den Parlamentswahlen Mart Laar, daß erst jetzt die Sowjetzeit zu Ende gegangen sei. Der *Eesti Ekspress* verlieh dieser Stimmung am 9. Oktober mit einer der Umgebung von Rüütel zugeschriebenen Bemerkung Ausdruck: „Der Mohr hat seine Schuldigkeit getan" (und überließ es dem Leser, den zweiten Teil der Sentenz, „Der Mohr kann gehen", selbst hinzuzufügen). Als daraufhin über eine Woche später eine Einladung in den *Riigikogu* erging, lehnte Rüütel verbittert ab. So hatten auch wir Botschafter, die wir doch alle bei ihm akkreditiert worden waren, viel mit ihm zu tun gehabt hatten und ihn schätzten, keine Möglichkeit bekommen, uns von ihm in seiner bisherigen Eigenschaft als Staatsoberhaupt zu verabschieden. Daher gab unser schwedischer Kollege mit gebührendem zeitlichem Abstand zwei Monate später in seiner Wohnung ein Abschiedsessen, bei dem wir das nachholen konnten. Rüütel hat das sichtlich wohlgetan. Der im persönlichen Umgang eher zurückhaltende Mann ging an diesem Abend etwas aus sich heraus und erzählte auch, als ich ihn danach fragte, von dem enormen Druck, der in kritischen Situationen der vergangenen Jahre seitens Gorbatschows und der übrigen sowjetischen Führung in Moskau bis hin zu persönlichen Drohungen auf ihn ausgeübt worden sei. Bei allem Respekt für Person und Leistungen Rüütels waren wir Botschafter uns damals aber ebenfalls darin einig, daß Rüütel als Politiker nunmehr einer anderen Zeit angehörte und seine Ablösung an der Spitze des estnischen Staates einer inneren Logik nicht entbehrte. Ich habe immer bedauert, daß er das offenbar nicht selbst erkannt und daraus die Konsequenz eines völligen Abschieds von der Politik gezogen hat, anstatt sich in den folgenden Jahren mit zweitrangigen politischen Positionen abzufinden. Er wäre ungeachtet der „verlorenen" Wahl auf einem Höhepunkt seiner Popularität und seines Ansehens abgetreten! Niemand konnte in den Jahren, die ich dann noch in Estland verbrachte, vorhersehen, daß ihm neun Jahre später ein *come back* beschieden sein und er am 21. September 2001 überraschend zum Nachfolger von Meri als Staatspräsident gewählt werden würde.

*

Geradezu symbolisch war, daß wir in diesen Tagen des Übergangs endgültig Abschied von einem Mann nehmen mußten, der insbesondere mir, der ich von ihm bereits während meiner Leningrader Zeit betreut worden war, wie ein Bindeglied zwischen der „alten" und der „neuen" Zeit erschien. Am 7. Oktober fand im Konferenzsaal des „Weißen Hauses" die Trauerfeier für Protokollchef Kalle Ott statt. Wenige Tage vor Antritt des Urlaubs hatte ich ihn noch einmal aufgesucht und von der unheilbaren Krankheit gezeichnet, aber so lange es irgendwie ging Dienst tuend, angetroffen. Als ich nach Estland zurückkehrte, war er bereits tot. An die Gedenkfeier in Tallinn mit einem beeindruckenden, mir bis dahin noch nicht begegneten Ritual sich als Totenwache ständig ablösender Mitarbeiter des Außenministeriums und einer ergreifenden Rede seines ehemaligen Chefs Meri schloß sich die Überführung nach Kusal an. Mit dem britischen und einigen anderen Kollegen, die ihn wegen seiner großen Hilfsbereitschaft und stets gleichbleibenden Freundlichkeit besonders schätzten, ordneten wir uns mit unseren Wagen in den sich in langsamer Fahrt bewegenden Trauerkondukt ein. Nach einem von dem wie Kalle Ott aus Kusal stammenden Dompastor Salumäe gehaltenen Gottesdienst folgten wir dem Sarg zu Fuß bis zum neuen Friedhof von Kusal, auf dem sich auch das jüngere Stenbocksche Familiengrab befindet. Auf dem Rückweg legte ich dann noch auf der Grabplatte von Karl Magnus Stenbock, auf dem alten Begräbnisplatz der Familie bei der Kirche von Kusal, einen Strauß Herbstblumen nieder.

Mart Laar übernimmt die Regierungsverantwortung

Am 8. Oktober erließ Meri seine erste Verfügung als Staatspräsident und beauftragte Mart Laar mit der Regierungsbildung. Danach reiste er nach Finnland zurück, wo er noch als Botschafter akkreditiert war, um sich zu verabschieden. Dem waren Konsultationen mit allen im neugewählten Parlament vertretenen Gruppierungen vorausgegangen, bei denen sich Meri, wie verlautete, von dem Grundsatz habe leiten lassen, daß er seit dem Augenblick seiner Wahl keiner Partei mehr angehöre, sondern Präsident des ganzen Volkes sei. Nach der neuen Verfassung hatte Laar jetzt zwei Wochen Zeit, um sich im *Riigikogu* mit einem Regierungsprogramm zur Wahl zu stellen.

Die Beauftragung von Laar konnte nach dem Ausgang der Parlamentswahlen kaum überraschen. Dennoch mußte es etwas erstaunen, einen erst 32jährigen Mann ohne Regierungserfahrung gleich in dieses hohe Amt berufen zu sehen. Jedenfalls ging es mir so, als uns am 6. Oktober nach dem Gottesdienst für Meri vor der Domkirche Mart Laar und Rein Helme, der auch in das Parlament gewählt worden war, entgegenkamen und letzterer ihn meiner Frau und mir als den künftigen Ministerpräsidenten „vorstellte" – wir kannten uns ja schon seit längerem recht gut, und ich schätzte ihn und seine ganze frische und direkte Art, die so überhaupt nichts mehr von den Gewohnheiten der alten Nomenklatura an sich hatte (Abbildung 27). Der junge Historiker war Mitbegründer der *Eesti Muinsuskaitse Selts* (Gesellschaft für Denkmalschutz) und Vorsitzender ihrer Historischen Kommission gewesen und hatte gerade eine grundlegende Arbeit über die *Metsavennad* (Waldbrüder) genannte estnische Widerstandsbewegung in den Jahren 1944–1956 veröffentlicht. Seine mir aus verschiedenen Gesprächen mit ihm über unsere gemeinsame deutsch-estnische Geschichte bereits bekannte unverkrampfte Einstellung zu dieser sowie seine ausgezeichneten Deutschkenntnisse schienen mir darüberhinaus eine gute Voraussetzung für eine fruchtbare künftige Zusammenarbeit zu sein. So war meine Reaktion bei dieser Begegnung am 6. Oktober also durchaus eine freudige!

Abb. 16 Die erste Mannschaft der Deutschen Botschaft Tallinn im Oktober 1991 vor dem
Gebäude des Revaler Stadtarchivs, ihrer provisorischen Unterkunft in den dortigen
Räumlichkeiten des Deutschen Kulturinstituts (Tolli 6). Von links Nikolaus Graf Lambs-
dorff, Gisela Mell, Verfasser, Ursula Meier-Wichmann, Harald Klawohn, Klaus Deyhle,
Andrus Vaker und Priit Relve.

Der Empfang aus Anlaß des „Tages der Deutschen Einheit" im „Weißen Saal" des Schwarzenhäupterhauses am 3. Oktober 1991 vereint alte und neue Mächte

Abb. 17
Außenminister Meri überbringt
die Glückwünsche der
estnischen Regierung.

Abb. 18 Die Gastgeber, assistiert von Priit Relve, begrüßen den Vorsitzenden der Kommunistischen Partei Estlands Vaino Väljas und seine Frau, während der Historiker Indrek Jürjo die Szene beobachtet.

Abb. 19
Das Gebäude des „Weißen Hauses"
und späteren Außenministeriums, in
dessen 7. Stock die Kanzlei der
Deutschen Botschaft ab November
1991 eine Unterkunft fand.

Abb. 20 Blick von der Kanzlei der Deutschen Botschaft auf die Revaler Altstadt im Winter 1992.
Im Vordergrund das Konferenzzentrum „Sakala" und die „Estonia", im Hintergrund der
Domberg.

Abb. 21   Bundespräsident v. Weizsäcker empfängt Präsident Rüütel mit militärischen Ehren vor
der Villa Hammerschmidt in Bonn am 3. April 1992.

Abb. 22 Patrick v. Glasenapp spricht nach der Enthüllung des wiedererrichteten Denkmals für den Gründer der Universität Dorpat König Gustav II. Adolf v. Schweden am 23. April 1992.

Abb. 23   Die provisorische Botschafterresidenz vor den Toren der Stadt.

Abb. 24 Jaan Kross mit Christian und Henning v. Wistinghausen am „Ungru Kivi" bei Hohenholm (Kõrgessaare) auf der Insel Dagö (Hiiumaa) am 27. Juni 1992.

Der Empfang zum „Tag der Deutschen Einheit" fällt zusammen
mit dem Ende der Übergangsregierung von Ministerpräsident Vähi und der
Wahl von Botschafter Meri zum Staatspräsidenten am
5. Oktober 1992

Abb. 25 Begrüßung von Außenminister Manitski.

Abb. 26 Ministerpräsident Vähi (Mitte) im Gespräch mit dem gerade zum 1.
stellvertretenden Parlamentspräsidenten gewählten Tunne Kelam
(links) und den Botschaftern der USA Bob Frasure (1942–1995) und
Großbritannien Brian Low (rechts).

Das änderte nichts an der Wertschätzung, die ich stets für Person und Leistung des bisherigen Regierungschefs Tiit Vähi empfunden hatte. Er und seine Mannschaft hatten die in sie gesetzten Erwartungen, Estland in der neunmonatigen Übergangsperiode zwischen dem Sturz von Savisaar und den ersten Wahlen als „Experten" zu regieren, erfüllt. In höchst schwierigen Zeiten hat die Regierung Vähi die wirtschaftliche Lage stabilisiert und die richtigen Weichenstellungen für die Zukunft getroffen. Vähis größte einzelne Leistung dürfte dabei gewesen sein, die Einführung einer eigenen estnischen Währung zum frühest möglichen Zeitpunkt gegen erhebliche Widerstände durchgesetzt zu haben. Dieses Urteil berücksichtigt auch fortbestehende Mängel und Defizite vor allem im sozialen Bereich. Doch mehr hätte unter den obwaltenden Umständen und unter Berücksichtigung der Mehrheitsverhältnisse im Obersten Rat auch eine andere Regierung wohl kaum erreichen können. Das hatte auch der zurückliegende Wahlkampf gezeigt, in dem nur minimale Unterschiede zwischen den Programmen der einzelnen politischen Gruppierungen zu erkennen gewesen waren, wenn diese denn überhaupt mit solchen hervorgetreten waren, und in dem keine von ihnen eine wirkliche Alternative zur Politik der Regierung Vähi vorgelegt hatte.

Eine Woche nach dem Rücktritt seiner Regierung lud Vähi die Missionschefs zu einem Abschiedsessen auf den Domberg ein. Die Anspannung des letzten Dreivierteljahres war sichtlich von ihm abgefallen. Zufrieden erzählte er mir als seinem Tischnachbarn, wie er über das Wochenende erfolgreich auf der Insel Dagö gejagt habe, und als ich ihn am späteren Nachmittag, zu einer Stunde, da er gewöhnlich noch zu arbeiten pflegte, telefonisch zu erreichen suchte, war er bereits nach Hause gegangen!

Vähi hatte bei den Wahlen wohl hauptsächlich deswegen nicht kandidiert, weil er das mit seinem Auftrag als Leiter einer „unpolitischen" Übergangsregierung nicht glaubte vereinbaren zu können (einige Mitglieder seines Kabinetts dagegen haben sich zur Wahl gestellt). Jetzt wollte er sich zumindest vorübergehend aus der aktiven Politik zurückziehen und bat uns ihm zu ermöglichen, sich in Deutschland weiterzubilden. Dabei schwebte ihm vor, einen umfassenden Einblick in die Funktionsweise eines modernen, marktwirtschaftlich organisierten Staatswesens zu erhalten. Auf Deutschland war er wohl auch deswegen verfallen, weil Deutsch damals die einzige Fremdsprache war, die er außer Russisch einigermaßen beherrschte. Die Kollegen im Auswärtigen Amt schalteten schnell, so daß ich Vähi sehr zu seiner Freude noch im Oktober 1992 einen halbjährigen Deutschland-Aufenthalt im Rahmen eines Programms zur Aus- und Fortbildung von Führungskräften der Wirtschaft aus den MOE-Staaten anbieten konnte. Die Organisation lag in Händen der Carl Duisberg-Gesellschaft, die für Vähi ein auf seine Wünsche zugeschnittenes Sonderprogramm zusammenstellte. Mit einer gleichen Bitte wandte sich auch sein bisheriger

Staatsminister Uno Veering an uns, dessen Deutschkenntnisse noch besser waren, und auch seine Wünsche wurden erfüllt. Beide traten ihren Deutschland-Aufenthalt, der für Vähi mit einem Sprachkurs begann, dann im Januar 1993 an. Als die estnische Presse später davon Wind bekam, brachte mir das manch anerkennenden Kommentar aus Kollegenmund ein, der nicht ganz frei von Neid gewesen sein dürfte; denn schon damals wurde damit gerechnet, daß Tiit Vähi eines Tages wieder eine Rolle in der estnischen Politik spielen würde.

Am 19. Oktober bestätigte das Parlament Mart Laar mit 54 zu 30 Stimmen bei vier Enthaltungen als Ministerpräsidenten. Am selben Tag erfolgte auch die Unterzeichnung einer Koalitionsvereinbarung zwischen dem *Isamaa*-Wahlbündnis, der Nationalen Unabhängigkeitspartei und dem Bündnis der Gemäßigten durch ihn, Lagle Parek und Lia Hänni. Diese „Mitte-Rechts"-Regierung verfügte (zusammen mit den beiden von den Estnischen Bürgern übergewechselten Abgeordneten) über 53 Stimmen.

Schwerpunkte von Laars Regierungsprogramm waren bei grundsätzlicher Fortführung der Vähischen Wirtschaftspolitik die Sicherung der Energieversorgung im bevorstehenden Winter mit westlicher Hilfe (die Vorräte reichten damals etwa bis zum Jahreswechsel) und die Privatisierung, innenpolitisch eine gewisse Liberalisierung des Staatsangehörigkeitsrechts und die schnelle Verabschiedung eines Ausländergesetzes sowie außenpolitisch eine Normalisierung der Beziehungen zu Rußland in der Perspektive des Abzugs seiner noch in Estland stationierten Truppen. Der *Baltic Independent* beschrieb Laars Regierungsprogramm recht präzise als *a clever compromise between the tough-minded anti-nomenklatura rhetoric of the election campaign, and the requirements of actually governing the country* [42]. Laar selbst wurde aus seiner Rede vor dem Parlament dahingehend zitiert, seine Regierung sei zwar für einen radikalen wirtschaftlichen und politischen Wandel, doch sei der Wahlslogan „Platz sauber" weniger gegen einzelne Personen, als vielmehr gegen das System als solches gerichtet gewesen.

Nachdem Laar Staatspräsident Meri seine Kabinettsliste vorgestellt hatte, ernannte ihn dieser am 21. Oktober zum neuen Ministerpräsidenten. Mit den gleichzeitig von Meri ernannten 13 Ministern bildete Laar eine vollkommen neue Mannschaft. Im Gegensatz zur bisherigen Übergangsregierung aus Fachleuten verstand sich die Regierung Laar als eine solche von Politikern, denen die Beamten in den Ministerien zuzuarbeiten haben. Indem man sich damit bewußt an den Verhältnissen in modernen parlamentarischen Demokratien orientierte, zu denen sich Estland jetzt zählte, machte man zugleich aus der Not eine Tugend, denn die meisten der zum Teil sehr jungen Regierungsmitglieder verfügten über keinerlei Verwaltungs- oder gar Regierungserfahrung. Nur der als Minister ohne Portefeuille (d.h. ohne eigenen administrativen Unterbau) für

Energiefragen zuständige Arvo Niitenberg hatte schon in gleicher Eigenschaft der Regierung Vähi angehört. Er war ein Exileste aus Kanada und dort *Senior Vice President* von *Ontario Hydropower* gewesen, dem, wie er uns erzählte, größten Energieproduzenten auf dem nordamerikanischen Kontinent. Der neue Außenminister Trivimi Velliste war bisher stellvertretender Leiter des Außenressorts gewesen. Alle anderen Kabinettsmitglieder hatten bisher noch kein Regierungsamt innegehabt. Fünf von ihnen wurden vom Vaterland-Bündnis, vier von den Gemäßigten und drei von der Nationalen Volkspartei gestellt. Die übrigen waren parteilos. Außer Niitenberg und dem zum Verteidigungsminister berufenen Hain Rebas (der in Schweden aufgewachsen war und jetzt von seinen Lehrverpflichtungen an der Universität Kiel entbunden wurde) gehörte dem Kabinett Laar mit dem parteilosen Finanzminister Madis Üürike aus Schweden ein weiterer Exileste an. Innenministerin wurde die Präsidentschaftskandidatin Lagle Parek, womit jetzt eine ehemalige politische Gefangene über die Polizei gebot. Viel Beachtung fand auch die Ernennung von Kaido Kama (Vaterland) zum Justizminister; zeitbedingt hatte er keine höhere schulische geschweige denn eine juristische Ausbildung genossen und mit seiner kinderreichen Familie als Förster auf dem Land gelebt, bis ihn die „singende Revolution" in die Politik brachte. Er galt als intelligent aber schwierig, war sicher ein interessanter Mann, mit dem ich mich leider nur auf Russisch unterhalten konnte. Sein Markenzeichen waren Pullover, in denen er auch auf Empfängen auftauchte – als Minister habe ich ihn später allerdings auch im Anzug und mit Krawatte erlebt! Marju Lauristin übernahm das Sozial- und Andres Tarand das Umweltministerium. Liia Hänni war als Ministerin ohne Portefeuille für Reformen zuständig. Velliste erhielt die Position des ersten und Hänni die des zweiten Stellvertreters des Ministerpräsidenten.

Im Zuge einer an die Vorkriegszeit und westeuropäische Vorbilder anknüpfenden Regierungsreform, die schon am 20. Oktober vom *Riigikogu* beschlossen und dann schrittweise umgesetzt wurde, sind die Ministerien neu gegliedert und von 18 auf 11 an der Zahl reduziert worden. So gab es auch keine stellvertretenden Minister mehr, sondern die einzelnen Ressorts wurden von nun an bei Abwesenheit des Ministers wie bei uns von in Estland „Kanzler" genannten Staatssekretären als obersten Beamten geleitet. Im Außenministerium wurde hierzu Alar Olljum berufen, ein junger Exileste aus Kanada. Auch sonst gab es dort ein größeres Stühlerücken, da eine Reihe von Nachwuchsdiplomaten aus Meris Mannschaft auf der *Isamaa*-Liste in das Parlament gewählt worden waren. So übernahm Toivo Klaar (Republikaner), der die estnische Delegation zur KSZE-Folgekonferenz in Helsinki erfolgreich geleitet, den Einzug ins Parlament dann aber um Haaresbreite verfehlt hatte, von Jüri Luik die Leitung der politischen Abteilung. Als diesem bald darauf als 14. Kabinettsmitglied das Amt eines Ministers ohne Portefeuille für die Verhandlungen mit Rußland anvertraut wurde und er daher wieder aus dem *Riigikogu* ausschied, da in Estland Ministeramt und Abgeordnetenmandat inkompatibel sind, zog Klaar als sein „Nachrücker" auf der *Isamaa*-Liste aber weiterhin den Posten des Politischen Direktors einer Laufbahn als Abgeordneter vor.

Ostpolitik

Wie der alten so mußte auch der neuen Regierung an möglichst guten Beziehungen zu Rußland gelegen sein, wenn sie in Übereinstimmung mit den im Juli 1992 im KSZE-Rahmen in Helsinki erreichten Festlegungen das Primärziel aller damaligen estnischen Außenpolitik, nämlich den „baldigen, geordneten und völligen" Abzug der russischen Truppen, erreichen wollte. Dies und das übergeordnete außenpolitische Ziel der Integration Estlands in Europa, wie es in der Koalitionsvereinbarung hieß, die der Regierung Laar zugrundelag, bedingten einander: Ohne außen- und sicherheitspolitische Verankerung im Westen konnte Estland seine Interessen gegenüber dem großen Nachbarn im Osten nicht hinreichend wahren, ohne ein geregeltes Verhältnis zu Rußland war aber auch an eine Integration in das übrige Europa nicht zu denken. So hatte Ministerpräsident Laar in seiner Programmrede vor dem *Riigikogu* denn auch die Notwendigkeit einer Normalisierung der Beziehungen mit Moskau hervorgehoben und gesetzgeberische Initiativen zur Verbesserung der Lage der russischsprachigen Bevölkerung angekündigt, was seine Wirkung nicht verfehlen sollte.

Zuvor müssen wir aber in den Sommer zurückblenden. Bald nachdem sich die beiden Verhandlungsdelegtionen nach erfolglosen Gesprächen Ende Juli in die Ferien verabschiedet hatten, waren die drei baltischen Außenminister von ihrem Kollegen Kosyrjev zum 6. August nach Moskau eingeladen worden. Er wolle ihnen im Auftrag von Präsident Jelzin „im gemeinsamen Interesse neue Vorschläge" machen, war die Botschaft. Denn wie im Januar und August 1991 gelte es, gegen einen aggressiven Nationalismus anzukämpfen, der Freiheit und Unabhängigkeit nicht zulassen und sie alle unter „die rote, die rot-braune oder einfach die braune Fahne" zurückführen wolle. Jelzin aber beabsichtige, eine Wende in den sich verschlechternden Beziehungen zu den baltischen Staaten herbeizuführen und den Nationalpatrioten eine realistische und verantwortungsvolle Politik entgegenzusetzen. Wenn die Balten schnell und konstruktiv antworteten, könnten Zusammenkünfte und Vereinbarungen zwischen ihren und Rußlands „Führern" vorbereitet werden. Wie Außenminister Manitski die Botschafter nach seiner Rückkehr aus Moskau unterrichtete, enthielten die zu den wichtigsten bilateralen Problemen gemachten Vorschläge nur hinsichtlich des Truppenabzugs ein neues Element: Die russische Seite hatte sich nämlich jetzt erstmals offiziell dazu bereiterklärt, den Abzug ihrer Truppen aus Estland, Lettland und Litauen bis 1994 abzuschließen. Sie knüpfte daran aber eine Reihe von Bedingungen, zu denen die vorübergehende Aufrechterhaltung einiger nicht näher bezeichneter strategischer Objekte im Baltikum über den Zeitpunkt des eigentlichen Truppenabzugs, also über 1994 hinaus, zählte. Ferner sollten sich die baltischen Staaten an dem international zu finanzierenden Bau von Wohnungen für die abziehenden Militärs beteiligen und – entgegen anderslautenden Erklärungen Jelzins anläßlich seiner Teilnahme am Münchener Weltwirtschaftsgipfel im Juli 1992 – den Austausch von Wehrpflichtigen nach Ablauf ihrer Dienstzeit zulassen, ohne daß dadurch die Gesamtstärke der noch im Baltikum dislozierten Truppen erhöht würde –, um nur die aus baltischer Sicht gravierendsten von insgesamt neun Vorbedingungen für einen Truppenabzug zu nennen.

Für die baltischen Außenminister kamen die Vorschläge allerdings nicht ganz unvorbereitet, da die russische Seite vorab einige westliche Regierungen mit der Bitte unterrichtet hatte, ihren Einfluß dahin geltend zu machen, daß diese Vorschläge ungeachtet einiger „Schönheitsfehler" nicht von vornherein abgelehnt würden. In Tallinn jedenfalls hatten der amerikanische und der britische Kollege Weisungen in diesem Sinn aus ihren Hauptstädten erhalten – ich habe nie erfahren, ob die deutsche Diplomatie dabei ausgespart oder nur die Botschaft Tallinn nicht beteiligt worden war. Natürlich habe ich das bedauert und dies auch Bonn gegenüber nicht verheimlicht. Auf diese Weise war Manitski jedenfalls in die Lage versetzt worden, noch in Moskau eine erste Erklärung abzugeben. Dabei stellte der estnische Außenminister die dort geführten Gespräche, für die er sich dankbar zeigte, in den Gesamtzusammenhang des Helsinki-Prozesses: Punkt 15 der Erklärung vom 10. Juli 1992 schließe jedes Junktim aus, erfordere einen Zeitplan für den Truppenabzug, und „baldiger" Abzug bedeute im estnischen Verständnis, daß die Militärs das Land bis zum ersten Jahrestag dieser Erklärung zu verlassen hätten (später wurde die estnische Position dahin präzisiert, daß die Aufrechterhaltung strategischer Objekte über den eigentlichen Abzugstermin hinaus – in Estland dachte man natürlich an *Paldiski* – mit dem eindeutigen Wortlaut von Helsinki II unvereinbar sei). Dennoch bewertete Manitski uns gegenüber die russische Initiative angesichts der ständigen anti-estnischen Stimmungsmache in Moskau grundsätzlich positiv – noch am 17. Juli hatte der Oberste Sowjet mit Wirtschaftssanktionen gedroht, falls die Russen in Estland weiter „terrorisiert" würden. Er wurde dabei vom US-Kollegen Frasure unterstützt, der wie gesagt Weisungen hatte und die Vorschläge als vernünftig und gewiß auch als verhandelbar bezeichnete; allerdings teile Washington die estnische Haltung, daß keine Junktims hergestellt werden dürften. Einige Tage darauf wurde ich von Bonn in die Lage versetzt, den Außenminister aufzusuchen und ihm meinerseits zu seiner Befriedigung mitzuteilen, auch die Bundesregierung sei dieser Auffassung.

Um die Politik besser zu verstehen, die Jelzin und sein Außenminister damals gegenüber den baltischen Staaten und vor allem Est- und Lettland mit ihren großen russischen Minderheiten verfolgte, muß man sich die innere Lage in Rußland vor Augen halten. Ohne mangels eigener unmittelbarer Anschauung näher hierauf eingehen zu können, sei daran erinnert, daß sich der russische Präsident durch den von alten Kommunisten und neuen Nationalisten dominierten Volksdeputiertenkongreß seit dessen 6. Sitzungsperiode im April 1992 zunehmend in seinen politischen und wirtschaftlichen Reformbemühungen eingeengt und auch in der grundsätzlich auf Kooperation mit dem Westen angelegten Außenpolitik zu Kompromissen gezwungen sah. So war seine Baltikumpolitik auch immer eine Gratwanderung, dazu bestimmt, den innenpolitischen Gegnern keine zusätzlichen Angriffsflächen zu bieten. Denn diese versäumten keine Gelegenheit, um das Argument gegen ihn zu verwenden, er vernachlässige die Interessen der etwa 25 Millionen zählenden russischsprachigen Bevölkerung, die außerhalb Rußlands auf dem Territorium der ehemaligen Sowjetunion im „nahen Ausland" lebe und dort als solche diskriminiert werde. Das erklärte manche scheinbare Inkonsequenz im außenpolitischen Handeln Rußlands gerade gegenüber Estland.

Anfang September 1992 trafen sich die beiden Verhandlungsdelegationen wieder in *Nachabino* bei Moskau. Staatsminister Veering zeigte sich nach seiner Rückkehr mit dem Ergebnis zufrieden. Es habe deutliche Fortschritte gegeben, was er auf westliche Einflußnahme zurückführte. Erstmals habe man auch über den Text eines Truppenabzugsabkommens verhandeln können und in den Gesprächen zu hören bekommen, Rußland wäre grundsätzlich sogar zu einem völligen Abzug im Jahre 1993 bereit, selbst wenn dies noch nicht die offizielle Position wäre (nahezu zeitgleich wurde zwischen Jelzin und Landsbergis am 8. September in Moskau der Abzug der Truppen aus Litauen bis Ende August 1993 mündlich vereinbart). Besonders im Wirtschaftsbereich sei man bei den Gesprächen vorangekommen und habe sich auf eine Reihe von Abkommen geeinigt, nachdem Ministerpräsident Vähi bereits am 7. September mit seinem russischen Kollegen Gaidar ein Freihandelsabkommen hatte unterzeichnen können.

So stellte sich die Lage dar, als Ministerpräsident Laar am 21. Oktober die Regierung übernahm. Acht Tage darauf ein Paukenschlag aus Moskau: Präsident Jelzin ordnete an, daß der weitere Truppenabzug solange auszusetzen sei, bis Abkommen mit Estland, Lettland und Litauen unterschrieben wären, die auch soziale Garantien für die Militärs und ihre Angehörigen während der Dauer ihres restlichen Aufenthaltes im Baltikum beinhalten. Da man in Estland sehr wohl verstand, daß Jelzin erneut unter starken innenpolitischen Druck geraten war, und ihn nicht zusätzlich bedrängen wollte, reagierten sowohl Regierung als auch Präsident zwar in der Sache unter Hinweis auf Helsinki II entschlossen, doch in Ton und Form unaufgeregt und geradezu mit Verständnis für die Situation in Moskau. Präsident Meri betonte noch am selben Tag, die Menschenrechte aller Einwohner Estlands stünden unter dem Schutz der Verfassung und schloß damit ausdrücklich die Russen mit ein.

Wiederum wenige Tage später, am 2./3. November, tauchte überraschend der stellvertretende russische Außenminister Vitalij Tschurkin in Tallinn auf und spielte in Gesprächen mit Meri, Velliste und Nugis die Bedeutung der Anordnung Jelzins vom 29. Oktober 1992 herunter. Dabei machte er die erstaunliche Mitteilung, sie stelle eine rein interne, nicht zur Veröffentlichung bestimmte Handlungsanweisung an russische Dienststellen ohne Außenwirkung dar, die nichts an der von Rußland getroffenen politischen Entscheidung ändere, die Truppen bis Ende 1994 abzuziehen, und die ohne Mitwirkung des Außenministeriums abgefaßt worden wäre, das man noch nicht einmal konsultiert hätte! Tschurkin war auffallend um Verständigung und gute Beziehungen bemüht, sprach vor der Presse von „konstruktiven" Gesprächen (obwohl in der Sache überhaupt nicht verhandelt worden war) und versicherte zum Abschluß, der mit der neuen estnischen Regierung begonnene Dialog müsse möglichst bald auf der Ebene der Außenminister persönlich fortgesetzt werden. Wie mir Velliste anschließend sagte, habe er Tschurkin bedeutet, bevor die in den wesentlichen Fragen bisher wenig erfolgreichen bilateralen Verhandlungen förmlich fortgesetzt werden könnten, sei in der Tat ein Treffen mit Kosyrjev zur politischen Weichenstellung erforderlich. Trotz weiterhin bestehender Ungereimtheiten hinsichtlich Zustandekommen und Veröffentlichung der Jelzinschen Anordnung und trotz aller Skepsis gegenüber der Aufrichtigkeit der russischen Baltikumpolitik, tendierte man im estnischen Außenministerium zu der Auffassung, Tschurkin sei, durchaus auch mit Rücksicht auf die internationale Wirkung, zur Schadensbegrenzung nach Tallinn geschickt worden, während Jelzins Vorgehen zur Beruhigung der nationalen Heißsporne im Vorfeld des nächsten Volksdeputiertenkongresses bestimmt gewesen sei. Dafür spreche auch, daß der Truppenabzug aus Estland keineswegs zum Stillstand gekommen sei. Im Gegenteil: Selbst hohe russische Militärs in Estland erklärten, der Truppenabzug sei unumkehrbar und Jelzins Anordnung daher unverständlich. Als einer der Gründe für ihre Haltung nannten uns estnische Beobachter die Auswirkungen der Währungsreform: Die russischen Truppen in Estland verfügten einfach nicht über genügend Kronen, um sich ordentlich verpflegen und andere Versorgungsleistungen bezahlen zu können. Auch habe ein regelrechter Wettlauf um die besten Unterkünfte in Rußland begonnen.

Zwei Tage nach dem Besuch des stellvertretenden russischen Außenministers in Estland fanden sich die drei baltischen Präsidenten am 5. November zu einer auf litauische Initiative kurzfristig anberaumten Sitzung des Baltischen Rats in Wilna zusammen, um über das weitere Vorgehen zu beraten. Dabei drängte der lettische Präsident Gorbunovs zu einer scharfen Reaktion auf Jelzins Anordnung, während sich Landsbergis, vor allem aber Meri unter dem Eindruck des Auftretens von Tschurkin in Tallinn, für eine konziliantere Linie aussprachen. Im Ergebnis machten sie in einem Brief an den VN-Generalsekretär auf den Widerspruch zu den von Rußland in Helsinki eingegangenen Verpflichtungen aufmerksam und behielten sich ungeachtet einer Debatte über den Truppenabzug in der bevorstehenden Vollversammlung einen Appell an den Sicherheitsrat vor. Im estnischen Außenministerium wurde dies für keine gute Idee gehalten, da damit der ganze Vorgang nur unnötig dramatisiert würde. Dort hörte ich damals, einen Monat nach Meris Amtsantritt, auch zum ersten Mal, als Präsident sei er nach der Verfassung zu politischen Entscheidungen von einer solchen Tragweite gar nicht befugt.

Am selben 5. November startete der sich offenbar innenpolitisch stark bedrängt fühlende russische Präsident eine internationale Entlastungsaktion, durch die er die Versuche Tschurkins zur Erklärung seiner Anordnung vom 29. Oktober 1992 ziemlich unglaubwürdig erscheinen ließ. In einem Brief an den VN-Generalsekretär bekräftigte er, sich dazu gezwungen gesehen zu haben, den Truppenabzug so lange zu unterbrechen, bis mit den baltischen Staaten Abkommen über die untrennbar mit dem Abzug zusammenhängenden Fragen unterschrieben worden seien. Zu diesen zählte die Gewährleistung einer normalen Funktionsfähigkeit der Truppen bis zum vollständigen Abzug sowie Garantien „für den sozialen und rechtlichen Schutz und die persönlichen Rechte der Militärangehörigen, der Militärpensionäre und deren Familienangehörigen". Die ungeklärte Situation, hieß es weiter, erschwere ernsthaft die Lage sowohl der Militärs als auch ihrer Familien und wirke sich äußerst negativ auf die Haltung der russischen Öffentlichkeit aus. Außerdem wolle er auf die „flagrante Diskriminierung" der russischsprachigen Bevölkerung im Baltikum aufmerksam machen und schlage daher vor, die „massenhafte Verletzung der Menschenrechte und (bürgerlichen) Freiheiten" auf die Tagesordnung der Vollversammlung zu setzen.

In diesem Sinn, jedoch in insgesamt versöhnlicherem Ton und in der Sache gemäßigter, wandte sich Jelzin gleichzeitig an Meri und verband damit die Hoffnung, daß die neue „Führung" Estlands konkrete Schritte zu einer radikalen Änderung der Lage der russischsprachigen Bevölkerung ergreife, die politisch, wirtschaftlich und sozial „diskriminiert" werde (von „massenhaften Menschenrechtsverletzungen" war hingegen keine Rede). Bei beiderseitigem gutem Willen aber werde man zu Vereinbarungen über die bestehenden Probleme kommen. Rußland sehe daher den künftigen Beziehungen zu Estland mit Optimismus entgegen und vertraue auf einen schlußendlichen Erfolg gemeinsamer Bemühungen. Angesichts dieser Tonlage und unter Berücksichtigung des politischen Umfelds, in dem es entstanden war, wurde das Schreiben in Tallinn gut aufgenommen.

Einen Tag darauf, am 6. November, holte Präsident Jelzin zu einem weiteren Rundumschlag aus und wandte sich mit demselben Tenor wie an den VN-Generalsekretär auch an die Staats- und Regierungschefs der KSZE-Mitgliedsstaaten, unter ihnen Bundeskanzler Kohl. Zusätzlich bat er in diesem Schreiben um Unterstützung beim Bau von Wohnungen für die aus dem Baltikum abzuziehenden Truppen. Den Bundeskanzler bat Jelzin außerdem, mäßigend auf die seiner Auffassung nach extrem nationalistisch gesinnten Kräfte in den baltischen Staaten einzuwirken und damit persönlich zur Lösung der Probleme der russischsprachigen Bevölkerung beizutragen.

Positiv zu bewerten war nicht nur die Aussage Jelzins, mit der er auch sein Schreiben an den VN-Generalsekretär eingeleitet hatte, die russische Führung wolle klar und unmißverständlich ihre Absicht bestätigen, die Truppen, sobald dies realistischerweise möglich sei, aus den baltischen Staaten abzuziehen, sondern auch, daß er – anders als noch im August von Außenminister Kosyrjev bei dem Treffen mit seinen baltischen Kollegen in Moskau gefordert – ein Junktim ausschließlich zum Schutz der Interessen der Militärpersonen und ihrer Angehörigen hergestellt hätte. Diese positive Bewertung wurde noch dadurch gestützt, daß der Truppenabzug ungeachtet des Jelzinschen Theaterdonners weiterging. Dennoch bestand auch die deutsche Position in der Forderung nach einer unkonditionierten Umsetzung des Ergebnisses von Helsinki.

Da die Bundesregierung bereits umfangreiche Leistungen an Rußland zur Unterbringung der aus Ostdeutschland abziehenden Truppen erbracht hatte, sah sie sich zu weiterer materieller Unterstützung beim Wohnungsbau aber nicht in der Lage.

Der Lage der russischsprachigen Bevölkerung schließlich hatte die deutsche Baltikumpolitik von Anbeginn besondere Aufmerksamkeit zukommen lassen und würde dies auch in Zukunft tun. Dabei hat sie sich stets dafür eingesetzt, daß die Rechte der russischen Minderheit an dem internationalen Standard gemessen werden, der von den Vereinten Nationen, dem Europarat und der KSZE gesetzt worden ist. Damals, im November 1992, stand gerade eine Mission des *Office for Democratic Institutions and Human Rights* (ODIHR) der KSZE nach Estland bevor, um deren Entsendung die estnische Regierung bereits Ende September 1992 selbst gebeten hatte und deren Ergebnisse die Bundesregierung erst einmal abwarten wollte. Von dieser Haltung ließ sich Deutschland dann auch bei der weiteren Behandlung des Themas Truppenabzug und Menschenrechte der Russen im Baltikum in den Vereinten Nationen leiten.

*

In diesen Tagen, es war am 10. November, machte mir der neue russische Kollege einen Antrittsbesuch. Es hatte über ein Jahr nach der Unabhängigkeit gedauert, bis Rußland schließlich einen Botschafter entsandte. Das hing auch damit zusammen, daß die ursprünglich geplante Ernennung eines Estlandrussen mit ererbter estnischer Staatsangehörigkeit, Dr. Arthur Kusnezov (der in der Regierung Savisaar eine zeitlang Minister für ethnische Beziehungen gewesen war), am estnischen Widerstand gescheitert war. Alexander Trofimov war ein Karrierediplomat und kam aus Bamako, der Hauptstadt von Mali, wo er die letzten fünf Jahre erst sowjetischer, dann russischer Botschafter gewesen war. Wir sprachen miteinander französisch. Er war ein wenig jünger als ich und keineswegs ein *hardliner*, sondern ein umgänglicher, der Konfrontation abgeneigter Kollege, der mit seiner Frau gerne am gesellschaftlichen Leben unseres kleinen diplomatischen Corps teilnahm, in das sich beide schnell integrierten. Tallinn sollte für ihn zur größten Herausforderung seiner bisherigen Laufbahn werden, da er ständig zwischen mehreren Fronten lavieren mußte: Der estnischen Gastregierung, seiner Moskauer Zentrale und der russischen Minderheit in Estland, die ihre Interessen nicht immer so wie von Moskau gewünscht definierte und dazu selbst noch in verschiedene Gruppen zerfiel. Schon bei unserer ersten Begegnung nahm er einen vernünftigen Standpunkt in der Frage der russischen Bevölkerung mit Verständnis auch für die estnische Seite ein, der er übrigens eine befriedigende Bewältigung dieses Problems zutraute. Anders als die offizielle russische Propaganda, die auch in seinen Augen in erster Linie die national-kommunistischen Radikalen in der Russischen Föderation beruhigen sollte, sah er das eigentliche Problem nicht in der Verletzung von Menschenrechten der Russen in Estland, sondern in deren tiefer Verunsicherung über ihr weiteres Schicksal. Hier könnte ein Nährboden für die Agitation von Leuten wie Schirinovskij entstehen, war seine Auffassung, die das Rad der Geschichte zurückdrehen wollten, wenn die soziale und wirtschaftliche Lage der russischen Minderheit nicht schnell stabilisiert werde. Das gelte besonders für das von massiver Arbeitslosigkeit bedrohte Narva. Rußland sei an einer Stabilisierung schon deswegen interessiert, weil es keinen weiteren Unruheherd an seinen Grenzen brauchen könne. Hierzu könne auch eine flexiblere Ausgestaltung der Sprachanforderungen beitragen, mit der ein Erwerb der estnischen Staatsangehörigkeit erleichtert würde. Er sei davon überzeugt, meinte Trofimov, daß die Russen in einigen Jahren die estnische Sprache erlernt haben würden, nachdem im Gegensatz zu der Zeit vor dem August 1991 jetzt die Notwendigkeit hierzu bestünde. Interessanterweise vertrat er mir gegenüber auch die Auffassung, daß er Meri dessen Vorgänger Rüütel vorzöge, da dieser seine Verstrickung in die früheren Mächte durch eine besonders stramme nationale Haltung kompensieren müsse, während jener in dieser Hinsicht völlig unbelastet sei. All das waren natürlich keine Enthüllungen, sondern sollte mir wohl nur zeigen, daß ich es mit einem intelligenten Berufsdiplomaten zu tun hatte. Doch auch später, als wir uns ganz gut kannten, hat Trofimov weder unter vier Augen noch im Kollegenkreis unfreundliche Bemerkungen gegenüber der estnischen Politik gemacht und, wenn man ihn darauf ansprach, die russischen Positionen bei den vielen Kontroversen mit Estland ruhig und sachlich vertreten.

Am selben Tag wie Trofimov suchte mich auch der neue Politische Direktor im Außenministerium, der damals 24jährige Toivo Klaar, auf. Auch wir kamen bei der Analyse der russischen Politik gegenüber dem Baltikum, die täglich für neue Nachrichten sorgte, zu keinem anderen Schluß als dem, daß sie ganz im Lichte von Jelzins innenpolitischen Schwierigkeiten zu sehen sei. Die antiestnische Stimmung hatte in Rußland nachgerade groteske Formen angenommen: Einer sich auf das russische Außenministerium beziehenden Meldung der Nachrichtenagentur *Interfax* zufolge soll damals eine Meinungsumfrage unter vorwiegend Parlamentariern und höheren Militärs ergeben haben, daß die baltischen Staaten zu den Hauptfeinden Rußlands zählten, und zwar in der Reihenfolge Estland (70% der Befragten), Lettland (62%) und Litauen (58%). Nur 5% sollen Estland als ein befreundetes Land betrachtet haben, dagegen Kasachstan 86%, Deutschland 55% und USA 44%.

Von einer gleichen Lagebeurteilung ließ sich auch Präsident Meri bei seiner – wie es ausdrücklich hieß – mit dem Außenminister gemeinsam formulierten Antwort auf den Brief des russischen Präsidenten leiten, mit der er zur Beschwichtigung der anti-estnischen Emotionen beitragen wollte. Er übergab sie am 12. November Botschafter Trofimov und sagte mir einige Tage später mit unverkennbarer Befriedigung, diesem zufolge habe sie in Moskau das erhoffte positive Echo gefunden. Das hörte ich dann auch von dem russischen Kollegen selbst. In seinem Schreiben begrüßte Meri die russische Entschlossenheit zum Truppenabzug und erklärte, in Estland habe man volles Verständnis für die damit verbundenen Probleme. Man sei bereit, zu ihrer Lösung mit Rußland zusammenzuarbeiten und schnellstmöglich eine Vereinbarung abzuschließen, sowohl über soziale Garantien für die Militärs und ihre Familien als auch über die Abzugsbedingungen als solche einschließlich des Status der Truppen während der Zeit, in der sich diese noch in Estland aufhielten. Was nun die russische Bevölkerung anlange, so habe er ihr bereits bei seiner Amtsübernahme die Hand freundschaftlich entgegengestreckt. Für Estland sei es Ehrensache, die Menschenrechte aller innerhalb seiner Grenzen lebenden Personen ungeachtet ihrer Nationalität, Sprache, Religion und Überzeugungen zu achten. Die estnische Regierung habe eine KSZE-Expertenkommission zur Begutachtung der Menschenrechtslage eingeladen und sich zur Errichtung einer KSZE-Beobachtermission bereiterklärt. Estland sei einverstanden, die Einhaltung der Menschenrechte in allen internationalen Fora, darunter – wie von Rußland vorgeschlagen – den Vereinten Nationen, zu behandeln. Nachdem Meri dann den ernsthaften

Wunsch nach gutnachbarschaftlichen Beziehungen ausgedrückt hatte, schloß er den Brief an Jelzin mit einem in dieser Form erstmals artikulierten Gedanken: „Erlauben Sie mir zu unterstreichen, daß ich in der russischsprachigen Minderheit in Estland kein Element erblicke, das unsere beiden Länder trennen könnte, sondern im Gegenteil ein Element, das unsere gutnachbarschaftliche Zusammenarbeit erleichtern sollte". Präsident Meri hegte damals die Hoffnung, und hatte dies bei Übergabe seines Briefes an den russischen Botschafter diesem gegenüber auch zum Ausdruck gebracht, noch vor Beginn der nächsten Session des Volksdeputiertenkongresses Anfang Dezember 1992 mit Präsident Jelzin in Moskau zusammenzutreffen. Dabei ließ er sich von zwei Überlegungen leiten: Einmal wollte er versuchen, mit Jelzin zu Abmachungen zu gelangen, noch bevor der Kongreß dessen politischen Handlungsspielraum möglicherweise einschränken würde. Zum anderen hätte er ganz im Sinne seines Schreibens gerne die erste Auslandsreise als Staatspräsident nach Moskau und nicht in den Westen gemacht. Schon wegen der knappen zur Verfügung stehenden Zeit gab man sich in Tallinn zwar keinen Illusionen hin, wollte aber dennoch nichts unversucht lassen, um wenigstens guten Willen zu demonstrieren – und dies nicht nur im Hinblick auf Rußland, sondern auch auf die wachsende internationale Aufmerksamkeit, die dem Thema „Menschenrechte der Russen im Baltikum" entgegengebracht wurde. Dies nicht zuletzt dank der gut funktionierenden Moskauer Propaganda, der sich die baltischen Staaten mangels eigener effektvoller politischer Öffentlichkeitsarbeit ziemlich schutzlos ausgesetzt sahen.

*

In New York arbeiteten inzwischen die Delegationen Rußlands und der baltischen Staaten an einem für beide Seiten annehmbaren Text einer Entschließung der VN-Generalversammlung zum Truppenabzug, die am 25. November 1992 im Konsens verabschiedet werden konnte. Außer den baltischen Staaten hatte es keine weiteren Miteinbringer gegeben. In der Debatte sprach für sie der lettische Ministerpräsident Godmanis, für die EG die damalige britische Präsidentschaft. Die VN-Entschließung *Complete Withdrawal of Foreign Military Forces from the Territories of the Baltic States* stellte für die baltischen Staaten einen weiteren diplomatischen Erfolg auf dem internationalen Parkett dar, den sie – Absicht des russischen Präsidenten oder Ironie der Geschichte? – der Initiative Jelzins zu verdanken hatten, bestätigte sie doch ausdrücklich das im Juli 1992 in Helsinki im KSZE-Rahmen erreichte Ziel nunmehr weltweit im VN-Rahmen. Die entscheidende operative Ziffer 2 der Resolution lautete:

„The General Assembly ... calls upon the States concerned, in line with the basic principles of international law and in order to prevent any possible conflict, to conclude, without delay, appropriate agreements, including timetables, for the early, orderly and complete withdrawal of foreign military forces from the territories of Estonia and Latvia" (Litauen wurde nicht erwähnt, da zu diesem Zeitpunkt noch davon ausgegangen wurde, daß die am 8. September mit Rußland getroffene Verabredung über den Zeitplan für einen vollständigen Truppenabzug bis zum 31. August 1993 auch weiterhin Bestand haben würde).

Die von Rußland beantragte Behandlung der Menschenrechtslage in Estland und Lettland im Plenum der Generalversammlung wurde von dieser an den 3. Ausschuß (für Menschenrechte) verwiesen, der am 2. Dezember 1992 ebenfalls im Konsens eine Entschließung zu diesem Thema verabschiedete. Diese stellte einen aus schwierigen russisch-baltischen Verhandlungen am Sitz der Vereinten Nationen hervorgegangenen Kompromiß dar, zu dessen Zustandekommen die russische Seite nicht unerhebliche Zugeständnisse gemacht hatte: Als Überschrift einigte man sich schließlich, wie von baltischer Seite angestrebt, auf die neutrale Formulierung *The Situation of Human Rights in Estonia and Latvia*. In den Erwägungsgründen der Resolution war nur von „angeblichen" Menschenrechtsverletzungen und im operativen Teil nur von „gewissen Problemen" großer Bevölkerungsgruppen in Estland und Lettland die Rede. Außerdem wurde die Zusammenarbeit der lettischen Regierung mit einer kurz davor stattgefundenen *fact-finding mission* der Vereinten Nationen, die in Lettland keine „massenhaften Menschenrechtsverletzungen" habe feststellen können, sowie die Bereitschaft der estnischen Regierung begrüßt, auch ihrerseits mit einer solchen Mission zusammenzuarbeiten. Der VN-Generalsekretär wurde gebeten, der nächsten Vollversammlung in einem Jahr über die Menschenrechtslage in Estland und Lettland zu berichten.

*

Die im Ergebnis gute Kooperation der estnischen (baltischen) und russischen Diplomatie in New York sollte sich auf der höheren Ebene der Außenminister fortsetzen. Am 2. Dezember kam es in Moskau zu dem bei dem Besuch von Tschurkin in Tallinn angestrebten Treffen zwischen Velliste und Kosyrjev. Bei seiner Unterrichtung der Botschafter in Tallinn bewertete der estnische Außenminister die Zusammenkunft sowohl von der Atmosphäre, in der sie stattfand, als auch von den erzielten Ergebnissen her ausgesprochen positiv. Wie wir von unserer Botschaft in Moskau hörten, wurde der Besuch dort ähnlich gesehen und der estnischen Seite ein gewachsenes Verständnis für die russischen Probleme bescheinigt.

Zur Vorbereitung des Treffens hatte die estnische Regierung am 30. November eine Erklärung über die bilateralen Beziehungen abgegeben, in der sie sich der wichtigen Rolle erinnerte, die Rußland bei der Wiedergewinnung der Unabhängigkeit gespielt hatte, und hervorhob, daß es jetzt erstmals in der Geschichte in beiden Ländern eine demokratische Regierung gebe. Estland sei bereit, Rußland im Interesse der Sicherheit und Stabilität in Europa zu unterstützen: Beim Wohnungsbau für die abziehenden Truppen, mit humanitärer Hilfe im Winter, bei der Kontrolle der gemeinsamen Grenze, durch Unterstützung der russischen Minderheit beim Erwerb der estnischen Staatsangehörigkeit und im sozialen Bereich sowie durch präferentielle Behandlung russischer Exporte über estnische Häfen. Außerdem war am 1. Dezember Jüri Luik zum künftigen Delegationsleiter für die bilateralen Verhandlungen im Ministerrang ernannt und damit die Bedeutung dieser Aufgabe aufgewertet worden, was in Moskau mit Wohlgefallen registriert wurde.

Als Velliste uns von der in Moskau angetroffenen Atmosphäre berichtete, erwähnte er auch, in Gesprächen mit russischen Abgeordneten sei ein anderer Ton als bisher angeschlagen worden. Deutlich sei Zufriedenheit darüber zu verspüren gewesen, daß dieser Besuch zu Beginn des 7. Volksdeputiertenkongresses zustande gekommen sei, was für der Regierung nahestehende Abgeordnete als Beweis einer funktionsfähigen Außenpolitik, den man dem Kongreß vor Augen führen könne, wichtig wäre. In der Frage der Menschenrechte der Russen im Baltikum habe man sich in Moskau jetzt nach Beginn des Kongresses wesentlich „entspannter" gezeigt und die bisherige Aggressivität abgelegt. In der Sache allerdings beschränkte sich das konkrete Ergebnis des Besuches darauf, daß man sich auf ein Datum Mitte Dezember 1992 für die Wiederaufnahme der bilateralen Verhandlungen verständigte. Damit hatte sich die Linie von Außenminister Velliste durchgesetzt, der weitere Verhandlungen von einer Weichenstellung auf politischer Ebene abhängig gemacht hatte, um zu verhindern, daß man sich wiederum in endlosen Delegationstreffen ergebnislos im Kreise dreht. Dennoch blieb man in Tallinn nach den bisher gemachten Erfahrungen skeptisch, ob die nächste Runde den Durchbruch in der für Estland entscheidenden Frage eines Enddatums für den Truppenabzug bringen würde. Weniger zuversichtlich stimmen mußte, daß die für den 1. Dezember vorgesehene Unterzeichnung eines Anfang November ausgehandelten Abkommens über den weitgehenden Abzug der russischen Streitkräfte aus *Paldiski* und die Übergabe der beiden dortigen Häfen einschließlich des Städtchens an Estland kurzfristig wegen „Problemen" auf russischer Seite nicht zustandegekommen war. Hinsichtlich des davon unabhängigen Abtransports der beiden Übungsatomreaktoren aus *Paldiski* kamen sich Velliste und Kosyrjev aber insofern näher, als Rußland sich jetzt einer estnischen Bitte um gutachterliche Beteiligung der Internationalen Atomenergieorganistion (IAEO) in Wien gegenüber aufgeschlossen zeigte.

Innen- und Wirtschaftspolitik

Wenn die außenpolitische Absicherung der Unabhängigkeit des Landes auch für die neue Regierung von vitaler Bedeutung sein mußte, so nicht minder die Aufrechterhaltung der inneren Stabilität.

Trotz einer knappen Mehrheit von nur drei Stimmen im Parlament schien der Bestand der Regierung bereits allein aufgrund des dadurch auf die Koalition ausgeübten Drucks zum Zusammenhalt erst einmal gesichert zu sein. Diese Mehrheit reduzierte sich dann im November 1992 auf zwei Stimmen, als Parlamentspräsident Nugis unter Berufung auf sein Amt, das eine Position „über den Parteien" erfordere, die Vaterlands-Fraktion verließ. Von Fall zu Fall sollte die Koalition bei Abstimmungen dann aber Unterstützung von dritter Seite wie namentlich durch die Royalisten erhalten.

Das Verhältnis zur russischen Bevölkerung war zwar in wichtigen Bereichen wie den Sprachanforderungen beim Erwerb der Staatsangehörigkeit und der in einem Ausländergesetz zu verankernden Rechte der Nicht-Esten noch nicht gesetzlich geregelt, doch schienen die offenen Fragen, zumal sie die Regierung Laar bald in Angriff nehmen wollte, damals keinen wirklich gefährlichen innenpolitischen Zündstoff in sich zu bergen. Denn wie für die gesamte Bevölkerung Estlands stand auch für die russische Minderheit im Vordergrund, wie sich die wirtschaftliche Lage weiterentwickeln würde – und nicht, wie die Moskauer Propaganda die Welt glauben machen wollte, die ohnehin nicht gegebene Mißachtung ihrer Menschenrechte.

Auch die Regierung Laar erkannte natürlich schnell, daß ihre größte innenpolitische Herausforderung auf dem Gebiet der Wirtschaftspolitik lag. Kurzfristig sah sie als ihr Hauptproblem die Energieversorgung im kommenden Winter an, da nach den vorliegenden Prognosen weder die Vorräte noch die verfügbaren Finanzen zum Import der fehlenden Mengen ausreichen würden, und das vor allem dann, wenn es ein strenger Winter werden würde. In anderen Bereichen wie bei der Versorgung mit Lebensmitteln, Medikamenten und Tierfutter, in denen es im vergangenen Winter zu krisenhaften Zuständen gekommen war, bestanden jedoch nicht zuletzt dank auswärtiger Hilfen schon keine besonderen Engpässe mehr.

Die neue Regierung ließ sich von der vernünftigen Erkenntnis leiten, daß es zu der Wirtschaftspolitik ihrer Vorgängerin allenfalls in Nuancen eine Alternative gab. Bis sich diese Einsicht in den Reihen der Koalition allerdings allgemein durchgesetzt hatte, mußte noch ein wenig Lehrgeld bezahlt werden. Dabei fand das Kabinett Laar bei Amtsantritt im Oktober 1992 eine Wirtschaftslage vor, die sich insgesamt gesehen bereits erheblich günstiger darstellte als diejenige, die Ministerpräsident Vähi angetroffen hatte, als er im Januar 1992 die Regierungsgeschäfte übernommen hatte: Während ihm damals die wichtigsten wirtschaftspolitischen Weichenstellungen noch bevorstanden, waren diese nunmehr bereits erfolgt. Sie hatten sich mittlerweile auch als richtig erwiesen und zeigten erste Wirkungen, selbst wenn die Talsohle des durch den Umbau der gesamten estnischen Volkswirtschaft bedingten Niedergangs noch nicht erreicht war. Vor allem die neue Währung hatte schon im ersten Vierteljahr ihrer Existenz die Bewährungsprobe bestanden: Sie war nicht unter Abwertungsdruck geraten und erforderte andererseits eine Politik des knappen Geldes, von der ein heilsamer Anpassungsdruck auf das produzierende Gewerbe ausging. Innerhalb kurzer Zeit waren die Schlangen vor den Geschäften verschwunden und hatten sich die Regale mit einheimischen, dank eines weitgehend liberalisierten Außenhandels aber auch mit importierten Waren gefüllt. Ferner begann es sich im wahrsten Sinn des Wortes auszuzahlen, international wettbewerbsfähige Güter herzustellen, was zu ersten Handelsbilanzüberschüssen führte; außerdem verhalf ein im Sommer 1992 deutlich angestiegener Tourismus zu weiteren Devisenzuflüssen. Kehrseite der Politik des knappen Geldes war ein einschneidender Rückgang der Kaufkraft der Bevölkerung, der für einen durchschnittlichen Haushalt auf etwa die Hälfte des Niveaus von 1990 geschätzt wurde, ganz abgesehen von den Folgen des Reformprozesses für die sozial schwachen Schichten, die um das blanke Überleben kämpfen mußten.

Die Reformpolitik hatte bisher aber im wesentlichen nur den neu entstandenen privaten Sektor erfaßt, der sich vorerst auf Kleinunternehmen beschränkte. Bei den Staatsbetrieben traf dies nur auf einige wenige zu, deren Management sich auf eine wettbewerbsfähige Produktion umzustellen und die Beschaffung der nötigen Rohstoffe, Vorprodukte und Ersatzteile zu organisieren verstanden hatte. Ansonsten waren unverkäufliche Warenberge, ein allgemeiner Rückgang der Industrieproduktion von ungefähr einem Drittel im Vergleich zum Vorjahr und eine schnell zunehmende Arbeitslosigkeit vor allem in Nordostestland die Folge, während sich der Großraum Tallinn bereits überdurchschnittlich gut zu entwickeln begonnen hatte. Diesen Teufelskreis konnte, wie bereits die Regierung Vähi erkannt hatte, nur eine zügige Privatisierung der estnischen Industrie durchbrechen.

Estland beginnt mit der Privatisierung seiner Industrie

Der Weichenstellung für die Privatisierung der Industriebetriebe durch den Obersten Rat im August war am 8. September 1992 der Abschluß eines Vertrags zwischen der estnischen Regierung und der deutschen Treuhand Osteuropa Beratungsgesellschaft (TOB) mit Sitz in Berlin und unmittelbar darauf die Errichtung des Estnischen Regierungsunternehmens für die Privatisierung von Staatseigentum – *Re Eesti Erastamisettevõte* (EERE) – gefolgt. Mit diesem Vertrag wurde die TOB beauftragt, Estland bei der Privatisierung der Industrie nach dem Treuhandmodell mit Rat und Tat zu unterstützen. Zur gleichen Zeit traf der von deutscher Seite mit der Leitung des Projektes betraute Dr. Herbert B. Schmidt in Tallinn ein, um wiederum wenige Tage darauf mit einem von der Treuhandanstalt und dem Bundesfinanzministerium am 10./11. September ausgerichteten Privatisierungskongreß seine Tätigkeit zu beginnen. Ziel des Kongresses mit Ministerpräsident Vähi als prominentestem Teilnehmer und Bundeswirtschaftsminister Rexroth als Hauptredner war, das Treuhandmodell in Estland vorzustellen.

Da ich damals in Deutschland war, habe ich den Startschuß dieses Projektes, das sich zum wichtigsten deutschen Beitrag zur Umgestaltung Estlands in eine moderne Marktwirtschaft entwickeln sollte, nicht persönlich miterlebt. Doch schon im Januar 1992 hatte die Botschaft ein großes Interesse der estnischen Regierung an den in den neuen Bundesländern bei der Privatisierung gemachten Erfahrungen nach Bonn signalisieren können und vorgeschlagen, diesen Bereich zusammen mit Umweltschutz und Kleinunternehmensförderung zu Schwerpunkten der deutschen Beratungshilfe in Estland zu machen. Gegenstand der Beratung durch die TOB sollte also die „große" Privatisierung sein, wobei die Abgrenzung zur „kleinen" Privatisierung bei einem Bilanzwert von 600 000 EEK (also einer dreiviertel Million DM) erfolgte. Die Privatisierung der staatlichen und kommunalen Kleinunternehmen, vor allem Ladengeschäfte und Dienstleistungsbetriebe, hatte bereits im Zuge der wirtschaftlichen Autonomiebestrebungen unter der Regierung Savisaar begonnen und war mittlerweile zu etwa einem Drittel abgeschlossen. Sie ressortierte bei den Gemeinde- und Kreisbehörden sowie dem Staatsvermögensamt (*Riigivaraamet*) und erfolgte meist im Wege des Verkaufs zu eher symbolischen Preisen an das bisherige Management oder die Belegschaft (später ging man zu Versteigerungen über, bis dann nach Verabschiedung eines umfassenden Privatisierungsgesetzes im Sommer 1993, durch das Staatsvermögensamt und EERE zu einer Behörde, der Estnischen Privatisierungsagentur – *Eesti Erastamisagentuur*, fusioniert wurden, ein einheitliches Verfahren zur Anwendung gelangte). Einen dritten Bereich stellte die Wohnraumprivatisierung dar; diese sah vor, daß jeder Bewohner Estlands für jedes in Estland gearbeitete Jahr einen Gutschein (*voucher*) für einen Quadratmeter Wohnraum erhält, den er zum Erwerb von Wohnungseigentum verwenden konnte.

Demgegenüber spiegelte das Treuhandmodell die nach der Wiedervereinigung bei Umwandlung der ostdeutschen Staats- in eine Marktwirtschaft erfolgreich angewandte Methode einschließlich der dabei gemachten Erfahrungen wider. Dies hatte die Regierung Vähi unter Federführung von Olari Taal, der im Juni 1992 von Heido Vitsur das Wirtschaftsministerium übernommen hatte, bewogen, sich unter konkurrierenden u.a. auch PHARE-finanzierten Beratungsangeboten internationaler Consulting-Unternehmen für das aus Haushaltsmitteln des Bundesfinanzministeriums bestrittene deutsche Programm zur Beratung bei der Privatisierung in Osteuropa zu entscheiden und damit das Treuhandmodell der Privatisierung der estnischen Großbetriebe zugrundezulegen. Die Philosophie dieses Ansatzes bestand zum einen darin, die Überführung der Staatsunternehmen in Privateigentum so zu gestalten, daß durch Schaffung auch im internationalen Wettbewerb überlebensfähiger Unternehmen für die Volkswirtschaft des Landes der größte Nutzen erzielt wird. Daher sollten die zu privatisierenden Industriebetriebe auf dem Weltmarkt zum Erwerb durch In- und Ausländer ausgeschrieben werden und bei der Entscheidung über den Zuschlag nicht nur der gebotene Preis, sondern auch die vom Bieter vorgeschlagene Unternehmenskonzeption einschließlich Investitionszusagen und Arbeitsplatzgarantien, das sogenannte *entire bid*-Konzept, Berücksichtigung finden. Zum anderen spielte bei dem Treuhandmodell das Zeitelement eine große Rolle: Je schneller die Privatisierung, und sei es auf Kosten der Perfektion, umso erfolgreicher würde sie sein.

Alternativen zu dieser „ökonomischen" Privatisierung waren zum einen das damals viel diskutierte und dann auch in einer Reihe von MOE-Staaten und in Rußland wenig erfolgreich praktizierte Konzept des *voucherism*. Es bestand darin, das Eigentum an den Staatsbetrieben ohne Rücksicht auf deren wirtschaftliche Zukunft im Interesse einer breiten Vermögensstreuung in der Form von Gutscheinen an die Bürger des Landes zu verteilen und wurde daher auch „politische" Privatisierung genannt. Ein drittes Modell schließlich sah den Verkauf der Unternehmen auf Auktionen zur Erzielung von Höchstpreisen im Interesse des Staatshaushalts vor und hieß deswegen „fiskalische" Privatisierung. Diese beinhaltete vor allem die Gefahr der Geldwäsche und der Ausschaltung unliebsamer Konkurrenten.

Der Anfang September 1992 nach Tallinn gekommene Dr. Schmidt bereitete nunmehr zusammen mit dem noch von der Regierung Vähi zum Vorsitzenden des Verwaltungsrats des Privatisierungsunternehmens ernannten Andres Bergmann und einem kleinen Stab die erste Ausschreibung vor. Hierzu waren ebenfalls noch von der Regierung Vähi 38 der größten estnischen Staatsunternehmen verschiedener Branchen ausgewählt worden, die etwa 10% des Industriepotentials des Landes ausmachten. Die Ausschreibung erfolgte, nachdem sie der Verwaltungsrat der EERE zuvor einstimmig gebilligt hatte, am 17. November in den großen internationalen Wirtschaftszeitungen und sah eine Bieterfrist bis zum 22. Dezember 1992 vor. Dies binnen weniger als einem Vierteljahr geschafft zu haben, stellte eine beachtliche Leistung dar. Dabei muß man sich vor Augen halten, daß die Ausschreibungsbedingungen für die estnische

Großprivatisierung erst noch im einzelnen ausgearbeitet werden mußten, denn die Entschließungen des Obersten Rates vom 13. August 1992 hatte nur die Privatisierungsmethode als solche geregelt. Diese Bedingungen orientierten sich also an dem Modell, das Dr. Schmidt bereits Mitte 1990 noch in der DDR (als er in jener Umbruchszeit „Ressortleiter Wirtschaft" des Bezirks Dresden geworden war) entworfen und dann für die Treuhandanstalt weiterentwickelt hatte. Sie fanden Eingang in die einzelnen Kaufverträge über die zu privatisierenden Unternehmen und wurden später in dem Privatisierungsgesetz vom 17. Juni 1993 kodifiziert. Zum anderen waren über die zur Privatisierung frei gegebenen Unternehmen keine Daten vorhanden, auch nicht bei den zuständigen Branchenministerien, sondern mußten zuerst zuverlässig ermittelt und in ein System gebracht werden, um diese 38 Firmen überhaupt bewerten und anschließend einem internationalen Investorenpublikum zum Kauf anbieten zu können. Kein einziges Unternehmen ist in Estland privatisiert worden, ohne daß es nicht zuvor eingehend besichtigt und untersucht worden wäre. Hinzu kamen logistische Probleme wie die auch in diesem Fall schwierige Suche nach passenden Räumlichkeiten und deren Ausstattung mit moderner Telekommunikationstechnik, die eine solche weltweite Investorensuche erst ermöglichte. Und all das geschah mit durchaus bescheidenen finanziellen Mitteln.

Nachdem die Privatisierungsaktion in wenig mehr als einer Woche überraschend gut angelaufen war, sich bereits 440 Interessenten aus 20 Ländern gemeldet und von ihnen bereits 97 eine Besuchserlaubnis für die verschiedenen Unternehmen erhalten hatten, erfolgte am 27. November 1992 der große Paukenschlag. Am frühen Nachmittag stürmte Dr. Schmidt in mein Dienstzimmer und teilte „mit allen Anzeichen des Entsetzens" – wie ich mir damals notierte – mit, die estnische Regierung habe einer gerade veröffentlichten Pressemitteilung zufolge beschlossen, die laufende internationale Ausschreibung zu suspendieren. Deren Bedingungen wären nicht durch estnisches Recht gedeckt und müßten daher geändert werden. Außerdem sei der gesamte EERE-Verwaltungsrat mit Bergmann an der Spitze mit sofortiger Wirkung entlassen – ich müsse sofort etwas unternehmen. Immerhin hätten er und Bergmann die Ausschreibung mit ihren Namen gezeichnet, so daß nicht nur die internationale Glaubwürdigkeit Estlands, sondern auch ihr persönliches Ansehen auf dem Spiel stünde.

Da Ministerpräsident Laar nicht zu erreichen und Außenminister Velliste im Ausland war, telefonierte ich mit *Isamaa*-Fraktionschef Hallaste. Er bestätigte die in der vorangegangenen Nacht gefällte Kabinettsentscheidung, bei der er selbst anwesend gewesen sei, und begründete sie mit Rechtsverstößen bei der Ausschreibung. Die Privatisierung als solche aber gehe weiter. Ich machte ihn darauf aufmerksam, die Vertreter der Privatisierungsbehörde hätten mir versichert, daß alles korrekt zugegangen sei. Vor allem aber mußte ich ihm sagen, Estland riskiere nicht wiedergutzumachenden Schaden, wenn es jetzt potentielle Investoren abschrecke und könne damit seine Spitzenposition bei der Privatisierung im gesamten Bereich der ehemaligen Sowjetunion einbüßen.

Am nächsten Tag war ich zu einer feierlichen Sitzung des Parlaments eingeladen, mit der des 28. November 1917 gedacht wurde, an dem sich der *Maapäev* (Landtag) zum alleinigen Träger der Staatsgewalt in Estland erklärt hatte. Nach Beendigung der Sitzung gelang es mir mit einiger Mühe, in den Gängen des *Riigikogu* den Außenminister zu einem kurzen Gespräch zu stellen, dem er offensichtlich lieber aus dem Weg gegangen wäre. Wie zuvor Hallaste führte ich ihm die Gefahren vor Augen, die seine Regierung für Estland als Investitionsstandort heraufbeschworen habe. Die estnische Regierung müsse zwar selber wissen, was sie tue, doch fühlte ich mich im Interesse der Schadensbegrenzung verpflichtet, hierauf aufmerksam zu machen. Velliste hörte mir mit versteinerter Miene zu und mußte sich sichtlich beherrschen. Dann erklärte er sich als uninformiert, da gerade aus dem Ausland zurückgekehrt. Aus seiner Reaktion aber ging klar hervor, daß Bergmann bei der Regierung Laar kein Vertrauen genoß. Es war dies die einzige unangenehme Unterhaltung, die ich je mit diesem stets korrekten und liebenswürdigen Mann gehabt habe, und sie blieb, soweit ich das feststellen konnte, auch ohne Folgen für das gute Verhältnis zwischen uns beiden. Da die Angelegenheit damals in der estnischen Öffentlichkeit einiges Aufsehen erregte und die Privatisierung zutreffend mit der Treuhandanstalt assoziiert wurde, also deutsche Interessen auf dem Spiel standen, war mir schon aus diesem Grunde gar keine andere Wahl geblieben.

Bereits wenige Tage später wußte uns Dr. Schmidt zu berichten, die Regierung versuche „gutes Wetter" zu machen und wolle die Privatisierung zu einem Erfolg führen. Als ich am 6. Dezember auf einem Abendempfang mit Mart Laar zusammentraf, kam er gleich von sich aus auf die „Privatisierungsaffäre" zu sprechen und war sichtlich bemüht, diese herunterzuspielen – „er müsse von einem Brandherd zum anderen eilen und käme nicht zur eigentlichen Aufbauarbeit!". Schließlich wurde wiederum einige Tage später, am 11. Dezember, alles für ein Mißverständnis erklärt und die Ausschreibung unverändert fortgesetzt. Nur Bergmann und der übrige Verwaltungsrat blieben abgesetzt. Auch unter dem Einfluß des designierten neuen Verwaltungsratsvorsitzenden, des bisherigen Außenministers Jaan Manitski, ließ Ministerpräsident Laar in einer Presseverlautbarung erklären, „die Privatisierung muß und wird fortgesetzt werden. Die Ausschreibung hatte ein überwältigendes Echo … Es ist wichtig, den Investoren zu vermitteln, daß es Estland mit freier Marktwirtschaft und Privateigentum an Unternehmen ernstmeint … Für uns stehen das Vertrauen der Investoren und der Rechtsstaat an oberster Stelle".

Was war geschehen? Mit letzter Sicherheit haben wir es nicht erfahren. Doch aus verschiedenen Elementen setzte sich ein komplexes Bild zusammen, das für diese Zeit, nur einen Monat nach der Regierungsübernahme durch die Koalition unter Führung der Vaterland-Partei, recht charakteristisch war. Zum einen gab es da die Vorbehalte gegen die Person von Bergmann, der von der Vorgängerregierung eingesetzt worden war und den neuen Herren auf dem Domberg schon deswegen nicht paßte. Auch ging ihm der Ruf eines *selfmade man* ohne besondere Ausbildung voraus. Ich selbst kannte Bergmann wenig, da sein Gesprächspartner in erster Linie der Wirtschaftsreferent Herr Borchardt war. Soviel ich weiß, hatten seine estnischen Eltern, als er noch ein Kind war, mit der Familie in die Bundesrepublik Deutschland übersiedeln können. Dort ist er dann aufgewachsen und erst zu Zeiten der „singenden Revolution" nach Estland zurückgekehrt. Seine Ablösung wurde daher auch mit einem Interessenkonflikt in Verbindung gebracht zwischen denen, die sich, wie Bergmann unterstellt wurde, für deutsche Investitionen in Estland einsetzten, und denen, die eher solche aus Skandinavien favorisierten. Jedenfalls äußerte sich Savisaar in dieser Weise öffentlich und machte auf den schwedischen Hintergrund des für das Privatisierungsunternehmen zuständigen neuen Finanzministers Üürike aufmerksam. Auch die Tatsache, daß jetzt mit Manitski ein Exileste aus Schweden (anstelle eines solchen aus Deutschland) an die Spitze des Verwaltungsrats der Privatisierungsbehörde berufen werden sollte, stützte dieses Argument. Da ich in diesen Tagen selbst hatte beobachten können, wie sich der während einer schlecht vorbereiteten Besprechung beim Ministerpräsidenten über eine internationale Soforthilfe zur Finanzierung von Energieimporten in die Enge getriebene Üürike auf den schwedischen Botschafter als Initiator des ganzen Unternehmens berief, was diesem sichtlich unangenehm war, hielt ich damals einen solchen Zusammenhang für nicht ganz ausgeschlossen.

Auf der anderen Seite ging es um die Privatisierungsmethode. Bereits im Wahlkampf und dann in ersten Gesprächen mit der neuen Regierung, wie sie auch der Vorsitzende der F.D.P.-Bundestagsfraktion Dr. Solms bei einem Besuch in Tallinn am 23./24. Oktober geführt hatte, waren deutliche je nach Standpunkt nationalistische oder neo-sozialistische Tendenzen im Hinblick auf die Überführung des industriellen Volksvermögens in Privateigentum herauszuhören gewesen. Sah das Treuhandmodell eine uneingeschränkte Öffnung des estnischen Marktes für ausländische Investoren und die Privatisierung ausschließlich unter Aspekten des größtmöglichen ökonomischen Nutzens für Estland vor, so liebäugelten die idealistisch gesinnten, aber wirtschaftspolitisch unerfahrenen jungen *Isamaa*-Regierungsmitglieder mit der Privatisierung über Anteilsscheine für die eigene Bevölkerung (*voucherism*) unter Ausschluß der Möglichkeit des Erwerbs von Grundeigentum durch Ausländer. Woher dann das Kapital für die dringend benötigten Investitionen kommen sollte, um die alten Großbetriebe am Leben zu erhalten, blieb eine offene Frage. Eine etwas stärker marktwirtschaftlich orientierte Variante dieser Tendenz bestand in der bereits erwähnten „fiskalischen" Privatisierung, nämlich die Unternehmen anstatt im Wege einer internationalen Ausschreibung zu verkaufen, meistbietend an Inländer zu versteigern, auch um transparente Entscheidungen jenseits allen Korruptionsverdachts zu garantieren. Hier trafen sich – auf Seiten der Regierung sicher ungewollt – die Interessen des Staates mit denen der alten Betriebsdirektoren, deren Verständnis von Privatisierung im möglichst billigen *management buy-out* ohne ausländische Konkurrenz bestand.

Als die Regierung – wie es hieß, auf Anraten von Justizminister Kama – die Ausschreibung am 27. November mit der Begründung aussetzte, diese entspräche nicht dem geltenden estnischen Recht, hatte sie sich offenbar auch von dem Argument beeindrucken lassen, bei einigen der ausgeschriebenen Unternehmen bestünden Restitutionsansprüche, über die noch nicht rechtskräftig entschieden sei. Da die Privatisierung im Wege der Ausschreibung noch nicht im einzelnen gesetzlich verankert war, stellte sich die Regierung erst einmal auf den Standpunkt, was nicht erlaubt, das ist verboten. Dies trug ihr auch sogleich von der Opposition den Vorwurf eines sowjetisch geprägten Rechtspositivismus ein (Olari Taal).

Sicher hat die von Dr. Schmidt in jenen Tagen in Regierungskreisen betriebene Überzeugungsarbeit das Bewußtsein für die wirtschaftlichen Folgen einer politischen Entscheidung geschärft, die vom estnischen Kabinett offenbar überstürzt getroffen worden war. Damit hat er dazu beigetragen, daß auf dem einmal eingeschlagenen Weg der Privatisierung fortgeschritten wurde, der sich schon bei der ersten Runde als ein großer Erfolg erweisen sollte: Nach Ablauf der Ausschreibungsfrist kurz vor Weihnachten lagen 103 Gebote (davon die Hälfte aus dem Ausland) für nahezu alle 38 Unternehmen vor. Aus diesen wählte der Verwaltungsrat des Privatisierungsunternehmens 37 Bieter als seriös und interessant aus. Mit diesen Investoren konnte dann über den Verkauf der ersten 25 Betriebe verhandelt werden, nachdem die Regierung am 10. März 1993 auf Vorschlag des Verwaltungsrats unter seinem neuen Vorsitzenden Manitski mit einer Verordnung nun auch eine förmliche Rechtsgrundlage für die Privatisierungsbedingungen geschaffen hatte (die dann in das Privatisierungsgesetz vom 17. Juni 1993 übernommen wurde). Ende Mai 1993 kam es zum Abschluß des ersten Kaufvertrags.

Dennoch ist von Teilen der Regierung, die jeder weiteren Privatisierungsrunde zustimmen mußte, immer wieder versucht worden, einem „Ausverkauf Estlands" sei es durch Privatisierung auf dem Binnenmarkt (Auktionen), sei es mangels estnischen Kapitals durch den Einsatz von ursprünglich nur für die Wohnraumprivatisierung vorgesehenen *vouchers* entgegenzuwirken. Als im August 1993 die beiden Privatisierungsbehörden zu einer einheitlichen Agentur zusammengefaßt wurden, ist Reformministerin Liia Hänni der Verwaltungsratsvorsitz übertragen worden. Als ihr Vertreter sicherte Jaan Manitski die Kontinuität. Obwohl Frau Hänni zum *voucherism* neigte, konnte sich das Treuhandmodell und damit die wirtschaftliche Vernunft auch weiterhin behaupten, sicher nicht zuletzt wegen des ihm zu verdankenden überwältigenden Verkaufserfolges. Erst Mitte 1994 endete diese ideologische Auseinandersetzung zwischen TOB-Berater Dr. Schmidt und einem zunehmend politisierten Verwaltungsrat mit einem Kompromiß: In Zukunft sollte die Möglichkeit gegeben sein, Minderheitenanteile an Unternehmen auch mit Vouchern zu erwerben, nachdem jene aber zuvor durch Verkauf der Mehrheit der Anteile privatisiert worden waren (was ab Anfang 1995 in ausgewählten Fällen auch geschehen ist). Im übrigen wurde die Privatisierung durchaus nicht zum „Ausverkauf Estlands", da gemessen an ihrer Zahl immerhin Zweidrittel der privatisierten Objekte an Esten verkauft worden ist. Gemessen an ihrem Wert, d.h. den Verkaufserlösen, ist das Verhältnis allerdings umgekehrt. Dabei muß offen bleiben, woher im Einzelfall das investierte Kapital stammte, denn natürlich hat es auch estnische Strohmänner gegeben.

Die Privatisierung ist die nach der Währungsreform für den wirtschaftlichen Aufschwung Estlands wichtigste Weichenstellung gewesen und die Beratung durch die Treuhand der bedeutendste deutsche Beitrag hierzu. Außerdem war sie der Beitrag mit dem überzeugendsten Kosten-Nutzen-Verhältnis und geradezu ein idealer Anwendungsfall der „Hilfe zur Selbsthilfe". Als Dr. Schmidt nach vier Jahren Ende 1996 Estland verließ, war die Privatisierung der estnischen Industrie (ausgenommen alle Infrastruktur-Unternehmen wie Eisenbahnen, Häfen usw.) so gut wie abgeschlossen. Das wirtschaftliche Ergebnis der TOB-Beratung für Estland läßt sich an einem Vergleich zwischen dem beim Verkauf der insgesamt über 400 Unternehmen erzielten Erlös von etwas über 10 Milliarden EEK (1,3 Milliarden DM) und den hierfür gemachten Aufwendungen ablesen: Die deutschen Beratungskosten beliefen sich auf 7 bis 8 Millionen DM, was einer knapp 200fachen Multiplikatorwirkung entspricht. Rechnet man die Beiträge anderer Geber, in erster Linie waren das die USA, und die eigenen estnischen Aufwendungen hinzu, kommt man auf etwa 13 Millionen DM und einen immerhin noch 100fachen Wirkungsgrad der gesamten Großprivatisierung! [43]

Die deutsche Beratungshilfe bei der estnischen Großprivatisierung ist die umfassendste gewesen, die in ganz Mittel- und Osteuropa geleistet wurde, und die Privatisierung in Estland die einzige in Osteuropa, die nach dem Treuhandmodell erfolgte. Für sie gab es auch im übrigen internationalen Vergleich keine Parallele. Während sonst in der Regel die Privatisierung eines Unternehmens an eine Beratungsfirma vergeben oder ein einzelner Experte unter Vertrag genom men wird, ist im Falle Estlands die gesamte Privatisierung von ihrer Konzeption bis zur institutionellen Organisation und praktischen Durchführung einschließlich der Einbindung von dritter Seite entsandter Fachleute in einer Hand konzentriert und der TOB, vertreten durch den Leiter der Beratergruppe oder – wie er die Ausschreibungen in der internationalen Presse zeichnete – *Chief consultant* Dr. Schmidt, übertragen worden. Dies wurde in einem zweiten, am 18. Februar 1993 abgeschlossenen und dann von Jahr zu Jahr erneuerten Vertrag niedergelegt. Sein Name bleibt daher unauslöschlich mit der Erfolgsgeschichte der Privatisierung der estnischen Industrie verbunden, die nach übereinstimmendem internationalem Urteil als die am besten gelungene im gesamten ehemaligen Ostblock gilt.

Als Dr. Herbert B. Schmidt nach Tallinn kam, verband er mit Estland wie die meisten Deutschen selbst seiner Generation nur vage Vorstellungen. Das sollte sich aber schnell ändern. Er war damals Anfang der 60 und hatte sein bisheriges Berufsleben als selbständiger Unternehmer in Deutschland und viel auch im Ausland verbracht, war ein Schüler von Ludwig Erhard und überzeugter Marktwirtschaftler. Das verband ihn gleich von Anfang an mit Mart Laar und hat sicher auch dazu beigetragen, daß er die nötige Glaubwürdigkeit bei der estnischen Regierung genoß, um sie in den für die Zukunft der estnischen Privatisierung so entscheidenden Tagen Ende 1992 auf den Pfad der Tugend zurückzuführen und dann bei späteren Anfechtungen davor zu bewahren, von dem Treuhandmodell abzuweichen. Mit dem Vater des deutschen Wirtschaftswunders hatte er nicht nur die ökonomischen Überzeugungen, sondern auch ein „Markenzeichen" gemeinsam, so daß er in den Kreisen der deutschen Botschaft bald und durchaus respektvoll „Havanna-Schmidt" genannt worden ist. Mit der Zeit wurde er zu einer markanten Erscheinung auf dem Tallinner gesellschaftlichen Parkett, der offene Worte auch über Mißstände nicht scheute, machte sich aber anders als die meisten Ausländer zugleich mit der Geschichte und Kultur Estlands vertraut, engagierte sich sozial und ist aus dem Bild dieser Jahre in Estland, wie es uns in Erinnerung bleibt, nicht wegzudenken.

*

Mit dem Beginn der Privatisierung fiel zeitlich ein bilaterales Ereignis zusammen, auf das wir lange hatten warten müssen und das mit dieser auch in einem inhaltlichen Zusammenhang stand. Am 12. November konnte ich endlich mit dem Außenminister einen „Vertrag über die Förderung und den gegenseitigen Schutz von Kapitalanlagen" unterschreiben (Abbildung 29). Da es sich um einen ratifikationsbedürftigen Vertrag handelte, erklärte ihn Estland sogleich für vorläufig anwendbar. Obwohl die Angelegenheit bereits vor beinahe einem Jahr auf den

Weg gebracht worden war und wir uns, um Zeit zu sparen, auf ein schriftliches Verfahren verständigt hatten, war der Abschluß durch administrative Unzulänglichkeiten auf deutscher wie auf estnischer Seite immer wieder verzögert worden. Das ärgerte mich schon deswegen, weil ich in meiner Bonner Zeit selbst eine Reihe von Investitionsförderungsverträgen unter wesentlich schwierigeren Bedingungen ausgehandelt hatte und nun relativ machtlos mitansehen mußte, wie ein solcher Vertrag mit Estland keineswegs aus inhaltlichen Gründen, sondern eher wegen Nebensächlichkeiten nicht zustandekommen wollte. Mittlerweile hatten mehrere Staaten ähnliche Verträge abgeschlossen, während wir mit entsprechender Signalwirkung die ersten hätten sein können. Allerdings konnte keiner dieser anderen Verträge einen so umfassenden Schutz bieten wie ihn unser Modell für deutsche Investoren vorsieht – die beste Voraussetzung also für eine Beteiligung deutschen Kapitals an der Privatisierung Estlands.

Erfreulich war auch das Ergebnis eines Besuchs des Parlamentarischen Staatssekretärs im Bundeslandwirtschaftsministerium Georg Gallus (F.D.P.), der sich Ende November einige Projekte zur Förderung der Milchwirtschaft auf verschiedenen Bauernhöfen im Landkreis *Viljandi* (Fellin) ansehen wollte, die aus Mitteln seines Hauses finanziert wurden, und den ich dabei zwei Tage begleitete. Gallus, ein württembergischer Liberaler von echtem Schrot und Korn, selbst Landwirt mit einem Hof am Fuße der Schwäbischen Alb, klein von Wuchs und voller Temperament, war eine Bonner Institution und nahm auch in Estland kein Blatt vor den Mund. Sachkundig diskutierte er mit den Bauern, die sich auf dem ihnen restituierten Land eine neue Existenz aufzubauen suchten und die ihrerseits den deutschen Gast nicht nur mit allem, was eine estnische „landsche" Küche zu bieten hat, bewirteten, sondern auch seinen Ratschlägen voller Aufmerksamkeit und Respekt lauschten. Auf einem der Höfe gefiel ihm das, was dort mit deutscher Unterstützng bereits geschaffen worden war, so gut, daß er nach Bestätigung durch den ihn begleitenden Referenten, es seien noch ausreichend Haushaltsmittel vorhanden, kurzerhand entschied, auch noch eine Melkanlage hinzuzufügen. Das hört sich vielleicht etwas paternalistisch an, war aber der Situation durchaus angemessen und sollte natürlich seine Wirkung nicht verfehlen. Auch ich empfand das damals nach den mit einer überbordenden Bürokratie gemachten Erfahrungen als ausgesprochen wohltuend. Einer der Höfe lag im übrigen im Dorf *Vastemõisa,* das an das ursprünglich zum Felliner Schloßgebiet gehörende Gut Wastemois erinnert. Dieses war im 17. Jahrhundert der erste Gutsbesitz unserer Familie in baltischen Landen gewesen. Jetzt waren von ihm aber nur einige Wirtschaftsgebäude übrig geblieben. Der uns begleitende Felliner Landwirtschaftsrat, der selbst in *Vastemõisa* lebte, hatte denn auch das Manuskript einer Ortsgeschichte bei sich, in der einige Träger unseres Namens vorkamen.

Als wir am zweiten Tag in der landwirtschaftlichen Fachhochschule von *Vana Võidu* (Alt-Woidowa) mit dem neuen Landwirtschaftsminister Jaan Leetsar zusammentrafen, um die künftige Zusammenarbeit zwischen den beiden Ministerien zu besprechen (die auf Beamtenebene jahrelang von dem tüchtigen Ruve Šank betreut wurde), sprach ich den Minister nicht gerade zu dessen Freude auf die Turbulenzen an, in die die Privatisierung geraten war. Staatssekretär Gallus, den ich bereits auf der gemeinsamen Fahrt im Wagen hatte informieren können, sekundierte mir, indem er seinem estnischen Kollegen ohne größere Umschweife erklärte, was man tun müsse, um ausländisches Kapital davon abzuschrecken, in Estland zu investieren. Damit nicht genug, mußte Leetsar, zum sichtlichen Vergnügen der zahlreich versammelten Landwirtschaftsprofessoren und Funktionäre, beim Abendessen eine weitere Lektion in Marktwirtschaft über sich ergehen lassen, als Gallus ihm so gehörig die Leviten las und Relikte sozialistischen Denkens vorhielt, daß mir der Minister schon wieder leid tat. Dieser hatte sich nämlich mit der Bemerkung an Gallus gewandt, der Botschafter versuche ihn davon zu überzeugen, daß die Arbeit estnischer Menschen weniger wert sei als die von Deutschen. Gesprächsweise hatte ich zuvor erwähnt, es sei Estland nur zu wünschen, daß sich hier die Lohnkosten möglichst lange auf einem Niveau hielten, das ihm einen internationalen Wettbewerbsvorteil verschaffe.

Estland nimmt Anteil am Tod von Willy Brandt

Am 8. Oktober 1992 war Bundeskanzler a.D. Willy Brandt gestorben. Die große Anteilnahme des offiziellen Estland und der Medien spiegelte das ungewöhnliche Ansehen wider, das dieser deutsche Politiker gerade im ehemaligen Herrschaftsbereich der Sowjetunion genoß. Präsident Meri schrieb in seinem Beileidstelegramm an Bundeskanzler Kohl, „der große Europäer Willy Brandt" stehe den Esten nahe, weil seine Politik der Annäherung von Ost und West auch dazu geführt habe, daß die Mauer an der Ostsee gefallen sei, wie der *Postimees* unter der Überschrift „Estland trauert zusammen mit Deutschland" berichtete.

Wie alle übrigen deutschen Auslandsvertretungen wurden auch wir gebeten, am 16. Oktober ein Kondolenzbuch aufzulegen. Da uns die 7. Etage des Gebäudes in der *Rävala puiestee 9*, in der die Botschaft damals doch noch recht provisorisch untergebracht war, hierfür kein hinreichend würdiger Rahmen zu sein schien, es auch noch keinen Präzedenzfall gab, an dem wir uns hätten orientieren können, entschieden wir uns im Einvernehmen mit dem Außenministerium, dies in der Eingangshalle des Gebäudes zu tun, in dem wir beide arbeiteten. Das hatte zudem den Vorteil eines einfacheren Zugangs für die Bevölkerung, die über das Fernsehen unterrichtet worden war. Auf die Bitte, mit dem nächsten Kurier ein Bild des verstorbenen Altbundeskanzlers zu übersenden, erhielten wir aus dem Auswärtigen Amt die uns von vielen anderen Anliegen schon bekannte, in diesem Fall die Bonner Gleichgültigkeit gegenüber ihren im Aufbau begriffenen Außenposten dann aber doch ein wenig auf die Spitze treibende und uns ziemlich empörende Antwort, jede Botschaft habe sich gefälligst rechtzeitig selbst um eine solche Fotografie zu kümmern ... So mußten wir denn das Kondolenzbuch ohne ein Bild von Willy Brandt auflegen. Daneben stand ein Strauß roter Nelken. Einer der beiden uns in diesen Anfangszeiten zugeteilten sogenannten HOD (Hausordnungsdienst)-Beamten des Bundesgrenzschutzes und jeweils eine Stunde Frau Peterlechner, Herr Borchardt und ich flankierten das Ganze. Als erste erschien Marju Lauristin, die als Vorsitzende der Sozialdemokraten Estland auch beim Staatsakt in Berlin vertreten sollte, um sich einzutragen. Dann kamen der Außenminister und wohl auch alle Missionschefs und viele einfache Menschen von der Straße. Abends wurde im Fernsehen gezeigt, wie sich eine ältere Estin eintrug. Angesagt hatten sich Parlamentspräsident Nugis und seine beiden Stellvertreter Kelam und Savisaar, die mir, nachdem sie sich in das Buch eingeschrieben hatten, in der Botschaft einen etwa halbstündigen Beileidsbesuch abstatteten und dabei Brandt als einen herausragenden Staatsmann würdigten. Das war das einzige Mal, daß Savisaar in all den Jahren, die ich in Estland verbrachte, seinen Fuß in die Deutsche Botschaft setzte. Ich habe ihn aber auch in anderen Botschaften oder auf von diesen gegebenen Empfängen nie erlebt.

*

Vielleicht sollte ich an dieser Stelle auch erwähnen, daß wir am Volkstrauertag, der in diesem Jahr auf den 15. November fiel, erstmals an den Gräbern von 251 in sowjetischer Kriegsgefangenschaft in Tallinn gestorbener deutscher Soldaten einen Kranz niederlegten. Im tiefen Schnee stapfte eine kleine Gruppe von Botschaftsangehörigen zu dem im Wald bei *Pirita* (Brigitten) gelegenen Friedhof, den in den Sommern 1991/92 eine Jugendgruppe aus Schleswig-Holstein im Auftrag des Volksbundes Deutsche Kriegsgräberfürsorge (VDK) und mit estnischer Unterstützung wieder in Ordnung gebracht und mit einem aus Birkenstämmen gefertigten Kreuz geschmückt hatte. Als wir Ende August 1992 den Abschluß ihrer Arbeiten mit einer kleinen Kranzniederlegung begingen, hatten sich dazu außer dem Verbindungsmann des VDK in Estland Jaan Tross auch der damalige stellvertretende Verteidigungsminister Hannes Walter und drei ältere Männer eingefunden, die sich als ehemalige Angehörige der unter deutscher Fahne kämpfenden „Estnischen Legion" zu erkennen gaben. Das konnte einen Deutschen, der um das schwere Schicksal dieser Esten wußte, die, wenn sie überhaupt überlebt hatten, jahrzehntelang diskriminiert worden waren, nicht gleichgültig lassen.

Gründung des Deutschen Kulturinstituts in Tartu

Im Spätherbst 1992 war es dann endlich so weit, daß auch in Tartu (Dorpat) zur Gründung eines Deutschen Kulturinstituts geschritten werden konnte. Die bereits erwähnten besonderen Dorpater Verhältnisse unterschieden sich auch darin von denen in Tallinn, daß es dort eine ganze Reihe von Institutionen und Vereinen gab, die sich in der einen oder anderen Weise mit der Pflege der deutschen Sprache und Kultur befaßten und berücksichtigt werden wollten, insgesamt waren es wohl sieben, während es hier in der Hauptstadt nur die kleine Gruppe um Sirje und Juri Kivimäe sowie Urmas Oolup gewesen war, die unter dem Dach der „Gesellschaft für deutschbaltische Kultur in Estland" und mit den Ressourcen des Stadtarchivs zielstrebig auf die Gründung eines Deutschen Kulturinstituts hingearbeitet hatte. Nun war aber vor kurzem im Auftrag des Deutschen Akademischen Austauschdienstes (DAAD) ein Lektor für deutsche Literatur am Germanistik-Lehrstuhl der Universität in Tartu, Dr. Claus Sommerhage, eingetroffen und hatte das Seine dazu beigetragen, daß sich am 25. November im dortigen Rathaus eine „Initiativgruppe" – wie der *Postimees* am nächsten Tag berichtete – zur Gründung des Kulturinstituts zusammenfinden konnte. Graf Lambsdorff und ich waren der Einladung zur Teilnahme an dieser Sitzung gefolgt, auf der Vertreter der verschiedenen interessierten Institutionen dann in unserer Gegenwart einen Satzungsentwurf diskutierten. Die Aussprache war lebhaft und von dem sprichwörtlichen estnischen Individualismus geprägt, den der Intendant des *Vanemuine*-Theaters Linnar Priimägi als Vorsitzender der Estnischen Goethe-Gesellschaft am spitzfindigsten praktizierte. Über der ganzen Versammlung aber lag auch ein leichter, mir nicht unvertrauter und doch schwer zu definierender postsowjetischer Hauch. Dr. Sommerhage huschte von einem Protagonisten zum anderen, um einen Kompromiß zu befördern, wobei ich nicht mehr zu sagen wüßte, um welche Nebensächlichkeiten es im einzelnen ging – jeder wollte eben seine, und seien es auch nur vermeintlichen Interessen, gewahrt sehen. Schließlich wurde mir bedeutet, daß man ohne ein deutliches Wort von mir wohl kaum ein Ende finden würde, woran es dann auch nicht fehlen sollte. Nachdem die Satzung darauf in den folgenden Tagen auf Grund dieser Diskussion ihren endgültigen Schliff erhalten hatte, wurde ein die diversen Interessengruppen repräsentierender Vorstand mit Professor Dr. Karl Lepa, dem Lehrstuhlinhaber für Germanistik (und Romanistik), als seinem Vorsitzenden gewählt [44]. Zur „Geschäftsführerin" und damit faktischen Leiterin des Deutschen Kulturinstituts in Tartu wurde die Deutschlehrerin Maie Keek bestellt. Damit waren die Voraussetzungen für den Beginn der Tätigkeit des Kulturinstituts in dem Haus in der Kastanienstraße gegeben. Bevor ich es dann am 21. April 1994 gemeinsam mit Kultur- und Bildungsminister Paul-Eerik Rummo offiziell einweihen konnte (Abbildungen 45 und 46), waren aber noch umfangreiche und im wesentlichen aus Mitteln des Kuluretats des Auswärtigen Amts finanzierte Renovierungsarbeiten an dieser schönen Jugendstilvilla aus dem Jahre 1904 vorzunehmen, die einst das Haus der deutschen Studentenkorporation „Neobaltia" gewesen war.

Die 1993 einsetzende Tätigkeit des Deutschen Kulturinstituts bestand von Anfang an zum einen in der Ausrichtung von Deutschkursen und zum anderen in Veranstaltungen mit einem Bezug zur deutschen Kultur, also den klassischen Aufgaben unserer Goethe-Institute im Ausland. Mit Vorstand und Leitung des Deutschen Kulturinstituts in Tartu hatte ich mich von Anfang dahingehend verständigt, daß dieses, anders als das Deutsche Kulturinstitut in Tallinn, als solches nur so lange bestehen sollte, bis Deutschland das Estland im September 1991 in Aussicht gestellte Goethe-Institut errichten würde, und daß es dann in ein solches gleichsam umzugründen wäre. Diese Platzhalterfunktion war also gewissermaßen die Geschäftsgrundlage der institutionellen Förderung durch das Auswärtige Amt. Sie fand, jedenfalls solange ich Botschafter in Estland war, Eingang in alle unsere amtlichen Papiere. Anfänglich war dies gegen einen gewissen Widerstand in Deutschland erfolgt; denn aus „politischen" Gründen und mit Rücksicht auf seine Mitarbeiter möchte das Goethe-Institut vorzugsweise in den Hauptstädten präsent sein, obwohl in der Provinz mit einem naturgemäß weniger breit gefächerten kulturellen Angebot oftmals mehr Wirkung zu erzielen wäre. Letztendlich sollte diese Konzeption aber nicht zum Tragen kommen, da in Estland eben kein Goethe-Institut eröffnet wurde.

Schon im November 1991 hatte ich mich mit dem damaligen Kulturminister Lepo Sumera darauf verständigt, daß Tartu und nicht Tallinn der Sitz eines künftigen Goethe-Instituts sein sollte. Dabei waren wir von der Überlegung ausgegangen, daß der mit der Errichtung eines Goethe-Instituts in Estland verfolgte Zweck am besten am Sitz der alten Landesuniversität zu erreichen sei, wo man die künftige Elite Estlands in ihren entscheidenden formativen Jahren erreichen würde. Dabei könnte man zugleich an alte, mit der Universität Dorpat verbundene deutsche Traditionen anknüpfen, wie sie sich noch gegenwärtig in der erstaunlichen Vielfalt von Tartuer Gesellschaften und Vereinen mit einem Bezug zur deutschen Kultur (und nicht nur in ihrer baltischen Ausprägung) widerspiegelten. Die Berufung auf einen Dorpater Lehrstuhl galt noch bis zum Ersten Weltkrieg im Deutschen Reich als eine durchaus interessante Sprosse auf der Karriereleiter, und viele namhafte deutsche Gelehrte wie der Kunsthistoriker Dehio, der Theologe Harnack oder der Chemiker Ostwald stammten von der *Alma mater Dorpatensis*. Ein weiterer Gesichtspunkt, auf den ich vor allem in

Tartu selbst hingewiesen wurde, war, daß die Stadt in der Sowjetzeit aufgrund ihres auf einen wichtigen Rüstungsbetrieb und den großen Militärflughafen zurückzuführenden Status einer für Ausländer „geschlossenen Stadt" gegenüber Tallinn stark benachteiligt gewesen ist. Ein Goethe-Institut aber hätte ein – wenn auch bescheidener – Beitrag zur Überwindung der daraus resultierenden Isolierung sein können, deren Folgen in den ersten Jahren nach der Unabhängigkeit doch noch deutlich zu spüren waren.

Gerne erinnere ich mich in diesem Zusammenhang an ein nachdenkliches Gespräch im Juni 1993 mit dem gerade neugewählten Rektor der Universität Peeter Tulviste, in dem wir, in Anknüpfung an ruhmreiche Dorpater Traditionen des 19. Jahrhunderts, Gedankenspiele um eine mögliche Rolle von Tartu als einer „Drehscheibe" für den wissenschaftlichen Austausch zwischen Ost und West an dieser kulturellen Nahtstelle anstellten, und dies mit besonderer Blickrichtung auf das nahe gelegene St. Petersburg – so jedenfalls mein Ansatz. Dabei dachte ich natürlich daran, daß man versuchen müßte, die Unterstützung von Sobtschak für diese Idee zu gewinnen. Bei Tulviste stieß ich damit auf durchaus interessierte Aufmerksamkeit. Doch die Zeit war hierfür noch nicht reif, wenn sie es denn jemals sein sollte und dies nicht alles nur Tagträumereien gewesen sind! Natürlich lief ich in Tartu sowohl in der Universität als auch bei der Stadt mit dem Gedanken eines dort und nicht in Tallinn anzusiedelnden Goethe-Instituts offene Türen ein.

Auch Meri, mit dem ich als allererstem hierüber gesprochen hatte, war schon als Außenminister ganz entschieden der Auffassung gewesen, daß Tartu als Sitz eines Goethe-Instituts vorgesehen werden sollte. Als Präsident zeigte er sich dann besonders enttäuscht, daß Tartu nicht nur kein Goethe-Institut bekam, sondern auch bei der Wahl des Sitzes einer von Genscher im Rahmen des Ostseerats vorgeschlagenen „Eurofakultät" zur Ausbildung baltischer Studenten vorwiegend in den Rechts- und Wirtschaftswissenschaften auf der Basis westeuropäischer Lehrpläne zugunsten von Riga übergangen wurde. Als wir davon unterrichtet wurden, daß Professor em. Dr. jur. Dietrich A. Loeber zum Gutachter für die Sitzfrage bestellt worden war, sagte ich Graf Leutrum als dem zuständigen Referatsleiter im Auswärtigen Amt zu dessen nicht geringem Erstaunen vorher, die Wahl würde auf Riga fallen. Er hatte bei Loebers Beauftragung keine Ahnung davon gehabt, daß dieser aus Riga stammte und bereits damals Ehrendoktor der dortigen Universität und Mitglied der Akademie der Wissenschaften Lettlands war, also bei bestem Willen kaum anders als für Riga votieren konnte. Der Beschluß über die Errichtung der „Eurofakultät", der dann formell auf der zweiten Außenministertagung des Ostseerats Mitte März 1993 in Helsinki getroffen wurde, besagte zwar, daß der Haupt- oder Verwaltungssitz Riga sein sollte, sah aber zugleich die Gründung von Außenstellen sowohl in Wilna als auch in Tartu vor. Schon damals war ich mir ziemlich sicher, daß die

Esten von den sich daraus ergebenden Möglichkeiten einen optimalen Gebrauch machen würden und sollte mich darin nicht irren, auch wenn bis zur tatsächlichen Eröffnung der Tartuer Abteilung noch beinahe drei Jahre ins Land gingen. Ein wichtiger Grund, aus dem Meri diese Entscheidung bedauerte, bestand, wie er damals einem deutschen Besucher erklärte, darin, daß er grundsätzlich die Aus- und Weiterbildung der jungen Leute in Estland einer solchen im Ausland vorzog: Bei einem Studium im Ausland, das ohne ein Stipendium kaum möglich sei, bestünde die Gefahr, daß nur Kinder von Angehörigen der alten Nomenklatura in den Genuß eines solchen kämen, da sich diese in den Positionen, die Einfluß und Wohlstand gewähren, zu behaupten suchten, um ihre Privilegien für sich und künftige Generationen zu erhalten. Daher bestünde eine wichtige Aufgabe der neuen Führung des Landes darin zu verhindern, daß „wer heute noch bestimme, auch bestimmen dürfe, wer morgen bestimmen solle".

Als dann Außenminister Velliste im April 1993 einen ersten Besuch in Bonn machte, bekräftigte er gegenüber Bundesaußenminister Kinkel den Standpunkt seiner Regierung, daß ein künftiges Goethe-Institut in Tartu (also nicht in Tallinn) errichtet werden sollte. Der damals von unserem Minister gemachten Zusage, er werde sich nachdrücklich für ein Goethe-Institut in Estland einsetzen, war aber leider ebenfalls kein Erfolg beschieden.

*

In Dorpat machten Lambsdorff und ich an jenem 25. November 1992 auch einen Besuch in der Redaktion des *Postimees*, wo uns der Chefredakteur Vahur Kalmre und der Leiter der Auslandsredaktion Rein Kärner empfingen. Sie unterrichteten uns über Struktur und Tätigkeit dieser damals ersten privaten und mit ca. 90.000 Exemplaren zugleich auflagenstärksten Tageszeitung Estlands. Ein Drittel der Anteile hielt zu diesem Zeitpunkt der Sohn des früheren, in sowjetischer Deportation verschollenen Staatsoberhaupts Jaan Tõnisson, dessen Zeitung der *Postimees* gewesen war. Der Sohn lebte im Ausland, wo er sich als Geschäftsmann ein Vermögen erworben hatte, kam auch nach der Unabhängigkeit nie nach Estland, machte aber von seinen finanziellen Möglichkeiten Gebrauch, um die Zeitung schon relativ früh mit modernen technischen Einrichtungen auszustatten und ihr damit auch einen Wettbewerbsvorteil zu verschaffen. Die Hälfte der Anteile wurde von Mitarbeitern gehalten, auch solchen, die wie Mart Laar oder Lennart Meri nur gelegentlich ihre Feder zur Verfügung gestellt hatten. Kärner, der wie seine Frau, eine Deutschlehrerin, die deutsche Sprache hervorragend beherrscht, wurde zu einem unserer wichtigsten journalistischen Ansprechpartner in Estland. Im Laufe der Jahre habe ich ihm mehrere Interviews gegeben.

Zum Mittagessen trafen wir uns mit zwei Landsleuten, die sich, beide bereits im Ruhestand und ehrenamtlich tätig, in diesen schwierigen Anfangsjahren und an westlichem Standard gemessen unter recht primitiven Verhältnissen, ohne davon viel Aufhebens zu machen, große Verdienste um den Dorpater akademischen Nachwuchs erworben haben. Beide sind hierfür von der Universität mit der Ernennung zu Ehrenmitgliedern geehrt worden. Der eine war Professor Dr. jur. Ekkehard Pabsch, der bereits im Herbst 1991 damit begonnen hatte, Vorträge an der Universität über die deutsche Wirtschafts- und Gesellschaftsordnung zu halten und dann seit Oktober 1992 regelmäßig zweimal jährlich zu Vorlesungszyklen über Fragen der europäischen Integration an der juristischen Fakultät nach Dorpat kam. Besonders verdient hat sich Pabsch dadurch gemacht, daß er Dorpater Studenten Praktikantenplätze in deutschen Unternehmen, verbunden mit der Unterbringung in Privatfamilien, vermittelt und damit einen gerade in seiner Langzeitwirkung hoch zu veranschlagenden Beitrag zur Entwicklung Estlands leistet. Seit Beginn dieses Programms im Sommer 1993 sind bis jetzt über 100 junge Estinnen und Esten auf diese Weise monatelang in Deutschland gewesen.

Der andere der beiden Stillen im Lande war der emeritierte Theologe Professor Dr. Dr. Egon Brinkschmidt, der seit Beginn des Wintersemesters 1992 an der erst im Jahr davor wiedereröffneten theologischen Fakultät systematische Theologie unterrichtete, mit seiner Frau in *Võnnu* (Wendau) in der Nähe von Dorpat sehr bescheiden auf einem Bauernhof lebte und dort gelegentlich auch, mit einem Kollegen als Dolmetscher zur Seite, auf Deutsch predigte. Einige dieser Predigten sind später in Estland veröffentlicht worden[45]. Mit Hilfe des von ihm ins Leben gerufenen Freundeskreises der theologischen Fakultät der Universität Tartu in Deutschland gelang es ihm, schon im April 1993 in Dorpat ein Haus zu erwerben, das er restaurieren ließ und gemeinsam mit seiner Frau zu einem Mittelpunkt für die angehenden Theologen machte. Jahrelang sind einige seiner Studentinnen und Studenten aus dem Patrick von Glasenapp-Studienfonds für Estland mit Stipendien unterstützt worden.

*

Außerdem besuchte ich anläßlich dieser Fahrt nach Dorpat zur Gründung des Deutschen Kulturinstituts den Literaturwissenschaftler Professor Jurij Lotman. Als Begründer der sogenannten Tartu-Moskauer Semiotischen Schule war er eine Berühmtheit und hatte wesentlich dazu beigetragen, daß der Name dieser Universität auch während der Sowjetzeit in der internationalen wissenschaftlichen Welt nicht ganz in Vergessenheit geraten war. Wie andere russische Gelehrte jüdischer Nationalität war er nach dem Krieg von seiner Heimatstadt Leningrad in das abgelegene Tartu übersiedelt, wo es keinen Antisemitismus gab.

Da ich mich für die bislang unerforschte Geschichte der Revaler Freimaurer im 18./19. Jahrhundert interessierte, wollte ich den großen Kenner der russischen Literatur- und Kulturgeschichte der Puschkin-Zeit fragen, ob er bei seinen Forschungen auf mir bis dahin verborgen gebliebene Spuren eben dieser Revaler Freimaurer, die immer einen Teil der russischen, speziell der Petersburger Maurerei gebildet hatten, gestoßen sei. Da ich wußte, daß Lotman, der gerade in jenen Tagen 70 Jahre alt wurde, nicht mehr gesund war, wollte ich einen Besuch auch nicht länger aufschieben und hatte mich telefonisch bei ihm angemeldet, worauf er sehr freundlich reagierte. Als meine Frau, die uns an diesem Tag nach Dorpat begleitete, Nikolaus Lambsdorff und ich bei Einbruch der Dunkelheit zu der Professorenwohnung in einer Villa am Techelferschen Park kamen, empfing uns der Gelehrte in einem großen Zimmer, das mit Büchern bis unter die Decke geradezu tapeziert, ansonsten aber, von ein paar Sitzgelegenheiten abgesehen, vollkommen leer war. Die äußere Erscheinung des eher schmächtigen Mannes mit wirrem Haarschopf und Schnauzbart erinnerte an Fotos von Albert Einstein. Ihm assistierte eine russische Studentin, die sich auch etwas um den Haushalt des Witwers zu kümmern schien, uns jedenfalls Tee anbot. Lotman war damals deutlich von den Folgen mehrer Schlaganfälle gezeichnet, was seinem Temperament aber keinen Abbruch tat. Er bestand darauf, deutsch zu sprechen, obwohl es ihm jetzt sichtlich schwerfiel. Neben mir sitzend, schlug er sich immer wieder ungeduldig auf die Oberschenkel, wenn ihm die passenden Worte nicht schnell genug einfielen. Plötzlich sprang er auf, durchquerte das Zimmer und begann, auf einer wackeligen Leiter balancierend, die das karge Meublement vervollständigte, in einem der oberen Regale nach einem Buch zu suchen, so daß uns angst und bange wurde – doch lehnte er es strikt ab, sich helfen zu lassen. Mit sicherem Griff hatte er das Gesuchte schnell gefunden und zeigte mir ein Werk der 1980 verstorbenen Historikerin Nečkina über die Dekabristen. Die Bedeutung dieser Arbeit im Hinblick auf die Geschichte der russischen Freimaurer, erklärte Lotman, bestünde in den in den Fußnoten enthaltenen Quellenhinweisen. Die Nečkina habe zwar in den Archiven forschen, doch über das in der Sowjetzeit (anders als die Geschichte der Dekabristenbewegung) tabuisierte Thema der Freimaurerei nicht veröffentlichen dürfen, sie habe aber die Fundstellen festgehalten [46]. Man müsse also jetzt die angegebenen Quellen aufsuchen und dort nachlesen, wenn man mehr wissen wolle! Über die Revaler Freimaurer und eine Loge, die seinerzeit in Dorpat existierte, war Lotman aber nichts bekannt. Dann mußte er sich entschuldigen, denn seine Assistentin erinnerte ihn daran, daß er in der Universität zu einer Vorlesung erwartet würde. Ein knappes Jahr später, im Oktober 1993, ist er gestorben.

Weihnachten für kinderreiche Familien

Es hat Tradition, daß sich Diplomaten im Gastland sozial engagieren. Das gilt natürlich besonders in Notzeiten, und solche herrschten damals in Estland. Dabei dachten meine Frau und ich in erster Linie an Familien mit vielen Kindern. Einmal, weil diese überall zu den sozial Schwächsten zählen, zum anderen, weil sich Weihnachten näherte. Ich sprach mit Priit Relve, um herauszufinden, wo wir ansetzen könnten, und er machte mich anläßlich eines Empfangs im Rathaus mit Albert Norak bekannt, einem ehemaligen Tallinner Oberbürgermeister. Dieser stellte sich im Gespräch als der Vorsitzende eines im April 1991 gegründeten Wohltätigkeitsfonds für kinderreiche Familien heraus und war daher gleich bereit, an einer gemeinsamen vorweihnachtlichen Aktion mitzuwirken. Dann verständigte ich mich mit dem Doyen, der daraufhin alle Botschaften zu einer Besprechung mit Norak einlud, die Mitte November stattfand. Leider folgten dieser Aufforderung außer uns beiden keine weiteren Missionschefs, und das ganze Treffen war von Angehörigen der Deutschen Botschaft dominiert, die bereits eine größere Summe Geldes gespendet hatten. So wurde dann auch die am 18. Dezember im Restaurant *Astoria* am Freiheitsplatz stattfindende Weihnachtsfeier des diplomatischen Corps für Familien mit sieben und mehr Kindern eine weitgehend deutsch-estnische Veranstaltung mit einer kleinen dänischen und schwedischen Beteiligung. Beigetragen hatte auch der Gründer dieser wohltätigen Stiftung, der Geschäftsmann Leonid Apananskij, mit dem ich bei Kaffee und Kuchen dort zusammentraf. Die Damen der Botschaft hatten für jede Familie ein großes Paket mit Eßwaren und für jedes Kind noch ein kleineres mit Süßigkeiten gepackt (Abbildung 30). Aus Mitteln des Fonds hatte Norak jeweils einen kleinen Geldbetrag hinzufügen können. Meine Frau sprach für das diplomatische Corps. Diese vorweihnachtliche Aktion sollte sich dann in den folgenden Jahren wiederholen. Die Zusammenarbeit mit dem Fonds für kinderreiche Familien ruhte auf deutscher Seite aber zunehmend und dann ausschließlich auf den Schultern meiner Frau, da der Umgang mit Angehörigen der früheren Nomenklatura, zu der auch der grundanständige und sich nur aus sozialem Gewissen engagierende Norak zählte, nicht jedermanns Sache war. Uns fiel das dank unserer größeren, nicht zuletzt bereits in Leningrad gemachten Erfahrungen, wohl auch leichter. Weniger schön fanden wir ein weitgehendes Desinteresse von Seiten schon wieder zu Geld gekommener Esten, bis sich eines Tages Rein Otsason, jetzt Chef einer Geschäftsbank, der der gleichen Auffassung war, an meine Frau wandte, nachdem sie sich hierzu öffentlich geäußert hatte. Er hat dann die Dinge in die Hand genommen und dazu beigetragen, daß sie auf eine neue, den auch rechtlich veränderten Verhältnissen angepaßte organisatorische Grundlage gestellt und zusätzliche Finanzierungsquellen erschlossen wurden. Da hatten wir Estland aber schon verlassen. Die Verbindung zu Albert Norak, der auch der neuen *Eesti Suurperede Abistamise Selts* (Estnische Gesellschaft zur Unterstützung großer Familien) vorsteht, ist aber nicht abgerissen. Dem Engagement meiner Frau für kinderreiche estnische Familien verdanken wir auch, daß jeder von uns beiden mittlerweile ein estnisches Patenkind hat!

Jahresausklang

Das erste Jahr, das ich ganz in Estland verbracht hatte, klang dann im Familienkreis aus (Abbildung 31). Während unsere Kinder über die Feiertage nach Reval kamen, erhielten der Kollege Lambsdorff und seine Familie Besuch von den Eltern. Wenige Tage vor Weihnachten begleitete ich Otto Graf Lambsdorff zu einem nicht weniger als drei Stunden dauernden *tour d'horizon* mit Präsident Meri nach Katharinental. Das war nach meiner Erinnerung die erste Begegnung der beiden Politiker, der sich im Laufe der Jahre, in denen Graf Lambsdorff zu einem engagierten Freund Estlands wurde, weitere anschließen sollten. Aufmerksam folgte Meri den Ausführungen Lambsdorffs zur Weltlage und seinem Spezialgebiet, der Wirtschaftspolitik, und machte sich von Zeit zu Zeit Notizen, wenn dieser Grundlegendes mitzuteilen hatte. Die Sorge des estnischen Präsidenten galt einem damals akuten Streit zwischen Estland und Finnland über die Abgrenzung der beiderseitigen Hoheitsgewässer. Meri witterte dahinter Moskauer Machenschaften mit dem Ziel, Finnland, das einzige Land, in dem Rußland mit seiner weltweiten Propaganda, in Estland würden die Menschenrechte der russischen Minderheit verletzt, bisher erfolglos geblieben sei, mit Estland zu entzweien. Die Tatsache, daß starke Kräfte im Parlament die Respektierung einer 12-Meilenzone im Finnischen Meerbusen (der zwischen Estland und Finnland insgesamt nur etwa 40 Meilen breit ist) betrieben, beweise, wie groß der russische Einfluß auf die estnische Politik noch sei. Schon als Botschafter in Helsinki hatte sich Meri mit Erklärungen hierzu in Schwierigkeiten gebracht, da diese nicht dem Regierungsstandpunkt entsprachen, an dem sich dann auch nach den Wahlen nichts geändert hatte. Wahrscheinlich ist er hierbei durch die großen Sympathien beeinflußt worden, die er für Finnland – „Estlands Nabelschnur zum Westen", wie er sich damals Lambsdorff gegenüber ausdrückte – auch aufgrund vieler guter persönlicher Erfahrungen in der Zeit der eigenen Unfreiheit immer empfunden hat. Der Streit um die Abgrenzung der Territorialgewässer, der zeitweise auch meinem finnischen Kollegen Sorgenfalten verursachte, wurde dann im neuen Jahr im Kompromißwege „friedlich" beigelegt.

Zwei Tage später, am 23. Dezember, nachdem wir uns alle, auch unsere Kinder, auf Meris Einladung das seit dem Krieg erstmals wieder aufgeführte Weihnachtsoratorium von J. S. Bach in der „Estonia" angehört hatten, waren Lambsdorffs senior, meine Frau und ich von Herrn und Frau Meri in ihre gerade in jenen Tagen bezogene provisorische Residenz in einem früheren Gästehaus der Regierung in Nömme zum Abendessen eingeladen – als erste Gäste im neuen Domizil, wie uns der Präsident freudig mitteilte. Später führte uns Meri nicht ohne Stolz einige deutschsprachige Bücher zur Geschichte Estlands aus seiner Bibliothek vor und war dabei ganz in seinem Element, was Otto Lambsdorff sichtlich beeindruckte. An diesem Abend bezeichnete der gelernte Historiker Meri das Werk von Paul Johansen und dessen Schüler Heinz von zur Mühlen „Deutsch und Undeutsch im mittelalterlichen und frühneuzeitlichen Reval" (1973) als die beste Veröffentlichung über die estnische Geschichte. Das war keineswegs nur eine aufmerksame Geste gegenüber seinen Gästen, denn ich habe von Meri auch bei anderer Gelegenheit gehört, daß er Johansen – bis 1939 Leiter des Revaler Stadtarchivs und dann bis zu seinem frühen Tod 1965 Professor an der Universität Hamburg – für den bedeutendsten Historiker Estlands halte. An dem Abend zwischen den beiden Begegnungen mit Präsident Meri hatten wir Lambsdorffs senior und junior zusammen mit Außenminister Velliste, Jaan Kross und Ellen Niit, den bereits im Aufstieg zum „Medienzar" Estlands begriffenen Hans Luik, einen schon alten Bekannten, und seine Frau Anne, die ganz in unserer Nähe wohnten, bei uns zum Essen. Wie man sieht, war jetzt auch im gesellschaftlichen Verkehr Normalität eingekehrt, und unser Leben unterschied sich mittlerweile nicht mehr wesentlich von dem auf anderen diplomatischen Posten.

Am Weihnachtsabend besuchten wir den Gottesdienst in der Domkirche. Er begann um 17.00 Uhr, und als wir kurz davor eintrafen, war das Kirchenschiff bereits bis zum Bersten gefüllt, was ich zuvor noch nie erlebt hatte. Da das Schwergewicht auf dem musikalischen Teil mit all den uns vertrauten Weihnachtsliedern lag, fühlte sich auch der Rest der Familie, selbst wenn wir die estnische Predigt von Erzbischof Pajula nicht verstanden, in dieser unvergleichlichen Stimmung geborgen.

1993

Die deutsch-estnische Zusammenarbeit gewinnt an Substanz

Schon im Verlauf der zweiten Jahreshälfte 1992 hatte es Anzeichen dafür gegeben, daß in unseren Beziehungen zu Estland das Stadium des reinen *fact finding* nunmehr endlich im Begriff war, von dem einer stärkeren Projektverwirklichung abgelöst zu werden. Ein gutes Beispiel hierfür war die Organisation der estnischen Großprivatisierung durch die Treuhand Ost Beratungsgesellschaft. Vielleicht hatte unsere Berichterstattung, wie die der Kollegen aus Riga und Wilna, mit der wir immer wieder auf das Mißverhältnis zwischen zahllosen Expertendelegationen aus Bund und Ländern und konkreten Ergebnissen hingewiesen haben, auch ein wenig dazu beigetragen. Jedenfalls hatte sich die Bonner Zentrale des Auswärtigen Amts bis hin zum Staatssekretär dieses Anliegens angenommen und begnügte sich nicht länger mit der allgemeinen Floskel, wie sie bei Unterrichtung der politisch Verantwortlichen gerne verwendet wurde, die Beziehungen Deutschlands zu den baltischen Staaten hätten sich seit August 1991 „insgesamt positiv entwickelt". Es waren Initiativen gegenüber anderen Bundesministerien ergriffen und vor dem Hintergrund unseres außenpolitischen Interesses an einer stabilen Entwicklung im Baltikum im Ressortkreis mehr Koordinierung der verschiedenen Aktivitäten und mehr materielle Unterstützung als nur Beratung und Ausbildung gefordert worden.

Auch begann jetzt der Faktor „Zeit" Wirkung zu zeigen, wenn er nicht überhaupt ausschlaggebend gewesen ist. Denn die Bereitschaft, Estland und seinen baltischen Nachbarn in dieser schwierigen Phase ihrer Geschichte beizustehen, nahm in Deutschland in dem Maße zu, in dem die Existenz dieser „vergessenen Länder" in das allgemeine Bewußtsein trat. Die Sympathie, die sie mit größerem Bekanntheitsgrad bei uns genossen, hing auch mit den positiven Erfahrungen zusammen, die ungeachtet aller Anfangsschwierigkeiten und Relikte „alten Denkens" mit einer weit verbreiteten Fähigkeit insbesondere der Esten gemacht wurden, die sich bietenden Möglichkeiten der neuen Zeit einfallsreich und wirksam zu nutzen. Die Zusammenarbeit lohnte sich, denn man begann Erfolge zu sehen. Wenn alles etwas länger dauerte, als gerade wir vor Ort in der Botschaft, die Probleme täglich vor Augen, uns das vorgestellt hatten, so wird man berücksichtigen müssen, daß die Deutschen, ihre Regierung und ihre Verwaltung, damals allein schon durch die nach der Wiedervereinigung auf sie zukommenden Herausforderungen in bisher ungewohnter Weise in Anspruch genommen waren und sich Deutschland im gesamten ehemaligen Ostblock, von dem das Baltikum nur einen kleinen Teil ausmachte, so umfassend wie wohl kein anderes Land engagierte.

In den ersten Januartagen 1993 konnte ich Innenministerin Lagle Parek eine erste große Hilfslieferung für die estnische Polizei übergeben. Sie bestand hauptsächlich aus Bekleidungsstücken, welche die Bundeswehr von der ehemaligen Nationalen Volksarmee (NVA) übernommen hatte. Die 10 000 Stiefel, 20 000 Hemden usw. mit einem Gesamtgewicht von 100 Tonnen waren kurz vor Weihnachten in vielen Containern auf dem Landweg mit der Eisenbahn in Tallinn angelangt, nachdem es unterwegs an der russischen Grenze in Brest noch Probleme gegeben hatte. Diese Lieferung, deren materieller Wert im einzelnen nicht zu beziffern war, stellte eine Soforthilfe dar, die nicht auf die bereits im März 1992 vereinbarte Ausstattungshilfe in Höhe von 3 Millionen DM angerechnet wurde, von der mangels konkreter Projekte bisher nur ein geringer Teil abgeflossen war.

Eine erste Tranche der Materialhilfe aus NVA-Beständen für den Grenzschutz, über die wir mit der estnischen Regierung nun schon so lange im Gespräch waren, ist dann schließlich noch so rechtzeitig eingetroffen, daß sie der Parlamentarische Staatssekretär im Bundesverteidigungsministerium Bernd Wilz anläßlich seiner Teilnahme an den Feierlichkeiten zum 75. Jahrestag der Gründung der Republik Estland am 24. Februar 1993 offiziell übergeben konnte. Genau ein Jahr nach seinem ersten Besuch in Estland traf er am Vortag mit einer Delegation von Offizieren und Beamten seines Ministeriums einschließlich einiger Journalisten in Tallinn ein. Auf dem Flugfeld wurde er von Innenministerin Parek, dem Chef des Grenzschutzes Öövel und Verteidigungsminister Rebas empfangen. Obwohl die Bundesregierung – unausgesprochen – mit Rücksicht auf Rußland damals genau darauf achtete, daß das NVA-Material, zu dem ohnehin weder Waffen noch Munition zählten, nicht an die im Aufbau begriffenen estnischen Streitkräfte, sondern an den Grenzschutz geliefert wurde, der in Estland wie in Deutschland dem Innenministerium untersteht, war der estnische Verteidigungsminister in die Gespräche mit einbezogen worden. Paradoxerweise unterzeichnete auch er auf Wunsch unseres Verteidigungsministeriums die Vereinbarungen über die im übrigen ebenfalls unentgeltlichen Lieferungen. Schließlich geht nichts über die Ressortkompetenz, und bei uns war nun einmal der Verteidigungsminister für NVA-Material zuständig! Wo die Ausrüstungsgegenstände im einzelnen landeten, ist von deutscher Seite, soweit ich weiß, nie nachgeprüft worden. In späteren Jahren erfolgten dann Lieferungen auch direkt an die Streitkräfte.

An jenem 23. Februar waren auf dem Tallinner Flugplatz die beiden bereits seit einiger Zeit in Estland eingetroffenen zwei kleinen Turboprop-Transportflugzeuge des Typs L-410 T, in denen jeweils 19 Personen Platz hatten, und einige der insgesamt 30 ebenfalls schon im Lande befindlichen Militärlastwagen aufgefahren worden. Vor ihnen waren Angehörige des Grenzschutzes medienwirksam angetreten. Während am selben Tag außerdem 450 komplette Winterausrüstungen mit einer Transall-Transportmaschine eingeflogen wurden, lagerte weiteres umfangreiches Material einschließlich 170 Lastkraftwagen noch zur Abholung in Deutschland. Das feierliche Übergabezeremoniell mit deutschen und estnischen Fahnen, den beiden Nationalhymnen und Reden des Staatssekretärs sowie der beiden Minister ließ der Oberst der Reserve Wilz trotz eisiger Kälte ohne Hut und Mantel ungerührt und sichtlich angetan über sich ergehen.

Als dann am nächsten Tag während der Parade zum Nationalfeiertag auf dem Freiheitsplatz, die erstmals von Präsident Meri abgenommen wurde, eines der beiden von Deutschland geschenkten Flugzeuge den Platz überflog und einige Schleifen über der Altstadt zog, war das – wie wir später der Presse entnehmen konnten – für die Bevölkerung der Höhepunkt der Veranstaltung: Die estnischen Streitkräfte, genau genommen der Grenzschutz, verfügten über ein erstes Flugzeug! Damit war zugleich die Bitte erfüllt worden, die Rüütel anderthalb Jahre zuvor Genscher gegenüber geäußert hatte.

Das offizielle Estland vermerkte mit Genugtuung, daß gerade an diesem Tag auch eine deutsche Regierungsdelegation gekommen war. Im Hinblick auf die prekäre Situation der Staatsfinanzen hatte die Regierung beschlossen, die Feierlichkeiten bescheiden zu gestalten und daher nur die „Nachbarstaaten" Finnland, Schweden, Lettland, Litauen und Rußland ausdrücklich auf Ministerebene eingeladen. Außer Rußland, das sich – angesichts der belasteten Beziehungen wohl demonstrativ – von seinem Botschafter vertreten ließ und Lettland, das mit Präsident Gorbunovs den ranghöchsten Repräsentanten entsandte, wurde diesen Einladungen durchgehend von Kabinettsmitgliedern Folge geleistet. Die erste aus den postsowjetischen Wahlen hervorgegangene neue politische Führung des Landes präsentierte sich an diesem Tag – dessen Verlauf sich an dem bereits vom Vorjahr bekannten Programm orientierte – mit deutlichem Selbstbewußtsein, während die alten Kräfte allenfalls als Privatpersonen in Erscheinung traten. So konnte ich während des Festgottesdienstes in der Domkirche, der mit dem feierlichen Einzug des Erzbischofs gefolgt vom Präsidentenpaar begann, beobachten, wie Rüütel und Väljas in einer der ersten Reihen des Gestühls, in dem bis zur estnischen Staatsgründung die Landräte der Estländischen Ritterschaft quer zur übrigen Gemeinde ihren Platz gehabt hatten, nebeneinander sitzend mit unbewegten Mienen der für sie wohl eher ungewohnten Veranstaltung beiwohnten. Von Savisaar war den ganzen Tag über nichts zu sehen; dafür versandte er Karten, mit denen er kurioser Weise zum Geburtstag der Republik gratulierte! Auch ich erhielt eine solche.

Bevor Staatssekretär Wilz mit seiner Delegation nach Riga weiterflog, waren er, unser Verteidigungsattaché Kleist und ich zu dem von Ministerpräsident

Laar für die offiziellen ausländischen Gäste im Schloß auf dem Domberg gegebenen Mittagessen eingeladen. Bei ihrer Begrüßung gab Laar geradezu begeistert seiner Freude darüber Ausdruck, daß Estland nunmehr Flugzeuge besitze – auch auf ihn hatte die Demonstration während der Parade offensichtlich großen Eindruck gemacht. Als ich ihm dann als weiteres „Geburtstagsgeschenk" mitteilen konnte, der Bundeskanzler erwarte ihn am 28. Juni in Bonn, wozu ich am Vortage gerade noch rechtzeitig ermächtigt worden war, da kannte seine Freude keine Grenzen! Nun sollte er in den Genuß der im September 1991 ausgesprochenen Einladung kommen, an die ich bei seinem Regierungsantritt Bonn ein weiteres Mal eindringlich erinnert hatte und die weder Savisaar noch Vähi hatten wahrnehmen können.

*

Hatten wir in den vergangenen anderthalb Jahren, seitdem Genscher in Tallinn gewesen war, den estnischen Erwartungen an hochrangiger politischer Wahrnehmung, vor allem im Vergleich zu den nordischen Staaten, nicht entsprochen, so sollte dies nun bis zum Sommer durch eine dichte Besucherabfolge wieder wettgemacht werden. Sie gipfelte in der Estlandreise des Bundespräsidenten im Juli 1993, die ich Präsident Meri in diesen Tagen Mitte Februar offiziell ankündigen konnte. Nach den Experten „entdeckten" jetzt zunehmend auch die deutschen Politiker Estland und das übrige Baltikum.

Nach Staatssekretär Wilz setzte den Reigen erst einmal Bundesverkehrsminister Professor Dr. Günther Krause fort, der am 6. April aus Riga kommend in sechs Stunden ein dichtgedrängtes Programm absolvierte, zu dem auch die Unterzeichnung eines Staßenverkehrsabkommens zählte. Zur Überraschung und Freude der Esten hatte er eine Genehmigung für die Aufnahme der Busverbindung Tallinn – Hamburg – Kiel im Gepäck. Krause, der auf dem Weg zur Wiedervereinigung als ostdeutscher Unterhändler des Einigungsvertrags, den er dann mit Schäuble unterzeichnete, eine wichtige Rolle gespielt hatte, war damals bereits wegen privater Affären in die Schlagzeilen der deutschen Presse geraten. Er verhielt sich mir gegenüber anfänglich betont reserviert, ob aus diesem Grund oder aus allgemeiner Zurückhaltung war mir nicht klar, beeindruckte mich aber bei den Gesprächen mit seinem estnischen Kollegen und Gastgeber Andi Meister gleich durch seine offenkundige Sachkompetenz. Er warf kaum einen Blick in die mitgebrachten Papiere, bedurfte keiner Unterstützung durch die ihn begleitenden Ministerialbeamten und hatte doch alle Daten präsent. Als ich ihm hierzu später eine Bemerkung machte, meinte er lächelnd, schließlich sei er Professor für Informatik. Bei einem den Besuch abschließenden Gespräch mit dem Ministerpräsidenten bat ihn dieser, sich in seiner Heimat Mecklenburg-Vorpommern im Interesse der bilateralen Wirtschaftsbeziehungen für die Wiederaufnahme des inzwischen aus Rentabilitätsgründen eingestellten direkten Fährverkehrs zwischen Tallinn und Rostock einzusetzen – ein Thema noch vieler Gespräche mit deutschen Besuchern.

Danach blieb bis zum Abflug eine halbe Stunde, in der ich den Minister im Schnellschritt zu den wichtigsten Sehenswürdigkeiten der Altstadt führen konnte. Zuerst schien er darin keinen rechten Sinn erkennen zu können, interessierte sich dann aber schnell und taute dabei zusehends auf. Wieder einmal bestätigte sich, daß ein Gang durch das alte Reval dem aufmerksamen Beobachter mehr erschließt als viele Worte. Als wir dann auf der Fahrt zum Flughafen allein waren, brach es geradezu aus ihm heraus: Wenn ich wüßte, wie die ostdeutschen Abgeordneten im Bundestag ausgerechnet von ihren Fraktionskollegen behandelt, ja regelrecht „niedergemacht" würden, indem man ihnen über den Mund fahre, sie der Inkompetenz zeihe und auf Statistenrollen in die hinteren Bänke verweise ... Und das sagte jemand, der nicht nur Kabinettsmitglied, sondern auch der Sprecher der ostdeutschen Bundestagsabgeordneten in der Fraktion war und sich doch sicher auch sonst zu wehren wußte. Ich war ziemlich entsetzt über das, was ich hier aus der Alltagspraxis des Zusammenwachsens unseres ein halbes Jahrhundert geteilt gewesenen Landes zu hören bekam. Es paßte aber zu früher gemachten Beobachtungen. So war mir bei Delegationsbesuchen von Abgeordneten des Deutschen Bundestags aufgefallen, daß sich die meist über einen soliden beruflichen Hintergrund verfügenden ostdeutschen Abgeordneten im allgemeinen nicht nur durch ein zurückhaltenderes Auftreten angenehm von ihren westdeutschen Kollegen unterschieden, sondern sich bei abendlichen Veranstaltungen je später die Stunde desto betonter von diesen zurückzogen und ungeachtet der Parteizugehörigkeit lieber untereinander blieben. Gerade dann hatten sich öfters anregende Gespräche mit ihnen jenseits des unmittelbaren Tagesgeschehens ergeben. Bevor ich mich von Minister Krause auf dem Flughafen verabschiedete, wo er wieder mit seiner ihn begleitenden Frau zusammentraf, der sich Gräfin Lambsdorff den Tag über angenommen hatte, machte er mich noch darauf aufmerksam, daß die Regierungsmaschine, mit der er reiste, eine sowjetische Turboprop sei, die einst Honecker gedient habe, weswegen sich westdeutsche Politiker jetzt angeblich weigerten, sie zu benutzen ...

Beim Besuch von Bundesminister Krause konnte auch unsere Aktion abgeschlossen werden, den Tallinner Busbetrieben zu gebrauchten Omnibussen zu verhelfen. An diesem Tag wurden zwei von ihnen (ergänzt um eine Medikamentenspende) im Namen der Partnerstadt Schwerin übergeben, die bereits früher fünf an der Zahl geschenkt hatte. Unabhängig von der uns ursprünglich unbekannten Schweriner Hilfe hatten wir in der Botschaft in dem schwierigen ersten Winter nach der Unabhängigkeit die Initiative ergriffen und an die Oberbürgermeister aller ostdeutschen Großstädte geschrieben. Dabei war unsere Überlegung die folgende gewesen: Die wie im gesamten Ostblock so auch in der DDR und in Estland eingesetzten ungarischen Omnibusse der Marke „Ikarus" sollten nunmehr, wie wir gehört hatten, durch deutsche Fabrikate ersetzt werden. Also mußten die ausgedienten ungarischen Busse zu anderweitiger Verwendung zur Verfügung stehen und könnten zur „Lösung der kritischen Probleme des städtischen Busverkehrs" – wie es später in einer mir überreichten Dankadresse der Stadt Tallinn heißen sollte – beitragen. Eine Reihe der von mir angeschriebenen Städte reagierte positiv, ich erinnere mich an Dresden, Leipzig und Zwickau. Auf diese Weise haben 1992/93 insgesamt 23 Ikarus-Busse ihren Weg aus Ostdeutschland nach Tallinn genommen. Die fünf von der Stadt Dresden geschenkten Busse wurden dazu noch auf Kosten der Stadt Hamburg für 150 000 DM generalüberholt und konnten zusammen mit einem großen Ersatzteillager Mitte Januar 1993 Verkehrsminister Andi Meister und den Spitzen der Stadt im Rahmen einer kleinen Feierstunde von der Botschaft übergeben werden.

*

Genau eine Woche nach Bundesminister Krause hielt sich Bundesumweltminister Professor Dr. Klaus Töpfer auf Einladung seines estnischen Kollegen Andres Tarand einen Tag in Tallinn auf. Danach flog er mit der ihn begleitenden großen, überwiegend aus Journalisten bestehenden Delegation nach Riga weiter. Der Besuch konzentrierte sich darauf, wie die von den sowjetischen Truppen verursachten Umweltschäden am besten beseitigt werden könnten. Die Bundesregierung hatte damit bereits in Ostdeutschland Erfahrungen gesammelt, während sie für die estnische Regierung ein völlig neues Problem darstellten. Zur Demonstration solcher Schäden in der unmittelbaren Umgebung der Hauptstadt fuhren wir nach *Viimsi* (Wiems). Dort wurden der Delegation Ölverschmutzungen gezeigt, die von damals noch von russischem Militär bewachten Tankkesseln herrührten. Außerdem besichtigten wir das im Herbst 1992 von russischen Marineeinheiten geräumte ehemalige Herrenhaus von Wiems. Dieses hatte in der Zwischenkriegszeit dem Oberbefehlshaber General Johan Laidoner gehört, an den bereits wieder einige Ausstellungsstücke erinnerten, die uns bei einem Rundgang in Begleitung eines Verwandten von ihm durch das sich noch in einem recht desolaten Zustand befindende Gebäude gezeigt wurden. Doch handelte es sich hier in Wiems bei weitem nicht um die gravierendsten durch das sowjetische Militär verursachten Fälle von Umweltverschmutzung in Estland. Der Schwerpunkt der Gespräche zwischen den Ministern lag auf der Erörterung der noch immer unklaren Lage in *Paldiski* mit seinen beiden stillgelegten Kernreaktoren und anderen, ihrem Ausmaß nach ebenfalls unbekannten Umweltbelastungen der übrigen Halbinsel *Pakri*. Bundesminister Töpfer betonte das große Interesse aller Ostseeanrainerstaaten an objektiver Unterrichtung und sagte zu, hierüber mit seinem russischen Kollegen zu sprechen. Auch bot er deutsche Expertise an, falls diese bei einer künftigen Entsorgung der Reaktoren benötigt würde. In der Berichterstattung der Medien über den Besuch fand dieses Thema dann auch den größten Widerhall. Erstmals hatte sich ein deutscher Politiker hierzu öffentlich in Estland geäußert, während bis dahin nur Stellungnahmen von Politikern aus Schweden und Finnland zu vernehmen gewesen waren.

Auch die Umweltprobleme in *Sillamäe* an der nordestländischen Küste kamen zur Sprache. Mit ihnen war ich bereits im Oktober 1992 in Berührung gekommen, als wir den ersten der mehrtägigen Ausflüge in das Landesinnere gemacht hatten, den das estnische Protokoll von nun an jedes Jahr für die Missionschefs und ihre Damen organisieren sollte. Dort hatten wir das ehemalige chemisch-metallurgische Kombinat besichtigt, das als Teil des sowjetischen militärisch-industriellen Komplexes bis 1990 für Esten absolut unzugänglich und wie der ganze Ort *Sillamäe* ein weißer Fleck auf der Landkarte gewesen war. Jetzt firmierte es als Aktiengesellschaft „Silmet" und befand sich noch in – inzwischen estnischem – Staatseigentum. Wie wir erfuhren, war noch bis vor drei Jahren Uran prozessiert und davor als Nebenprodukt der Ölschieferförderung auch Uran gewonnen worden. Weiterhin wurden hier seltene, aus dem Bereich der früheren Sowjetunion importierte und u.a. beim Flugzeug- und Raketenbau benötigte Metalle bearbeitet. Von der Dachterrasse des Werkes aus hatten wir einen Blick auf die Ostsee werfen können und dabei einen von dieser nur durch einen Damm getrennten Teich gezeigt bekommen, in dem die zum Teil radioaktiven Abfälle gelagert wurden. Dieser Damm war angeblich undurchlässig. Doch der Umweltschutzbeauftragte des Unternehmens mußte zugeben, daß eine perfekte Absicherung die vorhandenen finanziellen Möglichkeiten übersteigen würde. Das hatte uns damals recht beeindruckt, nicht zuletzt meinen Kollegen aus dem benachbarten Finnland, das bei einem Unfall wohl zuerst betroffen gewesen wäre.

Auch Ministerpräsident Laar empfing Minister Töpfer zu einem ausführlichen Gespräch, der ihm die erbetene Entsendung von zwei deutschen Fachleuten zur Bekämpfung unterirdischer Brände im Ölschieferabbaugebiet von Nordostestland zusagte. Dabei brachte Laar zur Sprache, daß die internationale Unterstützung, die Estland erfahre, nach einer langen Phase von *fact finding*-Missionen nunmehr in eine solche der praktischen Umsetzung von im Verlaufe dieses Prozesses identifizierter Projekte übergehen sollte. In einer abschließenden Pressekonferenz, die er und Tarand gaben, griff Töpfer dieses Thema mit Blick auf das PHARE-Programm der EG auf, das damals in Estland wegen sich häufender „Studien" immer öfter kritisiert wurde.

*

Der Strom von Besuchen hochrangiger Bundespolitiker in Estland wurde jetzt erst einmal durch eine Reise von Außenminister Velliste nach Deutschland unterbrochen. Begleitet wurde er außer durch den Politischen Direktor Toivo Klaar auch von Urmas Oolup. Dieser hatte sich im Februar 1993 dazu bewegen lassen, vom Stadtarchiv als Deutschlandreferent in das Außenministerium überzuwechseln. Dort löste er Toivo Tasa ab, dem von Meri Ende 1991 als erstem diese Aufgabe übertragen worden war. Da dieser aber gleichzeitig seine Tätigkeit im Estnischen Institut fortgesetzt hatte, war er nur halbtags im Ministerium anzutreffen gewesen. Der Weggang von Oolup stellte für Direktor Jüri Kivimäe, der auch noch eine Dozentur in Tartu wahrnehmen mußte, wie für das ganze Stadtarchiv, in dem er die „Seele des Geschäfts" war, eine mittlere Katastrophe dar. Oolup hatte sich von Velliste am patriotischen Portepee fassen lassen und der Außenminister sich davon wahrscheinlich einiges für die beabsichtigte Intensivierung der Beziehungen zu Deutschland versprochen. Obwohl ich dafür viel Verständnis hatte und wir uns kaum einen besseren Ansprechpartner im Außenministerium wünschen konnten, waren auch die Sorgen des Stadtarchivs gut nachzuempfinden. Nach einigen Monaten merkte Oolup, daß die Welt der Diplomatie doch nicht ganz die seine war und kehrte ins Archiv zurück. Sein Nachfolger wurde der wie die beiden Vorgänger hervorragend deutsch sprechende Heiki Sirkel.

Am 29. April empfing Bundesaußenminister Kinkel seinen Kollegen und dessen Delegation zum ersten offiziellen Arbeitsbesuch eines estnischen Außenministers in Bonn. Außer einer „Gemeinsamen Erklärung über die Grundlagen der deutsch-estnischen Beziehungen" unterzeichneten sie ein Kulturabkommen und ein Abkommen über die Entsendung von deutschen Lehrern an estnische Schulen. Die „Gemeinsame Erklärung" (vgl. Anlage) war auf der Grundlage eines deutschen Entwurfs Mitte Februar 1993 in Tallinn mit einer Delegation des Auswärtigen Amts verhandelt worden. Ihr hatten die für die baltischen Staaten zuständige Unterabteilungsleiterin Frau Dr. Vollmar-Libal und die Kollegen Scharioth und Lucas angehört, mit denen ich damals noch für zwei Tage nach Tartu gefahren war.

Westpolitik oder das Prinzip der abgestuften Äquidistanz

Ein Vierteljahr nach seiner Amtsübernahme veröffentlichte Außenminister Velliste am 26. Januar 1993 in dem jedenfalls damals *Isamaa* nahestehenden und in der *Isamaa*-Hochburg Tartu erscheinenden *Postimees* unter der Überschrift „Estlands Außenpolitik: Gegenwärtiger Zustand und Prioritäten" einen Grundsatzartikel über die außenpolitische Orientierung Estlands. Davon ausgehend, daß Estland historisch zum Westen gehöre und sich am stärksten mit dessen „Norden" identifiziere, stellte er eine Rangfolge der wichtigsten Partner auf. Die von Velliste selbst gestellte Frage, wo die Grenze des „Nordens" verlaufe, ob zwischen Est- und Lettland oder zwischen Lettland und Litauen, ließ er dann allerdings unbeantwortet. Nach dem Norden (Finnland und Schweden als nahezu gleichrangig, gefolgt von Dänemark und Norwegen) figurierten Deutschland, dessen „Einfluß mit Sicherheit zu einem der Eckpfeiler der estnischen Außenpolitik werde", als zweite und Großbritannien mit Frankreich als dritte Priorität. Den USA wies der Außenminister in erster Linie die Rolle eines Sicherheitsgaranten zu. Estland dürfe sich aber an keine der großen Nationen so eng anlehnen, daß es von ihr abhängig werde, sondern müsse Äquidistanz wahren (wie man dies in den 1930er Jahren zu Deutschland, Großbritannien und den übrigen Staaten getan habe). Schließlich betonte Velliste die Bedeutung der internationalen Organisationen für sein Land und bekannte sich eindeutig zu Europa und dessen Sicherheitsstrukturen. Von Rußland war in dieser Rangfolge nicht die Rede. Wohl aber bezeichnete Velliste den großen Nachbarn im Osten als einen wegen Estlands geopolitischer Lage wichtigen Bestimmungsfaktor seiner Außenpolitik; die „russische Frage" einschließlich der Minderheitenproblematik stelle eine der „Hauptfragen" der estnischen Außenpolitik dar. So liefen die Überlegungen des Außenministers auf eine Konzeption der estnischen Westpolitik hinaus, bei der Estland zumindest über ein gewisses Maß an Gestaltungsfreiheit verfügte, während es in der Rußland- oder Ostpolitik als dem Pendant dazu im wesentlichen auf unveränderliche Konstanten und Moskaus guten Willen angewiesen war.

Der Artikel wurde von uns nicht nur deswegen aufmerksam registriert, weil derartige grundsätzliche Überlegungen zu außenpolitischen Fragen bisher von estnischen Politikern – sieht man von den damals noch nicht so häufigen Reden Meris im In- und Ausland einmal ab – nicht zu vernehmen gewesen waren, sondern wir in ihm auch eine Botschaft an die Adresse Deutschlands zu erkennen glaubten – nämlich den Wunsch, uns politisch stärker für Estland zu interessieren. Das sollte verhindern, daß das Land nach wiedererlangter Selbständigkeit in neue, wenn auch nicht zu vergleichende Abhängigkeiten nunmehr vom „Norden", vor allem von Schweden, geriet. Unsere Vermutung wurde durch einen Anruf des Ministers in der Botschaft bei dem ihm aus gemeinsamen Dorpater Studientagen bekannten Priit Relve gestützt, über den er sich vergewisserte, daß wir seine Ausführungen auch zur Kenntnis genommen hatten.

Ein Grund, weswegen die von Velliste artikulierten Gedanken vor allem um die Fragestellung kreisten, ob sich Estland stärker nach Nordeuropa (Schweden) oder Kontinentaleuropa (Deutschland) orientieren sollte, bestand nach unseren Beobachtungen darin, daß sich jetzt auch die Öffentlichkeit mehr für diese Frage zu interessieren begann, nachdem angebliche deutsch-schwedische Rivalitäten als eine der Erklärungen für den beinahe verunglückten Start der Privatisierung hatten herhalten müssen. Aber natürlich handelte es sich in erster Linie um ein Anliegen der estnischen politischen Führung. Diese schien sich damals langsam etwas Gedanken zu machen wegen der ständigen politischen Umarmungen durch Schweden, denen sie sich aber, und sei es nur aus Mangel an echten Alternativen, schwer entziehen konnte. Anders als in Deutschland standen dort estnischen Politikern jederzeit alle Türen offen und fanden sich schwedische Politiker von Rang und Namen in großer Zahl zu Besuchen in Estland ein. Nicht zuletzt Präsident Meri hatte sich mehrfach für eine stärkere Ausrichtung Estlands nach Deutschland als der führenden Macht auf dem europäischen Kontinent ausgesprochen und dabei zugleich an alte kulturelle Gemeinsamkeiten erinnert. Und als er Ende Januar 1993 zur Unterzeichnung eines *Traité d'Entente, d'Amitié et de Coopération* in Paris weilte, da – so erzählte mir hinterher mein französischer Kollege Huntzinger – hätte er Präsident Mitterrand ganz offen gesagt, Estland wollte, nachdem es gerade einer Abhängigkeit entronnen sei, nicht wieder in eine neue geraten, und hätte dies mit der Hoffnung auf ein stärkeres Engagement Westeuropas (in diesem Fall Frankreichs) in Estland verbunden. Ministerpräsident Laar hatte seinerseits noch Mitte Januar 1993, also kurz bevor der Artikel von Velliste erschien, dem zu einem Treffen der Europäischen Demokratischen Union erneut nach Tallinn gekommenen Bundestagsabgeordneten Francke gegenüber mit Nachdruck betont, daß sich Estland nicht einseitig nach Skandinavien und insbesondere nach Schweden hin orientieren wolle, wie sich dies Laar zufolge damals vor allem im wirtschaftlichen Bereich abzeichnete, und hatte damit zugleich sein großes Interesse an einem baldigen Deutschlandbesuch begründet. Der Eindruck, den wir damals gewannen und den ich auch meiner Berichterstattung nach Bonn zugrundelegte, war jedenfalls, daß die Regierung in Tallinn trotz aller nordischen Gemeinsamkeiten Estland nicht dazu berufen glaubte, politisch-wirtschaftlich ein Teil von Fenno-Skandia zu werden. Vielmehr sah sie die estnischen Interessen am besten durch eine Politik gewahrt, die man in Anlehnung an Vellistes Prioritäten vielleicht als die einer „abgestuften Äquidistanz" zu den für sie wichtigsten Staaten im übrigen Europa bezeichnen könnte. Die vom damaligen Außenminister ansatzweise entwickelten Vorstellungen haben sich aber nie zu einer wirklichen außenpolitischen Doktrin verdichtet, sondern Estlands Außenpolitik ist wie letztlich jede Außenpolitik, insbesondere die kleinerer Staaten, von der den gegebenen Möglichkeiten innewohnenden „normativen Kraft des Faktischen" bestimmt worden.

Vor diesem Hintergrund ist die Freude umso verständlicher, die bei Mart Laar dann die Einladung von Helmut Kohl nach Bonn und die von Staatssekretär Wilz zum 24. Februar überbrachten „Geburtstagsgeschenke" als Zeichen sichtbarer Fortschritte in den deutsch-estnischen Beziehungen auslösten. Als wir Botschafter der EG-Staaten Mitte März in der Residenz des dänischen Kollegen Sven Nordberg in *Rocca al mare*, wo dieser eine hübsche Villa hatte anmieten können, mit dem Ministerpräsidenten zusammentrafen, verlieh Laar seiner Wertschätzung der Estland durch Deutschland zuteil werdenden Unterstützung einen so überschwenglichen Ausdruck, daß es mir schon beinahe unangenehm war. Dabei kam er nochmals auf die große psychologische Wirkung zu sprechen, die die beiden von uns geschenkten und rechtzeitig zum 75. Geburtstag der Republik eingetroffenen Flugzeuge ausgeübt hätten. Bei diesem ersten Zusammentreffen mit den EG-Botschaftern, dem weitere folgen sollten, gab Laar einen Überblick über die Politik seiner Regierung und legte dabei das Schwergewicht auf die Wirtschaft. Obwohl damals der jüngste Ministerpräsident in Europa und gerade erst ein gutes Vierteljahr im Amt, machte er auf uns alle einen entschlossenen und seiner Sache sicheren Eindruck. Zusätzliche Sympathien trugen ihm seine jugendliche Offenheit ein und eine gewisse unbekümmerte Art und Weise, an die Dinge heranzugehen. Ähnlich wirkte er auch auf ausländische Besucher. Wie oft habe ich es erlebt, daß sich deutsche Politiker mit großer Erfahrung von der Sachkompetenz dieses Neulings auf dem internationalen Parkett beeindruckt zeigten.

Unserem Mittagessen mit Laar war ein Treffen im Rahmen der Europäischen Politischen Zusammenarbeit (EPZ) in der Kanzlei der dänischen Botschaft vorangegangen. Dänemark hatte damals den EG-Ratsvorsitz inne und unser Kollege Nordberg nahm diese Aufgabe mit großem Verantwortungsbewußtsein und Organisationstalent wahr. Das allererste EPZ-Treffen in Tallinn überhaupt hatte bereits unter britischer Präsidentschaft am 31. Januar 1992 stattgefunden, als Brian Low mit seinem kleinen Aufbaustab für einige Monate bei uns Unterschlupf fand. Damals waren wir nur zu viert gewesen: Außer dem Briten der Däne, der Franzose und ich.

Als dann im April 1993 die Bundesminister Krause und Töpfer in Tallinn waren und Ministerpräsident Laar ihnen für den Besuch dankte, betonte er ganz unumwunden, daß seine Regierung eine stärkere Ausrichtung Estlands auf Deutschland als Gegengewicht zu der ausgeprägten Hinwendung anstrebe, die bisher zu den skandinavischen Ländern stattgefunden habe.

Da so viel vom „Norden", von „Skandinavien" und Schweden, aber weniger von Finnland die Rede war, sei zur Klarstellung hinzugefügt, daß Finnland zwar gewöhnlich nicht zu Skandinavien (einem geographisch definierten Raum), wohl aber zu den nordischen Staaten (einem politisch definierten Begriff) gezählt wird, diese Unterscheidung in dem hier behandelten Zusammenhang, wie auch aus Vellistes Rangfolge hervorgeht, jedoch keine besondere Rolle spielt. Dennoch sind die Beziehungen Estlands zu Finnland vor dem Hintergrund der gemeinsamen finnisch-ugrischen Ursprünge von ganz anderen historischen und gefühlsmäßigen Voraussetzungen geprägt als die zu Schweden. Dies hat sich gerade zur Sowjetzeit gezeigt, als in nahezu allen Bereichen vielfältige *persönliche* Beziehungen entstanden, sobald sich der Eiserne Vorhang etwas zu lüften begonnen hatte, während sich das *offizielle* Finnland mit Rücksicht auf Moskau allergrößte Zurückhaltung auferlegte. Gutnachbarschaftliche Beziehungen zwischen Estland und Finnland sind daher unter den Bedingungen der Unabhängigkeit eine Selbstverständlichkeit, was nicht ausschließt, daß es wie auch anderswo unter zumal noch miteinander „verwandten" Nachbarn gelegentlich unterschiedliche Interessenlagen, Eifersüchteleien und Rivalitäten gibt.

Nachdem Außenminister Velliste von seinem Deutschlandbesuch zurückgekehrt war, äußerte er sich ein weiteres Mal im *Postimees*. In einem in der Ausgabe vom 8. Mai 1993 veröffentlichten Interview zeigte er sich hocherfreut über die volle Unterstützung, die er seitens der „Großmacht" Deutschland für die estnische Außenpolitik erfahren habe und wertete das als einen bedeutenden Erfolg. Besonders hob er die deutsche Unterstützung einer schnellen Aufnahme von Verhandlungen der EG mit den baltischen Staaten über ein Assoziationsabkommen hervor, für die sich kürzlich auch Bundeskanzler Kohl eingesetzt habe. Allerdings müßten vorher noch gewisse Vorbehalte der südlichen Mitgliedstaaten ausgeräumt werden, wie solche bereits in den Beitrittsverhandlungen mit Schweden und Finnland zutage getreten seien, denn jene befürchteten eine Verlagerung des Schwergewichts der EG in Richtung Norden. Auf die Frage des estnischen Journalisten, warum Deutschland nunmehr Estland so stark unterstütze, hatte Velliste eine ebenso einfache wie in ihrem Kern zutreffende Antwort: Die deutsche Bürokratie brauche zwar lange Zeit bis sie in Fahrt komme, aber dann sei sie nicht mehr zu bremsen! Estland habe immer versucht, Deutschlands Unterstützung zu erlangen. „Schließlich sind wir mit Deutschland durch etwa 800 Jahre gemeinsamer Sprache und Kultur verbunden. Möglicherweise haben Hans Kruus und Mait Metsanurk (ein Historiker und ein Schriftsteller der Zwischenkriegszeit) mit der Betonung der 700 Jahre Sklaverei als dem die Esten und die Deutschen trennenden Element übertrieben. Unsere gemeinsame Geschichte ist weit vielfältiger und farbiger. Wer in Bibliotheken und Archiven forscht, wird feststellen, daß 95% der schriftlichen Überlieferung jener Zeit auf deutsch verfaßt ist. Oder nehmen sie die Architektur unserer Städte, die mit der norddeutscher Städte nahezu identisch ist. Diese Investition ist während 20 bis 30 Generationen erfolgt, und es wäre verrückt, sie nicht zu nutzen. Die Deutschen selbst scheinen sich nach 50 Jahren jetzt dieser Investitionen erinnert zu haben".

Auf dem Domberg entsteht die deutsche Residenz

Am 15. Februar 1993 war es dann so weit, daß ich mit Sozialministerin Marju Lauristin den Mietvertrag über die künftige Residenz am Schloßplatz 7 auf dem Domberg unterschreiben konnte (Abbildung 32). Das dem estnischen Staat gehörende und vom Sozialministerium (mit dem das früher hier untergebrachte Gesundheitsministerium inzwischen zusammengelegt worden war) verwaltete Haus wurde der Bundesrepublik Deutschland für zunächst 60 Jahre als Residenz des Botschafters vermietet. Falls der Vertrag dann nicht gekündigt wird, verlängert er sich um weitere 60 Jahre. Außerdem wurde ein Vorkaufsrecht vereinbart. Die estnische Seite verpflichtete sich ihrerseits dazu, das Haus schlüsselfertig zu übergeben, nachdem es zuvor gemäß den deutschen Vorgaben renoviert worden war, womit sie einen deutschen Generalunternehmer zu beauftragen hatte. Zur Finanzierung des Vorhabens erhielt die estnische Seite eine Mietvorauszahlung in Höhe der Renovierungskosten, die im Laufe der Jahre „abgewohnt" werden würde. Als wir nach der Unterzeichnungszeremonie, zu der Frau Lauristin in die Botschaft gekommen war, auf den Vertrag anstießen, nutzte sie diese Gelegenheit darauf hinzuweisen, die Bereitschaft der estnischen Regierung, dieses zu den hervorragendsten Baulichkeiten in der historischen Altstadt zählende und in unmittelbarer Nachbarschaft zu Parlament und Sitz des Ministerpräsidenten gelegene Haus gerade uns zur Verfügung zu stellen, sollte auch als ein Zeichen dafür angesehen werden, wie sehr Estland an engen Beziehungen mit Deutschland gelegen sei.

Mit der Vertragsunterzeichnung war eine lange Geschichte an einem entscheidenden Punkt angelangt. Sie hatte in den ersten Septembertagen 1991 begonnen, als ich bei dem damaligen Außenminister Meri sondiert und er positiv reagiert hatte – Grund genug, ihm bei unserem nächsten Zusammentreffen jetzt nochmals sehr zu danken. Anfang März 1992 hatte ich dann mit dem Angebot der Regierung, in „konkrete Vertragsverhandlungen" einzutreten, nach Deutschland fahren und in Bonn mit Herrn Glintenkamp im Bundesbauministerium und Frau Günther im Liegenschaftsreferat des Auswärtigen Amts die Angelegenheit vorantreiben können. Ihm und dem Engagement dieser tüchtigen jungen Beamtin hat das Projekt viel zu verdanken, wenn es denn ohne sie beide überhaupt zustande gekommen wäre. Als Ergebnis konnte ich nach Rückkehr der estnischen Seite einen Vertragsentwurf zuleiten und auf dessen Basis ab Ende April 1992 mit dem stellvertretenden Leiter der Staatskanzlei Viljar Meister verhandeln. Begleitet wurde ich wie bereits zu den früheren und oft langwierigen Gesprächen stets und nicht immer zu dessen Begeisterung von Kanzler Klawohn sowie Priit Relve als Dolmetscher. Auf Klawohns Teilnahme mußte ich aber bestehen, weil ich nicht nur auf seinen Rat Wert legte, sondern für den Fall, daß ich einmal nicht zur Verfügung stünde, auch die Kontinuität gesichert wissen wollte. Im Sommer 1992 waren wir dann bei der letzten und schwierigsten Hürde angelangt, nämlich der Festsetzung der monatlichen Miete. Das stellte die estnischen Beamten vor unlösbare Probleme, da sie über keinerlei realistische Anhaltspunkte verfügten und ich die von ihnen daraufhin vorgeschlagenen Phantasiepreise ablehnen mußte. Sie wiederum trauten sich nicht, über mein Gegenangebot verbindlich zu verhandeln. Da es in der Tat damals in Tallinn keinen Markt für vergleichbare Objekte gab, hatte ich mir einen Vorschlag zurechtgelegt und mit Bonn abgestimmt, der sich an verschiedenen Parametern wie der für unsere provisorische Residenz gezahlten Miete und Informationen meines schwedischen Kollegen über die finanziellen Aufwendungen für seine künftige Residenz in einem ehemaligen Stadtpalais in der Revaler Unterstadt orientierte. So blieb mir schließlich nichts anderes übrig, als von dem Angebot des Ministerpräsidenten Gebrauch zu machen, mich bei auftauchenden Schwierigkeiten direkt an ihn zu wenden – sehr zur Erleichterung von Herrn Meister. In einem kurzen Gespräch erläuterte ich Tiit Vähi meine Überlegungen. Sie schienen ihn zu überzeugen, unter der Voraussetzung, daß in den Vertrag eine Revisionsklausel aufgenommen würde, um je nach Marktentwicklung die Miete korrigieren zu können – auch nach unten, wie ich zu dem Ministerpräsidenten bemerkte, was er mit zustimmendem Lächeln quittierte. Kurz darauf, am 25. August 1992, wurde diese Absprache auf Beamtenebene bestätigt, so daß ich wiederum mit einem guten Ergebnis wenige Tage später in den Sommerurlaub fahren und in Bonn an den Unterlagen mitwirken konnte, mit denen das Bundesfinanzministerium vom Auswärtigen Amt um seine Zustimmung gebeten wurde. Nachdem diese bereits einen Monat später grundsätzlich und dann im Januar 1993 in bindender Form erteilt worden war, konnten wir zur Finalisierung des Vertrags und seiner Unterzeichnung schreiten. Parallel dazu hatte die Bundesbaudirektion mit der in Dortmund ansässigen und als Generalunternehmer vorgesehenen Baufirma Wiemer & Trachte alles so vorbereitet, daß diese ihrerseits am Tage nach der Vertragsunterzeichnung mit dem Sozialministerium kontrahieren konnte, um am 1. März 1993 mit den Renovierungsarbeiten zu beginnen, die sie binnen Jahresfrist zum Abschluß zu bringen gedachte.

Minderheitenrechte und KSZE-Beobachtung

Mitte Januar 1993 leitete das KSZE-Büro für Demokratische Institutionen und Menschenrechte (ODIHR) in Warschau ihren Mitgliedstaaten den Bericht zu, den die noch von der Regierung Vähi eingeladene Sachverständigengruppe über die Menschenrechtssituation in Estland verfaßt hatte, zusammen mit dem von der estnischen Regierung hierzu abgegebenen Kommentar. Die Einladung stützte sich auf das Dokument über die menschliche Dimension der KSZE, das von dem

Moskauer Außenministertreffen verabschiedet worden war, auf dem Estland am 10. September 1991 in den KSZE-Prozeß aufgenommen worden war, und demzufolge jeder Mitgliedstaat die Entsendung einer Mission zu Fragen der „menschlichen Dimension" auf seinem Territorium fordern konnte. Dem vorgesehenen Verfahren gemäß hatte die Regierung von Estland die Sachverständigen aus einer vom ODIHR geführten Liste ausgewählt. Dabei war die Wahl auf den deutschen Völkerrechtler Professor Dr. Tomuschat von der Universität Bonn, den finnischen Diplomaten Botschafter Törnudd und einen polnischen Professor gefallen, der aber wegen anderer Verpflichtungen dem Ruf nicht hatte folgen können. Die Mission, der außerdem je ein Beamter aus dem deutschen und dem finnischen Außenministerium sowie aus dem KSZE-ODIHR-Büro angehörten, hatte sich Anfang Dezember 1992 vier Tage in Estland aufgehalten und in der Hauptstadt, in Tartu und im Nordosten (Narva, Kohtla-Järve) über die Lage unterrichtet. Im Rahmen eines Empfangs war ich mit ihr, zu der außer Professor Tomuschat mit dem Kollegen Brandenburg noch ein weiterer Deutscher zählte, an einem der Abende in Tallinn auch zusammengetroffen.

Gegenstand des Berichts der Mission sollte sein, die Übereinstimmung der estnischen Gesetzgebung einschließlich ihrer Anwendung in der täglichen Praxis mit den allgemeinen Menschenrechtsnormen zu untersuchen. Da Estland als erster Staat ausdrücklich darum gebeten hatte, die estnische Rechtslage nicht nur an KSZE-Standards, sondern an den *universally accepted human rights norms* zu messen, wurde mit diesem Bericht zugleich Neuland beschritten. Dabei kam die Mission zu dem erfreulichen Ergebnis, sie habe keine absichtliche (*deliberate*) Diskriminierung von Personen aufgrund ihrer Zugehörigkeit zu einer bestimmten ethnischen, religiösen oder sprachlichen Gruppe feststellen können. Die estnische Verfassung und die anderen von ihr geprüften Gesetze entsprächen vielmehr den internationalen Menschenrechtsstandards. Allerdings mußte sie einschränkend hinzufügen, daß über die Anwendung der estnischen Gesetzgebung noch kaum Erfahrungen vorlägen und auch noch eine Reihe von Lücken bestünde, die zu schließen der Gesetzgeber aber bereits in Angriff genommen habe. Hinsichtlich des noch ausstehenden Gesetzes über die Sprachanforderungen beim Erwerb der Staatsangehörigkeit empfahl die Mission, dieses im Hinblick auf die Integration der russischen Bevölkerung möglichst flexibel auszugestalten. Dabei sollte vor allem auf alte und kranke Menschen Rücksicht genommen werden. Außerdem sollte ein besonderes Augenmerk darauf gerichtet werden, allen denen, die die estnische Sprache noch erlernen müßten, einen guten Unterricht zu ermöglichen. Schließlich enthielt der Bericht die wichtige Empfehlung, sicherzustellen, daß in Übereinstimmung mit dem internationalen Recht Kinder ehemaliger sowjetischer Staatsangehöriger die estnische Staatsangehörigkeit erhalten, wenn sie andernfalls staatenlos würden. Angesichts dieses positiven Gesamtbildes konnte sich der estnische Kommentar, der einen ausdrücklichen Dank für diese objektive Lagebeurteilung einschloß, auf einige mehr erklärende Anmerkungen beschränken.

Noch bevor die KSZE-ODIHR-Mission in Estland gewesen war, begann in der KSZE eine Diskussion darüber, ob in Estland eine „Langzeit" – d.h. ständig vor Ort anwesende – Mission errichtet werden sollte. Die Initiative dazu ging von Schweden aus, und der ihr zugrundeliegende Gedanke war, in Anwendung der von der Helsinki II-Konferenz im Juli 1992 gefaßten Beschlüsse zur Konfliktverhütung und Krisenbewältigung zu besseren Beziehungen zwischen der estnischen und der russischen Bevölkerung beizutragen. Da in Estland aber nicht mit ethnischen Konflikten gerechnet wurde und eine solche Langzeit-Mission von der KSZE bis dahin erst einmal, und zwar in das ehemalige Jugoslawien (Kosovo, Sandjak und Voivodina) entsandt worden war, mußte diese Anregung in Tallinn gemischte Gefühle hervorrufen. Denn die Verhältnisse in Estland ließen sich nun wirklich nicht mit denen auf dem Balkan vergleichen. Auf estnischer Seite dürfte auch eine Rolle gespielt haben, daß die Minderheitenprobleme in Lettland als mindestens so gravierend angesehen werden mußten wie die in Estland (in Riga wurde dann nicht viel später ebenfalls eine KSZE-Mission errichtet). Ich hatte großes Verständnis für die estnischen Befürchtungen, durch die Errichtung einer ständigen KSZE-Mission den Stempel eines Krisengebietes mit nachteiligen Folgen für u.a. ausländische Investitionen aufgedrückt zu bekommen, wie sie mir gegenüber vom Politischen Direktor Klaar geäußert wurden, und hielt diese Initiative damals für keine gute Idee. Doch sie machte ihren Weg, und die pragmatischen Esten beugten sich dem vor allem von Schweden ausgeübten Druck (später hörte ich, daß die USA dahinter gestanden haben sollen). Eine zu Objektivität verpflichtete internationale Beobachtermission, wurde mit einiger Überzeugungskraft geltend gemacht, hätte auch den Vorteil, daß man sich bei unsachlicher Kritik des KSZE-Mitglieds Rußland an der estnischen Minderheitenpolitik auf die Feststellungen einer solchen Mission würde berufen können. Bei der Entscheidung der estnischen Regierung hat auch die Überlegung mitgespielt, daß eine KSZE-Mission im Lande für die Durchsetzung der in Helsinki erfolgten Festlegungen auf einen baldigen und völligen Abzug der russischen Truppen hilfreich sein könnte. Das sollte sich dann allerdings als eine Illusion erweisen.

Jedenfalls beschloß der Ausschuß Hoher Beamter der KSZE mit estnischer Zustimmung am 6. November 1992 in Prag, den damals tschechoslowakischen amtierenden Vorsitzenden zu bitten, einen persönlichen Vertreter zu ernennen, der die Modalitäten einer *eventuellen* (*possible*) Mission in Estland prüfen sollte. Der damit beauftragte schwedische Diplomat Gunnar Klinga, damals Botschaftsrat in Moskau, hielt sich Ende November, kurz vor Eintreffen der KSZE-ODIHR-Mission, eine ganze Woche in Estland auf. In einer Vielzahl von Gesprächen mit Vertretern des estnischen wie des russischen Bevölkerungsteils versuchte er sich ein Bild von der Lage zu verschaffen. Er wurde vom Staatspräsidenten, dem Ministerpräsidenten, dem Außenminister sowie Umweltminister Tarand empfangen, der zugleich in einer Kommission für die Probleme Nordostestlands den Vorsitz führte. In seinem am 8. Dezember 1992 vorgelegten Bericht teilte der persönliche Beauftragte des KSZE-Vorsitzenden mit, der Gedanke einer KSZE-Mission sei von *allen* seinen Gesprächspartnern unterstützt worden, und schlug vor, für vorläufig ein halbes Jahr eine sechsköpfige Mission nach Estland zu entsenden, deren Leiter mit einem Mitarbeiter in Tallinn residieren und die über Außenstellen in Narva und Kohtla-Järve mit ebenfalls je zwei Mitarbeitern verfügen sollte. Daraufhin beschlossen die Hohen Beamten am 13. Dezember 1992, bis spätestens 15. Februar 1993 eine kleine Mission in Estland zu errichten und beauftragten den Vorsitz, deren künftigen Leiter zu ernennen. Dieser sollte auf der Grundlage des Berichts des persönlichen Beauftragten Klinga und unter Berücksichtigung der Ergebnisse der KSZE-ODIHR-Sachverständigen Tomuschat und Törnudd Vorschläge für ein Mandat der Mission ausarbeiten. Zu diesem ersten Leiter der KSZE-Mission in Estland wurde daraufhin derselbe Botschafter Törnudd bestellt und das von ihm entworfene Mandat, jetzt bereits unter schwedischem KSZE-Vorsitz, von den Hohen Beamten am 3. Februar 1993 verabschiedet.

Dieses Mandat sah als Aufgabe der Mission vor *to promote stability, dialogue and understanding between the communities in Estonia*, beschrieb Mittel und Wege, wie dies unter Berücksichtigung der vorübergehenden Natur der Mission erreicht werden sollte, und hielt sich an die organisatorischen Vorgaben, die der persönliche Beauftragte des Vorsitzenden in seinem Bericht gemacht hatte (anstatt in *Kohtla-Järve* wurde die eine der beiden Außenstellen dann aus logistischen Gründen in dem unweit davon gelegenen *Jõhvi*, der ehemaligen Poststation Jewe an der alten Verbindungsstraße zwischen St. Petersburg und Westeuropa, untergebracht). Außerdem sahen die *terms of reference* eine regelmäßige Berichterstattung des Missionsleiters an den Vorsitz vor. Diese Berichte, die der Vorsitz anschließend an alle Mitgliedstaaten verteilte, sollten zu einer wichtigen Grundlage für die unvoreingenommene Beurteilung der Verhältnisse in Estland durch die Staatengemeinschaft werden. Sie stellen zugleich eine wahrscheinlich einzigartige zeitgeschichtliche Quelle dar. Die Dauer der Mission wurde auf sechs Monate begrenzt und war wie alle anderen Bestimmungen des Mandats der Überprüfung unterworfen. Davon ist dann in der Folgezeit in halbjährlichem Rhythmus regelmäßig Gebrauch gemacht worden, bis die Mission zum Jahresende 2002 geschlossen wurde. Mit einer so langen Verweildauer hatte ursprünglich wohl niemand gerechnet.

Die KSZE-Langzeitmission nahm pünktlich zum 15. Februar 1993 unter der Leitung von Botschafter Törnudd ihre Tätigkeit auf und bezog Büroräume in *der Rävala puiestee 9*, einige Etagen tiefer als die Deutsche Botschaft. Einen Monat später wurde die zweite Stelle mit Dr. Carmen Schmidt als Rechtsberaterin besetzt. Sie kam vom Ostrechtsinstitut der Universität Köln, war eine Schülerin von Boris Meissner und uns formal als Botschaftsrätin zur Dienstleistung bei der KSZE-Mission zugeteilt worden. Sie ist dann über ein Jahr geblieben. Die beiden Außenstellen in Nordestland wurden mit jungen russischsprechenden Diplomaten aus Dänemark, Schweden, Kanada und den USA besetzt. Als das Mandat der Mission zum erstenmal um weitere sechs Monate verlängert wurde, folgte Mitte August 1993 mit Botschafter Lahelma wiederum ein finnischer Diplomat als Leiter nach.

Auf der KSZE-Folgekonferenz in Helsinki war als ein weiteres Instrument der Konfliktverhütung und Krisenbewältigung in einem sich wandelnden Europa das Amt eines Hohen Kommissars für nationale Minderheiten geschaffen worden. Seine Aufgabe sollte darin bestehen, zu einem frühestmöglichen Zeitpunkt vor potentiellen Konflikten im Zusammenhang mit nationalen Minderheiten zu warnen und sich erforderlichenfalls auch von den hierfür vorgesehenen KSZE-Instanzen zu Vermittlungen zwischen den Konfliktparteien ermächtigen zu lassen. Am 15. Dezember 1992 ernannte der KSZE-Rat der Außenminister hierzu den niederländischen sozialdemokratischen Politiker Max van der Stoel, der zweimal Außenminister seines Landes gewesen war. Dieser machte sich alsbald ins Baltikum auf und reiste Mitte Januar 1993 in alle drei Länder und Ende März/Anfang April erneut nach Tallinn und Riga (da es in Litauen praktisch keine Minderheitenprobleme gab, scheint sich eine weitere Reise dorthin erübrigt zu haben).

Zwischen diesen beiden ersten Besuchen van der Stoels in Estland hatte nicht nur die KSZE-Mission in Tallinn ihre Tätigkeit aufgenommen, sondern war nunmehr endlich am 10. Februar 1993 auch das von den KSZE-Rechtsexperten angemahnte Gesetz verabschiedet worden, das die sprachlichen Voraussetzungen festlegte, die zum Erwerb der estnischen Staatsangehörigkeit zu erfüllen waren. Diese Anforderungen besagten, daß (a) der Antragsteller über allgemeine Kenntnisse der estnischen Sprache in Wort und Schrift verfügen muß, (b) ihm diese zum Umgang mit dem Alltagsestnisch befähigen müssen, sie aber weder fehlerfrei noch lückenlos zu sein brauchen und (c) er diese Kenntnisse in einer Prüfung nachzuweisen hat, deren Ausgestaltung im einzelnen durch die Regierung vorzunehmen ist. Von einer Prüfung befreit wurden Personen mit estnischer Schulbildung und solche, die ihre Kenntnisse bereits auf Grund des Sprachengesetzes aus dem Jahre 1989 nachgewiesen hatten. Außerdem wurde die Regierung ermächtigt, den Personen die Sprachprüfung zu erleichtern, die vor dem 1. Januar 1930 geboren sind (also Pensionären) oder bei denen dies aus gesundheitlichen Gründen erforderlich ist (Invaliden). Kurz darauf, am 18. Februar, bestimmte der *Riigikogu* außerdem, daß alle Personen, die bereits vor den Wahlen zum Estnischen Kongreß am 24. Februar 1990 die Staatsangehörigkeit beantragt hatten, vom Nachweis ihrer Estnischkenntnisse befreit sind (womit lediglich von einer gesetzlich bereits vorgesehenen Möglichkeit Gebrauch gemacht wurde). Damit war die Gesetzgebung zur Staatsangehörigkeit, die seit einem Jahr stagniert hatte, zwar von der Systematik her abgeschlossen, wies aber hinsichtlich ihrer praktischen Anwendung weiterhin zwei Desiderata auf: Zum einen mußte die Regierung jetzt noch die Prüfungsordnung für die Sprachexamina ausarbeiten und sich zum anderen entscheiden, ob und wie sie von der Ermächtigung zugunsten alter und kranker Menschen Gebrauch machen wollte; das Parlament war in dieser Frage zwar im wesentlichen der Empfehlung der KSZE-ODIHR-Mission gefolgt, hatte sich jedoch nur zu einer Kann-Vorschrift durchringen können.

Am 30. März trafen die Botschafter von Dänemark, Frankreich, den USA und ich auf Einladung unseres Kollegen aus Schweden (das damals turnusgemäß den KSZE-Vorsitz ausübte) in dessen Wohnung mit Max van der Stoel zusammen. Der hochgewachsene hagere Mann, erheblich älter als wir und von aufs Wesentliche konzentrierter Geschäftsmäßigkeit, machte auf mich von Anfang an den Eindruck des typischen calvinistisch geprägten, von festen Überzeugungen durchdrungenen Puritaners. Er wurde von einem Beamten des schwedischen Außenministeriums begleitet, der ihm als Rechtsberater attachiert war. Dieser, so ließ mir gegenüber einmal der schwedische Kollege durchblicken, scheint van der Stoel damals noch zusätzlich im Sinne der reinen Lehre einer vollen Anwendung aller internationalen Minderheitenrechtsstandards auf die baltischen Staaten ungeachtet der dort herrschenden besonderen Bedingungen beeinflußt zu haben. Van der Stoel war zu jener Zeit verständlicherweise mit den baltischen Verhältnissen noch wenig vertraut und an unserer Einschätzung der Lage interessiert. Auch wenn sich, wie ich mir damals notierte, in unserem Gespräch für beide Seiten keine grundlegenden neuen Erkenntnisse ergaben, war es doch ein anregender Gedankenaustausch über die vielfältigen Aspekte des Verhältnisses zwischen Esten und Russen. Im Vergleich zu seiner ersten Reise glaubte van der Stoel in Estland eine Versteifung der nationalen Positionen feststellen zu können. Wir Botschafter konnten diese Einschätzung nicht teilen; der britische Kollege meinte, allenfalls habe sich bei den Esten ein größeres Selbstvertrauen eingestellt. Jüngste Äußerungen des russischen Außenministers, die Lage könnte sich hier wie im ehemaligen Jugoslawien entwickeln, bezeichnete van der Stoel allerdings selbst zu Recht als eine grobe Übertreibung.

Da sich unsere Diskussion natürlich auch um die gerade erst gesetzlich fixierten Sprachanforderungen und die Frage drehte, wie man der russischen Bevölkerung den Erwerb der estnischen Staatsangehörigkeit erleichtern könne, erlaubte ich mir die ketzerische Frage, ob es denn – so die Auffassung von van der Stoel – wirklich im estnischen Interesse läge, daß möglichst viele der in Estland lebenden Russen die Staatsangehörigkeit erhielten, mit der sie dann über die Zukunft des Landes mitbestimmen und damit eines Tages auch von Moskau politisch instrumentalisiert werden könnten? Ich kann mich nur an die Reaktion meines US-Kollegen erinnern, der mir entschieden widersprach und damit nicht nur *politically correct* handelte, sondern – zumindest aus späterer Sicht – vermutlich auch recht hatte. Ein starkes und uns allen bewußtes Argument war natürlich, daß die in Estland lebenden Russen in umso größerer Zahl in die durch einfache Erklärung gegenüber der russischen Botschaft in Tallinn zu erhaltende russische Staatsangehörigkeit getrieben würden, je schwieriger ihnen der Erwerb der estnischen gemacht würde. Aber ich fand es nicht in Ordnung, daß man sich zu einseitig auf den formalrechtlichen Aspekt konzentrierte und damit den russischen Nationalisten ihr durchsichtiges Spiel erleichterte, darüber aber gerne ein wenig vergaß, Estland wirksamer bei der Integration seiner russischen Bevölkerung zu unterstützen – durch Investitionen in Nordostestland, vor allem aber bei der Erteilung von estnischem Sprachunterricht wofür ausreichende finanzielle Mittel fehlten. Die gute wirtschaftliche Entwicklung hat dann die größte Integrationswirkung entfaltet und meine durch diese provokative Bemerkung zum Ausdruck gebrachte Befürchtung, es könnte in Estland so etwas wie eine „fünfte Kolonne" Moskaus entstehen, hinfällig werden lassen – hoffentlich für immer.

Der Hohe Kommissar beurteilte uns gegenüber im übrigen damals auf Grund der bei seiner ersten Reise gewonnenen Eindrücke die Lage in Lettland im Vergleich zu der in Estland als schwieriger, da hier im wesentlichen nur noch die Frage der Sprachanforderungen an die Bewerber um die Staatsangehörigkeit ungeklärt gewesen sei. Daher galten seine im Anschluß an diese beiden Besuche Anfang April 1993 abgegebenen ersten Schlußfolgerungen und Empfehlungen zu den interethnischen Beziehungen in Estland, die zusammen mit dem Kommentar der estnischen Regierung unter den KSZE-Mitgliedstaaten zirkuliert wurden, nicht zuletzt dem jüngst hierzu verabschiedeten Gesetz. Er empfahl, die Sprachprüfung so auszugestalten, daß die Fähigkeit, eine „einfache Unterhaltung" zu führen, genügen sollte, und erinnerte daran, daß die Beherrschung von 1 500 Worten hierfür gewöhnlich als ausreichend angesehen werde. Für den Personenkreis, dem die Regierung aus Alters- oder Gesundheitsgründen die Anforderungen erleichtern konnte, empfahl er, von einer Sprachprüfung ganz abzusehen. Daneben machte er weitere Anregungen, wie es der des Estnischen unkundigen russischen Bevölkerung erleichtert werden sollte, die sie von der estnischen Staatsangehörigkeit trennende Sprachbarriere zu überwinden. Im übrigen zeichnete van der Stoel von der Lage in Estland ein durchaus positives Bild indem er hervorhob, daß es weder Beweise für eine „systemati-

sche Verfolgung" der nicht-estnischen Bevölkerung gäbe noch Fälle von „inter-
ethnischer Gewalt" vorgekommen seien. Dies erlaubte es der estnischen Regierung auch, seine Feststellungen als eine faire und genaue Situationsanalyse zu
würdigen und ihm für seine Objektivität ebenso wie für seine Empfehlungen zu
danken. Sie stellte diese in keiner Weise in Frage, unterstützte sie vielmehr in
allgemeiner Form, jedoch nicht ohne darauf hinzuweisen, daß Estlands finanzielle Möglichkeiten zu umfassenden Integrationsmaßnahmen einschließlich eines besseren Sprachunterrichts begrenzt seien.

Bereits wenige Tage darauf, am 23. April 1993, erging eine Regierungsverfü-
gung, die das Niveau der verschiedenen Sprachexamina im einzelnen regelte.
Dadurch wurden die vor dem 1. Januar 1930 geborenen Personen von einer
schriftlichen Prüfung befreit und für kranke Menschen je nach dem Grad ihrer
Behinderung unterschiedliche Anforderungen aufgestellt sowie beide Perso-
nengruppen von Prüfungsgebühren befreit. Außerdem wurden Haushaltsmittel
für estnischen Sprachunterricht bereitgestellt.

Ungeachtet der Verdienste, die sich Max van der Stoel in den folgenden Jahren um ein konfliktfreies Zusammenleben von Esten und Russen erworben hat,
die von offizieller estnischer Seite immer wieder gewürdigt worden sind, hat er
nach meinem Eindruck doch nie ganz das Vertrauen der Esten gewinnen können. Soweit ich das beurteilen kann, denn spätere Entwicklungen habe ich nicht
mehr vor Ort miterlebt, hing das auch damit zusammen, daß er nach seiner ersten Reise ins Baltikum, an die sich ein Besuch in Moskau angeschlossen hatte,
aus dortigen Quellen zitiert wurde, er hätte sich negativ über die Lage der russischen Bevölkerung in Estland geäußert, was in Estland nicht unbemerkt
blieb[47]. Diese psychologische Hypothek scheint er nie wieder ganz losgewor-
den zu sein.

Die Russen in Estland beginnen sich politisch zu organisieren

Am letzten Wochenende im Januar 1993 konstituierte sich in Tallinn eine „Versammlung der Vertreter der russischsprachigen Bevölkerung Estlands". Damit
zogen die Russen erstmals politische Konsequenzen daraus, daß sie ganz überwiegend mangels Staatsangehörigkeit nicht an den Parlaments- und Präsidentschaftswahlen hatten teilnehmen können und erhofften sich davon zuerst einmal eine Plattform für die erfolgreiche Teilnahme an den bevorstehenden ersten
Kommunalwahlen seit der Unabhängigkeit. Denn anders als in den meisten,
wenn nicht allen westeuropäischen Demokratien, so auch in Deutschland, hatte
die neue estnische Verfassung allen Einwohnern des Landes mit ständigem
Wohnsitz ungeachtet ihrer Staatsangehörigkeit das aktive Kommunalwahlrecht
eingeräumt.

Der Gründung waren monatelange Gespräche unter den verschiedenen Gruppierungen innerhalb der russischen Bevölkerung vorausgegangen. Diese führten schließlich dazu, daß sich die gemäßigteren Kräfte unter ihnen zusammenfanden, nachdem sich die radikaleren von der Initiative abgespalten hatten und jetzt mit dem Gedanken eines eigenen Zusammenschlusses spielten. Daher auch die Bezeichnung „Vertreterversammlung" und nicht „Russische Gemeinde" (*Russkaja Obščina*) wie sie ursprünglich für eine alle russischen Gruppen umfassende Organisation vorgesehen gewesen war. Die „Vertreterversammlung" verstand sich dennoch als Interessenvertreterin aller Angehörigen der russischen Bevölkerung Estlands und betonte, sie stünde auch weiterhin anderen Gruppierungen offen. Vorerst repräsentierte sie die „Russische Demokratische Bewegung", das „Narvaer Gewerkschaftszentrum", die „Russische Unternehmervereinigung" und einige wenige ehemalige Abgeordnete des Obersten Rates. Zu diesen zählte der uns von dem Besuch Genschers her bekannte Interfront-Führer Vladimir Lebedev, der aus einem Saulus zu einem sich als loyaler Bürger Estlands bekennenden Paulus geworden war. Diese vier Gruppen hatten etwa 250 Delegierte entsandt, die aus ihrer Mitte eine 37köpfige „Versammlung" mit einem aus 9 Personen bestehenden Präsidium wählten, das den Präsidenten der Unternehmervereinigung Nikolai Juganzov zum Vorsitzenden kürte. Nicht beteiligt hatten sich kleinere Gruppierungen wie der „Bund der Kosaken", weil man sich mit ihnen nicht auf die Zahl ihrer Delegierten in der Gründungsversammlung hatte einigen können. Einige andere Zusammenschlüsse hielten sich aus grundsätzlichen Erwägungen fern: Die von ehemaligen Generälen geführte „Vereinigung der Veteranen" und eine „Russische Nationalversammlung", die wegen ihrer negativen Einstellung zum estnischen Staat selbst aus Kreisen der „Vertreterversammlung" als „nationalistisch-chauvinistisch-imperialistisch" charakterisiert wurden und zu denen auch die in Estland lebenden Schirinovskij-Anhänger zählten. Denn anders als diese Zusammenschlüsse verstand sich die „Versammlung" als eine auf dem Boden der estnischen Verfassung stehende Vertretung der russischen Bevölkerung, die loyal und konstruktiv mit den staatlichen Strukturen Estlands zusammenarbeiten wollte – im Idealfall in der Weise, daß sie beratend in den Gesetzgebungsprozeß miteinbezogen würde. Sie sei, wurde uns erklärt, durchaus als eine Art von „Ersatzparlament" (daher auch der Name) gedacht, selbst wenn man von Wahlen unter der russischen Bevölkerung abgesehen habe, um den Eindruck zu vermeiden, politische Parallelstrukturen schaffen zu wollen.

So etwa präsentierte sich das Präsidium der „Versammlung" eines Abends kurz nach ihrer Gründung im Wintergarten des Estonia-Theaters dem diplomatischen Corps. Wiederum einige Tage darauf suchte mich eines der Präsidiumsmitglieder in der Botschaft auf und erzählte etwas mehr über die Hintergründe.

Dabei legte er Wert auf die Feststellung, die „Versammlung" in ihrer jetzigen Zusammensetzung repräsentiere die russischen Kreise, die ihre Zukunft in Estland sähen. Vielleicht entwickelten sich diese, meinte er, einmal zu einer Gruppe mit einer eigenen Identität als „Estlandrussen", *mutatis mutandis* vergleichbar den Deutschbalten oder den ebenfalls umgesiedelten Estlandschweden. Ihr Anliegen sei jedenfalls die Integration der Russen in die estnische Gesellschaft. Die Russen müßten lernen zu begreifen, daß sie nicht mehr in „Rußland", sondern in einem der baltischen Staaten lebten, daß sie eigene, mit denen der in Rußland lebenden Russen nicht übereinstimmende Interessen hätten, und daß sie sich mit den Interessen der Esten identifizieren müßten. Dies würde bislang erst von der zahlmäßig geringen Intelligenzia und vor allem von den russischen Unternehmern in Estland, nicht aber von der sich aus Industriearbeitern zusammensetzenden Mehrheit gesehen. Auch werde dies einige Zeit in Anspruch nehmen, da die politische Bewußtseinsveränderung hin zu der einer „normalen" Minderheit schwerfalle. Andererseits müsse die estnische Gesellschaft hierfür Verständnis aufbringen und dürfe nicht den Eindruck erwecken, als wolle sie die Russen zum Verlassen des Landes bewegen. Das falle vielen Esten – bis hinein in die gebildeten Kreise – schwer, da sie mit Wiedererlangung der Unabhängigkeit an den Vorkriegszustand einer im wesentlichen mononationalen Republik anknüpfen wollten. Da es kaum möglich sei, Menschen in einen Staat zu integrieren, deren Staatsangehörigkeit sie nicht besäßen, vertrete die Russische Demokratische Bewegung, der er selbst angehöre, zusammen mit anderen, die „Vertreterversammlung" aber nicht einheitlich, den Standpunkt, man solle sich um den Erwerb der estnischen Staatsangehörigkeit bemühen.

Bei dem Besucher handelte es sich um den Literaten Alexander Semjonov, einen der Ko-Vorsitzenden der Russischen Demokratischen Bewegung in Estland, der aus Leningrad stammte und bereits seit über einem Jahrzehnt hier lebte. Marju Lauristin sagte mir einmal, die russischen Demokraten, mit denen sie und die anderen estnischen Abgeordneten in den Jahren der „singenden Revolution" im Volksdeputiertenkongreß in Moskau an einem Strang gezogen haben, hätten sich nach ihren Erfahrungen im Grunde als die gleichen großrussischen Imperialisten wie die ehemaligen politischen Gegner entpuppt und die Unabhängigkeit Estlands innerlich niemals akzeptiert. Daher bestünden kaum mehr freundschaftliche Beziehungen zu ihnen. Daran mußte ich bei diesem Besuch denken: Im Frühjahr 1991 hatte Semjonov Gelegenheit bekommen, in einem umfangreichen und höchst bemerkenswerten Artikel in der FAZ die Sache der Unabhängigkeit Estlands zu vertreten. Seine sich in die estnische Mentalität gut einfühlenden Beobachtungen fand ich später vielfach bestätigt. Er hatte u. a. geschrieben: *In einem estnischen Haus darf kein Russisch gesprochen werden!* Das erklärte mir kategorisch eine Dame auf einer Abendgesellschaft vor ein paar

Jahren. Sie hatte etwas getrunken, und die anderen Gäste beschwichtigten sie, als sie ihrer Überzeugung noch einmal Nachdruck geben wollte. Dies war der heftigste „ethnische Konflikt", dessen Zeuge ich während meines 12jährigen Aufenthalts in Estland gewesen bin … Die Esten haben ein sehr inniges Verhältnis zu ihrer Sprache … Es fiele nicht leicht, einen Esten zu finden, der seiner Sprache gegenüber gleichgültig ist … Wie bei den anderen baltischen Ländern ist bei den Esten durch den gewaltsamen Verlust der Unabhängigkeit und durch die Unterwerfung unter eine fremde, totalitäre Lebensweise und Kultur ein Trauma entstanden, das bei jeder Generation und in allen gesellschaftlichen Gruppen bis heute zu spüren ist … Um unter unerträglichen Bedingungen zu überleben, mußte sich die estnische Kultur soweit wie möglich dorthin zurückziehen, wo anderen der Zugang verwehrt ist: in die eigene Sprache, die niemand verstand und die in den Augen der imperialistischen Ideologen deshalb keine Gefahr darstellte. Zugleich mußte man sich davor hüten, in der Masse der „sowjetisierten" Russen unterzugehen, die sich nach dem Krieg in Estland niederließen. Die Folgen dieser Migration sind dramatisch, sie bedrohen die Existenz des estnischen Volkes … Wo die Russen die industrielle Entwicklung sehen, erblicken die Esten vor allem die massenweise Einwanderung von Russen, die die estnische Kultur bedrohen. Die estnische Kultur hat sich in sich selbst zurückgezogen und sich in eine Art geistiges Ghetto begeben, ähnlich wie im Mittelalter die europäischen Juden sich in Ghettos zurückzogen, um der Assimilation zu entgehen. So hat die estnische Kultur überlebt, freilich um den Preis einer bis heute fortdauernden Isolation. Das zeigt sich vor allem in einer für eine moderne Gesellschaft völlig unnormalen kulturellen Zweiteilung. Kontakte zwischen der russischen und der estnischen Gemeinde sind auf ein Mindestmaß beschränkt, es gibt sie praktisch nur während der Arbeit. Von den in Estland lebenden russischen Intellektuellen kennt der gewöhnliche Este höchstens Juri Lotman, den Begründer der semiotischen Schule von Tartu, der bezeichnenderweise keine estnischen Schüler hat … Die Russen sind ebenso isoliert von der estnischen Kultur, allerdings aus anderen Gründen. Sie kennen die estnische Sprache kaum, sie orientieren sich traditionell an der Kultur der Metropole, und wie alle großen Völker zeigen sie kein sonderliches Interesse, ja sogar eine gewisse Geringschätzung für kleine Nationen … Wäre Estland unabhängig, so wäre die Lage völlig anders … Mir scheint, sobald die Unabhängigkeit der estnischen Republik wiederhergestellt ist, wird sich die Situation rasch ändern. Dann wird der Hauptgrund für die Isolation gegenüber Rußland, der Kampf um die Selbsterhaltung, nicht mehr bestehen. Die in Estland lebenden Russen werden am Leben der Gesellschaft aktiv teilnehmen, deren vollgültige Mitglieder, auch im kulturellen Sinn, sie dann sind. Wenn Estland und das gesamte Baltikum wieder ein Platz im europäischen Haus einnehmen, auf den sie ein Anrecht haben, werden die Ursachen für die letzte kulturelle Spaltung in Europa verschwinden. Wenn Estland in die europäische Familie wiederaufgenommen ist, wird es sein Gesicht auch Rußland wieder zuwenden"[48].

Ein Jahr später räumte die Redaktion der FAZ Semjonov noch breiteren Raum für einen weiteren Aufsatz ein, in dem er die estnische Politik nunmehr in tendenziöser Weise des Nationalismus zieh und auch die Generalsekretärin des Europarats Catherine Lalumière wegen ihrer kurz zuvor bei ihrem Besuch in Tallinn gemachten öffentlichen Äußerungen attackierte[49]. Der Aufsatz hatte damals in Estland Aufsehen erregt und zu Gegenäußerungen in der Presse geführt[50]. Was war geschehen? „In den Beziehungen zwischen den Menschen ist etwas zerbrochen" – glaubte Semjonov feststellen zu können. „Wenn einem großen Teil der Bevölkerung die Staatsbürgerschaft verweigert wird und diese Menschen nicht zu Partnern in der Demokratie werden, so ist dies eine Gefahr für die estnische Identität". Da war sie also auch bei ihm, die Forderung nach der „Nullvariante", nach dem automatischen Erwerb der vollen staatsbürgerlichen Rechte, ohne sich um Kenntnisse der estnischen Sprache bemühen zu müssen, die Semjonov noch im Jahr zuvor als den Hort der estnischen Identität so überzeugend gepriesen hatte und die er im übrigen selbst beherrschte. Obwohl er die der Staatsangehörigkeitsregelung zugrundeliegende Doktrin von der rechtlichen Kontinuität der Republik ausdrücklich nicht in Frage stellte, warf er dem Estnischen Kongreß vor, sie zu einem „Fetisch" zu machen. Berndt von Staden hielt dem in einem ausgewogenen Leserbrief an die FAZ ein *audiatur et altera pars* entgegen und meinte, Semjonov sei „genug Raum zur Verfügung gestellt (worden), um auch die andere Seite der Medaille umfassend und das heißt ohne Verharmlosung oder gar Beschönigung darzustellen"[51].

Schwang jetzt, bei unserem Gespräch im Januar 1993, das Pendel erneut in die andere Richtung? Ich habe Semjonov und seinen weiteren Werdegang als politischer Publizist später aus den Augen verloren und kann diese Frage daher nicht beantworten. Die von Semjonov im Frühjahr 1992 im Lichte der seit der Unabhängigkeit gemachten Erfahrungen vertretene Position hatte allerdings, wenn auch etwas anders argumentierend, nicht nur den von Moskau politisch gegen Estland vorgebrachten Vorwürfen entsprochen, sondern auch einer weitverbreiteten Meinung unter der dem estnischen Staat gegenüber loyal eingestellten russischen Bevölkerung. Wir haben das bei unserer eigenen russischen Hausangestellten Tamara beobachten können. Sie war bereits in Estland geboren und in einer Provinzstadt zweisprachig aufgewachsen, erfüllte also alle Voraussetzungen, um zum frühestmöglichen Zeitpunkt in den Besitz eines estnischen Passes zu kommen. Dennoch wollte sie das vorgesehene Verfahren zum Erwerb der Staatsangehörigkeit nicht durchlaufen, da Estland ihre Heimat wäre, sie sich wie vor die eigene Tür gesetzt vorkäme und das Ganze als eine persönliche Zumutung empfände – andere nannten es „Diskriminierung". Ich habe versucht, ihr die Zusammenhänge zu erklären und sie zu überzeugen, sich nicht selbst unglücklich zu machen, sondern den notwendigen Antrag zu stellen, schließlich könne für sie keine *Lex Tamara* gemacht werden. Das hat sie dann auch eingesehen und alles war in Ordnung. Dieses Beispiel zeigt, daß Max van der Stoel recht hatte, der estnischen Regierung eine umfassende Information der russischsprachigen Bevölkerung über die Grundlagen des Staatsangehörigkeitsrechts zu empfehlen. In diese Pflicht hätte sich eigentlich auch der über die Zusammenhänge aufgeklärte Staatsbürger Semjonov genommen fühlen müssen – von der russischen Regierung ganz zu schweigen, wenn es ihr wirklich um die russische Minderheit in Estland und die Herstellung gut nachbarschaftlicher Beziehungen gegangen wäre.

Die ersten Reaktionen auf die Gründung der „Vertreterversammlung" von offizieller estnischer Seite waren abwartend neutral, doch mit deutlich positivem Unterton, und von verschiedenen estnischen Politikern wurde berichtet, sie hätten sich mit dem Vorsitzenden Juganzov getroffen. Die Frage, die sich jetzt stellte, war, welche Resonanz die „Versammlung" bei der russischen Bevölkerung insgesamt finden würde und wieviele der Russen in Estland sich letztendlich durch sie vertreten fühlten.

Nicht lange darauf, Mitte April 1993, erhielt die „Versammlung" durch den Zusammenschluß der radikaleren Kräfte unter den Russen Konkurrenz. Während eines *Russkij Sobor* (Russische Versammlung), der als ihr oberstes Organ fungieren sollte, konstituierte sich auf einer Versammlung im früheren Haus der sowjetischen Offiziere eine *Russkaja Obščina* (Russische Gemeinde) und wählte einen ehemaligen Abgeordneten der Kommunistischen Partei im Obersten Sowjet Estlands, Alexander Zybin, durch Abstammung estnischer Staatsangehöriger, zu ihrem Vorsitzenden. Dabei wurden nationalistische, auch antisemitische Töne angeschlagen, und Jelzin wurde als ein Verräter am russischen Volk beschimpft. Bezeichnenderweise hatte Schirinovskij ein Grußtelegramm geschickt. Zybin bestritt, daß Estland von der Sowjetunion okkupiert gewesen sei und vertrat die Auffassung, die gegenwärtige russische Bevölkerung Estlands dürfe nicht für Übergriffe während der Sowjetzeit zur Verantwortung gezogen werden. Die auf dem Meeting verabschiedeten politischen Ziele dieser neuen Gruppierungen beinhalteten die Forderung nach dem bedingungslosen Erwerb der estnischen Staatsangehörigkeit durch alle in Estland lebenden Personen („Nulloption") einschließlich der – vom estnischen Recht grundsätzlich ausgeschlossenen – doppelten Staatsangehörigkeit sowie die volle Gleichberechtigung der russischen und der estnischen Sprache. Verständlicherweise konnte diese Gruppierung, die rückwärtsgewandt die neuen Verhältnisse nicht akzeptieren wollte, für die estnische Regierung als Gesprächspartner nicht in Frage kommen.

Die Verhandlungen mit Rußland drehen sich im Kreis

Wie von Außenminister Velliste Anfang Dezember 1992 in Moskau verabredet, kam es kurz darauf nach über dreimonatiger Unterbrechung zur Wiederaufnahme der Verhandlungen über den Truppenabzug und die übrigen im bilateralen Verhältnis mit Rußland noch offenen Fragen. Die Delegationen trafen sich vom 15. bis 17. Dezember in *Lohusalu* und wurden auf estnischer Seite erstmals von dem eigens für diese Aufgabe zum Minister ohne Portefeuille ernannten Jüri Luik geleitet, auf russischer Seite war weiterhin Botschafter Svirin der Delegationschef.

Am Vortag hatte Außenminister Kosyrjev in Stockholm mit einem weiteren russischen Paukenschlag für Aufregung gesorgt. Vor den dort zum KSZE-Rat versammelten Außenministern war ihr Kollege aus Moskau mit einer Rede aufgetreten, in der er „Korrekturen" an der russischen Außenpolitik angekündigt hatte. Dabei kam er auf die asiatischen Traditionen Rußlands zu sprechen, die einer Annäherung an den Westen Grenzen setzten, lehnte jede Einmischung in die inneren Angelegenheiten Jugoslawiens ab und bezeichnete das Territorium der ehemaligen Sowjetunion als einen „postimperialen Raum". In diesem könnten die KSZE-Normen nicht voll angewendet werden, und Rußland werde hier seine Interessen mit allen verfügbaren militärischen und wirtschaftlichen Mitteln verteidigen. Moskau werde auch darauf bestehen, daß alle früheren Sowjetrepubliken sofort eine neue Föderation oder Konföderation eingingen. Natürlich sei man bereit, weiter „konstruktiv" im KSZE-Rat mitzuarbeiten, doch werde man sich allen Vorstellungen gegenüber vorsichtig verhalten, die zu einer Einmischung in die inneren Angelegenheiten Rußlands und seiner Freunde führen könnten … Weniger als eine Stunde später war der russische Außenminister dann an jenem 14. Dezember 1992 erneut ans Rednerpult getreten und hatte verkündet, er könne allen versichern, daß weder Jelzin noch er jemals dem zustimmen würden, was er bei seinem ersten Auftritt verlesen habe. Er dankte den Anwesenden für die Gelegenheit, ihnen mit diesem „rhetorischen Kunstgriff" die Gefahren vor Augen führen zu können, die auf dem Weg zu einem postkommunistischen Europa drohten. Denn der von ihm verlesene Text sei eine recht genaue Zusammenfassung dessen, was die Opposition in Rußland vertrete, und nicht nur die Extremisten. In seinem eigentlichen Redebeitrag bekannte sich Kosyrjev dann zu den KSZE-Prinzipien, die für den gesamten Bereich der ehemaligen UdSSR gälten, erklärte die Bereitschaft Rußlands, den Truppenabzug aus dem Baltikum in engem Kontakt zur KSZE vorzunehmen, zeigte sich aber auch, ohne zu dramatisieren, über die Lage der russischen Bevölkerung in Estland besorgt.

Als uns Luik über den Verlauf der Gespräche in *Lohusalu* unterrichtete, erzählte er, wie er die russische Delegation zum Auftakt mit Kosyrjevs erster Rede in Stockholm konfrontiert habe. Diese sei daraufhin erbleicht – bis sie sich telefonisch in Moskau habe Klarheit verschaffen können. Obwohl es nicht zu dem erhofften Durchbruch in der Frage des endgültigen Abzugsdatums der russischen Truppen gekommen war, zeigte sich Minister Luik mit dem Verlauf des Treffens zufrieden. Denn die Gespräche seien in einer sachlichen Atmosphäre verlaufen. Angesichts der innenpolitischen Situation in Rußland habe aber nicht mehr erwartet werden können, wenn sich schon Kosyrjev zu Auftritten wie dem gerade in Stockholm erlebten veranlaßt sehe. Wahrscheinlich war dabei auch ein wenig Zweckoptimismus mit ihm Spiel, zu dem Jüri Luik, durchaus ein *homo politicus*, gelegentlich neigte. Schließlich war es die erste Verhandlungsrunde, bei der er die estnische Delegation leitete.

In der Sache, so Luik, habe man sich bei der Arbeit an dem Entwurf eines Truppenabzugsabkommens schon deswegen im Kreise gedreht, weil nicht einmal auf russischer Seite Einigkeit bestünde: Das Außenministerium vertrete die Position Jelzins (die Luik zufolge damals noch den völligen Abzug bis zum Sommer 1993 beinhaltete, obwohl Tschurkin bereits im November 1992 bei seinem Besuch in Tallinn als Abzugstermin Ende 1994 genannt hatte); das russische Verteidigungsministerium hingegen ginge von Ende 1994 mit darüber hinausreichenden Ausnahmen für Objekte wie *Paldiski* aus. Auch im Bereich der Wirtschaft hatte es eine vollkommene Nullrunde gegeben, da es nicht zu der noch ausstehenden Einigung auf einige Protokollannexe zu dem im September 1992 abgeschlossenen Freihandelsabkommen als Voraussetzung für dessen Inkraftsetzung gekommen war. Die estnische Regierung versprach sich damals ganz allgemein wenig von der Entwicklung der Wirtschaftsbeziehungen mit Rußland, da sie den gerade zum Nachfolger von Ministerpräsident Gaidar, den Jelzin auf dem Altar der Innenpolitik hatte opfern müssen, ernannten Viktor Tschernomyrdin als ein dem „alten Denken" verhafteten Mann einschätzte.

Die beiden Verhandlungsdelegationen trafen sich nunmehr in der Regel in einem monatlichen Rhythmus abwechselnd in *Nachabino* bei Moskau, wo man als nächstes Mitte Januar 1993 wieder zusammenkam, und eben in *Lohusalu* – bis Juni 1993 insgesamt fünf Mal. Nach jeder Runde unterrichtete Minister Luik die Botschafter *en détail*, wobei er durchaus gewisse Akzente setzte, wie sich aus Gesprächen mit Mitgliedern seiner Delegation ergab. Da er, der gelernte Journalist, als erstes die estnischen Medien informierte, spielten sich unsere Unterrichtungssitzungen häufig als ein Frage-und-Antwort-Spiel ab. Dieses verlief gewöhnlich so, daß Jüri Luik seine bereits der Presse mitgeteilte Version des Verhandlungsverlaufs bestätigte und auf Nachfrage ergänzte. Ab und an nutzte er diese Gelegenheit auch dazu, unsere Regierungen um ein gezieltes Einwirken auf Moskau zu bitten. Bei diesem Verfahren hatten verständlicherweise die unter uns einen Vorteil, die aufmerksam die Berichterstattung der estnischen

Medien verfolgt hatten und daher die richtigen Fragen stellen konnten. Minister Luik wiederum tat auch sonst sein Bestes, um die Welt – die internationale Öffentlichkeit wie die Regierungen – an den estnischen Positionen in diesem diplomatischen Ringen mit dem großen Nachbarn teilhaben zu lassen, wohl wissend, wie gering die Möglichkeiten seines kleinen Landes waren, in dem sich kein einziger Auslandskorrespondent ständig aufhielt, um sich neben der erfahrenen und mächtigen Moskauer Propagandamaschine Gehör zu verschaffen.

Läßt man die Abfolge dieser Verhandlungsrunden im nachhinein Revue passieren, so erinnert man sich marginaler Fortschritte in Nebenbereichen und an Berichte über eine aufgelockerte Gesprächsatmosphäre, die bei der estnischen Delegation immer wieder Hoffnungen auf einen Durchbruch in der kardinalen Frage des Truppenabzugs aufkeimen ließen, bis dann bei einem der nächsten Zusammentreffen erneut eine Verhärtung der russischen Position festgestellt werden mußte. So schwanden auch die letzten Illusionen, wenn es denn noch welche gegeben haben sollte, in absehbarer Zeit zu einer vertraglichen Fixierung des in Helsinki vereinbarten Ziels eines „baldigen, geordneten und vollständigen Rückzugs" der russischen Truppen aus Estland zu kommen. Als wir Mitte Juni 1993 wieder einmal mit Luik nach einer Verhandlungsrunde ohne Fortschritte zusammensaßen, berichtete er aus einem Gespräch mit dem ersten stellvertretenden russischen Außenminister Adamischin, der ihm gegenüber die Meinung vertreten habe, Estland müsse sich noch auf „lange, lange" Verhandlungen einstellen. Somit war klar, daß sich die offizielle estnische Position eines Truppenabzugs bis zum 1. Juli 1993 (mit einer Verhandlungsmarge bis äußerstenfalls zum Jahresende 1993) nicht würde durchsetzen lassen. Zugleich war völlig offen, ob die russische Verhandlungsposition eines vollständigen Abzugs bis zum Jahresende 1994, wie sie sich spätestens seit dem Treffen der Delegationen im März bestätigt hatte, in einem Abkommen würde festgelegt werden können. Minister Luik bekannte uns Botschaftern gegenüber, jetzt mit seinem Latein ziemlich am Ende zu sein und schaute uns fragend an – wir konnten ihm leider auch keine weiterführenden Erkenntnisse vermitteln.

*

Im Laufe der Monate war immer deutlicher geworden, daß in den Verhandlungen so lange keine substantiellen Ergebnisse erzielt werden würden, wie der Kampf um die Macht in Moskau zwischen dem Kongreß der Volksdeputierten unter seinem Vorsitzenden Chasbulatov, der sich mit Vizepräsident Ruzkoj verbündet hatte, und Präsident Jelzin nicht entschieden war, und zwar zugunsten Jelzins. Als dieser Machtkampf im März 1993 einem neuen Höhepunkt zusteuerte, nachdem der Kongreß ein für April anberaumtes Referendum über die grundlegenden Bestimmungen einer künftigen russischen Verfassung, auf die man sich im Kompromißwege dachte verständigt zu haben, abgesagt und Präsident Jelzin daraufhin am 20. März ein Referendum in eigener Regie angekündigt hatte, erhielt dieser umgehend politische Unterstützung aus Estland. Am 21. März 1993 ließ das Außenministerium eine Erklärung zur Lage in Rußland verbreiten, in der es u.a. hieß:

> Die Republik Estland verfolgt mit großer Aufmerksamkeit die Entwicklung der politischen Ereignisse in der Russischen Föderation.
> Wir haben wiederholt unsere Unterstützung der auf Demokratie und Reformen ausgerichteten Politik von Präsident Jelzin in Rußland zum Ausdruck gebracht. Estland ist an Stabilität in seinem Nachbarstaat interessiert. Daher hofft Estland, daß trotz der ernsten Probleme und politischen Konfrontation in Rußland die demokratischen Reformen fortgesetzt werden.
> Wie andere Staaten wünscht auch Estland, daß die gegenwärtigen Vorgänge nicht außer Kontrolle geraten und die Anwendung von Gewalt vermieden wird.

Außerdem erklärte Ministerpräsident Laar am Tage darauf, in Estland erinnere man sich der Unterstützung der baltischen Staaten durch Jelzin im Jahre 1991. Rußland habe daher ein Recht, sich jetzt auf Estlands moralische Unterstützung verlassen zu können – fügte jedoch hinzu, Estland habe aber kein Recht, sich in die russischen Angelegenheiten einzumischen, die russischen Bürger müßten ihre Probleme selbst lösen.

Vor diesem Hintergrund ist dem Verhalten der russischen Delegation während der verschiedenen Verhandlungsrunden auch mehr Verständnis abzugewinnen. Wie immer deren Weisungen im einzelnen gelautet haben mögen, sie war *nolens volens* auf Finassieren und Taktieren angewiesen, mußte auf Zeitgewinn bedacht sein, solange in Moskau keine klaren Verhältnisse herrschten. Auch gab es immer wieder Hinweise darauf, daß die zivile und die militärische Führung, die beide in der Delegation unter Leitung von Botschafter Svirin vertreten waren, unterschiedliche Positionen vertraten, was dessen diplomatisches Geschick oft auf eine harte Probe gestellt haben mag. Schließlich hatten die Gespräche mit Estland (und Lettland) für Rußland auch eine Alibifunktion gegenüber dem internationalen Druck, der immer wieder unter Berufung auf Punkt 15 der Gipfelerklärung von Helsinki auf Moskau ausgeübt wurde. Aber auch Tallinn wollte – ungeachtet gelegentlicher innenpolitischer Forderungen, unter diesen Umständen die Verhandlungen erneut auszusetzen – den Gesprächsfaden nicht abreißen lassen, so daß wenigstens in diesem Punkt estnische und russische Interessen übereinstimmten. Denn auch in Tallinn wollte man sich nicht Vorwürfen der Staatengemeinschaft aussetzen, man verweigere sich Verhandlungen mit Moskau. Entscheidend für die estnische Politik mußte aber die innenpolitische Zwangslage sein, in der sich Jelzin befand. Bei ihm konnte immer noch mit größerem Verständnis für die estnischen Interessen als bei seinen innenpolitischen Gegnern gerechnet werden – denn schließlich ging trotz allem sich regelmäßig wiederholendem Theaterdonner des russischen Präsidenten oder seines Verteidigungsministers Gračev der Abzug der Truppen aus Estland auch ohne Abkommen weiter. Anfang März 1993 teilte die russische Seite erstmals von sich aus die Stärke der noch in Estland stationierten Militärs mit und bezifferte sie auf nur noch 7 600 Personen.

*

Eine Reihe von Fragen, die zwischen Estland und Rußland bilateral zu regeln waren, ist auch damals in den Verhandlungen zwar nicht definitiv gelöst, jedoch einer weiteren Klärung zugeführt worden, womit spätere Abmachungen vorbereitet werden konnten. Das gilt auch für den militärischen Bereich, in dem beispielsweise eine Kooperation im Hinblick auf den Abtransport der Reaktoren aus *Paldiski* verabredet wurde und sich die estnische Seite dabei zur Rehabilitierung der Bahnverbindung nach Tallinn bereiterklärte, da der direkte Seetransport zu gefährlich gewesen wäre. Andererseits bestand die russische Seite für *Paldiski* weiterhin auf einem für Estland unannehmbaren endgültigen Abzugstermin Ende 1999, zeigte sich jedoch bereit, die nuklearen Brennstäbe bis Sommer 1994 zu entfernen.

Im Wirtschaftsbereich erwies sich das von der Regierung Vähi abgeschlossene Freihandelsabkommen in Rußland, das gerne mit Sanktionen wegen angeblicher Menschenrechtsverletzungen begangen an der russischen Minderheit in Estland drohte, als innenpolitisch nicht durchsetzbar und wurde bei der Verhandlungsrunde Mitte Mai 1993 durch die Paraphierung eines Abkommens über die Meistbegünstigung ersetzt. Hinsichtlich der Beteiligung Estlands an der Begleichung der sowjetischen Auslandsschulden einigte man sich im April 1993 grundsätzlich auf eine Aufrechnung von (internen) Ansprüchen Estlands an Rußland gegen Übernahme aller Auslandsschulden durch Moskau („Nullösung").

In der Frage der estnisch-russischen Landgrenze erwies sich erneut die Unvereinbarkeit der Grundsatzpositionen. Bei der Begegnung im März 1993 brachte die russische Delegation erstmals eindeutig zum Ausdruck, daß sie den Friedensvertrag von Tartu (1920) als obsolet betrachte. Die estnische Seite zeigte sich daraufhin bereit, die Frage der Fortgeltung des Vertrages zu internationalisieren, sie beispielsweise dem Internationalen Gerichtshof zur Entscheidung vorzulegen und dessen Spruch, wie immer er ausfallen würde, zu akzeptieren.

Sollte Rußland aber seinerseits bereit sein, den Vertrag als weiterbestehend anzuerkennen, sei Estland zu Kompromissen über den Grenzverlauf bereit. Rußland lehnte es jedoch ab, einen internationalen Spruch über die Frage des völkerrechtlichen Fortbestands des Vertrags anzuerkennen. Als sich Adamischin am 24./25. Mai als „Sonderbeauftragter" Jelzins zu politischen Gesprächen in Tallinn aufhielt, um sich ein Bild von der Lage zu verschaffen, machte er klar, daß keine russische Regierung „territorialen Ansprüchen" Estlands – wie es unter Zugrundelegung der Moskauer Auffassung vom angeblich freiwilligen Anschluß im Jahre 1940 hieß – nachkommen könne, selbst wenn diese – wie er mit bemerkenswerter Unvoreingenommenheit hinzufügte – „noch so gerechtfertigt" wären, und empfahl der estnischen Regierung, diese Forderung im Interesse der bilateralen Beziehungen „einzufrieren".

Mochten die ständigen verbalen Attacken aus Moskau wegen angeblicher Drangsalierung der russischen Minderheit und die sich im Kreise drehenden Verhandlungen auch noch so sehr innenpolitisch motiviert sein, konnte dies für die estnische Politik doch keinen ausreichenden Grund darstellen, dies einfach hinzunehmen. Die von Präsident Jelzin und seinen Anhängern offenbar verfolgte Doppelstrategie, einerseits keine Vereinbarung über den Truppenabzug (insbesondere nicht über einen Zeitplan mit Enddatum) zu treffen und dies immer wieder mit den Menschenrechten der in Estland lebenden Russen in Verbindung zu bringen, um seinen innenpolitischen Gegnern den Wind aus den Segeln zu nehmen, und andererseits dessen ungeachtet die Truppen faktisch weiter abzuziehen, um internationalen politischen Verpflichtungen nachzukommen, war für Estland unbefriedigend. Denn nur ein völkerrechtlich verbindliches Abkommen konnte die Sicherheit bieten, wieder uneingeschränkt Herr im eigenen Hause zu sein. Die Sorge, daß der Truppenabzug auch wieder gestoppt und mit Hilfe der zumindest teilweise noch existierenden militärischen Infrastruktur rückgängig gemacht werden könnte, war zumal nach den Erfahrungen der Vergangenheit weitverbreitet.

Das galt in besonderer Weise für Präsident Meri, dessen erstes politisches Ziel immer der Truppenabzug gewesen ist und der als ein großer Freund von Symbolen irgendwann damals öffentlich versprochen hat, erst dann wieder ein Glas Champagner anzurühren, wenn der letzte russische Soldat estnisches Territorum verlassen haben würde. In seiner ersten Rede als Präsident zum Jahrestag der Unabhängigkeit Estlands auf der Festveranstaltung in der „Estonia" am 24. Februar 1993 nahm er einen Artikel des russischen Politikwissenschaftlers Karaganov im *Diplomatičeskij Vestnik* und dessen Autor aufs Korn [52]. Dieser hatte gefordert, Rußland müsse zum Schutz der auf dem Gebiet der ehemaligen Sowjetunion (dem so genannten „nahen Ausland") lebenden russischsprachigen Bevölkerung eine „aktive postimperiale Rolle" spielen und damit in Lettland und

Estland beginnen, während er West-, Mittel- und Osteuropa (wozu er offensichtlich das Baltikum nicht zählte) als eine zweite Zone innerhalb der KSZE betrachtete, die sich auf NATO und EG stützen werde und in der Rußland nur eine Beobachterrolle einnehmen sollte. Die russischsprachige Bevölkerung im „nahen Ausland" stelle für Rußland ein wichtiges politisches Kapital dar. Daher sollte alles getan werden, sie an ihren gegenwärtigen Wohnorten zu halten, um mit ihrer Hilfe dort künftig Einfluß ausüben zu können. Dies werde russische Investitionen in diesen Gebieten erleichtern und damit auch wirtschaftlich von Nutzen sein. Um das zu erreichen, müsse dort die russische Sprache gefördert werden. In den ehemaligen Sowjetrepubliken müßten die Eliten dazu angehalten werden, ihre Ausbildung wieder in Rußland zu erwerben. Russische Offiziere sollten in den Streitkräften dieser Republiken präsent sein und die militärische Elite in russischen höheren Militäranstalten geschult werden. Meri verurteilte diese „Doktrin", verglich Karaganov mit Wyschinskij und Goebbels und forderte das russische Außenministerium auf, sich von diesen Überlegungen zu distanzieren. Dies ist auch bald darauf ihm gegenüber durch Botschafter Trofimov geschehen, der betonte, die Ausführungen Karaganovs stellten nicht die offizielle russische Außenpolitik dar.

Nicht allen konnten diese scharfen Töne in Richtung Moskau gefallen. Selbst der Meri politisch so nahestehende Jüri Luik äußerte sich in einem Interview kritisch und meinte zu den Rußland betreffenden Passagen der Rede, sie könnten den Beziehungen schaden [53] – aus ihm sprach der Leiter der Delegation, der bald die nächste Verhandlungsrunde zu bestehen haben würde. Von Karaganov wurde später kolportiert, er habe erklärt, Präsident Meris Angriff verdanke er, international bekannt geworden zu sein! Als ich mehrere Jahre später, dann schon nicht mehr auf Posten in Tallinn, bei einem Besuch in Bonn von Meri zum Abendessen auf den Petersberg eingeladen wurde, wo er sich gerade als Gast der Bundesregierung aufhielt, erhob sich vom Nebentisch ein kahlköpfiger Mann mittleren Alters und kam kurz herüber, um den estnischen Staatspräsidenten mit einer tiefen Verbeugung zu begrüßen – es war Karaganov.

Ministerpräsiden Laar wiederum wandte sich am 30. März 1993 mit einem Schreiben an Bundeskanzler Kohl und die anderen Regierungschefs der G 7. In ihm stellte er klar, daß Estland Präsident Jelzin so lange unterstütze wie dieser der Führer der demokratischen Kräfte in Rußland bleibe und plädierte dafür, daß ihm auch die internationale Gemeinschaft in dieser kritischen Zeit vor dem Referendum über die Zukunft des Landes beistehe. Andererseits müsse angesichts der zahlreichen Kräfte in Rußland, die nicht willens seien, die Unabhängigkeit der baltischen Staaten zu akzeptieren, sowie wegen der fortdauernden Präsenz russischer Truppen an die unsichere Lage im Baltikum erinnert werden.

Das von Jelzin auf den 25. April festgesetzte Referendum ergab einen überzeugenden Vertrauensbeweis nicht nur für den russischen Präsidenten persönlich, sondern zur allgemeinen Überraschung auch für seine Wirtschaftsreformen. Die sich in Estland hieran knüpfenden Hoffnungen, daß der hieraus gestärkt hervorgegangene Verhandlungspartner nunmehr weniger innenpolitische Rücksichten nehmen müßte und dies einer Einigung über den Truppenabzug zugute käme, sollten sich aber nicht erfüllen. Jelzin gelang es nicht, den für ihn günstigen Ausgang des Volksentscheides in politische Münze umzuwandeln und die gegenseitige Machtblockade von Präsident und Volksdeputiertenkongreß aufzulösen.

Von den damals etwa 30 000 in Estland lebenden Russen, die bereits die Staatsangehörigkeit der Russischen Föderation angenommen hatten (12 000 hatten sich bis dahin für die estnische Staatsangehörigkeit entschieden), hatte sich anders als in Rußland (64%) nur ein knappes Drittel an dem Referendum beteiligt; davon sprach sich wiederum lediglich ein Drittel für Jelzin und seine Reformpolitik aus (in Rußland 58% bzw. 53%) – diese Zahlenbasis war aber zu schmal, als daß sich aus ihr hätten Schlüsse auf die Stimmung unter der insgesamt fast eine halbe Million Menschen ausmachenden russischen Minderheit in Estland ziehen lassen.

Lichtblicke am wirtschaftlichen Horizont

Seit dem Jahreswechsel mehrten sich die Anzeichen, daß die Reformen zum Umbau der estnischen Volkswirtschaft zu greifen begannen und sich die Zeiten des Niedergangs in absehbarer Zeit in ihr Gegenteil verkehren würden. Mitte Februar 1993 kam eine IWF-Mission zur Überprüfung des noch mit der Regierung Vähi vereinbarten Anpassungsprogramms nach Tallinn, aufgrund dessen Estland im September 1992 ein erster Beistandskredit eingeräumt worden war. Sie gelangte zu einer insgesamt positiven Einschätzung der wirtschaftlichen Entwicklung Estlands, die sich dann im Laufe der folgenden Monate schneller als erwartet bestätigen sollte. Auch bei ausländischen Besuchern entstand ab Frühjahr 1993 der Eindruck, daß es in Estland aufwärts geht. Als Außenminister Velliste Ende April in Bonn war, faßte er zusammen, die Phase der humanitären Hilfe sei zu Ende, und *„trade* statt *aid"* müsse hinfort die Devise der bilateralen Wirtschaftsbeziehungen sein.

War das Bruttosozialprodukt im Jahre 1992 noch um 30 – 40% geschrumpft, sah der IWF jetzt den Wendepunkt gekommen und rechnete damit, daß die estnische Volkswirtschaft ab der zweiten Jahreshälfte wieder wachsen würde. Das statistische Amt Estlands glaubte sogar bereits Anfang 1993, ein leichtes Wirtschaftswachstum feststellen zu können, während die Regierung Laar die Wirtschaftslage skeptischer als der IWF beurteilte. Die sich abzeichnenden positiveren Tendenzen hatten eine zunehmend optimische Grundstimmung zur Folge, die wiederum den weiteren Wirtschaftsprozeß stützte. Das galt auch für den gewöhnlichen Bürger, der nicht mehr wie ein Jahr zuvor mit gravierenden Versorgungsengpässen konfrontiert wurde. In den Läden gab es ein hinreichendes Angebot auch an importierten Waren, und im Winter hatte man keine Heiz- und Warmwasserprobleme gehabt. Dennoch blieb die Lage fragil, und man war noch keineswegs über den Berg.

All das war aber nur möglich auf Kosten einer durchschnittlich deutlich reduzierten Kaufkraft, die nach Berechnungen des IWF für die im staatlichen Sektor bezahlten Gehälter Ende 1992 auf etwa die Hälfte des Niveaus vor der Unabhängigkeit gesunken war (für die jetzt entstehende Privatwirtschaft gab es noch keine Vergleichszahlen). Doch stand den verfügbaren Einkommen nunmehr ein Warenangebot von unvergleichlich höherer Vielfalt und Qualität als früher gegenüber.

Bereits 1990 war die zentrale Festsetzung von Löhnen und Gehältern durch die Regierung abgeschafft worden, die nur noch ein Mindestgehalt festsetzte (das Ende 1992 dreihundert Kronen, d.h. 37,50 DM betrug), und gegenüber dem IWF hatte sich die Regierung verpflichtet, gegen übermäßige Lohnerhöhungen in den Staatsunternehmen durch hohe Strafsteuern einzuschreiten. Der private Sektor hingegen blieb in seiner Lohngestaltung frei. Da zwar auch in Estland (noch aus sowjetischer Zeit stammende) Gewerkschaften existierten, sich diese aber auf die neuen Verhältnisse noch nicht hatten einstellen können und daher auch nicht zu Wort meldeten, damals also praktisch keine Bedeutung hatten, konnten sich die Löhne frei am Markt bilden und auf jenem niedrigen Niveau einpendeln, das zu einem wichtigen Motor der Wirtschaftsentwicklung wurde. Unter diesen Umständen konnte sich jeder glücklich schätzen, der bei einem ausländischen Investor oder gar einer Botschaft eine Anstellung fand, die nicht nur einen sicheren Arbeitsplatz, sondern auch ein weit über dem Durchschnitt liegendes Einkommen garantierte. Die ausländischen Arbeitgeber hingegen profitierten sowohl von dem niedrigen Lohnniveau als auch der hohen Qualifikation ihrer estnischen Mitarbeiter, wie wir in der Botschaft an unseren „Ortskräften" aus eigener Beobachtung feststellen konnten.

Die von der Botschaft geteilte optimistische Einschätzung der Wirtschaftslage stützte sich im wesentlichen auf folgende Entwicklungen:

Der estnische Staatshaushalt 1992 hatte mit einem leichten Überschuß abgeschlossen, und der Haushalt des laufenden Jahres 1993 war ausgeglichen – die Steuerschulden der Staatsunternehmen waren deutlich zurückgegangen und die Steuereinnahmen überstiegen die Schätzungen.

Als nächstes hatte sich der Außenhandel ausgezeichnet entwickelt. War er vor der Unabhängigkeit zu über 90% im Rahmen der damaligen Sowjetunion abgewickelt worden, so war es jetzt gelungen, ihn in nicht viel mehr als einem Jahr etwa zur Hälfte auf westliche Märkte umzuorientieren. Mitte 1993 erfolgte der Warenaustausch bereits zu zwei Dritteln mit dem Westen. Die Handelsbilanz war ausgeglichen, und zwar nicht auf Kosten der Importe, sondern dank gesteigerter Exporte international wettbewerbsfähiger Güter. Unter dem breiter werdenden Angebot an westlichen Importgütern fielen uns besonders die im Tallinner Straßenbild immer häufiger in Erscheinung tretenden Autos westeuropäischer, zumal deutscher Marken auf, bei denen es sich damals allerdings noch überwiegend um Gebrauchtwagen handelte. Die idyllischen Zeiten beinahe leerer Straßen von 1991/92 sollten bald der Vergangenheit angehören, auch wenn der Verkehr namentlich außerhalb der Hauptstadt noch jahrelang nicht die uns gewohnten Ausmaße annahm.

Dank einer im wesentlichen auf Dienstleistungsexporte zurückzuführenden positiven Zahlungsbilanz hatten sich die Devisenreserven bis Mai 1993, in weniger als einem Jahr seit Einführung der Krone, mehr als verdoppelt. Dabei fielen die Einnahmen aus dem traditionellen Transithandel mit Rußland, der damals stark im Zeichen der Ein- und Wiederausfuhr von Metallen östlicher und nicht immer seriöser Provenienz stand, und aus einem ansteigenden Tourismus vor allem aus Finnland und Schweden besonders ins Gewicht. Die Inflation hatte sich ständig verlangsamt und betrug um die Jahresmitte 1993 nur noch 1–2% monatlich mit der Aussicht, bald unter 10% jährlich zu sinken. Die Arbeitslosigkeit hielt sich anders als befürchtet in Grenzen, wurde landesweit auf 8–10% geschätzt und konzentrierte sich auf die Industriegebiete im nordöstlichen Estland und den ländlichen Raum.

Schließlich begann sich die Privatisierung der Großindustrie positiv auf die gesamtwirtschaftliche Entwicklung auszuwirken. Nachdem sich die erste Ausschreibung im November 1992 als erfolgreich erwiesen hatte, wurden im Mai 1993 mit 52 Unternehmen (davon fünf zum zweiten Mal) erneut etwa 10% des estnischen Industriepotentials weltweit zum Kauf angeboten. Dies veranlaßte uns, Bonn nicht nur eine über die Veröffentlichungen in der internationalen Presse hinausgehende umfassende Unterrichtung der deutschen Wirtschaft vorzuschlagen, sondern darüber hinaus anzuregen, deutsche Unternehmen vor dem Hintergrund dieser vielversprechenden Entwicklung zu ermutigen, künftig mehr in Estland zu investieren. Auch dies sollte – zum Nachteil deutscher Unternehmen und zur nicht geringen Enttäuschung des Chefberaters der Estnischen Privatisierungsagentur Dr. Schmidt – ohne nennenswerten Erfolg bleiben.

Die Energieversorgung Estlands, bis vor kurzem noch eine Achillesferse seiner Volkswirtschaft und 1991/92 das besondere Sorgenkind der Regierung, hatte sich ebenfalls wesentlich verbessert. Dank einer zügigen Diversifizierung der Bezugsquellen für Erdölprodukte war die Abhängigkeit von Rußland erheblich verringert worden. Ermöglicht wurde dies durch die schon erwähnte

Errichtung von zwei Terminals im Hafen von *Muuga* außerhalb Tallinns durch ein estnisch-finnisches und ein estnisch-niederländisches Gemeinschaftsunternehmen. Der Geschäftszweck bestand zwar im Export russischer Erdölprodukte, doch würde die Kapazität bereits dieser beiden Ölterminals, dem weitere folgen sollten, ausreichen, um nötigenfalls den estnischen Bedarf durch Westimporte zu decken. So würde die Regierung auf politisch motivierte Boykottdrohungen aus Moskau spätestens seit Inbetriebnahme dieser Terminals im Frühjahr 1993 gelassen reagieren können, ganz abgesehen davon, ob ein Lieferstopp in der Praxis überhaupt durchzusetzen gewesen wäre.

Zu den Hauptproblemen der estnischen Wirtschaft zählte dagegen, daß sich der Bankensektor noch nicht hinreichend hatte entwickeln können. Die Folge war ein Mangel an Krediten zur Finanzierung von Produktion und Investitionen. Auch westliche Finanzhilfen konnten aus diesem Grund noch nicht optimal genutzt werden.

Zu dieser Lage beigetragen hatte eine „Bankenkrise". Ihr waren drei der größten Geldinstitute Estlands zum Opfer gefallen, die zusammen 75% der Bilanzsumme und 50% des Geschäftsvolumens aller estnischen Banken repräsentierten: Am 17. November 1992 hatte die Zentralbank ein Zahlungsmoratorium über die beiden Privatbanken Tartuer Kommerzbank und Union Baltic Bank sowie ihre eigene kommerzielle Tochter, die Nordestnische Aktionärsbank, die alle zahlungsunfähig geworden waren, verhängen und sie unter Zwangsverwaltung stellen müssen. Die Tartuer Kommerzbank war vor allem wegen notleidend gewordener Forderungen an Staatsunternehmen, die diese auch als Folge der Währungsreform nicht mehr bedienen konnten, in Schwierigkeiten geraten. Bei den beiden anderen Banken bestand der Hauptgrund offenbar darin, daß sie als stark im Rußlandgeschäft estnischer Unternehmen engagierte Geldinstitute über Guthaben von insgesamt etwa 80 Millionen US-Dollar bei der Moskauer Außenhandelsbank verfügten, die von den russischen Behörden eingefroren worden waren, und sie daraus nicht rechtzeitig die Konsequenzen gezogen hatten. Da weder Regierung noch Zentralbank bereit waren, die Tartuer Kommerzbank zu stützen, die immerhin die größte estnische Bank und seinerzeit von Ants Veetõusme als erste Geschäftsbank in der UdSSR überhaupt gegründet worden war, wurde Mitte Dezember 1992 das Konkursverfahren über sie eröffnet. Die beiden anderen Banken dagegen wurden im Februar 1993 zu einem neuen staatseigenen Geldinstitut, der Nordestnischen Bank, zusammengefaßt. Der IWF zeigte sich mit dieser Lösung zufrieden. Eine Folge dieser „Bankenkrise", die damals viel Aufsehen erregt hat, aber auch die einzige beim Wiederaufbau einer eigenständigen estnischen Volkswirtschaft geblieben ist, war, daß die Privatbanken von nun an bei der Kreditvergabe äußerste Vorsicht walten ließen, denn sie wußten, bei Schwierigkeiten würde es keine staatlichen

Rettungsaktionen geben. Weitere Defizite des estnischen Bankensystems bestanden im Mangel an Personal mit einschlägigen vor allem internationalen Erfahrungen (weswegen eine Reihe von Gebern wie u.a. PHARE Aus- und Weiterbildungsmöglichkeiten anboten) und in den noch fehlenden rechtlichen Voraussetzungen zur Kreditabsicherung z.B. durch Hypotheken auf Grundeigentum. Durch die „Bankenkrise" waren aber auch Konkurrenten vom Markt verschwunden; andere Institute witterten ihre Chance, unter ihnen die *Hansapank*, deren unaufhaltsamer Aufstieg bald beginnen sollte. Damals, im Frühjahr 1993, wurde in Tallinn kolportiert, daß estnische Banker in Gesprächen mit ausländischen Kollegen diesen eher davon abrieten, Niederlassungen in Estland zu eröffnen. Denn sie mußten befürchten, wurde vermutet, daß ein ausländisches Geldinstitut angesichts des mangelnden Vertrauens der estnischen Kunden in das einheimische Bankensystem für dieses das wirtschaftliche Ende bedeuten könnte. Bedurfte es noch eines deutlicheren Hinweises, daß eine ausländische Bank von Format durchaus Chancen auf dem estnischen Markt haben würde? Diese Lage hatte uns bereits vor Ausbruch der „Bankenkrise" auf den Gedanken gebracht, die Aufmerksamkeit des deutschen Bankengewerbes auf die Möglichkeiten zu lenken, die nach unserer Auffassung der estnische Markt für ein westliches Geldinstitut bot. In einem von mir an den Präsidenten des Bundesverbandes Deutscher Banken gerichteten und vom 16. November 1992 datierten Schreiben schilderten wir mit einiger Ausführlichkeit (und ohne die vorhandenen Risiken zu verschweigen) die Situation und empfahlen ihm, „seinen Mitgliedsbanken nahezulegen, ein Engagement in Estland einer näheren Prüfung zu unterziehen". Postwendend erhielt ich ein höfliches Dankschreiben des Hauptgeschäftsführers mit der Mitteilung, man habe eine Reihe von Banken über diese Anregung und Einschätzung der wirtschaftlichen Lage in Estland unterrichtet – damit sollte es dann aber auch sein Bewenden haben. Auch spätere Gespräche mit den für das Auslandsgeschäft zuständigen Vorstandsmitgliedern deutscher Großbanken hatten keine weiteren Konsequenzen, als daß schließlich zwei von ihnen Repräsentanzen in Riga eröffneten. Das Baltikum und insonderheit Estland war offensichtlich auch für das deutsche Bankengewerbe kein attraktiver Investitionsstandort.

Die Bundestagspräsidentin und andere Besucher

Das mangelnde Interesse der deutschen Wirtschaft an Estland hatte aber keine Auswirkungen auf die Politik. Die nächste Besucherwelle setzte mit einem Aufenthalt der „Gorch Fock" in Tallinn in der zweiten Maiwoche ein. Als wir Ende 1993 Bilanz zogen, kamen wir, wenn ich mich recht entsinne, auf über 90 Einzel- und Delegationsbesuche, die die Botschaft in diesem Jahr betreut hatte! Begleitet wurde das Segelschulschiff von dem Tender „Elbe" und vier Schnellbooten mit insgesamt über 400 Marinesoldaten an Bord. Es war dies der erste deutsche Flottenbesuch und somit auch das erste Mal, daß deutsche Matrosen im wieder unabhängigen Estland beim Landgang im Revaler Stadtbild erschienen – wie Meri und Laar mit Genugtuung vermerkten, die beide der Einladung zu dem Empfang gefolgt waren, den der Kommandant gemeinsam mit der aus diesem Anlaß angereisten Landtagspräsidentin von Schleswig-Holstein Ute Erdsiek-Rave aus Kiel, dem Heimathafen der Schiffe, an Bord der „Gorch Fock" gab (Abbildung 41). Sie brachten auch Medikamente und Kinderspielzeug für das Krebszentrum und die estnische Kinderstiftung mit. An mehreren Tagen konnten die Schiffe besichtigt werden, wovon die Bevölkerung regen Gebrauch machte. Für den Botschafter ist solch ein Schiffsbesuch mit althergebrachten Ritualen wie „Seite" pfeifen, wenn er an Bord geht, und dem „Spitzenessen" des Kapitäns für die örtlichen Honoratioren – in diesem Fall Verteidigungsminister Rebas und Oberbürgermeister Tamm – verbunden, die ich bereits von einem Aufenthalt der „Gorch Fock" in Dakar kannte, als ich dort vor bald 20 Jahren auf Posten und damals gerade Geschäftsträger gewesen war (1974).

Die Landtagspräsidentin, deren Delegation auch der neue Oberbürgermeister von Tallinns Partnerstadt Kiel Dr. Kelling angehörte, absolvierte dann am 11. Mai noch ein intensives Gesprächsprogramm, bevor sie nach 24stündiger Visite wieder abflog. Nachdem sie Präsident Meri ihre Aufwartung gemacht hatte, begleitete ich sie weiter zu einem Gespräch mit dem Vorstand der Estnisch-Deutschen Parlamentariergruppe im *Riigikogu* unter Leitung ihres Vorsitzenden Illar Hallaste (Vaterlandspartei) und in Anwesenheit seiner drei Stellvertreter Jaan Kross (Gemäßigte), Kuno Raude (Landbund) und Ants-Enno Lõhmus (Zentrum). Jaan Kross hat sich dann im Herbst 1993 aus dem *Riigikogu* zurückgezogen, da er nach einem Jahr Parlamentszugehörigkeit zu der Überzeugung gelangt war, eine Tätigkeit als Abgeordneter sei schon aus Zeitgründen auf Dauer mit seinem Dasein als Schriftsteller unvereinbar. Als solcher aber könne er seinem Land von größerem Nutzen sein. Das Gespräch mit der Kieler Landtagspräsidentin war das erste Mal, daß diese Gruppe, die sich kurz zuvor am 20. April 1993 konstituiert hatte, in Erscheinung trat. Ihr gehörten 56 Abgeordnete aus allen Fraktionen, also über die Hälfte der Parlamentsmitglieder, an. Die Anregung zu ihrer Gründung ging auf den Vorsitzenden der Deutsch-Baltischen Parlamentariergruppe im Bundestag Freiherrn von Stetten zurück, der bereits im Juli 1991 erstmals Estland besucht hatte. In dem Gespräch verständigte man sich damals darauf, daß die Gruppe auch für Kontakte mit den deutschen Länderparlamenten genutzt werden sollte, und der Gast stellte eine Einladung durch den Kieler Landtag in Aussicht.

Danach trafen wir mit Savisaar zusammen, da sowohl Parlamentspräsident Nugis als auch sein erster Stellvertreter Kelam verhindert waren. Savisaar machte auf uns alle einen hervorragenden Eindruck. Konzentriert und das, worauf er hinaus wollte, klar im Visier, war er darüberhinaus die Liebenswürdigkeit in Person. Das mußte besonders mir auffallen, da er sich ausländischen Besuchern und auch uns Diplomaten gegenüber ja bekanntlich rar machte und man daher selten Gelegenheit hatte, mit ihm zusammenzutreffen. Es lag schon eine gewisse Tragik darin, daß dieser Mann wohl auch deswegen in der estnischen Politik nicht die seinen Begabungen angemessene Rolle spielte, weil er offenbar teamunfähig war und niemanden auf Dauer neben sich dulden konnte. An jenem Tag aber war er nun einmal auf estnischer Seite unbestritten die No. 1 und konnte seine ganze intellektuelle und persönliche Ausstrahlung zur Geltung bringen. Savisaar machte die Gäste aus Kiel mit einigen aktuellen Fragen der estnischen Innenpolitik wie der Gemeindereform und der Tatsache bekannt, daß mit der am selben Tag im Parlament stattfindenden Abstimmung über die Mitglieder des Staatsgerichtshofs in Estland eine unabhängige Justiz ihren Anfang nähme. Für mich etwas überraschend stellte er fest, viele Deutschbalten hätten den Weg in die frühere Heimat zurückgefunden und würden beim Wiederaufbau Estlands mit Rat und Tat helfen – was sich nicht ganz mit meinen eigenen Beobachtungen deckte. Als ich beim anschließenden Essen sein Tischnachbar war, fragte ich ihn nach den ungenutzten Möglichkeiten einer Zusammenarbeit zwischen Estland und St. Petersburg, wie sie namentlich der formal noch in Kraft befindliche Vertrag vorsehe, den er – damals eine kleine Sensation – am 14. September 1990 mit den Vorsitzenden der Stadt- und Gebietssowjets von Leningrad, Sobtschak und Jarov, abgeschlossen hatte [54]. Auch Savisaar war zwar der Auffassung, daß dieser Vertrag mit Leben erfüllt werden müßte, nur meinte er, dazu wäre derzeit keine der beiden Seiten bereit: Er sei das Abkommen damals vor der Unabhängigkeit aus politischen Überlegungen eingegangen, während es vor allem eine wirtschaftliche Zusammenarbeit vorsehe. Zwar ließ er meinen Einwand gelten, daß gerade eine politische Kooperation mit den demokratischen Kräften in St. Petersburg, wo schließlich immer noch Sobtschak am Ruder sei, für Estland interessant sein müßte – doch dabei blieb es. Für die Geschicke Estlands trugen nunmehr andere die Verantwortung.

*

Kurz darauf, am 19./20. Mai, kam die Präsidentin des Deutschen Bundestags Rita Süßmuth mit einer größeren Delegation, zu der auch Herr von Stetten und sein Stellvertreter im Vorsitz der Deutsch-Baltischen Parlamentariergruppe Hiller zählten, für zwei Tage nach Estland, zusammen mit einer etwa gleich starken Gruppe von Journalisten. Unter ihnen befand sich Baron Tiesenhausen von der „Deutschen Welle", den seine Frau, die damalige Bundesvorsitzende der Deutschbaltischen Landsmannschaft, begleitete. Leider habe ich sie während meiner ganzen Botschafterzeit nur zwei Mal in Estland erlebt, während immer wieder von ihren Aufenthalten in Riga und im übrigen Lettland berichtet wurde.

Den ersten Tag verbrachten die Gäste in Tallinn, den zweiten überwiegend in Tartu. Das sorgfältig vorbereitete Programm für diesen ersten offiziellen Besuch des zweithöchsten Repräsentanten der Bundesrepublik Deutschland sah Begegnungen mit den Inhabern der höchsten Staatsämter vor, angefangen von Frau Süßmuths Gastgeber Parlamentspräsident Nugis, der ihr auch ein Abendessen gab. Zum Mittagessen hatten meine Frau und ich in unser Haus in der *Paju tee 5* eingeladen. Dabei mußten wir uns wegen seines doch etwas bescheideneren Zuschnitts auf einen kleinen Kreis beschränken. Für die estnische Seite hielt Außenminister Velliste eine sehr freundliche Rede, in der er im wesentlichen seine Gedanken über das gemeinsame deutsch-estnische kulturelle Erbe als Grundlage unserer Beziehungen variierte, die er dem vor kurzem dem *Postimees* gegebenen Interview zugrundegelegt hatte.

Ein Gespräch mit Präsident Meri (Abbildung 33)gestaltete sich vor dem Hintergrund der von ihm, wie zuvor auch von Nugis, als unverändert prekär eingeschätzten Sicherheitslage recht nachdenklich. Dabei brachte er zwei konkrete Anliegen vor: Zum einen warb er für die Idee, das Gebäude der „Admiralität" in *Paldiski*, in dem nach wie vor Konteradmiral Olchovikov residierte, der KSZE zu übergeben und in ein von ihr betriebenes „Zentrum" mit noch näher zu definierender Zweckbestimmung umzuwandeln, um auf diese Weise Rußland zur schnelleren Räumung ihrer dortigen Marinebasis zu bewegen. Ein solches Zentrum könnte eine die Region stabilisierende symbolische Bedeutung erlangen („gebaut für militärische, verwendet für friedliche Zwecke"). Leider scheiterte dieser originelle Einfall an den harten Realitäten des politischen Alltags. Jetzt, zehn Jahre später, verunstaltet das Gebäude von gewaltigen Ausmaßen als eine kannibalisierte Ruine die Umwelt der sich langsam von ihrer über 50jährigen Isolation erholenden Halbinsel *Pakri* und wird eines Tages womöglich ebenso hohe oder noch höhere Entsorgungskosten verursachen, wie sie bei einer Verwirklichung von Meris Vorschlag entstanden wären.

Mit seinem anderen Anliegen verfolge er, erklärte Meri, einen Gedanken, den er immer wieder versucht habe, international ins Gespräch zu bringen. Dabei ginge es ihm darum, die zu Routinetreffen ohne wirkliche Fortschritte erstarrten Verhandlungen mit Rußland über den Truppenabzug durch einen Vermittler zu deblockieren. Nach seiner Einschätzung wäre Rußland einschließlich seiner Militärs zum vollständigen Truppenabzug bereit, wenn sich dieser in einer das russische Selbstbewußtsein schonenden Weise vollzöge. Dies aber könne durch die Einschaltung eines Vermittlers von internationalem Ansehen eher erreicht werden, da es Rußland schwerfalle, mit einem „Zwerg" wie Estland zu verhandeln. Einen Namen nannte Meri damals nicht. Doch war es ein offenes Geheimnis, daß er gerne Hans-Dietrich Genscher in dieser Rolle gesehen hätte. Aber Genscher, jetzt schon nicht mehr Minister, hatte, soweit mir bekannt, immer abgewinkt. Die deutsche Außenpolitik hat ja lange Zeit jedwede Mediatorenrolle gescheut. Im Fall des Truppenabzugs aus dem Baltikum hatte sie dafür angesichts der damals auch in Ostdeutschland noch stationierten russischen Truppen auch gute Gründe. Dennoch hat die Bundesregierung hinter den Kulissen auf Moskau eingewirkt, namentlich Bundeskanzler Kohl auf Präsident Jelzin, worüber aber weder ich noch – wie ich annehmen kann – das Auswärtige Amt näher unterrichtet wurden. Das war gewissermaßen „systemimmanent", denn nach dem Grundgesetz bestimmt der Bundeskanzler die Richtlinien der Politik und damit auch die der auswärtigen Beziehungen. Je länger ein deutscher Regierungschef aber im Amt ist, umso mehr interessiert er sich erfahrungsgemäß für die Außenpolitik und läßt sich dabei nicht immer gerne in die Karten schauen (was ehrgeizige Mitarbeiter gelegentlich auch ausgenutzt haben). Und in den Jahren, von denen hier die Rede ist, war Helmut Kohl bereits ein Jahrzehnt Bundeskanzler. Hier ein Beispiel aus dieser Zeit für seine Politik gegenüber den baltischen Staaten, das dokumentiert ist. Als er am 16. Dezember 1993 in einer Pressekonferenz in Bonn danach gefragt wurde, was er baltischen Politikern sage, wenn sich diese mit ihren Sorgen hinsichtlich Rußlands an ihn wendeten, antwortete er:

Ich finde, wir haben gegenüber den baltischen Staaten nicht nur einen aktuellen Grund, ihre Interessen zu sehen und zu unterstützen, sondern der Verrat Hitlers an den baltischen Staaten gehört ja zu den schlimmen Vorgängen der jüngsten deutschen Geschichte. Wenn Sie das Elend und das Leid der baltischen Völker in diesen Jahren sich noch einmal in Erinnerung rufen, gibt es allen Grund, daß wir, die Deutschen – aber nicht nur die Deutschen, sondern eigentlich alle in Europa –, mit besonderer Sympathie auf diese Staaten schauen.
Wir waren auch sehr aktiv, nicht zuletzt ich, um etwa bei den Terminen für den Abzug der russischen Truppen in den baltischen Staaten auch in Moskau zu werben. Die Termine stehen ja fest, und wir werden mit Sicherheit diesen speziellen Punkt, den Sie angesprochen haben, mit besonderer Aufmerksamkeit beobachten und versuchen, im Rahmen unserer Möglichkeiten zu helfen.

Die Bundestagspräsidentin nahm die Anliegen des estnischen Präsidenten aufmerksam zur Kenntnis und stellte Prüfung in Aussicht. Eine Antwort haben dann andere deutsche Politiker gegeben.

Das Gespräch von Frau Süßmuth mit Mart Laar konzentrierte sich auf wirtschaftliche Fragen. Die deutsche Delegation war sowohl von den bereits erkennbaren Erfolgen der Reformpolitik in Estland als auch von der Kompetenz des jungen Ministerpräsidenten auf diesem Gebiet beeindruckt. Jedenfalls vermittelte er allen das Gefühl, als ob er die Lehren von Ludwig Erhard bereits mit der Muttermilch eingesogen hätte! Wie bei allen politischen Besuchen aus Deutschland in jenen Tagen betonte Laar auch diesmal, wie sehr ihm an einer Vertiefung der Beziehungen gerade auf wirtschaftlichem Gebiet gelegen sei. Dann stellte er fest, daß die schnellstmögliche Einbeziehung Estlands in den europäischen Integrationsprozeß eine außenpolitische Priorität seiner Regierung darstelle. Man strebe eine baldige Assoziierung als Vorstufe zur vollen EG-Mitgliedschaft an, und die kürzlich von Bundeskanzler Kohl versprochene deutsche Unterstützung auf diesem Weg sei für Estland höchst wertvoll. Auf die bei dieser Gelegenheit von Herrn von Stetten geäußerte Überlegung, unter den baltischen Staaten wie bei der Aufnahme in den Europarat zu differenzieren und mit einem Land dann ein Assoziationsabkommen abzuschließen, sobald hierfür die Voraussetzungen gegeben seien, ging Laar nicht weiter ein. Vielmehr sprach er sich für eine Zusammenarbeit unter den baltischen Staaten aus. Das war nach meiner Erinnerung das erste Mal, daß ich von dieser Idee hörte, die später im Vorfeld der Aufnahme von Verhandlungen über den Beitritt zur Europäischen Union noch eine große Rolle spielen sollte.

Am darauffolgenden Tage fuhr die gesamte Delegation im Bus nach Tartu. Es herrschte schönstes Sommerwetter mit für diese Jahreszeit ungewöhnlich hohen Temperaturen, so daß sich das Land den Gästen von seiner besten Seite präsentierte. Frau Süßmuth allerdings bekam davon weniger mit, da sie sich mit ihrer nächsten Umgebung wegen für sie persönlich unangenehmen innenpolitischen Nachrichten aus Deutschland beraten mußte, und das zu einer Zeit, als man noch nicht jederzeit voll informiert mit Mobiltelefonen unterwegs war. So fand sie auch nicht die Zeit, sich während der Busfahrt hinreichend auf ihr Reiseziel und das, was sie an der Universität Dorpat erwarten würde, zu konzentrieren. Als sie das bei Ankunft selbst realisierte, war sie erst einmal „ungnädig" und ließ das auch die Stadtratsvorsitzende Lukas spüren, die sie gemeinsam mit Bürgermeister Veetõusme im Rathaus empfing und die ja ganz unschuldig war. Doch legte sich ihr Unmut angesichts der unerschütterlichen Freundlichkeit ihrer Dorpater Gastgeber schnell, und als wir anschließend in der Universität mit dem damals noch amtierenden Rektor Kärner und den Prorektoren Aaviksoo und Tulviste zusammentrafen, war der Ärger bald verflogen. Der unverwechselbare *genius loci* der *Alma mater Tartuensis* hatte ein übriges getan. Denn hier war die Universitätslehrerin Süßmuth in ihrem Element. Geradezu verblüffend war es zu sehen, wie schnell sie sich mit den Zusammenhängen vertraut machte und das bei der Vorbereitung auf diesen Besuch Versäumte nachholte. Das sollte sich dann besonders bei einer Vorlesung erweisen, die sie in der Aula hielt. Anstatt den vorbereiteten Text zu verwenden, improvisierte sie in freier Rede einen beinahe 45minütigen Vortrag (sehr zum Leidwesen der Verfasserin, ihrer persönlichen Referentin, die sich große Mühe gegeben hatte). Dieser war nicht nur druckreif formuliert, sondern genau der in Dorpat vorgefundenen Situation angemessen, die sie mehr intuitiv erfaßt hatte, als daß ihr diese in der kurzen Zeit hätte erklärt werden können. Kurz zusammengefaßt: Sie versuchte die Einsicht zu vermitteln, man solle nicht nur in den Kategorien der Leistungsgesellschaft denken, sondern auch die humanistischen Grundlagen der Bildung in Anknüpfung an Dorpater Traditionen (über die sie vorher von den Professoren unterrichtet worden war) im Auge behalten. Dies ließe sich einschließlich der Aufrechterhaltung der Einheit von Forschung und Lehre an einer kleineren Universität leichter verwirklichen. Eine weitere Botschaft der Bundestagspräsidentin war, daß europäische Integration und Bewahrung der nationalen Identität in keinem Widerspruch zueinander stünden.

Danach blieb nur noch Zeit für einen kurzen Halt am Deutschen Kulturinstitut in der *Kastani 1*, denn wegen eines Termins in Berlin hatte der Abflug der Sondermaschine aus Tallinn bereits auf den frühen Nachmittag gelegt werden müssen. Leider hatte es die Flugbereitschaft der Bundeswehr ungeachtet der ihr von estnischer Seite zur Verfügung gestellten Unterlagen über den Tartuer Flughafen nicht geschafft, den Abflug von dort aus zu organisieren. Dem Besuch insgesamt tat dies aber keinen Abbruch. Der Bundestagspräsidentin und ihrer Begleitung hatte es im frühsommerlichen Estland nicht nur gut gefallen, sie waren auch beeindruckt von der ganzen Art der Esten und dem Schwung, mit dem diese an die Bewältigung der Probleme ihres Landes herangingen. Estland und die Esten hatten wieder einmal einen ausgezeichneten Eindruck hinterlassen. Das erinnerte mich an eine Bemerkung des erfahrenen Praktikers Meyer-Landrut, der mir einmal gesagt hatte, als ich Sinn und Zweck auf den ersten Blick ohne konkrete Ergebnisse verlaufender Delegationsbesuche in Frage stellte, es sei bereits ein Wert an sich, einen guten Eindruck zu machen. Niemand könne wissen, in welchen Gremien es irgendwann einmal um Estland ginge und wo dann jeder zähle, der sich zu dessen Gunsten einsetze.

Einige Passagen aus der Tischrede, die ich beim Mittagessen für Frau Süßmuth und ihre Delegation in der Residenz gehalten habe, mögen etwas von der damals in Estland herrschenden Aufbruchsstimmung vermitteln, wie wir sie empfanden und Besuchern aus Deutschland nahezubringen suchten:

Estland wird im August auf zwei Jahre wiedergewonnener Unabhängigkeit zurückblicken können. Wer diese Zeit von Anfang an vor Ort miterlebt hat und das volle Ausmaß der seitdem erfolgten Entwicklungen überblickt, der kann sich manchmal nur verwundert die Augen reiben ob der seitdem erfolgten tiefgreifenden politischen und wirtschaftlichen Veränderungen.

Estland ist auf bestem Wege zu einem marktwirtschaftlich organisierten demokratischen Rechtsstaat moderner europäischer Prägung. Dies ist vor wenigen Tagen durch seine Aufnahme in den Europarat in sinnfälliger Weise dokumentiert worden. Seit vergangenem September hat Estland wieder seinen *Riigikogu*, das aus allgemeinen, freien, gleichen, unmittelbaren und geheimen Wahlen hervorgegangene Parlament von 101 Abgeordneten, von den sich 56 vor kurzem zu einer deutsch-estnischen Abgeordnetengruppe zusammengeschlossen haben, deren Vorsitzenden Propst Hallaste wir die Freude haben, an diesem Tisch zu sehen. So findet Ihr Besuch, Frau Bundestagspräsidentin, und der Sie begleitenden Delegation, darunter der Vorsitzende der großen deutsch-baltischen Parlamentariergruppe im Deutschen Bundestag und sein Stellvertreter, in einem Lande statt, das mit seiner vor einem knappen Jahr verabschiedeten Verfassung, dem estnischen Grundgesetz, sich ganz bewußt für den Weg einer modernen parlamentarischen Demokratie entschieden hat, die dem Lebensgefühl unserer Generation in besonderer Weise entspricht. Morgen auf der Fahrt nach Tartu, während der Sie auch etwas von der Schönheit der estnischen Natur werden verspüren können, kommen Sie dann an die Pflanzstätte estnischer Geistigkeit, an den Quell, dem auch die Kräfte entspringen, welche diese Demokratie tragen. Zugleich steht die alte *Alma mater Dorpatensis* für das vielfältige gemeinsame deutsch-estnische kulturelle Erbe, das sich zunehmend als eine solide Grundlage für die sich so glücklich entwickelnden Beziehungen zwischen unseren beiden Ländern erweist.

Estland-Radtour

Kurz vor Mittsommer brach ich mit einem Dutzend aus Deutschland angereister Freunde aus estländischen Familien zu einer einwöchigen Fahrradtour auf. Da man ein Land außer auf Fußwanderungen kaum besser kennenlernen kann, wollten wir die nunmehr gegebene Gelegenheit nicht länger ungenutzt lassen, uns auf diese Weise mit der Heimat unserer Vorfahren näher vertraut zu machen. Mit einem estnischen Freund, dem Historiker und damaligen Vorsitzenden der „Gesellschaft für deutschbaltische Kultur in Estland" Indrek Jürjo, hatte ich diese Radtour von langer Hand vorbereitet. Gemeinsam waren wir auch den größten Teil der Strecke vorher im Auto abgefahren. Als sprach- und landeskundiger Begleiter war er uns dann eine große Hilfe. Schwierig hatte sich die Organisation der Übernachtungen erwiesen, da es damals im Landesinneren erst wenige Hotels und Pensionen gab und diese nicht immer gerade da lagen,

wo wir bei einem Tagespensum von etwa 75 km abends ankommen wollten. So
waren wir auch auf Gästehäuser von Unternehmen und Privatunterkünfte angewiesen, bei deren Vermittlung die schon damals bewährte Betreuerin
deutschbaltischer Estlandreisender Maaja Sults von *Estonian Holidays* half. Da
wir es uns auch etwas bequemer machen wollten, schließlich waren die meisten
von uns keine Jünglinge mehr, aber auch aus Sicherheitsgründen, hatte ich einen jungen Esten mit einem VW-Bus angeheuert, in dem das Gepäck und der
Proviant für die mittäglichen Picknicks transportiert wurden und der zum
Schutz vor Auffahrunfällen hinter uns Radlern das Schlußlicht machte. Als ich
Präsident Meri beiläufig von unserem Plan erzählte, hielt er ihn für keine gute
Idee und versuchte, ihn mir mit dem Argument auszureden, für ein solches Unternehmen ließe die Verkehrssicherheit auf den estnischen Straßen doch viel zu
viel zu wünschen übrig. Richtig war, daß damals im Sommer 1993 auf Estlands
Straßen noch überhaupt keine Radfahrer anzutreffen gewesen sind, was man
sich nur wenige Jahre später kaum mehr vorstellen konnte. Nur ganz selten begegneten wir auf dem Lande jemandem, der sich auf dem Fahrrad fortbewegte,
und dann handelte es sich um ein geradezu vorsintflutlich anmutendes Modell.
Auch kaufen, geschweige denn ausleihen, konnte man Räder nur schwer, so daß
die Teilnehmer ihre Vehikel, teilweise sogar im Flugzeug, selbst mitbringen
mußten. Nur mit Mühe war es gelungen, für Indrek in einem Laden in *Lasnamäe* ein Rad aus sowjetischer Produktion aufzutreiben, das dann auch prompt
bereits am ersten Tag der Tour seinen Geist aufgab und durch das in unserem
Bus als Reserve mitgeführte Fahrrad meiner Frau ersetzt werden mußte.

Die Route führte uns zuerst entlang der Nordküste nach Osten bis zur Höhe
der Tolsburg (*Toolse*), von dort nach Süden bis *Väike-Maarja* (Klein-Marien) und
dann in einem Bogen über *Aegviidu* (Charlottenhof) zurück nach Reval. Dabei
wollten wir so viele Orte wie möglich berühren, zu denen einzelne Teilnehmer
Familienbeziehungen hatten – ehemalige Gutshäuser, oder was davon noch
übrig geblieben war, und Kirchen mit den sie umgebenden alten Friedhöfen.
Das ist uns auch ausnahmslos gelungen, was die Dichte der verwandtschaftlichen Bande unter dem estländischen Adel ebenso wie dessen frühere enge Verbundenheit mit dem Land als der Basis seiner Existenz schlechthin unterstreicht, auch wenn wir bei der Streckenführung zugegebenermaßen etwas
durch die Zufälligkeiten der Zusammensetzung unserer Gruppe begünstigt worden sind. Wir haben Gutshäuser angetroffen, die dank ihrer Verwendung als
Schulen oder Verwaltungszentren von Kollektivwirtschaften die Zeiten einigermaßen unbeschadet überdauert hatten oder sich als Museen sogar in hervorra-
gendem Zustand befanden, aber auch solche, die halb verfallen waren oder von
deren ehemaliger Existenz nur noch Ruinen oder der typische alte Baumbestand zeugten, an dem man noch heute von weitem erkennen kann, daß hier
einmal ein Herrenhaus stand. Beeindruckend war der Zustand der Friedhöfe

um die alten Landkirchen. Während in Reval der große Friedhof in Ziegelskoppel (*Kopli*) in der Nachkriegszeit auf Geheiß der KP vollkommen dem Erdboden gleich gemacht wurde, um die Erinnerung an die deutsche Einwohnerschaft der Stadt mit dem Blick auf künftige Generationen aus dem Gedächtnis zu löschen, hat es derartige Akte des Vandalismus auf dem flachen Lande ganz offenkundig nicht gegeben. Jedenfalls sind sie nicht systematisch erfolgt, selbst wenn hier und da, aus abgeschlagenen Grabkreuzen zu schließen, auch Verwüstungen vorgekommen sein mögen. In der Regel aber trafen wir lediglich auf Zeichen eines zeitbedingten Verfalls, der gelegentlich sogar erkennbar durch pflegende Hände aufgehalten worden war. Auf diese Weise unterscheiden sich die Landfriedhöfe im heutigen Estland wohltuend von den meisten deutschen Friedhöfen, auf denen in einem 30jährigen oder noch kürzeren Rhythmus die Grabstätten abgeräumt werden, und stellen eine ganz spezifische Art von Kulturdenkmälern dar. Da alle Teilnehmer unserer Radtour Gräber mit den Namen ihrer eigenen oder zumindest nahe verwandter Familien entdeckten und dies alles andere als eine Selbstverständlichkeit empfanden, war gut zu beobachten, welche identitätsstiftende Wirkung davon ausgehen kann – Estland war für uns eben nicht nur ein wenn auch noch so interessantes und schönes Land, sondern so vieles mehr!

Überall wurden wir mit Interesse und großer Freundlichkeit aufgenommen. Mit besonderer Intensität aber erlebten wir die herbe Schönheit der Natur und Landschaft Nordestlands, wie dies eben nur zu Fuß oder vom Fahrrad aus möglich ist. Als wir am letzten Tag nach *Jägala* (Jaggowal) kamen, wo das Kalev-Regiment stationiert war, gewährte uns der Kommandant, der seinen Sitz im ehemaligen Gutshaus hatte, das bis zuletzt im Besitz der Familie von Brevern gewesen war, von der drei Namensträger mitradelten, Zutritt zu diesem Militärkomplex. Da dort kurz darauf eine NATO-Delegation erwartet wurde, war bereits ein Team des Estnischen Fernsehens angerückt, das kurz entschlossen unsere Gruppe filmte, als man mich erkannte. Diese Aufnahmen wurden am Sonntag in den Abendnachrichten gesendet, mit dem Ergebnis, daß ich in der darauffolgenden Woche in Tallinn von beinahe jedem, mit dem ich zusammentraf, auf die Radtour angesprochen worden bin. Schon wenige Jahre später hätte man sich das nur noch schwer vorstellen können.

Ein Jahr später, Ende Juni 1994, haben Indrek Jürjo und ich mit einer kleineren Gruppe von Estländern, zu denen dann auch unser Sohn Magnus zählte, und wiederum in Begleitung desselben jungen Esten mit seinem Kleinbus, eine zweite Radtour gemacht. Diesmal ging es entlang der Nordküste in entgegengesetzter Richtung über das nach dem Abzug der russischen Truppen in Brand gesteckte Leetz bei Baltischport nach Kloster Padis und zum Feriendorf am Strand von *Roosta* an der Westküste. Von hier radelten wir nach Süden bis Hapsal und setzten auf die Insel Dagö und von dort – mit einer bewegten Fahrt in kleinen Motorbooten des estnischen Grenzschutzes über den *Soela-Sund* – nach Oesel über. Von der Insel Oesel erreichten wir über den Damm die Insel Moon und waren dort in deren Sommerhaus die Gäste von Indreks Eltern. Zurück auf dem Festland radelten wir dann von *Virtsu* (Werder) nach Leal und ließen uns bei der Kirche von *Kirbla* (Kirrefer) abholen, um rechtzeitig zum Eröffnungskonzert des – seit 1869 gerechnet – 22. Allestnischen Sängerfestes am Abend des 2. Juli 1994 zurück in Reval zu sein. Auch damals sind uns auf den Straßen Estlands noch keine anderen Radler begegnet.

Politische Turbulenzen um Kommunalwahlrecht und Ausländergesetz

Auf dem langen und dornenvollen Weg der Klärung des Verhältnisses des estnischen Staates zu seiner nicht-estnischen Bevölkerung wurde im Juni 1993 mit der Verkündung zweier hoch kontroverser Gesetze eine weitere Etappe erreicht und damit ein nicht nur innenpolitisch heißer Sommer eingeläutet.

Zuerst erließ der *Riigikogu* am 19. Mai ein Gesetz zur Regelung des Kommunalwahlrechts. Dabei ging es darum, ob Nicht-Esten auch das *passive* Wahlrecht erhalten sollten, also bei den für Oktober 1993 vorgesehenen ersten Kommunalwahlen würden kandidieren können. Das *aktive* Wahlrecht wurde allen Personen über 18 Jahren mit ständigem Wohnsitz in Estland bekanntlich bereits durch die neue Verfassung garantiert.

Die Beratung des von der Regierung eingebrachten Gesetzesentwurfs im Parlament hatte einen unerwarteten Verlauf genommen. Nachdem man sich in der Mitte-Rechts-Koalition trotz erheblicher Widerstände einer Reihe von Abgeordneten auf den Vorschlag hatte einigen können, *allen* Bewohnern Estlands auch das passive Kommunalwahlrecht einzuräumen, wurde dieser überraschend von der Opposition um den als „russenfreundlich" geltenden Savisaar mit der Begründung angegriffen, das ginge nun doch zu weit. Die Folge war, daß das unter den Regierungsparteien mühsam erreichte Einvernehmen wieder zerfiel und sich die Abgeordneten in dieser emotionsgeladenen Frage von nun an nur noch von ihren persönlichen Überzeugungen leiten ließen. Vor allem die Nationale Unabhängigkeitspartei wollte sich nicht von der im Parteienspektrum links von der Mitte angesiedelten Opposition sozusagen „rechts überholen" lassen. Aber auch die Mehrheit der Vaterlandsfraktion hatte, im Unterschied zu den Gemäßigten als dem Dritten im Bunde, mit der Gewährung des uneingeschränkten Gemeindewahlrechts Schwierigkeiten gehabt. Sie soll von ihrer Führung nur mit dem Argument, es ginge um das internationale Ansehen Estlands und durch die Überlegung zu überzeugen gewesen sein, daß es auf lokaler

Ebene – vor allem in *Narva, Sillamäe* und *Kohtla-Järve* – ohnehin genügend Angehörige der einem unabhängigen Estland ablehnend gegenüberstehenden alten Nomenklatura mit estnischer Staatsangehörigkeit gäbe, die als Kandidaten zur Verfügung stünden.

Der von der Opposition während der Parlamentsdebatte dann mit unterschiedlichen Gegenvorschlägen verfolgte Zickzackkurs ließ erhebliche Zweifel an der Redlichkeit ihrer Absichten aufkommen. Savisaar und seine Anhänger schienen es vielmehr in erster Linie darauf abgesehen zu haben, der Regierung ungeachtet parteiübergreifender nationaler Interessen eine Niederlage beizubringen. Das schließlich mit knapper absoluter Mehrheit von 52 gegen 9 Stimmen bei einer Enthaltung verabschiedete Gesetz gewährte dann das passive Kommunalwahlrecht nur noch estnischen Staatsangehörigen. Die Koalition stimmte mit der Ausnahme einiger Abgeordneter der Gemäßigten geschlossen für das Gesetz und wurde dabei von einigen wenigen Abgeordneten aus anderen Parteien unterstützt. Die Opposition hingegen, die den ursprünglichen Entwurf zu Fall gebracht hatte, verweigerte jetzt auch der ihre angeblichen Bedenken berücksichtigenden Neufassung die Gefolgschaft und blieb der Abstimmung überwiegend fern. Damit verpaßte Estland die Chance eines international beispielhaften Beitrags zum Zusammenleben in Staaten mit ethnisch gemischter Bevölkerung, selbst wenn die Regelung, allen ständig in Estland lebenden Menschen das aktive Kommunalwahlrecht einzuräumen, im europäischen Vergleich immer noch als ausgesprochen liberal gelten mußte.

Die in der „Versammlung der Vertreter der russischsprachigen Bevölkerung Estlands" organisierten Russen, die im allgemeinen gemäßigte Positionen vertraten, kritisierten das Gesetz scharf und appellierten an Präsident Meri, es nicht in Kraft zu setzen. Auch Moskau ließ mit seiner Kritik beim Besuch des stellvertretenden Außenministers Adamischin am 24./25. Mai nicht lange auf sich warten.

Meri ist die Entscheidung, ob er das Gesetz verkünden oder von seinem verfassungsmäßigen Recht, dasselbe zur Neuberatung an den *Riigikogu* zurückzuverweisen, Gebrauch machen sollte, offenbar nicht leicht gefallen. Jedenfalls nahm er die ihm hierfür zur Verfügung stehende Zweiwochenfrist voll in Anspruch. Außerdem wandte er sich am Tag vor der am 3. Juni schließlich erfolgten Verkündung des Gesetzes über das Fernsehen an die estnische Öffentlichkeit, um sich zu erklären – ein bis dahin noch nie dagewesener Vorgang, der sich später in anderen Fällen wiederholen sollte. Dabei tat sich Meri mit seinen Argumenten sichtlich schwer und ließ dadurch erkennen, wo seine eigentlichen Sympathien zu liegen schienen. Das Parlament habe, erklärte er, eine politische Entscheidung getroffen. Diese sei von zwei Überlegungen beeinflußt worden: Zum einen habe sich bei dem Referendum im April 1993 eine überwältigende Mehrheit der in Estland lebenden russischen Staatsangehörigen gegen die demokratischen Reformen in der Russischen Föderation ausgesprochen. Zum anderen hätten die seit 16 Monaten andauernden estnisch-russischen Verhandlungen über den Truppenabzug bislang kaum zu nennenswerten Ergebnissen geführt. Die Esten zweifelten daher zunehmend an der Verläßlichkeit Rußlands als Partner. Dies aber müsse er als Präsident im Interesse der Souveränität Estlands berücksichtigen, wenn es um Fragen der Organisation der Staatsgewalt sowohl auf nationaler als auch lokaler Ebene ginge. Damit begab sich Meri in bedenkliche Nähe zu einem von der estnischen Politik stets abgelehnten Junktim zwischen Truppenabzug und politischen Rechten der russischen Bevölkerung Estlands. Zugleich ging der Staatspräsident in seiner Botschaft auf alle dem estnischen Staat gegenüber loyal gesinnten nicht-estnischen Mitbewohner des Landes zu und wollte das Gesetz als den Beginn eines Prozesses verstanden wissen, in dessen Verlauf das gegenseitige Vertrauen zunehmen und der dazu führen würde, daß bei jeder weiteren Wahl eine immer größere Zahl neuhinzugekommener estnischer Staatsangehöriger zu den Urnen gehen werde.

*

Nicht lange darauf aber sollten Meris staatsmännische Fähigkeiten in einer Weise auf die Probe gestellt werden, die die Aufregung um das Kommunalwahlgesetz als ein Kinderspiel erscheinen lassen mußte. Denn am 21. Juni 1993 verabschiedete der *Riigikogu* ein Ausländergesetz, das Estland in seine tiefste politische Krise seit Wiedererlangung der Unabhängigkeit vor nunmehr bald zwei Jahren mit gefährlichen internationalen Auswirkungen stürzte.

Ein die Rechte der Nicht-Esten regelndes Gesetz war zwar längst überfällig. Doch die Art und Weise, wie es dann in Eile und ohne flankierende Beteiligung der in ihren vitalen Interessen berührten russischen Bevölkerung durch das Parlament gepeitscht worden war, konnte auch nicht dadurch glaubwürdig gerechtfertigt werden, daß zur Vorbereitung der Kommunalwahlen am 17. Oktober 1993 gerade im Interesse der Russen jetzt möglichst schnell geklärt werden müßte, wer rechtmäßig einen ständigen Wohnsitz in Estland hat und damit wahlberechtigt ist. Denn darum ging es im Kern: Welche sich in Estland aufhaltenden und nicht seine Staatsangehörigkeit besitzenden Personen haben das Recht, hier ständig zu leben (und damit auch zu arbeiten) und welche nicht?

Neben diesem nicht nur formalen Aspekt des Zustandekommens des Gesetzes bildeten seine zahlreichen unklaren Bestimmungen und die dadurch bedingte Gefahr ihrer willkürlichen Auslegung die Hauptkritikpunkte.

Bereits nachdem Mitte Juni ein erster Entwurf des Gesetzes bekannt geworden war, von dem es hieß, er sei wesentlich unter dem Einfluß des Vorsitzenden des Rechtsausschusses im *Riigikogu*, dem jungen *Isamaa*-Abgeordneten Mart Nutt, zustandegekommen, waren heftige Reaktionen sowohl der russischen Organisationen in Estland als auch aus dem offiziellen Moskau zu verzeichnen gewesen. Der Vorwurf der Russen in Estland lautete, da das Gesetz der nicht-estnischen Bevölkerung grundsätzlich nur ein vorübergehendes (zweijähriges) Bleiberecht und keine ständige Aufenthaltserlaubnis garantiere, beabsichtige Estland offenkundig, den Weg zu einem monoethnischen Staat zu beschreiten und Tausende von Russen über kurz oder lang des Landes zu verweisen, also „ethnische Säuberung" unter dem Deckmantel der „Entkolonialisierung" zu betreiben. Dies sei keine Politik der Integration der Nicht-Esten, sondern das genaue Gegenteil. Auch das russische Außenministerium beschuldigte Estland umgehend des „aggressiven Nationalismus" und drohte mit ernsten Konsequenzen, was von Tarmu Tammerk im *Baltic Independent* als die härteste von dort kommende Erklärung seit der Unabhängigkeit angesehen wurde[55].

Die estnische Regierung wiederum sprach von „Desinformation" über die eigentlichen Absichten des Gesetzes, das nur den Rechtsstatus der Ausländer klären wolle, wie dies in jedem Staat üblich sei. Sie argumentierte, die zwei Jahre, in denen dieser jetzt in der Schwebe gehalten werde, gäbe jedem ausreichend Zeit sich zu entscheiden, ob er sich um die estnische Staatsangehörigkeit oder die Erlaubnis bewerben wolle, in Zukunft als Ausländer in Estland zu leben – wer sich nicht entscheiden könne, der müsse allerdings das Land verlassen.

Dem unvoreingenommenen Beobachter aber konnte nicht verborgen bleiben, daß die Tendenz dieses Gesetzes einer damals in Estland mehrheitlichen Grundstimmung entsprach, möglichst viele Russen zu veranlassen, dem Land den Rücken zu kehren oder sich wenigstens schnell zu assimilieren. Das hatte auch mit dem nach wie vor noch nicht geregelten Abzug der russischen Truppen zu tun, den die estnische Regierung – wie Ministerpräsident Laar in einer Erklärung nach Annahme des Ausländergesetzes ein weiteres Mal ausdrücklich konstatierte – als eine Verletzung von Helsinki II betrachtete und den sie als eine ständige Provokation empfinden mußte.

Die richtige Balance zu finden zwischen Wunschdenken, politischen Realitäten und internationalem Recht, war nunmehr die schwierige Aufgabe, die sich denen stellte, die für die junge Demokratie und rechtsstaatliche Ordnung in Estland die politische Verantwortung trugen.

Die Opposition tat ein übriges, um Öl in das Feuer zu gießen: Savisaar sprach ebenfalls von „ethnischer Säuberung" und „Apartheid" in Estland und spekulierte auf russische Stimmen bei den Kommunalwahlen. Nicht nur uns, sondern selbst besonnenen estlandrussischen Beobachtern erschien es damals bedenklich, in welcher Weise die Opposition zur Regierung Laar im innenpolischen Machtkampf die Frage der Stellung der Russen in Estland zum Nachteil längerfristiger nationaler Interessen emotionalisierte. Savisaar hatte damit bereits einen Monat vorher begonnen, als er die Absicht der Regierung, auch Nicht-Esten das passive Kommunalwahlrecht einzuräumen, im *Riigikogu* vereitelte. Ohne sein Taktieren in dieser Frage im Mai 1993 und die dadurch entfesselten nationalen Gefühle hätte wohl auch, so jedenfalls damals meine Einschätzung, das Ausländergesetz in dieser Form am 21. Juni nicht das Parlament passiert – noch dazu mit einer deutlichen Mehrheit von 59 zu 3 Stimmen (wobei sich die übrigen Abgeordneten wiederum entweder enthielten oder der Abstimmung fern blieben). Die damalige Niederlage der Regierung erwies sich jetzt als die Wasserscheide, von der aus alles in Richtung extremer Positionen lief. Daran hatten dann auch deutliche Hinweise der Tallinner KSZE-Mission auf problematische Gesetzesbestimmungen nichts mehr wesentlich ändern können. Immerhin hatte die Regierung gegenüber dem Parlament noch die Ermächtigung zu Ausnahmeregelungen für den Personenkreis durchsetzen können, der auf Grund seiner früheren Zugehörigkeit zum sowjetischen Militär oder zu den Sicherheitsorganen keine Erlaubnis zum ständigen Aufenthalt in der Republik Estland erhalten sollte.

Zur weiteren Schadensbegrenzung begab sich bereits am Tage nach der Verabschiedung des Gesetzes durch den *Riigikogu* Umweltminister Andres Tarand in seiner Eigenschaft als Vorsitzender der Regierungskommission für Nordostestland nach Narva und versuchte die Wogen zu glätten. Am selben Tag empfing der Ministerpräsident eine Abordnung der Russen aus Narva, während ein hochrangiger Abgesandter des russischen Außenministers am 25. Juni sowohl von seinem estnischen Kollegen als auch vom Staatspräsidenten empfangen und mit beruhigenden Versicherungen versehen wurde. Dabei, wurde uns erzählt, hätte der Mann aus Moskau den Text des inkriminierten Gesetzes noch gar nicht gekannt, so daß ihn der Außenminister mit diesem erst habe bekannt machen müssen und eine Diskussion über konkrete russische Kritikpunkte gar nicht habe stattfinden können.

Angesichts dieser Lage, in der sowohl der innere Friede in Estland als auch seine internationale Stellung auf dem Spiel standen, tat Präsident Meri einen geschickten und bislang beispiellosen Schachzug. Am 25. Juni ließ er verlauten, daß er das Ausländergesetz dem Europarat und der KSZE zur Begutachtung durch unvoreingenommene juristische Sachverständige unterbreiten werde, bevor er sich entscheide, ob er das Gesetz verkünden werde oder nicht. Ganz im Alleingang dürfte er sich hierzu nicht entschlossen haben, denn schon am 21. Juni hatte Ministerpräsident Laar erklärt, Estland sei bereit, das Ausländergesetz vom Europarat überprüfen zu lassen. Außerdem teilte Meri mit, er werde einen „Runden Tisch" der Nicht-Esten und ethnischen Minderheiten ins Leben rufen, der ihm in Zukunft beratend zur Seite stehen solle und dessen Schlußfolgerungen er je nach Problemlage entweder dem Europarat, der KSZE, dem Parlament zur Prüfung oder anderen zuständigen Organen zur weiteren Behandlung zuleiten werde.

Als erster reagierte der Hohe Kommissar für nationale Minderheiten der KSZE Max van der Stoel, der in diesen Tagen nach Estland gekommen war, um sich in Tallinn und im Nordosten selbst ein Bild von der Situation zu verschaffen. Am 1. Juli übergab er seine Stellungnahme Meri persönlich in Katharinental. Dabei konnte er sich auf eine Analyse des Gesetzes durch die Tallinner KSZE-Mission unter Federführung ihrer Rechtsberaterin Dr. Schmidt stützen.

Der Hohe Kommissar würdigte in seiner Stellungnahme Meris Entscheidung, einen „Runden Tisch" einzuberufen sowie Europarat und KSZE um ihre sachverständige Meinung zu bitten. Ohne das Recht Estlands in Frage zu stellen, sich wie jeder andere Staat ein Ausländergesetz zu geben, vertrat er die Auffassung, daß man das Gesetz nicht nur unter rein rechtlichen Gesichtspunkten beurteilen dürfe, sondern auch seine psychologische Wirkung auf die russischsprachige Bevölkerung berücksichtigen müsse: Diese lebe zum überwiegenden Teil seit vielen Jahren in Estland und habe hier Wurzeln geschlagen, möchte weiter hier leben, und viele hätten sich seinerzeit für die Unabhängigkeit ausgesprochen. Sie seien ständig in Estland lebende Staatsangehörige der Sowjetunion gewesen und würden nun vom Gesetz als Ausländer angesehen – dies allein müsse Emotionen wecken und Sorgen über ihre Zukunft auslösen bis hin zu das ganze Land destabilisierenden Konsequenzen. Dann erinnerte van der Stoel an seine früheren Empfehlungen, den Nicht-Esten seitens der Regierung immer wieder öffentlichkeitswirksam die Voraussetzungen für den Erwerb der estnischen Staatsangehörigkeit und die Tatsache, daß diese jedem offenstehe, ins Gedächtnis zu rufen. Eine politische Erklärung, die dies nochmals klarstelle, sei seiner Ansicht nach das beste Mittel, die russische Bevölkerung davon zu überzeugen, daß die Regierung freundschaftlich mit ihr zusammenarbeiten wolle und nicht einen Prozeß der Ausweisung einer großen Zahl von ihnen einzuleiten beabsichtige, wie viele offensichtlich befürchteten.

Am Gesetzestext selbst hatte van der Stoel im wesentlichen folgendes auszusetzen: (1) Wie jedem Leser waren auch ihm die zahlreichen unklaren Formulierungen und unbestimmten Rechtsbegriffe aufgefallen. Diese beinhalteten die Gefahr der willkürlichen Auslegung durch die estnische Verwaltung, bemängelte er, und müßten den betroffenen Personenkreis mißtrauisch stimmen. Mich hatte ebenfalls unangenehm berührt, daß das Gesetz – bei dessen Beurteilung wir uns alle erst einmal auf die von estnischer Seite zur Verfügung gestellte englische Übersetzung stützen mußten – vielfach nicht nur an sprachlicher Präzision, sondern auch an Systematik zu wünschen übrig ließ. Das erschwerte es zusätzlich, den wahren Willen des Gesetzgebers zu erkennen. Es war eben auch unter handwerklichen Gesichtspunkten ein alles andere als gutes Gesetz – estnische Kritiker sprachen sogar davon, es erinnere an sowjetische Gesetze. (2) Weiterhin fehle es an den nötigen Rechtsweggarantien, um Verweigerungen der Aufenthaltserlaubnis in jedem Fall gerichtlich nachprüfen lassen zu können. (3) Der Personenkreis, der von einer Aufenthaltserlaubnis ausgeschlossen werden sollte, war nach Auffassung des Hohen Kommissars zu weit gefaßt. Daher schlug er vor, nur solche ehemalige Angehörige ausländischer (d.h. der sowjetischen) Streitkräfte und ihre Familienmitglieder auszuschließen, die seit der Unabhängigkeit 1991 demobilisiert worden waren. (4) Schließlich wandte sich van der Stoel einem der problematischsten Aspekte des Gesetzes zu, nämlich der Behandlung der Personen, die vor Inkrafttreten eines eigenen estnischen Einwanderungsgesetzes am 1. Juli 1990 – also nach damaliger Rechtslage legal und gutgläubig – nach Estland gekommen und im Besitz einer sowjetischen Aufenthaltserlaubnis (*propiska*) waren (sogenannte Altimmigranten) und die den Großteil der russischsprachigen Bevölkerung ausmachten. Die Autoren des Gesetzesentwurfs waren sich dieser Problematik natürlich bewußt gewesen und hatten sie auch berücksichtigt. Doch ließen gerade die für die Altimmigranten einschlägigen Bestimmungen an Klarheit zu wünschen übrig und erkannten diesem Personenkreis vor allem keinen ausdrücklichen Rechtsanspruch auf eine ständige Aufenthaltserlaubnis (und damit auf eine Arbeitsgenehmigung) zu. (5) Da den Kommunen bei der Anwendung des Gesetzes weitreichende Zuständigkeiten eingeräumt wurden, machte van der Stoel außerdem auf die Notwendigkeit einer landesweit einheitlichen Gesetzesauslegung aufmerksam.

Präsident Meri aber bat der Hohe Kommissar, von einer Verkündung des Ausländergesetzes in seiner jetzigen Form abzusehen.

Die Generalsekretärin des Europarates Catherine Lalumière übermittelte ihrerseits Präsident Meri am 2. Juli die gemeinsame „Meinung" (*opinion*) von fünf angesehenen Rechtsexperten aus Österreich, Frankreich, Polen, Dänemark und dem Vereinten Königreich, die von ihr um eine Stellungnahme gebeten worden waren und sich zu diesem Zweck in Straßburg zusammengefunden hatten. Diese fünf Juristen beschränkten sich in ihren Gutachten auf die rechtlichen Aspekte des Gesetzes und kamen dabei zu Ergebnissen, die mit denen der KSZE weitgehend übereinstimmten. Sie vertraten die Auffassung, Personen, die sich bereits in Estland aufhielten, dürften „ungeachtet des historischen Hintergrundes" nicht mit Ausländern verglichen werden, die zur Zeit (noch) nicht ständig in Estland lebten. Auch sie bemängelten eine ungenaue, der Behördenwillkür Tür und Tor öffnende Gesetzessprache sowie nicht ausreichende Rechtsweggarantien und machten konkrete Änderungsvorschläge. Im Hinblick auf die ehemaligen sowjetischen Militärangehörigen schlossen sie sich dem Vorschlag van der Stoels an und plädierten zugleich für eine größere Flexibilität gegenüber den von einer Aufenthaltserlaubnis ebenfalls grundsätzlich ausgeschlossenen Angehörigen (ehemaliger) ausländischer Sicherheitsdienste, um Einzelfällen besser gerecht werden zu können.

Nachdem das Ausländergesetz vom *Riigikogu* verabschiedet worden war, hatte Moskau im Ton nochmals zugelegt und ritt verbale Attacken von bisher unübertroffener Härte gegen Estland. Präsident Jelzin, Außenminister Kosyrjev und dessen Stellvertreter Tschurkin drohten abwechselnd mit wirtschaftlichen, politischen und ominösen „anderen" Sanktionen. Letzterer wurde mit der Ankündigung zitiert, vermutlich werde der Truppenabzug gestoppt (der bereits seit Wochen stagnierte). Tatsächlich wurden für einige Tage die russischen Gaslieferungen unterbrochen, doch blieb unklar, ob dies als Sanktion oder – wie offiziell aus Moskau verlautete – wegen estnischer Zahlungsrückstände erfolgte, nach deren Bezahlung die Lieferungen auch gleich wieder aufgenommen wurden.

In Tallinn aber gaben sich Präsident und Regierung eher gelassen. Man war inzwischen an das Donnergrollen aus Moskau gewöhnt und kannte Jelzins innenpolitische Probleme. Als ich am 2. Juli, einem Freitag, auf dem Empfang des Kollegen Frasure aus Anlaß des bevorstehenden amerikanischen Nationalfeiertags mit Meri, Laar und Velliste darüber sprach, schien mir der Präsident am wenigsten besorgt zu sein. Jedenfalls war er gut gelaunt und meinte in einem Anflug von schwarzem Humor: „Ich kann Ihnen versichern, daß die estnischen U-Boote heute Nacht Wladiwostok nicht angreifen werden", und als ich auf seinen Ton eingehend nachfragte, entgegnete er: „Ja, ich autorisiere Sie, davon gegenüber Ihrer Regierung Gebrauch zu machen". Meri befand sich allerdings auch in einer zumindest innenpolitisch relativ komfortablen Lage, denn schon damals zeichnete sich ab, daß er aus dieser Krisensituation, in die sich Laar und seine jungen Mitstreiter in Parlament und Regierung hineinmanövriert hatten, gestärkt hervorgehen würde.

*

Um mir einen persönlichen Eindruck davon zu verschaffen, wie das Ausländergesetz auf die in Estland lebenden Russen wirkte, verabredete ich mich in diesen Tagen mit dem Vorsitzenden der „Vertreterversammlung" Nikolai Juganzov. Damit er sich möglichst unbefangen äußern konnte, hatte ich ihn in ein weniger besuchtes Restaurant in Brigitten zum Mittagessen eingeladen, wo wir uns unauffällig unterhalten konnten, und Relve gebeten, als Dolmetscher mitzukommen. Meine Erwartung sollte dann auch nicht enttäuscht werden. Ich fand in ihm einen Gesprächspartner, der aus der gemäßigten Position der Russen heraus, die sich in Estland zu Hause fühlen, hier unter Aufrechterhaltung ihrer kulturellen Identität ihre und ihrer Kinder Zukunft sehen und zu loyaler Zusammenarbeit mit dem estnischen Staat bereit sind, eine von Propaganda und Polemik freie Einschätzung der Lage zu erhalten. Juganzov, ein Mann von damals etwa Mitte Vierzig, in Estland aufgewachsen und der Landessprache mächtig (und damit auch im Besitz der Staatsangehörigkeit), als selbständiger Unternehmer offenbar erfolgreich und wirtschaftlich unabhängig, repräsentierte also etwa bereits den Typ eines „Estlandrussen", wie er seinem Kollegen im Präsidium der „Vertreterversammlung" Semjonov vorgeschwebt hatte, als wir vor einem halben Jahr zusammengetroffen waren. Umso bedenklicher mußte daher stimmen, daß auch Juganzov sich in hohem Maße besorgt zeigte.

Eine nach seiner Einschätzung im ganzen gesehen positive Entwicklung der Beziehungen zwischen Esten und Nicht-Esten, die durch die Verweigerung des passiven Kommunalwahlrechts bereits eine erhebliche Beeinträchtigung erfahren habe, sei abrupt unterbrochen worden. Die in Estland lebenden Russen hätten gerade begonnen, sich an die neuen Verhältnisse zu gewöhnen, und es bilde sich allmählich so etwas wie eine Loyalität gegenüber dem estnischen Staat heraus: Sie hätten verstanden, daß die estnischen Gesetze akzeptiert werden müßten, auch wenn sich manche subjektiv durch diese diskriminiert fühlten. Es handle sich um einen schwierigen Prozeß der Mentalitätsanpassung, der nun Gefahr laufe, zum Stillstand zu kommen. Dies stelle einen schweren Rückschlag dar. Die Vorgänge um die Verabschiedung des Ausländergesetzes hätten ganz deutlich gezeigt, wohin die Richtung nach dem Willen zumindest der Mehrheit im estnischen Parlament gehen solle. Das Ziel sei „Dekolonialisierung", mit anderen Worten die Verdrängung möglichst vieler Russen aus Estland. Offenkundig habe man testen wollen, wie weit man gehen könne. Dies stehe in diametralem Gegensatz zu der von seiner Organisation vertretenen Konzeption einer Integration der Russen in den estnischen Staat. Ungeachtet aller gegenteiligen Beteuerungen, man wolle zusammenarbeiten, seien die Vertreter der russischen Bevölkerung nicht konsultiert worden. Der ganze politische Stil, der das Zustandekommen des Gesetzes charakterisiere, solle zeigen, wer Herr im Hause ist, wobei nicht zu verkennen sei, daß diese hochbrisante Frage auch zum Gegenstand innenpolitischer Machtkämpfe in Estland geworden wäre.

Auch Juganzov war der Auffassung, daß ein Ausländergesetz erforderlich sei. Aber ein solches müsse in der gegenwärtigen Übergangsphase anders aussehen: Zum ersten wäre der Bewußtseinslage der Russen dadurch Rechnung zu tragen, daß keine krasse Aufteilung in Esten einer- und Ausländer andererseits erfolge. Vielmehr müßte zwischen Esten, Personen mit ständigem Wohnsitz in Estland (den hier lebenden Russen) und Ausländern unterschieden werden. Die Russen lebten schließlich zum Teil schon seit Jahrzehnten in Estland. Wenn allen Personen, die gegenwärtig das Recht auf ständigen Wohnsitz haben, dieses Recht automatisch für eine bestimmte Frist verlängert würde, während der sie sich entscheiden könnten, ob sie die estnische oder die russische Staatsangehörigkeit erwerben wollen, dann wäre dies eine Lösung, über die man sprechen könnte.

Über die Haltung Moskaus gab sich Juganzov keinen Illusionen hin. Dort habe man keine Politik für den Umgang mit den im Ausland lebenden Russen entwickelt. Die Herzen in Moskau schlügen nicht für die Auslandsrussen. Man fürchte dort nur eines, und das sei eine massenhafte Rückwanderung nach Rußland. Die offiziellen Moskauer Reaktionen sah er ganz überwiegend nur als ein Reflex des innerrussischen Machtkampfes. Die Russen in Estland seien zwar erfreut, daß Moskau für sie eintrete, doch könne er darin keine Änderung der Haltung gegenüber den Auslandsrussen, geschweige denn eine konstruktive neue Politik erkennen. Vielmehr sei die im Westen artikulierte Kritik an dem Ausländergesetz für die Russen in Estland wesentlich hilfreicher.

Die durch die beiden jüngsten Gesetze hervorgerufene Belastung der Beziehungen zwischen russischer und estnischer Bevölkerung war Juganzovs weitere Sorge. Sie stelle auch für die „Vertreterversammlung" einen Rückschlag dar, da sie notwendigerweise die radikalen Kräfte unter den Russen stärken müsse. Dies hätten die letzten Tage erneut bewiesen. Am 28. Juni hatte der Stadtrat von Narva das Ausländergesetz, und damit auch gleich die übrige für die Rechte der Russen einschlägige Gesetzgebung, angefangen mit der über die Staatsangehörigkeit, in Frage gestellt und beschlossen, unter den Einwohnern der Stadt ein Referendum abzuhalten, ob Narva den Status einer „national-territorialen Autonomie" innerhalb Estlands erhalten sollte, was immer das bedeuten mochte. Das Vorhaben war zwar umgehend vom Justizkanzler für verfassungswidrig erklärt worden, nichtsdestotrotz schloß sich die Nachbarstadt *Sillamäe* eine Woche darauf diesen Plänen an.

Interessant war der Hinweis von Juganzov, daß es denen, die durch das Ausländergesetz und die darin zum Ausdruck kommende Grundströmung in der estnischen Gesellschaft in erster Linie betroffen wären, nämlich ehemalige Angehörige der sowjetischen Armee, die sich in Estland niedergelassen hatten, keineswegs um die Vertretung russischer oder gar sowjetisch-imperialistischer Interessen, sondern um den Schutz ihres materiellen Besitzstandes in Estland ginge. Zu diesem Personenkreis zählten, so Juganzov, auch entschiedene Anhänger von Jelzin und solche, die aktiv für die Unabhängigkeit Estlands und deren Bewahrung nach dem August 1991 eingetreten seien. Sie hätten Estland mit seinen im Vergleich zu Rußland angenehmeren Lebensbedingungen als endgültigen Wohnsitz gewählt und könnten nicht als „fünfte Kolonne" Moskaus angesehen werden. Auch solle man sich nicht darüber hinwegtäuschen, daß eine ganze Reihe von ihnen angesichts des jungen Pensionsalters in den besten Jahren und sicher auch einige Tausende gewillt seien, mit der Waffe in der Hand die von ihnen in Anspruch genommenen Rechte zu verteidigen und sich im Falle der Verweigerung des Aufenthaltsrechts nicht einfach abschieben zu lassen.

In deutlichem Gegensatz zu seiner harschen Kritik am Ausländergesetz standen anerkennende Worte von Juganzov über den von Präsident Meri vorgeschlagenen „Runden Tisch", vorausgesetzt, dieser werde sich mit allen Aspekten der Beziehungen zwischen den verschiedenen Nationalitäten befassen. Das wäre der beste Weg, um den Russen in Estland die Sorgen um ihre Zukunft zu nehmen. Wie schon das positive Echo aus Moskau auf die von Meri eingenommene Haltung zeigte dies, in welchem Ausmaß sich damals auch über den aktuellen Anlaß des Ausländergesetzes hinaus die Hoffnungen auf den Präsidenten richteten. *Mutatis mutandis* galt dies nach meinem Eindruck auch für die Regierungskoalition, denn allenthalben war in Tallinn Unbehagen über die verfahrene Situation zu verspüren.

Daher kam dann die Entscheidung des Präsidenten auch nicht wirklich überraschend, das Ausländergesetz zur erneuten Beratung im Lichte der Stellungnahmen von KSZE und Europarat an den *Riigikogu* zurückzuverweisen. Allerdings ließ er sich für diesen bislang ebenfalls präzedenzlosen Schritt, wie schon zuvor bei der Verkündung des Kommunalwahlgesetzes, bis zur letzten Minute kurz vor Auslaufen der in der Verfassung vorgesehenen Zweiwochenfrist am 6. Juli um Mitternacht Zeit. Zugleich schlug Meri vor, das Parlament zu einer Sondersitzung aus den Sommerferien zurückzurufen. Am nächsten Tag erklärte er im abendlichen Fernsehen sein Vorgehen und legte – angesichts starker Vorbehalte nicht nur bei den Anhängern der Nationalen Unabhängigkeitspartei gegen die Einholung internationaler Gutachten sichtlich um Verständnis werbend – dar, daß er ernsthaft daran gezweifelt habe, den *Riigikogu* von den Mängeln des Gesetzes überzeugen zu können, falls er nicht KSZE und Europarat um ihre Meinung bitten würde. Bei Amtsantritt habe er versprochen, Esten wie Nicht-Esten ein gerechter Präsident zu sein und darauf zu achten, daß Estland wieder ein Rechtsstaat wird. KSZE und Europarat hätten bestätigt, daß das Gesetz als solches zwar notwendig sei, aber auch festgestellt, daß es mit seiner unklaren Sprache rechtsstaatlichen Anforderungen nicht hinreichend genüge. Und dann beantwortete er mit einem von ihm auch später gerne verwendeten rhetorischen Kunstgriff die selbstgestellte Frage, warum er sich von Angesicht zu Angesicht an die Nation wende: Manche Politiker, so meinte er, die an einer Rückkehr der Republik Estland nach Europa nicht interessiert seien, hätten versucht, ihn und die estnische Öffentlichkeit mit der Behauptung zu erschrecken, er habe durch diesen Schritt Estlands Souveränität eingeschränkt und einen Teil von dessen unveräußerlicher Unabhängigkeit geopfert. Das Gegenteil sei der Fall: Indem die Überlegenheit der europäischen Rechtsnormen anerkannt werde, „mache man Estland heute stärker als es gestern war".

Wenn es eines weiteren Beweises dafür bedurfte, auf welch dünnem innenpolitschem Eis sich der Präsident offenbar bewegte, dann konnte man ihn darin erblicken, daß er in seiner Ansprache außerdem mitteilte, er habe seinen Schritt nicht nur lange und sorgfältig überlegt, sondern sich auch mit seinem lettischen und seinem litauischen Kollegen konsultiert. In einem gemeinsamen Brief an die sich in wenigen Stunden in Tokio versammelnden Staats- und Regierungschefs der G 7 würden sie diese darauf aufmerksam machen, daß mittlerweile ein Jahr vergangen sei, seitdem sich Rußland in Helsinki zum Abzug seiner Truppen aus dem Baltikum verpflichtet habe.

Dann ließ er wissen, nur wenige Stunden zuvor habe er eine erste Reaktion der Bundesregierung erhalten und zitierte eine Erklärung, um die man sich den ganzen Tag von *Kadriorg* aus in Bonn bemüht hatte. In dieser hieß es, die Nicht-verkündung des Ausländergesetzes durch den Präsidenten sei ein mutiger Schritt. Die Bundesregierung schließe sich voll und ganz der Meinung von KSZE und Europarat an und empfehle ihren estnischen Freunden, dasselbe zu tun. Auch der Vorschlag zur Einberufung eines „Runden Tisches" wurde begrüßt. An die russische Regierung aber appelliere man, Meinungsverschiedenheiten im Dialog und ohne Ausübung von Druck zu bereinigen.

Dieser Erklärung der Bundesregierung war vom 28. bis 30. Juni der Deutschlandbesuch von Ministerpräsident Laar vorausgegangen, mit dem er endlich die Einladung des Bundeskanzlers vom September 1991 hatte einlösen können (Abbildung 34). In Bonn war er auch mit dem Außenminister zusammengetroffen, so daß die für die deutsche Baltikumpolitik Verantwortlichen aus erster Hand über die Situation in Estland unterrichtet waren. Später am Tage – fügte Meri dann in seiner Fernsehansprache noch hinzu – sei auch eine Erklärung von Ministerpräsident Bildt eingetroffen, der sich in Stockholm ähnlich wie die Bundesregierung geäußert und betont habe, daß Estland damit ein Beispiel gebe, dem Staaten in ähnlicher Lage folgen sollten.

Wiederum einen Tag später, am 8. Juli, trat das Parlament zur erneuten Beratung des Gesetzes zusammen und verabschiedete eine revidierte Fassung. 69 Abgeordnete stimmten dafür, eine Stimme war dagegen, und es gab zwei Enthaltungen. Ich kam gerade in den *Riigikogu*, als dort am späteren Nachmittag die Abstimmung im Gange war. Danach traf ich in den Gängen auf Jaan Kross, der mir sagte, man habe sich auf die Berücksichtigung der von Meri monierten Schwachstellen beschränkt, immerhin aber 27 Änderungen vorgenommen.

Bei näherer Betrachtung des neuen Gesetzestextes stellte sich heraus, daß er gegenüber der ersten Fassung doch recht substantielle Verbesserungen aufwies und der *Riigikogu* in der Tat den rechtsstaatlichen Bedenken von KSZE und Europarat weitgehend Rechnung getragen hatte, nicht jedoch der mehr politisch motivierten Empfehlung, ehemaligen sowjetischen Militärangehörigen eine zuvorkommendere Behandlung zuteil werden zu lassen. So fiel denn auch die Bewertung durch die Tallinner KSZE-Mission günstig aus. Positiver noch äußerten sich die Europäische Gemeinschaft und ihre Mitgliedsstaaten in einer Erklärung vom 9. Juli 1993. Aus Moskau war offiziell nur zu vernehmen, an der diskriminierenden Tendenz des Gesetzes habe sich nichts geändert und vielen der von KSZE und Europarat gemachten Empfehlungen sei nicht gefolgt worden – vor allem letzteres stimmte nun wirklich nicht, was leicht nachzuprüfen war.

Die wichtigsten Verbesserungen, die das Parlament an dem Gesetz vorgenommen hatte, bestanden darin, daß (1) die Altimmigranten aus der Zeit bis 1990 jetzt einen *Rechtsanspruch* auf Erteilung einer – nach allgemeinem Verständnis, wenn auch im Gesetz nicht ausdrücklich so benannten – ständigen Aufenthaltserlaubnis erhielten, sofern sie nicht zu dem Personenkreis zählten, dem wie z.B. staatsfeindlichen Elementen, Kriminellen oder eben ehemaligen sowjetischen Berufsmilitärs diese grundsätzlich verwehrt wurde, womit eine deutliche Unterscheidung zwischen den seit längerem in Estland lebenden Nicht-Esten und neuangekommenen Ausländern vorgenommen wurde; (2) klare Rechtsweggarantien eingeräumt wurden; (3) eine ständige Aufenthaltserlaubnis nunmehr auch diese Bezeichnung verdiente und nicht alle fünf Jahre erneuert werden mußte und (4) mehrdeutige Vorschriften durch klarer abgefaßte ersetzt wurden, um eine größere Rechtssicherheit zu gewährleisten.

Unverändert aufrechterhalten wurde dagegen das Verbot, früheren ausländischen (sowjetischen) Militärs und ihren Angehörigen eine Aufenthaltserlaubnis zu erteilen. Gemildert wurde diese Vorschrift allerdings durch die bereits in der ursprünglichen Fassung des Gesetzes enthaltene Ermächtigung der Regierung zu Ausnahmeregelungen, von der diese – wie wir noch sehen werden – am 1. Dezember 1993 Gebrauch gemacht hat. Da eine ebenfalls schon in der ersten Fassung des Gesetzes enthaltene Bestimmung vorsah, daß eine vor Inkrafttreten des neuen Ausländergesetzes erteilte Aufenthalts-(und damit auch Arbeits-)erlaubnis – allerdings höchstens – zwei Jahre weiter gelten sollte, bestand zumindest so lange keine Gefahr der Ausweisung aus Estland.

Damit war diese Krise, in die sich die estnische Politik ohne Not selbst manövriert hatte, von den noch drohenden Volksbefragungen in Narva und Sillamäe abgesehen, erst einmal überwunden. Wer auch immer beabsichtigt haben sollte, sich mit unklaren Bestimmungen und einer verwirrenden Gesetzessystematik eine Art von *carte blanche* für die Behandlung der ungeliebten russischen Bevölkerung zu verschaffen oder vielleicht nur versuchen wollte auszuloten, wie weit man auf diesem Weg gehen könne, war einer groben Fehleinschätzung der Realitäten zum Opfer gefallen, die nur auf politischer Unerfahrenheit beruhen konnte. Die Vorgänge um das Zustandekommen des Ausländergesetzes hatten außerdem offenbart, wie unvollkommen das Zusammenspiel zwischen Parlament, Regierung und Staatspräsident in der jungen estnischen Demokratie erst funktionierte. Einer der innenpolitischen Mitspieler aber war aus dieser Krise an Ansehen und Einfluß erheblich gestärkt hervorgegangen: Präsident Meri. Paradoxerweise hatte er das gerade den Verfassungsorganen, und zwar Parlament und Regierung, zu verdanken, die mit ihrem Vorgehen genau das Gegenteil von dem erreicht hatten, was in ihrem Interesse hätte liegen müssen, nämlich dem Staatsoberhaupt keinen Anlaß zu geben, sich nicht auf die ihm vom estnischen Grundgesetz zugedachten im wesentlichen repräsentativen Funktionen zu beschränken.

*

Einen Tag nach Verabschiedung des Ausländergesetzes, am 9. Juli, besuchte uns der Staatsminister im Auswärtigen Amt Helmut Schäfer (F.D.P.). Anlaß war das Jahrestreffen der Liberalen Internationalen unter dem Vorsitz von Otto Graf Lambsdorff, das diesmal in Tallinn stattfand. Nachmittags nahmen wir alle an der Eröffnung des baltischen Büros der Friedrich-Naumann-Stiftung in der *Pärnu maantee* gegenüber dem Dramatheater teil, zu der auch Meri und Velliste gekommen waren. Dabei ließ der Präsident durchblicken, daß er das Gesetz in seiner neuen Fassung verkünden werde. Das geschah am 12. Juli. Abends hatten wir die Liberalen bei uns zu Hause in *Maarjamäe* zu Gast. Von estnischer Seite war auch Zentralbankpräsident Siim Kallas gekommen; er sollte später die Reformpartei gründen, die sich dann der Liberalen Internationale anschloß. Schäfer kam direkt aus Moskau und war dort so richtig auf die „nationalistischen Esten" eingestimmt worden. Also mußte ich ihn erst einmal über unsere Sicht der Dinge unterrichten und zu beruhigen suchen, bevor wir ins Außenministerium aufbrachen. Als ein versöhnlicher Mensch war er bis zu dem Gespräch mit Velliste aber bereits wieder besänftigt. Der Staatsminister berichtete von einem Zusammentreffen mit Kosyrjews erstem Stellvertreter Adamischin, der hauptsächlich über Estland gesprochen habe, und warb bei dem estnischen Außenminister um Verständnis für die Situation der russischen Regierung. Diese wolle keine Konfrontation, sei auch über die Referendumspläne in Narva und Sillamäe nicht glücklich, dürfe sich aber innenpolitisch nicht dem Vorwurf eines Ausverkaufs der Auslandsrussen aussetzen, denn sie habe bereits genügend andere Probleme. Ein Rückschlag der Entwicklung in Rußland würde aber für alle große Risiken beinhalten. Schäfer begrüßte daher die mittlerweile an dem Gesetz vorgenommenen Änderungen und erzählte, ihm gegenüber habe man in Moskau kritisiert, daß sich in Estland praktisch keine ethnischen Russen in wichtigen Stellungen befänden und die Sprachbarriere vor dem Erwerb der Staatsangehörigkeit zu hoch sei. Letzteres wollte Velliste nicht gelten lassen, vielmehr mangelte es ihm zufolge den Russen an der nötigen Motivation zur Erlernung des Estnischen. Seine Regierung, versicherte der Außenminister, sei natürlich ebenfalls an einer Konfrontation nicht interessiert und versuche so flexibel wie möglich zu reagieren. So habe das Kabinett gerade am Vortage beschlossen, keine staatlichen Zwangsmaßnahmen anzuwenden, also weder mit Hilfe der Polizei noch gar der Armee die beiden Volksbefragungen zu verhindern.

Wiederum einen Tag später, am 10. Juli, bat mich Max van der Stoel zu einem Gespräch in das *Hotel Rataskaevu*. Der Hohe Kommissar für nationale Minderheiten war seit Ende Juni bereits zum dritten Mal in Estland. Er wollte mich vor allem im Hinblick auf den am nächsten Tag beginnenden Besuch des Bundespräsidenten in Estland über seine Gespräche zur Vermittlung zwischen der estnischen Staatsführung und Vertretern der russischen Bevölkerung unterrichten. Auch hatten wir seit dem 1. Juli in Vertretung des in Tallinn nicht mit einer Botschaft präsenten Belgien für das nächste Halbjahr den Vorsitz in der „Europäischen Politischen Zusammenarbeit" übernommen. Van der Stoel stellte als sein Hauptziel dar, die estnische Seite zu einem weiteren Entgegenkommen gegenüber den Nicht-Esten zu veranlassen und andererseits, wenn schon ein Referendum in Narva und Sillamäe nicht zu verhindern sei, wenigstens die dortigen Russen davon zu überzeugen, es dabei bewenden zu lassen und nicht etwa unter Mißachtung der estnischen Gesetze eigene Kommunalwahlen abzuhalten. Durch die Vorgänge der letzten Wochen sei nach seinen Beobachtungen auch bei den loyalen Russen ein kaum zu überwindendes Mißtrauen gegenüber offiziellen estnischen Zusicherungen entstanden, das es abzubauen gelte. Dazu könnte auch Deutschland beitragen, wenn es sowohl auf die estnische Regierung einwirken als auch den örtlichen Russen zur Mäßigung raten würde. Auch müsse Moskau von einem wie immer gearteten Eingreifen abgehalten werden.

Das revidierte Ausländergesetz bewertete der Hohe Kommissar, ohne auf Einzelheiten einzugehen, weniger positiv als wir das in Übereinstimmung mit Dr. Schmidt von der Tallinner KSZE-Mission gerade dem Auswärtigen Amt gegenüber getan hatten. Van der Stoel und sein ebenfalls anwesender schwedischer Berater Anders Rönquist schienen mir damals von der hartnäckigen Haltung der Narvaer und Sillamäer Russen in der Referendumsfrage, deren Wortführer der Hohe Kommissar nach Tallinn zitiert hatte, ziemlich beeindruckt zu sein. Als ich gegen Abend zu van der Stoel in das Hotel kam, sah ich gerade noch den Narvaer Stadtratsvorsitzenden Tschuikin dasselbe verlassen.

In einer am 12. Juli vor der Presse in Tallinn abgegebenen Erklärung faßte van der Stoel die Ergebnisse seiner Vermittlungsaktion zusammen und teilte mit, von Ministerpräsident Laar eine Reihe von Zusicherungen erhalten zu haben, die den Willen der Regierung zu Dialog und Zusammenarbeit mit der russischen Bevölkerung zum Ausdruck bringen und Befürchtungen zerstreuen sollten, es würde jetzt eine Politik der Ausweisung von Russen aus Estland beginnen. Die Regierung werde prüfen, ob sie die Einbürgerung von Nicht-Esten, die bei den Kommunalwahlen zu kandidieren beabsichtigten, erleichtern könne. Speziell an die Adresse von Narva und Sillamäe gerichtet, sei ihm versichert worden, es werde eine besondere Anstrengung gemacht werden, die wirtschaftliche Lage in Nordostestland zu verbessern und eben nicht mit Gewalt die Referenda zu verhindern versucht, auch wenn sie diese weiterhin als rechtswidrig betrachte. Im Gegenzug hätten ihm, dem Hohen Kommissar, die Vertreter der Russen versichert, sich ihrerseits „aktiv" und „konstruktiv" um einen Dialog zu bemühen sowie Verfassung und territoriale Integrität Estlands zu respektieren. Die Vorsitzenden der Ratsversammlungen von Narva und Sillamäe hätten insbesondere zugesichert, daß sie eine Entscheidung des Staatsgerichtshofs über die Rechtmäßigkeit der Referenda respektieren würden.

An demselben 10. Juli, an dem ich mit van der Stoel zusammentraf, war auch der von Meri einberufene „Runde Tisch" in Katharinental zu seiner konstituierenden Sitzung zusammengetreten und vom Präsidenten eröffnet worden. An ihm nahmen 13 Personen aus verschiedenen (gemäßigten) russischen Organisationen teil, unter ihnen Juganzov von der Vertreterversammlung, sowie Repräsentanten der Ukrainer, Juden und Polen in Estland und der Städte Narva und Sillamäe, außerdem *ad personam* vier Parlamentsabgeordnete. Den Vorsitz, der unter den Mitgliedern von Sitzung zu Sitzung rotieren sollte, führte dabei die *Isamaa*-Abgeordnete Merle Krigul. Der jetzt in der Präsidialkanzlei angestellte Jaan Tross fungierte als Sekretär.

Im Lauf der Jahre wurde der „Runde Tisch" dann von verschiedenen Seiten finanziell unterstützt, so auch von der Bundesregierung. Bereits bei dieser ersten Zusammenkunft einigte er sich auf eine Reihe von Empfehlungen zur aktuellen Lage, welche dann die Ergebnisse der Gespräche van der Stoels beeinflußt haben. So sollte das Referendum bis zu einer Entscheidung des Staatsgerichtshofs aufgeschoben werden, Narva und Sillamäe sich zur unbedingten Befolgung des Spruchs des obersten Gerichts verpflichten, und die Regierung wurde aufgefordert, sich nochmals zur Nichtanwendung von Gewalt zu bekennen. Ferner sollten Regierung und Parlament stärker die russischsprachigen Massenmedien zur Erklärung ihrer Politik heranziehen, das Parlament aber sollte bei Gesetzesentwürfen den betroffenen Personenkreis beteiligen, falls dieser in ihm nicht vertreten sei.

Besuch in Narva

Seit längerem hatte ich für den 20. Juli eine Fahrt nach Narva geplant, um mir einen persönlichen Eindruck nicht nur von der politischen, sondern auch der für die dortigen Verhältnisse letztlich ausschlaggebenderen wirtschaftlichen Situation der Stadt an der Grenze zu Rußland zu verschaffen. Seit den Fahrten von und nach Leningrad/St. Petersburg war ich nicht mehr dagewesen, so stark war man durch das Tagesgeschäft an die Hauptstadt angebunden. Jetzt erwies sich dieses Reisedatum als besonders passend. Denn ungeachtet der Bemühungen von Max van der Stoel, der sich dann auch, wie wir hörten, recht enttäuscht gezeigt haben soll, und entgegen den Empfehlungen des „Runden Tisches", an dem ja auch Narva und Sillamäe vertreten gewesen waren, hatten sich die radikalen Kräfte um den Vorsitzenden des Narvaer Stadtrats, Vladimir Tschuikin, der von Jurij Mischin, dem Vorsitzenden der Vereinigung der russischen Staatsangehörigen Narvas unterstützt wurde, durchgesetzt, und die beiden Referenda am 16./17. Juli stattgefunden. Allerdings hatte sich auch der Staatsgerichtshof bis dahin nicht zur Verfassungsmäßigkeit dieser Befragungen geäußert (dies geschah erst am 11. August bzw. 6. September, als sie das oberste Gericht Estlands erwartungsgemäß für null und nichtig erklärte).

Der Ausgang des Referendums aber enttäuschte allenthalben: Da sich in Narva nur 53% der Bevölkerung beteiligten (von denen sich dann allerdings 96% für einen Autonomiestatus der Stadt innerhalb des estnischen Staatsverbandes aussprachen), erhielt Tschuikin, der mit einer deutlich höheren Unterstützung gerechnet hatte, einen Dämpfer und war politisch geschwächt. Die estnische Regierung ihrerseits hatte gehofft, daß das Quorum von 50% der Stadtbevölkerung nicht erreicht werden würde (in Sillamäe waren es 61% mit einer Zustimmung von 98,6% gewesen). So sollte von diesem Ergebnis, das die Bäume keiner der beiden Seiten in den Himmel wachsen ließ, auch ein heilsamer Zwang zur Einigung ausgehen.

In Narva schaute ich als erstes in der Außenstelle der KSZE-Mission vorbei, deren beide Mitarbeiter von ihren Beobachtungen beim Referendum erzählten und entgegen anderen Stimmen, vor allem aus Tallinner Regierungskreisen, keine Unregelmäßigkeiten hatten feststellen können.

Dann traf ich zu einem längeren Gespräch mit Tschuikin zusammen, dem *spiritus rector* der politischen Agitation in Narva, der mich gemeinsam mit dem stellvertretenden Bürgermeister Lysenko empfing. Der Narvaer Bürgermeister selbst war sehr zum Ärger von Tschuikin seit Wochen in den Urlaub entschwunden, um – wie es hieß – eventuellen unangenehmen Konsequenzen der gegenwärtigen Krise aus dem Weg zu gehen. Allerdings brauchte Tschuikin auch weniger Rücksichten als der Bürgermeister zu nehmen, da er anders als dieser nicht die estnische Staatsangehörigkeit besaß und somit auch bei den Kommunalwahlen nicht wieder kandidieren konnte. Wie widersprüchlich die Frontlinien verliefen, zeigte sich auch daran, daß Tschuikins Stellvertreter im Amt des Stadtratsvorsitzenden, Vladimir Kusnezov, als Teilnehmer am „Runden Tisch" dessen Votum gegen das Referendum mitgetragen hatte. Ein estnischer Kenner der Verhältnisse, der Chefingenieur der Krähnholmer Textilfabrik Ants Usk, sagte mir später am Tage, er halte das alles nur für „politische Spiele" der um ihre Existenz fürchtenden alten kommunistischen Nomenklatura, die immer gegen die Unabhängigkeit Estlands gewesen sei. Unterstützt würde diese aber im wesentlichen nur von den Rentnern, während sich die Mehrheit der Bevölkerung ausschließlich für die wirtschaftliche Lage interessiere, und die sei in Narva eindeutig besser als auf dem gegenüberliegenden Ufer in *Ivangorod*. Das war also das Niveau, auf dem sich die Narvaer Verhältnisse bewegten. Leider konnte das alles wegen seiner Auswirkungen bis weit über die Grenzen Estlands hinaus – was auch zahlreiche Medienvertreter und andere internationale Beobachter zu dem Referendum angelockt hatte – nicht einfach als eine Provinzposse abgetan werden.

Tschuikin gab sich mir gegenüber freundlich und betont gemäßigt. Offenbar wollte er den Eindruck eines zu Dialog und Kompromissen bereiten Mannes machen, der an der estnischen Regierung vor allem das – in der Tat auch nicht ganz zu bestreitende – Desinteresse Tallinns an den Sorgen der Menschen in Narva auszusetzen hatte. Nach konkreten Gravamina befragt, bekam ich die mittlerweile bekannte Litanei aller angeblich die Russen diskriminierenden Gesetze heruntergebetet. Dabei erwischte ich Tschuikin bei Ungenauigkeiten, die wir dann an Hand der auf meine Bitte herbeigeholten Gesetzestexte zu klären suchten – was nicht immer gelang, denn manche Dinge wollte er offenkundig nicht verstehen. So bestand er z.B. darauf, auch den Nicht-Esten sei das passive Kommunalwahlrecht bereits durch die Verfassung garantiert worden und das Ausländergesetz habe auf Grund der Stellungnahmen von KSZE und Europarat nur „kosmetische" Änderungen erfahren. Damit wiederholte er nur, was wenige Tage zuvor zum Abschluß einer weiteren estnisch-russischen Verhandlungsrunde über den Truppenabzug am 13./14. Juli in *Lohusalu* Botschafter Svirin namens der russischen Delegation öffentlich erklärt hatte. Dabei konnte sich dieser allerdings wiederum auf eine gleichlautende Behauptung des Abgeordneten Nutt stützen, eines der hauptsächlichsten Protagonisten des Ausländergesetzes in seiner ersten Fassung. Dieser hatte sich, wohl aus Gründen der Gesichtswahrung und sehr zum Ärger von Meri, zu einer solch unbedachten Äußerung hinreißen lassen, der dann prompt von der Regierung widersprochen worden war. Insgesamt machte Tschuikin auf mich den Eindruck eines eher durchtriebenen denn besonders intelligenten Menschen. Als ich später Mischin aufsuchte, der – wenn auch nicht in dem Gespräch mit mir – gestützt auf seine sich hauptsächlich aus älteren Menschen zusammensetzende Organisation weiterhin ganz offen mit dem Gedanken der Sezession Nordostestlands spielte, saß ich einem Mann von noch bescheidenerem geistigem Zuschnitt gegenüber. Dies schien auch sein Freund Tschuikin zu ahnen, der plötzlich in unser Gespräch hineinplatzte und Mischin etwas ins Ohr flüsterte, worauf dieser unser Treffen mit dem Hinweis auf dringende andere Verpflichtungen ziemlich schnell beendete – er hatte ihn wohl nach den gerade mit mir gemachten Erfahrungen warnen wollen. Wie Tschuikin beklagte sich Mischin mir gegenüber in erster Linie aber nur darüber, daß sich in Tallinn niemand für die Russen in Narva interessiere: Das zu ändern sei die eigentliche Absicht des Referendums gewesen, da man keinen anderen Ausweg mehr gesehen habe. Übrigens hatte Mischin von seiner Mutter die estnische Staatsangehörigkeit geerbt, hielt sich aber – wie er sich ausdrückte – mit Rücksicht auf seine Wähler (er war Mitglied des Stadtrats) an die Russen.

Der am 6. Juli zur Besänftigung der russischen Bevölkerung als Vertreter der Regierung nach Narva entsandte Indrek Tarand, ein Sohn des Umweltministers, den ich als nächstes in seinem bescheidenen Büro an Narvas zentralem Platz aufsuchte, hatte ungeachtet der erst kurzen hier verbrachten Zeit offenbar ein gutes Verständnis für die Stimmungslage in der Stadt entwickelt. Dazu dürfte außer den vor Ort gemachten Erfahrungen beigetragen haben, daß der damals 29jährige gerade von einem Studienaufenthalt in Bologna zurückgekehrt war und über eine etwas kritischere Distanz zu den politischen Verhältnissen in der Heimat verfügte als seine Altersgenossen auf dem Domberg. Jedenfalls vertrat er damals die Auffassung, daß nur eine von den Narvaer Russen und der Regierung gleichberechtigt beschickte Kommission eine Chance besäße, das kaum mehr zu überbietende Mißtrauen zwischen beiden zu überwinden und zu einvernehmlichen Lösungen zu gelangen. Dies entsprach ziemlich genau den Beobachtungen van der Stoels. Den „Runden Tisch" hielt er dazu für weniger geeignet. Indrek Tarand zeigte sich aber hinsichtlich der Erfolgsaussichten für einvernehmliche Lösungen skeptisch solange Regierung und Opposition in dieser vitalen nationalen Frage nicht an einem Strang zögen.

Die Eindrücke von den Narvaer Verhältnissen wurden durch Besuche in der Krähnholmer Baumwollmanufaktur und im großen städtischen Krankenhaus vervollständigt. Erstere, vor 1914 eine der größten Textilfabriken der Welt und auch in der Sowjetzeit ein Vorzeigeunternehmen, hatte zwar seit 1991 etwa ein Drittel der Beschäftigten eingebüßt und eine schwierige Übergangsphase hinter sich, produzierte aber wieder voll und dominierte mit seinen immer noch 6 000 Mitarbeitern weiterhin das Wirtschaftsleben der Stadt. Nach wie vor fanden dort auch viele Russen aus *Ivangorod* Arbeit, deren täglicher kleiner Grenzverkehr über den Fluß, wie mir Herr Usk erzählte, reibungslos von statten ging. In Krähnholm klappte die Rohstoffversorgung, versicherte er, Absatzmärkte seien vorhanden, geringere Produktionskosten und andere Standortvorteile machten das Unternehmen wettbewerbsfähig. Ein großes Problem aber stellten die fehlenden Kreditmöglichkeiten dar, so daß damals eine erhebliche Finanzierungslücke bestand. Als Krähnholm später zur Privatisierung ausgeschrieben wurde, hoffte ich immer, es würde sich wenigstens für dieses Juwel unter den Industrieunternehmen Estlands, das in der Mitte des 19. Jahrhunderts von Deutschen, Russen und Engländern gegründet worden war (in den 1920er Jahren war ein entfernter Vetter meines Großvaters, Nikolai von Wistinghausen, dort einer der Direktoren gewesen), ein deutscher Investor finden, zumal bereits Geschäftsverbindungen im Bereich der Lohnfertigung mit einer Firma in Deutschland angeknüpft worden waren. Doch auch in diesem Fall ist trotz erheblicher Bemühungen von Dr. Schmidt schließlich nichts daraus geworden, und Krähnholm wurde an einen schwedischen Konzern verkauft. Für diesen ist es in wenigen Jahren zu einer seiner erfolgreichsten Auslandsinvestitionen geworden.

Im Narvaer Krankenhaus wurde ich mit jenen Schwierigkeiten bei der Beschaffung von Medikamenten und modernen Geräten konfrontiert, die damals im Gesundheitswesen allgegenwärtig waren und dies besonders im abgelegenen Nordosten, wohin ausländische humanitäre Hilfe nur schwer ihren Weg fand. So stand mein Besuch auch im Zeichen eines an mich herangetragenen Interesses des Johanniterordens, in Estland zu helfen, doch kann ich mich nicht erinnern, daß daraus schließlich etwas geworden wäre. Die russischen Ärzte, mit denen ich zusammentraf, sprachen sich für eine einfühlsamere Anwendung des Sprachengesetzes aus, da ihnen zufolge Spitzenpositionen im Krankenhaus nur noch bei anspruchsvollen Estnischkenntnissen neu besetzt werden könnten, die in der Praxis gar nicht erforderlich wären. Ansonsten zeigten sie aber Verständnis für die Politik der Regierung. Einer der Ärzte war nach fünf in Narva verbrachten Jahren sogar in der Lage gewesen, den Sprachanforderungen für den Erwerb der Staatsangehörigkeit zu genügen.

So waren die Eindrücke an diesem Tag also vielfältig und nicht immer leicht auf einen Nenner zu bringen. Eines aber schien ziemlich klar abzusehen: Die Integration der Nicht-Esten in den estnischen Gesamtstaat in dem nach 1945 russifizierten nordostestnischen Industriegebiet und insbesondere in dem beinahe völlig russisch bevölkerten Narva würde kurzfristig aus komplexen psychologischen und tatsächlichen, vor allem wirtschaftlichen Gründen unmöglich sein. Daher mußte erst einmal die für die Heilung der Wunden von 50 Jahren Sowjetherrschaft erforderliche Zeit gewonnen und als Voraussetzung hierfür der Dialog gefördert und die Konfrontation verhindert werden. Als ersten Schritt zur Überwindung der bisherigen „Sprachlosigkeit" im Verkehr miteinander hatte die Regierung gerade am Tage vor meinem Besuch beschlossen, daß sich künftig Vertreter der für die Belange der Bevölkerung wichtigsten Ministerien ständig in Narva aufhalten sollten.

Drei Tage nach meinem Besuch in Narva bat Ministerpräsident Laar die Botschafter zu sich auf den Domberg. Im Beisein von Minister Luik, dem Leiter der Verhandlungen mit Rußland, wollte er uns über die Lage insbesondere im Verhältnis zur nicht-estnischen Bevölkerung unterrichten, nachdem am 22. Juli mehrere Treffen der Regierung mit Vertretern der in Estland lebenden Russen stattgefunden hatten. Mit bemerkenswerter Offenheit stellte Laar seinen Ausführungen die Feststellung voran, die innenpolitischen Ereignisse der letzten Wochen seien schon deswegen ungewöhnlich gewesen, weil Estland seine Probleme nur mit auswärtiger Hilfe, namentlich von KSZE und Europarat, habe bewältigen können. Zugleich dankte er allen Regierungen, die hilfreich auf die Entwicklung in Estland eingewirkt und sich für einen Dialog zwischen Esten und Russen eingesetzt hätten. Die am Vortage geführten Gespräche mit Vertretern der russischsprachigen Bevölkerung seien „konstruktiv" verlaufen, so daß sich die Lage merklich entspannt habe. Dies gelte auch für ein Treffen mit Militärpensionären, was umso erstaunlicher wäre, als es sich um denselben Personenkreis handelte, der noch vor weniger als zwei Jahren vehement gegen die Unabhängigkeit aufgetreten sei, jetzt aber offenbar einen Schlußstrich unter die Vergangenheit ziehen wolle. Vorausgegangen war diesen Gesprächen am gleichen Tag eine stürmisch verlaufene Sitzung des Narvaer Stadtrats, in der sich dann die gemäßigtere, für eine Kooperation mit Tallinn eintretende Linie durchgesetzt hatte. Mit den Führern der „Vertreterversammlung" unter Teilnahme von Tschuikin und seines Sillamäer Kollegen Maksimenko habe man sich auf „regelmäßige Gespräche" über „konkrete Lösungen" der für die russische Bevölkerung wesentlichen Fragen unter Vorsitz des Ministerpräsidenten verständigt sobald sich der Staatsgerichtshof über die Verfassungsmäßigkeit der beiden Referenda geäußert haben würde. Darüberhinaus sollte ein „besonderes Forum" zur Erörterung der drückendsten wirtschaftlichen und sozialen Probleme in der nordostestnischen Industrieregion geschaffen werden, denn – so stellte dies jetzt auch Mart Laar dar – die im Vergleich zu Tallinn instabile wirtschaftliche Lage im Nordosten sei der eigentliche Grund für die jetzt in dem Referendum kulminierende Unruhe unter den dortigen Russen. Die Regierung schien also eingesehen zu haben, daß kein Weg daran vorbeiführte, sich mit den Vertretern der russischen Bevölkerung an einen Tisch zu setzen, um kontinuierlich und ernsthaft die anstehenden Probleme zu besprechen, anstatt nur *ad hoc* zur Besänftigung der aufgebrachten Gemüter entweder Emissäre nach Narva zu entsenden oder sich zu Gesprächsrunden in Tallinn bereitzufinden. Für den Augenblick jedenfalls waren alle Seiten und auch Moskau, wie mir der russische Kollege zu verstehen gab, zufriedengestellt. Seitdem ist, abgesehen von einigen Nachwehen im Vorfeld der Kommunalwahlen im folgenden Herbst, in der politischen Auseinandersetzung mit den Vertretern der russischen Bevölkerung auch nie mehr von einem Sonderstatus für Narva oder gar einer Sezession der nordostestnischen Industrieregion (was in den zurückliegenden Jahren immer wieder die Gemüter erregt hatte) die Rede gewesen.

Bundespräsident von Weizsäcker in Estland

Noch beherrschten die Vorgänge um Ausländergesetz und Referendum das politische Tagesgeschehen, da trafen der Bundespräsident und Frau von Weizsäcker am 11. Juli zu einem zweitägigen Besuch ein. Bei richtigem „Kaiserwetter", das uns auch am nächsten Tag erhalten bleiben sollte, versammelten wir uns am frühen Sonntagnachmittag zu ihrem Empfang auf dem Tallinner Flughafen. Außer dem Präsidenten und Frau Meri hatten sich von offizieller estnischer Seite Ministerpräsident Laar und seine Frau, der stellvertretende Parlamentspräsident Kelam und Außenminister Velliste eingefunden. Meri war deutlich die Freude über diesen ersten Besuch des deutschen Staatsoberhaupts nicht nur in Estland, sondern im Baltikum überhaupt, anzumerken, ja er war in geradezu euphorischer Stimmung. Dies bekam auch Protokollchef Andres Unga zu spüren und brachte ihn in nicht geringe Verlegenheit. Hilfesuchend wandte er sich an mich und bat, ich möge doch seinen Präsidenten davon abbringen, zusammen mit ihm, meiner Frau und mir an Bord des Flugzeuges zu gehen, um Herrn und Frau von Weizsäcker bereits dort zu begrüßen, anstatt sie, wie es das internationale Protokoll vorsehe, auf dem Rollfeld zu erwarten – er hätte bereits alles versucht. Aber auch ich vermochte Meri nicht zu überzeugen, der dann prompt hinter uns dreien die *gangway* heraufkam. Dies sorgte einen Moment für Verwirrung bei unseren Leuten, dann aber war der Bundespräsident in sein Jackett geschlüpft und beherrschte die Situation. Von all dem hatte Meri, der sich noch außerhalb des Flugzeugs befand, jedoch nichts mitbekommen können. Später sagte mir Herr von Weizsäcker, es sei ihm auf seinen vielen Reisen wohl noch niemals passiert, daß ihn das Staatsoberhaupt schon im Flugzeug und nicht erst auf dem Boden des Gastlandes begrüßt hätte! (Abbildung 35).

Nach so vielen Jahren darf man diese kleine Episode doch wohl erzählen, zumal sie die Stimmung freudiger Erwartung, wie sie an jenem Tage herrschte, ebenso kennzeichnet wie die Person Meris, der sich immer nur schwer in die Formen hergebrachter Konvention zwängen ließ, wenn ihm diese nicht zusagten, und das besonders zu Beginn seiner Amtszeit. Es war ja auch etwas ganz besonderes, daß Bundespräsident von Weizsäcker zu einem so relativ frühen Zeitpunkt nach Estland kam, selbst wenn es sich nicht um einen förmlichen „Staatsbesuch" handelte, und dafür einen Sonntag opferte, bedenkt man zudem, daß ein vergleichbarer Besuch in Litauen und Lettland erst für den Herbst des Jahres geplant war. Das hatten Meri und Estland in erster Linie ihrem Freunde Staatssekretär Meyer-Landrut zu verdanken, der damals Chef des Bundespräsidialamts war und der dank seiner Position und seiner Verbindungen in jenen Jahren hinter den Kulissen viel für die Interessen seiner estländischen Heimat bewirkt hat. Selbstverständlich begleitete er jetzt den Bundespräsidenten, während das Auswärtige Amt durch Staatssekretär Kastrup vertreten war. Daneben gehörten der Delegation wie üblich noch zahlreiche Mitarbeiter des Bundespräsidialamts, des Auswärtigen Amts und des Bundespresseamts an, außerdem war über ein Dutzend deutscher Medienvertreter mit von der Partie (Abbildung 36).

Vom Flughafen ging es zuerst einmal zu dem Gästehaus im Villenvorort Nömme, wo sich Herr und Frau Meri verabschiedeten. In demselben Salon, in dem ich am 11. September 1991 Außenminister Genscher gegenübergesessen hatte, ließ sich der Bundespräsident jetzt von mir in einem kurzen *tête-à-tête,* zu dem später die Damen und Meyer-Landrut hinzukamen, über die jüngsten innenpolitischen Entwicklungen und das Gespräch mit Max van der Stoel am Vorabend unterrichten. Dann fuhren wir alle in die Stadt.

Das Programm, das stark die Handschrift Meris trug, war so konzipiert, daß es am ersten Tag ganz im Zeichen der persönlichen Begegnung der beiden Präsidenten stehen und der eigentliche offizielle Besuchsteil erst am Montag stattfinden sollte. Am Fuße des Dombergs, auf halber Höhe des Falkenstegs (*Falgi tee*), erwarteten uns also Meri und Laar mit ihren Damen zu einem Gang durch das alte Reval (Abbildung 37). Da der Ministerpräsident am nächsten Tag wegen eines Besuchs in Israel verhindert sein würde, wollte er wenigstens bei dieser Gelegenheit dem Gast aus Deutschland die Ehre geben und ihm für Gespräche zur Verfügung stehen. Dazu war dann auch reichlich Zeit, denn für den Stadtrundgang, auf dem uns Jüri Kuuskemaa als kunsthistorischer Führer begleitete, waren zwei volle Stunden vorgesehen. Als wir auf dem Domberg einen ersten Halt machten und die deutschen Fotografen um Aufstellung zu einer Gruppenaufnahme mit den beiden Präsidenten vor dem Hintergrund der orthodoxen Kathedrale baten, da intervenierte Meri, dem nichts entging, sofort. Also mußte Weizsäckers Pressesprecher Horstmann die Fotografen erst einmal umdirigieren, damit an Stelle dieses architektonischen Fremdkörpers die mittelalterliche Stadtmauer mit dem Kanonenturm *Kiek in de Kök* ins Bild kam, um keinen Zweifel daran zu lassen, wohin Estland geschichtlich und kulturell gehört! (Abbildung 38). Zum damaligen Zeitpunkt waren auch die Renovierungsarbeiten an der künftigen Residenz, vor der sich das alles abspielte, bereits in vollem Gange, und wie alle anderen Besucher zeigte sich auch der Bundespräsident von ihrer fabelhaften Lage und ihrem trotz der Baugerüste unschwer zu erkennenden großzügigen Zuschnitt beeindruckt. In der Domkirche wurde die Werkstatt zur Konservierung der Wappenepitaphe, nicht nur Kuuskemaas ganzer Stolz, besichtigt (Abbildung 39), damals das größte deutsche Kulturprojekt in Estland, um dann nach einem Blick von der Aussichtsplattform auf die Revaler Bucht und Unterstadt in diese hinabzusteigen. Dort endete der zweite Teil dieses ausgedehnten nachmittäglichen Spaziergangs am Deutschen Kulturinstitut, wo der Hausherr, Stadtarchivdirektor Jüri Kivimäe, die Honneurs machte. Hier verabschiedeten sich Meris, und Weizsäckers fuhren zu uns in die *Paju tee 5.*

Auf besonderen Wunsch des Bundespräsidenten hatte sich eine Reihe von vorübergehend in Estland beruflich tätigen Deutschen – Deutschlehrerinnen, der Lektor Dr. Sommerhage aus Dorpat, Privatisierungsberater Dr. Schmidt, die Rechtsberaterin der KSZE-Langzeitmission Dr. Schmidt – sowie Dr. Sieben als Repräsentant der in Estland lebenden Rußlanddeutschen versammelt, mit denen er sich über ihre Erfahrungen unterhalten wollte. Herrn von Weizsäcker gelang es auch diesmal, die ganz natürliche Befangenheit der Gäste schnell zu überwinden und ein Gespräch in Gang zu bringen. Leider konnte es nur eine knappe Stunde dauern, denn Präsident Meri und seine Frau erwarteten uns zu einem Abendessen in den vor kurzem renovierten Räumlichkeiten, die sie gerade als ihre neue Residenz in einem Flügel des Präsidentenpalais in Katharinental bezogen hatten.

Der Präsident hatte diesem Essen offenkundig einen möglichst intimen Charakter geben wollen und daher diesen schon beinahe familiären Rahmen gewählt, der außer Meris und Weizsäckers nur noch die Teilnahme von Meyer-Landrut, Kastrup, meiner Frau und mir sowie einer Dolmetscherin zuließ. Die Unterhaltung, die nahezu ausschließlich auf Deutsch geführt wurde, drehte sich dieser Absicht gemäß dann auch weniger um politische Fragen, sondern schöpfte ihre Themen aus den weitgespannten kulturellen und historischen Interessen des Hausherrn und seines Gastes. Der Bundespräsident fand dabei anerkennende Worte für die „tiefe innere Bindung deutscher Familien an ihre Wurzeln in Estland", wie er sich später in einem Brief an mich ausdrückte, von denen an jenem Abend zwei Vertreter mit am Tische saßen. Damit schlug er als erster deutscher Politiker, den ich in Estland erlebte, und sollte damit nach meiner Erinnerung auch der einzige bleiben, ein Thema an, das er während seines Besuchs noch verschiedentlich auch öffentlich aufgriff und zu dem er in seiner Tischrede beim offiziellen Mittagessen am nächsten Tag diese Worte fand:

Die Wiederherstellung der estnischen Unabhängigkeit hat es unseren Völkern erlaubt, alte Verbindungen wiederaufzunehmen und neue zu knüpfen. Wir Deutschen vergessen dabei nicht, daß es das nationalsozialistische Deutschland war, das mit seiner Teilnahme am Hitler-Stalin-Pakt die Annexion der baltischen Staaten durch die Sowjetunion im Jahre 1940 erst ermöglicht hat. Das estnische Volk hatte unter den Folgen dieses räuberischen Paktes schwer zu leiden. Es zeugt von Größe, daß Estland auch vor dem Hintergrund dieser dunklen Seiten der Geschichte nach der Wiedererlangung seiner Unabhängigkeit eine enge und vertrauensvolle Zusammenarbeit mit Deutschland gesucht hat.

Hieran haben nicht zuletzt auch die Deutschbalten mitgewirkt, die als Folge desselben Paktes ihre Heimat verloren. Viele von ihnen und ihre Nachkommen kehren heute zurück, nicht um Ansprüche anzumelden, sondern um Estland zu besuchen, aber auch, um es tatkräftig zu unterstützen. Es spricht für die Aufrichtigkeit Estlands im Umgang mit seiner Vergangenheit, daß es die siebenhundertjährige Geschichte des Deutschbaltentums als wichtigen Teil seiner eigenen Geschichte annimmt.

Im weiteren Verlauf des Abends zeigte uns Meri nicht ohne Stolz seine Bibliothek. Dabei erwähnte er, daß er die Bücher bis in die frühen Morgenstunden desselben Tages in der neuen Wohnung aufgestellt habe. Noch beinahe ein Jahrzehnt später erinnerte sich Herr von Weizsäcker hieran, als wir auf seinen Estlandbesuch zu sprechen kamen, so hatte ihn dies beeindruckt! Bevor wir uns alle voneinander verabschiedeten, fuhren wir im Halbdunkel der nordischen Sommernacht bis zu dem Aussichtspunkt hinter dem Strand von Brigitten im Vorort *Merivälja*, von wo sich einem ein wundervoller Blick auf die gegenüberliegende Silhouette der alten Stadt am Horizont bietet.

Der offizielle Teil des Besuchs begann am nächsten Morgen mit einer Begrüßung durch Präsident Meri und seine Frau und den üblichen militärischen Ehren in Katharinental, nachdem meine Frau und ich zuvor den Bundespräsidenten und Frau von Weizsäcker in Nömme abgeholt hatten. Während die Damen ihr eigenes Programm hatten, fand ein Gespräch mit Präsident Meri statt. An ihm nahmen jetzt auch Außenminister Velliste und Botschafter Matsulevitš aus Bonn teil (sowie neben einigen anderen auf estnischer Seite auch unser Kollege Botschafter a.D. Terfloth, der sich 1992/94 mehrfach zur Beratung von Meri in Estland aufhielt). Meri kam gleich auf eine deutsche Vermittlung im estnisch-russischen Konflikt um den Truppenabzug zu sprechen, die er bereits der Bundestagspräsidentin gegenüber angesprochen hatte. Dabei diente ihm eine Mitteilung des russischen Fernsehens als Aufhänger, in der die Rede davon gewesen sei, Bundeskanzler Kohl hätte sich bei einem gerade in Irkutsk stattgefundenen Zusammentreffen mit Präsident Jelzin zu einer solchen Vermittlung bereitgefunden. Weizsäcker erklärte daraufhin, die deutsche Position sei die, daß wir zwar bereit seien, den estnisch-russischen Dialog zu fördern, doch „vermitteln" im engeren Sinn, nämlich sich zu dritt an einen Tisch setzen, das könnten wir nicht. Denn dies hieße die Souveränität von Estland und Rußland falsch einschätzen. Auch kam hierbei die Sprache auf eine länderübergreifende regionale Kooperation unter Einbeziehung Rußlands, wie sie sich im Ostseerat organisiert hatte, und auf eine mögliche Begegnung Meris mit Sobtschak, von der noch die Rede sein wird.

Breiten Raum nahmen verständlicherweise das Verhältnis zur russischen Bevölkerung und die aktuelle Lage im Zeichen von Ausländergesetz und angekündigtem Referendum in Narva ein. Auf erste Ergebnisse der Beratungen am „Runden Tisch" eingehend, der sich gerade zwei Tage zuvor konstituiert hatte, merkte Meri an, man müsse auf die Vorgänge in Narva ruhig reagieren. Auch die estnische Seite habe Fehler begangen, vor allem sei die Informationspolitik der Regierung schlecht. Dies habe zur Folge, daß die Menschen im estnischen Nordosten nur ganz einseitig und dabei aus so dubiosen Quellen wie den Sendungen des Petersburger Fernsehjournalisten Njevsorov unterrichtet würden. Auch habe es in der Tat zu wenige Kontakte zwischen Tallinn und Narva gegeben. Meri schilderte dann den Gästen aus Deutschland des näheren, wie der enorme Zuwachs an russischsprachigen Einwohnern seit Kriegsende zustandegekommen sei und machte auf die seinerzeit gegebene Möglichkeit aufmerksam, sich als sowjetischer Militärangehöriger kurz vor der Pensionierung nach Estland versetzen zu lassen und dann mit dem Anspruch auf sofortige Zuteilung einer Wohnung für sich und seine Familie in den Ruhestand zu treten. Diesen Personenkreis könne Estland nicht als Zivilisten behandeln, sondern müsse ihn als zur russischen Reserve gehörend betrachten, zumal er auch noch oft über Waffen verfüge. Bedenke man ferner, daß die militärische Infrastruktur in Estland weiterhin intakt sei, dann könne daraus der Schluß gezogen werden, es müsse eine russische Konzeption geben, derzufolge die baltischen Staaten sobald wie möglich wieder in Besitz genommen werden sollten. Die Russen in Estland hätten sich nach der Unabhängigkeit eine zeitlang verunsichert gefühlt, zum Teil auch das Land verlassen; jetzt sei dieser Zustand aber überwunden, und sie kehrten sogar wieder zurück. Diesem Bedrohungsszenario widersprach der Bundespräsident ganz entschieden, wenn auch in liebenswürdigster Form: Rußland habe angesichts der Lage im eigenen Land keine andere Wahl, als mit dem Westen zusammenzuarbeiten, estnische Ängste hätten daher wenig mit der Wirklichkeit zu tun. Aber selbstverständlich „säßen wir im selben Boot", und sollte es wirklich zu einer Bedrohung der Sicherheit Estlands kommen, dann wäre dies eine solche für ganz Europa.

Von Katharinental ging es in das Rathaus zur Eintragung in das Goldene Buch der Stadt und von dort auf den Domberg zu einem Gespräch mit Tunne Kelam und einer Reihe weiterer Abgeordneter. Da Parlamentspräsident Nugis erkrankt war, empfing Kelam als sein erster Stellvertreter die Delegation und wandte sich mit einer längeren, schriftlich vorbereiteten Ansprache an den Bundespräsidenten, in der er ihn als „eine der großen moralischen Autoritäten der europäischen Politik" in Estland begrüßte, um dann den Gästen die Grundlagen des wiedererrichteten estnischen demokratischen Staatswesens und dessen politische Leitlinien darzustellen. Danach begaben wir uns in den angrenzenden „Weißen Saal" des Schlosses, in dem gewöhnlich die Kabinettssitzungen stattfanden, zu einer gemeinsamen Pressekonferenz der beiden Präsidenten. Dabei beeindruckte mich wie bereits auf dem Flughafen, als der Bundespräsident unmittelbar nach der Landung der ihn begleitenden deutschen Presse einige Worte zu dem Besuch gesagt hatte, wie geradezu meisterhaft er die Kunst der geschliffenen Formulierung beherrschte. Obwohl er mit keiner seiner Aussagen von der Linie der amtlichen deutschen Außenpolitik abwich, stellte er diese doch mit eigenen Worten so dar, als hätte er sie gerade selbst festgelegt. Das führte dazu, daß besonders gelungene Formulierungen später Eingang in unsere amtlichen Papiere fanden, wie beispielsweise seine Beschreibung der Rolle Deutschlands im estnisch-russischen Verhältnis als „stille Diplomatie". Diese Formulierung und die Feststellung von Präsident Meri, daß ein Durchbruch in den estnisch-russischen Beziehungen erst dann erfolgen könne, wenn der Truppenabzug „vertraglich" geregelt sei, wurden dann von den estnischen Medien auch als die Kernaussagen der Pressekonferenz wiedergegeben.

Am frühen Nachmittag verließen wir die Stadt in Richtung Palms, wo ein spätes Mittagessen vorgesehen war, und benutzten dazu mehrere Busse, in denen auch die estnischen Gäste mitfuhren. Bei ihnen handelte es sich neben den wichtigsten Vertretern von Politik und Administration im wesentlichen um einige ausgewählte Persönlichkeiten aus Kultur und Wissenschaft, denn auch in Palms war der Platz nicht unbegrenzt. Dazu zählten der Rektor der Universität Tartu Peeter Tulviste, die Dichter Ain Kaalep und Jaan Kaplinski (Jaan Kross hatte leider wegen einer Sommergrippe absagen müssen), Jüri Kivimäe und die uns besonders verbundene Leiterin der Baltica-Abteilung der Bibliothek der Akademie der Wissenschaften Kyra Robert, Erzbischof Kuno Pajula und als Repräsentanten der russischen Bevölkerung der Vorsitzende der „Vertreterversammlung" Nikolai Juganzov, der Vorsitzende der russischen Kulturgesellschaft in Estland Dmitri Michailov und der Direktor des Narvaer Museums Eldar Efendijev. Unterwegs machten wir an der Kirche von Kusal halt, wo Pastor Kuulpak und Erzbischof Pajula sowie einige Gemeindeglieder den Bundespräsidenten und seine Frau erwarteten und die Orgel spielte, als die Gäste das Gotteshaus betraten, um sie unter sachkundiger Führung durch Frau Robert und Jüri Kuuskemaa zu besichtigen.

Für Palms war dies ein großer Tag, denn in der Geschichte des alten Landgutes, das jahrhundertelang den Freiherren von der Pahlen gehört hatte, sollte dies der erste Besuch eines Staatsoberhauptes sein und vorläufig auch bleiben (Abbildung 40). Der Gedanke, das offizielle Essen für die deutschen Staatsgäste gerade hier zu geben, stammte von Präsident Meri persönlich. Als er ihn mir bei einer Vorbesprechung des Besuchsprogramms in Katharinental Ende Mai eröffnete, stimmte ich ihm gleich lebhaft zu und berichtete nach Bonn. So gab es dann kein Zurück mehr, als sich die Realisierung unter den damaligen Verhältnissen als schwierig herausstellte und mich der estnische Protokollchef händeringend bat, ich sollte mich doch für eine Programmänderung einsetzen. In der Tat stellte die Ausrichtung einer solchen Veranstaltung von internationalem Rang auf dem flachen Lande 75 km von der Hauptstadt entfernt damals hohe Anforderungen an die organisatorischen Fähigkeiten und leider wohl auch finanziellen Möglichkeiten der estnischen Gastgeber. Doch sind sie ihnen in jeder Hinsicht gerecht geworden. Im nachhinein konnten wir wohl alle guten Gewissens feststellen, daß diese nicht zuletzt dank herrlichstem hochsommerlichem Wetter so gelungene Mischung aus Landpartie und Staatszeremoniell zu einem nicht geringen Teil dazu beigetragen hat, diesen Besuch von Herrn und Frau von Weizsäcker in Estland zu einem unvergesslichen Erlebnis zu machen.

Nachdem also die Gäste in Palms aus den Bussen ausgestiegen, von der „Hausfrau" Eve Ong begrüßt worden und die Pressefotografen vor der Kulisse des Herrenhauses zu ihrem Recht gekommen waren, machten wir erst einmal einen Gang durch den festlich geschmückten Garten zum Wasser. Dort erfreuten sich die beiden Präsidenten und ihr Gefolge am Anblick eines Schwanenpaares und seiner Jungen, das aber selbst weniger Verständnis für die von uns als Idylle wahrgenommene Situation als vielmehr Befürchtungen für seinen Nachwuchs zu haben schien und sich recht aggressiv gebärdete.

Das zweistündige Mittagessen fand in mehreren Räumen des ehemaligen Gutshauses statt. Die Haupttafel war im großen Saal für 24 Personen gedeckt. In einer gedankenreichen und wie von ihm schon gewohnt mit überraschenden Pointen durchsetzten Rede in deutscher Sprache reflektierte Präsident Meri den Platz Estlands in Europa, streifte das politische Tagesgeschehen und dankte den deutschen Freunden für die Unterstützung beim Wiederaufbau des Landes. Hier zwei Kostproben:

Uns verbindet auch ein gemeinsames europäisches Erbe, obgleich womöglich etwas ungleichmäßig verteilt, aber das dürfte heutzutage nicht mehr so wichtig sein, denn wir verstehen ja Europa nicht nur als eine geographische oder wirtschaftliche Einheit, sondern eher als eine Zivilisation, eine sich langsam bildende Wertegemeinschaft.

Davon geht unsere Vision von der Zukunft Europas aus, und darauf stützt sich unser fester Glaube, daß Estland einmal wieder, in nicht so entfernter Zukunft, im wahrsten Sinne des Wortes Europa angehören wird.

Wir haben uns unseren Weg nach Europa vorgezeichnet und Schritt für Schritt, auf europäische Art und auf demokratische Weise, versuchen wir unser Ziel zu erreichen. Gewiß, es ist ein holpriger Weg, und wie schnell wir vorankommen, hängt nicht nur von uns ab …

Ich habe einmal Estland mit einem verlorenen Sohn Europas verglichen, der wieder nach Hause möchte. Gestatten Sie mir auch heute diesen poetischen Vergleich.

Wir klopfen schon an die Tür, und wir glauben zu wissen, daß der Vater die Tür öffnen möchte, aber es geht vorläufig nicht. Zum Teil, weil es als ein Ergebnis gewisser Ereignisse sowohl in der älteren als auch in der neueren

Geschichte auf einmal mehrere von diesen verlorenen Söhnen gibt, die alle heimkehren wollen. Die Familie im Haus möchte sich, und die Söhne draußen müssen sich aber auf diese plötzliche Familienzusammenführung etwas vorbereiten.

Wir wissen, es wird leider noch dauern, bis wir Europa zugerechnet werden. Hoffentlich nicht allzu lange.

Bis es soweit ist, freuen wir uns aber sehr, wenn Europa zu uns kommt ...

Der Bundespräsident dankte mit einer die einschlägigen Bereiche der internationalen Politik ebenso wie die estnischen Erfolge seit der Unabhängigkeit und die bilaterale Zusammenarbeit systematisch abhandelnden und die Position der Bundesregierung beschreibenden Rede, nachdem er mit grundsätzlichen Aussagen zum deutsch-estnischen Verhältnis – aus denen bereits zitiert wurde – eingeleitet hatte. Seine Rede unterschied sich dadurch deutlich von der seines Gastgebers, war aber deswegen nicht weniger herzlich gehalten. Während Meri seinen Text im Zweifel im wesentlichen allein und zu nächtlicher Stunde verfaßt hatte, konnte sich Herr von Weizsäcker auf einen großen Beamtenapparat in seiner eigenen Behörde wie auch im Auswärtigen Amt stützen. Einige die deutsche Haltung wiedergebende Passagen mögen dies illustrieren:

Estland hat die Wiedererlangung der Unabhängigkeit nach über fünfzig Jahren sowjetischer Fremdherrschaft mit Recht als Rückkehr an seinen angestammten Platz unter den demokratischen Nationen Europas gedeutet. Allerdings steht diese Rückkehr im Zeichen eines schweren Erbes. Die Ablösung von der Sowjetunion hat schwierige Fragen aufgeworfen, die auch heute noch das Verhältnis zu Rußland belasten. Deutschland sieht in einer gedeihlichen und kooperativen Entwicklung des Verhältnisses zwischen den baltischen Staaten und Rußland ein wichtiges Element gesamteuropäischer Stabilität. Dies gilt zum einen für den Abzug der ehemals sowjetischen Truppen aus Estland, der nunmehr zügig gemäß der im vergangenen Jahr im Rahmen der KSZE in Helsinki getroffenen Vereinbarungen abgeschlossen werden sollte. Zum andern geht es um die Zukunft der russischsprachigen Bevölkerung in Estland. Eine dauerhafte Lösung auch dieser Frage wird nur im Rahmen der Vernunft und Bestimmungen und Vereinbarungen der KSZE, aber auch politischer und menschlicher Großmut aller Betroffenen zu erreichen sein ...

Ihr Land hat sich sehr bald nach Wiedererlangung der Unabhängigkeit eine neue Verfassung gegeben und demokratische Parlaments- und Präsidentschaftswahlen abgehalten. Dieses eindeutige Bekenntnis zu Demokratie und Rechtsstaat ist jetzt zu Recht durch die Aufnahme Estlands in den Europarat gewürdigt worden. Zugleich hat Estland mutig und zielstrebig die Entwicklung marktwirtschaftlicher Strukturen vorangetrieben. Vor über einem Jahr haben Sie als erster der baltischen Staaten eine neue Währung eingeführt, die der estnischen Wirtschaft zu einem mächtigen Schub verholfen hat. Schon heute ist absehbar, daß Estland gute Chancen hat, eine für Mittel- und Osteuropa vorbildliche wirtschaftliche Entwicklung zu nehmen ...

Herr Präsident, Sie haben immer wieder mit Recht darauf hingewiesen, daß Estland nicht nur kulturell, sondern auch politisch zu Europa gehört. Deutschland wird sich auch weiterhin für die Heranführung Estlands an die Europäische Gemeinschaft einsetzen. Mit dem Abschluß des Handels- und Kooperationsabkommens wurde ein erster Schritt getan, dem weitere folgen müssen. Ich denke hierbei vor allem an die Assoziierung Estlands und seiner baltischen Nachbarn an die Europäische Gemeinschaft ...[56].

Nach dem Essen zog sich Weizsäcker, der großen Wert darauf gelegt hatte, während seines Estlandbesuchs mit Repräsentanten der russischen Bevölkerung zusammenzutreffen, mit Juganzov und Michailov zu einem vertraulichen Gespräch zurück, an dem auch Meyer-Landrut und zwei Kollegen aus dem Auswärtigen Amt teilnahmen. Kurz vor der Abfahrt aus Tallinn war ich bei einem Sprung in die Botschaft vor dem „Weißen Haus" auf Max van der Stoel gestoßen, der mir den Text seiner wenig später der Presse bekanntgegebenen Erklärung über das Ergebnis seiner Vermittlungen in die Hand gedrückt hatte – so waren wir also über den letzten Stand unterrichtet. Zur gleichen Zeit wie Weizsäcker mit den Russen sprach Kastrup mit Velliste: In einem *tour d'horizon* der aktuellen Lage und unserer bilateralen Zusammenarbeit bewertete der Außenminister die Rolle der KSZE und van der Stoels positiv, auch wenn es diesem – wie angeblich von Tschuikin versprochen – zu seiner großen Enttäuschung nicht gelungen sei, eine Absage des Referendums in Narva zu erreichen. Die Frage von Velliste, was Deutschland zur Beschleunigung des Truppenabzugs tun könnte, beantwortete unser Staatssekretär, der keine falschen Hoffnungen erwecken wollte, dahingehend, daß „wir Realisten sein und uns eingestehen sollten, daß unsere Möglichkeiten sehr beschränkt sind". Denn wir könnten nicht – wie bereits vom Bundespräsidenten dargelegt – Estland und Rußland an den Verhandlungstisch einladen.

Am späten Nachmittag verließen wir Palms, und um 19 Uhr ging dieser so harmonisch verlaufene Besuch am Revaler Flughafen zu Ende.

Meri und Sobtschak

Seit Beginn meiner Botschaftertätigkeit hatte ich immer wieder einmal auch
Meri gegenüber die großen Möglichkeiten zur Sprache gebracht, die meiner
Ansicht nach einer regionalen Zusammenarbeit Estlands mit St. Petersburg in-
newohnten und die jetzt brachlägen. Dies sei umso bedauerlicher, als mit Bürgermeister Sobtschak eine der Galionsfiguren der russischen Demokraten an
der Spitze der Neva-Metropole stünde. Zudem war ich ziemlich sicher, daß sich
Meri und Sobtschak, die einander noch nie begegnet waren, als kongeniale Persönlichkeiten schnell verstehen würden. Mitte Mai 1993 war dann Meri von
sich aus hierauf zurückgekommen und hatte mir gegenüber den Wunsch
geäußert, Sobtschak kennenzulernen: Rußland sei für Estland zu groß, Petersburg habe die richtige Dimension. Ich sagte dem Präsidenten, er möge mich
wissen lassen, was er konkret an Vermittlung wünsche. Denn falls ich eine Initiative ergreifen sollte, müßte ich mich zuvor mit Bonn abstimmen. Daraufhin
hatte ich von ihm dazu nichts mehr gehört, auch nicht nachgefragt, zumal mittlerweile Ende Mai Ministerpräsident Laar mit Savisaar und den Bürgermeistern
von Tallinn und Narva anläßlich der Feierlichkeiten zum 290. Geburtstag der
Stadt in Petersburg gewesen und dort auch mit Sobtschak zusammengetroffen
waren.

Als dann am 5./6. Juli auf dem Höhepunkt der durch das Ausländergesetz
ausgelösten Turbulenzen der baden-württembergische Ministerpräsident Teufel auf Einladung von Meri – der am 3. Mai in Stuttgart im Rahmen einer Veranstaltung der Robert Bosch Stiftung über „Das Baltikum – Prüfstein für die
Union Europas" gesprochen hatte – auf dem Weg nach St. Petersburg in Tallinn
Station machte und von ihm in Katharinental empfangen wurde, stellte sich im
Gespräch heraus, daß Teufel nicht nur am nächsten Tag Sobtschak sehen
würde, sondern diesen auch bereits kannte und schätzte. Da bat ihn Meri diesem zu sagen, daß er den Wunsch habe, mit ihm zusammenzutreffen. Dies
könne auch ganz privat und am dritten Ort während seiner bevorstehenden Ferien in Finnland geschehen, wobei die Regierung in Helsinki sicher behilflich
sein würde. Ministerpräsident Teufel erklärte sich dazu bereit und unterrichtete
unmittelbar nach seiner Rückkehr Präsident Meri und mich in ausführlichen
Briefen über das Ergebnis, nachdem ich bereits zuvor von einem seiner mitrei-
senden Mitarbeiter aus dem Stuttgarter Staatsministerium angerufen und in die
Lage versetzt worden war, Meri am 9. Juli vorab zu informieren. Demzufolge
hatte sich Sobtschak an einem Treffen interessiert gezeigt, die Modalitäten einer Begegnung aber von der weiteren Behandlung des Ausländergesetzes (damals noch in seiner ursprünglichen Fassung) abhängig gemacht: Falls Meri es
nicht verkünde, sei er zu einem offiziellen Besuch in Tallinn bereit, ansonsten
käme eine private Zusammenkunft in Finnland in Frage. Doch zuvor beabsich-

tige er, sich mit Präsident Jelzin und Ministerpräsident Tschernomyrdin abzu-stimmen, und werde dann von sich hören lassen.

An einem der letzten Julitage behielt mich Meri nach einem Gespräch, das er mit einer Reihe von uns Botschaftern über die Beziehungen zu Rußland ge-führt hatte, bei sich in Katharinental zurück und erzählte ausführlicher von der Begegnung mit Sobtschak, die mittlerweile am 20./21. Juli an Meris Urlaubsort in Finnland stattgefunden und die er zuvor auch gegenüber den Kollegen kurz erwähnt hatte. Wie von mir nicht anders erwartet, hatten sich die beiden per-sönlich gleich gut verstanden, und Sobtschak hatte sein, Meris, daraufhin spon-tan gemachtes Angebot, doch über Nacht zu bleiben, sofort angenommen. Sobtschak wurde von Putin, damals Vorsitzender des Komitees für Außenbezie-hungen beim St. Petersburger Bürgermeisteramt, und dem im russischen Außenministerium für die baltischen Staaten zuständigen Unterabteilungsleiter Udalcov begleitet. Dieser habe sich aber nach einigen Stunden verabschiedet, worauf sich Sobtschak, als nur noch Putin zugegen war, noch ungezwungener geäußert habe. Das erinnerte mich lebhaft an Erfahrungen, die ich gemacht hatte, als ich im Mai 1991 eine Woche mit Sobtschak und Putin durch Deutsch-land gereist bin und sich in München für uns ganz unerwartet zu Beginn einer Opernaufführung der sowjetische Botschafter Terechov mit Frau und Sohn ein-gefunden hatten, um den damaligen Vorsitzenden des Lensowjet zu begrüßen und uns später in dem der Oper gegenüberliegenden „Spatenbräu" zu bewirten. Sobtschak war „seinem" Botschafter den ganzen Abend über mit dem ihm ge-bührenden Respekt begegnet. Doch kaum hatten sich Terechovs verabschiedet, brach es geradezu aus ihm heraus, und er schüttete Hohn und Spott über die sowjetische Nomenklatura aus, wie ich es bei dieser Gelegenheit nicht zum ein-zigen Mal von ihm erlebte. Dabei machte er seine Kritik meist an konkreten Beispielen voller Situationskomik fest, wie sie ihm vor allem im Obersten Sowjet in Moskau begegnet waren und anhand deren er die in seinen Augen geradezu bodenlose Dummheit einiger der Spitzenfunktionäre der KPdSU zu demon-strieren suchte.

In den zahlreichen Stunden, die sie miteinander verbracht hätten, berichtete Meri, seien Sobtschak und er sich in vielem einig gewesen, in manchem aber auch nicht – ohne daß Meri die Punkte, in denen die Meinungen auseinander-gegangen waren, genau benannt hätte. Vermutlich wird es sich außer den aktu-ellen Problemen mit dem Ausländergesetz grundsätzlich um die Behandlung der russischen Bevölkerung durch den estnischen Staat gehandelt haben, die Sobtschak, der wie viele Russen ein stark national empfindender Mann und nicht frei von Emotionen war, wie ich wußte, kritisch beurteilte. Mir gegenüber erwähnte Meri aus diesen Gesprächen vor allem den Aspekt der Zusammenar-beit zwischen Estland und St. Petersburg. Sobtschak, der die Verantwortung für die Versorgung einer Stadt von zweieinhalb Mal so vielen Einwohnern wie ganz

Estland trug, habe sich daran interessiert gezeigt, Strukturen zu schaffen, die es Petersburg erleichterten, eine von ihm vorhergesehene „chaotische Entwicklung" in Rußland zu überstehen. Dazu zählten auch gute Beziehungen zu den baltischen Staaten, von denen er sich – so Meris Eindruck – zugleich positive Auswirkungen auf das Verhältnis Petersburgs zum Westen verspräche. Besonders interessiert sei Sobtschak an einer wirtschaftlichen Kooperation mit Blickrichtung auf die baltischen (und finnischen) Häfen gewesen, da die Petersburger Kapazitäten nicht ausreichten. Meri bewertete diese grundsätzlichen Überlegungen damals mit einer gewissen Zurückhaltung. Denn aus seiner Sicht sollte zuerst die Zusammenarbeit innerhalb des „balto-skandinavischen" Raumes organisiert werden bevor man mit St. Petersburg in eine groß angelegte regionale Kooperation eintrete, um – wie er sich ausdrückte – der Gefahr neuer „quasi-kolonialer" Abhängigkeiten vorzubeugen – da war es also wieder, das tiefsitzende Mißtrauen gegenüber den Absichten des östlichen Nachbarn, das dieser allerdings durch sein Verhalten, und sei es nur verbal, auch ständig von Neuem nährte. So lange dieser Zustand nicht überwunden war, konnte an eine ernst gemeinte Kooperation nicht gedacht werden. Daher hat diese Begegnung, soweit ich dies erkennen kann, letztendlich ebenso wenig bewirkt wie zuvor der Besuch von Laar und Savisaar in Petersburg.

Das gilt auch für einen Punkt, in dem sich Meri und Sobtschak bereits auf eine konkrete Zusammenarbeit verständigt hatten. In diesem Fall lagen die Gründe dafür, daß sie dann nicht zustandekam, aber in größeren, über den regionalen Rahmen hinausreichenden politischen Zusammenhängen. Es handelte sich um die damals international viel erörterte Frage, den Truppenabzug aus dem Baltikum durch den Bau von Wohnungen in Rußland für die zurückkehrenden Militärs und ihre Familien zu beschleunigen. Wegen ihr hatte Meri uns Botschafter damals Ende Juli auch zu sich gebeten. Anlaß war ein Schreiben des in Riga residierenden Kommandeurs der Nordwest-Armeegruppe und Bevollmächtigten für die russischen Truppen im Baltikum Generaloberst Majorov gewesen. In ihm hatte er Angebote zur Wohnungsfinanzierung, wie sie die Regierungen der USA und Dänemarks gemacht hätten, für unzureichend erklärt und jetzt ein Angebot von Estland gefordert. Mit Sobtschak, legte uns Meri dar, sei er sich einig gewesen, daß die international zu beschaffenden Mittel nicht über Moskau fließen dürften, wo sie zumindest teilweise zu „versickern" drohten, sondern am wirksamsten in der Weise eingesetzt würden, wenn man den Wohnungsbau auf der Ebene der örtlichen militärischen Befehlshaber und zivilen Verwaltungen organisierte. Der Petersburger Bürgermeister habe sich bereiterklärt, hierfür Land zur Verfügung zu stellen und in diesem Sinn seinen Einfluß auch im Nordosten Rußlands geltend zu machen, um mit dem Projekt in kleineren östlich von Petersburg gelegenen Städten beginnen zu können. So überzeugend dieser Ansatz auf den ersten Blick auch schien, so wenig vermochte er den politischen Realitäten standzuhalten. Er kennzeichnete in gewisser Weise auch die beiden Männer, die sich in vielem ähnlich waren.

Mich erinnerte das zudem an ein Lieblingsprojekt von Sobtschak, für das er während seiner Deutschlandreise 1991 vergeblich um die Unterstützung der Bundesregierung geworben hatte, obwohl es nicht minder einleuchtete: Warum nicht, so argumentierte er damals, deutschen Aussiedlern aus Kasachstan und anderen Teilen der Sowjetunion im Leningrader Gebiet, wo es seit den Tagen von Katharina II. bis zu den großen „Säuberungen" Stalins in den 1930er Jahren deutsche Bauern gab, Land zur Verfügung stellen und mit Bundesmitteln neue Höfe bauen, anstatt sie zu hohen Kosten in ihnen fremde Verhältnisse nach Deutschland zu holen? Damit wäre schließlich beiden Seiten gedient: Die deutschen Steuerzahler würden entlastet, und Leningrad gewönne eine ländliche Bevölkerung zurück, die zur Versorgung der Stadt mit Agrarprodukten beitragen könnte (Sobtschak, der in Sibirien geboren und aufgewachsen war, hatte eine hohe Meinung von den rußlanddeutschen Bauern und erzählte gerne von ihren gepflegten Dörfern). Mich hatte er von seiner Idee, und durchaus nicht ohne Erfolg, zusätzlich noch dadurch zu überzeugen gesucht, daß er mich im Frühjahr 1991 vor unserer Reise nach Deutschland zu einem Hubschrauberausflug in nordöstlicher Richtung einlud, um mir aus der Luft für eine Ansiedlung im Leningrader Gebiet in Frage kommende ehemals landwirtschaftlich genutzte und jetzt verlassene Gegenden zu zeigen. Dabei landeten wir zum Picknick in einer menschenleeren Gegend am Ufer eines Sees, wo nur noch ein verfallenes Bauernhaus an bessere Zeiten erinnerte (Abbildungen 6 und 7). Dieser Flug war übrigens auch für Sobtschak ein Erlebnis, da er die Umgebung seiner Stadt noch nie aus dieser Perspektive gesehen hatte. Putin, der ebenfalls mit von der Partie war, erzählte mir später, sie hätten anschließend mit den „Organen" Ärger bekommen, weil sie dem Generalkonsul der Bundesrepublik Deutschland ohne vorher eine Erlaubnis einzuholen diese Einblicke gewährt hatten, und das, obgleich Sobtschak die Chefs sowohl der Legislative als auch der Exekutive des Gebiets, Jarov und Kojkolajnen, mit dazu gebeten hatte. Bei den Gesprächen, die Sobtschak dann im Mai 1991 in Bonn führen konnte, zeigten sich die Vertreter der Bundesregierung diesen Plänen gegenüber aus finanzpolitischen Überlegungen äußerst reserviert.

Die Entwicklung ist später über diesen Aspekt des Truppenabzugs hinweggegangen, da keine wirklich ins Gewicht fallenden Finanzmittel für den Wohnungsbau zusammenkamen. Doch sollte er später bei den estnisch-russischen Verhandlungen noch eine Rolle spielen und Moskau einen Vorwand liefern, ein Abkommen hinauszuzögern. Auch an der Haltung der Bundesregierung, angesichts der bereits für den Abzug der ehemaligen sowjetischen Truppen aus dem wiedervereinigten Deutschland aufgebrachten Beträge keine weiteren Zahlungen leisten zu können, sollte sich nichts ändern.

Sommerlicher Ausflug von Außenminister Kinkel nach Tallinn

Als ich an einem schönen Sommermorgen Anfang August 1993 an meinem Schreibtisch saß, klingelte das Telefon und ich wurde mit – dem Bundesaußenminister verbunden. Dieser zeigte sich zuerst leicht ungehalten, da es etwas gedauert hatte, bis der Anruf innerhalb der Botschaft vermittelt worden war, doch sein Unmut verflog schnell. Damals ist mir dies aber doch ein wenig peinlich gewesen, denn wann will einen schon einmal der eigene Minister persönlich am Telefon sprechen? Außenminister Kinkel rief aus Finnland an, wo er mit seiner Familie und Freunden die Ferien verbrachte, und meinte, man habe ihnen so viel Verlockendes von Estland und seiner Hauptstadt erzählt, daß sie sich entschlossen hätten, am 9. August auf einen Tag herüberzukommen. Auch wenn es sich um einen Privatbesuch handele, der weder eine Bevorzugung Estlands vor den beiden anderen baltischen Staaten bedeuten noch einen späteren Arbeitsbesuch vorwegnehmen solle, so könne er doch nicht *incognito* reisen und wolle daher Staats- und Ministerpräsident sowie dem Außenminister Höflichkeitsbesuche anbieten. Im übrigen möchten sie Tallinn besichtigen. Also bereiteten wir ein Programm vor und konnten unserem Minister bereits am Tage darauf mitteilen, daß alle drei genannten Herren im Lande seien und sich freuten ihn zu sehen!

An einem wiederum strahlend schönen Sommertag holten meine Frau und ich gemeinsam mit einigen Mitarbeitern und einem Vertreter des estnischen Protokolls Herrn und Frau Kinkel, ihre beiden Töchter und ein befreundetes Ehepaar im Hafen von dem Tragflächenboot ab, das Tallinn in anderthalb Stunden mit Helsinki verbindet. Der Kollege Ederer aus dem Pressereferat des Auswärtigen Amts war direkt aus Bonn angereist. Wir begannen damit, den Gästen den „Dom", die Revaler Oberstadt, zu zeigen. Pastor Salumäe hatte die montags geschlossene Domkirche öffnen lassen und erwartete uns zusammen mit dem Kirchenvorstand. Danach konnte ich ihnen auch die künftige Residenz vor Augen führen und erhielt später am Tage von dem Minister die grundsätzliche Zusage, nach Abschluß der Renovierungsarbeiten zu ihrer offiziellen Einweihung wiederzukommen, möglichst im Zusammenhang mit der für Mai 1994 vorgesehenen Jahrestagung der Außenminister des Ostseerats in Tallinn. Diese Zusage sollte sich dann noch als ungemein nützlich für die rechtzeitige Fertigstellung und Einrichtung des Hauses erweisen!

Über den Kurzen Domberg (*Lühike jalg*) stiegen wir zur Nikolaikirche hinab, wo uns Jüri Kuuskemaa mit dem Schlüssel zu ihr in der Hand empfing und die Schätze dieses ihm anvertrauten Kleinods zeigte. Nachdem dann noch der estnischen Presse auf dem Marktplatz die Gelegenheit gegeben worden war, einige Fotos zu machen, trennte sich der Minister erst einmal von der übrigen

Gruppe, um mit Herrn Ederer, der protokollieren sollte, und mir zu Präsident Meri zu fahren.

In Katharinental saßen wir ein Stündchen auf der Terrasse mit Blick auf Garten und altes Schloß bei einem politischen *tour d'horizon* zusammen, der wie alle Gespräche an diesem Tage wieder einmal von den Verhältnissen in Rußland und ihren Auswirkungen auf Estland bestimmt wurde. Aus dem Außenministerium war Kanzler Olljum, also der Staatssekretär, gekommen, der auf Beamtenebene den damals von Estland ausgeübten Vorsitz im Ostseerat wahrnahm. Meri brachte zuerst die Sprache auf eine zwei Tage zuvor stattgefundene erste Begegnung mit dem neuen lettischen Staatspräsidenten Ulmanis. Dabei hätten sie sich verständigt, demnächst zu dritt mit ihrem litauischen Kollegen Brazauskas zusammenzukommen, um eine verstärkte Zusammenarbeit unter den baltischen Staaten gerade auch im Ostseerat zu verabreden (diese erste Zusammenkunft der drei nach der Unabhängigkeit des Baltikums gewählten Staatsoberhäupter, an der auch die drei Ministerpräsidenten teilnahmen, kam dann am 27. August in Jūrmala am Rigaschen Strand zustande). Großen Wert legte Meri auf die Schaffung eines skandinavisch-baltischen Energieverbundes, der vor allem die Belieferung mit norwegischem Erdgas via Schweden und Finnland ermöglichen sollte, um nicht länger von Rußland abhängig zu sein, zu der er sich dann in Jūrmala die Zustimmung der beiden anderen Präsidenten eingeholt hat. Dies blieb auf Jahre hinaus eine seiner Lieblingsideen, angesichts der wirtschaftlichen Realitäten und schwedischer Aversionen gegen die Verwendung dieses Energieträgers aber auch ein frommer Wunsch.

Dann wandte sich der Präsident seinen Sorgen um Estlands Sicherheit zu, die er durch die innenpolitische Situation in Rußland, wo sich der Machtkampf zwischen Jelzin und dem Parlament immer mehr zuspitzte, aber auch durch das internationale Unvermögen, des Konflikts in Jugoslawien Herr zu werden, als weiterhin bedroht ansah. Die Entwicklung auf dem Balkan signalisiere „gewissen Kreisen" in Moskau, sie könnten sich im Baltikum ungestraft etwas herausnehmen. So habe vor kurzem (12. Juli) das Präsidium des Obersten Sowjet einen Entschließungsantrag eingebracht, den Friedensvertrag von Tartu von 1920 zu *kündigen* (Minister Luik hatte uns erzählt, wie diese Nachricht die russische Delegation bei der jüngsten Verhandlungsrunde in nicht geringe Verlegenheit gebracht habe, denn bisher hatte diese mit der *Ungültigkeit* des Vertrags argumentiert). Für eine russische Invasion Estlands würden unter den gegebenen Umständen nur wenige Stunden benötigt. Man könne daher nur hoffen, daß die Moskauer Führung Realismus beweise. Deutschland und Rußland hätten vor dem Hintergrund der Geschichte – beide sähen sich als Rechtsnachfolger der Partner des Molotov-Ribbentrop-Paktes an – eine besondere Verantwortung für das Baltikum und sollten dieses als das letzte Opfer des Zweiten Weltkrieges auch besonders behandeln. Deutschland ginge kein Risiko ein, wenn es durch eine deutliche Unterstützung des baltischen Sicherheitsbedürfnisses eine aktivere Rolle als andere Staaten übernähme.

Bei allem Verständnis für Meris Sorgen konnte Kinkel – wie zuvor schon Weizsäcker – dessen Schlußfolgerungen nicht zustimmen. Die westliche Staatengemeinschaft sei sich einig, daß die baltischen Staaten nicht mit militärischen Mitteln unter Druck gesetzt werden dürften. Ihre Lage könnte aber auch nicht mit der in Jugoslawien verglichen werden, die – wie die von Meri ebenfalls erwähnten Konflikte in Nagornij-Karabach und Georgien/Abchasien – gewissermaßen als eine Bürgerkriegssituation anzusehen sei. Sollte Milošević den Konflikt auf das angrenzende Ausland ausweiten, dann allerdings müsse er mit militärischen Reaktionen der Vereinigten Staaten rechnen. Auch dürfe Deutschland nicht überfordert werden. Weder sei es imstande, durch zusätzliche wirtschaftliche Hilfe an Rußland den Abzug seiner Truppen zu beschleunigen, noch könne es eine Vermittlerrolle oder gar – wie auch die NATO insgesamt nicht – Sicherheitsgarantien für die baltischen Staaten übernehmen. Die Mitgliedschaft Estlands im Nordatlantischen Kooperationsrat sei das Maximum an institutioneller Sicherheit, das die NATO-Staaten gewähren könnten. Da sich diese aber politisch einig seien, daß die Unabhängigkeit der baltischen Staaten nicht angetastet werden dürfe, sollte das auch genügen. Die Bundesregierung werde sich jedoch ihrerseits wie bisher so auch in Zukunft mit den Mitteln einer „stillen Diplomatie" um die Entspannung der Beziehungen zwischen Moskau und den baltischen Staaten bemühen.

Von Katharinental begaben wir uns auf den Domberg zu Mart Laar. Der Ministerpräsident war bereits ein wenig stolz auf die sich abzeichnenden ersten Erfolge der wirtschaftlichen Reformpolitik seiner Regierung und begründete mit ihnen sein Interesse an der möglichst baldigen Aufnahme von Verhandlungen Estlands mit der Europäischen Gemeinschaft über ein Assoziationsabkommen. Kinkel bestätigte, daß die Bundesregierung dies unterstütze wie sie auch den nordeuropäischen Ländern bei der Heranführung an die EG helfe. Deutschland sei daran interessiert, daß die Gemeinschaft nicht zu „südlastig" werde. Unter den EG-Mitgliedstaaten habe wohl kaum ein anderes Land ein vergleichbar großes Interesse an den baltischen Staaten wie Deutschland. Als im anschließenden Gespräch mit Außenminister Velliste dieser die Sorge äußerte, eine Assoziation und die damit verbundene Beitrittsperspektive für Estland könnte mit Rücksicht auf Bulgarien und Rumänien, die wirtschaftlich noch weniger weit fortgeschritten seien, auf die lange Bank geschoben werden, doch sollte auch zwischen den baltischen Staaten differenziert werden, meinte der Bundesaußenminister, letzteres werde schwer fallen, denn in Brüssel tendiere man dazu, das Baltikum als eine Einheit zu sehen. Im weiteren Verlauf der Begegnung mit Laar legte Kinkel nochmals die Haltung der Bundesregierung zu Rußland dar und empfahl eine großzügige Behandlung der in Estland lebenden ehemaligen russischen Militärs, denn aus seinen Gesprächen mit russischen Politikern wisse er, wie empfindlich diese gerade in diesem Punkt seien. Als Laar skizzierte, wie sich seine Regierung eine Regelung vorstelle – nämlich eine Aufenthaltsberechtigung für alle vor der Unabhängigkeit zugezogenen und alle über 60jährigen Pensionäre, was über 75% dieser Bevölkerungsgruppe ausmachen würde –, meinte der Minister, dadurch dürften in der Tat die meisten der russischen Argumente entkräftet werden.

Den dritten Besuch machten wir dem Außenminister (Abbildung 42). Velliste bezeichnete erneut das gemeinsame kulturelle Erbe als eine wichtige Grundlage der bilateralen Beziehungen und erhielt von Kinkel wiederum die Zusage für die Errichtung eines Goethe-Instituts in Estland sobald es die Haushaltslage zulasse – dies sei aber gegenwärtig nicht der Fall! Auch Deutschland wolle aber alte Verbindungen pflegen, fügte der Minister hinzu, und illustrierte dies – ganz Politiker – dank der gerade am Vormittag erhaltenen Informationen am Beispiel unseres Projekt der Wappenkonservierung in der Domkirche, des kleinen deutschen Beitrags zur Renovierung des Ritterhauses und der Herrichtung des Hauses auf dem Domberg als künftige Botschafterresidenz. Bei Beurteilung der Lage in Rußland zeigte sich Velliste davon überzeugt, daß sich die innenpolitische Krise nicht nur vertiefen, sondern – womit damals auch andere ernstzunehmende Beobachter nicht nur in Estland rechneten – Rußland noch weiter auseinanderfallen werde. Kinkel hielt dies jedoch für unwahrscheinlich und sollte damit, wie wir jetzt wissen, Recht behalten. Allerdings sei der Umgestaltungsprozeß in der gesamten ehemaligen Sowjetunion auch seiner Meinung nach noch nicht beendet, und es könne nicht ausgeschlossen werden, daß dieser wie seinerzeit Gorbatschov eines Tages auch Jelzin verschlingen werde. Ansonsten wiederholte Kinkel die Meri und Laar gegebene Darstellung der Position der Bundesregierung und riet Velliste von einer damals estnischerseits erwogenen Vermittlungsaktion im Rahmen der Vereinten Nationen in Sachen Truppenabzug ab: Eine solche würde den internationalen Druck auf Moskau erhöhen, könnte angesichts der innenpolitischen Lage in Rußland aber nur kontraproduktiv wirken. Wichtig sei hingegen, daß sich die westliche Welt noch stärker für die baltischen Staaten interessiere. Dafür wolle er sich im Kreis der EG-Außenminister und bei seinem US-Kollegen einsetzen.

Nach dem Gespräch mit dem Außenminister brauchten wir uns nur drei Stockwerke tiefer zu begeben, um dem Bundesminister in der Botschaft die übrigen Mitarbeiter vorstellen zu können und Vertretern der estnischen Presse für Fragen zur Verfügung zu stehen. Damit war der „offizielle Teil" dieses „Privatbesuchs" beendet.

Danach konnten wir unserem Minister noch einiges von der Stadt und das Deutsche Kulturinstitut zeigen, bis wir die übrige Familie Kinkel und ihre Freunde in Brigitten zur Besichtigung der Klosterruine wieder eingeholt hatten.

Von dort war es dann nur noch ein Sprung zu uns in die *Paju tee 5* zu Kaffee und Kuchen. Mit dem 19 Uhr-Boot kehrten die Ausflügler an ihren finnischen Ferienort zurück. Der Minister zeigte sich beim Abschied mit dem Besuch höchst zufrieden. Ihm, seiner Familie und seinen Freunden hatte es in Tallinn ausnehmend gut gefallen, wie er uns auch später aus Bonn schrieb. Sichtlich beindruckt hatte ihn außer der aufmerksamen Wahrnehmung durch die wichtigsten estnischen Politiker die selbst für den oberflächlichen Betrachter erkennbare wirtschaftliche Aufbruchsstimmung, denn überall, wo wir gewesen waren, wurde gehämmert und geklopft. Ich selber habe diese erste etwas intensivere Begegnung mit unserem neuen Minister und seine unprätentiöse, ja geradezu wohlwollende Art in bester Erinnerung behalten.

Am Abend desselben Tages gaben wir dann noch ein Abschiedsessen für Graf Lambsdorff und seine Frau, die uns zum Ende des Monats verlassen sollten. Mit ihm wurde der erste aus der Mannschaft, mit der wir die Botschaft Tallinn aufgebaut haben, versetzt, und wir ließen beide nur ungern ziehen. Sein Nachfolger wurde Legationssekretär Peter Sauer, für den es der erste Auslandsposten war – ein engagierter junger Kollege mit beträchtlichem Organisationstalent, das den vielen Estland besuchenden Delegationen aus Deutschland und den Deutschen Kulturinstituten in Reval und Dorpat zugute kommen sollte.

*

Einen Tag nach dem Besuch des Bundesaußenministers, am 10. August 1993, war es dann so weit, daß Estland schließlich auch die volle Souveränität über *Paldiski* zurückerhielt, nachdem die ursprünglich für den 1. Dezember 1992 vorgesehene Unterzeichnung eines entsprechenden Abkommens damals in letzter Minute geplatzt war. Ausgenommen das Marineausbildungszentrum mit den beiden abgeschalteten Kernreaktoren, die das russische Militär weiterhin unter seiner Kontrolle behielt und die nicht wie die zahlreichen übrigen militärischen Objekte von den estnischen Streitkräften übernommen wurden, ging die ganze Halbinsel *Pakri* mit der Stadt und ihren beiden Häfen absprachegemäß in estnische Verwaltung über, was *de facto* in den letzten Julitagen begann und sich bis in den September hinein ziehen sollte (der Südhafen wurde sogar erst Mitte Oktober von der russischen Marine übergeben).

Hinsichtlich der Kernreaktoren sah sich die Regierung in Tallinn nunmehr in einem Dilemma. Da sie von der russischen Seite während der jüngsten Verhandlungsrunde über den Truppenabzug Mitte Juli vor die Alternative gestellt worden war, daß diese entweder *Paldiski* bis Ende 1994 vollständig, jedoch unter Hinterlassung des nuklearen Abfalls (den zu beseitigen für Estland eine sowohl technische als auch finanzielle Unmöglichkeit darstellte) räumen oder aber erst dann abziehen werde, wenn dieser Abfall entsorgt sei. Dies könne – so die russische Seite – jedoch bis zum Ende des Jahrhunderts oder noch länger dauern. In dem Gespräch mit Kinkel hatte ihn Velliste um den Rat der Bundesregierung gebeten, wie sich Estland verhalten sollte, und unser Minister hatte in Aussicht gestellt, diese Frage von deutschen Experten prüfen zu lassen. Dieselbe Bitte hatte die estnische Regierung auch bereits an andere, vor allem nordische Staaten gerichtet und das Problem im Ostseerat anhängig gemacht, ganz abgesehen von den Gesprächen, die bereits seit längerem mit der Internationalen Atomenergieorganisation (IAEO) hierüber geführt wurden.

Eine Woche später wollte ich mich von der neuen Situation selbst überzeugen und fuhr mit Borchardt und Relve aus der Botschaft und unserem zu Besuch gekommenen Sohn Magnus in Richtung *Paldiski*. Unser Ziel war Leetz (*Leetse*), der ehemalige Sommersitz der Familie meiner Großmutter Ungern-Sternberg, das wie die ganze Halbinsel *Pakri* im früheren Sperrgebiet lag. Formal bedurfte es zwar weiterhin einer Erlaubnis, und wir hatten uns eine solche auch über das Außenministerium von dem zuständigen Polizeipräfekten des Kreises Harrien besorgt, kontrolliert wurden wir jedoch nicht. Schlagbaum und Zaun, die den freien Zugang zur Halbinsel versperrten, als wir dort bei unserem denkwürdigen Botschafterbesuch im Februar 1992 russische Wachposten passierten, waren verschwunden. Der Weg nach Leetz führte an dem Gebäudekomplex mit den Kernreaktoren vorbei, in dessen unmittelbarer Nähe das ehemalige Gutshaus liegt. Die hier stationiert gewesenen russischen Truppen, bei denen es sich um eine Raketenabwehreinheit gehandelt haben soll, hatten es zwar in einem desolaten Zustand verlassen, doch das Gebäude stand noch und hatte auch noch ein Dach. Erst danach wurde es durch Brandstiftung zur Ruine. Mit Magnus ging ich durch die Parkanlage, die früher einmal zu den schönsten in ganz Estland gezählt hatte und die auch heute noch eine Reihe seltener und inzwischen alt gewordener Bäume aufweist, hinunter zum Strand. Hier versuchten wir uns vorzustellen, auf welchem der Granitfindlinge wohl der letzte russische Kaiser gesessen haben mochte, wie dies auf einer Abbildung überliefert ist, als er im Sommer 1912 meine Urgroßmutter besuchte![57] Auf der Rückfahrt kamen wir durch das Städtchen *Paldiski*, in dem noch kaum Esten lebten und das im Sommer einen etwas weniger trostlosen Eindruck machte als damals im Februar vor zwei Jahren.

Reise in die Provinz

Gleich nach dem Besuch unseres Ministers machte ich aber zuerst in Begleitung meiner Frau und von Herrn Relve eine Reise in die drei südestnischen Landkreise *Põlvamaa*, *Võrumaa* und *Valgamaa*. Bisher hatte ich es nicht geschafft, so weit in dieser Richtung in die estnische Provinz vorzudringen, da immer andere Verpflichtungen im Vordergrund gestanden hatten. Außerdem wollten wir die Reise mit einem Besuch bei unseren Freunden Lambsdorff in Riga verbinden, der bereits mehrfach angemahnt worden war.

Einen ersten Eindruck von den Verhältnissen fernab der Hauptstadt, die – nicht gemessen in Kilometern, sondern am Grad der wirtschaftlichen Entwicklung – in immer größere Entfernung zu rücken schien, erhielten wir in *Põlva* (Pölwe). Landrat Kalev Kreegipuu schilderte uns die doppelte Belastung, der die Menschen in dieser agrarisch geprägten Grenzregion zu Rußland ausgesetzt seien. Diese hätten vor allem für den russischen Markt produziert, der praktisch weggefallen sei. Dadurch wären ihre aufgrund des allgemeinen Niedergangs der Landwirtschaft in Estland ohnehin bereits erheblichen Probleme noch verschärft worden. Große Arbeitslosigkeit und eine überalterte Bevölkerung, die sich nur schwer auf die neuen Zeiten einzustellen vermöge, seien die Folge. Der Landrat berichtete auch von humanitärer Hilfe, die in den beiden letzten Jahren in beträchtlicher Höhe aus dem Landkreis Segeberg in Deutschland eingetroffen sei. *Põlva* sei natürlich noch mehr an Investititionen aus dem Ausland interessiert. Er höre von den deutschen Freunden jedoch immer, der estnische Markt sei zu klein und der angrenzende östliche unerreichbar! Nach den Erfolgsaussichten befragt, wenn sie einer in der Gegend ansäßig gewesen deutschen Familie ihr ehemaliges Gut zum Kauf anböten, um dort einen Hotelbetrieb einzurichten, konnte ich diese nur als äußerst gering bezeichnen. Als man uns die Kirche zur Besichtigung öffnete, wurde ich lebhaft an Patrick von Glasenapp erinnert, der einen Teil seiner Kindheit in Pölwe verbracht hatte, wo sein Vater eine zeitlang Arzt gewesen war.

Die nächste Station war *Võru* (Werro). Die Probleme waren die gleichen, und Landrat Einar Raunit beklagte sich darüber, daß die hier gewählten Abgeordneten – unter ihnen der Populist Toomepuu – die Interessen der Region im *Riigikogu* schlecht verträten. Daher wolle man den bevorstehenden Kommunalwahlkampf möglichst sachlich führen und zu erreichen suchen, daß vor allem in Wirtschaftsfragen erfahrene Vertreter gewählt würden. Danach fuhren wir mit Hillar Kalda, dem Stellvertreter des Landrats und zugleich Präsidenten des Estnischen Roten Kreuzes (das einst von meinem Urgroßvater Dr. med. Karl von Wistinghausen mitbegründet worden war) zum *Suur Munamägi*, dem „Großen Eierberg" und der mit 317 m höchsten Erhebung nicht nur Estlands, sondern des ganzen Baltikums! Die Aussicht war aber wegen des Regenwetters verhangen, so daß wir nicht viel von der südestnischen Hügellandschaft zu sehen bekamen, die viel lieblicher als das uns vertrautere flache und karge Nordestland ist.

Als wir dann in *Otepää* (Odenpäh), einem vielgerühmten Ausflugsort und Zentrum des estnischen Skisports, ankamen, steigerte sich der Regen zum Wolkenbruch, so daß wir wenig von dem Städtchen zu sehen bekamen. Unsere

Gastgeber, der junge Abgeordnete Jaanus Raidal und zwei seiner noch jüngeren politischen Freunde, bestanden aber darauf, uns eine örtliche Errungenschaft vorzuführen, auf die sie nicht wenig stolz waren: Die modernste öffentliche Toilette Estlands – wie sie betonten; und in der Tat: Wer die sanitären Verhältnisse im Sozialismus kannte, der konnte sich nur die Augen reiben beim Anblick dieser geradezu klinisch sauberen Anstalt, in der man sogar der Toilettenfrau seine Kleidung zum Aufbügeln geben konnte! Doch damit nicht genug, brachte uns Raidal zu einem angeblich Energie spendenden Baum in der Nähe seiner Wohnung, dessen Wirkung sogar der von ihm nach *Otepää* eingeladene Dalai Lama verspürt hätte. Trotz bestem Willen und fest aufgelegter Hand vermochte ich aber nichts zu empfinden; vielleicht lag es an dem strömenden Regen, gegen den wir uns auch unter unseren Schirmen nur mühsam schützen konnten … Jaanus Raidal war in der Umbruchszeit 1989 mit 25 Jahren zum Bürgermeister von *Otepää* gewählt worden, hatte offenbar erfolgreich mit dem alten Schlendrian aufgeräumt und war auf den Wellen dieses Erfolgs 1992 in das Parlament getragen worden. Dies schien ihm alles ein wenig in den Kopf gestiegen zu sein, wovon er uns beim Abendessen weitere Beweise lieferte: Mit zunehmend glänzenden Augen und unter dem andächtigen Schweigen seiner beiden Begleiter, des nunmehrigen Bürgermeisters Aivar Nigol und des kaum über 20jährigen Wirtschaftsdezernenten der Stadt Kalev Roosiväli, deduzierte er, wie von *Otepää* der Zerfall der Sowjetunion seinen Ausgang genommen hätte – weil nämlich *Otepää* das Herz Estlands sei, das wiederum am Anfang der baltischen Unabhängigkeitsbewegungen gestanden habe. Auch Alexander Solschenizyn und die Tatsache, daß dieser einen Teil des „Archipel Gulag" nicht allzu weit von hier in den estnischen Wäldern verfaßt hatte, und Gorbatschovs Besuch in Otepää spielten meiner Erinnerung nach dabei eine Rolle. Danach kündigte er an – wie Relve dolmetschte, der ganz nervös geworden war – er werde demnächst auf einer Pressekonferenz in Moskau sein auf diesen Erfahrungen beruhendes Konzept zur Zerschlagung jetzt auch von Rußland bekanntgeben … Wir machten Raidal, der keineswegs scherzte, darauf aufmerksam, daß er immerhin Abgeordneter des estnischen Parlaments sei und seine Worte auch daran gemessen würden, er also gerade in der gegenwärtigen Lage besonders gespannter Beziehungen zu Rußland aufpassen müsse, seinem Land nicht zu schaden. Dabei mußte ich daran denken, wie Ministerpräsident Laar wenige Tage zuvor mit Außenminister Kinkel über die selektive Wahrnehmung der Vorgänge in Estland durch Moskauer Politiker gesprochen hatte, die jede Rede eines radikalnationalen Abgeordneten wie eine Verlautbarung der estnischen Regierung behandelten. Natürlich ist es dann zu dieser Vorstellung von Raidal in Moskau nie gekommen.

Zur Nacht wurden wir in einem malerisch am *Pühajärv* gelegenen Gästehaus untergebracht und konnten am nächsten Morgen in diesem „heiligen See" schwimmen, bevor wir zum nächsten Termin in *Valga* (Walk) an der Grenze zu Lettland weiterfuhren. Unterwegs sahen wir uns *Sangaste* an, einen im letzten Drittel des 19. Jahrhunderts aufgeführten monumentalen, Windsor Castle nachempfundenen neogotischen Ziegelbau, der sich hier in der südestnischen Landschaft erhebt. Schloß Sagnitz, wie der deutsche Name dieses einst den Grafen Berg gehörenden Landsitzes lautet, erinnert wie das ebenso nur auf den ersten Blick *in the middle of nowhere* in *Jõgeveste* (Berkhof) gelegene Mausoleum, in dem der Bezwinger Napoleons, der aus einer deutschen Familie schottischen Ursprungs in Riga stammende russische Generalfeldmarschall Michael Fürst Barclay de Tolly und seine Frau ihre letzte Ruhestatt gefunden haben und das wir anschließend aufsuchten, an die tiefe Verwurzelung des Baltikums in der europäischen Geschichte und Kultur.

Auch in *Valga* wurden wir mit Aufmerksamkeit und Freude darüber, daß ein Botschafter aus Tallinn seinen Weg bis hierher gefunden hatte, von Landrat Rein Randver empfangen und mit den Problemen seines Gebietes vertraut gemacht, die sich wenig von denen der beiden anderen Landkreise unterschieden. Hier war allerdings nicht Rußland, sondern Lettland der Nachbar, denn die Staatsgrenze geht in *Valga* als ein besonderes Kuriosum mitten durch die Stadt. Alle drei Landräte, mit denen ich zusammengetroffen war, hatten auf mich einen kompetenten Eindruck gemacht und nach Überwindung ihrer anfänglichen, für Esten nicht untypischen Zurückhaltung ganz offen von den Schwierigkeiten gesprochen, mit denen sie sich in dieser gerade in der Provinz voraussichtlich noch lange nicht überwundenen Übergangszeit auseinanderzusetzen hatten – was einen manchmal geradezu wie ein Kampf gegen Windmühlenflügel anmuten konnte.

In *Valga* verabschiedete sich Relve, um nach Tallinn zurückzukehren, während wir nach Lettland weiterfuhren. Nachdem wir mehrmals bei am Wege liegenden Sehenswürdigkeiten angehalten hatten und dabei auch durch die landschaftlich so reizvolle „livländische Schweiz" gekommen waren, trafen wir abends in Riga ein. Lambsdorffs lebten damals in dem Botschaftsgebäude in bester Lage im Stadtzentrum, in dem bereits vor dem Kriege die deutsche Gesandtschaft untergebracht gewesen und das jetzt zurückgegeben worden war. Sie hatten sich hier eine ansprechende Zwischenresidenz einrichten können. Als ich im Juli 1991 von Leningrad aus zum letzten Mal in Riga gewesen war, befand sich in dem Gebäude noch sowjetisches Militär, und die Wachen hatten unfreundlich reagiert, als ich ein für ihre Vorstellungen wohl etwas zu ausgeprägtes Interesse an dem Objekt bekundete. In Riga trafen wir auch unseren Sohn Magnus und fuhren dann nach zwei abwechslungsreichen, in Lettlands Hauptstadt und mit Ausflügen nach Kurland – dem jenseits der Düna gelegenen südlichen Landesteil – verbrachten Tagen mit ihm nach Estland zurück. Bei einem ausgedehnten Gang durch die Altstadt in Riga mit Magnus und dem

Kollegen Rondorf, der in meinem Referat im Auswärtigen Amt gearbeitet hatte und jetzt der ständige Vertreter von Graf Lambsdorff in der Leitung der Botschaft war, fielen mir die Veränderungen auf, die in den beiden letzten Jahren stattgefunden hatten. Nach meinem Eindruck war hier sogar mehr an alter Bausubstanz restauriert worden, als bis dahin in Tallinn. Dagegen muteten die Verhältnisse in der lettischen Provinz, soweit wir das bei den kurzen Aufenthalten unterwegs und vom Auto aus hatten feststellen können, noch „sowjetischer" an, als dies in Estland der Fall war.

Die Rückfahrt führte uns entlang der Küste des Rigaschen Meerbusens. Als wir zur Grenze kamen, sahen wir mit eigenen Augen, worüber ich schon so manche unerfreuliche Geschichte gehört hatte, nämlich die langwierigen Paß- und Zollkontrollen – auch wenn wir als Diplomaten davon persönlich nicht betroffen waren (auf der Hinfahrt waren wir dagegen in *Valga* die einzigen gewesen, die zu diesem Zeitpunkt die Grenze überquerten). Auf estnischer Seite war man zudem dabei, erhebliche Investitionen für den Bau einer Grenzstation vorzunehmen. Ausländer aus dem europäischen Westen konnten damals oft nicht verstehen, warum ausgerechnet zwischen den baltischen Staaten, die dort gerne als eine natürliche Einheit gesehen wurden, in Zeiten wegfallender Grenzkontrollen solche neu eingeführt werden sollten, wenn man ihnen dies nicht erklärte: Estland z.B. konnte so lange nicht darauf verzichten, seine südliche Grenze zu Lettland effektiv zu kontrollieren, wie es nicht die Garantie hatte, daß Lettland seine Grenze zu Litauen und Rußland vollkommen kontrollierte, da andernfalls alle Kontrollen der estnischen Ostgrenze mit Rußland wegen der leichten Umgehungsmöglichkeiten illusorisch gewesen wären. Eine funktionierende Kontrolle der Grenze zu Rußland aber war neben allen anderen die Interessen Estlands berührenden Gesichtspunkten die entscheidende Voraussetzung für die Einführung der Visumsfreiheit beispielsweise auch mit Deutschland, an der allen baltischen Staaten so gelegen war. Sie war ein Dauerthema bilateraler politischer Begegnungen und sollte dies auch noch auf Jahre hinaus bleiben. Allerdings hat mich dieses Argument nie völlig überzeugen können, und ich habe das auch in der Berichterstattung mehrfach zum Ausdruck gebracht. Denn die Verhinderung unerwünschter Einreisen hatte doch wohl in erster Linie an unseren eigenen und nicht an den Landesgrenzen dritter Staaten zu erfolgen. Doch das vermochte die deutschen inneren Behörden nicht zu überzeugen, die ihren Standpunkt weiterhin konsequent vertraten. Eine ganz andere Sache war natürlich die Art und Weise, wie die Kontrollen an der estnischen Grenze gehandhabt wurden. Dies ließ dann in der Tat bei unerfahrenem und zur genauen Beachtung der Vorschriften angehaltenem Personal gelegentlich zu wünschen übrig.

Verteidigungspolitische Anfänge

In den ersten Augusttagen erklärte Verteidigungsminister Rebas seinen Rücktritt. Damit verlor nicht nur Ministerpräsident Laar erstmals ein Mitglied seines Kabinetts, sondern darin offenbarte sich auch ein gravierenderes Dilemma: Zum einen wurden die neben den enormen materiellen auch psychologischen Belastungen beim Aufbau nationaler estnischer Streitkräfte, die gleichsam aus dem Nichts geschaffen werden mußten, sichtbar; zum anderen illustrierte der Vorgang die Problematik der Exilesten, die nach der Unabhängigkeit Führungspositionen in der angestammten Heimat übernommen hatten und dort mit unter sowjetischer Herrschaft aufgewachsenen und ausgebildeten Landsleuten zusammenarbeiten mußten. Im militärischen Bereich wurde dieses Spannungsverhältnis zusätzlich dadurch belastet, daß die jungen Verteidigungskräfte Estlands nahezu ausnahmslos auf bisherige sowjetische Offiziere estnischer Nationalität zurückgreifen mußten, die – wie Generalstabschef Laaneots – auch noch oftmals lange im Inneren der Sowjetunion gedient hatten. Rebas aber hatte seine militärische Ausbildung in den Streitkräften einer westlichen Demokratie erhalten, die Welten von der Sowjetarmee trennte, denn er war schwedischer Reserveoffizier. Die Regierung Laar, die ja auch mit dem Anspruch angetreten war, Estland von den alten Kräften zu säubern und sich dabei der Unterstützung durch Präsident Meri sicher sein konnte, hat die Brisanz dieses grundsätzlichen Spannungsverhältnisses offenbar unterschätzt und in der Auswahl der – sowieso nur in begrenzter Zahl zur Verfügung stehenden – Personen aus der estnischen Emigration nicht immer eine glückliche Hand gehabt.

Um die Mitte des Jahres 1993 waren Aufbau und Ausrüstung der damals knapp 2 000 Mann umfassenden Verteidigungskräfte sowie die konkrete Ausgestaltung ihres Auftrags, wie er mir von Laaneots bei unserem ersten Zusammentreffen im November 1991 skizziert worden war, noch nicht sehr weit gediehen. Angestrebt wurde eine Totalverteidigung nach finnischem und schwedischem Vorbild und die Einführung von NATO-Standards bei Ausbildung und Ausrüstung. Da wie die Bundesregierung auch andere westliche Regierungen Waffenlieferungen verweigerten, blieb Estland keine andere Wahl, als sich an Israel zu wenden. Der im Januar 1993 zwischen der estnischen Regierung und einem israelischen Staatsunternehmen insgeheim und vor allem ohne Beteiligung des Parlaments abgeschlossene Vertrag über die Lieferung von Maschinenpistolen sowie Panzer- und Flugabwehrgerät, aber auch von Fernmeldeeinrichtungen u.a.m. war, als er im Mai bekannt wurde, wegen der Umstände, unter denen er zustandegekommen war, aber auch wegen der hohen damit verbundenen Kosten innenpolitisch höchst umstritten. Später sind auch Stimmen laut geworden, die von Qualitätsmängeln an einigen der gelieferten Waffen sprachen. In der Tat stellte das sich einschließlich der Zinsen auf 60 Millionen

US-Dollar belaufende Geschäft (dessen letzte Rate allerdings erst im Januar 2001 fällig wurde) für die damaligen Möglichkeiten Estlands eine gewaltige Belastung dar. Sie ungeachtet der für ihn und seine Regierung damit verbundenen politischen Risiken dennoch auf sich genommen zu haben, zeigte die Entschlossenheit Laars, Estland in den Stand zu setzen, sich im Ernstfall zu verteidigen. Der Ministerpräsident lehnte daher auch alle Forderungen nach einem Rücktritt vom Vertrag ab; nach vielem Hin und Her wurde dieser schließlich dem *Riigikogu* vorgelegt, der ihm dann im Dezember 1993 zustimmte.

Als nächstes hatten die Streitkräfte Anfang Mai 1993 ihren ersten Oberbefehlshaber bekommen. Anstatt den bereitstehenden Generalstabschef Laaneots, der bisher der oberste Militär gewesen war, den Aufbau der Streitkräfte geleitet hatte und die Verhältnisse am besten kannte, mit dieser Aufgabe zu betrauen, hatte man sich wie im Falle des Verteidigungsministers nach einem Exilesten umgesehen und ihn in der Person des damals 61jährigen pensionierten US-Obersten (und dann zum estnischen Generalmajor ernannten) Alexander Einseln gefunden. Dieser hatte – wie er uns mit Blick auf den Revaler Hafen und genau 50 Jahre danach erzählte, als meine Frau und ich ihm bei einem Spaziergang am Strand von Brigitten begegneten – an einem Septembertag des Jahres 1944 mit seiner Mutter an Bord eines der letzten deutschen Truppentransporter, die bereits angesichts sowjetischer Kriegsschiffe von dort ausgelaufen waren, seine Heimat verlassen. Dabei waren sie von dem Vater getrennt worden, den sie erst Jahre später in England wiederfanden. Einseln hatte in der amerikanischen Armee Karriere gemacht, in Korea und Vietnam mit Auszeichnung gekämpft und in verschiedenen Stäben gedient. Er war wohl schon länger für die Position im Gespräch gewesen, hatte aber gezögert, sie gegen den Widerstand der US-Regierung anzunehmen (wie es hieß, kam dieser aus dem *State Department*, wo man russische Empfindlichkeiten schonen wollte), und als er sich doch dazu entschloß, verlor er erst einmal seine amerikanische Offizierspension (was später vom US-Senat rückgängig gemacht wurde). In Estland war man nicht wenig stolz auf die Heimkehr dieses kampferprobten und hochdekorierten Sohnes und erwartete sich viel von ihm. Das spiegelte sich auch in dem Ergebnis der Abstimmung im *Riigikogu* wider, der seine Ernennung ohne Gegenstimme beschloß. Selbst eine so nüchterne und jeder Militärbegeisterung unverdächtige Politikerin wie Marju Lauristin erzählte mir mit glänzenden Augen von diesem Gewinn für Estland. Dabei hätte doch bereits seine Vorstellung im Parlament stutzig machen müssen, bei der er es als seine erste Aufgabe bezeichnete, die Mentalität der jetzt in der estnischen Armee dienenden früheren sowjetischen Offiziere zu ändern! Genau daran sollte er schließlich scheitern, ähnlich wie Rebas, nur einige Jahre später, als ich schon nicht mehr in Estland auf Posten war, und unter Umständen, die nicht einer gewissen Tragik entbehrten, hatte er doch das Beste für sein Land gewollt. Ich erinnere mich noch, wie unser amerikanischer Kollege Frasure, als Einseln wegen seiner geradezu manischen Phobie gegenüber allem, was er in den Streitkräften als Sowjetrelikte auszumachen glaubte, die ersten Schwierigkeiten bekam, lachend erzählte, daß er seinen estnischen Gesprächspartnern vorhergesagt habe, was sie erwartete, wenn sie einen US-Armee-Obersten als Oberbefehlshaber engagierten. Bei Besuchen hoher NATO-Offiziere, die gewöhnlich auch mit den Botschaftern der NATO-Länder zusammentrafen, habe ich es mehrfach erlebt, wie der ebenfalls anwesende General Einseln – den wir ansonsten alle gerne hatten, da er ein netter Kerl war – über die aus seiner Sicht unhaltbaren Zustände in den von ihm kommandierten Streitkräften in einer Weise herzog, die uns nicht nur peinlich war, sondern auch unseren Widerspruch herausforderte. Einseln war dieser viel Einfühlungsvermögen und natürliche Autorität erfordernden Aufgabe, die man ihm in der Begeisterung des nationalen Neuanfangs übertragen hatte, trotz bestem Willen offenbar nicht gewachsen, und im Grunde galt dies auch für Rebas.

Ausgelöst wurde der Rücktritt von Verteidigungsminister Rebas schließlich durch die „Pullapää Affäre". Doch war sie wohl nur der Tropfen, der das Faß zum überlaufen brachte. Denn auch mir gegenüber hatte Rebas bereits früher seinen Unmut über die „sowjetischen Verhältnisse" geäußert, die in seinem eigenen Ministerium herrschten und gegen die er machtlos sei. Bei dieser verwickelten und für den Außenstehenden nur schwer zu durchschauenden, damals in der estnischen Öffentlichkeit viel Aufsehen erregenden Affäre ging es darum, daß eine sogenannte Freiwillige Westestländische (*Läänemaa*) Schützenkompagnie der Führung der Streitkräfte den Gehorsam aufgekündigt und sich für „unabhängig" erklärt hatte, worauf die Regierung ihre Auflösung verfügte. Diese Kompagnie war bereits vor der Unabhängigkeit im Hinblick auf spätere nationale estnische Streitkräfte gegründet worden, hatte sich aber nicht der Regierung Savisaar sondern der Exilregierung unterstellt und erst nach den Wahlen von 1992 in die reguläre Armee eingliedern lassen. Sie stand also den radikalnationalen Kräften und damit auch der Estnischen Nationalen Unabhängigkeitspartei des Verteidigungsministers nahe und mißtraute den ehemaligen sowjetischen Offizieren in Ministerium und Generalstab. Als die Schützenkompagnie im Juli 1993 zur Übernahme erster Sicherungsaufgaben nach *Paldiski* verlegt wurde, kam es zum Konflikt mit der Armeeführung, der sie inkompetentes Management vorwarf. Die rebellierende Kompagnie ignorierte die Auflösung durch die Regierung und zog sich an ihren ursprünglichen Standort in *Pullapää* bei Hapsal zurück, so daß in Tallinn wohl auch eine bewaffnete Auseinandersetzung unter Esten zur Durchsetzung der Befehlsgewalt nicht ausgeschlossen wurde. Davor dürfte die Koalitionsregierung unter Ministerpräsident Laar dann zurückgeschreckt sein, in deren Reihen es wie auch sonst in Estland nicht wenige Sympathisanten der Schützenkompagnie gab. Jedenfalls nahm die Regierung am 4. August den Auflösungsbeschluß zurück, nachdem die aufmüpfigen

Soldaten zuvor ihre Bereitschaft erklärt hatten, sich wieder in die Streitkräfte einzufügen. Am selben Tag kehrte Verteidigungsminister Rebas nach Schweden zurück, um dort seine durch diesen jetzt erst einmal beigelegten Konflikt unterbrochenen Sommerferien fortzusetzen – und teilte über den schwedischen Rundfunk seinen Rücktritt mit! Als Begründung gab er an, daß er mit dem Vorgehen der Regierung nicht einverstanden sei und schließlich nicht nach Estland gekommen wäre, „um sich sowjetisieren zu lassen". Besonders empörte in Estland, daß sich Rebas über einen ausländischen Rundfunksender erklärt hatte. Sein Rücktritt wurde dann auch sofort akzeptiert und der die Verhandlungen mit Rußland führende Minister ohne Portefeuille Jüri Luik zugleich mit der Wahrnehmung der Geschäfte des Verteidigungsministers betraut. Als sich dann die über der „Pullapää Affäre" in sich zerstrittene Unabhängigkeitspartei, deren damaliger Vorsitzender Ants Erm die Rebellion offen unterstützt hatte, nicht auf einen Kandidaten für die Neubesetzung dieses Amtes einigen konnte, das ihr nach dem Koalitionsschlüssel zugestanden hätte, ernannte Laar seinen Parteifreund Luik Ende August 1993 definitiv zum Verteidigungsminister.

Die Frontlinien verliefen damals also recht verwirrend, denn auch Rebas und die Soldaten aus *Pullapää* kamen ja vom selben, betont antisowjetischen Ufer, und dennoch scheiterte der Minister schließlich an ihnen. Selbst Laar war diese Vorstellungswelt ursprünglich nicht fremd, hatte er doch Seite an Seite mit denselben Landsleuten für die Unabhängigkeit gestritten, die er jetzt in ihre Schranken weisen mußte. Doch als Realist hatte er gelernt, sich den politischen Möglichkeiten anzupassen und trug schließlich als Regierungschef eine besondere Verantwortung für das staatliche Gesamtwohl. Trotzdem war es, wie bei der Privatisierung, dem Kommunalwahl- und dem Ausländergesetz, eine ständige Gratwanderung. Mit der Zeit begann sich dann die Einsicht durchzusetzen, daß das im Wahlkampf propagierte Ziel, Estland ohne die alten Eliten zu regieren, nicht so einfach zu verwirklichen sein würde, selbst wenn man sich in jenen Jahren sogar manchmal für Estland wünschte, daß in dieser Hinsicht größere Konsequenz geherrscht und sich die Regierung noch von dem einen oder anderen Angehörigen der sowjetestnischen Nomenklatura getrennt hätte.

Bei aller Bedeutung, die der Schaffung regulärer Streitkräfte beigemessen wurde, genoss der weitere Ausbau des dem Innenminister unterstehenden und Mitte des Jahres 1993 etwa 2 000 Mann starken Grenzschutzes damals noch Priorität. Dies entsprach der ihm übertragenen vordringlichen Aufgabe einer wirksamen Kontrolle der Grenzen Estlands vor allem gegenüber Rußland zum Schutz gegen illegale Einreisen, Drogen- und Waffenschmuggel sowie andere Formen des organisierten Verbrechens. Dem trug, neben außenpolitischen Überlegungen der Rücksichtnahme auf Rußland, auch die ausländische Ausrüstungshilfe Rechnung, die wie im Falle der Bundesregierung dem Grenzschutz und nicht den Streitkräften geleistet wurde. Das mußte Begehrlichkeiten wecken. Jedenfalls gab es von Anfang an Rivalitäten zwischen Rebas und Öövel, den die Regierung Laar als Chef des Grenzschutzes vorgefunden und der diesen unter den Regierungen Savisaar und Vähi aufgebaut hatte. Als von den neuen Herren auf dem Domberg erwogen wurde, den einheitlich geführten Grenzschutz aufzuspalten und ihn teilweise dem Verteidigungsministerium zu unterstellen bzw. einen Teil der bisher von ihm wahrgenommenen Aufgaben der Armee zu übertragen, kam es zum Konflikt und Andrus Öövel wurde von Innenministerin Parek, der ehemaligen Vorsitzenden der Nationalen Unabhängigkeitspartei und Parteifreundin von Rebas, Anfang Juni 1993 entlassen. In einer heftigen Parlamentsdebatte warf die Opposition der Regierung am 16. Juni vor, nationale Sicherheitsinteressen zu beschädigen und stellte der Ministerin die Vertrauensfrage. Dank der Mehrheit der Regierungskoalition konnte sie aber im Amt bleiben. Einer der damals engsten Mitarbeiter des Ministerpräsidenten, Tiit Pruuli, mit dem ich mich just am Tage dieser Abstimmung zum Mittagessen verabredet hatte, bestand zwar darauf, Öövel sei nicht aus politischen, sondern nur aus in seiner Person liegenden Gründen (nämlich wegen mangelnder Kompetenz) entlassen worden, konnte mich aber nicht überzeugen. Dazu kannten wir Öövel von der Zusammenarbeit mit dem Grenzschutz, der von der Bundesregierung umfangreiche Materialhilfe erhielt, viel zu gut als einen tüchtigen Mann, der Bedeutendes geleistet hatte. Tiit Vähi, der mich in diesen Tagen in der Botschaft besuchte, vertrat dann auch die Auffassung, daß Öövel ausschließlich aus parteipolitischen Überlegungen ersetzt worden sei. Vähi nahm damals noch zusammen mit seinem Freund Veering an dem vom Auswärtigen Amt organisierten halbjährigen Fortbildungsprogramm in Deutschland teil und wollte mir anläßlich eines Besuchs in Tallinn sagen, wie sehr sie beide diesen Aufenthalt schätzten.

Zum neuen Direktor des Grenzschutzes wurde der aus der estnischen Handelsschiffahrt hervorgegangene damalige Rektor des Tallinner Marineausbildungszentrums Tarmo Kõuts ernannt, der den Grenzschutz dann eine Reihe von Jahren erfolgreich geleitet hat. Von einer Aufteilung bzw. teilweisen Unterstellung des Grenzschutzes unter das Verteidigungsministerium war keine Rede mehr – ein zusätzliches Indiz dafür, daß Öövel aus innenpolitischen Gründen seinen Hut hatte nehmen müssen.

Besuch der Deutsch-Baltischen Parlamentariergruppe des Bundestags

Die letzten politischen Gäste aus Deutschland in diesem Sommer waren vom 24. bis 27. August fünf Mitglieder der Deutsch-Baltischen Parlamentariergruppe im Deutschen Bundestag, die damit Estland ihren ersten offiziellen Besuch seit der

Unabhängigkeit abstattete. Die Delegation wurde wieder von ihrem Vorsitzenden Herrn von Stetten angeführt. Auch zwei seiner Stellvertreter gehörten ihr an: Die ebenfalls Estland nicht zum ersten Mal besuchenden Abgeordneten Hiller (SPD) und Frau Dr. von Teichmann (F.D.P.). In Würdigung des offiziellen Charakters ihres Besuchs hatten sie sich für den Aufenthalt etwas mehr Zeit genommen und im Gegenzug ein umfangreiches Programm vorbereitet bekommen, das eine aufmerksame Wahrnehmung durch die höchsten Repräsentanten des Landes vorsah. Nur ihre eigentlichen Partner, die Abgeordneten des estnischen Parlaments, machten sich etwas rar und erschienen zu dem Essen, das ich am ersten Abend in einem Restaurant in Brigitten gab, lediglich zu zweit. An einem der Tage fuhr die Gruppe nach Narva. Herr von Stetten sah auch Vertreter der jüdischen Gemeinde in Tallinn, zu der 12 Überlebende des Holocaust zählten. Diese bekamen von ihm regelmäßig über die Botschaft – in der Frau Peterlechner die Verbindung zur stellvertretenden Gemeindevorsteherin Frau Gurin-Loov besonders pflegte – eine finanzielle Unterstützung aus Mitteln, die der Deutsch-Baltische Parlamentarische Freundeskreis gesammelt hatte (der auch den viel größeren Gruppen von jüdischen Naziopfern in Lettland und Litauen half).

Die in Tallinn geführten Gespräche behandelten die gleichen Themen, die schon die anderen Begegnungen mit deutschen Politikern in diesem Sommer beherrscht hatten. Vor dem Hintergrund eines gerade von Moskau verfügten Stopps des Abzugs der letzten russischen Truppen aus Litauen – der dann aber doch noch wie ein Jahr zuvor vereinbart bis zum 31. August 1993 zustandekam – wurde erneut die bekannte Sorge der Esten um die Sicherheit des Landes deutlich. Vor allem ein vom Sprecher des russischen Präsidenten, Kostikov, ausgerechnet am 23. August, dem Jahrestag des Molotov-Ribbentrop-Pakts, abgegebene Erklärung hatte zusätzlich für Beunruhigung gesorgt. Der estnischen Presse zufolge hatte dieser das Baltikum weiterhin als eine russische Interessensphäre bezeichnet: Rußland hätte in dessen Entwicklung jahrhundertelang große intellektuelle und materielle Investitionen vorgenommen, und historische Fakten könnten ebenso wenig wie nationale Interessen in einem neuen Konzept der russischen Außenpolitik unberücksichtigt bleiben. Dies zeige, so die Meinung in Tallinn, daß es Rußland im Baltikum um Machtpolitik und nicht etwa um den Schutz der russischsprachigen Bevölkerung außerhalb des Mutterlandes gehe. Dabei wurden wiederum kritische Töne auch gegenüber solchen russischen Politikern laut, mit denen man vor der Unabhängigkeit zusammengearbeitet hatte und die allgemein als „Demokraten" angesehen wurden. Sowohl Laar als auch Nugis erinnerten daran, es habe sich in den beiden zurückliegenden Jahren immer wieder herausgestellt, daß es selbst diesen „Demokraten" offenbar nicht möglich sei, die vollkommene Selbständigkeit der baltischen Republiken zu akzeptieren, sie sich diese vielmehr nur mit einem russischen *droit de regard* vorstellen könnten. Daran seien in den letzten zwei Jahren politische

Freundschaften zerbrochen. Diese Erkenntnis lag auch der in Tallinner Regierungskreisen weitverbreiteten Auffassung zugrunde, daß die Moskauer Politik dem Baltikum gegenüber eben nicht nur als ein Instrument der innenpolitischen Auseinandersetzungen in Rußland gesehen werden könne. Dennoch, betonte Laar, dürfe der Gesprächsfaden mit Moskau nicht abreißen, selbst wenn die Erfolgsaussichten gering seien. Die jüngste Erklärung des Sprechers des russischen Präsidenten sei im übrigen gegen die wahren Interessen Rußlands gerichtet, da sie nur die reaktionären Kräfte stärken würde. Die beste Sicherheitsgarantie für Estland sei eine Integration in die europäischen Strukturen; er sei dankbar für die Unterstützung, die seine Regierung dabei bisher von Deutschland erfahren habe und hoffentlich auch in Zukunft jetzt erst einmal im Hinblick auf den baldigen Abschluß eines Freihandelsabkommens mit der EG erhalten werde.

Meri seinerseits zeigte sich ungeachtet der nicht nur deutschen Zurückhaltung gegenüber der Einschaltung eines Vermittlers nach wie vor davon überzeugt, daß Rußland nicht bereit sei, mit den kleinen baltischen Staaten von gleich zu gleich zu verhandeln und nur ein solcher Vermittler aus der festgefahrenen Situation herausführen könne. Darüber wolle man sich auf der Zusammenkunft der drei baltischen Präsidenten am 27. August unterhalten. Bei aller Skepsis gegenüber der Durchsetzungsfähigkeit der Vereinten Nationen setze er nunmehr doch Hoffnungen in diese und wolle seinem lettischen und litauischen Kollegen hierzu Vorschläge machen. Dies habe er bereits früher vorgehabt und sich darüber auch mit Gorbunovs und Landsbergis grundsätzlich verständigt, könne aber erst jetzt eine Initiative ergreifen, da der mittlerweile in Wilna in das Präsidentenamt gelangte Brazauskas nach anfänglichen Illusionen die politischen Realitäten in Moskau nunmehr wohl klarer erkenne. Aber er wolle den Dialog mit Jelzin nicht abbrechen lassen und habe ihm gerade vorgeschlagen, beide sollten sich öffentlich dazu bereiterklären, die bestehenden Probleme „ruhig, geduldig und sachlich" zu regeln und ihre Außenminister zu bitten, in internationalen Gremien nicht eine neue Runde von gegenseitigen Vorwürfen und Anschuldigungen zu beginnen. Dies sei sein Beitrag zur „stillen Diplomatie" fügte der Präsident hinzu und würdigte – wie zuvor schon der Ministerpräsident – ausdrücklich die mäßigende Einwirkung deutscher Politiker auf die russische Seite, die nach estnischen Beobachtungen nicht ohne Erfolg geblieben sei.

Die ersten Kommunalwahlen und ihre Auswirkungen

Am 17. Oktober 1993 fanden die ersten Kommunalwahlen seit der Unabhängigkeit statt, die einen so langen Schatten auf das politische Leben Estlands vorausgeworfen hatten. Die Gründe, aus denen die estnische Innenpolitik zunehmend durch die Vorbereitung dieser Wahlen dominiert worden war, mußten unschwer einleuchten, hielt man sich ihre doppelte Bedeutung vor Augen: Zum einen stellte sich die um die Vaterlandspartei von Ministerpräsident Laar gruppierte Koalition genau ein Jahr, nachdem sie die Regierungsverantwortung übernommen hatte, erstmals dem Urteil der Wähler, denn die Kommunalwahlen fanden in dem administrativ zweistufig aufgebauten estnischen Zentralstaat landesweit statt. Sie konnten somit als allgemeines politisches Stimmungsbarometer angesehen und mit einer Situation verglichen werden, die sich ergäbe, falls an einem Tag gleichzeitig in ganz Deutschland Landtagswahlen stattfänden. Zum anderen waren es die ersten Wahlen im freien Estland überhaupt, an der die gesamte – estnische und nicht-estnische – Bevölkerung teilnehmen konnte.

Eine wichtige Rolle bei Vorbereitung der Kommunalwahlen spielte die Registrierung der Wähler und Kandidaten. Während es für estnische Staatsangehörige über 18 Jahre, die am 1. Januar 1993 einen ständigen Wohnsitz in einem der Wahlkreise hatten, unproblematisch war, sich zur Ausübung ihres aktiven und gegebenenfalls auch passiven Wahlrechts hier registrieren zu lassen, konnten sich Nicht-Esten nur dann in die Wählerlisten eintragen, wenn sie an diesem Tag seit mindest fünf Jahren in dem betreffenden Wahlkreis gewohnt hatten. Als sich herausstellte, daß sich die russische Bevölkerung vor allem im Nordosten des Landes nur zögerlich in die Wählerlisten eintragen ließ, wurde die hierfür zur Verfügung stehende Frist bis zum 20. August verlängert, wozu eine Intervention der KSZE-Mission bei Ministerpräsident Laar beigetragen haben dürfte. Die Mission suchte dann durch einen Aufruf in der Presse die Nicht-Esten noch zusätzlich zur Teilnahme an den Wahlen zu motivieren. Beides sollte – vor allem unter den Tallinner Russen – seine Wirkung nicht verfehlen. Im Ergebnis haben dann aber doch proportional mehr Esten als Nicht-Esten ihr Wahlrecht in Anspruch genommen, hält man sich bei einem Bevölkerungsverhältnis von damals 70% Esten zu 30% Nicht-Esten vor Augen, daß der estnische Anteil am Elektorat 80% und der russische 20% betrug. Angesichts der bisher unter der Masse der russischen Bevölkerung zu beobachtenden politischen Passivität konnte dies aber als ein durchaus zufriedenstellendes Ergebnis angesehen werden.

Eine schwierigere Situation war durch die Beschränkung des passiven Wahlrechts auf estnische Staatsangehörige entstanden. Denn von nicht-estnischer Seite wurde befürchtet, daß vor allem im Nordosten nicht genügend oder zumindest für die russische Bevölkerung nicht hinreichend attraktive Kandidaten zur Verfügung stünden und sich dies auf die Wahlbeteiligung auswirken würde. Daher erinnerten sowohl Vertreter der russischen Bevölkerung als auch die KSZE-Mission an die im Juli zwischen Max van der Stoel und Mart Laar getroffene Absprache, die Regierung werde prüfen, ob sie die Einbürgerung von Nicht-

Esten, die bei den Kommunalwahlen zu kandidieren beabsichtigten, erleichtern könne, und auch der „Runde Tisch" beim Präsidenten appellierte in diesem Sinn an die Regierung. Der unter starkem Druck sowohl der Opposition als auch aus den eigenen Reihen stehende Ministerpräsident reagierte mit der Feststellung, diese Absprache sei hinfällig, da sie daran geknüpft gewesen wäre, daß in Narva und Sillamäe kein Referendum stattfinden werde. Dennoch erkannte die Regierung kurz vor den Wahlen noch einigen interessierten Nicht-Esten im Schnellverfahren die Staatsangehörigkeit zu. So konnten im Ergebnis auch aus russischer Sicht genügend geeignete Kandidaten aufgestellt werden, bis die Listen am 17. September geschlossen wurden. Auch Tschuikin, Mischin, Maksimenko und die anderen Führer der Russen in Narva und Sillamäe gaben sich schließlich zufrieden und nahmen von Plänen verfassungswidriger Parallelwahlen, bei denen dann auch Nicht-Esten hätten kandidieren können, Abstand, womit sich die Situation beruhigte und ein reibungsloser Verlauf des Wahltages ankündigte.

*

Daran änderte auch die innenpolitische Situation in Moskau nichts, wo sich der Machtkampf zwischen Präsident Jelzin und dem Kongreß der Volksdeputierten zusehends zuspitzte. Da Rußland unter diesen Umständen unregierbar zu werden drohte, entschied sich Jelzin am 21. September zur Auflösung von Kongreß und Oberstem Sowjet. Darauf verbarrikadierte sich ein harter Kern von Abgeordneten zusammen mit anderen Gegnern Jelzins im „Weißen Haus", bis schließlich am 3. Oktober Vizepräsident Ruzkoj und Parlamentspräsident Chasbulatov soweit gingen, zur gewaltsamen Machtergreifung aufzurufen. Jetzt gab Jelzin den Befehl zum Sturm auf das „Weiße Haus", mit dem die Revolte am nächsten Tage niedergeschlagen wurde, wobei mehr Blut floß als während des Putsches im August 1991.

Noch am selben 4. Oktober brachten die Präsidenten der baltischen Staaten in einer gemeinsamen Erklärung ihre Unterstützung für den demokratisch legitimierten russischen Präsidenten, die von ihm angestrebten freien Wahlen und seine übrige Reformpolitik zum Ausdruck. In Tallinn rief Präsident Meri den aus ihm, Ministerpräsident Laar und Parlamentspräsident Nugis bestehenden Verteidigungsrat zusammen. Am 5. Oktober beschloß das estnische Kabinett, alle gegen die legitime Staatsgewalt in Rußland gerichteten Aktivitäten zu unterbinden und ließ den Vertrieb einer Reihe gegen Jelzin agierender Zeitungen wie z.B. die *Pravda* verbieten. Unter der russischen Bevölkerung Estlands aber blieb es ruhig, und aus Narva wurde berichtet, daß von dort niemand an einer – allerdings unbedeutenden – gegen Präsident Jelzin gerichteten Demonstration im gegenüberliegenden *Ivangorod* teilgenommen habe.

*

Bei den Kommunalwahlen hatte jeder Wahlberechtigte eine Stimme, die er für einen Kandidaten abgeben konnte. Die Kandidaten wiederum waren – sofern es sich nicht um „Einzelkämpfer" handelte – in jedem Wahlkreis in Listen zusammengefaßt, die entweder von einer der schon bekannten Parteien oder *ad hoc* gebildeten Interessengruppen aufgestellt worden waren. Die – landesweit beinahe 3 500 – Mandate wurden dann in jedem Wahlkreis im Verhältnis der abgegebenen Stimmen unter den beinahe 9 000 Kandidaten der verschiedenen Listen nach einem modifizierten d'Hondt-Verfahren verteilt. Das konnte durchaus dazu führen, daß ein Kandidat in einem Wahlkreis mit einer Stimmenzahl, die ihn in einem anderen hätte leer ausgehen lassen, einen Gemeinde- oder Stadtratssitz errang.

Viele Listen wurden von lokalen Interessengruppen im Stile von „Für ein schönes Tartu" gebildet. Das erschwerte dann später zusätzlich eine Analyse des Wahlergebnisses. Eine solche war ohnehin nicht leicht, da es – wohl um das ganze Ausmaß des für die regierende Vaterlandspartei deprimierend schlechten Wahlausgangs zu verschleiern – schließlich nach einigem Hin und Her kein amtliches nationales Gesamtergebnis gab, sondern es den örtlichen Wahlausschüssen überlassen blieb, die Einzelergebnisse mitzuteilen. Nur die Vaterlandspartei trat überall unter eigenem Namen an. Außerdem verstärkten die vielen Interessengruppierungen die ohnehin vorhandene Tendenz, mehr auf die Person des Kandidaten als auf seine Zugehörigkeit zu einer bestimmten Partei oder sonstigen Gruppierung zu schauen. So erhielt in Tallinn Arnold Rüütel, der auf der Liste der Koalitionspartei im Wahlbezirk *Lasnamäe* (also dem großen und überwiegend von Russen bewohnten Plattenbauviertel im Osten der Stadt) kandidierte, die mit Abstand meisten Stimmen (6080). Ihm folgte im Wahlkreis Nord-Tallinn auf der Liste „Revel" (der mit der „Vertreterversammlung" konkurrierenden radikaleren Kräfte unter den Russen) Lembit Annus (3581), der dem letzten sowjetischen Politbüro als Vertreter des moskautreuen Flügels der estnischen Kommunisten angehört hatte. Die vielen verschiedenen Interessengruppen hatten aber auch Verunsicherung und Wahlabstinenz zur Folge, vor allem unter den Esten, deren Wahlbeteiligung deutlich unter der der Nicht-Esten lag. Auch sollen die estnischen Kandidaten einen eher zurückhaltenden Wahlkampf geführt haben (den ich selbst nicht miterlebte, da ich den September über in Deutschland war), während es die russischen Parteien in den letzten Wochen vor dem 17. Oktober offenbar besser verstanden hatten, ihre Wähler zu mobilisieren.

Die höhere Wahlbeteiligung der Russen war einmal daran abzulesen, daß bei einer errechneten landesweiten Wahlbeteiligung von knapp 53% z.B. in Narva, Sillamäe und Kohtla-Järve über 65% der Stimmberechtigten zu den Urnen gegangen waren, in Tartu mit dem allerdings wohl schlechtesten Ergebnis in ganz Estland dagegen nur 34%. In Tallinn lag die Wahlbeteiligung mit knapp 60%

über dem Durchschnitt. Auch das gute Abschneiden ihrer Listen war ein Indiz für eine höhere russische Wahlbeteiligung, wie man am Beispiel der Hauptstadt sehen konnte: Obwohl in Tallinn nur 34% der Wahlberechtigten Russen waren, erzielten die „Russische Demokratische Bewegung" (unter deren Namen die in der „Vertreterversammlung" organisierten gemäßigteren Kräfte antraten) und „Revel" (Russische Gemeinde) zusammen 27 (17 und 10) der 64 Sitze in der Stadtverordnetenversammlung. Dabei war allerdings zu berücksichtigen, daß mehr „estnische" als „russische" Stimmen für kleinere Parteien und Gruppierungen abgegeben wurden, die an der 5%-Klausel scheiterten.

Wahlsieger in Tallinn wurde mit 18 Mandaten die Koalitionspartei (*Koonderakond*). Ihr Vorsitzender Tiit Vähi hatte rechtzeitig vor den Wahlen seinen Deutschland-Aufenthalt abgeschlossen und sich auch zwischendurch immer wieder persönlich in Estland um den Aufbau dieser Partei als einer Plattform für seine Rückkehr in die Politik gekümmert. Drittstärkste Kraft nach den russischen Listen wurde der „Ratsklub" (*Raeklubi*) mit 9 Mandaten, zu dem sich Oberbürgermeister Tamm und andere Mitglieder der bisherigen Stadtregierung zusammengeschlossen hatten. Erst dann folgten die Zentrumspartei von Savisaar sowie die Vaterlandspartei von Laar mit je 5 Mandaten. Diese erzielte selbst in ihrer bisherigen Hochburg Tartu mit nur 7 von 49 Stadtverordnetenmandaten ein enttäuschendes Ergebnis.

In Narva erhielten zwar die Anhänger Tschuikins (Narvaer Gewerkschaftszentrum) die meisten Stimmen, jedoch nicht mehr als 12 Mandate und damit die gleiche Anzahl wie die Liste der Demokratischen Arbeiterpartei, die ungeachtet ihrer ebenfalls kommunistischen Wurzeln die politisch gemäßigteren Russen repräsentierte. Die übrigen 7 Mandate gingen an die estnische Liste („Narvaer Bürger Estlands") – ein Indiz dafür, daß in der Stadt mit einem russischen Bevölkerungsanteil von etwa 95% auch Russen für estnische Kandidaten gestimmt hatten. Damit waren die Tage eines von altkommunistischen Hardlinern beherrschten Narvaschen Stadtregiments endgültig vorbei, das praktisch bis zum Tag der Kommunalwahlen die Regierung eines unabhängigen Estland herausgefordert hatte. Die Wahlen selbst waren – wie Beobachter des Europarats und der KSZE-Mission bestätigten – demokratisch und ohne alle Störungen verlaufen. Bald darauf wurde ein Este zum Bürgermeister von Narva gewählt. Im benachbarten Sillamäe hatte man die Zeichen der Zeit noch schneller erkannt und seine Stimmen gleich mehrheitlich für Vähis Koalitionspartei abgegeben.

In Tallinn erklärte Juganzov, der selbst nicht kandidiert hatte, die „Vertreterversammlung" werde nicht mit den auf der Liste „Revel" gewählten radikaleren Russen zusammengehen, sondern mit der Koalitionspartei und dem „Ratsklub". Als Ergebnis wurde daraufhin am 28. Oktober 1993 Tiit Vähi zum Vorsitzenden der Stadtverordnetenversammlung gewählt und meldete sich damit jetzt auch in amtlicher Stellung in der estnischen Innenpolitik zurück. Jaak Tamm wurde wieder Oberbürgermeister.

Ebenso wie die generelle Akzeptanz der Kommunalwahlen durch die russischsprachige Bevölkerung Estlands, die diese Chance sich politisch zu Wort zu melden gut genutzt hatte, illustrierte das Verhalten der Russen in Narva und Tallinn, daß mit diesen Wahlen die Integration der Estlandrussen in die estnische Politik begonnen hatte. Auch Max van der Stoel, auf dessen Urteil international so viel Wert gelegt wurde, zeigte sich mit dem Gang der Dinge zufrieden, als er gegen Monatsende nach Estland kam, und konstatierte, daß sich die allgemeine Lage seit seinem letzten Besuch im Juli verbessert habe.

*

Das nicht zuletzt für sie selbst unerwartet schwache Abschneiden der stärksten Regierungspartei *Isamaa* konnte nicht nur einer von ihr im nachhinein dafür verantwortlich gemachten schlechten Wahlkampagne und der dadurch angeblich verpaßten vollen Ausschöpfung ihres Wählerpotentials angelastet werden. Ein mindest ebenso gewichtiger Grund bestand darin, daß die Regierungsmannschaft um Mart Laar der Öffentlichkeit in den Monaten vor den Kommunalwahlen ein wenig überzeugendes Erscheinungsbild geboten hatte. Das galt weniger für den Ministerpräsidenten selbst als vielmehr für einige seiner Kabinettsmitglieder. Hinzu kam, daß wenige Tage vor dem 17. Oktober einige prominente *Isamaa*-Politiker wie ihr Fraktionschef Hallaste und Laars enger persönlicher Mitarbeiter Pruuli in den Verdacht der Korruption geraten waren. Die grundsätzlichen Weichenstellungen der von der Regierung Laar verfolgten Reformpolitik wurden damals von der Mehrheit der Esten, die zu sozialen Opfern zugunsten der nachwachsenden Generationen durchaus bereit war, nicht ernsthaft in Zweifel gezogen. Dies legten auch die ebenso schlechten Wahlergebnisse stärker „sozial" ausgerichteter Gruppierungen einschließlich der Partei Savisaars nahe. Anders war es schon mit der nicht immer überzeugenden Umsetzung dieser Politik. Aus etwas größerer Distanz betrachtet manifestierte sich in dem Ergebnis der Kommunalwahlen ein erstes Anzeichen dafür, daß Laar für eine in weiten Kreisen Estlands und vom westlichen Ausland allemal zwar als alternativlos angesehene, in den sozial schwächeren Bevölkerungsschichten aber naturgemäß wenig populäre Austeritätspolitik eines Tages politisch würde bezahlen müssen. Anders als in Deutschland, wo der Regierungschef, wenn er es nicht übertreibt, einen „Kanzlerbonus" genießt, ist es in Estland, wie sich im Laufe der Jahre noch wiederholt herausstellen sollte (aber auch in anderen Transformationsländern Mittel- und Osteuropas) gerade umgekehrt gewesen. Demgegenüber gewann Präsident Meri sozusagen als Gegenpol der Regierung seit dem Sommer 1993 ständig an Popularität, denn Meinungsumfragen zufolge war in Estland die Vorliebe für einen „starken" Präsidenten mit hohem innen- und außenpolitischem Profil weit verbreitet (was auch für die beiden anderen baltischen Staaten galt, wo Ulmanis und Brazauskas ebenfalls hohe Zustimmungsraten aufzuweisen hatten).

Erste Konsequenzen des Wahldebakels ließen nicht lange auf sich warten. Schon eine Woche danach gab Tiit Pruuli aus „Gesundheitsgründen" seinen Posten als Berater des Ministerpräsidenten auf (der Nachfolger wurde Indrek Tarand), und Illar Hallaste verzichtete mit der gleichen Begründung darauf, sich als Fraktionsvorsitzender von *Isamaa* zur Wiederwahl zu stellen. Das galt auch für seine beiden Stellvertreter, Indrek Kannik und Heiki Kranich, wobei der eine – mit 28 Jahren gerade in das Tallinner Stadtparlament gewählt – der Presse gegenüber „Ermüdungserscheinungen" und gewisse Differenzen mit Laar ins Feld führte, der andere innerparteiliche Meinungsunterschiede. Offenbar gab es also Spannungen zwischen Regierung und Fraktion – in einer parlamentarischen Demokratie an sich nichts Ungewöhnliches, und deren Spielregeln war man ja gerade dabei einzuüben.

Als mich der Ministerpräsident am 29. Oktober zu einem innen- und außenpolitischen *tour d'horizon* unter vier Augen empfing, gab er sich gelassen. Die Regierungsmehrheit werde nicht zerfallen, sondern sich nur stärker in sich differenzieren. Eine Mehrheit gegen die Regierung werde es im *Riigikogu* aber nicht geben. Innerparteiliche Auseinandersetzungen seien lediglich ein Zeichen dafür, daß man sich in Richtung normaler demokratischer Verhältnisse entwickele. So weit, so gut.

Keine zwei Wochen später brachten 24 Abgeordnete der Zentrums- und der Koalitionspartei mit einigen kleinere Gruppierungen im Parlament einen Mißtrauensantrag gegen die Regierung ein. Begründet wurde er mit einem recht substanzlosen Rundumschlag gegen ein angeblich durch „Konflikte, Skandale, Korruption und Verbrechen" gekennzeichnetes erstes Regierungsjahr. Dem Kabinett Laar wurden falsche Weichenstellungen und Versagen auf so ziemlich allen Politikfeldern vorgeworfen einschließlich der Verantwortung dafür, daß sich immer noch russische Truppen im Lande befänden. Dem Ministerpräsidenten fiel es daher im *Riigikogu* auch nicht sonderlich schwer, diese wenig seriösen und keine Alternativen aufzeigenden Angriffe abzuwehren. Er konnte darauf verweisen, daß er bei Regierungsantritt keinen schnellen Wohlstand versprochen, sondern Mühsal und harte Arbeit vorhergesagt habe. Nach einem Jahr seien ungeachtet aller noch bestehenden Mängel größere wirtschaftliche Erfolge als erwartet zu verzeichnen, die international gewürdigt und im Ausland offenbar besser als in Estland verstanden würden. Als dann am 15. November abgestimmt wurde, war es auch keine große Überraschung mehr, daß dieser erste auf den Sturz der Regierung zielende Mißtrauensantrag in der moderneren estnischen Parlamentsgeschichte noch deutlicher scheiterte, als von vornherein angenommen worden war, hatten sich doch bereits während der Debatte selbst Mitunterzeichner von ihm distanziert. Schließlich unterstützten nur noch 21 Abgeordnete den Mißtrauensantrag (45 lehnten ihn ab und 10 enthielten sich der Stimme). Oppositionsführer Savisaar hatte sich schon vorher abgesetzt und nahm an der Abstimmung erst gar nicht mehr teil. Die Frage, warum die Gegner der Regierung diesen Schritt gewagt hatten, ohne vielleicht selbst wirklich daran zu glauben, schon beim ersten Versuch erfolgreich zu sein, haben wir uns damals damit beantwortet, daß es sich um eine Mischung aus Unerfahrenheit, Fehlspekulationen über das Verhalten einzelner Abgeordneter in einem stark individualistisch geprägten Parlament und der Lust daran gehandelt haben dürfte, es einer unpopulären Regierung „einmal zu zeigen" und damit innenpolitische Punkte zu machen.

Auch wenn dieser Ausgang Laars Kalkül bestätigte, daß es im Parlament keine Mehrheit gegen seine Regierung gäbe, war die Abstimmung, der er sich hatte stellen müssen, ein weiterer Warnschuß. Denn in der Debatte waren auch kritische Töne aus den Reihen der Koalition zu hören gewesen, deren 53 Abgeordnete immerhin nur über eine knappe Parlamentsmehrheit von zwei Stimmen verfügten und die nicht alle gegen den Mißtrauensantrag gestimmt hatten. Wenn Laar Gefahr drohte, dann also am ehesten aus den eigenen Reihen. Aus *Isamaa*-Kreisen hörten wir, daß in der Tat die Spannungen zwischen ihm und der Fraktion seiner Partei im *Riigikogu* erheblich seien, weil er mit ihr nicht ausreichend kooperiere, sich auch nicht immer an getroffene Absprachen halte und Entscheidungen im kleinen Kreis in „Hinterzimmern" getroffen würden. Anscheinend hatte ihn ein durch die Regierungsverantwortung bestimmter Pragmatismus in einen gewissen Gegensatz zu den nationalen Idealisten in der Vaterlandspartei gebracht. Ein Stein des Anstosses war Wirtschaftsminister Sildmäe, der zwar als fähig galt und den Laar offenbar brauchte, der aber von vielen in seiner Partei abgelehnt wurde, da er den aus den „alten Strukturen" hervorgegangenen erfolgreichen Geschäftsleuten nahestand und ihm insofern Interessenkollision vorgeworfen wurde. Man hörte, es wäre in der Vaterlandspartei eine Absprache getroffen worden, daß Laar dem zu Beginn des nächsten Jahres durch eine Regierungsumbildung Rechnung tragen würde.

Wenige Tage nach dem gescheiterten Mißtrauensvotum war wieder einmal der Bundestagsabgeordnete Francke nach Tallinn gekommen, um am alljährlichen Parteikongreß von *Isamaa* am 20. November 1993 teilzunehmen. Dort war Laar zwar öffentlich kritisiert, aber wiedergewählt worden. Doch sein Gegenkandidat Enn Tarto, ein ehemaliger politischer Gefangener aus dem stärker idealistisch gesinnten Lager, hatte eine beeindruckende Anzahl von Stimmen erhalten. Francke sagte mir, er habe seine estnischen Parteifreunde davor gewarnt, innerparteiliche Streitigkeiten nach außen dringen zu lassen, da dies schnell auch internationalen Ansehensverlust nach sich ziehen könne. Auch ihm waren damals kursierende Gerüchte zu Ohren gekommen, daß in Parteikreisen über Verteidigungsminister Luik als eine Alternative zu Laar gesprochen würde.

Seit längerem in die öffentliche Kritik geraten war Innenministerin Lagle Parek. Dies nicht nur angesichts einer vor allem in der Hauptstadt steigenden Kriminalität, zu der auch einige spektakuläre Mordfälle im Mafia-Milieu und eine Reihe von Bombenanschlägen zählten. Persönlich hoch geachtet, schien die ehemalige Dissidentin auch erhebliche Probleme damit zu haben, ihr Ressort, das unter diesen Umständen mit zu den schwierigsten überhaupt zählte, in den Griff zu bekommen. Am 27. November erklärte sie ihren Rücktritt, der ihr wohl von Laar nahegelegt worden war und dem Präsident Meri stattgab. Aufsehen erregte daher lediglich der Zeitpunkt. Denn am Vortage hatte es mitten in Tallinn eine Schießerei gegeben, bei der der ehemalige Chef der während der „Pullapää Affäre" im Sommer in die Schlagzeilen geratenen Schützenkompagnie, Asso Kommer, zwei Polizeibeamte, unter ihnen den prominenten Leiter einer Spezialeinheit zur Bekämpfung des organisierten Verbrechens Koit Pikaro, verwundet hatte, bevor er und einige seiner Komplizen nach einer Verfolgungsjagd am hellichten Tag gestellt worden waren. Die Kompagnie war seinerzeit schließlich doch aufgelöst und Kommer wie die Mehrheit seiner Kameraden in die Territorialverteidigungsorganisation *Kaitseliit* übernommen worden. Ähnlich wie bei mehreren anderen Aktionen gegen ehemalige Mitglieder der Schützenkompagnie in den Tagen zuvor, wurde der der Innenministerin unterstehenden Polizei in der Presse ein höchst brutales Vorgehen und die Mißhandlung des verhafteten Kommer vorgeworfen. Diesem, einem jungen ehemaligen Afghanistankämpfer, und seinen Komplizen wiederum wurde zur Last gelegt, bei Aktionen gegen die Mafia das Recht in die eigene Hand genommen und dabei auch Menschen umgebracht zu haben. So entbehrte auch dieser Nachklang der „Pullapää Affäre" nicht eines gewissen tragischen Aspekts und spiegelte die Orientierungslosigkeit so mancher in dieser schwierigen Übergangszeit wider. Selbst wenn ein unmittelbarer Zusammenhang zwischen dem Rücktritt der Innenministerin und der Schießerei vom 26. November offiziell in Abrede gestellt wurde, war dieser Polizeieinsatz, ähnlich wie es beim Rücktritt ihres Parteifreundes Rebas im August 1993 die Meuterei von Kommer und seinen Kameraden gewesen war, offenkundig das auslösende Moment. Nachdem zuerst der Ministerpräsident selbst die Geschäfte des Innenministers wahrgenommen hatte, wurde Mitte Dezember der bisherige Vizekanzler des Ministeriums Heiki Arike, ein Fachmann, zum Nachfolger von Lagle Parek ernannt.

Baltische Zusammenarbeit

Zwei Wochen nach der ersten Begegnung der drei baltischen Staatspräsidenten, die nach der Unabhängigkeit und Verabschiedung neuer Verfassungen in ihr Amt gewählt worden waren, am 27. August in Jūrmala bei Riga, kam es am 13. September 1993 zur Unterzeichnung eines Freihandelsabkommens zwischen Estland, Lettland und Litauen durch die drei Ministerpräsidenten. Sie fand in Tallinn statt, da Estland damals den Vorsitz bei der institutionalisierten Zusammenarbeit unter den baltischen Staaten innehatte, und wurde als das wichtigste Ergebnis dieser Zusammenarbeit seit Wiedererlangung der Unabhängigkeit angesehen.

Schauen wir einen Moment zurück. Zu einem kritischen Zeitpunkt der baltischen Unabhängigkeitsbestrebungen, als sich bedrohliche Aktionen der moskautreuen Interfront-Bewegung ankündigten, hatte Rüütel seine Kollegen aus Riga und Wilna nach Tallinn eingeladen. Am 12. Mai 1990 unterzeichnete er hier mit Gorbunovs und Landsbergis eine gemeinsame Erklärung über „Einigkeit und Zusammenarbeit". Diese Erklärung erneuerte ausdrücklich den 1934 unter den damaligen Mitgliedern des Völkerbundes Estland, Lettland und Litauen in Genf abgeschlossenen Vertrag zur Abstimmung ihrer Außenpolitiken, der die „Baltische Entente" begründet hatte. Zugleich wurde jetzt ein „Rat der baltischen Staaten" geschaffen, der auf der Ebene der Präsidenten und anderer hochrangiger Repräsentanten zur Wiederherstellung der uneingeschränkten Unabhängigkeit ihrer Länder zusammentreten sollte. Nachdem dieses politische Ziel erreicht war, ließ das gemeinsame Interesse an einer institutionellen Zusammenarbeit ungeachtet des alle drei Staaten einigenden Anliegens des Abzugs der noch im Baltikum verbliebenen russischen Streitkräfte nach. Zwar fanden weiterhin Treffen der Präsidenten, auch solche der Ministerpräsidenten, statt und wurde auf einer ersten Tagung von Parlamentariern aus den baltischen Staaten vom 24. bis 26. Januar 1991 in Riga eine „Baltische Versammlung" aus der Taufe gehoben, doch die Kooperation begann zu stagnieren.

Während im Westen (und nicht zuletzt bei uns) Estland, Lettland und Litauen – zum einen aus Unkenntnis ihrer historisch-kulturell bedingten Unterschiede, zum anderen wohl wegen ihrer zumal aus der Entfernung betrachtet anscheinend identischen Probleme als ehemalige Sowjetrepubliken – gerne als ein einheitliches Baltikum angesehen und auch so behandelt wurden, konzentrierten sich die politisch Verantwortlichen in jedem der baltischen Staaten seit der Unabhängigkeit darauf, den aus ihrer Sicht für ihr Land erfolgversprechendsten, also nationalen Weg zur wirtschaftlichen und politischen Konsolidierung ihres wiedererstandenen Gemeinwesens zu gehen. Mit Ausnahme der Außenpolitik, die in allen drei Ländern alternativlos auf Truppenabzug und

Westintegration ausgerichtet war und in der sich die baltischen Staaten allenfalls durch Nuancen bei ihrer bilateralen Orientierung – die einen mehr nach Nord-, die anderen mehr nach Mittel- und Westeuropa – unterschieden, gingen diese Wege, zumindest gemessen am Tempo der zurückgelegten Strecke, bald auseinander – wie die Beispiele Währungsreform und Privatisierung, aber auch die Verabschiedung neuer Verfassungen, die Abhaltung von Wahlen und die Behandlung der jeweiligen russischen Minderheit zeigen. Gerade letzteres Beispiel verdeutlicht, wie die *objektiv* unterschiedlichen Voraussetzungen zusammen mit dem *subjektiven* Willen, die nunmehr wiedererrungene Souveränität mit keinem zu teilen und als alleiniger Herr im eigenen Haus auszuüben, keinen besonderen Anreiz für eine baltische Zusammenarbeit über das unumgängliche Mindestmaß hinaus boten. Gerade damals in den Jahren unmittelbar nach der Unabhängigkeit ist viel von den psychologischen Schwierigkeiten der Esten, Letten und Litauer beim Umgang miteinander die Rede gewesen, von ihrem unterschiedlichen Nationalcharakter und anderen Eigenschaften, die jetzt, da das einigende Band der sowjetischen Unterdrückung fortgefallen war, wieder deutlicher zum Vorschein kämen. Selbst vor Ort war dies für den Ausländer nicht immer leicht zu verstehen, da er es in der Regel ja nur mit den Vertretern *einer* dieser Nationen zu tun hatte und kaum vergleichen konnte. Um so schwerer mußte eine zutreffende Beurteilung dieses komplexen Sachverhalts in den weitentfernten Kanzleien westlicher Regierungen, von internationalen Organisationen sowie in den sie beratenden Forschungseinrichtungen, aber auch in Industriellenkreisen fallen. Ein wichtiger Aspekt war sicher, daß in der sowjetischen Zeit so ziemlich alle Kontakte unter den baltischen Völkern – wie auch der geringe Warenaustausch unter den von Hause aus wenig komplementären Volkswirtschaften des Baltikums – nicht direkt stattgefunden hatten, sondern über Moskau kanalisiert worden waren und man sich untereinander in der Regel nur auf Russisch verständigen konnte, während diese wenig geliebte *lingua franca* ein Jahrzehnt später bereits weitgehend durch das Englische ersetzt worden ist.

Auch vor 1940 waren selbst die politischen Beziehungen wenig entwickelt gewesen, und die „Baltische Entente" hatte weitgehend nur auf dem Papier bestanden. Bezeichnenderweise war sie auch nicht in einer der baltischen Hauptstädte, sondern am Sitz des Völkerbundes als gemeinsamem Bezugspunkt vereinbart worden. Selbst unter so total veränderten Umständen hat mich das Verhältnis der baltischen Staaten untereinander immer an die Zeiten erinnert, als selbst die *deutschen* Landespolitiker der russischen Ostseeprovinzen Livland, Estland und Kurland, von denen man annehmen sollte, daß sie mehr verband als heute Esten und Letten (von den zum großpolnischen Kulturkreis zählenden katholischen Litauern ganz zu schweigen), ihre Interessen erst unter dem Druck der Russifizierung in der zweiten Hälfte des 19. Jahrhunderts zu koordinieren und im damaligen Bezugspunkt St. Petersburg gemeinsam zu vertreten begannen. Ein anderer Ort, an dem die „Ostseeprovinzialen" gemeinsame, zunehmend national ausgerichtete Interessen zusammenführte, war seit ihrer Wiederbegründung 1802 die Universität Dorpat.

Nachdem die baltische Zusammenarbeit ziemlich eingeschlafen war (im Mai 1992 hatte im litauischen Palanga noch ein zweites Parlamentariertreffen stattgefunden), trafen sich – wiederum auf estnische Initiative – die Außenminister am 9. März 1993 in Tallinn, um ihr einen neuen Anstoß zu geben. Dabei beschlossen sie, nachdem nunmehr der Aufbau von Außenministerien mehr oder weniger abgeschlossen war, in Anlehnung an die „Baltische Entente" von 1934 feste Strukturen zu schaffen mit halbjährlichen ordentlichen Außenministerkonferenzen und *ad hoc* einzuberufenden außerordentlichen sonstigen Ministertreffen sowie Arbeitsgruppen auf Beamtenebene bei jährlich rotierendem Vorsitz. Wenige Tage später erlitt die praktische Kooperation allerdings wiederum einen, wenn auch unvermeidlichen Rückschlag, als die estnische Regierung den „gemeinsamen baltischen Visaraum" einschränkte. Dieser war bei einer Zusammenkunft der baltischen Ministerpräsidenten am 26. März 1992 in Tallinn ins Leben gerufen worden und sah neben dem visafreien Reiseverkehr von Personen mit ständigem Wohnsitz in einem der baltischen Staaten vor, daß Ausländer mit einem estnischen, lettischen oder litauischen Sichtvermerk in alle drei Länder einreisen konnten. Jetzt, ein Jahr danach, wurde zwar die Visafreiheit für Letten und Litauer nicht angetastet, doch beschränkte Estland die Einreise mit einem lettischen oder litauischen Visum auf die Inhaber von Pässen etwa 40 westlicher Länder, deren Verfahren zur Ausstellung von Pässen als zuverlässig angesehen wurde. Damit waren vor allem Russen und die Staatsangehörigen anderer ehemaliger Sowjetrepubliken von der Einreise ohne ein besonderes estnisches Visum ausgeschlossen. Begründet wurde dies damit, daß mangels effektiver Grenzkontrollen und einheitlicher Sichtvermerksverfahren in Lettland und Litauen ein gemeinsamer Visaraum keinen Sinn mache – was im übrigen in Riga und Wilna nicht bestritten wurde. Eine engere Zusammenarbeit unter den baltischen Staaten hing eben nicht nur vom guten Willen des einen oder anderen Partners, sondern auch von seinen durch die unterschiedlichen Entwicklungsgeschwindigkeiten bedingten Möglichkeiten ab.

Dies trat noch deutlicher bei dem Freihandelsabkommen zwischen den baltischen Staaten zutage. Bereits während der Zusammenkunft im März 1992, als Ministerpräsident Vähi mit seinen Kollegen aus Lettland und Litauen den gemeinsamen baltischen Visaraum vereinbart hatte, war man übereingekommen, ab 1. Mai 1992 mit Blick auf einen künftigen Baltischen Gemeinsamen Markt die Ein- und Ausfuhrbeschränkungen für die meisten Güter und Waren aufzuheben. Daraus war aber nichts geworden. Nunmehr, im September 1993, war man so weit, ein förmliches Freihandelsabkommen zu schließen und den drei Parlamenten zur Zustimmung vorzulegen (in Kraft getreten ist es erst am 1. April 1994). Mit der Ausnahme aller landwirtschaftlichen Produkte sollten grundsätzlich sämtliche Import- und Exportzölle sowie sonstigen Restriktionen abgeschafft werden. Während man sich über die freie Einfuhr praktisch aller Waren schnell habe einigen können, erfuhren wir von den estnischen Unterhändlern, hätten bei den Letten und Litauern zum Schutz der heimischen verarbeitenden Industrie weiterhin Vorbehalte gegen die völlige Freigabe der Ausfuhr einiger Rohstoffe wie Holz, Häute und Natursteine bestanden. Darauf habe Estland zum Ausgleich Exportquoten für Ölschiefer, Ton und Quarzsand verlangen müssen, die in der Praxis aber keine Rolle spielten, da sie höher als die Nachfrage nach diesen Gütern ausfielen. Da Estland ohnehin praktisch keine Zölle mehr erhob, versprach man sich hier von dem Abkommen neben erleichterten Ausfuhren in die anderen baltischen Staaten (aufgrund der bereits mit Finnland und Schweden geschlossenen Freihandelsabkommen aber auch dorthin) zusätzliche ausländische Investititionen in einen nunmehr größer werdenden Markt.

Einen Monat nach Abschluß des Freihandelsabkommens, der allgemein als Durchbruch in der baltischen Zusammenarbeit gefeiert worden war, trat vom 29. bis 31. Oktober die Baltische Versammlung in Tallinn zusammen. Es war die dritte Tagung seit ihrer Gründung im Januar 1991. Nach dem Vorbild der Außenminister gaben nunmehr auch die versammelten Parlamentarier ihrer Zusammenarbeit eine feste Struktur. Diese sah jährlich zwei Plenarversammlungen bestehend aus jeweils 20 Abgeordneten der nationalen Parlamente sowie viermal jährlich tagende Sitzungen des Präsidiums und eine Reihe von Fachausschüssen vor. Ferner sollte in Riga ein gemeinsames Sekretariat eingerichtet werden. Die Versammlung schlug außerdem anstelle des bisherigen lockeren Zusammenschlusses im Rahmen des *Rates der baltischen Staaten* einen *Baltischen Rat* zur Koordinierung der Zusammenarbeit zwischen Estland, Lettland und Litauen in den verschiedenen Politikbereichen vor und forderte die drei Regierungen auf, baldmöglichst ein Gründungsabkommen auszuarbeiten (was dann am 13. Juni 1994 in Tallinn zur Gründung des *Baltischen Ministerrates* mit jährlich rotierendem Vorsitz auf Ebene der Regierungschefs und der Minister für baltische Zusammenarbeit, in der Regel der Außenminister, und einen Ausschuß hoher Beamter führte). Neben Entscheidungen zur Organisation der baltischen Zusammenarbeit auf verschiedenen weiteren Gebieten verabschiedete die Parlamentarierversammlung auch eine Reihe von Entschließungen und Appellen zu aktuellen politischen Fragen. Darunter befand sich ein Appell an die NATO, in der in zwar zurückhaltender, doch deutlicher Form der Wunsch nach einer künftigen Mitgliedschaft zum Ausdruck gebracht wurde.

Die Tallinner Tagung der Baltischen Versammlung im Oktober 1993 wurde von baltischer Seite als eine weitere wichtige Etappe konkreter Zusammenarbeit bewertet. Präsident Meri sprach sogar davon, die baltische Zusammenarbeit sei jetzt von der „rhetorischen Ebene" auf die einer wirklichen Kooperation angehoben worden. Dies müsse als ein erster Schritt auf dem Weg der baltischen Staaten in die EG angesehen werden. Die Beschlüsse der Parlamentarier bewiesen, daß die baltischen Staaten aus den Fehlern der Vergangenheit gelernt hätten. Noch am 11. September 1993 hatte er in einem Vortrag vor dem *Pro Baltica Forum* in Tallinn die mangelnde Zusammenarbeit mit scharfen Worten gegeißelt und die These aufgestellt *Baltic integration is conditio sine qua non for our integration into Europe.* Dabei erinnerte er an die Versäumnisse der Zwischenkriegszeit und einen Aufsatz seines Vaters, des damaligen Leiters der Wirtschaftsabteilung im estnischen Außenministerium, der noch wenige Monate vor der sowjetischen Annexion in der ersten und einzigen je erschienenen Nummer der *Revue Baltique*, des Publikationsorgans der Baltischen Entente, im Februar 1940 für eine größere baltische Zusammenarbeit auf wirtschaftlichem Gebiet plädiert hatte [58]. *Unless we learn from history to forestall mistakes, history will repeat itself* war jetzt das Fazit seines Sohnes gewesen.

Wir waren damals angesichts der bisher gemachten Erfahrungen und der objektiv gegebenen Gründe für eine vorläufig noch unvermeidbare Entwicklung der baltischen Staaten *à plusieurs vitesses* weiterhin etwas skeptisch, ob dies wirklich den Beginn einer Zusammenarbeit von neuer Qualität bedeutete. Nicht zu übersehen aber war, daß die häufigen Anmahnungen einer verstärkten baltischen Kooperation von Seiten westeuropäischer Politiker offenbar ihre Wirkung nicht verfehlt hatten.

*

Wie zurückhaltend die estnische Öffentlichkeit gegenüber der Wahrnehmung ihres Landes als Teil eines größeren „Baltikums" war, konnten wir im Herbst 1993 in einem ganz anderen Bereich erleben. Damals fanden *Deutsche Kulturwochen in der baltischen Region* statt, die im Auswärtigen Amt von langer Hand vorbereitet worden waren und deren Programm sich in Estland über mehr als zwei Monate erstreckte. Von Anfang an hatte uns die estnische Regierung bei den Vorbereitungen unterstützt, und Ministerpräsident Laar betonte unserem Staatssekretär Dr. Trumpf gegenüber, als dieser Ende September zur Eröffnung der Kulturwochen nach Tallinn kam, welch große Bedeutung er gerade auch der Vertiefung der kulturellen Beziehungen zu Deutschland beimesse – und wir hatten allen Grund anzunehmen, daß es sich dabei nicht nur um ein höfliches Lippenbekenntnis handelte. Auch die einzelnen, allerdings wenig spektakulären und mit dem Auftritt der Bamberger Symphoniker im Vorjahr nicht zu vergleichenden Veranstaltungen fanden beim estnischen Publikum einen durchaus freundlichen Widerhall, nicht jedoch die den Kulturwochen zugrundeliegende Gesamtkonzeption einer Präsentation deutscher Kultur in der „baltischen Region", die schlichtweg ignoriert wurde (zumal neben Estland, Lettland und Litauen auch noch St. Petersburg mit einbezogen worden war). Man wollte eben gerade kulturell nicht mit seinen Nachbarn in einen Topf geworfen werden.

Wie allergisch Esten darauf reagieren können, wenn ihnen Dritte ihre Vorstellungen von vermeintlichen kulturellen Gemeinsamkeiten zu oktroyieren suchen, konnte ich damals noch an einem anderen Beispiel beobachten. Da es nicht zur Errichtung eines Goethe-Instituts in Estland kam, entschieden sich Auswärtiges Amt und Münchener Instituts-Zentrale, die Deutschen Kulturinstitute in Tallinn und Tartu durch den Leiter des Rigaer Goethe-Instituts kulturell mitbetreuen zu lassen. Als dann jedoch im Frühjahr 1994 aus Riga eine Vorführung von Eisenstein-Filmen, die dort als die Produkte eines gefeierten Sohnes jener Stadt viel Erfolg gehabt hätten, auch den Esten angeboten wurden, lehnten diese – wofür ich viel Verständnis zeigte – mit der Begründung ab, sie hätten in der Sowjetzeit hinreichend Gelegenheit gehabt, Meisterwerke wie den „Panzerkreuzer Potemkin" zu genießen … Hingegen entwickelten sich dann gute Arbeitsbeziehungen zwischen dem Tallinner Kulturinstitut und dem Goethe-Institut in Helsinki, wobei natürlich immer auch persönliche Affinitäten eine Rolle spielen.

Bedauert haben wir damals in der Botschaft, daß bei der Konzeption der Deutschen Kulturwochen ein aus unserer Sicht wichtiger Aspekt unberücksichtigt geblieben war, und zwar der Anteil, den die einst in den baltischen Ländern lebenden Deutschen durch die Jahrhunderte an der Entwicklung der estnischen und lettischen Nationalkulturen hatten. Schon zu Beginn des Jahres 1993 hatten wir dem Auswärtigen Amt ausführliche Vorschläge zur Programmgestaltung gemacht. Sie enthielten neben vielen anderen auch den Hinweis, man werde in Estland mit Interesse beobachten, wie das heutige Deutschland während der Kulturwochen die jahrhundertealten deutsch-estnischen Beziehungen darstellen würde. Dabei erinnerten wir daran, daß diese Thematik, die bis auf die Gegenwart das Bild von Deutschland und den Deutschen mitpräge, damals – jedenfalls für einen Teil der intellektuellen und politischen Elite Estlands – als ein Element der jetzt möglich gewordenen unverstellten Rückbesinnung auf die eigene Geschichte von aktueller Bedeutung war. Zudem verfügten wir mit den beiden Gesellschaften zur Pflege deutschbaltischer Kultur und den aus ihnen hervorgegangenen Kulturinstituten in Tallinn und Tartu über geradezu ideale Partner für die Gestaltung eines solchen Programmteils. Daß es dennoch nicht dazu kam, hatte keine politischen Gründe. Denn der bekannten positiven Einstellung von Präsident Meri und den mehrfachen Bekundungen von Außenminister Velliste zum gemeinsamen deutsch-estnischen kulturellen Erbe als einer wichtigen Grundlage unserer bilateralen Beziehungen, um nur zwei weitere Beispiele zu nennen, war von deutscher Seite nicht nur nie widersprochen, sondern sie sind, wir wir sahen, sowohl vom Bundespräsidenten als auch vom Bundesaußenminister ausdrücklich aufgegriffen worden. Nach meinen Beobachtungen lag dies vielmehr an einem durch Unkenntnis der Verhältnisse bedingten Desinteresse einer schwerfälligen Bürokratie, an der auch unsere Berichterstattung nichts zu ändern vermochte. Selbst die Chance, eine von anderer Seite gerade fertiggestellte kleine, aber gut gemachte Wanderausstellung „Das Baltikum und die Deutschen" noch in das Programm zu integrieren, wurde nicht ergriffen. Diese sollte dafür später mit finanzieller Unterstützung des Innenministeriums auch durch die baltischen Staaten auf Tournee gehen [59].

*

Als sich die baltischen Außenminister am 6. Dezember 1993 zum zweiten Mal in Tallinn trafen, konnten sie in einer Erklärung über das Ergebnis der Konferenz feststellen, daß die baltische Zusammenarbeit seit ihrer ersten Zusammenkunft im März 1993 eine erfreuliche Vertiefung erfahren habe. Sowohl Außenminister Velliste als auch andere Teilnehmer bezeichneten damals das sich seinem Ende zuneigende Jahr als das, in dem bei der Kooperation unter den baltischen Staaten ein Durchbruch erfolgt sei.

Rußland spielt beim Truppenabzug weiterhin auf Zeit

Von einem Durchbruch in den Beziehungen zu Rußland konnte hingegen so lange keine Rede sein, wie über den Abzug seiner Truppen als dem Kernstück dieser Beziehung keine *vertragliche* Festlegung erfolgt war. Wenn die endlose Geschichte der Verhandlungen über diese Frage – bis zum Jahresende 1993 sollten sie, ohne andere Begegnungen zwischen estnischen und russischen Politikern zu zählen, bei 15 Runden seit ihrer Wiederaufnahme im April 1992 angelangt sein – in der Rückschau als eine Art von „Echternacher Springprozession" – zwei Schritt nach vorn, einen zurück – vielleicht auch kein größeres Interesse mehr zu wecken vermag, so kommt man bei Betrachtung dieser Zeit nicht daran vorbei, daß der Truppenabzug damals das alles beherrschende Thema nicht nur der estnischen, sondern soweit Estland und Lettland betroffen war, auch der internationalen Politik gewesen ist. Die Beobachtung aller Entwicklungen in diesem Bereich bildete daher einen Schwerpunkt meiner Tätigkeit.

Als sich die Verhandlungsdelegationen nach einer zweimonatigen Sommerpause am 14./15. September 1993 in Moskau wieder zusammensetzten, wartete die russische Seite mit einem neuen Stolperstein auf: So lange die Finanzierung des Baus von Wohnungen für die nach Rußland zurückzuführenden Militärs – erinnern wir uns an das Schreiben von General Majorov, über das Präsident Meri Ende Juli die Botschafter unterrichtet hatte – nicht gesichert sei, könnten keine weiteren Fortschritte erzielt werden. Denn bei den Ankündigungen einiger westlicher Regierungen, einen Beitrag zu leisten, handele es sich nur um vage Versprechungen. Die im Haushalt der Russischen Föderation hierfür vorgesehenen Mittel stünden jedoch nicht mehr zur Verfügung, weil dieser jetzt ein Defizit aufweise. Dieser Aspekt des Truppenabzugs – wurde uns von estnischer Seite mitgeteilt – stelle jetzt dem Protokoll dieser Verhandlungsrunde zufolge das „Haupthindernis" dar, während Botschafter Svirin die Finanzierung des Wohnungsbaus zuvor in den Gesprächen sogar als den einzigen Hinderungsgrund für die Vereinbarung eines noch vor dem 31. Dezember 1994 liegenden endgültigen Abzugstermins genannt habe – Estland aber lehne dieses Datum nach wie vor ab. Als uns Minister Luik unterrichtete, zeigte er sich enttäuscht, denn er war aufgrund vorangegangener Vermittlungsbemühungen der USA und eines Sondergesandten des Generalsekretärs der Vereinten Nationen mit größeren Erwartungen nach Moskau gereist.

Gegen Ende des Monats, am 27. September, trafen die drei baltischen Präsidenten am Rande der Vollversammlung der Vereinten Nationen in New York mit dem amerikanischen Präsidenten zusammen. Es war ihre erste Begegnung. Wenige Tage zuvor hatte der US-Senat das *Byrd Agreement* verabschiedet, das zwar ein Junktim zwischen der Finanzhilfe der Vereinigten Staaten an Rußland und Fortschritten beim Truppenabzug aus Est- und Lettland herstellte, doch so weit gefaßt war, daß es dem Präsidenten noch erheblichen außenpolitischen Spielraum ließ. Präsident Clinton bekräftigte Meri, Ulmanis und Brazauskas gegenüber, wie das Weiße Haus verlauten ließ, den *strong support* der USA für einen bedingungslosen und schnellen Abzug der noch im Baltikum stationierten russischen Streitkräfte. Er teilte ihnen mit, daß er dieses Thema bei seinen jüngsten Begegnungen mit führenden russischen Politikern angesprochen habe und die Vereinigten Staaten beabsichtigten, alle Beteiligten bei der Suche nach einer einvernehmlichen Lösung zu unterstützen. Von russischer Seite kritisch auf die Behandlung der russischen Bevölkerung in Est- und Lettland angesprochen, habe der amerikanische Präsident darauf hingewiesen, internationale Beobachter hätten in diesen Ländern keine Menschenrechtsverletzungen feststellen können. Im Namen der baltischen Präsidenten erklärte Meri, der 1. Januar 1994 sei die äußerste zeitliche Grenze für den vollständigen Truppenabzug. Wie Meri später der Presse mitteilte, hätte Clinton das akzeptiert [60].

In seiner ersten Rede vor der Vollversammlung der Vereinten Nationen als – wie er betonte – *first democratically elected post-war Estonian President* kam Meri wenige Tage später auf seine Vorstellungen von einem internationalen Vermittler zurück. Er appellierte an die Vereinten Nationen und ihren Generalsekretär, die Gunst der innenpolitischen Lage in Rußland zu nutzen und einen angesehenen „europäischen Politiker", der das Vertrauen Rußlands und der baltischen Staaten genieße, mit der Mission zu betrauen, den gordischen Knoten der bisher ergebnislos verlaufenen Verhandlungen über den Truppenabzug zu durchhauen. In Estland sei es ihnen immer klar gewesen, daß hinter der starren russischen Verhandlungsposition die alte sowjetische Nomenklatura und das noch zu Sowjetzeiten gewählte russische Parlament gestanden hätten, dessen Ziel es gewesen wäre, die UdSSR in einer modernisierten Form wiederherzustellen, und Präsident Jelzin ein Gefangener dieses imperialistisch gesinnten Parlaments. Daher betrachte er den gegenwärtigen Zeitpunkt – Jelzin hatte gerade Volksdeputiertenkongreß und Obersten Sowjet aufgelöst – als für den russischen Präsidenten besonders günstig, um durch einen Abzug der letzten Truppen und die Unterzeichnung eines Abkommens das Vertrauen der Welt in die russische Demokratie zu stärken. Er habe Jelzin wissen lassen, daß er bereit sei, in allernächster Zeit mit ihm zusammenzutreffen. Auch wolle Estland zusammen mit seinen nordischen Nachbarn und anderen Partnern, die Hilfe in einer Größenordnung von 200 Millionen US-Dollar versprochen hätten, im Rahmen seiner Möglichkeiten zu einer Lösung der Unterbringungsfrage, die im wesentlichen ein humanitäres Problem darstelle, beitragen. Und das, obwohl das Argument, fehlende Wohnungen für die Militärs verhinderten den Abzug, jeglicher Rechtsgrundlage entbehre, denn die Stationierung von Truppen auf dem Territorium eines anderen souveränen Staates gegen dessen Willen widerspreche internationalem Recht und sei nicht verhandelbar.

Nachdem Präsident Meri aus New York zurückgekehrt und in Moskau Präsident Jelzin nach dem Sturm auf das „Weiße Haus" wieder Herr der Lage war, setzte Meri seine Hoffnungen erst einmal auf ihn und weniger auf die Vereinten Nationen. Als mein schwedischer Kollege und ich am 6. Oktober Meri in Katharinental aufsuchten, um ihm im Namen des diplomatischen Corps zum Jahrestag seiner Amtseinführung zu gratulieren, legte er uns dar, jetzt käme es nach seiner Auffassung darauf an, schnell – „in den nächsten Tagen" – mit Jelzin zu einer Übereinkunft zu gelangen und vollendete Tatsachen zu schaffen, bevor sich die Armeeführung in Moskau über den „Preis" einig wäre, den ihr der Präsident für die Unterstützung in dem Machtkampf mit Chasbulatov und Ruzkoj wohl würde bezahlen müssen. Er beabsichtige daher, sobald er sich mit der Regierung abgestimmt habe, eine bilaterale Initiative. Zu einer solchen ist es meines Wissens damals – in realistischer Einschätzung der Lage – aber nicht gekommen. Vielmehr dämpfte Jelzin bald darauf alle Hoffnungen auf eine baldige Einigung unter den beiden Präsidenten. In einem Schreiben an Meri, mit dem er am 15. Oktober dessen Vorschläge vom 20. August zur Entspannung der Beziehungen beantwortete, wärmte er die alten Vorwürfe einer die russischsprachige Bevölkerung diskrimierenden Politik auf und bezeichnete sie als den Hauptgrund für den schlechten Stand der Beziehungen. Eine Begegnung mit Meri aber machte Jelzin von erfolgreichen Verhandlungen über den Truppenabzug auf Expertenebene abhängig und stellte fest, solange es kein Abkommen gebe, würden die Streitkräfte nach dem Zeitplan der russischen Seite abgezogen. Zugleich bestätigte er aber auch die Bereitschaft zu erwägen, die Frist bis zum endgültigen Abzug zu verkürzen, falls sich Estland zusammen mit anderen Ländern an der Unterbringung der aus Estland abziehenden Truppen beteilige. Meri zufolge war der Brief zwar verglichen mit früheren Äußerungen in einem freundlicheren Ton gehalten, einen Fortschritt in der Sache aber stelle er nicht dar.

Dennoch ließ sich Meri nicht beirren und unterrichtete die Botschafter, er habe unseren russischen Kollegen gebeten, seinen Präsidenten wissen zu lassen, daß er daran interessiert sei, möglichst bald, jedenfalls noch vor den für den 12. Dezember 1993 anberaumten Parlamentswahlen, mit ihm zusammenzutreffen. Denn hinsichtlich der Zusammensetzung der künftigen Volksvertretung hegte Meri wenig Optimismus und rechnete mangels Alternativen mit einer stark von den traditionellen – kommunistischen – Kräften beherrschten Duma. Nach seinen Vorstellungen wollte er mit Jelzin, sollte es zu einer Begegnung kommen, nur ein kurzes Protokoll vereinbaren, in dem das Datum festgelegt wird, bis zu dem der Truppenabzug beendet sein muß. Wenn auf diese Weise der politische Durchbruch erfolgt sei, könnten alle übrigen Fragen anschließend auf Expertenebene geklärt werden.

Bereits eine Woche später, am 26. Oktober, reiste Staatssekretär Olljum nach Moskau, um bei seinem Kollegen, dem stellvertretenden Außenminister Tschurkin, die Chancen für eine Zusammenkunft der beiden Präsidenten und den Abschluß eines solchen Protokolls zu sondieren. Wie wir von ihm erfuhren, sei er zwar betont freundlich empfangen worden, auch sei Tschurkin von einem irgendwann einmal stattfindenden Präsidententreffen ausgegangen, habe sich aber ansonsten – wie es in der Sprache der Diplomaten heißt – „rezeptiv verhalten". Darauf habe man sich verabredet, in zwei Wochen erneut zusammenzukommen. Auch von diesem zweiten Gespräch kam Olljum ohne Ergebnisse zurück, was für die kurz darauf vom 15. bis 17. November wiederum in *Lohusalu* stattfindende 15. Verhandlungsrunde wenig optimistisch stimmte.

Diese letzte Verhandlungsrunde im Jahre 1993 endete dann auch mit einem zwiespältigen Ergebnis: Zwar schlug die russische Delegation als *neues* Enddatum für den Truppenabzug aus Estland (und bei gleichzeitigen Verhandlungen in Riga auch aus Lettland) jetzt *erstmals* den 31. August 1994 vor, was ein deutlicher Fortschritt war (ohne jedoch einen Zeitplan für den Truppenabzug vorzu-legen). Doch knüpfte sie dieses Datum an zwei Bedingungen: Zum einen sollte Estland 23 Millionen US-Dollar für den Wohnungsbau in Rußland bezahlen und zum anderen den etwa 11 000 Militärpensionären, die sich in Estland nie-dergelassen hatten, weitgehende Rechte einräumen wie ständige Aufenthalt-serlaubnis, Erwerb der Staatsangehörigkeit ohne den Nachweis von Estnisch-kenntnissen und gleichberechtigte Teilnahme an der Wohnungsprivatisierung (was die Änderung einer Reihe grundlegender estnischer Gesetze zur Voraus-setzung gehabt hätte).

Minister Luik hielt diese Bedingungen, als er uns über die Gespräche unter-richtete, für verhandelbar. Er begründete dies damit, daß die russische Delega-tion ausweichend reagiert hätte, als er die Bedingungen zurückgewiesen und dies mit der Frage verbunden habe, ob nun auch das angebotene Datum des 31. August 1994 hinfällig würde, denn dann hätten weitere Verhandlungen zum gegenwärtigen Zeitpunkt wenig Sinn.

Nach Beratung dieser neuen Situation ließ die estnische Regierung am 19. November verlautbaren, beide Bedingungen wären inakzeptabel. Ungeachtet dessen, ob sie diese überhaupt hätte erfüllen können, mußte sie auf der unein-geschränkten Einhaltung von Ziffer 15 der Helsinki-Erklärung von 1992 und der auf ihr fußenden Entschließungen der 47. und 48. VN-Vollversammlung (von de-nen letztere gerade am 15. November 1993 verabschiedet worden war) beste-hen. Doch dort waren keine Vorbedingungen für den Truppenabzug, wohl aber das Erfordernis eines Zeitplans vorgesehen. Ein weiteres Problem bestand darin, daß das Datum des 31. August 1994 ausdrücklich nicht für die Räumung des Marineausbildungszentrums *Paldiski* und den Abtransport der beiden Atomreaktoren gelten sollte (ebenso wie in Lettland für die Radarstation in *Skrunda*). In ihrer Erklärung unterstrich die estnische Regierung dann auch, daß sie nur ein Abkommen unterschreiben werde, das einen „genauen Zeitplan" un-ter Einbeziehung von *Paldiski* beinhalte. Unter dieser Voraussetzung, so be-stätigte uns Minister Luik, sei Estland bereit, das vorgeschlagene neue Datum 31. August 1994 zu akzeptieren.

Wenn Estland damals so entschieden auf der Vereinbarung eines Zeitplans bestand, dann war dies keine Prinzipenreiterei, selbst wenn die tatsächliche Be-deutung eines solchen bei sich fortsetzendem Truppenabzug ständig abnehmen mußte. Denn ohne verbindlichen Abzugsplan wäre es ganz in das russische Be-lieben gestellt geblieben, welche Einheiten wann das Land verlassen. In Estland aber fühlte man sich durch die Präsenz bestimmter Truppenteile wie der in der Erklärung der Regierung vom 19. November 1993 ausdrücklich genannten, in Tallinn stationierten 144. motorisierten Infanteriedivision, deren Abzug in „al-lernächster Zukunft" gefordert wurde, besonders in seiner Sicherheit bedroht. Ingesamt hielten sich damals noch etwa 3 500 aktive Militärangehörige in Estland auf, von denen zwei Drittel Offiziere waren (in Lettland waren es noch etwa 18 000).

Da die russische Seite den Vorschlag von Meri, mit einem kurzen Protokoll den politischen Durchbruch zu erzielen, in der jüngsten Verhandlungsrunde abgelehnt und auf einem umfassenden Abkommen bestanden hatte, Moskau dazu bei den Vereinten Nationen erneut Stimmung gegen Estland wegen angeblicher Verletzungen der Menschenrechte der russischen Minderheit machte, schwanden die Hoffnungen, noch vor den russischen Parlamentswahlen zu einer Einigung zu gelangen. Dies bestätigte sich bei einem Besuch des russischen Delegationsleiters Svirin bei Minister Luik in den ersten Dezembertagen in Tallinn, zu dem jener entgegen anderslautenden Ankündigungen von Tschurkin gegenüber Olljum ohne einen Zeitplan anreiste und dies damit begründete, nicht das Außen-, sondern das Verteidigungsministerium und der Generalstab wären in Moskau für den Truppenabzug zuständig! Svirin vermochte lediglich vage Angaben zu machen, aus denen hervorzugehen schien, daß der Großteil der noch in Estland verbliebenen Truppen erst im Juli/August 1994 abziehen würde. Das bestätigte der zu den Gesprächen hinzugezogene Kommandeur der 144. Motorschützendivision, was die estnische Seite zu der Frage veranlaßte, wer dies denn bestimme, Moskau oder die örtlichen Befehlshaber. Svirin soll dazu – wie uns die Esten sagten – gemeint haben, dies hänge im wesentlichen von den Kommandeuren vor Ort ab, denen nur das Enddatum des 31. August 1994 vorgegeben worden sei. So viel zum Umgang Moskaus mit den Vertretern eines souveränen Staates, die sich in der Tat nicht ganz als solche fühlen konnten, solange sich gegen ihren Willen fremde Streitkräfte auf dem eigenen Territorium aufhielten.

*

Die Erteilung von Aufenthaltsgenehmigungen für pensionierte russische Militärs, die vom Ausländergesetz grundsätzlich ausgeschlossen und nunmehr von Rußland zur Bedingung für den Truppenabzug bis Ende August 1994 gemacht worden war, erfuhr durch eine am 1. Dezember 1993 veröffentlichte Regierungsverordnung ihre lange erwartete Regelung. Sie trug außer der Unterschrift des Ministerpräsidenten und seines Staatssekretärs Ülo Kaevats auch die des Mitte Oktober zum Minister ohne Portefeuille für Fragen der Staatsangehörigkeit, der Einwanderung und der Demographie ernannten Peeter Olesk. Mit dieser Verordnung machte die Regierung von der ihr im Ausländergesetz eingeräumten Ermächtigung zu Ausnahmen von der Regel Gebrauch, daß pensionierte ausländische Militärs und ihre Familienangehörigen in Estland keine Aufenthaltsrechte genießen können. Die Verordnung sah vor, daß Militärs, die vor der Unabhängigkeit (20. August 1991) in Estland in den Ruhestand getreten sind, bis zum 12. Juli 1994 eine Aufenthaltserlaubnis für sich und ihre Familie beantragen und dann eine solche erhalten können, wenn sie (1) vor dem 1. Januar 1930 geboren wurden oder (2) einen Ehepartner bzw. ein minderjähriges Kind estnischer Staatsangehörigkeit haben (oder einer der beiden ein Ausländer mit einer Aufenthaltserlaubnis ist) oder (3) ihr Aufenthalt als für Estland notwendig erachtet wird. Ausgeschlossen von der Ausnahmeregelung waren ehemalige Mitglieder ausländischer Geheimdienste (also KGB- und GRU-Mitarbeiter). Über die Anträge würde die Regierung nach Befassung einer Kommission unter Vorsitz von Minister Olesk entscheiden.

Dem war ein längeres innenpolitisches Tauziehen vorausgegangen, in dessen Verlauf nicht nur die Opposition, sondern auch Kräfte innerhalb der Regierungskoalition eine großzügigere Regelung – wie sie von Ministerpräsident Laar dem Bundesaußenminister bei dessen Besuch im Sommer in Tallinn angedeutet worden war – verhindert hatten. Das war während der Parlamentsdebatte Mitte November über das Mißtrauensvotum gegen Laar offen zu Tage getreten. Damals war der Regierung vorgeworfen worden, sie würde in den Verhandlungen russischem Druck nachgeben. Selbst Abgeordnete aus den Reihen der Koalition hatten die Hoffnung zum Ausdruck gebracht, Präsident Meri werde im Falle eines Zusammentreffens mit Jelzin keine die Sicherheit des Landes gefährdende und im Widerspruch zu geltenden Gesetzen stehende Konzessionen machen! Dennoch schossen die empörten Reaktionen aus Moskau wieder einmal über das Ziel hinaus. Denn weder stellte diese Verordnung (wie behauptet wurde) eine Verschlechterung der Lage der Militärpensionäre dar (sondern gemessen am Ausländergesetz eine Verbesserung), noch ihre „Ausweisung" aus Estland. Auch lag, soweit wir das aufgrund der regelmäßigen Unterrichtungen durch die estnischen Unterhändler damals beurteilen konnten, keine Rücknahme angeblich bereits erzielter Verhandlungsergebnisse vor. Viel würde nun von der praktischen Anwendung der Verordnung abhängen.

*

Am 12. Dezember 1993 fanden in Rußland die Wahlen zum neuen, aus Duma und Föderationsrat bestehenden Zweikammerparlament statt. Zugleich wurde über den Entwurf einer neuen Verfassung abgestimmt, der ersten in der russischen Geschichte, die sich zu Demokratie, Rechtsstaat und einem föderalen Staatsaufbau bekannte. Das unerwartet gute Abschneiden des nationalistischen „Liberaldemokraten" Schirinovskij und der Kommunisten sowie die schlechten Wahlergebnisse der in sich zerstrittenen demokratischen Mitte um Gaidar, Javlinskij und Šachraj schockierte auch in Estland. Vor allem die starke Unterstützung für Schirinovskij, der mit drohenden Untertönen die Wiederherstellung eines „größeren Rußland" unter Einbeziehung der baltischen Staaten, mit anderen

Worten der Sowjetunion, forderte, nährte alte Ängste. Die estnische Presse überschlug sich in heftigen Reaktionen. Ministerpräsident Laar wurde mit einem Vergleich zu Entwicklungen im Deutschland der 1930er Jahre und der Forderung nach einer schnellen Aufnahme der baltischen Staaten in NATO und EU zitiert, denn die Geschichte dürfe sich nicht wiederholen.

Aufmerksam registriert wurde, daß sich die in Estland lebenden russischen Staatsangehörigen – soweit sie überhaupt zur Wahl gegangen waren – etwa zur Hälfte (47,7%) für Schirinovskij und mit beinahe 20% für die Kommunisten sowie zu zwei Dritteln (65,5%) gegen die neue Verfassung ausgesprochen hatten, wobei Schirinovskij in Narva sogar an die 60% der Stimmen erhielt. Das Wahlverhalten der Russen in Estland konnte indessen nicht besonders überraschen, da es sich nicht wesentlich von dem beim Referendum im April 1993 unterschied. Im Lichte einer Wahlbeteiligung von lediglich 25% der damals ungefähr 40 000 wahlberechtigten russischen Staatsangehörigen war es im übrigen genau so wenig wie damals für die gesamte russische Minderheit von beinahe einer halben Million Menschen repräsentativ.

Wenige Tage später kamen die drei baltischen Staatspräsidenten anläßlich der seit längerem geplanten Eröffnung eines von Meri ins Leben gerufenen *Baltic Institute for Strategic and International Studies* im Rahmen einer internationalen Konferenz über baltische Sicherheit und Zusammenarbeit in Tallinn zusammen. Am Vorabend der Konferenz gaben sie am 15. Dezember 1993 mehrere Erklärungen ab, deren Botschaft darin bestand, daß die baltischen Staaten nach dem Wahlerfolg von Schirinovskij noch dringender als zuvor einer verstärkten Kooperation mit der NATO als dem hauptsächlichen Garanten ihrer Sicherheit bedürften, auch wenn noch nicht von einer NATO-Mitgliedschaft als solcher, sondern von einer Zusammenarbeit im Rahmen des Nordatlantischen Kooperationsrats die Rede war. Als eigenen Beitrag zu einer künftigen europäischen Sicherheitsstruktur kündigten sie ein gemeinsames *Baltic Peacekeeping Battalion* und damit den Beginn einer auch militärischen Zusammenarbeit an.

Gegenüber der Presse und während der anschließenden Konferenz erläuterten die Präsidenten ihre Position. Dabei zeigte sich ebenso wie bei Gesprächen mit estnischen Politikern in diesen Tagen, daß sich die baltischen Staaten jetzt eine deutliche und schnelle Stellungnahme des Westens, der auch moralisch gefordert sei, zu den Vorgängen in Rußland erhofften. Es müsse jedermann klar sein, daß es mit Politikern wie Schirinovskij kein *business as usual* und keine Kompromisse geben dürfe. Dies wäre zugleich die beste Unterstützung für Jelzin und die demokratischen Kräfte in Rußland, denen man damit signalisieren würde, daß sie sich nicht auf die schiefe Ebene einer wie auch immer gearteten Zusammenarbeit mit Schirinovskij begeben dürften. Deutlich schwang dabei die Besorgnis mit, einerseits könnte der Westen wieder einmal der Versuchung einer Beschwichtigungspolitik erliegen und zum anderen Jelzin sich bei seiner Baltikumpolitik auf innenpolitische Rücksichten gegenüber Schirnovskij und seinen Anhängern berufen. Von den in Tallinn versammelten baltischen Politikern, vor allem von Präsident Meri, wurde aber auch betont, daß es keinen Anlaß zur Panik gebe. Für ihn – daher auch sein Drängen, noch vor dem 12. Dezember mit Jelzin zu einer Einigung über den Truppenabzug zu gelangen – war das Wahlergebnis ja nicht ganz so überraschend wie für viele im Westen und auch bei uns ausgefallen, wo man sich auf die Analysen der in der russischen Hauptstadt ansässigen Beobachter verließ. Diese hatten wieder einmal die Lage zu sehr durch die Moskauer Brille gesehen und dabei die russische Provinz aus den Augen verloren. Viele von ihnen waren – wie auch unsere Botschaft – von einem Wahlsieg der Reformer ausgegangen. Der Westen habe, so Meri, wie sich jetzt herausstelle, zu wenig auf die Balten gehört, die Rußland besser kennen würden, daher keine Illusionen gehabt hätten und die nunmehr mit einer realistischeren Einschätzung der Lage zur Krisenbewältigung beitragen könnten. Dazu gehöre auch, daß klar zwischen dem Rußland eines Hoffnungsträgers wie Solschenizyn und dem eines Schirinovskij unterschieden werden müsse. Die russischen Demokraten hätten nun Gelegenheit, sich als solche zu erweisen, indem sie sich von Schirinovskij distanzierten und die Verhandlungen über ein Truppenabzugsabkommen schnell zu einem guten Abschluß brächten. Dies hätte in der Tat zur Beruhigung der verunsicherten baltischen Regierungen beitragen und etwas von dem Druck wegnehmen können, mit dem sie von der NATO „Sicherheitsgarantien" forderten. Hinter dieser Formel verbarg sich kaum verhüllt nicht mehr und nicht weniger als das, was Laar und zuvor bereits Meri unumwunden ausgesprochen hatten. Als dieser Ende Oktober zur Teilnahme am Bertelsmann-Forum in Bonn war, wo er auch mit Weizsäcker, Kohl, Kinkel und Genscher zusammentraf, äußerte er in einem Gespräch mit dem Journalisten Karl Feldmeyer von der FAZ den Wunsch, daß Estland so schnell wie möglich Vollmitglied der NATO werden möge [61]. Seitdem sollte dieses Thema nicht mehr von der außenpolitischen Tagesordnung Estlands wie auch der beiden anderen baltischen Staaten verschwinden.

*

Nach den Feiertagen, am 28. Dezember, machte ich Präsident Meri in Katharinental einen letzten Besuch in diesem Jahr. Er empfing mich mit dem Buch „Zwischen Reval und St. Petersburg" unter dem Arm, in dem er über Weihnachten mehrere Stunden gelesen habe, und zeigte sich über diese Publikation recht begeistert. In ihr hatte ich bislang unveröffentlichte Erinnerungen von Estländern aus zwei Jahrhunderten zusammengefaßt. Am Tag vor Heiligabend waren die ersten Exemplare in Reval eingetroffen und hatten noch an einige ausgewählte Adressaten ausgefahren werden können [62]. Meri nahm dies zum Anlaß, über die angemessene Darstellung der Geschichte Estlands für die heute hier lebenden Menschen, Esten und Russen, nach all den Jahren sowjetischer Geschichtsverfälschung zu sprechen. Wir stimmten darin überein, daß eine für einen breiten Leserkreis – Schüler und Eltern wie Meri betonte – bestimmte und dem modernen Erkenntnisstand entsprechende estnische Geschichte ein wichtiges Desideratum sei. Dies war nicht das erste Gespräch mit ihm über dieses Thema und sollte auch nicht das letzte bleiben. Meris Interesse führte dann dazu, daß bereits 1995 dank Unterstützung durch die Konrad-Adenauer-Stiftung in Tallinn eine estnische Übersetzung der „Geschichte der baltischen Staaten" von Georg von Rauch (1904–1991) erscheinen konnte, die seit ihrer ersten Auflage im Jahre 1970 zu einem Klassiker geworden war [63].

Dann wandte sich der Präsident der Außenpolitik zu und fand, wie schon zuvor in der Öffentlichkeit, kritische Worte zur Reaktion des Westens auf den Ausgang der Wahlen in Rußland. Wahlbeobachter zu entsenden, die die Einhaltung der Regeln kontrollierten, sei ja ganz schön, doch hätte man sich lieber etwas früher und genauer mit den zur Wahl antretenden Personen und Parteien und ihren Programmen befassen und auch neonazistische Tendenzen als solche brandmarken sollen. Doch nicht Schirinovskij sei das eigentliche Problem. Vielmehr könnten Jelzin nunmehr bei der Verfolgung nationalistisch-imperialistischer außenpolitischer Ziele angebliche Rücksichten auf Schirinovskij als Vorwand dienen, selbst wenn die tatsächlichen Machtverhältnisse dies gar nicht erforderten. Nur wenige Tage später sollte sich Meri in dieser Auffassung durch die Neujahrsansprache Jelzins bestätigt sehen, in der dieser eine härtere politische Gangart gegenüber ehemaligen Sowjetrepubliken mit einem großen russischen Bevölkerungsanteil, den es zu schützen gälte, ankündigte. So weit war es zum Zeitpunkt unseres Gesprächs aber noch nicht gekommen, und Meri hatte – ermutigt durch einen Brief von Präsident Clinton – die Hoffnung noch nicht völlig aufgegeben, sich auf irgendeine Weise doch noch mit dem russischen Präsidenten zu verständigen. Insgesamt aber machte der Präsident einen eher resignierten Eindruck. Meinerseits konnte ich ihn davon unterrichten, daß Außenminister Kinkel bei einer gerade in Susdal stattgefundenen Begegnung mit Außenminister Kosyrjev alle für Est- und Lettland im Hinblick auf den Truppenabzug wichtigen Gesichtspunkte angesprochen habe.

Am Tag nach dem Besuch bei Präsident Meri berichtete die estnische Presse an herausgehobener Stelle unter Überschriften wie „Die baltischen Staaten haben vorrangige Bedeutung in der Ostpolitik Deutschlands" (*Postimees*) über die schon zitierten Äußerungen, die Bundeskanzler Kohl am 16. Dezember 1993 auf einer Pressekonferenz in Bonn gemacht hatte. Ferner wurde unser Minister mit Bemerkungen über gleichermaßen gute Beziehungen sowohl zu den baltischen

Staaten als auch zu Rußland wiedergegeben, verbunden mit dem Hinweis, Deutschland habe Bestrebungen der baltischen Staaten, vollberechtigte NATO-Mitglieder zu werden, gebremst und könne keine Sicherheitsgarantien gegenüber Rußland geben. Vielmehr müßte ein System geschaffen werden, das Sicherheit garantiere, ohne daß damit eine Ausdehnung der NATO einhergehe. Nicht unerwähnt ließ die estnische Presse aber auch, daß Minister Kinkel wieder von Deutschland als dem „Anwalt" der baltischen Staaten in der internationalen Politik gesprochen habe [64]. So klang dieses Jahr, in dem sich die deutsch-estnischen Beziehungen gerade im politischen Bereich durch persönliche Begegnungen der Hauptakteure auf beiden Seiten merklich intensiviert hatten, für uns in einer Weise aus, die zuversichtlich stimmte, daß diese Entwicklung auch von der estnischen Öffentlichkeit wahrgenommen würde.

Schwierige Regierungsumbildung

Gleich zu Beginn des neuen Jahres kam es zu einem Verfassungskonflikt zwischen Staatspräsident Meri und Ministerpräsident Laar. Ausgelöst wurde er durch die Kabinettsumbildung, mit der Laar gegenüber seiner eigenen Partei im Wort war. Dieser beschränkte sich dabei aber nicht auf den innerhalb *Isamaa* umstrittenen Wirtschaftsminister Sildmäe, sondern nahm sie zum Anlaß, weitere Schlüsselpositionen in seiner Regierungsmannschaft neu zu besetzen.

Am 6. Januar 1994 suchte der Ministerpräsident den Staatspräsidenten in Katharinental auf und schlug ihm vor (1), Außenminister Velliste durch Verteidigungsminister Luik, (2) Luik durch den Abgeordneten Kannik, (3) Finanzminister Üürike durch den Abgeordneten Kranich und (4) Sildmäe durch den *Isamaa*-Abgeordneten Jürgenson zu ersetzen. Offensichtlich sollte es sich also um eine die verschiedenen Kräfte in der *Isamaa*-Fraktion ausbalancierende Operation handeln. Ihr mußten längere koalitionsinterne Gespräche vorangegangen sein, denn bereits im November 1993 hatte mir der damals zum Kongreß der Vaterlandspartei angereiste Bundestagsabgeordnete Francke erzählt, Kranich – der mit Kannik zu den entschiedensten und wohl auch einflußreichsten Kritikern von Laar zählte – habe sich bereits im Bundesfinanzministerium in Bonn als künftiger estnischer Finanzminister vorgestellt (wovon die Botschaft nie etwas erfahren hatte). Diesen beiden sollten also jetzt Velliste und Üürike im Kabinett Platz machen.

Während die Auswechslung von Üürike, dem nach Rebas und Manitski letzten der Exilesten aus Schweden, der noch ein Ministeramt bekleidete, seit längerem erwartet worden war, da er allgemein als wenig kompetent galt, kam die Ablösung des dem christdemokratischen Flügel von *Isamaa* angehörenden Velliste für uns eher überraschend. Er war, von den üblichen Angriffen der Opposition abgesehen, in der Öffentlichkeit unumstritten, genoß den Ruf eines integeren Mannes und verfügte international über ein gutes Ansehen. Als liebenswürdiger und stets aufgeschlossener Gesprächspartner erfreute er sich im diplomatischen Corps allgemeiner Wertschätzung. So dürften mehrere Gründe zusammengekommen und nicht nur der Kabinettssessel des bisherigen Außenministers für gewichtigere *Isamaa*-Politiker benötigt worden sein. Es scheint damals Meinungsverschiedenheiten zwischen Laar und Velliste über dessen Amtsführung auch im Hinblick auf die bilateralen außenpolitischen Prioritäten gegeben zu haben. Jedenfalls glaubten wir einen Zusammenhang mit Aussagen zu erkennen, die Velliste am Tage seiner Verabschiedung in einem Zeitungsin-

terview machte und in dem er sich so deutlich wie nie zuvor für eine starke Anlehnung der estnischen Außenpolitik an die nordischen Staaten und vor allem
an Schweden aussprach, das Estland international stets so wirksam unterstütze.
Außenministerin af Ugglas und Ministerpräsident Bildt bezeichnete er in diesem Interview als die ausländischen Politiker, die ihn während seiner ganzen
Zeit als Außenminister am meisten beeindruckt hätten [65]. Auch sollen aufgrund
der vielen Reisen von Velliste rund um den Globus, erzählte man uns, die beiden Spitzenbeamten des Außenministeriums, die Auslandsesten Olljum und
Klaar, nach dem Geschmack des Regierungschefs einen zu großen Einfluß auf
die Außenpolitik gewonnen haben. Für Velliste war vorgesehen, daß er erst einmal wieder seinen Parlamentssitz einnehmen sollte, um dann im Herbst den mit
89 Jahren an Lebens- und Dienstjahren vermutlich ältesten Diplomaten der
Welt Ernst Jaakson als Botschafter bei den Vereinten Nationen in New York ab-
zulösen. Die Wertschätzung, die wir für Velliste empfanden, fand darin seinen
Ausdruck, daß ihm der Doyen dann Ende des Monats ein Abschiedsessen gab.
Botschafter Grundberg, der bereits bei der Verabschiedung des Ministers von
den Missionschefs am 10. Januar im Außenministerium gesprochen hatte,
meinte, diesmal sollte ich das übernehmen. Also hielt ich eine kleine *after dinner speech*, in der ich Velliste als Außenminister würdigte und auch an unser erstes Zusammentreffen noch vor der Unabhängigkeit erinnerte, als er mich bei
meinem ersten Besuch aus Leningrad im Oktober 1990 in seiner damaligen Eigenschaft als Vorsitzender der Denkmalschutzgesellschaft und prominentes Mitglied des Estnischen Kongresses im *Hotel Rataskaevu* aufgesucht und dem mich
begleitenden Kollegen Reichel und mir seine politischen Botschaften richtigge-
hend einzuhämmern versucht hatte.

Mit dem von Laar als neuem Minister vorgesehenen Jüri Luik würde andererseits ein Mann der ersten Stunde in das Außenministerium zurückkehren, der
dieses unter Meri 1991/92 als Politischer Direktor mitaufgebaut hatte. Trotz seiner erst 27 Jahre zählte er zu den starken Figuren innerhalb des Regierungsla-
gers und war dabei politisch unumstritten.

Am 8. Januar, einem Samstag, wurde bekannt, daß Meri die Minister Velliste,
Luik und Üürike aus ihren Ämtern entlassen, Luik und Kannik zum Außen-
bzw. Verteidigungsminister ernannt [66], jedoch die Entlassung von Sildmäe und
die Ernennung von Kranich abgelehnt hatte. Dabei berief er sich auf die Verfassung, in der es heißt, daß der Staatspräsident die Minister „auf Vorschlag" des
Ministerpräsidenten „ernennt", und interpretierte diese Bestimmung dahingehend, daß der Regierungschef zwar die Kandidaten für ein Ministeramt vorzuschlagen habe, das Staatsoberhaupt aber *entscheide*.

Laar schien trotz der ihm bekannten Sympathien Meris für Sildmäe überrascht zu sein, reagierte aber entschieden. Er ließ wissen, die vom Präsidenten

bereits ernannten Minister würden ihr Amt einstweilen nicht antreten, und er werde nötigenfalls Justizkanzler und Staatsgerichtshof zur Klärung der verfassungsrechtlichen Lage befassen.

Ein Gespräch aller vorgeschlagenen vier neuen Minister am Sonntagabend mit Meri, bei dem Luik und Kannik ihre Weigerung bestätigten, unter diesen Umständen die Posten des Außen- und Verteidigungsministers anzutreten, blieb erst einmal erfolglos. Unterdessen hatte Sildmäe Schützenhilfe von praktisch allen wichtigen Organisationen der estnischen Wirtschaft erhalten. Um 22 Uhr desselben Tages griff Meri dann zu dem von ihm inzwischen erprobten Mittel zur Austragung innenpolitischer Meinungsverschiedenheiten und wandte sich über Fernsehen und Radio an die estnische Bevölkerung, um in einer längeren Rede die Gründe für sein Vorgehen darzulegen. Er bestand auf einem ihm angeblich von der Verfassung eingeräumten Entscheidungsrecht und hielt den Zeitpunkt für eine Kabinettsumbildung angesichts eines für Estland schwierigen politischen Umfeldes nicht für richtig gewählt. Dies um so mehr, als es dabei nicht um eine Verbesserung der Qualität der Regierungsmannschaft ginge, denn Sildmäe habe gute Arbeit geleistet, sondern um die Bewältigung einer durch das schlechte Abschneiden bei den Kommunalwahlen verursachten Krise innerhalb der Vaterlandspartei. Außerdem sei er Kranich in seinem Leben nur einmal und dem Kandidaten für das Amt des Wirtschaftsministers bisher überhaupt noch nie begegnet! Jetzt hatte Estland endgültig einen ausgewachsenen Verfassungskonflikt.

Nach diesem turbulenten Wochenende bat der Ministerpräsident die Missionschefs am 10. Januar zu 14 Uhr auf den Domberg, um sie über die Lage zu unterrichten. Er hatte mittlerweile die Minister Niitenberg, Kama, Lauristin und Luik mit der vorübergehenden Wahrnehmung der vier verwaisten Ressorts Wirtschaft, Finanzen, Äußeres und Verteidigung betraut. Laar empfing uns gemeinsam mit Luik – dem ehemaligen und nun wieder amtierenden Verteidigungs- und designierten künftigen Außenminister – im „Weißen Saal" des Schlosses und teilte uns mit, gerade habe der Präsident wissen lassen, er werde *alle* vier von ihm, Laar, vorgeschlagenen Minister ernennen und sich hierzu am nächsten Tag vor dem Parlament erklären. Danach erläuterte Luik, die Kabinettsumbildung werde nichts am außenpolitischen Kurs Estlands ändern; die Prioritäten bestünden weiterhin in der Integration in Europa und die übrige Staatengemeinschaft und der Verbesserung der Beziehungen zu Rußland. In diesen Tagen werde ein Beamter des Außenministeriums von ihm die Leitung der Delegation für die Verhandlungen mit Rußland übernehmen, die in der darauffolgenden Woche fortgesetzt werden sollten. Es handelte sich um Väino Reinart, ehemals ersten Staatssekretär vor Meris Rücktritt als Außenminister im Frühjahr 1992, der vor kurzem nach längerem Aufenthalt im Ausland, wo er sich beruflich weitergebildet hatte, vom Präsidenten zum „Botschafter" ernannt worden war. Außerdem, fuhr Luik fort, habe die Regierung bereits weitgehend ihre Position festgelegt, die sie zu dem vom gerade am 10./11. Januar in Brüssel tagenden NATO-Gipfeltreffen zu verabschiedenden Konzept einer „Partnerschaft für den Frieden" einnehmen werde. Es sei beabsichtigt, das große Interesse Estlands an einer solchen Zusammenarbeit mit der NATO in einem gemeinsamen Brief von Ministerpräsident und Präsident demnächst dem NATO-Generalsekretär mitzuteilen.

Was hatte Präsident Meri bewogen, sich buchstäblich über Nacht dann doch noch eines Besseren zu besinnen? Ich will gerne zu seinen Gunsten annehmen, daß er ursprünglich tatsächlich davon ausgegangen war, ihm stünde in den Fällen das uneingeschränkte letzte Wort zu, in denen im estnischen Grundgesetz von „Ernennung" durch den Präsidenten die Rede ist – immerhin war er kein Jurist, sondern ein Literat ohne verfassungsrechtliche Erfahrung. Denn ich erinnere mich, daß er mich lange vor diesem Konflikt bei einem meiner Besuche in *Kadriorg* einmal unter vier Augen darauf angesprochen hatte. Damals hatte ich ihm anhand der deutschen Praxis die einschlägige Verfassungswirklichkeit in parlamentarischen Demokratien nahezubringen versucht, die angesichts weitgehend identischer Verfassungstexte in unseren beiden Ländern auch für Estland gelten müsse – sehr überzeugend kann das nicht gewesen sein. Ob er nunmehr, nach 15 Monaten Erfahrung als Staatspräsident, immer noch von der Richtigkeit seiner Interpretation überzeugt war, habe ich im Januar 1994 bezweifelt. Vielmehr schien er ausloten zu wollen, wie weit er im Machtkampf mit dem innenpolitisch angeschlagenen Regierungschef wohl gehen könne. Auch nach Meinung anderer Beobachter ging es im Kern um die Machtfrage und weniger um die Person des Wirtschaftsministers. Paradoxer Weise waren sich Meri und Laar über dessen Kompetenz ja einig, nur sah sich dieser gezwungen ihn zu entlassen, wollte er seine eigene innerparteiliche Position nicht aufs Spiel setzen.

Meri war zugute zu halten, daß er seine Rolle als über den Parteien stehendes Staatsoberhaupt, dem die Wahrung der Interessen des gesamten estnischen Volkes aufgetragen ist, sehr ernst nahm und sich darin auch durch die im zurückliegenden Jahr gemachten Erfahrungen bestärkt sehen konnte. Nur waren dem durch die Entscheidung des estnischen Verfassungsgebers zugunsten einer parlamentarischen Demokratie eben Grenzen gesetzt. Dazu paßte, daß ich aus glaubwürdiger Quelle erfuhr, die Opposition wäre von Meri wegen einer Änderung der Verfassung zur Stärkung der Kompetenzen des Staatspräsidenten sondiert worden, hätte aber abgewinkt. Dieselbe Quelle wußte zu berichten, Meri hätte besorgte Anrufe aus dem Ausland, von Esten und anderen, erhalten, den Konflikt nicht auf die Spitze zu treiben. Kurz darauf war in der estnischen Presse zu lesen, „Estland sollte dem guten Freund von Lennart Meri ... Meyer-Landrut besonders dankbar sein ... der am Sonntagabend (also am 9. Januar) angerufen und mitgeteilt hat, daß die Ernennung von Ministern in Deutschland genau so wie in Estland geregelt, es aber bisher keinem Bundespräsidenten eingefallen ist, den Vorschlag des Regierungschefs abzulehnen" [67]. Staatssekretär Dr. Meyer-Landrut hat mir das damals bestätigt und hinzugefügt, er habe Präsident Meri auch gesagt, daß Kabinettsumbildungen etwas ganz Normales seien und es unklug wäre, gerade während des NATO-Gipfels eine Verfassungskrise vom Zaune zu brechen.

Sowohl von der Opposition im eigenen Land als auch von Freunden im In- und Ausland mit seiner Auslegung der Prärogativen des estnischen Staatspräsidenten allein gelassen, wird Meri eingesehen haben, zu weit gegangen zu sein.

Am Vormittag des 11. Januar kam der Präsident in den *Riigikogu*, um den Abgeordneten seine Entscheidung zu erläutern. Die Art und Weise, in der er in einer längeren, von ihm selbst als „außerordentliche Wortmeldung" bezeichneten Rede den Ministerpräsidenten angriff und persönlich herabsetzte, mußte allerdings befremden. Meri wiederholte zuerst aus seiner Fernseh- und Rundfunkansprache die Gründe, aus denen er die Kabinettsumbildung – die er jetzt unter Hinweis auf die deutsche Praxis als einen grundsätzlich normalen Vorgang bezeichnete – der Sache und dem Zeitpunkt nach für falsch halte, um daraufhin die ungewöhnlichen Umstände darzulegen, die ihn um der „Unabhängigkeit Estlands" willen gezwungen hätten, ihr dennoch stattzugeben. In der Frage, wie das estnische Grundgesetz nun eigentlich diese Materie regele, wollte er sich aber nicht festlegen, sondern konstatierte lediglich, daß seine nunmehrige Entscheidung, alle vom Ministerpräsidenten vorgeschlagenen neuen Kabinettsmitglieder zu ernennen, keinen verfassungsrechtlichen Präzedenzfall darstelle. In hohem Grade verletzend aber war, wie er vom Rostrum des Parlaments und vor der ganzen Nation den gewählten Regierungschef als unfähig bezeichnete, der Krise innerhalb von *Isamaa*, die vor allem eine Krise des Ministerpräsidenten sei, anders als durch eine Regierungsumbildung Herr zu werden, anstatt die Konsequenz zu ziehen und zurückzutreten!

Als Oberkommandierender der Verteidigungskräfte – fuhr Meri fort – sei der Präsident für die nationale Sicherheit verantwortlich. Diese hänge auch von der Wirtschaftsentwicklung ab; wenn aber im vergangenen halben Jahr in Estland etwas gut funktioniert habe, dann die Wirtschaft unter Minister Sildmäe. Während die Welt auf den NATO-Gipfel und den anschließenden Besuch von Präsident Clinton am 14. Januar in Moskau schaue, wovon auch viel für Estland abhänge, befasse man sich hier mit innenpolitischer Nabelschau, anstatt sein ganzes intellektuelles Potential auf die außen- und sicherheitspolitischen Prioritäten zu konzentrieren. Nachdem er damit die außerordentliche Situation zu begründen gesucht hatte, die ihn dazu bewogen habe, trotzdem alle vorgeschlagenen neuen Minister zu akzeptieren, unterzeichnete er nicht ohne Theatralik vor den versammelten Abgeordneten deren Ernennungsurkunden.

Diese scharfe Attacke des Präsidenten gegen den Regierungschef voller Emotionen und ohne so richtig überzeugende Argumente – als wir in der Präsidialkanzlei wegen einer englischen Übersetzung der Rede nachfragten, wie sie üblicherweise zirkuliert wurde, erhielten wir die Auskunft, daß es diesmal nur die estnische Originalfassung gäbe – kam dann doch für viele überraschend und fand allgemein keine gute Resonanz.

Auch Vähi, den ich am selben Tage besuchte, konnte das Vorgehen Meris in der Sache nicht billigen und bedauerte, daß die estnische Politik nicht durch Sachfragen, sondern von persönlichen Machtkämpfen bestimmt werde. Er war aber wie der Präsident der Meinung, daß Laar durch einen anderen Politiker ersetzt werden sollte. Seine Partei sei bereit, sich an einer neuen Koalitionsregierung zu beteiligen; programmatisch bestünden zu *Isamaa* ohnehin nur marginale Unterschiede wie z.B. in der Frage einer stärkeren sozialen Abfederung der Wirtschafts- und Finanzpolitik. Man habe auch bereits Kontakte geknüpft. An einer von Laar geführten Regierung werde er sich aber nicht beteiligen. Mit ihm gemeinsam an einem Kabinettstisch zu sitzen, könne er sich hingegen vorstellen. Doch dränge es ihn nicht auf den Domberg. Längerfristig wolle er sich sowieso ganz aus der Politik in die Wirtschaft zurückziehen, aus der er ursprünglich komme.

Ministerpräsident Laar selbst reagierte auf einer Pressekonferenz maßvoll und räumte Versäumnisse ein, fügte aber auch hinzu, der Präsident habe sich in Gesprächen mit ihm und Vertretern der Fraktionen im *Riigikogu* vor der Regierungsumbildung weit weniger scharf ausgedrückt als jetzt im Plenum des Parlaments. Offenbar wollte Laar angesichts seiner angeschlagenen Situation nicht noch Öl ins Feuer gießen. Als er mich einige Tage darauf zu einem bereits vor dem Ausbruch der offenen Konfrontation mit Meri vereinbarten Besuch empfing, machte er einen ausgesprochen entspannten Eindruck und hatte auch allen Grund dazu: Laar berichtete, Meri werde ihn am Nachmittag, es war der 14. Januar 1994, auf dem Domberg aufsuchen, um hier gemeinsam mit ihm als Zeichen dafür, daß man sich wieder „vertrage", die estnische Antwort an den NATO-Generalsekretär auf das Angebot zur Teilnahme an der „Partnerschaft für den Frieden" zu unterschreiben.

Dies dürfte für Präsident Meri kein leichter Gang gewesen sein. Auch später hat er sich verschiedentlich bis hart an die Grenzen seiner verfassungsmäßigen Kompetenzen vorgewagt, sie wie in diesem Fall zu überschreiten hat er aber, soweit ich das zu überblicken vermag, nie wieder versucht.

Laar ist aus diesem Konflikt erst einmal innenpolitisch gestärkt hervorgegangen; Meris Ansehen in der Bevölkerung, die nach wie vor für einen „starken Präsidenten" Sympathien hegte, hat durch diesen Verfassungskonflikt aber nicht gelitten.

Estlands Wirtschaft auf Wachstumskurs

Auch wenn Meris Bemerkung vor dem Parlament, im vergangenen halben Jahr habe in Estland nur die Wirtschaft gut funktioniert, als Kritik an der Regierungsführung durch Laar gedacht war, so bestätigte eine Bilanz zum Jahreswechsel, daß sich die schon im Frühsommer zu beobachtende Aufwärtsentwicklung fortgesetzt hatte und die wirtschaftliche Leistungskraft Estlands die Prognosen fast aller internationaler Experten in den Schatten stellte.

Die konsequente Anpassungspolitik der Regierung Laar hatte die erforderlichen Rahmenbedingungen garantiert: Eine Politik des knappen Geldes gehörte ebenso dazu wie ein ausgeglichener Staatshaushalt, der nur marginale Wirtschaftsfördermaßnahmen vorsah und daher konjunkturpolitisch neutral war, die Aufhebung so ziemlich sämtlicher noch verbliebener Preiskontrollen und die Förderung des Wettbewerbs durch eine dem Freihandel verpflichtete fast völlige Öffnung des estnischen Binnenmarktes.

Um die Jahresmitte 1993 hatte die estnische Volkswirtschaft die Talsohle durchschritten und ihr Schrumpfungsprozeß war zum Stillstand gekommen. Im dritten Quartal hatte sie erstmals wieder zu wachsen begonnen und das Sozialprodukt nach Schätzungen der Zentralbank auf das gesamte Jahr gerechnet um 3% zugelegt. Als wichtigste Wachstumsbereiche erwiesen sich das Bauwesen und aufgrund eines kontinuierlich zunehmenden Tourismus das Dienstleistungsgewerbe. Aber auch die Industrieproduktion hatte sich nach ihrem dramatischen Verfall im Jahre 1992 stabilisiert und dann wieder zugenommen. Nur in der Landwirtschaft, die seit 1991 um etwa ein Drittel geschrumpft war, setzte sich der Niedergang, wenn auch in verlangsamtem Tempo, fort.

Motor des Wachstums war vor allem eine zunehmend lebhafte Investitionstätigkeit der immer zahlreicheren Privatunternehmen; finanziert wurde sie zu über einem Drittel von ausländischen Kapitalgebern überwiegend aus Finnland und Schweden. Deutsche Investoren waren in Estland allerdings weiterhin so gut wie nicht gesehen. Zusätzliche Investitionsanreize erwartete sich die Regierung von der im Dezember 1993 erfolgten Senkung der Einkommens- und Körperschaftssteuer auf einheitliche 26%, den wohl niedrigsten Satz in ganz Europa. Der Handel war mittlerweile weitgehend privatisiert, und von den übrigen kleinen und mittleren Unternehmen waren es zwei Drittel. Bei der

Großprivatisierung waren 1993 mit über 50 Verkäufen und einem Volumen von 1,5 Milliarden EEK beachtliche Fortschritte gemacht worden, selbst wenn sie zum Leidwesen von Dr. Schmidt etwas an Schwung verloren hatte, da sich der Widerstand des alten Management mit idealistisch motivierten Vorstellungen von Politikern verbündete, die durch die Ausgabe von „Volksaktien" möglichst große Teile der Wirtschaft unter nationaler Kontrolle behalten wollten.

In der Landwirtschaft waren die etwa 350 großen Kollektivwirtschaften, die sie bis zur Unabhängigkeit geprägt hatten, aufgelöst worden. An ihre Stelle waren neben den rund 8 000 bereits existierenden über 4 000 weitere private Bauernhöfe und über 2 000 Kapitalgesellschaften und Kooperativen getreten.

Die Umstrukturierung des Außenhandels hatte sich mit bemerkenswerter Geschwindigkeit fortgesetzt und weiter nach Westen orientiert: Nur noch 20% der Importe und 30% der Exporte wurden mit den Staaten der früheren Sowjetunion abgewickelt. Die Ein- und Ausfuhren hatten sich im Vergleich zum Vorjahr verdoppelt, wichtigste Handelspartner waren Finnland (25%), Rußland (20%) sowie Schweden und Deutschland mit jeweils etwa 9%. Sich gegen Ende des Jahres abzeichnende Defizite in der Handelsbilanz beunruhigten nicht weiter, weil sie durch die Einfuhr von Investitionsgütern zur Modernisierung der estnischen Wirtschaft verursacht waren. Sie wurden durch Überschüsse der Dienstleistungs- und Kapitalbilanz mehr als ausgeglichen, so daß während des ganzen Jahres eine positive Zahlungsbilanz zu verzeichnen gewesen war.

Die Inflation, die im Jahre 1992 noch über 1 000% ausgemacht hatte, war auf eine durchschnittliche Jahresrate von etwa 35% mit fallender Tendenz zurückgegangen. So konnte nunmehr damit gerechnet werden, daß sie in absehbarer Zeit international als „normal" angesehene Werte erreichen würde. Das hatte zur Folge, daß auch das Zinsniveau vor allem für langfristige Kredite deutlich zurückging. Mittlerweile hatte sich das Bankwesen konsolidiert und der Internationale Währungsfonds ging davon aus, daß mit spektakulären Bankzusammenbrüchen nicht mehr zu rechnen sei. Dies veranlaßte erste ausländische Banken, namentlich aus Finnland, sich für den estnischen Markt zu interessieren.

Die Belebung der wirtschaftlichen Aktivitäten hatte auch das erfreuliche Ergebnis, daß sich Befürchtungen nicht bewahrheiteten, mit dem Umbau der estnischen Volkswirtschaft würde eine massive Arbeitslosigkeit einhergehen. Sie hatte im Gegenteil abgenommen und bewegte sich nach Expertenschätzungen in einer Größenordnung von 7-8% (die offiziellen Zahlen lagen noch darunter). Dennoch gab es große Unterschiede: Während in und um Tallinn nahezu Vollbeschäftigung herrschte, konzentrierte sich die Arbeitslosigkeit weiterhin auf das Industriegebiet im Nordosten und den stark agrarisch geprägten ländlichen Raum im Südosten des Landes, wie mir bei meiner Reise in die dortigen drei

Landkreise im vergangenen Sommer vor Augen geführt worden war. Eine Regionalpolitik der Regierung, die sich zum Ziel gesetzt hätte, den schnell zunehmenden Ungleichgewichten in der wirtschaftlichen Entwicklung Estlands entgegenzuwirken, war aber nicht in Sicht. Sie wäre auch kaum aus dem Staatshaushalt zu finanzieren gewesen.

Die soziale Lage der Arbeitslosen und der von der wirtschaftlichen Restrukturierung besonders betroffenen älteren Menschen und kinderreichen Familien war angesichts der geringen staatlichen Unterstützung oft von Not und der Abhängigkeit von humanitärer Hilfe gekennzeichnet. Wie lange die estnische Gesellschaft den Druck aushalten würde, der von den manchmal geradezu atemberaubenden Veränderungen der wirtschaftlichen Verhältnisse ausging, mit der Folge einer sich gemessen an den verfügbaren Einkommen zusehends öffnenden sozialen Schere und der Auseinanderentwicklung von Stadt und Land, war eine Frage, die wohl wir in der Botschaft uns gelegentlich stellten, ohne eine Antwort darauf parat zu haben, die damals aber in der Öffentlichkeit so gut wie überhaupt nicht diskutiert wurde. Nur vereinzelte Stimmen spekulierten, daß in absehbarer Zeit der Gegensatz zwischen *haves* und *have nots* den zwischen Esten und Russen im Lande überlagern werde.

Dieser und andere leichte Schatten auf dem Gesamtbild – wie z.B. die schleppende Restitution von Alteigentum mit negativen Folgen für Investitionsentscheidungen und die Ungewißheit über die weitere Entwicklung im benachbarten Rußland – vermochten aber weder die allgemeine optimistische Grundstimmung zu trüben, die damals in Estland vorherrschte, noch uns in unserem Urteil zu beirren, daß sich hier ein Musterbeispiel für den gelungenen Umbau einer noch vor kurzem im Sowjetsystem verankerten Volkswirtschaft abzeichnete.

Deutsche Souveränitätshilfe

Für die Unterstützung von Polizei, Grenzschutz und der Verteidigungskräfte in den baltischen Staaten, aber auch für andere zur Festigung der Souveränität nach innen und außen relevante Bereiche wie z.B. die Zollverwaltung, hatte sich mittlerweile – auch international – der Begriff der „Souveränitätshilfe" eingebürgert.

Beinahe auf den Tag genau ein Jahr nachdem ich der damaligen Innenministerin Lagle Parek eine umfangreiche Materiallieferung für die estnische Polizei übergeben hatte, konnte ich am 18. Januar 1994 ihrem Nachfolger Heiki Arike einen ersten Teil der bereits im März 1992 zugesagten regulären Ausstattungshilfe für die estnische Polizei aushändigen. Dabei handelte es sich um 66 fabrikneue Polizeifahrzeuge der Marke Opel (aus Rheinland-Pfalz hatte die estnische Polizei bereits früher 25 gebrauchte Fahrzeuge erhalten). Die symbolische Übergabezeremonie fand in den gerade eröffneten Ausstellungs- und Verkaufsräumen des Tallinner Opel-Vertragshändlers *Baltmotors* in der Pernauer Landstraße (*Pärnu maantee*) in Anwesenheit eines zahlreichen Publikums einschließlich Presse und Fernsehen statt. Arike hatte seinen Staatssekretär Kartau, dem gerade am Vortag die Polizei unterstellt worden war, mitgebracht, und der neue Vorsitzende der Stadtverordnetenversammlung, Vähi, während dessen Amtszeit als Ministerpräsident die jetzt eingetroffene Ausstattungshilfe vereinbart worden war, hatte es sich nicht nehmen lassen, ebenfalls zu kommen. Aus Bonn war ein Vertreter des zuständigen Innenministeriums angereist.

Einige der in der blauen Farbe der estnischen Polizei frisch lackierten Limousinen waren vor der Opel-Vertretung in Reih und Glied aufgefahren und boten, bereits leicht eingeschneit, ein eindrucksvolles Bild, als wir dort ankamen – sicher mit ein Grund für das große Medienecho, das diese Übergabe damals fand. Dieses Geschenk Deutschlands an Estland war eben eines „zum Anfassen", dessen Sinn und Zweck unmittelbar einleuchtete, und dazu noch in einer Zeit, als sich die estnische Regierung angesichts einer besorgniserregenden Zunahme der Kriminalität veranlaßt sah, der Verbrechensbekämpfung Priorität einzuräumen. So wurde auch meine Bemerkung bei der Übergabefeierlichkeit, die Bundesregierung betrachte diese Ausrüstungshilfe für die Polizei als einen Beitrag zur Festigung der estnischen Souveränität, von der Presse durchweg aufgegriffen. Daneben erreichten die Botschaft zahlreiche Bekundungen des Dankes, angefangen von Ministerpräsident Laar.

Bald danach sah man die neuen Opel-Polizeiautos auf den Straßen Tallinns und später auch im Landesinneren, und lange noch bin ich auf diese Aktion angesprochen worden.

Damit aber war erst ein gutes Drittel der für die Jahre 1992-94 bereitgestellten 3 Millionen DM in Anspruch genommen, und es hatte lange genug gedauert, bis wenigstens diese Mittel hatten abfließen können. Über die Verwendung des Restes hatte bislang mit der estnischen Seite noch kein endgültiges Einvernehmen erzielt werden können, was hauptsächlich am Tallinner Innenministerium lag. Wir waren in den Gesprächen mit ihm lediglich so weit gediehen, daß die beiden anderen Drittel des zur Verfügung stehenden Geldes zur Anschaffung von Kommunikationssystemen und zur Förderung der Ausbildung von Polizisten verwendet werden sollten. Daher sah ich mich veranlaßt, mit dem Ministerpräsidenten zu sprechen, um der Gefahr vorzubeugen, daß diese Mittel verfallen, und Laar versicherte mir, er wolle sich persönlich darum kümmern. Leider ist Estland dann im Ergebnis doch nicht in den vollen Genuß dieser polizeilichen Ausstattungshilfe gekommen, wenn auch nicht allein durch eigenes Verschulden, sondern auch aus Bonner „bürokratischen Zwängen", gegen die die Botschaft vergebens anzukommen versucht hatte. Es sollte noch eine lange Geschichte werden. Sie mündete für uns in Tallinn ganz überraschend in ein deutsch-schwedisches Gemeinschaftsprojekt zur Ausstattung des estnischen Polizeifunks mit u.a. Geräten der Marke Ericsson, das uns nicht zu überzeugen vermochte. Doch die Botschaft hatte sich mit ihrem Plädoyer für eine – wohlgemerkt von der estnischen Regierung vorgeschlagene – Unterstützung des Aufbaus einer Polizeischule in Tallinn und die Verwendung der dann noch verbleibenden Gelder für den Ankauf weiterer Polizeifahrzeuge gegenüber dem Bundesinnenministerium nicht durchzusetzen vermocht. Im September 1995 unterrichtete uns schließlich die mittlerweile neue estnische Regierung, daß sie das Projekt nicht weiterzuführen gedenke. Die Ericsson-Geräte seien zu teuer, als daß mit den von deutscher und schwedischer staatlicher Seite zur Verfügung gestellten Finanzmitteln ein landesweites Polizeifunknetz aufgebaut werden könnte. Auch seien die Geräte mit anderen Systemen inkompatibel, wodurch eine grenzüberschreitende Bekämpfung der organisierten Kriminalität erschwert werde – was von Anfang an bekannt gewesen und unsere Skepsis gegenüber dem der Botschaft seinerzeit als vollendete Tatsache präsentierten Projekt begründet hatte!

*

Nachdem ich nur wenige Tage nach Übergabe der Polizeiautos den neuerernannten Verteidigungsminister Kannik in seinen damals in einem der alten Häuser der Breitstraße (*Lai tänav*) noch recht bescheiden untergebrachten Diensträumen besucht und über den Stand unserer Materiallieferungen aus NVA-Beständen unterrichtet hatte, konnte dem bald darauf ein weiterer konkreter Schritt folgen. Gemeinsam mit Verteidigungsattaché Oberst Kleist begab ich mich am 23. Februar auf den Domberg, um dort mit Kannik eine Vereinbarung zu unterschreiben, derzufolge Estland zum Schutz seiner Territorialgewässer zwei Küstenwachboote vom Typ Kondor I unentgeltlich überlassen werden sollten. Die beiden hochseegängigen etwa 50 m langen Boote stammten ebenfalls aus der DDR. Bevor sie nach Estland überführt werden konnten, mußten sie allerdings zuerst noch durch die Entfernung der Bewaffnung – wie es im Fachjargon hieß – „teildemilitarisiert" werden, um die Lieferung mit unserer restriktiven Rüstungsexportpolitik in Einklang zu bringen. Das sollte dann noch eine geraume Zeit in Anspruch nehmen. Im Unterschied zu den beiden anderen bisher abgeschlossenen Vereinbarungen über NVA-Material wurde erstmals nicht ausdrücklich festgelegt, daß die Lieferung für den dem Innenminister unterstehenden Grenzschutz bestimmt ist. Daher bat ich Minister Kannik, mit öffentlichen

Äußerungen über eine eventuelle spätere Verwendung der Küstenwachboote durch die estnische Marine vorsichtig zu sein, um keine Komplikationen vor ihrem Eintreffen in Estland heraufzubeschwören. Bei dieser Gelegenheit konnte ich dem Minister auch einige hochwertige Kameras und andere technische Hilfsmittel als ein Geschenk der Bundesregierung übergeben. Mit ihnen sollte Estland in den Stand gesetzt werden, als KSZE-Mitglied an internationalen Inspektionen und der Beobachtung militärischer Übungen gemäß dem Wiener Dokument über vertrauensbildende Maßnahmen und dem Vertrag über konventionelle Streitkräfte in Europa (KSE) von 1992 teilzunehmen. Dabei ließ sich die Bundesregierung damals von dem Gedanken leiten, daß gerade kleineren Staaten künftig im Rahmen der europäischen Sicherheitssysteme bei Interessenkollisionen größerer Staaten eine Schiedsfunktion zukommen könnte; dies gälte besonders für solche Staaten, die wie Estland an Staaten mit großem militärischem Potential angrenzten.

Estland und die Europäische Union

Seit der Unabhängigkeit hatten alle estnischen Regierungen (wie auch die von Lettland und Litauen) darauf hingearbeitet, möglichst schnell den Status eines assoziierten Mitglieds der Europäischen Gemeinschaften als Vorstufe zur vollen Mitgliedschaft zu erlangen und so mit den Staaten Mittel- und Osteuropas, die dieses Ziel bereits erreicht hatten, gleichzuziehen. Sie waren dabei von Anfang an von der Bundesregierung unterstützt worden, wenn wir uns nur an den Besuch von Außenminister Genscher im September 1991 erinnern. Angesichts unterschiedlicher Interessenlagen in den EG-Mitgliedstaaten, doch vor allem aufgrund des Entwicklungsstandes der baltischen Staaten mußte die Annäherung schrittweise erfolgen. Politisch konnte es somit nur um die Geschwindigkeit dieser Annäherung gehen.

Die erste Etappe begann mit der Unterzeichnung eines Handels- und Kooperationsabkommens zwischen der EG und den drei baltischen Staaten am 11. Mai 1992 in Brüssel. Dabei handelte es sich um ein sogenanntes nicht-präferentielles Abkommen, mit dem die Vertragspartner einander die Meistbegünstigung beim Handel mit allen Waren gewährten, ausgenommen Textilien und solche Waren, die unter den Vertrag über die Gründung der Europäischen Gemeinschaft für Kohle und Stahl fielen. Zwar enthielten diese Abkommen noch keine explizite Beitrittsperspektive, doch war in den Erwägungsgründen immerhin bereits die Rede davon, „zu gegebener Zeit und wenn die Voraussetzungen dafür erfüllt sind, das Ziel eines Assoziationsabkommens zu erreichen". Am Tag der Unterzeichnung wurde außerdem ein „politischer Dialog" zwischen den Vertragspartnern vereinbart, der im April 1993 auf der Ebene der Außenminister begann. Da auch bei den Begegnungen im Rahmen dieses Dialogs die Probleme mit dem Abzug der russischen Truppen und Moskauer Vorwürfe wegen angeblicher an der russischsprachigen Bevölkerung begangener Menschenrechtsverletzungen zur Sprache kamen, war damit eine weitere Plattform für die baltische Seite geschaffen, wo sie für ihre Positionen internationales Gehör finden konnte. Dies um so mehr, als die Geschäftsgrundlage der Handels- und Kooperationsabkommen – wie es wiederum in den Erwägungsgründen hieß – auch „die volle Verwirklichung aller Bestimmungen und Grundsätze des KSZE-Prozesses ... insbesondere in bezug auf Rechtsstaatlichkeit, Demokratie und Menschenrechte" und die „Gewährleistung der Rechte ethnischer und nationaler Gruppen und Minderheiten im Einklang mit den im Rahmen der KSZE eingegangenen Verpflichtungen" umfaßte.

Die nächste Etappe wurde auf dem Europäischen Rat im Juni 1993 in Kopenhagen eingeleitet, der die EG-Kommission beauftragte, die Handels- und Kooperationsabkommen zu Freihandelsabkommen weiterzuentwickeln. Zugleich bezeichneten es die Staats- und Regierungschefs als Ziel der Gemeinschaft, auch mit den baltischen Staaten Assoziationsabkommen abzuschließen, sobald die Voraussetzungen hierfür gegeben seien.

Daraufhin fanden Ende September 1993 in Tallinn erste Sondierungsgespräche (*exploratory talks*) von Kommissionsvertretern mit der estnischen Regierung zur Vorbereitung eines Verhandlungsmandats statt. Auf estnischer Seite führte der Leiter der Wirtschaftsabteilung im Außenministerium Priit Kolbre die Gespräche. Zu ihm unterhielt die Botschaft schon deswegen engen Kontakt, weil wir ab dem zweiten Halbjahr 1993 in Estland die EG-Ratspräsidentschaft vertraten – zuerst für Belgien, dann für das ebenfalls in Tallinn mit keiner eigenen Botschaft präsente Griechenland, bis Deutschland im zweiten Halbjahr 1994 selbst an die Reihe kam. Kolbre hatte es verstanden, sich in verblüffend kurzer Zeit in die ihm bis dahin völlig unbekannte und komplizierte Materie einzuarbeiten. Das trug ihm nicht nur unseren, sondern bald auch den Respekt der Kommissionsbeamten ein, wie ich von ihnen hörte, wenn sie mich nach weiteren Gesprächsrunden in Tallinn zur Unterrichtung der Präsidentschaft aufsuchten.

Die ersten Gespräche im September 1993 verliefen aus zwei Gründen in der Sache schwierig: Da Estland praktisch keine Zölle mehr erhob, strebte es – landwirtschaftliche Produkte ausgenommen, für die es angesichts der Gemeinsamen Agrarpolitik der EG von vornherein aussichtslos war – den übergangslosen Freihandel an. Die Kommission dagegen hatte wie im Falle anderer MOE-Staaten den schrittweisen Abbau von Marktzugangsbeschränkungen vorgesehen, und zwar asymmetrisch indem die EG schneller als die baltischen

Staaten liberalisierte. Eine umgekehrte Asymmetrie, bei der Estland ein völliges Freihandelsregime praktizieren, die EG aber auf Ausnahmen bestehen würde, da sie bei einer Reihe von Industriegütern zur sofortigen freien Einfuhr nicht bereit war, konnte sich die Kommission kaum vorstellen. Als ein weiteres gravierendes Problem erwies sich, daß die Kommission mit allen baltischen Staaten die gleichen Freihandelsabkommen abschließen wollte, Litauen aber bereits den Wunsch nach Übergangsfristen geäußert hatte und dies auch von Lettland erwartet wurde. Konnten sich die Kommissionsvertreter allenfalls noch mit einer unterschiedlichen Behandlung der baltischen Staaten anfreunden, so erschien ihnen eine völlige Marktöffnung weder unter dem Gesichtspunkt der Interessen Estlands, das sie ausdrücklich vor schädlichen Folgen eines zu liberalen Außenhandelsregimes warnten, noch unter dem der Präzedenzwirkung für künftige Verhandlungen mit anderen Ländern vertretbar.

Wir nahmen die Enttäuschung in Tallinn über diese Einstellung der Kommission zum Anlaß, um die Argumente der estnischen Regierung – die wir teilten – auch Bonn gegenüber geltend zu machen: Brüssel müsse einsehen, daß man es im Baltikum mit drei verschiedenen Staaten zu tun habe, die auch sich deutlich voneinander unterscheidende wirtschaftspolitische Wege eingeschlagen hätten. Zum anderen werde von Seiten der westlichen Industrieländer und ihren Organisationen den MOE- und Neuen Unabhängigen Staaten, die sich im Übergang von der Staats- zur Marktwirtschaft befinden, eine stringente Anpassungspolitik gepredigt zu der als ein wesentliches Element die Öffnung der heimischen Märkte zähle. Daher sei nicht zu verstehen, wie von Estland, das diese Politik – zu der es sich im übrigen auch dem IWF gegenüber verpflichtet habe – konsequent und mit beträchtlichem Erfolg wie z.B. einer Verdreifachung des Außenhandelsvolumens in wenig mehr als einem Jahr praktiziert habe, nun die Rücknahme seiner liberalen Außenhandelspolitik verlangt werden könne. Als kurz darauf Staatssekretär Dr. Trumpf zur Eröffnung der Deutschen Kulturwochen nach Tallinn kam und von Ministerpräsident Laar empfangen wurde, brachte dieser nicht nur sein Unverständnis über die Haltung der Kommission, sondern auch die Entschlossenheit seiner Regierung zum Ausdruck, die bereits international als erfolgreich anerkannte Anpassungspolitik fortzusetzen. Estland werde zwar, wenn es nicht anders ginge, EG-Zölle akzeptieren müssen, sich jedoch von der EG nicht zwingen lassen, seine Märkte wieder zu schließen. Die EG-Kommission müsse verstehen, daß sich die drei baltischen Staaten mit ihren unterschiedlichen Wirtschaftsphilosophien auch in unterschiedlichen Entwicklungsstadien befänden, die individuelle Lösungen erforderten. Unser Staatssekretär zeigte Verständnis und versprach dem Ministerpräsidenten, sich in Brüssel für die Berücksichtigung dieser Gesichtspunkte einzusetzen.

Ende Oktober 1993 empfing mich Laar zu einem *tour d'horizon* unter vier Augen nachdem er kurz zuvor in Brüssel mit der Kommission gesprochen hatte.

Dabei war er mit Kommissionspräsident Jacques Delors und dem für die Verhandlungen zuständigen Kommissar Sir Leon Brittan zusammengetroffen. Der Ministerpräsident zeigte sich über diese Begegnungen zutiefst befriedigt, da sie ihm den bestimmten Eindruck vermittelt hätten, in Brüssel werde nunmehr verstanden, daß die baltischen Staaten nicht über einen Kamm geschoren werden könnten und Estland im wirtschaftlichen Reformprozeß weiter fortgeschritten sei als Lettland und Litauen.

Um dem durch den Ausgang der Wahlen in Rußland am 12. Dezember 1993 erhöhten Sicherheitsbedürfnis der baltischen Staaten entgegenzukommen, dem sie durch den Ruf nach beschleunigter Annäherung an NATO und Europäische Union (mittlerweile war am 1. November der Vertrag von Maastricht in Kraft getreten) Ausdruck verliehen hatten, ergriff die Bundesregierung durch Außenminister Kinkel noch auf der Tagung des Allgemeinen Rates am 20. Dezember die Initiative, das Verhandlungsmandat der Kommission um eine klare Beitrittsperspektive zu erweitern und diese mit der Bereitschaft zu verbinden, baldmöglichst nach Abschluß der Freihandelsabkommen mit den baltischen Staaten in Verhandlungen über Europa(= Assoziations)abkommen einzutreten. Am 7. Februar 1994 verabschiedete der Allgemeine Rat dann ein dahingehend lautendes Mandat.

Damals erlaubte sich Paris eine ziemliche politische Dreistigkeit, indem es den baltischen Regierungen erzählte, es wäre Frankreich zu verdanken, daß das Verhandlungsmandat um eine Beitrittsperspektive bereichert worden sei! Tatsächlich war die deutsche Initiative anfangs vor allem von der dänischen, aber keinesfalls der französischen Regierung unterstützt worden, die sich erst seit einem Besuch ihres Europaministers Alain Lamassoure im Baltikum in der dritten Januarwoche aufgeschlossener gezeigt hatte. Ich war durch die Ankündigung einer Pressekonferenz meines französischen Kollegen am 8. Februar aufmerksam geworden, den ich daraufhin anrief und der mir seine Instruktionen mitteilte. Nachdem ich zuvor noch mit dem dänischen und dem britischen Kollegen sowie dem Politischen Direktor Klaar Verbindung aufgenommen hatte, unterrichtete ich Bonn. Toivo Klaar war gerade vom französischen Botschafter aufgesucht worden und schien sich über diese kleine Intrige unter Europäern zu amüsieren; ebenso wie Meri und Laar hatte er die wahren Hintergründe bereits früher von mir erfahren. Im Auswärtigen Amt war man empört, und am 9. Februar unterrichtete der Leiter der Europa-Abteilung von Ploetz die drei baltischen Botschafter in Bonn über die Zusammenhänge – was ich dem französischen Kollegen, von dem ich am selben Abend auch noch zum Essen eingeladen war, nicht vorenthalten konnte. Botschafter Huntzinger, ein angenehmer und der deutsch-französischen Zusammenarbeit aus Überzeugung zugetaner Mann, mit dem ich mich gut verstand, war dies alles reichlich unangenehm, auch wenn die von ihm verbreitete Version vom Zustandekommen des

Verhandlungsmandats ja nicht von ihm, sondern aus dem *Quai d'Orsay* stammte. Der estnischen Presse gegenüber, die er nicht ohne Geschick behandelte, hat er damals übrigens davon gesprochen, daß Frankreich *und* Deutschland sowie Dänemark die baltischen Staaten auf ihrem Weg nach Europa am stärksten unterstützten … Die Kenntnis von diesen Vorgängen dürfte für den frischgebackenen Außenminister Jüri Luik ein weiterer Grund gewesen sein, wenige Tage später im *Riigikogu* das Bild von Deutschland als der „Hebamme" Estlands bei seiner Integration in Europa zu verwenden. Zuvor hatte ich noch während eines Mittagessens für die EU-Kollegen, bei dem der Außenminister unser Ehrengast gewesen war, über die Ergebnisse des Allgemeinen Rates vom 7. Februar 1994 unterrichten können, ohne allerdings – sehr zur Erleichterung des Franzosen – irgendwelche Mitgliedstaaten beim Namen zu nennen. So viel zur Abwechslung aus den Niederungen des diplomatischen Alltags – doch muß ich gleich hinzufügen, daß es sich um eine Ausnahme, wenn nicht sogar einen Einzelfall handelte, und wir in Tallinn unter Europäern hervorragend kooperierten.

Die Unterzeichnung der Freihandelsabkommen mit den baltischen Staaten fand – nun schon unter deutscher Ratspräsidentschaft – am 18. Juli 1994 in Brüssel statt. Sie sollten im Hinblick auf den für 1. Januar 1995 vereinbarten EU-Beitritt von Schweden und Finnland, die ihrerseits schon früher mit den baltischen Staaten Freihandelsabkommen eingegangen waren, nach erfolgter Ratifikation am selben Tag in Kraft treten, was dann auch geschehen ist. Die Abkommen wurden im Zeichen dreier „allgemeiner Grundsätze" abgeschlossen: (1) Die Achtung der Grundsätze der Demokratie und der Menschenrechte sowie die Grundsätze der Marktwirtschaft sind die Grundlagen der Innen- und Außenpolitik der Vertragsparteien und einer der wesentlichen Bestandteile dieser Abkommen, (2) die Zusammenarbeit unter den baltischen Staaten ist für den künftigen Wohlstand und die Stabilität der Region von wesentlicher Bedeutung und (3) die so formulierte Beitrittsperspektive: „Die Vertragsparteien sehen die Durchführung dieses Abkommens als einen entscheidenden Schritt auf dem Weg zum baldigen Abschluß eines Europa-Abkommens zwischen Estland (Lettland/Litauen) und der Gemeinschaft an". Zugehörigkeit zur selben Wertegemeinschaft auf der einen und zum selben politischen Zusammenschluß auf der anderen Seite sollten sich also gegenseitig bedingen. Wie sich später in der Frage der Rechte der russischen Minderheiten noch erweisen sollte, kam dem keine rein deklaratorische, sondern durchaus praktische politische Bedeutung zu.

In ihrer inhaltlichen Ausgestaltung wichen die drei Abkommen dagegen nicht unwesentlich voneinander ab: Während mit Estland die sofortige Errichtung einer Freihandelszone – also der völlige Abbau von Zöllen und mengenmäßigen Beschränkungen – ab dem 1. Januar 1995 vereinbart wurde, sollte eine solche mit Lettland und Litauen schrittweise im Laufe von vier bzw. sechs Jahren hergestellt werden. Dies galt allerdings nur für gewerbliche Waren (mit Sonderregelungen für den Handel mit Textilien), da der Handel mit landwirtschaftlichen Erzeugnissen weiterhin Beschränkungen unterworfen blieb.

Schon im Vorfeld der Unterzeichnung – nachdem die estnische Regierung am 12. Juli das ihren Vorstellungen weit entgegenkommende Verhandlungsergebnis gebilligt hatte und dieses auch von den Medien positiv gewürdigt worden war – richteten sich die Erwartungen in Tallinn darauf, nunmehr schnell das nächste Etappenziel auf dem Weg zur EU-Vollmitgliedschaft in Gestalt eines Assoziations- oder Europaabkommens zu erreichen. So wurde Außenminister Luik dahingehend zitiert, man strebe an, noch 1994 – solange Deutschland, dessen helfende Hand schon jetzt zu spüren gewesen sei, die Präsidentschaft innehabe – ein solches Europaabkommen abzuschließen. Er sollte dann auch nicht enttäuscht werden, denn Außenminister Kinkel teilte bei der Unterzeichnungszeremonie in Brüssel mit, er gehe davon aus, daß die Aushandlung von Europaabkommen mit den baltischen Staaten bis Jahresende zum Abschluß gebracht werden könne. Dem pflichtete Kommissar Sir Leon Brittan bei, der meinte, dieses Ziel wäre in kurzen, aber intensiven Verhandlungen durchaus zu erreichen, zumal der Inhalt der Freihandelsabkommen im wesentlichen dem Handelsteil künftiger Europaabkommen entsprechen werde. In seiner Erwiderung dankte Luik für das Estland in den Verhandlungen entgegengebrachte Verständnis, auch wenn die Konzessionen im Agrarbereich – woran sich in Zukunft hoffentlich noch etwas ändern werde – nicht ganz den Erwartungen entsprächen. Das Freihandelsabkommen sei für das estnische Volk ein Grund stolz zu sein. Er hoffe, daß bis zum Jahresende auch ein Europaabkommen unterschriftsreif sei. Die Assoziation mit der EU stelle für Estland das Mittel dar, um eines seiner vordringlichsten außenpolitischen Ziele zu erreichen, die volle Integration in das Neue Europa, und sei daher für seine Regierung von größter Wichtigkeit.

Am selben Tag, an dem in Brüssel von den Außenministern der EU und der baltischen Staaten die drei Freihandelsabkommen unterzeichnet wurden, hatte ich in Tallinn zu einer Pressekonferenz eingeladen. Sie fand in einem der Räume im Erdgeschoß des Gebäudes in der *Rävala pst. 9* statt, in dem die Botschaft zusammen mit dem Außenministerium untergebracht war. Dabei assistierte mir unser Presse- und Kulturreferent Peter Sauer, der die Veranstaltung gemeinsam mit Herrn Relve und Frau Marin, einer weiteren estnischen Mitarbeiterin, vorbereitet hatte. Anlaß war die Übernahme der Ratspräsidentschaft durch Deutschland am 1. Juli, deren Schwerpunkte ich bei dieser Gelegenheit vorstellen wollte. Wir hatten ganz bewußt diesen Tag gewählt, wurden dann in unseren Erwartungen aber noch übertroffen. Das Interesse der Medien war mit über

30 Journalisten für estnische Verhältnisse ungewöhnlich groß und spiegelte sich auch in einer umfangreichen Berichterstattung im abendlichen Fernsehen sowie in der Presse des nächsten Tages wider: Alle großen Zeitungen brachten, zumeist auf der ersten Seite, lange Artikel mit Bildern von der Pressekonferenz, die zum Teil sogar die Berichte über das eigentliche Ereignis in Brüssel in den Schatten stellten. Auch wenn es in jenen Jahren für einen Botschafter zumal aus einem der wichtigeren Partnerländer Estlands nicht schwierig war, sich über die Presse an die estnische Öffentlichkeit zu wenden, und ich von dieser Möglichkeit auch viele Male Gebrauch gemacht habe, so haben wir ein solches Presseecho doch nur ganz ausnahmsweise erlebt. Das zeigt, wie groß damals in Estland das Interesse an der schnellstmöglichen Integration des Landes in Europa vor allem unter dem Gesichtspunkt der nationalen Sicherheit war. Denn natürlich hatten die Journalisten in erster Linie meine Bemerkungen zur Bedeutung der Freihandelsabkommen für die Annäherung Estlands an die EU in der Perspektive einer künftigen Assoziation in ihrer Berichterstattung hervorgehoben und dabei die Möglichkeiten der deutschen Präsidentschaft, diese noch zu beschleunigen, eher etwas überschätzt. So wurde ich dahingehend zitiert, Deutschland möchte erreichen, daß bis zum Jahresende Europaabkommen abgeschlossen werden, obwohl ich mich so eindeutig gar nicht geäußert hatte, wohl wissend, daß es dazu realistischerweise erst unter französischem Vorsitz im ersten Halbjahr 1995 kommen dürfte – wurde dann aber durch die ungefähr zur selben Stunde von unserem Minister gemachte Aussage gleichen Inhalts bestätigt, wie ich am nächsten Tag einem Bericht unserer Ständigen Vertretung in Brüssel entnehmen konnte.

*

1993/94 veranstaltete die Universität Tartu unter Leitung des Wirtschaftswissenschaftlers Professor Janno Reiljan ein Europajahr. Zum Auftakt am 8. Oktober 1993 war aus Brüssel der Vizepräsident der Kommission Martin Bangemann gekommen. In seiner Eröffnungsrede, der wir in der Aula der Universität lauschten, machte er die – vor allem aus späterer Sicht – bemerkenswerte Feststellung: Die EG sei zwar kein geschlossener Klub, sondern zur Aufnahme der neuen europäischen Demokratien bereit, jedoch nicht ohne Bedingungen. Es werde vielmehr einer gewissen Wartezeit bedürfen, bis der erforderliche wirtschaftliche Entwicklungsstand erreicht sei, den er im Falle der baltischen Staaten auf etwa *10 Jahre* schätze!

Als Teil des Programms dieses Europajahres war auch ein Zyklus von Vorträgen in Tallinn residierender Botschafter vorgesehen, in denen sie in englischer Sprache ihr Land im europäischen Kontext vorstellen sollten (*My country in Europe – political and economic issues*). Da stand ich also eines Nachmittags Anfang April 1994 in der schönen Aula der alten Landesuniversität Dorpat, an der – wie Rektor Tulviste in seiner Einführung hervorhob – bis 1918 auch insgesamt zehn Angehörige meiner Familie studiert hatten, am Rednerpult und legte die deutsche Europapolitik dar. Es waren schließlich etwa 100 Zuhörer geworden, die sich – getreu der Erfahrung, daß sich ein Saal mit den von Natur aus zurückhaltenden Esten „von hinten füllt" – in respektabler Entfernung von dem Redner niedergelassen hatten, mit denen sich nach meinem Vortrag aber gleichwohl noch eine relativ lebhafte Diskussion entspann.

*

Peeter Tulviste hatte erst vor kurzem in sein Amt eingeführt werden können. Im Mai 1993 als Nachfolger von Professor Kärner für fünf Jahre gewählt, mußte er sich bald darauf krankheitshalber zurückziehen und die Geschäfte Prorektor Aaviksoo überlassen, bis dann nach seiner Genesung dieser Aktus am 23. Februar 1994 nachgeholt werden konnte. Dazu waren auch wir Botschafter eingeladen. Es wurde eine eindrucksvolle akademische Feier nach alter Dorpater Tradition, wie sie sich über die Jahre der sowjetischen Repression hatte hinüberretten können, umrahmt von Chorgesang und einem von allen Anwesenden in der bis auf den letzten Platz gefüllten Aula stehend gesungenen *Gaudeamus igitur*, in deren Verlauf Staatspräsident Meri dem neuen *Rector magnificus* die Amtskette umlegte. Danach zog man zum Denkmal des Universitätsgründers Gustav II. Adolf von Schweden, um dort Blumen niederzulegen. Anschließend waren wir alle Gäste auf einem Empfang im Historischen Museum der Universität auf dem Domberg.

Da ich Professor Lepa, den Vorstandsvorsitzenden des Deutschen Kulturinstituts, gebeten hatte, sich neben mich zu setzen, und er sich bei dieser Gelegenheit als ein begnadeter Simultandolmetscher erwies, konnte ich den während der Feier gehaltenen Ansprachen genau folgen. Dabei fiel mir auf, wie bei allen Rednern mehr oder weniger unüberhörbar die Notwendigkeit anklang, daß sich Menschen und Mentalitäten nach der langen Sowjetherrschaft noch stark ändern müßten und gerade der Universität Tartu hierbei eine große erzieherische Aufgabe zukomme. Die Notwendigkeit, sich den neuen Zeiten anzupassen, war an sich nichts Neues und konnte von uns Ausländern tagtäglich beobachtet werden; auch war bekannt, daß sich natürlich auch an der Universität Tartu noch eine Reihe alter Kader in Amt und Würden befand. Doch so deutlich angesprochen hatte ich das bis dahin in der estnischen Öffentlichkeit noch nicht erlebt. Als ich während des Empfangs diesen Eindruck vorsichtig gegenüber Professor Tulviste erwähnte, schien er dem nicht widersprechen zu wollen.

Moskaus Haltung verhärtet sich

Die durch den Ausgang der Wahlen in Rußland am 12. Dezember geweckten Befürchtungen wurden durch die Neujahrsansprache von Präsident Jelzin prompt bestätigt, in der er für 1994 eine konsequentere Politik gegenüber ehemaligen Sowjetrepubliken mit großer russischer Bevölkerung ankündigte. „Wir werden Eure und unsere gemeinsamen Interessen im Neuen Jahr energischer und entschiedener schützen" wandte er sich an die Auslandsrussen [68].

Als erste reagierten die Litauer auf die rauheren politischen Winde aus dem Osten. Am 5. Januar 1994 gab Präsident Brazauskas, Forderungen der Opposition und einer am Vorabend von Weihnachten verabschiedeten Parlamentsentschließung folgend, den Antrag seines Landes auf Aufnahme in die NATO bekannt. In Tallinn (und Riga) wollte man so weit nicht gehen und sah den Aufnahmeantrag eher als den Endpunkt eines Prozesses. In einer Verlautbarung grundsätzlicheren Charakters des estnischen Außenministeriums zum Thema „Estland und die NATO" hieß es noch am gleichen Tage, die Ergebnisse der Wahlen hätten der Welt klargemacht, daß die demokratischen Reformen in Rußland nicht unumkehrbar seien. Daher werde es als gleichermaßen wichtig angesehen, die Reformer zu unterstützen und ein eindeutiges Signal zu senden, daß die von den extremistischen Politikern eingeschlagene Richtung nicht akzeptiert werden könne. Ein solches müsse sowohl eine engere Anbindung der MOE-Staaten an die NATO wie z.B. durch die geplante „Partnerschaft für den Frieden" als auch an die EU beinhalten. Da NATO-Erweiterung und europäische Integration miteinander harmonieren oder – wie man im Außenministerium sagte – „taktgleich" erfolgen sollten, müßten die baltischen und die Višegrad-Staaten (Polen, Ungarn, Tschechien und Slowakei) auch gemeinsam zur Gruppe der ersten Länder gehören, denen die NATO-Mitgliedschaft angeboten werde. Würden sie dagegen unterschiedlich behandelt, könnte dies von einigen Ländern als „grünes Licht" für die Wiederherstellung von „Einflußsphären" angesehen werden.

Das wenige Tage darauf am 11. Januar von einem NATO-Gipfel in Brüssel verabschiedete und *Partnership for Peace* (PfP) getaufte Programm einer praktischen militärischen Zusammenarbeit der Allianz mit den im Nordatlantischen Kooperationsrat vertretenen und anderen KSZE-Staaten, also unter Einbeziehung Rußlands, wurde von den baltischen Staaten – wenn auch ohne großen Enthusiasmus – begrüßt. Sie ließen jedoch keinen Zweifel daran, daß es für sie nur Teil des Annäherungsprozesses an die NATO aber nie ein Ersatz für die Mitgliedschaft in der NATO und die damit verbundenen Sicherheitsgarantien sein könne. Präsident Meri hat das PfP-Programm damals mit geradezu poetisch angehauchter Ironie, wie sie unter den estnischen Politikern nur ihm zur Verfügung stand, eine „leere Flasche Chanel Parfum, aber schön anzusehen" genannt [69]. Dessenungeachtet hat Estland in klarer Erkenntnis der Realitäten als einer der ersten der zur Teilnahme eingeladenen Staaten am 3. Februar 1994 in Brüssel durch Außenminister Luik das Programm unterschrieben.

Genau eine Woche nach dem NATO-Gipfel sorgte wieder einmal Außenminister Kosyrjev für Aufregung. Russischen Presseagenturen zufolge hatte er sich am 18. Januar auf einer Botschafterkonferenz in Moskau gegen einen vollkommenen Truppenabzug aus dem „nahen Ausland" ausgesprochen, da andernfalls in diesen seit Jahrhunderten zur russischen „Interessensphäre" gehörenden Gebieten ein „Sicherheitsvakuum" entstünde. Die Antwort aus dem Baltikum ließ nicht lange auf sich warten: Schon am nächsten Tag traten die in Jūrmala zusammengekommenen Ministerpräsidenten von Estland, Lettland und Litauen mit einer Erklärung an die Öffentlichkeit, in der sie dieses „neue außenpolitische Konzept", das sie – entgegen ersten beschwichtigenden Stimmen aus Moskau, Kosyrjev habe nur die GUS-Staaten gemeint – ausdrücklich auch auf die baltischen Staaten bezogen, als im Widerspruch zur bisherigen russischen Außenpolitik stehend aufs schärfste verurteilten. Der russische Außenminister stelle den gerade von den USA entwickelten Plan einer *Partnership for Peace*, die hierzu gefaßten Beschlüsse des NATO-Gipfels und die Überlegungen zur Schaffung einer neuen europäischen Sicherheitsstruktur in Frage, denn seine außenpolitischen Vorstellungen seien direkt gegen die Souveränität der baltischen Staaten gerichtet. In Tallinn wurde auch registriert, daß Kosyrjev seine Rede gehalten hatte, kurz nachdem Clinton im Anschluß an den NATO-Gipfel mit Jelzin zusammengetroffen war. Wenig glücklich war man hier auch, daß der amerikanische Präsident – zumindest öffentlich – nicht deutlich genug erneuten Vorwürfen des russischen Präsidenten wegen „Diskriminierung" der russischen Minderheiten im Baltikum entgegengetreten sei. Als dieser Tage der gerade aus Moskau zurückgekehrte russische Kollege Trofimov, der seinen Minister selbst gehört hatte, bei uns zu Gast war, erzählte er in Anwesenheit auch eines Mitglieds des estnischen Kabinetts, bei der Rede Kosyrjevs hätten eigentlich keine Journalisten anwesend sein sollen, doch hätten es einige verstanden, sich unbemerkt Zutritt zu verschaffen – und bestätigte damit nur indirekt die Aussagen Kosyrjevs. Natürlich hatte der Minister auch diesmal über seinen Pressesprecher verbreiten lassen, er sei mißverstanden worden. Nicht so richtig zu wissen, woran man bei ihm eigentlich war, irritierte die Esten an Kosyrjev am meisten.

All das ließ nicht viel Gutes erhoffen für die weiteren Verhandlungen mit Moskau, ja befürchten, es könnte das Angebot eines bis zum 31. August 1994 vollständig abgeschlossenen Truppenabzugs zurückgenommen werden. Am 1./2. Februar trafen sich die Delegationen in Moskau, die estnische wurde erstmals von Botschafter Reinart geleitet. Als er uns über das Ergebnis unterrichtete, konnte er dann auch von keinen Fortschritten berichten, sondern meinte, insgesamt eher eine Verhärtung der russischen Position feststellen zu müssen. Zwar habe man sich bei der Arbeit an einem Truppenabzugsabkommen mit einer Ausnahme von weniger entscheidender Bedeutung, die Entschädigungsfragen beträfe, auf einen Text einigen können. Dieser sehe den vollständigen Abzug bis 31. August 1994 vor – allerdings ohne Zeitplan, wozu sich Estland nunmehr im Kompromißwege bereitgefunden habe. Doch habe die russische Seite die Unterzeichnung des Abkommens *erstmals* von einer gleichzeitigen bilateralen Regelung der Aufenthaltsrechte der pensionierten russischen Militärs zu für Estland unannehmbaren Bedingungen abhängig gemacht: Nach russischer Vorstellung müßten *alle* Militärpensionäre und ihre Familienangehörigen unabhängig vom Zeitpunkt ihrer Demobilisation das Recht zum ständigen Aufenthalt eingeräumt erhalten. Der russische Delegationsleiter Botschafter Svirin habe die Zahl der in Frage kommenden Personen mit 11 500 und einschließlich Angehöriger mit 44 000 angegeben, von denen 9 670 (mit Angehörigen 35 000) vor dem 20. August 1991 in den Ruhestand versetzt worden seien. Die estnische Regierung sehe hierin eine Verhärtung der russischen Haltung, weil zwar bereits in der vorangegangenen Verhandlungsrunde im November 1993 das Abzugsdatum u.a. an diese Bedingung geknüpft, damals aber kein eindeutiges Junktim hergestellt worden sei, und der stellvertretende Außenminister Tschurkin dies noch wenige Tage zuvor gegenüber der Presse bestätigt habe.

Als erfreuliches Ergebnis dieser Verhandlungsrunde konnte Botschafter Reinart dagegen die Unterzeichnung eines Protokolls bekannt geben, in dem sich Rußland dazu bereit erklärte, internationale Experten zur Lösung der mit dem Abbau der beiden Kernreaktoren in *Paldiski* verbundenen Fragen hinzuzuziehen, sobald Rußland die geheimen Komponenten entfernt habe. Dies machte den Weg frei für die *Paldiski International Expert Reference Group*, die – vom schwedischen Außenministerium organisiert – auch unter Beteiligung deutscher Fachleute noch eine wichtige Rolle spielen sollte, nachdem zuvor im Rahmen der Nuklearsicherheitsgruppe des Ostseerats hierfür die Grundlagen erarbeitet worden waren.

Vor dem Hintergrund des insgesamt enttäuschenden Verlaufs dieser Verhandlungsrunde und weiterer Äußerungen aus Moskau, unter denen vor allem das Kosyrjev zugeschriebene Wort von einer in den baltischen Staaten vor sich gehenden „ethnischen Säuberung" empörte, meldete sich jetzt auch der *Riigikogu* mit einer am 10. Februar einstimmig verabschiedeten Erklärung zu Wort, in der die Abgeordneten neoimperialistische Tendenzen in der russischen Außenpolitik anprangerten. Als wir EU-Botschafter am selben Tag nach unseren regelmäßigen monatlichen Treffen beim Mittagessen in unserem Haus mit Außenminister Luik die Lage diskutierten und er die eskalierenden Erklärungen von Kosyrjev als selbst für Estland, wo man doch einiges gewohnt sei, für überraschend und diesen ganzen „Krieg der Worte" für völlig fruchtlos hielt, erlaubten wir uns, ihn darauf aufmerksam zu machen, daß hierzu auch die estnische Seite ihren Beitrag leisten müsse. Luik räumte ein, daß auch in Estland die Regierung auf die innenpolitische Stimmung Rücksicht zu nehmen hätte. Dabei stellte er die estnische Verhandlungsposition ein wenig anders, als Reinart dies getan hatte, so dar, daß man weiterhin auf einem Zeitplan bestehe. Auch dies dürfte innenpolitisch motiviert gewesen sein. Denn ein Zeitplan hatte, vorausgesetzt, es bliebe beim Datum des 31. August, schon kaum mehr eine praktische Bedeutung. Doch die Regierung Laar verfügte seit den Kommunalwahlen im Oktober 1993 nach allen Umfragen nicht länger über eine Mehrheit in der Bevölkerung und glaubte daher, sich gegenüber russischen Forderungen keine größeren Konzessionen erlauben zu können.

Dies galt vor allem für die Aufenthaltsrechte der Militärpensionäre, bei denen sich Ministerpräsident Laar im Vorfeld der Verordnung vom 1. Dezember 1993 mit seinen weitergehenden Vorstellungen nicht hatte durchsetzen können. Hier lag womöglich auch der Schlüssel zu einem gewissen Verständnis für die russische Verhandlungsposition. Denn diese hatte sich, gerade nachdem die Regierungsverordnung erlassen worden war, verhärtet, während mit dem zuvor erfolgten konditionierten Angebot des Abzugstermins 31. August 1994 vielleicht bezweckt worden war, die Verordnung inhaltlich zugunsten der Militärs zu beeinflussen. Jedenfalls behauptete Botschafter Trofimov bei einem Mittagessen unter vier Augen, zu dem er mich am 9. Februar in seine eben bezogene provisorische Residenz, eine kleine Villa unweit der Baltischportschen Straße (*Paldiski maantee*), eingeladen hatte, das Junktim zwischen Truppenabzug und Behandlung der Militärpensionäre sei keineswegs neu, sondern habe – zumindest stillschweigend – immer bestanden. Die estnische Seite hätte nämlich zu verstehen gegeben, daß alle vor dem 20. August 1991 pensionierten Militärs eine ständige Aufenthaltserlaubnis erhalten würden und sie sich hinsichtlich der später demobilisierten flexibel verhalten werde. Von seiner ursprünglichen Position, alle bis Anfang 1992 – als es die Jurisdiktion über die bis dahin sowjetischen Streitkräfte übernahm – in den Ruhestand versetzten Militärs automatisch einzubeziehen, sei Rußland später aufgrund estnischer Weigerung abgerückt. Dieses von Luik als dem damaligen Verhandlungsführer gegebene „Versprechen" habe die Regierung dann nach dem für *Isamaa* schlechten Ausgang der Kommunalwahlen nicht einhalten können, und hierin sei der eigentliche Grund für die jetzige schwierige Situation zu sehen. Auch später hat Trofimov, den ich bereits früher als einen eher auf Ausgleich bedachten Mann und keinesfalls einen Scharfmacher erlebt hatte, an dieser Version festgehalten.

In diese Zeit fiel auch der Besuch, den meine Frau und ich bei unseren Nachfolgern Karina und Eberhard von Puttkamer in St. Petersburg machten. Am 29.

Januar trafen wir mit Vladimir Putin und seiner Frau bei einem Abendessen zu viert zusammen, zu dem er uns in Abwesenheit von Bürgermeister Sobtschak in das *Hotel Astoria* eingeladen hatte. Was die Lage in Rußland anging, so war Putins größte Sorge damals, daß Jelzin etwas zustoßen könnte. Denn wie man auch sonst zu seiner Person stünde, weit und breit sei keine Alternative in Sicht. Seit den Dezemberwahlen hätte sich auch das Verhältnis des Präsidenten zu Sobtschak merklich verbessert, da jener sehr wohl wisse, was er an ihm an Unterstützung besitze. Bei dem Versuch, uns gegenseitig die psychologische Situation in den Nachbarländern, er in Rußland und ich in Estland, in Bezug auf die bilateralen Beziehungen näherzubringen, konnten wir uns damals wohl nur Bekanntes bestätigen. Putin hatte ja an der Begegnung zwischen Meri und Sobtschak im zurückliegenden Sommer teilgenommen, die zwar gut verlaufen, aber ohne konkrete Folgen geblieben war. Als ich für einen Besuch Sobtschaks in Estland warb, wollte Putin einen solchen nicht ausschließen, meinte aber, aus innenpolitischen Gründen müsse man zuvor mit den russischen Organisationen in Estland sprechen. Dazu ist es nie gekommen. Das war das letzte Mal, daß ich mit Putin zusammengetroffen bin, und Sobtschak habe ich bis zu seinem Tod im Februar 2000 nicht wiedergesehen.

Ebenfalls in dieser Zeit, als die estnisch-russischen Beziehungen einen neuen Tiefpunkt erreicht zu haben schienen, führte ich bei einem meiner recht häufigen Aufenthalte in Dorpat dort Mitte Februar ein ebenso nachdenkliches wie aufschlußreiches Gespräch über das Verhältnis zwischen Esten und Russen. Anlaß der Fahrt war diesmal ein von Herrn Sommerhage moderiertes Referat meiner Frau über Volk-Nation-Kultur in Deutschland und Estland im Deutschen Kulturinstitut. Bei einem Abendessen mit einigen Professoren und Journalisten mußten wir wieder einmal erfahren, wie tief verwurzelt die Vorbehalte selbst bei so gebildeten Menschen wie diesen, die zudem teilweise jahrelang selbst in Rußland gelebt hatten, gegenüber den Russen waren. Früher, so wurde uns erklärt, habe man vieles von dem, was man nicht akzeptieren könne, für „sowjetisch" gehalten. Jetzt stelle sich heraus, daß es einfach russisch sei. Selbst ein Mann wie Solschenizyn, der in Estland am meisten geachtete Russe, schweige zu dem Verhalten Moskaus gegenüber Estland. Wenn Rußland sich gleich nach der Unabhängigkeit 1991 dazu hätte verstehen können zu sagen: Ja, 1940 wurde Estland annektiert, laßt uns einen Schlußstrich ziehen und jetzt gemeinsam überlegen, wie wir der dadurch geschaffenen Probleme namentlich im Hinblick auf die russische Minderheit Herr werden können, dann hätte man sich eine Einigung vorstellen können. Jetzt aber sei keinem Abkommen mit Rußland mehr zu trauen.

Die tiefe Traumatisierung der Generationen des estnischen Volkes, welche die Unterdrückung durch den Nachbarn im Osten am eigenen Leib erfahren hatten, führte gelegentlich auch zu Überreaktionen, die für den mit den Verhältnissen nicht näher vertrauten Beobachter aus dem Westen nur schwer verständlich waren, und gegen die selbst estnische Spitzenpolitiker nicht gefeit schienen. So erzählte mir nur wenige Tage nach dem eben wiedergegebenen Gespräch in Dorpat der aus Reval stammende Journalist Carl Gustaf Ströhm, er habe bei seinen Gesprächspartnern eine große Verunsicherung wegen der Entwicklung in Rußland verspürt bis hin zu Befürchtungen einer erneuten Okkupation …

Damals war es auch, daß Präsident Meri in einer Rede, die er am 25. Februar 1994 im Hamburger Rathaus hielt, in scharfer Form die jüngsten aus Moskau zu vernehmenden Töne geißelte und seiner Beunruhigung darüber Ausdruck verlieh, „daß in der russischen Außenpolitik und in der russischen politischen Philosophie in letzter Zeit wieder das Irrationale überhand nimmt … Solschenizyn hat seinerzeit die Russen aufgerufen, vom Imperium Abschied zu nehmen und sich statt dessen auf sich selbst zu konzentrieren. Er benutzte das Wort „Selbstbegrenzung" und forderte die Russen auf, ihre eigenen wirtschaftlichen, sozialen aber auch geistigen Probleme zu lösen. In Mißachtung dieses Postulats ihres großen Landsmannes sprechen verantwortliche russische Politiker plötzlich wieder offen von einer angeblich ‚besonderen Rolle' Rußlands, von einer Funktion als ‚Ordnungsmacht', die das neue Rußland auf dem Territorium der ganzen ehemaligen UdSSR zu erfüllen habe. Herr Karaganow, einer der engsten Berater des Präsidenten Jelzin, hat das neulich in der Form scheinbar zurückhaltend, in der Sache aber ganz hart ausgedrückt, als er sagte: Rußland werde im ganzen Raum des ehemaligen Sowjetimperiums die Rolle eines ‚primus inter pares' – eines Ersten unter Gleichen – ausfüllen. Das erinnert mich an den Ausspruch George Orwells, der einmal im Blick auf den Sowjetkommunismus das Wort prägte: ‚Alle sind gleich, aber einige sind gleicher als die anderen!'" [70]. Meris Rede und andere Rußland kritisierende Stellungnahmen estnischer Politiker führten zu einem Protest Moskaus, zu dessen Entgegennahme ein Vertreter der estnischen Botschaft am 2. März in das russische Außenministerium einbestellt wurde.

Nach all dem konnte dann auch nicht mehr wirklich überraschen, daß die nächste und inzwischen 17. Verhandlungsrunde, die an den beiden ersten Märztagen in *Lohusalu* stattfand, zu dem enttäuschenden Ergebnis sich gegenseitig blockierender Positionen führte: Die russische Seite bestand auf gleichzeitigem Abschluß eines Truppenabzugsabkommens und einer allen Militärpensionären das ständige Aufenthaltsrecht einräumenden Vereinbarung, während die estnische Seite dies ablehnte (ebenso wie die von Rußland aufrechterhaltene Bedingung der Zahlung von 23 Millionen US-Dollar für den Bau von Wohnungen für die aus Estland abgezogenen Truppen). Daraufhin erklärte Botschafter Svirin, Rußland nehme das

Angebot, den Truppenabzug bis zum 31. August abzuschließen, zurück, da dieses nur für den Fall der vorgeschlagenen „Paketlösung" gegolten habe, und werde den Abzug seiner Truppen nach seinen eigenen – der estnischen Seite nicht bekannt gegebenen – zeitlichen Vorstellungen gestalten. Dies erfülltc die estnische Regierung – die von einem „Zusammenbruch" der Verhandlungen sprach, diese aber trotzdem fortzusetzen bereit war – auch deswegen mit Sorge, weil der Truppenabzug nach ihren Erkenntnissen seit dem Jahresende praktisch zum Stillstand gekommen war (allerdings befanden sich damals nur noch etwa 2 600 Mann im Lande, davon 60% in Tallinn, außerdem 800 Mann in *Paldiski*). Vorerst aber vertagten sich die Delegationen erst einmal *sine die.*

Außenministerkonsultationen in Bonn

Bereits im Januar, nach dem NATO-Gipfel, hatte Außenminister Kinkel seine drei baltischen Kollegen zu Gesprächen nach Bonn eingeladen. Diese als „Konsultationen" firmierende Zusammenkunft am 9. März 1994 sollte die Rolle Deutschlands als „Anwalt der Balten" in den internationalen Beziehungen für alle Welt sichtbar unterstreichen und damit vor dem Hintergrund der sich verhärtenden russischen Baltikumpolitik auch ein Zeichen für Moskau setzen. Andererseits war diese Geste gegenüber den baltischen Regierungen dazu gedacht, sie hinsichtlich vermeintlich aus dem Osten drohender Gefahren, die in Bonn so dramatisch nicht gesehen wurden, zu beruhigen, ihnen zugleich aber auch ein größeres Entgegenkommen gegenüber Moskauer Forderungen nach besserer Behandlung der vor allem in Est- und Lettland lebenden Russen nahezulegen. Öffentlichkeitswirksam vorbereitet worden waren diese Konsultationen durch einen langen Namensartikel des Bundesaußenministers, den „Die Welt" am 5. März 1994 unter der Überschrift „Die Zukunft des Baltikums liegt in Europa. Sie wird zur Bewährungsprobe für die neuen Prinzipien staatlichen Zusammenlebens" veröffentlichte. In diesem Artikel wurden die Leitlinien der Baltikumpolitik der Bundesregierung dargelegt, so daß die nach Bonn anreisenden Außenminister von Estland, Lettland und Litauen – Jüri Luik, Georgs Andrejevs und Povilas Gylys – schon auf den Tenor dessen, was sie von ihrem deutschen Kollegen hören würden, eingestimmt waren.

Außenminister Kinkel legte in diesem Artikel unserer Baltikumpolitik die Feststellung zugrunde, daß „mit der Unabhängigkeit der drei baltischen Republiken 1991 historisches Unrecht korrigiert worden ist, das mit dem Hitler-Stalin-Pakt 1939 begonnen hatte. Das imperiale Denken in Einflußsphären von damals darf sich nicht wiederholen. Es würde das Vertrauen in die Möglichkeit, eine neue Art der Zusammenarbeit in Europa aufzubauen, zerstören ... Im Baltikum liegt eine entscheidende Bewährungsprobe für die neuen Prinzipien staatlichen Zusammenlebens, wie sie in den großen Dokumenten der KSZE von Helsinki und Paris niedergelegt sind! Das Baltikum ist Prüfstein für die Tragfähigkeit der künftigen Sicherheitsarchitektur Europas". Nachdem Kinkel dann darauf hingewiesen hatte, daß „Deutschland durch enge Beziehungen sowohl zu den baltischen Staaten als auch zu Rußland auf gute nachbarschaftliche Beziehungen, auf Rücksichtnahme und gegenseitiges Verständnis in dieser Region hinwirkt", mußte sein dezidiertes Eintreten für einen Abzug der restlichen russischen Truppen aus Est- und Lettland bis spätestens zum 31. August 1994 („Bei diesem Termin muß es bleiben!") den Gästen aus dem Baltikum besonders erfreulich in den Ohren klingen: „Es gibt keine Gründe, den Truppenabzug zu verzögern oder von sachfremden Bedingungen abhängig zu machen. Kein Junktim kann es rechtfertigen, eigene Soldaten auf dem Territorium eines anderen souveränen Staates gegen dessen erklärten Willen zu belassen". Kinkel fügte aber auch hinzu: „Der Status der Minderheiten, die Frage des Militärabzugs und die Sicherung der frisch gewonnenen Unabhängigkeit sind Punkte besonderer Sensibilität bei allen Beteiligten. Diese Sensibilität erfordert ein Höchstmaß an Behutsamkeit und gegenseitigem Einfühlungsvermögen. Das schließt die Bereitschaft ein, sich nicht in Einzelfragen zu verbeißen, sondern auch einmal über den eigenen Schatten zu springen".

Da es bei uns, von Staatsbesuchen abgesehen, im Unterschied zur Praxis anderer Länder unüblich ist, die Botschafter bei Besuchen wichtiger Politiker ihres Gastlandes nach Deutschland dazu zu bitten, so waren wir auch in diesem Fall nicht zur Teilnahme aufgefordert worden – bis dann wenige Tage vor den Konsultationen der Marschbefehl aus Bonn eintraf. Wir hatten diese, unter den gegebenen Umständen in der Tat sinnvolle Entscheidung der Zentrale einer Initiative unseres NATO-Botschafters von Richthofen zu verdanken, der noch kurz davor mit seinem dänischen Kollegen durch die baltischen Staaten gereist war, um deren Regierungen über die der „Partnerschaft für den Frieden" innewohnenden Möglichkeiten zu unterrichten. So konnte ich also mit dabei sein, als am Morgen des 9. März das Außenministertreffen in der „Redoute" in Bad Godesberg unter dem Vorsitz von Kinkel begann. Die Minister und ihre engsten Berater – im Falle Estlands war das Kanzler Olljum – saßen um einen großen runden Tisch, unser Minister flankiert von den beiden Staatsministern Schäfer und Frau Seiler-Albring. Obwohl sich Kinkel einen Teil der Nacht in Brüssel mit schwierigen Verhandlungen über den EU-Beitritt Norwegens hatte um die Ohren schlagen müssen und seinen Ärger über deren Erfolglosigkeit nicht verheimlichte, zeigte er sich in guter Form und nahm an den dreistündigen Diskussionen mit Engagement teil.

Zur Debatte standen die Themenbereiche (1) Baltisch-russische Beziehungen, (2) Heranführung der baltischen Staaten an die EU/WEU, (3) Heranführung der baltischen Staaten an die europäisch-atlantischen Sicherheitsstrukturen und (4) Ostseekooperation. Bei ihrer Erörterung ergänzten die drei baltischen Außenminister einander gut, ohne sich vorher im einzelnen abgestimmt zu haben. Da englisch gesprochen wurde, war Luik deutlich im Vorteil, während für seine Kollegen aus Riga und Wilna die Sprache doch ein beträchtliches *handicap* darstellte. Unser Minister sprach deutsch.

Wie schon in seinem Namensartikel unterstützte Kinkel mit klaren Worten die baltische Position in Sachen Truppenabzug, sprach sich aber auch für die Integration der Russen aus, die im Baltikum bleiben wollten, da es hierzu keine Alternative gäbe. Er kündigte an, Deutschland werde gemäß dem der EU-Kommission am 7. Februar erteilten Mandat für die Verhandlungen über Freihandelsabkommen die Heranführung der baltischen Staaten an die EU zu einem Schwerpunkt der kommenden deutschen Ratspräsidentschaft machen und alles daran setzen, um noch 1994 zum Abschluß von Assoziationsabkommen zu gelangen. In der Diskussion über die künftigen Sicherheitsstrukturen ließen die baltischen Außenminister übereinstimmend keinen Zweifel daran, daß ihr Ziel die NATO-Mitgliedschaft war, auch wenn damals erst Litauen einen Aufnahmeantrag gestellt hatte. Außenminister Kinkel begrüßte, daß die baltischen Staaten das NATO-Angebot einer „Partnerschaft für den Frieden" angenommen hatten und empfahl ihnen, von allen sich hieraus ergebenden Möglichkeiten Gebrauch zu machen. Doch er ging noch weiter, wiederholte das auch in der anschließenden Pressekonferenz, und sprach davon, es ginge darum, die baltischen Staaten in die NATO „hineinzuführen" – ohne damals damit Aufsehen zu erregen, obwohl dies nichts anderes als die letztendliche Mitgliedschaft von Estland, Lettland und Litauen im Bündnis bedeuten konnte.

Die wichtigste Funktion des Ostseerats, in dem Estland 1994 den Vorsitz hatte, sah Kinkel in der Einbeziehung Rußlands in eine praktische internationale Zusammenarbeit in diesem von uns damals vielleicht etwas zu euphorisch als „Zukunftsregion" apostrophierten Teil Europas.

Der Pressekonferenz der vier Außenminister schloß sich ein Essen an, das sich noch lange in den Nachmittag hineinzog und bei dem die Gespräche in etwas informellerem Rahmen fortgesetzt werden konnten. Die baltischen Gäste zeigten sich mit Verlauf und Ergebnis dieser in ihrer Art für sie erstmaligen Veranstaltung mehr als zufrieden und konnten dies angesichts der unzweideutigen Stellungnahmen der Bundesregierung zur Lage im Baltikum durch den Außenminister auch sein. Als wir Botschafter uns von unserem Minister verabschiedeten und ihn hierauf ansprachen, drückte er seine Sympathie für die baltischen Staaten mit den Worten aus: „Die haben es auch verdient".

Auf dem Rückflug nach Tallinn am nächsten Tag saßen Luik und Olljum in derselben Maschine wie ich und bekräftigten im Gespräch ihre positiven Eindrücke. In Estland hatten die Konsultationen in Bonn mittlerweile ein breites Medienecho gefunden. Am Tage selbst, an dem sie stattfanden, war in allen wichtigen Tageszeitungen eine vollständige Übersetzung des Namensartikels von Kinkel erschienen, und in der Wochenzeitung *The Baltic Independent* – die von einem *unprecedently strong article* sprach – eine solche in englischer Sprache. In einem Kommentar wurde Jüri Luik zitiert, der die Beziehungen Estlands zu Deutschland als „lebenswichtig" bezeichnet und die Unterstützung durch zahlreiche deutsche Politiker auf eine „gegenseitige Sympathie" zwischen Esten und Deutschen zurückgeführt habe. Weiter hieß es dort aber auch, daß „Deutschland die guten Beziehungen mit Rußland kaum für die baltischen Staaten opfern wird. Deswegen auch die andauernden Mahnungen der deutschen Politiker, daß es mit Rücksicht auf die politischen Realitäten keine Alternative zur Integration der in Estland und Lettland lebenden Russen gibt und sich in der Frage der Militärpensionäre eine flexiblere Position empfiehlt" – ein deutliches Signal des Außenministers an die estnische Innenpolitik [71].

In Form eines längeren Interviews mit Rein Kärner, das beinahe vier Wochen später im *Postimees* erschien, konnte ich dann noch in der führenden Tageszeitung eine Nachschau auf die Bonner Zusammenkunft halten und ihre Bedeutung und wichtigsten Ergebnisse einer breiteren estnischen Öffentlichkeit in Erinnerung rufen [72].

*

Eine kleine Begebenheit am Rande der Bonner Außenministerkonsultationen verdient auch deswegen festgehalten zu werden, weil sie das Vertrauen widerspiegelt, das die estnische Politik offenbar in die Deutschen setzte. Am Nachmittag des 9. März begleitete ich Staatssekretär Dr. Meyer-Landrut zu einem Gespräch, um das ihn Außenminister Luik gebeten hatte, auf den Petersberg, wo er und der ebenfalls anwesende Kanzler Olljum im Gästehaus der Bundesregierung untergebracht waren. Luik eröffnete Meyer-Landrut, der damals noch Chef des Bundespräsidialamtes war und seiner Pensionierung mit Ablauf der Amtszeit von Herrn von Weizsäcker Ende Juni entgegensah, völlig überraschend, ob er nicht das auf russisches Drängen im Rahmen des Ostseerats vorgesehene Amt eines Hochkommissars für Menschenrechte übernehmen wolle. Als damaliger Vorsitz war Estland im Vorfeld der Jahrestagung der Außenminister des Ostseerats am 24. Mai 1994 in Tallinn auf Kandidatensuche. In der Tat sprach viel für den in Estlands Hauptstadt geborenen zweimaligen deutschen Botschafter in Moskau, und Meyer-Landrut hätte auch gerne zugesagt, wäre da nicht eine von ihm bereits eingegangene Verpflichtung gewesen, in Moskau eine Repräsentanz des Daimler Benz-Konzerns aufzubauen. Eine ganze Weile gingen wir dann noch im Garten des Hotels auf dem Petersberg spazieren, um die-

ses Meyer-Landrut sichtlich ganz persönlich berührende Angebot hin- und her-
zuwenden. Wegen der Unvereinbarkeit der beiden Aufgaben ist dann nichts
daraus geworden, und der Posten wurde auf der Ministertagung in Tallinn mit
dem dänischen Rechtsprofessor Ole Espersen besetzt.

Der Nervenkrieg mit Rußland geht weiter

Obwohl sich die Verhandlungen über den Truppenabzug ziemlich aussichtslos
festgefahren hatten und erst einmal *sine die* vertagt worden waren, wurden sie
dann doch im vorgesehenen Monatsrhythmus am 5./6. April unweit Moskau
fortgesetzt. Wie schon in der Vergangenheit, wollte sich keine der beiden Seiten international dem Vorwurf aussetzen, sie verweigere sich. In Estland stimmten zudem Präsident und Regierung überein, daß man so schnell wie möglich
ein Abkommen mit Rußland zustandebringen müsse, da sich die innenpolitische
Situation dort nur verschlechtern könne. Dies schien auch – so wurde es damals
in Tallinn gesehen – die lettische Regierung bewogen zu haben, am 15. März einer Paketlösung mit Moskau zuzustimmen, die einerseits den völligen Truppenabzug bis zum 31. August 1994 vorsah (mit der Ausnahme einer noch weitere fünf Jahre andauernden militärischen Präsenz in der Radarfrühwarnstation
von *Skrunda*) und andererseits *allen* Militärpensionären umfassende Rechte
einschließlich des uneingeschränkten Aufenthalts einräumte. Auch wenn dieses
Abkommen vorerst nur von den beiden Verhandlungsführern paraphiert und in
Lettland innenpolitisch höchst umstritten war, erleichterte es nicht gerade die
estnische Verhandlungsposition. Dadurch, daß die lettisch-russische Einigung
international einhellig begrüßt wurde, kam Estland noch zusätzlich unter Druck.
Daran änderte auch nichts, daß die Lage in den beiden Ländern nicht ganz miteinander verglichen werden konnte: Da der Status der Militärpensionäre in Estland, anders als in Lettland, rechtlich bereits fixiert war, sind der estnischen Regierung in den Verhandlungen praktisch die Hände gebunden gewesen. Denn
für eine Änderung des Ausländergesetzes gab es damals im *Riigikogu* und für ein
weitergehendes Entgegenkommen im Verordnungswege in der Koalition keine
Mehrheit.

Diese Zwickmühle – internationales Drängen zur Kompromißbereitschaft
auf der einen und innenpolitisch bedingte Unbeweglichkeit auf der anderen
Seite – ließ die russische Verhandlungsführung nicht ungenutzt. Rußland forderte jetzt, daß nicht nur – wie in der Regierungsverordnung vom 1. Dezember
1993 vorgesehen – die bis zum 20. August 1991 pensionierten Militärs für eine
Aufenthaltserlaubnis in Betracht kommen, sondern alle bis zum 28. Januar 1992
– als dem Tag, an dem die ehemaligen sowjetischen Streitkräfte von Rußland
übernommen worden waren – in den Ruhestand versetzten Soldaten und Offi-

ziere eine solche erhalten sollten. Solange diese Bedingung – und die einer Zahlung von 23 Millionen US-Dollar zum Bau von Wohnungen für die nach Rußland zurückgeführten Truppen – nicht erfüllt sei, könne es keinen Truppenabzug geben. Daher – so wurden wir von den Esten unterrichtet – habe die russische Seite während dieser Verhandlungsrunde das ursprünglich von ihr selbst vorgeschlagene Abzugsdatum des 31. August 1994 wieder aus dem Abkommensentwurf gestrichen! Auch bei den Gesprächen über den Abbau der Kernreaktoren in *Paldiski*, die bisher weitgehend unbeeinträchtigt von den Kontroversen in den übrigen Bereichen verlaufen waren, habe es nunmehr eine Verknüpfung mit dem Aufenthaltsrecht und anderen Fragen der sozialen Sicherheit der noch auf der Halbinsel *Pakri* verbliebenen Militärs gegeben.

Die estnische Staatsführung war dadurch so alarmiert, daß Präsident Meri, der Parlamentsvorsitzende Nugis und Ministerpräsident Laar am 7. April erstmals seit Beginn der Verhandlungen eine gemeinsame Erklärung abgaben. Sie verurteilten, daß Rußland das Datum des 31. August 1994 in Frage stelle, das internationale Unterstützung genieße, und appellierten an Moskau, seiner Verpflichtung zu einem bedingungslosen Truppenabzug nachzukommen. Zugleich gaben sie ihrer Befürchtung Ausdruck, daß „gewisse politische Kreise in Moskau" diese Lage zu Provokationen in Estland und Lettland nutzen könnten, und warnten vorsorglich vor solchen, denn sie würden fehlschlagen und Estland würde russischem Druck nicht nachgeben. Der Hintergrund war, daß Präsident Jelzin in einem Erlaß vom 5. April angekündigt hatte, in den „GUS-Staaten und Lettland" würden neue Militärbasen errichtet werden. Obwohl die Einbeziehung Lettlands sogleich zurückgenommen wurde und sich der russische Botschafter in Riga entschuldigte, wollte man im Baltikum nicht so recht daran glauben, daß es sich nur um ein „Versehen" gehandelt habe, sondern sah hierin eher eine Fortsetzung des alten Katz- und-Maus-Spiels.

In einer weiteren gemeinsamen Erklärung diesmal der drei Staatspräsidenten Meri, Ulmanis und Brazauskas wurde diese Zurechtstellung zwar am 8. April begrüßt, dabei aber auf die dauerhaften Folgen solcher Vorfälle aufmerksam gemacht: Sie erschreckten die Bevölkerung im Baltikum und erschütterten die Glaubwürdigkeit Rußlands als Verhandlungspartner nicht nur in den baltischen Staaten, sondern in ganz Europa.

Aber es wurde weiterverhandelt, wenn auch unter erschwerten Voraussetzungen. Denn am 30. April hatten Ulmanis und Jelzin dann schließlich doch noch ein Truppenabzugsabkommen zu den russischen Bedingungen abgeschlossen. Dies löste in Estland nicht nur Befürchtungen für die eigene Verhandlungsposition aus, sondern auch Enttäuschung über den lettischen Alleingang, von dem die estnische Regierung zuerst aus dem Rundfunk erfahren habe. Zugute gehalten wurde Lettland, daß es von westlicher Seite – in der estnischen Presse wurden die USA, Großbritannien, aber auch Bundeskanzler Kohl genannt – unter Druck gesetzt worden sei. Außenminister Luik begrüßte zwar, daß Lettland den Abzugstermin 31. August habe vereinbaren können, erklärte aber öffentlich, Estland werde sich nicht wie Lettland das Recht nehmen lassen, selbst darüber zu bestimmen, welche pensionierten russischen Militärs im Lande bleiben könnten und welche nicht [73].

In der sich hieran anschließenden 19. Verhandlungsrunde am 5./6. Mai in *Lohusalu* ging es dann auch hauptsächlich darum, welche Kategorien von Militärpensionären unter welchen Bedingungen eine Aufenthaltserlaubnis erhalten könnten, ohne daß Bewegung in die festgefahrenen Positionen gekommen wäre. Beide Seiten waren gewissermaßen Gefangene ihrer eigenen Innenpolitik. Die estnischen Unterhändler wußten zu berichten, nach ihrem Eindruck erhalte der russische Delegationsleiter seine Direktiven aus dem Generalstab, auch wenn nach außen der Primat der Politik gewahrt werde. Als dann Verteidigungsminister Gračev noch am 6. Mai Journalisten gegenüber äußerte, bis die Frage der Militärpensionäre gelöst sei, würden die russischen Truppen in ihrer gegenwärtigen Stärke von 2 500 Mann in Estland stationiert bleiben und darüber hinaus aufgestockt werden, sollte sich dies zum Schutz von Militärobjekten als nötig erweisen, beendete Präsident Meri demonstrativ einen Besuch in Portugal vorzeitig, um zur Beratung der Lage nach Tallinn zurückzukehren, und verwahrte sich öffentlich gegen diese „Drohung".

Erleichtert zeigte man sich hingegen im Außenministerium darüber, daß die russische Seite entgegen estnischen Befürchtungen nicht versucht hatte, die kurz zuvor erfolgte EU-Demarche wegen der zögerlichen Umsetzung des Ausländergesetzes gegen Estland zu verwenden.

Die Troika-Demarche der Europäischen Union

Am 2. Mai 1994 hatte ich in Wahrnehmung des EU-Vorsitzes für Griechenland, das in Tallinn ja nicht mit einer eigenen Botschaft vertreten war und Estland von Helsinki aus betreute, bei Außenminister Luik eine Demarche im sogenannten Troika-Format ausgeführt, d.h. zusammen mit dem Botschafter von Dänemark, das vor Griechenland den Vorsitz innegehabt hatte, und dem Geschäftsträger a. i. Frankreichs als dem uns in der Ratspräsidentschaft nächstfolgenden Land mit einer diplomatischen Vertretung in Estland. Dabei war es darum gegangen, die estnische Regierung im Namen der Europäischen Union angesichts einer wachsenden Unruhe unter der russischen Bevölkerung an die Einhaltung des im Juli 1993 unter so spektakulären Umständen zustande gekommenen Ausländergesetzes zu erinnern. Die Initiative, seitens der EU etwas zu unternehmen, war von der dänischen Regierung ausgegangen, nachdem bilaterale Hinweise – so auch von mir gegenüber Ministerpräsident Laar – und solche der KSZE-Mission nichts bewirkt hatten. Dänemark hatte sich dabei erklärtermaßen von der Überlegung leiten lassen, dies in deutlichem zeitlichem Abstand zum 31. August zu tun, um zu vermeiden, daß sich schwerwiegendere Spannungen zwischen Regierung und russischer Bevölkerung vergleichbar denen bei Verabschiedung des Ausländergesetzes aufbauten, die dann den Truppenabzug gefährden könnten. Auf Bitten der griechischen Ratspräsidentschaft wurden wir EU-Botschafter also angewiesen, die Lage vor Ort zu prüfen und zu berichten, ob die Europäische Union besondere Schritte unternehmen sollte. Als erstes setzte ich mich daraufhin mit Frau Dr. Schmidt von der KSZE-Mission, einer ausgezeichneten Kennerin dieser Materie, zusammen. Gemeinsam versuchten wir, uns ein möglichst genaues Bild der tatsächlich wie rechtlich komplizierten Situation zu verschaffen, bevor ich das Thema am 14. April mit meinen Kollegen bei unserem nächsten Treffen im Rahmen der „Gemeinsamen Außen- und Sicherheitspolitik" (GASP) besprach (die nach Inkrafttreten des Vertrags von Maastricht die „Europäische Politische Zusammenarbeit" [EPZ] abgelöst hatte).

Kern des Problems war die Erteilung von Aufenthalts- und Arbeitserlaubnissen an die etwa 400 000 antragsberechtigten Nicht-Esten. Das Ausländergesetz sah vor, daß diese Erlaubnis innerhalb eines Jahres seit seinem Inkrafttreten (12. Juli 1993) beantragt werden konnte und dieses Recht danach erlosch. Doch bisher hatte die estnische Verwaltung noch nicht einmal die Voraussetzungen für die Ausgabe einer ausreichenden Anzahl von Antragsformularen, geschweige denn für die Annahme der Anträge schaffen können, so daß die Einhaltung dieser Jahresfrist immer unwahrscheinlicher wurde. Der Hauptgrund für die Beunruhigung der russischen Bevölkerung bestand aber darin, daß sie eine Beeinträchtigung ihrer gesamten im Ausländergesetz verankerten Rechte befürchtete; denn durch eine Verwaltungsvorschrift war das Gesetz nunmehr anders als nach seiner Verabschiedung allgemein angenommen dahingehend ausgelegt worden, daß vorerst keine ständige, sondern nur eine auf maximal fünf Jahre befristete Aufenthaltserlaubnis ausgestellt werden sollte. Aber nur eine ständige Aufenthaltserlaubnis garantierte wiederum zweifelsfrei die bisher in Anspruch genommenen sozialen und wirtschaftlichen Rechte, die einschließlich einer automatischen Arbeitserlaubnis denen estnischer Staatsangehöriger weitgehend entsprachen.

Diese Situation hatte dazu geführt, daß die politisch gemäßigte „Russische Vertreterversammlung" und die radikalere „Russische Gemeinschaft" am 6. April zu einer gemeinsamen Erklärung zusammenfanden, in der die Regierung aufgefordert wurde, die bestehenden Unsicherheiten durch rechtlich verbindliche Zusicherungen zu beseitigen. Solange dies nicht erfolgt sei, könnten sie beide ihren Mitgliedern auch nicht empfehlen, eine Aufenthaltserlaubnis zu beantragen. Ähnlich hatte sich einen Tag zuvor bereits eine größere Versammlung von Russen in Narva geäußert.

Ein dritter Punkt war schließlich, daß die im Ausländergesetz vorgesehene Ausgabe von Fremdenpässen bislang nicht stattgefunden hatte, so daß die Nicht-Esten, die über keinen alten sowjetischen Auslandspaß – dessen Gültigkeit ohnehin zeitlich begrenzt war – verfügten, in ihrer Bewegungsfreiheit auf Estland beschränkt waren. Da dieser Zustand nicht mit dem internationalen Recht in Einklang stand, hatte die Regierung Mitte April die Ausgabe vorläufiger Reisedokumente beschlossen, die zur einmaligen Aus- und Wiedereinreise berechtigen würden. Dieses galt es nun, bald in die Praxis umzusetzen.

Zu unserer Runde am 14. April hatte ich auf Anregung des dänischen Kollegen (hinter der eine schwedische Bitte stand) und mit Zustimmung aus Bonn erstmals die in Tallinn residierenden Botschafter der damaligen Beitrittsländer Finnland, Norwegen und Schweden eingeladen. Dies war jetzt möglich, nachdem die Verhandlungen mit ihnen abgeschlossen worden waren, und schien mir auch deswegen sinnvoll, weil unsere künftigen EU-Kollegen auf diese Weise in einem hierfür besonders geeigneten Fall bereits Anschauungsunterricht über die politische Zusammenarbeit unter uns erhalten würden (aus dem benachbarten Helsinki hörten wir, daß man dort weniger großzügig vorging und die Unterzeichnung der Beitrittsabkommen abwarten wollte).

Nach Abwägung des Für und Wider einigten wir uns darauf, eine Demarche beim Außenminister vorzuschlagen: Da die im öffentlichen Ansehen geschwächte Regierung Laar unter starkem Druck stand, der russischen Bevölkerung gegenüber keine Zugeständnisse zu machen, waren wir der Auffassung, ein solches Vorgehen wäre geeignet, ihr eher den Rücken zu stärken. Um dies zu erreichen, sollte auch die Tatsache, daß die EU in Sachen Ausländergesetz in Tallinn offiziell vorstellig geworden war, publik gemacht werden. Das Risiko, daß sich der innenpolitische Widerstand unter dem Eindruck einer solchen möglicherweise als unzulässige Einmischung des Auslands empfundenen Aktion weiter versteifen könnte, nahmen wir dabei bewußt in Kauf. Um aber Moskau daran zu hindern, hieraus Kapital zu schlagen, sollte der griechische Botschafter das russische Außenministerium unterrichten und dabei klarstellen, an der bekannten Haltung der EU zum Truppenabzug habe sich nichts geändert und die Demarche stehe hiermit in keinerlei Zusammenhang – was dann auch unmittelbar im Anschluß an unsere Demarche in Tallinn erfolgte.

Wie prekär sich die Lage für die Regierung darstellte, hatte mir noch am Vorabend unseres Treffens Mart Laar während eines Empfangs erklärt, den er nach einem wunderbaren Konzert des Jugendorchesters der Europäischen Gemeinschaft unter der Leitung von Vladimir Ashkenazy in der „Estonia" gab. Ich hatte ihn darauf aufmerksam gemacht, daß sich unter Estlands Freunden einiges zusammenbraue und es Gefahr liefe, seinen guten Ruf als ein die Rechte der russischen Bevölkerung respektierendes Land zu verlieren, falls nicht bald etwas zur Umsetzung des Ausländergesetzes geschehe. Darauf sagte mir der Ministerpräsident, die Regierung habe in der Tat bereits beschlossen, die inkriminierte Antragsfrist zu verlängern, und wolle sich auch in Sachen einer ständigen Aufenthaltserlaubnis bewegen. Das werde ihr aber durch die allgemeine antirussische Stimmung im Lande, die sich aufgrund der russischen Winkelzüge bei den Verhandlungen über den Truppenabzug ständig verschlechtere, schwer gemacht, zumal die Opposition die geringste Blöße, die er und seine Regierung sich gäben, schonungslos ausnutzen würde (wie stark er selbst aus den eigenen Reihen unter Druck gesetzt wurde, sagte er nicht, konnte aber davon ausgehen, daß uns das bekannt war).

Mit der Demarche sollte nach unseren Vorstellungen (1) eine Verlängerung der Antragsfrist über den 12. Juli 1994 hinaus erreicht und (2) der estnischen Regierung empfohlen werden, den Nicht-Esten zu versichern, daß ihre Rechte unangetastet bleiben, und ihnen so bald wie möglich eine *ständige* Aufenthaltserlaubnis zu erteilen sowie (3) den Nicht-Esten bald ein besonderes Dokument für Auslandsreisen auszustellen. Mein britischer Kollege war dann so liebenswürdig, mir bei der schriftlichen Fixierung dieses Ergebnisses zur Seite zu stehen, so daß ich einen in klassischem Diplomatenenglisch gehaltenen Text nach Bonn übermitteln konnte, der dann unter den EU-Partnern zirkulierte. Als in den letzten Apriltagen aus Bonn die Weisung eintraf, wie vorgeschlagen zu verfahren, konnte ich uns bei Außenminister Luik anmelden.

Dieser empfing uns gemeinsam mit einigen seiner Mitarbeiter, unter ihnen der Politische Direktor Klaar und die Pressesprecherin Frau Rikken. Nachdem ich ihm den in der EU abgestimmten Demarchentext vorgelesen und als *non-paper* übergeben hatte, versuchte ich – unterstützt von dem dänischen Kollegen Botschafter Nordberg – ihm noch weiter zu verdeutlichen, welche Absichten die EU mit diesem Vorgehen verfolge. Denn die estnische Regierung hatte durch eine Indiskretion in Brüssel von der bevorstehenden Demarche Wind bekommen und in Verkennung deren wahrer Natur (und ihrer eigenen Möglichkeiten) erfolglos versucht sie abzuwenden. Wir erklärten Luik, daß eine Demarche zu den Realitäten der außenpolitischen Zusammenarbeit unter den EU-Mitgliedern gerechnet werden müsse, ihr daher nichts *per se* Ungewöhnliches oder gar Diskriminierendes anhafte und sie in diesem konkreten Fall als ein Beitrag befreundeter Staaten zur Stabilisierung der Lage in Estland aufgefaßt werden sollte. Dabei hätten wir uns auch an die im vergangenen Sommer durch das Ausländergesetz ausgelösten innenpolitischen Turbulenzen erinnert, die sich nicht wiederholen sollten. Die Demarche erfolge – so unser Fazit – also im estnischen Interesse. Diese Erläuterungen und die von ihm sichtlich erfreut zur Kenntnis genommene flankierende Aktion der Ratspräsidentschaft in Moskau, um russischen Mißdeutungen vorzubeugen, ließen Minister Luik dann nach unserem Eindruck die ganze Sache in einem besseren Licht erscheinen. Er teilte uns mit, die Regierungskoalition habe sich gerade darauf geeinigt, die Antragsfrist für die Erteilung einer Aufenthaltserlaubnis um ein Jahr zu verlängern und werde hierfür die Zustimmung des *Riigikogu* erhalten (wie dann auch geschehen). Außerdem habe Ministerpräsident Laar am gleichen Tag der „Russischen Vertreterversammlung" den von dieser auch akzeptierten Vorschlag gemacht, daß die Nicht-Esten zwar zuerst nur eine drei Jahre gültige Aufenthaltserlaubnis erhalten, sich diese aber nach Ablauf automatisch in eine ständige umwandeln werde. Ferner werde die Regierung auf dem Verordnungswege zusichern, daß ihnen die gleichen Rechte wie den Inhabern einer ständigen Aufenthaltserlaubnis zustehen. Dem käme zwar nur deklaratorische Bedeutung zu, da dies bereits geltendes Recht sei (*sic*), sollte aber zur Beruhigung dienen. Demnach hatte die Demarche also bereits Wirkung gezeigt, noch ehe sie ausgeführt worden war.

Die estnische Öffentlichkeit wurde durch eine ebenfalls zuvor im EU-Kreis abgestimmte Pressemitteilung der Deutschen Botschaft unterrichtet, in der es lediglich hieß:

On 2 May 1994, the German Ambassador acting on behalf of the Presidency of the European Union, accompagnied by the two other troika-members, the Danish Ambassador and the French Chargé d'affaires a.i., made the following demarche with the Foreign Minister of the Republic of Estonia:

The European Union expresses concern to the Estonian government regarding the implementation by the Estonian authorities of some aspects of the aliens law which came into force on 12 July 1993. The European Union considers that all state organs, including the parliament, have a particular role in stabilizing the situation of the non-citizens and in contributing towards their future integration into the Estonian society.

Das Außenministerium wiederum betonte in seiner Unterrichtung der Medien, daß die EU nicht das Ausländergesetz an sich in Frage gestellt, sondern nur seine Umsetzung angemahnt habe.

Dennoch fand die Demarche sowohl im abendlichen Fernsehen des 2. Mai 1994 als auch in der Presse des nächsten Tages große Beachtung, die bei weitem unsere Erwartungen überstieg und in diesem Ausmaß nicht beabsichtigt gewesen war. Dies zeigte einmal mehr, wie sensibel das Thema des Verhältnisses zur russischen Bevölkerung war. Die Reaktion der Medien beruhte zum Teil aber auch darauf, daß das in dieser Form in Estland bis dahin noch nie verwendete Instrument einer diplomatischen Demarche so gut wie unbekannt war, ja viele das in ihren Ohren geradezu martialisch klingende Wort noch nie gehört hatten und mit ihm ganz irreführende Vorstellungen verbanden.

Erst danach wurden wir darauf aufmerksam gemacht, daß der Begriff „Troika" für viele Esten fatale Erinnerungen an die Zeiten weckte, in denen sowjetische Dreierkommissionen aufgrund absurder Anschuldigungen und ohne ordentliches Gerichtsverfahren politische Todesurteile fällten, die auch gleich vollstreckt wurden – wovon man in Westeuropa natürlich keine Ahnung hatte. Während eines Empfangs, den Präsident Meri am 17. Mai in seiner Katharinentaler Residenz dem diplomatischen Corps gab, wäre es dann beinahe zu einem Eklat gekommen: Als er das zurückliegende Jahr außenpolitisch Revue passieren ließ und dabei zu der EU-Demarche kam, die er im übrigen indirekt rechtfertigte, indem er den estnischen Behörden bei der Anwendung des Ausländergesetzes Willkür nach Art kleiner sowjetischer Bürokraten vorwarf, unterbrach er seinen vorbereiteten englischen Redetext und meinte, „Troika" klinge in estnischen Ohren so wie „Gestapo" in französischen klingen müsse … Das war im Munde eines Staatsoberhaupts und aus solchem Anlaß natürlich ein ziemlicher Ausrutscher. Doch wer Meri kannte, mußte ihm diese *gaffe* verzeihen – darauf jedenfalls verständigte ich mich mit dem französischen Kollegen Huntzinger ohne großes Aufheben, nachdem Meri seine Ansprache beendet hatte. Wie um wieder etwas gut zu machen, nahm mich der Präsident später beiseite, führte mich in seine Privatgemächer und zeigte mir dort neue Bücher und eine alte Landkarte, die er jüngst geschenkt erhalten hatte…

*

Ende Juni wurde dann mit der Ausgabe vorläufiger Reisedokumente an Nicht-Esten begonnen. Da diese aber nur eine Gültigkeitsdauer von 6 Monaten hatten, waren sie praktisch für keinen Staat – auch nicht für Deutschland – visierfähig. Das änderte sich erst, als im September 1994 – und wir waren uns damals ziemlich sicher, auch unter dem Eindruck der EU-Demarche – ihre Gültigkeitsdauer auf zwei Jahre heraufgesetzt wurde. Als Kritikpunkt blieb jetzt nur noch, daß dieser Paßersatz lediglich zur einmaligen und nicht mehrmaligen Aus- und Einreise verwendet werden konnte.

Als sich ein Jahr später herausstellte, daß immer noch viele Nicht-Esten keine Aufenthalts- und Arbeitserlaubnis beantragt hatten und somit riskierten, bis zum Juli 1996 das Land verlassen zu müssen, erfuhr das Ausländergesetz eine Änderung. Der Abstimmung im *Riigikogu* am 27. Juni 1995 waren heftige Debatten und Versuche der sich mittlerweile in der Opposition befindenden Fraktion von Vaterlandspartei/Nationaler Unabhängigkeitspartei vorangegangen, eine Abstimmung durch Geschäftsordnungstricks zu verhindern oder zumindest zu verzögern. Die sogleich am 3. Juli 1995 in Kraft getretene Gesetzesänderung verlängerte zwar nicht die Antragsfrist über den 12. Juli 1995 hinaus, sondern bezweckte vielmehr, sowohl Anreize für eine Antragstellung sozusagen in letzter Minute zu schaffen als auch einen pragmatischen Ausweg aus einer schwierigen Situation für die Nicht-Esten zu weisen, die auch weiterhin keinen Antrag stellen würden, von denen aber anzunehmen war, daß sie Estland nicht verlassen wollten. Diese Neuregelung sah vor, daß alle, die bis zum 12. Juli 1995 keine Aufenthalts- und Arbeitserlaubnis beantragt haben, in Zukunft eine zehnfach höhere Gebühr zahlen müssen und so lange kein kommunales Wahlrecht besitzen, wie sie diesen Antrag nicht gestellt haben. Hingegen wurde ihnen garantiert, daß sie anstatt wie bisher nur ein Jahr maximal drei weitere Jahre ihre bisherigen Rechte beibehalten. Der Regierung aber wurde aufgegeben, innerhalb der nächsten vier Monate neue Regeln zur Behandlung der nach dem 12. Juli 1995 eingehenden Anträge zu erlassen. Diesem Vorgehen war ein die Erwartungen weit übertreffender Erfolg beschieden: Bis zu dem Stichtag waren 328 000 Anträge eingegangen, was schätzungsweise 80-90% der antragsberechtigten Nicht-Esten entsprach, während es bis Mitte Mai 1995 erst etwa 200 000 gewesen waren.

Die Einweihung des Hauses auf dem Domberg

Das ganze zurückliegende Jahr seit März 1993 war ohne Unterbrechung an der Renovierung der künftigen Residenz gearbeitet worden. Immer wieder hatte ich mich durch Besuche auf der Baustelle und bei Besprechungen mit dem Vertreter der Bundesbaubehörde für dieses Projekt, Herrn Kroell, sowie der Firma Wiemer & Trachte als dem deutschen Generalunternehmer auch persönlich davon überzeugt. Auf diese Weise gelang es, die Arbeit wie geplant in der Rekordzeit von einem knappen Jahr im wesentlichen zum Abschluß zu bringen, so daß in den ersten Märztagen 1994 eine Teilübergabe durch Wiemer & Trachte an die estnische Seite erfolgen konnte. Die Innenrenovierung war beendet, jetzt mußte nur noch eine etwas wärmere Witterung für den Anstrich der Fassade abgewartet werden. Alles war zu unserer vollen Zufriedenheit ausgefallen und sehr schön geworden!

Nunmehr konnte ich auch kurz darauf unseren Minister während der Konsultationen mit seinen baltischen Kollegen in Bonn guten Gewissens an die im Verlauf seines Besuchs im vergangenen Sommer in Tallinn zum Ausdruck gebrachte Bereitschaft erinnern, zur offiziellen Einweihung der Residenz wiederzukommen, und erhielt seine Zusage, diese im Anschluß an die Tagung der Außenminister des Ostseerats am 25. Mai vorzunehmen.

Als nächstes war jetzt die Inneneinrichtung an der Reihe, damit das Haus dann auch in seinem vollen Glanz erstrahlen konnte. Bereits im Jahre zuvor war die Innenarchitektin des Auswärtigen Amts, Frau Lamprecht (seit ihrer Verheiratung Frau Reese), zweimal unser Gast gewesen, hatte sich von den Örtlichkeiten eine Vorstellung machen und vor allem eingehend mit meiner Frau beraten können. Innenaufnahmen aus den 1920er Jahren, in denen das Haus dem estnischen Staatsoberhaupt als Residenz diente, waren ihr eine Orientierungshilfe bei der Auswahl des Mobiliars.

Mit der Direktorin des Estnischen Kunstmuseums, Marika Valk, war ich übereingekommen, daß uns Werke einheimischer Künstler als Leihgaben zur Verfügung gestellt würden; meine Frau und ich wählten daraufhin Bilder von Carl von Winkler, Nikolai Kull, Viktor Karrus, Olav Maran und Henn Roode aus. Aus den Beständen des Auswärtigen Amts kamen zwei große flämische Renaissance-Gobelins als Wandschmuck hinzu. Gegen Ende April trafen zuerst die Möbel und dann Frau Reese mit zwei Mitarbeitern einer Dekorationsfirma aus Bonn ein, während wir von unserer „Zwischenresidenz" in *Maarjamäe*, wo wir zwei schöne Jahre verbracht hatten, auf den Domberg umzogen.

Am 27. April 1994 war es dann so weit, daß wir zum ersten Mal in dem Haus übernachten konnten, in dem vor einem dreiviertel Jahrhundert meine Urgroßmutter Isabella Freifrau von Ungern-Sternberg gestorben war (1915), die das vormalige Stadthaus der Palmsschen Pahlen mit in die Ehe gebracht hatte. Mit unserem Umzugsgut aus Deutschland kehrte auch ihr von Sally von Kügelgen gemaltes Porträt nach Estland zurück, das meine Eltern seit ihrer Heirat auf vielen Stationen ihres Lebensweges begleitet hatte und das mir von frühester Kindheit an vertraut ist. Das Bild, dessen Heimkehr für mich nicht ohne tiefere symbolische Bedeutung war, fand seinen Platz im Vestibül, das im ersten Stock den Übergang von den amtlichen zu den privaten Räumen der Residenz bildet. Dort begrüßte die frühere Herrin des Hauses von nun an alle Besucher und soll dies – nachdem ich das Porträt bei Eintritt in den Ruhestand dem Auswärtigen Amt für die Tallinner Residenz geschenkt und wie ich es dabei mit ihm vertraglich vereinbart habe – für immer tun! (Abbildung 51) Die wechselvollen Schicksale des „Hauses auf dem Domberg" wurden anläßlich seiner Einweihung als Botschafterresidenz in einer gleichnamigen kleinen Schrift aus der Feder von Juhan Maiste und Urmas Oolup zusammengefaßt, die dank der Großzügigkeit der Firma Wiemer & Trachte reich illustriert Anfang 1995 erscheinen konnte[74].

Als auch die letzten Arbeiten beendet waren, fand am 20. Mai die endgültige Übergabe durch den Generalunternehmer Wiemer & Trachte an den estnischen Staat, vertreten durch eine vielköpfige Delegation, statt. Damit waren wir die ersten, die eines der ehemaligen alten Stadthäuser des estländischen Adels als Botschafterresidenz beziehen konnten – noch vor den Schweden, die im Sommer folgen sollten, und lange vor Rußland und Finnland, und das, obwohl wir als letzte begonnen hatten und mir die Projekte dieser drei Länder als Beispiel und „Zugpferd" gedient hatten, um Bonn zu überzeugen! (Abbildung 47).

Der 25. Mai 1994 war ein strahlend schöner Frühlingstag. Vom Balkon der Residenz wehten die deutsche und die estnische Flagge (Abbildung 48).

Um die Mittagsstunde war die Ministertagung des Ostseerats zu Ende gegangen, und in erwartungsvoller Stimmung sahen wir jetzt der Ankunft unseres Ministers und der zahlreichen Gäste entgegen, allen voran Präsident Meri und seiner Frau. Da Außenminister Kinkel wegen einer verspätet begonnenen Pressekonferenz erst beinahe gleichzeitig mit den notorisch überpünktlichen Esten eintraf, kam unsere Planung etwas durcheinander. Diese hatte vorgesehen, daß meine Frau und ich ihm alle Gäste persönlich vorstellen würden, während der Minister jetzt beschloß, den Präsidenten und seine Frau gemeinsam mit mir vor dem Hause zu erwarten, während meine Frau bis dahin die übrigen Gäste empfangen sollte. Sobald das Präsidentenpaar angekommen war, ging es sogleich in den großen Saal, wo der Minister das Wort ergriff (Abbildung 49). In seiner Rede drückte er mit knappen Worten das aus, was uns an diesem Tag bewegte:

Dieser kleinen Feier kommt symbolische Bedeutung für die deutsch-estnischen Beziehungen bei: Estland hat Deutschland als Residenz unseres Botschafters ein wunderschönes und traditionsreiches Haus in einmaliger Lage zur Verfügung gestellt. Wir sind uns dieser Wertschätzung wohl bewußt!

Über die Ostsee sind unsere Länder alte Nachbarn. Wie verbindend das *mare balticum* heute wieder ist, wurde in den vergangenen zwei Tagen hier in Tallinn wieder in besonderer Weise deutlich. Deutsche und Esten sind sich durch tief verwurzelte kulturelle Gemeinsamkeiten nahe, die nach der Wende der Jahre 1989/91 neue Bedeutung gewinnen. Im alten Reval galt lübisches Recht. Die Universität Dorpat war die am östlichsten gelegene vom deutschen Kulturkreis geprägte Universität, mit deutschen, estnischen und russischen Studenten. Die ehrwürdige Tallinner Innenstadt mit ihren Kirchen, Kaufmanns- und Adelshäusern ist ein beeindruckendes Zeichen für das über 700jährige Zusammenleben von Deutschen und Esten.

Dieses Haus steht in der Tradition jener deutsch-estnischen Gemeinsamkeiten. Einst in deutsch-baltischem Besitz, diente es in den 20er Jahren zeitweise als Residenz des estnischen Staatsoberhaupts. Mit diesem Haus verbinden sich damit auch nationale Erinnerungen für Estland. Ich danke der estnischen Regierung, daß sie uns dieses Kleinod anvertraut hat, und verspreche, daß unsere Botschafter es als Ort der Begegnung zwischen Esten und Deutschen mit Leben erfüllen werden. Ich danke allen Persönlichkeiten auf estnischer und deutscher Seite, die dazu beigetragen haben, daß dieses Projekt in gemeinsamer Arbeit so rasch verwirklicht werden konnte.

Als Kinkel dann sein Glas erhob, stieß Meri mit Orangensaft an, denn er hatte ja versprochen, so lange keinen Champagner anzurühren, bis der letzte russische Soldat Estland verlassen haben würde! Obwohl ich bemerkte, daß der Minister darüber nicht übermäßig begeistert zu sein schien, hielt ich an meiner Absicht fest, als neuer Hausherr auch selbst ein paar Worte zu sagen. Das erwarteten nicht nur unsere estnischen Gäste, sondern es war mir auch ein Bedürfnis, sowohl „drei estnischen Regierungen, die seit 1991 das Projekt unterstützt" hatten, als auch den verschiedenen Beteiligten auf deutscher Seite zu danken, ohne die es zu dieser Einweihungsfeier nicht gekommen wäre. Zu meiner Freude konnten sowohl Frau Günther aus dem Auswärtigen Amt als auch Herr Glintenkamp aus dem Bundesbauministerium, an die ich dabei in erster Linie dachte, an diesem großen Tag mit von der Partie sein.

Im Verlauf des anschließenden Empfangs (Abbildung 50) zogen sich Kinkel und Meri zusammen mit Außenminister Luik, dem Leiter unseres Ministerbüros Westdickenberg und mir in unsere Privaträume zurück, da der Präsident über seine Gespräche am Vortag mit Außenminister Kosyrjev unterrichten wollte. Und dann war schon alles vorbei – der Minister und ich begleiteten Herrn und Frau Meri zu ihrem Wagen, und kurz darauf brauste die Kavalkade der Limousinen mit Kinkel und seiner Delegation zum Flughafen.

Ministerpräsident Laar behauptet sich mit einer Minderheitsregierung

Seit der schweren Niederlage bei den Kommunalwahlen im Herbst 1993 war es der in der Regierungskoalition den Ton angebenden Vaterlandspartei (*Isamaa*) nicht gelungen, aus dem Popularitätstief herauszukommen – im Gegenteil, sie hatte noch weiter an Ansehen verloren und mußte jetzt sogar befürchten, bei den nächsten Parlamentswahlen im März 1995 an der 5%-Klausel zu scheitern. Anstatt aber den Zusammenhalt zu fördern, gab dies eher den zentrifugalen Kräften in der Partei Auftrieb. Die Vaterlandspartei war wohl immer mehr das ursprüngliche Bündnis aus Christdemokraten, Konservativen und Republikanern und nicht zuletzt einiger starker Persönlichkeiten mit ausgeprägtem politischem Ehrgeiz geblieben, als daß sie zu einer in sich geschlossenen Partei zusammengewachsen wäre. So verstärkten sich die negativen Effekte einer abnehmenden öffentlichen Zustimmung zu der mit dem Namen Laar verbundenen Austeritätspolitik und eines sich verschlechternden Erscheinungsbildes der von ihm geführten Partei gegenseitig.

Daran hatten die öffentlich ausgetragenen Differenzen unter führenden *Isamaa*-Politikern einen wesentlichen Anteil. Dabei war es für Außenstehende im Einzelfall schwer auszumachen, ob es sich um wirkliche sachliche Meinungsunterschiede oder nur um persönliche Rivalitäten, um nicht zu sagen Machtkämpfe, handelte. Bei der Mart Laar aufgezwungenen Entlassung von Wirtschaftsminister Sildmäe war der Zankapfel eine diesem vorgeworfene zu große Nähe zu Wirtschaftskreisen gewesen. Auch bei der Privatisierung mußte der überzeugte Marktwirtschaftler Laar Konzessionen an die Kräfte innerhalb des eigenen politischen Lagers machen, die eine stärkere Beteiligung des einzelnen Bürgers durch die Ausgabe von Gutscheinen forderte (*voucherism*); doch blieb dabei das Prinzip der Mehrheitsbeteiligung in- und ausländischen Kapitals unangetastet, um den bisherigen Erfolg der Privatisierung der estnischen Großbetriebe nicht zu gefährden. Damals habe ich der von uns sehr geschätzten stellvertretenden *Isamaa*-Fraktionsvorsitzenden Karin Jaani vorhergesagt, wenn die „Jungens" auf dem Domberg – wie sich Andres Tarand gerne ausdrückte – nicht mit ihren ständigen vor den Augen der Öffentlichkeit ausgetragenen Streitereien, die mich an Auseinandersetzungen in Studentenverbindungen erinnerten, aufhörten, dann seien die Tage der Regierung Laar in der Tat gezählt – wogegen sie heftig protestiert hatte.

Zu den schärfsten innerparteilichen Kritikern, die den Niedergang von *Isamaa* vor allem dem Ministerpräsidenten und Parteivorsitzenden persönlich anlasteten, zählte nach wie vor Verteidigungsminister Kannik (Republikaner), den durch Einbindung in die Kabinettsdisziplin zu zähmen Laar nicht gelungen war. Ähnliches galt für Justizminister Kama von den Konservativen und Finanzminister Kranich von den mit der Vaterlandspartei koalierenden Liberaldemokraten. Kannik spielte mit dem Gedanken, mit der Opposition um Tiit Vähi und dessen populärer Koalitionspartei zusammenzugehen, wobei ihm Laar im Wege stand (dem wiederum nachgesagt wurde, der im Frühjahr von Bankern und Unternehmern gegründeten „Vereinigung der Steuerzahler" als künftigen Partner zu favorisieren, zu dem auch Sildmäe zählte und aus dem dann im November 1994 die Reformpartei von Siim Kallas hervorging). Es hatten wohl auch Gespräche zwischen Kannik und Vähi stattgefunden, doch die Annäherungsversuche waren gescheitert, nachdem dies an die Öffentlichkeit gedrungen war. Jedenfalls sagte mir Vähi Anfang Mai, ihm schwebe vor, nach den nächsten Parlamentswahlen mit gegenwärtig noch zur Vaterlandspartei zählenden Politikern eine konservative Regierung zu bilden.

So etwa stellte sich für uns damals die innenpolitische Gemengelage dar, als Kannik Mitte Mai, unterstützt von Kama und Kranich, versuchte, eine im Parlament anstehende Abstimmung über die Staatsgarantie für eine US-Investition mit der Vertrauensfrage zu verbinden, in der Absicht, Ministerpräsident Laar zu stürzen. Laar wurde vorgeworfen, diese jetzt notleidend gewordene Garantie seinerzeit ohne die erforderliche Zustimmung des *Riigikogu* erteilt zu haben. Doch Kannik scheiterte an der *Isamaa*-Fraktion, die um ihre Parlamentssitze fürchtete, sollten sich aus einem solchen Manöver vorgezogene Neuwahlen ergeben. Er gab sich damit aber nicht zufrieden und arbeitete hinter den Kulissen an seinen Plänen zum Sturz von Laar weiter. Mit Zustimmung der Fraktion forderte dieser daraufhin den Verteidigungsminister zum Rücktritt auf. Im Parteivorstand von *Isamaa* hingegen sprach sich – in Abwesenheit von Laar – eine Mehrheit für den Rücktritt der gesamten Regierung aus, die sich ihrerseits aber mehrheitlich dagegen entschied. Daraufhin trat Justizminister Kama von sich aus zurück. Diesmal widersetzte sich Präsident Meri dem Regierungschef nicht und entließ die beiden Frondeure Kannik und Kama am 23. Mai 1994 aus ihren Ministerämtern. Laar aber machte sein Verbleiben als Ministerpräsident von der Bestätigung im Amt des Parteivorsitzenden abhängig, worüber ein außerordentlicher Parteitag entscheiden sollte.

Es stand nicht gut um den Ministerpräsidenten. Zunehmend wurde er aus den eigenen Reihen angegriffen und ziemlich unfair allein für alle Unzulänglichkeiten der Regierung und die schlechten Umfragewerte von *Isamaa* verantwortlich gemacht. Parlamentspräsident Nugis (Republikaner) räumte mir gegenüber bereits kurz nach der Entlassung der beiden Minister ein, als Kandidat der Vaterlandspartei für das Amt des Ministerpräsidenten zur Verfügung zu stehen. Die in der Koalition mitregierenden und sich jetzt selbst als „kleine Koalition" bezeichnenden Parteien (Nationale Unabhängigkeitspartei, Liberaldemokraten, Sozialdemokraten und Landzentrumspartei) ließen erkennen, sie würden auch im Falle einer Bestätigung Laars als Parteivorsitzender einen eigenen Kandidaten für seine Nachfolge ins Rennen schicken und brachten hierfür den Vorsitzenden der Unabhängigkeitspartei und stellvertretenden Parlamentsvorsitzenden Kelam ins Gespräch.

In den ersten Junitagen war ich bei Mart Laar auf dem Domberg und traf ihn erstaunlich zuversichtlich an: Er rechnete mit seiner Wiederwahl zum Parteivorsitzenden. Weniger sicher war er sich allerdings, ob er auch Ministerpräsident bleiben würde. Ich wünschte ihm alles Gute, auch weil ich ihn für den fähigsten aller *Isamaa*-Politiker hielt. Er hätte sich nur früher dazu aufraffen müssen, fand ich, seinen innerparteilichen Widersachern die Stirn zu bieten. Wie man es auch drehen und wenden wollte: Über die Ausrichtung seiner Reformpolitik gab es weder in der Partei noch in der Koalition grundsätzliche Meinungsunterschiede; es ging um Personen und die vielleicht etwas zu selbstherrliche Art und Weise, in der Laar ohne hinreichendes Zusammenspiel mit dem Parlament und unter dem Einfluß eines kleinen Kreises von Ratgebern (den boshafte Zungen sein „Politbüro" nannten) die Regierungsgeschäfte führte. Auch nach meinen Beobachtungen hatte er ein wenig „abgehoben", doch wen konnte dies bei der großen Anerkennung für seine Reformpolitik wundern, die ihm international zuteil wurde.

Zur nicht geringen Überraschung der meisten Beobachter endete der zum 11. Juni 1994 einberufene *Isamaa*-Parteitag mit einem eindeutigen Erfolg für Laar: Mit beinahe 57% der Stimmen ließ er seine Herausforderer Kama (25%) und Nugis (17%) weit hinter sich, und das, obwohl die Christdemokratin Karin Jaani ihre Kandidatur zurückgezogen und gebeten hatte, für Kama zu stimmen. Dieser Vertrauensbeweis für Laar wurde zum einen darauf zurückgeführt, daß er es offenbar besser als die anderen verstanden hatte, seine Anhänger zu mobilisieren (nur ein gutes Drittel der damals etwa 1 000 Mitglieder zählenden Partei war mitten in der schönsten Jahreszeit nach Tallinn angereist). Zum anderen habe Laar eine gute Figur abgegeben und bereits zuvor durch die sachliche Art überzeugt, mit der er allen Angriffen in der Öffentlichkeit entgegengetreten war und unter Berufung auf demokratische Spielregeln sein politisches Schicksal in die Hände der Partei gelegt hatte. Vor allem aber habe niemand den anwesenden Parteimitgliedern überzeugende Gründe für seine Ablösung nennen können. Die Stimmung in der Vaterlandspartei schlug sich auch in der Zusammensetzung des ebenfalls neugewählten Parteivorstands nieder, dem Laars Hauptwidersacher Kannik und der frühere Fraktionsvorsitzende Hallaste jetzt nur noch als stellvertretende Mitglieder angehörten. Mart Laar hatte also wieder einmal Standfestigkeit bewiesen. Der große Verlierer aber war Nugis, der mittlerweile in der Öffentlichkeit bereits wie ein künftiger Ministerpräsident aufgetreten war. Laars Erfolg beeindruckte auch die „kleine Koalition", die zumindest vorerst seine Führungsrolle nicht länger in Frage stellte. Eine Ausnahme machten nur die Liberaldemokraten, die nicht unter einem Ministerpräsidenten regieren wollten, dem Gesetzesverstöße wie die erwähnte Bürgschaft für einen Auslandskredit ohne Zustimmung des Parlaments vorgeworfen würden. Sie zogen ihre Minister – Kranich (Finanzen) und Rummo (Kultur und Erziehung) – aus dem Kabinett zurück und verließen die Koalition, ohne sich indessen der Opposition um Savisaar und Vähi anzuschließen. Damit verfügte die Regierung Laar numerisch nicht länger über eine Mehrheit im Parlament.

Die Truppenabzugsverhandlungen in der Sackgasse

Anfang Mai 1994 und nach 19 offiziellen estnisch-russischen Verhandlungsrunden begann sich international die Erkenntnis durchzusetzen, daß nur noch ein Kompromiß in der zentralen Frage der Militärpensionäre beide Seiten aus der Sackgasse herausführen konnte, in die sie geraten waren. Die Aussichten aber, daß sie das aus eigener Kraft schaffen würden, standen denkbar schlecht. Damals klagte mir gegenüber sogar ein Mitglied der estnischen Verhandlungsdelegation, *Isamaa* verschlösse sich aus rein parteitaktischen Gründen wider besseres Wissen der Erkenntnis, daß es ohne Kompromisse einen Truppenabzug bis zum 31. August nicht geben werde. Daran könnte nur eine politische Einwirkung des Westens auf die estnische Regierung etwas ändern. Dies aber dürfte nicht öffentlich, sondern müßte auf diplomatischem Wege geschehen.

Als erste traten – zumindest im diplomatischen Corps in Tallinn – die USA mit Überlegungen hervor, wie ein Kompromiß beschaffen sein könnte. Am 11. Mai stellte Botschafter Frasure seine Ideen hierzu im Kreise der NATO-Kollegen vor. Danach sollte ein Teil der von der US-Regierung für den Wohnungsbau in Rußland zugunsten der aus Est- und Lettland abziehenden Soldaten und Offiziere zur Verfügung gestellten Finanzmittel dazu verwendet werden, einen Anreiz für diejenigen pensionierten Militärs zu schaffen, Estland freiwillig zu verlassen, deren weiterer Verbleib aus estnischer Sicht besonders problematisch war. Zu diesem Zweck teilte er die Militärpensionäre in drei Kategorien ein: (1) Die bis zur Unabhängigkeit (20. August 1991) in den Ruhestand versetzten, (2) die zwischen dem 20. August 1991 und dem Tag der Übernahme der ehemaligen sowjetischen Streitkräfte durch Rußland (28. Januar 1992) und (3) die nach dem 28. Januar 1992 pensionierten Militärs. Während dem zur ersten Kategorie zählenden (und mit Abstand größten) Personenkreis grundsätzlich ein ständiges Aufenthaltsrecht zugestanden werden müßte, hätte Rußland im Falle der zweiten Kategorie Zugeständnisse zu machen. Diese sollten ihm durch Einbeziehung dieses Personenkreises in das US-Wohnungsbauprogramm (mit einem Gesamtvolumen von 165 Millionen US-Dollar) in der Form von Gutscheinen (*voucher*), für die man dann in Rußland Wohnungen erhalten würde, erleichtert werden. In diese zweite Kategorie sollten auch Marineoffiziere einbezogen werden, die im Laufe des Sommers 1994 pensioniert würden und gerne in Estland geblieben wären. Die zur dritten Kategorie zählenden Personen dagegen müßten Estland verlassen. Unser amerikanischer Kollege erklärte uns, von Washington dazu ermächtigt worden zu sein, mit diesem Vorschlag an den Befehlshaber der russischen Truppen in Tallinn heranzutreten und dies auch bereits getan zu haben. Die noch offene Frage, ob dieser Vorschlag sich einer – wie Moskau klar vor Augen zu führen sei – von der lettischen deutlich unterscheidenden *estnischen* Lösung durch Schreiben des amerikanischen Außenministers an seine Kollegen in Tallinn und Moskau offiziell herangetragen werden sollte, wurde einige Tage später in diesem Sinn entschieden. Dabei wurden Rußland 500 Wohnungsvouchers im Werte von jeweils 25 000 US-Dollar mit der Möglichkeit einer späteren Aufstockung der Zahl der Gutscheine zugesagt. Bei dem Gespräch unter NATO-Botschaftern verständigten wir uns darauf, diese Überlegungen auch im Kreise der EU-Botschafter einschließlich der damaligen Beitrittsländer

Norwegen, Schweden und Finnland zu erörtern. Dies erfolgte noch am selben Tage, ohne daß sich daraus mehr als eine Kenntnisnahme und Unterrichtung unserer Außenministerien ergeben hätte.

Angesichts der ständig wiederholten öffentlichen Festlegungen nahezu ausnahmslos aller politischen Kräfte in Estland, man werde hinsichtlich der Behandlung der Militärpensionäre keine Kompromisse eingehen, mußten die Aussichtserfolge eines Vorschlags wie der des amerikanischen Kollegen höchst skeptisch beurteilt werden. Dies wurde uns nur wenige Tage später nach dem schon erwähnten Empfang von Präsident Meri für das diplomatische Corps am 17. Mai erneut vor Augen geführt. In seiner Ansprache hatte er gesagt – indem er sich dabei ausdrücklich an den russischen Botschafter Trofimov wandte – *Estonia is willing to let m o s t retired Russian officers stay in our country* und damit wütende Proteste in der estnischen Öffentlichkeit ausgelöst. Laar und Nugis erklärten gemeinsam, hierbei handele es sich um die „persönliche Meinung" des Präsidenten und nicht um die Position Estlands. Meri war darüber umso erboster, als diese Ansprache – wie er mir persönlich mitteilte – die *erste* gewesen sei, die er mit dem Außenministerium abgestimmt habe! Er konterte mit einer scharfen Erklärung und warnte sogar vor einer Verfassungskrise, nachdem gerade eine Regierungskrise überstanden sei. Deutlicher konnte kaum zum Ausdruck kommen, wie gering der innenpolitische Spielraum für eine Einigung mit Rußland war – und das, obgleich die politisch Verantwortlichen in Tallinn damals – wie aus vielen Gesprächen hervorging, die meine Botschafterkollegen und ich in jenen Tagen führten und über die wir uns regelmäßig austauschten – die Notwendigkeit eines Kompromisses einzusehen begannen. Was sie aber nicht wußten, war, wie sie einen solchen ohne innenpolitischen Gesichtsverlust ins Werk setzen sollten. Das galt auch für Präsident Meri, der mich an zwei aufeinanderfolgenden Tagen in Katharinental empfing und den ich nur so verstehen konnte, daß es auf estnischer Seite in der Substanz keine über das Ausländergesetz und die Regierungsverordnung vom 1. Dezember 1993 hinausgehende Kompromißmöglichkeiten gäbe, Bewegungsspielraum vielmehr nur insoweit bestünde, wie eine allfällige Einigung sowohl der estnischen als auch der russischen Öffentlichkeit *präsentiert* würde. Rußland müßte sich etwas in Richtung einer „estnischen Lösung" bewegen und dürfte nicht auf der vollen Übernahme der mit Lettland getroffenen Vereinbarung bestehen, wozu die amerikanischen Überlegungen gleichermaßen einen Anreiz (für die Militärs) und eine Rechtfertigung (gegenüber der Öffentlichkeit und vor allem der Duma) bieten sollten.

Als ich am 20. Mai zum zweiten Mal bei Meri war, hatte er gerade am Vortag von Botschafter Trofimov eine Aufstellung erhalten, die zum ersten Mal sowohl über die Altersstruktur der insgesamt ohne Familienmitglieder auf 10 700 Mann bezifferten Militärpensionäre als auch über ihre Zugehörigkeit zu den genannten drei Kategorien Aufschluß gaben. Diese Zahlen zeigten, daß nahezu 90% vor dem 20. August 1991 in den Ruhestand versetzt worden waren, also prinzipiell aufgrund der Regierungsverordnung vom Dezember 1993 eine Aufenthaltserlaubnis erhalten konnten, und Meri mit seiner so heftig kritisierten Aussage Recht hatte[75]. Da das Präsident Meri von Botschafter Trofimov übergebene Papier bereits auf den US-Vorschlag Bezug nahm, den Pensionären der Kategorie (2) Wohnungsgutscheine zur Verfügung zu stellen (in dem russischen Papier war von 400 Gutscheinen die Rede), konnte dies als Indiz dafür gewertet werden, daß Moskau eine auf Estland zugeschnittene Lösung ohne Bleiberecht für die nach dem 28. Januar 1992 pensionierten Militärs nicht länger ausschloß.

*

Diese gesteigerten diplomatischen Aktivitäten waren nicht zuletzt darauf zurückzuführen, daß zu der für den 24./25. Mai bevorstehenden Außenministerkonferenz des Ostseerates auch Außenminister Kosyrjev erwartet wurde. Da er sich ursprünglich skeptisch gegenüber einem Treffen auf Ministerebene geäußert hatte, bei dem es aus seiner Sicht nichts zu besprechen gäbe, wurde in Tallinn bereits die Ankündigung seiner Teilnahme als ein außenpolitischer Erfolg Estlands angesehen. Vor allem aber erhoffte man sich von dem Besuch Fortschritte bei den ungelösten bilateralen Fragen. Daher empfahl ich dem Auswärtigen Amt, unser Minister sollte sich darauf einstellen, bei seinem Aufenthalt in Tallinn beide Seiten, Estland und Rußland, zu ermutigen, in der Frage der Militärpensionäre aufeinander zuzugehen und hatte – darin durch den amerikanischen Kollegen bestärkt – hinzugefügt, daß dies nach meinem Eindruck seinen Eindruck nicht verfehlen würde.

Am 20. Mai 1994 richtete Außenminister Luik dann noch ein Schreiben an seinen deutschen Kollegen. Darin faßte er ein weiteres Mal den Standpunkt der estnischen Regierung zusammen: Nachdem allen Militärpensionären, die sich vor Wiedererlangung der Unabhängigkeit in Estland niedergelassen haben, die Möglichkeit gewährt worden sei, eine Aufenthaltserlaubnis zu beantragen, seien ihre Kompromißmöglichkeiten erschöpft. Jeder Antrag werde aber von der hierzu eingesetzten Kommission „wohlwollend" geprüft und sicherlich in der „überwiegenden Zahl der Fälle positiv" entschieden werden.

Die Jahrestagung des Ostseerats verlief an sich wenig spektakulär, war aber natürlich für den sie ausrichtenden estnischen Vorsitz ein bedeutendes außenpolitisches Ereignis. Noch nie zuvor hatten sich so viele Außenminister zur gleichen Zeit in Tallinn aufgehalten. Deutschland war auf politischer Ebene außer durch Bundesaußenminister Kinkel noch durch den Ministerpräsidenten von

Mecklenburg-Vorpommern Dr. Seite vertreten. Die Hauptaufmerksamkeit der estnischen Öffentlichkeit aber richtete sich auf den russischen Außenminister Kosyrjev und die bilateralen Gespräche mit ihm. Da er zur selben Zeit wie unser Minister am Ort der Konferenz, der Nationalbibliothek, eintraf, konnte ich ihn kurz aus nächster Nähe beobachten, als sich die beiden politischen Freunde begrüßten. Dabei fiel mir sein unsteter Blick auf, der mir gut zu seiner schillernden Persönlichkeit zu passen schien – aber ganz unvoreingenommen war ich diesem Mann gegenüber nicht, mit dessen außenpolitischen Winkelzügen und vielen irritierenden Erklärungen wir uns nun schon seit mehreren Jahren herumzuschlagen hatten. Am Konferenztisch saßen sich die deutsche und die russische Delegation in einem großen Rund gegenüber, so daß ich ihn hier nur aus der Ferne erlebte. Kosyrjev sprach leise und überwiegend frei. Gelegentlich signalisierte ihm unser Minister, den die für die baltischen Staaten im Auswärtigen Amt zuständige Unterabteilungsleiterin Frau Vollmar-Libal und ich einrahmten, quer durch den Saal Zustimmung, wie z.B. bei einem von Kosyrjev gemachten Vorschlag einer mehrsprachigen Universität für die Russen in Estland. Wir hatten beide dem Minister zugeraten, waren allerdings der Meinung, dies sollte nicht durch eine Neugründung, sondern den Ausbau der in Dorpat vorhandenen Kapazitäten geschehen. Geworden ist daraus nichts. In Erinnerung geblieben ist mir auch, mit welch großem Respekt der russische Außenminister von seinem gastgebenden estnischen Kollegen empfangen wurde, als wir an der Nationalbibliothek anlangten.

Die estnische Politik hingegen erwartete sich einiges von den Gesprächen mit dem Leiter der russischen Diplomatie. Vor allem sollte Bewegung in die festgefahrenen Positionen bei den Verhandlungen über den Truppenabzug gebracht werden. Als sich Präsident Meri am nächsten Tag während des Empfangs zur Einweihung der Residenz in Begleitung von Luik mit Kinkel in unsere Privaträume zurückzog, lagen mehrstündige Delegationsgespräche und ein Saunaabend mit Kosyrjev hinter ihnen, die er uns gegenüber als „psychologischen Durchbruch" bewertete. Wie wir dann von unseren estnischen Kollegen im einzelnen erfuhren, war man übereingekommen, daß sich in ein bis zwei Wochen „Sonderbotschafter" zur Fortsetzung der Verhandlungen treffen sollten. In der Sache habe man sich grundsätzlich darauf verständigen können, daß kein Junktim zwischen Truppenabzug und den Rechten der Militärpensionäre hergestellt werde (also keine „Paketlösung" wie im Falle Lettlands) und letztere auf Grundlage der geltenden estnischen Bestimmungen, die eine flexible Anwendung zuließen, geregelt werden sollten. Daneben habe die Grenzfrage bei den Gesprächen einen breiten Raum eingenommen. Der Präsident teilte unserem Minister mit, nach seinen Vorstellungen, denen der russische Außenminister zugestimmt habe, käme es auf für beide Seiten akzeptable Formulierungen an. Für

Estland habe ein Bezug auf den Friedensvertrag von Dorpat (1920), der die Grundlage der estnisch-russischen Beziehungen bilde, Priorität. Die Festlegung des Grenzverlaufs dagegen sei von nachgeordneter Bedeutung; sie könne pragmatisch erfolgen. Eine von Meri hierzu erbetene völkerrechtliche Formulierungshilfe sagte ihm Kinkel zu.

Außenminister Luik war bei der Bewertung der Gespräche mit Kosyrjev und dessen Delegation etwas vorsichtiger. In der Tat mußte zu denken geben, daß die russische Delegation in der Sitzung des Ostseerats ein *Memorandum* hatte verteilen lassen, in dem einmal mehr die ganze Litanei angeblicher an der russischen Bevölkerung Estlands begangener Menschenrechtsverletzungen heruntergebetet wurde, und Kosyrjev hatte bei einem Treffen mit Vertretern der Russen in Estland der Presse zufolge nicht minder vom Leder gezogen. Selbst wenn man berücksichtigte, daß solche Äußerungen immer auch für den Hausgebrauch bestimmt waren und der russische Außenminister auch sonst kein Blatt vor den Mund zu nehmen pflegte, so schien doch kein Anlaß zu besonderer Euphorie gegeben zu sein.

*

In den beiden ersten Juniwochen trafen dann wie abgesprochen der für politische Fragen zuständige stellvertretende Kanzler im estnischen Außenministerium Raul Mälk und der stellvertretende russische Außenminister Vitalij Tschurkin insgesamt dreimal zusammen. Waren diese in Genf, Tallinn und Moskau geführten Gespräche, die jetzt an die Stelle der früheren monatlichen Verhandlungsrunden traten, nach unseren Informationen anfänglich ganz ergebnisorientiert verlaufen, sah sich die estnische Seite nach der dritten Begegnung am 13. Juni zu einer wieder pessimistischeren Einschätzung veranlaßt. Wie uns Mälk unterrichtete, wäre die russische Seite erneut hinter Positionen zurückgefallen, auf die man sich bereits geeinigt gehabt hätte. Namentlich habe Tschurkin nicht ausgeschlossen, daß das Datum des 31. August noch geändert, mit anderen Worten der endgültige Abzug der Truppen über diesen Tag hinaus verschoben werden könnte, und hinzugefügt, Rußland rechne in einem solchen Fall mit keiner ins Gewicht fallenden internationalen Reaktion! Außerdem habe die russische Seite nunmehr gefordert, daß alle bis zum endgültigen Abzugstermin pensionierten Militärs eine Aufenthaltserlaubnis beantragen können. Dies mußte in Tallinn um so mehr beunruhigen, als Rußland seine Praxis fortsetzte, aktive Offiziere nach Estland in den Ruhestand zu entlassen – worauf die USA ihre Vergabe von Wohnungsgutscheinen änderte und jetzt der dritten Kategorie der sich noch im aktiven Dienst befindenden, aber zur Pensionierung bis zum Truppenabzug vorgesehenen Militärs die erste Priorität einräumte. Schließlich habe es, so Mälk, erhebliche Meinungsunterschiede im Hinblick auf *Paldiski* gegeben: Weder könne Estland dem von Rußland nunmehr erstmals hergestellten expliziten Junktim zwischen Truppenabzugsabkommen und einer Vereinbarung über die Entfernung der Kernreaktoren zustimmen, noch der gewünschten Fortdauer einer *militärischen* Kontrolle der Reaktoren durch Rußland über den 31. August hinaus – beides Punkte, die für die estnische Regierung aus Gründen der innenpolitischen Akzeptanz des Verhandlungsergebnisses von erheblicher Bedeutung waren. Angesichts dieser Situation müsse der Sinn des mit Kosyrjev vereinbarten Vorgehens, auf der Ebene der stellvertretenden Minister einen Durchbruch zu erzielen, in Frage gestellt werden. Dies um so mehr, als sich bei dem jüngsten Treffen Unstimmigkeiten zwischen Generaloberst Mironov als dem Vertreter des Verteidigungsministeriums und Tschurkin ergeben hätten, die Fortschritten in der Substanz im Wege gestanden hätten. Dennoch sei man so verblieben, den Kontakt aufrechtzuerhalten und die Gespräche in naher Zukunft fortzusetzen.

Dieser Stand der Dinge veranlaßte mich, die EU-Kollegen kurzfristig zum 17. Juni in die Botschaft zu bitten. Dabei einigten wir uns darauf, unseren Regierungen vorzuschlagen, der für den 24./25. Juni bevorstehende Europäische Rat in Korfu, an dem auch Präsident Jelzin als Gast teilnehmen würde, möge in die von ihm zu verabschiedenden politischen Erklärungen auch eine solche zum Abzug der letzten russischen Truppen aus dem Baltikum bis zum 31. August 1994 aufnehmen. Wir verfaßten gemeinsam einen Textvorschlag für eine solche Erklärung, den dann jeder in seine Hauptstadt übermittelte.

Drei Tage später bat uns Außenminister Luik zu sich. Er übergab uns ein an die EU-Mitgliedstaaten und die Kommission gerichtetes *Aide Mémoire*, in dem der unbefriedigende Verlauf der Gespräche zwischen Mälk und Tschurkin dargestellt und darum gebeten wurde, in Korfu auf Jelzin einzuwirken, daß die russischen Truppen bis zum 31. August bedingungslos und vollständig Estland verlassen. Also bezweckte die estnische Regierung genau das, was auch wir mit unserer Initiative erreichen wollten. Besonders beunruhigt zeigte sich Luik, weil russischerseits das Datum des 31. August in Frage gestellt worden war, und scheute sich nicht, von dem Verlauf des jüngsten Gesprächs von Mälk in Moskau auf einen grundlegenden außenpolitischen Positionswechsel Rußlands zu schließen. Wir ließen Luik unsere Skepsis gegenüber einer so weitgehenden Analyse erkennen und kamen, als wir uns anschließend nochmals unter uns zusammensetzten, zu dem Ergebnis, daß sich Moskau von seinem Vorgehen wohl eher ein Maximum an Zugeständnissen von einer innenpolitisch geschwächten Regierung versprach, dabei aber möglicherweise verkannte, daß sich diese gerade wegen ihrer Schwäche mit Konzessionen so schwer tat.

Der Europäische Rat von Korfu verschloß sich dann auch nicht der Erkenntnis, daß der internationale Druck auf Rußland aufrechterhalten werden müsse. In seinen „Schlußfolgerungen" sprach er die „Erwartung" aus, „daß Rußland den Abzug seiner Truppen aus Lettland und Estland im Einklang mit seinen früheren Zusagen bis zum 31. August 1994 abschließen wird". Dies hat Außenminister Kinkel dann in seiner Eigenschaft als neuer Vorsitzender des EU-Ministerrats in einem Schreiben an Außenminister Kosyrjev nochmals deutlich zum Ausdruck gebracht.

In dieser – wie sich glücklicherweise bald herausstellen sollte – Endphase dieses dornenvollen Kapitels verlagerten sich die diplomatischen Aktivitäten zunehmend in den internationalen Raum, so daß wir in Tallinn nicht mehr so unmittelbar damit befaßt waren wie früher zu Zeiten der regelmäßigen bilateralen Verhandlungsrunden. Dabei spielten die USA eine besondere Rolle. Am 6. Juli traf Präsident Clinton in Riga mit den drei baltischen Staatspräsidenten zusammen. Es war dies der erste Besuch eines amerikanischen Präsidenten überhaupt im Baltikum. Clinton war auf dem Weg zum Weltwirtschaftsgipfel der sieben großen Industrienationen (G 7) in Neapel, an dem auch Präsident Jelzin als Gast teilnehmen sollte. Aus Riga zurückgekehrt, unterrichtete mich der Kollege Frasure über die Estland anlangenden Ergebnisse der aus seiner Sicht ausgezeichnet verlaufenen Begegnung, bevor er am nächsten Tag, dem 8. Juli, Tallinn endgültig zu seiner neuen Verwendung im *State Department* verließ. Washington wolle nunmehr, so seine Information, die Frage des endgültigen Truppenabzugs auch unter dem Gesichtspunkt der Beseitigung eines ständigen Stolpersteins in den bilateralen Beziehungen zu Rußland endlich geregelt sehen und sei der von Moskau verfolgten Hinhaltetaktik müde. Clinton habe klargemacht, das Verhalten Rußlands im Baltikum sei der Lackmustest für dessen internationale Glaubwürdigkeit. Dies werde er Jelzin in Neapel sagen, der dort als *demandeur* auftrete und daher auch dem Westen entgegenkommen müsse. In seiner Rede in Riga habe Clinton deutliche Worte zur Unterstützung der baltischen Staaten gewählt (*he came down on the Baltic side*) und sich dadurch auch von seinem Vorgänger Bush unterscheiden wollen, der im Juli 1991 in Kiew nationalistische Tendenzen in der UdSSR öffentlich angeprangert hatte, um deren Auseinanderfallen entgegenzuwirken, was der amerikanischen Politik seither immer wieder angelastet worden sei. Mit Präsident Meri sei in Riga verabredet worden, daß dieser in einem Brief an Präsident Jelzin die Grundzüge einer Regelung der ungelösten Fragen darlegen und den Entwurf eines zwischen ihm und Jelzin abzuschließenden Protokolls beifügen solle, zu dessen Inhalt es amerikanische Anregungen gebe. Clinton habe sich bereiterklärt, diesen Brief dann Jelzin in Neapel zu übergeben und dabei seine Unterstützung für dessen Inhalt zum Ausdruck zu bringen. Zu diesem Vorgehen – mit dem die Vereinigten Staaten nunmehr faktisch eine Vermittlerrolle übernahmen – habe man sich in Washington entschlossen, weil im Wege bilateraler estnisch-russischer Ver-

handlungen bisher keine Einigung erzielt werden konnte und nach den frucht-
losen Gesprächen von Mälk und Tschurkin hierfür auch keine konkreten Aussichten bestünden. Was Bob Frasure mir damals nicht erzählte, war, daß dieser
Plan wohl im wesentlichen von ihm stammte und die erste Fassung des Briefes
– wie Mart Laar viel später geschildert hat – „an einem schönen Sommernach-
mittag" von ihm, Luik und Frasure in der Sommerresidenz der Regierung in
Keila-Joa (Schloß Fall) aufgeschrieben worden war [76].

Die amerikanischen Anregungen für ein Kompromißangebot Estlands an
Rußland sahen Frasure zufolge vor: (1) Alle Militärpensionäre können eine Aufenthaltserlaubnis beantragen, worüber in jedem einzelnen Fall nach der estnischen Rechtslage entschieden wird, (2) die Militärpensionäre werden bei der
Wohnungsprivatisierung estnischen Staatsangehörigen gleichgestellt und (3) die
militärischen Einrichtungen in *Paldiski* werden ab 31. August 1994 ziviler estnischer Kontrolle unterstellt. Die russischen Sicherheitsinteressen werden dadurch
gewahrt, daß nicht-uniformiertes russisches Personal ein Jahr lang die Gelegenheit erhält, die Brennstäbe und sonstige sensible Teile der Kernreaktoren, die
Rußland nicht den Augen Dritter ausgesetzt sehen möchte, zu entfernen. In
Riga habe Präsident Clinton im übrigen zwei Millionen US-Dollar für Auf-
räumarbeiten (*clean up*) auf der Halbinsel *Pakri* zugesagt. Ein Vorschlag, diesem
Beispiel seitens der Europäischen Union zu folgen, den die EU-Botschafter in
Tallinn Mitte August 1994 im Zusammenhang weiter gespannter Überlegungen
zur Unterstützung der baltischen Staaten und ihrer Beziehungen zu Rußland
machten, blieb ungehört.

Einige Tage vor dem Rigaer Präsidententreffen hatte Raul Mälk bei einem
Gespräch im Außenministerium auch die Botschafter der europäischen G 7-
Länder, also außer uns Frankreich, Großbritannien und Italien, gebeten, ihren
Regierungen zu übermitteln, diese möchten doch auch ihrerseits auf dem Gipfel
in Neapel wie schon in Korfu auf Präsident Jelzin einwirken.

Während des Weltwirtschaftsgipfels in Neapel am 9./10. Juli 1994 übergab Clinton dem russischen Präsidenten das Schreiben Meris, das im wesentlichen den
amerikanischen Anregungen folgte, und unterstützte diese estnischen Lösungs-
vorschläge. Meri hatte es der russischen Seite überlassen zu entscheiden, ob
man sich in Form eines Protokolls oder eines Abkommens über die Militärpensionäre und *Paldiski* einigen sollte, und bot an, daß ein Beobachter der KSZE
zu den Beratungen über die Gewährung einer Aufenthaltserlaubnis hinzugezogen wird, um ein faires Verfahren zu garantieren.

Präsident Jelzin schien Präsident Meris Vorschläge aufgeschlossen entgegen-
genommen zu haben. Um so größer war dann die Überraschung, als auf einer
gemeinsamen Pressekonferenz des amerikanischen und des russischen Präsidenten im Anschluß an die Konferenz am 10. Juli – nachdem Clinton zuerst mit-

geteilt hatte, die Positionen von Estland und Rußland hätten sich einander angenähert und es sei mit einer baldigen Einigung zu rechnen – Jelzin auf die Frage einer Journalistin, ob bis zum 31. August alle Truppen aus dem Baltikum abgezogen sein würden, mit einem entschiedenen *Njet* reagierte! Zwar würden Ende August die letzten Truppen Lettland verlassen, doch die Beziehungen zu Estland wären wegen der groben Verletzungen der Menschenrechte der russischsprachigen Bevölkerung und besonders denen der Militärpensionäre etwas schwieriger. Jelzin fügte aber auch hinzu, er habe Clinton versprochen, mit Meri persönlich zusammenzutreffen, um zu versuchen, die strittigen Fragen irgendwie zu lösen [77].

Sowohl Präsident Meri als auch Außenminister Luik wiesen in ersten Stellungnahmen am 11. Juli die erneuten russischen Anschuldigungen zwar deutlich zurück, begrüßten aber die Bereitschaft Jelzins, sich mit Meri zu treffen, als einen „konstruktiven Schritt" und erklärten, man sehe nunmehr einer russischen Reaktion auf die estnischen Vorschläge und einer Einladung Jelzins entgegen.

Weniger zurückhaltend fiel dann eine gemeinsame Erklärung von Meri, Nugis und Laar vom 13. Juli aus, die stärker die innenpolitischen Empfindlichkeiten in Estland berücksichtigte. Aber auch sie enthielt sich unnötiger Schärfen und begrüßte ausdrücklich die Bereitschaft Jelzins zu einem estnisch-russischen Gipfeltreffen.

Inzwischen verstärkten die USA den Druck noch weiter, indem der Senat die Auszahlung der Wirtschaftshilfe an Rußland und andere frühere Sowjetrepubliken von einem Truppenabzug bis Ende August 1994 abhängig machte. Aber auch in Bonn waren Überlegungen im Gange auf Jelzin einzuwirken, wie ich am 14. Juli durch einen Anruf aus dem Auswärtigen Amt erfuhr.

Nachdem auch ein weiteres Gespräch zwischen Mälk und Tschurkin am 19./20. Juli in Helsinki ergebnislos verlaufen war, sprach viel dafür, daß jetzt nur noch eine Begegnung zwischen Meri und Jelzin den Durchbruch bringen konnte. Eine Einladung aus Moskau aber ließ auf sich warten. Sie war auch noch nicht eingetroffen, als ich am 23. Juli Präsident Meri ein mit Telefax übermitteltes Schreiben von Bundeskanzler Kohl überbringen konnte, in dem ihn dieser ermutigte, sich mit Jelzin zu einigen und ihm mitteilte, der russische Präsident habe ein ähnlich lautendes Schreiben erhalten [78].

Präsident Meri gelingt in Moskau der Durchbruch

Als dann Präsident Jelzin kurzfristig Präsident Meri zu einem Gipfeltreffen am 26. Juli nach Moskau einlud, schien man in Tallinn eher überrascht zu sein. Jedenfalls reisten Meri und Außenminister Luik ohne große Erwartungen in die russische Hauptstadt. Die eigentliche Überraschung aber kam dann am Abend, als das estnische Fernsehen die Nachricht verbreitete, daß der langersehnte Durchbruch geschafft sei und die beiden Präsidenten zwei Vereinbarungen über den Truppenabzug und die Militärpensionäre unterzeichnet hätten, während über *Paldiski* noch weiterverhandelt werde.

Wenige Tage danach waren meine Frau und ich von Meri nach *Paslepa* (Paschlep) auf der Halbinsel *Noarootsi* (Nuckö) an der westestnischen Küste eingeladen, wo er mit Frau und Tochter seine durch die Reise nach Moskau nur kurz unterbrochenen Ferien verbrachte. Ein in einer kleinen Bucht, sehr hübsch direkt am Wasser gelegener und früher von der sowjetestnischen Nomenklatura genutzter Holzbau, den Meri später mit viel Geschmack erweitern und modernisieren ließ, diente ihm als Sommerresidenz. Auch ein Hafen für kleinere Boote gehörte dazu. Hier verbrachten wir einen herrlichen Hochsommertag, fuhren mit Herrn und Frau Meri zum westlichsten Punkt des estnischen Festlandes in *Ramsi*, wo sich der Präsident für die Ruine einer sowjetischen Grenzschutzstation interessierte und ich ihn von dem Gedanken abzubringen suchte, sich hier ein Sommerhaus zu erbauen (später hat er sich am äußersten Ende der Halbinsel *Viimsi* (Wiems) seinen Alterssitz eingerichtet, wo ebenfalls ein Wachturm der sowjetischen Grenztruppen gestanden hatte), badeten im Meer – und unterhielten uns vor allem stundenlang über „Gott und die Welt“.

Dabei erzählte Meri mir zuliebe auch ein wenig über jenen denkwürdigen 26. Juli, an dem ihm der größte außenpolitische Erfolg zumindest seiner ersten Amtszeit als Präsident beschieden war. Als sich zu Beginn die Delegationen im Kreml gegenübersaßen, habe Präsident Jelzin mit finsterer Miene zu einem Monolog voller Unfreundlichkeiten über Estland ausgeholt, wo die Menschenrechte der Russen verletzt würden usw. Er habe, erinnerte sich Meri, dem gar nicht so richtig zugehört, sondern nur die „Melodie“ der Jelzinschen Tiraden auf sich wirken lassen und im übrigen seinen „Instinkten“ vertraut. Diese hätten ihm gesagt, daß eine direkte Erwiderung die Lage nur verschlimmern könne. Daher habe er Jelzin bei seiner Eitelkeit gepackt und ihm so lange zu seinen wirtschaftlichen Erfolgen und vor allem dazu beglückwünscht, daß er die Inflation in Rußland in den Griff bekommen hätte, bis sich dessen Miene aufgehellt habe und das Eis gebrochen gewesen sei. In fünf Stunden sei es dann gelungen, die wichtigsten estnischen Anliegen durchzusetzen, von denen er beinahe vier mit Jelzin habe tafeln und – für ihn völlig ungewohnt – große Mengen von Wodka trinken müssen. Währenddessen mußten die Außenminister in einem anderen Raum arbeiten und hätten sich nur von Zeit zu Zeit von ihren Präsidenten Instruktionen eingeholt. Jelzin habe Kosyrjev zunehmend unter Druck gesetzt, zum Abschluß zu kommen, da er rechtzeitig zu den Abendnachrichten des russischen Fernsehens mit einem Ergebnis aufwarten wollte. Dies habe ihm, Meri, auch ermöglicht, noch während der Unterzeichnungszeremonie zwei Artikel, die ihm inakzeptabel erschienen, zu streichen, was dank moderner Computer-technik in der Reinschrift umgehend habe berücksichtigt werden können. So weit die Schilderung Meris an jenem 2. August 1994 in *Paslepa*, wie ich sie mir damals notierte; in seiner 1999 erschienenen Autobiographie hat er dann ausführlicher berichtet[79].

Schon gleich nach unserer Ankunft hatte mir der Präsident eröffnet, er werde mich jetzt mit dem estnischen Pressemeldungen zufolge von ihm mit dem russischen Präsidenten am selben 26. Juli geschlossenen „Geheimabkommen" bekannt machen – und zeigte mir mit verschmitzter Miene das Rezept einer „Champagnersuppe", von der ihm Jelzin vorgeschwärmt und das ihm dieser habe aufschreiben lassen, nachdem er seine Unkenntnis hätte bekennen müssen. Meri hatte es wohl gerade als Fax aus Moskau erhalten und mir dieses Kuriosum nicht vorenthalten wollen. Natürlich verfügte er auch in *Paslepa* über die modernste Kommunikationstechnik, die sich die Präsidialkanzlei damals leisten konnte – alles andere wäre ihm, der immer über die neuesten Informationen verfügen wollte, wahrscheinlich eine unerträgliche Vorstellung gewesen.

*

Die wichtigste Bestimmung des Vertrags über den Truppenabzug war sein Artikel 3.1.1. in dem es hieß *Die Russische Föderation beendet den vollständigen Abzug der Streitkräfte aus dem Hoheitsgebiet der Republik Estland bis zum 31. August 1994.* Das Datum war bis zur letzten Minute offen geblieben und im russischen Original – offenbar durch Jelzin selbst – von Hand eingetragen worden (aus Zeitmangel gab es kein estnisches Alternat; ein solches wurde erst nach Rückkehr der Delegation in Tallinn hergestellt und seine Unterzeichnung auf diplomatischem Wege nachgeholt).

In dem insgesamt 22 Artikel umfassenden Vertragswerk wurden auch die übrigen seit Wiederaufnahme der Verhandlungen mit Rußland im April 1992 umstrittenen Fragen einer abschließenden Regelung zugeführt. Insbesondere wurde die sogenannte Nullösung vereinbart, nach der alle finanziellen, vermögensrechtlichen und sonstigen Ansprüche, die sich aufgrund der Truppenpräsenz ergeben könnten, also auch Umweltschäden, als abgegolten angesehen (Art. 8), und Estland war bereit, sich mit seinen Baufirmen und eigenen Baustoffen am Wohnungsbau für die Angehörigen der abziehenden Streitkräfte zu beteiligen, falls dieser von dritter Seite finanziert würde (Art. 14). Auch die Bestimmung, daß der sozialrechtliche Status der Militärpensionäre mit Wohnsitz in Estland (Art. 16) und der Abbau des Marineausbildungszentrums in *Paldiski* (Art. 20) Gegenstand gesonderter Abkommen sein werden, war unter dem Gesichtspunkt des für Estland so wichtigen „bedingungslosen" Truppenabzugs von Bedeutung, obwohl es sich – wie später von amtlicher estnischer Seite auch ein-

geräumt wurde – natürlich um eine (allenfalls leicht kaschierte) „Paketlösung"
handelte. Der Truppenabzugsvertrag bedurfte zwar der Ratifikation, sah aber
vor, daß er ab dem Zeitpunkt seiner Unterzeichnung vorläufig anzuwenden sei.
Ein völkerrechtliches Kuriosum stellte der Art. 22 dar, demzufolge der Vertrag
einerseits erst mit dem Austausch der Ratifikationsurkunden in Kraft treten, andererseits jedoch nur bis zum vollständigen Abzug der Streitkräfte aus Estland,
d.h. nicht länger als bis zum 31. August 1994, in Kraft bleiben sollte – also kaum
länger als einen Monat, in dem schon aus rein praktischen Gründen mitten in
der Sommerpause beider Parlamente mit einer Ratifikation nicht zu rechnen
war.

In dem 15 Artikel umfassenden Abkommen über die sozialen Garantien für die
Militärpensionäre – hier als *Personen, die aus dem Militärdienst entlassen wurden
und Renten und Zuwendungen aus Mitteln der Russischen Föderation erhalten* definiert – ist diese bis zuletzt hochkontroverse Frage, über der sich die Verhandlungen festgefahren hatten und an der eine Vereinbarung über den Truppenabzug immer wieder zu scheitern drohte, dann schließlich so gelöst worden:
Pensionierte Soldaten, ihre Familienangehörigen [d.h. Ehepartner, minderjährige
Kinder und unterhaltsberechtigte Personen] *und* [pensionsberechtigte] *Hin-
terbliebene erhalten auf persönlichen Antrag eine Aufenthaltserlaubnis für die Republik
Estland, mit Ausnahme der Personen, denen auf Beschluß der Regierung der Republik
Estland die Aufenthaltserlaubnis wegen Gefährdung der Sicherheit des estnischen Staates begründet verweigert wird* (Art. 2 Absatz 1). Hier hatte Estland zwar ein weiteres Zugeständnis machen müssen, das über den von Präsident Meri in seinem
Schreiben an Präsident Jelzin gemachten Kompromißvorschlag hinausging, jedoch ein anderes wichtiges im Ausländergesetz verankertes Prinzip wahren
können, das besagt, daß ehemalige KGB- und GRU-Angehörige keine Aufenthaltserlaubnis erhalten sollen. Außerdem wurde vereinbart, daß ein KSZE-Ver-
treter eingeladen wird, an der – durch die Regierungsverordnung vom 1. Dezember 1993 geschaffenen – Regierungskommission zur Prüfung der Anträge
auf Erteilung einer Aufenthaltserlaubnis teilzunehmen (Art. 2 Absatz 2) und die
russische Seite Estland spätestens innerhalb von 30 Tagen nach Unterzeichnung
des Abkommens eine Liste der zur Antragstellung berechtigten Personen über-
gibt, die bis zum 1. Januar eines jeden Jahres aktualisiert wird (Art. 2 Absatz 3).
Vereinbart wurde ferner, daß pensionierte Militärs und ihre Familienangehörigen die in Estland geltenden bürgerlichen, sozialen, wirtschaftlichen und kulturellen Rechte genießen, die ihnen nach den allgemein anerkannten internationalen Menschenrechtsnormen zustehen (Art. 6), und sie hinsichtlich ihrer
Eigentumsrechte an Wohnhäusern, Wohnungen und Datschen (Art. 7) sowie
hinsichtlich der Nutzung von Wohnraum und dessen Privatisierung (Art. 8) estnischen Staatsangehörigen gleichgestellt sind. Da die beim Militär verbrachte

Zeit ausdrücklich auf die Dauer der Berufstätigkeit anzurechnen war, nach der die Zuteilung von Wohnraumprivatisierungsgutscheinen – den „gelben Karten" – bemessen wurde, ergab sich hierdurch formal ein Widerspruch zur einschlägigen estnischen Gesetzgebung, nach der in der Sowjetarmee verbrachte Jahre nicht angerechnet werden durften. Dies war einer der Punkte, die bei den späteren innenpolitischen Auseinandersetzungen um die „Juliverträge" kritisiert wurden. Doch eine andere Regelung hätte bei Berufssoldaten keinen Sinn ergeben. Rußland verpflichtete sich seinerseits, ungeachtet der Staatsangehörigkeit eine Pension mindestens in der Höhe der estnischen Mindestrente zu zahlen (Art. 3).

Das Abkommen über die Militärpensionäre sollte ebenfalls vom Tage seiner Unterzeichnung an vorläufig angewendet werden und dann in Kraft treten, wenn sich beide Seiten – wie es in seinem Art. 15 hieß – über die Erfüllung der für sein Inkrafttreten erforderlichen innerstaatlichen Voraussetzungen (d.h. in Estland der Zustimmung durch das Parlament) unterrichtet haben.

*

Wegen des Zeitmangels am 26. Juli war es nicht mehr zu einer Vereinbarung über *Paldiski* gekommen. Daher waren zuerst noch Jüri Luik und Raul Mälk und dann nur noch dieser in Moskau geblieben. Nach langwierigen und technisch komplizierten Verhandlungen, in denen beide Seiten Konzessionen machen mußten, um zu einem Kompromiß zu gelangen, konnte Mälk schließlich am 30. Juli 1994 mit dem stellvertretenden Außenminister Ivanov ein Regierungsabkommen unterzeichnen, das am selben Tag in Kraft trat.

In ihm wurden das Verfahren und die Fristen für die Stillegung der zwei Kernreaktoren, der Abtransport der verbrauchten Brennelemente und gewisser Spezialausrüstungen nach Rußland, die Konservierung der Anlage und die Gewährleistung der nuklearen und Strahlungssicherheit im einzelnen festgelegt. Erinnern wir uns, daß es sich um zwei 1967 und 1982 installierte und schon zu Beginn des Jahres 1990 abgeschaltete Kernreaktoren sowjetischer Bauart handelte, die als Teile nuklear betriebener U-Boote in dem auf der Halbinsel *Pakri* unweit der Hafenstadt *Paldiski* gelegenen Ausbildungszentrum der sowjetischen Marine zu Schulungszwecken verwendet worden waren.

Das Abkommen definierte erst einmal die geographischen Abgrenzungen dieser als „Objekt" bezeichneten Anlage, so daß klar war, welche Gebäude und sonstigen Einrichtungen – die bis hin zu Wohnungen, einer Krankenstation, Kindergärten und Erholungsheimen für die Lebensfähigkeit des Objekts als notwendig erachtet wurden – dasselbe zum Gegenstand hatte. Dieses Objekt ging nun mit Wirkung vom 30. Juli 1994 in zivile russische Kontrolle über, die bis zum Auslaufen des Abkommens am 30. September 1995, also 14 Monate, andauern sollte. Spätestens dann mußte auch dieser Teil der Halbinsel *Pakri* an Estland übergeben worden und die bis dahin konservierte Anlage in das Eigentum des estnischen Staates übergegangen sein. Doch wurde ausdrücklich festgehalten, keine Bestimmung dieses Abkommens dürfe so interpretiert werden, daß sie *dem Objekt den Status einer Militärbasis verleiht*; auch dürfe das Objekt nicht zu Handlungen genutzt werden, die gegen die Souveränität oder die Sicherheit Estlands gerichtet sind (Art. 3). Damit wurde einem kardinalen estnischen Anliegen entsprochen – nicht zuletzt im Hinblick auf die Konzessionen, die Lettland hinsichtlich der Radarfrühwarnstation in *Skrunda* hatte machen müssen und in Erinnerung an die Vorgänge im Oktober 1939, als die militärische Präsenz der damaligen Roten Armee mit der erzwungenen Einräumung von Stützpunkten gerade auch in *Paldiski* begonnen hatte. Nur hinsichtlich des Zeitraums, in dem das Objekt noch unter russischer Kontrolle stehen würde, hatte Estland nachgeben müssen. Es war dort aber durch einen „Bevollmächtigten" (Jüri Tikk) vertreten, der mit dem russischen „Objektleiter" (Alexander Olchovikov) bei der Umsetzung der getroffenen Abmachungen zusammenwirken würde. Beide waren auch gehalten, mit der im Mai 1994 in Stockholm gebildeten Internationalen Expertengruppe zusammenzuarbeiten, die materielle und technische Hilfe bei der Stillegung der Anlage leisten sollte. Die russische Seite hatte mit leicht bewaffnetem Wachpersonal in Spezialuniformen für die innere, die estnische für die äußere Sicherheit des Objekts Sorge zu tragen.

Die Hauptaufgabe aber oblag Rußland, das die Abbauarbeiten samt der nuklearen Entsorgung sowie die Verantwortung dafür übernommen hatte, daß dies strahlensicher erfolgen würde. Die Zahl der hierfür erforderlichen Experten wurde auf 210 begrenzt; sie und ihre Familien erhielten eine umfangreiche soziale Absicherung, waren aber der estnischen Gerichtsbarkeit unterworfen.

Schließlich ging auch – was ebenfalls strittig gewesen war – der benachbarte Militärflughafen in *Ämari* (Habbinem) ab dem 1. September 1994 ganz an Estland über; Rußland durfte ihn aber ebenso wie den neuen Hafen in *Paldiski* bis zum 30. September 1995 unentgeltlich nutzen.

Das Abkommen wurde so, wie es vereinbart worden war, eingehalten und das „Objekt" am 26. September 1995 in Anwesenheit von Präsident Meri der estnischen Seite übergeben.

*

Nachdem Außenminister Luik nach Tallinn zurückgekehrt und dem Kabinett berichtet hatte, billigte dieses am 28. Juli das Moskauer Verhandlungsergebnis einschließlich der im Entwurf vorliegenden Vereinbarung über *Paldiski*. Der Presse gegenüber bezeichnete es Luik als „gut" und das „beste, das unter diesen Umständen zu erreichen war". Am Nachmittag desselben Tages unterrichtete der Außenminister die Botschafter. Da wir die Vertragstexte bereits kannten, konnte er sich auf eine kurze Bewertung beschränken: Er halte das Vertragswerk für „ordentlich" und einen „Sieg" für beide Seiten. Dann dankte er allen, die Estland in den beiden letzten Jahren unterstützt hatten. Der Doyen gratulierte in unser aller Namen; ich schloß mich mit ein paar Worten an, in denen ich daran erinnerte, welch großen Anteil die Beschaffung genauer Informationen über den Stand der Verhandlungen und die darauf basierende Unterrichtung unserer Regierungen in den zurückliegenden Jahren an unserer Arbeit gehabt habe, hatte aber nicht den Eindruck, daß der sichtlich erschöpfte Außenminister dies auch als eine an seine Adresse gerichtete zarte Andeutung verstand. Denn gelegentlich hatten wir schon Grund zu der Annahme gehabt, etwas einseitig über den Verhandlungsverlauf unterrichtet worden zu sein.

Angesichts der hohen innenpolitischen Brisanz der Vereinbarungen mit Moskau über diese Fragen von vitalem nationalem Interesse für Estland war es nur zu verständlich, daß diejenigen, die sie zu verantworten hatten, die positiven Aspekte des Verhandlungsergebnisses hervorhoben, und sich die Opposition auf die kritischen Punkte konzentrierte. Präsident Meri, der noch am Abend des 26. Juli aus Moskau zurückgekehrt war, zeigte sich am nächsten Tage der Presse gegenüber „höchst zufrieden" darüber, daß es überhaupt zu diesem Vertragsabschluß gekommen war, durch den „ab dem 31. August alle Folgen des Zweiten Weltkrieges überwunden sein werden". In der delikaten Frage der Aufenthaltsrechte der Militärpensionäre, in der man entgegen früher anders lautender Absichten der Regierung den russischen Forderungen hatte weit entgegenkommen müssen, legte Meri den Akzent darauf, daß die estnische Regierung jeden einzelnen Fall prüfen könne und es allein ihr überlassen bleibe, ob der Antragsteller eine Aufenthaltserlaubnis erhalte. Die Kritiker machten hingegen darauf aufmerksam, eine Aufenthaltserlaubnis dürfe eben nur dann verweigert werden, wenn dem Antragsteller *nachgewiesen* werde, daß er ein Sicherheitsrisiko für Estland darstelle. Auch das Außenministerium verschleierte in einer am 28. Juli herausgegebenen englischsprachigen Pressemitteilung diesen Sachverhalt ein wenig, indem es davon sprach, jeder Fall werde „in Übereinstimmung mit dem geltenden estnischen Recht" entschieden – was andererseits schon deswegen nicht falsch war, da das Moskauer Abkommen, einmal in Kraft getreten, als Völkerrecht nationalem estnischem Recht vorgehen würde.

Jubel löste die Nachricht von dem Vertragsabschluß in der estnischen Öffentlichkeit jedenfalls nicht aus. Das hing jenseits aller Tagespolitik sicher auch mit einer generell skeptischen Grundeinstellung der Esten zusammen. Schon im September 1991 war mir aufgefallen, wie damals die gerade wiedererlangte Unabhängigkeit beinahe als selbstverständlich hingenommen wurde und wie wenig von der Aufbruchsstimmung der „singenden Revolution" übriggeblieben war. Eine Rolle gespielt haben mochte jetzt auch die verbreitete Annahme, die geringen sich noch in Estland aufhaltenden russischen Truppen wären auch ohne Abkommen noch vollends abgezogen, wie dies täglich zu beobachten war. Teile der Opposition aber schossen mit ihrer Reaktion wieder einmal weit über das Ziel hinaus und verstiegen sich bis hin zum Vorwurf des Verrats nationaler Interessen durch Präsident Meri. Dabei tat sich namentlich sein Jugendfreund Endel Lippmaa hervor, der sich in der oppositionellen Koalitionspartei engagiert hatte und dem auch diesmal so manche Spitzfindigkeit zur Kritik an dem gesamten Vertragswerk einfiel. Da hörte sich der Vorsitzende der Koalitionspartei Tiit Vähi bei einem Abendessen in unserem Hause in diesen Tagen wenn auch kritisch, so doch schon viel gemäßigter an, und die beiden ebenfalls anwesenden Schriftsteller Jaan Kaplinski und Jaan Kross fanden das Verhandlungsergebnis von Moskau in Ordnung. Die damals in Estland weit verbreitete Ansicht, Meri hätte mit seiner Unterschrift in Moskau seine verfassungsmäßigen Kompetenzen überschritten, wurde schon dadurch widerlegt, daß die Regierung bei den Verhandlungen durch ihren Außenminister vertreten und sein Vorgehen anschließend durch das Ministerkabinett gebilligt worden war. All das ließ aber nichts Gutes für das Ratifizierungsverfahren erwarten, dessen Einleitung dann nach vielem Hin und Her auch erst über ein Jahr später erfolgen sollte.

International waren die Reaktionen ausnahmslos positiv. In den Staatskanzleien des Westens herrschte Erleichterung, daß dieser Stolperstein auch ihrer eigenen Beziehungen zu Rußland nun endlich beseitigt war. Allein die Tatsache, daß es zu diesem Abschluß gekommen war – so damals mein Fazit – stellte einen Wert an sich dar. Da keine Seite unangemessen hohe Konzessionen habe machen müssen, würde das Vertragswerk auch eine gute Basis für die künftigen bilateralen Beziehungen zwischen Estland und Rußland bilden. Estland hatte zwar bei den Rechten der Militärpensionäre Rußland weit entgegenkommen müssen, konnte jetzt aber erwarten, daß dies auch politisch honoriert würde. Diese Zugeständnisse waren aus der Erkenntnis heraus gemacht worden, daß – alles in allem – zu diesem Zeitpunkt realistischerweise mehr nicht zu erreichen war und eine Weigerung, die Verträge zu diesen Bedingungen abzuschließen, international nicht verstanden worden wäre, vielmehr die Gefahr einer Isolierung Estlands heraufbeschworen hätte. Die Zeit arbeitete – auch angesichts der Entwicklung in Rußland – nicht für Estland. In einem Interview, das Präsident Meri einige Monate später einem russischen Journalisten in Tallinn gegeben hat, wies er auf den Zusammenhang mit dem Abzug der letzten russischen Streitkräfte aus der ehemaligen DDR bis ebenfalls zum 31. August 1994 hin und fügte hinzu, es wäre außerordentlich einfältig gewesen anzunehmen, daß sich nach dem Abzug der Truppen aus Deutschland in der internationalen Politik noch irgend jemand für in Estland verbliebene russische Truppen interessieren würde – „auf der Weltkugel ist Estland kleiner als ein Stecknadelkopf" [80]. Leicht ist Meri die Unterschrift sicher nicht gefallen. Gemeinsam mit Luik hat er in Moskau persönlichen Mut und staatsmännischen Weitblick bewiesen.

Die deutsche Ratspräsidentschaft begrüßte im Namen der EU die zwischen Meri und Jelzin getroffene Übereinkunft (und das gerade vom lettischen Parlament verabschiedete Staatsangehörigkeitsgesetz) als

… herausragende Ereignisse in der Geschichte der unabhängigen baltischen Staaten. Sie werden erheblich dazu beitragen, die Grundlage für eine zukunftsorientierte, von gegenseitigem Vertrauen geprägte Zusammenarbeit zwischen den Nationen in Nordosteuropa zu festigen. Somit stellen sie auch einen Beitrag zur Sicherheit und Stabilität in ganz Europa dar. Die Union anerkennt insbesondere die Bemühungen, die die beteiligten Länder in den letzten Tagen unternommen haben, um diese Ergebnisse zu erzielen. Damit wurden wichtige Ziele erreicht, um deren Verwirklichung sich die internationale Gemeinschaft seit längerer Zeit intensiv bemüht hat. Die Union ist davon überzeugt, daß diese neuesten Entwicklungen … eine tragfähige Grundlage für weitere Fortschritte in allen Bereichen der Beziehungen zwischen Rußland und dem Baltikum bilden werden (29. Juli 1994).

*

Der Abzug der wenigen noch in Estland stationierten russischen Soldaten und Offiziere verlief unspektakulär. Beunruhigung verursachte nur die Beobachtung, ihn zum Teil in der Weise praktiziert zu sehen, daß Militärpersonen einfach in Estland zurückgelassen und ihnen entweder gesagt wurde, in Rußland gäbe es für sie keine Verwendung oder es stünden keine Wohnungen zur Verfügung. Da sie zuvor auch nicht ordnungsgemäß in den Ruhestand versetzt wurden oder wegen ihres relativ jugendlichen Alters noch gar nicht pensioniert werden konnten (und daher keine Militärpensionäre im Sinne des Abkommens vom 26. Juli waren), stellte dies einen klaren Verstoß gegen den Truppenabzugsvertrag dar. Hiervon schienen besonders Marineoffiziere betroffen zu sein, die sich dann auch mit einem Protest gegen dieses Verfahren an Präsident Jelzin wandten. Später stellte sich heraus, daß es sich hierbei um etwa 1 000 Personen handelte.

Anders als in Ostdeutschland, wo am 31. Juli 1994 die letzten russischen Truppen feierlich verabschiedet wurden, fanden in Estland keine gemeinsamen estnisch-russischen Zeremonien und auch keine größeren offiziellen estnischen Feierlichkeiten statt, dagegen ein Rockmusikkonzert auf dem Tallinner Freiheitsplatz und am 1. September Gottesdienste zu Beginn des ersten neuen

Schuljahres ohne fremde Truppen im Lande seit über einem halben Jahrhundert. Offenbar unter dem Eindruck der andauernden innenpolitischen Auseinandersetzungen über die „Juliverträge" hatten Präsident und Ministerpräsident wissen lassen, daß kein Anlaß zu besonderen Feiern bestünde. Meri hatte nur zu einer, wie es später in der Presse hieß, „kleinen Zeremonie" beim Kriegerdenkmal in *Maarjamäe* gebeten, an der ich nicht teilgenommen habe, da ich damals schon zu den Sommerferien in Deutschland war. In seiner dort gehaltenen Rede sprach er mit folgenden Worten auch einen Dank für die Estland zuteil gewordene internationale Unterstützung aus:

Am heutigen Tag ist es unsere Pflicht, den zahlreichen Freunden Estlands im Ausland herzlich zu danken, unseren lettischen und litauischen Brüdern, den nordischen Völkern mit der schwedischen und finnischen Regierung an der Spitze, unseren Partnern in Europa mit der Regierung der Bundesrepublik Deutschland allen voran, und insbesondere unseren Freunden in den USA mit Präsident Bill Clinton an der Spitze, für ihre unentwegte Unterstützung und ihren klar zum Ausdruck gebrachten politischen Willen. Ohne ihre Bemühungen hätte Estland nicht erreicht, was wir heute erreicht haben. Ich hoffe, daß heute unsere Pflicht dankbar zu sein, jedem Esten bewußt wird ...[81].

Außenminister Kinkel ließ am selben Tag folgende Erklärung verbreiten:

Die Bundesregierung begrüßt den Abschluß des Abzugs der ehemals sowjetischen Truppen aus Estland und Lettland. Mit dem Abzug der ehemals sowjetischen Truppen im vergangenen Jahr aus Litauen und nunmehr aus Estland und Lettland wurde – wie auch durch den zeitgleichen Abzug der russischen Truppen aus Deutschland – eines der letzten Kapitel des Zweiten Weltkrieges abgeschlossen. Zugleich stellt der Truppenabzug aus dem Baltikum einen entscheidenden Beitrag zur Festigung von Sicherheit und Stabilität nicht nur in der Ostseeregion, sondern in ganz Europa dar.

Diese positive Wende in den baltisch-russischen Beziehungen erfüllt mich persönlich mit umso größerer Befriedigung, als Deutschland den baltischen Staaten und Rußland in besonderer Weise verbunden ist. Die Bundesregierung hat sich deshalb immer mit Nachdruck dafür eingesetzt, den baltisch-russischen Dialog auch in schwierigen Phasen gemeinsam mit unseren Partnern zu fördern. Das jetzt erreichte Resultat ist jedoch vor allem dem geduldigen Verhandeln und dem Willen der betroffenen Seiten zu verdanken, einen tragfähigen Kompromiß zu finden. Dies verdient unsere nachdrückliche Anerkennung. Rußland hat durch den Truppenabzug aus dem Baltikum dokumentiert, daß es auch ungeachtet der mit dem Abzug verbundenen großen Belastungen seinen internationalen Verpflichtungen nach-kommt.

Mit dem Abschluß des Truppenabzugs aus den baltischen Staaten wird der Weg freigemacht für eine neue Phase zukunftsgerichteter und umfassender Kooperation zwischen den baltischen Staaten und Rußland. Die Bundesregierung hofft, daß auf dieser Grundlage auch die noch offenen Fragen bald gelöst werden können. Sie wird auch weiterhin im Verein mit ihren Partnern hierzu ihren Beitrag leisten.

Sommerreisen

Auch in diesem Sommer befaßten wir uns nicht nur mit Fragen der „großen Politik", sondern nutzten die gute Jahreszeit zu Reisen im Lande. Daneben hatten wir zahlreichen Hausbesuch von Verwandten und Freunden aus Deutschland, die in Estland Urlaub machten und von der neuen Residenz auf dem Domberg gehört hatten. Mit acht Logiergästen zur gleichen Zeit waren dann Ende Juli, als sich Estland bei hochsommerlichen Temperaturen wieder einmal von seiner schönsten Seite zeigte, selbst die Kapazitäten dieses so großzügig zugeschnittenen Hauses ausgeschöpft.

Anfang Juni fuhr ich mit Herrn Relve nach Narva. Meine Frau stieg unterwegs in Sillamäe aus, wo sie sich um einen ihrer Schützlinge kümmern wollte. Seit meinem letzten Besuch war beinahe ein Jahr vergangen. Bei den Kommunalwahlen waren die russischen Altkommunisten im Stadtregiment, die im Sommer 1993 den Aufstand gegen die Regierung in Tallinn geprobt hatten, abgelöst worden. Der neue Stadtratsvorsitzende Anatoli Paal und der stellvertretende Bürgermeister Tõnis Seesma, beides Esten, empfingen mich zu einem langen Gespräch, das – anders als die Zusammenkunft mit Tschuikin und Mischin im Vorjahr – ihr Bemühen erkennen ließ, zuerst die wirtschaftlichen Probleme der Stadt zu lösen, anstatt Politik um der Politik willen und zum persönlichen Machterhalt zu betreiben. Natürlich ging es auch hier, wie stets, wenn ich mich in der estnischen Provinz zeigte, darum, wie man wohl deutsche Investoren an Narva interessieren könnte, und wie stets blieb mir nicht viel mehr übrig als zu erklären, daß alles von möglichst attraktiven Rahmenbedingungen abhinge und in der freien Marktwirtschaft keine Regierung unternehmerische Investitionsentscheidungen erzwingen könne. Mit den Rahmenbedingungen aber sah es damals in Narva weiterhin recht bescheiden aus. Zwar waren sich die Stadtväter deren Bedeutung durchaus bewußt, doch ihre Möglichkeiten gering. Immerhin konnten sie über die geplante Gründung einer Stiftung zur Wiederherstellung des barocken historischen Stadtkerns, der im Zweiten Weltkrieg dem Erdboden gleichgemacht worden war, berichten und äußerten die Hoffnung auf deutsche Unterstützung dieser Initiative, die Narva attraktiver machen sollte. Da ich erwähnt hatte, daß der schwedische Feldherr Pontus de la Gardie, der 1581 die Stadt von den Russen eroberte, zu meinen Vorfahren zählt, wurde ich anschließend in einem Zeitungsbericht über meinen Besuch als Mann mit „Wurzeln" in Narva apostrophiert [82]. Wie wäre der Bericht wohl erst ausgefallen, hätte der Journalist gewußt, daß unser Ahnherr, der Lübecker Bürger und Kaufmann Christoff Wistinghusen, 1616 auf einer Geschäftsreise in Narva gestorben ist, wie Dr. Küng im Estnischen Geschichtsarchiv (*Eesti Ajalooarhiv*) in Dorpat später herausfand! [83]

In der Krähnholmer Textilfabrik, Narvas mit Abstand größtem Arbeitgeber, erwarteten uns Generaldirektor Oleg Kluschin und der mir schon bekannte Chefingenieur Ants Usk. Sie äußerten sich ausgesprochen positiv zur politischen Lage in der Stadt, in die mit der neuen Führung Ruhe eingekehrt sei. Auch die wirtschaftliche Situation des Unternehmens habe sich erheblich verbessert. Die gesamte Produktion werde – zu 90% im westlichen Ausland und der Rest auf dem heimischen Markt – abgesetzt und könne im laufenden Jahr noch erhöht werden. Sorge bereiteten ihnen aber die Privatisierungspläne, über die man sie im unklaren ließe. Offenbar wollten sie nicht unter schwedische Kontrolle geraten, wie dann bald darauf mit der Übernahme durch *Borås Wäferi* geschehen, und hätten wohl eine sich damals ebenfalls für Krähnholm interessierende deutsch-amerikanische Gruppe vorgezogen.

Außerdem machte ich dem russischen Generalkonsul einen Höflichkeitsbesuch und sprach mit Vertretern der kleinen Gruppe von Narvaer Rußlanddeutschen; ihnen fehlte es sowohl an Räumlichkeiten für ein Vereinsleben als auch an estnischem *und* deutschem Sprachunterricht – und beidem galt es abzuhelfen.

Auf dem Rückweg wichen wir, meine Frau hatte inzwischen ihr Parallelprogramm absolviert, wie gewöhnlich bei unseren Fahrten über Land von der Hauptstraße nach Tallinn ab, um Unbekanntes zu erkunden. Diesmal machten wir an dem als Altersheim gut erhaltenen ehemaligen Gutshaus von Haakhof (*Aa*) halt und dann – schon gegen Abend – bei der Kirche von Luggenhusen (*Lüganuse*). Dort bot sich uns mit einem rasenmähenden jungen Pastor, dessen Frau sich gerade mit der kleinen Tochter beschäftigte, eine ländliche Idylle dar, wie sie zu der benachbarten Industrielandschaft um *Kohtla-Järve* mit all ihren Umweltverwüstungen, durch die wir gerade gefahren waren, in keinem größeren Kontrast hätte stehen können. Auf dem Friedhof neben der Kirche waren vor kurzem die Grabsteine von Angehörigen der Familie der Grafen Stackelberg, den bis 1920 größten Grundbesitzern dieser Gegend, mit neuen weißen Marmorkreuzen versehen worden, und das – wie uns der Pastor erzählte – auf Initiative und Kosten der alles andere als wohlhabenden estnischen Kirchengemeinde.

*

Kaum aus Narva zurück, nahmen wir an dem Ausflug teil, den das estnische Protokoll jedes Jahr, jetzt schon zum dritten Mal, für die Missionschefs und ihre Damen veranstaltete. Diesmal ging es nach Westen, und hier zuerst auf die Insel Dagö (*Hiiumaa*). Wie immer war es eine Mischung aus Gesprächen mit Repräsentanten des örtlichen öffentlichen Lebens und einem touristischen Programm mit viel Folklore, dazu gedacht, den ausländischen Diplomaten an den beiden zur Verfügung stehenden Tagen ein möglichst vielfältiges und natürlich positives Bild von dem jeweils besuchten Landesteil zu vermitteln.

Am ersten Tag unseres Ausflugs erkundeten wir nach der Überfahrt vom Hafen *Rohuküla* bei Hapsal und einem Gespräch mit dem neuernannten Landrat Tiit Laja in *Heltermaa* die Insel bis zu dem aus dem 16. Jahrhundert stammenden Leuchtturm *Kõpu* in ihrem äußersten Westen, von dem aus sich ein weiter Blick auf das zu zwei Dritteln mit Wald bedeckte Dagö bietet (Abbildung 52). Abends spielte uns dann selbst in dieser Atmosphäre kollegial-fröhlichen Beisammenseins die „große Politik" noch einen Streich: Da es kein Logis gab, in dem wir alle gemeinsam Platz gefunden hätten, wurde unsere Gruppe zu einem Teil in einem hübschen kleinen Hotel im Städtchen *Keina* (Keinis) und zum anderen auf einem 15 km entfernten und zu einer Familienpension ausgebauten bäuerlichen Anwesen untergebracht. Dabei war das Protokoll streng nach der Anciennität vorgegangen, mit dem Ergebnis, daß ausgerechnet alle westlichen Botschafter in dem Hotel und die später akkreditierten Kollegen aus den ehemals sozialistischen Ländern, allen voran der russische Botschafter, auf dem Bauernhof gelandet waren, sich dadurch „diskriminiert" fühlten und gewaltig Lärm schlugen! In Vertretung des Doyens, der nicht hatte mitkommen können, durfte ich also einen Teil des Abends damit verbringen, mich auf meine „diplomatischen" Fähigkeiten zu besinnen und die Wogen zu glätten. Denn auch der Protokollchef war nicht anwesend, da er Präsident Meri nach China begleitete, und seine uns betreuenden Mitarbeiterinnen waren dieser für sie heiklen Situation nicht ganz gewachsen. Nach viel Schnaps und Gesang im „sozialistischen Lager" klang dieser Abend dann aber doch noch versöhnlich aus.

Am nächsten Tag setzten wir wieder auf das Festland über und waren in Hapsal Gäste des ebenfalls frisch gebackenen Landrats Andres Lipstok (der bald darauf zum Finanzminister avancieren sollte) und des Bürgermeisters Urmas Sukles, besuchten das in der Nähe gelegene Landhaus von Ants Laikmaa, eines der bedeutendsten estnischen Maler vom Beginn des 20. Jahrhunderts, das uns an den Landsitz von Ilja Repin auf der Karelischen Landenge bei St. Petersburg erinnerte, waren auf der Halbinsel *Noarootsi* und beendeten den Tag mit einem Essen in dem Feriendorf am Strand von *Roosta*.

*

Als nächstes fuhren wir nach Pernau, dessen Wiederaufstieg zu dem fashionablen Badeort der Zwischenkriegszeit bereits sichtbare Formen angenommen hatte. Dies konnte nicht besser symbolisiert werden, als durch das gerade renovierte erste Haus am Platze, das aus den 1930er Jahren stammende elegante *Rannahotell* (Strandhotel), in dem meine Frau und ich abstiegen und das zwei Tage später offiziell wiedereröffnet werden sollte.

Wir übergaben dem Multitalent Mark Soosaar als Geschenk der Bundesregierung ein Filmvorführgerät für sein Kulturzentrum „Chaplin" und trafen zu ausgiebigen Gesprächen mit dem jungen Landrat Kivimägi und Bürgermeister Kask zusammen. Diese stellten uns die wirtschaftliche Lage in Pernau als vergleichsweise günstig dar; anders als im landwirtschaftlich geprägten Umland gebe es in der Stadt kaum Arbeitslosigkeit. Ähnliches hatten wir bereits in Hapsal gehört, das damals allerdings noch nicht ganz aus seinem provinziellen Dornröschenschlaf erwacht war, wie man am Beispiel des anscheinend dem Verfall preisgegebenen Kurhauses sehen konnte. Heute erstrahlt dieses Schmuckstück, eine Holzkonstruktion aus Tschaikowskijs Tagen, als Hapsal ein beliebter Sommeraufenthalt der eleganten Petersburger Gesellschaft und der Komponist hier selbst zu Gast gewesen war, völlig restauriert wieder in seinem altem Glanz.

Auch in Pernau wurden die deutschen Investitionen angesprochen und ihr Ausbleiben bedauert – und dies mit größerer Berechtigung als in Narva; denn hier waren die Rahmenbedingungen schon wesentlich besser. Im Laufe der beiden zurückliegenden Jahre hatten sich aber immer deutlicher die vermutlichen Gründe für die von deutschen Investoren geübte Zurückhaltung herausgestellt: Das wiedervereinigte Deutschland war erst einmal stark mit sich selbst beschäftigt. Wenn darüber hinaus noch freie Kapazitäten für ein wirtschaftliches Engagement in den mittel- und osteuropäischen Transformationsländern zur Verfügung standen, dann lagen Tschechien, Ungarn, Polen und andere dem vor allem im deutschen Süden angesiedelten dynamischeren Teil unserer Industrie näher als das in deutschen Unternehmerkreisen wenig bekannte Estland – zumal diese traditionell „kleine Märkte" scheuen. Da half es wenig, daß dieser letztere Gesichtspunkt im Fall des freihändlerischen Estland, das zudem in nicht allzu ferner Zukunft in den europäischen Binnenmarkt integriert sein würde, für einen vorausschauenden Investor eigentlich keine Rolle hätte spielen dürfen. Die bereits durch ihre geographische Nähe begünstigten und sich durch eine größere Affinität auch zu kleineren Märkten auszeichnenden Finnen und Schweden konnten somit die sich vor allem in den ersten Jahren nach der Unabhängigkeit bietenden Chancen ziemlich konkurrenzlos nutzen. Doch auch im größeren Abstand zur Wiedervereinigung hat sich der deutsche Anteil an den gesamten Auslandsinvestitionen in Estland, der sich nach wie vor um die 3% bewegt, nicht verändert, so daß sich diese von uns damals gerne verwendete und in Estland auch auf Verständnis stoßende Erklärung im nachhinein als wohl weniger stichhaltig zu erweisen scheint.

Bei unseren Gesprächen in Pernau wurde auch der Wunsch nach mehr Deutschunterricht geäußert. Von einigen Deutschlehrerinnen, mit denen wir ebenfalls zusammentrafen, wurde uns dazu erklärt, daß der geringe Verdienst alle Lehrkräfte, die eine besser bezahlte andere Anstellung finden könnten, aus ihrem Beruf vertreibe, und so bereits ein empfindlicher Mangel an Deutschlehrern entstanden sei. Ob nicht Deutschland, wurde ich gefragt, anstatt eigene Lehrer nach Estland zu entsenden (was damals gerade begonnen hatte) die hierfür zur Verfügung stehenden Gelder wenigstens teilweise und auch nur vorübergehend, bis wieder bessere Zeiten kämen, zur Bezahlung estnischer Deutschlehrer verwenden könnte, zumal mit dem Gehalt eines entsandten Deutschen gleich mehrere (man sprach sogar von 10) Esten in ihrem erlernten Beruf gehalten werden könnten? Es wird noch die Rede davon sein, wie ich später mit einer dahin zielenden Initiative gescheitert bin.

Für die Rückfahrt nach Tallinn wählten wir den Weg entlang der Küste über *Tõstamaa* (Testama). Im Garten des ehemaligen Gutshauses, das als Schule die Zeiten überdauert hat – damals diente der Saal im ersten Stock noch als Turnhalle, wie wir an dort angebrachten Basketballkörben erkennen konnten, jetzt ist er restauriert – erinnert ein Gedenkstein an den letzten Besitzer, Alexander Baron Staël von Holstein, einen Vetter meiner Großmutter. Der Stein war anläßlich seines 50. Todestages im Sommer 1987 errichtet worden. Alexander Staël genoß unter Orientalisten international einen großen Ruf. Er baute später das *Sino-Indian Institute* der Universität Harvard in Peking auf, an deren Universität er bereits im Ersten Weltkrieg gelehrt hatte, und ist dort auch gestorben.

Auf unserer letzten Station, dem in einem Waldstück unweit der Kirche von *Karuse* (Karusen) gelegenen Friedhof, nahmen wir das Ergebnis der umfangreichen und hervorragend ausgeführten Renovierungsarbeiten an der Grabkapelle der Lealschen Wistinghausen in Augenschein, mit denen ich den Steinmetz Arne Joonsaar beauftragt hatte und die jetzt weitgehend abgeschlossen waren.

*

Am 18. Juni wurde in Tartu das 125jährige Jubiläum des I. Allestnischen Sängerfestes gefeiert, wo 1869 die Reihe dieser Großveranstaltungen ihren Anfang genommen hatte. Sie haben, zuerst in der Zeit des „nationalen Erwachens" des estnischen Volkes im 19. Jahrhundert und später zur nationalen Selbstbehauptung während der sowjetischen Herrschaft, in der Geschichte Estlands eine kaum zu überschätzende Bedeutung gehabt. Unsere Familie darf stolz darauf sein, daß meinem Urgroßvater Karl von Wistinghausen, damals ein hoher Beamter im russischen Staatsdienst in Reval, 1880 von estnischer Seite das ehrenvolle Amt eines Präsidenten des III. Sängerfestes, des ersten, das in Tallinn stattgefunden hat, angetragen worden war.

Mir selbst war es noch vergönnt, den bereits zu einer nationalen Legende gewordenen Hauptdirigenten vieler Sängerfeste Gustav Ernesaks persönlich zu erleben. Er war mein Tischnachbar während des Abendessens, das die Königin von Dänemark und Prinz Hendrik bei ihrem Besuch in Tallinn am 28. Juli 1992 an Bord des Kriegsschiffs „Fyen" gaben. Bereits deutlich vom Alter gezeichnet, konnte Ernesaks sich noch etwas auf Deutsch unterhalten. Nachdem er im Januar 1993 mit 84 Jahren gestorben war, verabschiedete sich Estland von ihm mit einem eindrucksvollen Staatsakt in der „Estonia", der mit der von Ernesaks komponierten und wie stets von allen stehend gesungenen heimlichen Nationalhymne der Sowjetzeit *Mu isamaa on minu arm* (Mein Vaterland ist meine Liebe) ausklang. Mit Präsident Meri und seiner Frau an der Spitze folgte danach eine große Menschenmenge seinem Sarg bis zur Sängerwiese in Katharinental und dann zum Waldfriedhof. Schon vor über 20 Jahren, als wir in Moskau auf Posten waren und Ernesaks dort einmal mit einem estnischen Chor auftrat, hatten wir uns hierfür extra Karten besorgt.

Nach dem Gottesdienst in der Petrikirche und der feierlichen Eröffnung des Sängerfestes an dem ihr gegenüberliegenden Gedenkstein formierte sich ein endlos langer Festzug zur Dorpater Sängerwiese (Abbildung 53). Dort verfolgten wir abends den Einzug der Chöre und lauschten ihnen in der hellen Sommernacht stundenlang. Wir saßen mit Herbert Masing, der mit Frau und Tochter aus Deutschland gekommen war und in Dorpat auch als Vorsitzender der Stiftung zum Wiederaufbau der Steinbrücke zu tun hatte, und Professor Tulviste zusammen, der erzählte, es seien über 15 000 Sänger gekommen, mehr als erwartet (Abbildung 54). An politischer Prominenz konnte ich allerdings nur Mart Laar mit Familie entdecken, doch der Staatspräsident war noch im Ausland. Das große Halbrund vor der Sängerbühne war mit Besuchern vollbesetzt; in dieser von herrlichem Chorgesang erfüllten Atmosphäre ungezwungener Fröhlichkeit fühlten wir uns – auch ohne besondere Freunde von Volksfesten zu sein – ganz einfach wohl. Erst am frühen Morgen kehrten meine Frau und ich nach Hause zurück.

*

Wenige Tage darauf war ich schon wieder in Dorpat, diesmal zur Einweihung eines gerade als Sitz des Staatsgerichtshofs renovierten Gebäudes auf dem dortigen Domberg. Als Präsident Meri vorfuhr, den eine zahlreiche Festversammlung, darunter Ministerpräsident Laar, erwartet hatte, öffneten sich die Türen des Hauses unter Fanfarenstößen, und wir folgten ihm und dem Vorsitzenden des obersten Gerichts Rait Maruste zu einem Festakt im großen Sitzungssaal. Der Staatspräsident sang ein hohes Lied auf die Gewaltenteilung und stellte die Verbindung zwischen ihr und der politischen Kultur eines Landes her, in die sich Estland noch einüben müsse. Während des anschließenden Empfangs war die Gelegenheit zu Glückwünschen gegeben. In meiner kleinen Rede gratulierte ich zugleich im Namen des Präsidenten des Bundesverfassungsgerichts und konnte eine von dort erfolgte Buchspende für die Bibliothek des Staatsgerichtshofs ankündigen, von dessen Kammern eine die Funktion eines estnischen Verfassungsgerichts hat; zugleich erinnerte ich an den Estland-Besuch von Professor Herzog im Oktober 1992, als dieser an den Beratungen über die neue Verfassung teilgenommen hatte.

Präsident Meri war auf dem Weg nach Lettland, wo er anläßlich des 75. Jahrestages der Schlacht von Wenden (*Cēsis*) mit Präsident Ulmanis am Ort des damaligen Geschehens verabredet war, und meinte, er habe noch einen anstrengenden Tag vor sich – auch im Hinblick auf die historische Einordnung dieses Ereignisses. In der Schlacht von Wenden zwischen dem 19. und 23. Juni 1919 waren während des Freiheitskrieges gegen die Bolschewiken die „Baltische Landeswehr" (eine aus Deutschbalten in Lettland gebildete Freiwilligenformation) und reichsdeutsche Freiwillige auf estnische Truppen und mit ihnen verbündete lettische Einheiten („Ulmanis-Truppen", so benannt nach Karlis Ulmanis, dem damaligen Ministerpräsidenten und Onkel des jetzigen Staatspräsidenten) getroffen und hatten eine schwere Niederlage erlitten. Diese von den Esten „Landeswehrkrieg" (*Landeswehri sõjast*) genannte unglückliche und von ihrem jüngsten deutschbaltischen Chronisten Berend von Nottbeck treffend als „baltischer Sündenfall" bezeichnete militärische Auseinandersetzung [84] hat auf lange Zeit die Atmosphäre zwischen Deutschen und Esten vergiftet, obwohl jene – anders als die Deutschen in Lettland – mit der in ihrem Fall „Baltenregiment" genannten Freiwilligenformation als Teil der estnischen Streitkräfte gemeinsam mit den Esten gegen die bolschewistischen Truppen kämpften und Estland von ihnen befreiten – was, wie der deutschbaltische Historiker Reinhard Wittram so schön sagt, „ein starkes Bekenntnis zum Lande war" [85]. Vor diesem hier nur grob skizzierten Hintergrund der komplizierten Vorgänge in der damaligen Umbruchszeit bemerkte ich zu Meri, jetzt sei immer nur von der bösen „Landeswehr" die Rede, worüber die so verschieden geartete Rolle des „Baltenregiments" ganz in Vergessenheit gerate. Der Präsident pflichtete mir bei und meinte, er werde dies auch zur Sprache bringen. Der estnische Teil der Feierlichkeiten aus diesem Anlaß bestand in diesem Jahr in einer Militärparade in Dorpat am Tage darauf, dem 23. Juni, der in Estland alljährlich in Erinnerung an eben die Schlacht von Wenden als „Siegestag" (*Võidupüha*) begangen wird. In seiner dabei gehaltenen Ansprache ging Präsident Meri dann ausführlich auf dieses Thema ein.

*

Gerade aus Dorpat zurück, trafen auch schon die ersten Teilnehmer an einer Tagung des Beirats der Estländischen Ritterschaft aus Deutschland ein, die über das verlängerte Johanni-Wochenende bei uns stattfinden sollte. Es war, wie wir bei der Eröffnung durch unseren Vorsitzenden Axel Freiherrn von Ungern-Sternberg feststellten, die erste Zusammenkunft der Estländischen Ritterschaft seit dem Jahre 1939 im Lande ihres Ursprungs und historischen Wirkens. In diesem Bewußtsein erörterten wir mit großem Ernst unser Verhältnis zum heutigen Estland und wie wir ihm mit unseren bescheidenen Möglichkeiten von Nutzen sein könnten.

An einem Nachmittag fuhren wir nach Kolk, Palms, Saggad, Viol und aßen dann im Krug von Altja zu Abend – für eine ganze Reihe unter uns war dies die erste Begegnung mit dem Land der Väter. Nachdem unsere Tagung mit dem sonntäglichen Gottesdienst in der Domkirche ausgeklungen war, starteten wir mit einigen ihrer Teilnehmer zu der bereits beschriebenen sechstägigen Radtour durch Westestland und auf die Inseln, zu der auch unser Sohn Magnus aus London gekommen war.

Schatten der Vergangenheit

Als wir während des Aufenthalts des Beirats der Estländischen Ritterschaft in Reval an einem Abend einige uns nahestehende Esten eingeladen hatten, wurde ich aus ihren Reihen darauf aufmerksam gemacht, daß Präsident Meri am Vortag in Dorpat eine bemerkenswerte Rede gehalten habe, in der erfreulicherweise zum ersten Mal das „Baltenregiment" und seine Rolle erwähnt worden seien. Rein Helme besorgte mir den, soweit wir feststellen konnten, in der estnischen Presse nicht veröffentlichten Redetext, so daß ich ihn in der Botschaft übersetzen lassen konnte.

Nach meinem Eindruck wollte Meri damals durch einen vorsichtigen Umgang mit den historischen Fakten seine Landsleute langsam an die geschichtliche Wahrheit heranführen, der sie seit mehreren Generationen entwöhnt worden waren. Ich zitiere aus Meris Rede die für das Verhältnis zwischen Esten und Deutschen relevanten Passagen:

Der heutige Tag ist keine Lobpreisung von Waffen. Der heutige Tag ist die Lobpreisung höherer Ideen, die stärker sind als irgendwelche Waffen.
Die Vergangenheit besitzt erst dann einen Wert, wenn sie sich von ihren Schlußfolgerungen ernährt und auf die Zukunft ausgerichtet ist. Dazu muß man aber die Vergangenheit kennen. Keine Mythen, sondern Fakten.
In Estland wird der Siegestag auf Anweisung von Konstantin Päts seit dem Jahre 1934 als Sieg über die Landeswehr begangen. Die Politiker haben

diesen Tag oft vereinfacht als Sieg über Deutschland oder wenigstens über die deutsche Armee dargestellt.

Die Wahrheit besteht aber darin, daß die demokratische Republik Estland niemals einen Sieg über das demokratische Deutschland errungen hat.

Und weiter:

Durch unseren Freiheitskampf, durch die demokratischen Umgestaltungen in Estland waren die Privilegien der hier lebenden deutschen Minderheit – des deutschen Adels – abgeschafft worden.

Niemand will freiwillig auf seine Privilegien verzichten. Zu dieser Überzeugung gelangten unsere Väter 1919, und dies spüren wir auch jetzt.

Zum Schutz ihrer Privilegien, zur Wiedererlangung der Privilegien gründeten die deutschen Barone die Landeswehr. Das war nicht die deutsche Armee, welche die demokratische Revolution durchlebt hatte. Dies war eine Privatarmee, welche die Selbständigkeit von Estland und Lettland bedrohte, die nicht länger als ein Jahr bestanden hatte. Die Gefahr für unsere Selbständigkeit war real.

Ich möchte vor allem gerecht sein.

Sieben Jahrhunderte haben wir mit den Deutschen Schulter an Schulter gelebt. Und das nicht nur mit Baronen, sondern auch mit Baumeistern, Ärzten, Anwälten, Klempnern, mit den gleichen Leuten, die ihre Ausbildung an der Universität in Tartu erhalten hatten. Diese hatten keine Privilegien. Sie vereinigten sich als Freiwillige im Baltenregiment und kämpften vorbildlich gegen den aus dem Osten vordringenden Bolschewismus. Das Baltenregiment verhielt sich Estland gegenüber loyal, verhielt sich ebenso während des Kampfes (der estnischen Armee) gegen die Landeswehr, und aus ihnen wurden loyale Bürger Estlands.

Diese Leute haben nie um Privilegien gekämpft. Das Baltenregiment kämpfte für einen Rechtsstaat, der gegen Privilegien ist [86].

Später im Jahr wurde dann im Hof des Präsidiums der Akademie der Wissenschaften auf dem Domberg das von den Sowjets zerstörte Denkmal für die 1918–1920 während des Freiheitskrieges gefallenen Angehörigen des „Baltenregiments" wiedererrichtet und am 23. Oktober 1994 enthüllt. Die Initiative hierzu war bemerkenswerterweise von estnischer Seite ausgegangen. Die Feier begann am Sonntagmorgen mit einem Gottesdienst in der Domkirche, den der vor kurzem emeritierte Erzbischof Pajula gemeinsam mit Dompastor Salumäe und dem aus Estland stammenden Pastor Hasselblatt hielt, der mit zahlreichen anderen Deutschbalten angereist war. Dieser predigte auch, und zwar in beiden Sprachen, nachdem zuvor Pajula seinen Begrüßungsworten eine deutsche Zusammenfassung hinzugefügt hatte. Hasselblatt fand die richtigen Worte für das jahrhundertelange Zusammenleben von Deutschen und Esten und ihren gemeinsamen Kampf gegen die Bolschewiken und stellte nicht ohne Bewegung fest, daß dies der erste offizielle deutsch-estnische Gottesdienst sei, der jemals in diesem alten, in seinen Anfängen in das 13. Jahrhundert zurückreichenden Gotteshaus stattgefunden habe. Auch Präsident Meri hatte es sich nicht nehmen lassen, zusammen mit seiner Frau in die Domkirche zu kommen. Anschließend begab man sich dann zu dem keine hundert Meter entfernten Denkmal, das nunmehr wieder an derselben Stelle steht, an der es 1928 errichtet worden war, als sich hier der Sitz der Deutschen Kulturselbstverwaltung befand. Als erster estnischer Redner sprach Ministerpräsident Laar, der wie alle anderen, die nach ihm sowohl von deutscher als auch estnischer Seite das Wort ergriffen, unter ihnen der Militärhistoriker und damalige Vorsitzende des Verteidigungsausschusses des *Riigikogu* Rein Helme, die gemeinsame Heimat, die Esten und Estlanddeutsche („Estländer") miteinander verbinde, in den Mittelpunkt seiner Betrachtungen rückte. Erzbischof Pajula weihte das Denkmal, an dem Abordnungen sowohl des estnischen Frontkämpferverbandes und des Denkmalschutzvereins als auch deutschbaltischer Organisationen Kränze und Blumen niederlegten. Danach gab es im großen Saal der Akademie der Wissenschaften in dem in den 1860er Jahren von dem Architekten Martin Gropius für die Grafen Ungern-Sternberg erbauten Haus, von dessen Balkon sich ein einzigartiger Blick auf die Altstadt und die Revaler Bucht bietet, einen Empfang für die etwa 200 Teilnehmer, der sich bis in den Nachmittag ausdehnte, und bei dem Herr und Frau Meri bis zum Schluß unter uns weilten. Das Ereignis fand in den estnischen Medien einen großen Widerhall, dessen Bedeutung wir darin erblickten, daß damit – ganz im Sinne des Präsidenten – ein weiterer Schritt getan wurde, um das in der sowjetischen Zeit mit antideutscher Tendenz verfälschte Geschichtsbild im Bewußtsein der Esten etwas zurechtzurücken.

*

Die Schatten der Vergangenheit legten sich im Sommer 1994 aber auch noch auf ein anderes Kapitel unserer gemeinsamen Geschichte. Am 9. Juli trafen sich im Nordosten Estlands an die 2 000 Veteranen aus aller Welt, die vor 50 Jahren im Juli/August 1944 auf deutscher Seite an der Schlacht in den „Blauen Bergen" (*Sinimäed*) zur Verteidigung der Narvafront gegen die Rote Armee teilgenommen hatten. Im Verlaufe dieser zwei Wochen dauernden Kämpfe waren auch etwa 10 000 Esten in deutscher Uniform gefallen. Im Mittelpunkt dieser Gedenkveranstaltung stand ebenfalls die Einweihung eines Gefallenendenkmals durch einen evangelischen Geistlichen. Außer dem Oberbefehlshaber der Streitkräfte Generalmajor Einseln waren als Repräsentanten des estnischen Staates der Verteidigungs- und der Kulturminister anwesend. Der Präsident hatte eine Grußbotschaft geschickt, die verlesen wurde. Auch deutsche ehemalige Teilnehmer an den Kämpfen waren offenbar angereist. Doch war die Botschaft von den Veranstaltern weder unterrichtet noch eingeladen worden, was wir damals als ein Zeichen politischen Taktgefühls angesehen haben. Auch dieses Ereignis fand in der estnischen Presse große Beachtung. Aber auch in Moskau war es registriert und vom Sprecher des russischen Präsidenten dahingehend kommentiert worden, man sollte sich daran erinnern, daß Estland 1944 von russischen Soldaten „befreit" worden sei; wenn die estnische politische Führung jetzt ehemalige SS-Soldaten willkommen heiße, dann könnte das „begründete Befürchtungen" wecken, daß die Menschenrechtsverletzungen in Estland eine neue Dimension annehmen werden. Dem trat das estnische Außenministerium am 20. Juli mit einer Presseerklärung entgegen, die ungeachtet der schwierigen Endphase, in der sich damals die Gespräche über den Truppenabzug befanden, aber vielleicht gerade auch deswegen, nichts an Deutlichkeit zu wünschen übrig ließ. Wegen ihrer grundsätzlichen Bedeutung wird diese Erklärung hier in ihrem vollen aus dem Englischen übersetzten Wortlaut wiedergegeben:

Am 9. Juli wurde in den Blauen Bergen im Nordosten Estlands der 50. Wiederkehr der Schlachten an der Narvafront gedacht. Ungefähr 2 000 Veteranen des Zweiten Weltkriegs aus Deutschland, Kanada, den USA, Belgien und Lettland hatten sich hier versammelt. Unglücklicherweise wurden von russischen offiziellen Kreisen und Massenmedien Erklärungen abgegeben und Positionen vertreten, die vor allem deswegen in hohem Maße irreführend sind, weil sie den Eindruck erwecken, als habe es sich bei diesem Treffen alter Soldaten um eine ausgesprochene Versammlung von SS-Veteranen gehandelt.

Für das estnische Volk gab es keinen wirklichen Unterschied zwischen den zwei fremden Besatzern ihres Staates. Estland versuchte, den Krieg zwischen den beiden Supermächten im Interesse der Wiederherstellung seiner Unabhängigkeit zu nutzen. Nach dem Molotov-Ribbentrop-Pakt und der anschließenden Okkupation und Annexion Estlands durch die Sowjetunion war die Souveränität Estlands *de facto* zerstört. Die Deportation zehntausender estnischer Bürger in unbewohnte Gebiete und Gefangenenlager in Rußland und die Ermordung eines großen Teils sowohl der Intellektuellen als auch der Offiziere waren der Auftakt zum Niedergang während der bolschewistischen Besetzung von 1940–1941. Um zu verhindern, daß sich das wiederholte, hatten die Esten keine andere Wahl, als ihren Boden zu verteidigen, ungeachtet der Uniform, die sie dabei tragen mußten. Letztendlich bestätigten sich die Befürchtungen: Auf die Wiederherstellung der Sowjetherrschaft folgten erneut Massendeportationen und Repression. Aber weil die Angriffe der Sowjetarmee an der Narvafront zum Stehen gebracht wur-

Abb. 27 Zusammentreffen mit dem künftigen Ministerpräsidenten Mart Laar nach dem Fest-
gottesdienst zur Amtseinführung von Präsident Lennart Meri am 6. Oktober 1992 vor
der Domkirche.

Abb. 28 Im Gespräch mit Präsident Meri auf dem von den Botschaftern Deutschlands und
Frankreichs am 4. Februar 1993 im Schwarzenhäupterhaus gegebenen Empfang an-
läßlich des 30. Jahrestages des Elysée-Vertrags. Im Hintergrund links der dänische
Botschafter Nordberg und rechts Protokollchef Unga.

Abb. 29 Austausch der Urkunden nach Unterzeichnung eines Investitionsförderungsvertrags mit Außenminister Velliste am 12. November 1992. Im Hintergrund von links Leiter der Wirtschaftsabteilung Priit Kolbre, Kanzler Alar Olljum, Deutschlandreferent Toivo Tasa und Botschaftsrat Bernd Borchardt.

Abb. 30 Weihnachtsfeier für kinderreiche Familien im Restaurant „Astoria" am 18. Dezember
1992. Marcie Gräfin Lambsdorff und Monique v. Wistinghausen verteilen Geschenke.

Abb. 31 Blick vom Domberg auf St. Olai und die Revaler Bucht. Natalie, Magnus und Christian v. Wistinghausen im Dezember 1992 auf Weihnachtsbesuch bei den Eltern.

Abb. 32 Nach der Unterzeichnung des Mietvertrags über die künftige Botschafterresidenz auf dem Domberg mit Ministerin Marju Lauristin am 15. Februar 1993.

Abb. 33 Präsident Meri empfängt Bundestagspräsidentin Prof. Dr. Rita Süßmuth am 19. Mai 1993 an seinem Amtssitz in Katharinental. Neben der Bundestagspräsidentin der Vorsitzende der Deutsch-Baltischen Parlamentariergruppe Prof. Dr. Wolfgang Freiherr v. Stetten (links) und sein Stellvertreter Reinhold Hiller (rechts).

Abb. 34 Bundeskanzler Kohl begrüßt Ministerpräsident Laar mit militärischen Ehren vor dem Bundeskanzleramt in Bonn am 28. Juni 1993.

Besuch von Bundespräsident und Frau v. Weizsäcker
in Estland am 11. und 12. Juli 1993

Abb. 35
Präsident Meri begrüßt den Gast bereits im Flugzeug. In der zweiten Reihe Frau v. Weizsäcker mit Protokollchef Unga.

Abb. 36 Dem Bundespräsidenten und seiner Delegation (rechts neben ihm Staatssekretär Meyer-Landrut) werden Mitarbeiter von Präsident Meri (Direktor der Präsidialkanzlei Professor Veiderma) und der Deutschen Botschaft (Botschaftsrat Borchardt) vorgestellt.

Abb. 37 Aufbruchsstimmung. Von rechts Meri, der Kunsthistoriker Kuuskemaa als Stadtführer, Staatssekretär Kastrup, Weizsäcker, Ministerpräsident Laar und der Verfasser.

Abb. 38
Von links Meyer-Landrut, Kuuskemaa, Meri, Weizsäcker, Botschafter Matsulevitš und Laar. Im Hintergrund die Stadtmauer mit dem Kanonenturm „Kiek in de Kök" (rechts).

Abb. 39
Der Bundespräsident mit Präsident Meri und Jüri Kuuskemaa in der Domkirche, wo an der Erhaltung der Wappenepitaphe deutschbaltischer Adelsgeschlechter gearbeitet wird.

Abb. 40 Die beiden Präsidenten vor der Kulisse des ehemaligen Gutshauses von Palms am 12. Juli 1993.

Abb. 41 Verteidigungsattaché Oberst i. G. Peter Kleist (1939-2003) und der Vorsitzende des Verteidigungsausschusses Rein Helme (1954-2003) auf einem Empfang an Bord des Segelschulschiffs „Gorch Fock" am 10. Mai 1993. In der Mitte Lawrence Kelly aus London.

Abb. 42 Bundesaußenminister Kinkel und Außenminister Velliste über den Dächern von Tallinn am 9. August 1993.

Empfang am 5. Oktober 1993 zum „Tag der Deutschen Einheit" im Schwarzenhäupterhaus

Abb. 43 Der Gastgeber begleitet Präsident Lennart Meri und seine Frau Helle Meri.

Abb. 44 Im Gespräch mit (von links) dem stellv. Protokollchef Valle Feldmann, der Journalistin Imbi Hepner und dem Journalisten Tarmu Tammerk. Im Hintergrund in der Mitte Andres Pajuste aus dem Außenministerium.

Einweihung des Deutschen Kulturinstituts in Tartu
am 21. April 1994

Abb. 45 Von links Kulturreferent Peter Sauer, der Dichter Ain Kaalep, die Geschäftsführerin des Instituts Maie Keek, Monique v. Wistinghausen, Kultursachbe-
arbeiterin Barbara Peterlechner und Dolmetscher Priit Relve.

Abb. 46 Frau v. Wistinghausen und Dr. Herbert B. Schmidt. In der Mitte (halb verdeckt) Dr. Claus Sommerhage (1950-2003).

Abb. 47 und 48   Einweihung der Residenz des deutschen Botschafters auf dem Domberg
                  am 25. Mai 1994.

Abb. 49 In Gegenwart von Staatspräsident Meri und seiner Frau weiht Bundesaußenminister
Kinkel die Botschafterresidenz ein.

Abb. 50 Meri mit den beiden Außenministern Luik und Kinkel. Links der französische Botschafter Jacques Huntzinger.

Abb. 51 Über diesem Festtag wacht die in Gestalt ihres Porträts heimgekehrte frühere Hausherrin Isabella Freifrau v. Ungern-Sternberg geb. Freiin v. der Pahlen a.d.H. Palms (Ölgemälde um 1900 von Sally v. Kügelgen). Der neue Hausherr, ihr Urenkelsohn, begrüßt den Bürgermeister von Tallinn Jaak Tamm (1950–1999) während Jaan Kross die Szene beobachtet.

Abb. 52 Diplomatenausflug auf die Insel Dagö (Hiiumaa). Die Missionschefs mit ihren Damen am 9. Juni 1994 in Großenhof (Suuremõisa) vor einem der schönsten der ehemaligen Herrenhäuser Estlands. Man beachte den britischen Botschafter, den Schotten Brian Low, im Kilt.

Das 125jährige Jubiläum des ersten Allestnischen Sängerfestes am 18. Juni 1994 in Dorpat

Abb. 53 Die Dorpater Sängerbühne.

Abb. 54 Gemeinsam mit Professor Tulviste, dem Rektor der Universität Tartu (zweiter von rechts), lauschen wir bis spätabends dem Chorgesang.

den, konnten Tausende von estnischen Wissenschaftlern, Intellektuellen und Persönlichkeiten des kulturellen Lebens dem kommunistischen Regime entkommen – in den Westen, wo sie in den folgenden Jahren die Doktrin von der estnischen Unabhängigkeit aufrechterhalten und fördern konnten, ihre Kultur zu erhalten und die Wissenschaften zu entwickeln vermochten. Die sowjetischen Truppen in den Blauen Bergen aufgehalten zu haben, hat wesentlich dazu beigetragen, daß die estnische Nationalkultur die 50jährige Okkupation überlebt hat.

Bei den Schlachten in den Blauen Bergen haben norwegische, dänische, holländische und flämische Soldaten Seite an Seite mit Esten gekämpft. Neben anderen Einheiten nahm daran auch die 20. Estnische Division teil. Obwohl diese Einheit der Waffen-SS unterstellt war, ist diese Division in keinerlei Repressionsmaßnahmen verwickelt gewesen. Wie andere estnische Soldaten in deutscher Uniform kämpften sie für die Unabhängigkeit Estlands und gegen den Bolschewismus.

Ein Zweck des Treffens war die gesellschaftliche Rehabilitierung der alten Soldaten, die in der deutschen Armee gekämpft hatten. Nach dem Krieg wurden sie gewöhnlich für lange Zeit in Gefangenenlager in entfernten Gebieten Sibiriens verschickt. Während der späteren Jahre der sowjetischen Okkupation waren sie ständiger Verfolgung ausgesetzt.

Die offizielle estnische Haltung ist klar: Der Zweite Weltkrieg wird erst vorbei sein, wenn die letzten Truppen aus Estland abgezogen sind. Estland macht zwischen Soldaten, deren Ziel ein freies und demokratisches Estland war, keinen Unterschied, selbst wenn sie auf entgegengesetzten Seiten gekämpft haben. Und schließlich haben auch in der sowjetischen Armee auf der anderen Seite der Front Esten gekämpft. Die Tragödie der estnischen Männer auf der anderen Seite hat Präsident Lennart Meri in seinen an die Versammlung gesandten Worten zum Ausdruck gebracht: „In den schwierigen Jahren des Zweiten Weltkriegs, als zwei totalitäre Staaten miteinander rangen, konnte Estland nicht unter eigener Flagge kämpfen. Es konnte nur gegen eine fremde Flagge kämpfen ... Den totalitären Supermächten gelang es, den einen Teil eines Volkes gegen den anderen in die Schlacht zu schicken".

Die Versammlung von Männern, die in verschiedenen Einheiten und Armeen gekämpft haben, ist ein Beweis für den Geist der Versöhnung, der Toleranz und der Zusammenarbeit, der heute in Europa vorherrscht.

Abschiede

Bald sollte sich in diesem Jahr zum dritten Mal die Wiedererlangung der Unabhängigkeit und damit auch das Eintreffen der ersten ausländischen Diplomaten in Estland jähren. Das bedeutete, daß von nun an mit den ersten Botschafterwechseln und anderen Abschieden zu rechnen war.

Den Anfang machte unser amerikanischer Kollege Bob Frasure, der künftig im *State Department* als *Deputy Assistant Secretary for European and Canadian Affairs* auch für die Beziehungen zu Deutschland zuständig sein würde. Damit begann ein Reigen von Abschiedsessen, den wir Mitte Juni mit einem solchen für ihn und seine deutsche Frau eröffneten. In den Reden, die aus diesen Anlässen gehalten wurden, erinnerten wir uns vor allem an die „heroischen" Anfangszeiten mit ihren Unterbringungsschwierigkeiten und langen Hotelaufenthalten, in denen diese erste Tallinner Botschaftergeneration zu einer recht engen kleinen Gemeinschaft zusammengewachsen war. Wenn auch noch frisch im Gedächtnis, schien das angesichts der rasanten Entwicklung, die Estland seitdem genommen hatte, bereits viel länger als nur drei Jahre zurückzuliegen. An diesem Abend hatten wir auch Carmen Schmidt eingeladen, die uns nach gut einjähriger Tätigkeit in der KSZE-Mission verlassen und nach Deutschland zurückkehren würde.

Bob Frasure war in Bonn auf Posten gewesen und konnte recht gut deutsch. Er war ein nachdenklicher, spekulativer Kopf, wollte in seinem Beruf etwas bewegen und hatte dazu bei den Verhandlungen über den Abzug der russischen Truppen in Tallinn auch Gelegenheit gehabt. Kurz wiedergesehen haben ihn die von uns, die damals noch auf ihrem Posten waren, als er Mitte März 1995 US-Vizepräsident Al Gore bei dessen Besuch in Tallinn begleitete. Wie er uns bei dieser Gelegenheit sagte, befaßte er sich jetzt bereits überwiegend mit dem Konflikt im früheren Jugoslawien. Am 19. August 1995 verunglückte er auf einer Dienstreise nach Sarajevo tödlich, als sein Fahrzeug am Berg Iman von der Straße abkam, in einen Abgrund stürzte und explodierte [87]. Mit einer bewegenden Feier nahm Estland am 22. August in der Revaler Heiliggeistkirche von unserem ehemaligen Kollegen, den wir alle in guter Erinnerung behalten hatten, offiziell Abschied. Während des Gottesdienstes würdigten der Staatspräsident, der Außenminister, der Doyen und Frasures Nachfolger als Botschafter seine herausragenden menschlichen Eigenschaften und großen beruflichen Fähigkeiten. Besonders ergriffen zeigte sich Präsident Meri, der den Verstorbenen in einem Kondolenzschreiben an Präsident Clinton als einen „guten Freund" bezeichnet hatte und jetzt die großen Verdienste hervorhob, die sich dieser um die Truppenabzugsverhandlungen erworben habe [88].

An einem der letzten Julitage verabschiedeten wir den französischen Kollegen Jacques Huntzinger und wenig später den britischen Kollegen Brian Low und seine Frau. Der Franzose war – wie im übrigen alle französischen Botschafter, die wir in Tallinn und danach erlebten – ohne seine Frau in Estland gewesen, die ihn nur ab und an besuchte und sich ansonsten in Paris um die Kinder kümmerte. Seinen Nachfolger Jacques Faure, im Unterschied zu Huntzinger ein Karrierediplomat, mit dem wir uns dann genauso gut wie mit diesem verstanden, sollte ich auf einer deutsch-französischen Botschafterkonferenz am 19./20. September 1994 in Paris kennenlernen. Ganz einfallsreich hatte man jeweils die beiden Botschafter, die Deutschland und Frankreich in einem Gastland vertraten, nebeneinander gesetzt. Das war in unserem Fall besonders praktisch, da der neue französische Botschafter Estland noch kaum kannte. So oblag es auch mir, Mart Laar in Schutz zu nehmen und den Konferenzteilnehmern die näheren Zusammenhänge zu erklären, als ihm von einem der hohen Beamten des *Quai d'Orsay* wegen seines Ausspruchs, der Vertrag vom 26. Juli 1994 bräuchte nach dem vollständigen Abzug der russischen Truppen nicht mehr ratifiziert zu werden, der politisch nicht ungefährliche Vorwurf gemacht wurde, er habe wohl noch nicht den zu den europäischen Grundprinzipien zählenden Satz *pacta sunt servanda* verinnerlicht – wofür mir Jacques Faure dankbar war. Wahrscheinlich war die Kritik an dem estnischen Ministerpräsidenten von mir auch etwas provoziert worden, muß ich zugunsten des französischen Mandarins hinzufügen. Denn als dieser in der Diskussion die Auffassung vertrat, die Mentalitäten der osteuropäischen Politiker müßten noch an westeuropäisches Niveau herangeführt werden, hatte ich mir erlaubt darauf hinzuweisen, daß dies in Estland weitgehend nicht mehr nötig sei, jedes Land vielmehr einzeln betrachtet werden sollte und nicht verallgemeinert werden dürfte.

Sehr bedauert haben wir die Versetzung des uns seit der Anfangszeit besonders verbundenen Brian Low. Er war – wie ihm zufolge die Mehrheit im *Foreign Office* – ein Schotte, und dies ganz bewußt, allerdings ohne die dieser Nation nachgesagten besonderen Eigenschaften, sondern im Gegenteil ausgesprochen großzügig. In Estland staunte man nicht schlecht, als er sich zum ersten Mal im *Kilt* zeigte, den er sich anläßlich der Ernennung zum Botschafter zugelegt und mit dem er dann stets großen Erfolg hatte (Abbildung 52). Er und Nikolaus Lambsdorff hatten ungeduldig die Eröffnung des ersten Golfplatzes in Estland erwartet, der dann relativ schnell nach der Unabhängigkeit in *Niitvälja* unweit Tallinn entstanden war. Mir stand Brian immer bei, wenn es während des anderthalbjährigen EU-Vorsitzes darum ging, einen nicht nur sprachlich einwandfreien, sondern auch in der geschliffenen Diktion der britischen Diplomatie verfaßten Text für die jeweilige Präsidentschaft zu produzieren.

Im Juli 1994 wurde auch mein ständiger Vertreter, Botschaftsrat Bernd Borchardt, versetzt, auf dessen Schultern die ganze Last der deutsch-estnischen Wirtschaftsbeziehungen geruht und der sich zu einem großen Kenner des estnischen Wirtschaftslebens entwickelt hatte. Ihm folgte auf diesem Posten Anfang August Legationsrat Erster Klasse Ulrich Peitz.

Schließlich hatte auch für unseren Verteidigungsattaché Oberst i. G. Peter Kleist die Stunde des Abschieds geschlagen. Sein Nachfolger wurde Fregattenkapitän Christian von Hobe. Mit Oberst Kleist hatten wir seit 1992 die umfangreichen Materiallieferungen aus den Beständen der ehemaligen NVA an Estland organisiert und die Grundlagen der verteidigungspolitischen Zusammenarbeit geschaffen. Die große Wertschätzung, die dieser tüchtige Offizier auch bei den Esten genoß, zeigte sich auf dem Abschiedsempfang, den ich ihm am 16. August gab. Alle waren sie gekommen: Der Innen- und der Verteidigungsminister, der Oberkommandierende der Streitkräfte und der Chef des Grenzschutzes. Zuvor hatten wir bei einer Feierstunde auf einem Militärgelände in Tallinn das – mit Ausnahme der beiden Küstenwachboote, die erst im September eintrafen – mittlerweile vollständig in Estland angekommene NVA-Material symbolisch Innenminister Arike übergeben und damit auch einen schönen Schlußstrich unter die Tätigkeit von Oberst Kleist ziehen können – insgesamt handelte es sich neben den beiden Flugzeugen um 170 Kraftfahrzeuge, 77 Anhänger und 416 Tonnen Material unterschiedlichster Art, für dessen Transport allein 33 Eisenbahnwaggons benötigt worden waren.

Mir selbst wurde während der Ferien in Bonn gesagt und dann von Staatssekretär Kastrup auf der Pariser Botschafterkonferenz bestätigt, ich könnte voraussichtlich noch ein Jahr bleiben, nachdem in diesem Sommer eine zeitlang das Damoklesschwert einer Versetzung in die Zentrale über mir geschwebt hatte.

Der Untergang der „Estonia"

Am 28. September – wir waren wenige Tage zuvor via Travemünde über die Ostsee aus Deutschland zurückgekehrt und voller Freude, wieder in Tallinn zu sein, wo wir uns so wohl fühlten – weckte uns um 6.30 Uhr ein Telefonanruf aus dem Lagezentrum des Auswärtigen Amts. In der Nacht sei das estnische Fährschiff „Estonia" auf seiner Fahrt von Tallinn nach Stockholm gesunken und ich würde gebeten, Bonn so schnell wie möglich über das Schicksal eventueller deutscher Passagiere zu unterrichten. Als erstes nahm ich mit dem schwedischen Kollegen Lars Grundberg Verbindung auf, der bereits im Hafen gewesen war und dabei sehr kameradschaftlich auch die Namen einiger Personen mit vermutlich deutscher Staatsangehörigkeit notiert hatte. Später kondolierte ich Präsident Meri, der einen nationalen Trauertag angeordnet hatte, in einem Telefongespräch zu dieser über Estland hereingebrochenen Katastrophe. Ihr ganzes Ausmaß stellte sich dann im Laufe dieses mit hektischen Nachforschungen ausgefüllten Tages heraus, zu denen unsere Botschaft in Helsinki allerdings mehr beitragen konnte als wir, da die Rettungsaktion von den Behörden Finnlands als dem der Unglücksstelle am nächsten gelegenen Küstenland geleitet wurde. 852 von 989 Passagieren waren umgekommen, die meisten von ihnen Schweden (501) und Esten (284). Von den 8 an Bord befindlichen Deutschen konnten 3 gerettet werden [89].

Es war das größte zivile Schiffsunglück aller Zeiten in der Ostsee. Bei den Esten weckte es darüber hinaus Erinnerungen an die Ereignisse vor genau 50 Jahren, als im September 1944 Tausende ihrer Landsleute vor der einrückenden Roten Armee über das Wasser nach Schweden geflohen und dabei viele in der stürmischen See umgekommen waren. In dem kleinen Estland, und insbesondere in seiner Hauptstadt, gab es kaum jemanden, der nicht einen ihm nahestehenden Menschen oder zumindest einen Bekannten verloren hatte. Präsident Meri sprach von der größten nationalen Tragödie seit der letzten sowjetischen Massendeportation im März 1949.

Mit der „Estonia" waren ihre beiden Kapitäne untergegangen, denn auch der nicht Dienst habende Avo Piht hatte die Überfahrt mitgemacht. Ihn hatte ich 1992 auf einer Schiffsreise nach Rostock, als er noch Kapitän auf der „Transestonia" war, als einen ungemein sympathischen, damals so um die 40 Jahre alten Mann kennengelernt, der mir, seinem einzigen Passagier, stundenlang von seinen Erfahrungen in der sowjetischen Handelsmarine erzählte. Er stammte von der Insel Oesel und war der Sohn eines Fischers oder Schiffskapitäns, weswegen er es als ein kleines Wunder bezeichnete, daß er es geschafft hatte, zu Sowjetzeiten überhaupt zur Ausbildung als Handelsschiffskapitän zugelassen zu werden. Deutlich erinnere ich mich seiner und seiner Frau als eines eleganten Paares auf den Empfängen zu unserem Nationalfeiertag. Besonders tragisch war in seinem Fall, daß er zuerst als gerettet gemeldet worden war, weil man ihn auf einem Foto entdeckt zu haben glaubte, dann aber nie aufgetaucht ist, so daß sich bald allerlei Gerüchte um seinen vermeintlichen Verbleib zu ranken begannen.

Am Tage nach dem Unglück versammelten sich nachmittags auf Initiative der Stadt Tallinn die Menschen auf der ehemaligen Bastion vor der Großen Standpforte und der „Dicken Margarete" (*Paks Margareeta*) zu einer Gedenkstunde. Von hier aus bietet sich ein Blick auf den nahegelegenen Hafen und das Meer, und durch dieses Stadttor führte in früheren Zeiten die Hauptverbindung zwischen Stadt und Hafen. Zusammen mit dem schwedischen Kollegen, dessen Land die meisten Opfer zu beklagen hatte, brachten wir Botschafter Blumen zu einem großen weißen Holzkreuz, nachdem zuvor der Staatspräsident einen Kranz niedergelegt und eine erste symbolische Kerze angezündet hatte. Dazu spielte ein Posaunenchor Kirchenmusik. Kein Wort wurde gesprochen.

Als ich am Abend Präsident Meri auf einem diplomatischen Empfang begegnete und ihm gegenüber – noch ganz unter dem Eindruck dieses stillen Gedenkens eines trauernden Volkes – bemerkte, in solchen Momenten eines über sie gekommenen gemeinsamen Unglücks, wenn sie alle zusammenstünden wie ein Mann, zeige sich die ganze Stärke der Esten, während im Alltag gerne jeder gegen jeden agierte, meinte Meri nachdenklich, daß ihnen das Korsett der russischen Truppenpräsenz eines Tages noch fehlen werde ... Als dann aber zu einem am nächsten Tag in der „Estonia" stattfindenden Trauerkonzert, bei dem Präsident Meri und der im Sommer gewählte neue Erzbischof Kiivit sprachen, kein einziges Regierungsmitglied erschien, wurde meine Beobachtung schnell wieder relativiert – war das bereits ein Zeichen der 1991 angebrochenen neuen Zeit? So fragte ich mich damals. Meri jedenfalls zeigte sich über diese Teilnahmslosigkeit tief enttäuscht. Wiederum einen Tag später wurde in der jetzt für die kleine schwedische Gemeinde notdürftig hergerichteten früheren Michaeliskirche in der Ritterstraße (*Rüütli*), die bisher als Turnhalle gedient hatte, ein Gottesdienst gehalten, an dem meine Frau und ich ebenfalls teilnahmen. Zur gleichen Stunde wurde in Stockholms *Storkyrkan* in Anwesenheit auch des estnischen Staatspräsidenten der Opfer der Schiffskatastrophe gedacht.

Anders als in den 1940er Jahren nahm diesmal die Welt aber Anteil an dem Unglück Estlands. Von überall trafen Bekundungen des Mitgefühls und der gemeinsamen Trauer ein. Zur Kenntnis genommen wurde in Estland auch, daß es international in den Medien noch nie zuvor auch nur annähernd so viel Aufmerksamkeit erfahren hatte, als in den Tagen nach dem Untergang der „Estonia".

In die jetzt beginnende Suche nach den Ursachen des Unglücks mischten sich bald erste Stimmen der Kritik. Unterwasseraufnahmen des Wracks ergaben, daß das Bugvisier der Fähre abgerissen war und dies der unmittelbare Grund für ihren Untergang in kürzester Zeit gewesen sein mußte. Vor allem aus Schweden kamen heftige, die seemännischen Fähigkeiten der estnischen Besatzung infrage stellende Vorwürfe. So habe der Kapitän ungeachtet schweren Sturms und hohen Wellengangs die Fahrt mit unverminderter Geschwindigkeit fortgesetzt. Dabei taten sich die Seemannsgewerkschaften sowohl in Schweden als auch in Finnland hervor, denen in Estland sogleich Konkurrenzneid wegen der geringeren Löhne auf den estnischen Ostseefähren entgegengehalten wurde. Diese Vorwürfe verletzten in Estland, wo man auch um sein internationales Ansehen und wegen möglicher wirtschaftlicher Folgen besorgt war, tief. Die estnisch-schwedischen Beziehungen haben hierunter jahrelang gelitten, wenn auch später darüber nicht mehr viel gesprochen wurde. Dies schlug sich namentlich in einem Rückgang des Tourismus aus Schweden nieder.

Kurz vor dem Untergang der „Estonia" war in Schweden die bürgerliche Regierung abgewählt worden und Ministerpräsident Bildt – der in den zurückliegenden Jahren eine, durch die Zeitumstände begünstigte besonders rührige Baltikumpolitik betrieben hatte – mußte wieder einem Sozialdemokraten Platz machen. Weniger als einen Monat nach dem Unglück besuchte die neue Außenministerin Hjelm-Wallén auf ihrer – wie von der estnischen Politik aufmerksam vermerkt wurde – ersten Auslandsreise nach einem Zwischenaufenthalt in Helsinki am 18./19. Oktober Tallinn. Wie tief die durch die Schiffskatastrophe im bilateralen Verhältnis entstandenen Verletzungen empfunden wurden, konnten wir miterleben, als sie in einer Grundsatzrede im Rathaus vor einem Publikum von Politikern und Diplomaten beinahe die Hälfte der Zeit auf dieses Thema verwendete und die Esten auch der künftigen Solidarität Schwedens versicherte, das seine Zusammenarbeit mit ihnen noch verstärken werde. Die Betonung der Kontinuität der schwedischen Außenpolitik gegenüber Estland hatte seinen Grund auch darin, daß zuvor eine Äußerung des neuen Ministerpräsidenten Carlsson, in der er sich zur traditionellen schwedischen Neutralitätspolitik bekannte, in Tallinn für Aufsehen gesorgt hatte. Denn in estnischen Ohren mußte dies wie ein Abrücken von der Aussage seines Vorgängers klingen, der davon gesprochen hatte, bei einer russischen Aggression gegen die baltischen Staaten könnte Schweden nicht unbeteiligt bleiben – Grund genug für die Außenministerin, dies auch in einer späteren Pressekonferenz nochmals zurechtzurücken.

Die von den Ministerpräsidenten Estlands, Finnlands und Schwedens, die noch am Tage des Unglücks zusammengetroffen waren, eingesetzte Untersuchungskommission tat sich dann vor diesem Hintergrund auch schwer. Das geht schon daraus hervor, daß es über drei Jahre dauerte, bis sie sich nach vielem Auf und Ab in ihrer Tätigkeit auf einen Schlußbericht einigen konnte. Dieser aber gab dann beinahe alle Schuld der deutschen Werft, auf der die Fähre 1980 gebaut worden war und sparte estnisches, finnisches und schwedisches Versagen fast ganz aus. Der Untersuchungsbericht ist daher auch von Fachleuten vieler Ungereimtheiten wegen kritisiert worden. Um einen Schlußstrich unter Forderungen aus den Reihen vor allem von Hinterbliebenen schwedischer Opfer nach einer Hebung des Wracks zum Zwecke weiterer Untersuchungen zu ziehen, haben die drei Länder bereits 1995 ihren Staatsangehörigen zur Wahrung der Totenruhe unter Strafe verboten, sich dem in internationalen Gewässern liegenden Wrack zu nähern.

Auf seiner Herbstsitzung 1994 beschloß der Beirat der Estländischen Ritterschaft, in einem besonders gravierenden Fall den Angehörigen eines der estni-

schen Opfer zu helfen. Wir entschieden uns für die Witwe eines Wissenschaft-
lers, der auf dem Weg nach Stockholm gewesen und die mit vier minderjähri-
gen Kindern zurückgeblieben war. Als sie Anfang Dezember mit ihrer ältesten
Tochter zu mir in die Botschaft kam, fiel es ihr zuerst nicht leicht, das Angebot
anzunehmen. Sie ist dann so lange unterstützt worden, bis die Versicherung mit
den Schadensersatzzahlungen begann.

Von Laar zu Tarand

Die Zerfallserscheinungen der nur noch von einer Minderheit im Parlament getragenen Regierung Laar hatten sich den Sommer über fortgesetzt. Nachdem
der Ministerpräsident sein Kabinett durch die *Isamaa*-Mitglieder Enn Tupp (Verteidigung) und Urmas Arumäe (Justiz) sowie Peeter Olesk (Kultur und Erziehung) von der Nationalen Unabhängigkeitspartei (der sein Amt als Minister für
ethnische Fragen vorerst beibehielt) und Andres Lipstok (Finanzen) von den
Liberaldemokraten (ungeachtet der Tatsache, daß sich seine Partei nicht länger
an der Regierung beteiligte) gerade wieder komplettiert hatte, verließen Ende
Juni zuerst die Konservativen und dann die Republikaner die Vaterlandspartei,
so daß nur noch die Christdemokraten übrigblieben. Zusammen mit einigen
Christdemokraten, die sich ebenfalls von *Isamaa* trennten, schlossen sie sich im
Riigikogu zu einer eigenen Fraktion der „Rechten" (*Parempoolsed*) unter dem
Vorsitz von Karin Jaani zusammen. Damit fanden sich alle, die Mart Laar den
Isamaa-Vorsitz streitig gemacht hatten, unter einem gemeinsamen Dach wieder,
unter dem sie auch bei den nächsten Parlamentswahlen anzutreten gedachten.
Jüri Luik, einst ein Gründungsmitglied der Republikaner, blieb *Isamaa* aber treu
und behielt das in dieser Endphase der Verhandlungen über den Abzug der rus-
sischen Truppen besonders wichtige Amt des Außenministers bei.

Da unterminierte der „Rubelskandal" die Position von Laar noch weiter. Am 2.
September mußte er in einer Verlautbarung des Währungsreformausschusses,
dessen Vorsitz er von Amts wegen innehatte und dem außerdem Zentralbankchef Kallas und der Regierungsberater Professor Hansson angehörten, zugeben, daß ein kurz zuvor von der oppositionellen Koalitionspartei seines Vorgängers im Amt des Ministerpräsidenten, Tiit Vähi, aufgedecktes Geschäft mit
den aus der Währungsreform vom Juni 1992 stammenden Rubelscheinen
tatsächlich stattgefunden hatte, das von ihm gerade noch öffentlich in Abrede
gestellt worden war.

Nach allem, was damals zu erfahren war, stellte sich die Sache folgender-
maßen dar: Bei der Währungsumstellung waren Rubelbanknoten im Wert von
2,3 Milliarden (nach damaligem Kurs knapp 19 Millionen US-Dollar) gegen est-

nische Kronen umgetauscht worden. Anstatt diese Rubel wie vereinbart der russischen Staatsbank als ihr Eigentum zurückzugeben, verblieben sie in der estnischen Zentralbank. Da der Rubel immer weniger wert wurde, entschloß sich der Währungsreformausschuß unter Vorsitz von Laar im Dezember 1992, den größten Teil dieser Rubelscheine über estnische Mittelsmänner gegen US-Dollar zu verkaufen (der Rest der Banknoten wurde im Sommer 1993 verkauft). Der erzielte Erlös in einer Höhe von jetzt nur noch 1,9 Millionen US-Dollar, was damals 25 Millionen Kronen entsprach, war aber offenbar niemals im ordentlichen Staatshaushalt aufgetaucht, so daß sich erst einmal die Frage nach seinem Verbleib stellte. Zum anderen wurde der Regierung von der Koalitionspartei vorgerechnet, die Rubel hätten bei dem damaligen Wechselkurs für 35 Millionen verkauft werden können, so daß sich die weitere Frage nach dem Verbleib der Differenz von 10 Millionen Kronen stellte. Laar bestritt, daß den Mittelsmännern irgendwelche Kommissionen bezahlt worden waren und behauptete, mehr sei eben für die Rubel nicht zu erlösen gewesen. Auch weigerte er sich mitzuteilen, an wen die Banknoten verkauft worden waren. Doch pfiffen es bald die Spatzen von den Dächern, daß es sich um Tschetschenien gehandelt habe. Laar gab aber zu, daß er vorsätzlich mit der Wahrheit zurückgehalten hatte, als er Ende August 1994 nach dem Rubelgeschäft gefragt worden war, da er befürchtet habe, andernfalls den Abzug der letzten russischen Truppen aus Estland zu gefährden. Zugleich warf er seinem politischen Widersacher Vähi vor, einen besonders ungünstigen Moment für die Aufdeckung des Rubelgeschäfts gewählt zu haben. Die ganze Angelegenheit ist meines Wissens nie völlig aufgeklärt worden.

Die Vorgänge um das Rubelgeschäft brachte bei den von Marju Lauristin geführten Sozialdemokraten und der Landzentrumspartei von Ivar Raig, die im Parlament die Fraktion der „Gemäßigten" bildeten und mit Laar auch sozialpolitische Meinungsverschiedenheiten hatten, das Faß zum überlaufen. Sie kündigten nacheinander die Koalition auf und forderten den Rücktritt des Ministerpräsidenten. Nachfolger von Frau Lauristin als Sozialminister wurde ihr bisheriger Staatssekretär Toomas Vilosius, obwohl auch er den Liberaldemokraten angehörte, die bereits die Regierungskoalition verlassen hatten. Nunmehr fand sich Laar auch tatsächlich und nicht nur rechnerisch an der Spitze einer Minderheitsregierung wieder, die sich nur noch auf die christdemokratischen Reste der Vaterlandspartei und die Nationale Unabhängigkeitspartei stützen konnte. Dennoch lehnte er einen Rücktritt ab, nachdem ihm der Parteivorstand von *Isamaa* den Rücken gestärkt hatte. Zurücktreten werde er nur, sollte der *Riigikogu* seiner Regierungspolitik zuwiderlaufende Gesetze verabschieden. Ansonsten weiche er nur, wenn ihm das Mißtrauen ausgesprochen werde – schon um die Verantwortlichkeiten klar zu machen.

Am 26. September kam es dann zum Schwur. Als über ein von Abgeordneten sowohl der Opposition als auch aus den Reihen der bisherigen Koalition eingebrachtes Mißtrauensvotum auf Antrag der Regierung noch am gleichen Tage abgestimmt wurde, ergab die Auszählung, daß es diesmal, bald 10 Monate nach dem ersten Versuch, gelungen war, die Regierung von Mart Laar zu stürzen: 60 Abgeordnete stimmten für den Antrag, 27 dagegen und einer enthielt sich. Angeführt worden war diese sich auf die Person von Laar konzentrierende Attacke diesmal von den Royalisten, die bisher eine eher ausgleichende Rolle zwischen Regierung und Opposition gespielt hatten und häufiger Mehrheitsbeschaffer für jene gewesen waren. Offiziell begründet wurde der Mißtrauensantrag mit „Mißmanagement von Staatsgeschäften", ohne daß von seinen Einbringern allerdings ein alternatives Regierungsprogramm und ein Kandidat für die Nachfolge vorgestellt worden wäre. Laar erklärte daraufhin im Parlament, er werde bis zur Bildung einer neuen Regierung weitermachen und den Präsidenten nicht um vorgezogene Neuwahlen bitten. Im übrigen gestand er ein, daß unter seiner Regierung Fehler gemacht worden seien, und zwar zu Beginn, als schnell Entscheidungen zu treffen waren, Risiken hätten eingegangen werden müssen und er und seine Mannschaft noch unerfahren gewesen wären – *it was a dirty job, but someone had to do it* lautete sein Fazit auf Englisch. Aber Estland habe sich in den zwei Jahren seiner Amtszeit auch so zum Positiven verändert, daß es nicht wiederzuerkennen sei.

Dem konnte man als auswärtiger Beobachter, der die Entwicklung von Anfang an miterlebt hatte, nur zustimmen. Für uns war der Sturz des mit seiner Reformpolitik so erfolgreichen aus den ersten Wahlen im wieder freien Estland hervorgegangenen Ministerpräsidenten ohnehin nur schwer nachzuvollziehen, auch wenn wir die im wesentlichen auf seinen persönlichen Führungsstil und nicht die Inhalte seiner Politik zurückgehenden Gründe natürlich kannten – und nach meinen damaligen Wahrnehmungen ging es auch einer ganzen Reihe von Esten so. Die Meinungsumfragen vermittelten allerdings ein anderes Bild, obwohl sie sich ironischer Weise gerade zum Zeitpunkt des Mißtrauensvotums für Laar wieder verbessert hatten. Zu den schlechten Umfragewerten trug eine ihm gegenüber überkritisch eingestellte estnische Presse bei, die den Leistungen seiner Regierung nicht gerecht wurde. Als ich damals mit Jaan Kross und Ellen Niit darüber sprach, bewerteten sie Mart Laar und seine Amtszeit alles andere als negativ und sagten voraus, er werde auch künftig noch eine Rolle in der estnischen Politik spielen. Präsident Meri hingegen kritisierte an ihm, mit einem für eine Koalitionsregierung ungeeigneten konfrontativen Führungsstil erreicht zu haben, daß die politische Rechte in sich zerstritten sei und keine ins Gewicht fallende Größe mehr darstelle – wären jetzt Wahlen, würde die Linke gewinnen. Ich jedenfalls bedauerte Laars Niederlage und war der Ansicht, daß ihm – der nebenbei bemerkt auf die längste Amtszeit eines demokratisch gewählten Regierungschefs in der estnischen Geschichte überhaupt, und dazu noch als jüngster in Europa zurückblicken konnte – schon jetzt ein ehrenvoller Platz in der Geschichte Estlands sicher sei.

Nunmehr war der Staatspräsident am Zug, um dem Parlament einen Kandidaten für die Wahl zum neuen Ministerpräsidenten vorzuschlagen, und hatte dazu nach der Verfassung zwei Wochen Zeit. Die von ihm zu diesem Zweck zu führenden Gespräche wurden aber erst einmal durch das Unglück unterbrochen, das Estland zwei Tage nach dem Mißtrauensvotum mit dem Untergang der „Estonia" getroffen hatte. Als wir am 3. Oktober den alljährlichen Empfang zu unserem Nationalfeiertag erstmals in der neuen Residenz auf dem Domberg gaben, die sich auch hierfür prächtig eignete, schien der vorläufig weiter amtierende Ministerpräsident mit dem Lauf der Dinge so unzufrieden gar nicht zu sein. Mart Laar setzte mir auseinander, daß er sich für die Parlamentswahlen im März 1995 eine bessere Ausgangsposition verspreche, würde er erst einmal von dem Amt des Regierungschefs „entlastet" sein. Doch fürchte er auch vorgezogene Wahlen nicht, sollte es zu solchen kommen, falls der Kandidat Meris im *Riigikogu* nicht die erforderliche Mehrheit erhalten werde. Allerdings zöge er es vor, wenn das Parlament die volle dreijährige Legislaturperiode zusammenbliebe, da andernfalls eine Reihe von Gesetzesvorhaben aufgeschoben werden müsse und dies Estland in seinem Reformprozeß nach seiner Einschätzung um ein Jahr zurückwerfen könne – ein, wie ich fand, eigentlich doch recht patriotischer Standpunkt, der nicht so recht zu dem von ihm in der Öffentlichkeit vermittelten Bild passen wollte, selbst wenn er unter wahltaktischen Gesichtspunkten nicht ganz uneigennützig war.

Am 10. Oktober schlug Präsident Meri den damals 46jährigen Präsidenten der *Eesti Pank* Siim Kallas zum nächsten Regierungschef vor, nachdem er die vollen ihm hierfür zur Verfügung stehenden zwei Wochen in Anspruch genommen hatte. Dies ließ auf intensive Gespräche mit den verschiedenen im Parlament vertretenen politischen Kräften schließen, nach denen sich Meri dann doch für Kallas entschied, der von Anfang an als sein Wunschkandidat gegolten hatte. Kallas gehörte damals keiner Partei an, war aber Gründungsmitglied der das erfolgreiche neu entstehende estnische Unternehmertum repräsentierenden „Vereinigung der Steuerzahler", die einen betont marktwirtschaftlichen Kurs propagierte. So sprach sich Kallas in seiner Programmrede vor dem Parlament denn auch für die Fortsetzung der bisherigen Regierungspolitik aus. Diese Kontinuität schien letztendlich auch Meri zu seiner Nominierung bewogen zu haben; zumindest konnte eine von ihm aus diesem Anlaß verbreitete Erklärung so verstanden werden, in der es hieß, die Auswahl von Kallas sei durch die Notwendigkeit bestimmt gewesen, „die internationale

Glaubwürdigkeit Estlands als eine lebensnotwendige Garantie für seine Unabhängigkeit" aufrechtzuerhalten.

Die nicht nur programmatische Nähe von Kallas zu Regierung und Person von Ministerpräsident Laar, zu dem er – wie allgemein bekannt war – engere Beziehungen unterhielt, wurde dann als die hauptsächliche Ursache dafür angesehen, daß er bei der Abstimmung im Parlament am 13. Oktober unterlag. Die Niederlage fiel mit 55 zu 40 Stimmen unerwartet deutlich aus (mit 100 anwesenden Abgeordneten war der *Riigikogu* wie selten zuvor nahezu vollständig versammelt, 5 Abgeordnete stimmten nicht ab). Die Ankündigung, er strebe das Amt für länger (und nicht nur bis zu den nächsten Wahlen) an, dürfte aber der tiefere Grund dafür gewesen sein, daß Kallas die selbst an die Macht drängenden Oppositionspolitiker Vähi (Koalitionspartei) – der als einer der von Meri in Erwägung gezogenen Kandidaten im Gespräch gewesen war – und Savisaar (Zentrumspartei) gegen sich hatte. Denn diese, die in der Debatte auch gar keine konkreten Alternativen zur Regierungspolitik aufgezeigt hatten, wollten sich durch Kallas, der als ein starker Mann galt, nicht den Weg zur Übernahme eigener Regierungsverantwortung blockieren lassen (ein Mitglied der Zentrumspartei, Kalev Kukk, der gegen die Fraktionsdisziplin verstieß und für Siim Kallas stimmte, wurde daraufhin aus der Fraktion ausgeschlossen). Die Gruppe der Abgeordneten, die dann gegen Kallas stimmte, war folgerichtig mehr oder weniger mit der identisch, die zuvor Laar gestürzt hatte.

Die Niederlage seines Kandidaten war indirekt auch eine für Präsident Meri, der sich offenbar verkalkuliert hatte. Laar aber blieb weiter Regierungschef.

*

Nachdem ich am Vormittag noch im *Riigikogu* gewesen war, als Kallas den Abgeordneten Rede und Antwort gestanden hatte, fuhren meine Frau und ich mit Herrn Relve am selben Tag nach Dorpat, wo nachmittags ein Kolloquium für die „Humboldtianer" im Baltikum, also die ehemaligen Stipendiaten der Alexander von Humboldt-Stiftung, in Anwesenheit ihres legendären Generalsekretärs Dr. Pfeiffer und seines designierten Nachfolgers, unseres Kollegen Dr. Osten, eröffnet wurde, für die wir abends im Deutschen Kulturinstitut einen Empfang gaben. Auf der Fahrt nach Dorpat hörten wir, wenige Minuten nach 14 Uhr, über das Autoradio, daß der Nobelpreis für Literatur an einen Japaner und wieder nicht, wie wir in Estland alle hofften, an Jaan Kross vergeben worden war. Abends meinte Jüri Kivimäe dann, auch er wie Aaviksoo und andere Dorpater Professoren ein „Humboldtianer", Estland habe an diesem Tage gleich zwei Niederlagen erlitten.

*

Die Reihe war nun wieder am Präsidenten. Allgemein wurde angenommen, daß er nach den gerade mit Kallas gemachten Erfahrungen, und da auch die Opposition offenbar nichts von vorgezogenen Wahlen wissen wollte, einen Kompromißkandidaten ohne weitergehende eigene politische Ambitionen als Übergangslösung nominieren werde. Nachdem sich das Personenkarussell in der Meri jetzt zur Verfügung stehenden einen Woche täglich neu gedreht hatte, blieb es schließlich bei dem bisherigen Umweltminister Andres Tarand stehen. Am 20. Oktober schlug ihn Meri dem *Riigikogu* vor.

Der 54jährige Tarand war bereits bei der ersten Kandidatenauswahl im Gespräch gewesen, hatte damals aber abgelehnt. Jetzt erklärte er sich bereit, diese Aufgabe zu übernehmen. Von Hause aus Wissenschaftler – Geograph und viele Jahre am Tallinner Botanischen Garten tätig, zuletzt als dessen Direktor – bis er 1990 in die Politik gegangen war, erfreute er sich in der Öffentlichkeit allgemeiner Beliebtheit. Wir kannten ihn recht gut, und auch mir gefiel seine schnörkellose, immer leicht ironische und die Dinge nicht allzu ernst nehmende Art. Durch geistigen Habitus, Herkunft und Heirat zählte er zum national-konservativen intellektuellen Establishment Estlands.

Diesmal erwies sich die Kandidatur als unproblematisch. Tarand wurde am 27. Oktober mit einer die Erwartungen noch übersteigenden Mehrheit von 63 Abgeordneten bei nur einer Gegenstimme gewählt (die Opposition enthielt sich weitgehend oder ihre Abgeordneten waren nicht erschienen). Wie sich dann gegen Jahresende herausstellen sollte, als Tarand – anders als nach seiner Nominierung von ihm angekündigt – seine Bereitschaft erklärte, bei den kommenden Wahlen zu kandidieren und die Liste der „Gemäßigten" anzuführen, war er so ganz unambitioniert wohl doch nicht gewesen, hatte aber aus der von Kallas gemachten Erfahrung gelernt und abgewartet, bis seine Stunde gekommen war. Schwieriger als erwartet gestaltete sich dann die Regierungsbildung. Denn Tarand wollte sich auf die Kräfte stützen, die schon 1992 eine Koalition gebildet und ihn jetzt auch gewählt hatten. Dabei stieß er auf den Widerstand von Laar und der Reste der Vaterlandspartei, die sich nicht an einer Regierung beteiligen wollten, der auch die abtrünnigen neuen „Rechten" aus Republikanern und Konservativen angehören sollten. Schließlich lenkte *Isamaa* ein, nachdem sich Tarand im Gegenzug zur Fortsetzung der bisherigen Regierungspolitik verpflichtet hatte, wie sie in der Koalitionsvereinbarung von 1992 festgelegt worden war. So konnte der neue Ministerpräsident gerade noch fristgerecht dem Präsidenten eine Kabinettsliste präsentieren und dieser ihn und die Minister am 4. November ernennen, worauf die Regierung am 8. November vereidigt wurde und ihr Amt antrat. Mart Laar aber nahm wieder seinen Abgeordnetensitz ein. An der Zusammensetzung des Kabinetts hatte sich unter diesen Umständen nicht allzu viel geändert: Das Innenministerium wurde mit dem früheren Justizminister Kaido Kama von den „Rechten", das Landwirtschaftsministerium mit

Aldo Tamm (Landzentrumspartei), das Justizministerium mit Jüri Adams (Nationale Unabhängigkeitspartei) und das Umweltressort mit Vootele Hansen von den „Rechten" neu besetzt. Außerdem wurde ein Ministeramt ohne Portefeuille für Regionalpolitik geschaffen, das auch die bisher von Kulturminister Olesk mit wahrgenommenen Aufgaben eines Ministers für die nationalen Minderheiten übernehmen sollte und das dem Sozialdemokraten Eiki Nestor anvertraut wurde.

Damit verfügte Estland wieder über eine voll handlungsfähige Regierung. Warf man einen Blick zurück auf die zur Ablösung von Mart Laar und zur Regierungsneubildung unter Andres Tarand führenden Ereignisse, dann ergab sich das einigermaßen verblüffende Bild, daß sich außer der Person des Ministerpräsidenten kaum etwas geändert hatte!

Ein deutscher Beitrag zur Integration der russischsprachigen Bevölkerung

Am 30. November 1994 machte ich mich wieder einmal nach Narva auf. Diesmal galt die Fahrt einem Projekt, das bereits eine längere Vorgeschichte hatte.

Im November 1993 hatte die Botschaft gemeinsam mit der KSZE-Mission die estnische Regierung davon in Kenntnis gesetzt, daß die EU-Kommission auf Vorschlag der Bundesregierung aus den für das laufende Jahr noch zur Verfügung stehenden Mitteln des PHARE-Programms einen für estnische Verhältnisse erheblichen Betrag für die Förderung des Estnischunterrichts für Nicht-Esten vorgesehen habe. Falls Estland in den Genuß dieser Mittel kommen wolle, müsse es schnell geeignete Projekte vorweisen. Bewogen worden waren wir zu dieser Initiative gegenüber Brüssel, weil sich damals herauszustellen begann, daß die estnische Regierung die enorme Aufgabe der Integration der russischsprachigen Bevölkerung aus eigener Kraft nicht würde bewältigen können und nach anfänglicher Zurückhaltung jetzt auch bereit war, internationale Unterstützung anzunehmen. Angelpunkt aller Integrationspolitik aber mußte die Schaffung bestmöglicher Voraussetzungen zur Erlernung der estnischen Sprache als der *conditio sine qua non* jeder Integration sein, angefangen bei der politischen. Denn bekanntlich konnte jeder Landeseinwohner, der mindestens zwei Jahre in Estland verbracht und das Sprachexamen abgelegt hatte, die Staatsangehörigkeit und damit alle politischen Rechte erwerben.

Haupthindernis für die an der Erlernung der estnischen Sprache interessierten Nicht-Esten war neben den üblichen administrativen Schwerfälligkeiten, daß zum einen für die vom estnischen Staat vor allem im Nordosten des Landes errichteten Sprachzentren (*Eesti keelekeskus*) nicht genügend im Fach „Estnisch als Fremdsprache" qualifizierte Lehrkräfte zur Verfügung standen, und die

Nicht-Esten zum anderen die recht erheblichen Gebühren für die Sprachkurse oft nicht aufbringen konnten. Also mußten Umschulungs- und Weiterbildungsmaßnahmen finanziert und Zuschüsse zu den Kursgebühren gezahlt werden. Hierzu machte das Kultur- und Bildungsministerium umgehend erste Vorschläge, die dann im Verlauf des Jahres 1994 mit PHARE-Mitteln in einer Höhe von umgerechnet 930 000 EEK (beinahe 120 000 DM) realisiert werden konnten.

In den ersten Tagen des Januar 1994 rief mich Präsident Meri an. Er hatte von unseren Gesprächen mit der Regierung über die Förderung des Estnischunterrichts durch die EU erfahren. Mit großer Eindringlichkeit bat er mich nun seinerseits um eine „unbürokratische", also schnell wirkende direkte deutsche Unterstützung des Estnischunterrichts von Nicht-Esten, auch um – wie er betonte – innenpolitisch einflußreichen Kräften entgegenzuwirken, die eine Integration der Russen – eine in der Koalitionsvereinbarung von 1992 ausdrücklich verankerte Regierungspolitik – gar nicht wünschten. Es käme jetzt vor allem darauf an, Lehrer zu gewinnen, die bereit wären, in den überwiegend von Russen bewohnten, weniger attraktiven nordöstlichen Landesteilen die estnische Sprache zu unterrichten. Da aber alle Lehrer landesweit gleich bezahlt würden, bedürfe es eines zusätzlichen finanziellen Anreizes, wobei bereits relativ kleine Beträge etwas bewirken könnten. Mir leuchtete diese Argumentation ebenso ein wie dem Kollegen Graf Leutrum, dem für die baltischen Staaten zuständigen Referatsleiter im Auswärtigen Amt, der uns gerade in Tallinn besuchte. Also machte ich – nachdem ich auch Gelegenheit gehabt hatte, mit Ministerpräsident Laar hierüber zu sprechen, der sich mit Meris Überlegungen einverstanden erklärte – dem Auswärtigen Amt den Vorschlag, daß Deutschland auch einen bilateralen Beitrag zur Integration der russischen Bevölkerung in der vom Präsidenten vorgeschlagenen Art und Weise leistet, wie dies andere Staaten durch finanzielle Unterstützung des von Meri ins Leben gerufenen „Runden Tisches" der in Estland lebenden Nationalitäten bereits taten.

Da es schwierig war, für ein solches eher ungewöhnliches Projekt im Haushalt des Auswärtigen Amts die nötigen Mittel aufzutreiben, dauerte es eine Weile, bis ich Präsident Meri eine positive Antwort geben konnte. Daraufhin bat er mich, auch unser Geschenk über den „Runden Tisch" zu leiten, um dessen Ansehen bei der russischen Bevölkerung zu stärken. Auch damit waren wir einverstanden, worauf sich Ants Paju, der Vertreter des Präsidenten am „Runden Tisch", bei mir meldete, dem ich das Geld übergab. Mit den bewilligten 117 000 EEK (14 500 DM) sollte 13 Estnischlehrern, die mittlerweile von diesem ausfindig gemacht worden waren und die sich verpflichtet hatten, fünf Jahre lang in Narva zu unterrichten, eine Starthilfe gegeben werden.

Das alles in die Wege zu leiten, hatte natürlich seine Zeit gebraucht und sollte nunmehr nach der Vorstellung von Herrn Paju, der sich dabei als ein begabter *showmaster* herausstellte, auch publikumswirksam umgesetzt werden. Daher hatten er und Bürgermeister Raivo Murd mich an diesem Sonntagnachmittag in das Kulturhaus „Energetik" nach Narva zu einer Veranstaltung mit Lehrern und Schülern der oberen Klassen eingeladen. Sie stand unter dem Motto „Die richtige Wahl treffen" und sollte den ganz überwiegend russischsprachigen Jungen und Mädchen vor Augen führen, daß ihr Narva eine estnische Stadt sei und ihre Zukunft daher in Estland liege, wozu auch die Beherrschung der Landessprache zähle. Das sollten sie – versuchte ihnen Herr Paju nahezubringen – bei ihrer Berufswahl nach dem bevorstehenden Abitur berücksichtigen, wenn sie zu entscheiden hätten, ob sie eine estnische Hochschule besuchen wollten oder nicht. Dann wurde ich auf die Bühne gebeten, um von der Wahl meines Berufes und den bei seiner Ausübung gemachten Erfahrungen zu erzählen. Das benutzte ich dazu, um über die Nachkriegszeit in Deutschland, als ich zur Schule gegangen war, zu berichten. Damals sei es auch bei uns knapp hergegangen, und die Aufwärtsentwicklung habe länger gedauert als jetzt in Estland – es gäbe also keinen Grund zum Pessimismus. Wer, vom persönlichen Fortkommen einmal abgesehen, einen Einfluß auf die Entwicklung im eigenen Land ausüben wolle, der müsse erst einmal die Landessprache beherrschen. Das Ganze verlief unter der Regie des vorzüglich russisch sprechenden Ants Paju nach Art eines bunten Abends mehrere Stunden lang mit Auftritten in beiden Sprachen von Schülern, Lehrern, Künstlern und selbst des Polizeipräfekten, der von seinen Erfahrungen bei der Verbrechensbekämpfung in Ostestland erzählte, in einer ausgesprochen entspannt-fröhlichen Atmosphäre, die Gutes für das Zusammenleben zwischen Esten und Russen versprach. So hatte denn dieser eher bescheidene deutsche Beitrag – mittlerweile hatten sich die USA und Schweden mit finanziell besser ausgestatteten vergleichbaren Projekten in dieser Region engagiert – mehr eine symbolisch-politische Bedeutung, wie dies durch eine recht umfangreiche Berichterstattung in den Narvaer Medien auch unterstrichen wurde. Aber selbst in der Hauptstadt blieb das deutsche Engagement in Narva nicht unbemerkt und wurde von Außenminister Luik ausdrücklich in dem außenpolitischen Rechenschaftsbericht erwähnt, den er am 13. Dezember 1994 dem Parlament abgab.

Versuche einer Neuordnung der Beziehungen zu Rußland

Mit dem Abzug der russischen Truppen würde für das damit auch faktisch wieder uneingeschränkt souveräne Estland das größte Hindernis für die Entwicklung normaler Beziehungen zu Rußland aus dem Weg geräumt sein, war immer die allgemeine und auch der Logik gewiß nicht entbehrende Annahme gewesen.

Wie groß auch immer die damit verbundenen Erwartungen gewesen sein mögen, einen ersten Dämpfer erhielten sie, als der letzte russische Soldat estnischen Boden noch nicht verlassen hatte. In der ersten Augustwoche nämlich begann Rußland, wie es bereits in einem Ukas Jelzins vom 21. Juni 1994 angekündigt worden war, die Grenzen zu Estland im Gelände als „Staatsgrenze" zu markieren, und zwar dort, wo sie nach der Auffassung Moskaus verläuft. Begründet wurde dieses einseitige Vorgehen mit der angeblich ablehnenden Haltung der estnischen Regierung gegenüber einer vertraglichen Regelung des Grenzverlaufs. Erinnern wir uns an die sich unvereinbar gegenüberstehenden Grundsatzpositionen in der Grenzfrage: Estlands Staatsdoktrin geht von der Kontinuität der 1918 gegründeten Republik aus, die Rußland im Dorpater Friedensvertrag von 1920 einschließlich der damals festgelegten Grenzen anerkannt hat; dagegen legt Rußland seiner Position die Rechtmäßigkeit der Annexion von 1940 und die Entstehung eines neuen Staates Estland durch Sezession von der Sowjetunion im Jahre 1991 zugrunde, dessen Grenzen demzufolge auch die von 1991 – wie sie nach der sowjetischen Wiederbesetzung des Landes in den 1940er Jahren administrativ verfügt worden waren – und nicht die von 1920 sind.

Am 12. August reagierte das estnische Außenministerium mit einer Erklärung, in der es diese russische Aktion zutiefst bedauerte. Dies umso mehr, hieß es dort, als sie zu einem Zeitpunkt erfolge, da die bilateralen Beziehungen durch die gerade zwischen den beiden Präsidenten abgeschlossenen Juliverträge einen neuen Impuls erhalten hätten. Estland habe ständig versucht, die Grenzfrage in Verhandlungen zu klären. Es habe ferner vorgeschlagen, sie dem Internationalen Gerichtshof zu unterbreiten und sich auch zu einer Vermittlung durch Dritte bereiterklärt. Der einzige Vertrag, der den Grenzverlauf regele, sei der Vertrag von Dorpat. Die jetzt durch Rußland vorgenommene einseitige Markierung einer in keinem Vertrag festgelegten Grenze stelle daher eine eindeutige Verletzung der VN-Charta und der KSZE-Prinzipien dar. Estland sei weiterhin bereit, die Grenzfrage im Verhandlungswege zu lösen, und appelliere daher an Rußland, dieses einseitige Vorgehen sofort zu beenden. Dasselbe bekam einige Tage später der russische Botschafter vom Ministerpräsidenten zu hören, der ihn zu sich einbestellt hatte. Inzwischen versuchte der Kommandeur der russischen Grenztruppen in Pskov den Vorgang gegenüber dem Direktor des estnischen Grenzschutzes mit dem Hinweis auf einen angeblichen Unterschied zwischen „markieren" als einer vorläufig einseitigen Festlegung und „demarkieren" als einer vertraglich festgelegten Grenzziehung zu entschärfen – doch die Errichtung von allem Anschein nach für eine längere Dauer bestimmten Grenzanlagen wurde fortgesetzt.

Nach der Sommerpause trafen sich dann Mitte Oktober in Moskau Beamte der beiden Außenministerien. Die estnische Delegation leitete der Politische Direktor Klaar, die russische Abteilungsleiter Fokin. Sie verständigten sich, die in dieser Form erstmals erfolgten Kontakte wie international üblich zur Routine werden zu lassen und die Gespräche als den Beginn normaler bilateraler Konsultationen zu betrachten – womit diese an die Stelle der über zweijährigen Verhandlungen treten würden, nachdem sich deren hauptsächlicher Zweck, nämlich eine Vereinbarung über den Truppenabzug herbeizuführen, erledigt hatte. Als uns Klaar unterrichtete, sprach er zwar von einem vielversprechenden Verlauf dieser Zusammenkunft, mußte aber einschränkend hinzufügen, dies bedeute nur, daß alle interessierenden Fragen wenigstens hätten angesprochen werden können, und das in einer „konstruktiven Atmosphäre". In der Sache aber habe sich nichts bewegt. Das galt für die Grenzfrage ebenso wie für die Wirtschaftsbeziehungen. Rußland hatte mit Wirkung vom 1. Juli 1994 gegenüber allen drei baltischen Staaten doppelte Zölle eingeführt, indem es ihnen – im Gegensatz zur großen Mehrheit aller übrigen Staaten – die Meistbegünstigung verweigerte. Damit versetzte es der estnischen Exportwirtschaft einen herben Schlag, für die Rußland damals noch den größten einzelnen Absatzmarkt darstellte. Allerdings hat sie dies dann durch Umweggeschäfte teilweise wieder zu kompensieren verstanden. Jetzt war den Esten gesagt worden, das russische Außenministerium stünde der Einräumung der Meistbegünstigungsklausel zwar positiv gegenüber, doch gäbe es Probleme mit anderen Ressorts ... Die Frage der doppelten Zölle sollte sich zu einer Dauerbelastung der estnisch-russischen Beziehungen entwickeln und hat sich erst mit dem Beitritt Estlands zur Europäischen Union am 1. Mai 2004 erledigt.

Da sich die russische Seite bei diesen ersten Beamtenkonsultationen immerhin dazu verstanden hatte, über die Grenzfrage zu sprechen und sie nicht wie früher so gerne als ein *non issue* vom Tisch zu wischen, knüpften sich hieran estnische Hoffnungen, es könnte vielleicht doch das Eis gebrochen und ein Grenzabkommen erreicht werden. In Estland war man zu Kompromissen über den Verlauf der Grenze bereit, vorausgesetzt, Rußland würde die Fortdauer des Vertrags von 1920 im Grundsatz anerkennen (über die Streichung einzelner seiner durch Zeitablauf faktisch obsolet gewordener Bestimmungen könne man aber sprechen). Den realistisch denkenden Esten war schon lange klar, daß eine völlige Wiederherstellung der Vorkriegsgrenzen bereits mangels internationaler Unterstützung nicht zu erreichen war und auch gar nicht in ihrem Interesse liegen konnte. Denn sie würde die Rückgewinnung eines Gebietes östlich von Narva mit nahezu ausschließlich russischer Bevölkerung bedeuten, das sich zudem in einem wirtschaftlich trostlosen Zustand befand. Etwas anders verhielt es sich mit dem Gebiet südlich des Peipussees, wo durch die administrative Grenze der Sowjetzeit, die damals aber ohne praktische Bedeutung war, jetzt die den Esten nahe verwandte Setu-Bevölkerung auseinandergerissen worden war, die Grenze in manchen Fällen sogar Ortschaften durchschnitt. Es waren also Grenzkorrekturen unter praktischen und ethnischen Gesichtspunkten nötig, wie sie bereits früher von Arnold Rüütel ins Gespräch gebracht worden waren. Ministerpräsident Tarand hat das mir gegenüber einmal als *creative landscaping* bezeichnet. Er war es auch, der die Notwendigkeit einer Anpassung des Grenzverlaufs an die veränderten Umstände Mitte November 1994 erstmals von Regierungsseite öffentlich zum Ausdruck brachte. Dabei bezeichnete er es in der ihm eigenen direkten Art als *heroic and impractical*, auf der Grenze von 1920, wie sie auch in der Verfassung von 1992 festgeschrieben worden war, zu bestehen [90]. Als er seine Position in der Grenzfrage bei einem Besuch Mitte Dezember in Helsinki dort ebenfalls öffentlich kundtat und darauf in Estland ein Sturm der Entrüstung losbrach, konnte sich Tarand jedoch auch auf den Präsidenten und das Außenministerium berufen. In der Tat hatte Meri ja bereits bei der Einweihung der Residenz Außenminister Kinkel um Formulierungshilfe für einen völkerrechtlich unschädlichen Kompromiß gebeten wie schon ein Jahr zuvor den Bundespräsidenten bei seinem Besuch in Estland um eine generelle völkerrechtliche Beurteilung der Grenzfrage, und Toivo Klaar hatte gerade erst im November 1994 hierüber Gespräche im Auswärtigen Amt in Bonn geführt. Unsere Völkerrechtler vertraten in der Substanz die Auffassung, daß zwar grundsätzlich von der Fortdauer des Friedensvertrags von Tartu auszugehen sei, eine Reihe seiner Bestimmungen aber wegen der seit 1920 eingetretenen Veränderungen ihre Gültigkeit verloren hätten; auch müsse die im estnisch-russischen Grundlagenvertrag von 1991 getroffene Feststellung berücksichtigt werden, daß die Grenzfrage noch einer endgültigen Klärung bedürfe. Daher hatten wir den Esten schon im Sommer 1993 empfohlen, sie in den Verhandlungen mit Rußland bis zur Lösung vordringlicherer Fragen wie insbesondere der des Truppenabzugs zurückzustellen und Zeiten besserer bilateraler Beziehungen abzuwarten.

Das estnische Interesse an einem Grenzabkommen hatte aber noch einen weiteren Grund. Schon damals war Estland von verschiedenen Seiten unmißverständlich zu verstehen gegeben worden, daß ungeklärte Grenzen mit Rußland ein ernstzunehmendes Hindernis bei der angestrebten Aufnahme in die EU (und NATO) sein würden. Wenn es später anders gekommen ist und Estland beide Ziele ohne ein Grenzabkommen erreicht hat, dann nur, weil es alles getan hatte, um seinen guten Willen unter Beweis zu stellen. Denn Rußland hat sich bis jetzt geweigert, ein seit 1999 ausgehandeltes und paraphiertes Abkommen zu unterschreiben, obwohl Estland große Konzessionen gemacht und einen Grenzverlauf akzeptiert hat, der weitgehend dem in der Sowjetzeit gezogenen entspricht [91].

Die in den Beamtengesprächen auf estnischer Seite geweckten Hoffnungen, mit Rußland zu einem Einvernehmen zu gelangen, wurden schnell wieder enttäuscht. Denn am 23. November erklärte Präsident Jelzin bei einem Besuch an der Grenze im Südosten Estlands kurz und bündig, ihr Verlauf sei nicht negotiabel, es werde kein Zentimeter russischen Bodens abgetreten. Dennoch konnte sich Klaar während einer zweiten Konsultationsrunde in Moskau am Vorabend von Weihnachten mit dem stellvertretenden Außenminister Krylov darauf verständigen, Delegationen zu bilden, die sich mit praktischen Fragen eines künftigen Grenzverlaufs befassen sollten. Zuvor hatte Klaar, ausgehend von der estnischen Position, wie sie von Ministerpräsident Tarand formuliert und Estland auch von deutscher Seite angeraten worden war, vorgeschlagen, in einem künftigen Grenzabkommen die rechtliche Fortgeltung des Friedensvertrags von Tartu anzuerkennen und hiervon eine Reihe seiner Bestimmungen auszunehmen, darunter die über den Verlauf der Grenze, der neu verhandelt werden müsse.

*

Inzwischen war durch den Krieg in Tschetschenien neuer Konfliktstoff in den estnisch-russischen Beziehungen hinzugekommen. Bereits am 13. Dezember 1994, zwei Tage nach dem Beginn des militärischen Eingreifens von Moskau, verabschiedete das Parlament mit allen Stimmen der 61 anwesenden Mitglieder einen „scharfen Protest gegen Rußlands Aggression" und appellierte sowohl an die Duma als auch an die gesamte übrige Staatengemeinschaft, sich für ein Ende der militärischen Invasion der Republik Ischkeria und die Gewährleistung des Selbstbestimmungsrechts des tschetschenischen Volkes einzusetzen. Dem waren hitzige Debatten im *Riigikogu* vorausgegangen, bis es der Regierungskoalition gelang, einen von oppositionellen Abgeordneten eingebrachten Erklärungsentwurf so zu entschärfen, daß er keine Anerkennung Tschetscheniens als unabhängiger Staat mehr enthielt. Außenminister Luik erklärte am selben Tag, die estnische Regierung betrachte die Vorgänge in Tschetschenien als eine innerrussische Angelegenheit. Auf Moskauer Vorhaltungen wegen dieses Protests hat dann das estnische Außenministerium in einer weiteren Erklärung am 28. Dezember 1994 präzisiert, die Beachtung der Menschenrechte sei nicht länger eine innere Angelegenheit, und Rußland an die Einhaltung seiner in der KSZE eingegangenen Verpflichtungen erinnert. Nun drehte Estland den Spieß also um, nachdem es bisher immer von Moskau beschuldigt worden war, verletze die Menschenrechte von Teilen seiner Bevölkerung.

Estland war nicht nur der erste unter den baltischen Staaten, der sich für die tschetschenische Sache einsetzte (die zwei anderen folgten in den nächsten Tagen), sondern auch weltweit das erste Land, das dies mit solcher Deutlichkeit tat. Die Reaktionen im Baltikum erfolgten in frischer Erinnerung an die nur wenige Jahre zurückliegenden Ereignisse im eigenen Land, an den „blutigen Sonntag" von Wilna im Januar 1991 und was sich daran anschloß. Zugleich wurde aber auch deutlich gemacht, daß die Rechtslage im Falle Tschetscheniens eine andere ist, als sie es seinerzeit bei den baltischen Staaten als annektierten international anerkannten Völkerrechtssubjekten gewesen war.

In Estland standen außerdem nicht nur Wahlen bevor, sondern es kamen noch die besonderen Sympathien hinzu, die Präsident Dudajev hier genoß. Sie stammten aus der Zeit, als der damalige sowjetische Luftwaffengeneral Standortkommandant von Tartu gewesen war und während der kritischen Tage des Putsches im August 1991 öffentlich versichert haben soll, so lange er das Kommando habe, werde kein Schuß fallen. Ich habe in Estland auch die Auffassung vertreten gehört, Dudajev wäre als ein ganz gewöhnlicher Sowjetgeneral dorthin versetzt worden und hätte sich recht eigentlich erst unter dem Eindruck der „singenden Revolution" zu dem national empfindenden Tschetschenen entwickelt, als der er sich dann an die Spitze seines in der Sowjetzeit so brutal unterdrückten Volkes gestellt hat. In Tartu erinnert heute eine Gedenktafel am *Hotel Barclay*, wo sich sein Hauptquartier befand, an ihn.

Deutsche Beratungshilfe

Immer noch konzentrierte sich der bilaterale deutsche Beitrag zum wirtschaftlichen Wiederaufbau Estlands auf vielfältige Beratungsmaßnahmen, und dies im Rahmen eines größeren Programms der Bundesregierung für alle mittel- und osteuropäischen Reformstaaten. Ende November 1994 besuchte der damit „Beauftragte der Bundesregierung für die Beratung in Osteuropa" Staatssekretär a.D. Kittel zum zweiten Mal Tallinn, nachdem er bereits beinahe auf den Tag genau ein Jahr zuvor Gespräche mit der estnischen Regierung über das deutsche Beratungsprogramm für Estland und seine Fortsetzung im kommenden Jahr geführt hatte. Ich kannte ihn noch aus der Zeit seiner Tätigkeit in der Energieabteilung des Bundeswirtschaftsministeriums, als ich mich in der zweiten Hälfte der 1970er Jahre im Auswärtigen Amt mit internationaler Energiepolitik befaßte, und dann als Stellvertreter unseres Ständigen Vertreters bei der EG in Brüssel, bevor er zum Staatssekretär im Bundesministerium für Landwirtschaft ernannt worden war. Er zählte zu den Bonner Beamten, die gerne auf dem internationalen Parkett agierten, und hatte dabei eine ausgesprochene Affinität zum auswärtigen Dienst und eine besondere Form diplomatischer Liebenswürdigkeit entwickelt, so daß ihm die jetzige Rolle wie auf den Leib geschneidert und sichtlich zu gefallen schien. War 1993 sein Ansprechpartner Finanzminister Üürike als Leiter der Koordinationsstelle für wirtschaftliche Zusammenarbeit mit dem Ausland gewesen, so war es diesmal Finanzminister Lipstok in gleicher Eigenschaft. Daneben sprach er mit einer Reihe anderer Fachminister und machte Ministerpräsident Tarand einen Höflichkeitsbesuch, den er im Vorjahr in seiner Funktion als Umweltminister gesehen hatte. Mit dessen Amtsvorgänger Laar konnte er damals nur kurz im Parlament zusammentreffen, nachdem dieser an jenem 15. November 1993 gerade das gegen ihn eingebrachte Mißtrauensvotum überstanden hatte und wir der Abstimmung darüber von der Empore aus gefolgt waren.

Auch in diesem Jahr einigten wir uns schnell über das Beratungsprogramm für das nächste Jahr, an dessen inhaltlicher Ausrichtung sich kaum etwas änderte. Priorität genoß nach wie vor die mittlerweile weit fortgeschrittene Privatisierung der estnischen Großunternehmen.

Zu weiteren Schwerpunkten zählte die Rechtsberatung durch die „Deutsche Stiftung für internationale rechtliche Zusammenarbeit e.V.", die gleich nach dem politischen Umbruch in Mittel- und Osteuropa vom damaligen Justizminister Kinkel ins Leben gerufen worden war und sich bald auch in Estland mit zahlreichen Projekten engagiert hatte, in denen sie in Zusammenarbeit mit dem estnischen Justizministerium vor allem im Bereich des bürgerlichen und Gesellschaftsrechts einen wichtigen Beitrag zu einer modernen und sich an westeuropäischen Normen orientierenden Rechtsordnung leistete – einer unabdingbaren Voraussetzung auch für die Integration in Europa und damit einer späteren EU-Mitgliedschaft. Für diese Zusammenarbeit waren deutsche Juristen schon deshalb besonders geeignet, weil das estnische Recht der Vorkriegszeit (an das man soweit wie möglich anknüpfen wollte) und das deutsche Recht aus den gleichen Quellen schöpfen. So hatte aufgrund der Beratung durch Mitarbeiter der Stiftung schon Ende 1993 ein Sachenrechtsgesetz verabschiedet werden können, das sich stark am deutschen Vorbild orientierte und jetzt die Einräumung von Sicherheiten bei Kreditgeschäften erheblich erleichterte. Die deutschen Projekte mußten aber durchaus mit Konkurrenz rechnen, denn auf diesem dank interessanter Finanzierungsmöglichkeiten lukrativen „Markt" tummelte sich damals so manches international tätige Anwaltsbüro. Zu beobachten war ein ausgeprägtes Interesse der USA an der Beeinflussung des estnischen Rechtssystems, die hierfür erhebliche Mittel einzusetzen bereit schienen und sich dabei der Unterstützung durch sprachkundige amerikanische Juristen estnischer Herkunft bedienen konnten. Als im Juni 1994 die Einweihung der neuen Räumlichkeiten des Staatsgerichtshofs in Tartu stattfand, hatte mir sein Präsident die Bibliothek des Gerichts und dort auch ein Geschenk an amerikanischer juristischer Literatur gezeigt, das die von mir bei dieser Gelegenheit angekündigte Bücherspende des Bundesverfassungsgerichts von ihrem materiellen Wert und Umfang her bei weitem in den Schatten stellte. Auf meine Frage nach dem Sinn eines solchen Geschenks angesichts der grundsätzlichen Unterschiede zwischen dem angelsächsischen und dem kontinentaleuropäischen Rechtssystem, zu dem sich Estland doch weiterhin zähle, lächelte der Präsident nur fein – was wohl bedeuten sollte, daß man Geschenke nicht zurückweist.

Angesichts des tiefgreifenden Strukturwandels der estnischen Landwirtschaft kam ferner der Beratungshilfe im Agrarsektor eine große Bedeutung zu. Deutschland förderte z.B. den genossenschaftlichen Zusammenschluß privater Landwirte in der Dorpater Gegend, damit sie auf diese Weise Landmaschinen überbetrieblich einsetzen und gemeinsame Bezugs- und Absatzwege erschließen konnten. Ein anderes Projekt im Landkreis *Viljandi* (Fellin), das wir seinerzeit mit Staatssekretär Gallus besucht hatten und das weiterhin unterstützt wurde, bestand in der Entwicklung der privaten Milchviehhaltung.

Und schließlich gehörte zu den Schwerpunkten unserer Beratungshilfe die Förderung kleiner und mittlerer Unternehmen – ein Gebiet, auf dem Deutschland, dessen Wirtschaft durch mittelständische Strukturen geprägt ist, über besondere Erfahrungen verfügt. Neben anderen Projekten zählte hierzu eine Partnerschaft zwischen der Industrie- und Handelskammer Kiel und der Internationalen Handelskammer Tallinn.

Im Vorjahr hatte auch eine Zusammenarbeit zwischen dem Auswärtigen Amt und der neugegründeten Estnischen Diplomatenschule (*Eesti Diplomaatide Kool*) in Tallinn begonnen, deren Förderung nunmehr in das Beratungsprogramm für 1995 aufgenommen wurde. Unser Kollege Dr. Schäfer von der Aus- und Fortbildungsstätte des Auswärtigen Amts hatte die estnischen Kollegen bei der Ausarbeitung eines Ausbildungsprogramms unterstützt und kam im Laufe der Jahre mehrfach nach Estland, um Vorlesungen an der Diplomatenschule zu halten. Im Mai 1995 unterrichtete hier auch der Kollege Dr. Sante. Unabhängig davon nahmen jährlich zwei Esten an den von unserer Ausbildungsstätte seit der politischen Wende im Osten veranstalteten Lehrgängen für Nachwuchsdiplomaten aus den Staaten Mittel- und Osteuropas teil.

Wenn es auch schwierig war, den genauen finanziellen Gegenwert der Estland seit Wiedererlangung der Unabhängigkeit zuteil gewordenen deutschen technischen d.h. unentgeltlichen Beratungshilfe zu ermitteln, so berechnete die Bundesregierung das bis 1994 erreichte Gesamtvolumen doch auf etwa 25 Millionen DM oder 200 Millionen EEK. Bedenkt man, daß für den deutschen Anteil an der Beratung bei der so erfolgreichen Privatisierung der estnischen Industrie als unserem größten Einzelprojekt bis 1996 insgesamt nicht mehr als 7 bis 8 Millionen DM aufgewendet werden mußten, kann man ermessen, welch umfangreiches Beratungsprogramm sich hinter diesen Zahlen verbirgt.

Natürlich haben wir auch Chancen verpaßt. Ein Beispiel dafür ist die im Herbst 1992 an uns herangetragene Bitte des damals noch keine zwei Monate im Amt befindlichen Ministerpräsidenten Mart Laar, ihm eine erfahrene Persönlichkeit aus Deutschland zur Seite zu geben, die ihn bei der Führung der Regierungsgeschäfte beraten könnte und in seiner unmittelbaren Umgebung arbeiten sollte. Besonderen Wert legte Laar auf Kenntnisse im Zivilrecht, deren man am dringendsten bedürfe. In seinem Schreiben würdigte der Ministerpräsident die Estland bereits bis dahin beim Aufbau eines neuen demokratischen Staatswesens von der Bundesregierung zuteil gewordene Beratung und gab der Überzeugung Ausdruck, daß die Entsendung eines deutschen Beraters in seine Kanzlei die vertrauensvolle Zusammenarbeit zwischen unseren beiden Ländern weiter festigen würde. Leider konnten wir diese Bitte – anders als im Falle von Laars Vorgänger Tiit Vähi, der kurz darauf in Deutschland eine vielseitige staats- und wirtschaftspolitische Fortbildung beginnen sollte – nicht erfüllen, da es in Bonn offenbar nicht gelang, eine geeignete Persönlichkeit zu finden und dies einigermaßen schnell. Als dann später ein reiner Rechtsexperte entsandt wurde, war auch der richtige Moment bereits verpaßt und die unmittelbare Umgebung des Ministerpräsidenten bereits mit anderen Beratern besetzt.

*

Am 11. November 1994 wurde in Tallinn mit einer Feierstunde im Rathaus, zu welcher der Vorsitzende der Stadtverordnetenversammlung Tiit Vähi eingeladen hatte, und in Anwesenheit des Hauptgeschäftsführers des Deutschen Industrie- und Handelstages (DIHT) Dr. Schoser eine Repräsentanz der deutschen Wirtschaft offiziell eröffnet. Ihre Leitung war einem jungen bisherigen Mitarbeiter der Lübecker Handelskammer, Torsten Schumacher, anvertraut worden. Damit konnte nunmehr auch in Estland die traditionelle deutsche Außenwirtschaftsförderung praktiziert werden mit ihrer Arbeitsteilung zwischen den Botschaften, die sich vorrangig mit wirtschaftspolitischen Fragen befassen, und den Selbsthilfeeinrichtungen der im DIHT organisierten Wirtschaft, die sich auf Wirtschaftsauskünfte und die Vermittlung von Geschäftsabschlüssen einschließlich Investitionen konzentrieren.

Nachdem im Mai 1993 ein Informationsbüro des Landes Mecklenburg-Vorpommern, geleitet von Frau Dr. Jacobs, seine Tätigkeit aufgenommen hatte, gab es jetzt, zählte man noch die Vertretung der Friedrich-Naumann-Stiftung hinzu, neben der Botschaft drei weitere deutsche Institutionen in Tallinn. Ein Vertreter der Friedrich-Ebert-Stiftung hatte eine zeitlang in einer Privatwohnung in *Lasnamäe* ein Schattendasein gefristet, bis sich diese Stiftung dazu entschloß, Estland von Riga aus mitzubetreuen. Auch die Konrad-Adenauer-Stiftung war bereits präsent, wenn auch eher unauffällig, bis es ihr gelang, im Frühjahr 1995 ein repräsentatives Büro in der *Vana Viru* zu eröffnen.

Weihnachtsfrieden

Am 24. Dezember rief Präsident Meri von einem Fenster des Rathauses sozusagen *urbi et orbi* den „Weihnachtsfrieden" über Estland aus – in Anknüpfung an eine auf Königin Christine von Schweden zurückgehende Anordnung aus dem 17. Jahrhundert. Das Haus auf dem Domberg hatte sich inzwischen gefüllt, denn außer unseren Kindern waren auch meine Schwestern mit ihren Familien und ein Neffe Ungern-Sternberg eingetroffen, um mit uns Weihnachten zu feiern. So marschierten wir in großer Formation zum Rathausplatz, um Meri bei diesem symbolischen Akt zu erleben, zu dem sich ansonsten nicht sehr viele Menschen eingefunden hatten. Der Präsident schien mit der Wiederbelebung dieser Tradition bezwecken zu wollen, daß wenigstens über die Feiertage der innenpolitische Zwist ruhte, denn die im Frühjahr bevorstehenden Wahlen warfen weiterhin ihre Schatten voraus. Die Übergangsregierung von Ministerpräsident Tarand, die übrigens ihre Sache nicht schlecht machte und die – wie meistens neue Gesichter in politisch verantwortlichen Positionen in Estland – erst einmal gute Umfragewerte verbuchen konnte, ist dann auch eine „Regierung des Weihnachtsfriedens" genannt worden.

*

Eine Woche vor Weihnachten erhielten meine Frau und ich einen Besuch in der Residenz, der uns recht bewegte. Es handelte sich um die 87jährige Frau Asta Treude, die als Tochter eines estnischen Staatsältesten und mehrfachen Außenministers, des Augenarztes Dr. Friedrich Akel (1871–1941), einen Teil ihrer Jugend in dem Haus auf dem Domberg verbracht hatte.

Zum ersten Mal begegnet war ich ihr ein Jahr zuvor, als ich sie zusammen mit Herrn Relve in der Vorweihnachtszeit in ihrer Einzimmerwohnung in der *Endla*-Straße aufgesucht hatte und wir von ihr sehr warmherzig empfangen worden waren. Sie sprach fehler- und akzentfrei deutsch, wenn auch nach so langer Zeit ohne Übung etwas stockend, und betonte, daß bei ihnen zu Hause überwiegend deutsch gesprochen worden und sie mit ihrer Schwester erst dann von einer deutschen auf eine estnische Schule gewechselt sei, als ihren Eltern bedeutet wurde, dies wäre „passender" – keine Ausnahme in dieser Generation der estnischen Bildungsschicht. Verheiratet mit einem estnischen Diplomaten, war sie mit ihrer Familie 1941 – gemeinsam mit der Mutter von Lennart Meri und deren beiden Söhnen – nach Sibirien deportiert worden, von wo sie erst 17 Jahre später zurückkehrte, nachdem ihr Mann und ihre Mutter dort gestorben waren. Ihr Vater Dr. Akel war, wie sich erst nach wiedererlangter Unabhängigkeit aufgrund damals aufgefundener Akten sicher habe feststellen lassen, bereits kurz nach der Verhaftung in Tallinn von den Sowjets erschossen worden.

Während sie uns das erzählte, kam ein Enkelsohn von ihr vorbei, sie war also nicht ganz allein zurückgeblieben. Die ganze Tragik dieses Schicksals, mit dem sie aber nicht zu hadern schien und das sie mit vielen ihres Volkes teilte, wurde uns durch den Umstand vor Augen geführt, daß sie die Deportation kurz vor der Ausreise auf einen neuen diplomatischen Auslandsposten ihres Mannes ereilte, während ihre damals auch in Estland weilende Schwester verschont blieb, weil sie mit einem schwedischen Diplomaten verheiratet war, und jetzt, als alte Dame in Stockholm lebend, auf ein völlig anderes Leben in Freiheit und Wohlstand zurückblicken konnte. Bei diesem ersten Besuch hatte ich vorfühlen wollen, ob wir Frau Treude zur Einweihung der Residenz durch den Minister einladen dürften. Sie hatte sich zwar über die Absicht gefreut, dann aber doch gebeten davon Abstand zu nehmen, da sie sich in ihrem hohen Alter unter so vielen Menschen unsicher fühle, und sie statt dessen einmal *en famille* zu empfangen, wenn wir uns in dem Haus eingelebt hätten.

Jetzt saß sie also an diesem Dezembernachmittag mit uns beim Kaffee zusammen, gemeinsam mit Herrn Relve, der sie mit dem Fahrer von zu Hause abgeholt hatte und später auch wieder heimbrachte, und ihre Freude über das Wiedersehen mit dem so schön restaurierten Haus war herzbewegend. Bei einem Rundgang durch die Räume, deren ursprüngliche Anordnung sich ja so gut wie nicht verändert hatte, erzählte sie vom 1. Dezember 1924, an den sie sich lebhaft erinnerte. Während des kommunistischen Putschversuchs an diesem Tag versuchten die Aufständischen, des damaligen Staatsältesten (nach der ersten Verfassung von 1920 Regierungschef und Staatsoberhaupt in einer Person) Dr. Akel habhaft zu werden. Dem habe sich dieser durch die Flucht durch mehrere Zimmer und schließlich auf den Dachboden, wo sich damals Gästezimmer befunden hätten, zu entziehen vermocht, bis estnisches Militär eingetroffen sei. Währenddessen seien ihre Mutter und sie mit ihrer Schwester von Bewaffneten bewacht worden, und der Mutter sei angedroht worden, man werde ihr die Zunge herausschneiden, wenn sie nicht sage, wo sich ihr Mann versteckt halte. „Papa" habe übrigens eine Pistole bei sich gehabt und sei entschlossen gewesen, den Kommunisten nicht lebend in die Hände zu fallen. All dies berichtete uns die alte Dame, als sei es gestern gewesen, und zeigte uns den von ihrem Vater eingeschlagenen Fluchtweg und die Stelle, wo man sie, ihre Mutter und die Schwester festgesetzt hatte.

Der seit längerem vorbereitete Besuch von Frau Treude war das einzige Mal, daß ich einen Termin bei Präsident Meri, der mich an demselben Freitagnachmittag kurzfristig hatte sehen wollen, nicht wahrnehmen konnte, wofür er, als ich ihm den Grund nannte, volles Verständnis hatte. „Ach, Lennart, der ist noch jung, der kann warten" meinte sie nur, als ich ihr dies erzählte – und erinnerte sich der Zeit, da ihr Vater in den 1930er Jahren estnischer Gesandter in Berlin und Meris Vater sein nächster Mitarbeiter war und sie den kleinen Lennart im

Haus in der Hildebrandstraße am Tiergarten erlebt hatte, wo die beiden Familien im Gesandtschaftsgebäude wohnten (in das die diplomatische Vertretung Estlands in der deutschen Hauptstadt jetzt zurückgekehrt ist).

*

Die letzte gesellschaftliche Veranstaltung, bevor es dann in die Weihnachtstage ging, war ein Abschiedsessen, das wir am 22. Dezember für Toivo Klaar gaben, der nach Brüssel versetzt worden war. Von Anfang an ist er einer meiner wichtigsten Ansprechpartner im Außenministerium gewesen, zuerst im Vorzimmer von Meri und dann in den letzten Jahren als Leiter der politischen Abteilung. Ungeachtet seines ungewöhnlich jugendlichen Alters für diese verantwortungsvollen Positionen, er war jetzt erst 26 Jahre alt, zählte er als ein Mann der ersten Stunde zu den mittlerweile erfahrensten estnischen Diplomaten und ist mir immer ein zuverlässiger und persönlich überaus angenehmer Kollege gewesen. Auch bei den anderen Botschaftern, von denen wir einige mit ihm um unseren Mittagstisch versammelt hatten, erfreute er sich großer Wertschätzung; aus dem Außenministerium waren Kanzler Indrek Tarand, Protokollchef Andres Unga, Abteilungsleiter Priit Kolbre und Klaars Nachfolger Botschafter Väino Reinart unserer Einladung für ihren Kollegen gefolgt.

*

Den Heiligen Abend begannen wir, nun schon zum dritten Mal, mit dem Besuch des Gottesdienstes in der Domkirche, wo wir allerdings so zahlreich wie in diesem Jahr noch nicht erschienen waren, und setzten ihn im alten Familienhaus fort. Ein großer Weihnachtsbaum, den unser Hausmeister Adamson im estnischen Wald geschlagen hatte, dominierte den Saal und gab mit den zahlreichen Gabentischen ein schönes Bild ab. Wir wußten, daß sich ein solches Weihnachten mit hoher Wahrscheinlichkeit nicht wiederholen würde und genossen es um so bewußter.

*

In den Weihnachtstagen kamen uns Svea und Sven Fersen mit ihrer Mutter aus *Kotka* und Tiit Raimla als Vertreter der Kolkschen Verwandten besuchen. Es war für sie das erste Weihnachten ohne Willy Fersen, der am 2. Januar 1994 im Alter von 75 Jahren ganz plötzlich und vor allem für die beiden erst halbwüchsigen Kinder viel zu früh gestorben war. Als uns im Oktober 1993 mein Onkel Rolf von Wendrich, der letzte noch lebende leibliche Vetter meines Vaters, aus Stockholm besucht hatte, waren wir zusammen auch nach *Kotka* gefahren – die beiden hatten sich seit 1939 nicht mehr gesehen, als Onkel Rolf im Auftrag der Verwandten Willy vergeblich dazu zu bewegen suchte, an der Umsiedlung der Deutschen aus Estland ins Deutsche Reich teilzunehmen. Willy klagte über Brustschmerzen, was mir gleich verdächtig vorkam, und versprach mir, sich in Reval gründlich untersuchen zu lassen, sobald die Arbeiten an dem Haus in *Kotka* völlig beendet sein würden. Es sollte ein Dach aus Zinkblech erhalten, und Willy hatte sich so gefreut, damit endlich einen alten Wunsch seines 1937 verstorbenen Großvaters, des Admirals, erfüllen zu können. In Reval sprach ich gleich mit dem Kardiologen des Magdalenen-Hospitals, der ein Bett für Willy Fersen reservierte, und aus Deutschland bestellte ich die von dem Arzt empfohlenen Medikamente. Doch die Dachdeckerarbeiten in *Kotka* zogen sich hin, so daß es noch vieler Mahnungen bedurfte, bis der Vetter nach über einem Monat endlich im Krankenhaus anlangte – um hier die Diagnose gestellt zu bekommen, daß er bereits vor sechs Wochen, also noch vor unserem Besuch, einen schweren Herzinfarkt gehabt hätte! Einen Monat lang wurde er dann so aufmerksam gepflegt, daß er meiner Frau und mir bei einem Besuch einmal sagte, so gut sei es ihm in seinem ganzen Leben noch nie gegangen, was uns doch recht erschütterte. Sein Herzenswunsch aber war, Weihnachten zu Hause zu verbringen. Nach anfänglichem Zögern konnte es der ihn behandelnde Kardiologe dann verantworten, daß ich Willy am Tage vor Heiligabend abholte und nach *Kotka* brachte. Die Fahrt mit ihm durch die winterliche estländische Landschaft wird mir unvergeßlich bleiben. Er sprach über sein Leben, was er wohl richtig und was falsch gemacht habe – ob er vielleicht doch wie die anderen Deutschen hätte umsiedeln sollen? – und als wir durch die verschneiten Kolkschen Wälder fuhren über die schweren Zeiten, in denen er sich hier versteckt gehalten hatte. Und wie freute er sich dann, als wir die ihm so vertraute Einfahrt zu seinem ihm restituierten Anwesen erreichten! Wenn ich jetzt an diese Fahrt zurückdenke, die ja nicht länger als eine Stunde dauerte und zu einem Abschied für immer werden sollte, frage ich mich, ob Willy Fersen in seinem Unterbewußtsein vielleicht doch irgendwie gespürt hat, daß sich sein Leben dem Ende zuneigte? Zu seiner Frage nach der richtigen Entscheidung im Jahre 1939 sagte ich ihm damals, es spräche viel dafür, daß er die Umsiedlung nicht lange überlebt hätte, halte man sich die hohen Kriegsverluste seiner Generation von Deutschbalten vor Augen, die sofort nach der Ankunft im sogenannten Warthegau zur kämpfenden Truppe eingezogen wurde, und dazu in vielen Fällen, ohne sich wehren zu können, zur Waffen-SS. Es gäbe also schon aus diesem Grund nichts zu bedauern. Im Kreise seiner Familie hat er dann noch Weihnachten verbracht und uns am 1. Januar in Reval angerufen, um ein gutes Neues Jahr zu wünschen. Auch am nächsten Tag sei er ganz fröhlich gewesen – bis er plötzlich auf seine Armbanduhr gesehen und gefragt habe, warum diese denn stehengeblieben sei, daraufhin zurücksank und wenige Augenblicke später starb.

Uns ist der Tod dieses aufrechten und anständigen Mannes voller Charme und Witz, der uns in den zurückliegenden Jahren ans Herz gewachsen war, sehr nahe gegangen. Für mich war dieser letzte in Estland bodenständige Vetter immer so etwas wie ein Bindeglied zur Vergangenheit unserer Familie in diesem Land gewesen. Auf dem Friedhof um die Kapelle von Loksa, die Mitte des 19. Jahrhunderts von den Kolkschen Stenbocks erbaut worden war, haben wir ihn zur letzten Ruhe begleitet, wo er neben seinen Großeltern und einem früh verstorbenen Sohn begraben liegt.

*

Langsam leerte sich das Haus wieder, und zum Jahreswechsel war nur noch unsere Tochter Natalie in Reval. Zum Silvesterabend hatten Gunnel und Lars Grundberg in die von ihnen ebenfalls im jetzt zu Ende gehenden Jahr bezogene neue schwedische Residenz in der Breitstraße eingeladen, dem wohl prächtigsten ehemaligen Palais in der Unterstadt und im Stil des nordischen Barock ursprünglich für die Familie von Rosen erbaut. Es war eine fröhliche Runde mit vielen Kindern, von denen allein Grundbergs fünf hatten. Auch Kuuskemaas waren da, der britische, dänische und russische Kollege mit Familie, und das Malerehepaar Jaak Arro und Epp Maria Kokamägi mit ihren Kindern Liisu, Anni und Johannes, mit denen wir uns bald und dauerhaft anfreunden sollten. Lars verstand es, nach dem Essen mit verschiedenen Spielen wie der „Reise nach Jerusalem" eine ausgelassene Stimmung zu erzeugen, die ein wenig an Ingmar Bergmans Film „Fanny und Alexander" erinnerte, bis es Mitternacht schlug und wir das Jahr 1995 mit Feuerwerkskörpern vom Balkon der Residenz des Königreichs Schweden begrüßten, das in diesem Moment Mitglied der Europäischen Union geworden war, nachdem wir zuvor die Neujahrsansprache von Präsident Meri am Fernsehen angehört hatten.

Estland und der Tschetschenienkrieg

Die Empörung über das russische Vorgehen in Tschetschenien nahm in Estland zu Beginn des neuen Jahres weiter zu, je mehr über dessen menschenverachtende Natur bekannt wurde. Außenminister Luik ließ verlauten, die Erklärung seines Ministeriums vom 28. Dezember 1994 habe bezweckt, die westlichen Länder zu „ermutigen", sich in ähnlicher Weise zu äußern, und das sei ja nunmehr gelungen. Er fügte hinzu, Rußlands Aussichten, ein Mitglied des Europarats zu werden, wären unter diesen Umständen auf Null gesunken (womit er sich bald in der guten Gesellschaft des russischen Menschenrechtsbeauftragten Kovaljov befinden sollte, der sich im Januar 1995 gegen die Aufnahme seines Landes zum gegenwärtigen Zeitpunkt aussprach). Moskaus Eingreifen in Tschetschenien sei hingegen ein schwerwiegendes Argument zugunsten einer Osterweiterung der NATO. Luik vertrat die Auffassung, daß jetzt die OSZE (in die sich die KSZE mit Wirkung vom 1. Januar 1995 umgewandelt hatte) gefordert sei, da Rußland mehrere ihrer von ihm mitunterzeichneten Dokumente verletzt habe [92.]

In der Tat hatte zu Jahresbeginn eine weltweite Verurteilung eingesetzt, wenn auch in nuancierter Form und – wie im Falle der Bundesregierung – unter Betonung, daß die territoriale Integrität Rußlands zur Vermeidung einer Destabilisierung Europas aufrechterhalten bleiben müsse. Eine der ersten kritischen Stimmen zu den Vorgängen in Tschetschenien, die in Estland – deren Presse dem Westen generell eine zu langsame Reaktion vorgeworfen hatte – viel Beachtung fand, war eine Pressemitteilung des Obmanns der CDU/CSU-Bundestagsfraktion im Rechtsausschuß des Deutschen Bundestages und Vorsitzenden der Deutsch-Baltischen Parlamentariergruppe, Professor Wolfgang Freiherr von Stetten, vom 9. Januar 1995. Ihr bereits in der Überschrift „Sicherheit für Litauen, Lettland und Estland" zum Ausdruck kommender Tenor entsprach auch ziemlich genau der Stimmung in Tallinn. „Die Tragödie in Tschetschenien" zeige, „daß sich der russische ‚Imperialismus' in nichts vom früheren sowjetischen unterscheidet. Die Deutsch-Baltische Parlamentariergruppe … fordert dringend die Bundesregierung auf … alles zu versuchen, die Aufnahme der drei Staaten Litauen, Lettland und Estland in die europäischen Sicherheitssysteme zu beschließen und zu beschleunigen. Nur so kann verhindert werden, daß auch diese Staaten dem neuen russischen Machtstreben eines einheitlichen Ostseeraums von Petersburg bis Königsberg zum Opfer fallen. Die Doktrin vom ‚nahen Ausland' ist aktueller und gefährlicher denn je. An Lettland und Estland wird dringend appelliert, die jetzigen Grenzen – so schmerzlich dies sein möge

– anzuerkennen, um Rußland keine Gelegenheit zu geben, von sich aus Sicherheitsrisiken zu reklamieren. Der gleiche Jelzin, der Lettland, Estland und Litauen die Freiheit wiedergab, versprach auch Tschetschenien Eigenständigkeit, das er heute grausam zerstört. Jelzin, seine Umgebung und insbesondere das Militär warten nur auf einen Anlaß, den vermeintlichen Fehler, die Aufgabe des Ostseeraums, zu bereinigen. Der Westen muß daher schnell handeln, wenn er nicht wie 1940 und ebenso 1945 diese drei Staaten … wieder im Stich lassen will. Die Menschen dort warten auf mehr als ein Zeichen". Das war eine deutliche Sprache. Kein Wunder also, daß diese Verlautbarung – vom Außenministerium übersetzt und über die Nachrichtenagenturen verbreitet – in der estnischen Presse ausführlich wiedergegeben wurde.

Wenige Tage später empfing mich Präsident Meri zu einem längeren Gespräch in Katharinental. Er zeigte sich zwar besorgt über die Lage, sah Estland aber nicht unmittelbar bedroht. Seine Befürchtungen galten vielmehr möglichen längerfristigen Entwicklungen. Bei einem Auseinanderfallen der Russischen Föderation könnte ein dann entstehendes Chaos nach Estland überschwappen. Daher sollten sie sich hier auf eine effiziente Grenzkontrolle und die Schaffung einer hochmobilen Eingreiftruppe anstatt auf den Aufbau einer regulären Armee konzentrieren. Rußland müsse, meinte Meri, zu einem Nationalstaat innerhalb neuer Grenzen werden. Doch dazu bedürfe es eines Staatsmannes vom Format eines Charles de Gaulle, der seinerzeit Algerien in die Unabhängigkeit entlassen habe. Ein solcher sei zwar nicht in Sicht, aber in 30 Jahren werde es so weit sein – Rußland habe sich in den zurückliegenden Jahren verändert; das zeigten die Reaktionen in der Bevölkerung auf den Tschetschenienkrieg, die noch vor wenigen Jahren undenkbar gewesen wären. Nur habe der Westen das noch nicht bemerkt. Der Präsident war auch ein wenig stolz darauf, daß Estland als erster Staat „richtig" auf das Moskauer Eingreifen in Tschetschenien reagiert habe, und wie der Außenminister der Meinung, dies könnte dem Westen als Vorbild gedient haben (während ich im Stillen zweifelte, ob die Stimme Estlands dort überhaupt wahrgenommen worden war).

In einem langen schriftlichen Interview, das Meri der Tageszeitung „Die Welt" gab und das diese am 21. Januar 1995 mit der Überschrift „Rußland hat ungewollt Tschetschenien anerkannt" unter Weglassung der Fragen als durchgehenden Text abdruckte, hat er dann zu dem Vorgehen Moskaus im einzelnen Stellung genommen. Er vertrat die Auffassung, daß der Krieg zwar insofern eine „innere Angelegenheit" sei, als Tschetschenien zur Russischen Föderation gehöre. Doch seien alle Kolonialkriege – wie auch im Falle Algeriens, damals ein französisches Département – „innere Angelegenheiten" gewesen, und die Tschetschenen kämpften wie seit den Tagen des Schamil Imam vor und nach dem Krimkrieg um ihr Recht der nationalen Selbstbestimmung. Auch Frankreich und England hätten die postkoloniale Kinderkrankheit des „nahen Ausland" durchgemacht. „Doch statt der Totalbombardierung von Algier oder Nairobi haben diese Länder sich mit den ‚Banditen' und ‚Mafiosi' an den Verhandlungstisch gesetzt und für ihre ‚inneren Angelegenheiten' eine politische Lösung gefunden. Noch ist es nicht zu spät, noch sind für Moskau alle Türen offen. Jetzt hängt es nur vom politischen Willen Rußlands ab, ob es von der Vergangenheit Abschied zu nehmen vermag ... Estland als direkter Nachbar Rußlands unterstützt die Stabilität in Rußland, doch nicht egal welche Stabilität. Eine Stabilität, die sich nicht auf Demokratie stützt, ist nicht dauerhaft, und ohne eine gründliche Erneuerung der russischen Moralwerte ist Demokratie undenkbar ...". Und weiter: „Die tschetschenische Tragödie ist die Tragödie Europas, weil sie gleichzeitig und vor allem die Tragödie von Rußland selbst ist: die verzweifelte Intrige der russischen Konservativen, die Demokratisierung der Gesellschaft zu stoppen ... Paradoxer Weise hat sich die Russische Föderation als erster Staat erwiesen, der durch seine Kriegserklärung ungewollt Tschetschenien *de facto* als einen Staat anerkannte, der mit der Waffe in der Hand für sein Selbstbestimmungsrecht kämpft".

In einer weiteren Erklärung des estnischen Außenministeriums war der russischen Führung am 10. Januar vorgehalten worden, anstatt sich um eine politische Lösung des Konflikts zu bemühen, habe es nur Opfer gegeben. Doch könne sie, wenn sie nur wolle, das Blutvergießen immer noch beenden. Hoffentlich werde die internationale Verurteilung die verantwortlichen Politiker und Militärs in Moskau dazu bewegen. Zugleich war begrüßt worden, daß der OSZE-Vorsitz im Interesse der Konfliktbewältigung tätig geworden sei. Allerdings wurde in Estland bald darauf kritisch vermerkt, daß OSZE-Minderheitenkommissar van der Stoel in Sachen Tschetschenien auffallend wenig von sich hören lasse, während er es für nötig befunden habe, etwa zehnmal nach Estland zu kommen – was von der estnischen Regierung auch seinem Landsmann EU-Kommissionsmitglied Hans van den Broek gegenüber moniert wurde, als er am 9./10. Februar in Tallinn war, und was dieser uns EU-Botschaftern bei Unterrichtung über den Verlauf der Gespräche nicht verschwieg.

Schließlich verabschiedete der *Riigikogu* am 13. Februar 1995 einstimmig eine „Erklärung über die Verwirklichung des Selbstbestimmungsrechts des tschetschenischen Volkes", in der er sich – wie es in der estnischen Presse hieß – als erstes Parlament der Welt für eine völkerrechtliche Anerkennung Tschetscheniens aussprach und der Regierung empfahl, diese „bei der ersten international möglichen Gelegenheit" vorzunehmen. Die estnische Regierung aber bewahrte den Sinn für die politischen Realitäten, und Ministerpräsident Tarand bestätigte nach Verabschiedung der Erklärung durch das Parlament, Estland werde Tschetschenien nicht als Staat anerkennen. Aus Moskau hingegen verlauteten wütende Proteste, und ein Besuch russischer Duma-Abgeordneter in Tallinn wurde abgesagt.

Am selben 13. Februar und bereits in Kenntnis der Erklärung des *Riigikogu* gab Präsident Dudajev zwei estnischen Journalisten ein mehrstündiges Interview, das eine Woche später in großer Aufmachung im *Postimees* erschien und nicht nur viel Beachtung, sondern auch Zustimmung fand. Meri persönlich empfahl mir seine Lektüre. Dudajev, an den man sich in Estland gerne erinnerte, verglich darin den Leidensweg der baltischen Staaten und seines eigenen Landes mit dem des Staates Israel. Er dankte dem estnischen Volk für die Last, die es sich im Falle einer Anerkennung Tschetscheniens aufbürden würde und die in der Gefahr bestünde, ein Opfer wirtschaftlicher, militärischer und psychologischer Einschüchterung sowie physischer Gewalt zu werden. Der tschetschenische Präsident warnte vor dem Wiedererstarken russischer imperialistischer Ansprüche mit dem Ziel der Wiederherstellung der Grenzen der ehemaligen Sowjetunion. Bereits jetzt übe Moskau erheblichen Druck auf die Region um Narva aus, Lettland werde zur Duldung einer russischen Militärpräsenz (Skrunda) gezwungen, und Litauen stünde wegen der Militärtransporte über sein Gebiet nach Kaliningrad unter Druck. Die Tatsache, daß die russische Führung in den Beziehungen zu ihren Nachbarn der Anwendung von Gewalt noch nicht abgeschworen habe, sei äußerst gefährlich. Er wolle das estnische Volk und seine Politiker daran erinnern, daß sie in ihrer Wachsamkeit nicht nachlassen dürften. Der Führung in Moskau sei einfach nicht zu trauen und die von ihr ausgehende Gefahr größer denn je. Dudajev schilderte während des Kriegs in Tschetschenien begangene russische Greueltaten und führte als Beleg für seine Warnungen zahlreiche geschichtliche Beispiele an, um zu dem Schluß zu gelangen, daß sich an den Grundzügen der russischen Politik in den letzten 500 Jahren kaum etwas geändert habe. Dem Westen aber warf er vor, in Menschenrechtsfragen mit zweierlei Maß zu messen und warnte: Wenn die Welt nicht aus den tragischen Erfahrungen in Tschetschenien lerne, sei nicht ausgeschlossen, daß die vor nichts zurückschreckenden Aggressoren eines Tages auch den Boden anderer Länder beträten.

Deutschland ehrt Jaan Kross

Am 19. Februar 1995 wurde Jaan Kross 75 Jahre alt. Mit Blick auf dieses Datum hatte ich im November 1994 vorgeschlagen, ihn mit dem deutschen Verdienstorden auszuzeichnen. Als der angesehenste und auch international bekannteste lebende estnische Schriftsteller würde Kross an seinem Geburtstag viele Ehrungen erfahren, unter denen eine solche durch Deutschland nicht fehlen dürfte.

Auch konnte ich mir keine Persönlichkeit in Estland vorstellen, die würdiger gewesen wäre, als erste seit Wiedererlangung der Unabhängigkeit den deutschen Orden zu erhalten. Denn Kross ist so eng wie heute nur noch wenige Esten der deutschen Kultur verbunden, und das jahrhundertelange Zusammenleben von Deutschen und Esten stellt ein zentrales Thema seines literarischen Werks dar. In seinen historischen Romanen und Novellen hat er sich mit diesen – zumal unter den Bedingungen des Spannungsverhältnisses zum jeweiligen Landesherrn (Deutscher Orden, Schweden und Rußland) – immer schwierigen Beziehungen zwar kritisch, doch stets fair und der geschichtlichen Wahrheit verpflichtet auseinandergesetzt. Damit hat er seit den 1970er Jahren dazu beigetragen, das vor allem während der Sowjetzeit bewußt negativ verfälschte Deutschlandbild seiner estnischen Landsleuten zurechtzurücken – und das, obwohl er während der deutschen Besetzung Estlands dann 1944 selbst noch, wie später acht Jahre lang von den Sowjets, seiner Freiheit beraubt worden war, weil er sich für einen unabhängigen estnischen Staat eingesetzt hatte.

Das offizielle Deutschland würde jetzt also auch Gelegenheit haben, Jaan Kross gegenüber wenigstens symbolisch wieder etwas gutzumachen und vor allem ihm zu danken, und dies gewiß in Übereinstimmung mit seinen vielen deutschen Lesern und Freunden; denn – mit Ausnahme des Finnischen – ist sein Werk, wenn leider auch noch lange nicht vollständig, in keine andere Sprache so viel übersetzt worden wie in die deutsche.

Da Ausländer ohne amtliche Funktion die deutsche Auszeichnung – im Gegensatz zu anderen Staaten gibt es bei uns nur eine, die in verschiedenen Stufen verliehen wird – nur bei „besonderen Verdiensten" um die Bundesrepublik Deutschland erhalten können, kam mir bei der Begründung des Ordensvorschlags noch zugute, daß Jaan Kross 1992/93 dem *Riigikogu* angehört und während dieses Jahres durch Übernahme des stellvertretenden Vorsitzes der Estnisch-Deutschen Parlamentariergruppe sein Interesse an Deutschland auch auf diese Weise bekundet und uns bei der Betreuung deutscher Besucher unterstützt hatte.

Mit einem hatte ich bei meinem Vorschlag aber nicht gerechnet. Zwischen Deutschland und Estland mußte, wie ich bei dieser Gelegenheit lernte, erst noch ein förmlicher – wie es in der amtlichen Sprache heißt – „Ordensverkehr" aufgenommen werden, und bis dahin war die Verleihung eines deutschen Ordens an einen Esten grundsätzlich ausgeschlossen. In Estland war zwar im Mai 1994 ein Ordensgesetz in Kraft getreten, das an die Vorkriegszeit anknüpfte und wie damals insgesamt fünf Auszeichnungen für Verdienste vorsieht, die auch an Ausländer verliehen werden können. Doch noch lagen keine Ordensstatuten vor, die die Einleitung des Verfahrens zur Aufnahme der auf dem Prinzip der Gegenseitigkeit beruhenden förmlichen Ordensbeziehungen erlaubt hätte. Die Kollegen in Bonn zeigten aber viel Verständnis für mein Argument, daß es sich um einen nicht wiederholbaren Einzelfall handele, da Jaan Kross eben nur einmal 75 Jahre alt würde, und sich daher eine Ausnahme im Vorgriff auf eine spätere Regelung, die nur eine Frage der Zeit sei, rechtfertige. Auch sonst hatten wir Glück, denn bereits Anfang Februar stimmte der Bundespräsident meinem – um Bonn die Entscheidung zu erleichtern – absichtlich recht kurzfristig gemachten Vorschlag zu und unterschrieb die Urkunde.

Einen Tag nach dem 75. Geburtstag, als der größte Trubel vorbei war, hatten sich meine Frau und ich bei Jaan Kross und Ellen Niit als Gratulanten angesagt. Nichtsahnend empfingen sie uns mit einem gedeckten Teetisch – um so vollkommener war dann die Überraschung, als ich ihnen die beabsichtigte Ehrung eröffnete, und auch die Freude sichtlich groß! Allerdings wollten Kross seine Verdienste um Deutschland nicht so recht einleuchten. Daher war es für ihn beruhigend zu hören, daß ich bei der Begründung des Ordensvorschlags den Akzent auf seine Affinität zur deutschen Kultur gelegt hatte.

Eine gute Woche später, um die Mittagsstunde des 2. März, versammelte sich dann ein größerer Kreis in der Residenz auf dem Domberg zur Ordensübergabe. In Absprache mit Kross hatten wir diesen Tag ausgewählt, weil danach der Ausgang der Parlamentswahlen die Aufmerksamkeit aller in Anspruch nehmen würde. Um die 50 Personen waren unserer Einladung gefolgt. Außer Angehörigen der kleinen deutschen Kolonie in Estland waren es überwiegend Repräsentanten des geistig-künstlerischen Lebens und eine Reihe von Medienvertretern, aber auch der frühere Ministerpräsident Tiit Vähi. Die estnische Regierung vertrat Kultur- und Bildungsminister Peeter Olesk. Präsident Meri war – sehr zu seinem Bedauern, wie er mich telefonisch wissen ließ – durch andere Amtspflichten festgehalten, und gratulierte dem Ausgezeichneten schriftlich. Die Teilnehmer an dieser Feierstunde gruppierten sich in einem Halbrund um Jaan Kross und seine Frau, die auf einem Sofa im großen Salon Platz genommen hatten (Abbildung 57). Dann hielt ich meine kleine Ansprache (die Priit Relve anschließend übersetzte), verlas die Verleihungsurkunde des Bundespräsidenten und überreichte (unterstützt durch den Kulturreferenten Peter Sauer) Jaan Kross die Insignien des „Großen Verdienstkreuzes des Verdienstordens der Bundesrepublik Deutschland" (Abbildung 58). Dieser dankte mit wenigen Sätzen und bezweifelte, ob er die Auszeichnung auch verdient habe, jedenfalls wolle er sich bemühen, sie sich in Zukunft zu verdienen … Kross kannte den Text meiner Ansprache im voraus, die ich auch als eine politische Meinungsäußerung verstanden wissen wollte und bei deren Abfassung ich meine Worte sorgfältig abgewogen hatte (vgl. den Wortlaut im Anhang).

In kleinerer Runde blieben wir anschließend zum Mittagessen beisammen, an dessen angeregten und harmonischen Verlauf ich gerne zurückdenke. Minister Olesk dankte im Namen Estlands und hob hervor, daß Kross keinen Literaturpreis, sondern eine staatliche Auszeichung erhalten habe. Die Freude und auch Genugtuung über diese Ehrung einer estnischen Persönlichkeit durch Deutschland, die von seinen Landsleuten als eine nationale Symbolfigur betrachtet wird, äußerte sich auch in vielen anderen Reaktionen und nicht zuletzt in den Medien.

Noch am selben Tag berichtete die abendliche Hauptnachrichtensendung des estnischen Fernsehens ausführlich. Als mir dann am nächsten Morgen Herr Sauer die Tageszeitungen vorlegte, in denen die reich bebilderten Berichte über die Ordensverleihung selbst die heiße Schlußphase des Wahlkampfs von den Titelseiten verdrängt hatte, da erschrak ich doch etwas und fragte ihn, ob wir mit unserer Öffentlichkeitsarbeit nicht vielleicht ein wenig übertrieben hätten? Aber es waren ja die Esten selbst, die gewichtet hatten! Jedenfalls haben wir während meiner Zeit als Botschafter nie eine größere öffentliche Aufmerksamkeit in Estland erfahren, als bei Gelegenheit der Auszeichnung von Jaan Kross.

Nicht allen dürfte das gefallen haben. So erinnere ich mich der erstaunten Frage von Lars Grundberg, der ständig unter dem Druck Stockholms stand, Schweden ein Maximum an Geltung und Einfluß in Estland zu verschaffen, wie es uns denn möglich gewesen wäre, Kross auszuzeichnen, wo doch Estland selbst noch keine Orden verleihe, und der dann höchst verwundert war zu erfahren, wie wir uns über das formale Erfordernis eines offiziellen Ordensverkehrs, das auch für Schweden galt, hinweggesetzt hatten – offenbar hatte er mit Ähnlichem geliebäugelt.

*

Bei der Feierstunde und dem Mittagessen für Jaan Kross waren auch einige der Teilnehmer an einem gerade in diesen Tagen von der Estländischen Ritterschaft gemeinsam mit estnischen Freunden in Dorpat und Reval ausgerichteten historischen Seminar über „Die Geschichte Estlands im Spiegel der ständischen Selbstverwaltung des Landes" anwesend – außer dem Vorsitzenden der Ritterschaft Axel Freiherrn von Ungern-Sternberg, der das Seminar leitete, das Ehepaar Jüri und Sirje Kivimäe, Heinz von zur Mühlen aus München und Jürgen Freiherr von Ungern-Sternberg aus Basel, die alle Referate hielten. Der Historiker Mühlen war ein alter Bekannter von Kross und hatte damals gerade die Bearbeitung des Manuskripts aus dem Nachlaß seines akademischen Lehrers Paul Johansen über den Chronisten Balthasar Rüssow abgeschlossen, in dem – ganz wichtig für Kross – der Nachweis geführt wird, daß dieser im 16. Jahrhundert als Pastor an der Heiliggeistkirche in Reval wirkende Held des gleichnamigen *opus magnum* von Jaan Kross estnischer Herkunft gewesen ist [93].

Die Idee zu diesem Seminar, das junge Angehörige der Ritterschaft mit gleichaltrigen Esten im Zeichen der gemeinsamen, aber weithin unbekannten Geschichte zusammenbringen sollte, war während der Tagung des Beirats der Estländischen Ritterschaft im vergangenen Sommer in unserem Haus geboren worden. Die 9 deutschen Jugendlichen[94] hatten auf der Hinfahrt über die Ostsee einen der von Dr.med. Lothar Baron Rosen in diesen Jahren organisierten Hilfstransporte für das Krankenhaus in Hapsal dorthin begleitet und waren direkt nach Dorpat weitergereist, wo wir älteren Teilnehmer mit ihnen zusammentrafen. Das Seminar begann am Abend des 26. Januar in geselliger Runde im Konventsquartier der traditionsreichen ältesten estnischen Studentenverbindung *Eesti Üliõpilaste Selts (EÜS)*, dem „Verein studierender Esten", von dem schon die Rede war. Dort begrüßte uns einer der Teilnehmer von estnischer Seite, der Historiker Toomas Hiio. Er war 1988 einer der Wiederbegründer der *EÜS* gewesen. Gekommen waren auch die Professoren Järvelaid und Rosenberg, die beide in den nächsten Tagen zu rechts- und agrargeschichtlichen Themen referierten. Zu den jungen estnischen Seminarteilnehmern zählten ferner die Historiker Kalev Jaago, Urmas Klaas, Enn Küng sowie Kadri Ottis, die kurz darauf als die mit 25 Jahren jüngste Abgeordnete in den neu gewählten *Riigikogu* einziehen sollte. Der zweite Teil des Seminars fand im Stadtarchiv Reval statt und endete am 3. März mit einer Abendveranstaltung in der Residenz, wo ich zuvor den Teilnehmern einen Überblick über die aktuelle politische und wirtschaftliche Lage in Estland gegeben hatte. Aus dieser deutsch-estnischen Begegnung sind dauerhafte Kontakte entstanden, und einige Jahre darauf traf man sich in Deutschland wieder (1999).

Parlamentswahlen

Einen Monat etwa vor dem auf den 5. März 1995 angesetzten Urnengang für den – seit der Staatsgründung gerechnet – *VIII. Riigikogu* begann sich der Wahlkampf, wenn auch noch recht bescheiden, im Straßenbild von Tallinn bemerkbar zu machen. Bis dahin war er nur in den Medien ausgetragen worden. Dabei zeichnete sich ab, daß auch diese zweiten Parlamentswahlen seit der Unabhängigkeit stark von Personen bestimmt sein und Ansehen wie Bekanntheitsgrad der Kandidaten einen größeren Einfluß auf die Stimmabgabe haben würden als die Zugehörigkeit zu einer der politischen Parteien, die sich ohnehin durch ihre Programme nicht grundlegend voneinander unterschieden. Anders als bei den Wahlen im September 1992 standen diesmal allerdings soziale Fragen im Vordergrund und spiegelten die seitdem stattgefundene gesellschaftliche Entwicklung in Estland wider, die durch eine sich zunehmend differenzierende Einkommensstruktur und ein Wohlstandsgefälle zwischen

Stadt und Land gekennzeichnet war, das sich in den zurückliegenden Jahren umgekehrt hatte. Hatten früher die Kolchos- und Sowchosarbeiter in der Regel am besten verdient, mußten sich die in der Landwirtschaft Beschäftigten jetzt mit weitaus bescheideneren Löhnen begnügen als die Menschen in den Städten und waren darüber hinaus von der dort herrschenden hohen Arbeitslosigkeit bedroht.

Währenddessen steuerte Andres Tarand das estnische Staatsschiff als ein Übergangspremier ohne viel Aufhebens durch die Klippen der estnischen Innenpolitik und garantierte die Stabilität im Lande.

Zur Wahl stellten sich insgesamt 30 Parteien, von denen sich die meisten zu insgesamt 7 Wahlbündnissen zusammengeschlossen hatten. 9 Parteien traten mit eigenen Listen an. Außerdem kandidierten 12 Unabhängige. Die Zahl der Bewerber um die 101 Parlamentssitze hatte sich gegenüber 1992 mehr als verdoppelt, während die der Wahllisten mit 16 nahezu gleich geblieben war.

Die größten Chancen wurden einem Wahlbündnis eingeräumt, das die Koalitionspartei (*Eesti Koonderakond*) von Tiit Vähi mit einem Bund der Landparteien (*Maarahva Ühendus*) unter der Führung von Arnold Rüütel eingegangen war, der sich aus Rüütels Landvolkpartei (*Eesti Maarahva Erakond*), dem Bund der Pensionäre und Familien (*Eesti Pensionäride ja Perede Liit*) und zwei weiteren Landparteien zusammensetzte.

Diese Erwartungen sollten sich auch mehr als erfüllen: Bei einer Wahlbeteiligung von 68,9 % erhielt das unter dem Namen *Koonderakond ja Maarahva Ühendus* (KMÜ) angetretene Bündnis von Vähi und Rüütel 32,2 % der Stimmen (41 Sitze).

Den nächsten Platz belegte die neugegründete und sich zum ersten Mal zur Wahl stellende Reformpartei (*Eesti Reformierakond*) von Zentralbankpräsident Siim Kallas, in der die Liberaldemokraten von Paul-Eerik Rummo aufgegangen waren, mit 16,2 % und 19 Sitzen.

Danach kamen

- die von Edgar Savisaar geführte Zentrumspartei (*Eesti Keskerakond*) mit 14,2 % (16 Sitze)
- das zwischen der Vaterlandspartei (*Rahvuslik Koonderakond ,Isamaa'*) von Mart Laar und der Nationalen Unabhängigkeitspartei (*Eesti Rahvusliku Sõltumatuse Partei*) von Tunne Kelam unter dem Namen *Isamaa ja ESRP Liit* eingegangene Wahlbündnis mit 7,8 % (8 Sitze)
- das von den Sozialdemokraten (*Eesti Sotsiaaldemokraatlik Partei*) unter dem Vorsitz von Eiki Nestor und der Landzentrumspartei (*Eesti Maa-Keskerakond*) unter dem Vorsitz von Vambo Kaal unter der Führung von Ministerpräsident Andres Tarand gebildete Wahlbündnis der Gemäßigten (*Mõõdukad*) mit 6 % (6 Sitze)

- das Wahlbündnis „Unser Heim ist Estland!" (*Meie kodu on Eestimaa/Nasch dom – Estonija*) aus Estnischer Vereinigter Volkspartei (*Eestimaa Ühendatud Rahvapartei*) mit dem Vorsitzenden Viktor Andrejev und Russischer Partei in Estland (*Vene Erakond Eestis*) mit dem Vorsitzenden Sergej Kusnezov mit 5,9 % (6 Sitze), und
- die Volkspartei der Republikaner und Konservativen (*Vabariiklaste ja Konservatiivide Rahvaerakond*) unter der Vorsitzenden Karin Jaani, gebildet aus den Politikern, die sich im vergangenen Jahr von der Vaterlandspartei abgespalten hatten, bei den Wahlen unter derselben Kurzbezeichnung wie als Fraktion im Parlament als „Die Rechten" (*Parempoolsed*) auftraten und mit 5 % (5 Sitze) gerade noch den Einzug ins Parlament schafften.

Alle anderen Parteien und Wahlbündnisse scheiterten an der 5%-Klausel, unter ihnen wie schon 1992 die Nachfolgepartei der ehemaligen Nationalkommunisten unter Vaino Väljas.

Die meisten Direktstimmen hatte erwartungsgemäß der nach wie vor populäre Arnold Rüütel auf sich vereinigen können (17 189), gefolgt von Edgar Savisaar (13 699), Andres Tarand (11 422), Uno Mereste (10 806) und Siim Kallas (10 459).

*

Der Wahlerfolg des Bündnisses von Vähi und Rüütel fiel noch deutlicher aus, als er aufgrund der Meinungsumfragen erwartet worden war. Bei der Feier für Jaan Kross drei Tage vor der Wahl hatte sich Vähi zwar siegessicher gezeigt, jedoch mit einigen Prozentpunkten weniger für die KMÜ gerechnet, als diese schließlich erreichte. Als ich ihm dann am Tage nach der Wahl telefonisch gratulierte, wurde allgemein davon ausgegangen, daß er der nächste Ministerpräsident sein würde – doch wie sich bald herausstellte, mußten bis dahin noch erhebliche innenpolitische Widerstände überwunden werden. Rüütel hingegen wurden Ambitionen auf das Amt des Staatspräsidenten nachgesagt, den das neue Parlament im nächsten Jahr zu wählen haben würde. Darauf hatte auch Präsident Meri in seiner nun schon traditionellen Rede zum Nationalfeiertag am 24. Februar aufmerksam gemacht und dies mit der Aufforderung verbunden, sich die verschiedenen zur Wahl stehenden Parteien, ihre Programme und die Fähigkeit, diese zu verwirklichen, auch unter diesem Gesichtspunkt genau anzusehen.

Die großen Wahlverlierer waren – ebenfalls nicht unerwartet – Mart Laar und sein Bündnispartner Tunne Kelam. Wir haben den schrittweisen Niedergang der bei den Wahlen von 1992 so erfolgreichen Vaterlandspartei und der von Laar geführten Regierungskoalition sowie die Gründe hierfür gesehen. Dem bleibt wenig hinzuzufügen. Vergeblich hatte Mart Laar noch kurz vor dem

5. März vor einem „Linksrutsch" und der Rückkehr der alten kommunistischen Nomenklatura an die Macht, so wie dies in Polen und anderen osteuropäischen Staaten geschehen sei, gewarnt, sollten Vähi und Rüütel die Wahlen für sich entscheiden. Vähi hatte mit dem Hinweis kontern können, die Regierung Laar habe nur die Reformpolitik fortgeführt, für die von ihm während seiner Zeit als Ministerpräsident im Jahre 1992 die Grundlagen geschaffen worden seien wie Aufhebung der letzten Preisbindungen, Freihandel, Währungsreform und Beginn der Großprivatisierung. Dies könne man wohl kaum als „linke" Politik bezeichnen. Zwar wolle er, wenn er gewählt werde, die bisherige Reformpolitik fortsetzen, doch diese am deutschen Vorbild einer sozialen Marktwirtschaft ausrichten, soweit es bereits auf Estland anwendbar sei[95]. Das hörte ich auch von Vähi persönlich – und in der Tat konnte man eine Partei, deren Wahlplattform sich nicht nur für soziale Marktwirtschaft, sondern auch für ein liberales Außenhandelsregime und eine moderate Besteuerung der Wirtschaft aussprach, nicht als „links" bezeichnen.

Kurz nach der Wahl zeigte sich Präsident Meri mir gegenüber mit ihrem Ausgang alles andere als zufrieden und machte dabei auch eine Bemerkung über Mart Laar, die sicher eine weitere wichtige Erklärung für dessen schlechtes Abschneiden enthielt: Dieser habe schnell die Verbindung zum Volk verloren und damit einen für einen Politiker schweren Fehler gemacht. Ähnliches hörte ich damals von Personen, die Laar persönlich näher standen als Meri, der – wohl auch durch den Generationsunterschied bedingt – immer wieder seine Probleme mit ihm gehabt hatte. Einer von Laars politischen Freunden meinte, *Isamaa* hätte ihren Niedergang aufhalten können, wenn Laar beispielsweise im Frühjahr 1994 einem anderen aus der Führungsriege als Ministerpräsident Platz gemacht hätte. Mit einem „neuen Gesicht" wäre dann etwas von dem Druck von der Regierung genommen worden, der aufgrund der Reformpolitik ohnehin unvermeidlich gewesen sei. Als dies nicht geschah, sei es dann zu den selbstzerstörerischen innerparteilichen Auseinandersetzungen gekommen.

Aber nicht nur das Wahlbündnis KMÜ, das – wie Savisaars Zentrumspartei – mit der Forderung nach einer stärkeren sozialen Abfederung der Reformpolitik um die Stimmen der Gruppen geworben hatte, denen der gesellschaftliche Umgestaltungsprozeß die größten Opfer abverlangte (Rentner, Landbevölkerung, Lehrer und andere Angestellte des öffentlichen Dienstes), war bei der Wahl erfolgreich gewesen. Auch die Reformpartei zählte zu den Wahlsiegern und hatte aus dem Stand ein beachtliches Ergebnis erzielt. Dies war ihr ungeachtet der Tatsache gelungen, daß sie sich als Exponent des aufstrebenden jungen Unternehmertums, das von dem erfolgreichen wirtschaftlichen Transformationsprozeß am meisten profitierte, in einem von sozialen Fragen bestimmten Wahlkampf ganz unverblümt für eine uneingeschränkte Marktwirtschaft eingesetzt hatte. Ihre Leitfigur Kallas war aber als langjähriges KP-Mitglied, stellvertretender Herausgeber der Partei- und Regierungszeitung *Rahva Hääl* und Gewerkschaftschef keineswegs weniger eng mit dem Establishment der späten Sowjetzeit verbunden gewesen als Vähi. Der Hauptgrund für den Erfolg der Reformpartei wurde darin gesehen, daß es sich um eine *neue* Partei handelte, die sich noch nicht in der Regierungsverantwortung abgenutzt hatte und die von inneren Auseinandersetzungen wie denen in der *Isamaa* unbelastet war, der sie offenbar eine Menge von Stimmen hatte abnehmen können. Der Erfolg der Reformpartei war zugleich ein Indiz dafür, daß das estnische „Wirtschaftswunder" tatsächlich bereits einigen Tiefgang aufwies und sich viele vor allem unter der jungen Generation von dem Kreis der erfolgreichen Geschäftsleute um Siim Kallas einiges versprachen. Da auch die ehemaligen Kommunisten erneut den Einzug in das Parlament verfehlt hatten, konnte – anders als dies von manchen einseitig oder schlecht informierten ausländischen Kommentatoren zu vernehmen war – von einem Linksrutsch wahrlich keine Rede sein. Es hatte in Estland einfach eine andere Mannschaft das Mandat zum Regieren erhalten, und zwar jene, die im Wahlkampf unter Beibehaltung des bisherigen Reformkurses mit dem Versprechen einer größeren sozialen Gerechtigkeit angetreten war.

Anders als nach den ersten Wahlen im wieder unabhängigen Estland war jetzt auch die russischsprachige Bevölkerung mit eigenen Abgeordneten im Parlament vertreten. Um die Jahreswende hatten zwei der damals existierenden russischen Parteien – die Zeiten der Russischen Vertreterversammlung waren schon vorbei – ein Wahlbündnis vereinbart. Es wurde von Andrejev geführt, früher einmal stellvertretender Vorsitzender des Obersten Rates und anschließend bis zu seiner Wahl in den *Riigikogu* stellvertretender Oberbürgermeister von Tallinn. Diesem noch von einer dritten, nicht registrierten Partei (unter dem Vorsitz von Aleksej Zybin) unterstützten Bündnis, für das vor allem die Tallinner Russen stimmten, gelang der Einzug in das Parlament einigermaßen überraschend. Der Erfolg der politisch organisierten Russen wurde auch von estnischer Seite und nicht zuletzt Präsident Meri begrüßt, denn er stellte nach den Kommunalwahlen vom Oktober 1994 einen weiteren sichtbaren Schritt in Richtung einer innen- wie außenpolitisch erwünschten Integration der russischsprachigen Bevölkerung in das politische System Estlands dar, in dem diese nunmehr auch auf Republikebene über eine durch den Wähler legitimierte Repräsentanz verfügte.

*

Am 21. März trat der neugewählte *Riigikogu* um 10 Uhr morgens zu seiner konstituierenden Sitzung zusammen. Gemeinsam mit Herrn Relve begab ich mich auf den Domberg, um wie andere Botschafter und zahlreiche Medienvertreter den Verlauf der Sitzung von der Tribüne aus zu verfolgen. Erstmals wurde für ausländische Besucher ins Englische gedolmetscht. Nach der feierlichen Eröffnung durch den Staatspräsidenten und der Vereidigung der Abgeordneten schritten diese zur Wahl des Parlamentspräsidenten (*speaker*).

Die Kandidaten waren der über die Liste der „Rechten" ins Parlament eingezogene bisherige *speaker* Ülo Nugis und ein zuvor in der Politik nicht weiter hervorgetretener neuer Abgeordneter der Reformpartei, der Sportarzt und bisherige stellvertretende Bürgermeister von Tartu Toomas Savi.

Seit geraumer Zeit war es ein offenes Geheimnis, daß Vähi im Falle eines Wahlsiegs eine Mitte-Rechts-Koalition bilden wollte. Mit 41 Abgeordneten der von ihm geführten KMÜ hatte er im Verbund mit der Reformpartei (19) hierzu nunmehr die Gelegenheit. Um die parlamentarische Basis einer solchen Koalition zu verbreitern, sollten die 5 Abgeordneten der „Rechten" in die Koalition miteinbezogen werden. Auch hatten schon Verhandlungen stattgefunden, nach denen es so aussah, als wären sich Vähi und Rüütel mit Kallas einig geworden. Mit den „Rechten" hingegen war bereits eine feste Vereinbarung getroffen und Nugis als ihr gemeinsamer Kandidat für das Amt des Parlamentspräsidenten vorgeschlagen worden. So konnte also mit dessen Wahl gerechnet werden. Um so größer daher das allgemeine Erstaunen, als das Wahlergebnis verkündet und festgestellt wurde, zum neuen *speaker* sei mit 52:48 Stimmen Savi gewählt worden (ein Abgeordneter hatte an der Abstimmung nicht teilgenommen). Auch bei der Wahl zum 1. Stellvertreter konnte sich die KMÜ nicht durchsetzen, denn ihr Kandidat Rüütel erhielt nicht mehr als 42 Stimmen und wurde damit nur zweiter Stellvertreter, Savisaar dagegen mit 52 erster stellvertretender Parlamentspräsident.

Was war geschehen?

Schon am Morgen desselben 21. März war in einem in *Rahva Hääl* veröffentlichten Interview mit Siim Kallas zu lesen gewesen, seiner Reformpartei sei von *Isamaa* (Laar), den Gemäßigten (Tarand) und der Zentrumspartei (Savisaar) der Vorschlag zur Bildung einer gemeinsamen Regierung gemacht worden. Eine solche hätte den Vorteil, daß seine Partei anders als in einer Koalition mit der KMÜ nicht der Juniorpartner wäre, sondern mit ihm als Ministerpräsidenten die Hauptrolle spielen könnte – ansonsten hatte Kallas alles offen gelassen. Die Wahl des Parlamentspräsidenten schien also die Probe aufs Exempel gewesen zu sein, ob sich dieses buchstäblich über Nacht verabredete *renversement des coalitions* auch bei den davon betroffenen Abgeordneten würde durchsetzen lassen. Inszeniert war das allem Anschein nach von Savisaar worden, der eine – wie sie dann genannt wurde – „alternative Koalition" gegen Vähi/Rüütel und die Rechten geschmiedet hatte, der alle übrigen im *Riigikogu* vertretenen Parteien von „links" bis „rechts" angehörten. Nur die Russen hatten offensichtlich nicht geschlossen abgestimmt, was angesichts der sehr unterschiedlichen Gruppierungen, die sich für die Wahlen unter dem Dach „Unser Heim ist Estland!" zusammengefunden hatten, nicht weiter verwunderte.

Als ich zwischen den beiden Wahlgängen mit einigen der führenden Politiker der gerade unterlegenen KMÜ sprach, da zeigte sich Rüütel besonders verbittert darüber, daß sein mit Vähi eingegangenes Wahlbündnis, das über die mit Abstand größte Zahl von Abgeordneten verfügte, durch die russischen Abgeordneten als das Zünglein an der Waage an der Übernahme der Regierungsverantwortung gehindert werden sollte. Professor Lippmaa meinte, es ginge nur noch um „Geld" und „Macht", und es dominiere der persönliche Ehrgeiz, während die im Wahlkampf gemachten Aussagen wohl keinerlei Rolle mehr spielten. Vähi hingegen gab sich gelassen – man werde mit Interesse beobachten, wie eine solche Koalition wohl funktioniere. Andrejev, den ich seit längerem kannte, erklärte sein und das Stimmverhalten anderer russischer Abgeordneter damit, Vähi hätte mit ihnen überhaupt nicht gesprochen, sonst wäre es anders ausgefallen – was mich einigermaßen verblüffte. Wie sich jetzt zeigte, hatte Vähi nach seinem großen Wahlerfolg vielleicht die Dinge doch etwas zu sehr auf die leichte Schulter genommen und die anderen im Parlament vertretenen Gruppierungen nicht hinreichend berücksichtigt. Mart Laar jedenfalls, der am Tage vor der Abstimmung im *Riigikogu* noch kategorisch jede Regierungsbeteiligung ausgeschlossen hatte, äußerte sich nunmehr sybillinisch „klar ist nur, daß alles unklar ist" und wurde in der Presse mit der Bemerkung zitiert, *Isamaa* habe nur deshalb mit Savisaar gestimmt, „um Vähi eine Lektion zu erteilen" wie man eine Regierung nicht bilden könne; das bedeute aber nicht, daß man mit Savisaar bereits über eine Koalition spreche[96]. Bekanntlich verband Laar und Vähi ja eine herzliche Abneigung zueinander.

Nach der Abstimmung stand ich mit einigen Botschafterkollegen und dem Journalisten Tammerk zusammen. Unsere Reaktionen reichten von verständnislosem Kopfschütteln bis zu kaum verhüllter Empörung über diese rein machtpolitisch motivierte Mißachtung des Wählerwillens. Nicht nur wir auswärtigen Beobachter waren von dieser Wendung der Dinge überrascht worden – „In Estland ist scheinbar alles möglich" hieß es damals allenthalben – auch wenn das Überraschungsmoment bei denen etwas geringer war, die das Interview mit Kallas in der Morgenpresse bereits kannten. Ich habe damals den 21. März als einen „schwarzen Tag" für die junge estnische Demokratie bezeichnet.

Jetzt war wieder Präsident Meri an der Reihe und mußte innerhalb der beiden nächsten Wochen einen Kandidaten für das Amt des Ministerpräsidenten vorschlagen.

Tiit Vähi zum zweiten Mal Ministerpräsident

Am 23. März wartete der Staatspräsident mit einer doppelten Überraschung auf. Er beauftragte nämlich Vähi mit der Regierungsbildung, obwohl nach dem Frontwechsel von Kallas vor zwei Tagen allgemein angenommen worden war, Meri würde sich für ihn entscheiden. Zum anderen überraschte die Schnelligkeit, mit welcher der Präsident handelte, war er doch dafür bekannt, bei innenpolitisch wichtigen Entscheidungen gewöhnlich die ganze zur Verfügung stehende Zeit in Anspruch zu nehmen. Ungeachtet dessen, daß der Präsident verlauten ließ, er habe sich bei der Kandidatenwahl vom Willen des Wählers leiten lassen, der in der Zusammensetzung der Regierung zum Ausdruck kommen müsse, wurde in der estnischen Presse sogleich spekuliert, Meri wolle erst einmal Vähi bei der Regierungsbildung sich die Finger verbrennen lassen, damit dann sein Wunschkandidat Kallas zum Zuge kommen könne.

Vähi mußte sich jetzt also nach einer Alternative umsehen und erklärte am selben Abend im Fernsehen, Savisaar habe ihm auf ein am Tage vor der konstituierenden Sitzung des *Riigikogu* gemachtes Angebot jetzt geantwortet, die Zentrumspartei halte eine Koalition mit der KMÜ für möglich. Savisaar selbst aber ließ wissen, eine solche Koalition entspräche zwar dem Interesse derer, die KMÜ und Zentrumspartei gewählt hätten und würde auch die Entwicklung Estlands voranbringen, doch werde seine Partei sowohl mit der KMÜ als auch der „alternativen Koalition" sprechen. Obwohl Savisaar nur als dritter Sieger mit nicht mehr als 16 Abgeordneten aus den Parlamentswahlen hervorgegangen und weder Vähis noch Meris erste Wahl als mehrheitsbeschaffender Koalitionspartner war, hatte er es verstanden, sich in eine Position zu manövrieren, von der aus er das Geschehen dominieren und sich von beiden Seiten umwerben lassen konnte. Die einzigen, die dabei nicht mitmachten, waren die „Rechten", die ihre Beteiligung an einer Koalition mit der Zentrumspartei ebenso ablehnten wie sie zuvor eine solche an einer „alternativen Koalition" abgelehnt hatten.

Bei den Verhandlungen, die Savisaar jetzt sowohl mit der KMÜ als auch mit der „alternativen Koalition" führte, machten schließlich Vähi und Rüütel am 31. März mit der Unterzeichnung einer Koalitionsvereinbarung das Rennen. Zuvor hatte Savisaar am selben Tag dem Beschlußorgan seiner Partei den Entwurf dieser Vereinbarung *und* einer am 30. März paraphierten Vereinbarung mit der „alternativen Koalition" über eine politische Zusammenarbeit zur Entscheidung vorgelegt. Dieses Gremium sprach sich daraufhin – angeblich anders als es Savisaar vorgezogen hätte – für das Zusammengehen mit der KMÜ aus.

Damit würde Estland künftig von einer Mitte-Links-Koalition regiert werden. Aus der Sicht von Vähi, der sich vor und nach den Wahlen für eine Mitte-Rechts-Koalition ausgesprochen hatte, war dies nur die zweitbeste Lösung. Als größter Gewinner aus diesem Pokerspiel aber ging Edgar Savisaar hervor, der sich als der überlegenere Taktiker erwiesen hatte – als Verlierer aber Siim Kallas und die Reformpartei. Nachdem Kallas bereits im Oktober 1994 nach dem Amt des Regierungschefs gegriffen hatte und damit im *Riigikogu* gescheitert war, hatte er jetzt – verlockt von der Aussicht, doch noch Ministerpräsident zu werden – zu hoch gespielt.

Auch wenn es jetzt eine Mitte-Links-Regierung geben würde, bedeutete dies nicht, daß sich in der estnischen Politik als Ergebnis der Wahlen vom 5. März doch noch ein „Linksrutsch" vollzogen hätte. Abgesehen von der Fragwürdigkeit der Begriffe „rechts" und „links" im Spektrum der Parteien Estlands zu einem Zeitpunkt, da das Land sich noch in voller Transformation befand und ihre Programme sich nur wenig voneinander unterschieden, die Trennlinien zwischen den Parteien vielmehr entlang verschiedener alter und neuer Interessengruppen verliefen und sie vor allem untereinander rivalisierenden Politikern als Machtbasis dienten, ließ sich der Koalition zwischen KMÜ und Zentrumspartei eine gewisse Logik nicht absprechen, da sich beide auf mehr oder weniger dieselben Wählerschichten stützten. So handelte es sich auch unter diesem Gesichtspunkt viel mehr um die nunmehr besonders deutlich ausgefallene Ablösung einer Regierungsmannschaft durch eine andere, als um einen Politikwechsel.

Dies wurde auch durch das zwischen beiden Partnern vereinbarte Koalitionsprogramm und die Programmrede von Tiit Vähi bestätigt, die er am 5. April 1995 im Parlament hielt. Beidesmal wurde unterstrichen, daß es keine grundsätzlichen politischen Richtungsänderungen geben würde. Vähi bekannte sich zur Fortsetzung des marktwirtschaftlichen Reformkurses und bezeichnete sich selbst als liberalen Wirtschaftspolitiker. Ungeachtet der schnellen wirtschaftlichen Aufwärtsentwicklung gäbe es aber noch eine Menge zu tun, wie die viel zu hohe Inflationsrate (die im Jahre 1994 beinahe 50 % betragen hatte) und ein hinter den Erwartungen zurückgebliebenes Wirtschaftswachstum (von 6 % nach Schätzungen des IWF) zeige.

Da der Koalition mehrere Agrarparteien angehörten, war der Landwirtschaft im Koalitionsprogramm ein eigenes Kapitel gewidmet. Angesichts des sich fortsetzenden Niedergangs der landwirtschaftlichen Produktion, deren Anteil am Sozialprodukt gerade noch 10 % ausmachte (1994), hatte das aber auch eine sachliche Berechtigung. Die Einigung auf dieses Kapitel scheint bei den Koalitionsverhandlungen eine der schwierigsten Fragen gewesen zu sein. Die Anhebung des Lebensstandards der – nicht nur bäuerlichen – Landbevölkerung zählte dann zu den Prioritäten des von Vähi im *Riigikogu* vorgetragenen Regierungsprogramms; so sollte die Land- und Eigentumsreform beschleunigt werden, Kleinbauern sollten von der Einkommensteuer befreit und verbesserte Kreditfazilitäten für Landwirte geschaffen werden.

Als weitere Prioritäten nannte Vähi das Erziehungswesen und die innere Sicherheit. Hier zitierte er Bismarck, der gesagt habe, Polizisten und Lehrer müßten ordentlich bezahlt werden, dann würden sich die übrigen Probleme von selbst lösen – was in der anschließenden Aussprache, bei der Vähi eine gute Figur machte und der ich von der Tribüne aus beiwohnte, zu der mehrfachen Nennung dieses Namens bis hin zu der amüsanten Formulierung eines Abgeordneten führte „Bismarck und Vähi haben gesagt …".

In der Außenpolitik schließlich sollte der bisherige Kurs einer schnellen Integration in die westlichen politischen Strukturen (EU, WEU, NATO) mit dem „strategischen Ziel" einer EU-Vollmitgliedschaft fortgesetzt werden. Vor einem EU- und NATO-Beitritt aber müsse das estnische Volk in einem Referendum befragt werden. Die Beziehungen mit Rußland müßten verbessert werden; ein gutnachbarschaftliches Verhältnis erfordere jedoch eine Anerkennung der Kontinuität des estnischen Staates und sei mit dem Konzept von Einflußsphären unvereinbar. Daher hätten auch die Grenzverhandlungen vom Friedensvertrag von Tartu auszugehen.

Nach der Aussprache über seine Programmrede erhielt Vähi mit 62 zu 34 Stimmen bei einer Enthaltung die Vollmacht zur Regierungsbildung. Die 5 Stimmen, die über die 57 der neuen Koalition hinaus für ihn abgegeben wurden, stammten von vier Abgeordneten der russischen Fraktion und dem „Rechten" Nugis, der Vähi dafür zu Dank verpflichtet war, daß er seine Kandidatur als *speaker* unterstützt hatte.

Als nächstes stellte der nunmehr designierte Ministerpräsident am 12. April Präsident Meri seine Kabinettsliste vor. Dieser akzeptierte sie sofort und ernannte noch am selben Tag die neue Regierung. Die KMÜ war in ihr außer durch den Ministerpräsidenten mit neun Ministern, davon drei ohne Portefeuille, vertreten, und die Zentrumspartei mit fünf. Savisaar, der nach dem Regierungschef stärkste Mann im Kabinett, hatte sich für das Innenministerium entschieden. Außerdem erhielt seine Partei die Ressorts Wirtschaft (Liina Tõnisson), Soziales (Siiri Oviir), Kultur und Bildung (Professor Peeter Kreitzberg) sowie Verkehr (Kalev Kallo). Von den dem Wahlbündnis KMÜ angehörenden Ministern zählten nur die für Umwelt (Villu Reiljan) und Landwirtschaft (Ilmar Mändmets) zu dem von Rüütel geführten Landbund oder standen diesem nahe. Alle übrigen kamen aus Vähis Lager, ohne deswegen immer Mitglieder seiner Koalitionspartei zu sein. Außenminister wurde Riivo Sinijärv, der nach einem zweijährigen Zwischenspiel als Botschafter in London in die aktive Politik zurückkehrte. Neu geschaffen wurde das Amt eines Ministers ohne Portefeuille für Europa-Angelegenheiten und dieses Professor Endel Lippmaa übertragen. Dieser sollte jedoch nicht Estland in seinem Bereich nach außen vertreten, also nicht in Konkurrenz zu Sinijärv treten, sondern die verschiedenen Ministerien koordinieren, auf die nach dem Abschluß eines Europaabkommens und der damit verbundenen Einbeziehung in den „strukturierten Dialog" zwischen EU und assoziierten Ländern zusätzliche Anstrengungen der Anpassung an den gemeinsamen Besitzstand der Union zukommen würden. Mit dem Verteidigungsministerium betraute Vähi seinen langjährigen politischen Weggefährten Andrus Öövel, der den estnischen Grenzschutz aufgebaut hatte. Mart Opmann, auch er für uns kein Unbekannter, übernahm das Finanzministerium. Als Justizminister konnte Professor Paul Varul gewonnen werden, der in Tartu Zivil- und Handelsrecht lehrte. Vervollständigt wurde Vähis Mannschaft durch zwei weitere Minister ohne Portefeuille, der eine für Regionalpolitik (Ants Leemets, bisher Landrat von *Rakvere*), der andere für Kultur (Jaak Allik).

Einen Tag, nachdem er Präsident Meri sein Kabinett vorgestellt hatte, empfing mich der künftige Ministerpräsident in seinem bisherigen Büro in der Stadtverordnetenversammlung. Im Rückblick auf die gerade abgeschlossene Regierungsbildung bestätigte Vähi nochmals, daß er am liebsten mit Kallas und dessen Reformpartei eine Koalition eingegangen wäre. Doch Kallas habe ihm das unmöglich gemacht: Er sei bei ihm in diesem Büro, wo wir uns gerade unterhielten, erschienen und habe ihm gesagt, Savisaar biete ihm den Posten des Ministerpräsidenten an, er – Vähi – dagegen nur den des Außenministers, also werde er mit Savisaar zusammengehen. Eine Stunde nachdem die „alternative Koalition" am 19. März – dem Sonntag vor dem 21. März, als Savi von jener Koalition zum Parlamentspräsidenten gewählt wurde – unter sich handelseinig geworden wäre, habe er dann mit den „Rechten" kontrahiert. Savisaar habe Kallas schließlich fallen lassen, weil sich eine Mehrheit in seiner Partei für eine Koalition mit der KMÜ ausgesprochen und nicht das Wagnis einer „alternativen Koalition" hätte eingehen wollen, die nur über eine geringe Mehrheit im Parlament verfügte und wegen ihrer heterogenen Zusammensetzung auch keine stabile Regierung abzugeben versprach. Selbst wenn die jetzt gebildete Regierung nur eine „zweitbeste Lösung" sei, so wäre es ihm doch gelungen, eine Mannschaft aus kompetenten Persönlichkeiten zusammenzustellen, die eine ordentliche Arbeit versprächen. Wenn die von ihm 1992 geführte Regierung vorwiegend aus Fachleuten der alten Verwaltung bestanden habe, die er persönlich sehr stark „dirigiert" hätte, so würden nunmehr am Kabinettstisch mehr eigenständige Persönlichkeiten sitzen, die es zu „orchestrieren" gälte.

In Anspielung auf die mehrfache Erwähnung Bismarcks in seiner Programmrede vor dem *Riigikogu* am 5. April hatte ich Vähi eine von dem Historiker Lothar Gall zusammengestellte repräsentative Bildbiographie des ersten Reichskanzlers mitgebracht – was ihn sichtlich amüsierte. Das Buch war auf meinen Bericht hin von dem Kollegen Lucas im Auswärtigen Amt besorgt worden und gerade mit dem Kurier eingetroffen. Tiit Vähi nahm unser Gespräch zum Anlaß, um mir zu sagen, er wolle während seiner Regierungszeit eng mit der Bundesregierung zusammenarbeiten. Auch hoffe er auf einen Besuch von Bundeskanzler Kohl in Estland, wisse allerdings, daß dies schwer zu verwirklichen sein dürfte. Wahrscheinlich dachte er dabei auch an die im September 1991 von Außenminister Genscher im Namen des Bundeskanzlers dem estnischen Ministerpräsidenten ausgesprochene Einladung zu einem Deutschlandbesuch, um deren Einlösung ich mich so lange hatte bemühen müssen und in deren Genuß weder Savisaar noch er als dessen Nachfolger, sondern erst Ministerpräsident Laar gekommen war. Als der neue Außenminister Sinijärv dann am 1 . Juni 1995 von Außenminister Kinkel in Bonn zu einem Antrittsbesuch empfangen wurde, überbrachte er eine förmliche Einladung der estnischen Regierung an den Bundeskanzler. Um es gleich vorwegzunehmen: Kohl hat nie den Weg nach Estland gefunden. Dies ist zu bedauern und war auch politisch unklug – was immer die Gründe dafür gewesen sein mögen. Denn ich bin mir sicher, daß ein auch noch so kurzer Aufenthalt in der alten Hansestadt Reval bei dem in historischen Dimensionen denkenden damaligen Bundeskanzler unter dem Einfluß des *genius loci* mehr als alle analysierenden Berichte bewirkt und andererseits Deutschland in Estland kaum zu überschätzenden *good will* eingetragen hätte, ohne daß sein Besuch den deutschen außenpolitischen Interessen in irgendeiner Weise abträglich gewesen wäre. So aber hat diese Zurückhaltung zu dem hartnäckig andauernden Vorurteil beigetragen, Kohl hätte sich mit Rücksicht auf Rußland nicht für die baltischen Staaten interessiert (denn er war auch weder in Lettland noch in Litauen zu bilateralen Besuchen, sondern nur später einmal im Rahmen des Ostseerats in Riga).

Am 17. April wurde die neue Regierung in Anwesenheit des Präsidenten im Parlament vereidigt und trat damit ihr Amt an. Es war ein Ostermontag, der in Estland kein Feiertag ist, und dies wohl auch der Grund, daß ich außer einer Mitarbeiterin der US-Botschaft keinen weiteren Angehörigen des diplomatischen Corps in diesem Hohen Hause entdecken konnte, als ich dort mit Herrn Relve dieser Zeremonie von der Tribüne aus beiwohnte. Zunächst wurden sieben weitere Abgeordnete als „Nachrücker" vereidigt, die jetzt die Plätze der Mandatsträger einnahmen, die Ministerposten erhalten hatten (denn in Estland kann einunddieselbe Person anders als in Deutschland nicht zugleich dem Parlament und der Regierung angehören; doch lebt die Abgeordneteneigenschaft wieder auf sobald das Amt des Ministerpräsidenten oder Ministers aufgegeben wird). Dann sprach Tiit Vähi die Eidesformel und rief die Mitglieder seines Kabinetts auf, die einzeln vortraten und unterschrieben.

Daraufhin wandte sich der Präsident an die Versammlung. Meri begann damit, den Grund darzulegen, aus dem er in den *Riigikogu* gekommen sei, wo er doch den Beschluß über die ihm von der Verfassung übertragene Entlassung der bisherigen Regierung bei Amtsantritt der neuen auch an seinem Schreibtisch in Katharinental hätte ausfertigen können. Er sei gekommen, um die Bedeutung der Kontinuität des Staates, deren Garant das Staatsoberhaupt sei und die bei einem Regierungswechsel besondere Beachtung verdiene, hervorzuheben. Denn es dürfe kein Vakuum der Exekutive oder gar der Staatsgewalt geben. Das sei in Estland offenbar noch keine Selbstverständlichkeit, da sonst in der vorangegangenen Woche nicht verschiedentlich bereits von *ehemaligen* Mitgliedern der Regierung Tarand die Rede gewesen wäre. Diese zeuge von einer ungenügenden Kenntnis der Verfassung und der Funktionsweise des Staates. Dann dankte der Präsident dem scheidenden Ministerpräsidenten und seinem Kabinett in warmen Worten vor allem dafür, daß es dieser Regierung gelungen sei, den Dialog mit dem estnischen Volk, der einen Eckstein der Demokratie darstelle, wiederzubeleben. Tarand sei mit dem Ziel angetreten, der Entfremdung der Menschen vom Staat Einhalt zu gebieten und habe damit Erfolg gehabt – eine deutliche Anspielung auf Mart Laar, dem Meri vorwarf, gerade darin versagt zu haben. Wieviel besser die „Chemie" zwischen ihm und Tarand als bei dessen Vorgänger gestimmt hatte, zeigte auch die anschließende Bemerkung des Präsidenten über die „angenehme persönliche Zusammenarbeit" mit dem aus dem Amt scheidenden Ministerpräsidenten. Diese Zusammenarbeit habe zu der wichtigen Erkenntnis verholfen, daß die Gewaltenteilung und die Konkurrenz unter verschiedenen Zweigen ein und derselben Gewalt nicht miteinander verwechselt werden dürften. Die in der Verfassung verankerte Gewaltenteilung habe keinen Platz für Hierarchien und Prestige vorgesehen – im Gegenteil, eine ausgewogene Teilung der Gewalten bedeute die Verteilung von Verantwortlichkeiten und damit Zusammenarbeit. Auch das war wohl kaum anders als an die Adresse von Laar gerichtet zu verstehen, während dessen Amtszeit es immer wieder zu Konkurrenzsituationen zwischen Präsident und Ministerpräsident – also innerhalb der exekutiven Gewalt – gekommen war. Zugleich sollte es eine Botschaft an die neue Regierung sein, der Meri, wie er ausdrücklich hinzufügte, diese Erfahrung mit auf den Weg geben wolle. Im Anschluß daran dankte er Vähi für inhaltsreiche Gespräche während der Zeit der Regierungsbildung, die ihn davon überzeugt hätten, daß dieser den estnischen Sicherheitsprioritäten verpflichtet sei – der Fortsetzung der Reformpolitik und Estlands schneller Integration in die EU und die europäischen Verteidigungsstrukturen. Er werde diese Politik auch in Zukunft mit allen ihm zur Verfügung stehenden Mitteln unterstützen. An die Abgeordneten appellierte er, sich jedes Wort genau zu überlegen, denn „Estlands guter Name ist ein Kapital, das leicht zu verspielen und schwer wiederherzustellen ist". Damit spielte der Präsident auf einen Gesetzesentwurf an, den ein neugewählter Abgeordneter – Andres Varik, Fraktionsvorsitzender von Rüütels Landvolkpartei – im Alleingang eingebracht und der für viel Aufsehen gesorgt hatte: Alle im Zuge der Privatisierung vorzunehmenden Übertragungen von Staatseigentum sollten vorerst unterbunden werden, um zu verhindern, daß von der ausgehenden Regierung angeblich in letzter Minute geschaffene Tatsachen Bestand haben. Dies wurde von Kritikern des Bündnisses zwischen Vähi und Rüütel als Beweis für einen „Linksdrall" der Kräfte um Rüütel und die Unvereinbarkeit ihrer Positionen mit denen von Vähis Koalitionspartei angesehen, der den Ruf Estlands als ein reformorientiertes Land gefährde. Der Gesetzesentwurf war schnell zurückgezogen worden, kostete seinem Einbringer aber das für ihn vorgesehene Amt des Landwirtschaftsministers.

Im Anschluß unterzeichnete der Präsident die Urkunde über die Entlassung der Regierung Tarand.

Diese Ansprache von Meri vor dem Parlament war ein gutes Beispiel für eine ganze Reihe von Reden, in denen er im Laufe der Jahre konkrete politische Situationen zum Anlaß genommen hat, um gegenüber seinen Landsleuten grundsätzliche Gedanken über die Funktionsweise eines demokratischen Staatswesens zu entwickeln, und darüber, wie er sich das moderne Estland vorstellt, über politische Moral und über die langfristige Absicherung der estnischen Unabhängigkeit. So betrachtet dürfte Meri, in dem die Traditionen der Vorkriegszeit weiterlebten, nach den politischen und moralischen Verwüstungen der Sowjetzeit seine Rolle als Staatsoberhaupt – ohne daß er dies meines Wissens jemals ausdrücklich für sich in Anspruch genommen hätte – auch als die eines *praeceptor patriae* verstanden haben und ist nach meinen Beobachtungen von breiten Bevölkerungskreisen zunehmend auch als ein solcher angenommen worden.

Besuch von Außenminister Kinkel

Einen Tag, nachdem Tiit Vähi vom *Riigikogu* die Vollmacht zur Bildung einer neuen Regierung erhalten hatte, kam Bundesminister Kinkel am 6. April zu einem vierstündigen Besuch nach Tallinn. Das führte zu Spekulationen in der estnischen Presse, der deutsche Außenminister wolle sich wohl über den Kurs der künftigen Regierung informieren, zumal der Besuch erst wenige Tage zuvor angekündigt worden war. Daran stimmte nur so viel, daß sich der Minister in der Tat kurzfristig zu dieser Reise entschlossen hatte, die ihn zudem auch nach Riga und Wilna führen sollte. Ansonsten fiel der Aufenthalt in Estland nur ganz zufällig mit der hier gerade stattfindenden Regierungsbildung zusammen. Ich selbst hatte von dieser Besuchsabsicht erst gehört, als ich in den letzten Märztagen kurz in Bonn war – im Anschluß an einen Vortrag, den ich verbunden mit einer Präsentation des von mir herausgegebenen Buches „Zwischen Reval und St. Petersburg" am 23. März in der Katholischen Akademie Hamburg über „Estland im vierten Jahr seiner wiedererlangten Unabhängigkeit" gehalten hatte. Für Kinkel sollte es nach dem Ausflug im August 1993 und der Teilnahme an der Tagung des Ostseerats im Mai 1994 der dritte Aufenthalt in Tallinn sein. Die Reise war aber die erste eines deutschen Außenministers in alle drei baltischen Staaten seit Genschers Besuch im September 1991 und dazu gedacht, in Anknüpfung an die Außenministerkonsultationen vom März 1994 in Bonn die bilateralen Beziehungen zu pflegen und das politische Engagement der Bundesregierung im Baltikum sichtbar zum Ausdruck zu bringen. So war Kinkel, der hier im Ruf eines glaubwürdigen „Anwalts der Balten" stand, in Tallinn hochwillkommen. Noch am Tage meiner Rückkehr aus Deutschland hatte mich Präsident Meri, es war sein 66. Geburtstag, zu sich nach Katharinental gebeten, um den Ablauf des Besuchs zu besprechen. Ein sorgfältig ausgeklügeltes Programm sorgte dann dafür, daß die wenigen zur Verfügung stehenden Stunden optimal genutzt werden konnten.

Der Minister traf am späteren Vormittag mit einer kleinen Militärmaschine ein und wurde von Kanzler Indrek Tarand und dessen Stellvertreter Raul Mälk sowie dem estnischen Botschafter in Bonn Tiit Matsulevitš begrüßt. In seiner Begleitung befanden sich Frau Vollmar-Libal und der Leiter der Europaabteilung Schönfelder sowie der Pressesprecher des Auswärtigen Amts und Kinkels persönlicher Referent. Auch meine Frau war mit auf den Flughafen hinausgekommen, da sie wegen des gedrängten Programms nur so den ihr von seinen früheren Besuchen her bekannten Minister ihrerseits in Estland willkommen heißen konnte, der sich über diese Aufmerksamkeit offensichtlich freute. Außerdem hatte sich der französische Kollege als Vertreter der EU-Ratspräsidentschaft eingefunden.

Im Außenministerium erwartete uns Jüri Luik mit weiteren Mitarbeitern, unter ihnen der Politische Direktor Väino Reinart und die Leiterin des Planungsstabes Riina Kionka. Luiks Tage als Außenminister waren bereits gezählt, und Kinkel dürfte überhaupt der letzte ausländische Besucher gewesen sein, den er in dieser Eigenschaft empfangen hat. Beide Minister kannten sich mittlerweile ja recht gut und schätzten einander. Vor allem Kinkels erfolgreiches Engagement als EU-Ratsvorsitzender für eine schnelle Integration der baltischen Staaten in die europäischen Strukturen ist von seinem estnischen Kollegen immer wieder hervorgehoben worden. So hatte er noch in seinem Mitte Dezember 1994 vor dem *Riigikogu* abgegebenen außenpolitischen Rechenschaftsbericht daran erinnert, daß es Deutschland gewesen sei, das sich vor den „baltischen Wagen gespannt" habe, der sich mit „atemberaubender Geschwindigkeit" in Richtung europäische Integration bewege, und dem Bundesminister zum Jahresende hierfür in einem sehr persönlich gehaltenen Schreiben nachdrücklich gedankt.

„Europa" war auch das Thema, mit dem das Gespräch an diesem 6. April eröffnet wurde. Damals standen die Verhandlungen über ein Europaabkommen mit den baltischen Staaten kurz vor ihrem Abschluß, durch das diese mit den bereits assoziierten übrigen mittel- und osteuropäischen Staaten gleichziehen und den Vorhof zur EU-Mitgliedschaft erreichen würden. Auf die Frage von Luik, wie Estland seinen EU-Beitritt noch beschleunigen könnte, meinte Kinkel, es müsse nur seine Reformpolitik konsequent fortsetzen, um möglichst bald den *acquis communautaire* zu erreichen und dürfe nicht, wie das bei einigen der bereits assoziierten Länder zu beobachten sei, in seinen Anstrengungen nachlassen, während andere von ihnen bereits jetzt aufgenommen werden könnten. Öffentlich dürfe er keine Länder nennen, doch wisse die Bundesregierung natürlich, daß Estland zu denen zähle, die weiter als andere Beitrittskandidaten fortgeschritten seien.

Dann wandten sich die Außenminister, die abwechselnd über Dolmetscher oder auf Englisch miteinander sprachen, der Sicherheitspolitik zu. Dabei ging es im Grunde nur um die eine Frage, die seit dem Abzug der russischen Truppen auf der außenpolitischen Agenda Estlands den ersten Platz einnahm, nämlich um die künftige NATO-Osterweiterung. Denn wenn in Tallinn auch nicht verkannt wurde, daß bereits jede weitere Annäherung an die EU (und erst recht eines Tages die volle Mitgliedschaft) einen Zuwachs an Sicherheit bedeutete, so gab es doch einen von allen politischen Kräften in Übereinstimmung mit der großen Mehrheit der estnischen Bevölkerung getragenen Konsens, daß nur eine NATO-Mitgliedschaft dem Lande wirkliche Sicherheit garantieren könne. Dies war geradezu ein außenpolitisches Credo geworden und bestimmte auf Jahre hinaus jedes politische Gespräch mit einem ausländischen Besucher, und zwar unabhängig davon, ob in Tallinn gerade eine konkrete Bedrohung durch den großen Nachbarn im Osten angenommen und wie stark diese empfunden wurde. Wie ein Axiom lag dieser Überzeugung aufgrund langer historischer Erfahrung zugrunde, daß es vor Rußland nur dann Sicherheit gebe, wenn man sich vor ihm zu schützen fähig sei. Nach Lage der Dinge war dies aber nur im Rahmen des Nordatlantischen Bündnisses unter amerikanischer Führung möglich. In estnischen Augen war das durch das Vorgehen Moskaus gegen die tschetschenische Bevölkerung gerade von neuem bestätigt worden. Wenn auch in Estland die flotten Sprüche eines Schirinovskij vielleicht nicht allzu ernst genommen wurden, so beunruhigten damals doch immer wieder kaum verhüllte Drohungen verantwortlicher russischer Minister aus Jelzins Mannschaft wie Verteidigungsminister Gračev und Außenminister Kosyrjev.

Dankbar war man daher in Tallinn für die Klarstellungen, die kurz vor dem Besuch des deutschen Außenministers durch US-Vizepräsident Al Gore in einer am 13. März auf dem Rathausplatz vor mehreren tausend Personen gehaltenen Rede erfolgt waren. Er hatte versichert, Präsident Clinton „führe Europas neue Demokratien in eine wachsende transatlantische Gemeinschaft sicherer, wohlhabender und friedlicher Nationen ... ohne Interessensphären oder willkürliche Trennlinien", die ebenso wie „ihre Institutionen" allen Staaten offenstehe, welche ihre Werte teilen. „Dies schließt Estland und seine demokratischen Nachbarn ein. Keine außenstehende Macht soll jemals wieder ein Veto gegen Ihre Zukunft einlegen. Sie sollen keiner ‚Grauzone' der Furcht und Ungewißheit angehören". Auch wenn uns die amerikanischen Kollegen gesagt hatten, Gore habe seinen estnischen Gesprächspartnern, also vor allem Präsident Meri, der auch gemeinsam mit ihm auf dem Rathausplatz aufgetreten war, zu verstehen gegeben, daß die USA nicht für die ganze NATO sprechen könne, so war die Botschaft doch angekommen. Aus Katharinental verlautete denn auch ganz offiziell, daß die Vereinigten Staaten eine NATO-Mitgliedschaft Estlands nicht ausschlössen, wohl aber jegliche Art von Listen, die eine Reihenfolge der Aufnahme oder die Einteilung in Staaten erster und zweiter Klasse enthielten – letzteres vor dem Hintergrund, daß damals in der internen Diskussion davon ausgegangen wurde, eine Erweiterung werde schrittweise erfolgen und voraussichtlich mit Polen, Ungarn, Tschechien und möglicherweise auch der Slowakei beginnen.

Kinkel legte seinem estnischen Kollegen die Position der Bundesregierung zu einer NATO-Erweiterung so dar, daß diese in ihren Augen zwar beschlossene Sache sei und sich die Frage des „ob" nicht mehr stelle, über das „wann" und „wer" aber noch nicht entschieden sei. Es gelte, eine neue europäische Sicherheitsarchitektur unter Einbeziehung der baltischen Staaten zu schaffen, die diesen nicht zum Nachteil gereichen und in der es somit *keine Zonen unterschiedlicher Sicherheit* oder sogenannte *Grauzonen* geben dürfe – womit sich die deutsche Haltung in nichts von der amerikanischen unterschied, so wie sie Gore in Tallinn öffentlich dargestellt hatte. Nahm man noch hinzu, daß sich der deutsche Außenminister wie zuvor der US-Vizepräsident darauf festlegte, Rußland – das damals jede Erweiterung der NATO in Richtung seiner Grenzen als eine unannehmbare Verschiebung des machtpolitischen Gleichgewichts in Europa kategorisch ablehnte – stehe in dieser Frage kein Vetorecht zu, dann konnte das nicht anders verstanden werden, als daß auch Estland eines Tages NATO-Mitglied sein würde – vorausgesetzt natürlich, man nahm diese Grundsatzposition für bare Münze. Doch war dies dann bereits eine Frage der politischen Glaubwürdigkeit und nicht länger der Strategie.

Die Esten befürchteten gleichwohl, daß sie bei einer NATO-Erweiterung in Etappen außen vor bleiben würden und sich dann in der Tat in einem machtpolitischen Vakuum und damit in einer im Vergleich zum *status quo ante* einer NATO-Erweiterung schlechteren Lage wiederfänden. Diese Befürchtungen waren auch durchaus nicht ganz unbegründet. Denn trotz der als Teil der Erweiterungsstrategie angestellten Überlegung, Rußland durch eine Partnerschaftsvereinbarung („Charta") in eine um mittel- und osteuropäische NATO-Mitglieder angereicherte neue europäische Sicherheitsarchitektur einzubeziehen (deren Kern dann aber nicht, wie es Rußland vorschwebte, die OSZE sein würde), konnte sich damals kaum jemand ernsthaft vorstellen, Rußland würde aufgrund eines solchen Kompromisses jemals seinen Widerstand gegen die NATO-Mitgliedschaft ausgerechnet der baltischen Staaten aufgeben oder sich gar seine Zustimmung zu ihm abgewinnen lassen. Zugleich war die Skepsis weit verbreitet, ob die NATO-Mitglieder im Ernstfall die Geschlossenheit und den politischen Willen aufbringen würden, ihre Grundsatzposition, Rußland kein Vetorecht zuzugestehen, im Falle der baltischen Staaten auch tatsächlich durchzusetzen. In der NATO herrschte schließlich das Konsensprinzip, so daß jeder Aufnahmebeschluß zumindest theoretisch schon am Widerstand der Regierung eines einzigen Mitgliedstaates oder seines Parlaments scheitern konnte.

Da die von Kinkel vorgetragene Position in sich schlüssig war und an der Glaubwürdigkeit des deutschen Außenministers in Tallinn nicht gezweifelt wurde, dieser hier vielmehr ein hohes Maß an politischem Vertrauen genoß, verlief die Erörterung dieser für Estland vitalen Frage mit Außenminister Luik auch in bestem Einvernehmen. Kinkel konnte sogar zustimmen, daß es keine objektiven Gründe gegen einen NATO-Beitritt der baltischen Staaten gebe, die – so Luik – leichter zu verteidigen seien als z.B. Berlin vor dem Fall der Mauer, und unser Minister – wie er danach auch Präsident Meri gegenüber betonte – kein Hehl daraus machte, daß er persönlich eine NATO-Mitgliedschaft befürwortete, wie sich dies bereits im Vorjahr bei den Außenministerkonsultationen in Bonn gezeigt hatte.

Die klaren Worte unseres Ministers waren auch mir eine Beruhigung, denn zu viele Ungereimtheiten sind damals in der Diskussion über eine NATO-Erweiterung zu vernehmen gewesen. Dies hatte ich auch kurz zuvor in Bonn während verschiedener Gespräche im Auswärtigen Amt feststellen müssen. Als dann anderthalb Monate später, am 22. Mai, Generalmajor Kujat, Abteilungsleiter im Verteidigungsministerium, zu den ersten deutsch-estnischen Stabsgesprächen nach Tallinn kam, hatte ich Gelegenheit, mich in einem Gespräch unter vier Augen mit diesem klugen und international erfahrenen Generalstabsoffizier über den Stand der Diskussion zur NATO-Erweiterung zu informieren. Das Ergebnis war recht desillusionierend: Keiner wisse, wo es lang gehe, meinte Kujat; denn einerseits wolle niemand die baltischen Staaten hängen lassen, sich andererseits aber auch keiner politisch mutig zu ihren Gunsten einsetzen.

In einem Punkt nur gingen am 6. April die Meinungen zwischen den beiden Außenministern auseinander: Kinkel hatte die Bemerkung gemacht, die russischen Befürchtungen, durch eine NATO-Erweiterung politisch isoliert zu werden, seien ihm unverständlich. Dem hielt Luik entgegen, die Ablehnung einer territorialen Ausdehnung der NATO durch Rußland sei vielmehr dadurch bedingt, daß sich dort starke politische Kräfte mit der Unabhängigkeit der baltischen Staaten nicht abfinden könnten. Zugleich warnte er vor zu großer Rücksichtnahme auf russische Bedenken, da dies ein indirektes Vetorecht Moskaus bedeuten würde.

Anschließend gaben die Minister gemeinsam eine Pressekonferenz. Am Abend war dann der Besuch des deutschen Außenministers das die Fernsehnachrichten und am nächsten Tag das die Zeitungen beherrschende Thema. Dabei fanden vor allem Äußerungen von Kinkel zur Sicherheitspolitik – keine „Grauzonen", sondern Einbeziehung der baltischen Staaten in die europäischen Sicherheitsstrukturen – verbunden mit seiner Bewertung jüngster Moskauer Drohungen für den Fall einer NATO-Erweiterung als „nicht klug" große Beachtung. Das galt auch für die die estnische Öffentlichkeit stark interessierende Frage eines künftigen visafreien Reiseverkehrs mit Deutschland. Das Auswärtige Amt befürwortete einen solchen, doch mußte ihn die Bundesregierung wegen des damit verbundenen Migrationsrisikos auf Veranlassung des zuständigen Innenministeriums vom vorherigen Abschluß von Rücknahmeübereinkommen mit den baltischen Staaten abhängig machen. In dem Gespräch mit Kinkel hatte sich Luik für Estland dazu bereiterklärt.

Das ungewöhnlich große Medienecho mit Überschriften wie „Deutschland hält es für möglich, daß Estland NATO-Mitglied wird" (*Hommikuleht*) und „Deutschland bleibt Anwalt der baltischen Staaten" (*Eesti Sõnumid*), das die Berichterstattung über die wenige Tage zuvor stattgefundenen Besuche des dänischen und des schwedischen Ministerpräsidenten bei weitem übertraf, zeigte sehr deutlich, welch politisches Gewicht Deutschland in Estland besaß. Zugleich war es ein Zeichen jener Genugtuung, die – wie ich aus vielen Gesprächen mit estnischen Politikern wußte – jedesmal herrschte, wenn sich Deutschland sichtbar in Estland engagierte.

Vom Außenministerium begaben wir uns nach Katharinental. Präsident Meri hatte – auf ausdrücklichen Wunsch des Bundesministers – den künftigen Ministerpräsidenten Vähi zu dem Gespräch hinzugezogen, an dem neben Luik, Matsulevitš, Mälk, Reinart auch Lippmaa – ebenfalls auf unsere Veranlassung – als noch amtierender Vorsitzender des Auswärtigen Ausschusses des *Riigikogu* teilnahm. Meri kam sofort auf die Sicherheitspolitik zu sprechen und bat Kinkel, die Auffassung der Bundesregierung zur NATO-Erweiterung zu erläutern. Da sich nach dem vorangegangenen Gespräch mit Luik, das dieses Thema erschöpfend behandelt hatte, keine wirklich neuen Gesichtspunkte mehr ergaben, konzentrierte sich die Unterhaltung auf die innenpolitische Lage in Rußland und wie sich diese voraussichtlich entwickeln würde. Der Präsident hatte hierauf keine endgültigen Antworten parat. Er sah Rußland vielmehr an einem Scheideweg zwischen dem Beginn eines von ihm auf ein Menschenalter geschätzten langen Marsches in eine Demokratie mehr oder weniger westlichen Zuschnitts einerseits und Lösungen à la Tschetschenien auch mittels nuklearer Erpressung andererseits. Seine Einschätzung fiel mithin deutlich pessimistischer aus als die des deutschen Außenministers, der Rußland keine aggressiven Absichten zutraute. Kinkel räumte aber ein, daß Rußlands Ansehen in der Welt angeschlagen sei. Dies habe man Jelzin und Kosyrjev, die sich hierüber offenbar Illusionen machten, obwohl sie eigentlich einsehen müßten, daß ihr Land auf internationale Zusammenarbeit angewiesen ist, aber nicht nur gesagt, sondern im Rahmen der EU, des Europarats und der G 7 auch spüren lassen (Verschiebung der Unterzeichnung eines Kooperationsabkommens und der Aufnahme von Rußland). Nur auf militärischem Gebiet stelle Rußland – da wäre er sich mit Luik einig – noch eine Weltmacht dar. Für die Bundesregierung sei keine Alternative zu dem ersten demokratisch gewählten Präsidenten Rußlands in Sicht, der die Reformkräfte des Landes verkörpere. Außerdem vermöge Kohl als vielleicht einziger Politiker des Westens auf Jelzin einen gewissen Einfluß auszuüben. Meri hatte gegen diese Sicht der Dinge keine prinzipiellen Einwände. Er bat aber, in der Frage der Behandlung von Tschetschenien stärker als bisher geschehen auf den russischen Präsidenten einzuwirken. Denn nach seiner Auffassung habe es keine wirklich spürbaren Reaktionen auf den von Jelzin dort begonnenen Krieg gegeben. Dabei sollte deutlich zum Ausdruck gebracht werden, daß man auch bereit sei, ihn fallen zu lassen, wenn er sich nicht stärker als bisher mit Reformern wie Gaidar und Javlinskij verbünde. Ganz offensichtlich war für Meri der Westen zu einseitig auf Jelzin fixiert, den nicht weniger gut zu kennen und vor allem einzuschätzen der estnische Präsident wohl mit Fug und Recht für sich beanspruchen durfte.

An dem sich anschließenden Mittagessen nahm dann noch der künftige Außenminister Sinijärv teil, der gerade von seinem bisherigen Londoner Botschafterposten zurückgekommen war und sich direkt vom Flughafen nach Katharinental begeben hatte. So war Kinkel der erste ausländische Politiker, der mit dem künftigen neuen Ministerpräsidenten und seinem Außenminister zusammentraf. Während des Essens ging es dann weniger um die internationale Politik; als Kinkel auf seine unmittelbar nach der Wiedervereinigung mit der Hinterlassenschaft der ostdeutschen Machthaber und dem ganzen Ausmaß des Unrechtsstaats DDR gemachten Erfahrungen zu sprechen kam, konnte er sich der ungeteilten Aufmerksamkeit seiner estnischen Gastgeber sicher sein. Damals gewann ich den Eindruck, daß Kinkel die Jahre im Justizministerium als seine eigentliche große Zeit ansah.

Nach dem Essen ließ es sich Jüri Luik nicht nehmen, seinen Gast, von dem er sich jetzt auch als Ministerkollegen verabschieden mußte, bis zum Flugzeug zu begleiten, das Kinkel mit seiner Delegation nach Riga bringen sollte.

*

Wenige Tage darauf verabschiedeten wir Außenminister Luik im Kreis der EU-Botschafter in der französischen Residenz, die sich zu jener Zeit in einer geräumigen Etagenwohnung in der Pernauer Landstraße (*Pärnu maantee*) gegenüber dem *Draamateater* befand. Alle waren wir davon überzeugt, daß diesem brillianten Kopf, dem auch eine beträchtliche Eloquenz und ausgezeichnete englische Sprachkenntnisse zur Verfügung standen, noch eine bedeutende politische Zukunft in Estland bevorstehen würde. Am 20. April fand dann bei einem Umtrunk im Außenministerium die offizielle Verabschiedung vom diplomatischen Corps und die Einführung seines Nachfolgers Sinijärv statt und schließlich Anfang Mai ein vom Doyen gegebenes Abendessen in der schwedischen Residenz. Wie schon bei dem Abschiedsabend für Luiks Vorgänger Velliste bat mich Lars Grundberg, die „Laudatio" zu übernehmen, was ich wieder gerne tat und einem bei Luik auch nicht schwerfallen konnte. Zu dritt saßen wir dann noch länger zusammen, und Jüri Luik – der sich noch nicht so recht daran gewöhnt hatte, nicht mehr Minister zu sein – schmiedete Zukunftspläne. Er ging dann eine zeitlang zur Carnegie-Stiftung nach Washington bevor ihm im nächsten Jahr der Botschafterposten bei der NATO in Brüssel (mit Doppelakkreditierung bei den BENELUX-Ländern) übertragen wurde.

50 Jahre nach Kriegsende

In diesem Jahr würde sich das Ende des Zweiten Weltkriegs in Europa mit der Kapitulation Deutschlands im Westen (8. Mai) und im Osten (9. Mai) zum 50. Mal jähren, und es war mit Gedenkveranstaltungen zu rechnen.

Bereits im Februar sprach mich Präsident Meri darauf an, wie er und seine Kollegen in Riga und Wilna sich zu der Einladung von Präsident Jelzin verhalten sollten, an den für den 9. Mai in Moskau vorgesehenen Feierlichkeiten teilzunehmen. Bisher hätten sie sich untereinander erst soweit verständigt, daß man entweder gemeinsam oder gar nicht nach Moskau fahren werde, die Entscheidung als solche aber noch aufgeschoben. Als ihn der russische Botschafter sondiert habe, ob er eine Einladung annehmen werde, erzählte Meri, habe er ihm gesagt, er würde gerne alles tun, was den estnisch-russischen Beziehungen diene, doch käme die Einladung zu einem schlechten Zeitpunkt. Moskau habe sich zu einer militärischen Lösung in Tschetschenien entschlossen und die „Uhren beider Länder seien nicht synchronisiert": Was für Rußland der 9. Mai 1995 sei, das werde für Estland erst der 31. August 2044 sein, wenn 50 Jahre seit dem Abzug der letzten fremden Truppen vergangen sind – doch Rußland habe es in der Hand, die Uhren aufeinander abzustimmen, indem sich sein Präsident – wie er dies in Warschau und anderenorts in Osteuropa bereits getan habe – auch in Estland von der sowjetischen Vergangenheit distanziere. Ungeachtet dieser Vorbehalte habe er dann aber doch eine Einladung aus Moskau erhalten. Er wäre für einen informellen Rat dankbar, wie er, Ulmanis und Brazauskas sich aus deutscher Sicht sinnvollerweise entscheiden sollten. Ich gab diese Bitte nach Bonn weiter, kann mich aber nicht erinnern, daß darauf eine Reaktion erfolgt wäre.

Am 2. April kam Andreas Meyer-Landrut aus Moskau, wo er den Daimler-Benz-Konzern repräsentierte, und wohnte bei uns. Für den späteren Nachmittag, es war ein Sonntag, hatte Präsident Meri uns beide nach Katharinental eingeladen. Bei schönem Wetter gingen wir dort zuerst im Park spazieren. Dabei zeigte uns Meri einige ältere, jetzt aber verlassene und halbverfallene einstmals ansehnliche Villen. Ich glaube, er hegte die Hoffnung, Meyer-Landrut würde sich für eine von ihnen interessieren, sie renovieren und selbst wieder in seiner Vaterstadt ansässig werden. Als wir die Narvaer Landstraße überqueren wollten, um zum Russalka-Denkmal zu gelangen, entstand eine Situation, die der Komik nicht entbehrte. Da viel Verkehr herrschte und wir wohl auch etwas ungeduldig waren, nahmen wir die Beine unter den Arm und rannten, jeder so gut er konnte und darauf bedacht, nicht überfahren zu werden, auf die andere Straßenseite. Noch sehe ich Meri vor mir, wie er mit der einen Hand seinen schwarzen Hut festhält. Was für ein gefundenes Fressen wäre das für die Boulevardpresse gewesen, hätte jemand die drei dunkel gekleideten Gestalten erkannt, und welch ein Land, in dem das Staatsoberhaupt sich privat so frei und unbemerkt bewegen konnte! Als wir später mit Meri in seiner Bibliothek zusammensaßen, wurde ihm die Nachricht hereingereicht, Brazauskas beabsichtige am nächsten Tag bekanntzugeben, er würde am 9. Mai nach Moskau fahren. Wütende Reaktion des Präsidenten. Kurz darauf rief Ulmanis an, der die gleiche Information erhalten hatte, und Meri führte mit ihm ein temperamentvolles Telefongespräch auf russisch. Danach redigierten wir gemeinsam eine Presseerklärung mit dem Tenor, Dritte könnten den estnischen Präsidenten nicht präjudizieren, die am Tage darauf auch veröffentlicht worden ist. Alle drei ahnten wir nicht, daß es sich um einen „Aprilscherz" der litauischen Nachrichtenagentur handelte, der allerdings dazu führte, daß Brazauskas und Ulmanis am 3. April erklären ließen, sie würden *nicht* an den Moskauer Feierlichkeiten teilnehmen. Ob damit die baltische Solidarität auf die Probe gestellt oder – wie man in Tallinn spekulierte – Brazauskas als der in dieser Frage unentschlossenste von den drei Präsidenten (während Meri als größter Gegner einer Teilnahme galt) zu einer Entscheidung veranlaßt werden sollte, haben wir nie erfahren.

Noch am selben Tag, an dem nun feststand, daß die Balten – wie übrigens auch Polens Präsident Lech Walesa – Jelzins Einladung keine Folge leisten würden, erklärte Präsident Meri seine Position Bundeskanzler Kohl. Mit Meris Einverständnis wird hier sein Schreiben – das zugleich eine Momentaufnahme der estnischen Rußlandpolitik war – im Original wiedergegeben:

Tallinn, den 3. April 1995

Lieber Freund,

ich bin eines der vielen Staatsoberhäupter, die Präsident Jelzin zu der Feier des 9. Mai, des Siegestags, nach Moskau eingeladen hat. Um Mißverständnissen vorzubeugen, möchte ich die Gründe darlegen, die es mir äußerst kompliziert machen, die Einladung anzunehmen.

Das estnische Volk und sein Präsident werden sich der ganzen demokratischen Welt anschließen, um das Verstreichen von 50 Jahren von dem Tag zu begehen, als das Dritte Reich der Nazis samt seiner totalitären Ideologie zerstört wurde, welches faktisch allen Völkern Europas maßlose Leiden gebracht und von allen Opfern gefordert hat.

Gleichzeitig kann Estland nicht am 9. Mai den 50. Jahrestag vom Ende des II. Weltkrieges feiern. Für Estland und sein Volk haben der II. Weltkrieg und seine Folgen erst am 31. August 1994 aufgehört, als die letzten Fremdtruppen den estnischen Boden verlassen haben.

Ich bitte um Verständnis dafür, daß Präsident Jelzins Einladung mich vor eine sehr schwierige Wahl gestellt hat. Mit allen anderen Nationen der Welt teilt Estland die Hoffnung, daß die Völker Rußlands es zustandebringen werden, ein demokratisches Rußland aufzubauen, das in seinen Beziehungen zu anderen Ländern, Kleinvölker eingeschlossen, die übereingekommenen Verhaltensnormen befolgt. Bis zum letzten Augenblick haben wir gehofft, daß Präsident Jelzin einen ihm passenden Weg finden wird, um die Russische Föderation von der aggressiven Stalinistischen Außenpolitik zu distanzieren. Diese Politik hat Polen, Estland, Lettland, Litauen und Finnland zu ihren ersten Opfern gezählt. Dem Präsidenten Jelzin hat es am Herzen gelegen, dies auf jene oder andere Weise auf seinen Visiten nach Warschau, Bratislawa, Prag und Budapest zu tun, aber nicht im Fall von Estland und der anderen baltischen Staaten. Es ist bedauerlich, daß die russischen Politiker und hohen Regierungsbeamten bis heute sich verweigern, weder die Tatsache, daß die Sowjetunion Estland okkupiert hat, noch die Verluste, unter denen das estnische Volk infolge des Stalinistischen Terrors zu leiden hatte, anzuerkennen.

Glauben Sie mir, daß es mein letztendliches Ziel ist, normale, produktive Verhältnisse in Rußland einzuführen, was zur freundlichen und wechselseitig vertrauensvollen Zusammenarbeit zwischen den zwei Nachbarstaaten führen würde. Meinerseits habe ich den Präsidenten Jelzin auf die Tatsache aufmerksam gemacht, daß das estnische Volk nur darauf besteht, daß Rußland sich in Wort und Tat von den dunklen Seiten seiner Vergangenheit distanziert. Lassen Sie Ihnen versichert sein: Ich erachte es für selbstverständlich, daß wenn diese Bitte erfüllt wäre, würde ich meinen Platz bei den Zeremonien in Moskau einnehmen zu Ehren der Opfer, welche das russische Volk gebracht hat, um die Demokratie und den Frieden wiederzuerrichten.

Sehr herzlich,
Ihr Lennart Meri

Als Außenminister Kinkel wenige Tage darauf mit Präsident Meri zusammentraf, bekundete er ihm seinen Respekt für die Haltung der baltischen Präsidenten. Er bat aber auch um Verständnis für die Entscheidung des Bundeskanzlers, gemeinsam mit ihm am 9. Mai in Moskau zu sein, denn Präsident Jelzin brauche an diesem Tag aus innenpolitischen Gründen die Anwesenheit westlicher Spitzenpolitiker.

*

Die estnisch-russischen Beziehungen aber wollten nicht zur Ruhe kommen. Am 18. April wurde Außenminister Kosyrjev von *Associated Press* mit der Bemerkung zitiert, in gewissen Fällen könne für Rußland die Anwendung militärischer Gewalt zum Schutz der Auslandsrussen nötig werden, und dies mit der Aussage aus gleichem Anlaß in Verbindung gebracht, Estland und Lettland verfolgten bewußt eine Politik der Verdrängung ethnischer Russen. Zwar versuchte Botschafter Trofimov dies herunterzuspielen, als er uns bei der Verabschiedung von Minister Luik im Außenministerium anläßlich des Regierungswechsels mitteilte, diese Bemerkungen seien nicht im vorbereiteten Redetext seines Ministers enthalten gewesen, sondern auf eine Frage aus dem Publikum erfolgt. Doch Kosyrjev hatte bereits wissen lassen, daß es sich um keinen Versprecher gehandelt habe, sondern seine Bemerkungen so gemeint gewesen seien, wie er sie gemacht habe. Obwohl man von dem russischen Außenminister einiges gewohnt war, fanden seine Äußerungen in Tallinn große Beachtung und gaben den Sorgen über die politischen Entwicklungen in Rußland zusätzlichen Auftrieb. Das estnische Außenministerium reagierte am 19. April mit einer Erklärung, in der von sich vertiefenden undemokratischen Tendenzen in der russischen Außenpolitik die Rede war und die Drohung mit Gewalt gegen souveräne Staaten als mit den internationalen Verhaltensregeln unvereinbar bezeichnet wurde. Auch nehme man zur Kenntnis, daß der russische Außenminister zu einem Zeitpunkt davon gesprochen habe, die Rechte der russischsprachigen Bevölkerung müßten geschützt werden, nachdem Rußland bereits Zehntausende von Zivilisten in Tschetschenien getötet hätte. Präsident Meri betonte der Presse gegenüber, die sich von Tag zu Tag aggressiver gebärdende russische Außenpolitik müsse nicht nur in den baltischen Staaten, sondern auch in ganz Nordeuropa, in der EU und in der NATO Anlaß zur Sorge geben. Kosyrjevs Drohungen stellten jene Art von Fehlern dar, die zum Zweiten Weltkrieg geführt hätten. Besonders beunruhigend aber sei, daß diese gerade jetzt erfolgten, da man sich auf die Feierlichkeiten zur Erinnerung an die Beendigung des Krieges vor 50 Jahren vorbereite.

Als Meri dann nur wenige Tage später in Kopenhagen vor der Vollversammlung der „Trilateralen Kommission" sprach, zitierte er Kosyrjev und fügte hinzu, dies sei die Antwort auf die Frage, warum sich Estland so interessiert an einer Mitgliedschaft in EU und NATO zeige. Um zu beweisen, wie ungerechtfertigt diese „unerwartete" und „dramatische" Erklärung des russischen Außenministers sei, führte er die Ergebnisse einer Befragung an, die von einem Moskauer Zentrum zur Erforschung der Lage der russischen Minderheiten gerade unter 1 000 in Estland lebenden Russen aus unterschiedlichen Bevölkerungskreisen vorgenommen worden war. Ihr zufolge hatten sich 67% gegen eine Wiederherstellung der UdSSR und 59% dafür ausgesprochen, daß Estland ein souveräner Staat bleibt – und nur 2% wollten Estland verlassen. Pikanterweise war diese Umfrage – die neben einer Reihe weiterer Ergebnisse der estnischen Minderheitenpolitik ein gutes Zeugnis ausstellte und auch zeigte, daß sich nur 7% der Befragten gelegentlich diskriminiert fühlten – von einem Mitglied des russischen Präsidialrats, Emil Pain, zur Unterrichtung von Jelzin, der russischen Administration und internationaler Organisationen in Auftrag gegeben worden. Man kann verstehen, daß diese Umfrageergebnisse, die nun auch von russischer Seite die zahlreichen Berichte unabhängiger internationaler Experten im wesentlichen bestätigten, in Estland mit Genugtuung kommentiert wurden. Im Außenministerium wurde sogar die Meinung vertreten, Kosyrjevs Äußerungen könnten neben dem Bemühen, zusätzliche Hindernisse gegen eine NATO-Erweiterung zu errichten, auch auf eine Verärgerung über diese Umfrage zurückzuführen sein. Übrigens trat auch der russische Außenminister – zwei Tage nach dem estnischen Präsidenten – in Kopenhagen vor der „Trilateralen Kommission" auf. Dabei redete er Meri als „alten Freund" an und stellte entschieden in Abrede, Estland jemals mit der Anwendung von Gewalt gedroht zu haben …

Am darauffolgenden Tag fand diese Neuauflage des „Krieges der Worte" zwischen Estland und Rußland seine Fortsetzung in Straßburg, wo Präsident Meri am 25. April zur Parlamentarischen Versammlung des Europarats sprach. Dabei zeigte er sich sehr zufrieden darüber, daß die Versammlung im Februar 1995 den russischen Aufnahmeantrag angesichts des andauernden „nicht erklärten"

Kriegs gegen Tschetschenien suspendiert habe. Sehr zum Ärger einer anwesenden Parlamentarierdelegation aus Moskau verkündete der estnische Präsident, daß Rußland erst dann Mitglied des Europarats werden könne, wenn es die Voraussetzung eines die Menschenrechte achtenden demokratischen Staates erfülle, denn es dürfe nicht mit zweierlei Maß gemessen werden.

*

In Estland sollte des Kriegsendes vor 50 Jahren offiziell also am 8. Mai gedacht werden und dieser Tag nach dem Wunsch der estnischen Regierung unter dem Motto der Versöhnung stehen. Präsident Meri aber nahm mit den anderen Staatsmännern der westlichen Welt an den Feierlichkeiten am 7./8. Mai in London und Paris teil. Als er von dort zurückkehrte, sagte er den ihn am Flughafen erwartenden Journalisten, die „Botschaft Estlands an Europa" sei die eines kleinen Staates gewesen und habe gelautet, daß „Prinzipien nicht verhandelbar seien", wobei er einen weiten Bogen von Jalta über das ehemalige Jugoslawien bis nach Tschetschenien schlug.

Wie in anderen Hauptstädten lud auch in Tallinn der britische Botschafter *on the instructions of my government* bereits am 7. Mai, als sich zahlreiche Staats- und Regierungschefs in der St. Paul's Cathedral zu einem ökumenischen Gottesdienst versammelten, zu einem Gedenkgottesdienst in der Heiliggeistkirche ein. Er wurde von einem anglikanischen Geistlichen aus Helsinki gehalten, dem Erzbischof Kiivit und der Pastor dieser Kirche assistierten. Charles de Chassiron, Brians Nachfolger, hatte mich gebeten, die eine der beiden Bibellesungen zu übernehmen, die andere hielt er selbst. Eingefunden hatten sich beinahe alle Missionschefs und die Mitglieder der kleinen Tallinner anglikanischen Gemeinde sowie ein Vertreter des Außenministeriums. Danach waren wir zu Kaffee und Kuchen – es war ein Sonntagnachmittag – in das benachbarte ehemalige Pastorat eingeladen, das bei dem sowjetischen Luftangriff im März 1944 zerstört und jetzt mit privater deutscher Hilfe wiederaufgebaut und als Gemeindesaal eingerichtet worden war.

Die von der estnischen Regierung vorgesehenen Gedenkveranstaltungen folgten einem offenkundig wohlüberlegten Protokoll. Einerseits sollte es ein Zeichen der Erinnerung an die Opfer setzen, ungeachtet dessen, auf welcher Seite diese gestanden hatten. Zum anderen konnte es aber keinen Zweifel daran lassen, daß nicht nur der Zweite Weltkrieg nach offizieller Lesart für Estland erst am 31. August 1994 beendet worden war, sondern das Ende der Kampfhandlungen im Jahre 1945 wie für die meisten Staaten Mittel- und Osteuropas den Beginn einer fast 50jährigen Sowjetherrschaft bedeutete und anders als in den demokratischen Staaten Westeuropas kein Grund zum Feiern war.

Es begann am frühen Vormittag mit einer Kranzniederlegung auf dem innerstädtischen Friedhof (*Siselinna kalmistu*) zur Erinnerung an die bei dem sowjetischen Bombenangriff vom 9./10. März 1944 umgekommenen Bewohner Tallinns durch den ersten stellvertretenden Parlamentspräsidenten Arvo Junti, der nach der Berufung von Savisaar zum Innenminister an dessen Stelle getreten war, sowie Ministerpräsident Vähi und Verteidigungsminister Öövel. Der schwedische Botschafter als Doyen und ich brachten Blumen. Von hier fuhren wir zu den Gräbern deutscher Kriegsgefangener im Wald von Brigitten, wo die Repräsentanten des offiziellen Estland und ich ebenfalls Kränze niederlegten (Abbildung 59), und von dort schließlich zur Grabstätte der Opfer des Faschismus auf dem Waldfriedhof (*Metsakalmistu*), wo sich dieses Zeremoniell wiederholte. Während sich auf den beiden Friedhöfen zahlreiche Menschen eingefunden hatten, waren wir in Brigitten nur ein kleiner Kreis, zumal der schwedische Kollege und in seinem Gefolge der Brite, der Finne und der Franzose auf der Fahrt zu diesem etwas versteckt liegenden Platz den Anschluß verloren hatten. Daher begab ich mich später mit dem Doyen auf dessen ausdrücklichen Wunsch nochmals dorthin, damit auch er sein Blumengebinde niederlegen konnte. Dabei trafen wir noch einen älteren Esten an, der erzählte, wie er als Student mit den deutschen Kriegsgefangenen in Berührung gekommen war, die damals die nach Leningrad führende Straße bis etwa zur Höhe von Kusal hätten bauen müssen, und der immer noch mit Überlebenden aus jener Zeit in Deutschland in Verbindung stand. 1949 sei das Lager *Katusepapi* auf dem Laksberg (*Lasnamäe*) dann aufgelöst worden.

Nicht zu sehen gewesen war unser russischer Kollege, der Pressemeldungen zufolge die estnische Regierung habe wissen lassen, er sei „wegen anderer Verpflichtungen" an einer Teilnahme an den offiziellen Gedenkveranstaltungen verhindert. Das hatte ihn aber nicht daran gehindert, seinen Kollegen einen Brief zu schreiben, in dem er mitteilte, zum Gedenken an das „Ende des Zweiten Weltkriegs" werde am 8. Mai vormittags auf dem Militärfriedhof eine von der Vereinigung sowjetischer Veteranen organisierte Kranzniederlegung am Denkmal des „Unbekannten Soldaten" stattfinden; zugleich drückte er die Hoffnung aus, daß wir uns in der Lage sähen, an dieser Zeremonie teilzunehmen „oder uns vertreten zu lassen". Da sich der Termin ohnehin nicht mit den offiziellen estnischen Veranstaltungen vereinbaren ließ, fiel die Entscheidung nicht schwer, meinen ständigen Vertreter Ulrich Peitz zu bitten, ihn wahrnehmen.

Am späteren Vormittag schloß sich eine Konferenz über „Estland im Zweiten Weltkrieg" im Historischen Museum in *Maarjamäe* an, veranstaltet vom Jaan Tõnisson-Institut, der Estnischen Akademischen Militärgeschichtlichen Gesellschaft (*Eesti Akadeemiline Sõjaajaloo Selts*) und dem Außenministerium. Sie wurde von Außenminister Sinijärv eröffnet, und der erste unter zahlreichen Referenten war Verteidigungsminister Öövel. Von ihm und anderen waren dabei erstaunliche Töne zu vernehmen. Als Öövel davon sprach, es sei ein Mythos, daß Deutschland eine friedfertige Sowjetunion überfallen habe, vielmehr sei es nur sowjetischen Angriffsplänen zuvorgekommen (eine damals von einigen russischen Historikern vertretene Auffassung, die sich auf nach 1991 in Moskauer Archiven zugänglich gewordene Quellen stützte), schaute ich mich unwillkürlich im Kreis der Zuhörer um. Unter ihnen befanden sich auch einige Kollegen, so der französische Botschafter, doch konnte ich in ihren Gesichtern keinerlei Gemütsbewegungen erkennen. Öövel betonte – nun zur Gegenwart übergehend – die „Schande" von 1939/40 dürfe sich nicht wiederholen. Daher müsse Estland alles daran setzen, um im Stande zu sein, sein gesamtes Territorium zu verteidigen.

Als Angehörigem der Nation, die den Zweiten Weltkrieg entfesselt hat, und dazu noch als ihr offizieller Vertreter in einem Land, dessen ein halbes Jahrhundert andauernde Unfreiheit sie wesentlich mitzuverantworten hat, mußte mir besonders auffallen, wie rücksichtsvoll mit der Rolle Deutschlands in diesem Krieg umgegangen wurde. Bereits durch die Einbeziehung der kleinen Grabstätte deutscher Kriegsgefangener, die nur auf einem schlechten Waldweg zu erreichen und damals auch erst provisorisch hergerichtet war, in die drei offiziellen Kranzniederlegungen, nicht aber des Denkmals für den „Unbekannten Soldaten" der Roten Armee, wurde ein deutlicher Akzent gesetzt. Dies kam auch in der Berichterstattung der estnischen Medien am nächsten Tag sowohl über die Veranstaltungen in Estland als auch die in London, Paris, Berlin – wo sich Bundespräsident Herzog in seiner Rede bei den Völkern Osteuropas für das ihnen von Deutschland während des Kriegs zugefügte Leid entschuldigte – zum Ausdruck. Die Teilnahme des Bundeskanzlers und des Außenministers an den bevorstehenden Moskauer Feierlichkeiten wurde nicht kritisiert, doch vermerkt, daß sie wie viele andere ausländische Gäste noch vor der Militärparade wieder abreisen würden. Die Verletzungen, die das estnische Volk in den zurückliegenden 50 Jahren erlitten und für die sich in Moskau bisher noch niemand entschuldigt hatte, waren noch zu frisch, als daß es mit dieser Vergangenheit schon hätte emotionslos umgehen können. Diese Vergangenheit war eben in mancher Hinsicht noch sehr gegenwärtig und würde es auf lange Zeit bleiben in Gestalt des großen und insgesamt wohl kaum vollständig zu integrierenden russischsprachigen Bevölkerungsanteils, der zahlenmäßig in etwa die Stelle der Esten eingenommen hat, die Opfer des Kriegs und der sowjetischen Deportationen geworden waren. Wir westliche Botschafter stimmten in dieser Beurteilung vollkommen überein und suchten diese Sicht der Dinge immer wieder unseren Hauptstädten und politischen Besuchern – im großen Ganzen auch erfolgreich – nahezubringen, da sich natürlich aus der Entfernung und ohne die vor Ort gewonnenen Einsichten manches auf den ersten Blick anders darstellte.

Europaabkommen

Am 12. Juni 1995 konnten die baltischen Ministerpräsidenten in Luxemburg Europaabkommen unterschreiben. Dadurch erlangten sie, wie es in der Präambel hieß, die „Anerkennung der Tatsache, daß Estland/Lettland/Litauen letztlich die Mitgliedschaft in der Europäischen Union anstrebt und daß die durch diese(s) Abkommen verwirklichte Assoziation nach Ansicht der Vertragsparteien Estland/Lettland/Litauen bei der Verwirklichung dieses Ziels hilft". Damit hatte Estland wie die beiden anderen baltischen Staaten einen langen Weg in relativ kurzer Zeit zurückgelegt und zu den übrigen Beitrittskandidaten aufgeschlossen. Zwar war es – entgegen den Erwartungen von Außenminister Kinkel – nicht mehr bis zum Jahresende 1994 zu einer Vertragsunterzeichnung gekommen, doch hatten die EU-Außenminister noch unter deutscher Präsidentschaft Ende November die Aufnahme der Verhandlungen beschließen können. Kurz vor Weihnachten waren sie auch noch begonnen worden und dann – nunmehr schon unter französischer Präsidentschaft – so zügig fortgesetzt worden, daß die Abkommen bereits am 12. April 1995 hatten paraphiert werden können.

Bis dahin aber war in den Verhandlungen mit Estland noch die dornige Frage einer generellen Übergangsperiode zu klären gewesen, wie sie alle bisher vereinbarten Assoziationen vorsahen. Denn wie bei dem Freihandelsabkommen war die estnische Regierung, deren Verhandlungsdelegation wiederum von Priit Kolbre geleitet wurde, auch diesmal der Auffassung, daß Estland keiner Übergangsfristen bis zur vollen Anwendung aller Bestimmungen des Europaabkommens bedürfe. In der abschließenden Verhandlungsrunde am 22. Februar 1995 hatte sich Estland schließlich mit seinem Standpunkt durchsetzen können, während die Assoziation im Falle von Lettland und Litauen eine spätestens am 31. August 1999 endende Übergangszeit vorsah. Mit sichtlichem Stolz teilte das Außenministerium in Tallinn diesen Verhandlungserfolg der Öffentlichkeit mit, der eine „historische Premiere" und darauf zurückzuführen sei, daß EU-Kommission und Mitgliedstaaten von dem weitgehend abgeschlossenen Übergang Estlands zu einer funktionierenden Marktwirtschaft hätten überzeugt werden können. Als uns Kommissionsmitglied van den Broek vierzehn Tage zuvor über seine mit der estnischen Regierung geführten Gespräche unterrichtet hatte, war dies anscheinend noch nicht der Fall gewesen; doch dürfte in der Kommission spätestens seit diesem Besuch kein Zweifel mehr an der estnischen Entschlossenheit in dieser Frage bestanden haben.

Das Europaabkommen würde mit seinem – allerdings erst 1998 erfolgenden – Inkrafttreten sowohl das Kooperationsabkommen von 1992 als auch das zu Beginn des Jahres 1995 in Kraft getretene Freihandelsabkommen ersetzen, dessen wichtigste Bestimmungen es übernahm und weiter ausbaute. Es wurde von den gleichen „allgemeinen Grundsätzen" wie das Freihandelsabkommen geleitet: Von der Achtung der Grundsätze der Demokratie, der Menschenrechte und der Marktwirtschaft sowie von dem Grundsatz der Zusammenarbeit unter den baltischen Staaten, der für den künftigen Wohlstand und die Stabilität der Region von wesentlicher Bedeutung sei. Der dritte dieser Grundsätze des Freihandelsabkommens, der die Beitrittsperspektive enthalten hatte, rückte indessen in dem Europaabkommen als „Ziel der Assoziation" an die erste Stelle. Dieses Ziel bestand darin, „einen geeigneten Rahmen für die schrittweise Integration Estlands in die Europäische Union zu bieten". Dieser Rahmen sollte durch ein umfangreiches Instrumentarium – wie es in der Präambel hieß – „strukturierter Beziehungen zwischen den assoziierten Staaten und den Organen der Europäischen Union" ausgefüllt werden gemäß der auf dem Europäischen Rat von Essen im Dezember 1994 beschlossenen Strategie zur Vorbereitung auf den Beitritt. Dazu zählte namentlich ein erweiterter „politischer Dialog" mit dem Ziel einer stärkeren Konvergenz der Standpunkte der Vertragsparteien in internationalen Fragen und vor allem in solchen der Gemeinsamen Außen- und Sicherheitspolitik der Europäischen Union.

Die Unterzeichnung des Europaabkommens wurde in Estland wie im übrigen Baltikum zu Recht als ein großer Sprung nach vorn auf dem Weg zur vollen Integration in Europa gefeiert und zugleich als eine wichtige Sicherheitsgarantie vor dem Hintergrund der hier als zunehmend wahrgenommenen Bedrohung durch Rußland angesehen. Wenn wir uns vor Augen halten, daß ich bereits bei Übergabe meines Beglaubigungsschreibens Anfang September 1991 in der Lage gewesen war zu sagen, „die Bundesregierung werde sich auch weiterhin für die Assoziierung Estlands an die Europäische Gemeinschaft als einen wichtigen Schritt zurück nach Europa einsetzen" und dies wenige Tage später von Bundesminister Genscher führenden baltischen Politikern gegenüber bekräftigt wurde, dann stellte dieser 12. Juni 1995 auch einen Erfolg konsequenter deutscher Außen- und Europapolitik dar. Als erste Folge der neuen Qualität, welche die Beziehungen der baltischen Staaten zur EU durch den Abschluß der Europaabkommen gewonnen hatten, konnten die Präsidenten von Estland, Lettland und Litauen am Europäischen Rat von Cannes am 27./28. Juni teilnehmen, zu dem im Rahmen des „strukturierten Dialogs" erstmals auch die Staats- und Regierungschefs der nunmehr 11 assoziierten MOE-Länder eingeladen worden waren, die eine EU-Vollmitgliedschaft anstrebten. Präsident Chirac soll damals das Zusammentreffen mit den Worten eröffnet haben: „Hier können wir das Europa von morgen sehen" [97].

Die große Bedeutung, die für Estland eine möglichst schnelle Integration in die europäischen Strukturen hatte, zeigte sich auch darin, daß der eigens hierfür aus den Sommerferien zurückgerufene *Riigikogu* bereits am 1. August 1995 in einer

Sondersitzung mit allen Stimmen der anwesenden 86 Abgeordneten und damit als erstes unter allen mit der Ratifikation zu befassenden Parlamenten dem Europaabkommen seine Zustimmung erteilte.

Die schwierige Ratifikation der Juliverträge

Bald ein Jahr nachdem die Präsidenten Meri und Jelzin am 26. Juli 1994 in Moskau die beiden Vereinbarungen über den Abzug der russischen Truppen und die sozialen Garantien für die im Lande verbleibenden Militärpensionäre unterschrieben hatten, waren diese immer noch nicht ratifiziert worden. Die estnische Regierung hatte sie noch nicht einmal dem Parlament zur Beratung zugeleitet – ganz anders als im Falle von Lettland, wo bereits im Herbst 1994 die Ratifikationsurkunden mit Rußland hatten ausgetauscht werden können. Weder die Regierung Laar noch die Regierung Tarand hatte sich im Vorfeld der Parlamentswahlen hierzu in der Lage gesehen, da sie ein Scheitern dieser innenpolitisch höchst umstrittenen Abmachungen im *Riigikogu* mit unabsehbaren Folgen nicht riskieren wollte. Nachdem Estland aber nunmehr wieder über eine Regierung mit einer sicheren Mehrheit im Parlament verfügte, erforderten sowohl seine internationale Glaubwürdigkeit (*pacta sunt servanda*) als auch jede weitere Normalisierung seiner Beziehungen zu Rußland ein entschiedenes Vorgehen.

Bereits am 28. April, als Ministerpräsident Vähi aus Anlaß seiner Amtsübernahme den Missionschefs auf dem Domberg einen Empfang gab, hatte ich ihm daher unter vier Augen gesagt, daß man sich in Bonn über die noch ausstehende Ratifikation Gedanken mache. Schon der vorherigen Regierung gegenüber hatten wir in Übereinstimmung mit unseren Partnern in der EU im Wege der „stillen Diplomatie" – als dieses Thema auch Gegenstand eines Briefwechsels zwischen dem deutschen und dem russischen Außenminister gewesen war – auf eine Ratifizierung der Juliverträge hinzuwirken gesucht. Dabei hatte die Bundesregierung die Bedeutung der Umsetzung der Verträge durch die Entsendung eines pensionierten höheren deutschen Offiziers als des Vertreters der OSZE in die Regierungskommission unterstrichen, die über die Erteilung der Aufenthaltserlaubnisse für die Militärpensionäre entscheiden sollte. Der hierfür vorgesehene Kapitän zur See a.D. Uwe Mahrenholtz war bereits gegen Ende des vergangenen Jahres in Tallinn eingetroffen, um seine Tätigkeit in der Kommission aufzunehmen. Diese hatte sich immerhin bereits im September 1994 konstituiert und sollte dann im Juli 1995 ungeachtet der noch ausstehenden Ratifikation des Abkommens vom 26. Juli 1994 mit der Erteilung von Aufenthaltserlaubnissen beginnen.

Auf Vähis gezielte Nachfrage ließ ich keinen Zweifel daran, daß Estland keine andere Wahl habe als zu ratifizieren. Der Ministerpräsident schien das einzusehen und meinte, man werde jetzt die von den Vorgängerregierungen Laar und Tarand zu den Verträgen eingeholten Rechtsgutachten prüfen und dann das Verfahren im *Riigikogu* einleiten. Darüber sei er sich mit Außenminister Sinijärv und auch mit Europaminister Lippmaa einig, der als einer der schärfsten Gegner der Juliverträge galt und ihretwegen im Sommer 1994 Präsident Meri öffentlich heftig angegriffen hatte.

Als ich einen Monat später mit dem Außenminister zur Vorbereitung seines für den 1. Juni bevorstehenden Besuchs in Bonn zusammentraf und dabei an die Notwendigkeit einer baldigen Ratifizierung erinnerte, versicherte er, der Ministerpräsident und er wüßten, daß die Juliverträge ratifiziert werden müßten, und zwar nicht nur – wie damals in der estnischen Öffentlichkeit diskutiert wurde – die Vereinbarung über den Truppenabzug, sondern auch die über die Rechte der Militärpensionäre, die der eigentliche Stein des Anstosses waren. Mit Lippmaa habe er sich weitgehend geeinigt, und auch mit dem Auswärtigen Ausschuß, in dem es unerwartete Schwierigkeiten gegeben habe, rechne er klarzukommen. Sollte es sich als innenpolitisch erforderlich erweisen, werde er alle Kritik auf sich zu lenken suchen, um Vähi den Rücken freizuhalten. Die technischen Vorbereitungen im Außenministerium für die parlamentarische Behandlung der Verträge – es hätten noch verschiedene Gutachten erstellt werden müssen – seien abgeschlossen. Ob die Verträge allerdings noch vor der Sommerpause dem Parlament zugeleitet werden könnten, halte er – auch wegen des Moskauer Zögerns, die Gespräche über einen Grenzvertrag fortzusetzen – für fraglich.

Nur wenige Tage später, am 30. Mai, verbreitete die Nachrichtenagentur *Baltic News Service*, Ministerpräsident Vähi habe mitgeteilt, die Juliverträge – die als zwei voneinander unabhängige Vereinbarungen zu betrachten seien (während sie Rußland bekanntlich als ein „Paket" ansah und auch so behandelt wissen wollte) – würden erst nach den bis Mitte September dauernden Parlamentsferien im *Riigikogu* eingebracht werden. Also schien sich die Regierung ihrer Sache doch nicht so sicher zu sein und immer noch zu befürchten, zum gegenwärtigen Zeitpunkt keine Mehrheit im Parlament zu bekommen. Diesen Eindruck bestätigte Europaminister Lippmaa, als er zwei Tage später an einem Mittagessen teilnahm, das der französische Botschafter im Anschluß an das monatliche Treffen im EU-Kreis gab. In der ihm eigenen Art verfocht Lippmaa – sehr höflich aber nicht minder hartnäckig – als seine persönliche Meinung, mit der er keinesfalls den zuständigen Außenminister präjudizieren wolle, umständliche Rechtskonstruktionen, denen zufolge der Truppenabzugsvertrag wegen der angeblich implizierten Grenzfrage zu seiner Zustimmung durch das Parlament einer Zweidrittelmehrheit bedürfe (über welche die Regierung mit 57 von 101 Abgeordneten nicht verfügte). Es war schwer auszumachen, ob Lippmaas Auffassung daher rührte, daß ihm als Naturwissenschaftler juristische Zusammenhänge weniger geläufig waren oder ob sie politischem Kalkül zur Verhinderung der Ratifizierung entsprang. Jedenfalls verfing keines unserer Gegenargumente. Lippmaas schillernde Haltung in dieser Frage schien es selbst Vähi und Sinijärv schwer zu machen, ihn richtig einzuschätzen. Jedenfalls zeigte sich der Außenminister sehr daran interessiert, meinen Eindruck von dem Gespräch mit seinem Kabinettskollegen zu erfahren, und bat mich ausdrücklich, auch mit dem Ministerpräsidenten zu sprechen. Lippmaa kam großes Gewicht zu, da er zu den wenigen estnischen Politikern zählte, die über eine bis in die Zeit vor der Unabhängigkeit zurückreichende ungebrochen große Popularität verfügte, die er seiner nationalen Prinzipientreue gegenüber Moskau und einer bemerkenswerten demagogischen Brillanz verdankte, aufgrund derer er auch für viele Abgeordnete meinungsbildend war.

Als ich, wiederum einige Tage später, den neuen Vorsitzenden des Auswärtigen Ausschusses Eino Tamm aufsuchte, gewann ich in einem längeren Gespräch über die verschiedenen Aspekte der Ratifikation den Eindruck, daß auch er zwar von deren Notwendigkeit überzeugt war, doch seinen Ausschuß offenbar noch nicht mehrheitlich dafür hatte gewinnen können – vor allem nicht für die vereinbarte Besserstellung russischer Militärpensionäre gegenüber solchen estnischer Nationalität bei der Wohnungsprivatisierung.

Am 9. Juni dann empfing mich der Ministerpräsident, den ich kurzfristig um einen Termin gebeten hatte. Wir sprachen unter vier Augen und ich sagte Vähi, daß ich aus eigener Initiative und nicht auf Weisung aus Bonn gekommen sei, meine Bemerkungen zur Notwendigkeit der Ratifikation der Verträge aber nichtsdestoweniger die Sorge der Bundesregierung und anderer Freunde Estlands reflektierten. Vähi erklärte mir, die Koalitionsregierung verfüge zwar im Parlament über eine Mehrheit für die Zustimmung zu den Juliverträgen. Doch müsse vor dessen Befassung zuerst ein politischer Kontakt der neuen Regierung mit Rußland zustande kommen wie z.B. eine Begegnung der beiden Außenminister, bisher habe man sich darum aber vergebens bemüht. Außerdem müßten zuvor Fortschritte in der Grenzfrage erzielt werden. Dies hielt ich nun – wiederum nach meiner persönlichen Einschätzung – für unrealistisch, denn Moskau habe alle Argumente auf seiner Seite und werde sich ohne vorherige Ratifikation nicht bewegen. Außerdem arbeite die Zeit sowohl unter dem Gesichtspunkt der russischen Innenpolitik (für Dezember 1995 standen Parlaments- und für Juni 1996 Präsidentschaftswahlen bevor) als auch deswegen gegen Estland, weil letzten Endes kein Weg an der Ratifikation vorbeiführen werde. Daraufhin meinte Vähi nach kurzer Überlegung, er werde gleich nach Rückkehr von der Unterzeichnung des Europaabkommens in Luxemburg mit Lippmaa, Sinijärv und Parlamentspräsident Savi sprechen, ob man den *Riigikogu* kurzfristig befassen könne, und dankte mir nachdrücklich.

Da wir bereits bei unserem jüngsten Zusammentreffen im Kreise der EU-Botschafter am 1. Juni die Überzeugung gewonnen hatten, daß es auch eines diskreten Signals der Europäischen Union an Estland bedürfe, das in wenigen Tagen ihr assoziierter Partner sein würde, schlugen wir unter Federführung der französischen Präsidentschaft eine Demarche in Tallinn vor. Sie sollte aber anders als die im Mai 1994 vertraulichen Charakter haben, um unerwünschte innenpolitische Abwehrreaktionen zu vermeiden. Die Demarche fand dann nach eingeholter Weisung am 19. Juni statt, da wir zuvor die weiteren Entwicklungen nach der Rückkehr von Vähi aus Luxemburg hatten abwarten wollen. Sie wurde wiederum im Troika-Format ausgeführt, während ich eine Vorsprache nur der Präsidentschaft vorgezogen hätte, da dies ihrem vertraulichen Charakter angemessener gewesen wäre. In Abwesenheit des Außenministers empfing uns – den französischen Botschafter in Begleitung seines italienischen und deutschen Kollegen – der für politische Fragen zuständige stellvertretende Kanzler Mälk. Unter Berufung auf das gerade unterzeichnete Assoziationsabkommen und die dadurch gewonnene neue Qualität der Beziehungen zwischen der EU und Estland trug ihm Botschafter Huntzinger die Gesichtspunkte vor, die aus unserer Sicht eine nunmehr schnelle und an keine unrealistischen Bedingungen geknüpfte Ratifizierung der Juliverträge notwendig machten. Diese vertrauliche Demarche bezwecke, die estnische Regierung mit Argumenten zu versehen, die für die Überzeugungsarbeit bei den Abgeordneten und anderen Politikern hilfreich sein könnten, die sich gegen die Ratifizierung aussprächen. Raul Mälk nahm die Demarche mit freundlicher Gelassenheit entgegen und zeigte sich erfreut, daß sie vertraulich erfolgte. In der zurückliegenden Woche habe ein intensives *lobbying* der Regierung unter Mitwirkung von Präsident Meri bei den Abgeordneten vor allem des Auswärtigen Ausschusses begonnen. Leider verliefe die Trennlinie zwischen Befürwortern und Gegnern innerhalb der regierenden Koalitionspartei, und selbst innerhalb der Regierung sei man sich nicht einig. Für weitere Überzeugungsarbeit würden daher noch einige Wochen benötigt bis das Parlament im August zu einer Sondersitzung zusammengerufen werden könne. Im übrigen habe auch Rußland noch nicht ratifiziert.

Zu einer solchen Sondersitzung des *Riigikogu* sollte es aber nicht kommen. Mitte Juli 1995 konnte die Regierung den stellvertretenden russischen Außenminister Krylov in Tallinn begrüßen und zeigte sich befriedigt darüber, daß ihr nun die angestrebte politische Kontaktaufnahme mit Moskau gelungen war. Bei diesem Besuch stimmten beide Seiten überein, daß sie die Juliverträge so schnell wie möglich ratifizieren sollten, und Ministerpräsident Vähi versprach, sie im Herbst dem Parlament zuzuleiten. Als dann die russische Duma nur wenig später in ihrer letzten Sitzung vor der Sommerpause am 21. Juli überraschend beiden Vereinbarungen zustimmte, faßte das estnische Kabinett am 25. Juli den Beschluß, die Verträge jetzt sofort dem *Riigikogu* zuzuleiten, was dann anläßlich der

Sondersitzung zur Ratifikation des Europaabkommens am 1. August auch erfolgte. Dies hinderte allerdings Minister Lippmaa nicht, sich erneut öffentlich zu Wort zu melden und ein Junktim zwischen der Ratifizierung des Truppenabzugsabkommens und dem Abschluß eines Grenzvertrags zu fordern sowie die Ratifizierung des Abkommens über die Militärpensionäre als verfassungswidrig abzulehnen – also war es Vähi doch nicht gelungen, den eigenwilligen Professor in die Kabinettsdisziplin einzubinden. Der sichtlichen Genugtuung im politischen Tallinn über die Entscheidung der Duma sollte alsbald die Ernüchterung folgen. Denn am 27. Juli erteilte der Föderationsrat, die zweite russische Kammer, zwar der Vereinbarung über die Militärpensionäre seine Zustimmung, versagte sie aber dem Truppenabzugsvertrag – worauf Ministerpräsident Vähi öffentlich erklärte, dann habe es mit der Behandlung der Juliverträge im *Riigikogu* wohl auch keine besondere Eile mehr. Denn eine Ratifikation durch Estland könne nicht in Frage kommen, solange sich die Haltung des Föderationsrats nicht geändert habe. Diese zeichnete sich übrigens durch eine bemerkenswerte Inkonsequenz aus, denn nachdem die russische Seite bislang immer – und mit guten Argumenten – darauf bestanden hatte, daß die Juliverträge ein „Paket" bilden, schnürte sie dieses nun selber auf[98].

Gespräche mit Rußland über einen Grenzvertrag

In der anderen der beiden Fragen, die im Mittelpunkt der bilateralen Beziehungen Estlands zu Rußland standen, nämlich der des Abschlusses eines Grenzvertrags, hatte sich bis zur Jahresmitte wenig bewegt. Zwar gab es weiterhin Kontakte auf Arbeitsebene, und es wurden Textentwürfe ausgetauscht, von einem Durchbruch in der für Estland entscheidenden Frage einer Anerkennung des Friedensvertrags von Tartu aber konnte keine Rede sein, da ihn Rußland weiterhin als obsolet betrachtete.

Als Vizekanzler Mälk nach einer solchen Gesprächsrunde mit dem stellvertretenden Außenminister Krylov am 26./27. Juni aus Moskau zurückkehrte, konnte er über keine Fortschritte berichten, jedoch darüber, Krylov habe ihm ganz offen ins Gesicht gesagt, Estland brauche im Hinblick auf den von ihm angestrebten EU-Beitritt ein Grenzabkommen. Damit habe dieser wohl zu verstehen geben wollen, daß mit russischen Zugeständnissen nicht zu rechnen sei.

Am 7./8. Juli hielt sich der ehemalige russische Ministerpräsident und damalige Vorsitzende der Partei „Rußlands demokratische Wahl" Gaidar auf Einladung von Vähi als Vorsitzendem der Koalitionspartei in Tallinn auf, wo beide ein Abkommen über die Zusammenarbeit ihrer Parteien unterzeichneten. Dem folgte vom 10.–12. Juli der Besuch von Krylov. Die dabei in der Grenzfrage geführten Gespräche wurden zwar von beiden Seiten als nützlich bezeichnet, in der Sache selbst sei man aber nicht vorangekommen. Immerhin wurde verabredet, sie gegen Monatsende in Tallinn fortzusetzen.

Nach einem Gespräch, zu dem ich Otto Graf Lambsdorff in seiner Eigenschaft als Vorsitzender der Liberalen Internationale am 13. Juli zu Vähi begleitet hatte, behielt mich dieser bei sich und teilte mir mit, seine Regierung sei bereit, in der Grenzfrage weitgehende territoriale Zugeständnisse zu machen. Dann entnahm er seinem Panzerschrank eine Landkarte und erläuterte mir anhand derselben, wie er sich – in Absprache mit Lippmaa und anderen Politikern – einen künftigen Grenzverlauf vorstelle. Dies habe er mit Gaidar besprochen und dessen Zustimmung erhalten, nicht aber mit Krylov, da dessen kritische Äußerungen zu den estnischen Bemühungen um eine Annäherung an die NATO nicht geeignet gewesen wären, eine hierfür hinreichend vertrauensvolle Atmosphäre zu schaffen. Die Vorstellungen Vähis gingen ähnlich wie die bereits anderer estnischer Politiker vor ihm von der Überlegung aus, ein Grenzvertrag müsse – um ihn innenpolitisch durchzusetzen – einen Kompromiß darstellen, und zwar der Art, daß *jede Seite* im Wege des Gebietsaustausches *etwas erhalte*. Gaidar habe ihn darin bestärkt, denn jeder, der russisches Territorium abträte ohne dafür etwas zu bekommen, sei in Rußland „politisch ein toter Mann".

Die Grenzgespräche wurden absprachegemäß am 25./26. Juli von Mälk mit einer russischen Delegation unter der Leitung des in Estland von den Verhandlungen der Jahre 1992/94 wohlbekannten Botschafters Svirin in Tallinn fortgesetzt. Auch wenn dabei keine konkreten Ergebnisse erzielt wurden, hatten doch weitere Textvorschläge ausgetauscht werden können, die auf einem nächsten Treffen im September besprochen werden sollten. Von estnischer Seite war der Entwurf eines Grenzvertrags mit einer Karte übergeben worden, die mit der übereinstimmte, die Vähi zuvor Gaidar und dann auch mir gezeigt hatte. Dem russischen Entwurf dagegen seien Vorstellungen über den künftigen Verlauf der Grenze nicht zu entnehmen gewesen. Als Mälk mich hierüber unterrichtete, meinte er, es sei doch immerhin ein Fortschritt, daß die russische Delegation angesichts des estnischen Vorschlags, auch wenn dieser nur bescheidene Grenzkorrekturen – wohlgemerkt auf Kosten bzw. zugunsten sowohl von Estland als auch Rußland – vorsehe, keine Vorwürfe erhoben habe, Estland mache territoriale Ansprüche geltend! Hinsichtlich einer für beide Seiten akzeptablen Erwähnung des Tartuer Friedensvertrags (1920) habe man sich nur so weit verständigen können, daß in der Präambel zuerst dieser Vertrag und dann der estnisch-russische Vertrag von 1991 genannt werden solle. Mälk sah hier die estnische Position in einem Dilemma: Würden in der Frage des Grenzverlaufs zu weitgehende Konzessionen gemacht, verlöre Estland in der Frage des Tartuer

Vertrags an Verhandlungsmasse (Land gegen Anerkennung). Wir stimmten damals in unserer persönlichen Bewertung überein, daß die Lösung nur in einer Formel bestehen könne, in der sich beide Seiten auf der Basis eines *we agree to disagree* mit ihren nicht miteinander zu versöhnenden Rechtsauffassungen (Kontinuität des estnischen Staates seit 1918 *versus* Sezession 1991) wiederfänden. Insgesamt zeigte sich Mälk wenig optimistisch und neigte zu der Annahme, daß die russische Seite wieder einmal auf Zeit spiele, um sich international nicht dem Vorwurf mangelnder Kooperation auszusetzen – die Erinnerungen an die Verhandlungen über den Truppenabzug waren noch zu frisch.

Zwei Tage nach meiner Unterhaltung mit Mälk, am 2. August, teilte mir Ministerpräsident Vähi mit, da vorgesehen sei, daß die russische Seite bei dem nächsten Treffen der Delegationen eigene Vorstellungen über den künftigen Grenzverlauf vortragen werde, stünden nunmehr echte Verhandlungen bevor. Das veranlasse ihn zu der Frage, ob es denkbar sei, daß die Bundesregierung Estlands Interesse am baldigen Abschluß eines Grenzvertrags der russischen Regierung gegenüber unterstütze. Ich rief ihm in Erinnerung, daß Deutschland keine Vermittlerrolle zwischen Estland und Rußland einnehmen könne. Wie bereits früher mehrfach geschehen, wäre aber auch in diesem Fall daran zu denken, im Wege der „stillen Diplomatie" auf Moskau einzuwirken. In diesem Sinne würde ich nach Bonn berichten – wobei ich dann auch Vähis Anliegen befürwortete. Seine Bitte an uns hatte ganz offensichtlich ihren Grund darin, daß die estnische Regierung zum einen befürchten mußte, die Zeit würde ihr davonlaufen und dies negative Auswirkungen auf eine weitere Annäherung an EU und NATO haben, die beide an Partnern mit ungeregelten Grenzfragen (zumal im Verhältnis zu Rußland) kein gesteigertes Interesse haben konnten. Zum anderen sah man in Tallinn die Gefahr, daß Rußland gerade aus diesem Grund die Grenzfrage offenhalten wollte, um sich damit ein gewisses *droit de regard* zu sichern – wie Krylov bereits gegenüber Mälk unverhohlen zu erkennen gegeben hatte. Außerdem brauchte Vähi Fortschritte in der Grenzfrage, um die Zustimmung des *Riigikogu* zu den Juliverträgen nicht zu gefährden. Denn dort wurde von so manchem Abgeordneten die Ansicht vertreten, man gäbe mit der Ratifizierung das einzige Druckmittel aus der Hand, das gegenüber Rußland zur Verfügung stünde – möglicherweise das eigentliche Motiv für die von Minister Lippmaa vertretene Forderung nach einem Junktim.

Die deutsche Diplomatie hat sich dem Anliegen von Ministerpräsident Vähi nicht verschlossen. In den ersten Septembertagen konnte ich ihn und Mälk davon unterrichten, daß unsere Moskauer Botschaft die Grenzfrage im Außenministerium angesprochen habe und die russische Reaktion hierauf eine optimistische Einschätzung der Aussichten für den baldigen Abschluß eines Grenzvertrags erlaube. Begründet schien dies vor allem durch eine von russischer Seite zur Aufnahme in die Präambel vorgeschlagene Formulierung, mit der die Bedeutung des Vertrags von Tartu für die estnische Staatlichkeit und die estnisch-russischen Beziehungen anerkannt wurde. Allerdings hätten sich die Esten damit während der letzten Gesprächsrunde im Juli nicht einverstanden erklären können. Zu einem weiteren Entgegenkommen sehe sich Rußland aber nicht in der Lage. Aus Termingründen hatte ich zuerst Mälk aufgesucht. Als meine ganz persönliche Meinung empfahl ich ihm, diese Chance nicht ungenutzt verstreichen zu lassen. Denn wenn Rußland tatsächlich bereit sei, einen Grenzvertrag einzugehen, der eine solche Formulierung enthalte, dann müßten nach meiner Auffassung die estnischen Interessen hinreichend gewahrt sein. Mälk hielt den ihm bereits bekannten russischen Vorschlag zwar für einen wesentlichen Fortschritt, befürchtete aber, bei innenpolitischer Kritik persönlich zur Verantwortung gezogen zu werden. Daher bat er mich, ihm bei Vähi den Rücken zu stärken, denn entscheiden müßten jetzt die Politiker. Der Ministerpräsident, dem gegenüber ich meine persönliche Auffassung wiederholte, zeigte sich hocherfreut über unsere Unterstützung und meinte, die vorgeschlagene Formulierung müßte in der Tat ausreichen. Er traute sich auch zu, unter diesen Umständen im *Riigikogu* die nach der Verfassung für die Änderung der Staatsgrenze erforderliche Zweidrittelmehrheit zu erhalten. Da die nächste Verhandlungsrunde nicht wie vorgesehen im September, sondern erst gegen Ende Oktober 1995 stattfand, konnte ich von nun an die weiteren Entwicklungen in der Grenzfrage nicht mehr aus der Nähe beobachten. Erst im März 1999 ist es dann gelungen, in St. Petersburg ein Grenzabkommen zu paraphieren; zu einer Unterschrift ist Rußland jedoch bisher nicht bereit gewesen.

Der letzte Sommer

Wir hatten uns immer darauf einstellen müssen, daß in diesem Jahr eine Versetzung erfolgen würde. Doch als der Minister Ende Juni entschied, ich sollte als nächstes die Leitung der Botschaft in der kasachischen Hauptstadt Almaty übernehmen, weckte dies ungeachtet der damit verbundenen Beförderung keine besonders freudigen Empfindungen. Da Personalsachen stets besonders interessieren, konnte es nicht lange dauern, bis die amtsinternen Buschtrommeln die Nachricht auch nach Tallinn vermeldet hatten. Um zu verhindern, daß sie es von Dritten erführen, unterrichtete ich daher Mitte Juli meine wichtigsten Gesprächspartner, allen voran Präsident Meri und Ministerpräsident Vähi. Ich rechne es ihnen hoch an, mit wieviel Verständnis und Taktgefühl sie hierauf reagiert haben und es mich nicht fühlen ließen, daß meine Zeit in Estland sich ihrem Ende zuneigte, ganz im Gegenteil.

Doch noch stand uns ein letzter schöner Sommer mit zahlreichen Besuchen und eigenen Reisen im Lande bevor.

Bereits im Mai besuchte uns Onkel Willy Hahn mit seiner Enkeltochter Juliane. Professor D. theol. Wilhelm Hahn (1909–1996) war ein Sohn des Professors der praktischen Theologie und Pastors der Universitätsgemeinde in Dorpat Traugott Hahn und einer Cousine meiner Großmutter, Anny geb. von zur Mühlen. Da es dieser 1919 abgelehnt hatte, seine Gemeinde zu verlassen und sich in Sicherheit zu bringen, wurde er zusammen mit anderen, unter ihnen der griechisch-orthodoxe Bischof und ein Rabbiner, von den Bolschewiken erschossen. „Das Schicksal meines Vaters, der eine ganze Generation baltischer Pfarrer ausgebildet hatte, wurde bald in der evangelischen Christenheit bekannt. Man sah in ihm einen Märtyrer, der als Verkünder und Seelsorger sein Leben bewußt hingegeben hatte" schrieb später der Sohn in seinen Erinnerungen, die vor allem die Jahre 1964-78 zum Gegenstand haben, in denen er Kultusminister von Baden-Württemberg gewesen ist [99]. Es hat mich immer beeindruckt, mit welcher Hochachtung baden-württembergische Politiker von Wilhelm Hahn und seiner Standfestigkeit in den turbulenten Jahren der studentischen Protestbewegung sprechen. Ihm sei es weitgehend zu verdanken, daß sich das Land damals ein relativ hohes bildungspolitisches Niveau zu erhalten gewußt habe. Onkel Willy war auch darin eine ungewöhnliche Persönlichkeit, daß in ihm der Geistliche – er war wie sein Vater Professor der praktischen Theologie gewesen und als solcher zeitweise Rektor der Universität Heidelberg – mit dem Politiker eine so überzeugende Symbiose eingegangen war, wie das bei evangelischen Theologen selten der Fall ist. Dazu kamen eine Liebenswürdigkeit und weltmännische Eleganz, die der äußeren Erscheinung dieses hochgewachsenen Mannes – des „bestaussehenden, dem er jemals begegnet sei", wie mein Vater meinte – etwas Strahlendes verliehen. Davon hatte er bis in sein hohes Alter, in dem ich ihn erst näher kennenlernte, nichts eingebüßt. Zum ersten Mal nach Reval gekommen war er zu meiner Zeit im Mai 1992, damals begleitet von seinem Sohn Traugott, um die Wege für ein „Deutschlandkundliches Seminar" des Instituts für Auslandsbeziehungen in Stuttgart zu ebnen, dessen Vorstandvorsitzender er damals noch war, und das in Zusammenarbeit mit dem Jaan Tõnisson-Institut im April 1993 in Tallinn stattfinden sollte. An ihm nahm er dann mit seiner Tochter Annemarie teil, die – ebenfalls Theologin und mit einem evangelischen Pfarrer verheiratet – die Tradition der Pastorenfamilie Hahn fortsetzt. Im Anschluß an dieses Seminar waren wir gemeinsam nach Dorpat gefahren, wo uns Onkel Willy zu dem Haus am Wallgraben (*Vallikraavi*) 25, in dem er geboren wurde – einem der typischen Holzbauten estländischer Städte der Jahrhundertwende – und zu dem Grab seines Vaters führte. Auf der Straße begegneten wir dem Nestor unter den estnischen Kunsthistorikern, Professor Voldemar Vaga, den ich kurz zuvor bei der Eröffnung des *Kunstimuuseum* im Ritterhaus kennengelernt und der sich dabei in fließendem Deutsch lange mit mir unterhalten hatte. Ungeachtet seiner 94 Jahre sprühte er nur so vor geistreichen

Bemerkungen und schien über ein phänomenales Erinnerungsvermögen zu verfügen. Als ich die beiden alten Herren miteinander bekannt machte und Vaga erfuhr, daß Onkel Willy in Heidelberg lebte, sprudelte es gleich aus ihm heraus, und er erzählte von einem Besuch im Heidelberg der Vorkriegszeit, während eine für 1940 geplante kunsthistorische Reise in andere Teile Süddeutschlands, nach Italien und Spanien dann wegen der sowjetischen Okkupation Estlands nicht mehr zustande gekommen sei. Amüsant zu beobachten, wie er Onkel Willy, nachdem er dessen Alter (83) erfahren hatte, als „jungen Mann" titulierte, bevor er sich mit einem fröhlichen „Auf Wiedersehen!" verabschiedete. Im Juli 1993 gehörte Wilhelm Hahn dann zur Delegation von Ministerpräsident Teufel, als dieser auf dem Weg nach St. Petersburg und Moskau auf Einladung von Präsident Meri in Tallinn Station machte und dem er bei dieser Gelegenheit auch ein wenig „Landeskunde" vermitteln konnte.

Nunmehr, im Mai 1995, waren er und seine Enkeltochter, die gerade ihr schriftliches Abitur hinter sich hatte, unsere Gäste auf dem Domberg. Gemeinsam fuhren sie nach Dorpat zur Einweihung eines nach Traugott Hahn benannten und mit finanzieller Hilfe aus Deutschland errichteten Studentenwohnheims für Theologen. Wie bereits 1992 fiel in die Zeit seines Estlandaufenthalts auch sein Geburtstag, den er diesmal – es war der 86. – mit der Enkelin an seinem Geburtsort beging. Als sie wieder in Reval zurück waren, luden wir zum 15. Mai einen Kreis von Freunden und Bekannten zu einem Abendessen ein, um diesen Geburtstag zusammen mit dem ebenfalls nur wenige Tage zurückliegenden meiner Frau zu feiern. Gekommen waren Jaan Kross und Ellen Niit, der evangelische Theologe Professor Toomas Paul, Dr. Herbert B. Schmidt, Jüri und Sirje Kivimäe, Indrek Jürjo mit Mutter und Schwester und die jüngste Abgeordnete im neugewählten Parlament Kadri Ottis, die nur einige Jahre älter als Juliane Hahn war. Es wurde einer jener Abende, die einem lange im Gedächtnis bleiben, weil die anwesenden Menschen schnell freundschaftlich zueinander fanden und eine Stimmung echter Gemeinsamkeit schufen. Hieran hatte eine Tischrede von Onkel Willy keinen geringen Anteil, in der er, der glänzende Rhetoriker, mit viel Temperament und sichtlich ergriffen von der Wiederbegegnung mit seinem „Herkunftsland" – wie er später in unser Gästebuch schrieb – sprach und die er mit einem Toast auf das wieder freie Estland beschloß. Manch einer in der Runde konnte danach seine eigene Bewegung nur schwer verbergen. Nach dem Essen ergriff Wilhelm Hahn, nun wieder ganz der Politiker, die Initiative zu einem Rundgespräch darüber, was sich Estland von Europa erwarte – ein Thema, das ihm als langjährigem Mitglied des Europäischen Parlaments (1979-87) besonders am Herzen lag. Auch wenn die Antworten in Nuancen unterschiedlich ausfielen, denn die Begleitumstände der estnischen Reformpolitik waren für den einen schwerer als für den anderen zu ertragen, so lautete doch das Fazit aller: Wir sind ein Teil Europas und haben gar keine andere Wahl, als Mitglied auch des organisierten Europas d.h. der Europäischen Union zu werden.

Onkel Willys Gemütsbewegung war auch darauf zurückzuführen, daß er noch ganz unter Eindruck eines Ausflugs stand, den ich mit ihm und Juliane am selben Tage zuerst nach Leetz (*Leetse*) und dann nach Morras (*Muraste*) und Strandhof (*Rannamõisa*), die bis zur Güterenteignung nach dem Ersten Weltkrieg nahen Verwandten gehörten, unternommen hatte. Das galt vor allem für den Besuch in Leetz, wo seine Großeltern ein Sommerhaus besaßen, denn mit diesem Ort verbanden sich seine allerersten Kindheitserinnerungen (Abbildung 60). Anrührend war es zu sehen, wie Onkel Willy mit geradezu jungenhafter Behendigkeit im wild wuchernden Gebüsch nach Spuren des ehemaligen Kindheitsparadieses suchte, ohne allerdings – nach einem Dreivierteljahrhundert – noch solche zu finden. Später beobachtete ich ihn, wie er allein auf einer Düne sitzend aufs Meer hinausblickte und seine markanten Gesichtszüge von einem Lächeln umspielt wurden, die ein unendliches Glücksgefühl auszudrücken schienen, wie ich dies selten zuvor gesehen hatte.

Wir haben in diesen Tagen viel über die verschiedensten Dinge miteinander gesprochen und mit Aufmerksamkeit und Gewinn seinen praktischen Lebenserfahrungen gelauscht. Interessant waren auch seine Erinnerungen an die „Bekennende Kirche" im Dritten Reich, zu der er gehört hatte. Man könne diese schwierigen Zeiten nicht nur aufgrund der überlieferten Akten zutreffend bewerten; viele der heutigen Urteile über unsere komplizierte deutsche Vergangenheit seien zudem von einem geradezu destruktiven Selbsthaß geprägt – da sprachen aus ihm auch die Beobachtungen, die er in den Jahrzehnten als Politiker gemacht hatte, als der er sich (wie er auf meine Frage bekannte) jetzt mehr denn als Theologe verstand. Für mich verkörperte Wilhelm Hahn die besten Traditionen deutscher liberal-konservativer Geisteshaltung, die weder mit „Rechts" (bis 1945) noch mit „Links" (nach 1945) Kompromisse im Grundsätzlichen eingegangen ist. Wir haben ihn nach seinem letzten Besuch in Estland bis zu seinem Tode anderthalb Jahre später nicht wiedergesehen.

*

Mitte Juni fuhr ich dann mit unserem Sohn Christian nach Leetz. Daraus entstand für ihn eine Zuneigung zu diesem Flecken Erde, die dazu führte, daß er dort den Kern des ehemaligen Gutes – das nach Lage der Dinge mein Vater geerbt hätte, wäre es nicht zum Ersten Weltkrieg mit allen seinen Folgen gekommen – kaufte und im Laufe mehrerer Jahre zu einem sowohl im Sommer als auch im Winter bewohnbaren *buen retiro* gestaltet hat.

*

Am 27. Mai folgten wir mit Almut von Glasenapp, die, für zwei Wochen nach Estland auf Besuch gekommen, gerade unser Hausgast war, einer Einladung zur Eröffnung der Feierlichkeiten aus Anlaß des 650. Jahrestags der Verleihung der Stadtrechte nach Narva. Im Innenhof der Hermannsfeste wurden Szenen aus der Stadtgeschichte in „historischen" Kostümen dargestellt, und nach den obligaten Reden nahm das Ganze dann mit dem Auftritt von Tanzgruppen und Chören allmählich Volksfestcharakter an. Die offiziellen Gäste hatte die Stadtführung, von der wir nach Ankunft in ihren Amtsräumen empfangen worden waren, zu einem Mittagessen eingeladen. Aus Tallinn war allerdings nur Parlamentspräsident Savi gekommen, was in Narva, wo man sich immer ein wenig und nicht ganz zu Unrecht durch die estnischen Politiker vernachlässigt fühlte, aufmerksam registriert wurde. Um so dankbarer war man über die Anwesenheit einiger Diplomaten, unter denen ich allerdings der einzige Botschafter war, da es selbst die sonst an Narva so interessierten Dänen, Finnen und Schweden vorgezogen hatten, sich an diesem Samstag vertreten zu lassen. Der Rektor der Universität Tartu, Professor Tulviste, hingegen hatte es sich nicht nehmen lassen, persönlich zu erscheinen.

Wie ich auch bei diesem letzten Besuch in Narva feststellen mußte, konnte die Entwicklung hier bei weitem nicht mit der im übrigen Estland und seinen aufstrebenden Städten mithalten. Zu schwer lastete die Hypothek der Sowjetzeit noch auf der Stadt. Das war auch atmosphärisch auf Schritt und Tritt zu spüren, selbst wenn man sich hier nur kurz aufhielt und einem als amtlichem Vertreter Deutschlands die aufmerksamste Behandlung zuteil wurde. Dabei war der Stadtverwaltung diesmal ein kleines Mißgeschick passiert, das ich eher zufällig entdeckte und das nach einem diskreten Hinweis schnell korrigiert wurde. Zu unseren Ehren war auf dem zentralen Platz der Stadt neben anderen die deutsche Flagge aufgezogen worden, jedoch – wie übrigens auch die von Rußland – seitenverkehrt, so daß nicht „schwarz", sondern „gold" den Anfang machte – was den braven Narvaern später eine bissige Glosse in der Zentralpresse einbrachte [100]. In Narva gab es – mittlerweile wohl ein Unikum in ganz Estland – auch noch eine Lenin-Statue, die allerdings an einen unansehnlichen Platz an der Mauer um den Innenhof der Hermannsfeste relegiert worden war.

Auf der Hinfahrt waren wir über *Narva-Jõesuu* (Hungerburg) gekommen, wo die alten Erholungsheime für sowjetische Werktätige sich mühsam über Wasser zu halten suchten, wenn sie nicht bereits dem Verfall preisgegeben waren. So bedurfte es eines beträchtlichen Vorstellungsvermögens, um sich zu vergegenwärtigen, daß Hungerburg um die Jahrhundertwende einer der beliebtesten Sommeraufenthalte der mondänen St. Petersburger Gesellschaft gewesen war. Der Rückweg führte uns parallel zur Hauptstraße entlang der Steilküste, von der aus sich ein unvergleichlicher Blick auf diesen Teil des Finnischen Meerbusens bietet, bis nach dem dann schon wieder landeinwärts gelegenen *Viru-Nigula* (Maholm). Hier öffnete man uns das malerisch von einem Gemüse- und Obstgarten umgebene ehemalige Pastoratsgebäude, in dem jetzt ein kleines Museum an den großen estländischen Spätaufklärer Otto Wilhelm Masing erinnerte, der hier 1795–1815 gewirkt hat. Zuletzt machten wir in Palms halt, wo damals das Gebäude der ehemaligen Brennerei hinter dem Gutshaus gerade zu einem Hotel umgebaut worden war, dessen Investor aus Hamburg sich allerdings über ein mangelndes Interesse an Estlandreisen in Deutschland beklagte und dies auf den Untergang der „Estonia" im Vorjahr zurückführte.

*

Mitte Juni machten wir dann mit einem der idyllischsten Plätze in dem hieran wahrlich nicht armen Estland Bekanntschaft, mit dem wir bis dahin in Berührung gekommen waren. Jaak Arro und Epp Maria Kokamägi hatten uns eingeladen, wann immer es uns passen würde, sie im Sommer auf dem Lande zu besuchen. An einem hochsommerlichen Wochenende fuhren meine Frau und ich also nach *Sepamaa*, wie der ehemalige Bauernhof heißt, der unter den geschickten Händen des Hausherrn und dank dem sicheren Geschmack beider im Laufe der Zeit zu einem kleinen Juwel mit idealen Arbeitsbedingungen für das Künstlerehepaar geworden war. Das etwa 60 km westlich von Pernau gelegene Anwesen verfügt über einen direkten Zugang zur kaum hundert Meter entfernten Ostsee und ist von einem Obst- und Beerengarten umgeben, der in eine von Wacholder und anderem Gebüsch durchsetzte Wiesenlandschaft übergeht – mittlerweile allerdings eingezäunt, da anders gegen den Verbiß durch die Elche nicht anzukommen war. Mit Epp Maria radelten wir zu den Ruinen des nahegelegenen früheren Pernauschen Stadtgutes *Kastna*, in dessen unmittelbarer Nähe ihre Mutter, die Malerin Imbi Lind, im Sommer ebenfalls ein ehemaliges Bauernhaus bewohnte, und abends wurde die Sauna angeheizt. Das Ganze ein kleines Paradies und von großer Anziehungskraft für Freunde und Bekannte, zu denen wir uns jetzt zählen durften.

*

Für das nächste Wochenende hatten wir ein Picknick in Zitter geplant. Es war eine Idee von Epp Maria gewesen, entstanden unter dem Eindruck ihrer Lektüre der gerade erschienenen Kindheitserinnerungen meines Großvaters und nachdem wir mit ihr und ihren Kindern noch bei Schnee und Eis einen Ausflug nach Zitter und dem ihr bis dahin ebenfalls unbekannten Kolk gemacht hatten. Da es über Johanni wie so oft an diesem Tag in Estland regnerisch gewesen war, hatte es über Nacht zu einem herrlichen Hochsommertag aufgeklart. Unweit des Steins, der an Karl Magnus Stenbock und die von ihm in der zweiten Hälfte des 19. Jahrhunderts geschaffene und nun seit langem verwilderte Parkanlage erinnert, am Rande einer nach drei Seiten leicht ansteigenden Lichtung, in deren Mitte noch die Reste eines Johannifeuers glimmten, lagerten wir uns, und jeder breitete seine mitgebrachten Köstlichkeiten aus. Natürlich konnte es nicht lange ausbleiben, bis unsere sich vorwiegend aus Künstlern zusammensetzende Gesellschaft Vergleiche mit einem anderen denkwürdigen *Déjeuner sur l'herbe* anstellte ... Außer der Familie Arro waren Jüri Kuuskemaa mit Frau und Kindern sowie Andres Tolts und Mare Vint mit von der Partie, und aus *Kotka* hatten wir Svea und Sven Fersen dazugeholt. An diesem Tag „entdeckte" ich zusammen mit Epp Maria den Badestrand von Zitter, von dem mein Großvater so geschwärmt hat, indem ich mich von der Beschreibung in seinen Erinnerungen leiten ließ. Er lag zwar ganz nahe, doch mußte man sich damals von unserem Picknickplatz aus noch durch einen richtigen kleinen Urwald bis zu ihm hindurchkämpfen. Wie die ganze estnische Küste hatte diese Gegend ja noch bis vor wenigen Jahren zu einem streng bewachten Sperrgebiet gezählt und sich darüber hinaus in unmittelbarer Nähe eine Wachstation der KGB-Grenztruppen befunden, so daß hier sicher ein halbes Jahrhundert lang keine Waldpflege betrieben worden war. Wir haben uns damals ein wenig geärgert, daß wir uns nicht früher auf diese Suche gemacht hatten, haben diesen Strand, der für mich zu den schönsten in Estland zählt, aber seitdem ungezählte Male aufgesucht. Bei genauerer Betrachtung der Lichtung, neben der wir picknickten, sind mir später deutliche Spuren einer ehemaligen Bebauung aufgefallen, die darauf schließen lassen, daß hier eine der verschiedenen Sommervillen der Kolkschen Stenbocks gestanden hat – vielleicht sogar die, in der kurz vor Johanni 1879 mein Großvater geboren wurde ...

Nach einem am Strand verbrachten Nachmittag fuhren wir abends nach Kolk. Da der Hausherr und seine Frau, Jarl und Synnöve Stenbock, die nicht nach Zitter hatten kommen können, weil sie sich um finnische Touristen kümmern mußten, bereits nach Helsinki heimgekehrt waren, führte ich unsere Gesellschaft durch das Haus, dessen Renovierung nur langsame Fortschritte machte. Dann verzehrten wir die Reste unseres Picknicks und kehrten über *Kotka*, um Svea und Sven nach Hause zu bringen, und Kusal, wo wir uns zu nun bald mitternächtlicher Stunde in der hellen nordischen Sommernacht von der durch Herrn Joonsaar so vorzüglich ausgeführten Restaurierung in diesem Fall der Stenbockschen Begräbnisstätte ein Bild machten, nach Reval zurück. Als wir uns in den Straßen der alten Stadt voneinander verabschiedeten, waren wir erfüllt von einem traumhaften Tag, den wir so schnell nicht vergessen würden.

*

In weiser Voraussicht auf die zu erwartende Versetzung hatte ich rechtzeitig zwei Wochen Urlaub in Estland eingeplant, den wir nun Ende Juni antraten. Die ersten Tage verbrachten wir in dem Feriendorf *Roosta* an der Westküste, wo wir eines der Holzhäuser gemietet hatten, und machten von dort, meist mit unseren mitgebrachten Fahrrädern, Ausflüge in die Umgebung.

An einem Tag setzten wir mit dem Auto von *Rohuküla* auf der Fähre nach der uns noch unbekannten Insel Worms über, die wir ausführlich erkundeten. Diese viertgrößte unter den dem estnischen Festland im Westen vorgelagerten Inseln war damals touristisch noch kaum erschlossen, denn auch der Zutritt zu ihr hatte ja bis vor wenigen Jahren selbst für Esten, wenn sie nicht gerade hier lebten, jedesmal einer besonderen Erlaubnis bedurft. Wiederum erfreuten wir uns an der weitgehend unberührten Natur, die sich nach unserem Eindruck in Nuancen von der auf den drei anderen Inseln – Ösel, Dagö und Moon – unterscheidet, wie diese ja auch untereinander verschieden sind. Die seit dem 13. Jahrhundert bis zu ihrer Umsiedlung im Jahre 1944 von schwedischen Bauern und Fischern bewohnte Insel Worms kann auf eine Vergangenheit zurückblicken, die wesentlich mehr Beachtung verdient, als man dies angesichts ihrer Lage in diesem Winkel Europas annehmen würde. Zu ihren Besitzern zählten illustre Namen aus der europäischen Geschichte wie der schwedische Feldherr Jakob de la Gardie und Aurora von Königsmarck, die Geliebte August des Starken, aus deren Verbindung der als Marschall von Frankreich berühmt gewordene Feldherr Ludwig XV. Moritz Graf von Sachsen hervorgegangen ist, der die Insel im Spiel an einen Angehörigen der Familie von Stackelberg verlor. Ihr gehörte Worms dann beinahe 250 Jahre bis 1889, als es an die russische Krone verkauft wurde. Das Bemerkenswerte hieran ist, daß der damalige Erbe, Friedrich Freiherr von Stackelberg, aus Gründen seiner politischen Überzeugungen nicht dafür in Frage kam, dieses Erbe anzutreten. Denn er hatte sich – wie es in einer zeitgenössischen Quelle heißt – „sozialistischen Utopien" verschrieben und durfte russischen Boden nicht mehr betreten. Friedrich Stackelberg war ein Mitstreiter von Bebel und Liebknecht und auch mit vielen anderen Sozialisten seiner Zeit befreundet, weshalb sich die Geheimpolizei mehrerer europäischer Staaten für ihn interessierte, bis er schließlich 1907 in Frankreich eingebürgert wurde und hier eine Bleibe fand. Sein großes aus dem Verkauf der Insel Worms stammendes Vermögen aber hat er jahrzehntelang zur Unterstützung des internationalen Sozialismus und damit auch der auf den Sturz der russischen Monarchie hinarbeitenden Kräfte eingesetzt! [101].

In *Roosta* besuchten uns auch Gustav und Hans Baron Rosen mit ihren Frauen und zeigten uns, was von ihrem väterlichen Gutshaus Lückholm (*Saare*) auf der nahegelegenen Halbinsel Nuckö (*Noarootsi*), wo sie noch aufgewachsen sind, erhalten geblieben war. In wenigen Jahren ist es Gustav Rosen dann dank großem persönlichen Einsatz, bei dem ihm auch seine immer noch guten estnischen Sprachkenntnisse zugute kamen, gelungen, das Haus in seinem alten Zustand wiederherzustellen und damit seiner Familie erneut einen Bezugspunkt im Lande ihrer Vorfahren zu geben. Bei unserem Besuch Anfang Juli 1995 standen von dem Haus nur noch Ruinen, aus denen Bäume wuchsen und sich die Reste eines gewaltigen Mantelschornsteins erhoben. Jetzt beherbergt es eine ornithologische Forschungsstation und dient im übrigen der Familie von Rosen als Ferienaufenthalt.

Unterdessen war unser Sohn Magnus in Estland eingetroffen, und wir verbrachten mit ihm einige Tage bei Jaan Kross und Ellen Niit in *Kassari* auf Dagö in der uns nun schon so vertrauten familiären Atmosphäre inmitten ihrer Enkelkinder Undusk (Abbildung 61). Kross, dem es im Frühjahr nicht so gut gegangen war, machte einen gesünderen Eindruck und war wieder voller Geschichten – bereits zu Papier gebrachter, mir aber aus sprachlichen Gründen nicht zugänglicher, und ungedruckter. Und natürlich wurde auch „politisiert". Damals hatte ich gerade seinen Roman „Ausgrabungen" gelesen, der vor kurzem in einer Übersetzung von Cornelius Hasselblatt auf Deutsch erschienen war. Er spielt im Estland des Jahres 1954, kurz nachdem Kross aus Sibirien zurückgekehrt war, und trägt wie viele seiner Werke autobiographische Züge. Als ich ihn fragte, ob es denn stimme, daß er – wie der Übersetzer im Nachwort schreibt – an den Ausgrabungen auf dem Domberg teilgenommen habe, war die Antwort „natürlich nicht!".

Von *Kassari* setzten wir mit einer kleinen, damals zwischen dem Hafen von *Orjaku* und dem von *Triigi* verkehrenden Fähre nach Ösel über und fuhren von dort zu unseren Freunden Jürjo über den Damm nach *Muhu* (Moon), wo sie die Sommer in ihrem malerischen alten Bauernhaus im Dorf *Rässa* zu verbringen pflegen. Hier genossen wir den Hochsommer mit Baden, Radeln, einer Tagestour nach *Kuressaare* (Arensburg), der „Hauptstadt" der Insel Ösel, die sich als Touristenattraktion vor allem für Gäste aus Skandinavien gut zu entwickeln begonnen hatte, und abends mit guten Gesprächen am offenen Feuer im Garten.

Wieder zurück auf dem Festland, schauten wir bei der Familie Suits in *Vanamõisa* vorbei. Mit ihren damals elf Kindern, zu denen später noch drei hinzukommen sollten, zählten sie zu den Schützlingen meiner Frau. Im Laufe der Jahre haben wir beobachten können, wie diese Kinder, wenn auch von vielen Seiten unterstützt so doch unter bescheidenen materiellen Verhältnissen, von einer starken Mutter zusammengehalten und sich dabei gegenseitig erziehend, zu gesunden tüchtigen Menschen heranwuchsen, so daß jeder Besuch bei dieser fröhlichen Schar – unter der jetzt zwei zu unseren Patenkindern zählen – eine Freude war.

Von hier aus fuhren wir, auf kleinen Straßen und durch eine dünnbesiedelte, überaus reizvolle Wald- und Wiesenlandschaft beiderseits der ehemaligen Grenze zwischen den Provinzen Estland und Livland, wiederum nach *Sepamaa*, um mit der Familie Arro-Kokamägi die Freuden des Land- und Badelebens zu genießen (Abbildung 62).

Dann aber holte uns das dienstliche Leben wieder ein, wenn auch in seiner angenehmsten Form. Am 12. Juli hatten wir uns auf der Terrasse des Strandhotels von Pernau mit Otto Graf Lambsdorff verabredet. Er kam aus Riga und wollte sich auf dem Weg nach Moskau auch etwas über die Entwicklungen in Estland unterrichten. Als erstes erwartete uns Meri in *Paslepa*. So fuhren wir also im Konvoi quer durch das Land zum Sommersitz des Präsidenten auf der Halbinsel *Noarootsi* – ich am Steuer unseres Volkswagens mit zwei Fahrrädern auf dem Dach und im Gespräch mit Lambsdorff, der zu uns umgestiegen war, dabei bemüht, das von der uns begleitenden estnischen Sicherheit vorgegebene Tempo mitzuhalten, um uns nicht über Gebühr zu verspäten. Herr und Frau Meri empfingen uns drei in der ungezwungenen Atmosphäre ihres Feriendomizils zu einem späten Mittagessen, an das sich lange Gespräche mit dem Präsidenten über die Lage in Rußland und die Probleme in den Beziehungen mit dem Nachbarn im Osten anschlossen. Wir sprachen aber auch über die estnische Innenpolitik und die Chancen des von Meri favorisierten Siim Kallas, wofür sich Lambsdorff als dessen Partner im Rahmen der Liberalen Internationale wiederum besonders interessierte. Graf Lambsdorff hat dann seine anschließenden Gespräche in Moskau auch dazu genutzt, dort um Verständnis für die estnischen Positionen zu werben, worüber er mich später zur Unterrichtung des Präsidenten schriftlich ausführlich informiert hat. Dazwischen zeigte uns Meri ein kleines Motorboot, das vor dem Haus ankerte, und lud uns bei stimmungsvoller abendlicher Beleuchtung zu einer kleinen Tour in Richtung der Bucht von Hapsal ein. Gegen Mitternacht langten wir dann in Tallinn an, wo Graf Lambsdorff bei uns auf dem Domberg logierte.

Deutsche Investitionen

Vom Ausbleiben größerer deutscher Direktinvestitionen und den hauptsächlichen hierfür verantwortlich gemachten Gründen – eine starke Inanspruchnahme der deutschen Unternehmen durch die sich in der früheren DDR bietenden Möglichkeiten und ihr generelles Desinteresse an einem unbekannten „kleinen Markt" wie Estland – war schon die Rede.

Um so größere Beachtung fand daher, als sich jetzt die deutsche Ruhrgas an der staatlichen *Eesti Gaas* beteiligte. Zur Unterzeichnung des Vertrags am 20. Mai 1995, für die aus Deutschland der Vorstandsvorsitzende Liesen und aus

Moskau Vertreter der bereits an *Eesti Gaas* beteiligten und in langjährigen Geschäftsbeziehungen zur Ruhrgas AG stehenden russischen *Gasprom* gekommen waren, erschien demonstrativ auch Ministerpräsident Vähi. Nicht zuletzt ihm, der wie schon sein Vorgänger Mart Laar immer ein großes Interesse gerade an deutschen Investitionen gezeigt hatte und darin durch seinen Aufenthalt in Deutschland 1992/93 noch bestärkt worden war, ist es wohl zu verdanken gewesen, daß Ruhrgas und nicht die mit ihr konkurrierende *Gaz de France* das Rennen gemacht hatte. Die estnische Regierung versprach sich von der Einbindung der an *Gasprom* beteilten Ruhrgas in die ausschließlich aus Rußland erfolgende Versorgung Estlands mit Gas, das knapp 8% des Energieverbrauchs ausmachte, auch eine größere Sicherheit vor russischen Lieferunterbrechungen aus politischen Gründen. Der Vertreter von *Gasprom* sprach in seiner Rede nach der Vertragsunterzeichnung die estnische Präferenz für ein deutsches Unternehmen ganz offen an. Er meinte, die Entscheidung habe auch einen politischen Aspekt, denn Estland ziehe es eben mehr nach Deutschland, und würdigte dabei die bisherige erfolgreiche Zusammenarbeit mit der Ruhrgas, die ein gutes Omen für die nunmehr vereinbarte Kooperation zu Dritt sei. Der Chef von Ruhrgas legte uns später dar, für Estland gäbe es aus Gründen der Wirtschaftlichkeit keine Alternative zum russischen Erdgas. Alle Überlegungen, eine Pipeline zum Transport von norwegischem Gas über Schweden und Finnland ins Baltikum zu bauen – eine Lieblingsidee von Präsident Meri – seien unrealistisch. Ein weiterer Gesichtspunkt bei der Entscheidung zugunsten der Ruhrgas war gewesen, daß die estnische Seite ein stärkeres Interesse an Investitionen ausländischer Privatunternehmer als an solchen staatlicher Gesellschaften wie der *Gaz de France* hatte. Die Beteiligung der Ruhrgas stellte mit knapp 8 Millionen DM die bisher größte deutsche Direktinvestition in Estland dar. Damit erwarb sie im Wege der Kapitalaufstockung 15% der Anteile an *Eesti Gaas*. Dem estnischen Staat verblieben 39% und *Gasprom* 31%, der Rest verteilte sich auf kleinere Investoren.

Als Mitte Juni 1995 der Ministerpräsident von Mecklenburg-Vorpommern, Dr. Berndt Seite, zu einem zweitägigen offiziellen Besuch nach Tallinn kam, nahm das Thema der deutschen Investitionen in den Gesprächen mit Vähi, aber auch mit dem stark wirtschaftsorientierten Außenminister Sinijärv wiederum einen breiten Raum ein. Dabei stand im Vordergrund, was getan werden könnte, um die Fährverbindung Rostock-Tallinn, die wegen mangelnder Rentabilität eingestellt worden war, als Voraussetzung für eine Erhöhung des Warenverkehrs und eine größere Attraktivität des Standorts Estland für deutsche Investoren, wiederaufzunehmen. Als erster Schritt wurde beschlossen, eine gemeinsame Arbeitsgruppe mit einer Analyse der Situation zu beauftragen. Bei diesem Besuch wurde dann auch das schon seit zwei Jahren bestehende Informationsbüro des Landes Mecklenburg-Vorpommern im Konferenzzentrum *Sakala* offiziell eingeweiht.

Nur wenige Tage vor diesem Besuch aus Schwerin war ich im Vorzimmer des Ministerpräsidenten ganz zufällig auf das für das osteuropäische Auslandsgeschäft zuständige Vorstandsmitglied der Deutschen Bank gestoßen, den Vähi vor mir empfangen hatte und den zahlreiche Mitarbeiter begleiteten. Als der Ministerpräsident bemerkte, daß wir uns bisher weder begegnet waren noch die Botschaft überhaupt von dem Besuch der Delegation wußte, bereitete es ihm ein sichtliches Vergnügen, uns miteinander bekannt zu machen. Ich wechselte ein paar Worte mit dem Herrn aus Frankfurt und brachte meine Freude darüber zum Ausdruck, daß seine Bank nunmehr den Weg nach Estland gefunden habe. Dabei erinnerte ich ihn an den Brief, den ich vor zweieinhalb Jahren an den Präsidenten des Bundesverbandes Deutscher Banken geschrieben und in dem ich empfohlen hatte seinen Mitgliedsbanken nahezulegen, ein Engagement in Estland zu prüfen – worauf jener, leicht verunsichert, zu meinem Erstaunen erwiderte, seine Bank habe mit der Errichtung einer Repräsentanz in Riga einen „strategischen Fehler" begangen. Denn man habe dieser Entscheidung die falsche Annahme zugrundegelegt, dort werde das Zentrum der wirtschaftlichen Entwicklung im Baltikum entstehen. Im übrigen sei jetzt der wirtschaftliche Aufbau Ostdeutschlands abgeschlossen, so daß deutsche Investoren wieder stärker über die Landesgrenzen hinausschauen könnten und dies, Estland eingeschlossen, auch tun würden. Aber auch diese Prognose ist nicht eingetroffen.

Drei Jahre nachdem Björn Engholm hier gewesen war, sollte dann Anfang September mit Ministerpräsidentin Heide Simonis wieder der höchste Repräsentant des anderen deutschen Bundeslandes, das mit Estland durch eine Partnerschaft verbunden ist, Tallinn besuchen. Wirtschaftspolitische Themen wurden dabei auch angesprochen, dabei jedoch der Schwerpunkt auf die Ostseekooperation gelegt, in der sich der Frau Simonis begleitende Landesminister für Bundes- und Europaangelegenheiten Walter gut auskannte. Aus langjähriger Brüsseler Erfahrung machte er darauf aufmerksam, daß die Ostseeregion dort so schlecht wie keine andere Region Europas vertreten sei und plädierte für die Schaffung eines ständigen Sekretariats zur besseren Interessenvertretung. Anläßlich dieses Besuchs wurden am 4. September 1995 ein Büro des Landes Schleswig-Holstein und eine Repräsentanz der Landesbank von Schleswig-Holstein – beide unter einem Dach in der Breitstraße – eröffnet. Damit war immerhin zum ersten Mal eine Bank aus Deutschland in Estland vertreten, wenn auch in der bescheidensten aller möglichen Formen und ohne Bankgeschäfte im eigentlichen Sinn tätigen zu können.

Wie schon früher festgestellt, gab es offensichtlich auch einen Zusammenhang zwischen den geringen deutschen Investitionen in Estland und seiner geographischen Lage im Verhältnis zu den einzelnen Bundesländern. Die Partner Mecklenburg-Vorpommern und Schleswig-Holstein zählten nun eben einmal – das eine in Ost-, das andere in Westdeutschland – nicht gerade zu den wirtschaftlich leistungsfähigsten deutschen Regionen. Alle Versuche aber, zu anderen Bundesländern engere wirtschaftliche Kontakte zu knüpfen, sind trotz verschiedener Ansätze z.B. des Landes Baden-Württemberg in der Zeit, die ich überblicke, nicht weit gediehen.

Förderung der deutschen Sprache

Zu den wichtigsten Aufgaben unserer auswärtigen Kulturpolitik zählt traditionell die weltweite Förderung der deutschen Sprache. Unter den verschiedenen hierfür zur Verfügung stehenden Mitteln kommt deutschen Auslandsschulen und der Entsendung deutscher Lehrer eine herausragende Bedeutung zu. Da diese Aufgaben aufgrund der Kulturhoheit der Bundesländer nur in Zusammenarbeit mit diesen wahrgenommen werden können, war Stellung und Förderung der deutschen Sprache in Estland auch Gegenstand der Gespräche sowohl mit Herrn Dr. Seite als auch mit Frau Simonis gewesen. Um den konkreten Anlaß besser verstehen zu können, müssen wir uns die Lage in der ersten Hälfte der 1990er Jahre vergegenwärtigen.

Als 1991 das Deutsche Kulturinstitut in Tallinn gegründet und später im Jahr eine Botschaft eröffnet wurde, fanden wir eine Situation vor, in der es in Estland eine beeindruckende Anzahl hervorragend ausgebildeter Deutschlehrerinnen sowie von meist weiblichen Absolventen der Schulen mit sogenanntem verstärktem Deutschunterricht nach dem in der gesamten Sowjetunion geltenden System gab, welche die deutsche Sprache auf hohem Niveau beherrschten. Auch unter der übrigen gebildeten Bevölkerung waren viele anzutreffen, die Deutsch als eine der neben Estnisch und Russisch traditionellen – wie es hieß – „drei örtlichen Sprachen" wenigstens noch gut verstanden. Dies galt vor allem für die ältere Generation, in der Deutschkenntnisse deutlich stärker als Englischkenntnisse verbreitet waren, während dies in der mittleren Generation schon eher von dem ausgeübten Beruf abhing. Der alte Professor Vaga sagte mir, als wir uns im Frühjahr 1993 kennenlernten: „Deutsch war bis 1939 nicht die erste Fremdsprache, sondern die zweite Landessprache, das muß es wieder werden" – was unter den obwaltenden Umständen natürlich eine Illusion war.

Mit der Wiedergewinnung der Unabhängigkeit begann die Nachfrage nach der Weltsprache Englisch dann sprunghaft anzusteigen, denn die Esten hatten schnell verstanden, daß sie sich in der ihnen nun uneingeschränkt offen stehenden modernen Welt ohne ausreichende Englischkenntnisse nicht würden behaupten können. Aber auch die Nachfrage nach Deutschunterricht bewegte sich weiterhin auf beachtlichem Niveau, nahm in absoluten Zahlen sogar zu, verlor jedoch *relativ* an Gewicht gegenüber dem Englischen (im Jahre 1994 betrug das Verhältnis von Schülern der deutschen Sprache zu solchen der englischen etwa 1:3, zu solchen des Französischen dagegen mehr als 10:1). Das Problem war jetzt, daß dieser Nachfrage eine immer geringere Anzahl genügend qualifizierter Lehrkräfte gegenüberstand. Denn die knappen dem estnischen Staat zur Verfügung stehenden Finanzmittel hatten auch im Bildungssektor Kürzungen und eine vollkommen unzureichende Bezahlung der Lehrer zur Folge. Dies mußte notgedrungen zur Abwanderung in besser bezahlte Tätigkeiten und zum Ausbleiben von akademisch ausgebildetem Nachwuchs führen (das durchschnittliche Monatsgehalt eines Berufsanfängers im Schuldienst lag 1994 bei umgerechnet knapp 140 DM). Besonders betroffen hiervon war der Fremdsprachenunterricht, da sich für Menschen mit Sprachkenntnissen viele neue Möglichkeiten in der expandierenden Wirtschaft, den Banken, im Tourismusgewerbe, aber auch in den Ministerien und bei ausländischen Botschaften eröffneten.

Die Botschaft und insbesondere ihr Kulturreferent wurden zunehmend mit diesen Problemen konfrontiert. Auch an mich persönlich war mehrfach die Bitte um Unterstützung herangetragen worden, ohne die der Deutschunterricht nicht auf dem gewohnten Niveau aufrechterhalten, geschweige denn die steigende Nachfrage befriedigt werden könne. Wie schon erwähnt, war dabei von estnischer Seite der Vorschlag gemacht worden, anstatt deutsche Lehrer nach Estland zu schicken die hierfür zur Verfügung stehenden Mittel zumindest teilweise und auch nur vorübergehend zur Bezahlung estnischer Deutschlehrer zu verwenden, um diese bis zu einer Besserung der Situation im estnischen Bildungssektor in ihrem erlernten Beruf zu halten. Außerdem würde das Gehalt einer entsandten deutschen Lehrkraft für die Bezahlung mehrer ihrer estnischen Kollegen ausreichen.

Da mir das eingeleuchtet hatte, brachte ich diese Überlegung gegenüber unserem für die auswärtige Kulturpolitik zuständigen Staatssekretär von Ploetz zur Sprache, als mich dieser bei einem meiner nächsten Aufenthalte in Bonn im März 1995 empfing. Auch er hielt das für eine gute Idee und bat um einen Bericht, sobald ich in Tallinn zurück sei. Gesagt, getan. Wie wir meinten gut begründet, legte die Botschaft dar, daß ohne zusätzliche Maßnahmen die immer noch starke Stellung der deutschen Sprache auf Dauer gefährdet sei. In Kenntnis unseres eigenen Systems waren wir bereits vorsichtig genug, diese Überlegung nur als eine flankierende Maßnahme zu dem gerade angelaufenen Lehrerentsendeprogramm – für dessen Ausweitung wir zugleich plädierten – vorzuschlagen und auch lediglich vorzusehen, daß ausgewählten estnischen Deutschlehrern für eine gewisse Übergangzeit eine Beihilfe zu ihrem regulären Gehalt gewährt wird. Nach längerem Warten erhielt die Botschaft darauf von dem zuständigen Referat in der Kulturabteilung des Auswärtigen Amts einen Erlaß, in dem es sinngemäß hieß, man sei nach sorgfältiger Prüfung zu dem Ergebnis gelangt, daß aus grundsätzlichen Erwägungen an dem bestehenden Verfahren nichts geändert werden könnte. Als der verantwortliche Referatsleiter später einmal aus anderem Anlaß selbst in Tallinn auftauchte, geriet ich mit ihm vor allem wegen des „grundsätzlichen" aneinander – doch was konnte ich schon ausrichten, wenn sich nicht einmal der Staatssekretär hatte durchsetzen können! Dies ist ein Beispiel dafür, wie wir mangels administrativer Flexibilität leichtfertig Möglichkeiten einer besseren Förderung der deutschen Sprache vergeben haben, wofür allerdings nicht nur das Auswärtige Amt die Verantwortung trägt, da es nicht allein bestimmen kann.

Mittlerweile hatte es sich in breiteren Kreisen Estlands herumgesprochen, daß die Förderung der deutschen Sprache offenbar zu wünschen übrig ließ und sie dadurch noch schneller gegenüber der englischen ins Hintertreffen geriet, als dies ohnehin unvermeidlich zu sein schien. Jedenfalls bat Ministerpräsident Vähi seinen Kollegen aus Schwerin ausdrücklich um eine stärkere Unterstützung des Deutschunterrichts durch die Entsendung von Lehrern aus Mecklenburg-Vorpommern. Das Thema wurde dann bei dem anschließenden Gespräch mit Präsident Meri vertieft. Seine Wunschvorstellung sei, so Meri, daß es in Estland wie vor dem Kriege wieder deutschsprachige Schulen gäbe, wenigstens aber Schulen, an denen Deutsch nicht nur als Fremdsprache auf dem Lehrplan stünde, sondern bestimmte Fächer in deutscher Sprache unterrichtet würden. Er würde gerne die Schirmherrschaft über ein solches landesweit angelegtes Projekt übernehmen, das auch andere Sprachen einbeziehen sollte. Ministerpräsident Dr. Seite reagierte verständnisvoll und stellte als ersten Schritt zur Unterstützung des Deutschunterrichts die Entsendung von zehn Lehrern aus seinem Bundesland in Aussicht.

Zwei Monate später kam Vähi in der entspannten Atmosphäre eines privaten Abendessens in unserem Hause, zu dem wir ihn und seine Frau im Hinblick auf unsere Versetzung eingeladen hatten, wiederum von sich aus auf das Thema zu sprechen und bat eindringlich um eine stärkere Förderung des Deutschunterrichts an estnischen Schulen. Der Zufall wollte es, daß Präsident Meri mich am darauffolgenden Tag erneut auf sein Konzept der Gründung einer deutschen Schule ansprach, das sich nachgerade zu einer seiner Lieblingsideen zu entwickeln begann. Da ich nicht lange zuvor die erwähnte abschlägige Reaktion auf unsere Überlegungen einer finanziellen Beihilfe für estnische Deutschlehrer erhalten hatte und ich mich nicht damit abfinden konnte, daß uns führende estnische Politiker an Anliegen erinnern mußten, die doch in unserem eigenen Interesse liegen sollten, konnte ich nicht umhin, Bonn gegenüber „nachzukarten" und zu kreativem Nachdenken und unorthodoxem Vorgehen anzuregen, zumal sich die Bundesregierung in anderen Zusammenhängen immer wieder für eine stärkere internationale Berücksichtigung unserer Sprache einsetzte.

Wiederum einen Monat später, bei dem Besuch von Frau Simonis im September 1995, nahm dieses Thema dann einen recht breiten Raum ein. Als erstes griff es diesmal Parlamentspräsident Savi auf, der das Land Schleswig-Holstein ganz konkret um Unterstützung bei der Gründung eines „deutschen Gymnasiums" bat, in dem alle Fächer auf deutsch unterrichtet werden. Vielleicht handele es sich um eine „Vision", meinte er, die er aber doch ansprechen wolle, denn ihre Verwirklichung würde eines Tages auch zu einer Vertiefung der Wirtschaftsbeziehungen und zu einem größeren Engagement deutscher Investoren in Estland führen. Ministerpräsident Vähi legte anschließend das Gewicht stärker auf den Ausbau der vorhandenen Strukturen durch die Entsendung einer größeren Anzahl von Deutschlehrern.

Obwohl Frau Simonis somit nicht ganz unvorbereitet war und ich sie auch von mir aus noch darauf aufmerksam gemacht hatte, daß Präsident Meri mit hoher Wahrscheinlichkeit auf seine Idee von einer deutschen Schule zu sprechen kommen werde, war sie doch leicht erschrocken, als dieser das Gespräch in Katharinental mit todernstem Gesicht und den Worten eröffnete, er müsse jetzt ein drängendes „Problem" mit ihr besprechen! Da ich neben der Ministerpräsidentin saß und somit ebenfalls dem Präsidenten direkt gegenüber, mittlerweile ja auch dessen schauspielerische Talente ein wenig kannte, war mir nicht entgangen, wie dabei seine Augenwinkel verdächtig gezuckt hatten. So konnte ich Frau Simonis beruhigend das Stichwort „deutsche Schule" zuflüstern. Der Präsident bat dann ganz direkt um Unterstützung bei der Errichtung einer deutschen Schule sowohl in Tallinn als auch in Tartu, wobei er betont von „Reval" und „Dorpat" sprach, und ließ dabei sogar eine Priorität für Tartu erkennen. Die Ministerpräsidentin und ihr Europaminister Walter reagierten mit grundsätzlichem Verständnis, sahen aber Schwierigkeiten bei der Entsendung von Lehrern aus Schleswig-Holstein und einen Beitrag ihres Bundeslandes eher darin, bei der Renovierung eines Gebäudes für eine solche Schule zu helfen. Während dieses Gesprächs unterrichtete uns Meri auch über ein Schreiben in dieser Sache an den Ministerpräsidenten von Nordrhein-Westfalen, Johannes Rau, mit dem er bereits früher über seine Idee gesprochen habe.

Die intensiven Bemühungen des estnischen Staatspräsidenten, seinen Wunsch einer „Deutschen Schule" Wirklichkeit werden zu lassen, sind schließlich mit der Einrichtung einer „Deutschen Abteilung" an je einer Schule in Tallinn und Tartu von Erfolg gekrönt worden. Inzwischen haben in Tallinn bereits die ersten Jahrgänge ein deutsches Abitur abgelegt, mit dem sie in Deutschland studieren können. In Tartu ist es dazu leider nicht gekommen, da dort die deutsche Abteilung aus unverständlichen Gründen, jedenfalls nicht aus mangelndem Interesse der Schüler, vor einigen Jahren wieder geschlossen wurde.

Verteidigungsminister Rühe besucht Estland

Am 23./24. August wurde Bundesminister Volker Rühe zum Abschluß der ersten Reise eines deutschen Verteidigungsministers durch die baltischen Staaten in Estland erwartet. Der Besuch war langfristig vorbereitet worden; schon zu Jahresbeginn hatten wir ihn den Gastgebern ankündigen können.

Der Verteidigungsminister konnte davon ausgehen, daß sein Besuch große Aufmerksamkeit erfahren würde, standen doch sicherheitspolitische Fragen und hier wiederum die internationale Diskussion um die NATO-Osterweiterung im Mittelpunkt der auswärtigen Beziehungen Estlands. Neben der Haltung der USA aber war für die estnische Politik die der Bundesregierung von erheblicher Bedeutung. Das Interesse, das Rühe entgegengebracht wurde, spiegelte sich in dem stark auf Präsident Meri zugeschnittenen Besuchsprogramm wider, der faktisch und unbestritten die großen Linien der Außen- und Sicherheitspolitik bestimmte und bei dem die Gespräche beginnen sollten, bevor sie mit dem eigentlichen Gastgeber, Verteidigungsminister Öövel, ihre Fortsetzung finden würden.

Bundesminister Rühe eilte einerseits der Ruf des ersten westlichen Politikers von Rang voraus, der sich – mit einer Rede vor dem *International Institute for Strategic Studies* im März 1993 – öffentlich für eine NATO-Erweiterung ausgesprochen hatte [102]. Zum anderen war er nicht lange zuvor von der FAZ mit Äußerungen auf einem Treffen deutscher, skandinavischer und baltischer Politiker Mitte Juni in Visby auf der Insel Gotland zitiert worden, die in Tallinn für Aufsehen gesorgt hatten. Er und andere deutsche Parlamentarier sollen dort den Balten gesagt haben, sie würden nicht zu den *ersten* der neuen NATO-Mitglieder gehören; Rühe habe ihnen sogar empfohlen, „lieber zunächst eine Sicherheitskooperation mit den nordischen Nachbarn zu suchen" (was von dem ebenfalls anwesenden früheren schwedischen Ministerpräsidenten Bildt sogleich zurückgewiesen worden sei) [103]. Ein NATO-Beitritt im Zuge der ersten Erweiterungsrunde stellte für die baltischen Politiker damals aber die Kardinalfrage dar, waren sie doch der festen Überzeugung, daß sich ihre Länder anderenfalls in einer ihre nationale Sicherheit gefährdenden „Grauzone" wiederfinden würden. Präsident Meri hatte das Anfang Juni 1995 in einem Schreiben an den amerikanischen Präsidenten, den Bundeskanzler und andere Staats- und Regierungschefs nochmals zum Ausdruck gebracht und uns auch die Antwort zur Kenntnis gegeben, die er darauf Ende Juli von Präsident Clinton erhielt. Diese war mit großer Erleichterung aufgenommen worden, weil der US-Präsident wie bereits zuvor sein Vizepräsident Gore bei dem Besuch im März 1995 in Tallinn „Grauzonen" der Sicherheit für Europas neue Demokratien ausschloß. Clinton präzisierte, daß der Prozeß der NATO-Erweiterung begonnen habe und fortgesetzt werde, bisher jedoch noch keine Entscheidungen gefällt worden seien – weder über einen Zeitplan noch darüber, welche Staaten als erste zu Beitrittsverhandlungen eingeladen werden. Diese Entscheidungen aber würden nur von der NATO und niemandem sonst getroffen. Zur gleichen Zeit läge es im Interesse aller, daß ein demokratisches Rußland voll und ganz in das neu entstehende europäische Sicherheitssystem einbezogen werde und in Europa keine neuen Trennlinien entstünden.

Schon wenige Tage vor der Konferenz von Visby war eine andere deutsche Stimme in Tallinn irritiert zur Kenntnis genommen worden. Am 13. Juni erschien in der *Financial Times* ein Artikel des Direktors der Stiftung „Wissenschaft und Politik" Professor Stürmer, in dem dieser mit Rücksicht auf Rußland nicht nur eine NATO-Mitgliedschaft der baltischen Staaten, sondern – wegen der damit verbundenen Rückwirkungen auf die WEU – auch bereits eine EU-Vollmitgliedschaft ablehnte [104]. Die Tageszeitung *Eesti Sõnumid* veröffentlichte eine Übersetzung des Artikels und kommentierte ihn unter der Überschrift „Eine kalte Dusche aus Deutschland" [105]. Nicht gerade schmeichelhaft für Stürmer meinte der estnische Leitartikler, wenn die Sache nicht so ernst wäre, könnte man sie mit dem Bemerken abtun, dieser habe 1988 auch behauptet, die Teilung Deutschlands sei endgültig, und es werde niemals eine Wiedervereinigung geben. Doch wenn ihn ein so bedeutendes Blatt wie die *Financial Times* abdrucke, könnten solche Überlegungen in Deutschland kein Einzelfall sein. Dies aber müsse beunruhigen, da sich früher deutsche Politiker mehrfach zu „Anwälten der Balten" erklärt hätten. Mir war damals unverständlich, und ich habe das Bonn gegenüber auch deutlich zum Ausdruck gebracht, wie Professor Stürmer sich in seiner Position – mit der er als *Director of the German foreign affairs and defence institute* von der *Financial Times* auch noch ausdrücklich vorgestellt worden war – erlauben konnte, eine solche Auffassung öffentlich zu äußern – und dies nur *einen* Tag, nachdem die Europaabkommen mit den baltischen Staaten unterschrieben worden waren, die diesen eine eindeutige Beitrittsperspektive einräumten! Doch die Geschichte ist auch in diesem Fall über den Professor hinweggegangen.

Wie ein Kontrapunkt zu dem Artikel von Stürmer wirkte dann bereits am Tage darauf ein Leitartikel des *Wall Street Journal Europe* [106], den das eng mit Präsident Meri zusammenarbeitende Außenministerium auch gleich als Pressemitteilung zirkulierte und den Ministerpräsident Vähi am 20. Juni auf einem Internationalen NATO-Workshop in Dresden Professor Stürmers Visionen entgegenhielt. Das *Wall Street Journal* gratulierte den baltischen Staaten zum Abschluß der Europaabkommen und verband damit die Hoffnung, daß sich diese Abkommen in einer nicht allzu fernen Zukunft als ein Schritt auf dem Weg zur EU-Vollmitgliedschaft und nicht als ein Ersatz für eine solche erweisen möchten. Zugleich begrüßte der Kommentator die Europaabkommen als ein

Signal an Rußland, sich nicht länger im Baltikum einzumischen, wo die Menschenrechte der dort lebenden Russen nicht wie von Moskau immer wieder behauptet verletzt würden, sondern wie international festgestellt gewährleistet seien. Dann setzte sich das Blatt kritisch mit den jüngsten deutschen Stimmen auseinander: Deutschland habe die Rolle des Advokaten der EU-Osterweiterung übernommen. Im deutschen politischen Establishment aber gäbe es starke Kräfte gegen einen Beitritt der baltischen Staaten, da diese Kräfte eine Haltung der „finalen Kongruenz" verträten, nach der nur solche Länder in die EU aufgenommen werden könnten, die realistischerweise auch Kandidaten für eine NATO-Mitgliedschaft wären. Wie immer man zu einer NATO-Mitgliedschaft der baltischen Staaten – die der Leitartikler des *Wall Street Journal* befürwortete – auch stünde, das Konzept einer einheitlichen Mitgliedschaft in EU und NATO sei spätestens seit der jüngsten Erweiterung der EU um die Nicht-NATO-Staaten Finnland, Schweden und Österreich überholt.

Während seines Aufenthalts im Juli machte Otto Graf Lambsdorff dann sowohl gegenüber Meri und Vähi als auch in der Öffentlichkeit kein Hehl aus seiner Auffassung, daß die NATO-Osterweiterung unumgänglich und der Standpunkt von Verteidigungsminister Rühe, so wie er ihn verstanden habe, daß nämlich die Višegrad-Staaten vor den baltischen Staaten aufgenommen werden sollten, falsch sei, und erhielt hierauf ein großes Presseecho. Er sei von Anfang an für eine Erweiterung in einem Schritt eingetreten, habe dies seinen russischen Gesprächspartnern nie vorenthalten und werde sie auch bei seinem bevorstehenden Besuch in Moskau daran erinnern, daß nicht die NATO die Initiative ergriffen, das Bündnis vielmehr auf die aus einem offenkundigen Sicherheitsbedürfnis heraus geborenen Wünsche der MOE-Staaten reagiert habe.

Schließlich veröffentlichte Außenminister Kinkel, unmittelbar bevor sein Kollege Rühe die Reise in das Baltikum, die am 21. August in Litauen begann, antrat, in der „Frankfurter Allgemeinen Sonntagszeitung" vom 20. August 1995 anläßlich des vierten Jahrestages der wieder gewonnenen Unabhängigkeit der baltischen Staaten einen Namensartikel „Wir werden auch weiterhin Freunde der Balten sein". Dort hieß es zum Thema der NATO-Erweiterung:

Ein Kernelement der künftigen europäischen Sicherheitsarchitektur wird die NATO sein. Die NATO hat erklärt, daß sie grundsätzlich bereit ist und es begrüßen würde, wenn sie ihren Mitgliederkreis um Reformstaaten Mittel- und Osteuropas erweitern würde. Der Kurs der NATO in der Erweiterungsfrage ist klar: Die Aufnahme neuer Mitglieder in das Bündnis muß ein Beitrag zur Stärkung von Frieden und Stabilität in ganz Europa sein. Die Allianz ist ein Bündnis, das sich gegen niemand richtet. Und das wird auch nach einer Erweiterung so sein. Auch wenn die Zeit für konkrete Entscheidungen heute noch nicht reif ist: Wir verstehen den Wunsch unserer baltischen Nachbarn, Mitglied des nordatlantischen Bündnisses zu werden. Sicherheitspolitische Grauzonen dürfen und werden nicht entstehen. Die Sicherheitsarchitektur im Ostseeraum darf sich nicht zu Lasten der baltischen Staaten auswirken. Auch deshalb ist der von mir geltend gemachte innere Zusammenhang zwischen der Erweiterung der Europäischen Union und der Frage der Erweiterung des nordatlantischen Bündnisses ein wichtiges Element.

Eine Aufnahme neuer Mitgliedstaaten hat Auswirkungen auf das gesamte Sicherheitsgefüge Europas, die bedacht sein müssen. Wir wollen nicht, daß die Aufnahme neuer Mitglieder neue Gräben aufreißt oder neue Unsicherheiten schafft. Wir wollen den Erweiterungsprozeß daher so anlegen, daß er nicht konfrontativ, sondern kooperativ und evolutionär verläuft. Das erfordert viel Geduld und Standfestigkeit.

Es kommt darauf an, auch Rußland in die Sicherheitsarchitektur in einer Weise einzubinden, die seinem besonderen Gewicht und seinen Möglichkeiten, den europäischen und transatlantischen Strukturen anzugehören, entspricht. Das Bündnis hat daher Rußland einen Dialog angeboten, der zu einer dauerhaften und für beide Seiten fruchtbaren Sicherheitspartnerschaft führen kann. Ich bin überzeugt, daß dadurch auch günstige Bedingungen geschaffen werden, die die Aufnahme neuer Mitglieder in das atlantische Bündnis erleichtern werden.

Vor diesem Hintergrund konnte es also nicht verwundern, daß man in Estland dem Besuch von Rühe und der damit gegebenen Möglichkeit, seine Auffassungen ungefiltert durch Dritte unmittelbar von ihm zu erfahren und mit ihm zu erörtern, mit einem beträchtlichen Interesse entgegensah.

*

An einem der letzten schönen Sommertage dieses Jahres landete die Kanzlermaschine „Konrad Adenauer" der Bundeswehr aus Riga kommend mit Verteidigungsminister Rühe und seiner Delegation zur Mittagsstunde auf dem Tallinner Flughafen. Es war ausgerechnet der 23. August, an dem sich zum 56. Mal der Abschluß des Hitler-Stalin-Pakts jährte. Der Minister wurde von seinem estnischen Kollegen Öövel mit militärischen Ehren empfangen. Während wir sofort nach Katharinental fuhren, wo uns Präsident Meri erwartete, kümmerten sich Herr Sauer und andere Mitarbeiter der Botschaft um die beinahe zwei Dutzend Journalisten, die Rühe auf seiner Reise durch das Baltikum begleiteten.

Das Gespräch mit dem Präsidenten, an dem auch Rühes wichtigste Berater in seiner Begleitung, Vizeadmiral Weisser (Leiter des Planungsstabs im Verteidigungsministerium) und Generalmajor Kujat (Stabsabteilungsleiter Fü S III) teilnahmen, stand von Anfang an unter keinem guten Stern, da Meri seinem deutschen Besucher gegenüber sichtlich voreingenommen war und ihn auch fühlen ließ, daß er die Russen besser einzuschätzen vermöge als der etwas naive Westen. Rühe aber beeindruckte dies wenig, und wo er anderer Meinung war, sagte er es deutlich. Als erstes legte er die deutsche Position und den Diskussionsstand im Bündnis zu dessen Erweiterung nach Osten dar. Der Wunsch hierzu stamme von den MOE-Staaten selbst, und ihm zu entsprechen sei nach Überwindung der Teilung Europas eine Frage der historischen Gerechtigkeit. Daraus ergebe sich auch ein Zusammenhang mit der EU-Osterweiterung, denn alle Mitgliedstaaten der Europäischen Union – gegenwärtige wie künftige – müßten über dieselben sicherheitspolitischen Perspektiven verfügen können. Entschieden sei, daß sowohl EU als auch NATO neuen Mitgliedern offen stünden. Die für September erwartete NATO-Studie über die Erweiterung werde aber weder einen Zeitplan noch Aussagen darüber enthalten, welche Staaten als erste und welche dann als nächste dem Bündnis beitreten könnten. Diese Politik einer Öffnung der NATO könne jedoch nur dann zum Erfolg führen, wenn mit Rußland, dessen eigene Mitgliedschaft ausgeschlossen sei, eine partnerschaftliche Zusammenarbeit erreicht werde. Dafür gäbe es nach anfänglichem russischem Zögern jetzt gute Aussichten.

In Visby, erläuterte Rühe, als ihn Meri darauf ansprach, habe er nur gesagt, wer der EU, der NATO oder beiden beizutreten wünsche, der sollte diese Perspektive auch erhalten. Einige Länder würden zuerst EU-, andere zuerst NATO-Mitglieder werden. Die Rückkehr der MOE-Staaten nach Europa dürfe aber nicht nur via Polen/Deutschland erfolgen, sondern müsse auch über den Norden Europas verlaufen. Auch Finnland und Schweden, die nicht der NATO angehörten, sollten sich am Bau einer neuen europäischen Sicherheitsarchitektur beteiligen. Falls aber, faßte Rühe zusammen, *alle* Staaten mit einer Beitrittsperspektive auf einer *gleichzeitigen* Aufnahme bestünden, dann allerdings sehe er den gesamten Erweiterungsprozeß gefährdet. Schon die bloße Lebenserfahrung müsse einem sagen, daß dies unmöglich sei. Entscheidend sei vielmehr, daß der Erweiterungsprozeß eingeleitet und dann fortgesetzt werde. Dies hat Rühe dann im Laufe seines Besuchs mehrfach wiederholt und vor allem auch der Presse gegenüber nachdrücklich betont.

Präsident Meri zog dieses Konzept zumindest nicht ausdrücklich in Zweifel, sondern konzentrierte seine Betrachtungen auf die für Estland aufgrund seiner geographischen Lage bestehenden Sicherheitsrisiken, die im Westen unterschätzt würden und vor denen es durch eine NATO-Mitgliedschaft geschützt werden müsse. Nach dem Fall der Berliner Mauer habe man angenommen, jetzt wären alle Probleme gelöst und das entstandene Vakuum werde sich gleichsam automatisch mit demokratischen Strukturen füllen. Das habe sich als ein Irrtum herausgestellt. Bis sich in Rußland die Demokratie durchsetze, werde es wohl noch 30 Jahre dauern, und diese gefährliche Zeitspanne gelte es zu überbrücken. Wenn Rühe bis hierher Meri hatte zustimmen können, so begannen ihre Auffassungen auseinanderzulaufen, als es um die Analyse der aktuellen Lage in Rußland und die hieraus zu ziehenden Konsequenzen ging. Der Westen, so Rühe, habe den „kalten Krieg" gewonnen und befinde sich in einer Position der Stärke, aus der heraus er Rußland nicht isolieren und schon gar nicht demütigen dürfe. Meri hingegen sprach sich zwar ebenfalls für eine Zusammenarbeit mit Rußland aus, doch dürfe der Westen ihm gegenüber nicht die Illusion erwecken, als könnten die früheren Grenzen der Sowjetunion wiederhergestellt werden. Dieses Ziel aber werde im gegenwärtigen russischen Wahlkampf von einigen Parteien verfolgt, ohne daß hierzu kritische Stimmen aus dem Westen zu vernehmen wären. Das berge die Gefahr einer Doppelmoral und der Wiederholung von „München" in sich. Da waren sie also wieder, die traumatischen Erfahrungen des geschichtsbewußten Esten, vom Westen im entscheidenden Moment im Stich gelassen zu werden. Dem konnte der deutsche Verteidigungsminister nur entschieden widersprechen: Auch im Westen gebe es Kritik an der russischen Politik. Eine Wiederholung von „München" aber – fügte er etwas irritiert hinzu – sei undenkbar. Rußland wisse, daß ein Griff nach den baltischen Staaten ausgeschlossen sei, weil deren Unabhängigkeit die Voraussetzung für jede Kooperation mit dem Westen darstelle.

Nach diesem insgesamt zwar nicht kontroversen, doch deutlich unterschiedliche Akzente setzenden Gespräch entspannten wir uns bei einem Mittagessen in den stilvoll eingerichteten Gesellschaftsräumen von Meris Katharinentaler Residenz in angenehmer und freundschaftlicher Atmosphäre. Bevor es danach zu einem am Vortage auf Bitten des Präsidenten noch in das Programm eingeschobenen gemeinsamen Auftritt mit dem Gast aus Deutschland vor der nach Katharinental gebetenen Presse ging, zog Meri überraschend eine von ihm in deutscher Sprache vorbereitete „Gemeinsame Erklärung" hervor. In einer Salonecke ergänzte Rühe mit Meri im Beisein seiner beiden Berater und von mir den Text und verlas ihn dann den Journalisten. Kernaussage dieser ansonsten recht allgemein gehaltenen kurzen Erklärung war der Satz „Wir sind uns einig, daß die Schlüsselfrage der europäischen Sicherheit die Öffnung der Europäischen Union und der NATO ist, ebenso die Beziehungen zu Rußland und die Tätigkeit der OSZE".

War dies schon ein recht ungewöhnliches Verfahren gewesen, um so größer dann die Verärgerung von Rühe, deren Berechtigung ich mich nicht verschließen konnte, als wir im weiteren Verlauf des Tages erfuhren, daß Meri ohne unser Wissen gleichzeitig ein anderthalbseitiges *Official statement* der Präsidialkanzlei an die versammelte Presse hatte verteilen lassen. Diese Erklärung enthielt den Text einer *Speech by President Meri a f t e r Meeting with German Defence Minister Volker Rühe*. In ihr wurden nicht nur wesentlich kritischere Töne an die Adresse der NATO angeschlagen, als dies in dem vorangegangenen Gespräch mit Rühe der Fall gewesen war, sondern auch der Eindruck erweckt, als hätte es zwischen ihnen hierüber Differenzen gegeben, während die „Rede" nach Lage der Dinge bereits *vor* dem Gespräch verfaßt, zumindest aber konzipiert worden sein mußte. Ihr Text war ziemlich unsystematisch aufgebaut und schien in Eile niedergeschrieben worden zu sein. Sie enthielt einige recht aggressive Aussagen wie „Estland ist über einige Anzeichen dafür besorgt, daß die NATO offenbar ihre Erweiterung in drei Schritten (*trifurcate*) vorzunehmen und dabei die Višegrad-Staaten zu bevorzugen wünscht. Jedoch scheint es keine eigentliche verteidigungs- oder sicherheitspolitische Begründung dafür zu geben, daß einige der MOE-Staaten einbezogen werden und andere nicht. Bevorzugung schmeckt nach *appeasement*, und wenn sich dieses auf die Geographie gründet, dann folgt sie derselben Unlogik wie die Verwendung des Begriffs ‚nahes Ausland' … Wenn aber die NATO nur um die Višegrad-Länder erweitert wird, dann sollten Estland und die anderen baltischen Staaten gleichzeitig die EU-Vollmitgliedschaft erhalten".

Diese Verlautbarung lag dann am nächsten Tag einem aus Tallinn datierten Bericht der FAZ von Karl Feldmeyer „Estland besteht auf NATO-Mitgliedschaft. Sorge über Haltung des Westens. Meinungsunterschiede zwischen Meri und Rühe" zugrunde. Dort wurde mit einer Deutlichkeit, die Präsident Meri während des Gesprächs mit dem Bundesminister der Verteidigung vermieden hatte, gesagt, worum es jenem im Grunde ging: „Estland besteht darauf, schon bei der ersten Erweiterungsrunde in die Allianz aufgenommen zu werden". Herr Feldmeyer, den Meri schon seit längerem kannte und der zu den Rühe begleitenden Journalisten zählte, war zu dessen Erstaunen, als wir schon bei Tisch waren, durch eine Seitentüre zu uns gestoßen, um an dem Mittagessen teilzunehmen, zu dem ihn der Präsident eingeladen hatte, als beide – wie ich später erfuhr – am selben Tage vor der Begegnung Meris mit Rühe in Katharinental zusammengetroffen waren.

Nach der Stehkonferenz mit der Presse am Sitz des Präsidenten nahm das Programm am Nachmittag seinen Fortgang mit einer Fahrt nach *Paldiski*. Sie sollte auf einem der beiden von Deutschland geschenkten Küstenwachboote vom Typ Kondor I stattfinden, das nunmehr mit dem Namen *Sulev* als erstes Schiff der jungen estnischen Marine in den Dienst gestellt worden war. Da sich Präsident Meri spontan entschloß, den Minister an Bord zu begleiten und die Zeit sowieso schon etwas knapp geworden war, machte die *Sulev* nur eine große Runde durch die Revaler Bucht. Danach verabschiedete sich Meri, und Minister Öövel begleitete den Bundesminister auf dem Landweg nach *Paldiski*. Dort wurde ihm das im Aufbau begriffene Ausbildungszentrum der estnischen Streitkräfte in einer ehemaligen russischen Kaserne gezeigt. Rühe war von den spartanischen Bedingungen, unter denen die ersten Soldaten hier untergebracht waren, sichtlich beeindruckt, und ich wurde Zeuge, wie er seine Umgebung anherrschte, als er feststellte, daß wir bisher noch nichts zur Ausstattung beigetragen hatten und sogleich anordnete, Abhilfe zu schaffen. Generalmajor Kujat ließ sich dadurch nicht aus der Ruhe bringen und knurrte nur, zu mir gewandt, so etwas wie „wenn uns der Minister dann auch das Geld dafür zur Verfügung stellt". Die Fahrt machte ich zusammen mit Vizeadmiral Weisser, dem Einfluß auf den Minister nachgesagt wurde und der mir Einblicke in sicherheitspolitische Überlegungen der Bundesregierung verschaffte, die man fern von Bonn sonst nicht erhielt. Abends hatten dann meine Frau und ich zu einem Essen in die Residenz eingeladen, an dem Parlamentspräsident Savi und für die Regierung außer dem Verteidigungsminister noch Außenminister Sinijärv teilnahmen (Ministerpräsident Vähi hielt sich damals gerade im Ausland auf). Danach führte ich Rühe über den nächtlichen Domberg, bevor er sich zu den ihn in einem Restaurant erwartenden Journalisten begab, von wo ich mich bald unter dem Vorwand der für den nächsten Tag vorgesehenen Abreise meiner Frau in die Ferien zurückziehen konnte.

Der zweite Besuchstag stand dann stärker im Zeichen der bilateralen militärischen Zusammenarbeit, nachdem die sicherheitspolitischen Fragen am Vortag so eingehend behandelt worden waren. Diese Zusammenarbeit beruhte auf einem im September 1994 zwischen den Verteidigungsministern abgeschlossenen Kooperationsabkommen. Während in den ersten Jahren nach der Unabhängigkeit die Ausrüstungshilfe für Grenzschutz und Polizei im Vordergrund gestanden hatte, bildete nunmehr ein umfangreiches Ausbildungsprogramm für estnische Offiziere in Deutschland den Schwerpunkt. Nach einem Arbeitsfrühstück mit Öövel legte Rühe am Denkmal für die Gefallenen des Freiheitskrieges einen Kranz nieder und traf sich dann im Parlament mit Savi sowie mit Angehörigen des Verteidigungs- und des Auswärtigen Ausschusses, bevor wir ihm an diesem strahlend schönen Sommertag die Altstadt zeigten. Wir begannen mit der Domkirche, wo die zahlreichen Wrangellschen Wappen das besondere Interesse des Ministers erweckten, den eine langjährige Freundschaft mit dem aus Reval stammenden früheren Bundestagsabgeordneten Olaf Baron von Wrangel verband, dem er berichten wollte. Bei einem Glas Bier beendeten wir den Rundgang auf dem Rathausplatz, wo noch ein lebhaftes touristisches Treiben auch deutscher Landsleute herrschte und Rühe vom Orchester des estnischen Grenzschutzes begrüßt wurde (Abbildung 63). Dann ging es in das Rathaus zur abschließenden Pressekonferenz mit Öövel.

Nachdem der Besuch an seinem zweiten Tag in ein ruhigeres Fahrwasser geraten war, zeigte sich der Minister – auch seiner engeren Begleitung gegenüber – mit dessen Verlauf zufrieden. Für mich war es trotz der vielen vergleichbaren Beispiele, die wir im Laufe der Jahre erlebt hatten, von neuem erstaunlich zu beobachten, wie angenehm überrascht sich Herr Rühe von der Atmosphäre in Tallinn zeigte, die er so offensichtlich nicht erwartet hatte und die ihn als Hanseaten besonders ansprach. Mehrfach betonte er – auch während der Pressekonferenz – wie wohl er sich hier „in Europa" fühle!

Am frühen Nachmittag wurden die deutschen Gäste dann, wiederum mit militärischen Ehren, in die Heimat verabschiedet.

*

Der Aufenthalt von Verteidigungsminister Rühe in Tallinn zählte zu den wichtigsten Besuchen deutscher Politiker, die bis dahin in Estland stattgefunden hatten. Dem trug auch ein starkes Medienecho Rechnung, welches die von Rühe vertretene Grundsatzposition, wonach die Erweiterung von EU und NATO schrittweise erfolgen müßte und über die Reihenfolge der Aufnahmen noch nicht entschieden sei, zutreffend wiedergab. Die von Präsident Meri verteilte „Rede" hingegen fand, anders als die von Rühe verlesene „Gemeinsame Erklärung", in der estnischen Presse nur geringe Beachtung. Aufmerksam registriert von ihr wurde aber die aus Deutschland ertönende Begleitmusik. Nicht nur der Artikel von Feldmeyer, sondern auch ein bereits am 23. August ebenfalls in der FAZ erschienener Bericht mit dem Otto Graf Lambsdorff zugeschriebenen Ausspruch „Das darf Herr Rühe nicht tun" als Titel, wurden in vollständigen Übersetzungen wiedergegeben. In dieser Meldung der FAZ war berichtet worden, Außenminister Kinkel und vor allem sein Parteifreund Graf Lambsdorff hätten Äußerungen von Rühe zur NATO-Beitrittsperspektive der baltischen Staaten, die er zu Beginn seiner Baltikumreise gemacht hätte und die denen von Visby entsprächen, kritisiert. Als wir zu Beginn des Abendessens in der Residenz durch eine vom Auswärtigen Amt übermittelte Kopie hiervon Kenntnis erhielten, wurde Rühes Kopfschütteln über diesen – wie er meinte – Versuch, ihn und Kinkel auseinanderzudividieren, nur noch durch seinen Ärger über den ebenfalls gerade bekannt gewordenen Alleingang Meris gegenüber der Presse übertroffen. Kinkel ist dem dann in der „Berliner Zeitung" vom 25. August öffentlich entgegengetreten („Das sieht auch Herr Rühe nicht anders"). Ein gegenüber der Haltung des Westens zur Aufnahme der baltischen Staaten in die NATO durchaus nicht unkritischer Kommentar des *Baltic Independent* hingegen stellte die Frage, worin denn der Unterschied bestünde zwischen dem, was Rühe, Kinkel und zuvor schon Gore gesagt hätten, und gelangte zu dem Schluß, daß von allen dreien nur das nicht zu vernehmen gewesen wäre, was man von ihnen im Baltikum gerne gehört hätte, nämlich: „Alle 11 Länder sollten auf einen Schlag aufgenommen werden" [107]. Als Meri mich einige Tage später wegen eines Briefes an Bundeskanzler Kohl, in dem er seine Haltung zur NATO-Erweiterung nochmals dargelegt und den er gerade unterschrieben habe, anrief, versuchte ich zu glätten. Doch der Präsident bestand auf Meinungsunterschieden mit Rühe, „da er nicht gesagt habe, daß Polen nicht als erstes in die NATO aufgenommen wird".

Vähi wechselt den Koalitionspartner

Die Stimmen, die der von Vähi nach den Wahlen im März gegen seinen ursprünglichen Willen mit Savisaar eingegangenen Koalition keine lange Lebensdauer vorhergesagt hatten, waren in den zurückliegenden sechs Monaten verstummt. Die neue Regierung hatte sich als stabil und Vähi als ein durchaus nicht ungeschickter innenpolitischer Taktiker erwiesen, der zum Ausgleich mit dem Koalitionspartner in der Lage war. Da fand die Regierungskoalition im Oktober durch den größten politischen Skandal seit der Unabhängigkeit ein jähes und so nicht vorhersehbares Ende.

Am 22. September machte die Sicherheitspolizei bei der Durchsuchung einer privaten Tallinner Sicherheitsfirma mit engen persönlichen Verbindungen zu Innenminister Savisaar Entdeckungen, die diesen schwer kompromittierten. Dabei wurden Tonband- und Videoaufzeichnungen von Begegnungen unter estnischen Politikern einschließlich Tiit Vähi und Siim Kallas gefunden, die möglicherweise für Savisaars erfolgreiches Taktieren bei der Regierungsbildung hilfreich gewesen waren, sowie heimliche Mitschnitte von Gesprächen, die er damals selbst geführt hatte. Da Ministerpräsident Vähi wenige Tage später zu einem Sprachkurs nach London reiste und auch nicht gleich zurückkehrte, als Anfang Oktober die ersten Hinweise auf einen sich anbahnenden Skandal in die Öffentlichkeit drangen, entwickelte sich eine schleichende Krise, bis Präsident Meri am 6. Oktober 1995 die Initiative ergriff und sich mit einer Erklärung an die Nation wandte. Er scheute sich nicht, die Abhöraffäre mit „Watergate" zu vergleichen und versprach, sich mit allen ihm aufgrund seines Amtes und der Verfassung zur Verfügung stehenden Mitteln für ihre Aufklärung einzusetzen.

Am 7. Oktober, einem Samstag, kehrte Vähi nach Estland zurück. Als ich ihm am Vormittag des 11. Oktober meinen Abschiedsbesuch machte, erzählte er, daß er Savisaar bereits am Wochenende den Rücktritt nahegelegt habe, wozu dieser aber nicht bereit gewesen wäre. Nachdem auch seine eigene Partei Savisaars Zentrumspartei ohne Erfolg vorgeschlagen hätte, diesen aus der Regierung zurückzuziehen, habe er den Präsidenten gebeten, Savisaar als Innenminister zu entlassen, was am Vorabend geschehen sei. Jetzt habe die Zentrumspartei zu erkennen gegeben, daß sie gerne die Koalition fortsetzen wolle, doch dazu sei es nunmehr zu spät. Seine Partei habe gerade Rüütels Landbund vorgeschlagen, sich gemeinsam mit ihr aus der Koalition zurückzuziehen. Am Nachmittag werde er sich zu Meri nach Katharinental begeben, um mit ihm das weitere Vorgehen zu besprechen. Als ich später an diesem 11. Oktober mit Meri telefonierte, teilte er mir mit, Vähi habe ihn wissen lassen, daß er die Koalition mit der Zentrumspartei zu beenden wünsche und am Abend seinen Rücktritt erklären werde – wie es dann auch geschah. Auf einer Pressekonferenz erklärte Vähi, er sei wegen des Verhaltens der Zentrumspartei zurückgetreten, und fügte hinzu, der Abhörskandal habe das Ansehen Estlands beschädigt, für das er verantwortlich sei.

Savisaar wiederum hatte mittlerweile den Vorsitz seiner Partei niedergelegt und wissen lassen, er ziehe sich aus der Politik zurück. Selbst Vähi und anderen estnischen Politikern, die ihn seit langem kannten, war Savisaars vorangegangenes Verhalten unverständlich – wenn sie nicht mit weniger schmeichelhaften Erklärungen aufwarteten. Wir Diplomaten hatten ihn als einen Einzelgänger mit offensichtlich wenig Interesse an Kontakten mit westlichen Ausländern – oder waren es Berührungsängste auch aus sprachlichen Gründen? – erlebt. Zwar kannten wir seine großen Verdienste um die estnische Unabhängigkeitsbewegung als Führer der Volksfront, doch schien ihm als einem der wenigen estnischen Politiker seiner Generation – anders als beispielsweise seinem Mitstreiter aus IME-Zeiten Siim Kallas – der Sprung aus der Zeit vor 1991 in das neue Estland nicht so richtig geglückt zu sein.

Präsident Meri hatte unmittelbar nach dem Rücktritt von Vähi am 11. Oktober Gespräche mit den im *Riigikogu* vertretenen Parteien aufgenommen und als deren Ergebnis am 17. Oktober kurz vor Antritt einer längeren Reise nach Übersee diesen wiederum als Kandidaten für das Amt des Ministerpräsidenten benannt. Damit war jetzt der Weg für Vähis ursprüngliche Wunschkoalition mit der Reformpartei frei, die – doch da hatte ich Estland schon verlassen – am 6. November 1995 die Regierungsgeschäfte übernahm und in der Siim Kallas Außenminister wurde.

„Ein Abschied, der eigentlich kein Abschied ist"

So lautete die Überschrift eines längeren Interviews, in dem Rein Kärner mehrere mit mir über meine Zeit als erster deutscher Botschafter geführte Gespräche zusammengefaßt hatte und das am 12. Oktober im *Postimees* erschien [108]. In Anspielung auf den Schlager „Ich hab' noch einen Koffer in Berlin" bezog er sich darauf, daß ich nicht nur einen Koffer zurücklassen würde, sondern eine kleine Wohnung, die ich in der Revaler Altstadt gekauft hatte. Sie war unter der aufmerksamen Aufsicht von Herrn Adamson im Juli in Rekordzeit völlig renoviert und dann mit den schönen Möbeln, für die Estland bekannt ist, eingerichtet worden, wobei uns Jaak Arro und Epp Maria Kokamägi mit Rat und Tat zur Seite standen. Von Olev Subbi hatte ich schon früher einen seiner weiblichen Akte, für die er bekannt ist, erworben, an dem sich die Farbgebung unseres von diesem Bild dominierten Salons orientierte. Wir waren also fest entschlossen wiederzukommen, wann immer sich hierzu die Gelegenheit bieten würde, und die von Kärner gewählte Überschrift zeigte, welche Resonanz das damals in Estland fand. Denn es gab bis dahin nur wenige Ausländer, die gleiches taten, und unter ihnen war ich der erste Botschafter.

Der Versetzungstermin verschob sich dann glücklicherweise noch bis über den 3. Oktober hinaus, so daß wir uns wie erhofft mit dem alljährlichen Empfang zu unserem Nationalfeiertag würden verabschieden können. Daher konnten wir auch einen Teil des Septembers in Deutschland verbringen, um uns auf den nächsten Posten vorzubereiten. Nach Rückkehr erwartete uns dann der Reigen der Abschiedsessen. Dabei aßen wir mit Lars und Gunnel Grundberg sozusagen um die Wette, bis diese schließlich doch noch vor uns abreisten, so daß ich zu guter Letzt einen Monat lang Doyen des diplomatischen Corps gewesen bin (Abbildung 67).

Soweit dazu Gelegenheit bestand, verabschiedete ich mich auch im Landesinneren, doch hatten bereits unsere Sommerreisen – wenn auch meist unausgesprochen – im Zeichen des Abschieds gestanden. Nach Dorpat, mit dem mich außer Reval so viel wie mit keiner anderen Stadt verband, fuhr ich die letzten drei Tage im September. Ich machte Abschiedsbesuche beim Vorsitzenden der Stadtverordnetenversammlung Veetõusme und bei Bürgermeister Kull, mit denen ich vor allem im Zuge der Errichtung des Deutschen Kulturinstituts zusammengearbeitet hatte, und abends lud ich Professor Lepa und Frau Keek, die dieses von estnischer Seite aufgebaut hatten, zusammen mit unseren deutschen Professoren Brinkschmidt, Drechsler und Sommerhage zum Essen ein. Professor Brinkschmidt und seine Frau zeigten mir am nächsten Tag noch das von ihnen geschaffene Theologenhaus und begleiteten mich auf den Friedhof zu dem Grabstein von Traugott Hahn, den seine „dankbare verwaiste Gemeinde ihrem hochverehrten Seelsorger" nach dessen Ermordung im Januar 1919 hatte setzen lassen und der jetzt unter ihrer Aufsicht im Auftrag seines Sohnes restauriert worden war. Auch im Estnischen Geschichtsarchiv (*Eesti Ajalooarhiiv*) schaute ich natürlich vorbei, wo ich, von Frau Oja betreut, immer so viel Entgegenkommen erfahren hatte, ohne das es mir nicht möglich gewesen wäre, neben der dienstlichen Tätigkeit auch noch meinen privaten Forschungen nachzugehen.

Der 30. September 1995 stand ganz im Zeichen der „Eurofakultät". An diesem Tag sollten deren gerade fertiggestellte neue Räumlichkeiten in der Schloßstraße (*Lossi tänav*) unter der Ägide von Rektor Tulviste eingeweiht werden, nachdem sich am Vortag ein internationaler Workshop mit ihrer künftigen Tätigkeit befaßt hatte. Aus diesem Anlaß waren mein ehemaliger Münchener Corpsbruder Professor Dr. Klaus Wolff, den ich beinahe 30 Jahre nicht gesehen hatte, und der zuständige Referatsleiter im Auswärtigen Amt Albert Spiegel angereist. Klaus Wolff hatte sein Berufsleben als Verwaltungsjurist hauptsächlich mit der Neu- und Wiedergründung von Universitäten – Regensburg, Bayreuth und zuletzt Erfurt – verbracht und war jetzt Vorsitzender des Exekutivausschusses der Eurofakultät, zu der Deutschland im Rahmen des Ostseerats den größten finanziellen Beitrag leistete, geworden, um die Dinge etwas zu steuern. Denn Riga zum Hauptsitz der Eurofakultät zu machen, hatte sich offenbar als eine Fehlentscheidung herausgestellt. Er war voller Anerkennung darüber, wie die Esten es ungeachtet dessen verstanden hatten, die gegebenen Möglichkeiten so zu nutzen, daß die Tartuer Abteilung der Eurofakultät nunmehr im Gegensatz zu Riga und Wilna sogar über eigene Räume verfügte. Vor allem lobte er die Verdienste des zuständigen Prorektors Professor Aaviksoo. Das Urteil des erfahrenen Gründungsrektors Wolff aber hatte auch international Gewicht. Gemeinsam mit einem Diplomaten aus Finnland wurde mir die Ehre zuteil, eine Tafel zur Erinnerung an diesen Tag zu enthüllen.

An einem prächtigen Herbsttag Anfang Oktober fuhren meine Frau und ich nochmals nach Leal. Hier erwartete uns Bürgermeister Tõnis Mets, der schon ganz zu Beginn meiner Tätigkeit, als er noch Abgeordneter des Obersten Rates gewesen war, Verbindung zu mir aufgenommen hatte, zusammen mit Jaak Kastepõld, dem jungen Vorsitzenden der neugegründeten Stiftung „Mittelalterliches Leal", der nunmehr seit kurzem das frühere Herrenhaus gehörte, in dem er zusammen mit dem Archäologen Mati Mandel bereits den Grundstock für das spätere Heimatmuseum gelegt hatte, und einigen anderen, unter ihnen eine Vertreterin der Regionalzeitung *Lääne Elu* [109] und Ülo Simson. Dieser anständige Mann war Vorsitzender der örtlichen Sowchose gewesen und hatte es damals riskiert, ohne Papiere in Leal lebende Rußlanddeutsche aus Kasachstan zu beschäftigen, die sich erhofften, in Estland leichter die Erlaubnis zur Ausreise in die Bundesrepublik Deutschland zu erhalten, und der deswegen, wie es hieß, zeitweise auch abgesetzt gewesen war. Als den Rußlanddeutschen dann in den 1980er Jahren nach und nach die Ausreise gelang, gab er einigen von ihnen Fotos der Grabkapelle unserer Familie in Karusen und den Auftrag mit auf den Weg, sie mir zu überbringen. Irgendwie hatte er erfahren, daß wir im Bonner Raum lebten. So standen eines Tages zwei jüngere rußlanddeutsche Ehepaare vor dem Auswärtigen Amt und wollten mich sprechen. Als wir sie später zu uns einluden, erfuhren wir zum ersten Mal Näheres über das Leal unserer Tage. Wie andere Esten, die nicht vergessen hatten, daß Kasachstan zu Stalins Zeiten Deportationsgebiet gewesen war, konnte es auch Herr Simson nur schwer begreifen, warum ich nunmehr ausgerechnet nach Almaty versetzt worden war.

In einem Abschiedsbrief, den er mir in die Hand drückte, schrieb er „Die Esten mußten ins ‚kalte Land' fahren. Jetzt aber fahren Sie". In Leal überraschten mich Simson und die anderen mit der Bitte, neben dem Haus zur Erinnerung eine kleine Eiche zu pflanzen, wozu sie schon alles vorbereitet hatten. Leider hat diese den nächsten Winter nicht überstanden. Später saßen wir dann zu Gesprächen in der Gemeindeverwaltung und beim Mittagessen zusammen. Mit uns aus Reval gekommen war auch Herr Joonsaar, der uns auf dem Waldfriedhof von Karusen nicht ohne Künstlerstolz die von ihm so hervorragend renovierte Grabkapelle gleichsam zur Endabnahme vorführte. Auf dem Rückweg schließlich besuchten wir ein letztes Mal in diesem Jahr „unsere" kinderreiche Familie Suits in Wannamois.

Mit dem traditionellen großen Empfang zum Tag der Deutschen Einheit verabschiedeten wir uns am 3. Oktober offiziell nach über vier Jahren in Estland. Wir waren überwältigt von den Zeichen der Anhänglichkeit, die uns entgegengebracht wurden. Die höchsten Repräsentanten Estlands an diesem Abend waren Parlamentspräsident Savi und seine Frau, auch seine beiden Stellvertreter, Junti und Rüütel (Abbildung 66), konnten wir begrüßen. Das Kabinett war durch eine Reihe von Ministern vertreten, Ministerpräsident Vähi aber – wir befanden uns mitten in der Abhöraffäre um Savisaar – noch nicht aus London zurückgekehrt. Präsident Meri hielt an diesem Tag in Berlin die Festrede zum 5. Jahrestag der Wiedervereinigung. Er besaß die Aufmerksamkeit, mir von dort ihren Text mit seinem Bedauern übermitteln zu lassen, daß er nicht selbst kommen konnte, hatte jedoch seinen Adjutanten geschickt, der mir sein Porträt überbrachte (Abbildung 65). Auch aus dem Landesinneren, aus Narva, Dorpat, von der Insel Ösel, aus Palms und aus Kolk und anderswoher, waren viele gekommen. Das Haus auf dem Domberg schien aus den Nähten zu platzen, und die Warteschlange soll zeitweise bis auf die Straße gereicht haben, schrieb die estnische Gesellschaftschronistin und fügte, freundlich übertreibend, hinzu, *alle* seien sie gekommen, die eingeladen waren [110]. Es war ein Querschnitt durch die estnische Gesellschaft, so wie wir sie erlebt hatten, mit einem Schwergewicht auf der künstlerisch-literarisch-wissenschaftlichen Welt, in der wir die meisten unserer persönlichen Freunde gefunden hatten. Viele von denen, die jetzt zum letzten Mal unsere Gäste sein sollten, hatten bereits an unserem ersten Empfang am 3. Oktober 1991 teilgenommen und repräsentierten auf diese Weise die kontinuierliche Entwicklung, die Estland seitdem genommen hatte.

Am selben Tag hatten auch die offiziellen Abschiedsbesuche begonnen. Verteidigungsminister Öövel empfing mich an seinem neuen Dienstsitz im alten *Sakala* und dankte mit geradezu bewegten Worten für die Estland seit 1991/92 zuteil gewordene deutsche Unterstützung beim Aufbau des Grenzschutzes und später der

Streitkräfte. Dann verlieh er mir die mit ihren zwei kleinen gekreuzten Schwertern und den drei schreitenden Leoparden Estlands als Herzstück so geschmackvoll gestaltete Ehrennadel in Gold des Verteidigungsministeriums, mit der am Revers die Gäste zu empfangen ich mir am Abend als kleine Eitelkeit erlaubte. Es folgten Besuche bei Parlamentspräsident Savi und Europaminister Lippmaa, und am 6. Oktober luden Außenminister Sinijärv und seine Frau uns beide zu einem Essen in ihre Sommerresidenz nach *Keila-Joa* ein, etwa eine halbe Autostunde westlich von Tallinn. Sie wollten damit dem Ganzen offenbar einen persönlicheren Charakter geben und hatten, es war zudem ein Freitagabend, nur Protokollchef Unga und dessen Frau dazu gebeten. Nach dem Essen zog sich der Außenminister mit mir zu einem längeren, nachdenklichen Gespräch über die estnische Innen- und Außenpolitik zurück, nachdem ich ihm zuvor ein Schreiben seines deutschen Kollegen hatte übergeben können, in dem dieser zur Zustimmung des *Riigikogu* zu dem Europaabkommen gratulierte und zu Sinijärvs Freude mitteilte, daß der Ratifikationsprozeß in Deutschland eingeleitet worden sei. Bei diesem *tour d'horizon* der estnischen Politik mit dem Außenminister klang auch an, daß die immer dominierendere Rolle von Präsident Meri nicht den ungeteilten Beifall der politischen Klasse fand. Von der Bevölkerung aber wurde sie zunehmend anerkannt, wie sich bei den jüngsten Meinungsumfragen gezeigt hatte, aus denen Meri erstmals als populärster Politiker vor Rüütel hervorgegangen war.

So wurde es spät, bis wir wieder in die Stadt zurückfuhren. Der im übrigen ganz unaufwendige damalige Sommersitz des Außenministers lag inmitten anderer Sommerhäuser, die früher der sowjetestnischen Nomenklatura gedient hatten, und war nur renoviert und neu eingerichtet worden. Er grenzte an den Park von Schloß Fall, einem in den 1830er Jahren nach Zeichnungen des bekannten St. Petersburger Architekten Hans Stackenschneider von dem aus Estland stammenden Chef der Geheimpolizei Nikolais I., Alexander Graf Benckendorff, errichteten neogotischen Bau. Dieser war in der Zwischenkriegszeit eine diesen Namen wirklich verdienende Sommerresidenz des Außenministeriums gewesen und verfiel jetzt, nachdem ihn das sowjetische Militär geräumt hatte, zusehends weiter.

Einige Tage später habe ich dann als eine meiner letzten Amtshandlungen mit Außenminister Sinijärv noch ein Abkommen über die Pflege deutscher Kriegsgräber in Estland unterschrieben (Abbildung 64).

Am 9. Oktober folgte der Abschiedsbesuch beim Staatspräsidenten. Vorausgegangen war am selben Tag die Verabschiedung von den Botschafterkollegen durch Jaakko und Kaarina Kaurinkoski, die uns in der finnischen Residenz ein Mittagessen gegeben hatten. An ihn würde nach meinem Weggang das Amt des Doyens des diplomatischen Corps übergehen.

Präsident Meri empfing meine Frau und mich am späteren Nachmittag in Katharinental. Der Protokollchef brachte uns in die Empfangsräume im ersten Stock des Amtsitzes des estnischen Staatsoberhaupts, wo uns die Mitarbeiter der Präsidialkanzlei erwarteten. Dann trat Meri aus seinem Kabinett heraus und richtete meine Tätigkeit würdigende Worte an mich, in die er auch das Jahr als Generalkonsul in Leningrad einbezog und die mir doch recht zu Herzen gingen. Danach verlieh er mir das Marienlandkreuz I. Klasse (Großkreuz mit Stern und Schulterband). Ich dankte kurz und schloß mit einem „Gott schütze Estland". Anschließend saßen wir noch länger zu Dritt in Meris Arbeitszimmer zusammen, wo ich im Laufe der Jahre so viele Stunden mit ihm verbracht hatte.

Anders als die übrigen estnischen Orden, die an die Vorkriegszeit anknüpfen, war das Marienlandkreuz (*Maarjamaa rist*) eine Schöpfung Meris. Indem er für diesen Orden die mittelalterliche Bezeichnung des der Mutter Gottes geweihten Alt-Livland (also des heutigen Estland und Lettland) als *terra mariana* wählte, wollte er schon mit der Namensgebung an die Zugehörigkeit Estlands zum westeuropäischen Kulturkreis erinnern. Da diese Auszeichnung, die Ausländern verliehen wird, welche sich um den estnischen Staat verdient gemacht haben, erst seit kurzem existierte, zählte ich zu den ersten Ordensträgern [111]. Durch Zufall war ich auch Zeuge der Entstehung des Marienlandkreuzes gewesen. Als nämlich Meyer-Landrut und ich an jenem schon erwähnten 2. April 1995 Meri besuchten, erzählte er von seiner Idee und zeigte uns Entwürfe von seiner Hand, zu denen Meyer-Landrut, selbst Inhaber zahlreicher hoher Orden, dann einige Anregungen geben konnte.

*

Ein letztes Mal vor meiner Abreise war ich am 16. Oktober bei Präsident Meri, um den Estland besuchenden Generalinspekteur der Bundeswehr General Naumann zu begleiten. Als er dem Präsidenten seinen Respekt für die Rede, die dieser am 3. Oktober in Berlin gehalten und die große Beachtung gefunden hatte, bekundete, griff Meri einige der in ihr zum Ausdruck gebrachten Gedanken auf und betonte noch einmal, daß die von ihm als eine der ersten Opfer des Hitler-Stalin-Pakts bezeichneten Deutschbalten immer wissen sollten, daß sie in Estland als Landsleute angesehen würden. Er verband damit die Hoffnung, daß die emotionale Bindung der älteren unter ihnen an Estland wenigstens auf einen Teil der jüngeren Generation übergehen möge. In seiner Berliner Festrede zum 5. Jahrestag der Wiedervereinigung „Europäische Ansichten über Deutschland" hatte er sich so deutlich wie nie zuvor, und nach meiner Wahrnehmung in bewußter Fortentwicklung früherer öffentlicher Äußerungen zu diesem Thema, mit folgenden Worten zur Rolle der Deutschen in der Geschichte Estlands geäußert:

Die Heimat ist – wie auch das Recht – immer konkret – oder es gibt sie überhaupt nicht.

Am frühen Morgen des 18. Oktober 1939 begann laut dem erpreßten Beistandspakt zwischen Estland und der Sowjetunion der Grenzübergang von 25 000 sowjetischen Soldaten, um sich in ausgewählten Militärstützpunkten auf dem estnischen Territorium niederzulassen.

Am späten Abend desselben Tages verließ das erste Schiff „Utlandshörn" mit deutschbaltischen Umsiedlern den Revaler Hafen. Etwa 12 000 estnische Bürger baltischen Ursprungs waren gezwungen, sich von ihrer Heimat, Estland, loszusagen. Das war eine von Diktatoren diktierte Option. Knapp zwei Monate nach dem unheilvollen Handschlag in Moskau wurde das Deutschbaltentum zu einem der ersten Opfer des Molotow-Ribbentrop-Paktes. Wie stark das Heimatgefühl bei den estnischen Deutschbalten eigentlich war, beweist die Tatsache, daß ein Drittel – etwa 6 000 Männer und Frauen von ihnen – dem „Heim ins Reich" erstmal keine Folge geleistet haben, jedoch 1941 als Nachumsiedler nach Deutschland ziehen mußten, kurz vor dem Ausbruch des Krieges zwischen dem Deutschen Reich und Sowjetrußland.

Das nach dem Kriege Folgende war für die Sowjetunion nur eine Frage der „Ausgestaltung". Im Fall Estlands war das Ausradieren der historischen Rolle der Deutschbalten aus dem Bewußtsein und Identitätsgefühl der Esten ein Bestandteil der ideologischen „Ausgestaltung".

Heute können wir mit voller Eindeutigkeit feststellen, daß dies den totalitären Gesinnungspolizisten nicht gelungen ist. Heute können wir wieder mit Verantwortung und ohne den Wohlklang der politischen Sonntagsreden sagen: Die estnische Geschichte ist ebenso die Geschichte Europas. Das Land der Esten war, ist und bleibt gleichfalls die Heimat der Deutschbalten. Das Deutschbaltentum ist für Estland immer eine kulturelle Brücke und ein geistiges Bollwerk gewesen. Trotz der massiven Unterdrückung, trotz aller Diffamierungen dieser historischen Realität durch das Jahrzehnte währende kommunistische Regime, haben sich diese estnisch-deutschen Bindungen über unzählige unsichtbare geistige Fäden erhalten. Die Konsequenz ist klar und eindeutig: Estland befindet sich nicht auf dem Weg „zurück nach Europa", Estland ist seit langem – und vor allem dank der Deutschbalten – ein in Europa eingebundenes Land, das als solches wiederentdeckt und Europa zurückgewonnen werden muß.

Zu den europäischen Grundsätzen gehört unentbehrlich das Recht auf die Heimat. Aber nur ein freies und demokratisches Land ist imstande, dieses Recht zum Leitsatz seines politischen Verhaltens zu machen. Das demokratische Estland ist wieder ein solches Land. Als Präsident Estlands will ich den heutigen bedeutungsstarken Tag in Berlin zum Anlaß nehmen und der deutschen Öffentlichkeit versichern, daß der Freistaat Estland ein weltoffenes Land ist, wo das Recht auf die angestammte Heimat ebenso bewahrt ist wie die sämtlichen Rechte, die eine *conditio humana* auch in der Tat menschenwürdig gestalten. Estland ist und bleibt offen allen Deutschen, die heute willig sind, von ihrem Recht auf ihre Heimat Gebrauch zu machen[112].

*

Der 20. Oktober, ein Freitag, war dann mein letzter Arbeitstag in Estland. Vormittags begleitete ich noch den Staatsminister im Auswärtigen Amt Hoyer zu einem längeren Gespräch mit Ministerpräsident Vähi, in dem der Besucher sich vor allem sehr positiv zu einer künftigen Mitgliedschaft Estlands in der Europäischen Union äußerte. Offiziell hatte ich mich von Vähi ja schon verabschiedet, doch fügte es sich gut, daß er, mit dem wir wie mit Meri und Laar immer so eng zusammengearbeitet hatten, der letzte estnische Politiker war, mit dem ich in meiner amtlichen Eigenschaft zusammengetroffen bin. Danach verabschiedeten mich die Mitarbeiter in der Botschaft, in deren Namen mein ständiger Vertreter Ulrich Peitz sprach.

Zu Beginn der darauffolgenden Woche, am 23. Oktober, verließen wir Estland und flogen nach Deutschland. Am 14. November 1995 übergab Bernd Mützelburg, bisher Botschafter in Nairobi, Präsident Meri die Schreiben, mit denen Bundespräsident Herzog mich als Botschafter aus Estland abberief und ihn als meinen Nachfolger beglaubigte.

Abendessen in der Residenz im Kreis von Freunden
am 26. November 1994

Abb. 55   Von links Jüri Kivimäe, Monique v. Wistinghausen, Jüri Kuuskemaa.

Abb. 56   Von links Urmas Oolup, Sirje Kivimäe, Verfasser, Sirje Annist.

Abb. 57 und 58 Deutschland ehrt Jaan Kross mit dem Großen Bundesverdienstkreuz. Überreichung der Ordensinsignien am 2. März 1995.

Abb. 59 Kranzniederlegung an den deutschen Soldatengräbern im Wald von Pirita 50 Jahre nach Kriegsende am 8. Mai 1995. Links im Hintergrund Ministerpräsident Vähi.

Abb. 60 Professor Wilhelm Hahn am 15. Mai 1995 an der Stätte seiner frühesten Kindheit am
Strand von Leetz.

Abb. 61 Die Familie Kross unter der Eiche vor ihrem Sommerhaus in Kassari auf der Insel Dagö (Hiiumaa) am 6. Juli 1995. Von rechts Jaan Kross, Monique v. Wistinghausen, Maarja Undusk geb. Kross mit den Töchtern Marion, Ingel und Liispet, Ellen Niit und der Verfasser.

Abb. 62 Sommer 1995 am Strand von Sepamaa an Estlands Westküste. Von rechts Jaak Arro mit Tochter Liisu, Epp Maria Kokamägi mit Sven Grundberg, Monique v. Wistinghausen, Karin Grundberg, Johannes und Anni Arro.

Abb. 63 Bundesverteidigungsminister Rühe mit Verteidigungsminister Öövel (rechts) und dem
Generaldirektor des Grenzschutzes Kapitän zur See Kõuts (links) am 24. August 1995
auf dem Rathausplatz von Tallinn.

Abb. 64 Unterzeichnung eines Abkommens über deutsche Kriegsgräber in Estland mit Außenminister Sinijärv als eine der letzten Amtshandlungen in Estland am 12. Oktober 1995.
Rechts der Ständige Vertreter des Botschafters Legationsrat Erster Klasse Ulrich Peitz.

Abb. 65 Abschiedsempfang am „Tag der Deutschen Einheit", dem 3. Oktober 1995, in der Residenz auf dem Domberg. Von links der Dichter Minister a. D. Paul-Eerik Rummo, der Adjutant des Staatspräsidenten und Ministerpräsident a. D. Andres Tarand mit Frau Mari geb. Viiding und Sohn Indrek mit Frau Kadi sowie ganz rechts Priit Relve.

Abb. 66 Arnold Rüütel erläutert Herrn und Frau v. Wistinghausen zum Abschied seine Vorstellungen von der Zukunft Estlands während Priit Relve dolmetscht.

Abb. 67
Verabschiedung des schwedischen Kollegen
Botschafter Lars Grundberg und seiner Frau
Gunnel im Hafen von Tallinn am 22. September 1995.

Abb. 68
Abschied von den
Hausangestellten auf
dem Domberg Ülle
Rästa, Tamara Gavrilova und Ago Adamson.

ANMERKUNGEN

1 Jan Lipinsky: Sechs Jahrzehnte Geheimes Zusatzprotokoll zum Hitler-Stalin-Pakt. Sowjetrussische Historiographie zwischen Leugnung und Wahrheit, in: Osteuropa 10/2000, Seite 1123ff.

2 Boris Meissner: Die Sowjetunion, die baltischen Staaten und das Völkerrecht, Köln 1956, S. 302f.; ders.: Die staatliche Kontinuität, völkerrechtliche Stellung und außenpolitische Lage der baltischen Länder, in: Boris Meissner (Hrsg.): Die baltischen Nationen Estland, Lettland, Litauen, 2. erweiterte Auflage Köln 1991, S. 285.
William J. H. Hough III: *The annexation of the Baltic States and its effect on the development of law prohibiting forcible seizure of territory*, in: *New York Law School Journal of International and Comparative Law Volume 6, Number 2, Winter 1985*, Seite 440ff.
Lars Fredén: Das Verhältnis Schwedens zur baltischen Region, in: Boris Meissner, Dietrich A. Loeber, Cornelius Hasselblatt (Hrsg.): Die Außenpolitik der baltischen Staaten und die internationalen Beziehungen im Ostseeraum, Hamburg 1994 (Bibliotheca Baltica), Seite 325ff.
Der damalige schwedische Ministerpräsident Carl Bildt hat in einer am 17. November 1993 in Stockholm gehaltenen Rede das Verhalten der schwedischen Regierung im Herbst 1940 als *very close to Swedish recognition of the Soviet annexation, not only in a de facto sense, but also de jure* - so die offiziell verbreitete Übersetzung - bezeichnet.
Vgl. jetzt auch: Dietrich A. Loeber: *Legal Consequences of the Molotov-Ribbentrop-Pact for the Baltic States. On the obligation "to Overcome the Problems Inherited from the Past"*, in: *Baltic Yearbook of International Law, Vol. 1 (2001)*, The Hague 2002, Seite 121ff.

3 Bulletin des Presse- und Informationsamts der Bundesregierung Nr. 141 vom 1. November 1988.

4 Revalsche Zeitung Nr. 8 vom 12. Januar 1931.

5 Vgl. dazu jetzt auch Arnold Rüütel: *Estonia: Future returned*, Tallinn 2003, Seite 161ff.

6 Vgl. *Estonian Independent* Nr. 43 vom 31. Januar 1991.

7 Die Nr. 1 datiert vom 29. September 1989, Auflage 50 000, Preis 50 Kopeken; am 22. September war als *Proovitrükk* eine Nr. 0 erschienen (Exemplare mit dem Stempel der Zensur im Besitz des Verfassers).
Zehn Jahre später hat Hans Luik in seinen Erinnerungen an die Anfänge des *Eesti Ekspress* auch unsere damalige abendliche Begegnung festgehalten. Allerdings waren wir wie gesagt nur zu zweit (und nicht zu dritt, wie er schreibt). Ihn interessierte damals, so jetzt meine Erinnerung, was wir von einem „dritten Weg" zwischen Kapitalismus und Sozialismus hielten; ohne selbst eine Position zu beziehen, beobachtete er amüsiert, wie sich Pistohlkors durchaus nicht gegen einen solchen aussprach, während ich einen „dritten Weg" kategorisch als illusionär ablehnte, wie sich spätestens 1968 in Prag erwiesen habe (Tiina Jõgeda [Hrsg.]: *Eesti Ekspress uue elu sümbool* (Eesti Ekspress - das Symbol eines neuen Lebens), Tallinn 1999, Seite 43. Den Hinweis auf diese Veröffentlichung und eine Übersetzung der einschlägigen Passage verdanke ich Imbi Hepner).

8 So die genaue Bezeichnung in dem Ukas Nr. 68 des russischen Präsidenten vom 20. August 1991.

9 O. Slobošan in: *Večernij Leningrad* vom 23. August 1991.

10 Vgl. die Leningrader Tageszeitungen vom 20. bis 23. August 1991; Anatolij Sobtschak: *Choždenie vo vlastj* [Der Weg zur Macht], 2. vermehrte Auflage Moskau 1991 (mit einem vom 29. August 1991 datierten Nachwort; eine deutsche Übersetzung der 1. Auflage Moskau 1991 war unter dem Titel *Für ein neues Rußland!* kurz vor dem Putsch im Gustav Lübbe Verlag Bergisch Gladbach erschienen), und Anatoly Sobchak: *Breakthrough. Interview without a single question. August 26, 1991. Transcript by Anatoly Golovkov and Andrei Chernov*, in: *Moscow News 1991 Nr. 34/35*, sowie Felicity Barringer: *A Case Study of the Coup's Unraveling*, in: *International Herald Times* vom 11. September 1991.
Die Dokumentation von A. Veretin, N. Miloserdova und G. Petrov: *Protivostojanie* [Opposition]. *Chronika trech dnej i nocej 19–21 avgusta 1991 goda Leningrad - Sankt-Peterburg* [Die Chronik dreier Tage und Nächte 19.–21. August 1991 Leningrad - St. Petersburg], St. Petersburg 1992, 191 Seiten, stand dem Verfasser bei Niederschrift dieses Textes nicht zur Verfügung.

11 *The Baltic Independent* Nr. 73 vom 23. bis 29. August 1991.

12 Marju Lauristin & Peeter Vihalemm: *Return to the Western World*, Tartu 1997, Seite 98.

13 Mart Laar, Urmas Ott, Sirje Endre: *Teine Eesti. Eesti iseseisvuse taassünd 1986–1991* [Das andere Estland. Die Wiedererlangung der staatlichen Souveränität Estlands 1986–1991], Tallinn 1996, Seite 811ff.

14 Bulletin des Presse- und Informationsamts der Bundesregierung vom 30. August 1991.

15 Wie Anm. 14.

16 Genscher in Estland, in: Klaus Kinkel (Hrsg.): In der Verantwortung. Hans Dietrich Genscher zum Siebzigsten, Berlin 1997; auf estnisch: *Genscher Eestis*, in: *Akadeemia* 1997 Seite 1450ff.

17 *Estonia's Constitutional Assembly, 1991–1992*, in: *Journal of Baltic Studies, Vol. XXV, Number 3, Fall 1994*, Seite 223.

18 Wie Anm. 12 Seite 101.

19 *Postimees* und *Õhtuleht* vom 4. Februar 1992.

20 Walter v. Wistinghausen: Die unauffindbare Stadt, in: Das Gespenst von Pokrowskoje und andere Erzählungen, Hannover-Döhren 1960. Eine estnische Übersetzung von Jaan Undusk (*Linn, mida üles ei leia*) erschien in der Zeitschrift *Vikerkaar* 10/1993, Tallinn Oktober 1993.

21 *Baltisaksa rüütlid taas Eestis*, in: *Päevaleht* vom 27. Februar 1992.

22 Ülo Kruuse in der Ausgabe vom 27. März 1992.

23 *Saarte Hääl* vom 3. März 1992.

24 *Rahva Hääl* vom 3. März 1992.

25 *Eesti Ekspress* vom 14. Februar 1992.

26 *Päevaleht* vom 6. April 1992.

27 *Postimees* vom 6. April 1992.

28 Patrick v. Glasenapp: Meine estnischen Kameraden, in: Baltische Hefte, Januar 1959, Seiten 82–88.

29 Oskar Loorits: Grundzüge des estnischen Volksglaubens, I-III, Lund 1949–1957 (hier: I 15 und III 361).

30 Vgl. die in Anm. 2 zitierte am 17. November 1993 von Ministerpräsident Bildt gehaltene Rede, die ein Schlüsseldokument der schwedischen Baltikumpolitik ist.

31 Mitteilung des damaligen Mitarbeiters der Bank von Estland Dr. Kalev Kukk vom 21. Juni 2003.

32 Jürgen Lewerenz: Banken im Baltikum. Gestern – heute – morgen. Frankfurt am Main 1997, Seite 97ff, sowie eigene Mitteilungen an den Verfasser am 4. August 2001.

33 Peter Scholl-Latour: Eine Welt in Auflösung, Berlin 1993, Seite 275f.

34 Vgl. Professor István v. Csekey: *Friherre O. R. L. von Ungern-Sternberg och historien om Dagö torn*, in: *Allsvensk Samling XV Nr. 18 Göteborg* 1. Mai 1928 (Seite 16–20) und den Artikel des gleichen Verfassers über Ungern-Sternberg in: *Eesti Biograafiline Leksikon*, Tartu 1926–1929, Seite 548f.

35 Walter von Wistinghausen: Aus meiner näheren Umwelt. Eine estländische Kindheit vor 100 Jahren / *Pilte minu lähemast ümbrusest. Üks lapsepõlv Eestimaal saja aasta eest.* Mit Anmerkungen versehen und herausgegeben von Henning von Wistinghausen. Estnische Übersetzung von Jaan Undusk. *Kommenteerinud ja toimetanud Henning von Wistinghausen. Eestkeelne tõlge: Jaan* Undusk. Tallinn (Avita) 1995.
Hans Luik, dem ich ein Exemplar schenkte, hat eine Besprechung im *Eesti Ekspress* vom 31. März 1995 veranlaßt. Die ausführliche, einfühlsam und kenntnisreich verfaßte Rezension erschien unter dem Pseudonym Hanns Grube; obwohl ich dafür nie eine Bestätigung erhalten habe, nehme ich an, daß sich dahinter Jaan Undusk selbst verbarg.

36 Vgl. im einzelnen Bernard Grofman, Evald Mikkel und Rein Taagepera: *Electoral Systems Change in Estonia, 1989–1993*, in: *Journal of Baltic Studies, Vol. XXX, Number 3, Fall 1999*, Seiten 227ff.

37 *Political parties active in Estonia, as of February 1992* (Informationsunterlage des Estnischen Außenministeriums).

38 Wie Anm. 21 Fußnote 22.

39 Andreas Oplatka: Lennart Meri. Ein Leben für Estland. Dialog mit dem Präsidenten. Verlag Neue Zürcher Zeitung 1999, Seite 357f.

40 *The Baltic Independent* Nr. 125 vom 28. August bis 3. September 1992.

41 Wie Anm. 21 Seite 239f.

42 *The Baltic Independent* Nr. 134 vom 30. Oktober bis 5. November 1992.

43 Diese und andere Daten verdanke ich Herbert B. Schmidt und seinen Veröffentlichungen „Deutsche Privatisierungsberatung in Estland", in: Politisch Lied. Festschrift für Hans Klein. Band 1. München (edition schulz) 1996, Seite 157–162, und „Methodenfragen der Privatisierung, dargestellt am Beispiel Estland", in: Soziale Marktwirtschaft als historische Weichenstellung. Bewertungen und Ausblicke. Eine Festschrift zum hundertsten Geburtstag von Ludwig Erhard 1897–1997, Düsseldorf (ST Verlag) 1997, Seite 523–557.
Ausführlich dargestellt wird das Thema aus estnischer Sicht in der Monographie von Erik Terk: *Privatisation in Estonia. Ideas, Process, Results.* Tallinn 2000.

44 In diesem Vorstand waren vertreten der Estnische Deutschlehrerverband, die Estnische Goethe-Gesellschaft, die Akademische Gesellschaft für deutschbaltische Kultur in Tartu, die Gesellschaft für deutsche Kultur und die Gesellschaft der Deutschen in Estland (in denen sich die in Tartu lebenden Rußlanddeutschen zusammengeschlossen hatten), die Richard Wagner-Gesellschaft, das Karl Ernst von Baer-Museum, die Zeitschrift „Estnische Natur", die Stadtverwaltung und die Universität Tartu.
Vgl. auch Maie Keek: Das Deutsche Kulturinstitut in Tartu. Aufbau, Stand und Perspektiven, in: Nordost-Archiv. Zeitschrift für Regionalgeschichte. Neue Folge Band IV/1995 Heft 2, Lüneburg, Seite 703–707.

45 Egon Brinkschmidt: *Märgitud* – Gezeichnet. *Jutlused* – Predigten. o. O. [Tartu] o. J. [1995], 175 Seiten sowie *Teel* – Unterwegs. *Jutlused* – Predigten. 2. Band. o. O. [Tartu]

2001, 195 Seiten. Vgl. jetzt auch seine Erinnerungen an diese Zeit: Zwischen Katheder und Bauerngarten. Aufzeichnungen aus zwölf Semestern in Estland. Tartu 2003, 555 Seiten.

46 M. V. Nečkina: *Dviženie dekabristov*, zwei Bände, Moskau 1955.

47 Vgl. den Hinweis in *The Baltic Independent* Nr. 146 vom 29. Januar bis 4. Februar 1993.

48 Alexej Semjonow: Zuflucht in die Sprache. Der Kampf der Esten gegen die russische Überfremdung, in: FAZ vom 8. März 1991.

49 Alexej Semjonow: Die verleugnete Geschichte. Der neue Nationalismus im Baltikum, in: FAZ vom 20. März 1992.

50 Mart Kivimäe: *Natsionalism tembutab jälle* [Der Nationalismus spukt wieder], in: *Eesti Ekspress* vom 4. April 1992.

51 FAZ vom 3. April 1992.

52 Hier zitiert nach der englischsprachigen Zusammenfassung des auf einem Seminar des Moskauer Instituts für internationale Beziehungen am 6. Oktober 1992 gehaltenen Vortrags von S.A. Karaganov: *Problems in Defending the Rights of Russian-oriented Residents of the „Near-abroad" Territories*, in: *Diplomatičeskij vestnik* No. 21/22, Moskau 1992.

53 *Postimees* vom 26. Februar 1993.

54 Allgemeines Abkommen (*General'noje Soglašenie*) zwischen der Regierung der Estnischen Republik und den Leningrader Stadt- und Gebietssowjets der Volksdeputierten über politische, kulturelle und rechtliche Zusammenarbeit, Leningrad 14. September 1990. Der Abkommenstext wurde am 15. September 1990 vom *Večernij Leningrad* veröffentlicht. Obwohl dies nicht in der Vertragsüberschrift, wohl aber in den einleitenden Erwägungsgründen, erwähnt wird, hatte das Abkommen auch die *wirtschaftliche* Zusammenarbeit zum Gegenstand.

55 *The Baltic Independent* Nr. 167 vom 25. Juni bis 1. Juli 1993.

56 Empfang auf Gut Palms, in: Bulletin des Presse- und Informationsamts der Bundesregierung vom 22. Juli 1993.

57 Vgl. Isabella Freifrau von Ungern-Sternberg: Kaiserbesuch, in: Zwischen Reval und St. Petersburg. Erinnerungen von Estländern aus zwei Jahrhunderten. Im Auftrag der Estländischen Ritterschaft hrsg. von Henning von Wistinghausen, Weißenhorn 1993.

58 Georg Meri: Gedanken über die Möglichkeit einer wirtschaftlichen Zusammenarbeit d. baltischen Staaten, in: *Revue Baltique. Organe de la Collaboration des Etats Baltes. Nr. 1 – vol. I. Tallinn Février 1940*. Seite 14–19 [Nachdruck Vilnius 1990].

59 Vgl. den Katalog zur Wanderausstellung „Das Baltikum und die Deutschen". Erstellt im Auftrag der Deutsch-Baltischen Landsmannschaft im Bundesgebiet e.V. Verantwortlich für Konzeption, Materialbeschaffung und Texte: Monika v. Hirschheydt. O.O.o.J. [1993].

60 *The Baltic Independent* Nr. 181 vom 1. bis 7. Oktober 1993.

61 FAZ vom 26. Oktober 1993.

62 Zwischen Reval und St. Petersburg. Erinnerungen von Estländern aus zwei Jahrhunderten. Im Auftrag der Estländischen Ritterschaft hrsg. von Henning von Wistinghausen, Weißenhorn 1993. 443 Seiten und 19 Abbildungen.

63 *Balti Riikide Ajalugu 1918–1940*. Übersetzt von Ene Rõngelep und mit einem Nachwort von Rein Helme. Tallinn 1995.

64 Die Informationen der estnischen Presse über Äußerungen des Bundesaußenministers gingen wohl auf mehr oder weniger gleichlautende Berichte von Klaus Bering zurück, die offenbar auf einem Hintergrundgespräch beruhten und in verschiedenen deutschen

Zeitungen erschienen waren. Anfang 1994 erhielten wir vom Pressereferat des Auswärtigen Amts einige von ihnen zugesandt und gaben sie an deutschsprachige estnische Journalisten weiter (Nürnberger Zeitung vom 29. Dezember 1993: Deutschland zieht eine positive Bilanz. Der gute Anwalt für das Baltikum; Stuttgarter Nachrichten vom 30. Dezember 1993: Bonn kooperiert mit Estland, Lettland und Litauen. „Anwalt" für die Balten. Deutsche wollen beim Abbau der Spannungen mit Moskau helfen und Leipziger Volkszeitung: Neue Bonner Ostpolitik. Deutschland als Anwalt der Balten).

65 *Postimees* vom 10. Januar 1994.

66 Beschluß Nr. 259 des Staatspräsidenten vom 7. Januar 1994 (*Riigi Teataja* I 1994, 6, 57).

67 Kalle Muuli, Die mißlungene Rolle des guten Schauspielers (estnisch), in: *Eesti Ekspress* vom 14. Januar 1994.

68 Zitiert nach *The Baltic Independent* Nr. 194 vom 7. bis 13. Januar 1994.

69 Wie Anmerkung 68.

70 Zitiert nach dem seinerzeit von der Kanzlei des Präsidenten verbreiteten Text, der nicht völlig mit dem Wortlaut übereinstimmt, wie er – zudem verkürzt – später unter der Überschrift „Was jetzt in Rußlands Weiten gärt?" veröffentlicht wurde in: Lennart Meri: Botschaften und Zukunftsvisionen. Reden des estnischen Präsidenten. Zusammengestellt und mit Jahreskommentaren versehen von Henno Rajandi, Bonn 1999, Seite 121–125.

71 *Rahva Hääl* vom 11. März 1994.

72 *Klaus Kinkel ja Balti välisministrid Saksamaa suursaadiku pilguga* [Klaus Kinkel und die baltischen Außenminister aus der Sicht des deutschen Botschafters], in: *Postimees* vom 5. April 1994.

73 *Estonian News Agency* vom 1. Mai 1994 und *The Baltic Independent* Nr. 211 vom 6. bis 12. Mai 1994.

74 Juhan Maiste und Urmas Oolup: Ein Haus auf dem Domberg. Die Residenz des Deutschen Botschafters in Estland. Redaktion: Henning von Wistinghausen. Dortmund Februar 1995. 73 Seiten. Nicht im Buchhandel.

75 Nach dem Stand vom 19. Mai 1994 waren von den 10 700 sich in Estland aufhaltenden Militärpensionären 9 505 bis 20. August 1991 und 940 zwischen 20. August 1991 und 28. Januar 1992 in den Ruhestand versetzt worden; außerdem erhielten 755 ehemalige Militärs mit estnischer Staatsangehörigkeit eine russische Pension. Nach Altersgruppen aufgeschlüsselt waren 1 660 Pensionäre jünger als 50 Jahre, 3 870 zwischen 50 und 59 Jahre alt und 5 170 waren 60 oder älter (Präsident Meri von Botschafter Trofimov am 19. Mai 1994 übergebene *Spravka*; diese Zahlen nennt auch *The Baltic Independent* Nr. 214 vom 28. Mai bis 2. Juni 1994).

76 Mart Laar: Das estnische Wirtschaftswunder, Tallinn 2002, Seite 198.

77 Vgl. *The Baltic Independent* Nr. 221 vom 15. bis 21. Juli 1994.

78 Vgl. die Agenturmeldungen (AFP/dpa) „Jelzin zu Truppenabzug gedrängt. Briefe Clintons und Kohls. Die Verhandlungen mit Meri", in: FAZ vom 28. Juli 1994 und „Clinton und Kohl drängten Jelzin zum Abzug aus Estland", in: Die Welt vom 28. Juli 1994.

79 Oplatka: Lennart Meri. Ein Leben für Estland (wie Anm. 39), Seite 359–63. Vgl. auch seine Rede bei einem „Treffen mit den Vertretern der Parteien der Staatsversammlung" am 11. Dezember 1995, abgedruckt unter der Überschrift „Im Juli 1994: Der vorletzte Augenblick", in: Meri: Botschaften und Zukunftsvisionen (wie Anm. 70), Seite 134–40. Das estnische Parlament hat daraufhin am 20. Dezember 1995 die „Juliverträge" ratifiziert.

80 *Lennart Meri: "I would be more delighted to have Canada as our neighbor".* Interview mit Grant Gukasov, in: *Moscow News* No. 47 vom 25. November bis 1. Dezember 1994.

81 Unter der Überschrift „Ab heute gibt es keine Fremdtruppen mehr auf estnischem Boden" abgedruckt in: Meri: Botschaften und Zukunftsvisionen (wie Anm. 70), Seite 130–33.

82 Ahto Siig: *Narvas käis Saksa suursaadik* [Der deutsche Botschafter war in Narva], in: *Eesti Sõnumid* vom 10. Juni 1994.

83 Dirk-Gerd Erpenbeck: Der flüchtige Merkur. Zwei Nachlaßinventare von Kaufleuten in Narva aus dem frühen 17. Jahrhundert, in: Norbert Angermann und Paul Kaegbein (Hrsg.): Fernhandel und Handelspolitik der baltischen Städte in der Hansezeit, Lüneburg 2001, Seite 275–99.

84 Berend von Nottbeck: Vorgeschichte einer Schlacht von Libau nach Wenden. Mit einem Geleitwort von Rein Helme, Tallinn 1992.

85 Reinhard Wittram: Baltische Geschichte. Die Ostseelande Livland, Estland, Kurland 1180–1918, München 1954, Seite 255.

86 Arbeitsübersetzung aus dem Estnischen durch Gisela Mell vom 30. Juni 1994.

87 John Pomfret: *3 U. S. Peace negotiators die in car wreck near Sarajevo*, in: *The Washington Post* vom 20. August 1995.

88 „*Without the support of the United States during those negotiations, and without Bob's drive to push the process along, I wonder whether we would have accomplished our goal with some time to spare. In this way, Bob Frasure as diplomat played a great personal role in guaranteeing the true independence of Estonia*", in: *Remarks by Lennart Meri, President of the Republic of Estonia at the Memorial Service Honouring the Memory of Robert Conway Frasure 22 August 1995, Holy Spirit Church, Tallinn.*

89 Feststellungen des im Dezember 1997 vorgelegten Schlußberichts der estnisch-finnisch-schwedischen Untersuchungskommission *Final report on the capsizing on 28 September 1994 in the Baltic Sea of the ro-ro passenger vessel MV Estonia*, Seite 116f.

90 *The Baltic Independent* Nr. 240 vom 25. November bis 1. Dezember 1994.

91 Vgl. meinen Leserbrief „Estland, Rußland und die normative Kraft des Faktischen", in: FAZ vom 5. Februar 2002.

92 *The Baltic Independent* Nr. 246 vom 13. bis 19. Januar 1995.

93 Paul Johansen: Balthasar Rüssow als Humanist und Geschichtsschreiber. Aus dem Nachlaß ergänzt und hrsg. von Heinz von zur Mühlen. Quellen und Studien zur baltischen Geschichte Band 14. Köln, Weimar und Wien 1996.

94 Georg Werner von Brevern, Nils Freiherr von Dellingshausen, Jesko von Samson-Himmelstjerna, Natalie Baronesse Hoyningen-Huene, Ulf von Lilienfeld-Toal, Lars Baron Maydell sowie Armin und Jan Freiherren von Ungern-Sternberg.

95 *The Baltic Independent* Nr. 253 vom 3. bis 9. März 1995.

96 *The Baltic Independent* Nr. 256 vom 24. bis 30. März 1995.

97 Zitiert nach Lennart Meri: *Exploring a new world. Remarks at the Crans Montana Forum inaugural session June 29, 1995* (von der Kanzlei des estnischen Staatspräsidenten zirkuliertes Redemanuskript).

98 Nachdem das russische Parlament dann am 4. Oktober 1995 die Ratifikationsverfahren zu beiden Verträgen vom 26. Juli 1994 abgeschlossen hatte, war der Ball wieder im Feld von Estland, und der *Riigikogu* stimmte ihnen schließlich am 20. Dezember 1995 zu (vgl. auch Anm. 79).

99 Wilhelm Hahn: Ich stehe dazu. Erinnerungen eines Kultusministers, Stuttgart 1981.

100 *Narvas lipud tagurpidi* [In Narva waren die Flaggen auf den Kopf gestellt], in: *Esmaspäev* vom 12. Juni 1995.

101 Eine Biographie von Friedrich Freiherrn v. Stackelberg (1852–1934), der sich auch publizistisch betätigte, fehlt bisher. Vgl. Wolfhart Freiherr v. Stackelberg: Die Gutsherrschaft Magnushof auf Worms, Remagen-Oberwinter 1990 (Privatdruck).

102 Vgl. jetzt auch Ronald D. Asmus: *Opening NATO's Door. How the Alliance remade itself for a new era*, New York 2002 *passim.*

103 Siegfried Thielbeer: Klare Worte an die baltischen Republiken, in: FAZ vom 20. Juni 1995.

104 Michael Stürmer: *The need for a grand design*, in: *Financial Times* vom 13. Juni 1995. Stürmer war der Auffassung, WEU-Mitglieder kämen faktisch in den Genuß der NATO-Sicherheitsgarantien.

105 *Eesti Sõnumid* vom 20. und 21. Juni 1995.

106 *Baltic Congruence*, in: *The Wall Street Journal Europe* vom 14. Juni 1995.

107 *The Baltic Independent* Nr. 279 vom 1. bis 7. September 1995.

108 Rein Kärner: *Lahkumine, mis polegi lahkumine*, in: *Postimees* vom 12. Oktober 1995.

109 Vgl. Ameli Ammas: *Eestist lahkuv Saksa suursaadik teeb visiidi ka Lihulasse ja Karusele* [Der deutsche Botschafter, der Estland verlassen wird, besucht auch Leal und Karusen], in: *Lääne Elu* vom 10. Oktober und Lehte Ilves: *Tuleval aastal taas, lubas suursaadik* [Im kommenden Jahr wieder, versprach der Botschafter] a.a.O. vom 12. Oktober 1995.

110 Ille Grün-Ots: *Saksamaa ühtsuse päev ka hüvastijätupäev* (Der Tag der Deutschen Einheit war auch der Tag des Abschieds), in: *Õhtuleht* vom 4. Oktober 1995.

111 Vgl. Hannes Walter: *Eesti teenetemärgid. Estonian Orders and Decorations*. Tallinn 1998, Seite 102f. (mit Abbildung der Ordensverleihung am 9. Oktober 1995) und 278f.

112 Die vollständige Rede ist abgedruckt in: Meri: Botschaften und Zukunftsvisionen (wie Anm. 70), Seite 196–201.

ANHANG

Ministerpräsidenten von Estland 1991–1995

Edgar Savisaar 3. April 1990 bis 30. Januar 1992
Tiit Vähi 30. Januar 1992 bis 21. Oktober 1992
Mart Laar 21. Oktober 1992 bis 8. November 1994
Andres Tarand 8. November 1994 bis 17. April 1995
Tiit Vähi 17. April 1995 bis 6. November 1995
Tiit Vähi seit 6. November 1995

Außenminister von Estland 1991–1995

Lennart Meri 11. April 1990 bis 6. April 1992
Jaan Manitski 6. April 1992 bis 21. Oktober 1992
Trivimi Velliste 21. Oktober 1992 bis 7. Januar 1994
Jüri Luik 7. Januar 1994 bis 17. April 1995
Riivo Sinijärv 17. April 1995 bis 6. November 1995
Siim Kallas seit 6. November 1995

Die ersten in Estland residierenden Botschafter 1991/92

Lars Arne Grundberg (Schweden) seit 29. August 1991
Henning von Wistinghausen (Deutschland) seit 2. September 1991
Jaakko Erik Kaurinkoski (Finnland) seit 1. Oktober 1991
Jacques Huntzinger (Frankreich) seit 8. Oktober 1991
Sven Erik Nordberg (Dänemark) seit 16. Oktober 1991
Brian Buik Low (Großbritannien) seit 18. Oktober 1991
Carlo Siano (Italien) seit 30. Oktober 1991
Brit Løvseth (Norwegen) seit 26. November 1991
Robert Conway Frasure (USA) seit 10. April 1992
Alexander Trofimov (Rußland) seit 9. September 1992

Deutsch-estnische Vereinbarungen 1991–1995

Wiederaufnahme der diplomatischen Beziehungen (Notenaustausch) am 28. August 1991

Protokoll über die Zusammenarbeit zwischen den Finanzministerien vom 22. November 1991

Protokoll über die Zusammenarbeit zwischen dem Bundesverkehrsministerium und dem Ministerium für Transport und Kommunikation vom 3. Dezember 1991

Abkommen über die Zusammenarbeit auf dem Gebiet des Post- und Telekommunikationswesens vom 3. Dezember 1991

Protokoll über die Zusammenarbeit auf dem Gebiet der Sozialpolitik vom 6. Dezember 1991

Vereinbarung über die Durchführung der Ausstattungshilfe in den Jahren 1992–1994 vom 19. März 1992

Abkommen über die Zusammenarbeit auf dem Gebiet des Umweltschutzes vom 28. Mai 1992

Vertrag über die Förderung und den gegenseitigen Schutz von Kapitalanlagen (Investitionsförderungsvertrag) vom 12. November 1992

Vereinbarung zwischen der Deutschen Stiftung für internationale rechtliche Zusammenarbeit und dem Justizministerium über die Zusammenarbeit auf dem Gebiet des Rechtswesens vom 2. Dezember 1992

Straßenverkehrsabkommen vom 6. April 1993

Gemeinsame Erklärung über die Grundlagen der Beziehungen zwischen der Bundesrepublik Deutschland und der Republik Estland vom 29. April 1993

Abkommen über die kulturelle Zusammenarbeit vom 29. April 1993

Abkommen über die Entsendung von deutschen Lehrern an estnische Schulen vom 29. April 1993

Protokoll über die Zusammenarbeit bei der wirtschaftlichen Aus- und Weiterbildung vom 10. August 1993

Vereinbarung über jugendpolitische Zusammenarbeit vom 25. November 1993

Abkommen über die Zusammenarbeit bei der Bekämpfung der organisierten Kriminalität sowie des Terrorismus und anderer Straftaten von erheblicher Bedeutung vom 7. März 1994

Abkommen über die Zusammenarbeit im militärischen Bereich vom 21. September 1994

Seeschiffahrtsabkommen vom 20. Dezember 1994

Abkommen über finanzielle Zusammenarbeit vom 10. Februar 1995

Regierungsvereinbarung über die Beschäftigung von Arbeitnehmern zur Erweiterung ihrer beruflichen und sprachlichen Kenntnisse vom 21. August 1995

Abkommen über die Pflege von deutschen Kriegsgräbern in Estland vom 12. Oktober 1995

Gemeinsame Erklärung
über die Grundlagen der Beziehungen zwischen der Bundesrepublik Deutschland und der Republik Estland vom 29. April 1993 und Ansprache des Bundesaußenministers anläßlich ihrer Unterzeichnung

Der Bundesminister des Auswärtigen, Dr. Klaus Kinkel, und der Minister für Auswärtige Angelegenheiten, Trivimi Velliste, unterzeichneten am 29. April 1993 im Auswärtigen Amt in Bonn folgende Gemeinsame Erklärung:

1. Die Bundesrepublik Deutschland und die Republik Estland stimmen im Bewußtsein ihrer jahrhundertelangen kulturellen, wirtschaftlichen und menschlichen Verbindungen, aber auch eingedenk der unheilvollen Abschnitte in ihrer gemeinsamen Geschichte darin überein, zum Wohle ihrer Völker und im Interesse des Friedens in Europa und der Welt eng zusammenzuarbeiten.

   Die Überwindung des Gegensatzes zwischen Ost und West hat es dem deutschen Volk ermöglicht, in freier Selbstbestimmung seine Einheit wiederzuerlangen. Ebenfalls ist das beharrliche Streben des estnischen Volkes nach Wiedererlangung seiner Unabhängigkeit erfüllt worden. Mit diesen wesentlichen Beiträgen zu einer gesamteuropäischen Friedensordnung sind einer dauernden Freundschaft zwischen dem deutschen und dem estnischen Volk neue Perspektiven erwachsen.

   Deutschland und Estland lassen sich leiten von dem Wunsch, ihre Beziehungen auf allen Ebenen zu entwickeln und zu vertiefen. Sie bekräftigen ihr Bekenntnis zu den Zielen und Grundsätzen der Charta der Vereinten Nationen, den Prinzipien und Bestimmungen der Schlußakte von Helsinki, der Charta von Paris für ein neues Europa, des Helsinki-Dokuments vom 10. Juli 1992 sowie der anderen Dokumente der Konferenz über Sicherheit und Zusammenarbeit in Europa.

   Beide Seiten bekennen sich zum Ziel eines Europas des Friedens, der Sicherheit und der Zusammenarbeit, das durch die Achtung der Menschenrechte, durch Demokratie und Rechtsstaatlichkeit geeint ist.

2. Beide Seiten werden ihre Beziehungen im Einklang mit dem Völkerrecht, der Achtung der Grundsätze der souveränen Gleichheit und territorialen Integrität, des Verbots der Drohung mit und Anwendung von Gewalt sowie der Achtung der Menschen- und Minderheitenrechte gestalten. Sie bekräftigen das Recht aller Völker, frei und ohne Einmischung von außen ihr Schicksal zu bestimmen und ihre politische, wirtschaftliche, soziale und kulturelle Entwicklung nach eigenem Wunsch zu gestalten.

3. Beide Seiten bekräftigen die Bedeutung der Vereinten Nationen bei der Lösung globaler Probleme und bei der Herstellung und Wahrung des Friedens sowie der internationalen Sicherheit. Sie treten gemeinsam für eine Stärkung der Effizienz der Vereinten Nationen ein.

4. Beide Seiten wirken an dem Aufbau eines durch gemeinsame Werte und Überzeugungen geeinten Europa mit. Sie werden den Prozeß der Sicherheit und Zusammenarbeit in Europa im Verein mit den anderen KSZE-Teilnehmerstaaten nach Kräften unterstützen und weiterentwickeln.
Sie werden alle Bemühungen in der KSZE, im Nordatlantischen Kooperationsrat und im Rahmen des Konsultationsforums der Westeuropäischen Union fördern, die zur Festigung der Sicherheit und zum Aufbau eines Systems kooperativer Strukturen der Sicherheit in ganz Europa beitragen. Mit diesem Ziel werden sie die Einrichtung und Tätigkeit ständiger Institutionen und Organe unterstützen.
Falls eine Situation entsteht, die nach Meinung einer Seite eine Bedrohung für den Frieden darstellt, so werden beide Seiten im Rahmen der Verfahren der KSZE wie auch der Vereinten Nationen zusammenarbeiten. Sie werden unverzüglich miteinander Verbindung aufnehmen und bemüht sein, ihre Positionen abzustimmen und Einverständnis über Maßnahmen zu erzielen, die geeignet sind, die Lage zu verbessern oder zu bewältigen.

5. Beide Seiten unterstreichen die bedeutende Rolle der Europäischen Gemeinschaft für den Prozeß der politischen und wirtschaftlichen Annäherung Estlands an Europa. Deutschland wird die Heranführung Estlands an die Europäische Gemeinschaft im Rahmen seiner Möglichkeiten nach Kräften fördern. Beide Seiten begrüßen den Abschluß eines Handels- und Kooperationsabkommens zwischen der Europäischen Gemeinschaft und Estland als wichtigen Schritt auf diesem Wege. Deutschland wird sich für den Ausbau des politischen Dialogs mit Estland im regionalen Verbund einsetzen.
Beide Seiten messen einer Mitgliedschaft Estlands im Europarat hohe Bedeutung bei für die Integration Estlands in die auf Demokratie, Rechtsstaatlichkeit und die Wahrung der Menschenrechte verpflichtete Staatengemeinschaft.

6. Beide Seiten betonen die Notwendigkeit, den Prozeß von Abrüstung und Rüstungskontrolle weiter voranzutreiben.
Sie bekennen sich zur Politik der Nichtverbreitung von Massenvernichtungswaffen und Trägersystemen und treten für eine Stärkung der sie tragenden völkerrechtlichen Verträge und internationalen Regime ein.

Sie stimmen darin überein, daß der Rüstungskontrollprozeß in Europa in Zukunft vor allem zur Gestaltung kooperativer Sicherheitsstrukturen und zur Förderung neuer Arten der sicherheitspolitischen und militärischen Zusammenarbeit zwischen den KSZE-Teilnehmerstaaten beitragen muß. Beide Seiten wollen das neue KSZE-Forum für Sicherheitskooperation hierfür aktiv nutzen.

7. Beide Seiten werden bei der Entwicklung verschiedener Formen der regionalen und subregionalen Zusammenarbeit, insbesondere auch im Ostseeraum, zusammenwirken. Dabei kommt der Zusammenarbeit im Bereich von Handel, Verkehr, Kommunikation, Umwelt und Energie besondere Bedeutung zu. Sie werden alle Bestrebungen in diesem Bereich im Rahmen der zuständigen internationalen Gremien und im Ostseerat unterstützen.

8. Beide Seiten werden sich zu Fragen gemeinsamen Interesses auf verschiedenen Ebenen konsultieren mit dem Ziel, die bilateralen Beziehungen zu vertiefen und weiterzuentwickeln.
Sie sind bereit, im Rahmen der internationalen Organisationen, deren Mitglieder sie sind oder sein werden, zusammenzuwirken. Sie werden unmittelbare Kontakte in allen gesellschaftlichen Bereichen und auf allen Ebenen, insbesondere im Rahmen von Städtepartnerschaften, fördern. Dabei messen sie der Begegnung zwischen Jugendlichen, Schülern, Studenten und jungen Berufstätigen sowie der Zusammenarbeit der gesellschaftlichen und politischen Organisationen, der Jugendorganisationen, der Schulen und der in der Jugendarbeit tätigen Institutionen und Organisationen große Bedeutung bei.

Beide Seiten würdigen die Kontakte zwischen den Parlamenten beider Staaten und streben deren Vertiefung an.

9. Beide Seiten werden den Ausbau der wirtschaftlichen Zusammenarbeit fördern. Sie sind sich der Bedeutung der Schaffung von angemessenen Rahmenbedingungen für die Entwicklung von Industrie, Landwirtschaft und Dienstleistungen bewußt. Sie werden die Möglichkeiten des deutsch-estnischen Investitionsförderungsvertrags vom 12. November 1992 in vollem Umfang nutzen.
Beide Seiten räumen den Unternehmen der anderen Seite im Rahmen der jeweils geltenden Gesetze die Möglichkeit zu freier Betätigung ein, und halten dabei den Abbau von Handelshemmnissen im Warenverkehr für erstrebenswert. Beide Seiten setzen sich für die Vertiefung der Zusammenarbeit zwischen deutschen und estnischen Unternehmen sowie Wirtschaftsorganisationen ein.

Beide Seiten sind sich darin einig, daß die Entwicklung der finanziellen Beziehungen zwischen Deutschland und Estland eine geordnete Abwicklung von Verbindlichkeiten einschließen muß.

Die deutsche Seite ist bereit, Estland beim Übergang zu einer sozialen Marktwirtschaft, insbesondere bei der Entwicklung mittelständischer Strukturen, und beim Neuaufbau seiner Verwaltung auf zwei- und mehrseitiger Ebene zu unterstützen. Hierbei kommt der wirtschafts- und rechtspolitischen Beratung sowie der Zusammenarbeit bei der Aus- und Weiterbildung von Fach- und Führungskräften der Wirtschaft große Bedeutung zu. Die deutsche Seite ist auch bereit, Unterstützung im sozialpolitischen Bereich zu leisten.

Beide Seiten werden Initiativen von Wissenschaftlern und Forschungseinrichtungen, die auf eine Weiterentwicklung der wissenschaftlich-technischen Zusammenarbeit zwischen beiden Staaten gerichtet sind, und den Austausch von technisch-wissenschaftlichen Informationen und Dokumentationen unterstützen. Dabei kommt dem Bereich der Agrarwirtschaft eine besondere Bedeutung zu.

10. Beide Seiten beabsichtigen, auf dem Gebiet des Umweltschutzes auf der Grundlage des Abkommens vom 28. Mai 1992 eng zusammenzuarbeiten. Sie bekunden darüber hinaus ihr starkes Interesse an einer Zusammenarbeit in den Bereichen kerntechnische Sicherheit und Strahlenschutz.

11. Beide Seiten werden im Rahmen ihrer Rechtsordnungen bei der Bekämpfung der organisierten Kriminalität, einschließlich der Rauschgiftkriminalität sowie des internationalen Terrorismus zusammenwirken.

12. Beide Seiten werden ihre kulturelle Zusammenarbeit in allen Bereichen, einschließlich Bildung und Wissenschaft, ausbauen. Sie beabsichtigen, ein umfassendes Abkommen über kulturelle Zusammenarbeit abzuschließen. Sie würdigen die Tätigkeit der Deutschen Kulturinstitute in Tallinn und Tartu.

Sie bekräftigen ihre Bereitschaft, allen interessierten Personen Zugang zu Sprache und Kultur der jeweils anderen Seite zu gewähren und entsprechende Initiativen zu unterstützen.

Beide Seiten stimmen darin überein, daß verschollene oder unrechtmäßig verbrachte Kulturgüter der anderen Seite, die sich auf ihrem Hoheitsgebiet befinden, an den Eigentümer oder seinen Rechtsnachfolger zurückgegeben werden.

13. Beide Seiten sind sich darin einig, den Zugang zu Kriegsgräbern, ihre Erhaltung und Pflege zu gestatten und der jeweils anderen Seite im Rahmen des Möglichen Gelegenheit zu geben, den Toten würdige und zu Frieden mahnende Gedenkstätten oder Friedhöfe zu errichten und sie unter den Schutz der Gesetze zu stellen. Sie werden die Zusammenarbeit zwischen Organisationen, die für die Pflege von Kriegsgräbern zuständig sind, unterstützen. Sie werden auch ein Abkommen über die Kriegsgräberfürsorge schließen.

14. Beide Seiten stimmen darin überein, daß den Bürgern deutscher Abstammung in Estland sowie den Bürgern estnischer Abstammung in Deutschland gemäß ihrer freien Entscheidung die Pflege der Sprache, Kultur und nationalen Traditionen sowie die freie Religionsausübung ermöglicht wird. Beide Seiten bekräftigen, daß die Erhaltung der kulturellen Identität und der Lebensrechte dieser Bürger eine bedeutende Funktion beim Ausbau der Beziehungen einnimmt. Dementsprechend ermöglichen und erleichtern sie im Rahmen der geltenden Gesetze der anderen Seite Förderungsmaßnahmen zugunsten dieser Personen und ihrer Organisationen.

15. Beide Seiten bekräftigen, daß diese Erklärung ihre Rechte und Verpflichtungen aus geltenden zweiseitigen und mehrseitigen Übereinkünften mit anderen Staaten nicht berührt.

Bonn, den 29. April 1993

Der Bundesminister
des Auswärtigen
der Bundesrepublik Deutschland
Dr. Klaus Kinkel

Der Minister
für Auswärtige Angelegenheiten
der Republik Estland
Trivimi Velliste

Der Bundesminister des Auswärtigen, Dr. Klaus Kinkel, hielt anläßlich der Unterzeichnung der deutsch-estnischen Gemeinsamen Erklärung am 29. April 1993 in Bonn folgende Ansprache:

Sehr geehrter Herr Kollege, lieber Herr Velliste,

es ist mir eine besondere Freude, Sie als den ersten Außenminister Estlands seit der Wiederaufnahme der diplomatischen Beziehungen zwischen unseren Ländern im August 1991 hier begrüßen zu können. Bereits auf dem letzten

Ostseerat in Helsinki sind wir uns begegnet und haben gute Gespräche geführt. Ihr Besuch in Bonn und die Unterzeichnung der erfreulich rasch zustandegekommenen Abkommen zeigen, wie gut sich die deutsch-estnischen Beziehungen in kurzer Zeit entwickelt haben.

Wir werden hierbei nicht stehenbleiben. Die Gemeinsame Erklärung weist in die Zukunft. Sie ist eine gute und solide Grundlage für künftige vertrauensvolle Zusammenarbeit auf allen Gebieten.

Vor uns liegen wichtige Aufgaben. Nach 50jähriger kommunistischer Herrschaft ist der Aufbau einer funktionierenden sozialen Marktwirtschaft und Verwaltung in Estland ein schwieriger Prozeß. Wir Deutschen wissen das. Estland hat auf diesem Weg schon Beachtliches geleistet. Es kann auch in Zukunft auf die Unterstützung Deutschlands rechnen. Dabei steht für uns die Ausbildung und Beratung im Sinne von Hilfe zur Selbsthilfe im Vordergrund.

Deutschland und Estland sind sich seit jeher auf kulturellem Gebiet sehr nahe. Die kulturelle Zusammenarbeit bleibt für uns zentral. Das jetzt unterzeichnete Kulturabkommen bietet einen verläßlichen Rahmen. Ein wichtiger Schwerpunkt wird die vereinbarte Entsendung deutscher Lehrer nach Estland sein.

Estland hat sich auch durch die Jahrzehnte kommunistischer Herrschaft mit Recht als zutiefst europäisches Land betrachtet. Es ist deshalb folgerichtig, wenn es nunmehr die politische und wirtschaftliche Annäherung an die Europäische Gemeinschaft und den Europarat sucht. Der Abschluß eines Handels- und Kooperationsabkommens zwischen der EG und Estland im vergangenen Jahr und der voraussichtlich in diesem Frühjahr folgende Beitritt Estlands zum Europarat sind wichtige Schritte auf diesem Weg. Ich kann versichern, daß Deutschland sich auch künftig nachdrücklich für die Heranführung Estlands an die europäischen Institutionen einsetzen wird.

Ich danke Ihnen für Ihren Besuch und freue mich auf unsere Begegnung.

(Bulletin des Presse- und Informationsamtes der Bundesregierung Nr. 35 vom 5. Mai 1993)

Ansprache bei der Überreichung des Großen Verdienstkreuzes des Verdienstordens der Bundesrepublik Deutschland an Jaan Kross am 2. März 1995

(Anrede)

Wenige Tage vor Ihrem 75. Geburtstag am 19. Februar diesen Jahres hat Bundespräsident Professor Roman Herzog in Berlin die Urkunde ausgefertigt, mit der er Ihnen das Große Verdienstkreuz des Verdienstordens der Bundesrepublik Deutschland verleiht. Nachdem diese Urkunde jetzt zusammen mit den Ordensinsignien in Estland eingetroffen ist und wir gemeinsam mit Ihnen und Ihrer Frau den heutigen Tag ausgewählt haben, gereicht es mir zur großen Ehre, Ihnen, verehrter Jaan Kross, diese im Auftrag des Herr Bundespräsidenten zu überreichen.

Zuvor erlauben Sie mir aber bitte, einen kurzen Augenblick innezuhalten. Wenn Deutschland den großen estnischen Schriftsteller auszeichnet, dann möchte es damit einen Mann ehren, der sich in besonderer Weise um die Beziehungen zwischen unseren beiden Ländern verdient gemacht hat – vornehmlich auf seinem ureigensten Gebiet, dem des geistig-kulturellen Austauschs. Es würde den Rahmen dieser kleinen Feierstunde bei weitem sprengen, wollte ich, und sei es nur andeutungsweise, versuchen, auf die Bedeutung Ihres dichterischen Werkes einzugehen. Auch wird heute kein Literaturpreis verliehen.

Nur so viel: Deutschland möchte mit dieser Auszeichnung, verehrter Herr Kross, einen Menschen ehren, der uns kulturell eng verbunden ist. Dies kommt nicht nur in Ihrer meisterhaften Beherrschung der deutschen Sprache zum Ausdruck, sondern und vor allem in Ihren Erzählungen und Romanen, in denen Sie sich in vielen Variationen mit dem Verhältnis zwischen Deutschen und Esten auseinandersetzen, mit Momenten, in denen Vertreter dieser beiden Kulturen aufeinandertreffen, und mit den Erfahrungen, den guten wie den weniger guten, die sie dabei machen – und dies durch die Jahrhunderte bis in die Gegenwart Ihrer eigenen Lebenszeit. Wir möchten in Ihnen aber nicht nur den Künstler ehren, sondern auch den Menschen Jaan Kross, der uns das auf langen Wegstrecken unserer gemeinsamen Geschichte oftmals so schwierige Zusammenleben in eben jener unverwechselbaren Art nahebringt, die seinen Ruhm begründet: Wir ehren den *estnischen* Patrioten, der sich stets der Grundlagen der uns gemeinsamen *europäischen* Kultur bewußt ist, der sich im Interesse der geschichtlichen Wahrheit um Verständnis bemüht, dort wo Verständnis möglich ist, der aber unerbittlich ist – wenn auch *suaviter in modo* – dort, wo Grenzen unzumutbar überschritten werden. Unerbittlich in der Auseinandersetzung mit der Diktatur des Menschen über den Menschen, der ewigen Versuchung der Mächtigen dieser Welt einschließlich der

Hitler-Diktatur, in deren Fänge auch Jaan Kross geraten war. Die von Ihnen vorgenommene literarische Durchdringung der estnischen Vergangenheit und ihrer eigenen persönlichen Geschichte in einer Weise, die dem Verständnis zwischen unseren beiden Völkern zugute kommt – und das bereits zu einer Zeit, als dies alles andere als selbstverständlich war – ist eine gute Grundlage für die Ausgestaltung der deutsch-estnischen Beziehungen. Sie haben uns dabei mit Rat und Tat unterstützt. Auch dafür heute einen ganz herzlichen Dank!

Wir wünschen Ihnen und den Ihren alles Gute und uns allen eine weiterhin ungebrochene Schaffenskraft von Jaan Kross, die uns noch viele Werke aus seiner Feder bescheren möge.

24. Februar 1918	Ausrufung der Republik Estland in Reval (Tallinn)
2. Februar 1920	Estnisch-russischer Friedensvertrag von Tartu (Dorpat)
12. September 1934	Vertrag über gegenseitiges gutes Einvernehmen und Zusammenarbeit zwischen Estland, Lettland und Litauen („Baltische Entente")
23. August 1939	Deutsch-sowjetischer Nichtangriffsvertrag mit Geheimem Zusatzprotokoll, in dem u. a. Finnland, Estland und Lettland der sowjetischen Interessensphäre zugeschlagen werden („Hitler-Stalin-Pakt" bzw. „Ribbentrop-Molotov-Pakt")
28. September 1939	Deutsch-sowjetischer Grenz- und Freundschaftsvertrag mit (2.) Geheimem Zusatzprotokoll (Litauen wird ebenfalls der sowjetischen Interessensphäre zugeschlagen)
Oktober/November 1939	„Umsiedlung" der Deutschbalten aus Estland
17. Juni 1940	Beginn der Besetzung Estlands durch sowjetische Truppen
6. August 1940	Einverleibung Estlands in die UdSSR (Annexion) als „Estnische Sozialistische Sowjetrepublik" (ESSR)
Januar/März 1941	„Nachumsiedlung" der 1939/40 nicht umgesiedelten Deutschbalten
August 1941	Besetzung Estlands durch deutsche Truppen
September 1944	Erneute sowjetische Besetzung Estlands
26. September 1987	IME („Vorschlag der vier Männer" für ein selbst wirtschaftendes Estland – *isemajandav Eesti* – in der Tartuer Tageszeitung *Edasi*)

12. Dezember 1987	Gründung der *Eesti Muinsuskaitse Selts* (Estnische Gesellschaft für Denkmalsschutz)
13. April 1988	Gründung der „Volksfront" zur Unterstützung der Perestrojka in Estland (formell aufgelöst am 13. November 1993)
16. November 1988	Souveränitätserklärung des Obersten Sowjet der ESSR
29. Dezember 1988	Gründung der „Gesellschaft für deutschbaltische Kultur in Estland" (*Baltisaksa Kultuuri Selts Eestis*)
11. Januar 1989	Gründung der „Akademischen Gesellschaft für deutschbaltische Kultur in Dorpat" (*Akadeemiline Baltisaksa Kultuuri Selts Tartus*)
23. September 1989	Baltische Menschenkette von Estland bis Litauen
24. Dezember 1989	Kongreß der Volksdeputierten der UdSSR erklärt die Geheimen Zusatzprotokolle von 1939 als von Anfang an ungültig
2. Februar 1990	Erklärung aller estnischer Volksvertreter zur nationalen Unabhängigkeit Estlands (Forderung nach Verhandlungen über die Wiederherstellung der staatlichen Unabhängigkeit)
24. Februar 1990	Wahlen zum Estnischen Kongreß
18. März 1990	Wahlen zum Obersten Sowjet der ESSR
30. März 1990	„Entschließung über den staatlichen Status von Estland" des „Obersten Sowjet" (von nun an „Oberster Rat")
3. April 1990	Edgar Savisaar zum Vorsitzenden des Ministerrats der ESSR ernannt
11. April 1990	Lennart Meri zum Außenminister ernannt

8. Mai 1990	Oberster Rat ersetzt die Staatsbezeichnung „ESSR" durch „Republik Estland" (Estnisch wieder Staatssprache, alte Staatssymbole)
12. Mai 1990	Erstes Treffen eines „Rates der baltischen Staaten" der Präsidenten von Estland, Lettland und Litauen in Tallinn (Erneuerung der „Baltischen Entente" von 1934)
1. August 1990	Vereinbarung zwischen Ministerpräsident Savisaar und dem sowjetischen Innenminister Bakatin über den Übergang der Polizeigewalt an Estland
23. August 1990	Beginn von Gesprächen mit Moskau über die künftigen Beziehungen
14. September 1990	Allgemeines Abkommen zwischen der Regierung der Estnischen Republik und den Leningrader Stadt- und Gebietssowjets der Volksdeputierten über politische, kulturelle und rechtliche Zusammenarbeit
20. September 1990	Gesetz zur Schaffung einer eigenen estnischen Polizei
7. Oktober 1990	Rückkehr der 1944 nach Deutschland ausgelagerten Bestände des Revaler Stadtarchivs nach Tallinn
22. Oktober 1990	Gesetz über die Wirtschaftsgrenze der Estnischen Republik
18. Dezember 1990	Rede von Präsident Rüütel vor dem Kongreß der Volksdeputierten in Moskau
20. Dezember 1990	Rücktritt von Außenminister Schevardnadze
12. Januar 1991	Arnold Rüütel und Boris Jelzin unterzeichnen in Moskau einen estnisch-russischen Grundlagenvertrag
12./13. Januar 1991	„Blutiger Sonntag" von Wilna

13. Januar 1991	Boris Jelzin in Tallinn
20. Januar 1991	Erstürmung des Innenministeriums in Riga durch OMON-Truppen
28. Januar 1991	Außenminister Genscher empfängt die Außenminister von Estland und Lettland, Meri und Jurkāns in Bonn
3. März 1991	Referendum in Est- und Lettland über die Wiederherstellung ihrer Unabhängigkeit
28. März 1991	Wiederaufnahme der Gespräche zwischen Delegationen der Estnischen SSR und der Moskauer Zentralregierung
13. April 1991	Eröffnung des Deutschen Kulturinstituts in Tallinn
12. Juni 1991	Gründung des Deutsch-Baltischen Parlamentarischen Freundeskreises im Deutschen Bundestag
12. Juni 1991	Präsidentschaftswahlen in Rußland (Jelzin) und Bügermeisterwahlen in Leningrad (Sobtschak) sowie Referendum in Leningrad über die Rückbenennung der Stadt in St. Petersburg (in Kraft getreten am 6. September 1991)
13. Juni 1991	Gesetz der Republik Estland über die Grundlagen der Eigentumsreform (in Kraft gesetzt durch Beschluß des Obersten Rats über die Anwendung dieses Gesetzes vom 20. Juni 1991)
18./20. Juni 1991	Gespräch der drei baltischen Außenminister mit Bundesaußenminister Genscher am Rande des KSZE-Rats der Außenminister in Berlin
14.-16. Juli 1991	Erster Besuch einer Delegation des Deutsch-Baltischen Parlamentarischen Freundeskreises im Deutschen Bundestag in Tallinn
19.-21. August 1991	Fehlgeschlagener Putsch in der UdSSR

20. August 1991	Der Oberste Rat erklärt die Unabhängigkeit Estlands
24. August 1991	Die Russische Föderation erkennt die Unabhängigkeit Estlands und der anderen baltischen Staaten an
28. August 1991	Wiederaufnahme der diplomatischen Beziehungen der Bundesrepublik Deutschland mit den baltischen Staaten
2. September 1991	Deutsche Botschafter übergeben in allen drei baltischen Hauptstädten ihre Beglaubigungsschreiben
6. September 1991	Die UdSSR erkennt die Unabhängigkeit der baltischen Staaten an
10. September 1991	Aufnahme der baltischen Staaten in den Helsinki-Prozeß (KSZE)
11./12. September 1991	Bundesaußenminister Genscher besucht Tallinn, Riga und Wilna
13. September 1991	Konstituierende Sitzung einer Verfassungsgebenden Versammlung in Estland
16. September 1991	Beginn der provisorischen Tätigkeit der Deutschen Botschaft Tallinn in den Räumlichkeiten des Revaler Stadtarchivs (*Tallinna Linnaarhiv, Tolli 6*)
17. September 1991	Aufnahme von Estland in die Vereinten Nationen
3. Oktober 1991	Estnisch-sowjetische Vereinbarung über den Truppenabzug
9. Oktober 1991	Aufnahme diplomatischer Beziehungen zwischen Estland und der UdSSR
15. Oktober 1991	Unterzeichnung der KSZE-Schlußakte durch Estland
24. Oktober 1991	Aufnahme diplomatischer Beziehungen zwischen Estland und der Russischen Föderation

10. November 1991	Estnisch-sowjetische Verhandlungen über die künftigen Beziehungen in Narva-Jõesuu
12. November 1991	Einzug der Deutschen Botschaft Tallinn in das „Weiße Haus" (*„Valge maja", Rävala puistee 9*)
28. November 1991	Estnischer Botschafter überreicht in Bonn sein Beglaubigungsschreiben
25. Dezember 1991	Die Sowjetunion wird aufgelöst
1. Januar 1992	Einbeziehung der baltischen Staaten in das PHARE-Programm der EG für technische Hilfe
23. Januar 1992	Rücktritt der Regierung Savisaar
30. Januar 1992	Tiit Vähi zum Ministerpräsidenten ernannt
31. Januar 1992	1. EPZ-Treffen der Botschafter in Tallinn
26. Februar 1992	Estland gibt sich ein neues Staatsangehörigkeitsrecht
6. März 1992	Gründung des Ostseerats in Kopenhagen
24. März 1992	Rücktritt von Außenminister Meri
2./3. April 1992	Präsident Rüütel in Bonn
6. April 1992	Wahlgesetz
6. April 1992	Jaan Manitski zum Außenminister ernannt
14./15. April 1992	Wiederaufnahme der Verhandlungen über den Truppenabzug und andere bilaterale Fragen mit der Russischen Föderation
11. Mai 1992	Abkommen zwischen der EG und den baltischen Staaten über den Handel und die handelspolitische und wirtschaftliche Zusammenarbeit
14./15. Mai 1992	Präsident Mitterrand in Tallinn

25. Mai 1992	Estland wird Mitglied des Internationalen Währungsfonds
20. Juni 1992	Einführung einer estnischen Währung
28. Juni 1992	Referendum über eine neue estnische Verfassung (in Kraft getreten am 3. Juli 1992)
10. Juli 1992	KSZE-Gipfelerklärung über den Truppenabzug aus dem Baltikum (Helsinki II)
6. August 1992	Treffen der baltischen Außenminister mit dem russischen Außenminister in Moskau
13. August 1992	Oberster Rat beschließt die Privatisierung der Industrie
19./20. August 1992	Besuch des Ministerpräsidenten von Schleswig-Holstein Engholm in Tallinn
8. September 1992	Vertrag der estnischen Regierung mit der deutschen Treuhand über die Beratung bei der Privatisierung der Industrie
20. September 1992	Parlaments- und Präsidentschaftswahlen (7. *Riigikogu*)
5. Oktober 1992	Lennart Meri zum Staatspräsidenten gewählt
21. Oktober 1992	Mart Laar zum Ministerpräsidenten und Trivimi Velliste zum Außenminister ernannt
29. Oktober 1992	Präsident Jelzin ordnet Aussetzung des Truppenabzugs aus dem Baltikum an
2./3. November 1992	Stellv. russischer Außenminister Tschurkin in Tallinn
17. November 1992	Erste internationale Ausschreibung zur Privatierung estnischer Unternehmen

Zeittafel

25. November 1992	VN-Resolution über den Truppenabzug aus dem Baltikum
25. November 1992	Gründung des Deutschen Kulturinstituts in Tartu
1. Dezember 1992	Jüri Luik zum Minister für die estnisch-russischen Verhandlungen ernannt
2. Dezember 1992	Resolution des VN-Menschenrechtsausschusses über die Lage der Menschenrechte in Estland und Lettland
15. Februar 1993	Eröffnung der KSZE-Langzeitmission in Estland
9. März 1993	Baltisches Außenministertreffen in Tallinn
6. April 1993	Bundesverkehrsminister Krause in Tallinn
12.-14. April 1993	Bundesumweltminister Töpfer in Tallinn
28. April-1. Mai 1993	Außenminister Velliste in Deutschland (Gemeinsame Erklärung, Kultur- und Lehrerentsendeabkommen)
14. Mai 1993	Aufnahme Estlands in den Europarat
19./20. Mai 1993	Bundestagspräsidentin Süßmuth in Estland
3. Juni 1993	Kommunalwahlgesetz
28. Juni 1993	Bundeskanzler Kohl empfängt Ministerpräsident Laar in Bonn
8. Juli 1993	Ausländergesetz (in Kraft getreten am 12. Juli 1993)
11./12. Juli 1993	Bundespräsident und Freifrau v. Weizsäcker in Estland
16./17. Juli 1993	Referendum in Narva und Sillamäe
9. August 1993	Außenminister Kinkel in Tallinn

10. August 1993	Paldiski (Baltischport) wieder unter estnischer Verwaltung
31. August 1993	Die letzten russischen Truppen verlassen Litauen
10. September 1993	Papst Johannes II. Paul in Tallinn
13. September 1993	Freihandelsabkommen zwischen Estland, Lettland und Litauen (in Kraft getreten am 1. April 1994)
September/Dezember 1993	Deutsche Kulturwochen in der baltischen Region
4. Oktober 1993	Sturm auf das „Weiße Haus" in Moskau
17. Oktober 1993	Kommunalwahlen
29.-31. Oktober 1993	3. Tagung der Baltischen Versammlung in Tallinn
15. November 1993	Mißtrauensvotum gegen die Regierung Laar gescheitert
6. Dezember 1993	2. Baltisches Außenministertreffen in Tallinn
12. Dezember 1993	Parlaments- und Präsidentschaftswahlen in Rußland
7. Januar 1994	Jüri Luik zum Außenminister und Botschafter Väino Reinart zum Delegationsleiter für die estnisch-russischen Verhandlungen ernannt
3. Februar 1994	Beitritt Estlands zur „Partnerschaft für den Frieden" mit der NATO
9. März 1994	Konsultationen von Außenminister Kinkel mit seinen drei baltischen Kollegen in Bonn
21. April 1994	Einweihung des Deutschen Kulturinstituts in Tartu
9. Mai 1994	Die baltischen Staaten werden assoziierte Partner der WEU

24./25. Mai 1994	3. Tagung der Außenminister des Ostseerats in Tallinn
25. Mai 1994	Einweihung der Residenz des Deutschen Botschafters in Estland durch Außenminister Kinkel
13. Juni 1994	Gründung eines Baltischen Ministerrats in Tallinn
27. Juni 1994	Der *Riigikogu* verabschiedet Änderung des Ausländergesetzes
18. Juli 1994	Abkommen über Freihandel und Handelsfragen zwischen der EG, der Europäischen Atomgemeinschaft und der Europäischen Gemeinschaft für Kohle und Stahl und den baltischen Staaten (in Kraft getreten am 1. Januar 1995)
26. Juli 1994	Die Präsidenten Meri und Jelzin unterzeichnen in Moskau (1) Vertrag zwischen der Republik Estland und der Russischen Föderation über die Bedingungen des befristeten Aufenthalts und des Abzugs der Streitkräfte der Russischen Föderation aus dem Hoheitsgebiet der Republik Estland und (2) Abkommen zwischen der Republik Estland und der Russischen Föderation über soziale Garantien für Pensionäre der Streitkräfte der Russischen Föderation auf dem Territorium der Republik Estland
30. Juli 1994	Raul Mälk und Igor Ivanov unterzeichnen in Moskau Estnisch-russische Regierungsvereinbarung über das Verfahren und die Fristen zur Außerbetriebnahme der Kernreaktoren und die Gewährleistung der nuklearen und Strahlensicherheit auf der Halbinsel Pakri (d.h. in Paldiski/Baltischport)
31. August 1994	Abzug der letzten russischen Truppen aus Estland und Lettland
26. September 1994	Erfolgreiches Mißtrauensvotum gegen die die Regierung Laar

28. September 1994	Untergang des Fährschiffs „Estonia" auf der Fahrt von Tallinn nach Stockholm
13./14. Oktober 1994	Beginn estnisch-rusischer Beamtenkonsultationen in Moskau
8. November 1994	Andres Tarand zum Ministerpräsidenten ernannt
11. Dezember 1994	Beginn des (1.) Tschetschenienkrieges
19. Januar 1995	Der *Riigikogu* verabschiedet ein neues Staatsangehörigkeitsgesetz
22. Februar 1995	Abschluß der Verhandlungen über ein Europaabkommen mit Estland
1. März 1995	Außenminister Luik unterzeichnet PfP-Programm für Estland
5. März 1995	Parlamentswahlen (8. *Riigikogu*)
6. April 1995	Außenminister Kinkel in Tallinn
12. April 1995	Paraphierung der Europaabkommen mit den baltischen Staaten
17. April 1995	Tiit Vähi zum Ministerpräsidenten und Riivo Sinijärv zum Außenminister ernannt
1. Juni 1995	Außenminister Sinijärv in Bonn
12. Juni 1995	Europaabkommen zur Gründung einer Assoziation zwischen den Europäischen Gemeinschaften und ihren Mitgliedstaaten einerseits und den baltischen Staaten andererseits (in Kraft getreten am 1. Februar 1998)
15./16. Juni 1995	Besuch des Ministerpräsidenten von Mecklenburg-Vorpommern Dr. Seite in Tallinn

26./27. Juni 1995	Estnisch-russische Gespräche über einen Grenzvertrag in Moskau
27. Juni 1995	Änderung des Ausländergesetzes
10.-12. Juli 1995	Stellvertretender russischer Außenminister Krylov in Tallinn
21. Juli 1995	Duma ratifiziert die Verträge vom 26. Juli 1995 (Föderationsrat am 27. Juli und 4. Oktober 1995)
25./26. Juli 1995	Estnisch-russische Gespräche über einen Grenzvertrag in Tallinn
1. August 1995	Der *Riigikogu* ratifiziert das Europaabkommen
23./24. August 1995	Besuch von Bundesverteidigungsminister Rühe in Estland
3./4. September 1995	Besuch der Ministerpräsidentin von Schleswig-Holstein Simonis in Tallinn
26. September 1995	Halbinsel Pakri (Paldiski) wieder vollständig unter estnischer Kontrolle
11. Oktober 1995	Rücktritt von Ministerpräsident Vähi
6. November 1995	Tiit Vähi erneut zum Ministerpräsidenten ernannt

NACHWEIS DER ABBILDUNGEN UND DOKUMENTE

Alert, Rudolf (Bild am Sonntag): Abb. 16
Bundesbildstelle des Presse- und Informationsamtes der Bundesregierung:
    Abb. 15, 21, 34
Grepp, Tavi: Abb. 47
Hiis, Mati: Abb. 65, 66
Kelly, Nicky: Abb. 41
Langovits, Peeter: Abb. 18, 25, 26, 43, 44, 48, 50, 57, 58
Leppikson, Harald: Abb. 49
Masing, Herbert: Abb. 22, 54
Pikkur, P.: Abb. 19
Saar, Arno: Abb. 27
Salupuu, Vambola: Abb. 63
Wistinghausen, Monique von: Abb. 8, 11, 24
Wistinghausen, Magnus von: Abb. 61

Alle weiteren Abbildungen sind Fotos des Verfassers oder stammen aus seinem Besitz.

Dokument 4 stammt aus dem Archiv des estnischen Außenministeriums, die übrigen Dokumente sind im Besitz des Verfassers.

PERSONENREGISTER

Aasmäe, Hardo 32f., 155, 197, 200, 295
Aaviksoo, Jaak 385, 484, 550, 640
Adamischin, Anatolij 371, 374, 391, 403
Adams, Jüri 179, 552
Adamson, Ago *Abb. 68*, 284, 565, 638
Ahlander, Dag Sebastian 25
Ahluwalia, Sanjay 178
Akel, Friedrich 563f.
Albrecht, Gottfried 3, 125, 134, 165
Alexander I. von Rußland 63, 286
Alexandrov (Abg.) 252
Alksniņš, Viktors 192
Allardt, Helmut 6, 8, 10
Allik, Jaak 585
Ammas, Ameli 653
Andrejev, Viktor 67, 577, 579, 581
Andrejevs, Georgs 491f.
Andriessen, Franz 139
Angermann, Norbert 26f., 652
Annist, Sirje *Abb. 56*, 61
Annus, Lembit 80, 443
Antonov, Alexander 26, 130, 146
Apananskij, Leonid 340
Arike, Heiki 448, 474f., 542
Arro, Anni *Abb. 62*, 567, 618, 621
Arro, Jaak *Abb. 62*, 567, 576, 617f., 621, 639
Arro, Johannes *Abb. 62*, 567, 618, 621
Arro, Liisu *Abb. 62*, 567, 618, 621
Arumäe, Urmas 546
Ashkenazy, Vladimir 499
Asmus, Ronald D. 653
August II. von Sachsen 619

Bach, Johann Sebastian 341
Baer, Karl Ernst von 225, 266
Bahr, Egon 3, 6,
Bakatin, Vadim 21f., 40, 666
Bald, Klaus 142
Bangemann, Martin 483
Barclay de Tolly, Michael Fürst 432
Barringer, Felicity 648
Battle, John 200
Bauer, Heinz 13f., 18
Bazing, Peter 130, 134
Bebel, August 619
Beck, Rolf 281
Beethoven, Ludwig van 281

Behrens, Peter 12
Beitz, Berthold 32
Beljajev, Alexander 99, 105, 107f.
Belov, Jurij 112
Benckendorff, Alexander Graf 642
Berg, Grafen 432
Bergman, Ingmar 567
Bergmann, Andres 269, 324–327
Bering, Klaus 650
Bernhardi, Theodor von 64
Berziņš, Aldis 155
Bessmertnych, Alexander 232
Biewer, Ludwig 44
Bildt, Carl 401, 467, 545, 628, 647f.
Binding, Rudolf 229f.
Birzniece, Inese 43
Bismarck, Otto von 584f.
Blech, Klaus 17f., 42, 124, 126, 284
Blüm, Norbert 156
Blumenfeld, Alfred 13
Bock, Timotheus von 63f.
Bodisco, Theophile von 74
Borch, Otto Rose 140
Borchardt, Bernd *Abb. 29 und 36*, 203, 273,
   327, 333, 429, 542
Brandenburg, Ulrich 357
Brandt, Willy VIII, 3, 332f.
Bratinka, Jozsef 229
Brazauskas, Algirdas 425, 440, 446, 456, 462,
   485, 496, 516, 596, 604
Breschnev, Leonid 245
Brevern, Esther von 89, 93
Brevern, Familie von 389
Brevern, Georg Werner von 652
Brevern, Olaf von 89, 93
Breyer, Hugo 208
Brinkschmidt, Christiane 338, 639
Brinkschmidt, Egon 338, 639, 649f.
Brittan, Sir Leon 480, 482
Bush, George 51, 516
Byrd, Robert 456

Camdessus, Michel 267, 270
Carlsson, Ingvar 545
Chasbulatov, Ruslan 52, 92, 104, 371, 442, 457
Chassiron, Charles de 567, 600f.
Chernov, Andrei 648

Černov, Jevgenij 101
Chirac, Jacques 604
Christine von Schweden 563
Chrobog, Jürgen 147, 150f.
Clinton, Bill 456, 464, 470, 486, 516–518, 527, 540, 591, 628, 651
Clodt von Jürgensburg, Peter Freiherr 12
Csekey, István von 649

Dahlhoff, Günther 142
Dalai Lama 431
Darwin, Charles 225
Daugmalis, Viktors 87
de Gaulle, Charles 3, 569
de la Gardie, Jakob Graf 619
de la Gardie, Pontus 529
Dehio, Georg 335
Dellingshausen, Eduard Freiherr von 58
Dellingshausen, Nils Freiherr von 652
Dellingshausen, Thomas Freiherr von 37, 81, 223
Delors, Jacques 480
Derix, Christoph 142, 156f.
Deyhle, Klaus Abb. 16, 160
Dingens, Peter 3
Doguschijev, Vitalij 78
Dostojevskij, Fjodor 12
Drechsler, Wolfgang 639
Dubinin, Jurij 190
Dudajev, Dschochar 559, 571

Ederer, Markus 424f.
Eenmaa, Ivi 155
Efendijev, Eldar 416
Ehasalu, Karl 200
Einseln, Alexander 435f., 537
Einstein, Albert 339
Eisenstein, Sergej 454
Eitel, Antonius 30f.
Elbe, Frank 147
Ellemann-Jensen, Uffe 117, 140, 164–167
Endre, Sirje 115, 648
Engholm, Björn 283, 623, 670
Epner, Ilmar 37, 81, 287
Erdsiek-Rave, Ute 381
Erhard, Ludwig 292, 330, 385, 649
Erm, Ants 437
Ernesaks, Gustav 533
Erpenbeck, Dirk-Gerd 652
Eschenbach, Christoph 281

Espersen, Ole 495
Falin, Valentin 6–11, 49
Faure, Jacques 541, 589, 601f., 606, 608
Federspiel, Ulrik 165
Feldmann, Valle Abb. 44, 90, 137
Feldmeyer, Karl 463, 634, 636
Fersen, Hans William Baron 82, 566f.
Fersen, Svea 83, 565, 618
Fersen, Sven 39, 82f., 565, 618
Fersen, William (Willy) Baron 38–40, 82f., 289, 565–567
Fink, Karl-Hermann 15, 52
Fischer, Bernd 292
Fokin, Jurij 556
Francke, Klaus 292f., 352, 447, 466
Frasure, Robert C. (Bob) Abb. 26, 199, 215, 311, 397, 436, 510, 512, 516f., 540, 652, 654
Fredén, Lars 647

Gaidar, Jegor 312, 370, 461, 594, 609f.
Gall, Lothar 585
Gallus, Georg 331f., 561
Gassner, Hartmut 28
Gavrilova, Tamara Abb. 68, 284, 367f.
Geiger, Helmut 263
Geiger, Michaela 273–275, 277
Genscher, Hans-Dietrich Abb. 14–15, VII, 31, 35, 56, 59f., 63, 80, 117–120, 125f., 142, 146–152, 156, 158–162, 164–167, 187, 204f., 233, 240, 242f., 256, 275, 281, 293, 336, 345f., 364, 384, 412, 463, 477, 586, 589, 604, 648, 667f.
Gidaspov, Boris 53f.
Glasenapp, Almut von 83, 244, 249f., 616
Glasenapp, Patrick von Abb. 22, VIII, 83, 88, 244–251, 338, 430, 648
Glasenapp, Sabine von 246
Glasenapp, Werner von 244
Gleysteen, Culver 12f.
Glintenkamp, Kurt 172, 355, 506
Glos, Michael 167
Godmanis, Ivars 50, 55, 60, 318
Goebbels, Joseph 375
Golovkov, Anatoly 648
Golubjov, Valerij 105
Gorbatschov, Michail 2f., 11, 19–21, 24, 31, 33–35, 42, 44f., 47, 49, 51–56, 59, 64, 66, 75, 77, 85f., 90, 92f., 98, 102–104, 116, 118, 138, 144, 189–191, 210, 305, 427, 431

Gorbunovs, Anatolijs 35, 53, 67, 314, 345, 440, 449

Gore, Al 540, 590f., 628, 636

Graßmann, Antjekathrin 32

Gračev, Pavel 373, 497, 590

Grisenko, Nikolaj 22

Grofman, Bernard 649

Gromov, Feliks 252

Gropius, Martin 537

Grube, Hanns 649

Grundberg, Gunnel *Abb. 67*, 199, 567, 639

Grundberg, Karin *Abb. 62*, 567

Grundberg, Lars *Abb. 67*, 133–137, 140, 155, 197–199, 305, 327, 340, 356, 361, 457, 467, 524, 530, 540, 542f., 567, 574, 595, 601, 639, 654

Grundberg, Sven *Abb. 62*, 194, 567

Grün-Ots, Ille 653

Gukasov, Grant 652

Günther, Daniela 355, 506

Gurin-Loov, Eugenia 439

Gustav II. Adolf von Schweden 245, 484

Gylys, Povilas 491f.

Gysi, Gregor 195

Haber, Emily 24, 151, 157

Hagelberg, Raimund 144, 150

Hahn, Annemarie 613

Hahn, Juliane 613–615

Hahn, Traugott 613f., 639

Hahn, Wilhelm *Abb. 60*, 613–615, 639, 653

Hallaste, Illar 154, 220, 292f., 325f., 381, 387, 445f., 509

Hallik, Klara 252

Hänni, Liia 115, 294, 308f., 329

Hannibal, Abraham 220

Hansen, Vootele 552

Hansson, Ardo 142, 264, 546

Harnack, Adolf von 335

Harremoes, Erik 180

Hasselblatt, Cornelius 620, 647

Hasselblatt, Theodor 536

Hazak, Gabriel 73

Heilmann, Conrad 274f.

Hein, Ants 288

Helme, Rein *Abb. 41*, 73, 288, 306, 535, 537, 650, 652

Hendrik Prinz v. Dänemark 248, 533

Hepner, Imbi *Abb. 44*, 249, 647

Herzog, Roman 173, 178–182, 534, 602, 645, 662

Hiietamm, Aadu 249

Hiio, Toomas 575

Hiller, Reinhold *Abb. 33*, 83, 382, 439

Hirschheydt, Monika von 650

Hirvensalo, Erkki 288

Hjelm-Wallén, Lena 545

Hobe, Christian von 542

Hofmann, Klaus 8f.

Holleck, Helge 68

Honecker, Erich 347

Horstmann, Hans-Henning 412

Hough, William J. H. 647

Hoyer, Werner 645

Hoyningen-Huene, Natalie Baronesse 652

Hueck, Familie von 29, 167

Huntzinger, Jacques *Abb. 50*, 164, 255, 352, 480f., 502, 541, 608, 654

Hussein, Saddam 51

Ilves, Lehte 653

Ilves, Toomas Hendrik 63

Ivan IV. von Rußland 26, 241

Ivanov, Igor 522, 673

Ivans, Dainis 55

Jaago, Kalev 575

Jaakson, Ernst 187, 219, 467,

Jaani, Karin 292, 507, 509, 546, 577

Jacobs, Barbara 562

Jagja, Vatanjar 52, 238

Jakobson, Max 240

Jakovlev, Alexander 189, 251

Jalakas, Rudolf 264

Janajev, Gennadij 90, 94f., 98, 108

Jannsen, Johann Voldemar 218

Järlik, Rein 301

Jarov, Jurij *Abb. 6*, 99, 105f., 382, 423

Järvelaid, Peeter 575

Jazov, Dmitrij 45, 100

Javlinskij, Grigorij 461, 594

Jelzin, Boris 47, 52–54, 56f., 77, 85f., 91f., 94f., 98, 100f., 103f., 107, 109–112, 115, 118, 122, 241, 251, 255, 257, 297, 310–315, 317f., 368–376, 384, 397, 399, 414, 421, 425, 427, 440, 442, 457f., 461–464, 485f., 489f., 496, 515–521, 526, 555, 557, 569, 590, 594f., 597–599, 605, 651, 666f., 670, 673

Jõerüüt, Jaak 154

Jõgeda, Tiina 647

Johansen, Paul 342, 574, 652

Joonsaar, Arne 60, 89, 161, 532, 618, 641
Josing, Ülo 249
Juganzov, Nikolai 364, 368, 397–400, 405, 416, 419, 444
Junti, Arvo 601, 641
Jürgenson, Toivo 466
Jürjo, Indrek *Abb. 18*, 260, 288, 387, 389, 614, 620
Jurkāns, Jānis 45, 59, 119, 121

Kaal, Vambo 576
Kaalep, Ain *Abb. 45*, 416
Kaasik, Tõnis 164, 195
Kaegbein, Paul 27, 652
Kaevats, Ülo 460
Kahlenberg, Friedrich 32
Kala, Aivar 220
Kalda, Hillar 430
Kallas, Siim 262, 264, 273, 403, 507, 546, 549–551, 576–583, 585, 621, 637f., 654
Kallo, Kalev 584
Kalmre, Vahur 337
Kalniņš, Harald 87
Kama, Kaido 309, 328, 468, 507–509, 551
Känd, Villu 81
Kannik, Indrek 294, 446, 466–468, 476, 507–509
Kaplinski, Jaan 416, 525
Karaganov, Sergej 374f., 490, 650
Karits, Henn 194
Karjahärm, Toomas 38
Karl XVI. Gustaf v. Schweden 246, 248
Kärner, Jüri 88, 385, 484
Kärner, Rein 337, 494, 638f., 653
Karrus, Viktor 504
Kartau, Gero 475
Kask, Rein 531
Kastepõld, Jaak 640
Kastrup, Dieter *Abb. 37*, 76, 165, 411, 413, 419, 542
Katharina I. von Rußland 133
Katharina II. von Rußland 61, 215, 423
Kaurinkoski, Jaakko 163, 198, 229, 341, 349, 601, 642, 654
Kaurinkoski, Kaarina 642
Kayser, Regine 96f., 102
Keek, Maie *Abb. 45*, 335, 639, 649
Kelam, Tunne *Abb. 26*, 65, 115, 182, 220, 232, 291, 303, 333, 381, 411, 415, 508, 576f.
Kelling, Otto 381

Kelly, Lawrence *Abb. 41*
Keyserling, Hermann Graf 89
Kiivit, Jaan 250, 304, 544, 600
Kinkel, Klaus *Abb. 42, 49–50*, IX, X, 160, 164, 256, 337, 350, 401, 424–427, 429, 431, 455, 461, 463–465, 480, 482, 491–494, 503–506, 512–514, 516, 527, 557, 560, 586, 588–595, 598, 602f., 605, 630, 636, 642, 648, 651, 656, 660, 671–674
Kionka, Riina 589
Kirsch, Elisabeth 6
Kittel, Walter 559
Kivi, Rein *Abb. 13*, 73, 130, 132f., 191, 241
Kivimäe, Jüri *Abb. 2, 5, 55*, 27, 32, 43, 69–71, 73, 89f., 134, 143, 152, 334, 350, 412, 416, 550, 574, 614
Kivimäe, Mart 650
Kivimäe, Sirje *Abb. 56*, 36, 38, 43, 69–71, 80, 90, 93, 152, 334, 574, 614
Kivimägi, Toomas 531
Klaar, Toivo 135, 173f., 294, 309f., 317, 350, 358, 467, 480, 500, 556–558, 565
Klaas, Urmas 575
Klas, Eri 155, 219
Klawohn, Harald *Abb. 16*, 152f., 160f., 170, 176, 200, 203, 252, 355
Klein, Günter 83
Klein, Hans 649
Kleist, Peter *Abb. 41*, 165, 218, 221, 345, 476, 542
Klinga, Gunnar 358f.
Kluschin, Oleg 529
Kohl, Helmut *Abb. 34*, 30, 35, 60, 121f., 151, 162, 237, 257, 292f., 315, 332, 346, 352, 354, 375, 384f., 401, 414, 463f., 497, 518, 586, 594, 597f., 602, 628, 637, 651, 671
Kojkolajnen, Lev *Abb. 6*, 423
Kokamägi, Epp Maria *Abb. 62*, 567, 617f., 621, 639
Kolbre, Priit *Abb. 29*, 478, 565, 603
Kommer, Asso 448
Königsmarck, Aurora von 619
Kont, Kersti 75, 90, 134, 150
Körber, Kurt A. 293
Kork, Andres 281
Kostikov, Vjatscheslav 439
Kosyrjev, Andrej 112, 118, 189, 213f., 310, 313, 315, 319f., 361, 369f., 397, 403, 464, 486f., 506, 512–516, 519, 590, 594, 598f., 605
Kõuts, Tarmo *Abb. 63*, 438

Kovaljov, Vasilij 568
Kragh, Bo 262
Kramarev, Arkadij 105
Krämer, Leo 201
Kranich, Heiki 446, 466–468, 507, 509
Kraus, Rudolf 167
Krause, Günther 212, 346–348, 353, 671
Kreegipuu, Kalev 430
Kreitzberg, Peeter 584
Kremer, Gidon 281
Krigul, Merle 405
Krjučkov, Vladimir 100
Kroell, Peter 503
Kross, Jaan *Abb. 24, 51, 57–58, 61*, VII, Xf.,
    XIV, 61, 63f., 73, 155, 181, 240, 286, 294,
    301f., 342, 381, 401, 416, 525, 548, 550,
    571–574, 577, 614, 620, 662f.
Kruus, Hans 354
Kruuse, Ülo 648
Krylov, Sergej 558, 608–611, 675
Kubo, Märt 239
Kuckhoff, Peter 68, 144
Kügelgen, Sally von 504
Kujat, Harald 592, 631, 633, 635
Kukk, Kalev 550, 648
Kulbok, Kalle 300
Kull, Clyde 165
Kull, Nikolai 504
Kull, Väino 88, 639
Kullamaa, Evald 80, 249f.
Küng, Enn 529, 575
Kusmin, Fjodor 51, 55, 109
Kusnezov, Arthur 316
Kusnezov, Sergej 577
Kusnezov, Vladimir 406
Kuulpak, Endel 40, 93, 416
Kuuskemaa, Aet 90, 567, 618
Kuuskemaa, Jüri *Abb. 37–39, 55*, 38, 73, 89f.,
    221–223, 283, 412, 416, 424, 567, 618
Kynin, Georgij 31

Laaneots, Ants 192–194, 218, 434f.
Laanjärv, Olev 194
Laansalu, Ants 164
Laar, Mart *Abb. 27, 34, 37–38*, VIII–X, 73, 115,
    168, 171, 186, 214, 220, 235, 269, 280,
    292–294, 298, 303f., 306, 308–310, 312, 321,
    325f., 330, 337, 346, 349, 352f., 359, 372,
    375f., 381, 385, 393f., 397, 401, 404,
    409–412, 420, 422, 426f., 431, 434–442,
    444–448, 453, 460–463, 466–472, 475,
    479f., 488, 496, 498f., 500, 506–509, 511,
    517f., 533, 537, 541, 546–553, 560–562,
    576–578, 580f., 586f., 605f., 624, 645, 648,
    651, 654, 670, 671–673
Lahelma, Timo 360
Laidoner, Johan 348
Laikmaa, Ants 530
Laja, Tiit 530
Lalumière, Catherine 149, 228f., 367, 396
Lamassoure, Alain 480
Lambsdorff, Alexandra Gräfin 342, 428
Lambsdorff, Hagen Graf 125, 127, 134, 165,
    196, 430, 432f.
Lambsdorff, Marcie Gräfin *Abb. 30*, 341, 347
Lambsdorff, Nikolaus Graf *Abb. 16*, 160, 164,
    167, 194, 200, 203, 225, 249, 281, 287, 334,
    337, 339, 341, 428, 541
Lambsdorff, Otto Graf 28, 125, 341f., 403, 610,
    621, 630, 636
Lambsdorff, Ruth Gräfin 430, 432
Lamprecht, Ruth → Reese
Landsbergis, Vytautas 35, 53, 67, 219, 312, 314,
    440, 449
Langovits, Peeter 154
Lauristin, Marju *Abb. 32*, 22, 47, 51, 75, 112,
    114f., 141, 149, 178f., 181, 269, 294, 309,
    333, 355, 365, 435, 468, 547, 648
Lavjorov, Nikolaj 67
Lebedjev, Vladimir 151, 364
Leemets, Ants 585
Leetsar, Jaan 332
Leimann, Jaak 145, 150
Lenin, Vladimir 11, 22, 616
Lenz, Wilhelm 27
Lepa, Karl 334, 484, 639
Lepik, Viktor 30
Lepnurm, Arno 82
Lepnurm, Hugo 74, 82
Leščenko, Svetlana 54
Leutrum, Norwin Graf 157, 336, 553
Lewerenz, Jürgen 264, 649
Lichačev, Dmitrij 50, 96
Lieberg, Burchard 164
Liebknecht, Karl 619
Liesen, Klaus 621f.
Liimets, Enn 33, 86, 138, 144, 197, 230–233
Liiv, Toomas H. 141
Liiv, Valdur 287
Lilienfeld-Toal, Ulf von 652

Lind, Imbi 617
Lindpere, Heiki 252
Lipinsky, Jan 647
Lippmaa, Endel 19, 22, 35, 46f., 150, 525, 581, 584, 593, 606f. 609–611, 642
Lipstok, Andres 530, 546, 559
Loeber, Dietrich A. 336, 647
Lõhmus, Ants-Enno 381
Loorits, Oskar 247, 648
Lotman, Jurij 338f., 366
Løvseth, Brit 199, 654
Low, Brian *Abb. 26 und 52*, 164, 173, 177f., 353, 361, 480, 500, 541, 600, 654
Lucas, Hans-Dieter 156f., 252, 350, 585
Lucas, Rainer 162
Ludwig XV. v. Frankreich 619
Luik, Anne 342
Luik, Hans 81, 342, 647, 649
Luik, Jüri *Abb. 50*, 148, 236, 294, 296, 309, 320, 369–371, 375, 409, 425, 437, 448, 456, 459f., 466–469, 481f., 486–488, 491–494, 497, 500f., 506, 512–515, 517f., 522–526, 546, 554, 558, 568, 589–595, 598, 654, 671f., 674
Lukas, Aino-Eevi 385
Lukin, Vladimir 189
Lukjanov, Anatolij 47, 92
Lysenko, Valerij 406

Maarend, Alar 83
Made, Tiit 220, 262, 269, 301
Mäeväli, Sulev 73
Mahrenholtz, Uwe 605
Maiste, Juhan 504, 651
Majorov, Leonid 297, 422, 456
Maksimenko, Alexander 410, 442
Mälk, Raul 47, 514f., 517f., 522, 589, 593, 608–612, 673
Mandel, Mati 640
Mändmets, Ilmar 584
Manitski, Jaan *Abb. 25*, VIII, 215, 233–236, 248, 310f., 326–329, 466, 654, 669
Maran, Olav 504
Margarete II. von Dänemark 247f., 533
Marin, Jana 482
Maruste, Rait 534, 560f.
Masing, Herbert 274f., 533
Masing, Otto Wilhelm 87, 617
Matsulevitš, Tiit *Abb. 38*, 88, 142, 167, 233, 280, 288, 414, 589, 593
Maydell, Lars Baron 652

Meckel, Markus 195
Mehnert, Klaus 202
Meier-Wichmann, Ursula *Abb. 16*, 152, 161
Meissner, Boris 360, 647
Meister, Andi 164, 346, 348
Meister, Viljar 168, 173, 197, 355f.
Mell, Gisela *Abb. 16*, 160, 652
Melničuk, Fjodor 109, 111
Mereste, Uno 577
Meri, Georg 298, 453, 564, 650
Meri, Helle *Abb. 43 und 49*, 341, 411–414, 505f., 519, 533, 537, 621
Meri, Lennart *Abb. 12–15, 17, 28, 33, 35, 37–40, 43 und 49–50*, VII–X, 2, 20, 33, 43–47, 52, 59f., 62f., 66, 70, 73, 75, 77, 79, 83, 91, 113, 119f., 121f., 126, 130, 133, 135f., 142–144, 146–151, 154f., 162f., 165, 167, 169, 173–175, 179, 186f., 189, 191, 212–214, 219, 221, 230–234, 236, 240, 275, 295f., 298f., 302–306, 308, 313f., 316–318, 332, 336f., 341f., 345f., 350–352, 355, 359, 374f., 381, 383f., 388, 391f., 394–397, 400f., 403, 405, 407, 411–418, 420–422, 425–427, 434, 440, 442, 445, 448, 453f. 456–458, 460–464, 466–472, 480, 484f., 490, 496f., 502, 505f., 508, 511–514, 516–520, 523–527, 530, 533–535, 537, 539f., 543f., 548–551, 553, 557, 563–565, 567, 569, 571, 573, 577–582, 584–589, 591–600, 604–606, 608, 612, 614, 621f., 626–634, 636–638, 641–643, 645, 649–654, 665, 667, 669f., 673
Mets, Tõnis 640
Metsanurk, Mait 354
Meyendorff, Freiherren von 74
Meyer-Landrut, Andreas *Abb. 36 und 38*, 2f., 7, 28, 130, 134, 178f., 241f., 293, 386, 411–413, 419, 470, 494f., 596, 643
Michailov, Dmitri 416, 419
Michetti, Niccoló 133
Mikkel, Evald 649
Mikko, Marianne 249
Miles, Richard 25
Milošević, Slobodan 426
Miloserdova, N. 648
Mirbach, Ernst Dietrich Baron 244
Mironov, Valerij 515
Mischin, Jurij 406–408, 442, 528
Mitterrand, François 255, 352, 669
Mohr, Johann Caspar 169
Moik, Erich 238, 243

Montzka, Egon 146
Mozart, Wolfgang Amadeus 47, 201
Mühlen, Anny von zur 613
Mühlen, Heinz von zur 342, 574, 652
Müllerson, Rein 91f., 136, 230–233
Murd, Raivo 554
Mützelburg, Bernd 645
Mutt, Mihkel 136
Muuli, Kalle 651

Napoleon Bonaparte 432
Naumann, Klaus 643
Nestor, Eiki 552, 576
Nečkina, M. V. 339, 650
Neubert, Klaus 24, 52
Nielsen-Stokkebye, Bernd 242
Nigol, Aivar 431
Niit, Ellen *Abb. 57, 61*, VII, 63f., 73, 155, 286, 342, 548, 573, 614, 620
Niitenberg, Arvo 309, 468
Nikolai I. von Rußland 12, 63, 642
Nikolai II. von Rußland 429
Njevsorov, Alexander 78, 192, 415
Norak, Albert 340f.
Nordberg, Sven Erik *Abb. 28*, 164f., 174, 176, 353, 480, 497, 500, 654
Nottbeck, Berend von 534, 652
Nugis, Ülo 22, 67, 76f., 79, 85f., 90f., 110f., 115, 134, 154, 218, 233, 294, 302f., 313, 321, 333, 381, 383, 415, 439, 442, 496, 508f., 511, 518, 580, 584
Nutt, Mart 293f., 392, 407

Oja, Tiiu 639
Olchovikov, Alexander 216, 383, 523
Olchovikov, Jurij 252
Olesk, Peeter 460f., 546, 552, 573f.
Olljum, Alar *Abb. 29*, 309, 425, 458, 460, 467, 492–494
Ong, Eve 287, 417
Ong, Urmas 287
Oolup, Urmas *Abb. 2 und 56*, 42, 71, 90, 124, 143, 160, 334, 350, 504, 651
Öövel, Andrus *Abb. 63*, 220, 344, 438, 585, 601f., 628, 631, 635, 641f.
Oplatka, Andreas 649, 651
Opmann, Mart 168, 585
Orwell, George 490
Osten, Manfred 550
Ostwald, Wilhelm 335

Otsason, Rein 262, 264, 340
Ott, Kalle *Abb. 12–13*, 25f., 41, 62, 74, 112, 127, 130, 137, 305f.
Ott, Urmas 648
Ottis, Kadri 575, 614
Õunapuu, Harri 164
Oviir, Siiri 156, 295, 584

Paal, Anatoli 528
Pabsch, Ekkehard 338
Pacius, Friedrich 218
Pahlen, Freiherren von der 37, 81, 89, 416, 504
Pain, Emil 599
Paju, Ants 553f.
Pajuste, Andres *Abb. 44*
Pajula, Kuno 218, 304, 342, 416, 536f.
Pankin, Boris 189
Parek, Lagle 291, 295f., 299, 308f., 344, 438, 448, 474
Paschke, Karl-Theodor 124f.
Päts, Konstantin 179, 301, 535
Päts, Matti 301, 303
Paul, Toomas 614
Pavlov, Valentin 100
Peitz, Ulrich *Abb. 64*, 542, 601, 645
Pesti, Olavi 223
Peter I. von Rußland 133, 220
Peterlechner, Barbara *Abb. 45*, 287, 333, 439
Petrov, Boris 107
Petrov, G. 648
Pfeiffer, Heinrich 550
Piht, Avo 543
Piirimäe, Helmut 88
Pikaro, Koit 448
Pillak, Peep 288
Pilv, Mehis 206, 273
Pistohlkors, Gert von 36, 38, 43, 74, 81, 647
Ploetz, Hans von 480, 625f.
Pöld, Jüri 220
Poll, Odert von 221, 223
Pomfret, John 652
Popov, G. I. 12f.
Popovič, Oleg 58, 112, 118
Preem, Mart 88
Priimägi, Linnar 334
Pruuli, Tiit 438, 445f.
Pugo, Boris 78, 100
Pullat, Raimo 30, 288
Puschkin, Alexander 50, 220, 339
Putin, Vladimir *Abb. 7*, 52, 54, 97, 102, 104f.,

107f., 126, 189f., 238, 421, 423, 489
Putina, Ljudmila 189, 489
Puttkamer, Eberhard von 156, 176, 190, 488
Puttkamer, Karina von 176, 190, 488
Puura, Toomas 252

Raidal, Jaanus 291, 431
Raidla, Jüri 22, 54, 115, 154, 164, 179, 185
Raig, Ivar 294, 547
Raimla, Tiit 38–40, 82, 289, 565
Raimla, Tiiu 38–40, 82, 93, 289
Rajandi, Henno 651
Ramm, Familie von 74
Randver, Rein 432
Rapke, Rudolf 2
Rästa, Ülle *Abb. 68*, 284
Rau, Johannes 627
Rauch, Georg von 28, 63f., 464
Raude, Kuno 381
Raudma, Tiia 135
Raudsepp, Hugo 44f.
Raunit, Einar 430
Rebas, Hain 216f., 291, 309, 344, 381, 434–438, 448, 466
Reese, Ruth 504
Reichel, Ernst 1, 36, 42, 49, 54f., 60, 68, 75, 87f., 94, 96, 102, 117, 126, 130, 185, 280, 467
Reiljan, Janno 483
Reiljan, Villu 584
Reinart, Väino 231, 468, 486–488, 565, 589, 593, 672
Relve, Priit *Abb. 16, 18, 45 65 und 66*, 152f., 155, 192, 202, 249, 340, 351, 355, 397, 429, 431f., 482, 528, 550, 563f., 573, 579, 586
Repin, Ilja 530
Repina, Alla 99
Rexroth, Günther 323
Richthofen, Hermann Freiherr von 492
Riives, Tiit 39, 289
Rikken, Mari-Ann 500
Robert, Kyra 416
Röding, Horst 6, 8, 232–234
Rodionov, Igor 106
Rönquist, Anders 404
Rondorf, Peter 433
Rõngelep, Ene 650
Roode, Henn 504
Roosiväli, Kalev 431
Rose, Klaus 147, 204
Rosen, Familie von 567, 620

Rosen, Gustav Baron 619
Rosen, Hans Baron 619
Rosen, Lothar Baron 575
Rosenberg, Tiit 575
Roždestvenskij, Zinovij 82
Rühe, Volker *Abb. 63*, X, 628, 630–637, 675
Rumessen, Vardo 115
Rummo, Paul-Eerik *Abb. 65*, 283, 335, 509, 576
Rüssow, Balthasar 64, 574, 652
Rüütel, Arnold *Abb. 12–14, 21 und 66*, VIIf., 33, 35, 46–49, 51, 53, 55, 57, 67, 76, 79, 83–86, 90f., 109–111, 114f., 126, 130, 132–134, 140, 144, 149–151, 159, 161, 167, 179f., 182, 187, 191f., 211, 218f., 225, 236, 239–243, 248, 255, 257f., 274–277, 295–299, 303–305, 316, 345, 443, 449, 557, 576–578, 580–582, 587f., 638, 641f., 647, 666, 669
Rüütel, Ingrid 239, 243, 246, 248
Ruzkoj, Alexander 371, 442, 457

Saar, Jüri 223
Saarmann, Tiit 154f.
Šachraj, Sergej 214, 251, 461
Sachsen, Moritz Graf von 619
Saks, Valery 38, 73f.
Salumäe, Ivar-Jaak 304, 306, 424, 536
Samson-Himmelstjerna, Jesko von 652
Samsonov, Viktor 94f., 97f., 103, 105–107
Šank, Ruve 332
Sante, Ulrich 561
Šapošnikov, Jevgenij 188, 194
Särkijärvi, Jouni 229
Saudargas, Algirdas 59, 119, 121
Sauer, Peter *Abb. 45*, 428, 482, 573f., 625, 631
Savi, Kristi 641
Savi, Toomas 580, 585, 607, 616, 627, 635, 641f.
Savisaar, Edgar VIII, 20–22, 25, 33, 40, 51, 57, 62, 65, 68, 76f., 79, 91, 110–112, 115, 138, 143, 151, 154, 162f., 175, 183f., 186, 188f., 194, 196–199, 205f., 208–212, 216, 232, 237, 262f., 269, 294f., 297, 299, 302f., 307, 316, 323, 327, 333, 345f., 381f., 390f., 393f., 420, 422, 436, 438, 444f., 447, 509, 550, 576–578, 580–582, 584–586, 601, 637f., 641, 654, 665f., 669
Ščerbakov, Vjačeslav 97, 99, 101, 105–107
Schachovskoy, Dimitri Fürst 124

Schäfer, Helmut 403, 492
Schäfer, Michael 561
Schamil, Imam 569
Scharioth, Klaus 350
Schäuble, Wolfgang 346
Scheel, Hermann 8, 12
Scheel, Walter 3
Schevardnadze, Eduard 31, 35, 46, 49f., 189,
 251, 666
Schirinovskij, Vladimir 193, 316, 364, 368,
 461–464, 590
Schmidhuber, Bernd 293
Schmidt, Carmen 360, 395, 404, 413, 498, 540
Schmidt, Herbert B. *Abb. 46*, 323–330, 378,
 409, 413, 473, 614, 649
Scholl-Latour, Peter 285, 649
Schönbohm, Jörg 221
Schönfelder, Wilhelm 589
Schoser, Franz 239, 562
Schrömbgens, Gerhard Enver 229
Schulenburg, Werner Graf von der 44
Schumacher, Torsten 562
Schwarz-Schilling, Christian 164, 212
Seeberg-Elverfeldt, Roland 89
Seesma, Tõnis 528
Seiler-Albring, Ursula 492
Seite, Berndt 513, 622, 624, 626, 674
Semjonov, Alexander 365–368, 398, 650
Seufert, Gerhard 142
Sher, Leivi 91
Siano, Carlo 164, 608, 654
Sieben, Viktor 413
Siig, Ahto 652
Siimann, Mart 186
Silajev, Ivan 92
Sildmäe, Toomas 447, 466–468, 470, 507
Sillari, Enn-Arno 195
Silvia Königin v. Schweden 246, 248
Simonis, Heide 623f., 627, 675
Simson, Ülo 640f.
Sinijärv, Lili-Ann 642
Sinijärv, Riivo *Abb. 64*, 302f., 540, 584, 586,
 594f., 601, 606f., 622, 635, 642, 654, 674
Sirkel, Heiki 350
Slobošan, O. 647
Sobtschak, Anatolij *Abb. 6–7*, IX, 14f. 17, 50,
 52, 59, 92, 94–108, 126, 179, 189f., 251, 336,
 382, 414, 420–423, 489, 648, 667
Solms, Hermann Otto 327
Solschenizyn, Alexander 431, 463, 489f.

Sommerhage, Claus *Abb. 46*, 334, 413, 489,
 639
Soosaar, Mark 531
Spiegel, Albert 640
Stabreit, Immo 8
Stackelberg, Ernst Graf 60
Stackelberg, Friedrich Freiherr von 619, 653
Stackelberg, Grafen 60, 529
Stackelberg, Otto Magnus Freiherr von 74
Stackelberg, Wolfhart Freiherr von 653
Stackenschneider, Hans 642
Staden, Berndt von VII, XIV, 9, 141–148,
 150–152, 156, 158, 205, 233, 242, 280, 367
Staël von Holstein, Alexander Baron 532
Stalin, Josef 48, 423, 491, 597, 640
Stempel, Otto Baron von 3
Stenbock, Anders Graf 289
Stenbock, Ebba Margareta Gräfin 285, 289
Stenbock, Grafen 38, 40, 81, 169f., 238, 286,
 306, 567, 618
Stenbock, Jarl Graf 238, 289, 618
Stenbock, Karl Magnus Graf 39, 93, 289, 306,
 618
Stenbock, Synnöve Gräfin 618
Stercken, Hans 240
Stetten, Wolfgang Freiherr von *Abb. 33*,
 83–86, 88, 240, 381f., 385, 439f., 568
Strauß, Franz Josef 125
Ströhm, Carl Gustaf 490
Stürmer, Michael 629, 653
Subbi, Olev 639
Suits, Familie 620, 641
Sukles, Urmas 530
Sults, Maaja *Abb. 5*, 73, 388
Sumera, Lepo 73, 145, 154, 239, 335
Süßmuth, Rita *Abb. 33*, 102, 239f., 242,
 382–387, 414, 671
Suurorg, Lagle 281
Svirin, Vasilij 251, 369, 372, 407, 456, 460, 487,
 490, 610
Swiers, Peter 12

Taagepera, Rein 179, 295f., 298f., 649
Taal, Olari 323, 328
Tamm, Aldo 552
Tamm, Cornelius 38f., 93
Tamm, Eino 607
Tamm, Jaak *Abb. 51*, 279, 283, 381, 444f.
Tamm, Jaan 73
Tammerk, Tarmu *Abb. 44*, 43, 393, 581

Tarand, Andres *Abb. 65*, X, 195, 294, 309, 348f., 359, 394, 507, 551f., 557–559, 563, 570, 576f., 580, 587f., 605f., 654, 674

Tarand, Indrek *Abb. 65*, 234, 408, 446, 565, 589

Tarand, Kadi *Abb. 65*,

Tarand, Mari *Abb. 65*,

Tarto, Enn 115, 154, 294, 447

Tasa, Toivo *Abb. 29*, 350

Teichmann, Cornelia von 83, 439

Teiter, Kirill 300

Telschow-Altof, Kaja 90, 124

Terechov, Vladislav 10f., 421

Terfloth, Klaus 414

Terk, Erik 649

Teufel, Erwin 420, 614

Thielbeer, Siegfried 653

Thiess, Frank 82

Tiesenhausen, Freiherren von 61

Tiesenhausen, Waltraud Freifrau von 382

Tiesenhausen, Wolter Freiherr von 382

Tietmeyer, Hans 264

Tiilik, Karl 90

Tikk, Jüri 523

Titma, Mikk 262

Tokovinin, Avrelij 9

Tolts, Andres 618

Tomuschat, Christian 357, 359

Tõnisson, Jaan 337

Tõnisson, Liina 584

Toome, Indrek 22, 33, 86, 154, 220, 233

Toomel, Alo 169, 173f.,

Toomepuu, Jüri 300f., 430

Toompere, Rait 88

Töpfer, Klaus 348f., 353, 671

Törnudd, Klaus 357, 359

Treude, Asta 563f.

Tritthoff, Familie von 74

Trofimov, Alexander 199, 316–318, 375, 410, 458, 486, 488, 511f., 530, 555, 567, 595, 598, 601, 651, 654

Tross, Jaan 333, 405

Trumpf, Jürgen 453, 479

Truuväli, Eerik-Juhan 302

Tschaikovskij, Peter 531

Tschernomyrdin, Viktor 370, 421

Tschubais, Anatolij 52

Tschuikin, Vladimir 404, 406–408, 410, 419, 442, 444, 528

Tschurkin, Vitalij 313f., 319, 370, 397, 458, 460, 487, 514f., 517f.

Tulviste, Peeter *Abb. 54*, 336, 385, 416, 484, 533, 616, 639

Tupp, Enn 220, 546

Tuve (Taube), Jakob 60

Udalcov, Alexander 421

Uexküll, Familie von 89

Uexküll, Jakob Baron 301

Ugglas, Margareta af 248, 467

Ulmanis, Guntis 425, 446, 456, 496, 516, 534, 596, 604

Ulmanis, Karlis 534

Ulmann, Arnulf von 221, 282f.

Undusk, Ingel *Abb. 61*

Undusk, Jaan 286, 289, 648f.

Undusk, Liispet *Abb. 61*

Undusk, Maarja *Abb. 61*, 286

Undusk, Marion *Abb. 61*

Unga, Andres *Abb. 28 und 35*, 411, 416, 565, 642f.

Ungern-Sternberg, Armin Freiherr von XIV, 652

Ungern-Sternberg, Axel Freiherr von 221–225, 535, 574

Ungern-Sternberg, Freiherren von 285

Ungern-Sternberg, Grafen 286, 537

Ungern-Sternberg, Isabella Freifrau von *Abb. 51*, 74, 89, 429, 504, 650

Ungern-Sternberg, Isolde Freiin von 89, 165, 211, 429

Ungern-Sternberg, Jan Freiherr von 652

Ungern-Sternberg, Jürgen Freiherr von 574

Ungern-Sternberg, Michael Freiherr von 1, 13, 35, 49, 94, 102, 117, 125f., 134

Ungern-Sternberg, O. R. L. Freiherr von 286, 649

Ungern-Sternberg, Rudolf Freiherr von 74

Ungern-Sternberg, Wolfgang Freiherr von 563

Usk, Ants 407f., 529

Üürike, Madis 309, 327, 466f., 559

Vaga, Voldemar 613f., 624

Vähi, Raine-Lea 626

Vähi, Tiit *Abb. 26 und 59*, VIII, X, 164, 211–213, 218f., 225f., 231–233, 236f., 261, 263, 265, 267, 269, 274, 293f., 303, 307–309, 312, 321–324, 346, 356, 373, 376, 438, 444,

451, 471, 475, 507, 509, 525, 546f., 550, 562, 573, 576–588, 593, 601, 605–612, 622f., 626f., 629f., 635, 637f., 641, 645, 654, 669, 674f.
Vaker, Andrus *Abb. 16*, 152
Väljas, Mai *Abb. 18*, 155
Väljas, Vaino *Abb. 18*, 75f., 111, 154f., 195, 301f., 345, 577
Valk, Heinz 112, 114
Valk, Marika 176, 283, 504
van den Broek, Hans 570, 603
van der Stoel, Max 360–363, 368, 395f., 404–406, 408, 412, 419, 441, 445, 570
Vare, Raivo 92, 176, 194, 197, 219
Varik, Andres 587
Varul, Paul 585
Veering, Uno 219, 237, 251f., 256, 308, 312, 438
Veetõusme, Ants 155f., 246, 249, 379, 385, 639
Veidemann, Rein 112, 150, 154
Veiderma, Mihkel *Abb. 36*, 225
Velliste, Trivimi *Abb. 29 und 42*, 33, 36, 160, 214, 234, 236, 252, 292, 294, 309, 313, 319f., 325f., 333, 337, 342, 350–354, 359, 369, 376, 383, 394, 397, 403, 411, 414, 419, 426f., 429, 454f., 466f., 595, 654, 656, 660, 670f.
Vendla, Edda-Cary 29f.
Veretin, A. 648
Vihalemm, Peeter 648
Viira, Helga 64
Viktorov, Alexander 252
Vilosius, Toomas 547
Vint, Mare 618
Visnapuu, Kaljo 289
Vitsur, Heido 273f., 323
Volkov, Sergej 68
Vollmar-Libal, Sabine 350, 513, 589
Voscherau, Henning 98
Vulfsons, Mavriks 45, 87

Waigel, Theodor 147
Walesa, Lech 597

Walter, Gerd 623, 627
Walter, Hannes 333, 653
Weiss, Hellmuth 27
Weisser, Ulrich 631, 633, 635
Weisskirchen, Gert 195
Weizsäcker, Marianne Freifrau von *Abb. 35*, 239, 241f., 411–414, 417, 671
Weizsäcker, Richard Freiherr von *Abb. 21 und 35–40*, IX, 4, 126, 128, 179, 225, 241f., 411–419, 418f., 426, 455, 463, 494, 557, 671
Wendrich, Rolf von 565f.
Westdickenberg, Gerhard 506
Wilz, Bernd 219–221, 344–346, 352
Winkler, Carl von 504
Wistinghausen, Adele von 82
Wistinghausen, Alexandrine von 176
Wistinghausen, Christian von *Abb. 24 und 31*, 69, 80f., 89, 164, 190, 202, 239, 249, 260, 285, 615
Wistinghausen, Christoff 529
Wistinghausen, Karl von 430, 532
Wistinghausen, Luise von 290
Wistinghausen, Magnus von *Abb. 8 und 31*, 89f., 93f., 96, 99, 101, 202, 244, 389, 429, 432, 535, 620
Wistinghausen, Natalie von *Abb. 31*, 80, 202, 239, 567
Wistinghausen, Nikolai von 409
Wistinghausen, Rudolf von 16, 39, 134, 613, 615
Wistinghausen, Ursula von 16, 63
Wistinghausen, Walter von 37, 44f., 81f., 134, 158, 215, 289, 617f., 648f.
Wittram, Reinhard 534, 652
Wolff von Amerongen, Otto 52
Wolff, Klaus 640
Wrangel, Olaf Baron von 635
Wyschinskij, Andrej 375

Zierlein, Karl-Georg 178f.
Zybin, Alexander 368, 579

SACHREGISTER

Akademische Gesellschaft für deutschbalti-
sche Kultur in Tartu 72, 88, 454
Annexion der balt. Staaten 9, 19f., 28, 31, 35,
48f. 119, 185f., 194, 215, 374, 413, 538, 647
„Anwalt der Balten" XIII, 158, 465, 491, 589,
593, 629, 651
Ausländergesetz 227, 308, 392–405, 407, 410,
460f., 497–503
Auslandsesten → Exilesten
Außenpolitische Orientierungen Estlands
187f., 350–352, 466f., 482f., 584, 590
Ausstattungshilfe für
– Grenzschutz 155f., 191, 194, 219–221,
   236, 241–243, 276, 344–346, 437, 476, 542,
   635, 641
– Militär 155f., 476f., 542, 634f., 642
– Polizei 155f., 194f., 236, 279, 344,
   474–476, 635

Baltenregiment 534–537
Baltic Independent 42, 87, 249, 298, 300, 308,
393, 494, 636, 648–653
Baltic Peacekeeping Battalion 462
Baltikumpolitik
– amerikanische 24f., 516–518
– deutsche 23–25, 34, 59f., 70, 84, 117–123,
   131f., 139, 148, 156–160, 243, 270, 315,
   384, 401, 414–419, 426f., 440, 464f., 480,
   491–494, 497, 518, 527, 557, 586, 589–593,
   604, 611, 630–633
– russische 53, 56–59, 86, 118, 312–320,
   399, 403, 415, 439f., 458, 464, 485f., 488,
   490, 515, 556
– schwedische 25, 246–248, 278, 352, 545,
   648
– sowjetische 49, 138
Baltische Geschichte 463f., 534–537, 572,
574, 643–645,
Baltische Historische Kommission 26–31, 36,
63, 70, 216
Baltische Landeswehr 534
Baltische Zusammenarbeit 34, 64f., 73, 79,
313f., 449–453, 455, 462
Baltischer Rat → Baltische Zusammenarbeit
Bamberger Symphoniker 281, 453
Banken, dt. 380, 623
Bankenkrise 379f.

Beratungshilfe 63, 143–145, 158, 163, 233,
255, 270, 273, 279, 329, 331, 414, 559–562
Botschafterkonferenzen 164–167, 541
Byrd Agreement 456

Deportationen 85, 538, 543, 563f., 602
Deutschbalten 2, 249, 272, 274, 354, 365,
382, 413f., 450f., 454f., 534–537, 643–645
Deutsche Bundesbank 162, 264
Deutsche Sprache 145, 159, 236, 271, 280,
532, 624–627
Deutsches Kulturinstitut
– Tallinn/Reval 68–73, 143f., 152, 287, 335,
   412, 427f., 454, 624
– Tartu/Dorpat 88, 280, 334f., 386, 428,
   454, 484, 489, 550, 639
Deutschlandpolitik, estn. 351–354, 385, 562,
586

Eigentum an Grund und Boden 75, 268f.,
289, 327
Eigentumsreform → Restitution
Energieversorgung 140, 205–207, 210, 241f.
274, 308, 321, 327, 378f., 425, 622
Estländische Ritterschaft 2f., 69, 89, 142, 225,
282f., 345, 535, 545, 574f.
Estn.-russ. Vertrag (1991) 53, 57–59, 228, 254,
610
Estnisches Geschichtsarchiv 88, 639
Estnische Gesellschaft für Denkmalsschutz
36, 69, 73, 306, 467
Estnisches Institut 70, 72, 350
Estnischer Kongreß 21, 62, 114f., 178f., 182,
184, 214, 258, 291, 361, 367
Estnisches Komitee 21, 65, 115, 227
Estonian Independent 42, 647
EÜS (Verein studierender Esten) 293f.,
575
Eurofakultät 336f., 639f.
Europäische Gemeinschaften (EG)/
Europäische Union (EU)
– Assoziationsabkommen 117, 120, 132,
   139, 148, 150, 166, 243, 354, 385, 426,
   477f., 480–483, 493, 603–605, 608, 629,
   642
– Beitritt der balt. Staaten 166, 243, 385,
   462, 480, 483, 556, 584, 629, 645

- Europaabkommen → Assoziationsabkommen
- Europäische Politische Zusammenarbeit (EPZ) 353, 404, 498
- Freihandelsabkommen 440, 478–483
- Gemeinsame Außen- und Sicherheitspolitik (GASP) 498f., 510f., 515, 517, 604, 608
- Handels- und Kooperationsabkommen 139, 166, 267, 477
- Hilfe s. auch PHARE 206, 210, 271
- Ratspräsidentschaft 404, 478, 482, 516, 526, 542
- Unabhängigkeit der balt. Staaten 116, 120f.
Europarat 149, 178–180, 228–230, 387, 394, 396, 400–402, 410, 444, 594, 599f.
Exilesten 216f., 226, 235, 259, 272, 296, 300, 309, 434–437, 466

Freihandelsabkommen mit
- Lettland/Litauen 449, 451f.
- → EG
- nordischen Staaten 267, 452, 481
- Rußland 312, 370, 373, 556
Friedensvertrag von Tartu/Dorpat 22, 58, 85, 254, 373f., 425, 514, 555f., 584, 609f., 611

Gesellschaft für deutschbaltische Kultur in Estland 69–72, 74, 80, 88, 221, 334, 387, 454
Goethe-Institut 60, 70, 145, 159, 236, 280, 287, 335–337, 427, 454
„Gorch Fock" 380f.
Grenze, estn.-russ. 57f., 85, 254, 513f., 555f.
Grenzschutz 192, 194, 218, 220, 390, 437f., 585
Grenzvertrag, estn.-russ. 556f., 568, 584, 606f., 609–612
Gutshäuser, ehem. 145, 285–290, 388, 416f., 430, 532

Haus der dt. Wirtschaft Leningrad 15
Hitler-Stalin-Pakt → Molotov-Ribbentrop-Pakt
Humanitäre Hilfe 208, 243, 249f., 272, 376, 409, 430, 474, 575

Investitionen, dt. 145, 274f., 378, 380, 430, 472, 528, 531f., 621–624, 627

Investitionsförderungsvertrag, dt.-estn. 159, 224, 236, 330f.
IWF 206, 263–270, 376, 379, 473, 479

Juliverträge mit Rußland (1994) 520–526, 541, 605–609, 652

Kaitseliit (Selbstschutz) 109, 218, 448
Kinderreiche Familien 340f., 620, 641
Kodukaitse (Heimwehr) 61, 109, 218
Kommunalwahlen 363, 390–392, 440–446
Kriegsgräber, dt. 333, 601, 642
KSZE/OSZE 35, 45, 60, 80, 142, 146f., 149, 187, 230, 253–257, 315, 317, 356–358, 369, 383, 394, 396, 400–402, 410, 477f., 492, 517, 521, 558, 568, 570, 592, 605
KSZE-Gipfelerklärung (Helsinki II) 257, 310f., 318, 360, 372, 393, 401, 418, 459, 492, 656
KSZE/OSZE-Mission 358–360, 394f., 401, 406, 441, 444, 498, 540, 552
Kulturbeziehungen, dt.-estn. 145, 159, 280–283, 287, 453–455
Kulturerbe, dt.-estn. XIV, 72, 131, 145, 288, 354, 383, 387, 427, 454f., 505, 644

Landwirtschaft 331f., 472f., 561, 576, 583

Materialhilfe → Ausstattungshilfe
Menschenrechte → russ. Minderheit
Militärpensionäre, russ. 460f., 487f., 490, 494–497, 509–512, 514, 517, 521f., 524–526, 607
Minderheit, russ. 84f., 150, 161, 180f., 189f., 191, 228–230, 254, 270, 312, 314–316, 318f., 320f., 356–368, 374, 376, 390–403, 410, 414f., 418f., 445, 456, 462, 478, 552, 558, 579, 599
Mißtrauensvotum 446, 461, 548
Molotov-Ribbentrop-Pakt XIII, 2, 19f., 43, 49, 72, 86, 119, 122, 131, 141, 277, 384, 413, 425, 439, 491, 538, 631, 643f., 647
Moskauer Vertrag (1970) 5f., 35

„Nahes Ausland" 312, 374f., 486, 568, 570, 634
Nationale Volksarmee (NVA) 159, 161, 194, 221, 276, 344, 476, 542
NATO-Erweiterung 117f., 452, 462f., 465, 485, 493, 568, 584, 590–593, 599, 628–634

Nordatlantischer Kooperationsrat 426, 462, 485
Nulloption/Nullvariante → Staatsangehörigkeit

Omnibusse für Tallinn 279, 347f.
Ostseerat 166, 414, 424f., 487, 493f., 503, 505, 512f., 586, 623, 640

Parlamentariergruppe
– dt.-estn. 83–86, 195, 381, 387, 438–440, 568
– estn.-dt. 381, 387, 572
Parlamentswahlen 258–261, 290–302, 575–579
Parteien 290–295, 363f., 368, 576f., 583
Partnerschaft für den Frieden 469, 471, 485f., 492f.
PHARE 139, 264, 271f., 280, 324, 349, 380, 552f.
Politische Stiftungen 403, 464, 562
Präsidentschaftswahlen 258–261, 290–302
Privatisierung 159, 239, 268–270, 272, 274, 308, 322–330, 332, 378, 473, 507, 560f., 588

Referendum → Volksbefragung
Reparationen 220f.
Residenz des Botschafters 90, 168–172, 200f., 237, 249, 284, 355f., 412, 424, 427, 503–506, 564
Restitution von Eigentum 184–186, 269, 328, 474, 583
Ruhrgas 621f.
„Runder Tisch" der Nationalitäten 394f., 400f., 405f., 408, 414, 442, 453
Rußlandpolitik, estn. 372f., 375, 442, 584, 595–598

Sängerfest 390, 532f.
Sezessionsbestrebungen in Nordostestland 46, 85, 192, 212, 407, 410
Sicherheitspolitik 191–194, 276, 425f., 490, 569, 590–593, 628–634
Sozialpolitik 268, 377, 474
Sprachanforderungen → Staatsangehörigkeit
Staatsangehörigkeit 57f., 85, 182–184, 209, 225–230, 297, 308, 316, 357, 360–363, 365, 367f., 552f.
Staatsdoktrin, estn. 21, 183, 367, 555

Stadtarchiv Reval/Tallinn 23, 26–32, 42, 71–73, 90, 94, 143, 152, 160, 176, 342, 350, 575
Steinbrücke Tartu/Dorpat 248–251, 533
Steuerpolitik 267, 472

Tag der Deutschen Einheit 16–18, 153–156, 303f., 549, 641
Tourismus 224, 274, 322, 378, 473, 617, 620
Truppenabzugsverhandlungen 148, 158, 188f., 194, 213f., 251–258, 277, 310–315, 317–320, 369–373, 383f., 392f., 416, 422f., 427, 455–460, 486–488, 490f., 495–497, 509–514, 518–520
Tschetschenien 547, 558f., 568–571, 594f., 599f.

Umsiedlung der Deutschbalten 2, 69, 72, 134, 173, 185, 566, 644
Umweltprobleme 272, 348f., 520, 529
Unionsvertrag 20, 34, 46, 48, 64f., 67, 78, 86, 92, 103, 116
Unterbringungsprobleme 127, 141, 149, 153, 163f., 167–177, 187

Vereinigung der Steuerzahler 507, 549
Vereinte Nationen 187, 191, 230, 314f., 318f., 427, 440, 456f., 459f.
Verfassung 178–181, 258–261
Verhandlungen, estn.-sowj. (1990/91) 22f., 34, 76f., 79f., 85f., 91, 110, 118, 189f.
Verteidigungspolitik 191–194, 434–438, 602
Visaerteilung 174f., 177
Visafreier Reiseverkehr 433, 451, 593
Volksbefragung 64–66, 260, 399, 402–406, 408, 419
Volksdeputiertenkongreß 46–49, 312f., 318, 320, 365, 371, 376, 442, 457
Volksfront 20, 62, 65, 112, 183, 262, 294f., 638

Währung, estn. 145, 159, 162, 239, 261–267, 322, 378, 546f.
Wahlrecht 180, 259f., 291, 296
Wappenepitaphe (Domkirche) 89, 221, 247, 282f., 427, 635
Weltbank 158, 263, 268
WEU 256f., 629
Wirtschaftspolitik 68f., 79, 261f., 266–270, 321f., 376–380, 472–474
Wohnungsprobleme 197–199, 201

Zentralbank (*Eesti Pank*) 262–267

ORTSREGISTER

Der *estnische* Ortsname ist *kursiv* gedruckt. Bonn, Brüssel, Leningrad/St. Petersburg, Moskau und *Tallinn*/Reval werden nicht erwähnt.

Aa/Haakhof 529
Aaspere/Kattentack 37, 127
Aegviduu/Charlottenhof 388
Albertville 215
Algier 570
Alling 244, 250
Alma Ata/Almaty 104, 177, 190, 612, 640
Alt-Fickel → *Vana Vigala*
Alt-Isenhof → *Purtse*
Altja 287, 535
Alt-Woidowa → *Vana Võidu*
Ämari/Habbinem 523
Annia → Annija
Annija/Annia 285
Archangelsk 9
Archangelskoje 104
Arensburg → *Kuressaare*

Baltischport → *Paldiski*
Bamako 316
Bamberg 281
Basel 574
Bassä 74
Bautzen 240
Bayreuth 640
Berkhof → *Jõgeveste*
Berlin XIV, 7, 31, 44, 52, 60, 64, 80, 89, 148,
    164f., 231, 238f., 243, 322, 386, 564, 592,
    602, 632, 636, 638, 641, 643f., 662, 667
Bologna 408
Brasilia 233
Bratislava 597
Bremen 9, 27, 30f.
Brest 344
Brigitten → *Pirita*
Budapest 133, 597

Cannes 604
Cēsis/Wenden 87, 534, 652
Charlottenhof → *Aegviduu*

Dagö → *Hiiumaa*
Dakar 381
Danzig 28
Daugavpils/Dünaburg 66

Davos 149
Den Haag 156
Dorpat → *Tartu*
Dortmund 201, 356
Dresden 325, 348, 629
Dünaburg → Daugavpils

Erfurt 640
Essen 604

Fähna → *Vääna*
Fall → *Keila-Joa*
Fehrbellin 238
Fellin → *Viljandi*
Frankfurt am Main 11, 230, 236, 623
Friedrichshagen 52
Fürstenfeldbruck 244

Gačina 101, 106
Geesthacht 16
Genf 449, 514
Göteborg 248
Großenhof → *Suuremõisa*

Haakhof → *Aa*
Haapsalu/Hapsal 285, 389, 436, 530f., 575, 621
Habbinem → *Ämari*
Hamburg 6, 8f., 16, 26f., 30f., 98, 102, 167, 218,
    342, 346, 348, 490, 588, 617
Hannover 243
Hapsal → *Haapsalu*
Harju-Jaani/St. Johannis 285
Harju-Madise/St. Matthias 73f.
Harvard 532
Heidelberg 613
Heiligensee → *Pühajärv*
Helsinki 37, 43f., 59, 91, 93, 130, 161, 165, 167,
    171, 187, 197, 199, 201, 218, 233, 238, 253f.,
    256–258, 289, 296, 309–311, 313–315, 318,
    336, 341, 371f., 420, 424, 454, 497, 499, 518,
    543, 545, 557, 600, 618, 661
Heltermaa 285, 530
Hiiumaa/Dagö 285f., 289, 307, 389, 530, 619f.,
    649
Hohenholm → *Kõrgessaare*

Hungerburg → *Narva-Jõesuu*

Irkutsk 414
Ivangorod 26, 69, 211, 407f., 442

Jägala/Jaggowal 389
Jaggowal → *Jägala*
Jalta 600
Jewe → *Jõhvi*
Jõgeveste/Berkhof 432
Jõhvi/Jewe 359
Jūrmala 67, 73, 79, 425, 449, 486

Kadrina/St. Katharinen 292
Kadriorg/Katharinental 33, 83, 90f., 111, 130,
  133f., 144, 149f., 180, 191, 275, 283f., 292,
  297, 304, 341, 395, 405, 413–416, 420f.,
  425f., 457, 463, 466, 502, 511, 533, 569, 587,
  589, 591, 593f., 596, 627, 631, 633f., 638,
  643
Kaliningrad 568, 571
Karlsruhe 145, 236, 239, 243, 282
Karuse/Karusen 38, 89, 532, 640f., 653
Karusen → *Karuse*
Kassar → *Kassari*
Kassari/Kassar 286, 620
Kastna 617
Katharinental → *Kadriorg*
Kattentack → *Aaspere*
Katusepapi 601
Kegel → *Keila*
Keila/Kegel 74, 292
Keila-Joa/Fall 517, 642
Keina/Keinis 530
Keinis → *Keina*
Kiel 216, 239, 279, 283, 309, 346, 381f., 561
Kiew 516
Kirbla/Kirrefer 390
Kirrefer → *Kirbla*
Klein-Marien → *Väike-Maarja*
Koblenz 23, 27, 29f., 32, 70
Köln 69f., 275, 360
Königsberg → Kaliningrad
Kohtla-Järve 54, 60, 85, 295, 357, 359, 391, 443,
  529
Kolga/Kolk *Abb. 9*, VII, 36–41, 69, 74, 81f., 89,
  93, 208, 238, 289f., 535, 565–567, 617f., 641
Kolk → *Kolga*
Kopenhagen 59, 165f., 478, 599, 669
Kopli/Ziegelskoppel 389

Kõpu 530
Korfu 515, 517
Kõrgessaare/Hohenholm 286
Kosch → *Kose*
Kose/Kosch 33, 200
Kothla-Järve 54, 60, 85, 295, 357, 359, 391, 443,
  529
Kotka 82f., 565f., 618
Kronstadt 107f.
Kuivastu/Kuiwast 218
Kuiwast → *Kuivastu*
Kuressaare/Arensburg 207, 221, 223f., 620
Kusal → *Kuusalu*
Kuusalu/Kusal 40, 93, 289, 305f., 416, 601, 618

Lahemaa 37, 81, 287
Laksberg → *Lasnamäe*
Lasnamäe/Laksberg 111, 388, 443, 562, 601
Leal → *Lihula*
Leetse/Leetz 74, 215, 389, 429, 615
Leetz → *Leetse*
Leipzig 160, 348
Lihula/Leal *Abb. 8*, 37f., 89, 260, 285, 290,
  390, 532, 640f., 653
Lohusalu 256, 258, 369f., 407, 458, 490, 497
Lohusuu 87
Loksa/Loksa 37f., 82f., 567
London 89, 232, 535, 584, 594, 600, 602, 637,
  641
Lübeck 27f., 30–32, 243, 278f., 529, 562
Lückholm → *Saare*
Ludwigsburg 81, 207, 296
Lüganuse/Luggenhusen 529
Luggenhusen → *Lüganuse*
Luxemburg 147, 204, 603, 607f.

Maholm → *Viru-Nigula*
Märjamaa/Merjama 89, 161
Merivälja 168, 414
Merjama → *Märjamaa*
Michajlovskoje 50
Morras → *Muraste*
München 15, 60, 63, 102, 156, 202, 244f., 249,
  311, 421, 454, 574, 633, 640
Murmansk 9
Muraste/Morras 615
Muuga 237, 243, 249, 379

Nachabino 312, 370
Nairobi 570, 645

Narva IX, 26, 37, 46, 54, 66, 69, 85, 94, 211f.,
   295, 316, 357, 359, 364, 391, 394, 399,
   402–410, 414–416, 419f., 439, 442–445, 462,
   499, 528–531, 537f., 552–554, 556, 571, 596,
   616, 641, 652f., 671
Narva-Jõesuu/Hungerburg 189f., 669
Neapel 516f.
Neubronn 153, 207, 244
Niitvälja 541
Noarootsi/Nuckö 519, 530, 619, 621
Nõmme → *Nõmme*
Nõmme/Nömme 43f., 83, 147, 229, 281, 342,
   412, 414
Novo-Ogarjovo 78
Nuckö → *Noarootsi*
Nürnberg 96, 106, 245

Ocht → *Ohtu*
Odenpäh → *Otepää*
Oesel → *Saaremaa*
Ohtu/Ocht 74
Orjaku 620
Otepää/Odenpäh 291, 430f.

Padis → *Padise*
Padise/Padis 389
Pakri/Pakerort 215, 348, 383, 428f., 496, 517,
   522f., 673, 675
Palanga 451
Paldiski/Baltischport 74, 214–216, 237, 253,
   256, 311, 320, 348, 370, 373, 383, 389, 428f.,
   436, 459, 487, 491, 496, 514, 517, 520, 522f.,
   617, 634f., 641, 671, 673
Palms → *Palmse*
Palmse/Palms *Abb. 38*, 37, 81, 287, 416–419,
   504, 535, 617, 641, 650
Paris 44, 98, 112, 119, 122, 124, 231, 352, 480,
   492, 541, 600, 602, 656
Pärnu/Pernau 161, 251, 253, 531f., 617, 621
Paschlep → *Paslepa*
Paslepa/Paschlep 519f., 621
Peking 532
Perm 58
Pernau → *Pärnu*
Pirita/Brigitten 90, 130, 151, 168, 200, 284,
   333, 397, 414, 427, 435, 439, 601
Pleskau → Pskov
Põlva/Pölwe 430
Pölwe → *Põlva*
Prag 101, 147, 358, 597, 647

Pretoria 203
Pskov/Pleskau 9, 98, 106, 111, 193, 555
Pühajärv/Heiligensee 431
Pühalepa/Pühhalep 285
Pühhalep → *Pühalepa*
Pullapää 436f., 448
Purtse/Alt-Isenhof 60

Rägavere/Reggafer 287f.
Raiküla/Rayküll 89
Rakvere/Wesenberg 60f., 287, 585
Ramsi 519
Rannamõisa/Strandhof 265, 615
Rässa 620
Rayküll → *Raiküla*
Regensburg 640
Reggafer → *Rägavere*
Reykjavik 119
Rheinbreitbach 27, 70, 211, 239, 244
Riga 2, 9, 16, 23–25, 40f., 43, 45, 50–53, 55–57,
   59–61, 66f., 70f., 73, 78f., 83, 87, 109, 111,
   115f., 125, 127, 134, 145, 152, 157, 160, 165,
   167, 170, 174f., 196, 203, 214, 219, 280f.,
   336, 343, 345f., 348, 358, 360, 380, 383,
   422, 425, 430, 432f., 449, 451f., 454, 458,
   485, 493, 496, 516f., 562, 586, 588, 595, 621,
   623, 631, 640, 667f.
Rio de Janeiro 257
Rocca al mare 353
Rohuküla 285, 530, 619
Roomassaare 207
Roosta 389, 530, 619
Rostock VIII, 164f., 167, 175, 237f., 243, 249,
   347, 543, 622

Saare/Lückholm 619
Saaremaa/Oesel VIII, 207, 221–225, 242, 282,
   300, 390, 543
Saggad → *Saggadi*
Saggadi/Saggad 287, 535
Sagnitz → *Sangaste*
Sangaste/Sagnitz 432
Sarajevo 540, 652
Schlüsselburg 63
Schwerin 279, 347, 623, 626
Schwieberdingen 207
Segeberg 430
Sepamaa 617, 621
Sillamäe/Sillamäggi 54, 349, 391, 399,
   402–406, 410, 442–444, 528, 671

Sillamäggi → *Sillamäe*
Siverskaja 98, 106
Skrunda 459, 495, 523, 571
*Sötküla/*Söttküll 89
Söttküll → *Sötküla*
St. Johannis → *Harju-Jaani*
St. Katharinen → *Kadrina*
St. Matthias → *Harju-Madise*
Stavropol 33
Stockholm 59, 91, 119, 167, 197, 199, 213,
    246f., 369f., 401, 523, 542, 544, 546, 564f.,
    574, 647, 673
Strandhof → *Rannamõisa*
Straßburg 396, 599
Stuttgart 239, 420, 613
Susdal 464
*Suuremõisa/*Großenhof *Abb. 52,* 285f., 289

*Tartu/*Dorpat 87f., 152, 181, 195f., 223, 225,
    245f., 248–251, 273, 280, 293f., 296, 300,
    334–339, 350f., 357, 366, 385–387, 413,
    443f., 451, 483f., 489f., 505, 513, 529,
    532–535, 550, 555, 559–561, 574f., 613f.,
    616, 627, 639f., 641
Testama → *Tõstamaa*
Tiflis 106
Tokio 401
Tolsburg → *Toolse*
*Toolse/*Tolsburg 388
*Tõstamaa/*Testama 532
Travemünde 542
Trügi 620
*Tsitre/*Zitter 81f., 617f.
Tsuschima 82

Ulm 153, 207
Uppsala 248
Usovo 104

*Vääna/*Fähna 74
*Väike-Maarja/*Klein-Marien 388
*Valga/*Walk 87, 212, 432f.
*Vanamõisa/*Wannamois 620, 641

*Vana Vigala/*Alt-Fickel 89
*Vana Võidu/*Alt-Woidowa 332
*Vastemõisa/*Wastemois 331
*Vihula/*Viol 535
*Viimsi/*Wiems 38, 348, 519
*Viljandi/*Fellin 331, 561
Viinistu 235
Viitna 37
Viol → *Vihula*
*Virtsu/*Werder 222, 390
*Viru-Nigula/*Maholm 617
Visby 628f., 632, 636
Višegrad 485, 630, 634
*Võisiku/*Woiseck 63
*Võnnu/*Wendau 338
*Vormsi/*Worms 619, 659
*Võru/*Werro 430
*Võsu/*Wösso 83
Vyru 50

Walk → *Valga*
Wannamois → *Vanamõisa*
Warschau 233, 356, 596f.
Washington 12f., 127, 264, 311, 510, 516, 595
Wastemois → *Vastemõisa*
Wendau → *Võnnu*
Wenden → Cēsis
Werder → *Virtsu*
Werro → *Võru*
Wesenberg → *Rakvere*
Wiems → *Viimsi*
Wilna 2, 9, 25, 35, 52–54, 56, 59, 61, 66, 78, 99,
    111, 115, 125, 134, 152, 157f., 165, 167, 174f.,
    203, 214, 219, 314, 336, 343, 440, 449, 451,
    493, 558, 588, 595
Woiseck → *Võisiku*
Wladiwostok 397
Worms → *Vormsi*
Wösso → *Võsu*

Ziegelskoppel → *Kopli*
Zitter → *Tsitre*
Zwickau 348

Vincas Bartusevicius,
Joachim Tauber und
Wolfram Wette (Hg.)
**Holocaust
in Litauen**
Krieg, Judenmorde und
Kollaboration im
Jahre 1941

2003. VII, 337 S. 43 s/w-Abb.
auf 28 Tafeln. Broschur.
€ 34,90/SFr 57,70
ISBN 3-412-13902-5

Im Kriegsjahr 1941 haben Angehörige der deutschen Besatzungsmacht mit Unterstützung litauischer Helfer einen Großteil der Juden des kleinen baltischen Landes ermordet. Dies geschah rascher und systematischer als anderswo. Man kann daher vermuten, daß Litauen für das NS-Regime gleichsam ein Testgelände für den Holocaust darstellte. So erklärt sich die Konzentration des Buches auf das Schlüsseljahr 1941. In beiden Ländern hat sich die historische Forschung erst seit etwa einem Jahrzehnt daran gemacht, die Judenmorde in Litauen aufzuklären. Hier wie dort gab es große Barrieren zu überwinden, sich überhaupt an dieses Jahr zu erinnern. Erstmals wird hier eine gemeinschaftliche Aufarbeitung dieser Geschehnisse präsentiert. An der historiographischen Arbeit beteiligten sich litauische, deutsche und amerikanische Historiker. Überlebende Opfer des Holocaust steuerten eindrucksvolle persönliche Erinnerungsberichte bei. Zentrale Täterdokumente runden das Bild ab.

KÖLN WEIMAR

Ursulaplatz 1, D-50668 Köln, Telefon (0221) 91 39 00, Fax 91 39 011

1390203092

Harald Roth (Hg.)

Studienhandbuch (Böhlau Studienbücher)

Östliches Europa 1999. X, 560 Seiten. 4 farbige

Band 1: Geschichte Faltkarten. Broschur.

Ostmittel- und € 25,50/SFr 46,–

Südosteuropas ISBN 3-412-13998-X

Das Studienbuch ist als Einführung in die wissenschaftliche Auseinandersetzung mit der Geschichte, Kultur und Gesellschaft
Ost-, Ostmittel- und Südosteuropas konzipiert. Es soll vor allem
Studierenden einschlägiger Fachrichtungen als Handwerkszeug
dienen. Es ist aber auch als ein zuverlässiges Nachschlagewerk
zur Geschichte der Länder und Regionen des östlichen Europas
angelegt. Der erste Band deckt die Geschichte Ostmittel- und
Südosteuropas ab, ein in etwa zwei Jahren geplanter zweiter Band
jene Rußlands und der Sowjetunion. Nach der Klärung von
Grundbegriffen werden Überblicke über die Geschichtsregionen
und anschließend über die Länder und Regionen (von Albanien
über Litauen und Siebenbürgen bis Zypern) sowie länderübergreifende Gruppen (Juden, Deutsche) geboten. Die Kapitel enthalten jeweils die historischen Grundlinien, Bibliographien und
Hinweise auf Forschungsfragen. Des weiteren ist der Band mit einer umfassenden Zeittafel, einem Glossar, Karten, einem Überblick über Forschungseinrichtungen sowie Registern ausgestattet.

Ursulaplatz 1, D-50668 Köln, Telefon (0 2 2 1) 91 39 00, Fax 91 39 011

Thomas Bohn

Dietmar Neutatz (Hg.)

Studienhandbuch　(Böhlau Studienbücher)

Östliches Europa　2002. XII, 539 Seiten. 4 farbige

Band 2: Geschichte des　Faltkarten mit 6 farb. Karten.

Russischen Reiches und　Broschur. € 25,50/SFr 43,–

der Sowjetunion　ISBN 3-412-14098-8

Die Geschichte des Russischen Reiches und der Sowjetunion
wird in diesem Handbuch aus unterschiedlichen Perspektiven
erschlossen. Die 60 Artikel gliedern sich systematisch in die
Abschnitte Grundlagen, Epochen, Probleme, Interpretationen,
Großregionen, Nationalitäten und Minderheiten. Sie umfassen
jeweils eine Einführung in die Thematik, Hinweise auf zentrale Forschungsprobleme, innovative Ansätze und offene Fragen
sowie eine Auswahlbibliographie.

Das Buch ist als Gemeinschaftsprojekt von insgesamt 37 jüngeren Historikern und Historikerinnen entstanden, die jeweils
ausgewiesene Spezialisten für ihr Gebiet sind. Es richtet sich
mit einer verständlichen und übersichtlichen Darbietung des
Basiswissens vor allem an Studierende und Lehrende. Die
schnelle und zuverlässige Orientierung kann über umfangreiche Literaturlisten, Glossare, Zeittafeln, Karten und einen
Überblick über Forschungseinrichtungen und Internetressour-
cen vertieft werden.

Ursulaplatz 1, D-50668 Köln, Telefon (0 22 1) 91 39 00, Fax 91 39 011

Erich Donnert

Sankt Petersburg

Eine Kulturgeschichte

2002. 322 Seiten.

50 s/w-Abbildungen. Gebunden

mit Schutzumschlag.

€ 24,90/SFr 42,–

ISBN 3-412-03502-5

Ein reiches kulturelles Leben zeichnet Sankt Petersburg, die Hauptstadt des ehemaligen Zarenreiches und »heimliche« Hauptstadt Russlands, aus. In einer originellen Darstellung führt der bekannte Osteuropahistoriker Erich Donnert die Entwicklung der nordrussischen Metropole von der Gründung 1703 durch Zar Peter I. bis zu den Revolutionsereignissen des Jahres 1917 und dem Untergang des Russischen Kaiserreiches vor. Im Mittelpunkt des Buches stehen Gründung, Aufbau und Aufstieg Sankt Petersburgs zur europäischen Kultur- und Kunstmetropole. Die Epochen vom Barock zum Klassizismus in der Architektur sowie die Kunstströmungen in der Graphik, der Bildhauerkunst und Malerei, der Garten- und Parkgestaltung prägten auch diese Stadt, zumal sie westliche Kunst rezipierte und importierte. Russisches Europäertum, die neue Künstlerelite und die Begegnung mit Italien und Deutschland schlugen eine Brucke zum Westen. Der kulturphilosophische Diskurs am Ausgang der russischen Moderne fiel mit dem Beginn des Ersten Weltkrieges zusammen. Zudem beschäftigt sich der Autor ausführlich mit den Petersburger Deutschen und deren Kultur-, Gesellschafts-, Musik- und Theaterleben.

Ursulaplatz 1, D-50668 Köln, Telefon (0 2 2 1) 91 39 00, Fax 91 39 011